LIFE おとなガイド WEB

デジタルコンテンツをまとめた「LIFEおとなガイドWEB」は，各ページに掲載されている二次元コードを，パソコン・タブレット・スマートフォンで読み取るとアクセスできます。

100個以上のコンテンツの中でも動画が充実！オリジナル動画のほか，NHKの学校向けコンテンツ「NHK for School」やレシピ動画サイト「DELISH KITCHEN」の動画も視聴できるよ。授業の予習や復習に役立てよう。

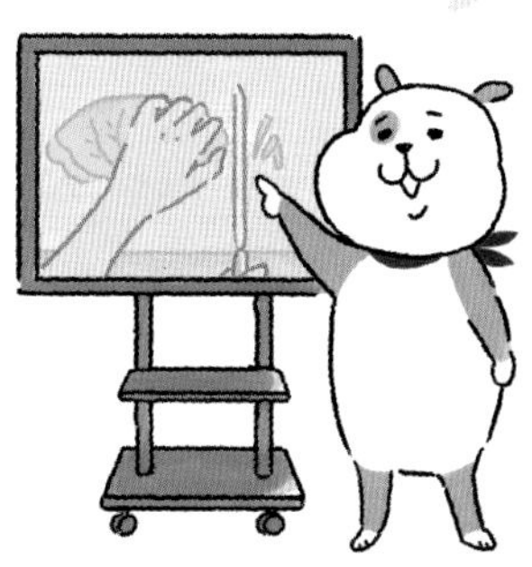

デジタルコンテンツ一覧

掲載	タイトル	
p.6	おとなクイズ	D+
p.8	マルチ商法撃退シミュレーション	D+
p.9	消費者の権利と保護（NHK for School）	L
p.12	クレジットカードの使える豆知識	D+
p.13	電子マネーのしくみ（NHK for School）	L
p.13	しくみLAB　リボルビング払いのしくみ	L
p.14	お金のやりくりシミュレーション	D+
p.16	チャットで学ぶ投資のイロハ	D+
p.17	保険の役割（日本損害保険協会）	L
p.17	社会保険と民間保険（日本損害保険協会）	L
p.18	消費トラブル対処法入門	D+
p.20	あなたのエコ意識を30項目で判定	D+
p.21	持続可能な社会（NHK for School）	L
p.21	低炭素社会（NHK for School）	L
p.21	リサイクル（NHK for School）	L
p.21	新しいエネルギー（NHK for School）	L
p.22	SDGsについての17のクエスチョン	D+
p.23	SDGsとは（NHK for School）	L
p.28	マズローの欲求5段階チェック	D+
p.30	自立度チェック25問	D+
p.32	家庭科教科書の歴史から見る家族の変化	D+
p.34	結婚にまつわる、いろいろランキング	D+
p.35	DV（NHK for School）	L
p.36	あなたの職業適性をシミュレーション！	D+
p.38	家事にお金を払うとするといくら?	D+
p.39	男女共同参画社会基本法（NHK for School）	L
p.39	ジェンダーってなに？（NHK for School）	L
p.42	SOGI用語集	D+
p.45	新生児のあくび	L
p.45	新生児の把握反射	L
p.46	知っておきたい女性の健康の常識	D+
p.46	ヒトの受精（NHK for School）	L
p.48	妊娠に関する常識クイズ	D+
p.48	赤ちゃんの成長（NHK for School）	L
p.50	乳児のお世話を動画で学ぼう	D+
p.52	イヤイヤ期の子どもにどうかかわる?	D+
p.53	言葉の発達	L
p.53	幼児期の運動機能	L
p.53	幼児期の生活習慣	L
p.53	イヤイヤ期の子ども	L
p.54	子どもの危険な事故クイズ	D+
p.55	年齢ごとの遊び	L
p.55	幼児の遊び道具	L
p.55	光る泥団子（神戸市立六甲道児童館）	L
p.55	子どもの事故と対策	L
p.56	子どもや親にどうかかわる？	D+
p.58	あなたの子育て支援への意識は？	D+
p.60	こども食堂ってどんなところ？	D+
p.62	おすすめ絵本を紹介！	D+
p.67	少子高齢化（NHK for School）	L
p.67	高齢化社会と高齢社会（NHK for School）	L
p.67	認知症の高齢者（NHK for School）	L
p.68	認知症の人にどう接する？	D+
p.70	知っておきたい介護の常識	D+
p.72	高齢者の介助の動画を見てみよう	D+
p.75	バリアフリー（NHK for School）	L
p.75	ユニバーサルデザイン（NHK for School）	L
p.76	あなたに合ったボランティアは？	D+
p.78	年金見込み受給額予想クイズ	D+
p.79	社会保障制度とは（NHK for School）	L
p.79	社会保障-公的扶助（NHK for School）	L
p.80	多世代交流・多文化共生クイズ	D+
p.83	ピクトグラムクイズ	D+
p.84	世界の民族衣装クイズ	D+
p.86	和服について知ろう	D+
p.91	繊維の燃焼実験の動画を見よう	D+
p.92	洗濯にかかわる表示クイズ	D+
p.94	知っておきたい衣服の手入れの常識	D+
p.94	洗剤の種類と注意（NHK for School）	L
p.94	汚れを落とす働き（NHK for School）	L
p.96	あなたに合うファッションは？	D+
p.98	衣生活のエシカル・サステナ度チェック	D+
p.100	動画で縫い方を復習しよう！	D+
p.102	動画でミシンのかけかたを学ぼう！	D+
p.107	T.P.O.に合った服装クイズ	D+
p.108	世界の住居クイズ	D+
p.110	日本の建築にクローズアップ	D+
p.112	部屋選びシミュレーション	D+
p.114	チャットで学ぶ持ち家・賃貸住宅	D+
p.116	快適な暮らしクイズ	D+
p.118	あなたの防災意識をチェック	D+
p.119	自然災害と自助（NHK for School）	L
p.119	ハザードマップ（NHK for School）	L
p.120	本当に住みやすい？ 間取りクイズ	D+
p.122	これからの住まいのあり方とは？	D+
p.123	太陽光発電（NHK for School）	L
p.134	世界の料理レシピ動画５選	D+
p.136	郷土料理・ご当地グルメ ～47都道府県レシピ動画～	D+
p.138	その食の常識は正しい？	D+
p.140	生活習慣病リスクチェック	D+
p.142	食の選択について考えよう	D+
p.144	いつも食べているあの商品の食品表示	D+
p.144	商品の表示（NHK for School）	L
p.146	日本の学校給食の歴史を探ろう	D+
p.148	細菌の正体当てクイズ	D+
p.149	食中毒の予防	L
p.150	食料自給率クイズ	D+
p.151	日本の食料自給率（NHK for School）	L
p.151	地産地消　学校給食（NHK for School）	L
p.151	フード・マイレージ（NHK for School）	L
p.152	知っておきたい食品ロスの常識	D+
p.153	食品ロス（NHK for School）	L
p.153	フードバンク（NHK for School）	L
p.157	食事のマナー○×クイズ	D+
p.157	配ぜんの仕方（NHK for School）	L
p.157	日本料理の配膳	L
p.158	計量・包丁・炊飯・したごしらえなど	L
裏表紙	献立作成・栄養計算アプリ	L
裏表紙	家庭科WEB用語集	L

D+…家庭科デジタル＋　L…LIFE おとなガイドWEB

ニュースから課題を見つけよう！

AI×家庭科 LIFE NEWS

私たちが生活するデジタル社会にはさまざまなテクノロジーが溢れているが，その中でも世界的なトピックとなっているのはAI（Artificial Intelligence：人工知能）である。AIを簡単に説明すると「人間と同様に思考・判断する能力をもった仕組み・プログラム」と表現できる。
すでにAIは私たちの社会に深く浸透しており，家庭科で学習する内容とも結びついている。話しかけるだけで家電製品を操作したりインターネットで情報を検索して音声で案内したりする「スマートスピーカー」，部屋の間取りを記憶して自動で室内を掃除する「掃除ロボット」，室温を自動調整するエアコンやおすすめの料理を教える冷蔵庫のような「スマート家電」，体表温度を検知したり買い物かごの中の商品を見分けたりする「画像認識カメラ」など，あなたが知っているものもあるだろう。

食生活

食品ロスを減らしたい…

- スマート家電による食材の管理や自動調理ロボット
- AIによる在庫数や品質管理を食品ロス削減につなげるシステム
- 健康診断のデータを分析して生活習慣病の予防に繋げるシステム

など

住生活

安全に暮らしたい…

- スマートホーム（IoTやAIを活用した住宅）による便利・快適・安全な暮らし
- エレベーター，自動運転車，ドローンなどの移動・運送手段の制御
- SNSやライブカメラ映像などの解析による災害の可視化
- 光学衛星データの解析による土砂崩れ箇所の検知

など

「AIの時代」に求められるスキル

AIは日々発展を続けており，近年では，指示をすると文章やイラスト，音楽，動画などをつくってくれる「生成AI」の進歩が目覚ましい。しかし，AIは私たちの生活を「便利」「安心・安全」「効率的」にしてくれる代わりに，プライバシー侵害，行動の管理・監視などの問題も引き起こす。AIが私たちの社会を支える基盤となりつつある現代において，まず私たちがやるべきことは「AIがどのような特徴をもち，どのような問題が起こりそうかに気がつくこと」「AIがどのようなデータやアルゴリズム（計算方法）を用いて，どのような目的に使われているかを気にすること」である。これは，デジタル技術を理解し適切に活用できるスキル「デジタルリテラシー」と言い換えることもできる。

安心して買い物がしたい…

消費生活・環境

- ロボットの店員による接客やレジのない無人店舗
- クレジットカードの不正利用を検知するシステム
- 渋滞予知による混雑・渋滞の緩和とそれによるCO_2削減
- 再生可能エネルギーの発電量の予測や需要・供給の調整

など

家族・家庭

- 学習して会話に最適な言葉を生成するコミュニケーションロボット
- 家事負担を軽減するスマートホーム（IoTやAIを活用した住宅）

など

毎日の家事が大変…

AIによる生活の変化と家庭科の学習内容との関わりについて考えてみよう！

子どもの外出が心配…

保育

- 遊びながら児童のコミュニケーション能力を育てるロボット
- AIとGPSを用いた端末による見守りサービス

など

衣生活

- 需要予測による適切量の生産
- AIと3Dスキャナーを用いた自動採寸システム
- AIと3Dモデルを活用したサンプル作成とそれによる廃棄の削減
- ウェアラブル機器や生体情報を計測するスマート衣料による健康管理

など

人と環境にやさしくしたい…

高齢期・共生社会

誰に介護してもらおう…

- 介護を支援するロボット
- 服薬を支援するアプリケーション
- AIによる問診・診断と遺伝子情報の分析による創薬
- 携帯型翻訳機による多言語での交流

など

夢中になれるものができれば，過去は変えられる。

車いすテニスの魅力

2012年のロンドンパラリンピックで金メダルを獲得した国枝慎吾選手の決勝を動画サイトで見たことが，車いすテニスを始めたきっかけでした。競技の見どころは，車いすの操作です。この操作が一番難しい部分でもあるのですが、それが逆にこのスポーツの魅力にもなっています。ほかにもショットの迫力のある音，ラリーのスピード感など，見るポイントはたくさん。実際に生で見てもらえたら，想像を超えるような驚きがあると思いますし，選手もみんなそこを見てもらいたいと意識しています。あまりメディアで取り上げられない，メジャーな競技ではないからこその発見がたくさんあると思うので，多くの人たちに知ってほしいと思います。

もっと多くの人に試合を見てほしい

障がい者でも健常者でも，趣味として車いすテニスの試合を楽しむ。そうした文化が当たり前にある世界の実現につながるプレーをしたいです。それが今，自分に求められていることだと思っています。

そのためには，実際に試合を見てくれる人が増えないと車いすテニスという競技全体のモチベーションは上がらないと思いますし，応援してもらえるから選手もがんばれる。だから，もっとエンターテインメントとして成り立つくらいまでもっていかなければいけない，と考えています。もしそうなれば，スポンサーも現れて，いろいろな問題も解決するだろうし，車いすテニスの認知も広がる。もっと試合に勝って，早くその目標を達成したいです。

小田選手が考える理想の「おとな」像

何かを追う姿勢や，チャレンジする気持ちを何歳になってももち続けていたいという意味で，ずっと子どもでいたいと考えています。子どものパワーをもったまま，おとなになりたいというのが理想。成人を迎えるといろいろな責任を伴いますが，そこは変わらずにいたい。

おとなということでいえば，僕が車いすから物を落としたときに拾ってくれるのと同じように，小さな子どもが落としても，おばあちゃん・おじいちゃんが落としても，拾って渡してあげる世の中であってほしいですし，そんなおとなになってほしい。海外ではそれが当たり前ですけど，障がい者に限らず，何か困っている人を普通に助けられるようになればいいなと思います。

健常者の人たちは，障がいはハンディキャップだと思うかもしれません。でも，骨肉腫という病気を発症して入院生活を送っていた幼い僕にとっては，普通の生活を送ることを「すごい」といわれることは疑問でした。もちろん，入院中は抗がん剤で髪の毛が抜けたり体重が減ったり苦しいこともありましたが，退院後はすぐにテニスコートに行って，スポーツをすることがただ楽しかった。僕は「病気＝マイナス」ではないという強い想いでやってきました。成人を迎えても，他人とは違う自分の強みに自信をもって，競技に取り組んでいきたいと思います。

同世代へ贈るメッセージ

テニスを始めた10歳のときから周りはおとなの方ばかりでしたし，15歳でプロになったので，普通の高校生活を送りたかったな……と思い，少し寂しくなることもありました。ただ，プロになる前からずっと「気づかないところで失うものは絶対にある」という覚悟はしていました。また，僕は「必ず有名になる」という強い気持ちでやってきたので，今は「何か失って当たり前，それがプロなんだ」と思っています。その一方で，失ったものがあれば，得たものもあります。賞金をもらえることもそうですし，海外のいろいろな都市を回れることも貴重な経験になります。

僕には子どものころに病気になって，大好きだったサッカーをあきらめたという過去があります。でも，伝えたいのは「何があっても，そこから新しいものを見つけて，夢中になれるものができれば，その過去はすべて変えられる」ということですね。人は，ネガティブになったり，いろいろなことがダメになったりすると「あれが原因でこうなった」と過去をうらむ。僕も車いすテニスで活躍していなければ「あの病気のせいでこうなった」と思っていたはずです。だけど，たとえ何が起こったとしても，一年後の自分に可能性を抱けばいい。逆に「あの辛いことがあったからこそ，今こうなれた」と思えるように前を向く。未来の自分に期待して生きてほしいです。

（上）ウィンブルドン選手権優勝後のインタビューでは，「お祝いにシャンパンを開けたいけど，まだ17歳なので炭酸水で乾杯します」とユーモアのあるスピーチで観衆を和ませた。／（下）17歳1か月での全仏オープン優勝は，四大大会男子シングルスで史上最年少となった。

Profile

2006年５月８日生まれ。愛知県出身。９歳で骨肉腫を発症。闘病生活の後、車いすテニスを始め、４年ほどでジュニア世界ランキング１位に。2023年、車いすテニスの四大大会である全仏オープン、ウィンブルドン選手権を制した。2024年に開催されるパリパラリンピックの日本代表に内定した。

インタビューの完全版がWEBサイトで読めます

二次元コードから『教育図書NEWS』へアクセスして，インタビューのロングバージョンを読もう！

巻頭特集❶ 18歳って“おとな”なの？

Q 成年年齢を「18歳」に引き下げるのは賛成，反対？

反対 40.5％

賛成 59.5％

責任感が芽生えるので良い。

海外に合わせる必要あるの？

本当に大丈夫なのか不安。

おとなとしての自覚が持てるので良いのでは。

無責任なおとなが増えそう…

（日本財団「18歳意識調査」2022年より）

民法改正により，2022年4月1日から成年年齢が18歳に引き下げられ，高校生でも18歳を迎えると成人になることになった。日本財団が17歳から19歳を対象に調査したアンケートによると，成年年齢引き下げについて，賛成が約6割，反対が約4割であった。「おとなとしての自覚が持てる」「責任感が芽生える」という賛成意見の一方，「無責任なおとなが増えそう」という反対意見もあり，さまざまなとらえ方をする人がいた。成年年齢が18歳になったことで，何ができるようになり，何ができないのか，また，成人になることで生活や意識はどのように変わるか考えてみよう。18歳で成人になることについて，あなたはどう思う？

1 「おとな」の定義の変化

江戸時代

武家社会では

男 15歳で元服。若衆髷*から前髪を剃って大人の仲間入りをした。

女 13歳または初潮を迎えた時，髪上げの儀式をした。

*前髪を残し，中剃りし，元結で髷を締めて二つ折りにした元服前の男子の髪形。

明治時代

1876年　太政官布告

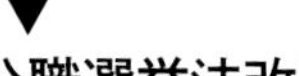

自今満式拾年ヲ以テ丁年ト相定候

旧来の元服や租税負担の年齢を加味しつつ，当時の欧米の成年制度を取り入れた。丁年=成年年齢。

平成

2007年5月　国民投票法成立

憲法改正のための国民投票が可能な年齢を満18歳以上とした。

2010年施行。成年年齢を定める民法等も見直しへ

▼

2015年6月 公職選挙法改正法成立

選挙年齢が満18歳以上に。

2016年施行。満20歳から引き下げられ，満18歳以上が選挙に参加。

▼

2018年6月　民法改正案が成立

2022年4月1日施行。成年年齢を満18歳とする。

なぜ引き下げられるの？

- 少子高齢化を背景に，若い有権者を増やす
- 海外の標準に合わせる
- 国民投票の年齢に合わせる

※海外では，国民投票年齢＝18歳の国が多く，国民投票年齢＝選挙年齢＝成年年齢のケースが国際標準になってきている。

2 海外比較

	成年年齢	選挙権年齢	婚姻適齢
アメリカ合衆国	18-21	18	13-18（州によって異なる。婚姻適齢の規制のない州もある）
アルゼンチン	21	18	男：18　女：16
イギリス	18	18	16（18未満の場合は親の同意が必要）
イタリア	18	18	16（18未満は裁判所の許可が必要）
インドネシア	21	17	男：19　女：16（21未満は両親の許可が必要）
オーストラリア	18	18	16（18未満は裁判官及び親族の許可が必要）
シンガポール	21	21	18（21未満は親・法定代理人の同意が必要）
スペイン	18	18	18（例外的に16）
タイ	20	18	17（20未満は親の同意が必要）
大韓民国	20	19	18
ドイツ	18	18	16（18未満の場合は家庭裁判所の許可が必要）
フランス	18	18	18
メキシコ	18	18	男：16　女：14（18未満は両親の承認が必要）

（法務省「諸外国における成年年齢等の調査結果」より）

3 自分は“おとな”だと思う？

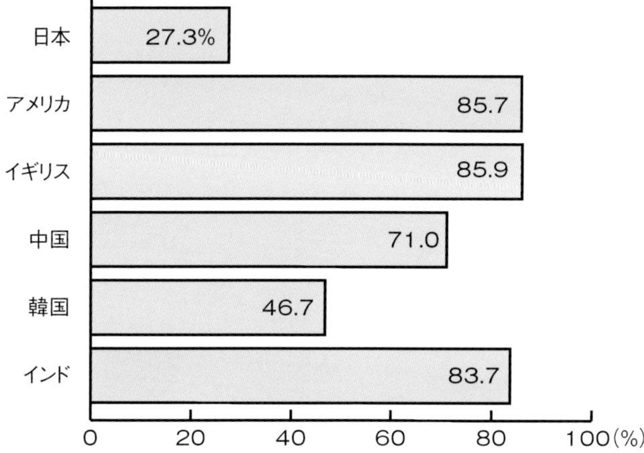

＊2022年に日本・アメリカ・イギリス・中国・韓国・インドの17～19歳各国1,000人を対象に調査。

（日本財団「18歳意識調査　国や社会に対する意識」より）

4 18歳でできること，できないこと

18歳（成年）でできること

親の同意がなくても契約できる

自分の意思だけで契約可能になる。一方，責任能力のない未成年者が行った契約を取り消せる「未成年者取消権」は18歳未満の者にしか適用されなくなる。

公認会計士などの資格の取得

公認会計士，司法書士，社会保険労務士，医師，獣医師，社会福祉主事などの資格が取得できる。＊

結婚

女性の婚姻適齢が16歳から18歳になり，男女とも，18歳から親の同意なしに結婚ができる。

性同一性障害の性別変更の申請

性同一性障害の人が，家庭裁判所に性別変更の申し立てをする年齢が20歳から18歳に引き下げられた。

その他

10年パスポートの取得,外国人が日本に帰化できる，代理人なしで民事裁判を起こせる，など。

＊国家資格の取得などを条件とする職業は，18歳ですぐに資格が取れるわけではない。

20歳にならないとできないこと

飲酒・喫煙

酒やたばこは，若い頃に摂取を始めるほど依存症や中毒になる危険性が高いため，飲酒・喫煙が可能な年齢は20歳のままである。

競馬，競輪などの公営ギャンブル

ギャンブルが可能な年齢も，依存症や犯罪につながる可能性があり，引き下げられていない。

大型・中型自動車運転免許の取得

道路交通法により，大型・中型自動車運転免許は20歳以上。普通免許は18歳以上で取得できる。

その他

国民年金は20歳以上の者が納めるものである。なお，20歳以上でも，学生の間であれば「学生納付特例制度」により，猶予が受けられる。また，少年法の適応は，20歳未満が保護の対象だが，改正少年法により，18・19歳の者について17歳以下の少年とは異なる特例が定められた。

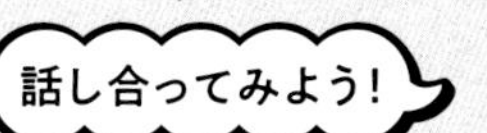

- 18歳成人のメリットとデメリットは何？
- 成人式は18歳と20歳どちらに合わせるべき？
- おとなになるってどういうこと？

LIFE

巻頭特集❷ 投資って何だろう？

2022年から高校の授業の中で「投資」が取り上げられるとニュースなどで話題になったが，高校生は「投資」についてどう考えているのだろうか？

『SHIBUYA109 lab.』のZ世代（1995～2010年生まれ⇒p31）への意識調査によると，現在投資をしているのは約1割ほどで，投資について「興味はある・必要だと感じている」が51.2%で，「関心はなく，今後も取り組む予定もない」の36.5%を上回った。投資をしていない理由としては，「知識がなく何から始めていいかわからない」，「お金が減るリスクがある」という意見が多く見られた。

また，各金融商品について聞いたことはあるが，内容について理解まではしていないものも多かった。一方，現代社会を生き抜くために，お金に関する知識が必要と認識しているZ世代が多いという結果もあった。お金に関する必要な知識を身につけていこう！

Q 金融資産について聞いたことがある・理解している・興味があるもの

（上位10項目）

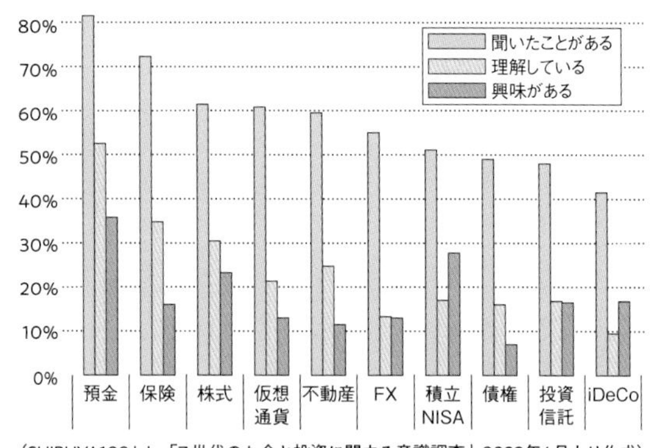

（SHIBUYA109 lab.「Z世代のお金と投資に関する意識調査」2022年4月より作成）

消費と投資

今，必要なものを購入したり，生活を楽しむためにお金を使うことを「**消費**」といい，将来の価値や満足を高めるためにお金を使うことを「**投資**」という。金融商品の購入や，スキルアップのための自己投資なども投資である。また，お金を使う際は，「**ニーズ**」（生活する上で必要なもの）か「**ウォンツ**」（欲しいもの）かで考えるとよい。

貯蓄と投資

資産形成には「**貯蓄**」と「**投資**」の方法がある。貯蓄はお金を貯めて蓄えることで，投資は，投資先に長期的に資金を投じること。資産形成の基本は預金・貯金であるが，低金利のもとでは，資産はなかなか増えない。将来の経済計画を考え（⇒p.16），株式・債券・投資信託などの金融商品でお金を増やすこともできるが，リスクも伴う。

投資したお金はどうなるの？

投資したお金は，企業が新しい商品やサービスを生み出すことに使われ，より豊かな社会の創造につながり，経済成長を支えることにもなる。また，環境（Environment）・社会（Social）・ガバナンス（Governance）要素も考慮した投資のことを「**ESG投資**」といい，近年注目されている。

1 利子と金利

資産形成シミュレーター
（金融庁ウェブサイト）

金融機関などでのお金のやりとりには，通常，お金を借りたお礼として，決められた利子（利息）を上乗せして返す。利子は，借りた・貸したお金（元本）に対する割合で決め，これを金利という。

単利 最初の元本のみに利子がつくこと。

複利 利子で増えた分も運用に回すとその利子にも利子がつくこと。

●100万円（元本）を利率5%で運用する場合の例

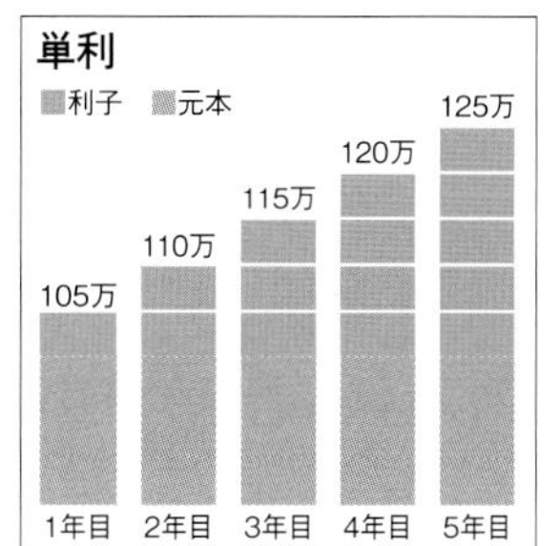

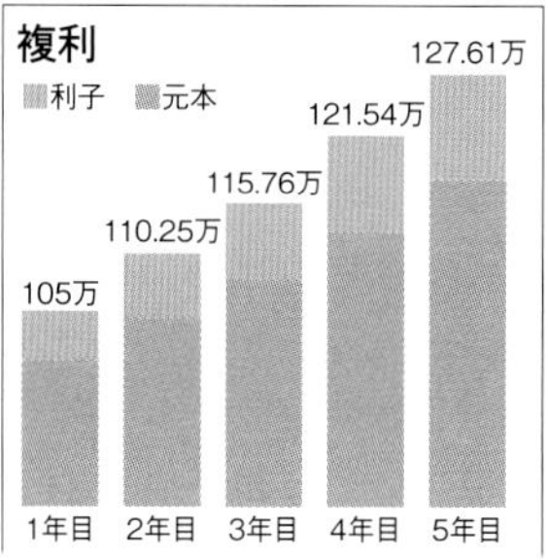

2 金融商品のしくみと特徴

金融機関が提供・仲介する預金，株式，国債，投資信託などのことを金融商品という（⇒p.16）。商品によって利子や配当（会社がもうかった時にもらえる分け前）が得られる。

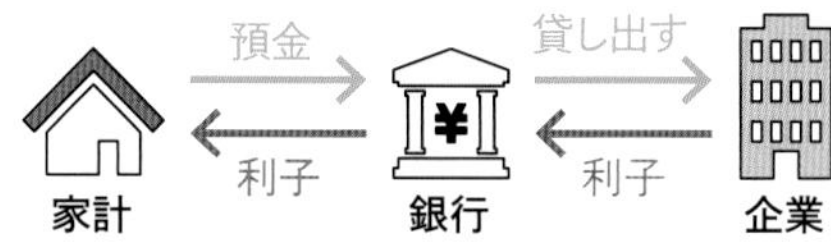

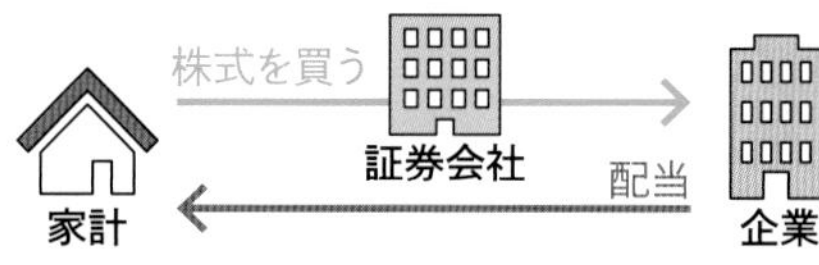

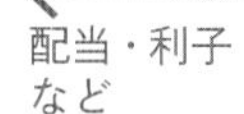

NISA（ニーサ）って何?

株式や投資信託で得た利益が非課税になる口座で，Nippon Individual Savings Accountの略。たとえば，株式の売買で10万円の利益がでた場合，通常2割にあたる2万円は税金として徴収されるが，NISA口座の場合は10万円全額が受け取れる。（⇒p.17）

株式で10万円の利益が出た場合

おもな金融商品の特徴

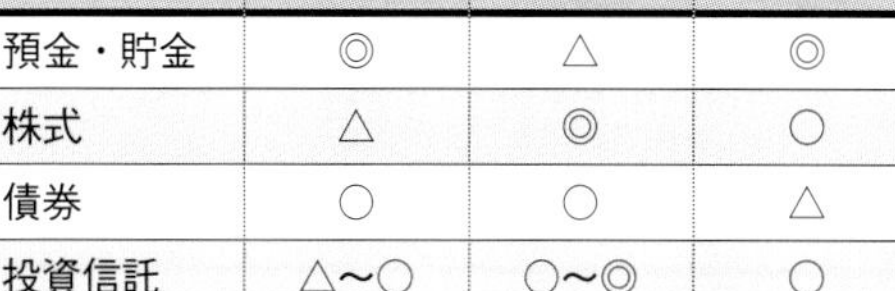

	安全性	収益性	流動性
	預けたお金が減ったりしないかどうか	どれだけ収益（利益）が期待できるか	預けたお金を自由に引き出せるかどうか
預金・貯金	◎	△	◎
株式	△	◎	○
債券	○	○	△
投資信託	△～○	○～◎	○

安全性，収益性，流動性のすべてを満たす商品はない！

リスクとリターンの関係

お金を運用した結果，得られる利益や損失のことを「リターン」という。リターンの不確実性（振れ幅）の大きさのことを「リスク」という。（⇒p.17）

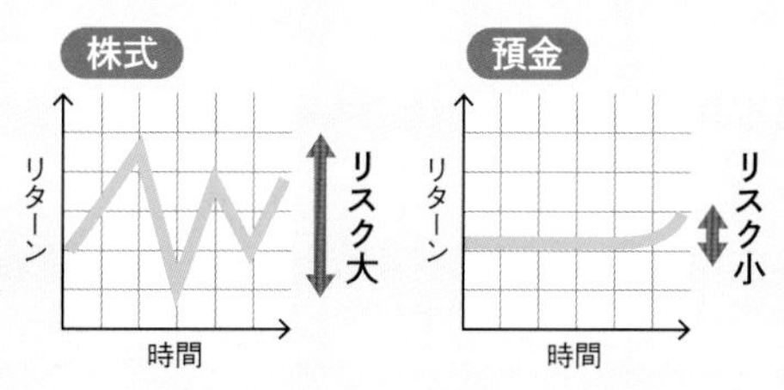

分散投資の効果

投資をする場合，1つだけに集中して投資するのではなく，値動きが異なる複数の資産に分散して投資することで，リスクを分散することができると言われている。

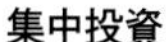

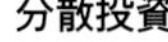

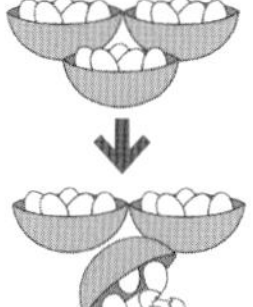

●将来，必要になるお金はどれくらい？

●どのような方法で資産を形成する？

●投資のメリットとデメリットは？

LIFE

巻頭特集❸ SDGsを考えよう

Q SDGsって知ってる？

【SDGs認知率】

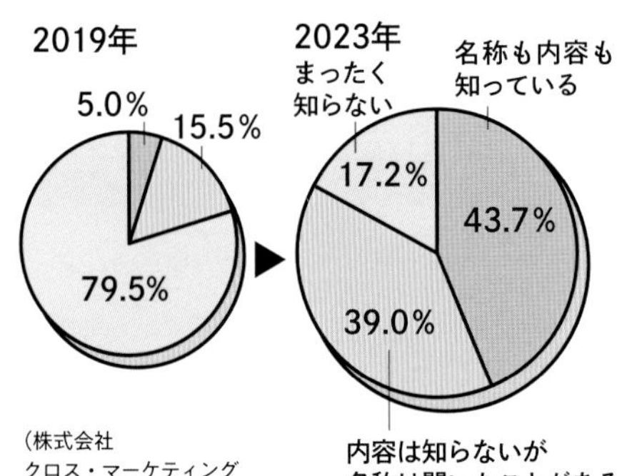

（株式会社クロス・マーケティング「SDGsに関する調査（2023年6月）報告書」より）

Q どこから情報を入手する？

【SDGsに関する情報の接触メディア（ベスト5）】

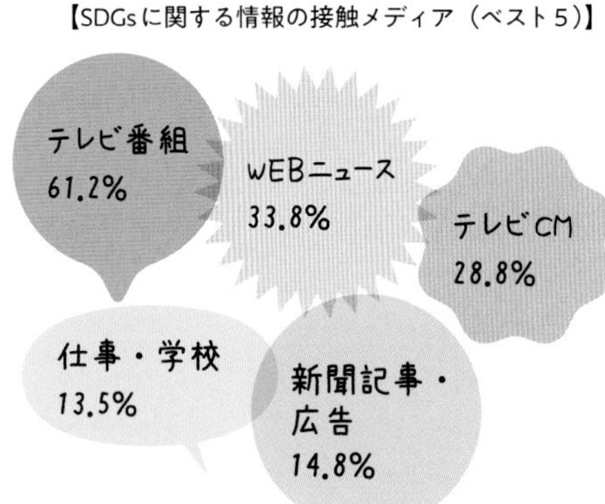

SDGs（エスディージーズ）とは「Sustainable Development Goals（持続可能な開発目標）」の略称で，2015 年にニューヨーク国連本部で開催されたサミットで決められた，国際社会共通の目標である。

持続可能な世界を実現するために，**17の目標**と**169のターゲット**が示され「地球上のだれ一人として取り残さない（leave no one behind）」ことを誓っている。2016年から2030年までの15 年間で17の目標を達成することをめざしている。

SDGsを理解するウェディングケーキモデル

17の目標について，それぞれの関係性を理解する方法として，17の目標を3層構造に分けるウェディングケーキモデルがある。それぞれの層の意味を見てみよう！

３層のさらに上には17番目の目標「パートナーシップで目標を達成しよう」が据えられ，個人，企業，社会それぞれがパートナーシップを組んで持続可能な社会を創るというゴールを示している。

第３層　経済圏

第１層／２層の上に，SDGsの大きな目標である「持続可能な開発」に関わる企業や私たち消費者が取り組むべき課題４つが示されている。

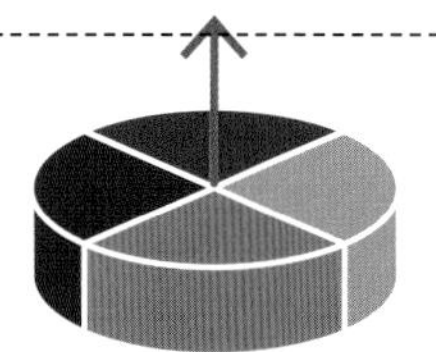

第２層　社会圏

人々が社会の中で安心・安全に活動を続けるために重要となる，健康や平等，教育など８つの目標がここに示されている。

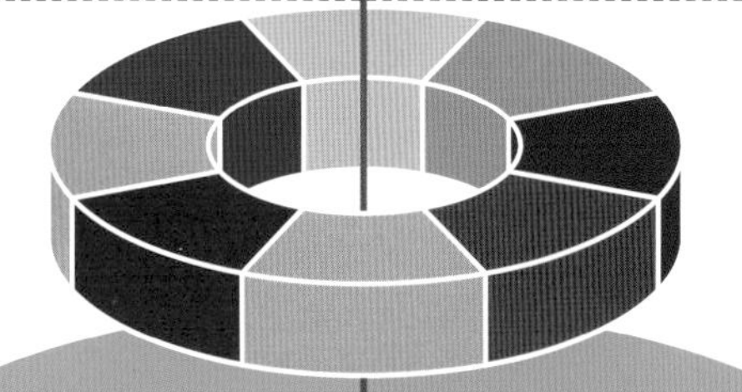

3 すべての人に健康と福祉を

4 質の高い教育をみんなに

第１層　生物圏

人々が安全に暮らすためには，まず健全な地球環境が必要不可欠であることから，土台部分には自然環境についての目標４つが示されている。

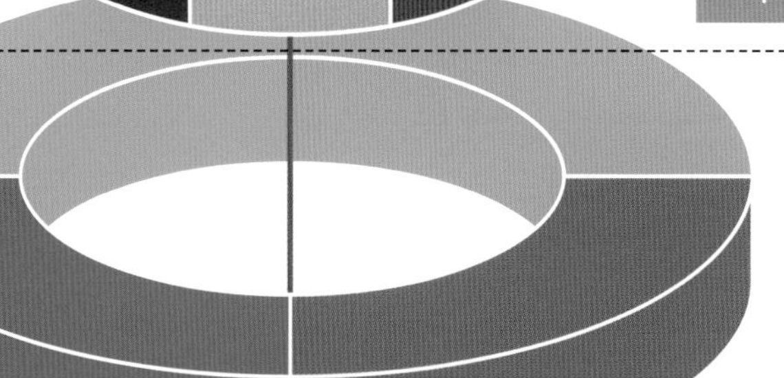

（ストックホルム・レジリエンス・センター「SDGs Wedding Cake」を元に作成）

LIFE

巻頭特集❹ 生活設計してみよう

人生すごろくに挑戦！

これからの人生に何が待っている？

この人生すごろくは，人の一生に起こりうるライフイベントの一例である。マスに記された課題をどう解決するか，資料集の該当ページを読みながら考えよう。そして，あなた自身は人生の出来事をどう迎え，どう行動するか考えてみよう。

START 現在

進路選択をするうちに，自分とは何なのかわからなくなってきた…自分には何が向いているの？
青年期・家族
→p.28〜29
歳

高校卒業後ひとり暮らしをすることになった。どんな部屋を選んだらよいのかな？
住生活
→p.112〜113

先輩から「もうかる話」があると誘われた。詳しく話を聞いた方がよいかな？
消費生活
→p.8〜9
歳

就職活動中。給料だけで職業を選んでよいのかな…？
青年期・家族
→p.36〜37
歳

ジャケットを新調したい！　何に気をつけて買えばいい？
衣生活
→p.92〜93
歳

温暖化のニュースを見て，何か行動を起こしたくなった。自分にどんなことができるだろう？
環境
→p.20〜23
歳

一生をともにしたいパートナーに出会えた！でも，家族になるってどういうことだろう？
青年期・家族
→p.32〜35
歳

子どもが1歳になり，あちこち動き回るので危険！事故を防ぐにはどうしたらよい？
保育
→p.54〜55
歳

健康診断の結果が悪かった…食生活を改善したいけど，どんなものを食べればよい？
食生活
→p.140〜141
歳

急な病気で働けなくなった！どんなサポートが受けられる？
共生社会
→p.78〜79
歳

同居していた両親の介護が必要になった。どうしたらよい？
高齢期
→p.70〜73
歳

子どもが独立したのをきっかけに家を改築することにした。どのような間取りにしようか。
住生活
→p.114〜115
歳

会社を定年退職した。確か年金がもらえるはずだけど，収入はどうなる？
共生社会
→p.78〜79
歳

今は「人生100年時代」。いろんなことにチャレンジしてみよう！
生活設計
→p.128〜129
歳

この先どうする？

本書を読む前に ~資料を読むコツ~

本書には，さまざまな機関からの情報や統計が掲載されている。これらの情報を賢く読み解くためには「確かな目」が必要となる。情報を正しく理解し，活用する能力(情報リテラシー)を身につけるためのコツをまとめてみた。これらのコツをふまえて資料を読んでみよう。

誰が言っているのか確認しよう！

資料や調査をみるとき，まず誰が言っているのか確認してみよう。資料や統計を発表するということは，何らかの意図がある。国は政策の方向を決めるため，企業は自社の商品を売るためなど，さまざまな理由で行われる。

なぜこの調査が行われているのかを考えてみよう。

対立する意見もみてみよう

「地球温暖化の原因はCO_2」「野菜はからだに良い」「食料自給率低下は問題だ」。家庭科に関連するさまざまな常識だが，専門家の中にはこれらの説に「間違っている」「根拠がない」といった反論をしている人も多い。対立する意見も見て，冷静な立場で「何が正しいのか」を判断するようにしよう。

アンケートの読み方

アンケートや統計を読むときは，かならず調査対象を確認することが大切である。調査対象者の年齢や性別，調査した場所や方法などにより同じ質問でも答えは変わってくる。また，質問の言い回しによって無意識に答えを誘導されることもある。

グラフの読み方

グラフの読み方は難しい。同じデータでも，使い方を変えると受け取る側の印象は大きく異なる。

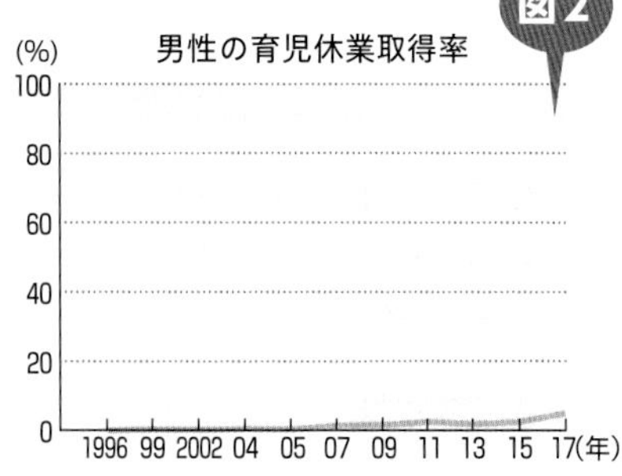

図1と**図2**は全く同じ数値による男性の育児休業取得率のグラフである。**図1**は年々増加している印象，**図2**は横ばいの印象を受けるだろう。グラフはわかりやすい反面，印象に左右されることがある。

言葉の意味を正しく理解しよう

情報に使われている言葉の意味を知ることも大切である。例えば，「貯蓄額の平均」という情報があった場合，中央値とは何かを知らなければその情報を理解することはできない。言葉の意味をしっかり調べて情報を活かそう。

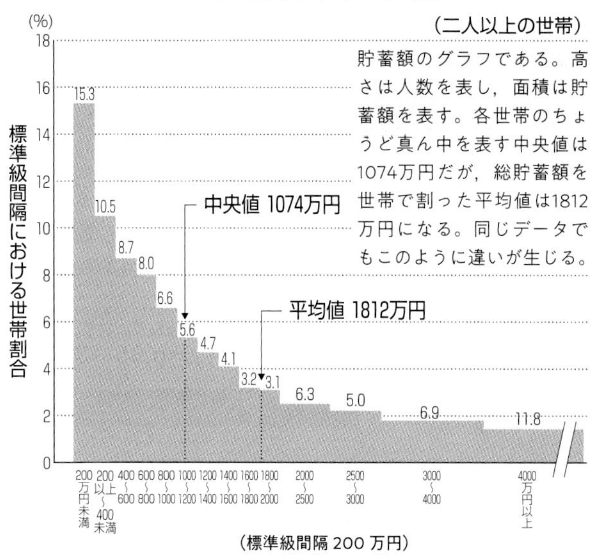

貯蓄額のグラフである。高さは人数を表し，面積は貯蓄額を表す。各世帯のちょうど真ん中を表す中央値は1074万円だが，総貯蓄額を世帯で割った平均値は1812万円になる。同じデータでもこのように違いが生じる。

権力者から見た情報
―ヒトラーと情報戦略―

情報は，上手く使えば便利でとても有意義なものである。私たちはさまざまな情報に触れ，多くのことを学ぶ。しかし，情報は使い方を間違えると大きな問題につながる恐れもある。日本でも，間違った情報に流されて詐欺(さぎ)に合うケースも多い。

第二次世界大戦の原因をつくり，ユダヤ人の迫害などを行ったヒトラーは，当時正当な選挙で国民から絶大な支持を集めていた。これには，ヒトラーの情報戦略があったといわれている。著書「わが闘争」の中で「宣伝の技術はまさしく，それが大衆の感情的観念界をつかんで，心理的に正しい形式で大衆の注意をひき，さらにその心の中に入り込むことにある」「宣伝を賢明に，継続して使用すれば，国民に天国を地獄と思わせることもできるし，逆に，きわめてみじめな生活を極楽と思わせることもできる」と語っている。

資料編　目次

★ページ内にある二次元コードをスマートフォンやタブレットで読み込むと，デジタルコンテンツを見られます。（通信料は利用される方の負担となります）

資料編の構成と使い方

デジタルコンテンツを体験してみよう！

未来の LIFE について考えて，他の人と話し合ってみよう！

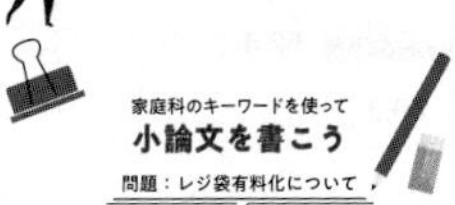

学習内容をヒントに，大学入試の小論文に挑戦してみよう！

おとなのつぶやき…

先輩たちの心のつぶやきに耳を傾けてみよう！

豆知識

学習にかかわる豆知識で，深い学びにつなげよう！

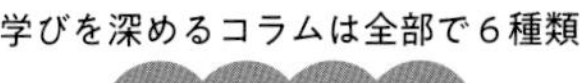
学びを深めるコラムは全部で６種類

話題の時事ネタ

他教科との連携

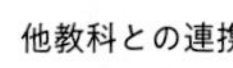

他国との比較

暮らしの安心・安全

日本について知る

いざという時のために

"おとな"って何!?

2022年4月1日以降，18歳以上の人は成人となり，「おとな」として扱われることになった。
「おとな」になると，何が変わるのだろう？　そもそも「おとな」とは何なのだろう？
おとなとして身につけておきたい知識や，知っておきたい情報を学んでいこう。

●「おとな」の条件って何だろう？

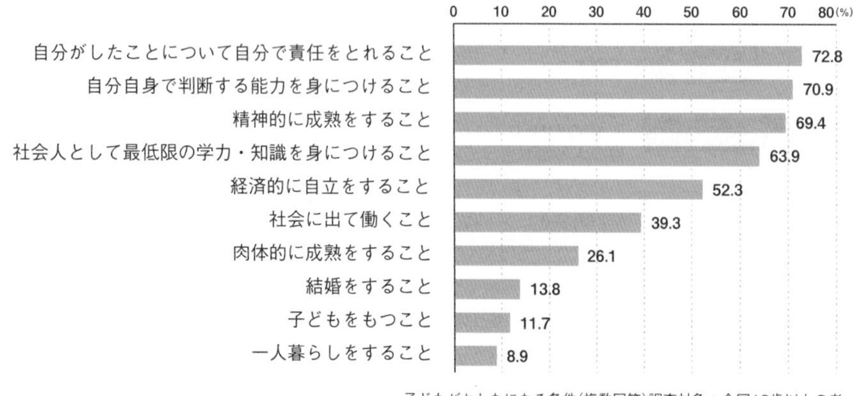

子どもがおとなになる条件(複数回答)調査対象：全国18歳以上の者
(内閣府「民法の成年年齢に関する世論調査」2013年より)

内閣府が，日本全国の18歳以上を対象に「子どもがおとなになるための条件」についての意識調査を行った。「自分がしたことについて自分で責任がとれること」と答えた人が72.8％で一番多かった。あなたは左のグラフをみてどう思うだろうか？　どれが当てはまるか考え，その理由についてクラスで話し合ってみよう。

おとなの準備はできてるかな？

自立チェック

今，あなたはどれくらい自立できているかな？
次の問いに○か×で答えてみよう！

Q1 □

包丁で素材を切るときの正しい手の添え方を知っている。

▶ p158

Q2 □

栄養バランスを考えたメニューを選ぶことができる。

▶ p368

Q3 □

衣服の取扱表示を理解し，適切な洗濯や管理ができる。

▶ p092

Q4 □

衣服が汚れたときの対処法を知っている。

▶ p095

Q5 □

ひとり暮らしをするとき，物件選びのポイントを知っている。

▶ p113

Q6 □

クレジットカードの機能と注意点を知っている。

▶ p012

Q7 □

ひとり暮らしに必要な1か月の生活費がどれくらいかわかる。

▶ p015

Q8 □

面接のとき，部屋へ入る際のマナーを知っている。

▶ p374

Q9 □

正しい敬語のつかい方を知っている。

▶ p375

1. 契約って何!?

デジタルコンテンツ

おとなクイズ

おとなになったら何ができる? どんな法的責任を担う? クイズに答えて重要項目を確認しよう。

1 生活の中の契約

●契約の例

電車に乗る

飲み物を買う

DVD をレンタルする

病院で治療する

解説 私たちは，日常生活のさまざまな場面で契約をしている。たとえば，通勤のために電車に乗る，コンビニエンスストアで飲み物を買う，といった何気ない行動も，実は契約によって成り立っている。

2 契約とは

●契約の流れ

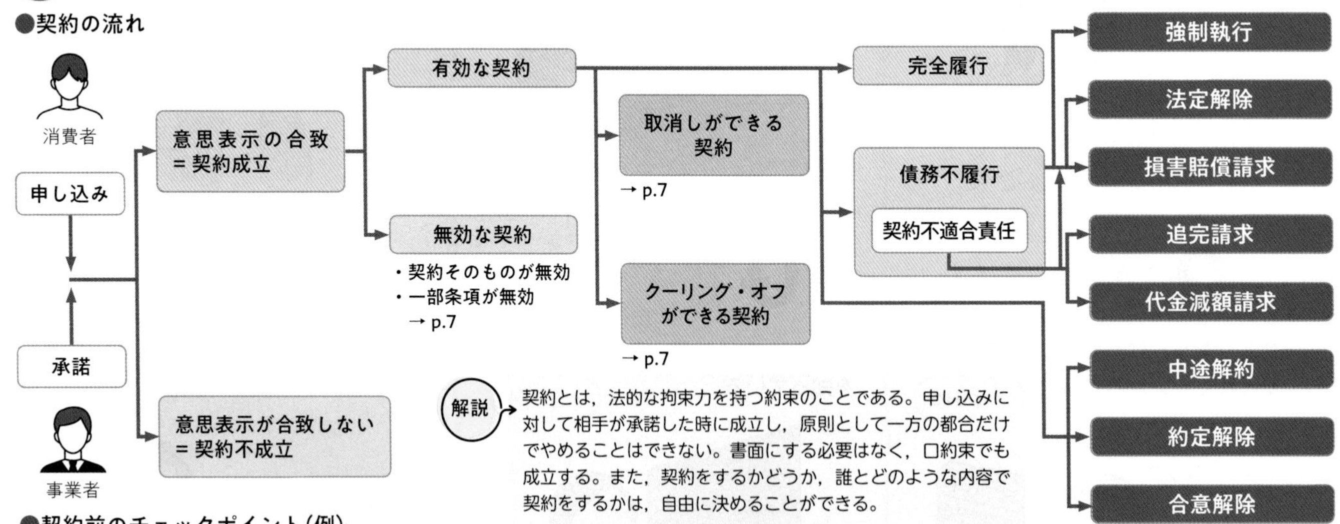

解説 契約とは，法的な拘束力を持つ約束のことである。申し込みに対して相手が承諾した時に成立し，原則として一方の都合だけでやめることはできない。書面にする必要はなく，口約束でも成立する。また，契約をするかどうか，誰とどのような内容で契約をするかは，自由に決めることができる。

●契約前のチェックポイント(例)

- 何をいくつ買うか，どのようなサービスを受けるか明確ですか?
- 代金はいくらですか? 他に今後支払う費用はないですか?
- 分割払いの場合，支払総額と支払回数・期間を把握していますか?
- 口頭での説明や約束事は，契約書に書いてありますか?
- 解約についての契約条項はありますか?
- 違約金や損害賠償などの条件を確認しましたか?
- ネットショッピングなどの通信販売の場合，返品できるかどうか，返品できる場合の条件について確認しましたか?
- 事業者の名称，住所，電話番号，代表者名は確認しましたか?

(国民生活センター「くらしの豆知識 2021 年版」より)

おとなのつぶやき… 語学教室の契約をしてしまったけど，支払いが大変なことに気づきました。友達に相談したらクーリング・オフができると教えてもらい，無事解約できました。法律を知っておくことが大事だと実感しました。(25 歳・男性)

3 契約をやめるには?

1 クーリング・オフ，中途解約

7つの類型	取引の内容，別のよびかた	クーリング・オフ	中途解約
訪問販売	自宅や職場などを訪問して販売 キャッチセールス　アポイントメントセールス	8日間 できる*	× できない
訪問購入	自宅を訪問して買い取り，押し買い		
電話勧誘販売	電話で勧誘して申し込みを受ける		
特定継続的役務提供	エステ　美容医療　語学教室 パソコン教室　家庭教師 学習塾　結婚相手紹介		○ できる
連鎖販売	マルチ商法(ネットワークビジネス)	20日間 できる*	
業務提供誘引販売	内職商法(副業商法，モニター商法)		×
通信販売	ネットショッピング　テレビショッピング カタログ通販　など	クーリング・オフは**できない**。 ただし，事業者は返品の条件等を表示する必要がある。表示がない場合，8日間は返品できる。	

クーリング・オフは，一定の期間内であれば，どのような理由でも契約を解消できる仕組みのことである。その期間が過ぎてしまっても，中途解約ができる契約もある。特定商取引法では，特に消費者トラブルが起きやすい7つの取引について，クーリング・オフや中途解約ができると定めている。

＊契約書などの書面を受けとった日を1日目と数える。店に買いに行った場合はクーリング・オフできない。
※赤字は若者がねらわれやすいもの。

2 消費者契約法による取消しと契約条項の無効

●契約の取消し　不当な勧誘により締結させられた契約は，後から取り消すことができる。

不実告知

契約を結ぶ際に，重要なポイントについて，事実と異なるウソの説明をする。

過量契約

その消費者にとって，買う通常の分量を著しく超えることを知りながら，商品を購入させる。

断定的判断の提供

将来の変動が確実ではないのに，「ぜったいにもうかる」など確実であるかのように断定的に言う。

不利益事実の不告知

利益になることだけを言い，重要事項について不利益になることを故意に告げない。

不退去

自宅などで勧誘され，「早く帰ってほしい」などと言ったのに，居座って帰らない。

監禁(退去妨害)

「帰りたい」と言ったのを無視して，勧誘している場所から帰してくれない。

その他

- 就職セミナー商法
- デート商法等(p.8)
- 高齢者等が不安をあおられる
- 霊感商法等
- 契約前に強引に代金を請求される　など

●契約条項の無効

消費者の利益を不当に害する契約条項は，無効となる。

- 事業者は責任を負わないとする条項
- 消費者はどんな理由でもキャンセルできないとする条項
- 成年後見制度を利用すると契約が解除されてしまう条項
- 平均的な損害の額を超えるキャンセル料条項
- 消費者の利益を一方的に害する条項

ミライフ 未来×LIFE

契約トラブルにあったらどんな行動をする?

もし契約トラブルにあったら，どのような行動をすればいいだろうか。下図（消費者庁「社会への扉」より）を参考にどのような対応方法があるのか，また，行動を起こすことで何が変わるのか考えてみよう。消費者トラブルを減らすめに何ができるか，話し合ってみよう。

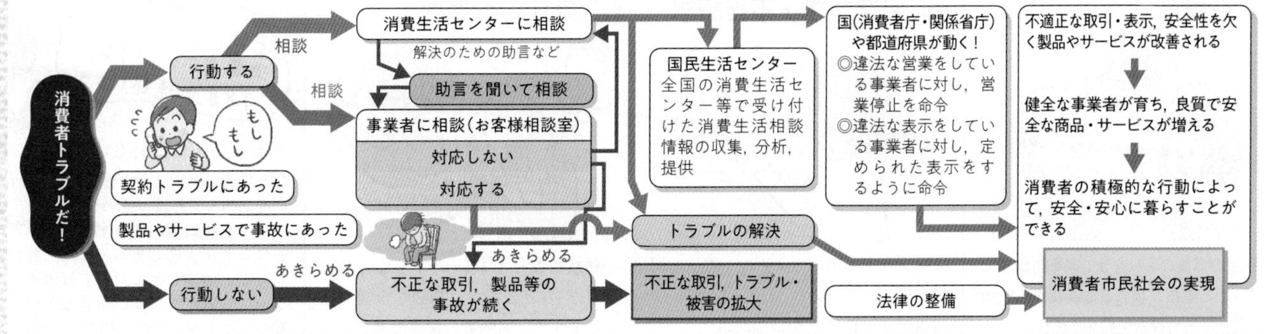

豆知識　未成年者が契約をするには，原則として法定代理人（親権者または未成年後見人）の同意が必要となり，法定代理人の同意のない契約は，取り消すことができる。

2. それ，悪質商法じゃない!?

デジタルコンテンツ

マルチ商法撃退シミュレーション

マルチ商法への勧誘をどう撃退する? チャット形式で体験してみよう。

1 悪質商法や詐欺などの例

1 無料商法

「無料招待」「無料体験」などと「無料」を強調して人を集め，高額な商品やサービスを契約させる。

2 劇場型勧誘

「パンフレットが届いている人しか買えない」「かわりに買ってほしい」などグルになって契約させる。

3 マルチ商法

販売組織の加入者が「購入者を増やせばもうかる」などと誘い，高額な商品を買わせる。

4 ネガティブオプション

注文していない商品を無断で送りつけ，受け取ったので「支払わなければならない」と思わせる。

5 アポイントメントセールス

「モニターに当選した」などと言って呼び出し，契約しないと帰れない状況にして，高額な契約をさせる。

6 キャッチセールス

街頭で「アンケートに答えて」などと呼び止め，喫茶店や営業所などに連れ込み，高額な契約をさせる。

7 デート商法

メールや電話でデートに誘い，「彼女(彼)のためなら」という思いにさせて，商品などを売りつける。

8 就職商法

「受講するだけで就職活動に有利になる資格が取れる」などと誘い，高額なテキスト代や受講料を振り込ませる。

9 点検商法

正規の点検のふりをして家を訪ね，「このままだと屋根が壊れる危険性がある」などと偽って不必要な契約をさせる。

10 架空請求・不当請求

覚えがないのに，メールや電話，郵便で支払いを求める「最終通告書」「債権譲渡通知書」などの通知が届く。

11 振り込め詐欺

親族になりすまし，「すぐにお金が必要だ」などと言い，高額な金額を振り込ませる。高齢者の被害が多い。

困った時は，
消費者ホットライン
「188」に連絡しよう。

▶トラブルに遭わないために

断る場合はあいまいな返答をせず，「契約をしない」とはっきりと伝える。その場で安易に契約をせず，断る勇気をもつことが大切である。また，身に覚えのない請求などに対しては返事をしない。判断がつかない場合などは，消費生活センターなどに相談しよう。

おとなのつぶやき… うっかりアダルトサイトを開いたら画面が閉じなくなりパニックに陥り，恥をしのんで兄に相談しました…。正しい知識を持つこと，対処法を学んでおくことが，おとなのたしなみとして必要だと感じました。(32歳・男性)

2 インターネットに関わるトラブルの例

1 ワンクリック詐欺

パソコンやスマホのアダルトサイトなどでクリックすると「料金○万円」などと，高額料金を請求される。

2 サクラサイト商法

サイト業者に雇われたサクラが異性などになりすまし，有料のメール交換などを誘い支払いを続けさせる。

3 フィッシング・なりすまし

フィッシングはメールなどで，「情報確認のため」などと，本物に似せたサイトに暗証番号などを入力させる。

気をつけよう！

▶トラブルに遭わないために
身に覚えのない請求は無視する。不審な URL は基本的にクリックせず，サイト業者にも連絡をしない。偽の警告画面が表示される場合は慌てて連絡や契約をせず，ブラウザを閉じるか強制終了する。また，個人情報や暗証番号を入力しないようにしよう。

4 サブスクリプションサービスのトラブル

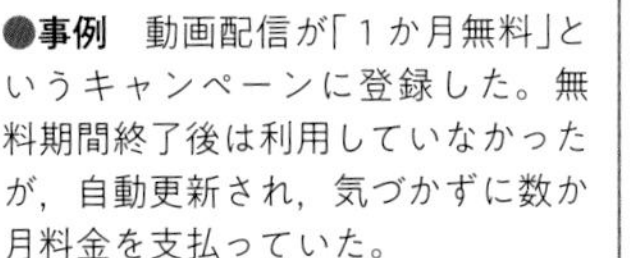

●事例　動画配信が「1か月無料」というキャンペーンに登録した。無料期間終了後は利用していなかったが，自動更新され，気づかずに数か月料金を支払っていた。

▶対処法　無料の期間，解約のしかた，事業者への連絡手段などを事前に確認しておく。利用中のサービス名と内容を定期的にチェックするとよい。

5 お試し購入のトラブル

●事例　動画サイトで「お試し 500 円」というサプリメントの広告を見て注文した。2回目の商品とともに代金6500円の請求書が届き，5回の定期購入が条件の契約だということがわかった。

▶対処法　定期購入が条件になっていないか，総額や解約・返品の条件などを確認しておく。契約内容の画面を印刷やスクリーンショットで残すとよい。

●詐欺サイトを見分けるポイント

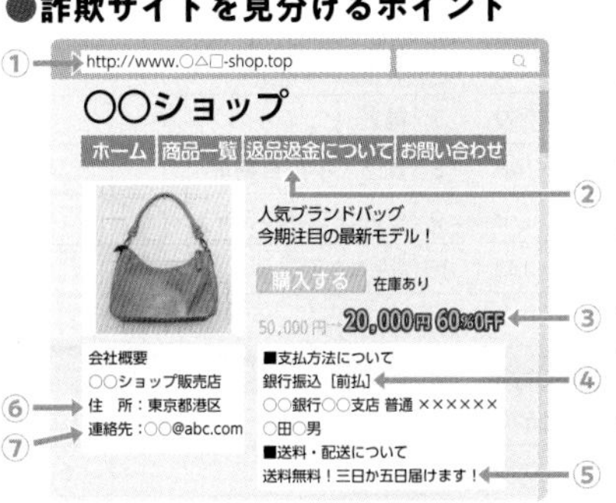

① URL が不自然
② 字体（フォント）に通常使用されない旧字体が交じっている
③ 一般に流通している価格より安い
④ 支払い方法が銀行振り込みのみ。個人名義の口座
⑤ 不自然な日本語表現がある
⑥ 住所が実在しない。住所が番地まで記載されていない
⑦ 電話番号がなく，連絡先がフリーメールアドレスの E メールしかない

3 おもな消費者問題等の年表

消費者の権利と保護

年	できごと
1955年	森永ヒ素ミルク事件
1960年	にせ牛缶事件
1962年	サリドマイド事件
1968年	カネミ油症事件，**消費者保護基本法** *1
1970年	**国民生活センター設立**，カラーテレビ二重価格問題発生
1973年	第1次オイルショックによる物不足騒ぎ
1976年	欠陥住宅問題，サラ金被害問題化
1987年	霊感商法の被害多発
1990年	マルチ，マルチまがい商法被害増加
1994年	**製造物責任(PL)法**を公布 *2
1995年	食品の期限表示開始，**容器包装リサイクル法**を公布
1996年	病原性大腸菌 O157 による食中毒続出
2000年	**消費者契約法**公布 *3
2001年	狂牛病問題発生
2002年	食品偽装表示事件多発

年	できごと
2004年	振り込め詐欺被害多発，**消費者基本法** *4
2005年	耐震偽装問題発生
2007年	ミートホープ事件等の食品偽装表示問題，こんにゃくゼリーによる窒息死事件顕在化
2008年	中国冷凍餃子食中毒問題
2009年	**消費者庁の発足** *5
2011年	生食用牛肉による集団食中毒発生，茶のしずく石鹸によるアレルギー事件
2013年	住宅リフォームなど認知症の高齢者の消費者トラブルが1万件を超す
2015年	分譲マンションの基礎杭打ちデータ改ざん
2017年	振り込め詐欺など悪質商法での格安スマホの利用が増える
2018年	仮想通貨の不正流出問題，加熱式たばこの誤飲事故急増
2022年	民法改正の施行により，成年年齢が18歳に

（消費者庁「消費者問題年表」などをもとに作成）

*1　**消費者保護基本法**
消費者問題が増えたのにともない，この法律により消費者は行政に「保護される者」となった。

*2　**製造物責任(PL)法(PL＝Product Liability の略)**
製品の欠陥が原因で，消費者が生命，身体，財産に被害を受けた時に適用される法律。テレビや自動車などの製造物が対象となる。

*3　**消費者契約法**
消費者と事業者との間で結ばれた契約に適用される。p.7 の不実告知，断定的判断の提供，不利益事実の不告知，不退去などは契約を取り消すことができる。

*4　**消費者基本法**
消費者の権利として，安全の確保，適切な選択の機会の確保，必要な情報の提供，消費者の意見が政策に反映されること，被害の救済が受けられることなどが盛り込まれた。

*5　**消費者庁の発足**
消費者庁は，消費者問題の被害防止や相談窓口の設置，被害者救済，消費者目線でのルール作り，再発防止などを一元的に行い，「消費者行政の司令塔」の役割を果たしている。

家庭科のキーワードを使って
小論文を書こう
問題：成年年齢の引き下げについて

2018 年 6 月 13 日，民法の改正案が成立し，「年齢十八歳をもって，成年とする」ことになりました。消費者トラブルに関する図「契約当事者の相談件数」（国民生活センター資料）を参考に，成年年齢の引き下げによって想定される課題について 600 字以内で述べなさい。なお，次の言葉を必ず用いること。『未成年者の取消権』『消費者教育』。
（2019 年大阪教育大学　教育学部より作成）

考え方　成年年齢と契約，未成年者の取消権がどのような関係か整理してみよう。

豆知識　生まれたときから，パソコンやゲーム，携帯電話の中で育ってきた世代を「デジタルネイティブ」とよぶ。

若者の消費者トラブル

1 若者の商品・サービス別上位相談件数（2022 年）

（消費者庁「令和 5 年版 消費者白書」より）

男

	15 ～ 19歳			20 ～ 24歳			25 ～ 29歳	
	総件数	7,300		総件数	17,528		総件数	17,436
1	インターネットゲーム	715	1	商品一般	1,061	1	賃貸アパート	1,769
2	商品一般	464	2	賃貸アパート	1,051	2	商品一般	889
3	脱毛剤	394	3	他の内職・副業	1,011	3	フリーローン・サラ金	826
4	出会い系サイト・アプリ	319	4	出会い系サイト・アプリ	709	4	普通・小型自動車	543
5	他の健康食品	311	5	フリーローン・サラ金	644	5	他の内職・副業	477
6	アダルト情報	298	6	役務その他サービス	565	6	役務その他サービス	426
7	化粧品その他	259	7	電気	510	7	電気	372
8	他の娯楽等情報配信サービス	148	8	普通・小型自動車	499	8	出会い系サイト・アプリ	330
9	賃貸アパート	136	9	金融コンサルティング	468	9	光ファイバー	319
10	他の内職・副業	132	10	脱毛エステ	425	10	脱毛エステ	300

女

	15 ～ 19歳			20 ～ 24歳			25 ～ 29歳	
	総件数	7,670		総件数	26,084		総件数	23,857
1	脱毛エステ	1,099	1	脱毛エステ	6,149	1	脱毛エステ	4,173
2	他の健康食品	564	2	他の内職・副業	1,702	2	賃貸アパート	1,933
3	商品一般	388	3	商品一般	1,085	3	商品一般	1,018
4	脱毛剤	265	4	賃貸アパート	1,067	4	他の内職・副業	897
5	他の内職・副業	244	5	出会い系サイト・アプリ	900	5	出会い系サイト・アプリ	521
6	コンサート	214	6	役務その他サービス	718	6	役務その他サービス	502
7	出会い系サイト・アプリ	193	7	医療サービス	518	7	医療サービス	488
8	医療サービス	186	8	電気	479	8	フリーローン・サラ金	387
9	アダルト情報	176	9	フリーローン・サラ金	458	9	電気	354
10	インターネットゲーム	136	10	金融コンサルティング	408	10	他の健康食品	284

若者は成人と比べて「知識」，「社会経験」，「お金(資力)」が乏しく，消費者トラブルに巻き込まれたり，被害が大きくなったりするといわれている。大学進学や就職など，生活環境が変わる時期にトラブルに巻き込まれる例が多い。年齢により，少しずつ相談内容が異なっている。

（備考）1．PIO-NET に登録された消費生活相談情報（2023 年 3 月 31 日までの登録分）。
2．品目は商品キーワード（下位）。

2 若者の消費者トラブルに関する相談

●販売購入形態別の相談割合(%)

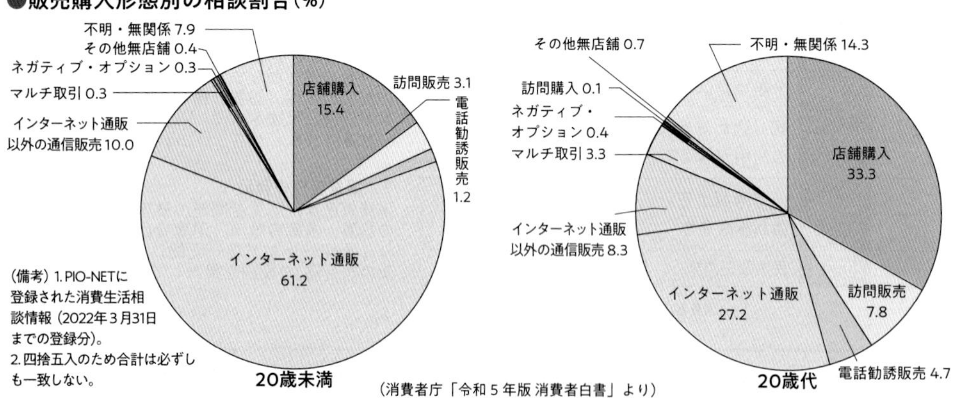

（備考）1. PIO-NETに登録された消費生活相談情報（2022年 3月31日までの登録分）。
2. 四捨五入のため合計は必ずしも一致しない。

（消費者庁「令和 5 年版 消費者白書」より）

●若者の SNS に関する相談

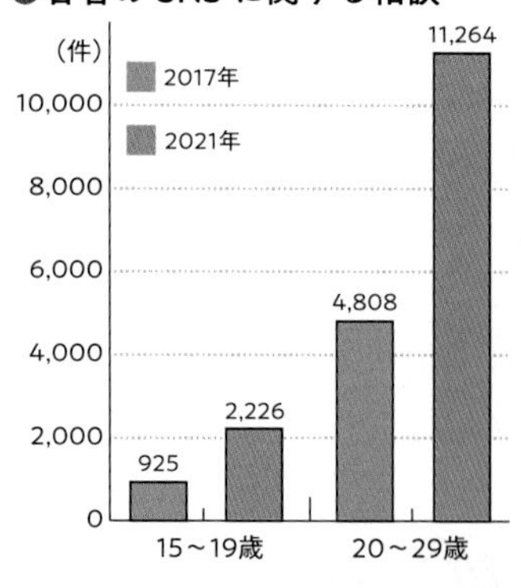

（消費者庁「令和 4 年版 消費者白書」より）

解説 若者の消費者トラブルを販売購入形態別で見ると，インターネット通販（アダルトサイトなどの利用料，オンラインゲームなどのデジタルコンテンツを含む）がもっとも多く，特に 20 歳未満では 61.2%と約 5 分の 3 を占めている。20 歳代はマルチ取引の割合が 3.3%とほかの年代に比べて高いことも特徴である。

SNS をきっかけとする相談は，20 歳代からの相談がほかの年代に比べて圧倒的に多い。20 歳代では，2021 年には 11,264 件に上り，2017 年から 2 倍以上に急増した。相談内容は，SNS 上の広告や SNS で知り合った相手からの誘いをきっかけに，消費者トラブルになるケースが多くみられる。

3 若者に多いトラブルの例

情報商材

情報商材とは，副業・投資などで高収入を得るためのノウハウとかたって販売されている情報のこと。インターネット広告やSNSで「1日数分の作業でもうかる」などと宣伝し，PDF，メールマガジン，動画などの形式で販売されることが多い。購入後，「指示通りにしてももうからない」「業者と連絡が取れなくなった」といったトラブルが相次ぎ，2020年に20歳代から寄せられた消費生活相談は，2015年の約10倍に増えている。トラブルを回避するには，「簡単に稼げる」などの誇大広告を簡単に信用しないこと，友達やSNS上の知り合いにすすめられても必要のない契約はしないことが大切である。

「情報商材」に関する20歳代の消費生活相談件数の推移

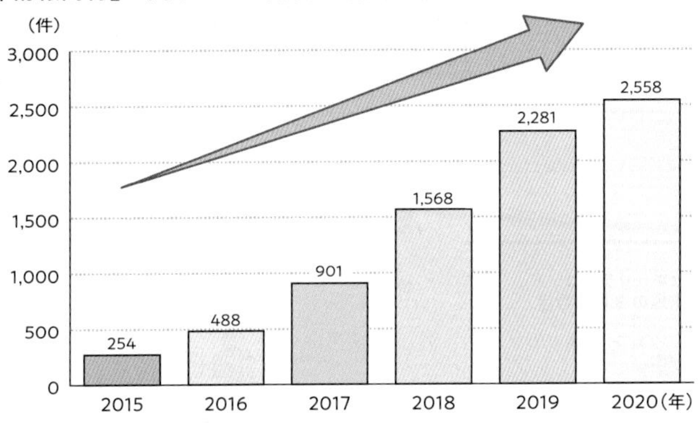

※PIO-NETに登録された消費生活相談件数　※2020年12月31日までに登録された件数
(消費者庁資料より)

フリマサービス

個人間で商品などを売り買いできるフリマサービスでは，「ブランドバッグを購入したが，届いたのは偽物だった」「表示とサイズが違う靴が届いたので売主に返金を要請したが応じてくれない」などのトラブルが起きている。代金のやり取りには運営会社が介在するが，トラブルが起きた場合は，基本的に当事者間で解決することが求められる。トラブルを避けるために，運営会社の取引ルールを守る，説明と違う商品が届いたら売主と冷静に交渉する，売主になる時は出品が禁じられている商品や禁止行為がないかを確認する，商品の配送は追跡可能な方法を選ぶ，などの点に注意したい。

フリマサービスの商品取引の主な流れ(例)

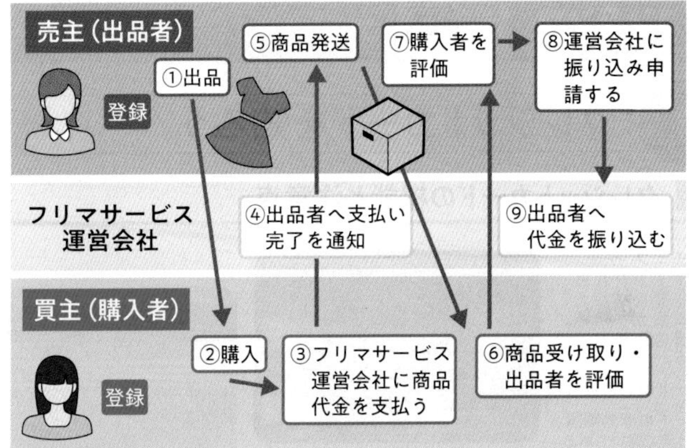

特殊詐欺

「ATMでお金を引き出すだけ」「スーツを着てお金を受け取るだけ」と友達や先輩に誘われて，アルバイト感覚で手伝うと，特殊詐欺グループの「出し子」「受け子」として犯罪に加担してしまう危険がある。こうした役割を一度でも引き受けると，逮捕されるまで利用され，人生を台無しにしてしまいかねない。また，謝礼をもらって自分の名義を貸す「名義貸し」をすると，その名義を使った携帯電話が犯罪に使われた場合，犯罪に加担したとして責任を問われる可能性もある。親しい人からの誘いでも軽はずみに行動せず，うまい話や判断に迷う場合ははっきり断ることが大切である。

詐欺グループの構図

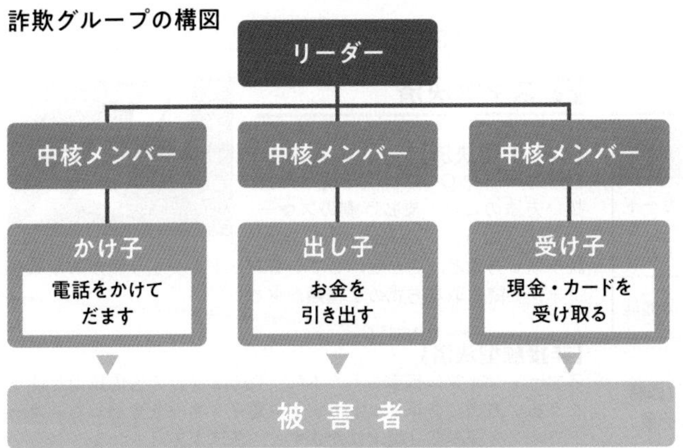

Column

気をつけよう！ SNS投稿

現実では知り合うことのできない人ともつながり，自由に意見を発信できるSNSの世界。新たなコミュニケーションを生む魅力的なツールである一方で，投稿した内容が拡散される可能性があることに注意が必要である。たとえば，SNSを通じて新型コロナウイルスに関するデマが出回り，社会的な混乱をまねいたこともあった。投稿する前に，情報の入手元が信頼できるかどうか必ず確認しよう。また，他人が写り込んだ写真や動画を無断で投稿すると，相手に迷惑をかけてしまう可能性もある。限定公開にしていても，誰かが保存して一般に公開してしまうリスクは消えない。SNSへの投稿は，いろいろな考えや立場の人が見る可能性があるということを意識しよう。

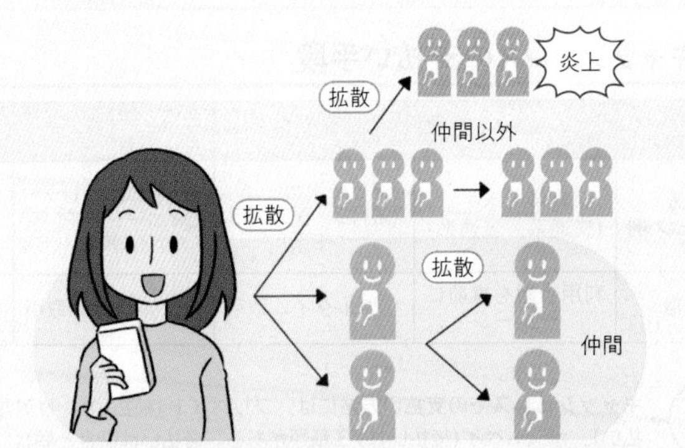

3. 見えないところでお金は動く！？

デジタルコンテンツ

クレジットカードの使える豆知識

実生活で使えるクレジットカードの知識を2択のクイズに答えて身につけよう。

1 クレジットカードを知ろう

1 クレジットカードの機能と注意点

【おもな機能】

●**支払い機能**
手持ちの現金が不足していても買い物ができるが，使用限度額以上は使えない。海外でも国内同様に使うことが可能。

●**借入れ機能**
ATM でカードを使って現金を引き出し，お金を「借りる」ことができる。借りたお金には金利がつく。

●**ID 機能**
会員として承認されると，クレジットカードとして買い物ができるだけでなく，ID（身分証明）としても使用できる。

【注意点】

●**使いすぎに注意**
借金であることを自覚し，使った金額を把握する。

●**キャッシング機能に注意**
預金を下ろす感覚で現金が手に入るが，借金であることを忘れてはならない。返済のために別のカードでキャッシングするという悪循環に陥る多重債務者も多い。

●**犯罪に注意**
情報を盗み取る「スキミング」，紛失したカードを悪用するなどの犯罪が起きている。紛失に気付いたらすぐにカード会社に連絡し，使用停止の手続きをする。

●**貸し借りをしない**
契約者本人以外が利用すると契約違反になる。

2 クレジットカードの契約関係（三者間契約）

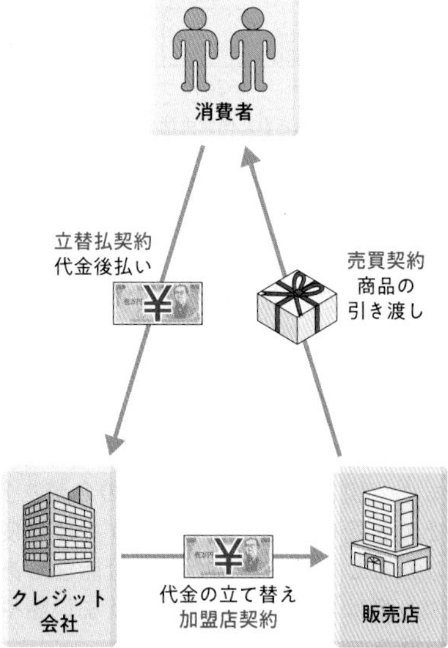

2 キャッシュレス決済

1 キャッシュレスの支払い手段

	プリペイド（前払い）	リアルタイムペイ（即時払い）		ポストペイ（後払い）
主なサービス例	電子マネー（交通系，流通系）	デビットカード（銀行系，国際ブランド系）	モバイルウォレット（QR コード，NFC 等）※プリペイ，ポストペイ可能	クレジットカード（磁気カード，IC カード）
特徴	利用金額を事前にチャージ	リアルタイム取引	リアルタイム取引	後払い，与信機能

解説 キャッシュレスでの支払い方法には，プリペイド（前払い），リアルタイムペイ（即時払い），ポストペイ（後払い）の３種類がある。後払いは借金と同じなので注意が必要。

2 スマホ決済

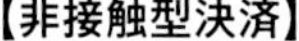

【コード型決済】
バーコードや QR コードを使った支払い方法のこと。支払う側のスマートフォンにコードを表示させて店が読み取る方式と，店が表示しているコードを支払う側がスマートフォンで読み取る方式の２種類がある。

【非接触型決済】
スマートフォンに搭載された NFC，FeliCa などの通信技術を使った支払い方法。クレジットカードや電子マネーを登録したスマートフォンを読み取り端末にかざすと，決済が実行される。

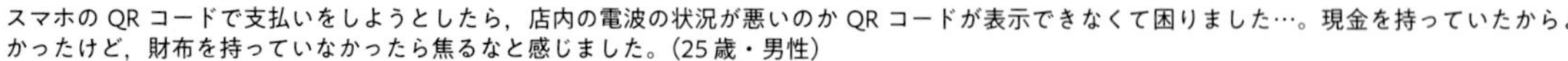

おとなのつぶやき… スマホの QR コードで支払いをしようとしたら，店内の電波の状況が悪いのか QR コードが表示できなくて困りました…。現金を持っていたからよかったけど，財布を持っていなかったら焦るなと感じました。（25 歳・男性）

3 さまざまな支払い方法

電子マネー
リボ払い

一括払い
商品を購入した翌月またはボーナス月に一括して支払う。手数料はかからない。

分割払い
支払いの回数，月々の支払い金額を決めて支払っていく方法。利用金額や支払回数に応じた手数料がかかる。

リボルビング払い（リボ払い）
あらかじめ決めた一定額を毎月支払う。毎月の残高に対して手数料がかかる。

分割払い（3回払い以上）やリボルビング払いは，元金のほかに手数料を支払わなければならない。リボルビング払いは，1回分の支払い金額は抑えられる反面，支払う期間が長期化すると手数料も多く払うことになり，結果的に支払総額が大きくなる。

12月にクレジットカードで18万円のパソコンを買った場合の支払いイメージ

	1月	2月	3月	4月	…	6月	…	翌年6月	支払総額
一括払い（手数料なし）	支払い終了 180,000円								180,000円
分割払い（3回）	元金 手数料 60,000円＋手数料	60,000円＋手数料	支払い終了 60,000円＋手数料						184,518円
分割払い（6回）	30,000円＋手数料	30,000円＋手数料	30,000円＋手数料	30,000円＋手数料	続く	支払い終了 30,000円＋手数料			187,956円
リボルビング払い	10,000円（定額＋手数料）	10,000円（定額＋手数料）	10,000円（定額＋手数料）	10,000円（定額＋手数料）	続く	10,000円（定額＋手数料）	続く	支払い終了 10,000円（定額＋手数料）	199,057円

※計算は目安で、実際はクレジットカード会社により異なる。上記支払総額は、実質年率15.0％の場合、一般社団法人日本クレジット協会「手数料計算のシミュレーション」「リボ払いシミュレーション」による支払い例。リボ払いは，月1万円の元金定額式の場合。
※初回の日割計算と最終回の端数調整があり、クレジットカード会社によりさまざまな支払い方法がある。

4 多重債務と解決方法

多重債務とは，消費者金融やクレジットカード会社など，複数の貸金業者から借金をしていることをいい，その借金の返済が困難になっている人を多重債務者という。

①任意整理	②特定調停
裁判所などを利用せず，債務者と債権者の間で交渉し，返済のしかたを取り決める。	簡易裁判所の仲介で債務者と債権者が話し合いにより，返済条件軽減の合意を目指す。
③個人再生	**④自己破産**
法律の定める一定の金額を原則3年（最長5年）で返済する計画を裁判所に提出し，裁判所に認められた場合，計画通りに支払えば残りの借金が免除される。	借金の返済が個人の全財産の処分ではめどが立たないことを裁判所に認定してもらい，借金をゼロにする。生活に最低限必要なものを除きすべて換金され債権者に分配される。

Column

奨学金で破産…!?

奨学金は，経済的理由で学費を払えない学生のための援助制度である。平成30年度の調査では，4年制大学に通う学生の47.5％が，何らかの形で奨学金を受けている。

奨学金には貸与型と給付型があり，貸与型は卒業後に返還義務がある。ところが近年，返還金を滞納する人が増加し，社会的に問題となっている。滞納する主な理由は本人の低収入である。非正規雇用の増加などを背景に，奨学金を借りた時に想定していた収入が得られず，返還が滞ってしまう人が少なくない。返還が遅れ続けた結果，自己破産に追い込まれてしまう人も増えている。奨学金の貸与を受ける前に，毎月の返還額や返還期間，卒業後の生活をシミュレーションして貸与額を決めることが大切である。

ミライフ 未来×LIFE

キャッシュレスで生活はどう変わる？

誰もいない店内で商品を選ぶと，自動的に支払う金額が計算され，レジではバーコードをスキャンすることなく決済ができる――。そんな無人決済方式の店舗が，日本でも増えている。

無人決済店舗では，天井などに設置された多くのカメラで客が選んだ商品を認識し，その情報を元に金額が計算される仕組みである。決済せずに店を出ようとしても出口のゲートが開かないなど，万引き対策も取られている。より少ない人数で営業できるため，人件費を削減できるメリットがある一方，カメラやセンサーなどを設置する必要があり，多額の設備投資が必要になるデメリットもある。

将来こうした店舗が増えると，社会や生活にどのような変化が起こるのか，考えてみよう。

東京・KINOKUNIYA Sutto 目白駅店

豆知識 クレジットカード審査の3つのCとは，「CAPACITY」（返済能力），「CHARACTER」（信頼，性格），「CAPITAL」（資産）。

4. 給与って全額もらえないの？

デジタルコンテンツ

お金のやりくりシミュレーション

1か月の収入でうまく家計をやりくりできるかシミュレーションしてみよう。

1 給与明細を見てみよう

給与明細にはさまざまな項目がある。健康保険，介護保険，厚生年金などの保険料をまとめて社会保険料という。これらの社会保険料と，所得税や住民税などが支給合計額から引かれたものが，会社から受け取る給与（手取り）となる。引かれることを控除という。

●正社員の給与明細書の例

支給	[1] 基本給	[2] 役職手当	家族手当	住宅手当				精勤手当
	200,000	0	0	12,000				3,000
				残業平日普通	残業平日深夜	残業休日普通	残業休日深夜	残業法定休日
				27,216	0	0	0	0
	残業法定深夜	非課税 通勤	課税 通勤	遅刻早退控除	欠勤 控除	課税 合計	非課税 合計	総支給合計額 [3]
	0	8,630	0	0	0	242,216	8,630	250,846
控除	健康保険	介護保険	厚生年金	厚生年金基金	確定拠出年金	雇用保険	社会保険調整	社会保険合計
	11,050	0	23,790	0	0	[4] 1,254	0	36,094
	課税対象額	所得税	住民税	税調整	社員会費		控除計	控除合計
	206,122	[5] 4,980	[6] 0	0	[7] 500		5,480	41,574
記事	累積課税合計	前月調整残	端数合計	当月端数調整	支払1	支払2	支払3	差引支給額 [8]
	242,216	0	209,272	0	209,272	0	0	209,272

1. 1か月の基本給
2. 基本給以外に支給される金額
3. 収入の合計
4. 社会保険料
5. 国に納める税金
6. 地方自治体に納める税金
7. 会社によっていろいろある
8. 手取り
総支給合計額から税金，年金，保険料を引いたもの

● アルバイトの場合は？

労働時間に応じた額が支給される。正社員より手当が少なく，賞与がないことも多い。厚生年金，健康保険は，1日または1週間の労働時間及び1か月の所定労働日数が，正社員の3/4以上あれば加入する必要がある。3/4未満でも，① 週の所定労働時間が20時間以上，② 雇用期間1年以上の見込み，③ 賃金が月額8.8万円以上（年収106万以上），④ 学生ではない，⑤ 常時501人以上の企業（特定適用事業所）に属する場合，必要となる。

2 初任給はどれくらい？

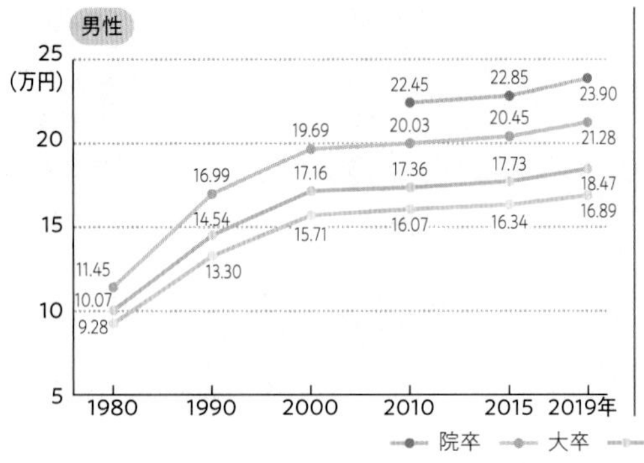

女性

	1980	1990	2000	2010	2015	2019年
院卒				22.12	22.85	23.83
大卒	10.87	16.29	18.74	19.35	19.88	20.69
高専・短大卒	9.74	13.81	16.36	16.82	17.46	18.34
高卒	8.83	12.60	14.76	15.32	15.62	16.46

（万円）

● 院卒　● 大卒　● 高専・短大卒　● 高卒

学歴が高い方が平均初任給は高いんだね

〈注〉初任給は，所定内給与額から通勤手当をのぞいたものである。

（厚生労働省「令和元年賃金構造基本統計調査結果（初任給）の概況」より）

おとなのつぶやき…

初給料がうれしくて，つい欲しかったブランドの洋服を買ってしまったけど，翌月，家賃や光熱費などが引き落とされた残高を見て後悔…衝動的にならずに計画的に買い物することが必要だと実感しました。（32歳）

3 年代ごとの収入と支出

1 大学生の収入と支出

●大学生(昼間部)の収入と支出

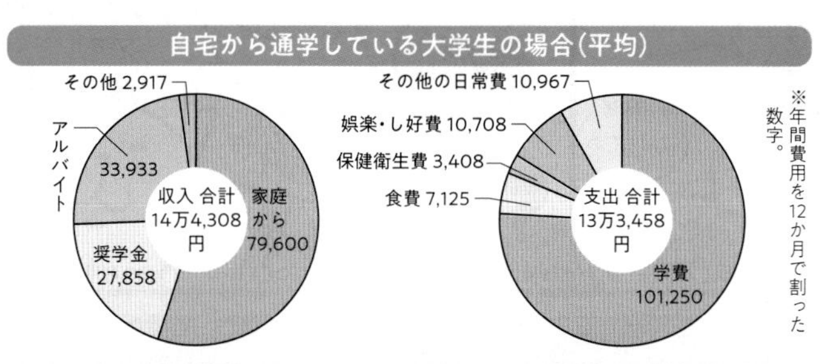

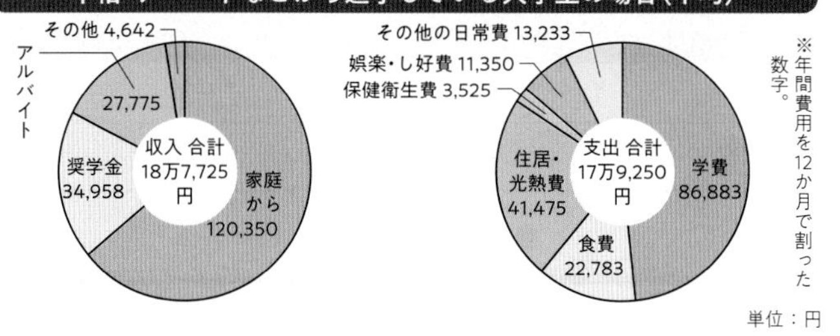

単位：円

((独)日本学生支援機構「令和2年度学生生活調査」より)

2 30歳未満の単身者の生活費

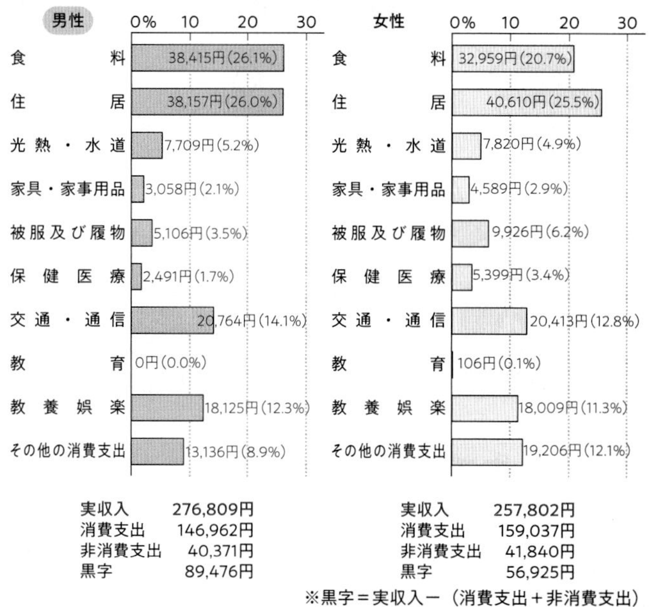

	男性	女性
実収入	276,809円	257,802円
消費支出	146,962円	159,037円
非消費支出	40,371円	41,840円
黒字	89,476円	56,925円

※黒字＝実収入－(消費支出＋非消費支出)

(総務省統計局「2019年全国家計構造調査」より)

ミライフ 未来×LIFE

ライフプランシミュレーター(金融庁ウェブサイト)

ライフステージによって変わる世帯の消費構造

ライフステージによって，世帯の消費支出の費用の割合は変わっていく。結婚をするのか，しないのか，子どもをもつのか，もたないのかなど，さまざまな選択肢があり，また，どのような選択をするかにより，必要となるお金も変わってくる。下のグラフを参考に将来どのような生活をしたいか，どのようなことにお金が必要になるのか考えてみよう。

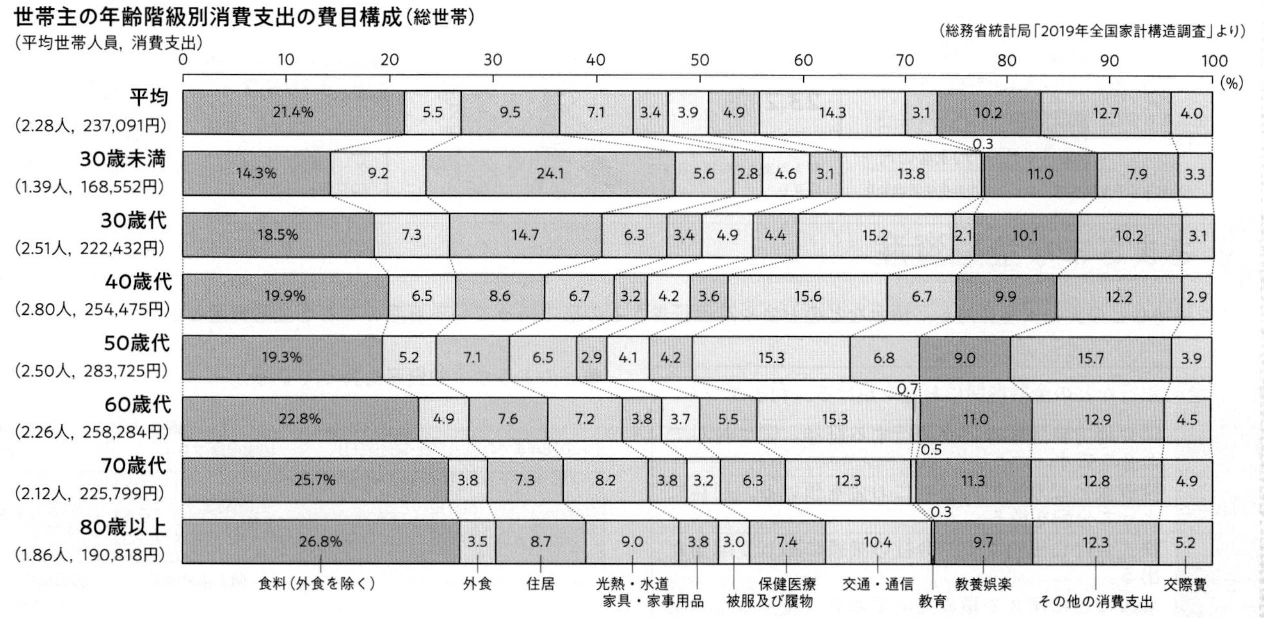

豆知識 ノーベル賞の賞金は非課税なのに，経済学賞のみ課税されるのは，元々ノーベルがつくらせた正式な賞でないため。

5. 人生は出費の連続！？ ～家計の管理～

*1 *2リクルートブライダル総研「ゼクシィ結婚トレンド調査 2022」※全国(推計値)　*3 住宅金融支援機構「2021 年度フラット 35 利用者調査」

デジタルコンテンツ

チャットで学ぶ投資のイロハ

チャットを通して投資の基礎知識を身につけよう!

1 人生で予想されるできごとやリスクと出費

●できごとの例

結婚

結納・婚約～新婚旅行までにかかった費用

415.7 万円

(リクルート「ゼクシィ 結婚トレンド調査 2023」)※全国(推計値)

教育 学習費総額

※学校教育費，学校給食費，学校外活動費の合計(各学年の平均額)

幼稚園(3年)	公立	約 **47.3** 万円
	私立	約 **92.5** 万円
小学校(6年)	公立	約 **211.2** 万円
	私立	約 **1000.0** 万円
中学校(3年)	公立	約 **161.6** 万円
	私立	約 **430.4** 万円
高等学校(3年)	公立	約 **154.3** 万円
	私立	約 **315.6** 万円

(文部科学省「令和２年度 子供の学習費調査」)

※学費と生活費の合計。大学(昼間部)

大学(4年)	公立	約 **549.1** 万円
	私立	約 **771.4** 万円

((独)日本学生支援機構「令和２年度学生生活調査」)

出産

出産費用

46.7 万円

(厚生労働省「出産費用の実態把握に関する調査研究（令和３年度）の結果等について」)

家を買う

建売住宅

3,719 万円

新築マンション

4,848 万円

(住宅金融支援機構「2022 年度フラット 35 利用者調査」)

老後の生活費

老後の生活費(夫婦２人)

23.2 万円

(生命保険文化センター「令和４年度生活保障に関する調査」)

●リスクの例

事故 車の物損事故の損害額(例)

2 億 **6,135** 万円

自転車の人身事故の損害額(例)

9,521 万円

((一社) 日本損害保険協会資料より)

不妊治療 タイミング法　約数千円～ **2** 万円

人工授精　約 **1 ～ 3** 万円

体外受精　約 **20** 万円 **～ 60** 万円

タイミング法とは排卵時期を正確に予測して性交する不妊治療の初期段階の治療法。健康保険が適用されることも多い。

離婚 慰謝料相場

50 万円 **～ 500** 万円

他には財産分与，子どもがいる場合は養育費(月５万程度)，弁護士費用などがかかる。

葬儀 **195.7** 万円

(日本消費者協会「第 11 回『葬儀についてのアンケート調査』報告書」／2017 年)

2 さまざまな金融資産

土地や建物などの実物資産に対し，預金などのお金や有価証券などの形で持っている資産のことを金融資産という。

預　　金	銀行などの金融機関にお金を預ける。利子がつく。
債　　券	国や地方自治体などが発行する証券。国に対してお金を貸す。
投資信託	投資家となり専門の会社にお金を預ける。利益によって分配を得る。
株　　式	株式会社に出資する。会社の業績に応じて配当が出る。
保　　険	事故などに備えて積み立てておき，発生したら給付される。

●どのような金融資産を持っているか

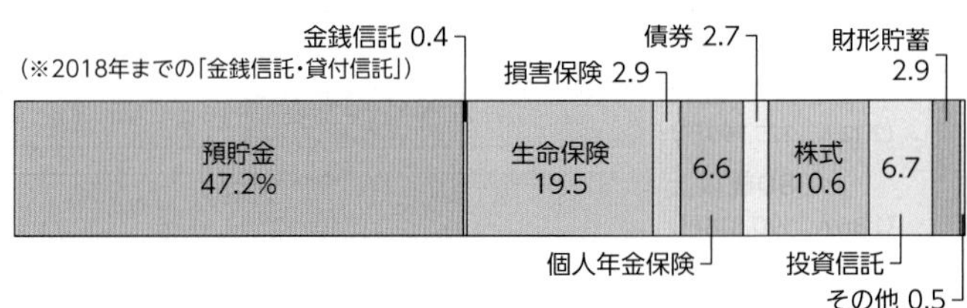

(金融広報中央委員会「家計の金融行動に関する世論調査」[二人以上世帯調査]（2020 年）より)

おとなのつぶやき… 社会人になったときに，おとななんだから民間保険に入った方がいいと勧められたけど，何かが起きたときに実際どれくらい必要になるのか，貯蓄がいくらあればいいのかなどよく分からず困りました…。リスクの予想って難しいですね。(24 歳・女性)

3 資産の運用（→巻頭⑦⑧）

1 リスクとリターン

リスクとリターンの関係（一般的なイメージ図）

大（高）　リターン（成果）　小（低）

ローリスク・ハイリターンはありません

基本的には満期まで保有すると元本または額面金額を受け取れる

ローリスク・ローリターン　あまり金利は高くない

株式

投資信託

ハイリスク・ハイリターン　高い収益が期待できるがリスクもその分高い

債券（国債）

預貯金

商品によってリスク・リターンはさまざま

小（低）　リスク（振れ幅）　大（高）

自分の資産を増やす目的で貯蓄や投資などをすることを「資産運用」という。さまざまな金融資産があるが，それぞれメリットとデメリットがある。目的と内容を理解した上で，自分なりの資産運用を考えてみよう。

2 iDeCo（イデコ）とNISA（ニーサ）

iDeCo	NISA
正式には「個人型確定拠出年金」。私的な年金で，掛け金や商品（定期預金，投資信託など）を自分で選んで60歳まで運用する投資制度である。原則として60歳まで引き出すことができないため，老後の資金づくりとしての性格が強い。掛け金，運用益，給付金には税制上の優遇措置がある。	正式には「少額投資非課税制度」で，「一般NISA」と「つみたてNISA」の2種類がある。どちらも年間投資額に上限があり，一定期間は得られた利益に税金がかからない。iDeCoと違い，いつでも現金化できる。一般NISAは2023年に終了し，2024年から一般NISAと積立投資を組み合わせた「新NISA」が始まる。

4 もしもに備える保険

保険

私たちの生活には多くのリスクがある。急な病気やケガで入院をしたり，交通事故などで相手にケガを負わせてしまい，賠償を求められたりすることもある。そのようなリスクに備える手段として，社会保険（公的保険）と民間保険（私的保険）がある。

社会保険でカバーできない部分を貯蓄や民間保険で補完することが必要である。

●保険の利点

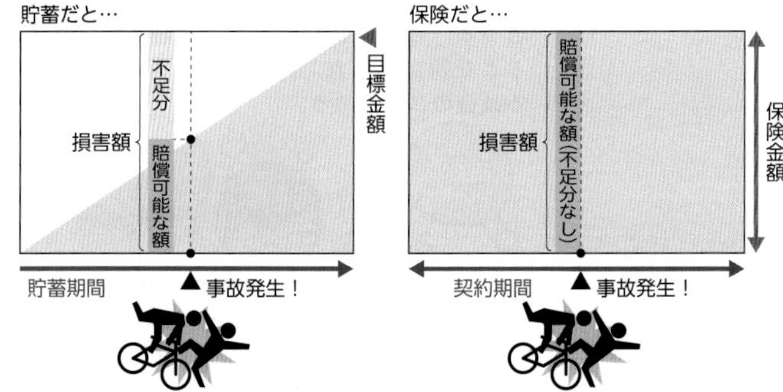

「貯蓄は三角，保険は四角」と言われる。貯金は時間をかけて少しずつ金額が増えていくので三角形。お金を貯（た）めている途中で万一のことが起きた場合，十分な保障ができない可能性がある。一方，保険は加入した直後から契約期間を通して一定した保障を受け取れるので安定した四角形といわれる。

●社会保険と民間保険

リスク	社会保険制度	関連する主な民間保険
ケガ・病気	●健康保険 ●国民健康保険　など	●傷害保険 ●医療保険 ●がん保険
認知症・寝たきり	●介護保険	●介護保険
老齢・障がい・死亡	●国民年金 ●厚生年金　など	●個人年金保険（生命保険分野） ●確定拠出年金
業務上・通勤途上のケガ・病気	●労働者災害補償保険	●労働災害総合保険 ●所得補償保険

生命保険　「生死」の保障　定期保険・養老保険・終身保険など

第三分野　「医療・介護」保障　医療保険・がん保険・傷害保険・介護保険など

損害保険　「損害」の補償　自動車保険・火災保険・賠償責任保険など

…… 生命保険と第三分野のくくり：生命保険会社で契約可

…… 損害保険と第三分野のくくり：損害保険会社で契約可

ミライフ 未来×LIFE

3 すべての人に健康と福祉を

人生100年時代到来？　これからの人生をどう生きる？

リンダ・グラットンが共著『LIFE SHIFT』で「人生100年時代」という言葉を提唱し，世界中で大きな話題を集めた。人生100年時代を見据えて，定年後に必要な老後資産と，スキルや健康などの無形資産が必要になると言われている。日本では，2007年に生まれた子どもの半数が107歳より長く生きるという海外の研究結果を参考とした上で，100年という長い期間をより充実したものにするための取り組みが進められている。将来に向け，どのように資産を形成していくか，考えてみよう。

豆知識　一般NISAは，非課税枠が年間120万円，非課税期間は最長5年間，投資可能期間は2023年まで。つみたてNISAは，非課税枠が年間40万円，非課税期間は最長20年間，投資可能期間は2037年（改定後は2042年）まで。

6. 買い物はお金の投票!? ～消費者市民社会～

デジタルコンテンツ

消費トラブル対処法入門

日常生活に潜む消費者トラブルの正しい対処法を知ろう。

1 消費行動が未来を変える

解説 消費行動は，私たち消費者がどの事業者の商品・サービスを買う（＝選択する）かということである。また，買うという行動は商品・サービスを提供する事業者に対する「お金の投票」と言い換えることもできる。何を基準に「お金の投票」をするのか？　単に商品・サービスの価格だけを考えるのではなく，その事業者の姿勢も考えて，よりよい社会が実現できるように「お金の投票」をしたい。消費行動は社会を変える力を持っているのである。

Column

消費者市民社会とは

2012年に制定・施行された消費者教育推進法では，消費者市民社会を「（略）自らの消費生活に関する行動が現在及び将来の世代にわたって内外の社会経済情勢及び地球環境に影響を及ぼし得るものであることを自覚して，公正かつ持続可能な社会の形成に積極的に参画する社会」と定義している。わかりやすく言うと，社会経済発展や地球環境につながることを視野に入れ，責任のある消費生活を送る社会のことである。

2 安いことの裏側を見つめる

安いだけでいいのかな？

ある店で300円で売られている商品とよく似ていて，機能もほぼ同じ商品が，ほかの店では100円だったとしたら，100円のものを選ぶ人が多いだろう。当たり前のことのようだが，果たして安ければそれでいいのだろうか。

2013年，バングラデシュの首都ダッカで，世界的衣料品ブランドの縫製工場が入ったビル「ラナプラザ」が崩壊し，1,000人以上が犠牲になった。ビルは違法建築だったが，オーナーは危険性を知りながら利益を優先し，従業員を働かせ続けていた。ファストファッションの激しい価格競争が，途上国での劣悪な労働環境を生み，世界に類を見ない大惨事につながったのだ。

過剰な価格競争が続けば，企業の収益は悪化する。その結果，社員の給料や雇用に影響するだけでなく，企業自体が存続できなくなるかもしれない。消費者は，消費者の責任を考え，価格以外の基準も踏まえて適切な価格の商品やサービスを選びたい。

●価格競争の悪循環の例

- 価格を下げないと売れない
- 企業：コストカット 大量生産
- 消費者：安いものを買う
- ○非正規雇用の増加 ○従業員の給料カット
- 安全性を軽視
- 長時間労働
- 社会保障費増大
- より安い海外へ
- 日本の技術流出

おとなのつぶやき… 買い物は安いものがお得だと思っていたけど，お店でエシカルファッションの商品リーフレットを見て，値段以外にもいろいろ考える視点があることに気づきました。おとなとしての選択っていろいろあるんだなと感じました。（30歳・女性）

3 エシカル消費

エシカル消費(Ethical, 倫理的消費)とは, よりよい社会の実現に向けて行う, 地域の活性化や雇用などを含む, 人・社会・地域・環境に配慮した消費行動のことである。開発途上国で不当な低賃金で働かせて製造している衣服を買わずに, 人・社会に配慮された商品を購入することなどもエシカル消費である。これらは, 持続可能な開発目標(SDGs)の17のゴールのうち, ゴール12「つくる責任 つかう責任」に関連する取り組みでもある。商品を選んだり買ったりする際に, エコマーク, 国際フェアトレード認証ラベル, FSCマーク, MSCラベル(海のエコラベル), ASCラベルなどのマークやラベルが商品についているか注目してみよう。「一人一人の消費が世界の未来を変える」可能性をひめているのだ。

マークやラベルを調べてみよう

FSC®マーク

MSC「海のエコラベル」

レインフォレスト・アライアンス認証

ASCラベル

1 フェアトレード(人・社会への配慮)

フェアトレードとは, 途上国で生産される原料や製品を, 品質などに見合う適正な価格で購入し, 途上国の生産者や労働者の生活改善や自立支援を目指す取り組みのことである。フェアトレードの商品には認証制度(国際フェアトレード認証)があり, 価格だけでなく, 安全な労働環境, 児童労働の禁止, 環境への配慮などの基準が定められているため, 認証製品を買うことが, 労働者の働く環境や生活水準の向上, 自然環境保護につながる。

◀国際フェアトレード認証ラベル

2 障がい者支援につながる商品を買う(人・社会への配慮)

障がい者の作業所でつくられた雑貨や農産物, お菓子などを買い, 障がい者の就労や自立を支える。

3 寄付つきのものを買う(人・社会への配慮)

売上金の一部が, 環境保全や途上国を支援する取り組みなどに寄付される商品を選ぶ。

4 被災地の商品を買う(地域への配慮)

災害や事故による風評被害で苦しんでいる地域の農水産物や特産品を買い, 復興を支援する。

5 地産地消を意識する(地域への配慮)

地元で生産された野菜や肉を食べ, 地域の農業を応援する。輸送によるCO_2の排出削減にもつながる。

6 伝統工芸品を買う(地域への配慮)

伝統工芸品の漆器や和紙などを購入し, 職人や長年受け継がれてきた伝統的な技術を守る。

7 エコ商品を買う(環境への配慮)

LED電球, ハイブリッドカー, 省エネ家電などに買い換え, CO_2排出量の削減に貢献する。

ミライフ 未来×LIFE

シェアリングエコノミーで生活はどう変わる?

インターネットを介して個人と個人・企業等の間でモノ・場所・技能などを売買, 貸し借りするなどのことをシェアリングエコノミーという。アプリを通じて商品を売買するフリマアプリや, 自宅などを有料で宿泊客に貸し出す民泊などもこれにあたる。一般社団法人シェアリングエコノミー協会によると, 2020年度の日本におけるシェアリングエコノミーの市場規模は2兆1,004億円で, 今後ますます拡大するという。シェアリングサービスが増えると, どのように消費生活が変わっていくか考えてみよう。

●シェアリングエコノミーのしくみ

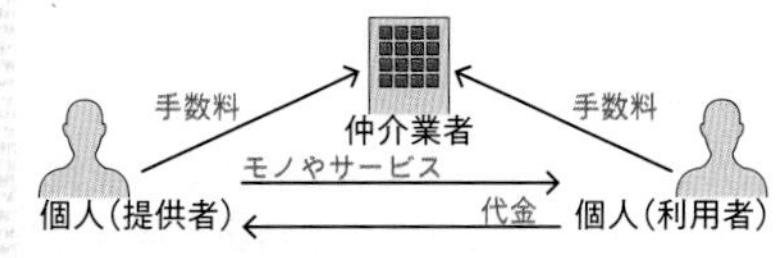

サイクルシェア

●おもな分類と例

モノのシェア	フリマアプリ, 高級バッグ, 洋服　など
空間のシェア	ホームシェア, 駐車場, 会議室　など
移動のシェア	カーシェア, サイクルシェア, 料理の運搬　など
スキルのシェア	家事, 介護, 育児, 知識　など
お金のシェア	クラウドファンディング　など

豆知識　自己破産すると国の「官報」に載ってしまう。無料で閲覧できるので, 情報がヤミ金融などに流されて悪用される場合がある。

1. 持続可能な社会を目指して①

デジタルコンテンツ

あなたのエコ意識を30項目で判定

30の項目をチェックしてエコについての意識度を確認し，今の活動を見直してみよう！

1 持続可能な社会とは

現代社会は，将来も安心して暮らせる仕組みになっているだろうか。地球温暖化などの深刻な問題の解決には，社会の仕組みを持続可能なものに変える必要がある。

気候変動とエネルギー・資源

温室効果ガス排出量の大幅削減 **低炭素社会**

3Rを通じた資源循環 **循環型社会**

持続可能な社会

気候変動と生態系

生態系と環境負荷

自然の恵みの享受と継承 **自然共生社会**

低炭素社会

「炭素」は二酸化炭素のことで，低炭素社会は「二酸化炭素の排出量が少ない社会」と言い換えることができる。地球温暖化の原因となっている二酸化炭素などを減らすため，太陽光発電などの新たなエネルギー源の普及が進んでいる。

自然共生社会

人間を含めた多様な生物が共存する社会。里地里山の保存や，ビオトープ（生物の生息空間）をつくる活動が行われている。自然共生社会の実現を目指す取り組みは，低炭素社会の形成とも関係が深い。

循環型社会

従来の大量生産・大量消費・大量廃棄型の社会をあらためて，資源やエネルギーを循環させて利用する社会のこと。循環型社会形成推進基本法では，「天然資源の消費を抑制し，環境への負荷ができる限り低減される社会」と説明している。

3R

REDUCE（リデュース）
ごみを減らすこと。モノの買い過ぎをやめ，過剰な包装は断る。

REUSE（リユース）
くり返し使うこと。不要になったものは必要な人にゆずってもいい。

RECYCLE（リサイクル）
資源として再利用すること。ごみの分別がリサイクルをすすめる。

3Rに，ごみになるものを断るRefuse（リフューズ），修理して使うRepair（リペア）を加えて，**5R**という場合もある。

Column

カーボンニュートラル

カーボンニュートラルとは，温室効果ガスの排出量を実質的にゼロにすることをいう。2020年，臨時国会の所信表明演説で菅義偉首相（当時）は「2050年までに温室効果ガスの排出を全体としてゼロにする，すなわち2050年カーボンニュートラル，脱炭素社会の実現を目指す」と宣言し，広く注目されるようになった言葉である。

日本は年間約11億2,200万トンの温室効果ガスを排出している（2021年度）。温室効果ガスにはCO_2，メタン，フロンガスなどが含まれるが，こうしたガスの排出量を完全にゼロにすることは，現実には難しい。そのため，排出した量と同じ量を吸収したり除去したりして，実質的な排出量を「全体としてゼロにする」ことを目標に掲げている。このようなカーボンニュートラルに向けた動きは，気候変動問題に関する国際的な枠組み「パリ協定」の下，世界の多くの国や地域に広がっている。

カーボンニュートラルの達成には，国全体で産業構造，経済，社会を変えていくことが求められる。エネルギーを使う側にも，エネルギーを低炭素・脱炭素なものへと転換する意識を高めていくことが必要である。

おとなのつぶやき… 500mlサイズのペットボトル飲料が発売された当時は，缶や瓶が多かったので，フタがついていて持ち運びになんて便利なんだ！と感動したのを覚えています。今，瓶入りの炭酸飲料を見るとなんだか懐かしいです。（58歳・男性）

2 循環型社会に向けて

持続可能な社会
低炭素社会ほか

1 全国のごみ総排出量

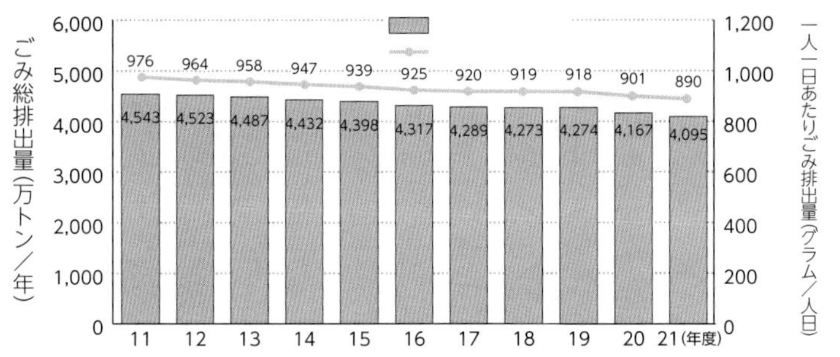

(環境省「一般廃棄物処理事業実態調査の結果(令和3年度)について」より)

2021年度の全国のごみ総排出量は4,095万トンで，東京ドーム約110杯分(ごみの比重を0.3トン／㎥として計算)に相当する。1人1日あたりの排出量は890グラム。ごみ総排出量は，2012年度以降微減傾向であり，基本方針でベースラインとしている4,523万トンを下回っている。

2 家庭からの二酸化炭素排出量の用途別内訳

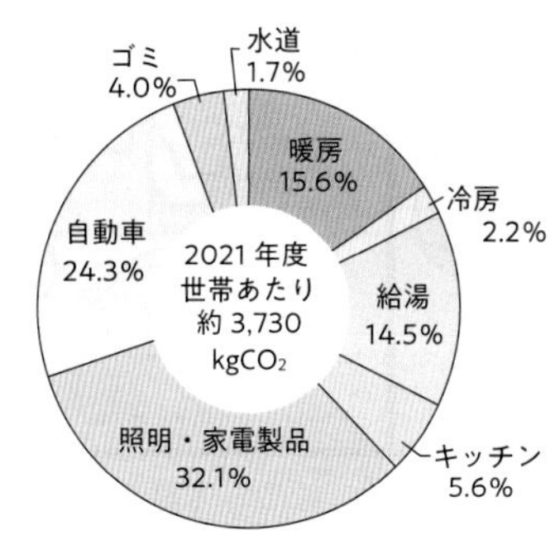

(「温室効果ガスイベントリオフィス／全国地球温暖化防止活動推進センターウェブサイト」より)

住宅の場所や建て方(戸建てや集合住宅)などによって二酸化炭素排出量は大きく変わるが，暖房，給湯，照明などの家電製品，自動車による排出量が大半を占め，使用していない家電製品の電源OFFや，LEDの使用など家庭内における機器効率の向上が求められている。

3 カーボンフットプリント(CFP：Carbon Footprint of Products)

カーボンフットプリントとは，直訳すると「炭素の足跡」。商品やサービスのライフサイクル全体で排出された温室効果ガスの量を算出し，それをCO_2排出量に換算して分かりやすく表示する仕組み。マークは“はかり”をモチーフに，CO_2を「はかる」イメージを表している。

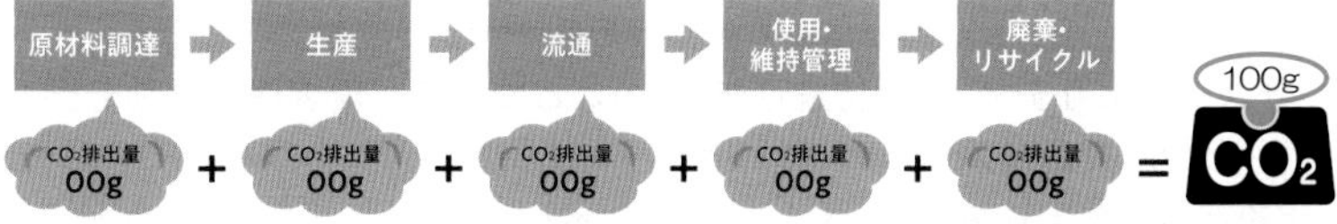

※CO_2相当量の数値を“はかり”に表示する。

3 生活とエネルギー利用

1 エネルギー消費量の推移

● 家庭部門用途別エネルギー消費量

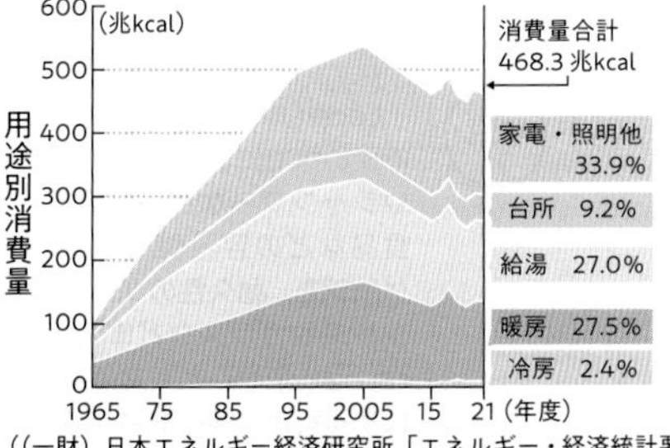

((一財)日本エネルギー経済研究所「エネルギー・経済統計要覧2023」より)

日本の電力需要は，生活水準の向上や情報化社会の進展を背景に伸び続けてきたが，2011年の東日本大震災以降は企業や家庭の節電の取り組みが広がり，伸びが鈍化している。また，家電製品の普及で増え続けてきた家庭の電力消費量も，2011年以降は減少傾向にある。

2 再生可能エネルギーとは

再生可能エネルギーは，資源に限りがある石油や石炭とは異なり，自然界に常に存在する太陽光，風力などをいう。温室効果ガスを増加させないため温暖化対策に有効だが，発電コストの高さなどの課題もある。

太陽光発電	太陽の光エネルギーを太陽電池によって直接電気に変換する発電方法。
風力発電	風の力で大きな風車を回し，その動力を発電機に伝達して電力を発生させる。
地熱発電	地中深くの地熱貯留層から取り出した蒸気でタービンを回して発電する。
バイオマス発電	家畜の排泄物，稲わら，間伐材などの生物資源を燃焼したりガス化したりして発電する。

ミライフ 未来×LIFE

プラスチックごみ問題

海に流出するプラスチックごみ(海洋プラスチック)による海洋汚染が，世界中に広がっている。クジラや海鳥がえさと間違えて食べてしまうといった生態系への悪影響だけでなく，漁業や観光などさまざまな面での被害も指摘されている。さらに問題視されているのが「マイクロプラスチック」である。マイクロプラスチックとは，海洋プラスチックが紫外線や波で分解されたものや，歯磨き粉などの研磨材に使われるマイクロビーズなど，おおむね5mm以下の微小なプラスチックのことで，表面に有害物質が吸着しやすく，海洋生物や人間の健康への影響が懸念されている。

このような現状を踏まえて，将来の海洋環境のためになにができるか，考えてみよう。

豆知識 ペットボトル飲料が発売されたのは1982年2月。食品衛生法に基づく容器包装の規格基準の改正によって，ペットボトルを使った炭酸飲料，果実飲料の製造が始まった。ペットボトルは，英語ではplastic bottleという。

2. 持続可能な社会を目指して②

デジタルコンテンツ

SDGs についての 17 のクエスチョン

SDGs が掲げる 17 の目標について，問題に答えて知識を深めよう。

1 サステナビリティを意識した取り組み例

1 企業の取り組み例

サステナビリティとは「持続可能性」のことである。環境保護活動分野でよく聞く言葉だが，近年は「企業のサステナビリティ」と使われることも多い。その意味するところは，「企業が利益を上げながら，社会的責任を果たすことで，将来的にも顧客に製品を供給し続けられる可能性を持ち続ける」という意味であり，財務活動，環境保護活動，社会貢献活動など企業活動のすべての面が包含されている。企業の社会的責任を意味する CSR (Corporate Social Responsibility) とセットで使われることもあるが，現在では CSR 単独でサスティナビリティを包括して意味する場合が一般的である。

企業でもいろんな取り組みをしてるんだね。

●イオン× Loop Japan の取り組み

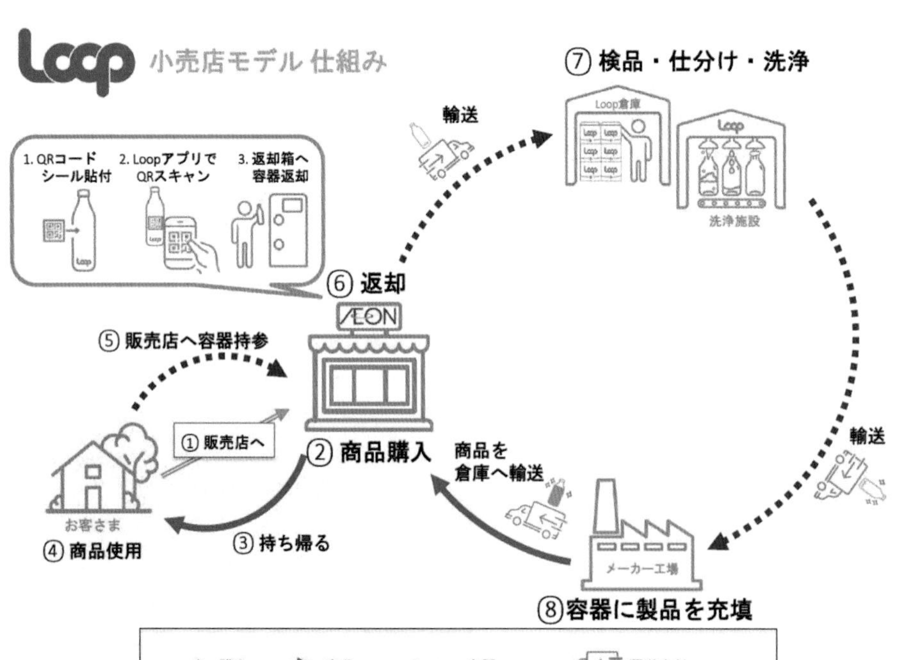

（イオンリテール株式会社 「ゼロ・ウェイスト（ごみを出さない）新しいライフスタイル体験を」より）

解説 Loop（ループ）は，これまで使い捨てにされていた洗剤やシャンプーなどの日用品，食品などの容器や商品パッケージを，耐久性の高いステンレスやガラスなどに変え，繰り返し使うことできるようにする新たな商品提供システムである。

イオングループの店舗で Loop 商品を買い，利用後の容器を店舗に設置された返却ボックスに返却すると，アプリを通じて容器代が返金される。回収された容器は，洗浄後に再び製品を充填し，イオンの店頭に並ぶという循環する仕組みになっている。

おとなのつぶやき・・・ 数年前は SDGs という言葉の意味を詳しく知らなかったけど，ここ最近，メディアなどでもよく取り上げられ，サステナブルという言葉が浸透してきたなと感じます。小さくてもできることから始めることが大事ですね。（30 歳）

2 自治体の取り組み例

SDGsとは

SDGs未来都市

少子高齢化が進む日本では，人口減少や経済の縮小を乗り越え，将来にわたって地域の成長力を維持することが求められている。地域の成長力を保つためには，人々が安心して暮らせる持続可能なまちづくりや地域活性化が欠かせないが，そうした取り組みにSDGsの理念を取り入れた「地方創生SDGs」が全国で進められている。

内閣府は，地方創生SDGsの取り組みの中でも，経済・社会・環境の3つの側面で新しい価値を生み出し，持続可能な開発を実現する活動を提案した自治体を「SDGs未来都市」に選定。さらに，SDGs未来都市の中でも特に先進的な取り組みを「自治体SDGsモデル事業」に選び，事業を支援している。自治体がまちづくりにSDGsを活用することには，地域の課題が明確になり，住民，企業，NPO，教育機関など多様なステークホルダーとのパートナーシップを深められるなど，多くのメリットもある。

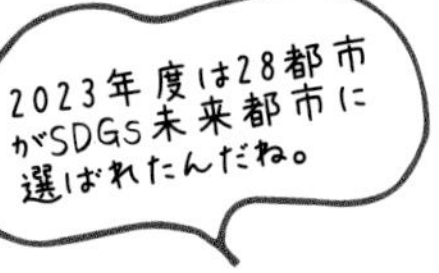

千葉県市原市「化学×里山×ひと～SDGsでつなぎ，みんなで未来へ～」

国内有数の石油化学コンビナートを抱える千葉県市原市。2050年のカーボンニュートラルと持続的発展の両立に向けて，「市原発サーキュラーエコノミー（循環型経済）」の実現を掲げている。あわせて，里山環境を生かしたまちづくり，子どもや若者が夢や希望を実現できる社会の構築にも取り組み，市民，団体，企業，学校などさまざまなステークホルダーと連携しながら，持続可能なまちづくりを進めている。

2 高校生の取り組み例

高校生自然環境サミット

環境学習に取り組む高等学校の生徒が主体となる「全国高校生自然環境サミット」。このサミットは，環境学習に積極的な取り組みをしている全国の高校生が，「自然との共生」をメインテーマとして，自然との豊かなふれあいを体験し，自然と人間との関わりについて考える場づくりとして，高校生自らが開催する2泊3日のイベントである。実行委員が中心となって運営し，開催地のすばらしい自然環境を舞台にしたフィールドワークを通して自然と人間とのかかわりについて考えたり，自分たちの体験をもとに意見交換するワークショップを通して，今後の環境学習のあり方について発表を行ったりする。第23回となる2022年は尾瀬（群馬）で開催され，その後は，辺土名（沖縄），標茶（北海道）などで開催される。（写真は2021年開催のもの）

環境×高校生プロジェクト

環境省が，さまざまな分野で活躍する高校生たちを“環境の視点”から応援する「環境×高校生プロジェクト」を発足させた。高校生が環境に関する意識や共感を深めることを目的に，地球温暖化防止を呼び掛ける**「COOL CHOICE」**，循環型社会の新しいライフスタイルを提唱する**「Re-Style」**，豊かな森里川海の恵みを支える社会を目指す**「つなげよう，支えよう森里川海プロジェクト」**，国立公園の魅力を発信する**「国立公園満喫プロジェクト」**と連動した企画がある。環境省ホームページをチェックしてみよう。

Column CSRとSDGs

CSR（Corporate Social Responsibility，企業の社会的責任）とは，企業が事業の利益を追求するだけでなく，顧客，株主，従業員，取引先，地域社会といったステークホルダーの利益も尊重する責任があることを示す言葉である。具体的には，人権に配慮した雇用，消費者への適切な対応，環境への配慮，地域貢献などを行うことが挙げられる。環境や労働に対する市民の意識が高いヨーロッパでは，CSRが企業活動の根幹に根付いている。アメリカでは，企業活動のグローバル化が進んだ2000年代，途上国で雇用した労働者の人権問題が起き，CSRの法的整備が進められた。

最近では多くの企業が，自社の価値を高め，ビジネスチャンスを広げるものとして，SDGsにも取り組んでいる。CSRは企業の取り組み，SDGsは社会全体が目指す目標という違いはあるが，どちらも社会や環境への取り組みを通じて持続可能性を高めるという共通の目的があるといえる。

豆知識 無料で廃品回収をうたって，実際には支払いをせまる悪質業者が問題になっている。ごみの処分のしかたは地域のルールに従おう。

消費生活・環境　ワークシート①を使って実践しよう！　ワークシート

ロールプレイングで学ぶ悪質商法

日常生活の思わぬところで悪質商法にあう可能性がある。自分だけは大丈夫と思わずに，さまざまな事例があることを知っておこう。また，具体的にどのような手口があるのか，ロールプレイングを通じて学んでみよう。

Study 1 悪質商法はどのような状況で起こる？

悪質商法がどのようなきっかけで，どのような状況で勧誘されるのか，以下のグラフを見て考え，具体的な場面を想定してみよう。

1 勧誘の最初のきっかけ

「友人・知人を介しての紹介」「声をかけられた・電話がかかってきた」「文書やメッセージの送付・送信」が約70％

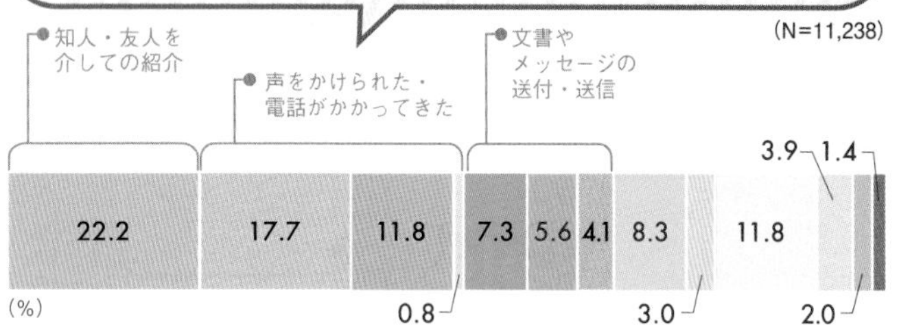

グラフ左から
- 友人・知人を介して紹介されたこと
- 街中を歩いていて声をかけられたこと
- 電話がかかってきたこと
- キャンパス内で声をかけられたこと
- SNSを通してメッセージがきたこと
- メールがきたこと
- 郵便物が送られてきたこと
- 自らお店等に行ったこと
- 広告・宣伝物を見て，自ら連絡したこと
- 自宅に訪問があったこと
- イベント会場やセミナー会場に行ったこと
- 上記以外のインターネット上のやり取り
- その他

2 勧誘を受けた際に声をかけられた内容

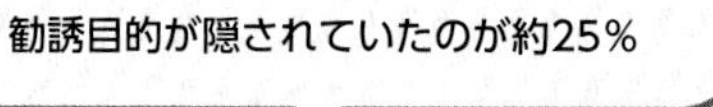

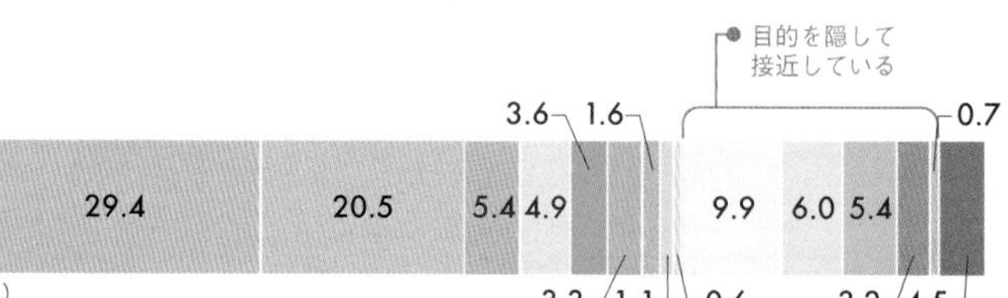

グラフ左から
- 無料で（とても安い値段で）～するが，どうか
- 美容に興味はないか
- いい副業がある
- 就職に不安はないか
- いいもうけ話がある
- 投資に興味はないか
- 資格に興味はないか
- モデル・タレントになりたくはないか
- 占いを受けてみないか
- 日常会話や世間話
- 聞かせたい話があるので会って話をしてみないか
- アンケートに答えてほしい
- すごい人がいるので，ぜひ会ってほしい
- （知らない人から）メール・SNSで会話をしたい
- その他

（消費者庁「若者の消費者被害の心理的要因からの分析に係る検討会報告書」2018年8月より）

Study 2 対処法を調べてみよう

クーリング・オフ(p.7)，消費者契約法による取り消し(p.7)などを参考に，悪質商法にあった場合の対処法を考えよう。また，困ったときは，消費生活センターなどに相談するとよい。消費生活センターがどのようなところか，相談する際のポイントなどを確認してみよう。

消費生活センターとは？

全国の都道府県・市町村に約800か所あり，各地方公共団体が設置している。

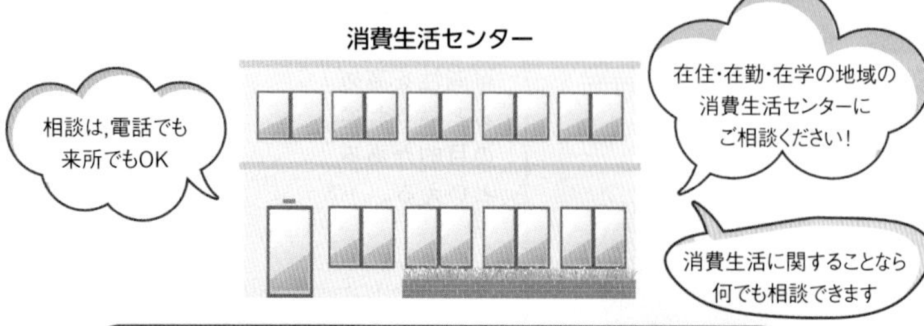

消費者ホットライン ☎188 相談は無料

全国共通の電話番号で，「188」とダイヤルすると，身近な消費生活センターや消費生活相談窓口などにつないでもらえる。

Q どのような人が対応してくれるのですか？

A 国家資格を持った消費生活相談員やそれに準じた専門知識・技術を持った人が対応します。

Q 消費生活相談員は，どのような対応をしてくれるのですか？

A 消費者関連の法律に基づき，解決のためのアドバイスをしたり，必要に応じて事業者との間に入ってあっせん（解決のための交渉のお手伝い）を行ったりして被害の回復を図ります。

Q 秘密は守られるのですか？

A 守秘義務があるので，情報はしっかり守られます。外には漏れません。

（消費者庁「社会への扉」より）

Study 3 ロールプレイングで悪質商法をシミュレーションしよう

以下のシナリオで役割を決めてロールプレイングしてみよう。体験後，だます側の手口，だまされる側の心理について話し合ってみよう。

Case 1 マルチ商法

登場人物

Aさん（誘われる大学生）

B先輩（誘う先輩社会人）

場面①

ナレーター　大学生のAさんに，社会人のB先輩からひさしぶりに電話がかかってきました。

B先輩：A，ひさしぶり！ Bだけど元気？

Aさん：あ，先輩，ひさしぶりです。元気ですよ。

B先輩：実はAだけに教えるんだけど，絶対もうかる話があるんだよね。しかも，楽してもうかるビジネスでさ。

Aさん：そんなうまい話，本当にあるんですか？

B先輩：詳しく紹介するから，喫茶店で会おうよ。

場面②

ナレーター　Aさんは話を聞くために喫茶店へ行くことにしました。

Aさん：先輩，お待たせしました！ 電話で話した，もうかる話ってなんですか？

B先輩：実はさ，このUSBメモリの中に，自動投資システムと，もうけるための投資ノウハウの教材が入っているんだよね。

Aさん：でもちょっと難しそうですね…。

B先輩：大丈夫，使い方も簡単だし，投資の勉強にもなるし。そうそう，これがこの販売会社のHP。会社の説明とか，個人投資家の体験談も載ってるだろ。

Aさん：すごい，この人はもうけたお金でマンション買ったんですね！

場面③

ナレーター　B先輩の熱弁に，Aさんはすっかり引き込まれていきました。

B先輩：このUSBは50万円だけど，投資ですぐ取り戻せるから大丈夫！

Aさん：でも50万円は高いなあ…。

B先輩：大丈夫，分割払いもできるし，すぐに取り戻せるから。さらに，これをほかの人に売ると，紹介料として10%もらえるから損はしないよ。今が始めるチャンスだよ！

Aさん：そうか，もうけたお金で取り戻せるなら大丈夫かな。

Case 2 デート商法

登場人物

Cさん（誘われる女性）

Dさん（誘う男性）

場面①

ナレーター　CさんのSNSに，突然知らない男性からメッセージが届きました。

【SNSでのメッセージ】

Dさん：「友達かも」に名前が出てきて，気になったのでメッセージしました。僕の写真も添付しますね。よかったらお返事ください！

Cさん：（心の声：あ，人気歌手に似てる！）メッセージありがとうございます。共通の知り合いがいるんですかね…？

場面②

ナレーター　Cさんは，趣味の話などについて毎日やりとりを重ねるうちにDさんと意気投合し，実際に会うことになりました。

Dさん：ようやく会えましたね。Cさんに会えてうれしいです！

Cさん：私も毎日SNSでやりとりをするうちに，Dさんのメッセージが楽しみになりました。

Dさん：そうそう，僕デザイナーやってて，この近くでジュエリーの展示会やってるんだよね。Cさんにぜひ僕の作品を一緒に見てほしいな！

Cさん：ジュエリー？

場面③

ナレーター　Dさんに熱心に誘われ，Cさんは展示会の会場へ行くことになりました。

Dさん：これこれ，キレイでしょ？

Cさん：うん，キレイだね。

Dさん：Cさんに絶対似合うよ！ 本当はプレゼントしたいんだけど，展示品だからあげることはできなくて…。

Cさん：30万円だもんね…。

Dさん：お店には内緒だけど，半額は僕がプレゼントするから買ってくれるとうれしいな。

Cさん：プレゼント!? でもちょっと高いかな…。

Dさん：カードローンでも全然大丈夫だよ。Cさんがジュエリーをつけてくれたら，次のデートもテンション上がるなあ！！

Cさん：え，そう!?

Visual LIFE

日本の家族の，昔と今と未来

多世代で暮らす大家族

第二次世界大戦前の日本では，3世代以上の大家族が同居するのが一般的だった。大日本帝国憲法の下にあった当時の民法では，家族は家長の命令・監督に服すると定められ，妻や子どもの権利の多くは制限されていた。このように家長により統治された家族制度は「家制度」ともいわれる。現在の家族のあり方とは大きく異なるが，親孝行を尊ぶ道徳思想や，男尊女卑の意識などはその名残として考えられている。

明治から戦前

親子で暮らす核家族

戦後，日本国憲法が制定され家族のあり方も大きく変わった。「家制度」は廃止され，家族関係における個人の尊重と両性の平等が規定された。また産業の工業化が進み，企業に勤めるいわゆる会社員が増えた。父親がサラリーマンとして働き，母親が育児・家事をこなし親子単世帯で暮らす核家族化が進んだ。親子で住むためのマイホームや集合住宅が増え，洗濯機や冷蔵庫などの電化製品が普及したのもこの頃である。

戦後の昭和

共働き世帯、少子化が進む

平成の30年間で少子化が進行していったが，その背景にあるのは家族形態の変化である。女性の社会進出により働く女性が増え共働き世帯が増えたが，一方で仕事と育児の両立の難しさや，出産・育児による所得減少などを理由に出生率は下がっていったと考えられている。結婚や家族についての価値観の多様化も進み，また単独者でも暮らしやすい社会環境が整ったことから未婚率の上昇や，晩婚化も進んだ。

多様化が進む家族のかたち

令和の時代，家族のあり方はどのように変わっていくだろうか。コロナ禍でオンラインでしか会えない家族が増えた。また，同性婚パートナシップ制度や選択的夫婦別姓などが議論されたり，家族をめぐる価値観や制度は今も変わりつつある。なかでもこれまで家族の役割とされてきた育児や介護を，社会的課題として捉え，家族だけでなく社会全体で支えていこうとする流れは今後も加速していくと考えられている。

1. 自分らしさって何だろう？

デジタルコンテンツ

マズローの欲求5段階チェック

質問に YES もしくは NO で答えて，「欲求のピラミッド」の5段階が満たされているかをチェックしよう。

1 ジョハリの窓

	自分は知っている	自分が知らない
他人は知っている	**開放の窓** 自分も他人も知っている「私」	**盲点の窓** 他人は知っているが，自分は知らない「私」
他人が知らない	**秘密の窓** 自分は知っているが，他人は知らない「私」	**未知の窓** 他人も自分も知らない「私」

ジョハリの窓はアメリカの社会心理学者が考えたものである。人の心には４つの領域があるという。他人が知っている「私」について調査し，自分が知っている「私」と共通のことを“開放の窓”にというように，記入していく。他人と自分の自己理解のズレに気づくことができる。

2 自分らしさを持っていますか？

右の調査は令和元年に 13 歳から 29 歳までの子どもと若者を対象に行われた。「自分らしさがあると思う」と回答した人は「あてはまる」と「どちらかというとあてはまる」を合わせて 70.6% で，これは平成 28 年度の同調査よりも減少している。一方で「自分らしさを強調するより，他人と同じことをしていると安心だ」と回答した人は増加しており，全体として自分らしさよりも他者との協調を重視する傾向にあるようだ。

自分って
なんだろう？

●自己診断について

項目	あてはまる	どちらかといえばあてはまる	どちらかといえばあてはまらない	あてはまらない
自分には自分らしさというものがあると思う	29.8	40.8	19.4	10.1
今の自分を変えたいと思う	33.0	36.6	21.7	8.7
将来よりも今の生活を楽しみたい	18.5	41.9	29.7	10.0
努力すれば希望する職業につくことができる	20.7	41.3	25.9	12.2
人生で起こることは，結局は自分に原因があると思う	24.4	47.8	20.8	7.1
今の自分が好きだ	12.4	34.1	33.6	19.9
自分らしさを強調するより，他人と同じことをしていると安心だ	11.5	40.3	33.6	14.5
いまの自分自身に満足している	9.6	31.2	35.9	23.2

(%)

（内閣府「令和２年版子供・若者白書」より）

おとなのつぶやき… 「自分らしさってなんだろう？」と SNS に書いたら自己啓発系セミナーのリプライがたくさん来た。（35 歳・女性）

3 自己実現の欲求

●欲求のピラミッド

自己実現の欲求
自分の能力や可能性を最大限引き出し，あるべき自分になりたい

承認欲求
(集団に属したとき)他者から認められ，尊敬されたい

所属と愛情の欲求
集団に属したい，仲間が欲しい，仲間からの愛情が欲しい

安全の欲求
危機を避け，安全・安心な暮らしがしたい

生理的欲求
食べたい，寝たいなど，生命を維持するために必要な基本的・本能的な欲求

解説 アメリカの心理学者マズローは，人間には本能的な欲求から自己実現の欲求まで５つの層があり，基本的に低階層の欲求が満たされると，その１つ上の階層の欲求が生まれると考えた。最高次の「自己実現の欲求」は他の欲求とは異なり他者や環境に依存することなく，自らの成長に喜びを感じる欲求で，「自己実現」により人間は生きがいを持ち幸福な人生を送ることができるとされている。

4 青年期とは

●人間発達の８段階

	<ポジティブな面>	<人間の強さ>	<ネガティブな面>
Ⅷ 老年期	統合性	英知	絶望
Ⅶ 壮年期	生殖性	世話(ケア)	停滞
Ⅵ 成人初期	親密性	愛の能力	孤立
Ⅴ 青年期	アイデンティティの確立	忠誠心	役割の拡散
Ⅳ 学童期	勤勉感	適格意識	劣等感
Ⅲ 幼児期	主導性(積極性)	目的意識	罪責感
Ⅱ 幼児初期	自律感	意思力	恥・疑惑
Ⅰ 乳児期	基本的信頼	希望	基本的不信

発達心理学者のＥ・Ｈ・エリクソンは人が生まれてから死ぬまでを８つの発達段階に分けた。各発達段階には，成長に向けてのポジティブな力と，それと反対に向かうネガティブな力があり，そのバランスが正常な発達に関係していて，ポジティブな力がネガティブな力を上回ると，より健康的な発達ができると考えられている。青年期の発達段階は，アイデンティティの確立と役割の分散である。アイデンティティとは「自分は自分である」という確信，「自己の確立」である。アイデンティティが確立できれば，自分なりの価値観を見いだして，社会生活を送っていけるようになる。しかし，役割が拡散する(自分を見失って混乱する)と，社会にうまく適応できず将来が不安になってしまうこともある。

Column

日本の若者の自己肯定感が低いのはなぜ？

●「自分はダメな人間だと思うことがある」

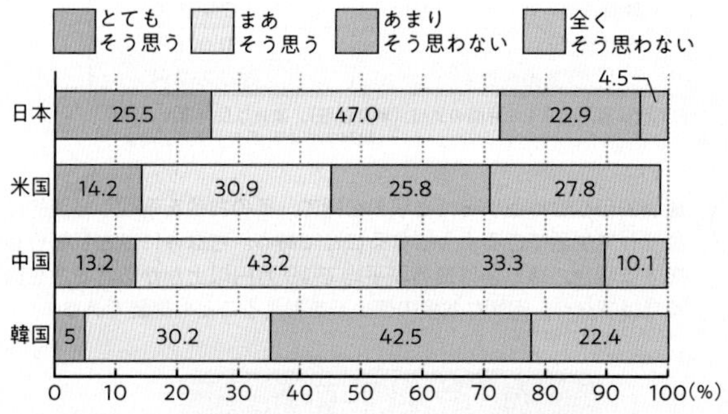

(国立青少年教育振興機構「高校生の生活と意識に関する調査報告書－日本・米国・中国・韓国の比較」2015年より)

「自分はダメな人間だと思うことがある」と回答した日本の高校生は７割以上にのぼり，他国と比較してもかなり多い。要因はいくつか考えられるが，そのひとつが日本の教育制度にあると指摘されている。日本の学校では，生徒全員に向けて先生が授業を行う講義型が一般的である。集団行動や規律を重視する傾向にあり，自分の考えを述べたり，個性を発揮する機会が少ない。結果，自らを肯定的に捉えられなくなってしまっていると考えられている。こうした傾向を変えるべく，推進されているのが「主体的・対話的で深い学び」いわゆるアクティブ・ラーニングである。生徒が自ら思考し，先生や生徒同士での対話を通じ学んでいくことを目指す教育改革が進められている。

ミライフ 未来×LIFE

マインドマップで自己分析してみよう

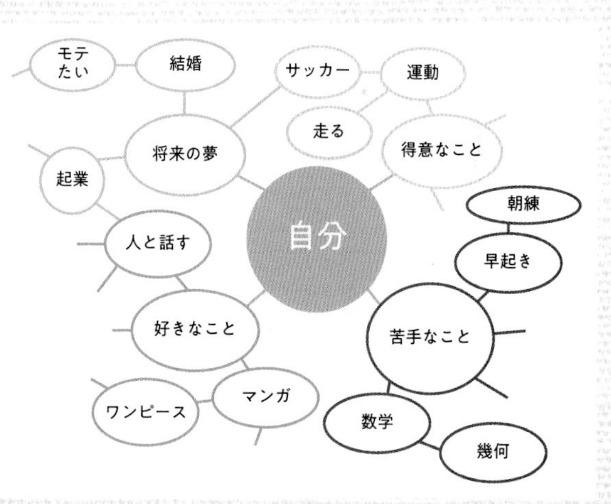

マインドマップとはその名の通り，自分の頭の中にある思考を放射状に広げていき「心の地図」を描く自己分析の手法である。まず大きな紙を用意して中心に「自分」を置いてみよう。そこから「得意なこと」「好きなこと」「苦手なこと」「将来の夢」などの抽象的な項目を色分けして描き，具体的な項目をどんどんつなげていく。コツは徹底的に考え抜いて言葉をつないでいくことだ。そうすることで普段，気づかない「自分らしさ」を発見したり，より深く自分を知ることができる。ぜひトライしてみよう。

豆知識 自分らしさ，あるいは個性を表す言葉として現在よく使われているのが「キャラ」(キャラクターの省略語)である。ゆるキャラ，癒やしキャラ，陰キャラなど。

2. 自立するってどういうこと？

デジタルコンテンツ

自立度チェック 25 問

質問に答えて自分自身の自立度はどのくらいかチェックしてみよう。

1 自立とは？ 5つに分けて考えてみよう

社会的自立

解説 社会的自立とは地域の人々や友人との関係を確立し人間関係を調整できるようになることである。つまり社会の一員として自ら行動することを示すが，これができない場合，社会的人間関係を断ち自宅から出られない「ひきこもり」と呼ばれる状態に陥ってしまう。

精神的自立

高校生が進路を考えるときの気持ち

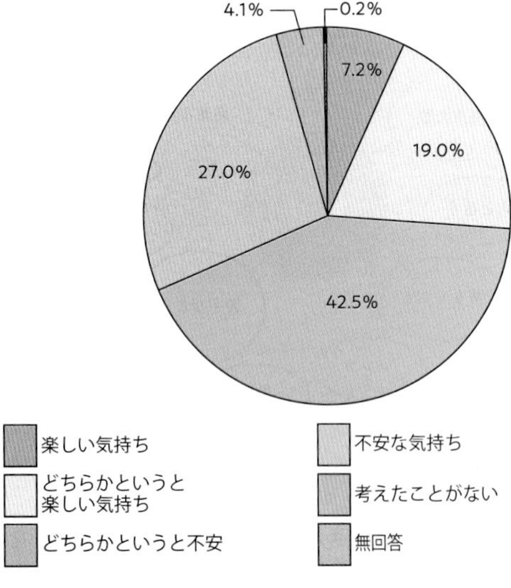

楽しい気持ち
どちらかというと楽しい気持ち
どちらかというと不安
不安な気持ち
考えたことがない
無回答

（一般社団法人全国高等学校ＰＴＡ連合会・株式会社リクルート合同調査「第 10 回『高校生と保護者の進路に関する意識調査』2021 年報告書」より）

解説 家族の保護から離れて自分の意志で行動し，その結果に責任を取ることが精神的自立である。高校生にとっては，進路を自分で決めることなどがあげられる。ただし上のデータが示すように将来について希望と不安が入り混じるのが一般的であり，青年期は悩みや葛藤を抱えながら自立のための準備をする時期でもある。

経済的自立

ひとり暮らしにかかるお金（1 か月）

支出内訳	金額
家賃	53,785 円
食料	39,069 円
光熱・水道	13,098 円
家具・家事用品	5,487 円
被服及び履物	5,047 円
保健医療	7,384 円
交通・通信	19,303 円
教養娯楽	17,993 円
その他	31,071 円
支出合計	192,237 円

※ 1 世帯当たりの 1 か月間の支出（単身世帯）。家賃は民営借家の場合。
（総務省「家計調査」2022 年より）

解説 経済的自立とは仕事を持ち収入を得て，そのお金を管理し経済的に独立して生活できるようになることである。ちなみにひとり暮らしをする場合，地域差はあるが平均で 19 万円以上かかる。お金を稼ぐだけでなく，適切なお金の使い方を考えることも重要である。

生活的自立

解説 衣食住や身のまわりのことについて，適切な知識と技術をもち自分で処理していくことが生活的自立である。具体的には自分の部屋の掃除，衣類の整理，食器の後片付けなどがあげられる。親任せにせずに自分でできることは自分でやるという習慣が大切である。

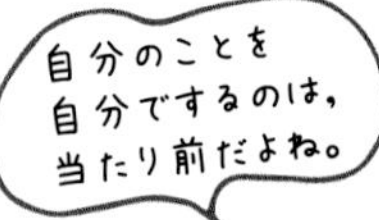

性的自立

解説 性的欲求をコントロールし，他者の性への配慮を持ってお互いに尊重しあうことができるようになることが性的自立である。また性のあり方は多様でありLGBT（レズビアン・ゲイ・バイセクシュアル・トランスジェンダー）などの性的少数派への理解も求められている。

おとなのつぶやき… ひとり暮らしをして，洗濯，掃除，炊事，買い物，公共料金の支払い…無限にやることがあり，親のありがたさが分かった。（23 歳・女性）

2 人生100年時代のライフ・キャリア・レインボー

人生における７つの役割

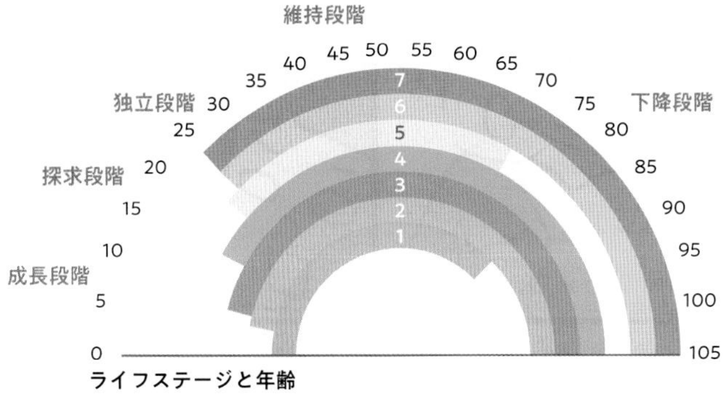

ライフステージと年齢

1 子ども　2 学ぶ人　3 余暇を楽しむ人
4 市民　5 働く人　6 配偶者　7 親

ライフ・キャリア・レインボーとは，1950年代にアメリカの教育学者ドナルド・E・スーパー博士が提唱したキャリア理論である。この理論では人間は，左の図のように７つの立場をそれぞれ使い分けて生きている。たとえば「子ども」の立場は親がいる限り続くし，同時に子どもを持てば自分が「親」の立場に立つ。この７つのキャリアを可視化することで人生のバランスを考え，理想とする未来への見通しを立てる。ライフ・キャリア・レインボーの形は人ぞれぞれであり，左の図はその一例に過ぎない。自分の人生の虹を描いてみよう。

3 社会人になるために必要なこと

高校生に聞いた「自分の能力」

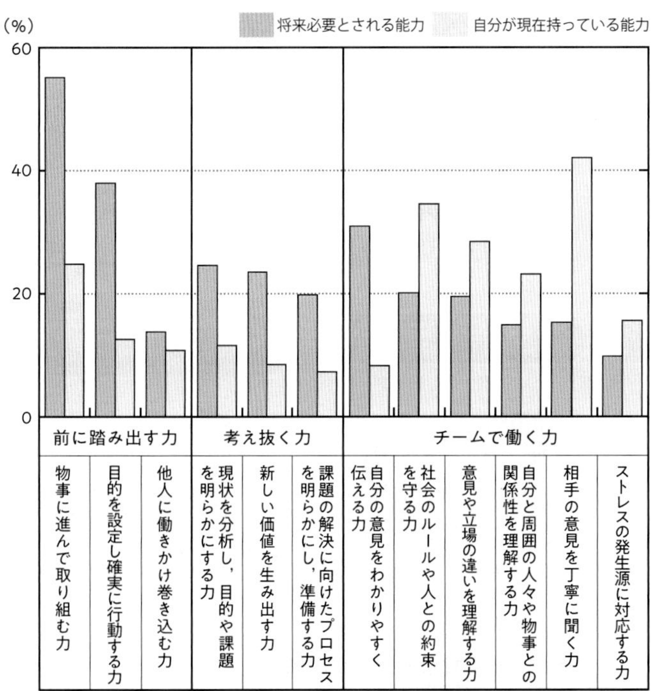

（一般社団法人全国高等学校ＰＴＡ連合会・株式会社リクルート合同調査
「第10回『高校生と保護者の進路に関する意識調査』2021年報告書より」

解説

上の調査は2006年に経済産業省が提唱した「社会人基礎力」に基づき，高校生を対象にしたアンケート結果である。３つの能力別に見ると「チームで働く力」は現在身についているが，「前に踏み出す力」，「考え抜く力」が足りていないと考えている高校生が多いことが読み取れる。さらに「物事に進んで取り組む力」いわゆる主体性については「将来必要とされる能力だが，現在は持っていない」と考えている高校生が多い。組織の中でチームワークを保ち協働することは得意だが，自分から意見を主張し，他人を説得しながら物事を進めていくリーダーとしての能力に欠けているという意識が見て取れる。

Column

君たちはＺ世代だ！　で，どんな世代？

世代	特徴
団塊世代 1947〜49年生まれ	第一次ベビーブーム世代とも呼ばれ，年間出生数は260万人。
しらけ世代 1950〜55年生まれ	学生運動が下火になった時期に成人となり，世相に対する関心が薄い世代とされた。
新人類 1956〜67年生まれ	それまでの価値観とは異なる考えや行動規範を持つ若者たちを指した。
バブル世代 1965〜70年生まれ	バブル景気と呼ばれた時期に就職した世代。正規雇用者が多く，「男女雇用機会均等法第一世代」とも呼ばれる。
ロスジェネ世代 1970〜82年生まれ	バブル崩壊後の就職難の時代に社会に出た世代。第二次ベビーブーム世代（71年〜74年生まれ）を含み，相対的に人口が多い。
ゆとり世代 1987〜2004年生まれ	学習指導要領による「ゆとり教育」を受けた世代。学校の授業は基本的に平日のみ。子ども時代からインターネットに接した。
Ｚ世代 1995〜2010年生まれ	デジタルネイティブ世代。とくにスマートフォンを使ったSNSによるコミュニケーションが日常的である。

Ｚ世代という呼称はアメリカが発祥であり，Ｘ世代（1965〜80年生まれ），Ｙ世代（1980年〜95年生まれ）の後の世代を指し示している。子どもの頃からスマートフォンやSNSに親しんでおり，オンラインでのコミュニケーションや情報発信にたけているのが特徴である。国連がSDGsを発表したのが2009年で，日本のＺ世代は2011年に東日本大震災を体験したことも影響し，多様性や地球環境への意識が高く，社会貢献への関心も強いとされている。コロナ危機による負の影響（社会環境の変化，景気後退）を大きく受ける世代でもあり懸念されている。

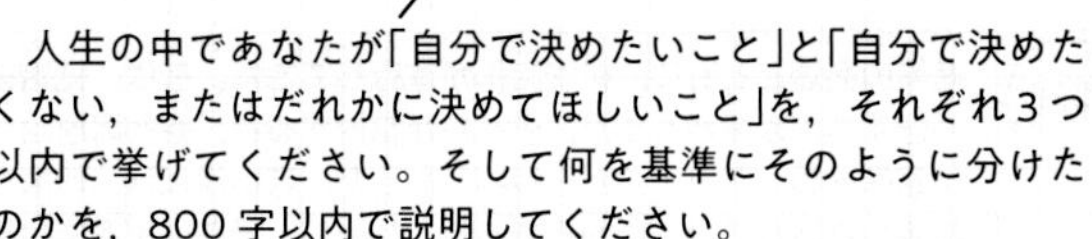

家庭科のキーワードを使って

小論文を書こう

問題：「自分で決めたいこと」

人生の中であなたが「自分で決めたいこと」と「自分で決めたくない，またはだれかに決めてほしいこと」を，それぞれ３つ以内で挙げてください。そして何を基準にそのように分けたのかを，800字以内で説明してください。

（2017年　聖路加国際大学　看護学部より作成）

考え方　まずは「基準」を設けて，考えてみよう

豆知識　Ｚ世代の後の世代（2010年代生まれ）は，Ｘ，Ｙ，Ｚの後のアルファベットがないため，ギリシャ文字から取った「α」（アルファ）世代と呼ばれる。

3. 家族っていろいろ

デジタルコンテンツ

家庭科教科書の歴史から見る家族の変化

家庭科の教科書の歴史をふりかえり，日本の家族観の移り変わりを見ていこう。

1 いろいろな家族のありかた

核家族

© 臼井儀人／双葉社・シンエイ・テレビ朝日・ＡＤＫ

核家族とは親子のみ，夫婦のみで暮らす家族形態を指す。日本の家族の約55%が核家族である。アニメ『クレヨンしんちゃん』の野原家は夫婦と子ども二人の４人で暮らす核家族だ。

拡大家族

拡大家族とは親，子，孫，兄弟など複数の家族が同居する家族形態である。アニメ『サザエさん』の磯野家や，『ちびまる子ちゃん』のさくら家などは拡大家族である。

さまざまな家族

ディンクス

DINKs Double Income No Kids

子どもを作らずに共働きする夫婦

デュークス

DEWKs Double Employed With Kids

子どもを持って共働きする夫婦

ステップファミリー

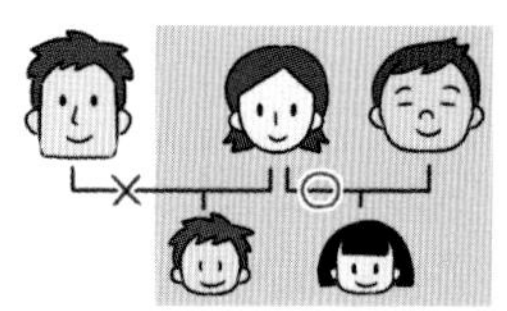

夫婦のどちらかが子どもを連れて再婚・事実婚した家族

同性パートナー

同性のカップルが夫婦として暮らす

里子と里親

親もとで暮らすことができない子どもと育ての親

シングルマザー＆ファーザー

ひとりで子どもを育てる母親または父親

産業の発達とともに，核家族化が進行してきた。昔は，結婚後も親と同居する人が多かったが，子どもが結婚すると，親と同居せずに新しい家庭を築くスタイルが一般的となった。若い世代は，仕事を求めて都会へ移住していったからである。しかし，現在は核家族世帯の数は横ばいになってきた。それに代わって増加しているのが，単独世帯である。単独世帯とは，いわゆるひとり暮らしのことで，家族の絆やコミュニケーションが取りづらいといった問題も指摘されている。

世帯数と平均世帯人員の年次推移

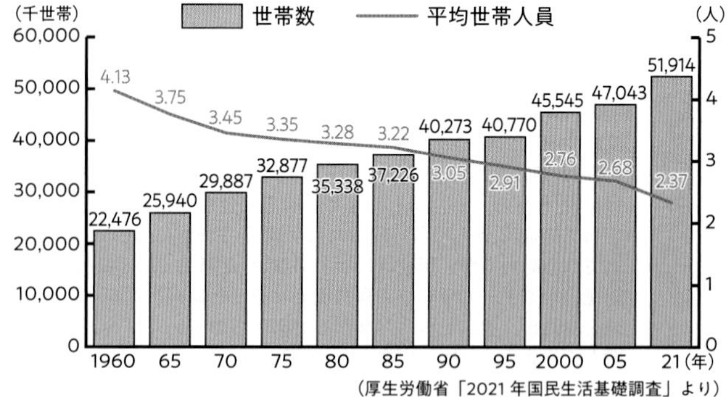

（厚生労働省「2021年国民生活基礎調査」より）

おとなのつぶやき… 映画『万引き家族』は傑作だった。キャッチコピー「盗んだのは，絆でした。」に泣いた。（51歳・男性）

2 親子の関係（日英比較）

●子どもは親から経済的に早く独立するべきだ（%）

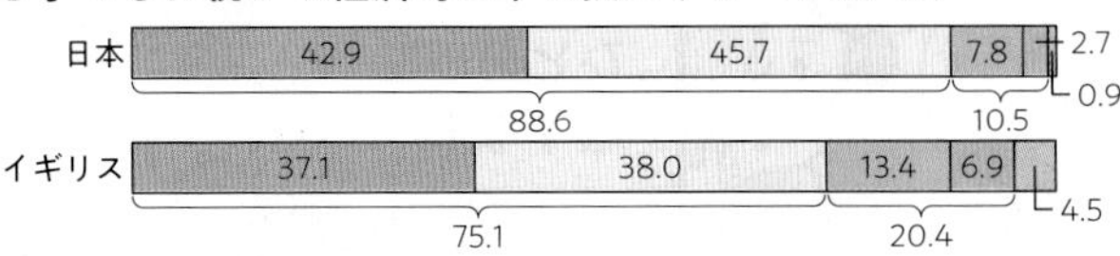

●年老いた親を養うことについて（%）

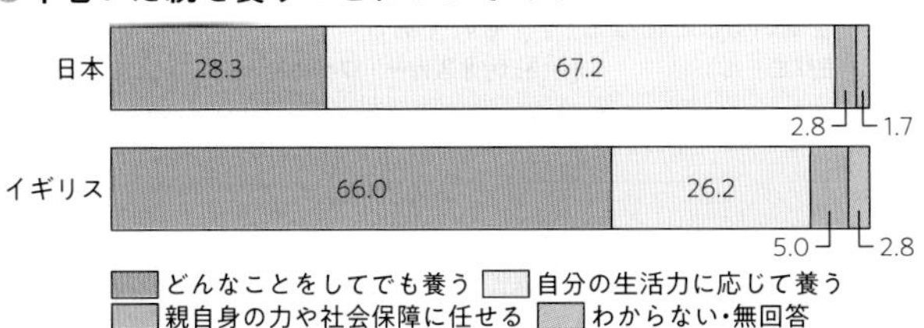

●自分の子どもに老後の面倒をみてもらいたいか（%）

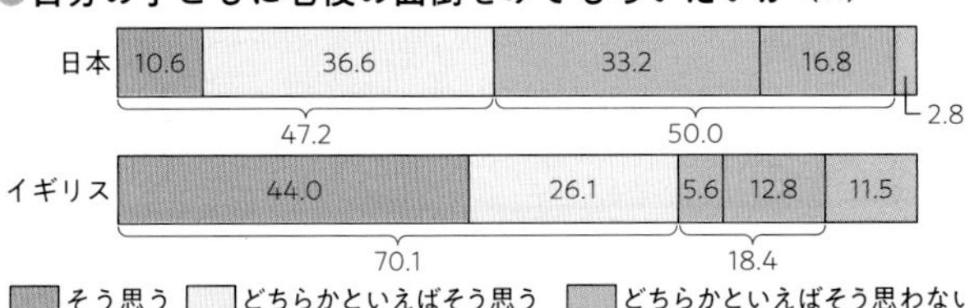

（内閣府「第8回世界青年意識調査」平成21年より）

3 あなたにとって家族とは？

●家庭の役割として重要なこと（上位10項目）

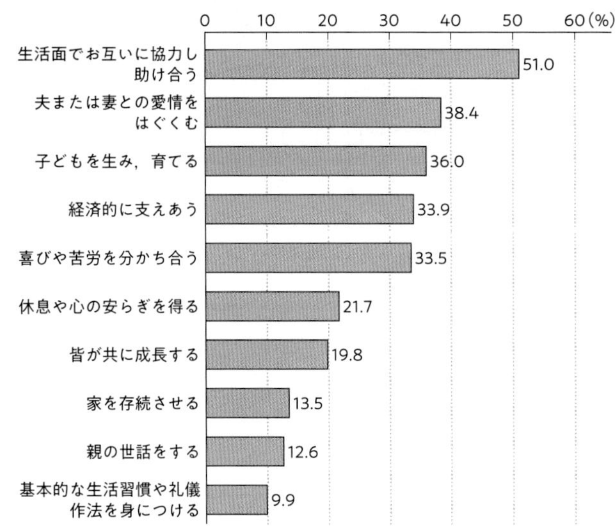

（内閣府「平成25年度家族と地域における子育てに関する意識調査」より）

解説 家庭には大きく分けてふたつの機能がある。ひとつは，家族個人に対する個人的機能。これは，家族の安らぎの場や，衣食住などの生活の維持など，個人の生活や教育の場としての機能だ。もうひとつは，社会に対する社会的機能。労働力の提供などである。調査からは，個人的機能についての意識が高いことがわかる。

4 家族とどんな会話をしている？

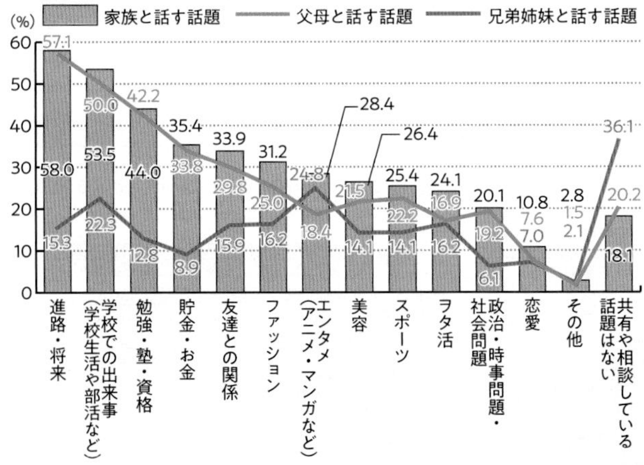

（「Z世代の家族に対する意識・実態調査」SHIBUYA109 lab. 調べ）

解説 家族との会話は必ずしも対面だけではなく，LINEやインスタグラムなどでのやりとりも含む。SNSが発達し家族間でもコミュニケーション手段として日常的に使われるようになってきている。話題も恋愛やファッション，エンタメなど多岐にわたり，友達のような家族関係を築いているのが特徴的である。

5 どこまでが家族？親戚？

●親族と親等

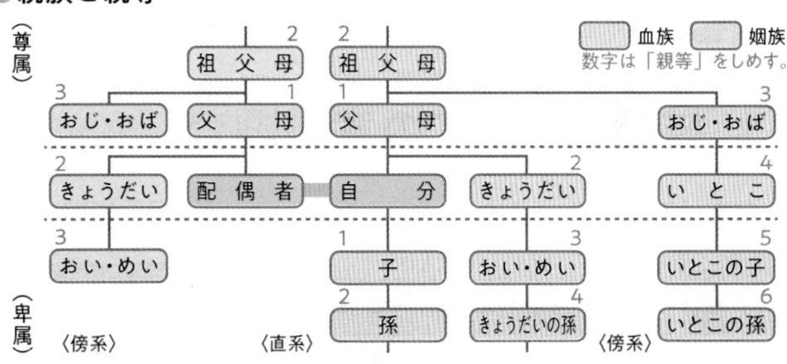

解説 法律による家族の定義はなく，民法は相続の順位や親権，扶養の義務などを規定している。親子や兄弟など血縁関係にある者を「血族」，婚姻関係でつながった者を「姻族」という。本人から見て「六親等内の血族」，「配偶者」，「三親等内の姻族」にいる人を「親族」という。

家庭科のキーワードを使って
小論文を書こう

問題：家庭科教育が果たす役割

核家族化やソーシャルメディアの普及により，世代間での交流機会の減少や人との対面でのコミュニケーション能力の衰退が問題視されている。このような現代社会において，すべての人がより良い生活を営むために，人間生活教育（家庭科教育）が果たす役割について，具体的な例を挙げて，あなたの考えを述べなさい。（1200字以上1500字以内）
（2019年　広島大学　教育学部より作成）

豆知識 日本ではひとり暮らしをする人が年々増加している。単独世帯の割合が2040年には4割に達すると予測している調査もある。

4. 結婚する？ しない？

デジタルコンテンツ

結婚にまつわる、いろいろランキング

結婚にまつわるさまざまなデータをランキングで紹介。 将来の参考にしてみよう。

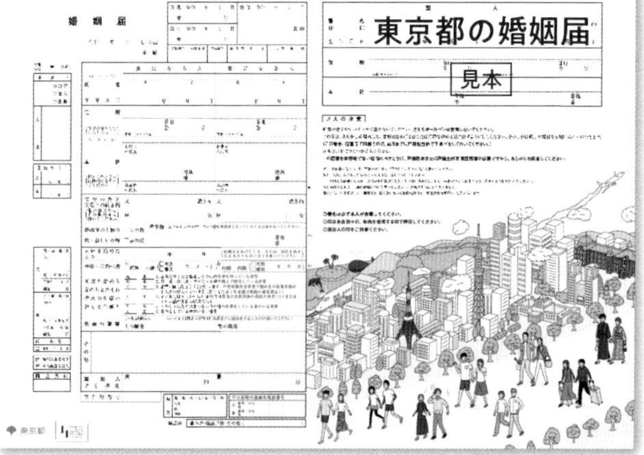

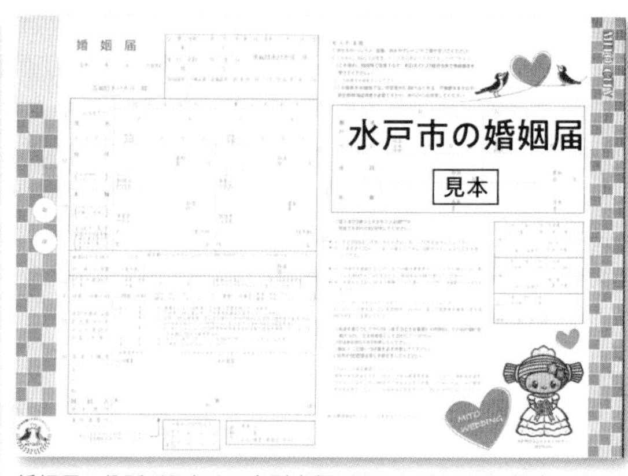

婚姻届って意外と自由！

婚姻届は役所が発行する定型書類と思われがちだが，規定の大きさや項目を満たせば書式は自由である。 さまざまなデザインの婚姻届が市販されており，自分でオリジナルデザインを作ることも可能だ。

1 結婚についての意識調査

あなたは結婚したい？（20 ～ 39 歳：独身）

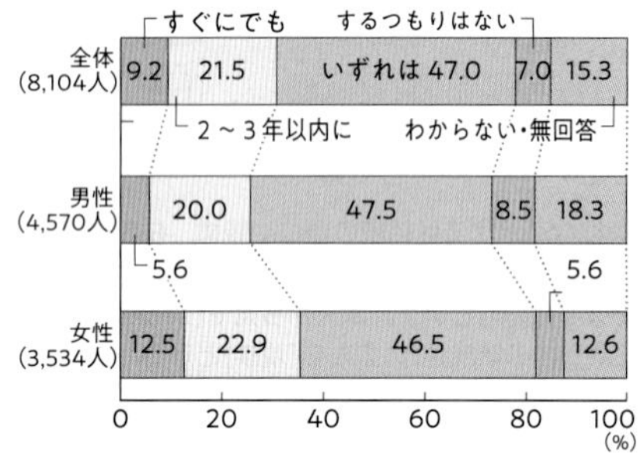

（内閣府「平成 26 年度結婚・家族形成に関する意識調査」より）

結婚相手に求めること

順位	男性回答	順位	女性回答
1	性格が合う	1	一緒にいて楽である
2	一緒にいて楽しい	2	一緒にいて楽しい
3	一緒にいて楽である	3	性格が合う
4	優しい	4	優しい
5	タバコを吸わない	5	収入が安定している
6	金銭感覚が合う	6	心が広い
7	容姿が好みである	7	一緒にいる時間を大事にしてくれる
8	心が広い	8	金銭感覚が合う
9	無駄遣いをしない	9	経済力がある
10	ギャンブルをしない	10	ギャンブルをしない

（メディケア生命保険株式会社「イマドキ男女の結婚観に関する調査 2017」より）

独身でいる理由（18 ～ 24 歳：上位 6 項目）

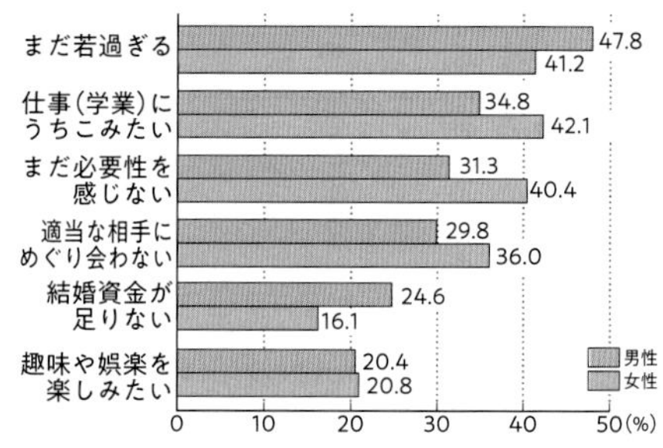

（国立社会保障・人口問題研究所「第 16 回出生動向基本調査」2021 年より）

解説 「何歳までに結婚する」という年齢に対する意識は年々低くなる傾向にある。「いずれは結婚したい」と回答する人が 5 割弱を占めており，あせらずに理想の相手を見つけたいという考え方が強まっているようだ。また「結婚するつもりはない」という人も微増している。

解説 今，好きな人がいるだろうか。中には恋人がいる人もいるかもしれない。上記は，結婚相手に求めることの男女別ランキングである。結婚生活は，新しい家庭を築くことであり，恋人関係とは少し違う部分もある。自分の恋愛観と照らし合わせていろいろと考えてみよう。

解説 独身者が増えた背景には，結婚に対する価値観の多様化，社会的風潮の変化などが影響している。また，独身者でも暮らしやすいライフスタイルや，働きやすい労働環境などが整ったことも要因と考えられている。2005 年頃には「おひとりさま」という流行語も話題になった。

おとなのつぶやき… 「いつ結婚するの？ 彼氏いないの？」って会社の同僚女性に聞いたら，セクシュアルハラスメントだと激怒された。（38 歳・男性）

2 進む晩婚化と未婚率

妻の年齢（5歳階級）別初婚率

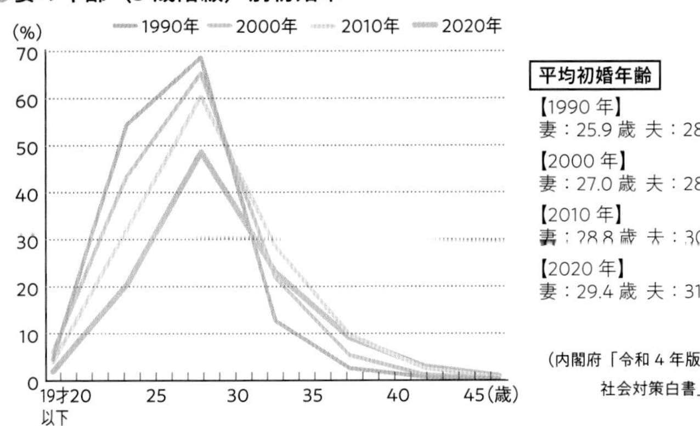

平均初婚年齢
【1990年】
妻：25.9歳 夫：28.4歳
【2000年】
妻：27.0歳 夫：28.8歳
【2010年】
妻：28.8歳 夫：30.5歳
【2020年】
妻：29.4歳 夫：31.0歳

（内閣府「令和4年版 少子化社会対策白書」より）

年齢別未婚率の推移

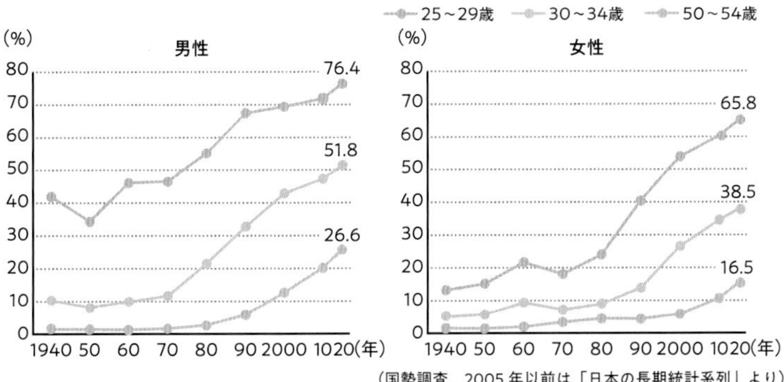

（国勢調査，2005年以前は「日本の長期統計系列」より）

解説 妻の初婚率は，1990年と2020年を比べると，20～24歳では半分以下に減少しているが，30～35歳では上昇している。平均初婚年齢は上昇を続け，晩婚化が進行している。未婚率は，男女ともに上昇傾向にある。この背景の一つとして，女性の社会進出が進んで収入が増えたためという意見もある。

Column

新型コロナウイルス感染症の影響で2020年は婚姻数が激減

婚姻件数の推移 ※人口動態統計より。

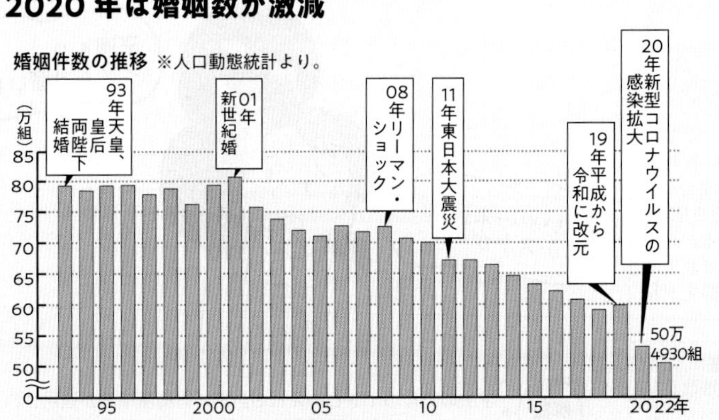

新型コロナウイルス感染症流行の影響により、2020年と2021年は婚姻数が大幅に減少。2022年には微増したものの、また減少するのではないかとの懸念もある。日本では、婚姻数は2年ほど遅れて出生数に影響を与えるともいわれており、少子化のさらなる加速につながるおそれがある。

3 離婚について

DV

離婚件数

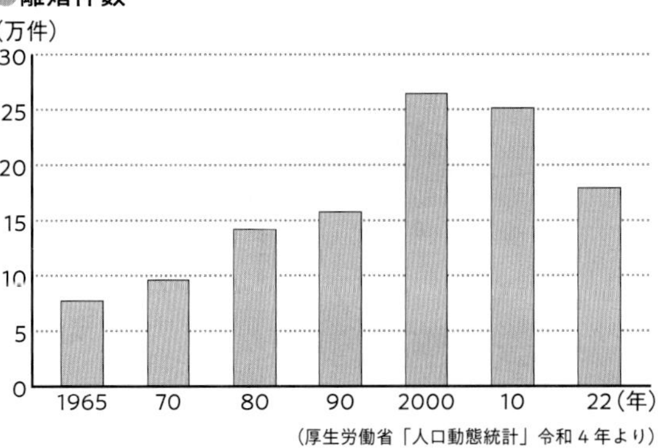

（厚生労働省「人口動態統計」令和4年より）

解説 2022年の離婚件数は約17万9099件。2011年を境に大きく減少している。その理由として東日本大震災を経験したことから，家族の大切さをあらためて考える人が増えたためという意見もある。離婚の背景には，夫婦間の問題だけにかぎらないさまざまな要因がある。

離婚の原因

	男性側	女性側
1位	性格の不一致	性格の不一致
2位	精神的な虐待	暴力の問題（DV）
3位	その他	生活費の問題
4位	暴力の問題（DV）	精神的な虐待
5位	異性関係（不倫）/性的不調和	異性関係（不倫）

（最高裁判所「令和4年司法統計年報　家事編」より）

解説 性格の不一致が1位なのは共通だが，2位以下には異性関係(不倫)，生活費を渡さないなど，さまざまな原因がある。とくに女性側の2位にある暴力の問題(DV)は，1970年代には女性側があげる離婚原因の1位だったこともあり，長年にわたって女性を苦しめていることがわかる。

ミライフ 未来×LIFE

選択的夫婦別姓制度に反対？賛成？

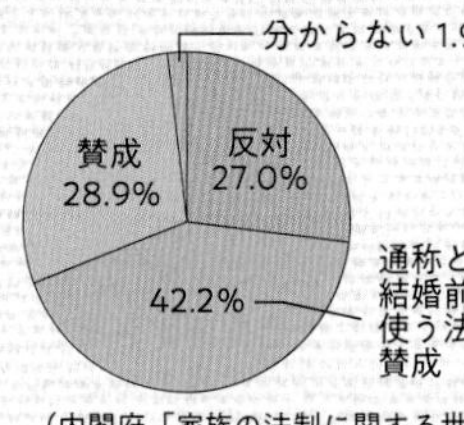

（内閣府「家族の法制に関する世論調査」令和3年度より）

現在の法律では男女が結婚した場合，戸籍上同じ姓を名乗らなければならない。選択的夫婦別姓制度とは，結婚後も結婚前の姓を名乗るかどうか，当事者が選択できるようにする制度であり，導入が議論されている。反対派，賛成派の意見を参考に，クラスで話し合ってみよう。

反対派の意見の例	賛成派の意見の例
・家族の一体感がなくなる。 ・子どもにとって好ましくない。	・姓が変わると自己喪失感がある。 ・仕事上，不利益をこうむる。

豆知識 結婚年齢の高さの国際比較では，1位が男性はスウェーデンで平均37.5歳，女性はスペインで平均34.9歳である。日本は男性平均31.0歳（28位），女性平均29.4歳（26位）となっている。
（2020年「グローバルノート／世界の男性（女性）結婚年齢国別ランキング・推移」より）

5. 働くことと，人生を楽しむことって2択？

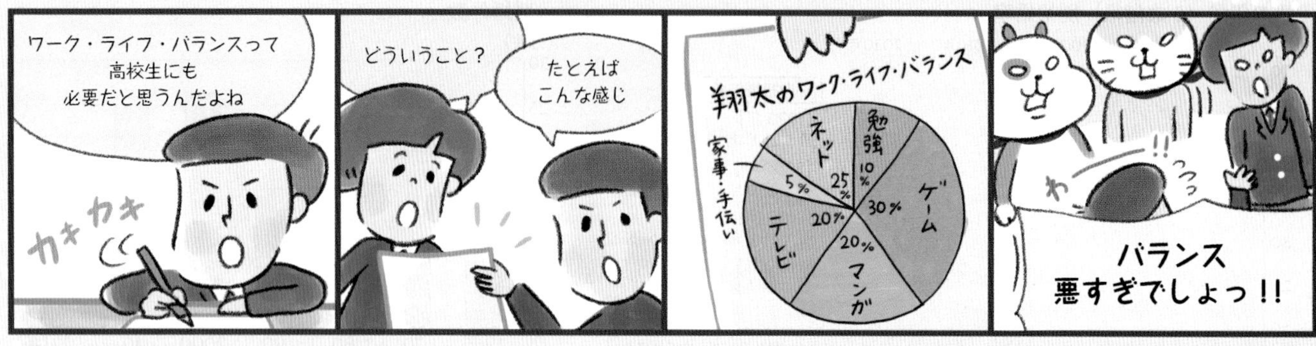

デジタルコンテンツ

あなたの職業適性をシミュレーション！

質問に YES もしくは NO で答えて，あなたの職業適性を診断してみよう。

1 ワーク・ライフ・バランスとは

仕事と生活の調和を目指す考え方である。日本社会は長年，仕事偏重の傾向が強かったことから，余暇を楽しみ，家事をこなし，生活を育むことを大切にしようという意味合いが強い。また男女平等の観点から，男性も平等に家事などを分担すべきだという考えも背景にある。一方で仕事に割く時間は収入と比例しやすいため，収入を減らさないためには，より効率よく働き労働生産性を上げる必要もある。右のグラフから見て取れるように，理想とするワーク・ライフ・バランスと，働かなければならない現実との間にはまだ隔たりが大きいようである。

●ワーク・ライフ・バランスの希望と現実

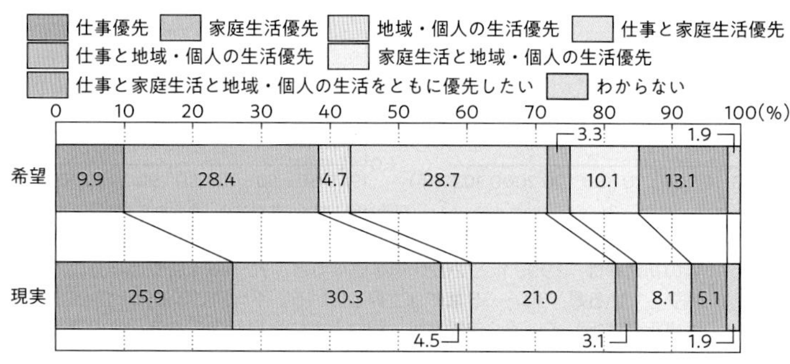

（内閣府「男女共同参画社会に関する世論調査」令和元年９月より）

2 働き方改革

●４つの法改正のポイント

時間外労働の上限規制 （労働基準法改正）	有給休暇消化の義務化 （労働基準法改正）
時間外労働，いわゆる残業時間は原則月45時間，年360時間，繁忙期の場合も労働者の合意を前提に年720時間までを上限と定めている。これを超えて労働者を働かせた企業には６か月以下の懲役，または30万円以下の罰金が科される。	10日以上の有給休暇取得者は，少なくとも５日間は１年間で消化しなければならない。フルタイム労働者の場合は６か月間の勤務で10日の有給休暇を取得，その後１年ごとに５日を取得する。この休暇を消化させることは企業の義務であり，違反すると30万円以下の罰金が科される。
高度プロフェッショナル制度の創設 （労働基準法改正）	**同一労働同一賃金の促進 （パートタイム・有期雇用労働法改正）**
年収1075万円以上で，一定の専門知識を持った職種の労働者を対象に，本人の同意を条件として労働時間規制や割増賃金支払いの対象外とする制度である。金融商品のディーラー，企業コンサルタント，市場アナリスト，研究職などがその対象となる。	仕事内容が同じ場合，正規社員と非正規社員で賃金やその他の待遇に差を付けることを禁じている。パート，派遣社員，契約社員に適用される。労働や能力に応じて正当な賃金が支払われ，労働者が多様な働き方を選択できることを目的として導入された。

3 ブラックバイトに気をつけろ！

解説　学生のアルバイトといえども当然，労働基準法が適用される。しかし社会経験が浅く，未熟な学生アルバイトの場合，シフトを強制されたり，残業代が支払われなかったり，有休が消化できなかったりするなどの違法労働が発生しやすい。これが通称「ブラックバイト」である。身に覚えがある場合は，全国の労働基準監督署に設置されている「総合労働相談コーナー」などに相談してみよう。

おとなのつぶやき…　アパレル店員のアルバイトに採用されたが，店の商品を自腹で買って着て，接客することを強要されたので初日で辞めた。（20歳・男性）

4 高校生のなりたい職業

高校生のなりたい職業

女子			男子		
1位	国家公務員・地方公務員	6.5%	1位	国家公務員・地方公務員	7.8%
2位	看護師	5.9%	2位	システムエンジニア・プログラマー	7.2%
3位	教師・教員・大学教授	5.5%	3位	機械エンジニア・整備士	4.9%
4位	保育士・幼稚園教諭	4.5%	4位	教師・教員・大学教授	4.1%
5位	事務職・営業職	3.3%	5位	事務職・営業職	3.7%
6位	薬剤師	2.9%	5位	ゲーム業界の仕事	3.5%
7位	臨床検査技師・診療放射線技師	2.9%	7位	警察官・消防官・自衛官	2.9%
7位	栄養士・管理栄養士	2.9%	8位	設計者・開発者・工業デザイナー	2.9%
9位	心理カウンセラー・臨床心理士	2.5%	8位	学者・研究者	2.1%
9位	シェフ・パティシエ・料理人	2.4%	10位	医師／公認会計士	2.1%

（LINE リサーチ 2022 年より）

公務員や教員など手堅い職業を志望する高校生が男女ともに多く，堅実志向が見て取れる。男子ではエンジニアやプログラマーなどの IT 系の職業が人気である。女子では看護師が高い人気を維持している。また，保育士や栄養士など家庭科に関連した仕事も人気のようだ。

5 仕事のやりがいとは？

どんな時にやりがいを感じますか？

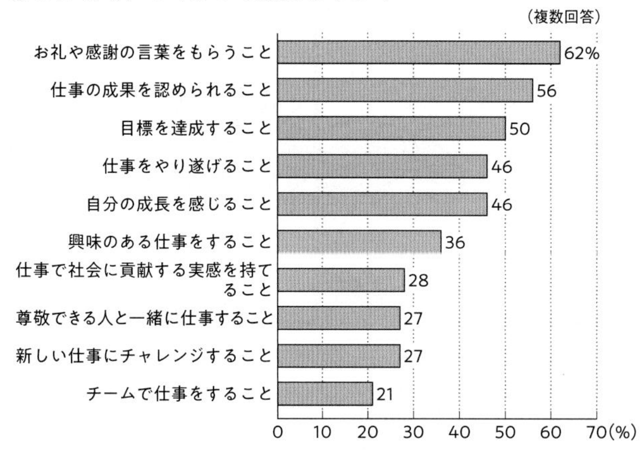

（エン・ジャパン「仕事のやりがいと楽しみ方についてのアンケート調査」2018 年より）

仕事にはお金を稼ぐこと，自分の能力を発揮すること，社会の役に立つことなどさまざまな側面がある。人の役に立ち，感謝されたり，成果を認められたりすることに多くの人がやりがいを感じているようである。

6 正社員と非正社員ってどう違うの？

賃金の比較

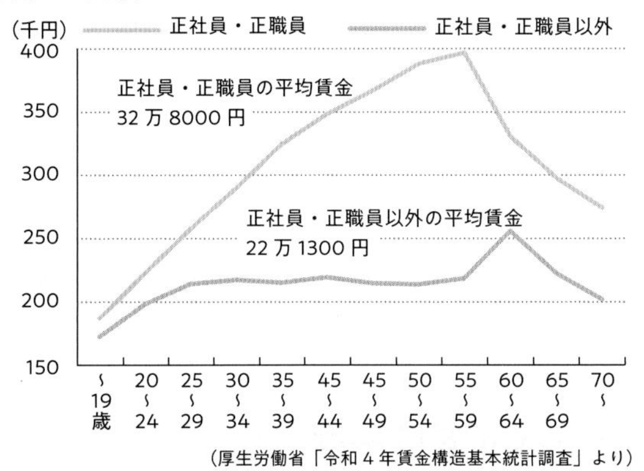

（厚生労働省「令和 4 年賃金構造基本統計調査」より）

生涯賃金の比較（2020 年）

	正社員	非正社員
男性	約 2 億 500 万円	約 1 億 2610 万円
女性	約 1 億 4960 万円	約 1 億 400 万円

※高校卒、60 歳までフルタイムの場合。退職金を含めない。
（労働政策研究・研修機構「ユースフル労働統計 2022」より）

正社員と非正社員の大きな違いは雇用期限の有無である。正社員は原則的に無期限であるため安定した収入を得られるが，非正社員はあらかじめ契約期間が決まっており，その都度労働契約を結ぶ必要がある。その反面，正社員は会社に拘束されやすいデメリットがあり，非正社員は比較的自由に働き方を選べるメリットがある。「同一労働同一賃金」の促進により正社員（無期雇用フルタイム労働者）・非正規雇用労働者（パート，契約社員，派遣労働者）の賃金は是正されつつあるが，生涯賃金で比較するとまだ大きな開きがある。

ミライフ 未来×LIFE

AI の進化で仕事がなくなる！？

人工知能に代わられる主な仕事

電話営業員	タクシー運転手
手縫い裁縫師	法律事務所の事務員，秘書
不動産ブローカー	レジ係
税務申告書作成者	クレジットカードの審査員
経理担当者	小売り営業員
データ入力者	医療事務員
保険契約の審査員	モデル
不動産仲介業者	コールセンターのオペレーター
ローン審査員	飛び込み営業員
銀行窓口係	保険営業員

残る主な仕事

ソーシャルワーカー	小学校の先生
聴覚訓練士	心理カウンセラー
作業療法士	人事マネージャー
口腔外科医	コンピューターシステムアナリスト
内科医	学芸員
栄養士	看護師
外科医	聖職者
振付師	マーケティング責任者
セールスエンジニア	経営者

※英オックスフォード大学，マイケル・A・オズボーン准教授の論文「未来の雇用」で示された職種から抜粋。

AI（人工知能）が発達した近未来に，多くの職業は自動化されると考えられている。左の表はオックスフォード大学の研究者により発表され，世界に衝撃を与えた。すでに自動レジなどの導入により，レジ係の仕事は自動化されつつある。単純作業だけでなく営業や経理などの職も AI に代替される可能性もあるという。一方で教育や医療，介護など人と人が直接関わる仕事や，振付師など創造力を必要とする職は人間にしかできないと考えられている。これから職に就く高校生は，自分の就きたい職業が AI に代替される可能性も考慮しながら，どのような仕事をしたいか考えてみよう。

豆知識 シンギュラリティ（技術的特異点）とは，AI が進化し人間の能力を超え，生活や社会システムが一変することを意味し，2045 年ころに到来すると予想されている。

6. 男女平等，日本は遅れている！？

デジタルコンテンツ

家事にお金を払うとするといくら？

アンペイドワークと言われる家事に労働として賃金が支払われたらいくらになるか，換算してみよう。

1 男女共同参画社会とは

男女共同参画社会基本法の５本の柱（平成 11 年６月施行）

❶男女の人権の尊重

男女の個人としての尊厳を重んじよう。男女の差別をなくし，「男」「女」である以前にひとりの人間として能力を発揮できる機会を確保していこう。

❷社会における制度または慣行についての配慮

固定的な役割分担意識にとらわれず，男女がさまざまな活動ができるよう，社会の制度や慣行のあり方を考えていこう。

❸政策等の立案および決定への共同参画

男女が，社会の対等なパートナーとして，いろいろな方針の決定に参画できるようにしよう。

❹家庭生活における活動と他の活動の両立

男女はともに家族の構成員。おたがいに協力し，社会の支援も受け，家族としての役割を果たしながら，仕事をしたり，学習したり，地域活動をしたりできるようにしていこう。

❺国際的協調

男女共同参画社会づくりのために，国際社会とともに歩むことも大切。他の国々や国際機関とも相互に協力して取り組んでいこう。

2 女性の労働力

●日本の女性の労働力率の推移

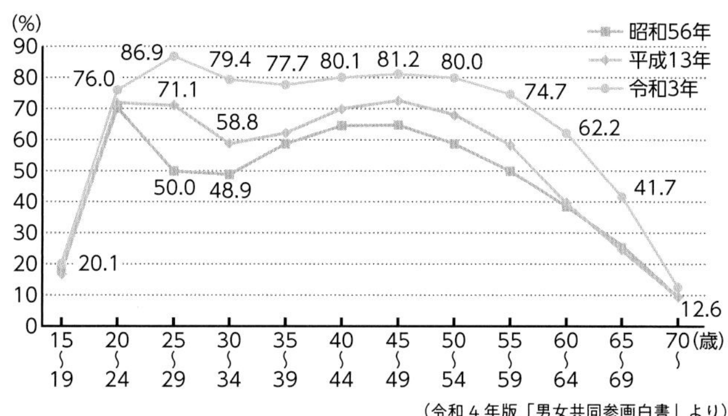

（令和４年版「男女共同参画白書」より）

解説 女性は，子育て期にあたる 30 代に労働力率が低下する傾向にある。これを，女性の「M 字型就労」または「M 字型曲線」などと呼ぶ。近年は少しずつ緩和される傾向がある。

3 アンペイドワーク

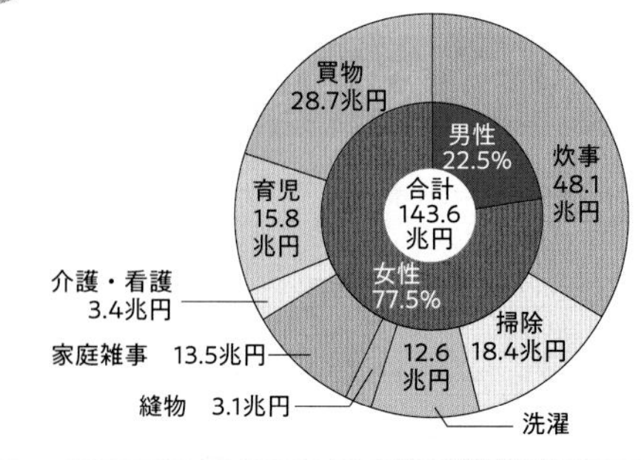

（内閣府経済社会総合研究所「無償労働の貨幣評価」令和５年より）

解説 アンペイドワークとは無償労働という意味で，家事や社会奉仕活動などがそれにあたる。これらの労働は直接お金にはならないが，社会の維持に必要不可欠な仕事でもある。家事活動を貨幣評価額に換算した場合，2021 年の調査では，143.6 兆円に上り，名目国内総生産（GDP）の約 26％に相当することがわかった。さらに，その約８割を女性が占めていることも問題視されている。

おとなのつぶやき… 病院で「看護婦さん」と呼んだら「看護師です」と言われてしまった。気になって，いろいろ調べたら「父兄」が放送禁止用語だと知りびっくり！（56 歳・男性）

4 男女の賃金格差

男女共同参画社会
ジェンダー

男女の年齢別賃金

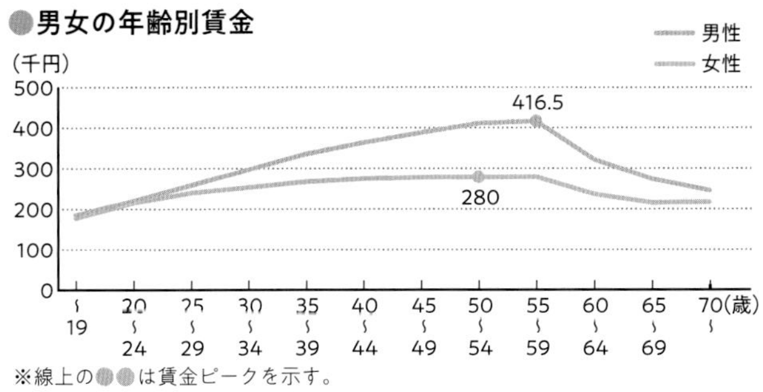

※線上の●●は賃金ピークを示す。

（厚生労働省「令和4年賃金構造基本統計調査」より）

解説 女性の社会進出が進んだ一方で，男女の賃金の格差は依然として大きい。年齢階級別に見た統計では，男性は年齢階級とともに賃金が上昇し，55～59歳で416.5千円に達するのに対し，女性の賃金カーブは緩やかでピーク時でも280千円と低い。

男女の賃金格差の国際比較

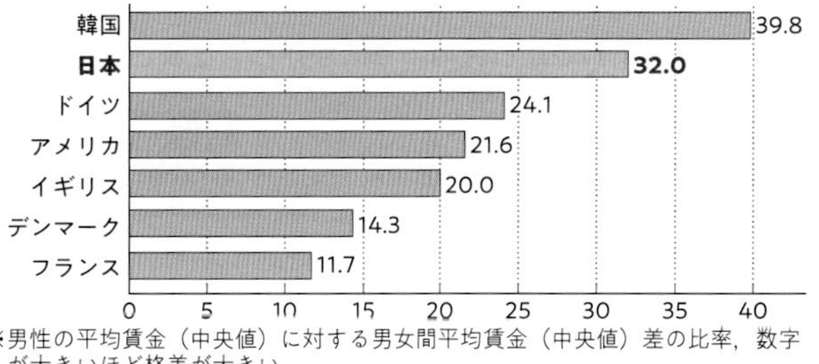

※男性の平均賃金（中央値）に対する男女間平均賃金（中央値）差の比率，数字が大きいほど格差が大きい。

（厚生労働省「平成24年版厚生労働白書」より）

解説 男女の賃金格差を国別に見た統計では，日本は韓国に次ぐワースト2位となっている。原因は男性に比べ年齢とともに賃金が上昇しないことや，女性管理職割合も諸外国と比べ低いことなどが考えられる。

5 男女の育休

育児休業の取得率

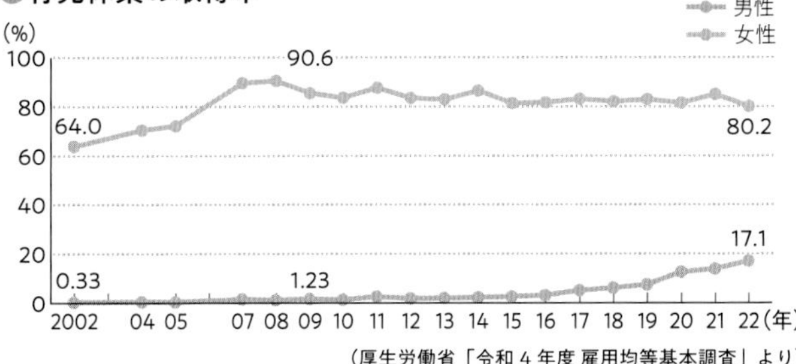

（厚生労働省「令和4年度 雇用均等基本調査」より）

解説 出産前に女性が退職する理由は，子育てと仕事を両立させる自信がない，就労・通勤時間で子育てをしながら働けない，育休制度が使えない・使いづらいなどがある。子育てと仕事を両立できる環境があまり整っていないと考えられる。

6歳未満児のいる夫の家事・育児関連時間の国際比較（1日当たり）

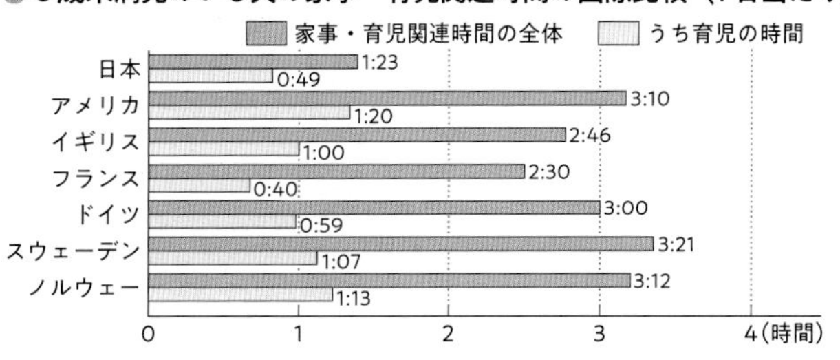

（男女共同参画局「男女共同参画白書平成30年版」より）

解説 日本の男性(夫)が家事・育児に参加する時間は欧米諸国に比べて非常に少ない。しかし，家事の時間に対する育児の時間の割合は大きい。日本の男性はできることなら育児に参加したいと考えていると見ることもできる。

Column

日本のジェンダーギャップ指数はなぜ低いのか？

ジェンダーギャップ指数とは経済，教育，健康，政治の4分野14項目のデータを基にして各国の男女格差を表した指標で，1が完全平等で0が完全不平等である。日本は改善のために2020年までに指導的地位における女性比率を30%まで上げることを目標としてきたが実現できておらず，2020年代に達成できるように取り組みを進めている。

ジェンダーギャップ指数(2023年)

順位	国名	値
1	アイスランド	0.912
2	ノルウェー	0.879
3	フィンランド	0.863
4	ニュージーランド	0.856
5	スウェーデン	0.815
124	モルディブ	0.649
125	日本	0.647

日本のスコアの内訳

分野	スコア	昨年のスコア
経済	0.561	0.564
政治	0.057	0.061
教育	0.997	1.000
健康	0.973	0.973

男性の家事・育児の参加時間はどうすれば増えるかな？

家庭科のキーワードを使って

小論文を書こう

問題：女性の生活とライフコース

現代日本社会における女性の生活やライフコースの中で、心理的危機やメンタルヘルス悪化につながりうる事柄を2つ挙げてその内容を説明し、さらにそれぞれについて考えられる支援や対応策を論じなさい(500字以上800字以内)。

（2021年度　お茶の水女子大学　生活科学部より作成）

豆知識 ジェンダー（gender）とは性別（sex）が生物的な男女差を示すのに対して，社会的，文化的な男女間の差を示す言葉である。

家族と法律 ～人生にかかわる法律～

私たちが生まれてから死ぬまでにかかわるさまざまな法律がある。人生の流れに沿って，どのような法律があるのか見てみよう。

胎児　誕生　6歳　14歳　15歳　16歳～　18歳　20歳　就職

民　法
第886条（相続に関する胎児の権利能力） 胎児は，相続については，既に生まれたものとみなす。

教育基本法
第５条（義務教育） 国民は，その保護する子に，別に法律で定めるところにより，普通教育を受けさせる義務を負う。

日本国憲法
第26条（教育を受ける権利，教育の義務） ①すべて国民は，法律の定めるところにより，その能力に応じて，ひとしく教育を受ける権利を有する。②すべて国民は，法律の定めるところにより，その保護する子女に普通教育を受けさせる義務を負う。義務教育は，これを無償とする。

民　法
第791条 子が父又は母と氏を異にする場合には，子は，家庭裁判所の許可を得て，戸籍法の定めるところにより届け出ることによって，その父又は母の氏を称することができる。
第961条 15歳に達した者は，遺言をすることができる。

労働基準法
第56条（最低年齢） ①使用者は，児童が満15歳に達した日以後の最初の3月31日が終了するまで，これを使用してはならない。②前項の規定にかかわらず，別表第１第１号から第５号までに掲げる事業以外の事業に係る職業で，児童の健康及び福祉に有害でなく，かつ，その労働が軽易なものについては，行政官庁の許可を受けて，満13歳以上の児童をその者の修学時間外に使用することができる。映画の製作又は演劇の事業については，満13歳に満たない児童についても，同様とする。

未成年者飲酒禁止法と未成年者喫煙禁止法
満20歳※に至らない者は飲酒・喫煙をしてはならない。

※18歳以上を成人とする民法改正案(2022年施行)では，健康被害や依存症へのおそれから，飲酒・喫煙が可能な年齢は20歳のままとされた。

日本国憲法
第27条 すべて国民は，勤労の権利を有し，義務を負う。
第30条 国民は，法律の定めるところにより，納税の義務を負う。

男女雇用機会均等法
第５条（性別を理由とする差別の禁止） 事業主は，労働者の募集及び採用について，その性別にかかわりなく均等な機会を与えなければならない。
第６条 事業主は，（略）労働者の性別を理由として，差別的取扱いをしてはならない。（後略）

刑　法
第41条（責任年齢） 14歳に満たない者の行為は，罰しない。

道路交通法
第88条 16歳に達すると二輪免許・原付免許を，18歳に達すると普通自動車運転免許を取得することが可能とされる。

戸籍法
第49条（出生の届出期間） 出生の届出は，14日以内（国外であったときは，３か月以内）にこれをしなければならない。

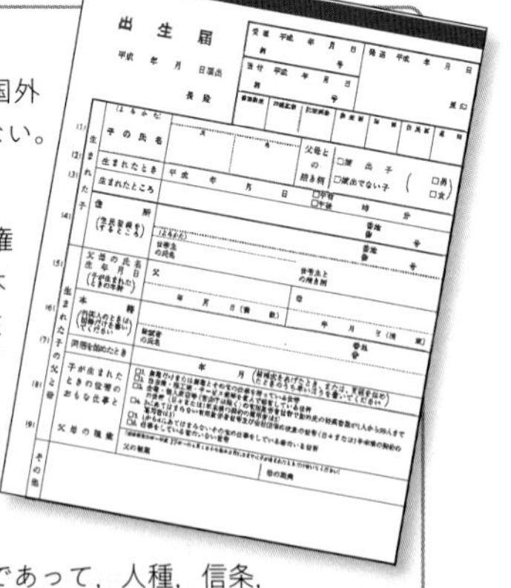

日本国憲法
第11条（基本的人権の享有） 国民は，すべての基本的人権の享有を妨げられない。この憲法が国民に保障する基本的人権は，侵すことのできない永久の権利として，現在及び将来の国民に与えられる。
第13条（個人の尊重と公共の福祉） すべて国民は，個人として尊重される。生命，自由及び幸福追求に対する国民の権利については，公共の福祉に反しない限り，立法その他の国政の上で，最大の尊重を必要とする。
第14条（法の下の平等） ①すべて国民は，法の下に平等であって，人種，信条，性別，社会的身分又は門地により，政治的，経済的又は社会的関係において，差別されない。
第25条（生存権，国の社会的使命） ①すべて国民は，健康で文化的な最低限度の生活を営む権利を有する。②国は，すべての生活部面について，社会福祉，社会保障及び公衆衛生の向上及び増進に努めなければならない。

労働基準法
第61条（深夜業） 使用者は，満18歳に満たない者を午後10時から午前５時までの間において使用してはならない。ただし，交替制によって使用する満16歳以上の男性については，この限りでない。

公職選挙法
第９条（選挙権） 日本国民で年齢満18年以上の者は，衆議院議員及び参議院議員の選挙権を有する。

民　法
第４条（青年） 年齢18歳※をもって，成年とする。

国民年金法
第８条（資格取得の時期） 20歳に達したとき国民年金の被保険者の資格を取得する。

※2018年３月に決定された民法改正案により，2022年４月１日から18歳となった。

戸籍法

第74条 婚姻をしようとする者は，（略）その旨を届け出なければならない。

日本国憲法

第24条（家庭生活における個人の尊厳と両性の平等） ①婚姻は，両性の合意のみに基いて成立し，夫婦が同等の権利を有することを基本として，相互の協力により，維持されなければならない。

民　法

第731条（婚姻適齢） 婚姻は，18歳※にならなければ，することができない。

第732条（重婚の禁止） 配偶者のある者は，重ねて婚姻をすることができない。

第734条（近親者間の婚姻の禁止） 直系血族又は3親等内の傍系血族の間では，婚姻をすることができない。（後略）

第735条（直系姻族間の婚姻の禁止） 直系姻族の間では，婚姻をすることができない。（後略）

第739条（婚姻の届出） ①婚姻は，戸籍法の定めるところにより届け出ることによって，その効力を生ずる。

第750条（夫婦の氏） 夫婦は，婚姻の際に定めるところに従い，夫又は妻の氏を称する。

第752条（同居，協力及び扶助の義務） 夫婦は同居し，互いに協力し扶助しなければならない。

※2018年3月に決定された民法改正案により，女性の婚姻適齢が2022年より16歳から18歳に引き上げられた。

戸籍法

第76条 離婚をしようとする者は，（略）その旨を届け出なければならない。

※老人福祉法適用の対象とされる

国民年金法

第26条（支給要件） 老齢基礎年金は，保険料納付済期間又は保険料免除期間（略）を有する者が65歳に達したときに，その者に支給する。ただし，その者の保険料納付済期間と保険料免除期間とを合算した期間が10年に満たないときは，この限りでない。

介護保険法

第２条 介護保険は，被保険者の要介護状態又は要支援状態に関し，必要な保険給付を行うものとする。

第９条 市町村の区域内に住所を有する40歳以上65歳未満の医療保険加入者は介護保険の被保険者する。

結婚　子の誕生　40歳　介護　離婚　65歳　死亡　遺産相続

育児・介護休業法

育児休業

- 労働者が事業主に申し出ることにより,子が１歳に達するまで育児休業を取得することができる。父母ともに育児休業を取得する場合は１歳２か月まで，保育所に入れないなどの一定の理由がある場合は２歳まで取得できる。
- 小学校就学前の子を養育する労働者は，子が病気やけがをした場合の看護，予防接種，健康診断を受けさせるために休暇を取ることができる（年５日，子が２人以上であれば年10日。１日又は半日単位で取得できる）。など

介護休業

労働者が事業者に申し出ることにより，介護のための休業を取ることができる。対象家族１人につき，通算93日まで取得できる（３回まで分割できる）。など

母子保健法

第15条（妊娠の届出） 妊娠した者は，厚生労働省令で定める事項につき，速やかに，市町村長に妊娠の届出をするようにしなければならない。

第16条（母子健康手帳） 市町村は，妊娠の届出をした者に対して，母子健康手帳を交付しなければならない。（後略）

民　法

第818条（親権者） 成年に達しない子は，父母の親権に服する。

第820条（監護及び教育の権利義務） 親権を行う者は，子の利益のために子の監護及び教育をする権利を有し，義務を負う。

労働基準法

第65条（産前産後） ①使用者は，６週間（多胎妊娠の場合にあっては，14週間）以内に出産する予定の女性が休業を請求した場合においては，その者を就業させてはならない。②使用者は,産後８週間を経過しない女性を就業させてはならない(略)。

児童福祉法

第１条 全て児童は，児童の権利に関する条約の精神にのっとり，適切に養育されること，その生活を保障されること，愛され，保護されること，その心身の健やかな成長及び発達並びにその自立が図られることその他の福祉を等しく保障される権利を有する。

第２条（児童育成の責任） ③国及び地方公共団体は，児童の保護者とともに，児童を心身ともに健やかに育成する責任を負う。

児童虐待防止法

第３条（児童に対する虐待の禁止） 何人も，児童に対し，虐待をしてはならない。

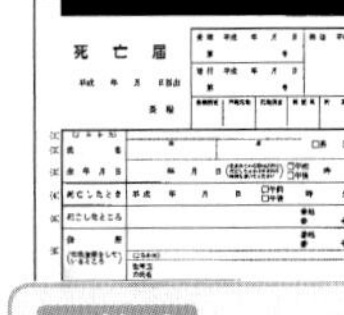

戸籍法

第86条（死亡の届出） 死亡の届出は，届出義務者が，死亡の事実を知った日から７日以内（国外で死亡があったときは，その事実を知った日から３か月以内）にしなければならない。

民　法

第882条 相続は，死亡によって開始する。

●法定相続の順位

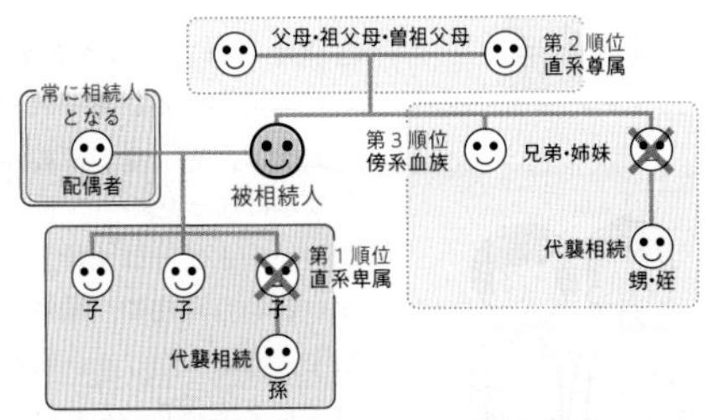

※正式な形の遺言があった場合は，遺言が優先される。

SOGI 用語集

多様な性

LGBTQ ＋とは？

国内外で LGBTQ ＋に関するニュースが多く取り上げられている。LGBTQ ＋とは，下で紹介しているように，セクシュアル・マイノリティ（性的少数者）の総称の一つである。性には，「身体の性(生物学的に分けた性別)」「自認する性(自分が思っている自身の性別)」「性的指向(好きになる性)」などがある。人の数だけ性のあり方があり，性は多様だが，少数者がいることが想定されていないこと，また周囲に理解がないことが原因で，当事者がさまざまな課題に直面することがある。ここでは主に LGBTQ ＋について，当事者が直面する課題や，当事者を取り巻く社会の実態を理解しよう。

台湾のデジタル担当大臣であるオードリー・タンさん。身体は男性だが，心は女性であるトランスジェンダーであることを自ら公表している。デジタル技術を駆使した迅速かつ的確な新型コロナウイルス感染症対策で世界の注目を集めた。閣僚全員にピンクのマスクを着用するよう提案し，色による性別表現を払拭するなど，台湾のジェンダーフリー政策にも貢献している。

Lesbian
レズビアン
女性同性愛者

Gay
ゲイ
男性同性愛者

Bisexual
バイセクシュアル
両性愛者

Transgender
トランスジェンダー
（生まれた時の身体の性別をもとに割り当てられた性別と，自認する性が異なる人）

日本人口の 8.9％
（電通ダイバーシティ・ラボ「電通 LGBTQ ＋調査 2020」より）

いかなる他者も恋愛や性愛の対象とならない 「アセクシュアル（エイセクシュアル）」や，セクシュアリティをあえて決めない，または決められない 「クエスチョニング(Questioning)」など，セクシュアリティは多様にある。

LGBTQ ＋の当事者が直面している現実

学校

- 差別的な言葉でのからかいや，いじめを受けた。
- 家族や学校の先生が多様な性について知らず，相談できずにひとりで抱え込んでしまった。
- 学校の制服や授業，部活が戸籍上の性別で分けられ，自分に合わず苦痛。
- トイレや更衣室で他の人に身体を見られたり，見たりするのがつらい。

就労

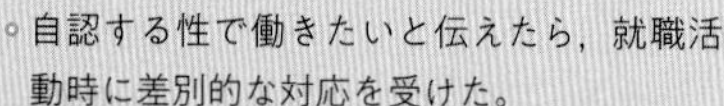

- 自認する性で働きたいと伝えたら，就職活動時に差別的な対応を受けた。
- 自分の性的指向や自認する性をカミングアウトしたら，昇進できなくなったり，ハラスメントにあったりした。
- 法律上の家族でないという理由で，パートナーの親のための介護休業の取得を拒否された。

社会生活

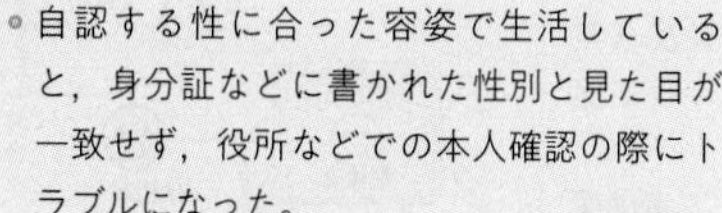

- 自認する性に合った容姿で生活していると，身分証などに書かれた性別と見た目が一致せず，役所などでの本人確認の際にトラブルになった。
- 同性パートナーは法律上，親族・配偶者でないという理由で，同性パートナーと公営住宅で同居したり，入院時に面会したりすることを拒否された。

LGBTQ ＋の人も暮らしやすい社会へ

●パートナーシップ制度

生活を共にする同性のカップルを，婚姻関係と同等の「パートナー」として公的に認める制度が，2015 年以降，240 の自治体で導入されている(2022 年 10 月現在)。法律上の婚姻関係とは異なるが，住宅の賃貸契約や病院での面会などの際に，証明書を持つカップルを拒否した事業所は是正勧告を受け，事業者名が公表される。

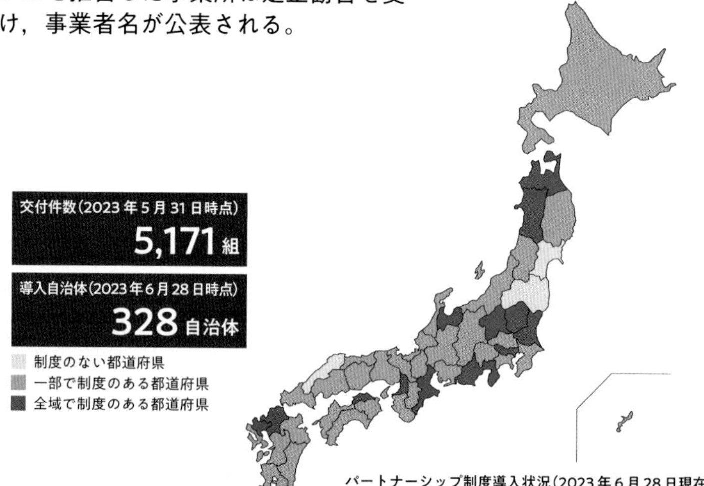

パートナーシップ制度導入状況(2023 年 6 月 28 日現在)
(虹色ダイバーシティ資料より)

●性同一性障害の人の性別変更申請

→ 2022 年から 18 歳に引き下げ(巻頭⑥)

豆知識 すべての人が持つ，それぞれの性的指向及び性自認を意味する 「SOGI」(Sexual Orientation and Gender Identity)という言葉もある。

ACTION

青年期・家族

ワークシート②を使って実践しよう！

ワークシート

自分の未来を「見える化」してみよう！

自分とは何だろう？　どんな大人になるのだろう？　まずは自分の思い描く未来を見える化してみよう。大谷翔平選手も活用したワークシートを使って，目標とそのためにやるべきことを整理してみよう。

	社会貢献						衣食住	
			社会貢献		衣食住			
				10年後の自分				
			家族・家庭		仕事			
	家族・家庭						仕事	

アメリカのメジャーリーグで活躍する大谷翔平選手。2021年に日本人として2人目の年間優秀選手賞（MVP）を受賞し、2022年には2桁勝利・2桁本塁打を達成。2023年にはワールド・ベースボール・クラシックに出場し、日本代表「侍ジャパン」の優勝に大きく貢献した。

目標達成のためのマンダラチャートを活用してみよう

大谷翔平選手も高校時代に実践したのが，右のワークシートである。全部で81のマスからなっており，中心に置いた目標をマンダラの模様のように，周辺のマスに広げていくことから「マンダラチャート」と呼ばれている。自分の立てた目標をどのように具体的に実践していくか分かりやすく見える化することができ，スポーツ選手だけでなく，就職活動や，企業の事業計画などでも幅広く使われているワークである。

大谷選手が高校1年生のときに立てた目標達成シート

体のケア	サプリメントを飲む	FSQ 90kg	インステップ改善	体幹強化	軸をぶらさない	角度をつける	上からボールをたたく	リストの強化
柔軟性	**体づくり**	RSQ 130kg	リリースポイントの安定	**コントロール**	不安をなくす	力まない	**キレ**	下半身主導
スタミナ	可動域	食事 夜7杯 朝3杯	下肢の強化	体を開かない	メンタルコントロールをする	ボールを前でリリース	回転数アップ	可動域
はっきりとした目標，目的を持つ	一喜一憂しない	頭は冷静に心は熱く	**体づくり**	**コントロール**	**キレ**	軸でまわる	下肢の強化	体重増加
ピンチに強い	**メンタル**	雰囲気に流されない	**メンタル**	**ドラ1 8球団**	**スピード 160km／h**	体幹強化	**スピード 160km／h**	肩周りの強化
波を作らない	勝利への執念	仲間を思いやる心	**人間性**	**運**	**変化球**	可動域	ライナーキャッチボール	ピッチングを増やす
感性	愛される人間	計画性	あいさつ	ゴミ拾い	部屋そうじ	カウントボールを増やす	フォーク完成	スライダーのキレ
思いやり	**人間性**	感謝	道具を大切に使う	**運**	審判さんへの態度	遅く落差のあるカーブ	**変化球**	左打者への決め球
礼儀	信頼される人間	継続力	プラス思考	応援される人間になる	本を読む	ストレートと同じフォームで投げる	ストライクからボールに投げるコントロール	奥行きをイメージ

家庭科で学んだことを生かして未来の自分をシートに描いてみよう

上のマンダラチャートでは真ん中に「10年後の自分」を置き，家庭科に関連する項目を4つ設定した。巻末のワークシートを使い，残りのマスを自分が思い描く未来を考えて埋めていこう。これまで家庭科で学んだことを生かしつつ，あなたが理想とする10年後の未来のために，何をなすべきか具体化してみよう。

Visual LIFE

赤ちゃんに密着!!

寝る

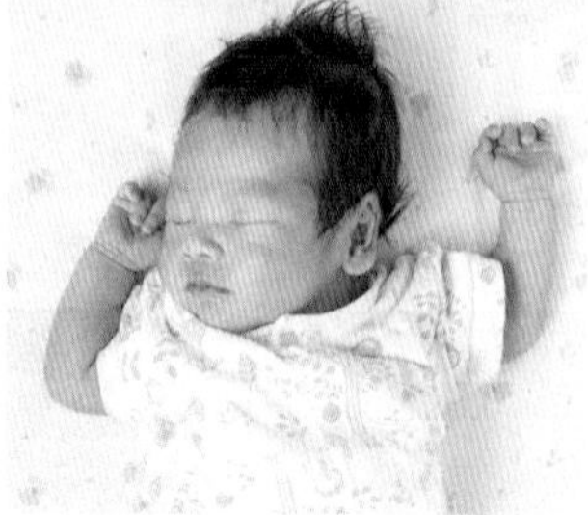

新生児は3～4時間の授乳のリズムで，昼夜関係なく寝たり起きたりをくり返す。

頭

胸囲より頭囲のほうが大きい。頭のてっぺんに頭蓋骨のすきま(大泉門)があるのでブヨブヨしている。

目

明るさと暗さの区別などはできるが，色や物を見分けることはできない。

胸

1か月で頭囲と同じになる。筋肉がついていないので呼吸とともにぼこぼこと動く。

腕

W字型にひじを曲げている。

皮ふ

赤くてやわらかい。生後数日の間に皮がむける。新生児黄疸(おうだん)で黄色くなることがあるが心配ない。

原寸大

手

手のひらを刺激すると，把握(はあく)反射によりしっかりと握る。その力は全体重を支えるほど強い。

足

足はまだ小さく，ジタバタと動かすしぐさを見せる。足でも，手と同じように，刺激するものをつかもうとする把握反射が起こる。

ひざ

ひざを曲げて脚がM字型になる。

原寸大

児斑(じはん)(蒙古斑(もうこはん))

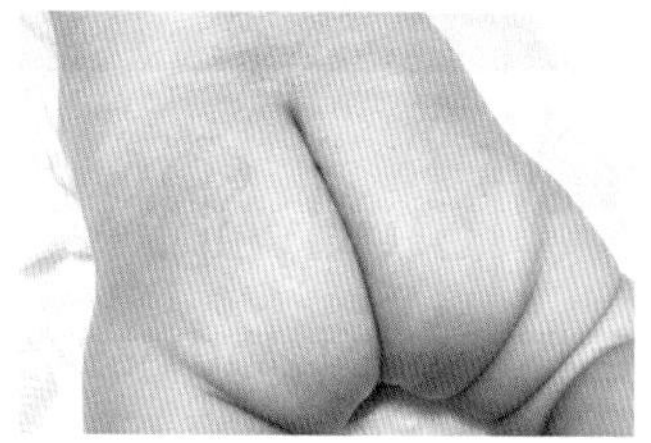

日本人など黄色人種の新生児に多く見られる，お尻から背中の青いアザで，皮膚の下のメラノサイト(色素細胞)が原因と考えられる。児斑は成長に伴って薄くなり，多くの場合，10歳前後には大部分が消失する。

おなか

小さな容積におとなと同じ数の内臓がつまっているので，ぽこんとふくらんでいる。

おへそ

へその緒は生後5～7日くらいで自然にとれる。

泣く

空腹や喉の渇き，排泄物などの不快を感じると，赤ちゃんは声をあげて泣く。親などが授乳やおむつ替え，抱っこなどをすることで不快は取り除かれ，愛着関係が築かれていく。

新生児の様子

新生児期に，眠っている赤ちゃんが，唇を横に引きつけて微笑んでいるように見えることを生理的微笑という。まわりの人から「子育てをしたい」という気持ちを引き出すための反応と考えられる。

笑う

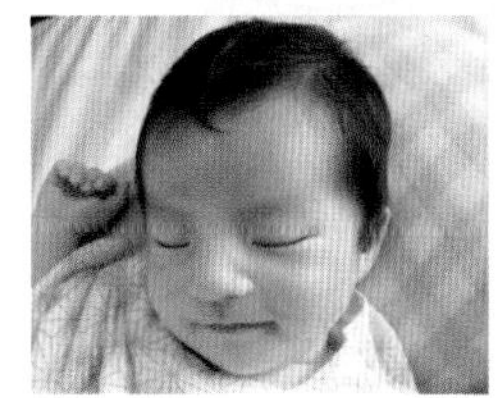

おむつ替え

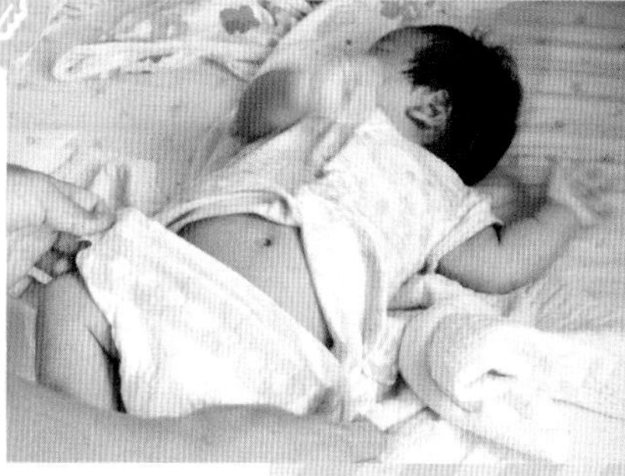

写真は紙おむつの交換の様子である。排便・排尿をするごとに替える。性器の周りにこびりついたうんちもあるので，お尻拭きなどで細かく丁寧に拭き取るとよい。

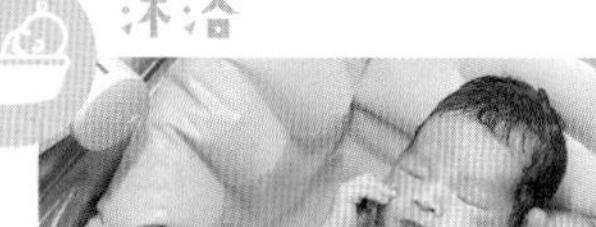

授乳

生後4～5か月頃までは，母乳や粉ミルク，液体ミルクなどの乳汁栄養が中心となる。新生児の口に乳首などが触れると吸い付く吸啜反射によって，初めてでも母乳を飲める。

沐浴

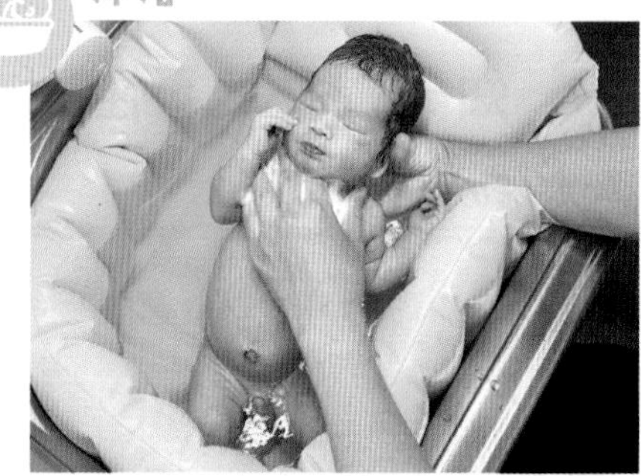

沐浴は，お湯を満たした容器の中で行う。生後3か月頃までは首の周りの筋肉が未発達で，支えがないと危険なため，首の位置が安定するように支える。

※この写真は実際の新生児の約2分の1の大きさです。

お父さんへのメッセージ

自身の体験をもとにお父さん目線の育児について描いた本『ヨチヨチ父』について，絵本作家のヨシタケシンスケさんはインタビューで次のように語っています。

「育児自体は本当にもう，すごく目まぐるしく日常生活を送るわけなんですけど，あるとき，育児ってこのバタバタした状態を『楽しい』と思うよう気持ちを変える作業なんだなって気づくんです。そうしないと，とてもじゃないけれど，自分を保てなくなる。ある種，今までの価値観をガラッと変える作業。その方法が分かると，なんでも来いっていう感じになれるんですよ。」

「結構，パパになるって時間かかるんですよ（笑）。ママは10か月間，お腹の中でわが子とつながっているけれど，パパは最初，完全にアウェーなんです。自分の体に何の変化もない中で，いきなり赤ちゃんをポーンと渡されて，さあ，愛情を持てっていう方が，難しい話なんですよ。もちろん，出産で感動して，一気に愛情が湧いてくるパパもいますが，ぼくはそういうパパじゃなかった。だから，2，3年くらいはただただ育児が大変で，辛くて……。でも，そういうパパは決してぼくだけじゃないと思うんです。そのリアルさを共感してもらうために，どう面白がってもらえるかを，ずっと考えて描いていましたね。」

（絵本ナビ『ヨチヨチ父　とまどう日々』ヨシタケシンスケさんインタビューより https://www.ehonnavi.net/specialcontents/contents_old.asp?id=314）

（ヨシタケシンスケ『ヨチヨチ父　とまどう日々』赤ちゃんとママ社より）

1. 性と妊娠のこと，ちゃんと知ってる？

デジタルコンテンツ

知っておきたい女性の健康の常識

知っているようで知らない女性の健康について，クイズに答えて理解を深めよう。

ヒトの受精

1 知っておきたい性と妊娠の基礎知識

1 妊娠のしくみ

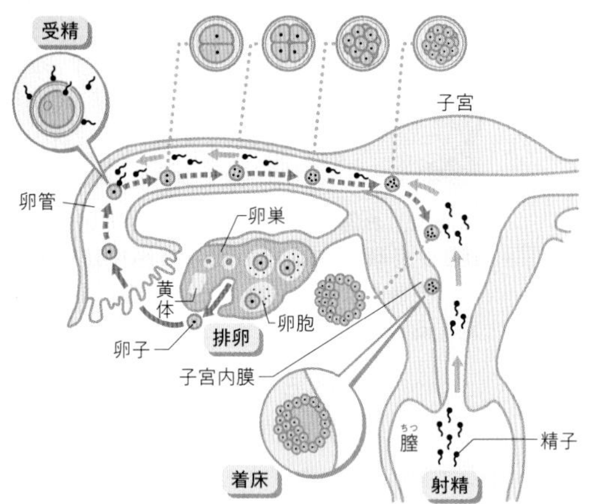

解説 腟内に射精された精子は，子宮内に入り，卵管で卵子と受精する。受精してできた受精卵は，分割しながら子宮へ向かい，子宮内膜にもぐりこんで着床する。

2 卵巣と子宮の周期的変化

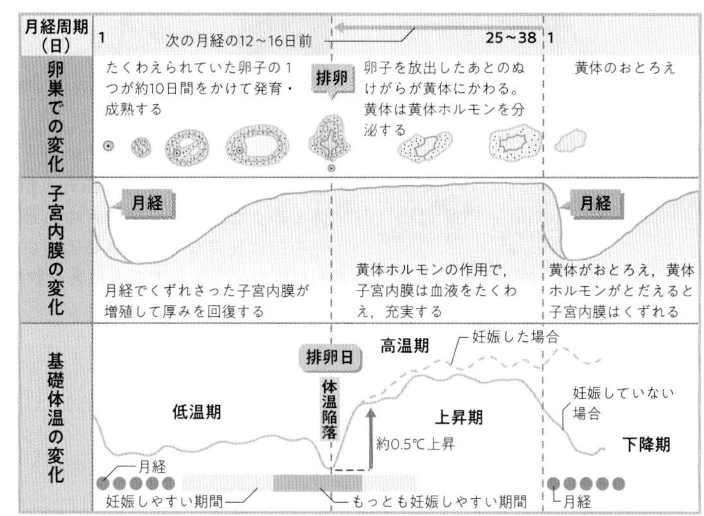

3 世界の性教育

フィンランド	性教育を含む「健康教育」が 13 ～ 15 歳の生徒の必修科目となり，避妊しない人や中絶件数が減少傾向にある。 性教育に関する教員研修が行われ，教科書では性の多様性や不妊治療も取り上げている。
イギリス	10 代の妊娠が多かったことから，政府が性教育を重視。性教育関連の内容は，11 ～ 14 歳の必修である科学や，健康や人間関係を総合的に学ぶ科目で扱われている。避妊は公費負担となっており，避妊具を無料で入手できる。
フランス	1967 年に避妊が公認されて以降，教育課程に性教育が加えられ，1998 年に必修化された。子どもが性の問題を第三者に相談できるファミリープランニング（家族計画センター）も性教育の担い手になっている。

4 さまざまな避妊法

ピル（経口避妊薬）	女性ホルモンの入った薬を服用する。最も確実な避妊法とされるが，飲み続ける必要があり，副作用の可能性もある。
コンドーム	性感染症予防にもなるが，正しい使い方が必要。また，使い慣れるまで時間がかかる。
基礎体温法	基礎体温を見て排卵後に体温が上がる安全日を見つける。月経周期が不順だったり，風邪などの発熱と間違える可能性がある。
IUD	子宮内に装着し着床を防ぐ。避妊効果が高いが，費用がかかったり，副作用がでることも。出産経験のある人に向いている。
殺精子剤	精子を殺す薬（ゼリー状など）を腟（ちつ）内に入れる。薬局で購入できるが，タイミングを誤って妊娠するケースも多くある。
腟外射精法	男性が女性の腟外で射精する方法。失敗率が高く，射精前に精子が腟内に入り込むことがある。

おとなのつぶやき… 何人かの知人が妊娠をきっかけに結婚する，いわゆる「授かり婚」を経験したのですが，結婚までの交際期間が短かったため，結婚後に夫婦での意見の違いが噴出して苦労したようです。お互いをよく知ることが大切ですね。（30 歳・男性）

性・妊娠に関する相談窓口→
（一般社団法人全国妊娠 SOS ネットワーク）

2 性をめぐる問題

1 SNS に関連する性被害の例

❶リベンジポルノ

「交際相手に裸の写真を拡散された」

女子中学生（14 歳）は，交際相手（15 歳）に裸の写真を求められ，「送ってくれないなら別れる」と追い込まれ自分の裸の写真を送ってしまった。その後交際を絶ったところ逆恨みされ，インターネット上に自分の裸の写真を拡散されてしまった。

▶どんな理由をつけられても，誰にも自分の裸の写真などを送るべきではない。

❷SNSでのわいせつな写真の強要

「自画撮り被害に注意」

女子小学生（9 歳）は，SNS で知り合った男に「服を着替えられる？」等と言葉巧みに誘導され，スマートフォンの無料通信アプリで自分の裸の写真や動画を送信させられた。

▶写真や動画を一度送ってしまうと，回収が困難で，取り返しのつかないことになる。

2 性感染症（STD＊：Sexually Transmitted Diseases）

病　名	症　状
クラミジア	尿道口から透明な膿が出る。女性では自覚症状がほとんどないが，不妊等の原因となる。
淋病	男性では尿道にかゆみが生じ，黄色い膿が出て，排尿痛がある。女性ではしばしば無症状の場合が多く，症状のある場合は濃い黄色いおりものが出る。子宮頸管炎の原因となる。
梅毒	数年にわたり段階を経て進行。初期は性器や口中などにしこりができ，次第に胸や背中などに湿疹が出て，最終段階では関節や神経，内臓などにさまざまな障害が出る。
性器ヘルペス	男性では外陰部に水ほうができ，排尿困難に。女性では外陰部に水ほうができ，強い痛みを生じることもある。一度感染すると，ウイルスが潜伏して再発を繰り返す。
エイズ	セックスやオーラルセックスにより感染。エイズを発病すると，体内の免疫機能が損傷を受け，さまざまな症状（感染症や悪性腫瘍など）が引き起こされる。

＊ STI（Sexually Transmitted Infection）ともいう。

性交には，さまざまな性感染症のリスクがある。最も安全な予防策はセックスをしないことだが，相手を感染していない特定のパートナーに限定すること，コンドームを正しく使うことが有効である。性感染症の中でも特に気をつけるべきエイズは，HIV というウイルスへの感染によって引き起こされる。日本での HIV 感染者・エイズ患者の新規報告数は減少傾向にあるが，HIV 感染からエイズの発症まで 5 ～ 10 年かかり，知らぬ間に感染を拡大させる恐れがある。

3 妊娠に関する問題

近年日本では**高齢出産**の増加などを背景に**不妊治療**の件数が増加し，2017 年の新生児のうち約 6％が体外受精によって誕生している。一方，予期せぬ妊娠などを理由とした**人工妊娠中絶**は，件数が減少傾向にあるものの，若年層を中心に多く行われている。なお，現在の日本では，法律により，妊娠 22 週 0 日を過ぎた場合，いかなる理由があっても中絶できない。

●人工妊娠中絶件数と実施率

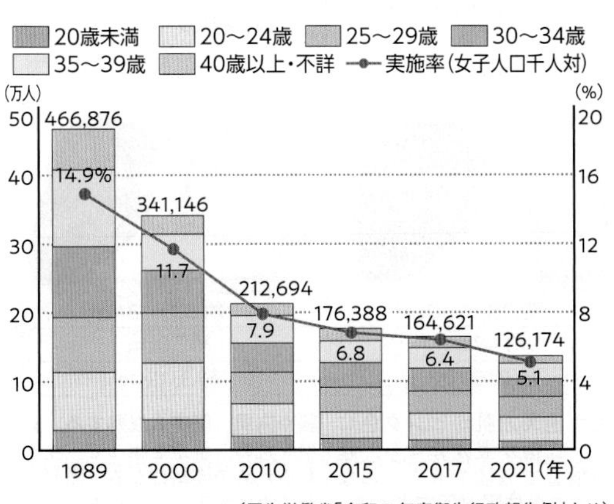

（厚生労働省「令和 3 年度衛生行政報告例」より）

Column

子宮頸がんとワクチン

子宮頸がんは，HPV（ヒトパピローマウイルス）の感染が原因で起きる女性特有のがんで，患者は 20 歳代から増え始め，日本では毎年約 2,800 人が亡くなっている。HPV は性的接触の経験があれば誰でも感染する可能性があるが，HPV ワクチンの接種によって子宮頸がんの原因の 50 ～ 70％を防ぐことができる。副反応に関する報道などの影響でワクチン接種を控える動きが広がったが，ワクチンの効果とリスクを知り，正しく判断することが大切である。

●一生のうち子宮頸がんになる人
1 万人あたり **132** 人

●子宮頸がんで亡くなる人
1 万人あたり **30** 人

（厚生労働省「あなたと関係のあるがんがあります」より）

家庭科のキーワードを使って
小論文を書こう

問題：代理出産

現在日本では，代理懐胎（代理出産）の許否について法律による規制は存在しておらず，これを許容すべきかどうかについて様々な観点から議論がされている。代理懐胎（代理出産）を許容することに肯定的な論拠と否定的な論拠を 1000 字以内で述べなさい。

（2019 年度　神戸大学より作成）

豆知識　男性用コンドームの原型は，紀元前 3000 年頃にヤギやブタの盲腸，膀胱で作られたもので，男性器を昆虫にかまれないための保護具などとして使われていたとされる。避妊・性感染症予防のためのコンドームが誕生したのは 1874 年である。

2. 子どもの誕生までにどんなことが必要？

デジタルコンテンツ

妊娠に関する常識クイズ

妊婦のサポートについて，クイズに答えて重要なポイントを押さえよう。

ヒトの赤ちゃんの成長

1 母体の変化と胎児の発育

※からだの変化には個人差がある。

時期		初期			中期
週数		4 5 6 7	8 9 10 11	12 13 14 15	16 17 18 19
母体の変化		●月経がとまる ●基礎体温が上昇する ●つわりが始まる ●専門医の診察を受ける	●流産しやすい時期 （切迫流産・稽留流産・子宮外妊娠・胞状奇胎などに注意） ●ウイルス感染・薬剤・放射線などに注意	●胎盤の完成 ●母子健康手帳を受けとる ●食欲がでてくる	●下腹部圧迫に注意 ●色素の沈着 ●胎動が始まる
子宮の発達 胎児の様子	みぞおち おへそ 恥骨上縁				
	子宮の大きさ		にぎりこぶし大	子どもの頭大	おとなの頭大
胎児の発育	身長	約 1.2cm	約 4.7cm	約 16cm	約 25cm
	体重	約 4g	約 30g	約 100g	約 280g
		魚のような形をしている。脳が発達し始め，心臓も動き始める。6週過ぎには，超音波検査で胎児が確認できる。	手足がはっきりし，2～3頭身に。鼻や唇，まぶたも形づくられ，胃や腸などが完成する。10週ごろ心音が確認される。	脳の原型が完成し，記憶をつかさどる海馬もできる。光や音に反応し，指しゃぶりをする。全身に産毛が生える。	骨格ができ，羊水の中で手足を活発に動かすようになる。耳の器官が完成する。頭髪，爪が生え始める。

時期	中期		後期		
週数	20 21 22 23	24 25 26 27	28 29 30 31	32 33 34 35	36 37 38 39
母体の変化	●マタニティードレス ●おなかの保温と安定（腹帯など） ●乳房の手入れを始める	●頻尿・便秘・腹痛・むくみに注意 ●貧血に注意	●妊娠高血圧症候群に注意 ●早産予防 ●補助動作の練習・妊婦体操	●塩分をひかえる ●乳汁分泌が始まることがある ●出産準備を完了	●分娩を待つ
子宮底の長さ	約 18 ～ 20cm	約 21 ～ 24cm	約 25 ～ 28cm ※28週ごろから頭が下に下がる。	約 28 ～ 30cm	約 32 ～ 34cm
身長	約 30cm	約 38cm	約 43cm	約 47cm	約 50cm
体重	約 700g	約 1, 200g	約 1, 800g	約 2, 500g	約 3, 100g
胎児の発育	さらに活発に動く。羊水を飲んで排尿をする。母親や周囲の声に反応する。まゆ毛やまつ毛が生え，まぶたを動かす。	顔立ちがわかるようになり，体のバランスもとれてくる。皮下脂肪がつき，肌もできてくる。目がみえてくる。	体表のしわがなくなる。神経系がほぼ完成。音を聞き分けられるようになる。ある程度性別を確認できるようになる。	産毛が消え，肌がピンク色になる。表情が豊かになり，超音波検査で確認できる。おなかの中での位置が固定される。	脳や内臓，筋肉も成熟する。背中を丸め，手足を組んで，生まれるための姿勢になる。頭が骨盤の中まで下がってくる。

おとなのつぶやき… 妊娠して，産休を取ろうとしたとき，職場の上司に「休暇中は会社が給料を払うの？」と言われました…。「産休の手当金を支給するのは健康保険です！」と言い返してやりましたけど。職場の理解って本当に大事。（40歳・女性）

2 妊娠～出産までに何が必要？

1 妊娠届

産婦人科で妊娠の診断を受け，役所に妊娠届を提出すると，**母子健康手帳**が交付される。母子健康手帳には，妊婦の健康状態と経過，出産状態と産後経過，乳幼児の発育，予防接種の経過などを記録できる。

2 妊婦健診

病院や助産所での妊婦健診では，エコー写真などで母子の健康状態を確認したり，妊娠中の生活について相談したりできる。

- 妊娠8週頃～23週 … 4週間に1回
- 24週～35週 …… 2週間に1回
- 36週～出産 ……… 1週間に1回

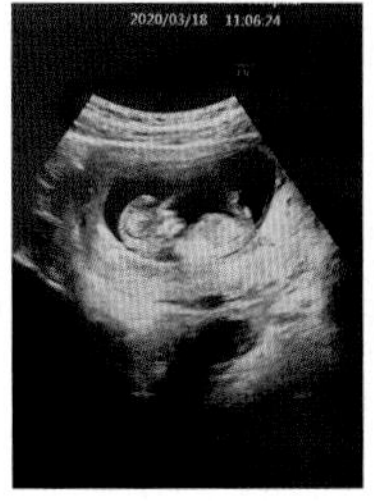

エコー写真

3 両親学級

保健所などで実施される両親学級では，出産後の乳児の沐浴（もくよく）や抱っこの仕方を学んだり，子育ての心構えについて教わったりすることができる。近所の妊娠中の家庭と交流する機会にもなる。

4 出生届

出産後14日以内（国外出産の場合は3か月以内）に，子どもの名前などを記入して，役所へ出生届を提出する。出産後の妊婦は体のダメージが大きいため，できるだけパートナーが提出しよう。

Column 生物

産後クライシス

産後2年以内に夫婦仲が急速に悪くなる「産後クライシス」が問題になっている。

さまざまな原因があるが，女性のホルモン分泌（ぶんぴつ）も影響することがわかってきている。

出産後，エストロゲンの分泌量が出産を機に激減して孤独を感じやすくなるほか，家族への愛情や他者への攻撃性を高めるオキシトシンの分泌量が増加する。夫が育児に非協力的だと，イライラが強まるので，産後クライシスを回避するには，夫婦での子育て協力が欠かせない。

3 妊娠中の生活で気をつけたいこと

1 妊娠中の主な症状（個人差がある）

嘔吐（おうと）や吐き気がする／においに敏感になる／食事の嗜好（しこう）が変わる／眠気がする／精神が不安定になる／歯周病や貧血，便秘になりやすい　など

2 父親・母親としてできること

母親

- 睡眠・休養を十分にとる
- 喫煙と飲酒をやめる
- 過度の仕事をしない
- 乗り物に長時間乗らない
- かかとの高い靴を履かない
- 重い物を持たない
- ストレスをためない　など

父親

- すすんで家事をする
- 喫煙や過度の飲酒をやめる
- よい話し相手となり，精神的な支えとなる
- 外出などパートナーの気分転換を手伝う
- 育児グッズをそろえる　など

父母共通

- 子育ての仕方を学ぶ
- 保育所などの情報収集をする　など

食べ物…妊娠中は貧血を起こしやすいので，ほうれんそうなどの緑黄色野菜，卵，大豆などを食べ，鉄分・葉酸の不足を防ぐ。カフェインや，メカジキ・キンメダイなど一部の魚は摂取を制限したい。

レントゲン…レントゲンの放射線の量で胎児に影響が及ぶ可能性はほとんどない。ただし，妊娠3～15週のころの胎児は，まれに放射線のために発育障がいが生じることがあるため，不安であれば避ける。

感染症…母親が感染症にかかると，胎児に影響する可能性がある。なかでも風疹（ふうしん）は，胎児が難聴や心臓疾患を起こす危険があるため，免疫が低下しがちな妊娠中は，とくに感染しないように注意をする。

薬…風邪をひいたりしたときは，市販薬を飲むことは避けて，産婦人科で処方してもらうようにする。ただし，元から飲んでいた持病の薬があれば，勝手に飲むのをやめたりせずに，必ず医師に相談する。

お酒…妊娠中の飲酒は，アルコールが胎盤から胎児に伝わり，出生後の発育障がいなどを招く胎児性アルコール症候群を引き起こすことがある。

タバコ…タバコは流産や早産，SIDS（乳幼児突然死症候群），低出生体重児になるリスクを高める。ニコチンと一酸化炭素が母体の血管を収縮させ，血液中の酸素が不足し，胎児に栄養や酸素が行きづらくなるためといわれている。

家庭科のキーワードを使って

小論文を書こう

問題：出生前診断

出生前診断について，倫理上の問題点をまとめた上で，あなた自身は出生前診断についてどのように考えるか，800字以内で述べなさい。

参考

新型出生前診断…妊婦の血液を調べ，胎児にダウン症などの染色体異常がないか調べる診断で，NIPTとも呼ばれる。日本では2013年に開始され，2020年3月までに約87,000人の女性が検査を受けている。

考え方

先天性疾患などについて知ることができる一方，生まれてくる子ども個人の命の尊厳についての課題があることにも触れたい。

豆知識　妊娠中に逆子（胎児の頭の位置が下向きになること）や双子以上の多胎妊娠，胎児の健康異常がある場合などは，帝王切開手術を行うことがある。帝王切開では陣痛の痛みを回避できる一方で，手術による傷痕の治療が必要になる。

3. 乳児のお世話には注意が必要!?

デジタルコンテンツ

乳児のお世話を動画で学ぼう

乳児の身の回りのお世話をするときのポイントを, 動画で学ぼう。

1 乳児期の子どもの発達の様子

※心身の発達には個人差がある。(身長・体重は厚生労働省「平成22年乳幼児身体発育調査報告書」より。数値は平均値)

月齢	1～2か月未満	3～4か月未満	5～6か月未満
子どもの発達の様子	男：4.78kg 55.5cm 女：4.46kg 54.5cm	男：6.63kg 61.9cm 女：6.16kg 60.6cm	男：7.67kg 66.2cm 女：7.17kg 64.8cm
感覚・運動機能	●首がまだすわらず, 腕を持って引き起こすと首が後ろに下がる。 ●手や足を活発に動かす。 ●指しゃぶりをする。	●首がすわり, 腹ばいで頭と肩を持ち上げる。 ●がらがらなどの玩具を手と指でわしづかみにする。	●からだの近くのものに手を伸ばす。 ●寝返りをする。 ●ひとりで座る。
情緒	●快・不快を示す。	●あやすと微笑する。	●恐怖や警戒心を抱く。
認知機能	●音のする方に顔を向ける。大きな物音に驚く。 ●色や形がある程度わかる。	●動くものを目で追う。	●ものが落ちたときに下を見たり探したりする。
言語	●クークーなどと声を発する(クーイング)。	●声を出して笑う。	●喃語(なんご)(あーあー, うーうーなど)を言う。
社会性	●人と目を合わせる。	●親などの気を引こうとする。	●「いないいないばあ」を喜ぶ。 ●人見知りをする。
その他	●湿疹(しっしん)ができやすい。 ●沐浴(もくよく)をする。	●親といっしょに入浴する。 ●スプーンから飲む。	●歯が生え始める。 ●離乳を開始する。なめらかにすりつぶした離乳食を食べる。 ●夜泣きが多くなる。

月齢	7～8か月未満	9～10か月未満	10～11か月未満
子どもの発達の様子	男：8.30kg 69.3cm 女：7.79kg 67.9cm	男：8.73kg 71.8cm 女：8.20kg 70.3cm	男：8.91kg 72.9cm 女：8.37kg 71.3cm
感覚・運動機能	●あとずさりをする。 ●物を熊手形でつかむ。	●はいはいをする。 ●つかまり立ちをする。 ●ものを指でつまむ。 ●両手の積み木を打ち合わせる。	●ひとりで立つ。 ●ものを親指と人差し指でつまむ。
情緒	●構ってもらえないと不機嫌になる。	●親などから離れると不安になり, 後追いする。	●ほめられると喜ぶ。
認知機能	●落ちたものなどを指さす。	●布などで隠されたものを自分で見つける。	●周囲の物事に興味を持ち試す。
言語	●自分の名前を呼ばれると反応する。	●バイバイ, ありがとうなどの言葉に反応する。	●禁止の言葉などに反応する。
社会性	●親などのしぐさをまねる。	●バイバイと手を振る。	●欲しいものがあるとき, 泣かずに親などに示す。
その他	●舌でつぶせるかたさの離乳食を食べる。	●紙を破るなどして遊ぶ。 ●歯ぐきでつぶせるかたさの離乳食を食べる。	●外へ出たがる。

おとなのつぶやき…

近所でママ友ができると, 小さくなった子どもの服を譲り合ったり, イベントの情報交換ができたりして助かります! 一方で, 仕事中もSNSのグループメッセージがたくさん届くので, 若干面倒臭さもあります…。(35歳・女性)

2 乳児は何を食べているか

母乳は栄養バランスがよく，免疫物質を含むほか，乳児とのスキンシップにもなる。一方，乳児用調製粉乳や液体ミルクなどの人工栄養は時間や場所を選ばず，誰でも与えられる。なお，人工栄養は乳糖やビタミン，ミネラルなどが配合されて母乳の栄養に近くなっており，出産後の状況に合わせて母乳と人工栄養を使い分けたい。

1 母乳

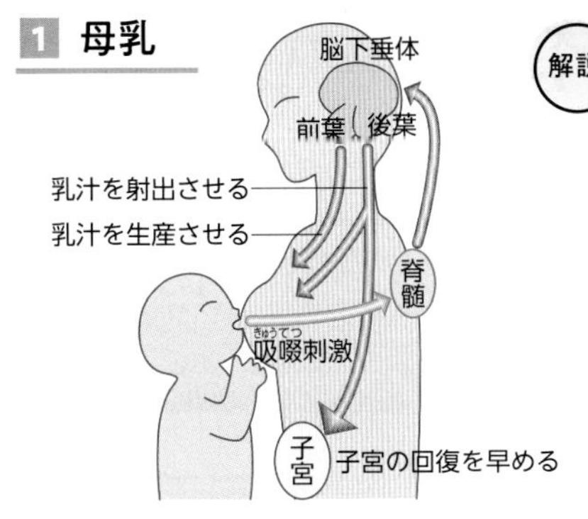

解説 乳児は生後4～5か月までは母乳のみで発育・発達できる。母乳は栄養のバランスや消化吸収がよく，とくに初乳（初期の母乳）には免疫物質が含まれ，新生児の食事に適している。また，授乳により子宮の回復が早まり，母親にもよい影響がある。ただ，母乳の分泌には個人差があり，搾乳をしないと胸の張りや痛みが生じることがある。

2 乳児用調製粉乳（粉ミルク）

解説 母乳が不足していたり，授乳できなかったりする場合，乳児用調製粉乳（粉ミルク）などの人工栄養を使用する。乳児用調製粉乳は，粉状のミルクをお湯で溶かして哺乳瓶で授乳する。安価で購入しやすく，乳児が飲み足りない場合に粉乳を足すなど，分量の調整ができる。誰でも授乳でき，母親の負担を減らせる。

母乳・乳児用調製粉乳・液体ミルクの栄養素はp.306～309に載っているよ。それぞれの栄養素を比較してみよう！普通牛乳とはどう違うかな？

3 乳児用調製液状乳（液体ミルク）

解説 乳児用調製粉乳と同じく人工栄養で，日本では2019年より販売が解禁された。缶やパックなどに入った液体ミルクを哺乳瓶に注いでそのまま飲ませる。お湯で溶かす必要がなく，とくに災害時などでの活用が期待される。飲み残しには時間とともに菌が繁殖しやすいため捨てる。

乳児に食べさせるのは危険！

食中毒	はちみつ　青魚　刺身（生魚）　貝類
アレルギー	エビ・カニ・イカ　そば　大豆　ピーナッツ　など（→ P.144）
誤飲の危険	餅　こんにゃくゼリー
消　化	チョコレート　アイスクリーム　スナック菓子

4 離乳食

月齢	5～6か月頃	7～8か月頃	9～11か月頃	1歳～1歳半頃
調理形態	なめらかにすりつぶした状態	舌でつぶせる固さ	歯ぐきでつぶせる固さ	歯ぐきで噛める固さ
食べ方の目安	子どもの様子をみながら1日1回1さじずつ始める。母乳や育児用ミルクは飲みたいだけ与える。	1日2回食で食事のリズムをつけていく。いろいろな味や舌ざわりを楽しめるように食品の種類を増やしていく。	食事リズムを大切に，1日3回食に進めていく。共食を通じて食の楽しい体験を積み重ねる。	1日3回の食事リズムを大切に，生活リズムを整える。手づかみ食べにより，自分で食べる楽しみを増やす。

※あくまでも目安であり，子どもの食欲や成長・発達の状況に応じて調整する。
（厚生労働省「授乳・離乳の支援ガイド」2019年改定版より）

3 乳児のおむつ

おむつには，紙おむつと布おむつがある。紙おむつは蒸れにくく排泄の後始末が楽である。テープを前でとめるタイプと，パンツのように履かせるタイプがある。布おむつは肌に優しく，買い置きの必要がない。排泄のたびにおむつを取り替え，子どもの快適な状態を保つことが大切である。

◀紙おむつ
布おむつ▲

ミライフ 未来×LIFE

3 すべての人に健康と福祉を　12 つくる責任つかう責任

未来のベビーカーを企画してみよう！

2019年，赤ちゃん用品メーカーのピジョン株式会社による主催で，大学生のチームが未来のベビーカーのアイデアを競い合うイベントが開かれた。下は，優勝した学生の企画である。あなたなら，未来のベビーカーとしてどのような商品を企画する？　アイデアを出し合ってみよう。

<事例>

【東京工業大学チームが考案した「Osampo Go」】

- ベビーカーを街の各スポットで借りて自由に乗り捨てられる，**ベビーカーシェアリング**の仕組みを作る。
- ベビーカーの乗り心地測定機能で集めたビッグデータから，**おすすめの散歩ルートをマップに可視化**する。

豆知識　紙おむつは薬局やベビー用品店などで購入できるが，大袋で売っている場合が多く，外出時の急なおむつ不足で困る親も多い。近年では，企業が高速道路のサービスエリアに「紙おむつ自動販売機」を設置するなどの取り組みが行われている。

4. 幼児は急成長の真っ最中!?

デジタルコンテンツ

イヤイヤ期の子どもにどうかかわる?

イヤイヤ期の子どもへの寄り添い方をチャット形式で体験してみよう。

1 幼児期の子どもの発達の様子

※心身の発達には個人差がある。(身長・体重は厚生労働省「平成22年乳幼児身体発育調査報告書」より。数値は平均値)

月齢	1歳0～3か月未満	2歳0～6か月未満	3歳0～6か月未満
子どもの発達の様子	男:9.65kg 76.8cm 女:9.06kg 75.3cm	男:12.03kg 86.7cm 女:11.39kg 85.4cm	男:14.10kg 95.1cm 女:13.59kg 93.9cm
感覚・運動機能	●ひとり立ち,伝い歩きができる。 ●クレヨンなどでなぐり書きをする。	●走ったり飛び跳ねたりする。 ●積み木を並べられる。	●三輪車をこぐ。 ●段差からジャンプする。 ●はさみを使って紙を切る。
情緒	●自分の行動を止められたりすることを嫌がる。	●うまくいかないとかんしゃくを起こす。(イヤイヤ期,第一次反抗期)	●かんしゃくを起こしても,あとで気持ちの整理ができるようになる。
認知機能	●鏡に映った自分の姿を自分だとわかる。 ●人の名を覚える。	●頭の中で行動を考えられる。	●見かけや自分の視点からものごとを捉える。
言語	●初語が出る。 ●一語文を言う。	●自分のしてほしいことを言葉で表す。 ●二語文を言う。	●「なぜ?」という質問が増える。 ●自分の姓名を言う。 ●多語文を言う。
社会性	●おとながしていることをまねる。	●ほかの子どもを意識する。	●順番を守り,友達とものを分け合える。 ●親などと離れたところで遊べる。
その他	●スプーンが使えるようになる。 ●コップを使って飲む。	●自分で靴を履こうとする。 ●スプーンやフォークを上手に使って食べる。	●箸を使って食べる。

月齢	4歳0～6か月未満	5歳0～6か月未満	6歳0～6か月未満
子どもの発達の様子	男:15.99kg 102.0cm 女:15.65kg 100.9cm	男:17.88kg 108.2cm 女:17.64kg 107.3cm	男:20.05kg 114.9cm 女:19.66kg 113.7cm
感覚・運動機能	●スキップをする。 ●はずんでいるボールをつかむ。	●ジャングルジムやのぼり棒にのぼれる。 ●細かい折り紙を折れる。	●補助輪つきの自転車に乗れる。 ●細かい手や指の動きができる。
情緒	●情緒のコントロールができる。	●相手や場面に応じて気持ちを表す。	●小さい子どもの気持ちをくんで相手をする。
認知機能	●自分の気持ちと区別して他人の気持ちを考えて話ができるようになる。	●ものごとの善悪の判断がつく。	●知識欲が増す。
言語	●日常会話ができる。	●経験や考えを相手にわかるように表現する。	●言葉が達者になり,口げんかをする。
社会性	●仲間と遊ぶことが増える。 ●競争心や葛藤からけんかが増える。	●自分の役割やルールの大切さがわかる。	●組織立った集団での遊びが多くなる。
その他	●ボタンかけができる。 ●歯磨きを自分でできる。	●排泄(はいせつ)やその後始末を自分でできる。	●安全に必要な生活習慣や態度を身につける。

おとなのつぶやき… 3歳の息子の偏食がひどく,野菜を全然食べてくれません…。シチューをつくるときなどは,わからないようにブロッコリーやきのこを細かくみじん切りにして忍び込ませています。(35歳・男性)

2 イヤイヤ期のメカニズム

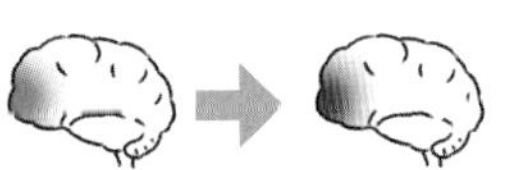

解説 2～4歳頃，幼児がまわりの人に「イヤイヤ」と反抗する時期はイヤイヤ期と呼ばれる。近年，そのメカニズムの解析が進められている。自我が発達し，「自分で何でもやりたい」などの欲求が脳の中心部分で生じる。しかし，欲求の抑制を司る「前頭前野」が未発達なため，イヤイヤ行動に出ると考えられている。前頭前野が年齢とともに発達すると，欲求を抑え込み，イヤイヤ行動は減っていく。イヤイヤ期の子どもには，その気持ちに寄り添いながら，心の発達を促すよう接したい。

（参考：NHKスペシャル「ママたちが非常事態!?」取材班監修，ふじいまさこ著『ママは悪くない！ 子育ては“科学の知恵”でラクになる』主婦と生活社）

3 トイレトレーニングと自立

おむつでの排尿の間隔が2～3時間おきくらいになる2歳前後，子どもは排泄（はいせつ）行為について自覚し始める。それに合わせ，親などは，子どもを便座やおまるなどに座らせてトイレトレーニングを行い，徐々におむつからパンツへと移行させる。

<トイレトレーニングのコツ>
- 排泄できたら，大げさにほめる。
- 失敗しても責めずに励ます。
- トイレの壁に好きなキャラクター絵を貼るなど，楽しい雰囲気を作る。

4 発達障がいと向き合う

1 発達障がいの種類

●自閉症スペクトラム障がい

自閉症，そのほかの広汎性発達障がいを含む。相互的な対人関係の障がい，コミュニケーションの障がい，興味や行動の偏り（こだわり）の3つの特徴が現れる。

●注意欠如・多動性障がい（ADHD）

発達年齢に見合わない多動・衝動性，あるいは不注意，またはその両方の症状が7歳までに現れる。

●学習障がい（LD）

全般的な知的発達には問題ないが，読む・書く・計算するなど特定の事柄のみが特に難しい状態をいう。

2 特別支援教育のしくみ

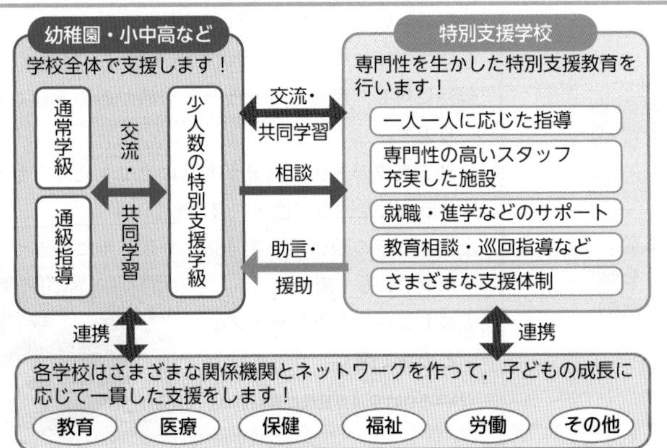

Column

幼児の面白エピソード

幼児のものの捉え方はおとなとは大きく異なり，時に予想もつかないことを考えたり話したりする。下は，保育士の「てぃ先生」が，園の幼児たちとかかわる中で体験した出来事である。

題名「シンデレラ！?」

先生と一緒にシンデレラごっこを楽しむうめちゃん。

うめ （シンデレラ役）「パーティーにまにあわないわ！」

先生 （魔法使い役）「ネズミよ，馬になあれ！」

うめ 「ヒヒーン！」

うめちゃんまさかのねずみ役でした。

（てぃ先生『ほぉ…，ここが ちきゅうの ほいくえんか。』KKベストセラーズより）

ミライフ 未来×LIFE

幼児に教育は必要？

乳児期から幼児期にかけて，子どもの脳は著しく発達する。知識や技術の吸収が速いため，幼児期からの教育が有効だとして，親が就学前の子どもを幼児教室に通わせる「早期教育」や，家庭生活・地域活動など日常生活の中で学ばせる「幼児教育」が行われている。近年では，分野横断的な学びである「STEAM教育」を幼児教育にも取り入れる動きが広がっている。あなたはこれからの時代の幼児たちにどのような教育が必要だと思う？

STEAM教育とは

STEAMは，科学，技術，工学，芸術，数学の英単語の頭文字を取った造語。STEAM教育とは，科学や数学の基礎を土台に，技術，工学，芸術的な創造性を用いて実社会の問題を解決する力を養う，教科横断的な教育をいう。

STEAM…それはひとりひとりのワクワクをよびおこす

S	SCIENCE	科学
T	TECHNOLOGY	技術
E	ENGINEERING	工学
A	ART	芸術
M	MATHEMATICS	数学

豆知識 アメリカでは，子どものイヤイヤ期のことを "terrible twos" と呼ぶ習慣がある。

5. 子どもは1日をどう過ごしている？

デジタルコンテンツ

子どもの危険な事故クイズ

子どもを事故からどう守るか，クイズに答えてみよう。

1 子どもの1日の生活

●子どもの1日を見てみよう

子どもは1日をどのように過ごしているだろうか。新生児，9～11か月，3歳児（幼稚園に通っている）の1日の例を見てみよう。

時	0	1	2	3	4	5	6	7	8	9	10	11	12	13	14	15	16	17	18	19	20	21	22	23	24
新生児	睡眠	授乳	睡眠		授乳	睡眠		授乳	お風呂	睡眠	授乳	睡眠	授乳	睡眠	授乳	睡眠	授乳	睡眠					授乳	睡眠	
9～11か月	睡眠							朝食（離乳食）	遊び		おやつ	睡眠		昼食（離乳食）	遊び		お散歩や外遊び			夕食（離乳食）	お風呂	授乳	睡眠		
3歳児	睡眠							朝食	登園	遊び	おやつ	遊び	昼食	遊びなど	昼寝	遊び	おやつ	遊び	帰宅	夕食	お風呂	準備など	睡眠		

2 子どもの遊び

1 乳児と遊ぶ

いっぽんばしこちょこちょ

子どもの片手をくすぐったり，優しくつねったりして，最後はわきをくすぐる。

2 幼児と遊ぶ

しっぽとり

ズボンの後ろにひもを挟み，走り回りながら，ほかの人とひもを取り合う。

子どもの遊び環境を守ろう！

近年は，習い事に通う子どもの増加，都市化による遊び場の減少，少子化などの影響で，子どもの遊びにとって重要な「時間」「空間」「仲間」（「3つの間」）を確保することが難しくなっている。これからの子どもの遊び環境を守るための活動について調べてみよう。

（例）NPOによる冒険遊び場の提供，企業主催の運動教室など

Column

光る泥団子を作ろう

「光る泥団子」作りに挑戦してみよう。時間をかけて工夫しながら根気よく作り上げるのがコツだ。

作り方

❶ある程度粘性のある，土台用の土を用意する。
❷土台用の土をギュッと丸めて水分を絞り出す。ゴミを取り除き，丸く整形する。
❸❷に普通の砂をかける→傾けて余分な砂を落とす→反対の手の親指の付け根でそっと撫（な）でる→軽く握る。
❹❸の手順を何度も繰り返して球体にする。
❺球体をビニール袋に入れて口をねじり，寝かせる。
❻❺に対し，用意したサラサラの砂で❸の手順を繰り返す。
❼光る表皮が見え，水分が表面に出てきたら，サラサラの砂をかけて磨き，寝かせる。
❽サラサラの砂に手を突っ込んで薄く手に粉がついた状態にして磨く。
❾ストッキングやジャージなどの布で磨く。

（神戸市立六甲道児童館の資料より）

おとなのつぶやき…

6歳の娘がボタン電池を飲み込んだため，慌てて病院に連れて行きました。危険なものだとわかっているのに口に入れてしまうあたり，子どもからは目が離せないなと思います。（45歳・女性）

3 子どもの生活には危険がいっぱい!?

1 家庭内の危険な場所

左の図で子どもにとって危険なところを10個見つけ，どんな対策をしたらよいか，ほかの人と話し合おう！

ほかにはどんな危険があるだろうか。考えてみよう。

2 子どもの家庭内事故死の原因（主な項目）

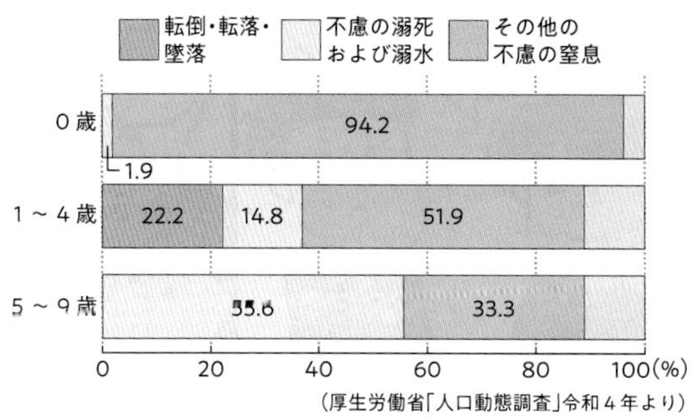

3 子どもの誤飲事故の特徴

●家庭用品等別事故件数の割合

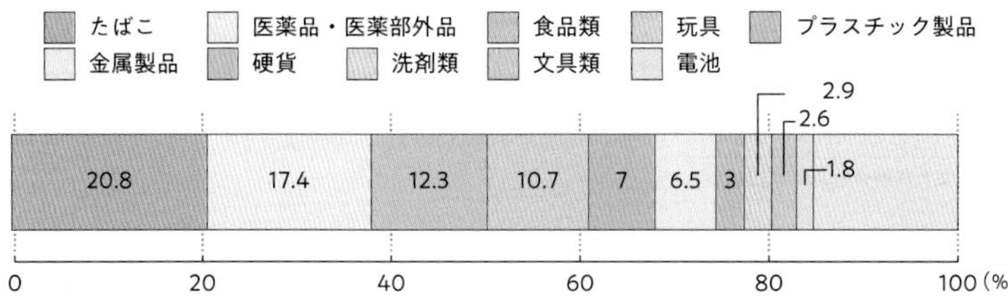

●誤飲事故を起こした子どもの年齢

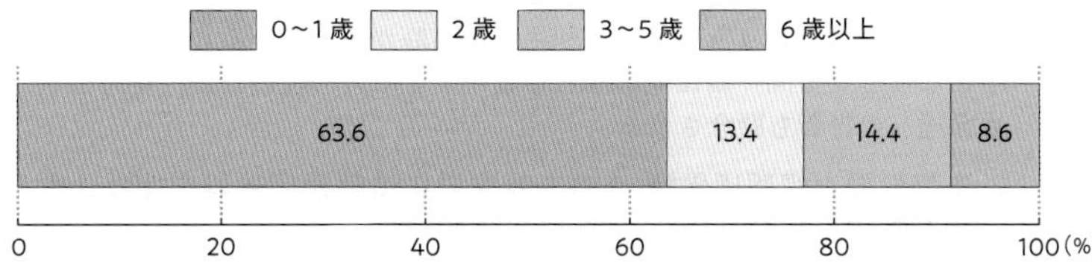

（厚生労働省「2018年度　家庭用品等に係る健康被害病院モニター報告」より）

4 車での外出とチャイルドシート

チャイルドシートは，道路交通法で6歳未満の乳幼児に着用が義務づけられている。衝突事故の際には，作動したエアバッグによって負傷する恐れがあるので，後部座席に装着することが望ましい。

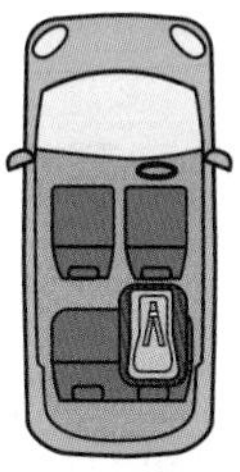

4 子どもの健康な生活のために

予防接種（国立感染症研究所）→

1 予防接種

予防接種とは，毒性を弱めたりなくしたりした病原体を体内に入れ，これに対する抗体をつくること。

抗体ができると，次にその病原体が入ってきても，感染しにくくなる。

<予防接種の例>

●**定期予防接種**

四種混合，BCG，麻疹（ましん）・風疹（ふうしん），日本脳炎，ロタウイルス，水ぼうそう　など

●**任意予防接種**

おたふくかぜ，インフルエンザ　など

2 乳幼児健康診査

子どもの発育や心身の発達，疾患の有無などを調べる乳幼児健康診査は，市区町村の保健センターなどで受けられる。ほとんどの自治体で，3～4か月，1歳6か月，3歳などのタイミングで定期的に行われる。

Column

子どもの体力の低下

子どもの体力は昭和60年をピークに低下しており、ここ数年はその傾向が顕著であるといわれている。主な要因は、①1週間の総運動時間が420分以上の児童生徒の割合が、新型コロナウイルス感染症が流行する以前の水準に戻っていない、②肥満である児童生徒の増加、③朝食欠食、睡眠不足、スクリーンタイム（テレビ、スマートフォン、ゲーム機などによる映像の視聴時間）増加などの生活習慣の変化、④新型コロナウイルス感染症の影響によるマスク着用中の激しい運動の自粛などが考えられる。

●体力合計点の状況

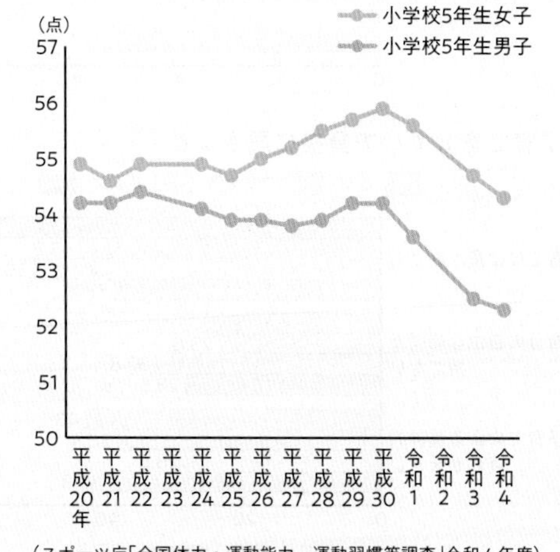

豆知識　とくに休日や夜間において，子どもの事故・病気への対処に迷ったときは，子ども医療電話相談（#8000）に電話で相談するとよい。都道府県内の小児科医師・看護師から，子どもの症状への適切な対処の仕方や受診する病院等のアドバイスを受けられる。

6. 親になるってどういうこと？

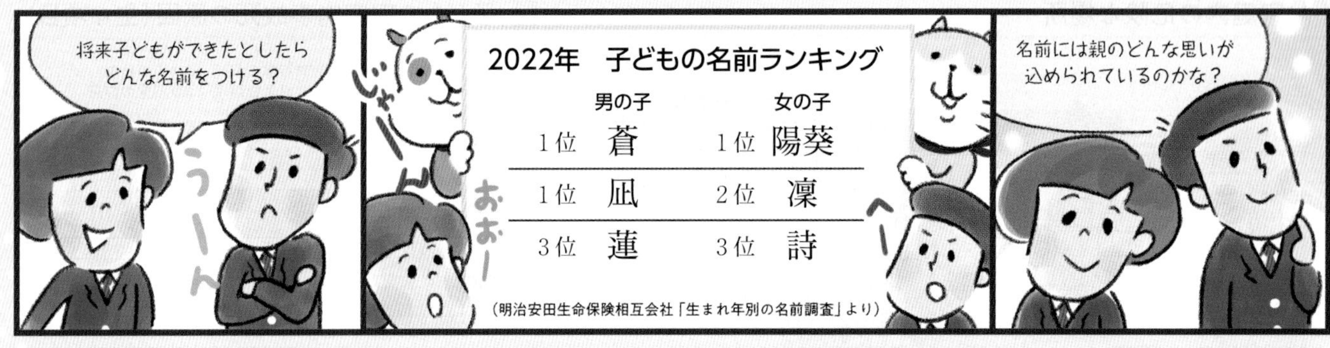

デジタルコンテンツ

子どもや親にどうかかわる？

子どもや子育て中の親にどのように接するか，傾向をチェックしてみよう！

1 子どもにどのような名前をつける？

	1950年		1985年	
	男子	女子	男子	女子
1位	博	和子	大輔	愛
2位	茂	洋子	拓也	麻衣
3位	隆	幸子	直樹	麻美

（明治安田生命保険相互会社「生まれ年別の名前調査」より）

解説 子どもの名づけには，歴史上の人物や格言など，さまざまな由来があるが，そのときの社会情勢などが名づけに影響することも多い。新しい元号や，活躍したアスリート，人気作品の登場人物など，年代によって名づけの傾向が変化している。

2 子育ての楽しさ・つらさ

●子育てをしていて良かったと思うこと

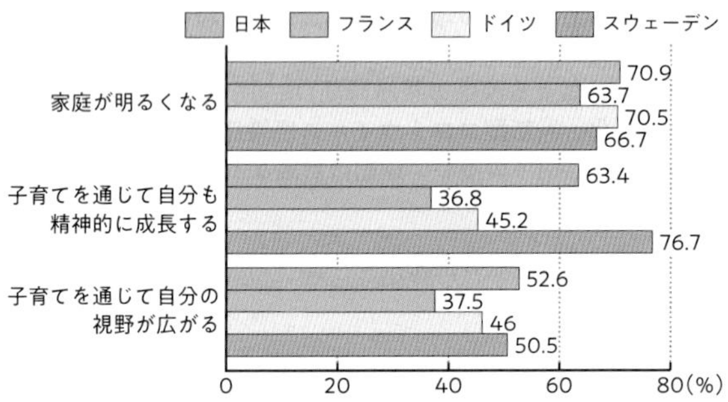

●子育てをしていて負担に思うこと

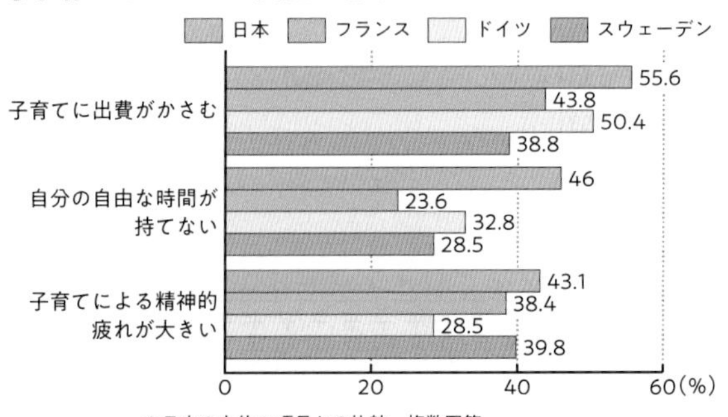

※日本の上位3項目との比較，複数回答。
（内閣府「令和2年度少子化社会に関する国際意識調査報告書」より）

Column

スマホは育児の強い味方？

スマホやタブレットを育児に利用する家庭が増えている。子どもが夢中になっている間，親は家事などに集中できるため便利だが，視力低下や発達への影響も懸念される。

●未就学児が情報通信機器を利用し始めた年齢

●未就学児に情報通信機器を使わせている理由

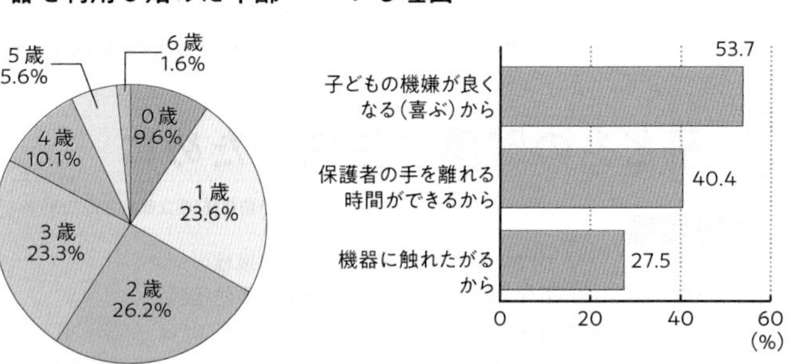

（子どもたちのインターネット利用について考える研究会「未就学児の生活習慣とインターネット利用に関する保護者意識調査結果」2017年より）

子どもにスマホやタブレットを使わせるなら，家庭ではどんなルールを決めておくとよいかな？

おとなのつぶやき… 我が家の子どもは姉と弟の二人きょうだいで，毎日のようにきょうだいげんかが勃発します…。でも，姉が病気にかかったとき，そっと頭をよしよししてあげる弟の姿を見て「きょうだいがいるっていいなあ」と思います。（36歳・男性）

3 親として仕事と子育てを両立するには…

p.51で示したように，乳児期の初めのうちは授乳やおむつ替えなど，親がつきっきりで世話をする必要がある。その間，とくに母親が，「産前・産後休業」，「育児休業」を取得するケースがほとんどである。休業中は毎月，給与の5～7割程度の金額が支給される。育児休業は男性も取得できるが，p.39 ❺に示したように，男性の取得率はとても低い。一方で女性も，育児休業を取得できずに退職したり，休業から復帰した後に非正規社員として働かざるを得なくなったりすることが多く，仕事と子育ての両立の難しさが課題になっている。

●育児休業を取得しなかった理由（正社員）

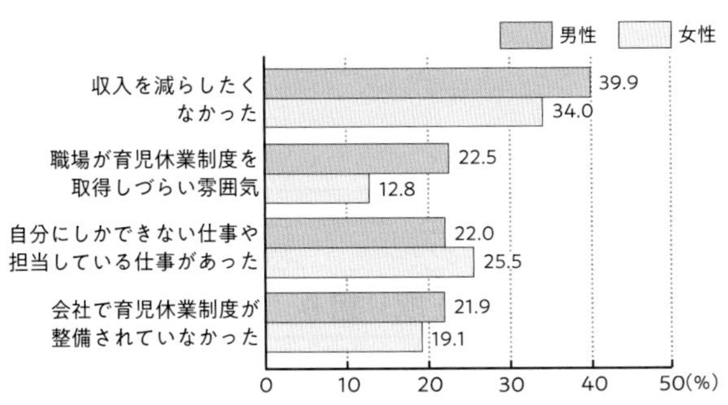

※上位４項目，複数回答。

（日本能率協会総合研究所「令和２年度仕事と育児等の両立に関する実態把握のための調査研究事業報告書」より）

Column

男性版産休の制度化

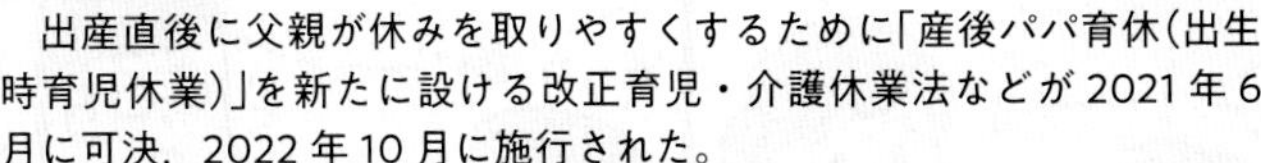

出産直後に父親が休みを取りやすくするために「産後パパ育休（出生時育児休業）」を新たに設ける改正育児・介護休業法などが2021年6月に可決，2022年10月に施行された。

男性従業員は産後８週間以内に４週間分の休みを，２回まで分けて取得できる。また，企業は従業員一人ひとりへの育児休業取得の働きかけを義務づけられる。育児参加を希望する父親が増える中，仕事と子育ての両立を後押しする制度として期待される。

改正法施行後の産前・産後休業，育児休業の取得例

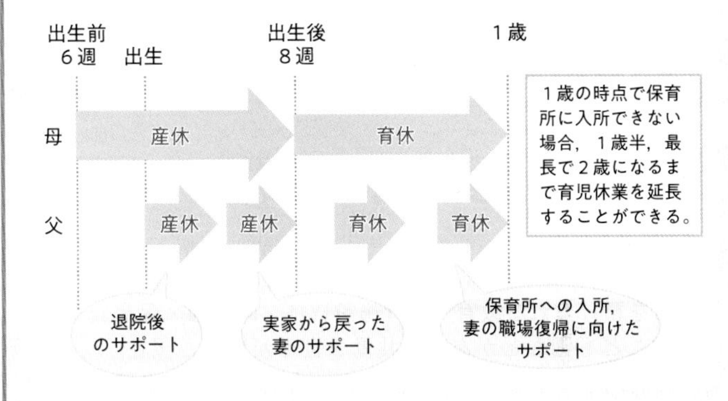

4 少子化の進行

●各国の合計特殊出生率の推移

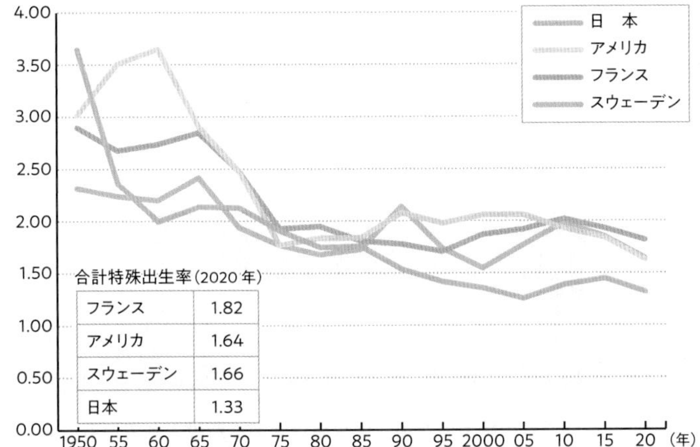

合計特殊出生率（2020年）

フランス	1.82
アメリカ	1.64
スウェーデン	1.66
日本	1.33

資料：諸外国の数値は1959年までUnited Nations "Demographic Yearbook"等，1960～2018年はOECD Family Database，2019年は各国統計，日本の数値は厚生労働省「人口動態統計」を基に作成。
注：2020年のフランス，アメリカの数値は暫定値となっている。
（内閣府「令和４年版　少子化社会対策白書」より）

解説 日本では少子高齢化が進行している。主な原因には，50歳時未婚率の上昇や晩婚化などがあげられるが，教育費などの経済的負担や，子どもを世話する身体的・精神的負担が大きいことも影響していると考えられる。だが，少子化が進めば，地方の過疎化や労働力不足など，社会へのさまざまな影響が危惧される。社会全体の課題として，少子化に向き合っていくことが求められる。

ミライフ　未来×LIFE

5 ジェンダー平等を実現しよう　8 働きがいも経済成長も

ワンオペ育児を防ぐためには？

子育てをひとりで行う状況を「ワンオペ育児」という。子育てに積極的な父親が増えた現在も，長時間労働などが原因で母親がワンオペ育児を担うケースが非常に多く，問題になっている。ワンオペ育児を防ぎ，充実した子育て生活を送るには，夫婦での育児の分担と支え合いが大切である。次の家庭において，夫・妻の育児の担当を割り振ってみよう。

＜シチュエーション＞
- ●夫…出勤：９時　※土日休み
  - 帰宅：20時
- ●妻…出勤：10時　※土日休み
  - 帰宅：18時
- ●子（１歳）…保育所登園：８時
  - 降園：18時
  - 夕食：19時
  - 入浴：20時
  - 就寝：21時

＜育児項目＞
①保育所へ送って行く
②保育所へ迎えに行く
③保育所の連絡ノートを書く
④服やおむつを替える
⑤ご飯を食べさせる
⑥お風呂に入れる
⑦歯磨きをする
⑧平日，遊び相手になる
⑨休日，遊び相手になる

豆知識　日本では，戸籍法により人名に使える文字が決まっている。ひらがな，片仮名，常用漢字，人名漢字，一部の記号（「々」など）は使用できるが，数字やアルファベットなどを使用することはできない。

7. 子育てしやすい社会って？

デジタルコンテンツ 

あなたの子育て支援への意識は？

質問に答えて，あなたの子育て支援への意識を確認してみよう。

1 保育の需要の増大と課題

1 待機児童とは

子どもを預けられる教育・保育施設には，幼稚園・保育所・認定こども園などがある。共働き世帯が増えた現在，保育所を利用する子どもが最も多いが，自治体に入所申請をした結果，保育が必要であるにもかかわらず，定員超過などのために入所できない「待機児童」が問題になっている。

保育所には，認可・認可外といった種類があるんだ。認可保育所は，家庭の保育料負担が小さく，保育の質も保証されているので，入所希望が殺到して，定員を超えてしまうことが多いんだって。

●保育所等利用率と保育所等待機児童数の推移

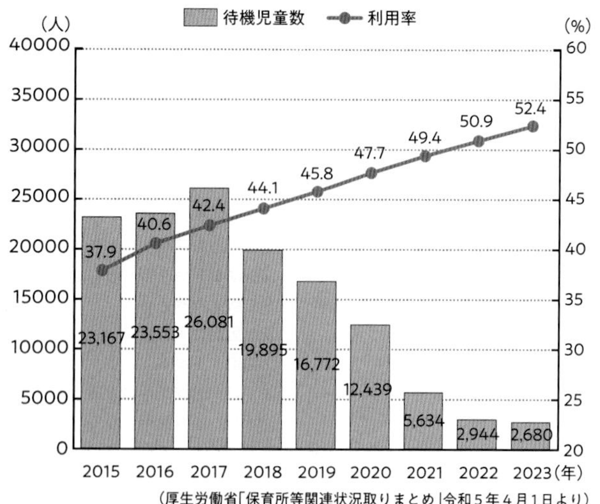

（厚生労働省「保育所等関連状況取りまとめ」令和5年4月1日より）

2 待機児童の解決に向けた取り組み

都市部の保育所の賃借料補助
都市部では建物の賃借料が高騰するため，保育所の賃借料を一部補助することで保育所整備を進めやすくする。

保育の多様化・受け皿の拡大
保育所以外での預け先の選択肢を増やす。
- 幼稚園での預かり保育
- 一時預かりや病児保育
- 認定こども園　など

保育士不足の解消
多様化する保育ニーズとともに保育士の仕事量が増える一方，待遇が悪く，離職率が高いのが現状である。保育士の給与を引き上げるなどの待遇改善を進める。

ミライフ 未来×LIFE

保育施設と騒音トラブル

近年，待機児童の解消のため，保育施設が多く新設されている。その中心は都市部だが，保育施設から出る音がうるさいという理由で，近隣住民から建設反対運動が起こり，建設を断念する場合も多い。保育施設の騒音トラブルを防止・解決するにはどんな方法があるか，ほかの人と話し合ってみよう。

保育施設から出る音にはどんなものがある？  防ぐ方法は？

騒音だと感じる人はどんな生活をしている？  保育施設のことを理解してもらう機会を作れないか？

おとなのつぶやき… 保育所への入所審査の基準が点数制だとは知りませんでした…両親がフルタイムで働いている，育児休業から早く復帰する，自治体に長く住んでいると点数が高くなり，希望の保育所に入りやすいとか…早く知りたかった！（30歳）

2 子育て支援政策の充実

1 子ども・子育て支援新制度における教育・保育認定

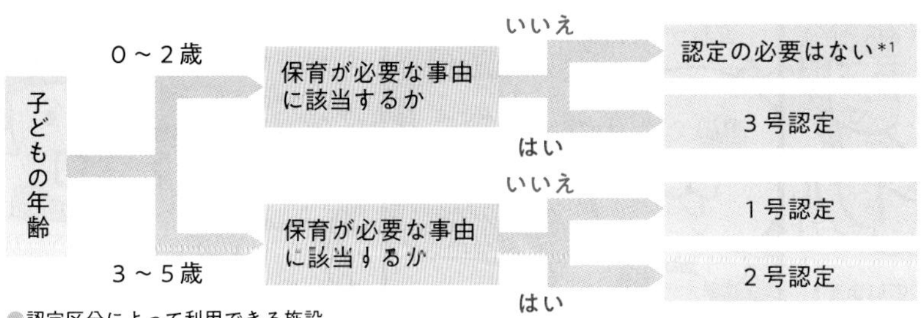

●認定区分によって利用できる施設

1号認定	幼稚園*2・認定こども園
2号認定	保育所・認定こども園
3号認定	保育所・認定こども園・地域型保育

＊1 必要に応じて，一時預かりなどの支援が利用できる。
＊2 幼稚園には新制度に移行しないところもある。その園を利用する場合は，認定を受ける必要はない。
（内閣府・文部科学省・厚生労働省「子ども・子育て支援新制度なるほどBOOK」平成28年4月改訂版より作成）

2 地域の子育て支援

茅ヶ崎市ファミリー・サポート・センター
支援会員 福田ゆう子さんのインタビューより

育児の援助を受けたい人と行いたい人が会員となり，助け合う組織。子どもの預かりや保育施設への送迎などを行う。

●子どもの預かり支援を始めた理由

私には子どもが三人いるんですけど，やっぱり小さい頃はご近所の方々にすごく助けていただいたんですね。絶対に自分だけでは子育てってできなかったですし，その恩返しをしたいというのが一番の理由です。

●預かり支援をしていてうれしかったこと

あるとき妊婦さんのお子さんを預かっていたとき，2人目の赤ちゃんが産まれてたんですね。そしたらまだ分娩台にいるママから「生まれたー！ありがとう！」と電話もらったことあります（笑）びっくりしましたが，こんな私に分娩台から電話いただけたのには感動しました。

（茅ヶ崎のローカルメディア「エキウミ」より一部抜粋）

Column

こども家庭庁

子育て、少子化、児童虐待、いじめなどの社会問題を解決するため、2023年4月1日に「こども家庭庁」が設置された。同時に施行された「こども基本法」では、子どもや若者に関する取り組みを推進するための６つの基本理念を掲げている。

1 すべてのこどもは大切にされ、基本的な人権が守られ、差別されないこと。
2 すべてのこどもは、大事に育てられ、生活が守られ、愛され、保護される権利が守られ、平等に教育を受けられること。
3 年齢や発達の程度により、自分に直接関係することに意見を言えたり、社会のさまざまな活動に参加できること。
4 すべてのこどもは年齢や発達の程度に応じて、意見が尊重され、こどもの今とこれからにとって最もよいことが優先して考えられること。
5 子育ては家庭を基本としながら、そのサポートが十分に行われ、家庭で育つことが難しいこどもも、家庭と同様の環境が確保されること。
6 家庭や子育てに夢を持ち、喜びを感じられる社会をつくること。

3 さまざまな子育て支援の形

1 企業の子育て支援 「くるみん」

次世代育成支援対策推進法に基づき，企業は次世代育成のための行動計画を策定する。行動計画に定めた目標を達成したなどの一定の基準をクリアした企業は「くるみん認定」や「プラチナくるみん認定」され，国から優遇措置を受けられる。

＜プラチナくるみん認定企業の例＞

株式会社ビックカメラ

【主な取り組み】

- 社員は配偶者の出産日前後，連続2日以内で特別休暇（有給）を取得できる
- 育児休業の延長期間を最長3歳までに延長
- 同社グループの事業所内保育施設を設置
- イクメンセミナーなどを通じて男性社員の育児参加を促進

商店街ツアーお買い物体験
© 株式会社ビックカメラ BicKids

2 個人での活動

子どもたちに遊びの場を提供したり，NPO法人に所属して子育て中の親の相談を受けたりと，各地でさまざまな活動が行われている。

＜個人の活動の例＞

このあの文庫
（東京都杉並区）

【主な取り組み】

絵本翻訳家である小宮由（こみやゆう）さんが，毎週土曜日の午後，自宅の一部を家庭文庫（私設図書館）として開放している。近所の子どもたちに絵本や児童書を貸し出したり，読み聞かせを行ったりする。親たちの交流の場にもなっている。

※新型コロナウイルス感染拡大を受けて休館とする場合あり。

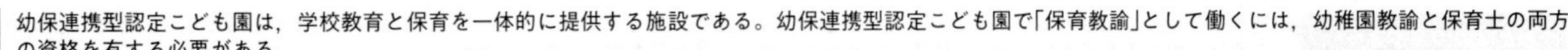

豆知識 幼保連携型認定こども園は，学校教育と保育を一体的に提供する施設である。幼保連携型認定こども園で「保育教諭」として働くには，幼稚園教諭と保育士の両方の資格を有する必要がある。

8. 今，子どもたちが危ない！

デジタルコンテンツ

こども食堂ってどんなところ？

こども食堂を主催する人のインタビューを読んでみよう。

1 児童虐待

●増え続ける児童虐待

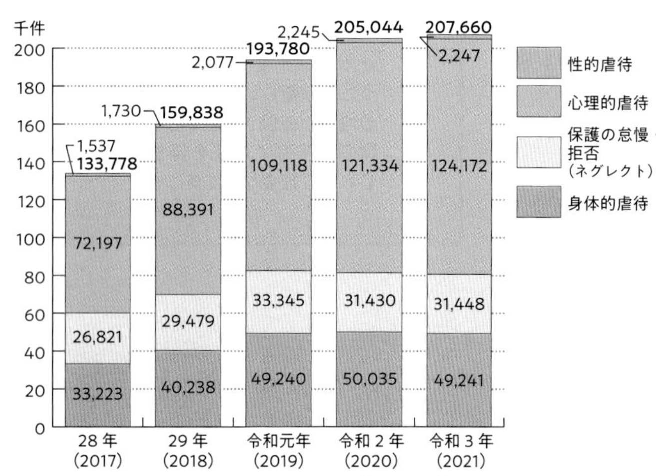

	28年(2017)	29年(2018)	令和元年(2019)	令和2年(2020)	令和3年(2021)
性的虐待	1,537	1,730	2,077	2,245	2,247
心理的虐待	72,197	88,391	109,118	121,334	124,172
保護の怠慢・拒否（ネグレクト）	26,821	29,479	33,345	31,430	31,448
身体的虐待	33,223	40,238	49,240	50,035	49,241
合計	133,778	159,838	193,780	205,044	207,660

（厚生労働省「令和３年度福祉行政報告例」より）

解説 児童虐待は年々増加傾向にあり，死亡に至る事件も後を絶たない。虐待者で最も多いのは実母であり，育児不安やストレスなどが原因とされる。そこには核家族化や少子化によって子どもと接した経験が乏しく，育児の悩みを相談する人が身近にいないなどの背景がある。新型コロナウイルス流行に伴う自粛期間においては，親子ともに逃げ場のない自宅生活の中で虐待が表面化するケースも目立つ。

2019 年に改正された児童虐待防止法と児童福祉法で，しつけと称した暴力の禁止や，児童虐待への対応を行う児童相談所の家庭への介入機能の強化など，虐待防止に向けた対策が進んでいる。

児童相談所虐待対応ダイヤル「189（いちはやく）」へ電話相談！
- 自分が虐待を受けている
- ほかの子どもへの虐待を見かけた

2 児童相談所の相談から支援までの流れ

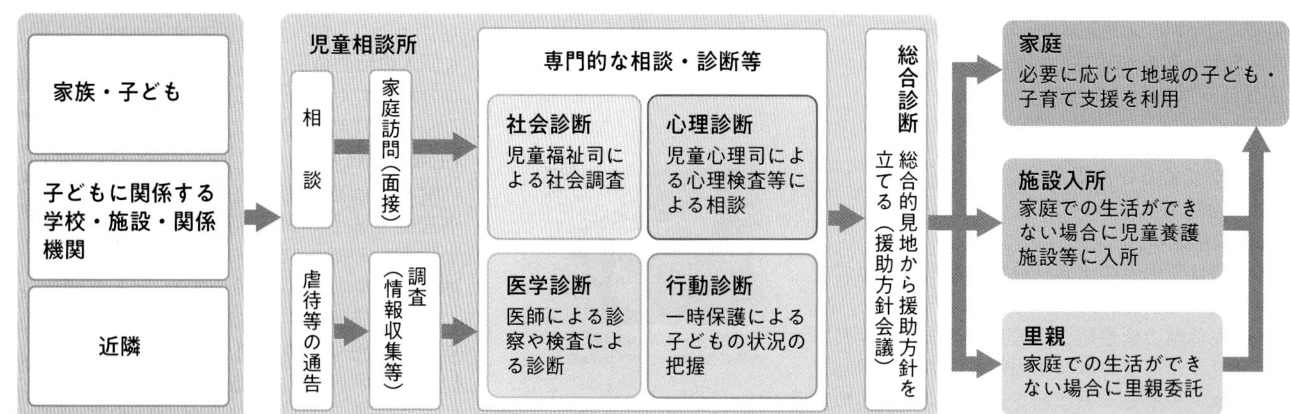

（東京都港区「広報みなと 2021 年４月１日　港区子ども家庭総合支援センター開設特集号」をもとに作成）

おとなのつぶやき… 近所の公民館で開かれているこども食堂に参加してみました。おいしいカレーライス定食におやつまでもらって一人あたり 300 円！　近所の子育て家庭との交流もできて，ひとり親家庭にとっては本当に助かります。（38 歳・女性）

3 子どもの貧困

●子どもの貧困率の国際比較

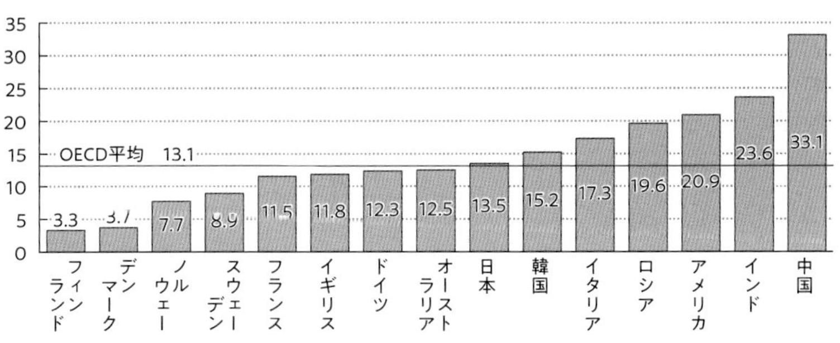

※日本は2019年の値。各国の数値は2016年時点の最新年の数値で，国によって抽出した年が異なる。
("OECD Income Distribution Database" などより)

●ひとり親の平均年収の現状

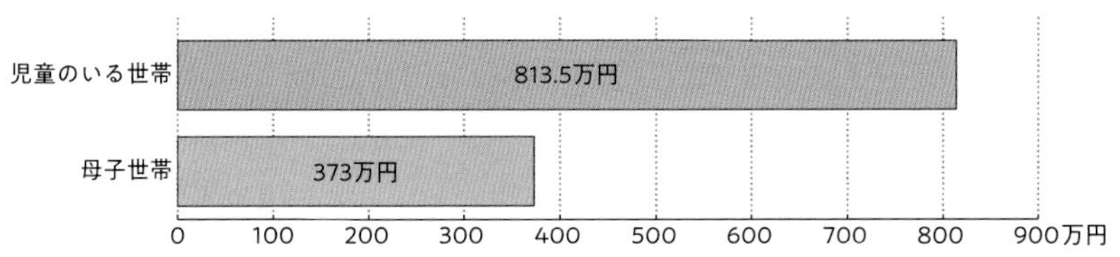

(厚生労働省「平成28年度全国ひとり親世帯等調査結果報告」より)

Column

ひとり親世帯の支援

就労時に子どもが体調不良になると，子どものケア・看病をする大人が必要になるが，ひとり親世帯は仕事と育児の負担をひとりで担っている。病児保育を利用するにはコストがかかり，仕事を頻繁に休めば収入減のリスクもひとりで背負うことになる。

認定NPO法人フローレンスは，応援者から寄付を募り，ひとり親世帯に低価格で病児保育を提供する，という取り組みを通じて，ひとり親世帯が安心して働けるよう支援を行っている。

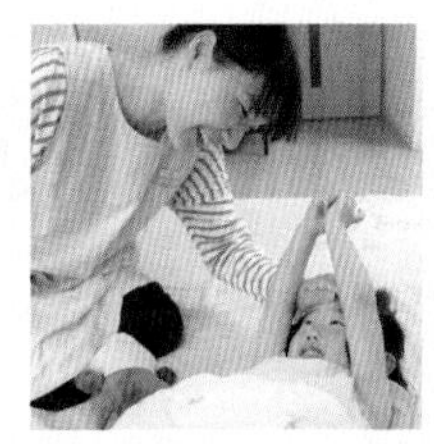

フローレンスのひとり親世帯への病児保育支援プランは会員制で，年収が一定以下であることなどの条件を満たす人が利用できる。生後4か月～小学校6年生までの子どもを自宅で保育する。

日本はOECD加盟国の中でも子どもの貧困率が高いが，生活すら困難な「**絶対的貧困**」は少なく，世帯収入を世帯人数で割った所得が中央値の半分未満となる「**相対的貧困**」が大半である。中でも，ひとり親世帯の貧困率が高い。家庭の貧困が原因で，子どもの教育機会が失われた結果，子どもが将来働くようになったときに収入格差が広がり，世代間で貧困が連鎖することが危惧されている。

4 世界の子どもたちの現状

●5歳未満児死亡率(2021年)

(出生数1,000人あたり)

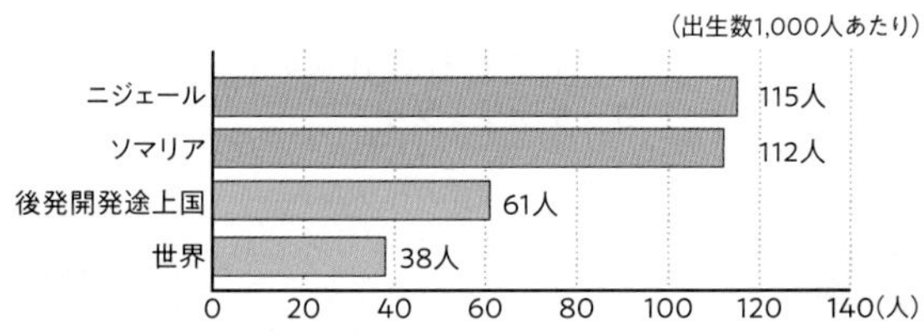

●HIVに感染した青少年(10～19歳)の推定数(2021年)

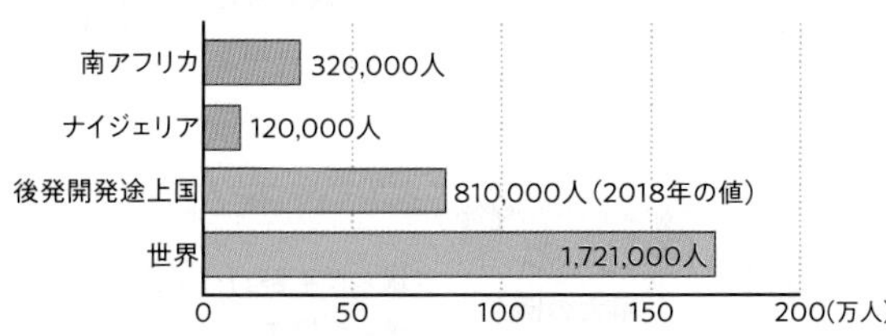

●若者(15～24歳)の識字率(2019年)

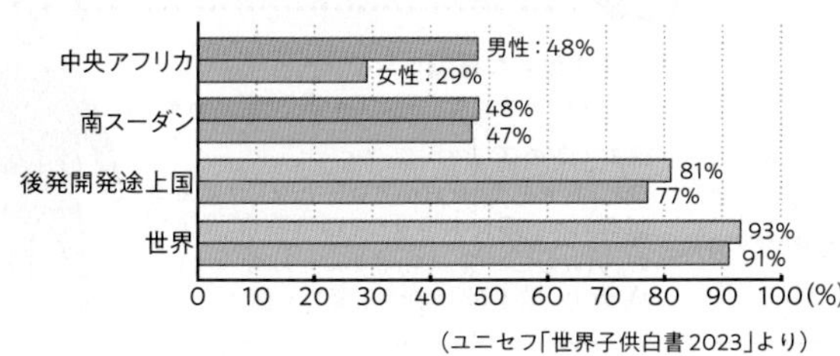

(ユニセフ「世界子供白書2023」より)

●児童労働に従事する子ども(5～17歳)の数

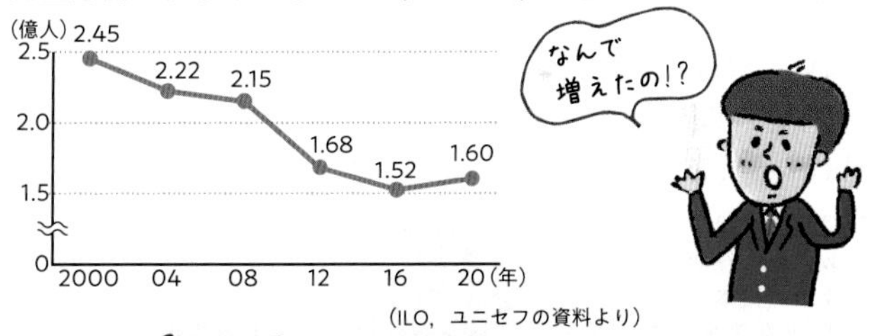

(ILO，ユニセフの資料より)

子どもたちのために何ができる？

世界の子どもたちの現状に関連して，以下のSDGsの目標を達成するために，どのような活動が行われているか調べよう。また，自分自身ができることは何か考えよう。

▶子どもの出生登録の促進や乳児の栄養不足の解消など，保健にかかわる取り組み。

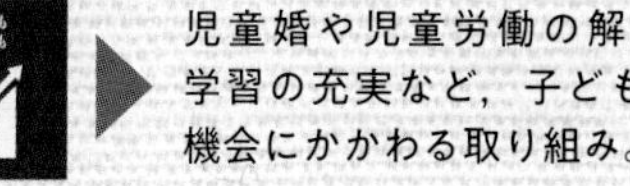

▶児童婚や児童労働の解消，学習の充実など，子どもの機会にかかわる取り組み。

豆知識　児童虐待とは言い切れなくても，しつけと称した暴言など，子どもの発達を阻害する行為全般を含む不適切な養育を「マルトリートメント」とよぶ。近年の研究で，児童虐待やマルトリートメントにより，子どもの脳が損傷を受けることが明らかになっている。

ACTION

保育

子どもとのふれ合い体験

保育所や幼稚園，認定こども園などの保育施設には，さまざまな年齢の子どもが通っている。保育実習で子どもたちと実際にふれ合うことにより，子どもに関する理解をさらに深めることができる。ここでは，保育実習に行ったと仮定して，子どもとどのようにふれ合うか，考えてみよう。

Study 1 どのような絵本を読み聞かせたい？

1 あなたは保育実習で子どもに絵本の読み聞かせをすることになったとする。読み聞かせをしてみたい子どもの年齢を，下から一つ選ぼう。

□ 0歳児 

□ 1～2歳児 

□ 3～5歳児 

2 ①で選んだ年齢の子どもの身体的・精神的な発達の特徴を書き出してみよう。そして，その年齢の子どもにはどのような援助が必要か，考えてみよう。

3 ①で選んだ年齢の子どもに読み聞かせをしたい絵本を1冊選び，その絵本の印象や，読むときに工夫したい点などをあげてみよう。下にあげた例以外にも図書館などで探してみよう。

0歳児向けの絵本の例

『いない　いない　ばあ』
松谷みよ子・瀬川康男
童心社

動物たちが「いない，いない，ばあ」をくりかえす，リズムが楽しい絵本。ページをめくる動きを工夫して，赤ちゃんと一緒に楽しめる。

1～2歳児向けの絵本の例

『はらぺこあおむし』
エリック・カール
偕成社

おなかを空かせたあおむしが，おいしそうな食べ物をどんどん食べて…。あおむしが成長した姿は子どもの心を強くひきつける。

3～5歳児向けの絵本の例

『りんごかもしれない』
ヨシタケシンスケ
ブロンズ新社

今目の前にあるりんごは，本当はりんごじゃなくて，○○かもしれない…少年の常識はずれの発想の数々が，子どもたちを果てしない想像の世界に導く。

おすすめ絵本

対象	出版社名	書　名	作者名
0歳児	福音館書店	『がたんごとんがたんごとん』	作：安西水丸
	福音館書店	『おつきさまこんばんは』	作：林明子
	ブロンズ新社	『だるまさんが』	作：かがくいひろし
1～2歳児	福音館書店	『ねないこだれだ』	作：せなけいこ
	こぐま社	『しろくまちゃんのほっとけーき』	作：わかやまけん
	くもん出版	『とろ とっと』	文：内田麟太郎　絵：西村繁男
3～5歳児	冨山房	『かいじゅうたちのいるところ』	作：モーリス・センダック
	童心社	『おしいれのぼうけん』	作：ふるたたるひ，たばたせいいち
	偕成社	『よるです』	作：ザ・キャビンカンパニー

Study 1 翔太の例

- 選んだ年齢：1～2歳
- 選んだ絵本：『はらぺこあおむし』

- 絵本を読んだ感想：
色使いがきれいで，子どもが見て楽しめそう。
- 読むときの工夫：
少しずつ言葉がわかるようになってくる年齢なので，頭に入りやすいようにゆっくり読む。あおむしが食べ物をどんどん食べていく場面で，歌を歌いながら楽しく読む。

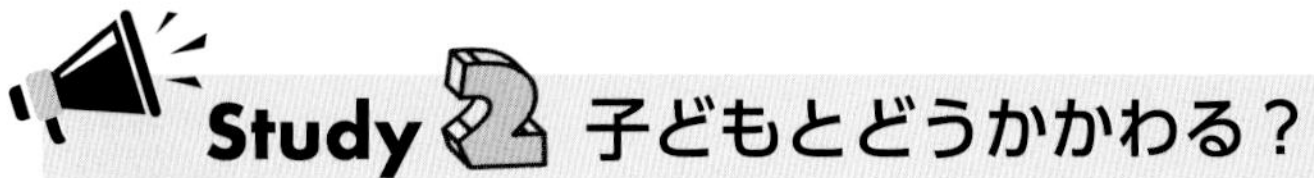

Study 2 子どもとどうかかわる？

保育施設での子どもたちとのかかわり方について考えよう。次の場面で，あなたが保育者なら子どもにどのようにかかわる？　Study1で選んだ年齢の子どもとのかかわり方について，年齢ごとの発達の特徴を頭に入れながら，空欄に入る言葉や行動を考えてみよう。

0歳児

楽しく手遊びしよう♪

あなたは0歳0か月の**Aくん**と遊ぶことになった。人とふれ合うのが好きなAくんに合った遊びを考えてみよう。

1〜2歳児

着替えを手伝う？ 見守る？

2歳の**Bちゃん**が着替えに挑戦している。上手に腕を通すことができないようだが…。どのような言葉をかけ，かかわる？

Bちゃん：うーん…
あなた：大丈夫？　手伝おうか？
Bちゃん：じぶんで！
あなた：

3〜5歳児

順番待ちができるかな？

4歳の**Cちゃん**がブランコからなかなか降りず，じっと待っている3歳の**Dくん**は悲しそう。どのような言葉をかける？

あなた：Cちゃん，Dくんが順番を待ってるよ。
Cちゃん：もっとやりたいの。
あなた：Cちゃん，

Dくん，

Study 3 まとめ

1 Study1〜2の活動について振り返ろう。あなたが選んだ年齢の子どもとかかわるときにどのようなことが大切か，考えをまとめよう。

2 違う年齢の子どもとのかかわり方を学んだ人の考えを聞いて，感じたことを書いてみよう。

== Visual LIFE ==

人生いろいろ　高齢期もいろいろ

高齢期にさまざまな分野で活躍する人や元気に活動する人を探してみよう。身の回りにはどんな人がいるだろうか。

写真提供=読売新聞社

認知症治療＆ケアの第一人者

●プロフィール
1953年，東京慈恵会医科大学卒業。74年，診断の物差しとなる「長谷川式簡易知能評価スケール」を公表(改訂版は91年公表)。89年，日本で初の国際老年精神医学会を開催。2004年，「痴呆」から「認知症」に用語を変更した厚生労働省の検討会の委員。「パーソン・センタード・ケア(その人中心のケア)」を普及し，認知症医療だけでなくケアの第一人者としても知られる。現在，認知症介護研究・研修東京センター名誉センター長，聖マリアンナ医科大学名誉教授。認知症を描いた絵本『だいじょうぶだよ－ぼくのおばあちゃん－』(ぱーそん書房)の作者でもある。※2021年11月逝去

認知症の専門医
長谷川和夫さん
1929年生まれ

KADOKAWA
『ボクはやっと認知症のことがわかった』
著者:長谷川和夫・猪熊律子

「長谷川式簡易知能評価スケール」とは，「100から7を順番に引いてください」「私がこれから言う数字を逆から言ってください」など9つの質問からなる認知機能検査で，認知症診断の物差しとして全国の医療機関で使われている。その開発者であり，これまで何千人もの患者を診てきた認知症の権威，長谷川和夫さんは，2017年，自ら認知症であることを公表する。そして，実際に認知症になって，当事者となってわかったこと実感したことを人々に伝えるため，『ボクはやっと認知症のことがわかった』を著し大反響を呼んだ。

• • •

認知症になると，周囲はこれまでと違った人に接するかのように，叱ったり，子供扱いしたりしがちです。だけど，本人にしたら自分は別に変わっていないし，自分が住んでいる世界は，昔もいまも連続している。たしかに失敗や間違いは増えるけれど，認知症でない人でも間違えることはあるでしょう。認知症になると，無視されたり軽んじられたり，途端に人格が失われたように扱われるのは，ひどく傷つきますし，不当なことです。

「第6章　社会は，医療は何ができるか」より

地域の宝、ミニSLの制作者

煙を吐きながら力強く走るミニSLに，大人も子どももついワクワクしてしまう。新潟県長岡市和島地域にある熊野神社の境内に，約90mの線路が敷かれているのだ。地域を盛り上げようと集まった住民グループ「椿の森倶楽部」の発案だ。このミニSLを手作りしたのが，「ある時には技師になり，機関士になり，乗客になり，またある時には鉄道会社の社長にもなることができる，これが最高！」と話す佐藤さんである。大人が楽しんでいるからこそ，子どもも笑顔になれるのであろう。

(長岡市Webサイトより)

©長岡市

子どもたちを笑顔に！
佐藤昭一さん
95歳

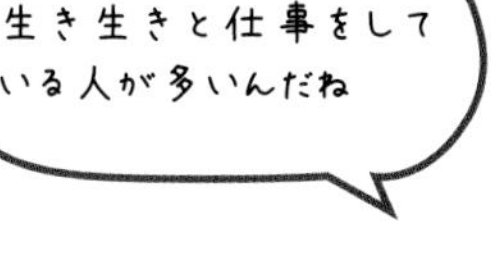

最高齢女子アナ

女子アナ最高齢の"はるのちゃん"

大仁田はるのさん
1917年生まれ

100歳でスカウトされ，なんと女子アナウンサーとしてインターネット放送局「天草テレビ」にデビュー。女子アナ採用条件は，「天草弁が堪能であること」「年齢に関わらず，豊富な知識と，経験に裏打ちされていること」だけだが，さらに大抜擢のきっかけとなったのは彼女の元気と明るさである。その秘訣（ひけつ）は，昔から手仕事を得意としていたことと，「自分のことは自分でしよる」という気概，そして好奇心の旺盛なこと。

千羽鶴を折るのを日課とし，陶芸教室で大皿を作ったり，親戚の子のためにわらじを編んだりもする。グランド・ゴルフはホールインワンを連発するほどの腕前だという。放送では「はるのちゃん」の愛称でマイクを片手に，地元天草の魅力を現場リポート。新番組「はるのちゃんが行く世界遺産キリシタンの里」も好評を博し，世界最高齢女子アナウンサーとして海外からも多数の取材を受けている。

（天草テレビWebサイトより）

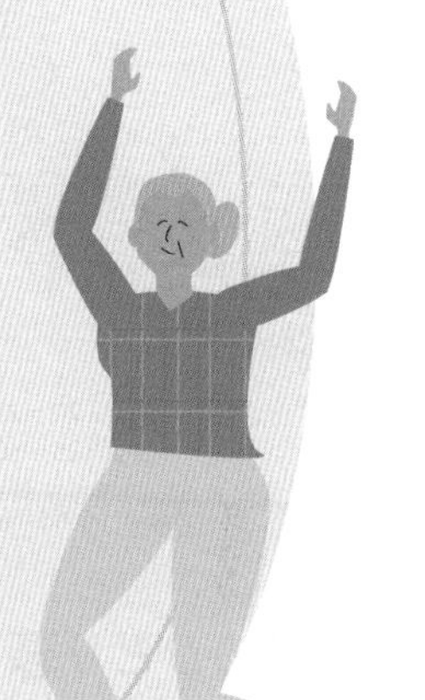

いつまで仕事を続けたい？

日本では，高齢期にも「働きたい」と答える人の割合が高い。

また，国際比較では，各国とも全体では約3割の高齢者が収入を伴う仕事をもっているが，年代別にみると，65～69歳で仕事をもっている人の割合が日本では約5割であるのに対し，欧米3か国では，それぞれ約3割以下となっている。あなたのまわりの高齢者に，仕事についての考えを聞いてみよう。

いつまで働きたいか（60歳以上の男女）

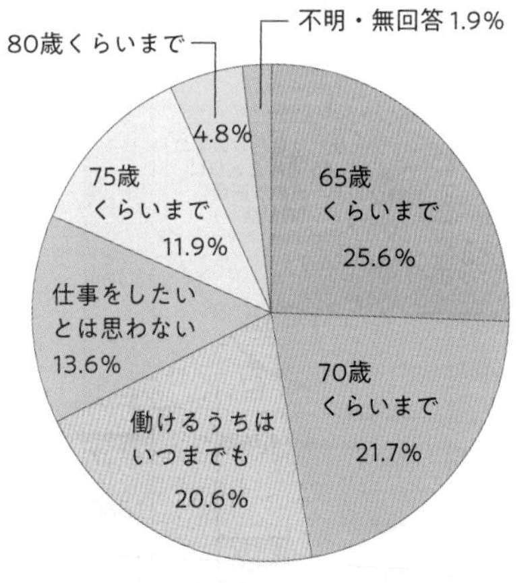

（内閣府「令和元年度高齢者の経済生活に関する調査結果」より）

仕事がある高齢者の割合

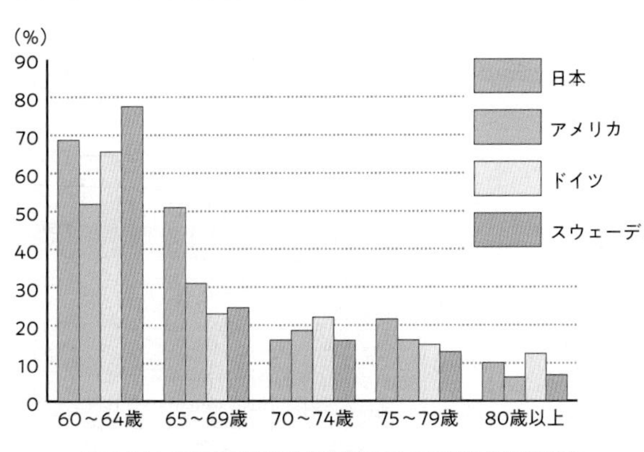

（内閣府「令和2年度高齢者の生活と意識に関する国際比較調査」より）

長生きは幸せ…？

日本の人口の高齢化に関するさまざまな資料を見ながら，自分の高齢期について想像してみよう。

1 日本の都道府県別高齢化率

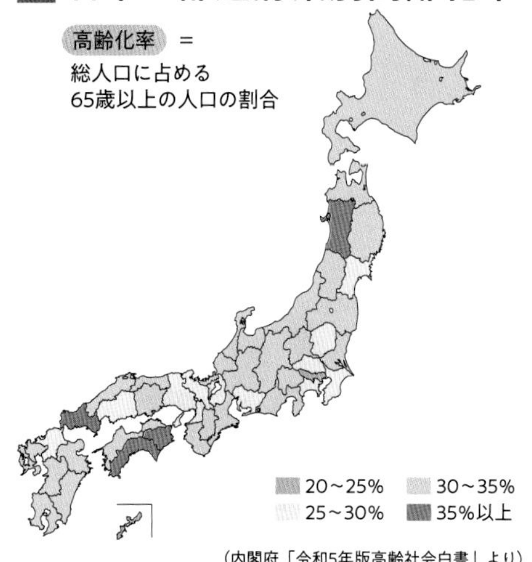

（内閣府「令和5年版高齢社会白書」より）

2 日本の都道府県別100歳以上の高齢者の数

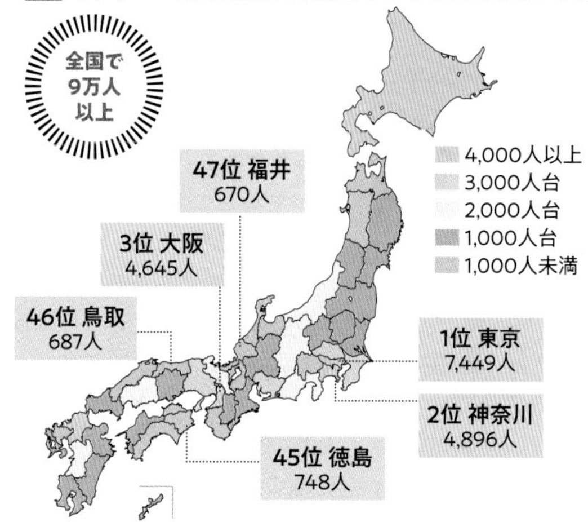

（厚生労働省「令和5年百歳以上高齢者等について」より）

世界の平均寿命ランキング（2019年）

	順位	国（歳）
男性	第1位	スイス（81.8歳）
	第2位	日本（81.5歳）
	第3位	オーストラリア（81.3歳）
女性	第1位	日本（86.9歳）
	第2位	韓国（86.1歳）
	第3位	スペイン（85.7歳）

（WHO「2023年版世界保健統計」より）

3 高齢者のひとり暮らし世帯の推移

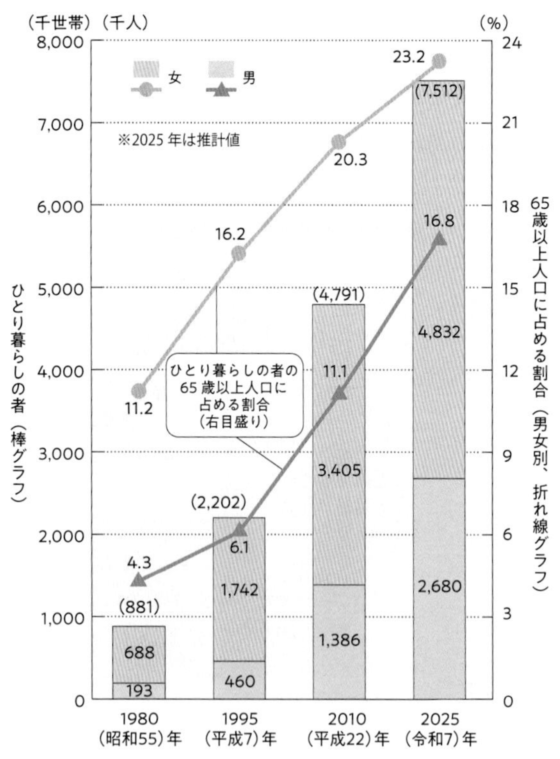

（内閣府「令和5年版高齢社会白書」より）

解説 65歳以上のひとり暮らしの者の数は男女ともに増加しており，今後も増加すると推計されている。

4 要介護認定者数の推移

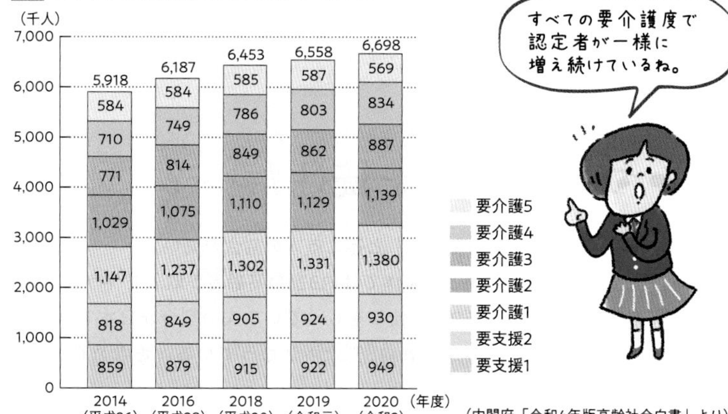

（内閣府「令和4年版高齢社会白書」より）

5 認知症患者の推計

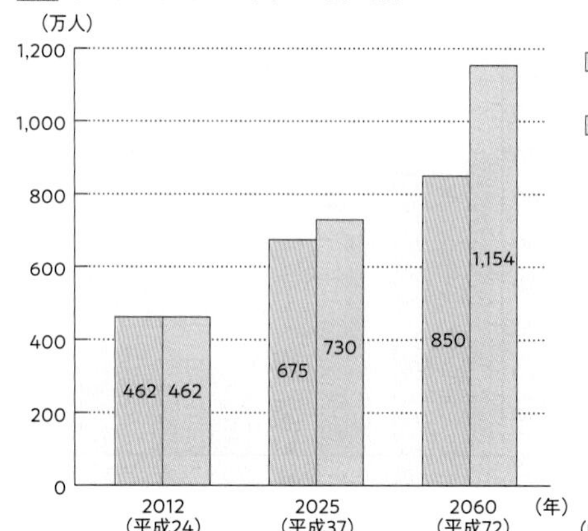

長期の縦断的な認知症の有病率調査を行っている福岡県久山町研究データに基づいた，
・各年齢層の認知症有病率が，2012年以降一定と仮定した場合
・各年齢層の認知症有病率が，2012年以降も糖尿病有病率の増加により上昇すると仮定した場合

（内閣府「平成29年版高齢社会白書」より）

6 日本人の死因

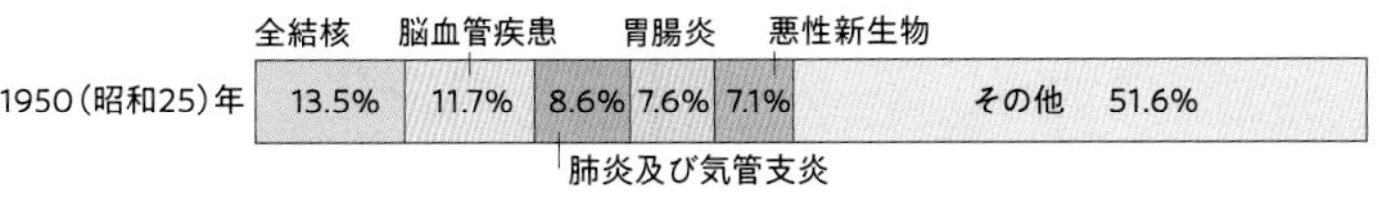

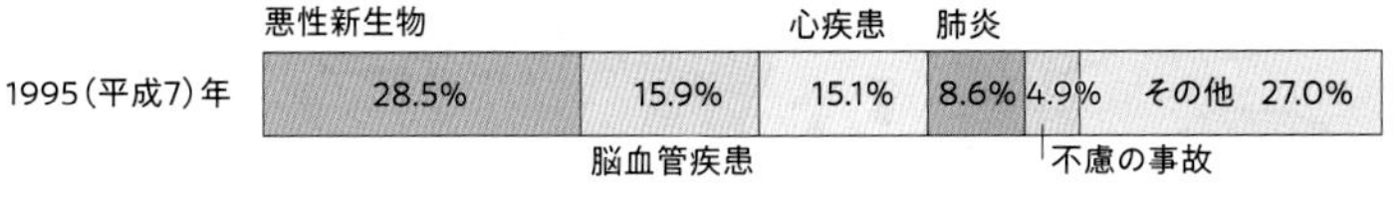

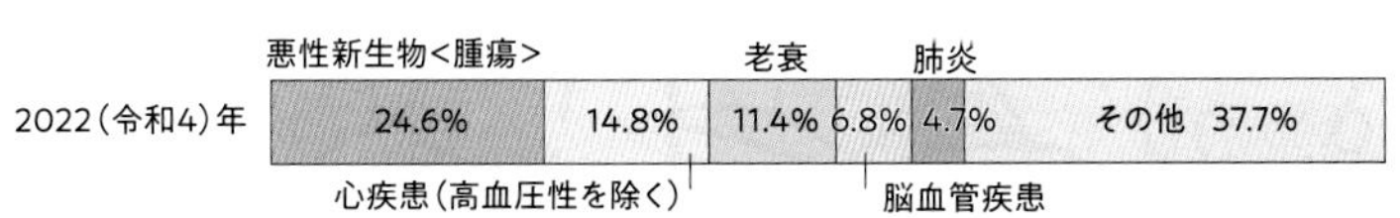

(厚生労働省「人口動態統計」より)

解説 1950年以前は結核などの感染症が死因になることが多かった。近年では食事・喫煙などと深く関わる生活習慣病が死亡原因となりやすい。

7 平均寿命と健康寿命

平均寿命:その年に生まれた子ども(0歳児)が何年生きられるかを表した数値

健康寿命:健康上の問題で,日常生活が制限されることなく生活できる期間

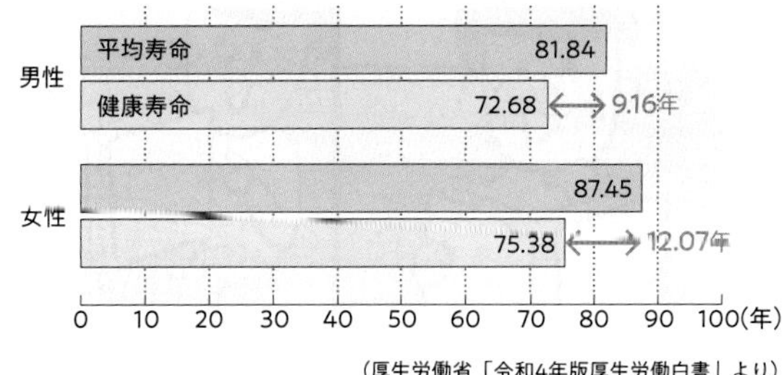

(厚生労働省「令和4年版厚生労働白書」より)

平均寿命と健康寿命には10年程度の差がある。

8 国民医療費の推移

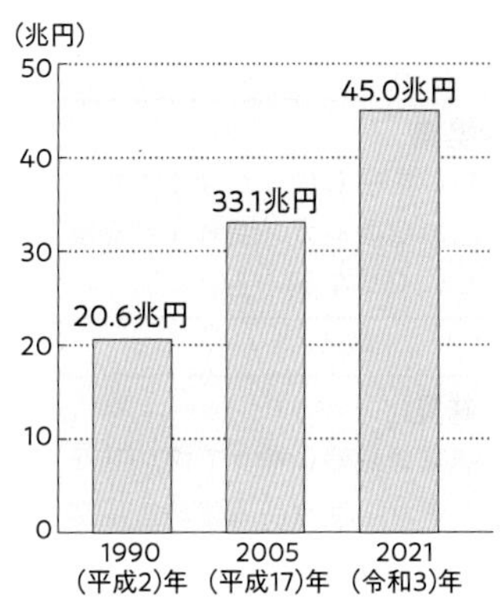

(厚生労働省「令和3年度国民医療費の概況」より)

9 高齢者虐待

養護者※による虐待判断件数

※養護者:高齢者の世話をしている家族・親族・同居人等

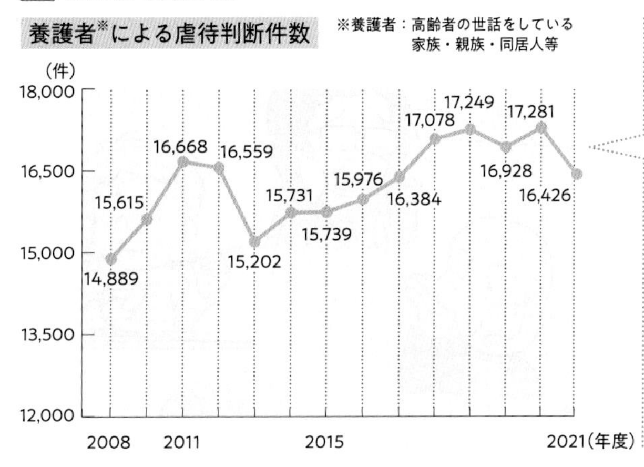

虐待の種別(複数回答)

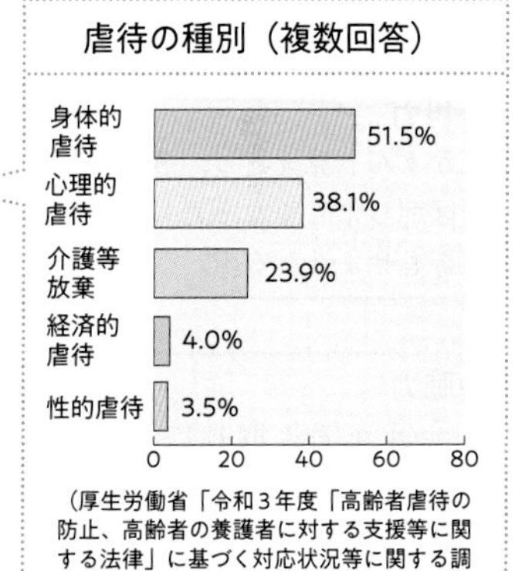

(厚生労働省「令和3年度「高齢者虐待の防止、高齢者の養護者に対する支援等に関する法律」に基づく対応状況等に関する調査結果」より)

10 高齢者の貧困率

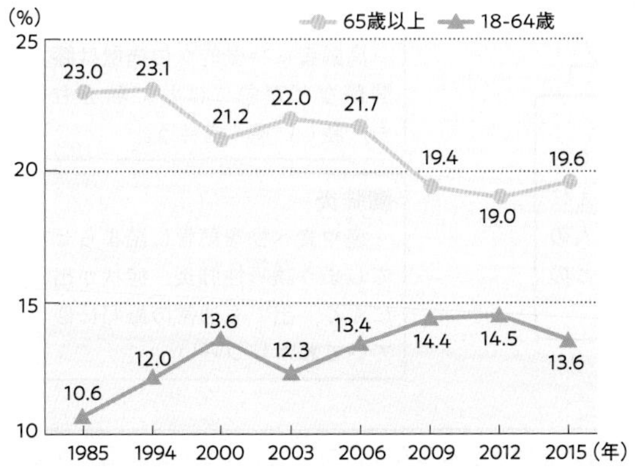

(厚生労働省「令和2年版厚生労働白書」より)

解説 他の年齢の世帯に比べて,高齢者世帯の貧困率は高くなっている。

11 介護職員の需給将来推計

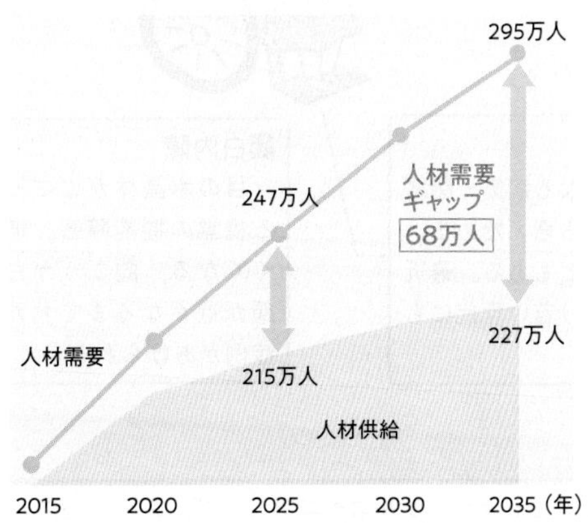

(経済産業省「将来の介護需給に対する高齢者ケアシステムに関する研究会 報告書」2018年より)

高齢化による介護需要の増加等に伴い,介護職員が68万人が不足されると予測されている。

1. 老化って何だろう？

デジタルコンテンツ

認知症の人にどう接する？

認知症の人とのコミュニケーションに関するイラストクイズに答えよう。

1 老化　高齢者の心身の特徴

◆感覚や機能の衰え

◆視力
かすんで見えたり，緑と青色が区別しにくくなったりする。視野もせまくなる。

◆聴力
会話が聞き取りにくくなる。また，特に高い音に対する聴力が衰える。

◆皮膚感覚
温度や痛みに対する感覚がにぶくなり，対処が遅れがちになる。

◆嗅覚
匂いを感じにくくなるため，食品の腐敗やガス漏れなどを察知しにくくなる。

◆味覚
味覚が鈍感になって濃い味を好むようになり，塩分過多になりやすい。

◆筋力
動作がにぶくなり，転倒などの事故にもつながる。

■高齢者に多い病気等

■骨粗鬆症（こつそしょうしょう）
骨の中がスカスカでもろくなる病気。閉経後の女性に多く，50代ごろから増え始める。骨の変形で背中が丸くなることもある。最近では，食生活のかたよりにより若い世代にも増えている。

■白内障
目の水晶体がにごって見えにくくなる視覚の機能障害。道路標識が見えにくくなる，向こうから歩いてくる人の顔が近くなるまでわからない，などの症例があげられる。

■関節痛
高齢者に特徴的な偽痛風は膝関節などが急にはれて熱をもち，激しい痛みを伴う。

■肺炎
痰（たん）や食べ物を気管に詰まらせてしまう誤嚥（ごえん）性肺炎。症状が出にくく，出ても通常の風邪に似ていてわかりづらい。

●その他

- 高齢になるにつれて筋力が衰える現象は**サルコペニア**と呼び，さらに握力が下がる，歩行速度が遅くなるなど，生活機能が全般的に低くなる段階を**フレイル**(虚弱)という。
- 骨粗鬆症が進むと，ささいなきっかけで骨折しながら，骨折に気づかないことがある。これは**「いつのまにか骨折」**と呼ばれている。
- **ロコモティブシンドローム(運動器症候群)**は骨，関節，軟骨，椎間板，筋肉といった運動器に障害が起きた状態である。
- 身近な人の死といった出来事や慢性的なストレスから，高齢期うつの症状が現れることもある。
- 排尿をコントロールする自律神経機能の衰えなどから，**頻尿**になる場合も多い。

おとなのつぶやき…
妻と結婚してから50年以上たちました。昔も今も，毎日いろいろありますが，この人と共に歳を重ねてこれてよかったなと思っています。あと何年一緒にいられるかな？（72歳・アルバイト）

2 認知症とは

●認知症のサインの例（おもなもの）

- ☑数分前，数時間前の出来事をすぐ忘れる。
- ☑同じことを何度も言う，聞く。
- ☑昔から知っている人の名前が出てこない。
- ☑同じものを何個も買ってくる。
- ☑日付や曜日がわからなくなる。
- ☑食べこぼしが増える。
- ☑仕事や家事・趣味の段取りが悪くなる，時間がかかるようになる。
- ☑ひとりになると怖がったり寂しがったりする。
- ☑怒りっぽくなる，ささいなことで腹を立てる。
- ☑自分のものを誰かに盗まれたと疑う（もの盗られ妄想）。

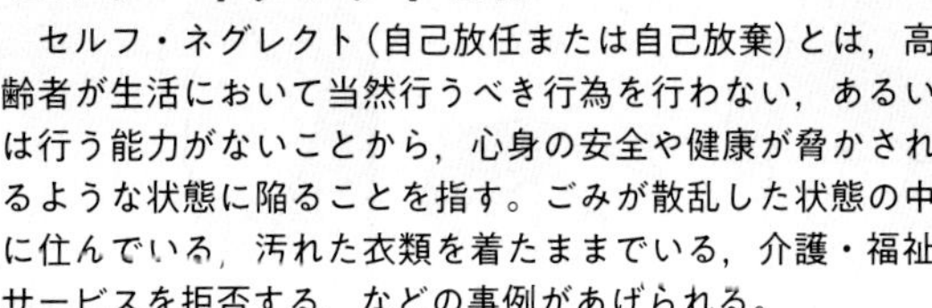

Column

セルフ・ネグレクトとは

セルフ・ネグレクト（自己放任または自己放棄）とは，高齢者が生活において当然行うべき行為を行わない，あるいは行う能力がないことから，心身の安全や健康が脅かされるような状態に陥ることを指す。ごみが散乱した状態の中に住んでいる，汚れた衣類を着たままでいる，介護・福祉サービスを拒否する，などの事例があげられる。

いわゆる「ごみ屋敷」の問題や孤独死にもつながりやすいため，近年，対策が叫ばれる課題である。

●認知症の中核症状と行動・心理症状（BPSD）

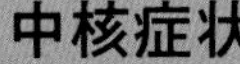

解説　記憶障害や見当識障害，実行機能障害などの認知障害は，認知症の本質的な症状であり，中核症状と呼ばれている。これに対して，中核症状によって引き起こされる二次的な症状を「行動・心理症状（BPSD）」といい，妄想，幻覚，不安，徘徊，不潔，暴言などが含まれる。これらの行動・心理症状は，本人の性格や周囲の環境等が連関しており，必ずしもすべての症状が現れるわけではない。

認知症は高齢者に多いが，65歳未満で発症する若年性認知症もあり，高齢者の場合とは別の社会的経済的な影響が深刻な問題となっている。

ミライフ　未来×LIFE

認知症を支えるってどういうこと？

認知症についてより深く知るために，認知症を扱った作品を鑑賞したり，読んだりしてみよう。認知症の人とどう向き合っていくか，また，どのように支えることができるか考えてみよう。

●映画

「毎日がアルツハイマー」
監督：関口祐加
「毎アル」友の会

「長いお別れ」
監督：中野量太
©2019『長いお別れ』製作委員会

「ケアニン～あなたでよかった～」
監督：鈴木浩介
©2017『ケアニン』製作委員会

●図書

朝日新聞出版
『ねぼけノート 認知症はじめました』
著者：あさとひわ

筑摩書房
『マンガ　認知症』
著者：ニコ・ニコルソン，佐藤眞一

中央法規
『父と娘の認知症日記』
著者：長谷川和夫，南高まり

集英社
『いつか あなたを わすれても』
文：桜木紫乃
絵：オザワミカ

ＣＣＣメディアハウス
『全員悪人』
著者：村井理子

中央公論新社
『お父さんは認知症』
著者：田中亜紀子

豆知識　99歳のお祝いを白寿という。これは，白という漢字が百より一少ないため。

2. 誰が介護するの？　誰に介護されるの？

デジタルコンテンツ

知っておきたい介護の常識

高齢者の介護の制度や現状について，クイズに答えて理解を深めよう。

1　どんな人が介護しているのか

●要介護者等との続柄別おもな介護者の構成割合（%）

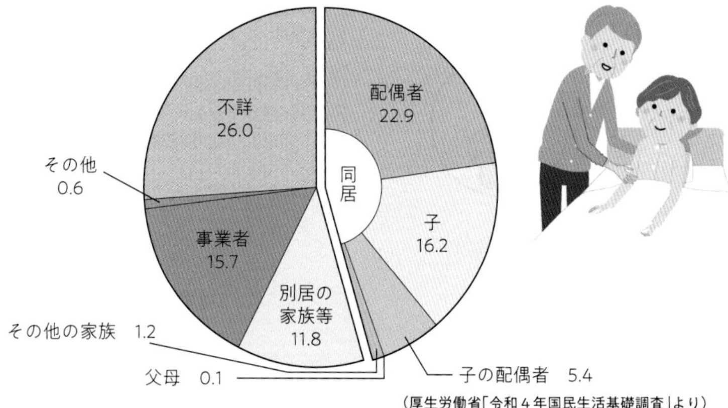

（厚生労働省「令和４年国民生活基礎調査」より）

●同居している介護者の性・年齢階級別の構成割合

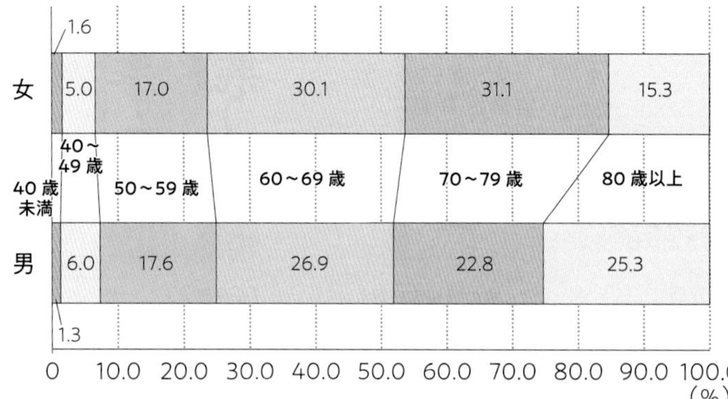

	40歳未満	40～49歳	50～59歳	60～69歳	70～79歳	80歳以上
女	1.6	5.0	17.0	30.1	31.1	15.3
男	1.3	6.0	17.6	26.9	22.8	25.3

（%）

（厚生労働省「令和４年国民生活基礎調査」より）

解説　同居の介護者と要介護者の年齢の組み合わせは，60歳以上同士が74.2%，65歳以上同士が59.7%，75歳以上同士が33.1%となっており，このような老老介護の割合が年々上昇している。

Column

「家でみるのも，施設に預けるのも愛」EXITりんたろー。が見てきた介護の現場とそこにいる人々

― LIFULL介護ウェブサイト tayoriniより

EXITりんたろー。1986年3月6日生まれ，静岡県出身。吉本興業所属のお笑いコンビ EXIT（イグジット）のメンバー。8年間介護のアルバイトをしていたことでも知られる。

　介護が始まって，家でみる人も施設に預ける人もいると思うんですけど，どちらが愛がないとかじゃないと思ってて。預けるのもすごく愛があることだから。たとえばデイサービスに預けることで1日でも自分の心に余裕ができるのって，すごく大事なことだと思うんですよ。

　「私が全部やらなきゃ」って抱え込んで抱え込んで，それが弾けて手をあげちゃったり，逆に放置しちゃったりすることがあるのも見てきました。いくら大切な人でもそうなってしまうくらい，1人での介護はストレスがかかることなんだと思います。できない状況も僕はわかるので，家族や施設を頼ってうまく分担して，良いように回っていく状況がつくれたらいいですよね。そこで信頼できる介護士に出会えたらもっといいし。利用者さん達も最期をどこで迎えるか，病院なのか自宅なのかはわかんないですけど，ウチの施設に来てくれている間は，楽しい思い出をつくってもらえたらいいなって感じで働いてましたね。

おとなのつぶやき…　定年退職したら海外旅行を思う存分楽しもうと思い，がむしゃらに仕事をした。いざ退職してみたら新型コロナウイルスの流行で不可能に。やりたいことは先延ばしにしない方がいい。（66歳・男性）

2 介護保険のしくみ

1 申請から利用まで

利用者
↓
市町村の窓口
↓
認定調査 ／ 医師の意見書
↓
要介護認定
↓
要介護 1～5 ／ 要支援 1～2 ／ 非該当
↓
ケアプランの作成
↓
介護サービスの利用開始

2 おもな介護サービスの種類

居宅サービス	
訪問介護（ホームヘルプ）	ホームヘルパーが家庭を訪問し，食事や排泄など日常生活上の介護や，調理や洗濯などの生活援助を行う。
訪問看護	看護師などが家庭を訪問して，療養上の世話や診療の補助などを行う。
訪問リハビリテーション	理学療法士や作業療法士，言語聴覚士が家庭を訪問し，心身機能の維持回復や日常生活の自立に向けた訓練を行う。
通所リハビリテーション	医療機関や老人保健施設などに通い，心身機能の維持回復と日常生活の自立に向けた訓練を受ける。
通所介護（デイサービス）	施設に通い，日常生活上の介護や，機能回復のための訓練・レクリエーションなどを行う。
短期入所生活介護（福祉系ショートステイ）	特別養護老人ホームなどに短期間入所し，入浴・食事などの日常生活上の介護や機能訓練を受ける。
短期入所療養介護（医療系ショートステイ）	医療機関などに短期間入所し，療養上の世話や日常生活上の介護や機能訓練を受ける。
福祉用具貸与・購入費支給	介護用ベッドや車いす，床ずれ防止用具など，在宅生活を支える用具が借りられたり，購入費の支給を受けられたりする。
住宅改修費の支給	手すりの取り付けや段差の解消などに要する費用が支給される。

施設サービス	
特別養護老人ホーム	常時介護が必要で，家庭での生活が困難な人が入所する施設。食事や排泄など日常生活上の介護や，身の回りの世話を受ける。
介護老人保健施設	病状が安定し，病院から退院した人などが，在宅生活に復帰できるように，リハビリテーションを中心とする医療ケアと介護を受ける。
介護療養型医療施設	比較的長期間にわたって日常的に医療ケアを必要とする人や，慢性期のリハビリテーション，介護を必要とする人が入院する。

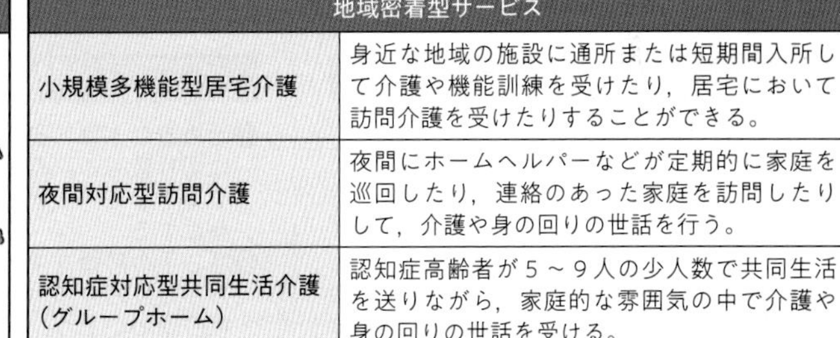

地域密着型サービス	
小規模多機能型居宅介護	身近な地域の施設に通所または短期間入所して介護や機能訓練を受けたり，居宅において訪問介護を受けたりすることができる。
夜間対応型訪問介護	夜間にホームヘルパーなどが定期的に家庭を巡回したり，連絡のあった家庭を訪問したりして，介護や身の回りの世話を行う。
認知症対応型共同生活介護（グループホーム）	認知症高齢者が5～9人の少人数で共同生活を送りながら，家庭的な雰囲気の中で介護や身の回りの世話を受ける。

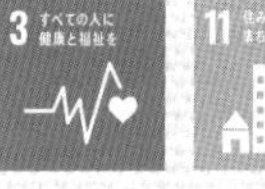

介護に関する社会問題について調べよう

社会の中で，介護に関するどのような問題が起きているのか調べてみよう。また，身の回りで問題が起こった場合，どのような解決方法があるのか，クラスで話し合ってみよう。

●ヤングケアラー

家族にケアを要する人がいる場合に，大人が担うようなケア責任を引き受け，家事や家族の生活，介護，感情面のサポートなどを日常的に行っている18歳未満の子どもをいう。少子高齢化や共働き世帯の増加などを背景にしたものであるが，年齢や成長の度合いに見合わない重い負担を負うことは，本人の育ちや学業への深刻な影響が懸念される。早期発見も課題である。

●ダブルケア

晩婚化，晩産化に伴って，育児期にある者が，親の介護を同時に担わなければならなくなったケースの増大をダブルケア問題と呼ぶ。核家族化が進み，地域住民同士のつながりが希薄になったことなども併せて考えなければならない。女性のほうが男性の場合に比べて，周囲からの手助けが得られていないという実態も明らかになっている。

●老老介護・認認介護

高齢者が高齢者の介護をすることを老老介護，認知症患者が認知症患者の介護することを認認介護と呼んでいる。体力的な負担はもちろん，精神的なストレスがたまりやすく，外部からの刺激が得にくいので，認知症の発症・進行につながるリスクもある。例えば夫婦間の場合，家事のできない夫が介護をする側になったら，どういう問題が生じるだろう。

（厚生労働省HPより）

【おもな相談窓口】
●児童相談所相談専用ダイヤル　0120-189-783
●24時間子供SOSダイヤル（文部科学省）　0120-0-78310
●子どもの人権110番（法務省）　0120-007-110
●地域包括支援センター：保健師・看護師・社会福祉士・主任ケアマネジャーなどの専門職が連携をとりながら，地域住民の心身の健康の保持や生活の安定のために必要な援助を行っている。

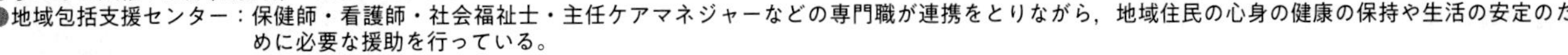

豆知識　サービス付き高齢者向け住宅のことを略して「サ高住」と呼ぶ。老人ホームの一種。

3. 高齢者とかかわろう

デジタルコンテンツ

高齢者の介助の動画を見てみよう

高齢者の介助方法の動画を，コミュニケーションのとり方や体の動かし方を意識して見てみよう。

1 高齢者のお話を聞いてみよう（傾聴について）

高齢者のお話を聞くときは，失礼のないようにしたいもの。話を聞くスキルに，「傾聴（けいちょう）」というものがある。ちょっとしたコツを知っていれば，だれでも円滑なコミュニケーションを取ることができる。高齢者のお話を聞く前に，学んでおこう。

傾聴の基本

❶【聞く】と【聴く】のちがい

傾聴とは，相手の気持ちになって話を聴くことである。

聞く：音や音楽，言葉を単に耳に入れる，コミュニケーションのためにとりあえず相手の言葉を理解すること。

聴く：相手に関心を寄せ，相手の言いたいことを耳や目，心から一生懸命に聴くこと。「聴」という漢字は，耳・目からできている。

❷心構え

話を聴くときは，目的をしっかりと持っておこう。

- 相手の心を癒やし，孤独感や不安が軽減して安心感につながる（心の健康）。
- 相手の隠れた思いを聴くことで，求めている本当の援助ができる。
- 話す側は気持ちが落ち着き，考えが整理され，自分で解決する能力を引き出すことができる。

傾聴の方法

❶始めるときは，自分の気持ちを傾聴モードに切り替える。相手が伝えようとする事柄を集中して，できるだけ正確に受け取るようにする。

❷話し手の感情を関心を持って受け止め，きちんと反応する（共感）。
（注）かわいそう，何とかしてあげたいなどの同情は，自分が優位の態度なので不適当。

❸ありのまま受け入れる。相手の価値観や人生観を大切にする。自分の考えや意見は控える（受容）。

❹悩みや不安に「私もそんな気持ちになることがあります」など，同調する（支持）。

❺「でも」などと，話の腰を折ったり，思い込みや先走り，批判をしない。

❻沈黙を恐れない。しばらくは黙って寄り添うことも大切。興味のありそうな話題に振ったりするとよい。

ここに気をつけよう

❶初めに「こんにちは！」「お元気そうですね」「そばに座らせていただいていいですか」などと挨拶をして，ご本人の了承を得るようにする。

❷座る位置は，手が届く程度の距離で斜め前辺りがよい。

❸筆記用具を持って傾聴をしない。

❹聴き手は話さない。話しても，聴き手30%・話し手70%で。

❺相手のペースに合わせ，ゆっくり，声のトーンに気をつける。

❻話し手の話の奥にある感情までも話していただくよう，さらに聴かせてもらう。

▶高齢者のお話は，自分が知らないことが多くてとてもおもしろい。真摯に耳を傾けよう。

2 ユマニチュードとは

ユマニチュードは，「人間らしさを取り戻す」といったようなことを意味するフランスの造語で，体育学の専門家イヴ・ジネストとロゼット・マレスコッティが開発した知覚・感情・言語による包括的ケアの技法を指す。「見る」「話しかける」「触れる」「立つ」という4つの概念を柱とし，人間としての尊厳をお互いに保ちつつ，「何でもしてあげる」のではなく，その人のもつ能力を奪わないようにしていく実践的な手順と工夫が，科学的に分析・研究されている。ケアを必要とする人に対して，「あなたは大切な存在です」「あなたのことを大切に思っています」というメッセージを送り続けることを根底にしている。

ユマニチュードの基本的な概念

おとなのつぶやき… 今がいちばん幸せです。（80歳・女性）

3 介助に挑戦してみよう

●ボディメカニクス

ボディメカニクスとは，無駄な力を使わず，安定した身体介助を行うことができ，介助する人の負担が軽減されることを目的に導入された技術のことである。腰痛などの予防にもなる。

ボディメカニクスの基本原則は，次の通り。

❶対象者と重心を接近させる。
❷対象者に手足を小さくまとめてもらう。
❸足を前後左右に開いて立ち，体重を支えるための床面積を広くとる。
❹重心を下げ，骨盤を安定させる。
❺足先を動作の方向へ向ける。
❻大胸筋や腹直筋，大臀筋（だいでんきん）などの大きな筋群を使う。
❼対象者を引き寄せるように水平に移動する。
❽てこの原理を応用する。

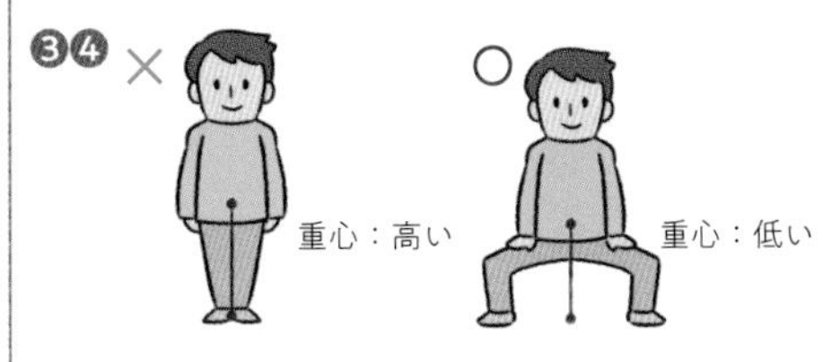

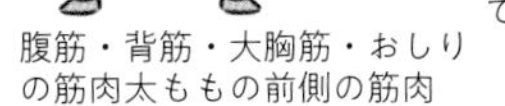

▲体をねじらず，膝の屈伸を利用する。

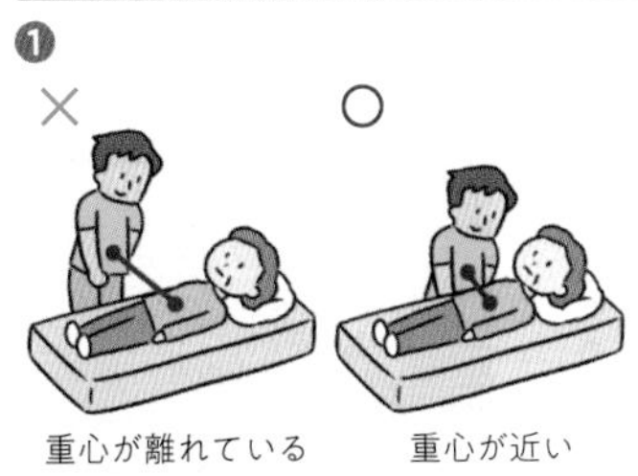

4 地域で高齢者を支えるさまざまな取り組み

●高校生がネット予約代行　高齢者ワクチン接種

香住高生らが協力した集団接種の予約代行サービス＝香美町役場本庁舎

令和3年から開始された新型コロナウイルスワクチン接種で，兵庫県香美町の香住高校ボランティア部の生徒たちは，スマートフォンを持っていない人やパソコンの操作に不慣れな高齢者などのために，接種を希望する日時や予約番号，会場の入力などをサポートした。

支援に参加したボランティア部の生徒たちは「地域の役に立てた」「ご老人の方と関わるいい機会になった」などと話しているという。

（写真提供＝神戸新聞社）

ミライフ 未来×LIFE

地域の中で高校生にできることは？

認知症が原因で行方不明になったという警察への届け出は年々増加しており，高齢者本人にとっても家族にとっても深刻な問題となっている。身元が不明のまま各市町村で保護され，そのまま家に帰れなくなってしまう事例もある。認知症の徘徊の防止方法や，その対策について調べたり考えたりしてみよう。また，高校生が認知症の人やその家族のために地域の中でできることを考えてみよう。

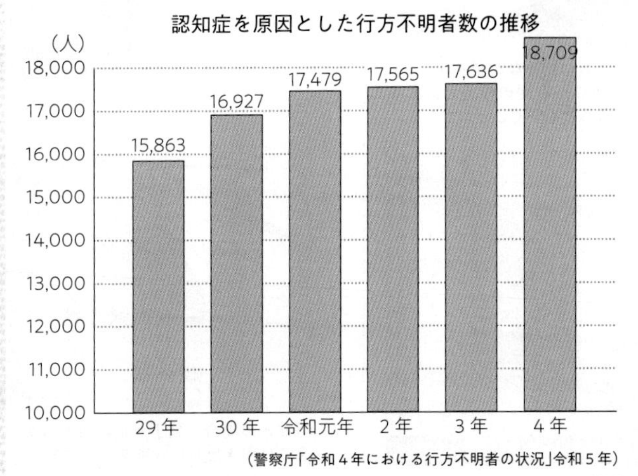

（警察庁「令和4年における行方不明者の状況」令和5年）

豆知識　介護者同士のように，同じような立場や境遇，経験等を共にする人たちの支え合いのことをピアサポートという。

Visual LIFE

バリアフリーとユニバーサルデザイン

1 バリアフリーとユニバーサルデザインの違いって？

高齢者や障がいのある人が使用するときに不都合なもの（バリア）を取り除くことをバリアフリー，バリアを作らず心理的・物理的疎外感を生まないようにデザインするのがユニバーサルデザインである。あなたのまわりでも探してみよう。

2 バリアフリー住宅

暮らしやすさを考えるときは，子どもや高齢者，障がいのある人などさまざまな立場に配慮したい。暮らしやすい住まいには，「高齢になっても住み続けられる」ことが重要である。そのため，家族が将来的にどのような生活スタイルへ変化するのかを見据えて考える必要がある。

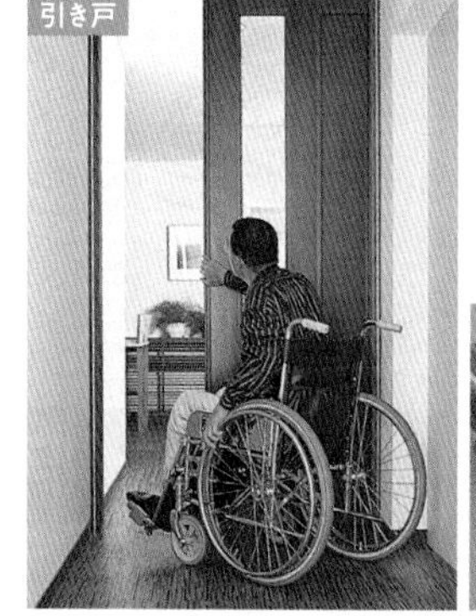

開閉スペースが必要なく，ドアノブの出っ張りもなく安全。引き戸に取っ手をつけると，より使いやすい。また，開いたままの状態を保つことができるため，もしドアの前で人が倒れていても開けることができる。ドアが風などで開閉し，指をはさむなどの事故も防ぐことができる。

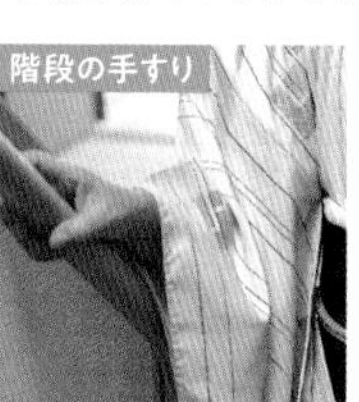

つかみやすいように，手すりは直径35mmぐらいのものを設置する。

バルコニーの柵は，細かいものを選ぶ。2階のバルコニーの場合は，子どもが足をかけて乗り越える事故を防ぐ。

車いす，買い物車などがスムーズに通るために，玄関の段差も抑える。つまずき事故も防ぐことができる。

靴をはくためのベンチを設置することもできる。また車いすで移動が必要になった場合も，安全。

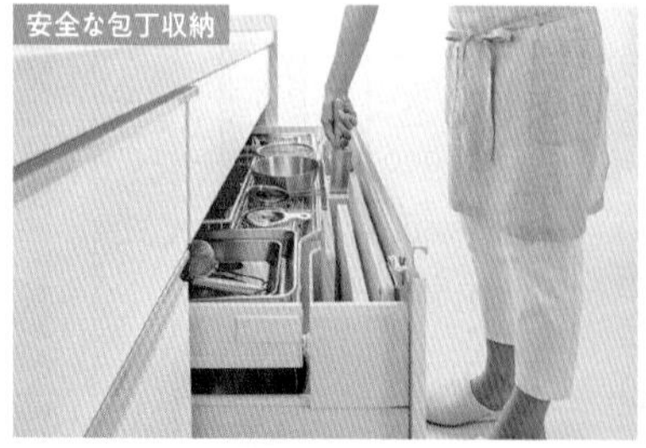

万が一の場合，包丁が足に落下しないように引き出しに収納を設置する。

床に段差がなく，ゴミ箱などを出し入れしやすい収納。

洗面所，トイレ，浴室の水回りは，なるべく壁をつくらないようにする。高齢者と暮らすことになった場合，介護や車いすでの移動がしやすくなる。介助スペースを確保できるように，トイレなどは広めに設計されている。

3 ユニバーサルデザイン

バリアフリー・ユニバーサルデザイン

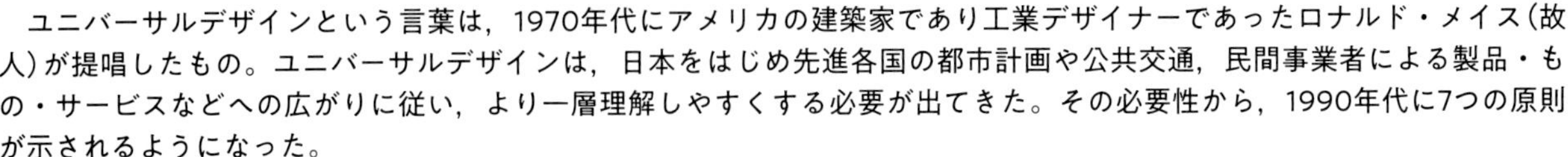

ユニバーサルデザインという言葉は，1970年代にアメリカの建築家であり工業デザイナーであったロナルド・メイス（故人）が提唱したもの。ユニバーサルデザインは，日本をはじめ先進各国の都市計画や公共交通，民間事業者による製品・もの・サービスなどへの広がりに従い，より一層理解しやすくする必要が出てきた。その必要性から，1990年代に7つの原則が示されるようになった。

7つの原則

1 誰にでも公平に利用できる

利用する人の間で，誰かが不利にならないようにする。能力に違いがあっても，誰もが利用できるようにする工夫。

＜例＞乗り降りがしやすい低床バス

2 使う上で柔軟性に富む

使用する人の状況に適応して，誰が使用しても自由度が高いデザイン。

＜例＞暗闇でも押しやすいスイッチ

3 簡単で直感的に利用できる

使い方が分かりやすく，間違うことなく，誰でも簡単に使えるデザイン。

＜例＞はずれやすく，付きやすい電源コード

4 必要な情報が簡単に理解できる

映像，音声，手触りなど異なった方法によって，必要な情報が分かりやすく，簡単に得られる。

＜例＞さわって判別できるシャンプーとリンスの容器

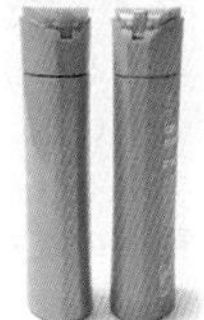

5 単純なミスが危険につながらない

人の移動が多い場所でも，安全に利用することができる。

＜例＞幅の広い通路

6 身体的な負担が少ない

無理な姿勢や強い力を伴わなくても利用できる。

＜例＞少ない力で使用できる水栓

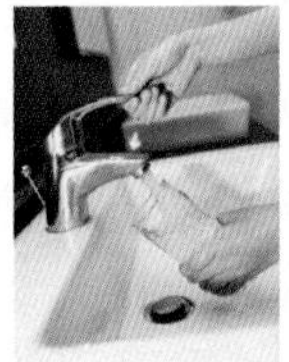

7 接近して使える寸法や空間になっている

利用する人の姿勢，身体的障がいの有無などに関係なく利用できる。

＜例＞多目的トイレ

保育

●手放しで使える傘

取っ手が自由に曲がる傘。肩に巻けば，雨の日も両手が自由に使え，赤ちゃんをだっこしながら歩ける。ベビーカーに取り付けることもできる。

●読みやすい絵本

点字や特殊な立体印刷を取り入れ，視覚障がいのある子どもたちも楽しめるようになっている「ユニバーサルデザイン絵本」。弱視の人にも色が識別しやすいようになっている。

衣

●はきやすいボトム

ひざが不自由な人のためのボトム。ファスナーは，持ち手にすべり止めがついて持ちやすく，開閉しやすい工夫がされている。

身のまわりのユニバーサルデザイン

私たちの身のまわりには，どのようなユニバーサルデザインがあるのか見てみよう。

食

●ノンアレルギーケーキ

食物アレルギーやアトピーがある人のためのケーキ。個人の症状に合わせて，卵・牛乳・小麦・ゼラチンなどを取り除いてつくられている。

●ユニバーサルデザインフード

かみやすさや飲み込みやすさに配慮した食品。「かたさ」や「粘度」により分類されており，個人の状況に合わせて選ぶことができる。

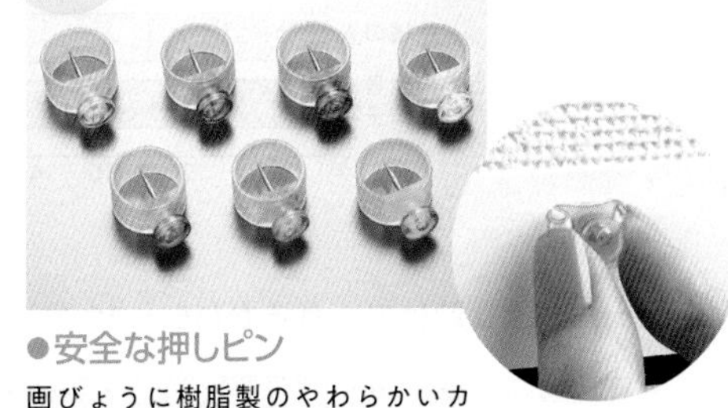

●安全な押しピン

画びょうに樹脂製のやわらかいカバーがついているので，手が直接針に触れることが少なく安全。

1. 共生社会って何だろう？

デジタルコンテンツ

あなたに合ったボランティアは？

質問に答えて，あなたにピッタリなボランティア活動はどのようなものかを知ろう。

1 共生社会とは

1 共生社会についての「5つの視点」

❶各人が，しっかりとした自分を持ちながら帰属（きぞく）意識を持ちうる社会
❷各人が，異質で多様な他者を，互いに理解し認め合い受け入れる社会
❸年齢，障害の有無，性別などの属性だけで排除や特別扱いされない社会
❹支え，支えられながら，すべての人が様々な形で参加・貢献する社会
❺多様なつながりと，様々な接触機会が豊富に見られる社会

（内閣府「『共に生きる新たな結び合い』の提唱」より作成）

2 若者の社会とのつながり

●強いつながりを感じるか（15 ～ 19 歳）

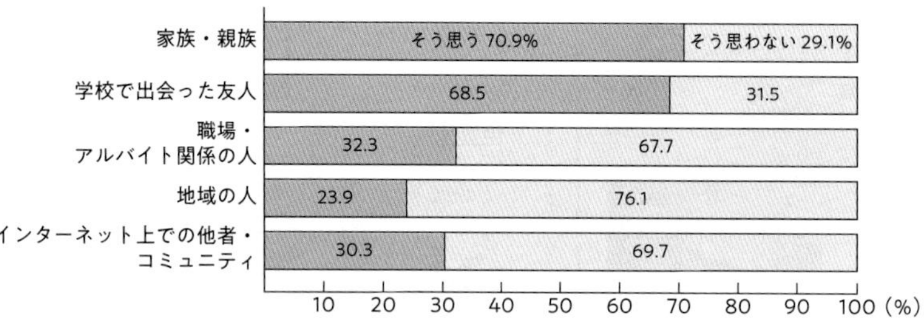

	そう思う（%）	そう思わない（%）
家族・親族	70.9	29.1
学校で出会った友人	68.5	31.5
職場・アルバイト関係の人	32.3	67.7
地域の人	23.9	76.1
インターネット上での他者・コミュニティ	30.3	69.7

●困ったときは助けてくれるか（15 ～ 19 歳）

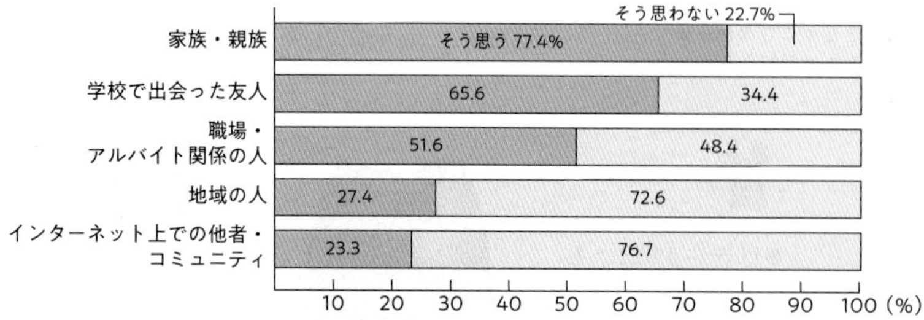

	そう思う（%）	そう思わない（%）
家族・親族	77.4	22.7
学校で出会った友人	65.6	34.4
職場・アルバイト関係の人	51.6	48.4
地域の人	27.4	72.6
インターネット上での他者・コミュニティ	23.3	76.7

（ともに内閣府「子供・若者の意識に関する調査（令和元年度）」より）

Column

無縁社会

近年，地域や家族，会社とのつながりなど人間関係のきずなが急速にうすれ，ひっそりと孤独に生活をしている人が増えている。身元不明の自殺者，行き倒れだけでなく，住居で亡くなっても，死後引き取り手がなく，自治体によって火葬・埋葬されることも多い。血縁，地縁，社会との縁がうすくなった社会は「無縁社会」とよばれている。死後の身の回りの整理や埋葬を生前に予約できるサービスも登場し，孤立している人を相手に，死後のことだけでなく，保証人代行，見守り代行，話し相手サービスなど，本来は人と人の助け合いだったことが近年ではビジネスになっている。

●年齢階級別孤独死人数

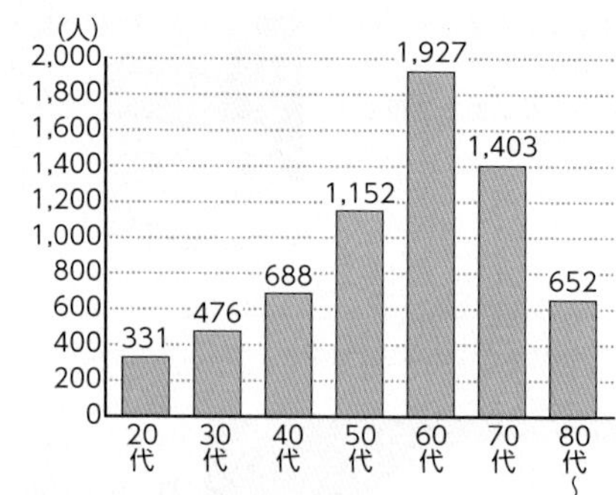

年齢	人数（人）
20代	331
30代	476
40代	688
50代	1,152
60代	1,927
70代	1,403
80代～	652

●孤独死の発見までの平均日数

→18 日

（一般社団法人日本少額短期保険協会　孤独死対策委員会「第７回孤独死現状レポート」2022 年 11 月より）

おとなのつぶやき…

被災地へ個人的に物資を送ろうと思ったのですが，調べてみると，個人の救援物資はかえって現地の方の負担になってしまうことを知りました。ボランティア団体などの支援物資募集を利用することをおすすめします。（25 歳・男性）

2 ボランティア活動

1 ボランティアを始めるには?

高校生でも，地域や社会に貢献することができる。例えば，清掃活動などの地域の美化運動，施設訪問で高齢者や乳幼児と触れ合う，エコキャップを集めるなどの活動がある。ボランティア活動には，お金では得られない感動や発見，出会いや喜びがある。学校にボランティア部がない場合は，地域の都道府県社会福祉協議会や市区町村社会福祉協議会に問い合わせよう。なお，ボランティアには，時間など約束を守る，活動を通じて知った個人的な情報をほかの人に話さない，無理をせず，できる範囲で行うなどのルールがある。１回きりではなく，継続して行うことが大切な活動もある。万一に備えて，ボランティア保険についても調べておこう。

2 どのようなボランティアをしたことがあるか

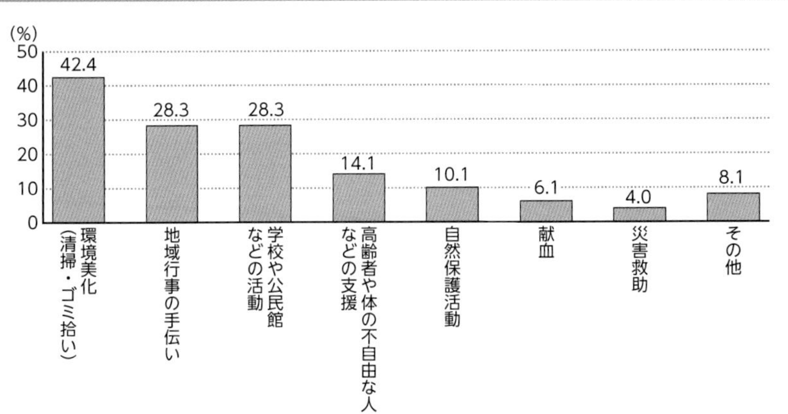

※ボランティア活動に参加している高校生が対象。

（学研教育総合研究所「高校生白書 Web版　2018年9月調査」より）

Column

高校生ボランティアが熱い！

公益財団法人 風に立つライオン基金が，「高校生ボランティア・アワード」を毎年開催し，全国の高校生がさまざまなボランティア活動の様子を発表している。ここでは活動の一例を紹介しよう。

2020年に特別表彰校に選ばれた，兵庫県の甲南高等学校ボランティア委員会は，芦屋市の小学校に足を運び，放課後に小学生と交流・見守りをする「あしやキッズスクエア」や，市内の高齢者へのスマホ講座など，幅広い活動で地域に貢献している。

小学生と交流するあしやキッズスクエアの活動。小学校で熱中症に関する講義も実施している。

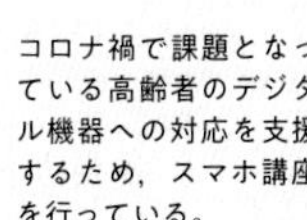

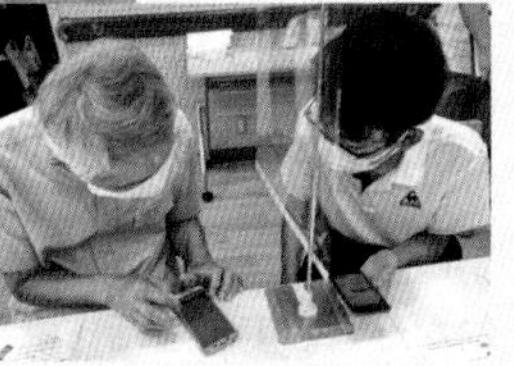

コロナ禍で課題となっている高齢者のデジタル機器への対応を支援するため，スマホ講座を行っている。

ミライフ 未来×LIFE

人生のリスクにどう立ち向かう？

あなたが思い描く将来の生活において，どのようなリスクが起こり得るだろうか。また，どのような方法でリスクを回避することができるだろうか。下の内容について，例を参考にしながら，自分の将来にあてはめて考えてみよう。

❶どんな家に住む？　❷結婚する？ 子どもは欲しい？　❸どんな働き方をする？　❹高齢期をどう過ごす？

〈生活設計とリスクの例〉

豆知識　ボランティアの語源には諸説あるが，そのひとつが「volcano（火山）」。火山に似た湧き上がる熱い衝動からきている。

2. 困ったとき，どんな保障を受けられる？

デジタルコンテンツ

年金見込み受給額予想クイズ

さまざまな年代の人たちがどのように働いているか話を聞いて，年金見込み受給額を予想してみよう。

1 社会保障は何のためにある？

●日本国憲法第25条

すべて国民は，健康で文化的な最低限度の生活を営む権利を有する。国は，すべての生活部面について，社会福祉，社会保障及び公衆衛生の向上及び増進に努めなければならない。

●社会保障の４本柱

社会保険

各自が保険料を払い，各種の保険事故（けが，加齢，失業など）リスクの保障をするシステム。原則として全国民が強制加入の保険制度。

公的扶助

国が，生活に困っている人たちに対し最低限の生活の保障をし，自立を助けようとする制度。

社会福祉

社会生活をする上で立場が弱い，障がい者や母子家庭などが，安心して社会生活を送れるようにする制度。

公衆衛生および医療

国民が健康に生活ができるように，感染症や，食品衛生などについて予防していく制度。

2 年金の仕組み

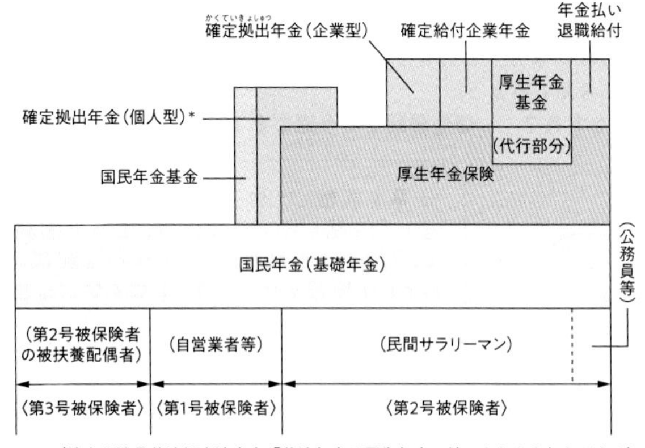

（地方公務員共済組合連合会「共済年金は厚生年金に統一されます」などより）

*自分で積み立てる，個人型確定拠出年金は「iDeCo（イデコ）」と呼ばれる。日本在住の20歳以上で月額5,000円から始めることができ，60歳以降に年金または一時金として受け取る。

3 世代間扶養

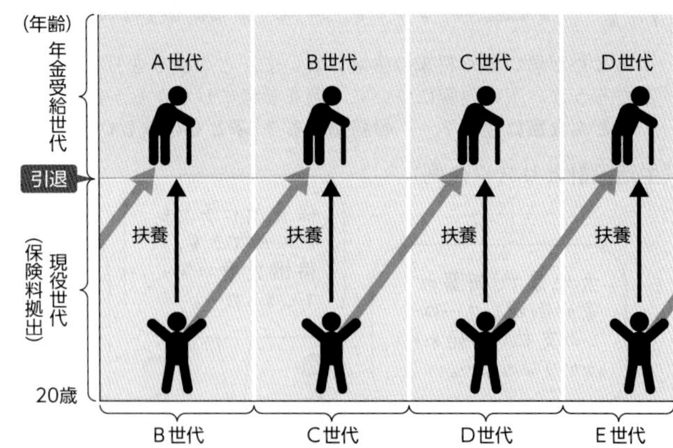

〈注〉斜めの矢印は，同時期に20歳に到達したある世代が，時の経過により年齢が上がり，現役世代という支え手側から，年金世代という支えられる側へと移行する様子を示した。

（厚生労働省年金財政HPより）

解説 すべての国民が世代間で助け合う「世代間扶養」という考えを基本とした社会保険方式の制度として生まれたのが公的年金制度である。**国民年金**（基礎年金）と，それに上乗せされる民間企業の労働者や公務員が支払う**厚生年金**，さらに加算される**企業年金**に分けられる。原則として20歳～60歳になるまで最低10年以上保険料を納めることで，65歳以上になれば，毎年，年金を受け取ることができる。また，公的年金とは別に**私的年金**（→ p.17）に加入し，老後に備える人もいる。長期的な資金計画を立ててみよう。

おとなのつぶやき… 少子高齢化が進むと，自分たちの年金負担が増える一方で，将来受け取れる年金が少なくなるのが心配です…。（30歳・男性）

4 ライフステージと社会保障制度

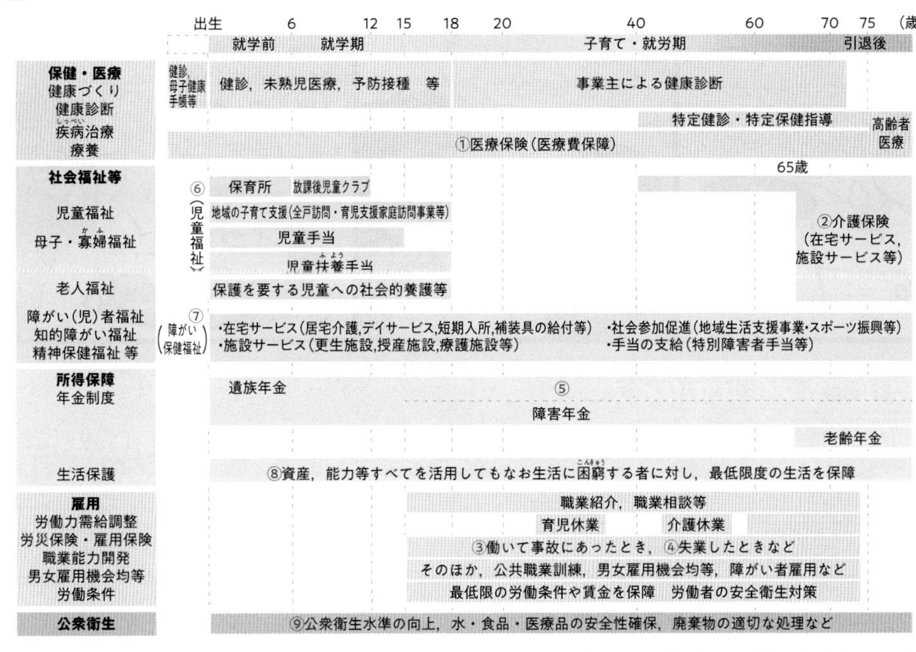

（厚生労働省「厚生労働白書」平成29年版より作成）

社会保険

① **医療保険**…病気になったときの医療費負担が安くなる。勤務先などの状況に応じて，それぞれ以下に加入する。
- **健康保険**
  →民間企業の労働者とその扶養家族
- **共済組合** →公務員とその扶養家族
- **国民健康保険** →自営業者など
- **後期高齢者医療制度**
  →75歳以上の高齢者

② **介護保険**…介護が必要なとき，介護サービス等の費用が支給される。（➡ p.71）

③ **労災保険**…勤務・通勤中の病気やけが，死亡に対し医療費や所得保障を受ける。

④ **雇用保険**…労働者が定年や倒産，自己都合などで退職した場合，一定期間の生活費として失業手当金が給付される。再就職のための職業訓練の受講手当なども受けられる。

⑤ **年金保険**…以下の場合，毎年一定の年金が給付される。20歳以上60歳未満の全国民が対象で，労働者は厚生年金保険，自営業者などは国民年金に加入する。
- **遺族年金**→亡くなった人の家族へ
- **障害年金**→障がいを負った人へ
- **老齢年金**→一定の年齢（原則として65歳）*になった人へ

＊2025年までに段階的に引き上げ

公衆衛生および医療

⑨妊婦・乳幼児健診，予防接種，疾病治療などの医療サービスを提供し，国民の健康を増進する。また，食品衛生，公害対策などを通して環境衛生を改善する。

社会福祉

⑥ **児童福祉**…児童福祉法に基づき，保育所や児童相談所，保健所などによるサービスを受けられる。（➡ p.58 ～ 60）また，子育て家庭への給付が行われる。

⑦ **障がい保健福祉**…障がい者への介護サービスや社会参加のため，施設の充実や手当の給付などが行われる。

公的扶助

⑧ **生活保護**…病気で就労ができないなどの理由から生活が困窮している人に対し，国が保護金を給付する制度。健康で文化的な最低限度の生活を保障するとともに，自立を助長することを目的とする。

●被保護世帯数の推移

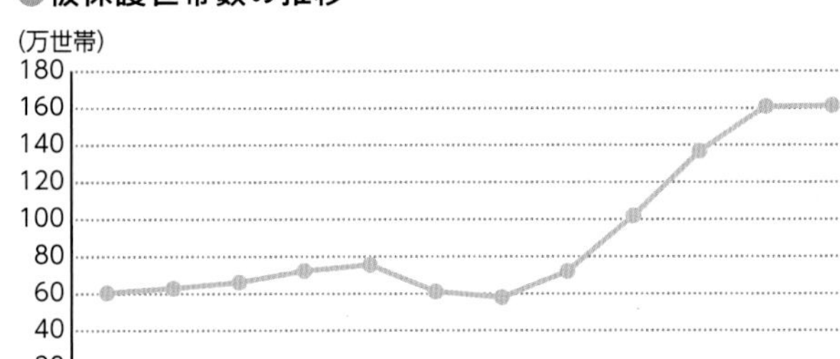

●被保護世帯数の構成割合（2020年度）

母子世帯 4.4%
障害者・傷病者世帯，その他の世帯 39.6%
高齢者世帯 56.0%

（ともに厚生労働省「被保護者調査」より）

国民年金保険料を払えない場合，以下の制度を利用できる。
ただし，申請が必要！！

●**学生納付特例制度**
在学中の保険料の納付に猶予が認められる。

●**保険料免除・納付猶予制度**
退職などで所得が一定以下になった場合，保険料の納付猶予や免除が認められる。

家庭科のキーワードを使って
小論文を書こう

問題：国民負担率

世界には，高福祉・高負担型の社会と，低福祉・低負担型の社会があります。それぞれどのような社会であるかを説明した上で，あなたはどちらのあり方が望ましいと思うか，1000字以内で述べなさい。

負担率は国によってかなり違うんだね！

【参考】国民負担率の国際比較

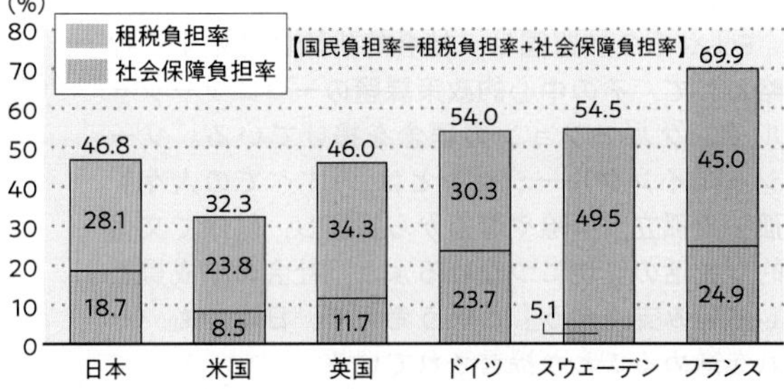

〈注〉日本は2023年度見通し，諸外国は2020年暫定値（財務省HPより）

豆知識 国民年金保険料の免除や猶予の申請を行わずに長期間納めずにいると，国から催告状が届き，最悪の場合，財産を差し押さえられることがあるので要注意。

3. みんなが暮らしやすい社会とは？

デジタルコンテンツ

多世代交流・多文化共生クイズ

多世代交流・多文化共生をテーマにしたクイズに答えて，楽しみながら多様性について理解を深めよう！

1 多様性を認める社会へ

1 多様性（ダイバーシティ）

社会には，内面・外面にさまざまな特徴・特性をもつ人たちが暮らしている。これを多様性（ダイバーシティ）という。人との違いは，その数の割合によってマジョリティ・マイノリティを生み，時に差別につながってしまうこともあるが，違いを互いに認め合い，尊重し合うことが大切である。

2 ノーマライゼーション

ノーマライゼーションとは，「障がい者を特別視するのではなく，一般社会の中で普通の生活が送れるような条件を整えるべきであり，共に生きることこそノーマルである」という考えである。

ノーマライゼーションの父ともいわれるバンク・ミケルセン（故人）は「ノーマライゼーションを難しく考える必要はない。自分が障がい者になった時にどうしてほしいかと考えればすぐに答えはでてくる」という意味のことを述べている。

現在の日本は過剰に働いている人がいる一方で，高齢者・外国人・障がいのある人など，働く場を求める人が多いのも事実である。ノーマライゼーションが浸透し，どのような条件の人にも働く場が増えれば，仕事量が均等になり，過労死・うつ病などの減少につながるかもしれない。ほかには，どのようなことが起こるだろうか。話し合ってみよう。

3 ソーシャルインクルージョン

現代社会では，社会的排除（居住，教育，保健，社会サービス，就労などの多次元の領域から排除され，社会の周縁に位置すること）をはじめ，福祉にさまざまな課題がある。若年層もその例外ではない。

EU やその加盟国は，社会的排除に対処する戦略として，その中心的政策課題の一つにソーシャルインクルージョンの理念を掲げている。ソーシャルインクルージョンとは，「すべての人々を孤独や孤立，排除や摩擦から援護し，健康で文化的な生活の実現につなげるよう，社会の構成員として包み支え合う」という考えで，日本でも，それを進めることが提言されている。

●現代社会の社会福祉の諸問題

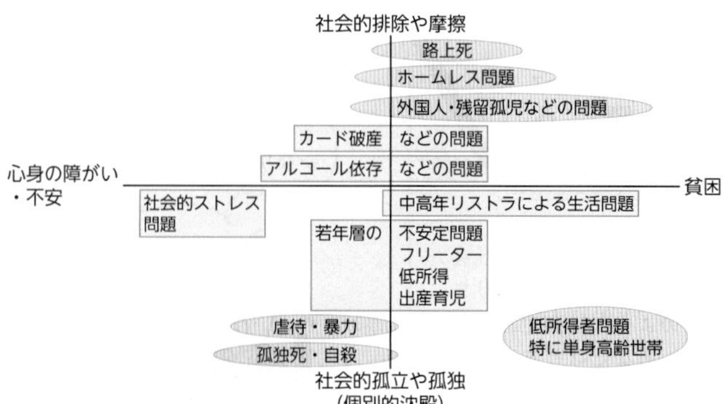

※左図の横軸は貧困と心身の障がい・不安に基づく問題を示す。縦軸はこれを現代社会との関連でみた問題性を示す。各問題は相互に関連しあっている。社会的排除や孤立の強いものほど制度から漏れやすく，福祉的支援が緊急に必要である。

（厚生労働省資料）

おとなのつぶやき… 障がいで足が不自由な友達から「親切にしてくれるのはうれしいけど，かわいそうな人だとは思われたくない」と打ち明けられました。障がいのある人の自立した生活を支えることが大事なんだと思いました。（20 歳・男性）

2 バリアを取り除くには…

バリアと合理的配慮の例 ※バリアフリーについてはp.74 ～ 75を参照。

物理的なバリア

〈合理的配慮の例〉
・ベビーカーの運搬を手伝う

どう配慮する？
図書館では車椅子の人は高所の本を取れない…。

制度的なバリア

〈合理的配慮の例〉
・障がい者の就労しやすい環境を整える

どう配慮する？
子ども連れ客が飲食店の利用を断られた…。

文化・情報面でのバリア

〈合理的配慮の例〉
・多言語での音声アナウンスを行う

どう配慮する？
視覚障がいがあると案内用のタッチパネルを使いづらい…。

意識上のバリア

〈合理的配慮の例〉
・障がいへの理解を深め，偏見をなくす

どう配慮する？
点字ブロックの上に自転車を停める人が後を絶たない…。

Column

多様性への理解が深まるおすすめ本

ブレイディみかこ『**ぼくはイエローでホワイトで，ちょっとブルー**』新潮社

© 中田いくみ

イギリスで元・底辺中学に通う著者の息子が，人種差別やジェンダー，格差などの問題に直面し，悩みながらも乗り越えていく様子を描いたノンフィクション。

特設サイト

読んだ後，日本社会では共生社会の実現にどんな課題があるか，「違い」にどう接していきたいか，考えてみよう。

ヨシタケシンスケ／さく 伊藤亜紗／そうだん
『**みえるとか　みえないとか**』アリス館

宇宙飛行士の「ぼく」が，目が3つあるひとの星に降り立って，さまざまな「違い」を実感する絵本。

特設サイト

読んだ後，障がいのある人に世界はどのように見えているか，自分と違う特徴をもつ人とどうしたら共生できるか，周りの人と話し合ってみよう。

ミライフ 未来×LIFE

ダイバーシティを実現しよう！

性別や国籍，ライフスタイルなどの属性にかかわらず，個を尊重し，良いところを生かすダイバーシティの考え方は，ビジネスでも重視されている。下の例を参考にして，あなたが企業や団体のトップだったら，多様性の尊重のためにどのような施策をとるか，また，実現のための課題を考えてみよう。

＜企業の取り組みの例＞

- **女性社員活躍推進**
  女性が管理職につきやすくするための研修などを行う。
- **イクメンチャレンジプラン**
  男性社員の育休取得促進のため，職場が応援する。
- **役員・全組織長によるイクボス宣言**
  部下・上司ともに充実したキャリア・私生活を送れるような会社の雰囲気作りを行う。
- **障がい者の採用**
  産業医との連携など，障がい者が活躍できる環境を作る。
- **LGBTに関する理解**
  セミナーを開催してLGBTへの正しい理解を図る。
- **ファミリーデー**
  社員の家族を職場に招待し，職場への理解を深めてもらう。

豆知識 盲導犬については「道路交通法」で管理される。訓練された犬が，使用する人とともに歩行指導を済ませ，正式に「盲導犬」として認められる。

ワークシート④を使って実践しよう！　ワークシート

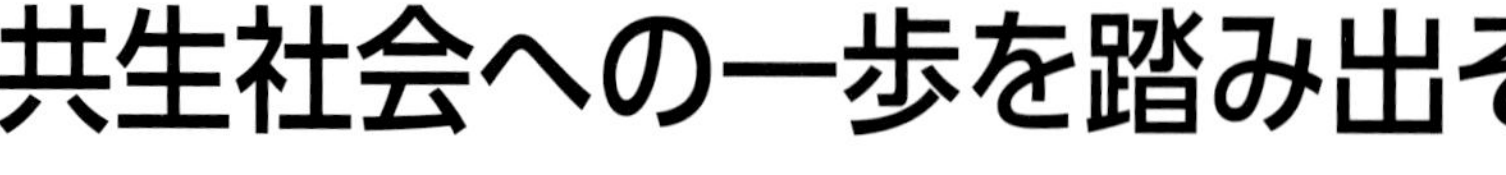

共生社会への一歩を踏み出そう！

これまで，あなたは障がいの有無や国籍，文化，世代，性別など，さまざまな違いのある人々とともに助け合いながら生きていることを学んできた。それでは，実際に誰かが困難な状況にいたとき，あなたはどう考え，行動するだろうか。具体的な例を見ながら考えてみよう。

Study 1　バリアのないかかわり方ができる？

ワークシート

1　次の場面で，あなたならどのような言葉をかける？ 場面を一つ選び，参考資料を読みながら考えてみよう。

場面1
家族が認知症になったら…

あなたは認知症の祖母と同居しているとする。祖母は，認知症の症状の一つである，過去の記憶との混同により，夕方になるとどこかへ帰ろうとする。祖母の人間性を尊重しながら，徘徊(はいかい)による危険を回避するために，以下の会話をどのように改善したらよいか，またその理由を考えてみよう。

・・・

祖　母：あら，もうこんな時間！ 夕飯の支度があるから，私はここで失礼しますね。
あなた：何言ってるの？ おばあちゃんの家はここだよ！
祖　母：私の家はここじゃないの。子どもたちが待っているから帰らないと。
あなた：危ないから，勝手に出かけちゃダメ！
祖　母：どうして帰るのを邪魔するの？ 止めないで！

場面2
障がいのある人を見かけたら

あなたが駅を利用しているとき，前を歩いている人に視覚障がいがあることに気づいたとする。その人の向かっているエレベーターがちょうど工事中だったとき，あなたならどうする？ 適切な方法を選んでみよう。また，どのような声かけをするのがよいと思う？

・・・

Ⓐ：気づいてもらえないかもしれないので肩に触れるなどしてから声をかける。
Ⓑ：歩行を邪魔しない程度に近づいて優しく声をかける。

参考資料

1　介護される認知症患者の気持ちを描いたマンガ　（吉田美紀子作）

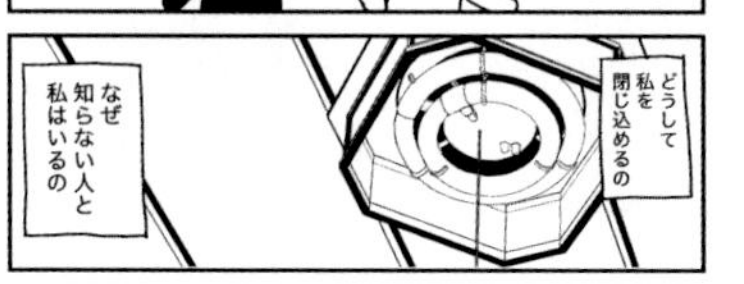

2　身体に障がいをもつ人が，社会参加する上で妨げになっていること　（複数回答）

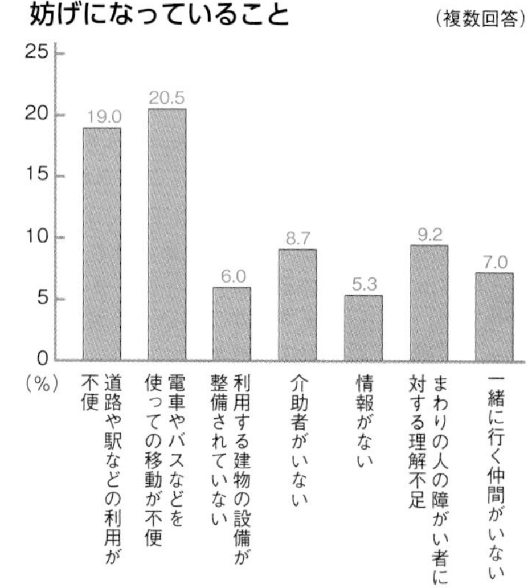

（東京都福祉保健局「平成30年度障害者の生活実態」報告書より）

Study 2 ピクトグラムを活用しよう！

ワークシート

ピクトグラムクイズ

2021年に行われた「東京オリンピック2020」の開会式で話題になった「ピクトグラム」は，私たちの生活にも密接にかかわっている。ピクトグラムについて学び，多様性への理解を深めよう。

1 ピクトグラムについて知ろう。

ものの性質や状態，数値の大小などの情報を，単純な構図と明瞭な色で視覚的に表した図記号。言葉や文字のわからない人の理解を助け，情報や意思を伝えやすくする手段として用いられる。日本では1964年の東京オリンピックを契機に導入され，公共施設の案内などに使用されている。現在，日本では，規格として案内用図記号（JIS Z8210）が定められ，世界全体では，規格の標準化が進んでいる。

ピクトグラムの例

案内

コンビニエンスストア

スロープ

エレベーター

捨てるな

飲料水

薬局

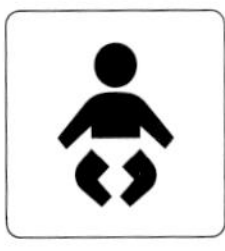
乳児用設備

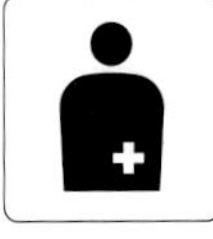
オストメイト

二列並び

2 次のピクトグラムは何を表したものか，考えてみよう。

あ

い

う

え

お

3 オリジナルのピクトグラムを考案して，生活における課題を解決しよう。

1 ピクトグラムが必要となるシチュエーションを次から一つ選ぼう。

A

海外の人に日本の習慣を理解してほしい

<ある学芸員さんの話>

私たちは戦国時代の城跡を復元して公開しているのですが，海外のお客さんは和室に入場するとき，靴を脱ぐ習慣がないからか，そのまま土足で上がろうとすることも多く，毎回説明しなければならないので大変です。入場前に靴を脱ぐ必要があることを，言語で説明しなくても理解してもらえるようにしたいのですが…。

B

子どもたちに安全のルールを身につけさせたい

<ある保育士さんの話>

私が勤める保育所では，保育室のドアを勢いよく開け閉めする子どもが多く，手を挟んでけがをしてしまうのではないかと心配しています。子どもたちに，ドアを優しく開閉するルールを身につけさせたいのですが…。叱ったりせず，楽しく理解できる方法はないでしょうか…？

2 ピクトグラムの図案を作ろう。

3 ピクトグラムをどこに掲示するとよい？

4 どのような点を工夫した？

ピクトグラムは，○・△・□などの単純な形の組み合わせで作れるよ。「絵が上手かどうか」よりも，「いかにシンプルにわかりやすく表現するか」がポイントだよ！

Visual LIFE

世界の衣装

世界の民族衣装クイズ

日本に「着物」という伝統的な衣服があるように，世界各地には多彩な民族衣装がある。民族衣装はその国や地域の地形や気候，文化や宗教おもな産業といったさまざまな要素を映し出す。現代では日常的に着ることが少なくなり，正装としてのみ用いられる民族衣装も多い。興味を持った民族衣装について，特徴や成り立ちを詳しく調べてみよう。

キルト
（スコットランド）

イギリス・スコットランド地方の男性の正装。キルトとよばれるスカート。タータンチェックの毛織物でできている。

アノラック
（カナダ）

極寒地では織物にする植物が育たないので，アザラシ（写真左）やカリブー（写真右）など動物の毛皮を使用した。毛皮は防寒効果も高い。

クロアチアの民族衣装
（クロアチア）

袖全体に幾何学模様の刺繍が施されている。白地に赤が多い。

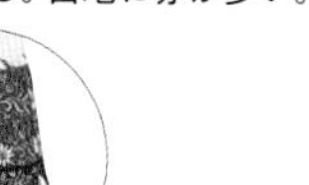

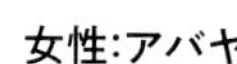

（サウジアラビア）

女性:アバヤ

宗教上の理由で近親者以外に肌を見せないよう黒い布アバヤを身につけ，ヒジャブなどの布で頭を覆う。中には鮮やかなドレスを着ることもある。

男性:トーブ

日光を遮るため袖も裾も長い。頭部に首の後ろまで隠れる長い布を巻き輪でとめる。

チマチョゴリ
（韓国）

韓国の女性衣装。チョゴリ（上着）と，チマ（巻きスカート）から成り，通常，トンジョンとよばれるえりをつけて着用する。

カメルーンの民族衣装
（カメルーン）

木綿の長着はゆったりとしており涼しい。頭にはターバンを巻く。

サリー
（インド）

サリーは5m以上の長い布。体に巻き付けて着る。身分の象徴にもなる。

インナー

スル
（フィジー）

腰巻き型の民族衣装で，素材は綿。男女とも同じで，裾のカットは直線だったりギザギザだったりする。

ケチュア族の衣装
（ペルー）

熱帯だが高度が高く涼しい。花飾りの皿形帽，彩り豊かな上着などを身につける。

ポンチョ（ペルー）

Fashion Check!

2019年10月22日の即位礼正殿の儀には，多くの国の要人が参列した。天皇陛下が身につけられていたのは「黄櫨染御袍」と呼ばれる装束。天皇のみが身につけられる装束で，宮中祭祀で最も多く使われるものである。皇后陛下は，唐衣・五衣・裳を着けた十二単姿であった。

スウェーデン

カール16世グスタフ国王と
ヴィクトリア王女

オランダ

ウィレム＝アレクサンダー国王と
マキシマ王妃

タイ

プラユット・チャンオチャ首相と
ナラポーン夫人

ブータン

ワンチュク国王と
ペマ王妃

2019年に大阪府で行われたG20の集合写真。
国際会議では，首相たちの多くはスーツにネクタイ姿だね。どうしてかな？

オリンピック・パラリンピックでは，
各国の選手団はどんな公式服装をしていたかな？

2019年大阪サミット

東京2020オリンピック・パラリンピック
（2021年）公式服装

Visual LIFE

日本の衣服

和服について知ろう

　歴史資料や写真などから日本の衣服の変遷をさぐってみよう。興味を持った時代の衣服について，詳しく調べてみよう。

弥生時代(女王)

巫女などに見られる衣服は色あざやかで,頭に宝冠など装飾が多い。中国やモンゴルなど,大陸の影響を受けた衣服が多く見られる。

弥生時代(庶民)

貫頭衣(筒状の布に穴を開けてかぶる)を着て,麻ひもで腰をしばる。デザインや装飾品の跡も残っている。

古墳時代

麻の衣に褌(はかま)などを使用していた。革の靴なども着用。

飛鳥／奈良／平安時代

平安時代(公家)

大陸の影響が薄れ,着物文化が確立。絹が中心で,宮中の女性は豪華な十二単などをまとった。

平安時代(庶民)

男性は直垂に袴,女性は小袖と腰布。麻の着物に細い帯が主流。

鎌倉／室町時代

鎌倉時代(武家)

華美な服装より活動性,機能性が重視される。庶民の服装には大きな変化はない。

室町時代(武将)

室町時代後期から戦国時代とよばれるほど,各地で戦が繰り返され,保護の役割と装飾性を兼ね備えた甲冑が使われた。

Fashion Check!

時代ごとの象徴的なファッションの例を見てみよう！

1970年代

ロングヘアー，パンタロン

若い男性の間で長髪が流行した。すその広がったベルボトムのパンツが男女ともに大流行し，日本では「パンタロン」「ラッパズボン」などと呼ばれた。

1980年代

ボディコン

肩パットの入ったスーツやミニスカート，ハイヒールなどのボディ・コンシャス(ボディコン)ファッションが銀座や渋谷などを中心に広がった。

1990年代

ルーズソックス

女子高校生の間で，ミニスカートにルーズソックスを合わせるスタイルが流行した。男子高校生の間では，ズボンを通常よりも低い位置で履く「腰履き」スタイルが流行した。

江戸時代（武家）
男性は袖のない肩衣に袴を着用。女性は打掛を用い，小袖が中心となる。

江戸時代（庶民）
町人が中心となって活動的な服装が生まれる。身分が定められ，職業ごとの衣服が生まれる。

昭和時代（戦時中）
太平洋戦争が活発化すると，男性は標準服として国民服を着用した。女性は東北などで作業着として使われていたもんぺが推奨された。

太平洋戦争が終わると，アメリカの影響もあり衣生活の欧米化が進む。さまざまなデザイナーブランドが登場し，立体構成の洋服が主流となる。和服は特別な機会にしか着用されなくなった。

明治時代（貴族）
貴族を中心に，衣服の欧米化が進む。政府も積極的に欧米の文化を推奨した。

明治時代（庶民）
和洋折衷（せっちゅう）の服が見られるようになる。着物に帽子などの小物を取り入れる人も多かった。

江戸時代

明治時代

大正／昭和時代～現代

昭和～平成～令和
国際化により，さまざまなファッションが自由に楽しめるようになった。

2000年代

ファストファッション
流行を取り入れつつ低価格に抑えた衣料品を大量生産し，短期間で売り切るファストファッションが流行。「H&M」「ZARA」「フォーエバー21」など，海外のブランドが次々と日本に出店した。

2010年代

「カワイイ(kawaii)」ファッション
ファッションモデル・歌手のきゃりーぱみゅぱみゅさんの独特なファッションが大人気となり，日本の「カワイイ」文化が世界からも注目された。

自分でゆかたを着てみよう！

和服を着る機会は減ってきているが，花火大会や夏祭りなどではゆかたを着ることも多い。ゆかたの着付けを学び，日本の衣生活に触れてみよう。

ゆかたを着てみよう（女性）

◀① ゆかた用の下着をつけ，補正※が必要な人は補正をする。ゆかたをはおり，左右のえり先の位置を合わせ，背の縫い目の線を背中の中心に合わせる。

◀② 上前（着たときに上になる方）を左手でもち，右の腰骨の方にもってきて位置を合わせる。すそがくるぶしの位置になるように。

◀③ 上前の位置をずらさないように広げ，今度は下前（下になる方）を巻きつける。このとき，つま先はすそから10cmくらい引き上げる。

◀④ 上前をかぶせ，腰骨の上に腰ひもの中心を当て，後ろで交差させて前に戻し，きっちり結ぶ。

◀⑤ 両脇の身八ツ口から手を入れ，前後のおはしょりをきれいに下ろす。

◀⑥ 片手で前のえりを合わせてもち，もう片方の手で背中の中心をつまみ，首とえりの間が握りこぶし１つ分くらいあくようにする（衣紋をぬくという）。

◀⑦ 胸元のしわを整えながら，えりの合わせ目をのどのくぼみがかくれるくらいの位置に合わせる。

◀⑧ 胸の下でひもを結ぶ。背中のしわは，両脇にくるようにのばす。おはしょりは，帯の下から６～７cm出る程度がよい。胸ひもの上から伊達じめをしめると，着くずれ防止になる。このときおはしょりを持ち上げてもよい。

※補正：和服を美しく着るには，胸やおしりのラインが出ないようにするのがポイント。補正用パッドやタオルなどを巻いて補正してからゆかたを着ると，着くずれをふせぐこともできる。

帯の結び方［文庫結び］

◀① 帯の端から50cmほどのところを縦半分に折る。この部分を「て」という。残りの部分を「たれ」という。

◀② てを右肩にかけ，たれをからだに２巻きする。ゆるまないようにしっかりと巻く。

◀③ てをおろしてひと結びする。

◀④ たれを肩幅くらいに折りたたんで，羽根をつくる。

◀⑤ 羽根の中央を折り曲げて，ひだをつくる。

◀⑥ てを羽根の上におろし，結び目の下をくぐらせて２回ほど巻きつけ，余った部分は帯の中に入れる。

◀⑦ 羽根の形をきれいに整え，右回しで後ろに回して結び目を後ろに持っていく。

◀⑧ できあがり。

着物のたたみ方

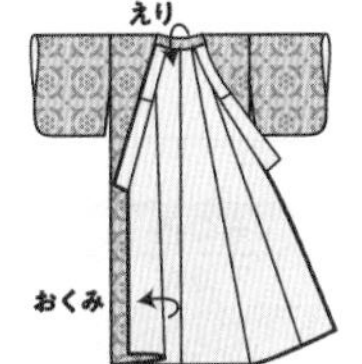

① おくみを縫い目線で折り返し，えりも内側に折り込む。

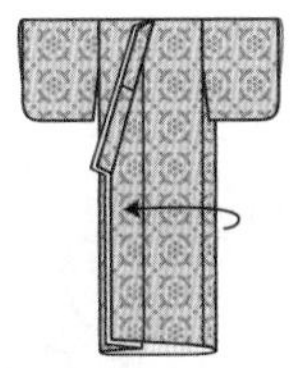

② 反対側のおくみを重ねる。

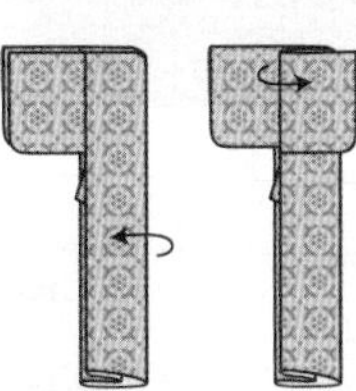

③ 両脇をそろえて背中心で折り返す。上のそでを折り返す。

④ 身頃を２つに折ってからそでを折ればたためる。

1. 衣服の原料・繊維とは？

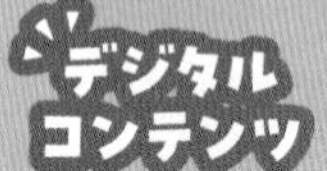

繊維の燃焼実験の動画を見よう

10 種類の繊維の燃え方を動画で観察してみよう！

1 繊維製品ができるまで

原料 → 繊維 → 糸加工 → 糸 → 織る・編む → 布

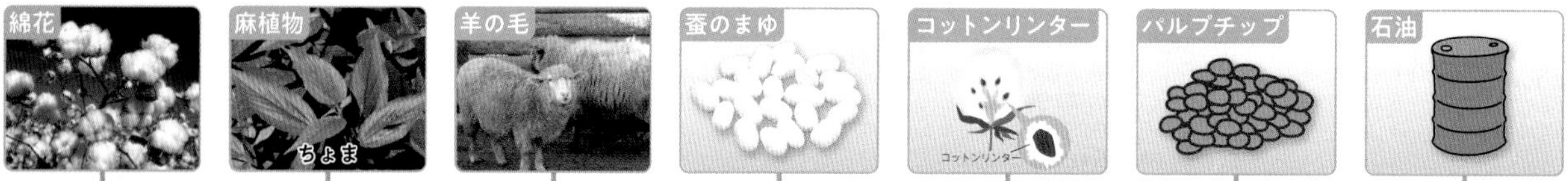

原料	綿花	麻植物（ちょま）	羊の毛	蚕のまゆ	コットンリンター	パルプチップ	石油
繊維	綿	麻	毛	絹	再生繊維（レーヨンなど）	半合成繊維（アセテート）	合成繊維（アクリルなど）

上段：側面
下段：断面

再生繊維（レーヨンなど）：天然繊維を化学的に溶かし，その原液からつくった繊維。植物原料からつくったパルプや，綿花からとれるコットンリンターを原料としている。

半合成繊維（アセテート）：天然の繊維の素に合成化合物を結合させ，紡いでつくった繊維。アセチルセルロースからつくったアセテート，トリアセテートなどがある。

合成繊維（アクリルなど）：石油などを原料として，化学的につくり出した繊維。アクリロニトリルを主成分としたアクリル（系），ポリアミド樹脂でつくるナイロンなどがある。

綿・麻・毛 → **短繊維**（ステープル）短い綿状の繊維

絹 → **長繊維**（フィラメント）連続した長い糸状の繊維

繊維によって糸にする方法も違うんだ。

紡績：原料からつくった繊維を糸の状態にすること。綿や羊毛，麻などの短繊維をより合わせて伸ばし，長い糸にする工程をさす。

製糸：かいこのまゆから絹の繊維をくり出し，数本をまとめて長い１本の糸にする工程をさす。「生糸をつくる」ともいう。

紡糸：化学的な原料からつくられた液を，細い穴から糸状に押し出して冷却し，固めることで糸をつくり出す工程をさす。

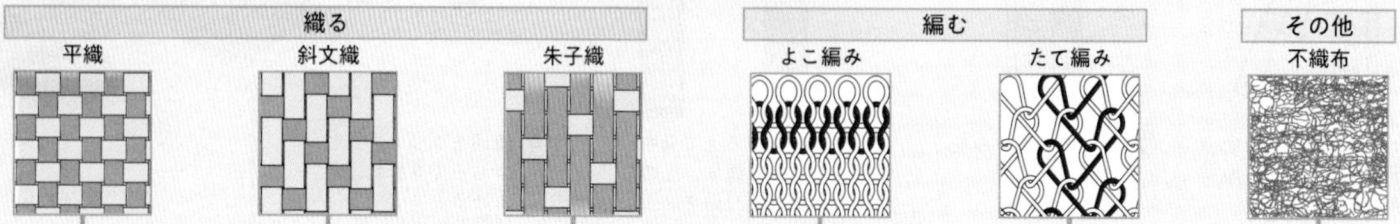

織る：平織，斜文織，朱子織

編む：よこ編み，たて編み

その他：不織布

→染色→断裁→縫製→包装→出荷

おとなのつぶやき… ワイシャツを買う時は，表示をよく見て！　商品によって手入れの方法が全然違うから！！（36 歳・会社員）

2 高機能な化学繊維

保温性・冷涼感がある肌着や，速乾や消臭などの機能を持つスポーツウェアを身につけたことがある人も多いだろう。日本の繊維開発の技術力は世界的にも優れており，次々と高機能な繊維が登場している。

衣生活

涼しく

汗を吸うと動く繊維

●ぬれると伸び，乾くと縮む繊維により，汗を吸うと生地の目が開き通気性がアップし，衣服内が蒸れず快適な着心地を実現。

<用途：スポーツウェアなど>

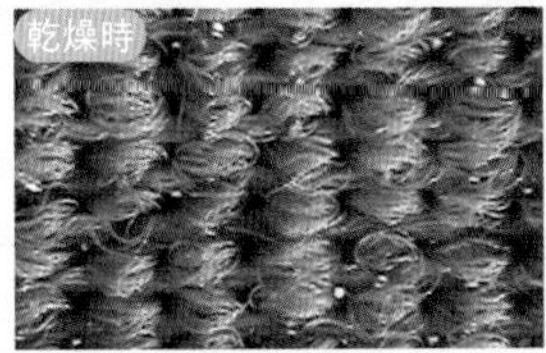

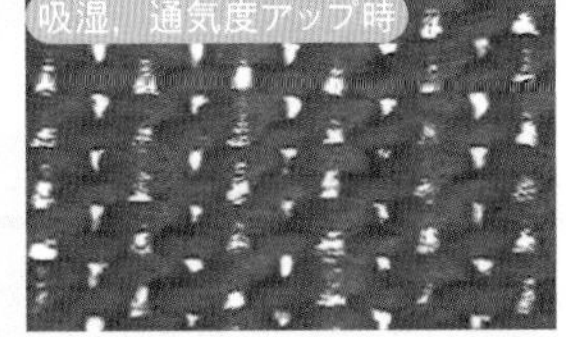

（帝人フロンティア：「ファイバライブ®」2D）

●汗を吸うと生地の肌側に凹凸が出現し，ベンチレーション効果で，べとつきを軽減し快適な着心地を実現。

<用途：ユニフォームなど>

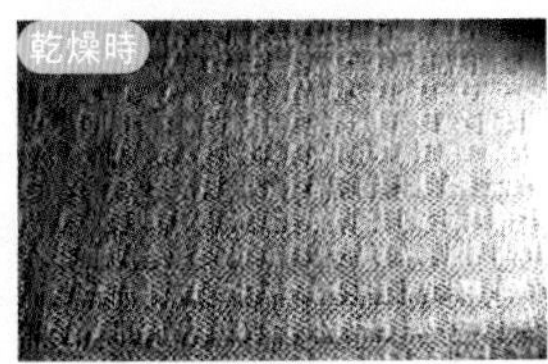

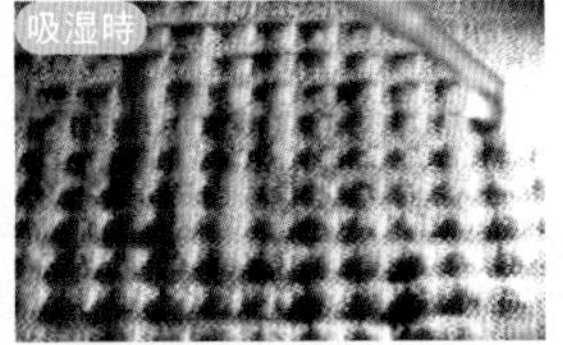

（帝人フロンティア：「ファイバライブ®」3D）

温かく

空気をためこむ繊維

●糸の中が空洞になっており，孔の中に空気を封じ込めるため(中空構造糸)温かく軽い。

<用途：インナーウェア，寝具など>

（帝人フロンティア：「エアロカプセル®」）

花粉対策

特殊な織りで花粉が付きにくい

●細い糸を密度高く織り上げることで，表面が平滑になり，衣服に花粉が付いても簡単に落ちる。

<用途：コート・ジャンパーなどのアウターウェア>

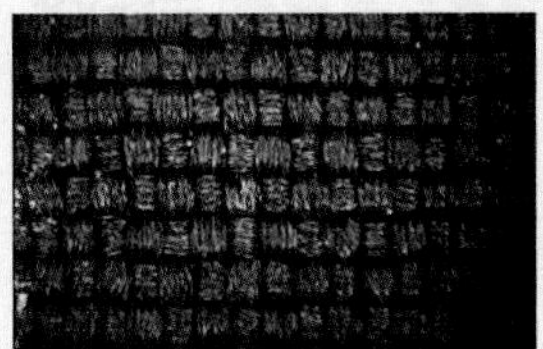

（帝人フロンティア：「ポランバリア®」）

スーパー繊維

高強度･高弾性率(伸びにくい)の性能を持つ繊維はスーパー繊維と呼ばれる。消防服や宇宙服などのほか，鉄骨に代わる素材として鉄道や高速道路の橋脚(橋げたを支える柱)に使われるものもある。

（東洋紡：「イザナス®」）

高強力，軽量＆水に浮く特長を生かして大型船舶の係留ロープとして使われている。

ナノ繊維

繊維の断面積が毛髪の約 7500 分の 1 の超極細ポリエステルナノファイバー。長繊維で織り上げられた生地の表面積は，従来繊維の数十倍となるので，従来繊維と比べ，高い吸水性や吸着性，防透性がある。また皮膚への刺激が格段に少なくなる。

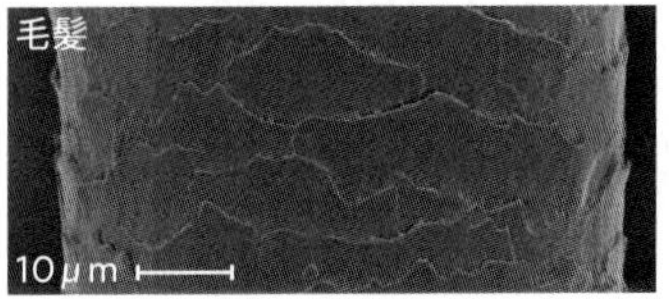
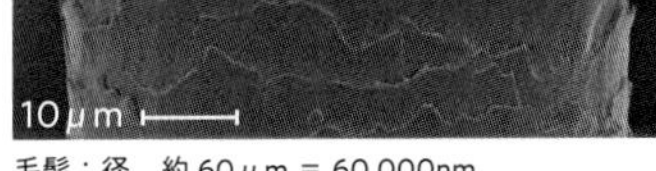

毛髪：径　約 60 μm ＝ 60,000nm

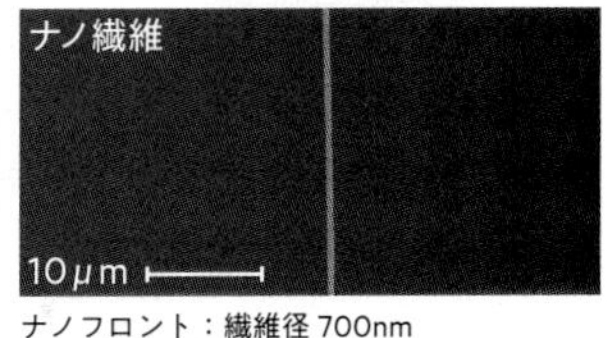

ナノフロント：繊維径 700nm

（帝人フロンティア：「ナノフロント®」）

3 繊維の燃焼実験

繊維は燃焼させると特徴的な燃え方をするため，燃え方を見るとどの繊維か予測できる。ただし，混紡の場合などは，判別が難しい。

綿	毛	レーヨン	ポリエステル
	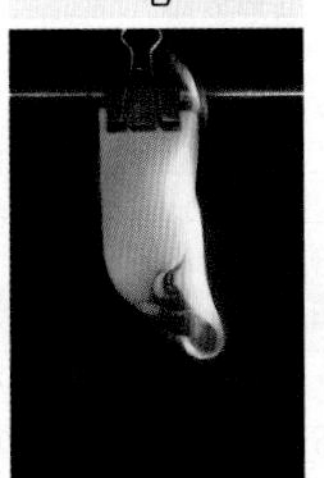	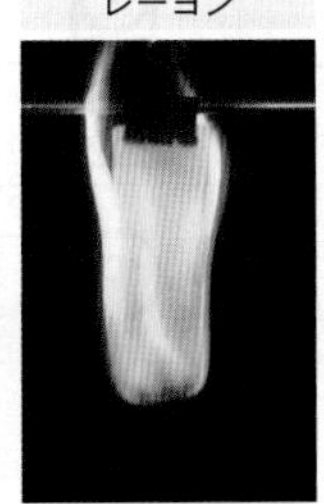	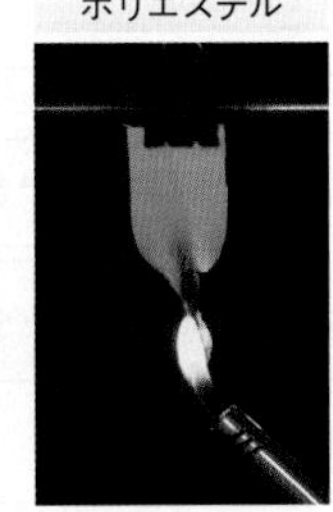
勢いよく燃える。紙を焼くようなにおい。淡色のやわらかい灰になる。	ちぢれながら燃える。髪の毛が燃える時のようなにおい。	綿と似た燃え方。灰は少ない。	黒いすすを出して燃え，溶けて丸くなる。燃えかすは冷えると黒く硬くなる。

ミライフ 未来×LIFE

化学繊維とどうつきあうか！？

高機能な化学繊維が開発され，着心地の向上や管理の手軽さなど，さまざまな面で私たちの衣生活を豊かにしている。しかし，化学繊維を洗濯すると排水の中にマイクロファイバーが流出し，地球環境を汚染するという側面があるといわれている。

世界は「プラスチックフリー」へと転換の時を迎えており，ファッション業界の今後の動きに注目が集まっている。あなたは今後，化学繊維とどのようにつきあっていきたいだろうか。

豆知識　「真綿(まわた)」と「綿(めん)」は別物。真綿は絹の繊維を加工したもの。

2. 衣服の表示を読み取ろう

洗濯にかかわる表示クイズ

衣服についている 「取扱い表示」に関するクイズに答えて，洗濯についての知識を身につけよう。

1 衣服の表示

　衣服には，サイズ以外にも，それを長く大切に着ていくために必要な取り扱い方法が書かれている。

サイズ　M
品質　綿　50%
　　　ポリエステル　50%
○○衣料（株）
TEL (03)XXXX-XXXX
中国製

取扱い表示　洗濯やアイロンの注意など，家庭用品品質表示法で定められた５つの基本記号と，付加記号や数字の組み合わせで構成される。手入れの方法はここを見よう。

サイズ表示　７号，９号のような表示（右頁参照）だけでなく，S，M，Lといった表示もある。サイズ表示だけを見て決めず，店員に相談したり，実際に着用したりして自分に合うサイズを選ぶとよい。

組成表示　使用されている繊維の名前が，重量の多い順で表示されている。竹繊維など「指定外繊維」と表記されるものもある。

表示者表示　家庭用品品質表示法によって，表示する者（企業や団体）の名前や連絡先（住所または電話番号）を表示することになっている。

原産国表示　原産国が表示されている。たいていは，生地の産地ではなく，最終的に縫製した国が記されている。

解説　取扱い表示は５つの基本記号と付加記号で表される。取扱い表示だけでは伝えきれないことは「あて布を使用する」,「洗濯の際色落ちする」,「ネットを使用する」などの付記用語で示される。

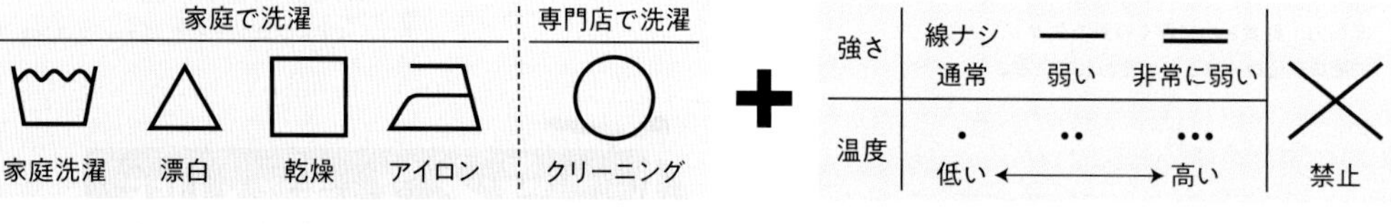

分類	記号	意味
洗濯（水洗い）	40	・洗濯機による洗濯ができる。 ・液温の最高温度は40℃。
洗濯（水洗い）	30	・洗濯機の弱水流，または弱い手洗いがよい。 ・液温の最高温度は30℃。
洗濯（水洗い）		・弱い手洗いがよい。 ・液温の最高温度は40℃。 ・洗濯機は使用できない。
洗濯（水洗い）		・水洗いはできない。
漂白		・塩素系及び酸素系の漂白剤を使用して漂白ができる。
漂白		・漂白はできない。
アイロン		・底面温度200℃を限度としてアイロン仕上げ処理ができる。
アイロン		・底面温度150℃を限度としてアイロン仕上げ処理ができる。
アイロン		・底面温度110℃を限度としてスチームなしでアイロン仕上げ処理ができる。
アイロン		・アイロンはかけられない。
乾燥		・つり干しがよい。
乾燥		・平干しがよい。
乾燥		・日陰でつり干しがよい。
乾燥		・日陰で平干しがよい。
乾燥		・タンブル乾燥可。 ・通常温度で乾燥。
乾燥		・タンブル乾燥可。 ・低温で乾燥。
乾燥		・タンブル乾燥は禁止。
商業クリーニング	P	・ドライクリーニングができる。 ・溶剤は，パークロロエチレンまたは石油系のものを使用する。
商業クリーニング	F	・ドライクリーニングができる。 ・溶剤は，石油系のものを使用する。
商業クリーニング		・ドライクリーニングはできない。
商業クリーニング	W	・商業的ウェットクリーニング（水を使用したクリーニング）ができる。

おとなのつぶやき･･･　表示をよく見ずにコインランドリーで乾燥機を使ったら，服が縮んで着られなくなってしまいました…。（42歳・会社員）

サイズ絵表示による表示

サイズ絵表示による表示

2 衣服のサイズ

1 成人女性用の服

寸法列記による表示

バスト	番号	3	5	7	9	11	13	15	17	19
	寸法（cm）	74	77	80	83	86	89	92	96	100

身長	記号	PP	P	R	T
	寸法(cm)	142	150	158	166

S，M，L表示(例)

(cm)

	SS	S	M	L	LL	3L	4L	5L	6L
バスト	65～73	72～80	79～87	86～94	93～101	100～108	107～115	114～122	121～129
ヒップ	77～85	82～90	87～95	92～100	97～105	102～110	107～115	112～120	117～125
ウエスト	52～58	58～64	64～70	69～77	77～85	85～93	93～101	101～109	109～117

〈注〉S，M，Lなどのサイズは，メーカーや流行・年代などによって多少変動する。

2 成人男性用の服

寸法列記による表示

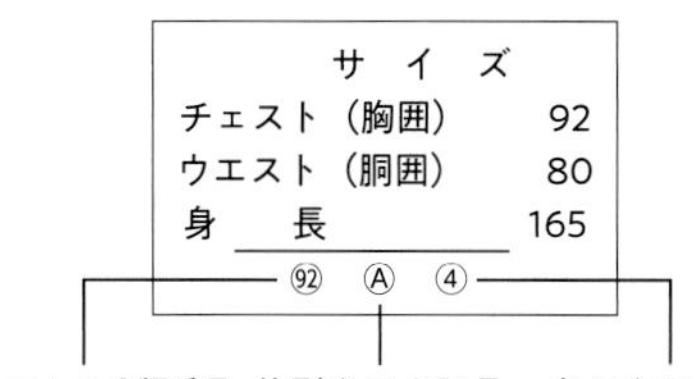

チェストとウエストの寸法差	番号	J	JY	Y	YA	A	AB	B	BB	BE	E
	寸法(cm)	20	18	16	14	12	10	8	6	4	0

身長	記号	3	4	5	6	7	8	9
	寸法(cm)	160	165	170	175	180	185	190

S，M，L表示(例)

(cm)

	SS	S	M	L	LL	3L	4L	5L
チェスト	72～80	80～88	88～96	96～104	104～112	112～120	120～128	128～136
ウエスト	60～68	68～76	76～84	84～94	94～104	104～114	114～124	124～134
身長	145～155	155～165	165～175	175～185		175～		

〈注〉S，M，Lなどのサイズは，メーカーや流行・年代などによって多少変動する。

3 衣服の原産国

衣服の輸入国別シェア(2019)

その他
インドネシア
ミャンマー
カンボジア
バングラデシュ
ベトナム
中国 62.3%
数量 107万3,709t

(財務省「日本貿易統計」より)

日本は衣服のほとんどをアジアの国々から輸入している。最大の輸入先は中国だが，近年は中国国内の人件費の上昇などを背景に減少傾向にある。一方，よりコストを抑えられるベトナムやバングラデシュでの生産が増え，そうした国々からの輸入が増えている。衣料品生産の中国から東南アジア・南アジアの国へのシフトは，世界的な傾向である。

ミライフ 未来×LIFE

衣服を買うときに重視することは？

12 つくる責任 つかう責任

衣服を購入するときのポイントは何だろう。右のファッションに関するアンケートでは，1位が価格，2位がデザインやシルエットという結果が出ている。価格やデザインやシルエットを重視する人は多いが，この点だけで服を選んで大丈夫だろうか？

衣服を購入する際に「持続可能な社会のために，今，できることがないか？」という視点を加え，表示を読んだり，購入することにより環境にどのような影響があるかを考えたりしてみよう。

衣服を購入する際の決め手

項目	全体(n=443)(%)
価格	65.1
デザインやシルエット	62.1
着心地の良さ	36.3
好みの色や柄	34.4
素材（生地）の質感	24.2
洗濯のしやすさ	23.1
今持っている服との組み合わせやすさ	20.3
体型をきれいに見せられること	12.5
着回しのしやすさ	10.9

(ベルメゾンデッセ「ファッションに関するアンケート(2021年)」より)

豆知識 | 洗濯が終わったら，洗濯機のふたは開けておく(かび防止)。ただし，幼児の事故につながらないよう注意が必要である。

3. 衣服を上手に手入れしよう

デジタルコンテンツ

知っておきたい衣服の手入れの常識

知っているようで知らない衣服の手入れのポイントについて，クイズに答えて理解を深めよう。

1 洗濯機の種類と特徴

家庭で一般的に使われている洗濯機は，大きく分けてドラム式と縦型の２タイプがある。

- ドラム式：ドラムを回転させることで衣類を持ち上げて下に落とす「たたき洗い」で汚れを落とす。洗濯中に衣類がからみにくいので，生地がいたみにくい。縦型に比べて使用する水の量が大幅に少なく済み，水道代の面では経済的だが，製品の価格帯は縦型より高い傾向にある。
- 縦　　型：洗濯槽を回転させて衣類同士をこすり合わせる「もみ洗い」が基本である。洗浄力が高く，泥汚れもしっかり落とすことができる。水を多く使うため洗剤残りなどは気にならない反面，節水性は低い。ドラム式に比べると衣類がからみやすく，生地がいたみやすい。

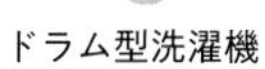
ドラム型洗濯機

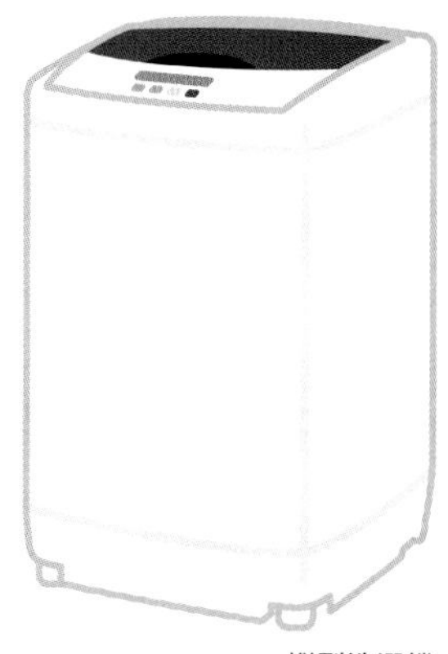
縦型洗濯機

洗剤の種類
汚れ

2 いろいろな洗剤とその表示例

品名	洗濯用合成洗剤	用途	綿・麻・合成繊維用
液性	弱アルカリ性	使用量の目安	水30 Lに対して20 g
成分	界面活性剤〔22％、直鎖アルキルベンゼンスルホン酸ナトリウム、ポリオキシエチレンアルキルエーテル〕、アルカリ剤（炭酸塩）、水軟化剤（アルミノけい酸塩）、工程剤（硫酸塩）、分散剤、蛍光増白剤、酵素		

▲粉末洗剤の表示例

本製品は、衣類の取り扱い表示および本製品の製造メーカー発行の取り扱い表示に従って洗濯した場合、ウール衣類の洗濯に適する洗剤として、ザ・ウールマーク・カンパニーが承認しています。D3194

品名	洗濯用合成洗剤	用途	毛・綿・絹（シルク）・麻・合成繊維の洗濯用	液性	中性
成分	界面活性剤（22％ ポリオキシエチレンアルキルエーテル）、安定化剤、柔軟化剤				
使用量の目安	水30Lに対して40ml				

蛍光増白剤は入っていません

▲おしゃれ着用洗剤の表示例

市販されている洗濯用洗剤には，水に溶けやすい液体洗剤，洗浄力が強い粉末洗剤，液体洗剤をフィルムで包んだジェルボールタイプなど，さまざまな種類がある。

洗剤の使用量は，縦型洗濯機では水の量，ドラム型洗濯機は洗濯物の重量で決まるので注意が必要である。また，蛍光増白剤入り，柔軟剤入りなどプラスアルファの機能を持たせた洗剤もあり，目的や衣類の素材に合わせて正しく使い分けることで，汚れを適切に落とすことができる。

洗剤の例

◀液体洗剤

◀部屋干し用洗剤（粉末）

◀おしゃれ着用洗剤

◀漂白剤

◀柔軟剤

おとなのつぶやき…　いろいろな洗剤を試してみるのが好きです。毎回，違う商品を買っています。（24歳・男性）

3 洗剤量と汚れ落ちの関係

洗剤の濃度

洗たく条件
洗剤：市販洗剤（コンパクト洗剤）
汚れ：人工モデル
皮脂：汚染布
試験機：ターゴトメーター

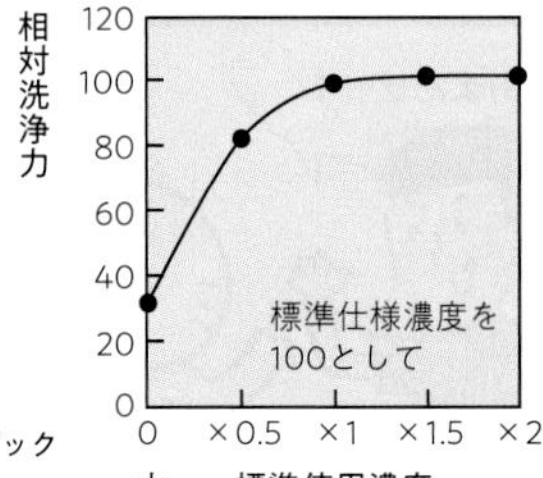

（花王生活科学研究所「生活情報ハンドブック　清潔な暮らしの科学［生活編］」より）

洗濯用洗剤は，多く入れるほど汚れが落ちるわけではなく，適正な量を超えて使っても洗浄力はあまり変わらない。逆に，洗剤の使いすぎは排水中の有機物を増やし，環境に悪影響を及ぼす可能性もある。洗剤の容器に表示された使用量は，過不足なく洗浄力が発揮される範囲に設定されているため，表示を守って使うことが大切である。

Column

「いい香り」だと思っても…

外国製の香りの強い柔軟剤がブームになった2000年代後半から，香りを重視したさまざまな洗剤や柔軟剤が店頭に並ぶようになった。自分の好みに合わせて香りの種類や強さを選べるようになった反面，その人工的な香りによって頭痛などの体調不良を起こす人もいる。香りの感じ方には個人差があるため，自分では「いい香り」と思っていても，その香りを不快に感じたり，体調を崩したりする人がいることを意識しよう。

4 しみ抜きの方法

	種類	対処法
水に溶ける（水溶性）シミ	しょうゆ・コーヒー・ジュース・酒類など	ついてすぐなら水だけで落ちる。
	血液・紅茶・ワイン・果汁・インクなど	水で落ちるが色素が残る場合がある。落ちない場合は，漂白剤を使用する。
油に溶ける（油溶性）シミ	口紅・ファンデーション・チョコレート・ボールペン・機械油・食用油・衿あかなど	台所用中性洗剤をつけるか，ベンジン，アルコール，シンナーなどの有機溶剤を使用する。
	カレー・ドレッシング・ミートソース	焼肉のタレ，カレーなどは色素が残る場合がある。落ちない場合は漂白剤を使用する。
固形物不溶性のシミ	泥・土・墨・墨汁・鉄サビ・チューインガム・鉛筆・ゲルインキのボールペンなど	水にも油にも溶けないので，乾いたらブラシで取るか，揉み込むなどして落とす。

（クリーニング　アットデア株式会社ホームページより）

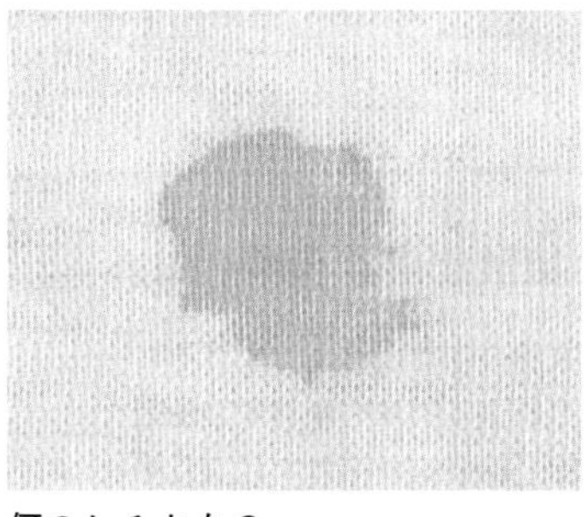

何のしみかな？

汚れを放置すると，何のしみかわからなくなったり，落ちにくくなったりする。衣類に汚れがついたら，なるべく早く落とすことが大切である。

ミライフ　未来×LIFE

制服や通学に着る服の管理，自分でできているかな？

どうしてる？　衣服のニオイ対策

衣類のニオイのおもな原因は，汗や汚れである。衣服をいつも快適に着るためにはどのように管理したらよいか，まわりの人と話し合ってみよう。

制服のニオイの対処法

対処法	%
消臭スプレー	31.7%
洗濯（洗剤と柔軟剤）	27.6%
洗濯（洗剤のみ）	8.4%
クリーニング	7.9%
天日干し	4.5%
スチーム	0.1%
その他	0.2%
特にしていない	19.6%

0　10　20　30　40（%）
（n=1,000）

制服のニオイの解消度

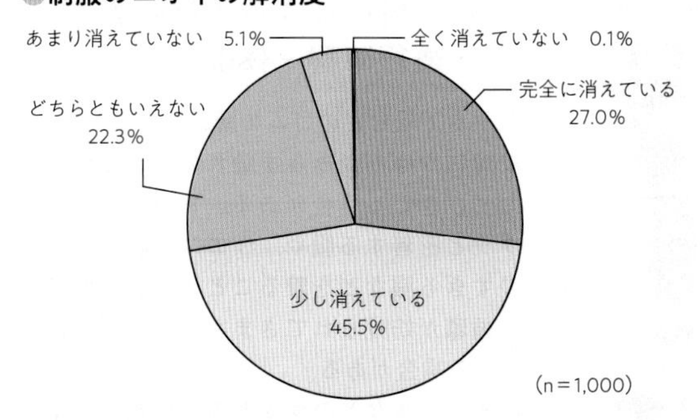

（菅公学生服株式会社 カンコーホームルーム【Vol.162】「制服のニオイに関する意識」2019年より）

豆知識　洗濯が終わったら，すぐに干すことが大切。洗濯機の中に入れたままにすると，かびやしわの原因になる。

4. 衣服を楽しもう①

あなたに合うファッションは？

質問に YES もしくは NO で答えて，あなたに似合うファッションのタイプをチェックしよう。

1 衣服と健康，安全

接触皮膚炎（かぶれ）

衣服の布が皮膚にこすれることによる物理的な刺激が原因で，皮膚にかぶれが起こる場合がある。また，ボタンや装飾品などによる金属アレルギーが起こることもある。

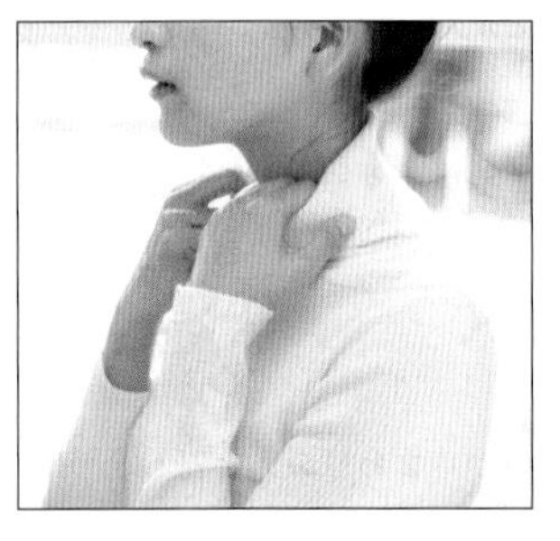

化学やけど

袋から取り出して保管しよう。

ドライクリーニング後の服を着ることにより，皮膚の表面が火傷のようになってしまう場合がある。石油系溶剤の乾燥不足が原因となる。ドライクリーニング後の衣服は，保護用の袋から出し，陰干ししてから保管，着用するようにすることで化学やけどを防ぐことができる。

着衣着火

タバコ，ガスこんろ，石油ストーブなどから服に火が燃え移り，火傷をしたり，火災を起こしたりすることがある。
燃えにくい素材の服を選んで着ることや，すそや袖が広がっている服を着ている時は炎に接しないように注意することなどにより，予防することができる。

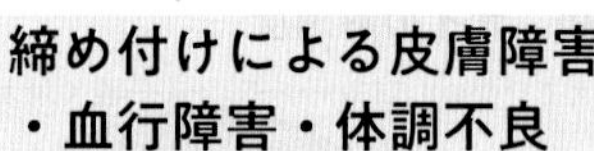

締め付けによる皮膚障害・血行障害・体調不良

靴下や下着などのゴムの締め付けなどで，皮膚にかゆみやみみず腫れのような発疹（ほっしん）などが起こる場合がある。また，体にピタッと密着する服や，ウエスト部分がきつすぎる服などを着ることにより，血液の循環が妨げられてさまざまな体調不良に陥る場合がある。
ハイヒールなどのかかとの高い靴やサイズの小さな靴などによる血行障害や痛み，外反母趾（がいはんぼし）などが起こることもある。

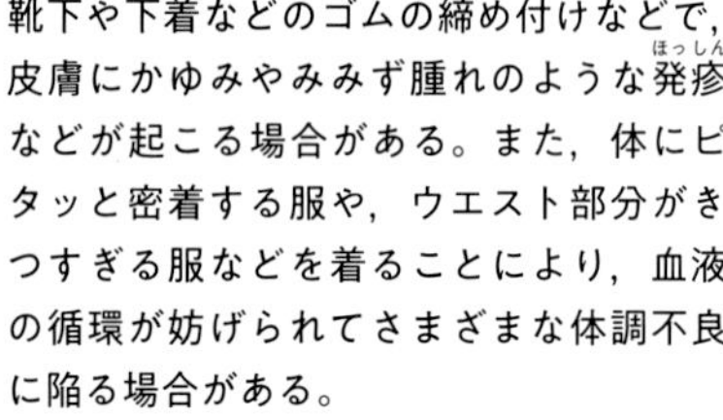

柔軟剤などのにおいによる健康被害

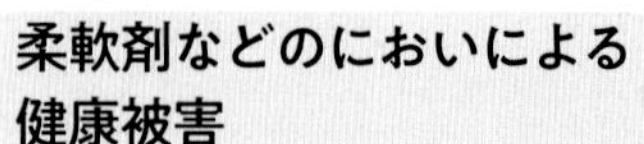

自分が着ている服だけでなく，他人の着ている服や，隣の家の洗濯物からのにおいで被害を受ける場合もある。

（p.95 コラム参照）

「自分が好きな服」と「似合う服」が違うこともあるから，友達の意見を聞くのもいいかもね。（48歳）

2 すずしい着方，暖かい着方

衣服には，寒さや暑さから身を守って体温を調節する機能がある。暑い時や，寒い時に，衣服の着方を工夫することで，快適に過ごすことができるようになる場合がある。どのような工夫ができるか考えてみよう。

▶すずしい着方の例

服の形は袖口やえり元がゆったりしたものを着ると，布と肌の間に風が通ってすずしい。汗を吸い取る綿や麻，ぬれても早く乾くポリエステルなどの素材がよい。白や青など日光を反射する色を着ると，服の表面温度の上昇を抑えることができる。

◀暖かい着方の例

暖かい空気層をたくさんつくるように，重ね着をする。また，暖かい空気が袖口やえり元，すそなどから逃げないようにするとよい。太い血管が通っている首・手首・足首（3首）を温めるようにすると効果的である。

3 衣服の色の組み合わせを考えてみよう

同じ形の服でも，色が違うことによって全く異なる印象になる。また，色の組み合わせ方によっても，衣服の印象はガラリとかわる。たとえば，同じ形の服でも，色によって膨張して見えたり収縮して見えたり（膨張色・収縮色），寒そうに見えたり，暖かそうに見えたりする（寒色と暖色）。

着心地のよい形，季節にあった素材の衣服を選ぶことは大切であるが，色の効果も考えてみよう。自分の好きな色と自分に似合う色が違うという場合もあるので，まわりの人の意見も聞いてみよう。

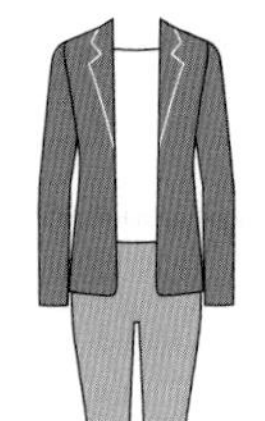

同系色の組み合わせの例

反対色の組み合わせの例

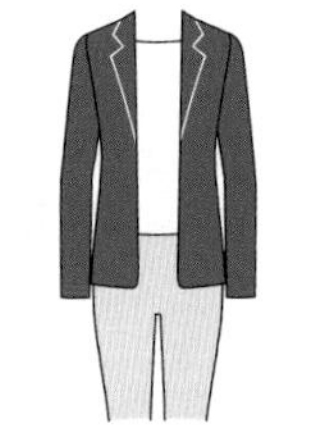

コントラストの強い色の組み合わせの例。

コントラストの弱い色の組み合わせの例。

膨張色の例
白や明るい色，淡い色などは，大きく見える。

収縮色の例
黒や暗い色，濃い色などは，小さく見える。

寒色の例
青や青紫などの青系統の色は，寒そう・すずしそうに見える。

暖色の例
赤やオレンジ色などの赤系統の色は，暑そう・暖かそうに見える。

ミライフ 未来×LIFE

12 つくる責任 つかう責任

制服に必要だと思うことは？

あなたの学校に制服はあるだろうか。制服がある場合，平日は１日のほとんどを制服を着て過ごすことになる。

中学生・高校生に行った右の調査では，制服に必要だと思うこととして，女子は「デザインの良さ」「動きやすさ」「暑さ寒さに対応して快適である」「家庭で洗濯できる」などをあげ，男子は「動きやすさ」「着心地・肌触りの良さ」，「暑さ寒さに対応して快適である」，「汚れにくい・汚れが目立たない」という結果になった。あなたが制服に必要だと思うことは何だろうか。

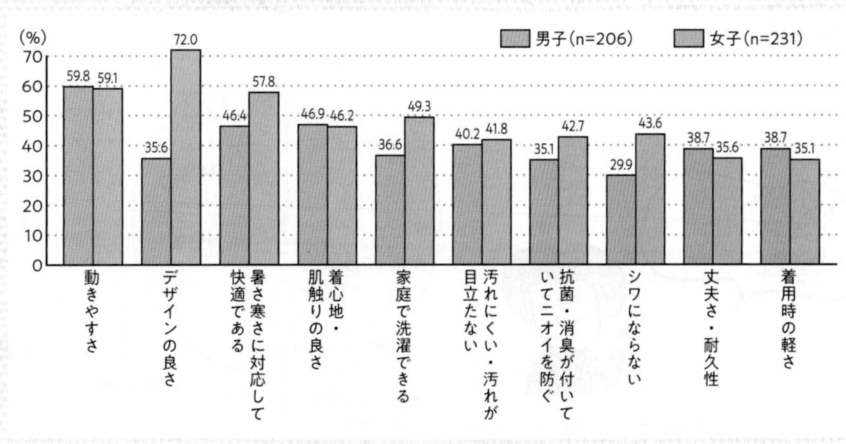

（菅公学生服株式会社カンコーホームルーム【Vol.156】「中高生の着用制服タイプと求めること」2018年より）

豆知識　人それぞれの目や髪や肌などの色調ともっとも調和して似合う色や配色のことをパーソナルカラーという。

5. 衣服を楽しもう②

衣生活のエシカル・サステナブル度チェック

あなたは倫理的で持続可能な衣生活をどれくらい意識しているか，チェックしてみよう。

1 サステナブルファッション（持続可能なファッション）

まだ着られるのに廃棄される服をファッションロス（衣服ロス）という。ファッションロスは，環境に大きな負荷をかけている。環境省のまとめによると，今ある服を，今年捨てずにもう１年長く着れば，日本全体で約４万 t の廃棄削減につながるという。

また，同じく環境省のまとめによると，日本国内で売られている衣服の約 98% が海外からの輸入，日本のファッション産業による CO_2 排出量は，原材料調達および製造段階で 90% 以上を占めているという。つまり，環境負荷を他の国に押し付ける形となっている。ファッション産業を持続可能にするためには海外での環境負荷の実態把握とその削減が重要になる。持続可能なファッションのために，自分にできることを考えてみよう。

①１人あたり（年間平均）の衣服消費・利用状況

購入枚数　約 **18** 枚

手放す服　約 **15** 枚

着用されない服　約 **35** 枚

解説　手放す枚数よりも購入枚数の方が多く，1年間に1回も着られない服が1人あたり 35 枚もある。

②衣服一枚あたりの価格推移

6,848円（1990 年）→ 半額以下 → **2,785円**（2021 年）

③国内の衣服の供給量

約20億点（1990 年）→ 1.7 倍 → **約36億点**（2021 年）

④服を手放す手段の分布

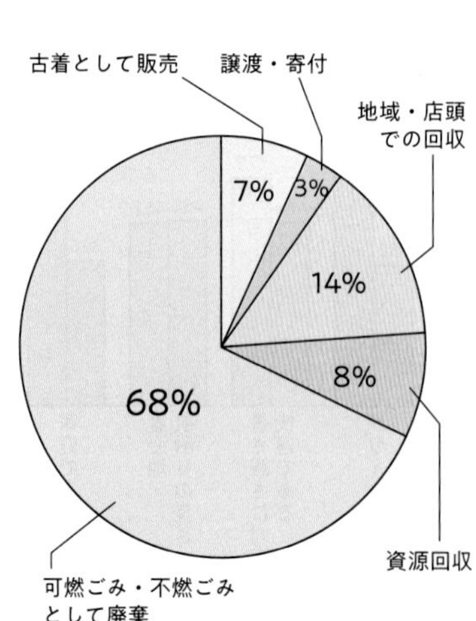

⑤可燃ごみ・不燃ごみとして廃棄する理由

⑥１日あたりに焼却・埋め立てされる衣服の総量（平均）

1,200 t ／１日

つまり…

大型トラック 120 台分

持っている
衣服を大切に
長く着ることも
エシカル!!

（環境省「サステナブルファッション」
https://www.env.go.jp/policy/sustainable_fashion/ より）

おとなのつぶやき… 20 歳の時に買った服を今も着ています。いいものは長く着られますね。（40 歳・女性）

2 自分にできることを探して，一歩前へ進もう

1 着なくなった衣類を必要な人に届ける

●古着を集め海外へ寄付

新潟青陵高 生徒が 1400 点集める

着なくなった服を他人に着てもらえれば「リユース」になる。お下がりやフリーマーケットでの販売もリユースだが，必要とする人に寄付する方法もある。

カジュアル衣料品などで有名なある大手企業は，国連難民高等弁務官事務所(UNHCR)と連携し，回収した子ども服をアフリカや中東の難民の子どもたちに送っている。新潟青陵高校(新潟市)は令和２年，プロジェクトへの参加を決め，服の回収を始めた。回収ボックスを生徒がデザインして校内に設置し，自作ポスターで宣伝。地元企業から集まったスポーツ用ユニホームも含め，1400 点を発送した。提案者の３年生は現地の人たちが喜ぶ写真を見て「自分たちが着なくなった服でこんなにも人を笑顔することができるんだ，と意識が変わった」と話している。

(2021 年６月 18 日「読売中高生新聞」より抜粋して改変)

2 先輩から後輩へ「制服リレー」

●循環の仕組み構築へ　「つかう責任」

自作の「制服リレー」周知ポスターを掲げる家庭クラブの生徒たち

沖縄県立八重山高校の「制服リレー」は，３Ｒの「リユース(再利用)」の考えを生徒に根付かせることが目的。日頃からＳＤＧｓの普及活動に取り組む家庭クラブが主体となって令和元年度から行っている。きっかけは，３年生らがドキュメンタリー映画『ザ・トゥルー・コスト～ファストファッション 真の代償』を見て服が環境に与える負荷を知ったこと。

生徒らが行ったアンケートによると，卒業生の 15%が「制服を捨てる予定」，41%が「タンスにしまう予定」と回答している。同クラブでは「３年生や１年生に制服を循環させる取り組みを理解してほしい」と呼び掛け，「先輩から受け継いだ制服リレーを自分たちもやって広めていきたい」などと話している。

(「八重山毎日新聞」より)

ミライフ　未来 × LIFE

「だれもがファッションを楽しめる未来」をつくろう！

あなたは，ファッションを楽しめているだろうか？　あなたの家族，友達はどうだろうか？　まちの人々は？　世界の人々は？　さまざまな人たちに目を向けて，「だれもがファッションを楽しめる未来」を，自分たちでつくっていこう。

常識や価値観にとらわれずに誰もが楽しめるファッションを

一般社団法人日本障がい者ファッション協会(JPFA)代表理事の平林景さんは，車いすでもひとりで着脱しやすい巻きスカート型のボトムス「bottom'all(ボトモール)」を開発。障がいがあってもなくても，男性でも女性でも，誰でも着やすい服づくりを続けている。

平林さんは，世の中の障害に対するイメージを明るく華やかにし，常識や価値観にとらわれずに自由にオシャレを楽しむためのさまざまな発信を行っている。

「足が不自由だから…」
お店で試着をすることが心苦しくなり，
いつしかオシャレ心を封印した。
「オシャレができないことが当たり前でも良いのだろうか？」
「誰もがおしゃれにアクセスできる世界を作れないだろうか？」
私達は，想いを一本のボトムスに託した。
それが，bottom'all

スカートは女性が履くもの？
障がい者はオシャレできないもの？
つまらない常識なら，いっそ捨ててしまおう。
男性でも女性でも，高齢でも若者でも，
障害があってもなくても，誰もが履けて，
しかもオシャレなボトムスを作れば良い。
全てを捨てた先に，全ての人がアクセスできるオシャレがある。

写真提供：一般社団法人日本障がい者ファッション協会(JPFA)

豆知識　「アパレル」とは，服装，装いなど衣服の総称のこと。また，衣服産業の総称としても使われる。

6. 衣服を補修しよう①

動画で縫い方を復習しよう！

基本的な手縫いのやり方について，動画を見ながら確認しよう。

1 基本的な手縫い

糸通し

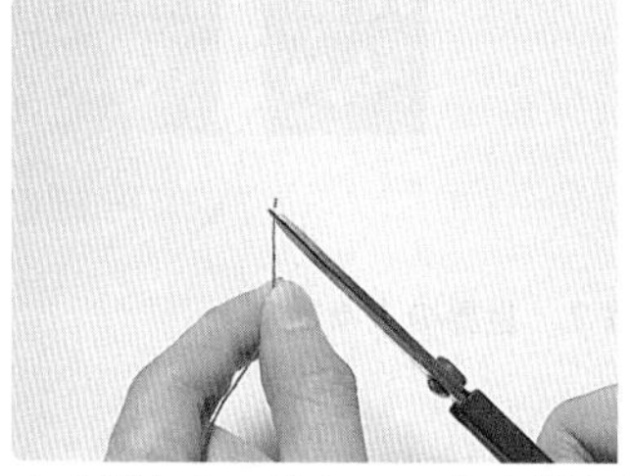
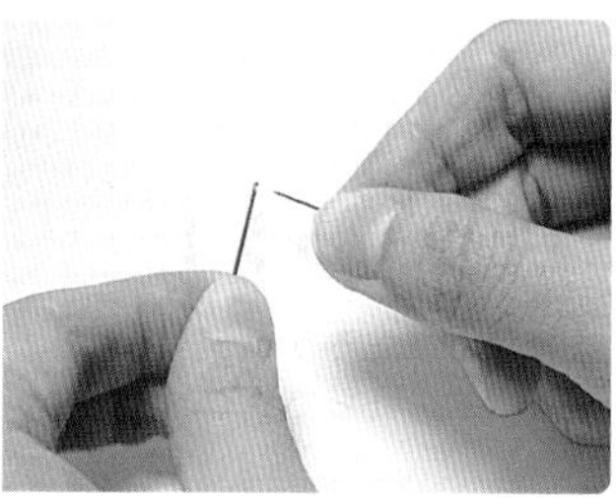

よく切れるハサミで，糸の端をななめにカットすると，針穴に通しやすくなる。

1本どり
玉結び
2本どり
糸2本一緒に玉結び

糸は長過ぎると，途中でからまったり，よれたりして扱いづらいので長過ぎないようにする。

玉結び

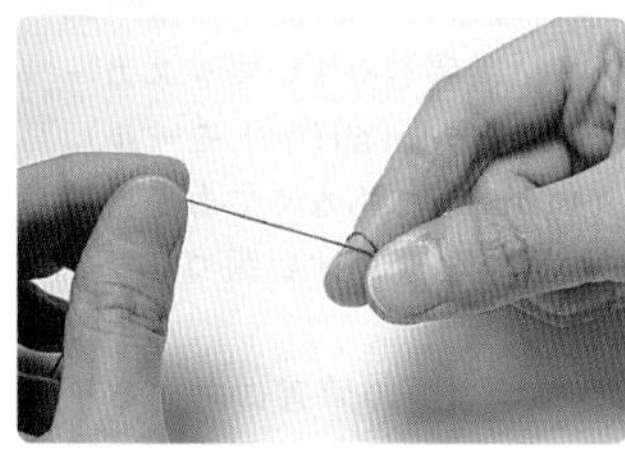

①糸の先端をきき手のひとさし指と親指ではさんで持ち，糸の先端をひとさし指に1回巻きつける。

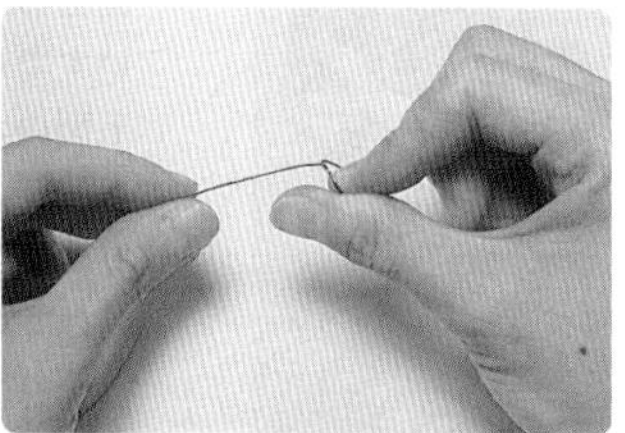

②ひとさし指と親指をこするようにずらしていき，糸をより合わせる。

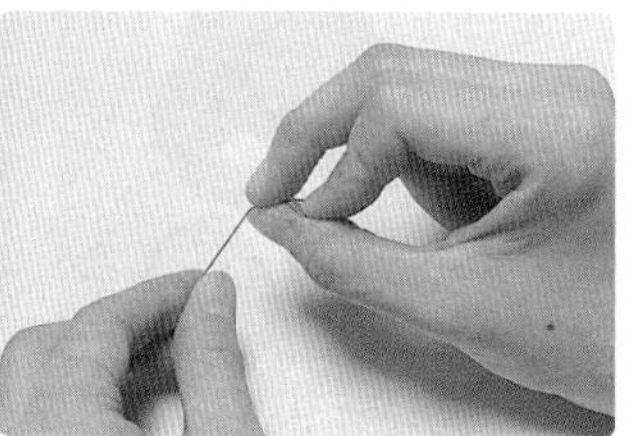

③より合わされたところを中指と親指でおさえ，ひとさし指を離し，糸を引く。

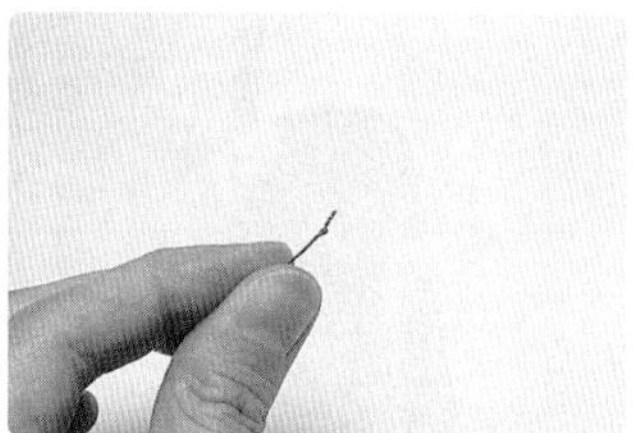

④玉結びはなるべく糸の端にできるようにする。玉結びの先に糸があまった場合は短く切る。

玉止め

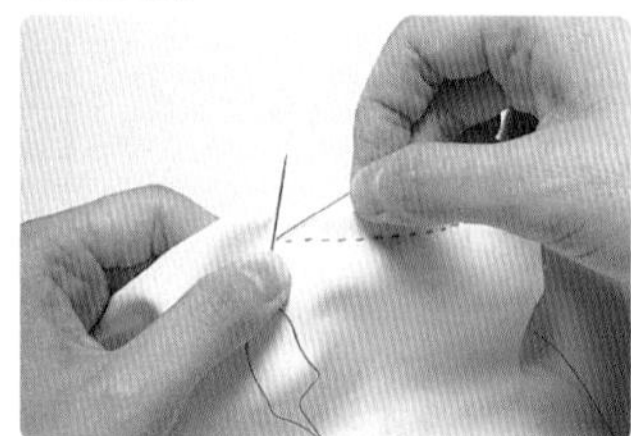

①縫い終わりの位置に針をあて，親指でおさえる。

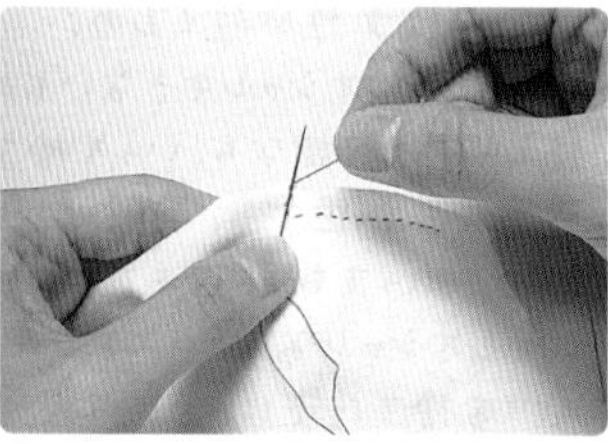

②布から出ている糸を針に2～3回巻きつけ，巻いた糸が針の根元にいくように糸を引く。

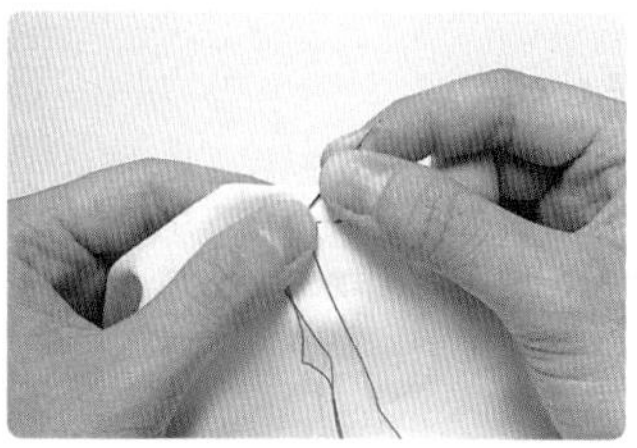

③巻きつけたところを親指でおさえ，反対側の手で針を引き抜く。

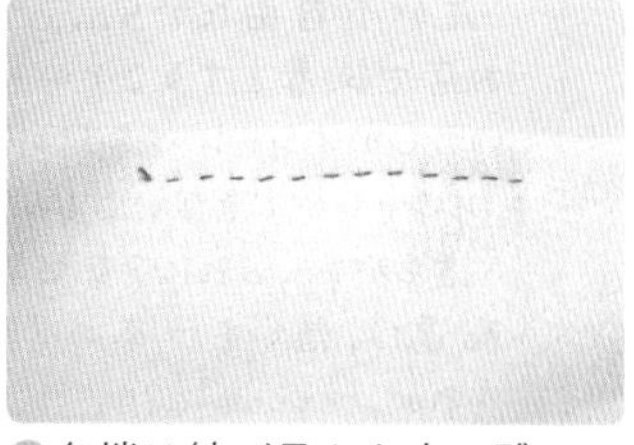

④糸端は結び目から少し残して切るとよい。

おとなのつぶやき・・・ 台風の日にスカートが風でガードレールに引っかかって切れました。外出先で，裁縫道具もミシンもなかったので，ステープラー（ホッチキス）で応急処置をしたらすごくうまくいき，自分は天才かと思いました。（24歳・女性）

2 まつり縫い・ちどりがけ

まつり縫い
スカートやパンツの裾の始末などに用いる。表地にはほとんど糸が見えないように，布と同色の糸で，細かく縫う。

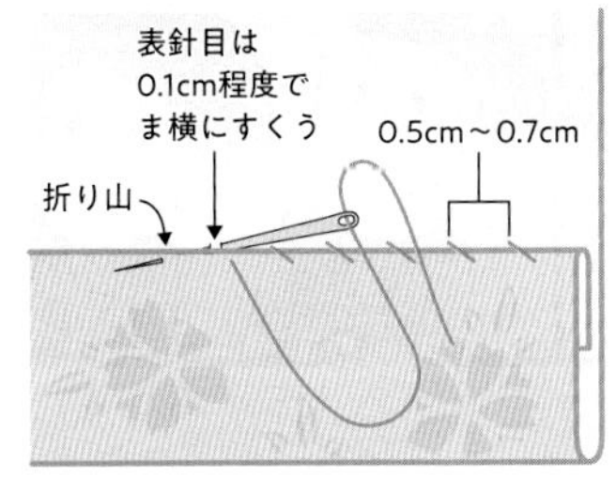

ちどりがけ
ほつれやすい毛織り物などの裁ち目が，ほつれないようにするときに用いる。左から右へと進めて行く。

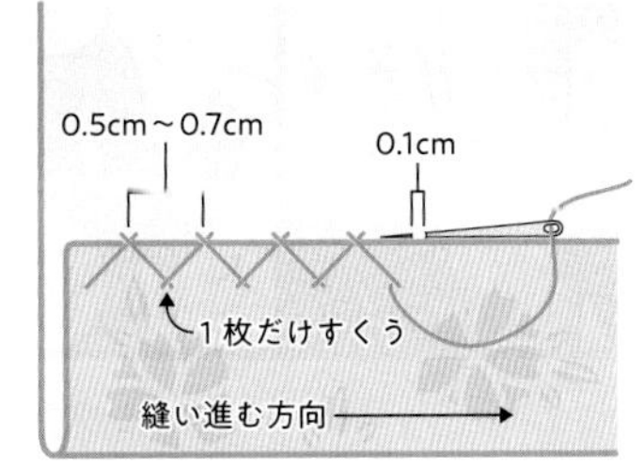

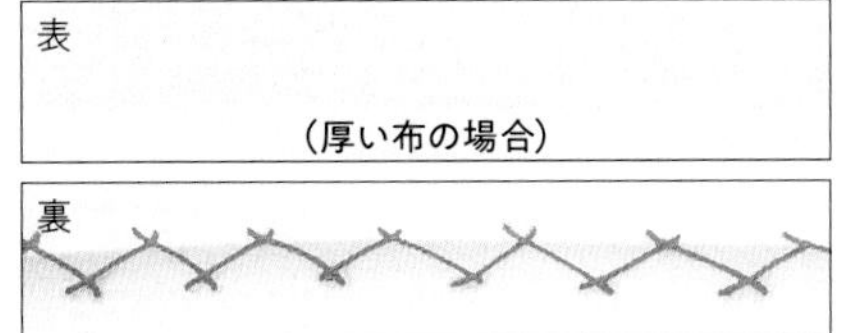

Column

便利な補修用具の活用

ズボンやスカートの裾のほつれ直しや，丈直しなどの際には，まつり縫いやちどりがけ，ミシン縫いなどで補修をすることができるが，他の方法もある。たとえば，布用のボンドを使えば，針や糸を使わなくても，外出先でも，災害時にも，手軽に補修をすることができる。便利なグッズがいろいろと市販されているので，裁縫用具専門店や，100円ショップなどで探してみよう。

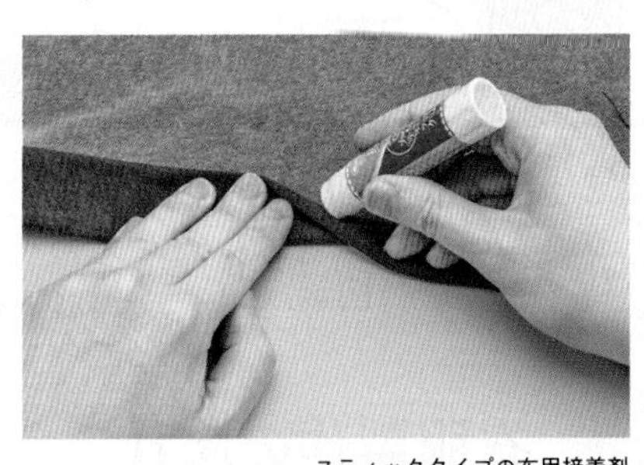
スティックタイプの布用接着剤

3 ボタン・スナップの付け方

ボタンの付け方

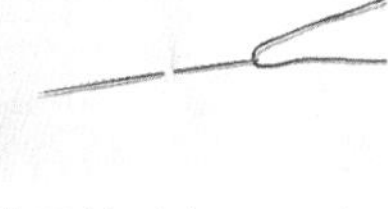
①玉結びをつくり，針は表から入れ，ひと針すくって，表に出す。

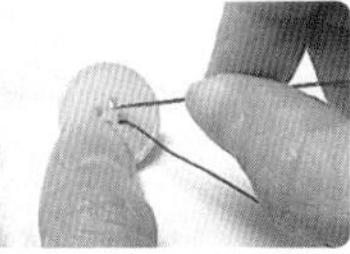
②ボタンの裏側から針を穴に通す。今度は表側から穴に針を通す。

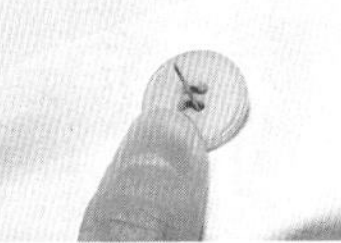
③ボタンと布の間にもう一枚布が入ることを考え，ゆるめに2～3回くり返して穴に糸を通す。この，布の厚さ分の糸の余裕を「糸足」という。

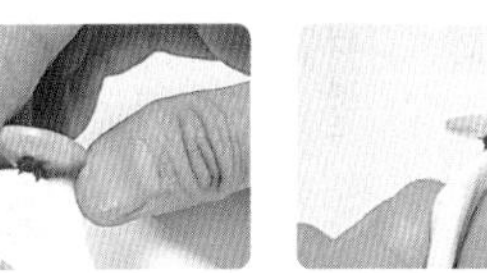
④糸足に糸を数回巻き付ける(根巻き)。

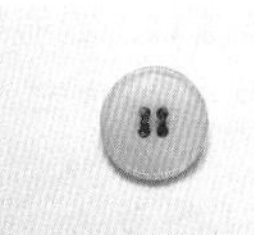
⑤裏側に針を出して，最後に玉止めをしてでき上がり。

スナップの付け方　上前に凸をつけ，下前に凹をつける。

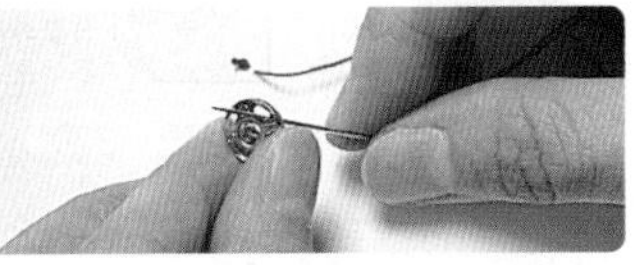
①玉結びをつくり，針は表から入れ，再び針を表に出す。

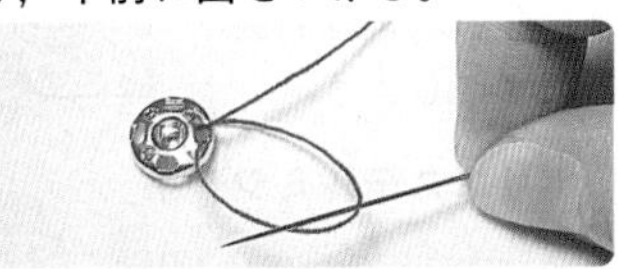
②糸の間に針をくぐらせるようにして縫いつける。

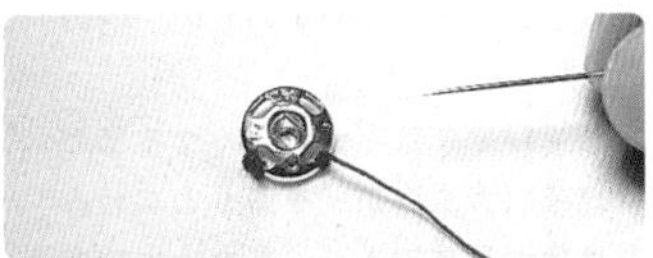
③一つの穴で3～4回くり返して行い，4つの穴をすべて縫いつける。裏側に針を出して玉止めをする。

上前用

下前用

④でき上がり。

ミライフ　未来×LIFE

12 つくる責任 つかう責任

衣服を長く大切に着るには？

衣服を長く大切に着るために，自分にできることを考えてみよう。また，着なくなった衣服をどのように活用することができるか考えてみよう。友達の意見も聞いてみよう。

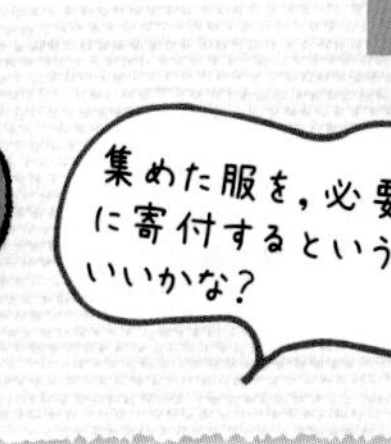

豆知識　手縫い糸とミシン糸は，糸の撚り(より)の方向が違う。手縫い糸をミシンで使うと，ミシンが故障することがある。

7. 衣服を補修しよう②

動画でミシンのかけかたを学ぼう！

ミシンをかけるときのポイントを，動画を見ながら確認しよう。

1 衣服製作の流れ

細かい作業の多い服づくりは，なれないうちは戸惑うことも多いだろう。しかし，自分でつくった服は世界に一着しかないオーダーメイド。完成後にそでを通す時の気分は格別だ。まずは，衣服製作の手順を確認しておこう。

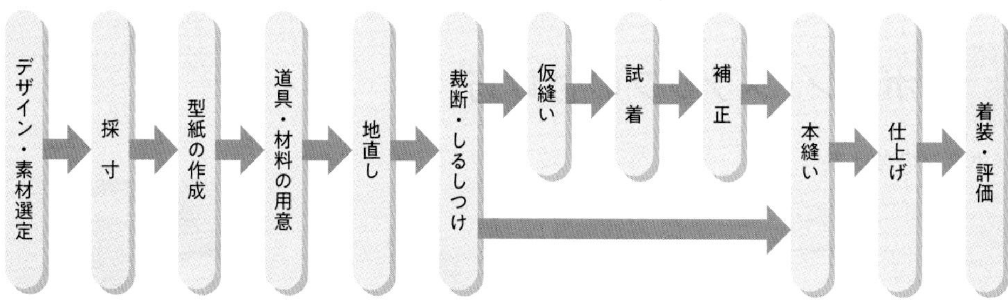

2 布地と針と糸の組み合わせ方

基本的に，厚い布地には太い糸と太い針を，薄い布地には細い糸と細い針を使用する。

布地：極端に薄いもの，極端に厚いもの，すべりやすいもの，柄の大きいものなどは扱いにくい。

ミシン糸：糸の太さは「番手」で表されていて，数字が大きくなるほど細くなる。木綿の布には木綿糸（カタン糸）を使うとなじみがよいが，ポリエステル糸は色が豊富であり，また，木綿糸の約2倍の強度があって使いやすい。弾力と独特な風合いをもつ絹糸は，絹や毛の布によく合い，伸縮性のあるナイロン糸は，ニットに使われる。

ミシン針：数字が小さいほど細くなる。木綿の普通地には，おもに11番を使う。伸縮性のある布地には，ニット用の針を用いる。

おもな組み合わせ

布地	ミシン糸	ミシン針
薄い布地 （ローン，ボイルなど）	80～100番カタン糸 90番ポリエステル糸	7～9番
普通の布地 （ブロード，サッカーなど）	60～80番カタン糸 60番ポリエステル糸	9～11番
厚い布地 （デニム，ギャバジンなど）	40～60番カタン糸 30・60番ポリエステル糸	11～14番

糸の色の決め方は？

基本的には布と同じ色を選ぶのがよいが，ない場合は右図を参考にしよう。

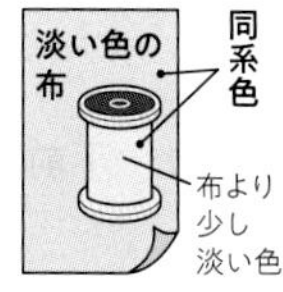

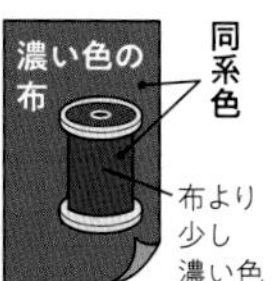

ポリエステルミシン糸

30番（厚地用）　60番（普通地用）　90番（薄地用）

ミシン針

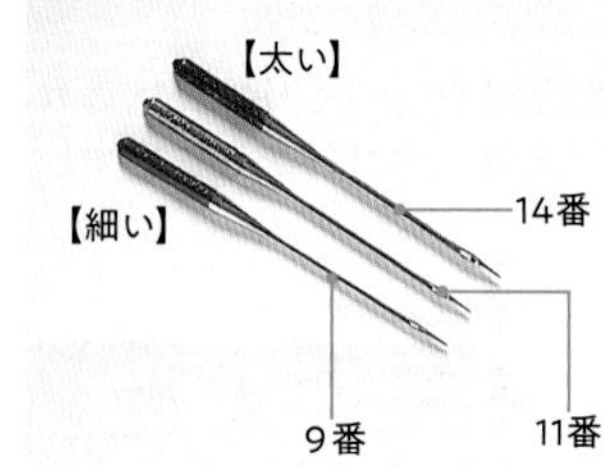

ミシン糸と手縫い糸はどう違うの？

ミシン糸と手縫い糸は，それぞれの糸の動きに合わせて，撚り方向が逆になっている。手縫い糸をミシン糸として使うと，ミシンが動かなくなってしまい，逆に，ミシン糸を手縫い糸として長い距離を縫おうとすると，途中でねじれてしまう。

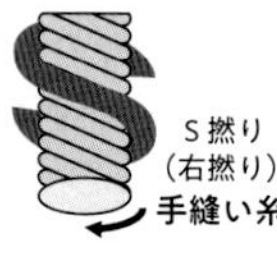

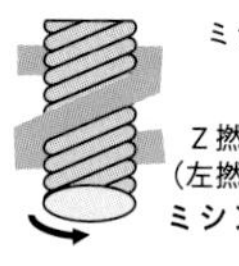

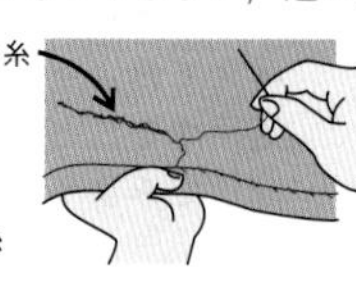

おとなのつぶやき… 子どもができてから，「ああ，家庭科をもっとがんばっていればよかった」と思うことがたくさんある。ミシンとか。（38歳）

3 ミシン縫いの準備をしよう

手順

❶針をつける→❷下糸を巻く→❸上糸をかける→❹下糸をセットする→❺下糸を出す

上糸のかけ方

押さえを上げ，はずみ車を回し，天びんを上げる。❶～❼の順番で糸をかけていく。

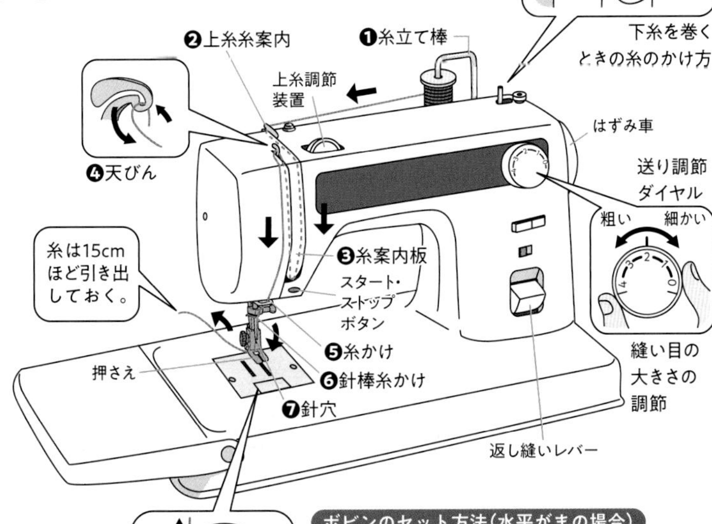

ボビンのセット方法（水平がまの場合）

①糸が反時計回りになるように，ボビンを水平がまにセットする。

②A→Bの順に溝に糸をかけ，糸を上に引き出す。

※ミシンの種類によって糸のかけ方が多少異なる。学校では先生の指示に従おう。

下糸の引き出し方

上糸をかけたあと，下糸を巻いたボビンをミシンにセット（ミシンの種類によって，ボビンケースを用いて大がまに入れるものと，ボビンを直接水平がまに入れるものがある）する。

左手で上糸を持ち，右手ではずみ車を手前に1回転させると，下糸が上糸にかかって出てくるので，これを引き出しておく。

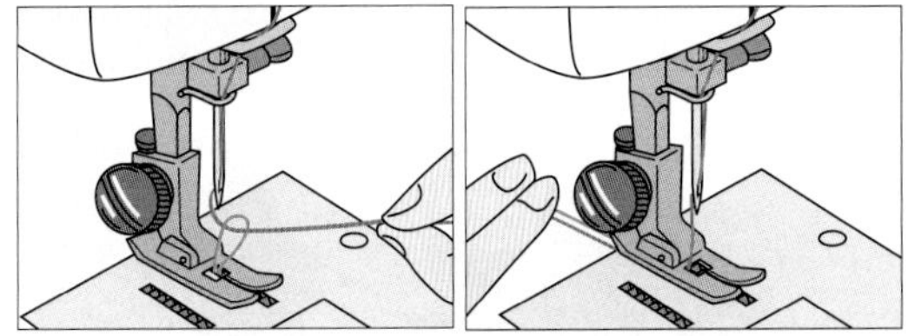

▲上糸と下糸は，押さえの向こう側に15cmほど引き出しておく。

4 縫うときのポイント

❶あまりの布で試し縫いをしてから始めよう。

❷コントローラーはゆっくりふもう。

❸針先から目をそらさないようにしよう。

縫い始め

まず，布地を針と押さえの下に置く。向こう側で上糸と下糸を押さえ，右手でゆっくりとはずみ車を手前に回し，針を縫い始めに下ろす。押さえを下ろして縫い始める。

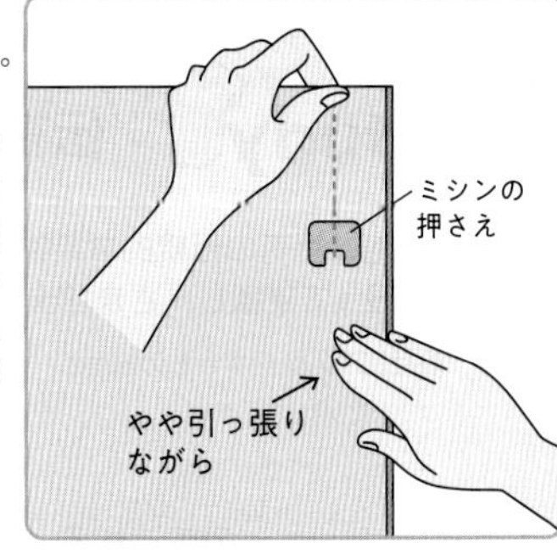

手の置き方

布がたるんだりしわになったりしないように，押さえの向こう側と手前の布地を手で押さえて縫い始める。

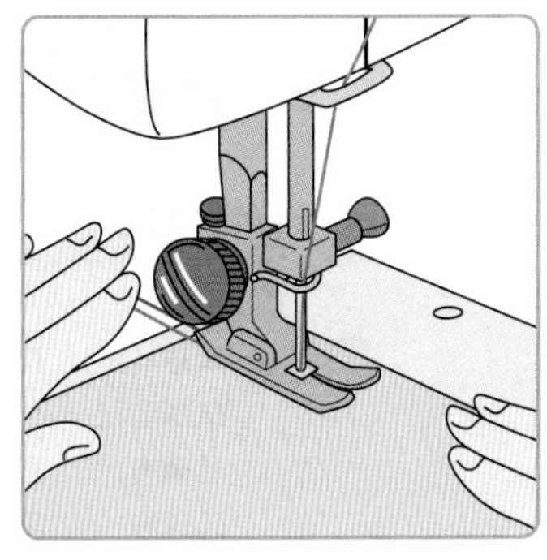

角を縫うときは？

角まできたらミシンを止め，針を刺したまま，押さえを上げて布地を回して方向を変える。押さえを下ろして再び縫い始める。

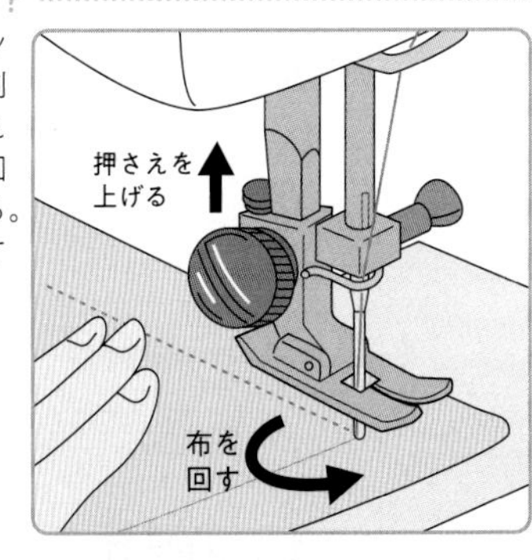

家庭科のキーワードを使って
小論文を書こう

問題：「ニューノーマル」のライフスタイル

現在，社会的状況の変化により，新たな生活様式を常態とすることが求められています。この「ニューノーマル」の時代における，暮らし方や働き方，モノやコトのあり方について，あなたの考えを600字以内で述べなさい。

（2021年度　名古屋学芸大学より作成）

豆知識　ミシンは黒船に乗ってやってきて，将軍に贈られた。この時ソーイングマシーンの「マシーン」を聞き間違えて，ミシンになったとされる（諸説あり）。

ワークシート⑤を使って実践しよう！　ワークシート

日本各地の繊維産業

かつて，繊維産業は日本の中心的な産業だった。90年代のバブル経済崩壊前後から，生産者は減少し海外からの輸入が増加しているが，現在も個性豊かな繊維製品が日本各地で生産されている。ここでは，地域の伝統や産業について理解を深めよう。

Study 1　伝統的な染物・織物の産地を見てみよう

日本には各地域特有の伝統的な染物・織物がある。これは，江戸時代に各藩が財政力を強化するために競って支援し，さまざまな技法が発展したためといわれている。

（地図は一般社団法人全日本きもの振興会『きもの文化検定公式教本Ⅱ　きもののたのしみ　改訂版』より作成）

沖縄の琉球紅型

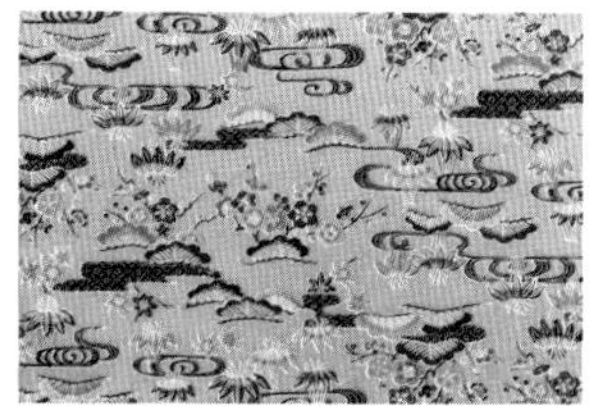

- **沖縄県**：琉球紅型，琉球藍型，芭蕉布，琉球絣，首里織，読谷山花織，久米島紬，宮古上布，宮古織，八重山上布，ミンサー織，麻布，与那国織
- **鳥取県**：弓浜絣，倉吉絣
- **島根県**：広瀬絣，出雲織，安来織
- **広島県**：備後絣
- **滋賀県**：近江上布，浜縮緬，秦荘紬
- **兵庫県**：丹波布，丹波木綿，但馬縮緬
- **富山県**：城端駒絽
- **石川県**：加賀友禅，牛首紬，能登上布，小松綸子
- **福井県**：福井羽二重，春江縮緬
- **新潟県**：十日町絣，十日町明石縮，小千谷紬，小千谷縮，越後上布，塩沢紬，本塩沢，五泉（駒絽・羽二重），科布，十日町友禅
- **福岡県**：久留米絣，博多織
- **宮崎県**：本場大島紬，薩摩絣，綾の手紬
- **鹿児島県**：本場大島紬，本場奄美大島紬
- **徳島県**：阿波しじら織，阿波藍染
- **愛媛県**：伊予絣
- **京都府**：京友禅，京小紋，京鹿の子紋，西陣織，丹後縮緬，藤布
- **三重県**：松坂木綿
- **大阪府**：注染ゆかた
- **愛知県**：有松・鳴海絞，名古屋友禅

京都の西陣織

愛知県の有松紋

北海道
優佳良織

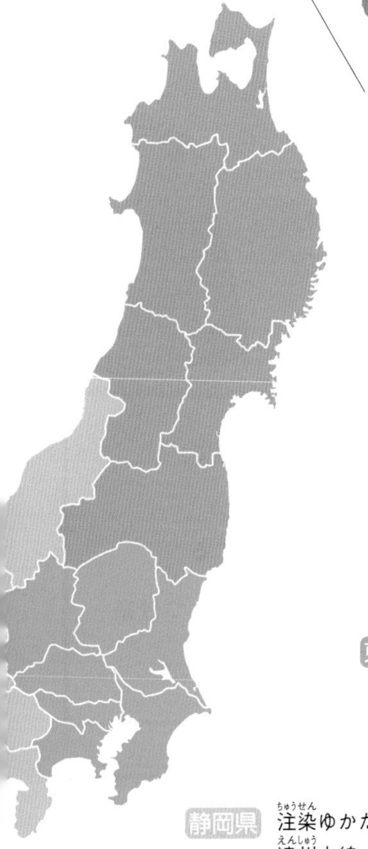

青森県
津軽刺子
南部菱刺
南部裂織

岩手県
南部紫根染
南部茜染

宮城県
精好仙台平
栗駒正藍染

秋田県
秋田八丈
天鷺ぜんまい紬
秋田畦織

山形県
置賜紬
米沢紬
長井紬
米琉
白鷹御召
米織
科布
紅花染

福島県
会津木綿
会津からむし織
川俣羽二重

茨城県
結城紬

栃木県
結城紬
足利銘仙

群馬県
伊勢崎絣
桐生織
群馬羽二重

埼玉県
秩父織
埼玉裏絹

千葉県
館山唐桟
銚子縮

東京都
東京染小紋
東京友禅
長板中形
注染ゆかた
村山大島紬
多摩織
黄八丈
鳶八丈
黒八丈

静岡県
注染ゆかた
遠州木綿

長野県
信州紬
上田紬
飯田紬
伊那紬
松本紬
信州友禅

青森の津軽刺子（こぎん刺し）

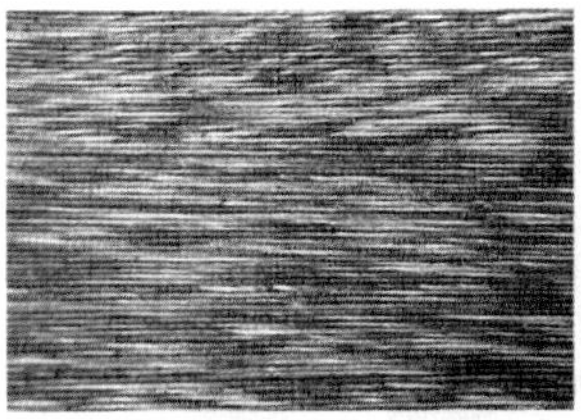

茨城県・栃木県の結城紬

Study 2 自分に関係のある地域の繊維産業について調べよう

→ ワークシート

繊維製品の工場は全国にある

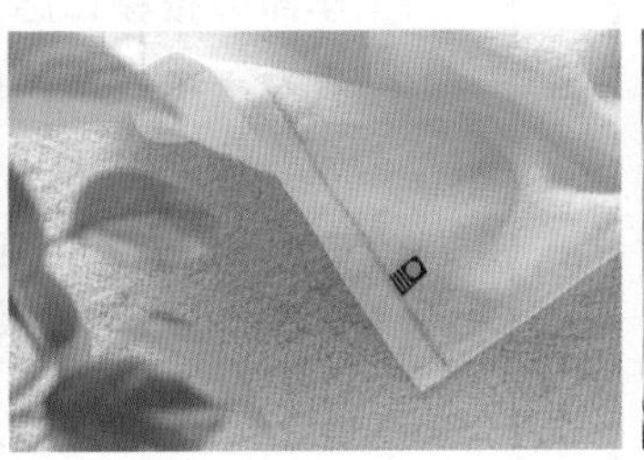
愛媛県の今治タオル

岡山県のジーンズ

地図に掲載されているものの他に，日本各地には洋服用の生地や縫製に関連する企業もある。自分に関係のある，もしくは自分の興味がある地域の繊維産業を調べ，原料，特徴，どのような技術や工夫がこらされているかをまとめてみよう。

クイズに挑戦してみよう！

■衣生活

おとなの常識・

Q1

友達の結婚パーティーの招待状に「平服でお越しください」と書いてあった。NGな服装はどれ？

1. Tシャツにジーンズ
2. 素足にサンダル
3. 浴衣
4. スーツ・ネクタイ

Q2

スーツを購入して，家で袋から出したら，ジャケットの後ろの部分に糸で×印の縫い糸があった。こんな時，どうすればいい？

1. 型崩れ防止のために縫ってあるので，そのまま着る
2. 不良品という意味なので，返品する
3. 持ち帰り時の型崩れ防止のためのしつけ糸なので，取ってから着用する

Q3

大雨に備えて自宅から退避場所へ避難する時の服装は，どのような服装がよいだろうか？

1. 長袖・長ズボン・スニーカー
2. 半袖・半ズボン・長靴
3. 水着・ビーチサンダル

Q4

「ころもがえ」とは，どのような意味？

1. 結婚式で，衣装を変更すること
2. 季節の推移に応じて衣服を着替えること。また，そのために衣服の収納場所を替えること
3. 古くなった衣服を別のものに作り替えて使うこと。たとえば，Tシャツをエコバッグにするなど

マナークイズ

何問わかるかな〜？

T.P.O に合った服装クイズ

Q5

ファッション用語の「アウター」に当てはまらないのはどれ？

① コート
② ジャケット
③ Tシャツ

Q6

ドラム式洗濯機の一般的な特徴で正しいものはどれ？

① 名前の由来である「ドラム（打楽器）」のように大きな音が鳴る
② 縦型うず巻き式よりも少ない水で洗うことができる
③ 縦型うず巻き式よりも水を多く使う

Q7

洗濯機が壊れて手洗いで洗濯をすることになった。柔軟剤を入れるタイミングはいつ？

① 洗剤と同じタイミング
② 洗剤をすすいだ後
③ 洗濯機でないと柔軟剤は使用不可

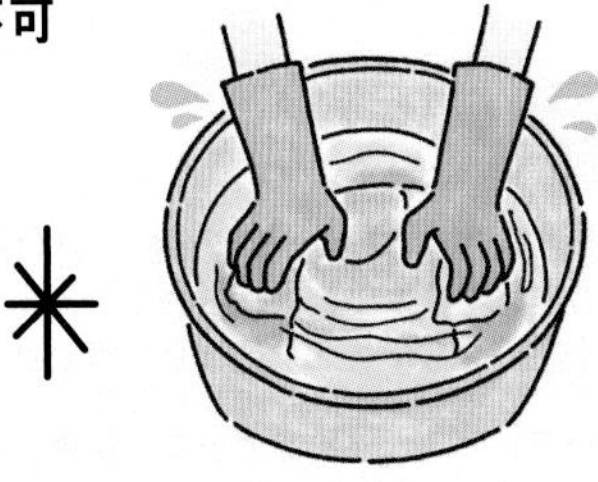

正解のないクイズ

まずは自分で考え，まわりの友達と話し合ってみよう！

電車に乗っていたら，自分の前に立った若い男性のスーツの首のあたりに，値札がついていた。こんな時，あなたならどうする？

① 「服に値札がついてますよ」と声をかける
② 誰か別の人が教えるか，そのうち自分が気づくと思い放っておく
③ その他
（具体的には？（　　　　　　　　　　　　　　））

答えはp.162

Visual LIFE

世界の住まい

世界の住居クイズ

地震が多く湿気の多い日本では難しいが，世界には土やれんがで作られている家も多い。伝統的な住居にはエアコンなどの設備がなくても厳しい自然環境に適応する工夫がされており，これからの環境共生住宅のヒントを得ることができる。

2 イグルー（ツンドラ地帯）
雪と氷に囲まれて生活するイヌイットは狩猟の時に雪をブロック状に切り出して，ドーム型に積んだイグルーを使う。強風にも強い。

1 ゲル（モンゴル）
モンゴル遊牧民の伝統的な住まい。折りたたみ式の壁をつなげ，布やフェルトを被せ，短時間で完成する。気温差が大きい地域のため，暑いときはフェルトをめくって風通しを良くし，寒いときはフェルトを重ねることで対応する。

3 洞窟住居（トルコ）
カッパドキアにあるやわらかい火山岩をくり抜いて作られた家。中はとても涼しい。

4 クーバーピディの地下住居（南オーストラリア）
一帯はオパールの産地で，採掘に際して作られた地下の洞窟を住まいにしたもの。外部は日中と夜間の温度差が激しく，夏は灼熱の砂漠地帯だが，地下は快適な温度に保たれている。

5 アルベロベッロの住まい（南イタリア）
石灰岩を積み上げて作られたトゥルッリという住居。白く厚い壁が南イタリア特有の強い日差しを防ぎ，内部は夏でも涼しい。雨が少ないため，とんがり屋根の傾斜を利用して雨水を集めている。屋根には宗教のシンボルなどが描かれることも多い。

⑥幾何学模様の住まい（南アフリカ共和国）

ンデベレ族の村ではカラフルな幾何学模様で壁を飾った家が見られる。この模様はフリーハンドで描かれている。雨季には激しい雨に見舞われるため，土でできた家が崩れるのを防ぐために牛の糞(ふん)を壁に塗ったのが始まりと言われる。

⑦葦(あし)の家（ペルー）

チチカカ湖に浮かぶトトラという葦でできた島に建つ家。屋根も壁も床もトトラを編んで作られている。風通しがよく，床はふかふかしている。

ツンドラ地帯
②
赤道
ペルー
⑦

世界の気候区分
熱帯気候
乾燥気候
温帯気候
冷帯気候
寒帯気候

⑧福建土楼(ふっけんどろう)（中国）

福建省の山岳地帯にある巨大集合住宅。山賊などの侵入を防ぐ堅牢(けんろう)な造り。1階は台所，2階は食堂や倉庫，3，4階は居住スペースという造りが多い。土，石，木材から作られており，夏は涼しく冬は暖かい。

⑨トンコナン（インドネシア）

インドネシアの山岳地帯にあるトラジャ族の住まい。高温多湿なインドネシアでは通風を良くするため高床式の伝統家屋がよく見られる。大きな屋根は直射日光を遮る。棟持(むなも)ち柱(ばしら)には水牛の角が飾られ，多く取りつけられている家ほど裕福である。

⑩れんがの高層住宅（イエメン）

首都サヌア旧市街の城壁の中にある家。外敵の侵入を防ぐため家を6～7階建ての高層住宅にした。れんが造りで，窓は漆喰(しっくい)で縁取られている。イエメンは暑いが，サヌアは高地にあり気候が安定している。

⑪ハウスタンバラン（パプアニューギニア）

古くからの精霊信仰が残るパプアニューギニアでは，精霊の家の意味をもつハウスタンバランがある。神聖な場所であり，他部族や女性は入ることができない。柱には彫刻が施されている。

Visual LIFE

日本の住まい

日本の建築にクローズアップ！

私たちが暮らす日本の住まいも，気候・風土や文化的な背景に基づいている。とくに伝統的な住まいには，地域ごとの特性を反映した独特な家屋が多い。さらに，職業や経済的な必要から生まれた住まいもある。伝統的な住まいは，時代の流れとともに姿を消しつつある一方で，文化的な遺産として保存・継承していく動きもみられる。

北海道の気候

アイヌの住居

北海道の気候（札幌）
年平均気温：9.2℃
年降水量：1146.1mm

❶ チセ住居（北海道）

北海道の先住民族であるアイヌの家。チセとはアイヌ語で家の意味。間取りは長方形の一間で構成されていることが多く，部屋の中央に炉が切られている。冬は雪に覆われるため気密性が高く暖かさが逃げにくい。さらに，夏でも火を絶やさないことで地中に熱を蓄積するため，冬も地熱の効果で暖かいことが分かった。

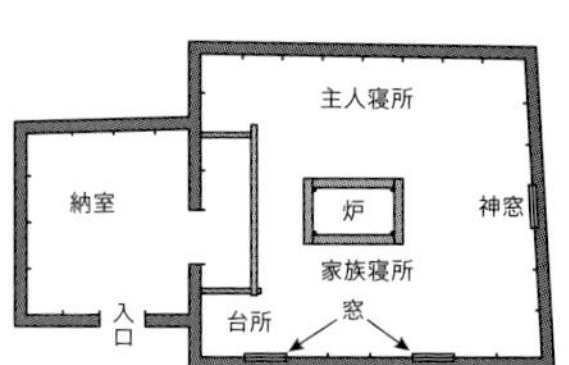

チセの間取り

合掌造り外観

❷ 合掌造り（岐阜県白川村）

「合掌造り」の名称は，掌（てのひら）を合わせるように丸太を組んでつくられていることに由来している。また，広い屋根裏の空間は，作業スペースとして利用されていた。世界遺産に登録されている岐阜県白川村（白川郷）では，屋根裏を蚕の飼育場所として活用。幕末から昭和初期にかけて，養蚕業は村を支える重要な産業になっていた。

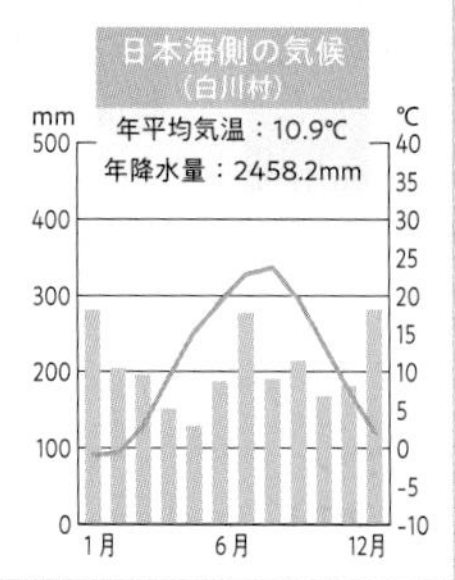

漁村（京都府伊根町伊根浦）

❸ 舟屋（京都府）

海面すれすれに建築されており，1階は船の格納庫や物置となっている。2階は住居や民宿など生活の場として使用されている。

曲り屋外観

曲り屋の間取り

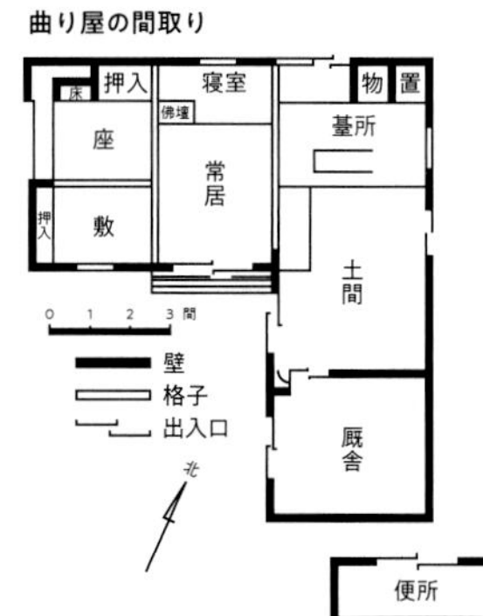

④ 曲り屋(岩手県南部)

岩手県南部地域にみられる家屋で，上から見るとL字型をしている。人が居住する母屋と，馬を飼う厩舎が一体となっている。また，南北の向きも決まっており，L字の角部分が真北となるのが一般的。さらに，北側には針葉樹，南側には落葉樹を植えるなど，夏は涼しく冬は暖かく過ごせるようなくふうもみられる。

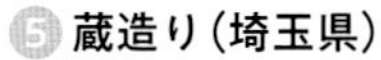

⑤ 蔵造り(埼玉県)

商家が防火対策として，厚い土壁を持つなど燃えにくい蔵造り建築で店舗を建てた。鬼瓦などを置いた屋根も特徴。

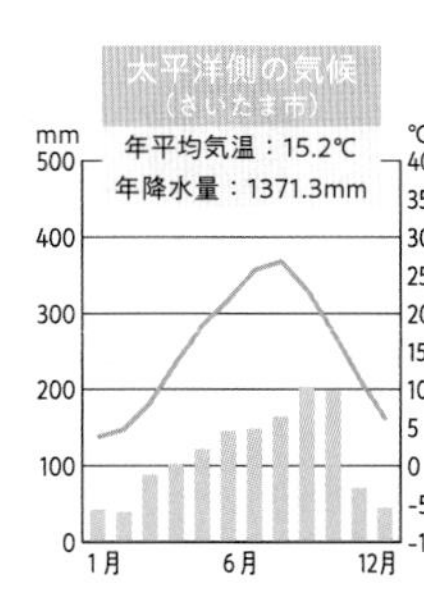

商家町(埼玉県川越市川越)

瀬戸内海の
気候

町家

⑥ 町家(京都府京都市)

表の通りに面する間口が狭く奥行きが深い，縦長の短冊形をしているのが特徴。江戸時代に間口の広さを基準に税を課す制度(間口税)があったことから，税の負担を軽くするために町人が考え出したものとされる。通りに面する部分は商売を行う間，奥が家族の暮らすプライベートな空間とする「職住一体型」が一般的。

裏庭
奥の間
炊事場
台所
見世の間
玄関
入口

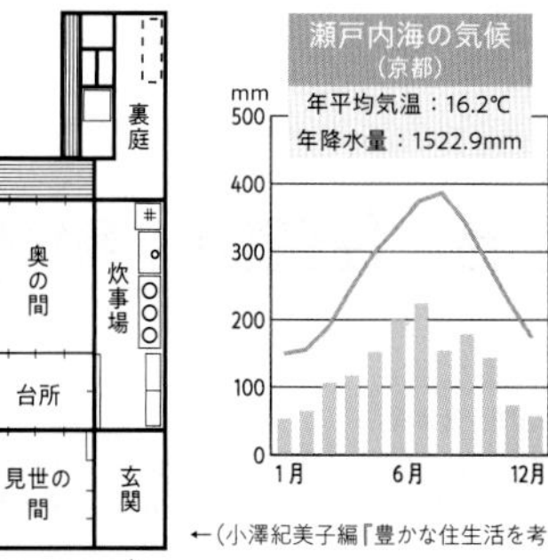

←(小澤紀美子編「豊かな住生活を考える-住居学」より)

南西諸島の気候

⑦ 沖縄の伝統的な家屋(沖縄県)

断熱性と耐久性に優れた赤瓦を白い漆喰でとめた屋根が特徴的。玄関がなく，アマハジというひさしが屋根の四方に出ており，風雨と直射日光が室内に入るのを防ぐ。石垣や防風林(フクギの木など)に囲まれている。ヒンプンは門と母屋の間に立てられる垣で目隠しと魔よけの意味がある。このような伝統家屋は沖縄本島ではあまり見られなくなった。

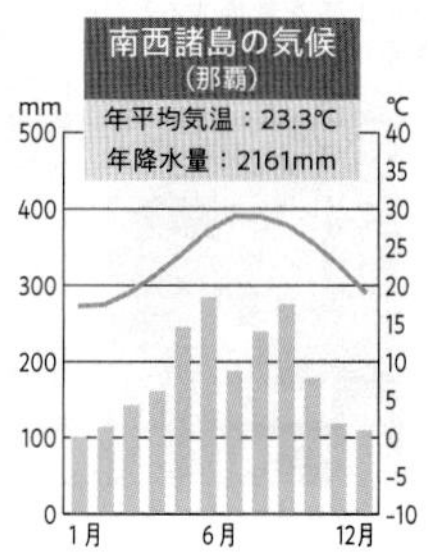

(雨温図は1991~2020年平均，国土交通省，気象庁ホームページより作成)

1. 住まいの役割

デジタルコンテンツ

部屋選びシミュレーション

ひとり暮らしをするときの，希望する生活スタイルをチェックしよう。

1 居住環境で重要と思うもの

●住まいと居住環境の要素の重要度

項目	重要と思う	その他	不明
治安(環)	39.8	43.4	16.8
日常の買い物などの利便(環)	36.6	46.6	16.8
日当たり(住)	34.3	49.0	16.8
地震時の安全性(住)	33.7	49.5	16.8
通勤・通学の利便(環)	28.2	55.0	16.8
防犯性(住)	26.7	56.6	16.8
広さや間取り(住)	25.4	57.8	16.8
医療・福祉・文化施設などの利便(環)	24.5	58.7	16.8
台風時の安全性(住)	19.4	63.8	16.8
収納の多さ、使い勝手(住)	18.7	64.5	16.8

(%)

(国土交通省「平成30年住生活総合調査」より)

2 建ぺい率と容積率

●建物の大きさは建(けん)ぺい率と容積率で決まる

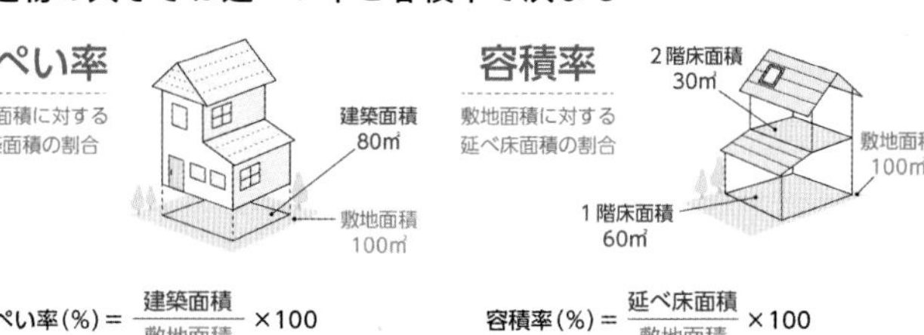

$$建ぺい率(\%) = \frac{建築面積}{敷地面積} \times 100 = \frac{80(㎡)}{100(㎡)} \times 100 = 80(\%)$$

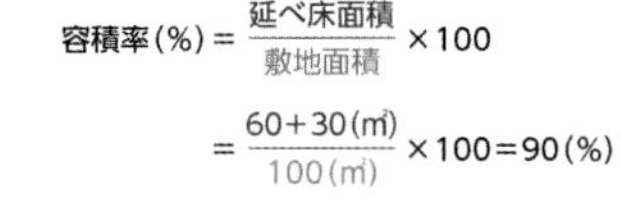

$$容積率(\%) = \frac{延べ床面積}{敷地面積} \times 100 = \frac{60+30(㎡)}{100(㎡)} \times 100 = 90(\%)$$

解説 建ぺい率とは，「敷地面積（建物を建てる土地の面積）に対する建築面積（建物を真上から見た時の面積）の割合」のこと。容積率とは，「敷地面積に対する延べ床面積（各階の床面積の合計）の割合」のこと。

建ぺい率と容積率で，敷地に建てられる建物の大きさが決まり，どちらも地域ごとに限度が定められている。

3 生活行為と住空間　動線を考えた快適な間取り

共用スペース	家族空間	家事空間	個人空間	生理・衛生空間	収納等
玄関，廊下，ホール 生活行為：移動,出入り,通行	居間，食事室 生活行為：食事，テレビ，在宅勤務，オンライン授業，育児，介護，団らん，音楽	台所，家事室（ユーティリティー） 生活行為：調理,食品貯蔵,洗濯,洗濯物乾燥,衣類整理,裁縫,収納,家事事務,通信,掃除	主寝室，子ども室，老人室，夫・妻の個室 生活行為：就寝，休養，勉強，読書，書きもの，パソコン，趣味，視聴，通信，育児，介護	浴室，洗面所，便所 生活行為：着がえ,化粧,洗面,入浴,用便	接客，収納，レクリエーション

Fitting Room
［お出かけ前の準備室］
収納付きのフィッティングルームによく使うバッグと上着を常備すると，素早く準備ができる。

1階
玄関収納　食品保管庫　マルチスペース　エントランス　キッチン　リビング　洗面　プチ・リュクス　テラス

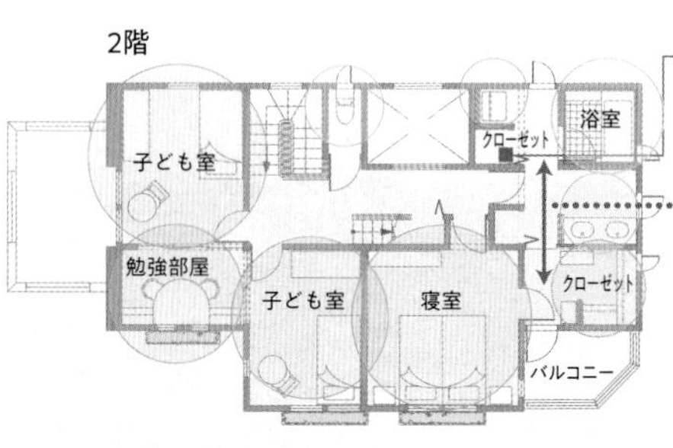

プチ・リュクス：小さなぜいたくを意味する。
ブレイクタイムや趣味など自分が楽しめる空間。

Laundry Closet
［洗面室のクローゼット］
浴室前の洗面室に収納があると，タオル，部屋着やパジャマを常備できる。

ラクラク洗濯動線
洗濯物を抱えていると，短くまっすぐの動線はラク。通路を兼ねたクローゼットは，干したあとの一時置きにも。

（三井ホーム「シュシュチャーム」より）

おとなのつぶやき… 大学進学の時，ひとり暮らしを始めた。当時はインターネットを使っての部屋探しなんてできなかった。今はクリックひとつで大学の特徴から周辺の物件情報まで分かるなど，学生の部屋探しのスタイルも大きく進化していると思う。（52歳・男性）

ひとり暮らしをするならどの物件？

❶あなたが進学し，ひとり暮らしを始めるとしたらどのような物件がよいだろうか。
まずは，条件を確認し，「絶対に譲れない条件」と「できればかなえたい希望」に分けて考えてみよう。

物件を考える時のおもな条件

条件	説明	条件	説明
□ 1. 最寄り駅	学校への交通の便や生活利便性などの情報から希望の駅を選ぶ。	□ 6. バス・トイレ・洗面	それぞれが独立したタイプと，すべてがバスルームの中にある『3点ユニットバス』がある。ひとり暮らし向けの部屋ではバス・トイレ・洗面の3つ，または2つが一緒になったユニットバスが多い。
□ 2. 駅からの距離	駅からの距離を徒歩何分まで希望か決めておく。物件情報の「徒歩1分」は80mで計算されている。	□ 7. 階数	不動産会社の担当者から「2階以上か，1階でもOKか」と聞かれることが多い。1階は家賃が比較的安い，エントランスから近いなどがメリット。2階以上は1階に比べると窓からの侵入がしづらい，外からの視線が気になりづらいなどがメリットで，とくに女性には2階以上が人気。
□ 3. 家賃の上限	毎月の家賃は，管理費も含めた合計の金額で考えるようにする。		
□ 4. 間取り・広さ	K（キッチン），DK（ダイニングキッチン），LDK（リビングダイニングキッチン），S（居室ではなく納戸やその他の部分）。英字の前につく数字が居室の数（K, DK, LDKは，広さによって使い分けられている）。学生のひとり暮らしのおもな間取りはワンルームか1K。部屋とキッチンが同じフロアにあるのがワンルーム，扉などで仕切られているのが1K。	□ 8. 築年数	新築とは，完成後1年未満で未入居のものをいう。新築はきれいで人気だが，家賃が高くなる。築20年，30年以上になると設備・内装材とも，1回以上はリフォームされているケースが多い。
□ 5. キッチン	キッチンが部屋の中に付いたタイプ（ワンルームなど），独立したタイプ（1Kや1DKなど）のどちらが希望か考える。調理の時，ニオイや湿気が室内に広がるのが気になるなら独立したタイプがよい。あまり料理をせず，広めの部屋を探すのであればワンルームもよい。	□ 9. セキュリティ	建物のエントランスがオートロックかどうか，管理員が常駐しているかなど。
		□ 10. その他の条件	ベランダの日当たり，宅配ボックスの有無，女性限定物件など，その他の条件も考えてみよう。

❷①で考えた条件に近い物件を下の図から探して選ぼう。

ウ ○○駅 歩2分

ア	イ	ウ
5.6万円 管3,000円 敷— 礼—	6.2万円 管2,000円 敷1ヶ月分 礼—	7万円 管10,000円 敷1ヶ月分 礼1ヶ月分
1K/21.53㎡ 南西	1K/20.02㎡ 南	ワンルーム/26.6㎡ 北東
アパート築7年/2階建の2階部分	アパート新築/4階建の3階部分	マンション築28年/8階建の4階部分

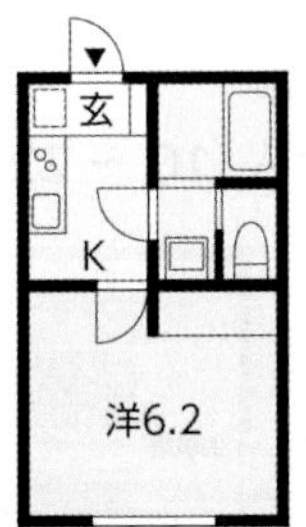

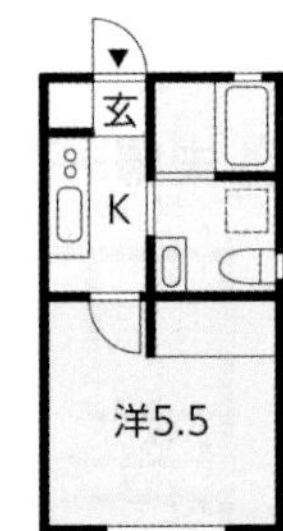

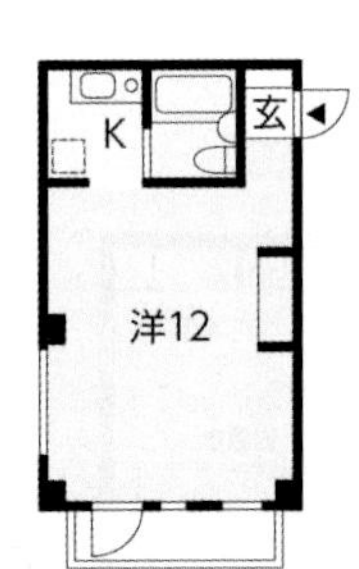

●**家賃・管理費**
家賃は1か月の賃料。管理費は共用部分の維持や保全に必要な経費で，毎月かかるもの。家賃に管理費が含まれる場合もある。

●**敷金・礼金**
敷金は契約時に家主に支払うもので，退去時に返却されるが，物件内部の損傷などがある場合には（自然劣化や消耗分は含まれない）修繕費を差し引かれた額が返還される。礼金は，家主へのお礼金で，返還されない。

●**種別**
マンション：RC（鉄筋コンクリート造），SRC（鉄骨鉄筋コンクリート造），PC（プレキャストコンクリート造）などの共同住宅。
アパート：木造，軽量鉄骨造の低層集合住宅のこと。コーポ，ハイツと呼ばれることもある。
テラスハウス：隣家と壁を共有した連棟式の一戸建の建物。

●**面積（専有面積）**
室内の面積のことで，トイレ，収納，玄関なども含むが，バルコニー，ポーチ，専用庭等はこれに含まれていない。

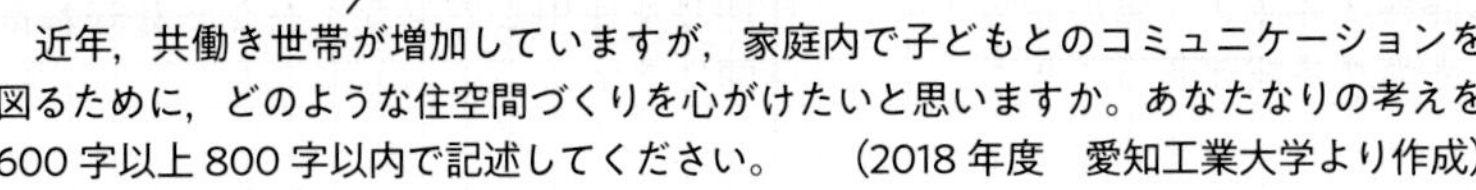

近年，共働き世帯が増加していますが，家庭内で子どもとのコミュニケーションを図るために，どのような住空間づくりを心がけたいと思いますか。あなたなりの考えを600字以上800字以内で記述してください。　（2018年度　愛知工業大学より作成）

考え方
子どもと過ごす時間が限られているであろう「共働き世帯」で，子どもとのコミュニケーションを図る方法を考える。p.114-①も参考にしながら論じる。

豆知識　「クギづけ！」という言葉は，元々は大工さんが釘を打ち付けて動かなくなることからきている。

2. ライフステージと住居

デジタルコンテンツ

チャットで学ぶ持ち家・賃貸住宅

持ち家か賃貸住宅か，ストーリーに沿って考えてみよう。

1 ライフステージに合わせて住まう(4人家族を例に想定)

1 夫婦+子ども2人(0～5歳)

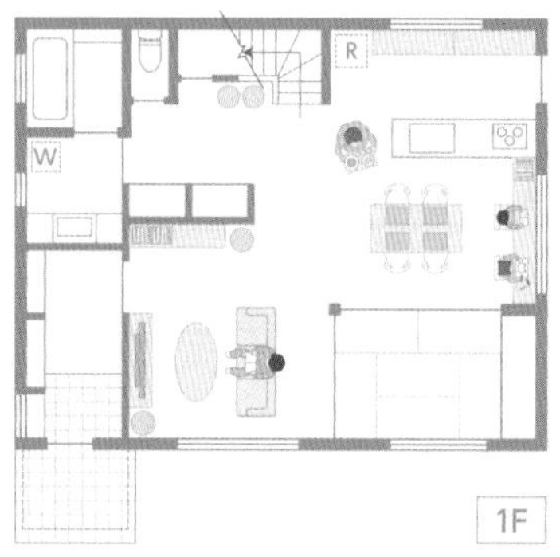

子どもが小さいうちは，キッチンにいながらも子どもに目が届きやすい間取りに。2階は，大きく空間を取り，思いきり遊べるスペースを確保。

2 夫婦+子ども2人(6～10歳)

子どもの自立心を育てたい6～10歳のころは，両親との寝室を別々に。

3 夫婦+子ども2人(10～22歳)

子どもが小学校高学年になったら，間仕切りを使用してプライバシーを守れる空間にチェンジ。

4 子ども独立，夫婦円熟期(夫が車椅子)

子どもたちが独立し，夫婦2人には十分すぎるスペースになる。車椅子の夫のために，玄関をスロープにし，風呂に手すり，階段に昇降機を設置。2階の主寝室だったスペースは物置きにし，子ども部屋は，子どもたちの家族が帰ってきた時などのための部屋に。

おとなのつぶやき… マンションに住んでいます。キッチンと洗面室が近いので，料理をしながら洗濯しやすいです。また，洗濯物を干すときの階段の上がり下がりがなくてラクです。(39歳・女性)

2 異なる世代と住まう

●異世代ホームシェア

大学進学などに合わせて親元を離れて都会暮らしを始める人は多い。そんな学生が，一人暮らしの高齢者の家で共同生活をする「異世代ホームシェア」が注目されている。学生にとっては，家賃が安く済むだけでなく，見知らぬ土地での不安を軽減するなどメリットがある。一方の高齢者にとっても，話し相手ができ，家の作業を手伝ってもらえるなどのメリットがあり，孤独死などの高齢化社会の問題を解決する手助けになると期待されている。

3 子どもと住まう

●子育て支援住宅

子育てをする人たちが安心して暮らすことのできる「子育て支援住宅」が注目され，新たに創設・認定する自治体も増えてきている。子育て支援住宅の認定は，自治体ごとの差はあるが，子育てで利用できる保育所や医療施設などに近い立地や，キッズルーム等の設置，滑りにくい床や転落防止用の柵などの安全対策など，さまざまな基準を満たす必要がある。また，子どもの声や音に配慮するための防音設備や，孤立しがちな母親へのサポートなどが充実した住宅もあり，子育て世帯にとって住まいの性能を知るための基準となっている。

▲子育て支援住宅マークの例

4 家は買うのか借りるのか?

将来，あなたは家を買うか，借りるか，どうしたいだろうか？　メリット，デメリットを知り，それぞれどのような人が向いているのか考えてみよう。

	メリット○	デメリット×
買う	●家族に資産として残すことができる。 ●間取りや設備交換などを自由にできる。 ●退職までにローンを完済すれば，老後の住居費の負担が軽くなる。	●住居費を下げられない。 ●メンテナンス費用がかかる。 ●固定資産税などの税金がかかる。
借りる	●転勤など，ライフスタイルが変化しても引っ越しやすい。 ●設備の交換や修理費用の負担が少ない。 ●収入の変化に合わせて住居費をコントロールしやすい。	●高齢になっても家賃負担が続く。 ●内装や間取り，設備など自由にリフォームできない。 ●高齢になったときに契約を更新できないことがある。

マンション VS 一戸建て

●マンション or 一戸建てを選んだ理由トップ 10

新築マンション	順位	一戸建て
防犯性（セキュリティ）	1位	住戸の広さ
最寄駅からの距離	2位	間取り
管理	3位	駐車場
生活環境	4位	物件価格
物件価格	5位	最寄駅からの距離
防災性	6位	生活環境
眺望	7位	庭・バルコニー
設備・仕様	8位	通風・採光
通風・採光	9位	音（防音性）
コミュニティ	10位	防災性

（2017/4/11 号『SUUMO 新築マンション』より）

マンションを選んだ理由トップ3は「防犯性」「最寄駅からの距離」「管理」で，住宅の性能や立地による項目が目立つ。一方，一戸建ては「住戸の広さ」「間取り」「駐車場」と，土地・建物の広さにかかわる項目が多い。

ミライフ 未来×LIFE

増える空き家（将来予測）

少子高齢化が進み，人口減少が避けられない中，空き家の増加が問題となりつつある。空き家の増加は地域の景観を乱すだけでなく，放火などの犯罪や害虫・害獣の温床となるなど問題が多い。空き家を使ってできることを考えてみよう。

豆知識　畳一畳といってもサイズはいろいろ。関西では京間（191 × 95.5cm）関東では江戸間（176 × 88cm）と大きさが違う。その他，団地などで使うさらに小さな団地間などもある。

3. 健康に配慮して住まう

デジタルコンテンツ 

快適な暮らしクイズ

クイズに答え，部屋を住みやすい状態に保つための知識を身につけよう。

1 カビ，ダニ，シロアリを防ごう

1 カビ

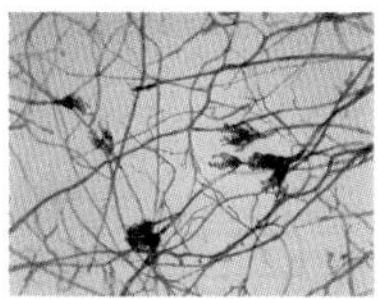

どんな悪さをする？
- 気管支ぜんそくやアレルギー症状の原因になる。
- ダニの餌になる。

増える条件
- 湿気がある
- 温度が 20 ～ 30℃
- 養分がある（浴室，台所の壁，風通しの悪い家具の裏側，押入れなど）

カビの発生を防ぐには
- 換気・通風を十分に行い，湿気をふくんだ空気を乾燥した空気と入れかえる。
- 掃除を十分にし，住居の中を清潔にする。

2 ダニ

どんな悪さをする？
- 気管支ぜんそくやアレルギー症状の原因になる。
- 刺されて，かゆみの原因になる。

増える条件
- 湿度 60 ～ 80%
- 温度が 25 ～ 30℃
- 養分がある（チリ，フケ，食品のかけらなど）
- もぐりこめる場所がある。

ダニの発生を防ぐには
- 毎日の掃除，部屋の換気，通風を十分に行って，湿気を少なくする。
- たたみやカーペットに直射日光をあてて干し，水分をなくして乾燥させる。
- ふとん乾燥機などを使って，50℃以上の高温で取り除く。

3 シロアリ

どんな悪さをする？
- 家の土台や柱を食い荒らす。

増える条件
- 湿気がある。

シロアリの発生を防ぐには
- 通風をよくする。
- 定期的に点検する。

2 カビやダニの原因，湿気・結露

1 湿気がたまりやすい場所

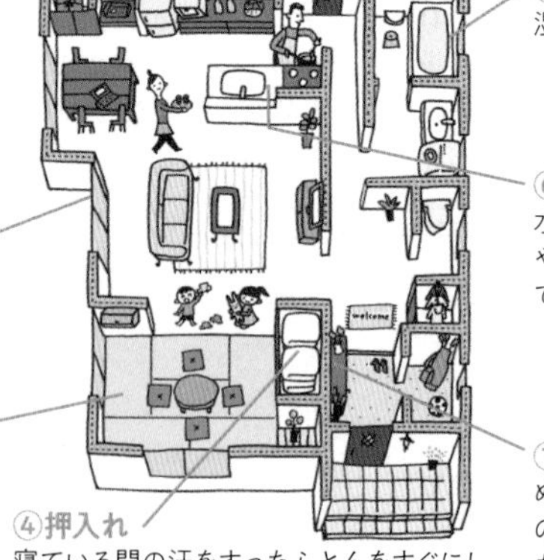

①家具の裏
壁と家具がくっついていると空気がよどんで湿気がたまる。壁が結露しやすい。

②カーテン・窓周り
窓に結露ができるとカーテンや窓の周りがぬれる。

③和室
畳はフローリングにくらべて空気がよどんで湿気がたまる。

④押入れ
寝ている間の汗をすったふとんをすぐにしまうと湿気がたまる。風通しも悪い。

⑤浴室
湿度も温度も高い。

⑥台所
水を使うシンク周りや調理中の湿気などで湿度が高くなる。

⑦げた箱
ぬれた傘やくつをそのまましまうと湿気がたまる。

2 湿気・結露をおさえる工夫

おとなのつぶやき… 暑さをやわらげるため，ゴーヤを植え，緑のカーテンをつくって日差しをさえぎっています。植物にふくまれる水分が蒸発するときに周りの熱をうばい，気温を下げてくれます。また，風鈴や笹の葉が風でゆれる音も涼しさを感じることができます。(62 歳・男性)

3 シックハウス症候群

「シックハウス症候群」とは建築の内装や家具などから発生する化学物質などが原因の健康被害のことである。

1 シックハウス症候群にあらわれる体の様子

2 家の中で発生する化学物質

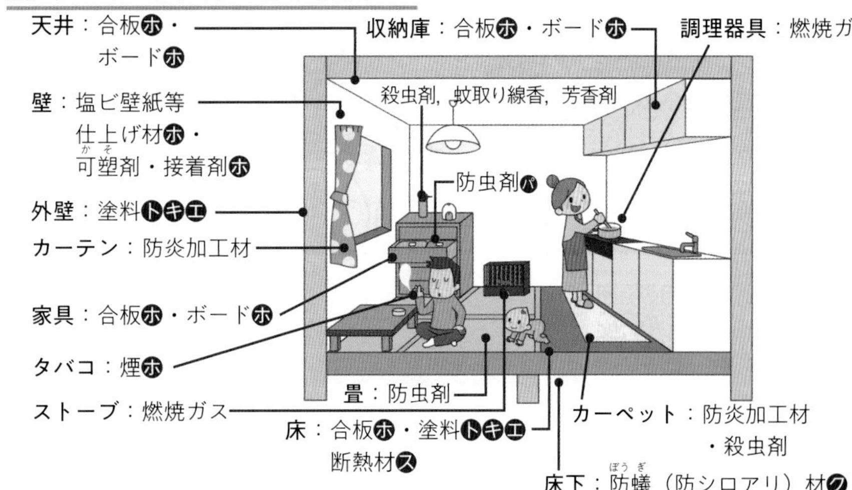

図には，指針値が定められている化学物質の発生源を，次の記号で示している。ホルムアルデヒドホ　トルエント　キシレンキ　パラジクロロベンゼンパ　クロルピリホスク　エチルベンゼンエ　スチレンス

※平成15年に，クロルピリホスの使用禁止，ホルムアルデヒドを発散する建築材料の制限，機械換気設備の原則設置義務付けがなされた。

4 上手な換気の方法

対になる方向に窓があると，風の出入りがスムーズになり，室内に空気の流れが起こり風の道ができる。開ける窓の位置によって，室内の空気がどんなふうに流れるのか見てみよう。

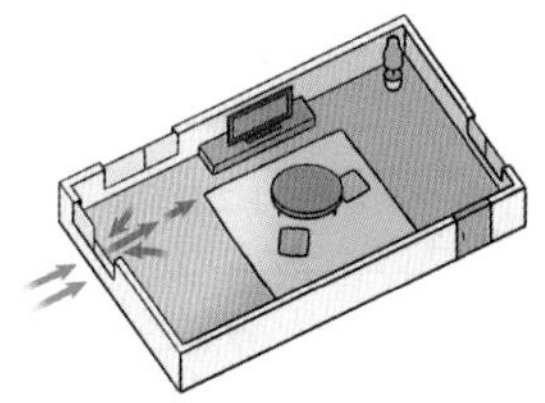
1か所の窓だけを開けた場合，窓の周辺しか換気されない。

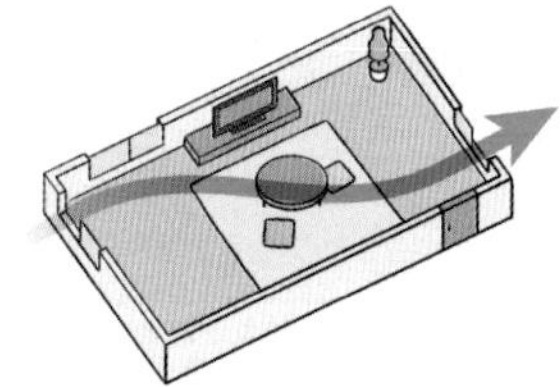
2か所の窓を開けることで空気の通り道ができて効率的な換気ができる。2つの窓は対角線上にあると，さらに効率的である。

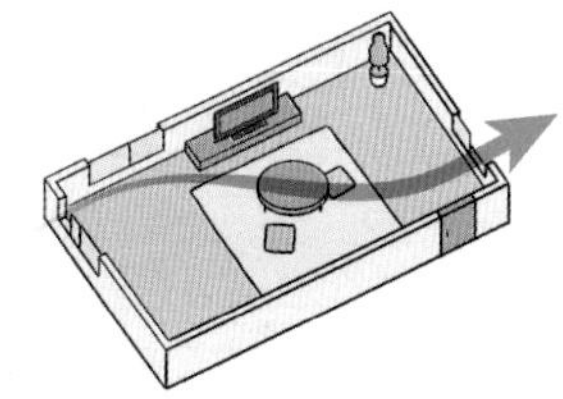
風は，小さい隙間から勢いよく入り，大きい隙間から（小さな力で）出ていきやすいという性質がある。窓から風が入りにくい場合，外から空気が少しでも入ってくる側の窓は小さく開け，外に空気が出る側の窓を大きく開けると効率的な換気ができる。

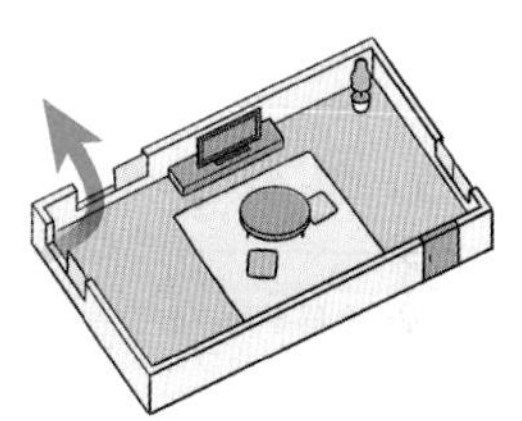
近い2つの窓をあけた場合，部屋全体の空気が流れないため，対角線よりも換気の効率は悪くなる。

換気の効果

現代の住宅は、冷暖房効果や防音性、プライバシーの向上のために断熱性・気密性が高い代わりに、計画的な換気が必要である。

カビ、ダニ、シックハウス症候群などへ対策として、適切な換気方法を考えよう。

❶時間や回数は？　❷季節ごとの工夫　❸どの窓や扉を開けるか？

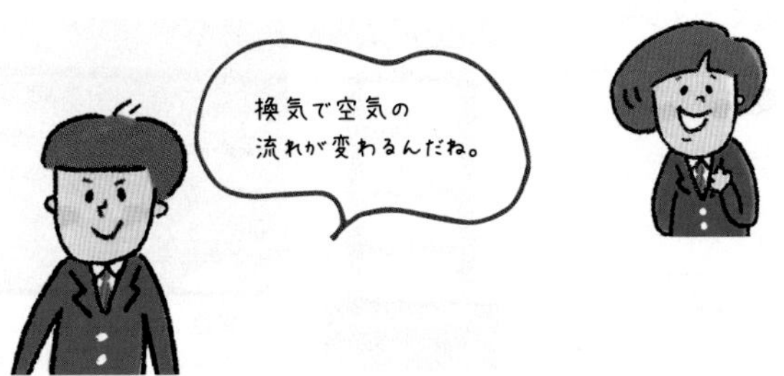

豆知識　製造年から10年を経過した消火器は，爆発の恐れがあり危険。死亡事故も起きているので，家にあったら触れずに販売店に連絡を！

4. どんな家が災害や防犯に強いの？

デジタルコンテンツ

あなたの防災意識をチェック

チェックリストに回答して，防災への意識を高め，いざというときのために備えよう!

1 地震に備えよう

自然災害と自助 ハザードマップ

大地震の時には，普段の生活の中では動かないと考えられているものが動く。例えば，本棚が倒れたりするだけでなく，テレビがとび跳ねたり，ピアノや冷蔵庫がものすごい勢いで移動したりする。家具の配置を考えたり，金具で固定しておいたりするなどの最低限の対策をしておくことが重要である。

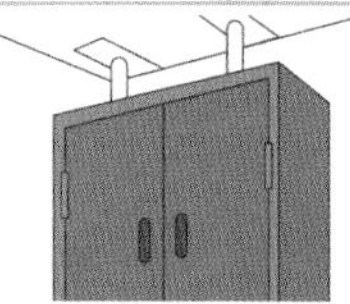

背の高い家具はしっかり固定する。右図のような釘などを使わない固定具は天井がしっかりしていることが前提。賃貸住宅の場合は，釘や金具を使って固定する前に貸し主と相談しよう。

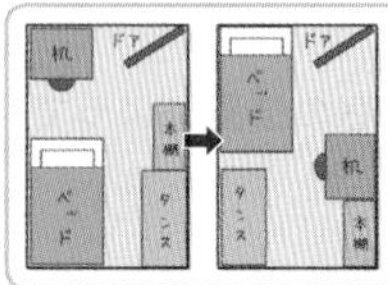

左側の図のように，寝ている位置にタンスや本棚などの家具が倒れ込んでくるような配置は危険。

丈夫なテーブルの下などに身をかくす。トイレやふろ場，押し入れも比較的安全。

食器棚からはグラスや食器が飛び出してくる。ガラス戸には飛散防止フィルム，開き戸は固定具で留める。

床には，割れた破片が散乱し，とても危険。スリッパを履き，あるいは布やタオルなどを足に巻き避難する。

外に逃げる時は，かわらなどの落下物に注意する。

揺れがおさまったらガスこんろやストーブなどの火を止める。日頃から火の周囲に燃えやすいものは置かないように注意しよう。

避難は早めに。歩いて避難し，持ち物は最小限にする。火を消し，電気ブレーカーを切ってから避難する。

マンションやアパートでは窓や戸を開けて，出口を確保する。

山崩れ，がけ崩れ，津波に注意する。特に海岸の近くにいる時は高台に避難する。

Column

耐震，免震，制震の違い

従来，地震に対する建物の対策は，揺れないために建物を強固にする「耐震構造」が主流だった。しかし近年では，建物の下の免震装置によって建物に伝わる震動を減らす「免震構造」，建物に設置した装置で揺れを吸収する「制震構造」が主流になりつつある。耐震構造は工事費用が最も安いが，揺れが激しく，建物内の家具などの損傷のおそれもある。免震構造はコストがかかる一方，地震による揺れを最も小さくし，建物内での家具の転倒などの被害を減らせる。制震構造は，免震構造ほど揺れは抑えられないが，装置を取り付けるコストが低く，メンテナンスもほとんど不要である。

耐震工法

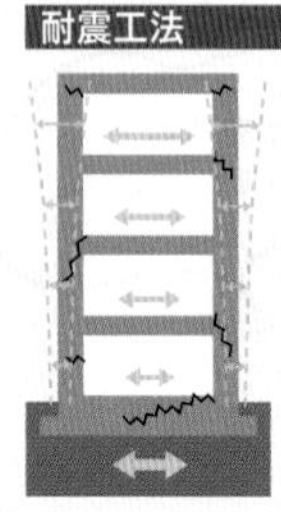

耐震構造　太い柱や梁(はり)を用いたり，斜めに筋交(すじかい)いを入れるなどして建物自体を丈夫につくる。

免震工法

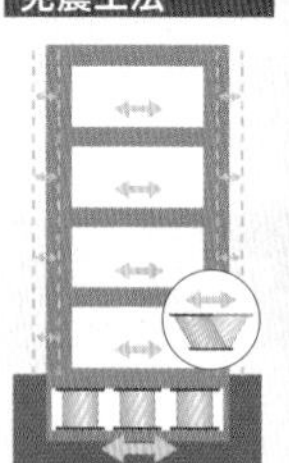

免震構造　地面と建物の間に免震ゴムなどの装置を付けることで，地面の揺れを建物に伝えない仕組み。

制震工法

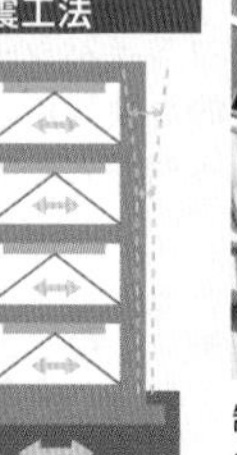

制震構造　揺れのエネルギーを吸収する制震装置を設置することで被害を抑える。

おとなのつぶやき…　ひとり暮らしをしていますが，震度5の地震があったとき，電子レンジが落下してとても怖かったです。幸いけがはありませんでしたが，家具の固定はきちんとやっておくべきだと思いました。(32歳・女性)

2 耐震の診断

耐震の専門的な診断を頼む前に，『誰でもできるわが家の耐震診断』（監修：国土交通省，編集：［一財］日本建築防災協会）を行ってみよう。１～２階建ての一戸建て木造住宅など（店舗・事務所などを併用する住宅を含む）を対象にしている。

●『誰でもできるわが家の耐震診断』

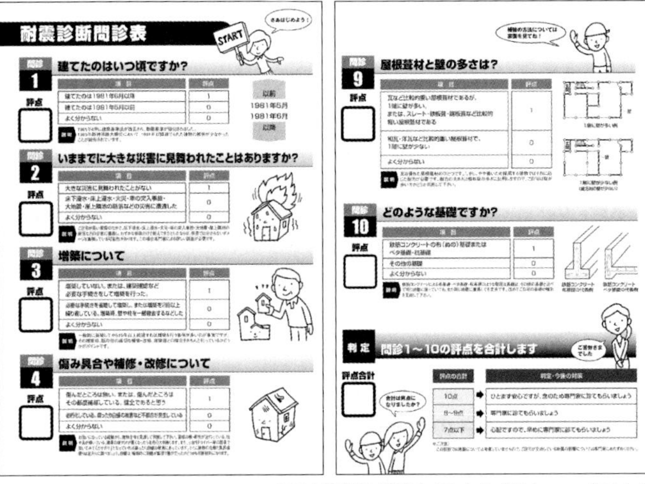

耐震診断問診表

問診1 建てたのはいつ頃ですか？

項目	評点
建てたのは1981年6月以降	1
建てたのは1981年5月以前	0
よく分からない	0

以前 1981年5月 1981年6月 以降

評点

問診2 いままでに大きな災害に見舞われたことはありますか？

項目	評点
大きな災害に見舞われたことがない	1
床下浸水・床上浸水・火災・車の突入事故・大地震・崖上隣地の崩落などの災害に遭遇した	0
よく分からない	0

評点

問診3 増築について

項目	評点
増築していない。または，建築確認など必要な手続きをして増築を行った。	1
必要な手続きを省略して増築，または増築を2回以上繰り返している。増築時，壁や柱を一部撤去するなどした	0
よく分からない	0

評点

問診4 傷み具合や補修・改修について

項目	評点
傷んだところは無い，または，傷んだところはその都度補修している。健全であると思う	1
老朽化している，腐ったり白蟻の被害など不都合が発生している	0
よく分からない	0

評点

問診9 屋根葺材と壁の多さは？

項目	評点
瓦など比較的軽い屋根葺材であるが，1階に壁が多い。または，スレート・鉄板葺・銅板葺など比較的軽い屋根葺材である	1
和瓦・洋瓦など比較的重い屋根葺材で，1階に壁が少ない	0
よく分からない	0

1階に壁が多い例

1階に壁が少ない例

評点

問診10 どのような基礎ですか？

項目	評点
鉄筋コンクリートの布（ぬの）基礎またはベタ基礎・杭基礎	1
その他の基礎	0
よく分からない	0

鉄筋コンクリート布基礎の断面　鉄筋コンクリートベタ基礎の断面

評点

判定 問診1～10の評点を合計します

評点合計

評点の合計	判定・今後の対策
10点	ひとまず安心ですが，念のため専門家に診てもらいましょう
8～9点	専門家に診てもらいましょう
7点以下	心配ですので，早めに専門家に診てもらいましょう

※日本建築防災協会 HP からダウンロードできる。

▼ PDF
https://www.kenchiku-bosai.or.jp/files/2013/11/wagayare.pdf

▼ウェブ版
https://www.kenchiku-bosai.or.jp/taishin_portal/daredemo_sp/

3 あなたの住まいの防犯対策大丈夫?

窓…防犯フィルムや補助錠をつける。

ライト…センサーライトなどをつけ，夜間も真っ暗にしない。

洗濯もの…留守だとわかるので，日が暮れてから帰る予定のときは干しっぱなしにしない。

玄関…サムターンカバーや補助錠をつける。ちょっとした外出でもカギをかける。

小窓…こまめにカギをかける。

庭木，塀…外から見えにくいので，背の高いものはさける。

カギ…ピッキングに強いシリンダー錠を使う。わかりやすい場所に合カギを隠さない。

ごみ…段ボールなどが置いてあると放火の危険があるので出しっぱなしにしない。

郵便受け…郵便受けがあふれていると留守だとわかるので，長期外出の時は新聞などを止めてもらう。

近所付き合い…互いに顔見知りになっていれば，不審者に気づいてもらえる可能性もある。

Column

仮設住宅の今

2011年3月に起きた東日本大震災では，多くの人が家を失い，一時は11万人余りがプレハブの仮設住宅で避難生活を余儀なくされた。プレハブの仮設住宅は居住性に難があり，「夏は暑く，冬は寒い」「壁が薄く，近隣の騒音がうるさい」と苦情が寄せられることが少なくない。しかし近年，居住性や耐久性を高めるため，さまざまな設備の工夫が進んでいる。また，木造の仮設住宅の建設や，すでにある賃貸住宅を自治体が借り上げる「みなし仮設」も増え，仮設住宅の在り方も多様化している。

震災から10年が過ぎ，現在はほとんどの人がプレハブの仮設住宅を退去し，災害公営住宅など新たな住まいで生活を始めている。自治体が整備する災害公営住宅は，民間の住宅に比べて家賃が低く抑えられているのが特徴である。しかし，収入や時間の経過に応じて家賃が上がっていくため，最近は経済的負担が問題になっている。

ミライフ 未来×LIFE

11 住み続けられるまちづくりを

ハザードマップを見てみよう

国土交通省の「ハザードマップポータルサイト」（https://disaportal.gsi.go.jp）は，全国の市町村が公開しているハザードマップを洪水，津波，土砂災害など災害の種類別に検索できるサイトである。また，スマートフォンの防災アプリには，今いる場所の災害情報をリアルタイムで把握できるものもある。こうしたツールで，災害が起きる前に，自分の住む地域では災害に対してどのようなリスクがあるのか調べてみよう。

▲国土交通省　ポータルサイト

豆知識｜防犯のために住宅地全体を囲み，侵入者を制限する町をゲーテッド・コミュニティという。「要塞都市」とも呼ばれる。

5. 快適な家ってどんな家？

デジタルコンテンツ

本当に住みやすい？ 間取りクイズ

間取り図を見て，どこに問題があるのかクイズに答えてみよう。

1 快適な明るさ

1 太陽高度と住環境の関係

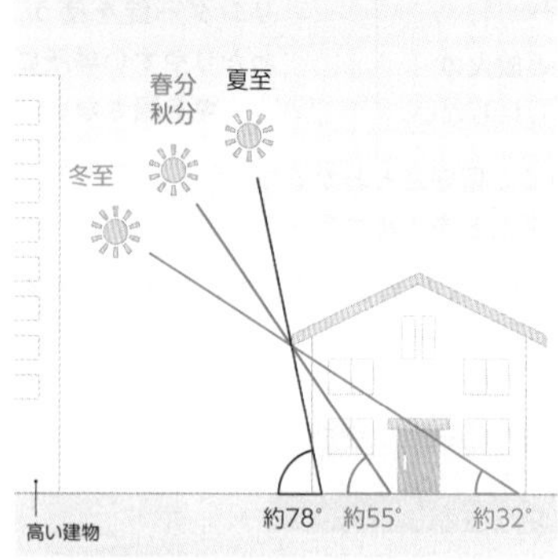

日本では日当たりの良い南向きの住まいが好まれ，1年で最も太陽高度が低い冬至でも4時間以上の日照が望ましいとされる。太陽高度は季節によって変わるため，ひさしやカーテンを使って日差しを調整する。高い建物を建築する際は，隣の建物の日照を考慮して高さや間隔を決める必要がある。

2 快適な明るさの目安（「JIS Z9110：2010」より）

照度(lx)	居間	子ども室 勉強室	食堂 台所	寝室	浴室・脱衣室 化粧室	便所 階段・廊下	玄関(内側)
1000	手芸 裁縫						
750							
500	読書			読書 化粧			鏡
300			食卓 調理台 流し台		ひげそり 化粧 洗面		
200	団らん 娯楽	遊び コンピューターゲーム					靴脱ぎ
100		全般	台所全般		全般		全般
75						便所全般 階段・廊下 全般	
50			食堂全般				
30							
20				全般			
2				深夜			

3 照明の種類

大きく分けて「直接照明」と「間接照明（一度壁などに反射させる）」がある。

❶**ペンダント**
天井からつり下げる照明。

❷**シーリングライト**
天井面に直接取り付ける照明。

❸**ダウンライト**
天井に埋め込む照明。

❹**スポットライト**
特定の1か所を強く照らす。

❺**ブラケット**
壁に取り付ける補助的な照明。

❻**テーブルスタンド**
卓上に置き，手元などを照らす。

❼**フロアスタンド**
ベッドサイドなどの床に直接置く。

❽**フットライト**
階段の床近くの壁などで足元を照らす。

2 人の動作と空間

住まいの様式は，日本の昔からの住まい方である床に座る様式（床座）と，欧米から文化が入ってきたいすを使う様式（いす座）がある。

床座の特徴

- あぐらや寝転がりなど，自由な姿勢ができる。
- 立つ，座るなどの動作がしにくい。
- 移動がしやすい家具(座卓，座布団など）を使うので，部屋を多用途・多人数で使える。
- 食寝分離や就寝分離がしにくい。

いす座の特徴

- 立ち上がりや腰掛けの動作が楽で，足腰への負担が少ない。
- ベッドやいすの位置が固定されやすく，部屋の面積を広く必要とする。
- 食寝分離や就寝分離がしやすい。

➡ p.112「生活行為と住空間 動線を考えた快適な間取り」参照

おとなのつぶやき…
6畳の部屋でひとり暮らしをしています。狭いけれどベッドを置きたいので，空間が広く感じられるように床座で生活をしています。収納が小さくて，ものをあまり増やせないのがちょっと不便です。（24歳・女性）

3 空間の演出

1 色による見え方の違い

部屋の広さは，「天井・床」と「壁」との色の組み合わせで感じ方が変化する。天井や床自体の色を変えることは難しいが，床にラグマットを敷くなどして，自分なりに工夫することはできる。

1 壁や床など面積が大きいものの色から決める。

2 床を濃い色にし，床，壁，天井の順に明るい色にするのが原則。安定感が生まれる。

3 インテリアに使う色は3色くらいにするとよい。クッションなどの小物でアクセントをつけるようにする。

2 配色の基本

アクセントカラー（全体に変化をつけたり，ひきたてる色）5%

ベースカラー（基本の色）70%	アソートカラー（ベースカラーを補完する色）25%	アクセントカラー 5%
床，壁，天井など。飽きのこない白やベージュが基本。	家具や小物など。全体をまとめる色。暗すぎたり鮮やかになりすぎないように。	小物など。部屋のワンポイントとして，ベースカラーとは対照的な色でメリハリをつける。

4 収納の工夫

限られた広さの住まいで快適に過ごすためには，使っていないスペースを有効活用して収納を工夫したい。上手な収納は，取り出しやすく，片づけやすい。

床下収納

台所の床下には調味料や飲料水を，畳の床下には座布団などを収納。

すき間の収納

幅10～20cmなどの細長い家具を利用して，すき間も収納に活用。

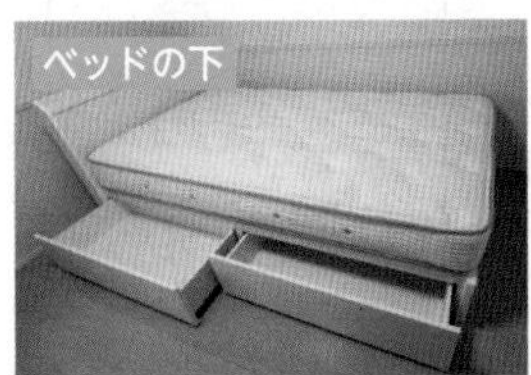

ベッドの下

引き出しのなかに収納する。目に見えない場所も有効に使おう。

つっぱり棚

わずかな空間も工夫次第で収納スペースにできる。

ほかにも，台所の棚や靴，押入れの収納，スペースに応じた収納ボックスなどもある。上手に活用しよう。

Column

日本の住まいは狭い？ 海外と比べてみよう

❶ 戸当たり住宅床面積の国際比較

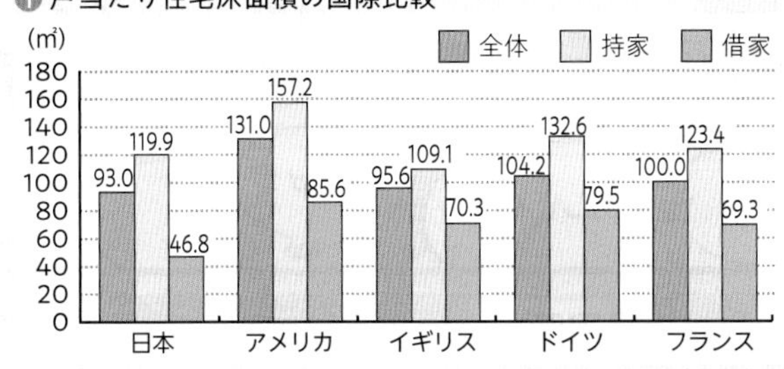

(㎡)	全体	持家	借家
日本	93.0	119.9	46.8
アメリカ	131.0	157.2	85.6
イギリス	95.6	109.1	70.3
ドイツ	104.2	132.6	79.5
フランス	100.0	123.4	69.3

❷ 一人当たり住宅床面積の国際比較

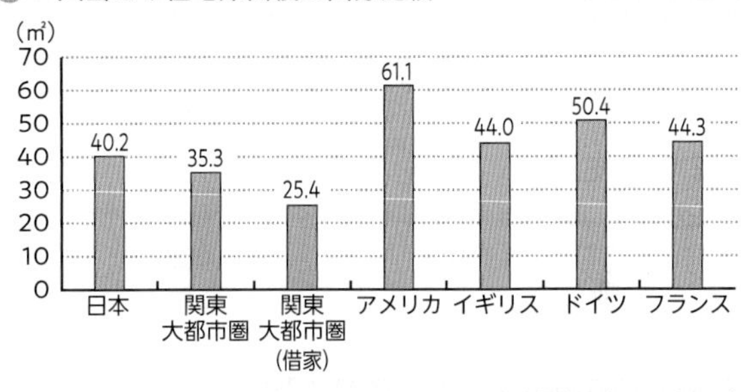

(㎡)	日本	関東大都市圏	関東大都市圏（借家）	アメリカ	イギリス	ドイツ	フランス
面積	40.2	35.3	25.4	61.1	44.0	50.4	44.3

（国土交通省「令和4年度 住宅経済関連データ」より）

ミライフ 未来×LIFE

IoT住宅，スマート住宅とは

住宅も，時代とともに多様に変化している。東日本大震災後，家庭内の消費エネルギーを「見える化」して効率的に省エネを図る「スマートハウス」が広がり，さらに近年は，IoT※技術を活用した「IoT住宅」も普及しつつある。

IoT住宅では，テレビやエアコンなどの家電のほか，照明器具，浴室などの住宅設備をインターネット経由で遠隔操作することができる。さらに，「AIを使った家電からスマートフォンに情報が送られてくる」，「玄関のカギの開閉がスマートフォンやカードをかざすだけでできるようになる」など，生活の利便性を高めるいろいろなメリットが得られる。将来どのような家に住みたいか，住まいにどんな機能があればもっと快適に暮らせるか，考えてみよう。

※「Internet of Things」の略。さまざまなものをインターネットでつなぐことを意味する。

豆知識 2016年の日本への外国人訪問者数は2404万人。1位フランスへの訪問者数は8260万人となっている。

6. 住まいを通じて社会とつながる

デジタルコンテンツ

これからの住まいのあり方とは？

資料を読んで，これからの住まいのあり方を考えてみよう。

1 さまざまな住まい方

1 地域で共生するためのルール

隣近所との関係を円滑にするには，相手に迷惑をかけないこと，不快な思いをさせないことが大切である。日頃からモラルを守った生活を心がけよう。

ごみ出しのルール	ペットのしつけ	ピアノやテレビなどの騒音	マンションなどでの振動
日時を守ってちゃんと分別。ルールを守らないごみは残される。	ふんの始末などをしっかりとする。動物が苦手な人もいることを忘れない。	近所のことを考え，時間帯に気をつける。	階下の人のことを考えて生活する。子どもにも気をつけさせる。
駐車、駐輪のマナー	**バイクなどの音**	**えさやり**	**におい**
放置自転車や自動車は交通を妨げるだけでなく，死角もつくり，危険。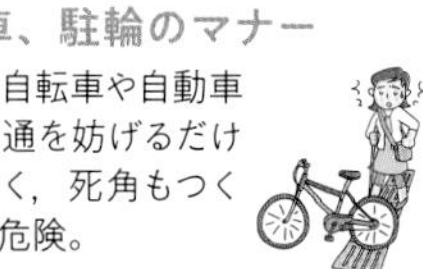	改造や空ぶかしをやめる。音量の大きさにも気をつける。	野良猫やハトなどにえさをやると，害虫や菌繁殖の原因になる。	たき火や調理，園芸の肥料など，においの出るものはたくさんあるので注意。

2 さまざまな居住形態

シェアハウス

複数の人が住まいの空間の一部を共有し，共同生活をする賃貸住宅。それぞれの住人に個室があり，リビング，台所，浴室，トイレなどを共有する形式が多い。住居費を安く抑えられる点が魅力で，日本に昔からある「下宿屋」も，食事付きのシェアハウスといえる。近年は，共通の趣味を持つ入居者を集めたシェアハウスや，多様なサービスを付けたシェアハウスなど，特色あるものも増えている。

個室	個室	個室
共用スペース リビング，キッチン，浴室，トイレ など		

※個室以外のスペースは基本的に共用となる。

コレクティブハウス

他人同士が集まり，年齢や性別を問わず生活の一部を共同化して住む住宅。それぞれのプライバシーが確保された部屋があり，キッチンや食事室，談話室などの共用スペースが設けられている。

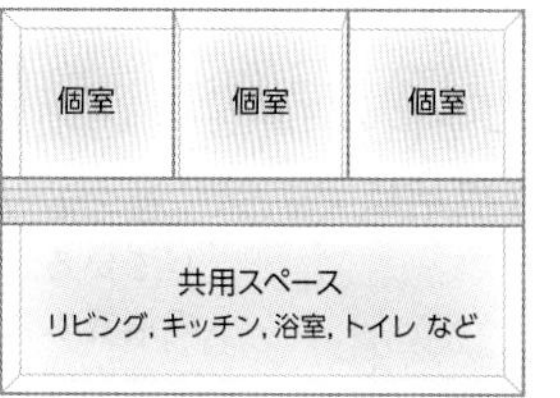

※住戸だけでも独立して生活できる設備が備わっている。

◀NPOコレクティブハウジング社 本町田

コレクティブハウスという名称は，1930年代にスウェーデンで初めて使われた。日本では，阪神淡路大震災後，高齢者の孤独死を防ぐためのコミュニティ形成を目指し，公設の復興コレクティブハウジング「ふれあい住宅」がつくられ，その後さまざまなところで広がっている。

コーポラティブハウス

居住を予定する人たちが協同組合をつくり，土地の選定，建物の設計，工事発注などの事業主となって建設された住宅。コーディネーターが建設を企画し，参加者を募集する場合もある。居住予定者が議論しながら建設を進めていくため，住宅の設計にそれぞれの希望を反映できる。また，欠陥をチェックしやすい，中間経費が抑えられるため安く住宅を取得できる，入居後もコミュニティを築きやすいといったメリットがある。

おとなのつぶやき… 外国人のパートナーと一緒に，コレクティブハウスに3年ほど住んでいます。想像したよりも住民同士で気を遣いすぎることもなく，快適に暮らしています。有志で季節ごとに企画されるイベントも楽しいです。（30歳・女性）

2 環境共生住宅

1 環境共生住宅とは

「環境共生住宅」とは，環境にやさしく，快適な生活を送ることに特化した住宅のこと。認定を受けるには，「省エネルギー性能」や「耐久性」「バリアフリー」などの７項目に定められた条件を満たしたうえで，省エネや暮らしやすさに関する新しい工夫を，２つ以上提案することが必要だ。地球温暖化への関心の高まりなどを受けて，「環境共生住宅」は注目を増している。

環境共生住宅認定マーク▲

環境共生住宅の建設戸数

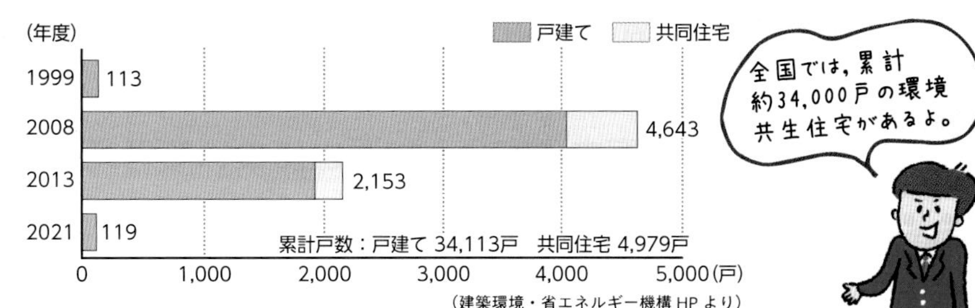

（建築環境・省エネルギー機構 HP より）

2 環境に配慮した住まいの工夫

屋上緑化

屋上緑化では，植物の蒸散効果によって断熱効果を得られる。植物が直射日光を遮り，室内の温度上昇を抑えてくれるという効果もある。雨水の流出緩和や，大気の浄化作用なども期待できる。土壌の重さが建物にダメージを与えることがあるため，軽量の人工土壌が開発されている。

太陽光発電

太陽光発電は，二酸化炭素を排出しない，クリーンな発電方法である。一般家庭に設置すると，従来と比べて光熱費を約45％もカットできるというメリットもある。さらに余った電気を電力会社に売ることも可能。エコなうえに家計を助けてくれる発電法だ。

ビオトープ

ビオトープとは，ドイツで考案された「生物の生育空間」という意味を持つ造語。河川や森林などを整備する大規模なものから，住宅の庭に緑を植えて生物を育成する小規模なものまでさまざまだ。ホタルやメダカなど，絶滅が心配される生物の保護も目的としている。

ミライフ 未来×LIFE

景観を守ろう

自宅や隣近所から少し範囲を広げて，地域社会に関心を持ってみよう。どんな地域にも，独特の歴史や文化があり，街並みや景観にはその特徴が表れていることが多い。街並み・景観を向上させたり，維持しようという活動も増えている。

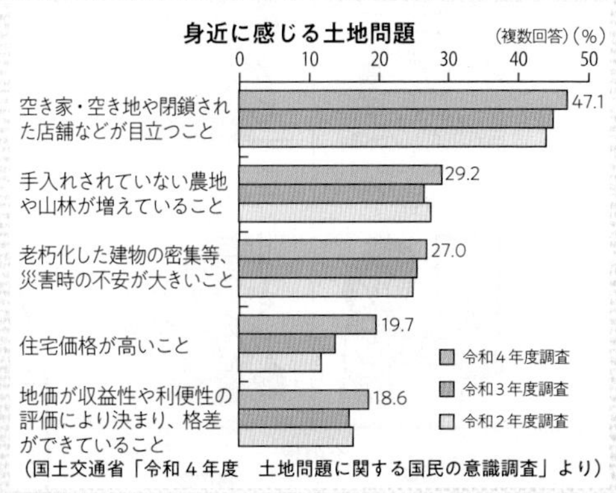

（国土交通省「令和４年度　土地問題に関する国民の意識調査」より）

❶景観の維持に関する法律には，どのようなものがあるか調べてみよう。
❷自分の住んでいる地域で，将来残したい街並みや景観はあるだろうか。挙げてみよう。

豆知識　内閣府は，地方都市における地域の稼ぐ力や地域価値の向上を図り，古民家再生などのまちづくりを支援している。

ワークシート⑥を使って実践しよう！ ワークシート

安全で快適な住環境を考えよう！

あなたが生活している家庭や学校，地域で，危険を感じる場所や不便だと思うところはないだろうか。ここでは，資料や活動を通して，身の回りの住環境をより安全で快適にする方法を考えてみよう。

Study 1 家庭内の安全と快適さについて考えよう

ワークシート

家庭内事故に関する資料を読み取ろう

1. Ⓐから読み取れることを挙げてみよう。
2. Ⓑやp.55の2のグラフを見て，高齢者や幼児のどのような心身の特徴が事故にかかわっているといえるか，挙げてみよう。
3. ⒸやⒹを見て，家庭内事故の起こりうる場所を調べたり，事故を防ぐ方法を考えたりしてみよう。

A 家庭内事故死と交通事故死 年齢別人数

年齢	家庭内事故死	交通事故死
0〜4 歳	79 人	21 人
5〜64 歳	1,685 人	1,366 人
65 歳以上	13,869 人	2,154 人

（厚生労働省「令和４年 人口動態統計」より）

B 65歳以上の家庭内事故死のおもな原因

- 熱及び高温物質との接触 40人
- 有害物質による不慮の中毒及び有害物質への曝露 102人
- 煙，火及び火炎への曝露 580人
- 転倒・転落・墜落 2,428人
- その他の不慮の窒息 3,072人
- 不慮の溺死及び溺水 6,228人

（厚生労働省「令和４年 人口動態統計」より）

▶ 幼児のグラフはp.55の2を参照

C おもな家庭内事故の種類

D 家庭内で起こる事故の例

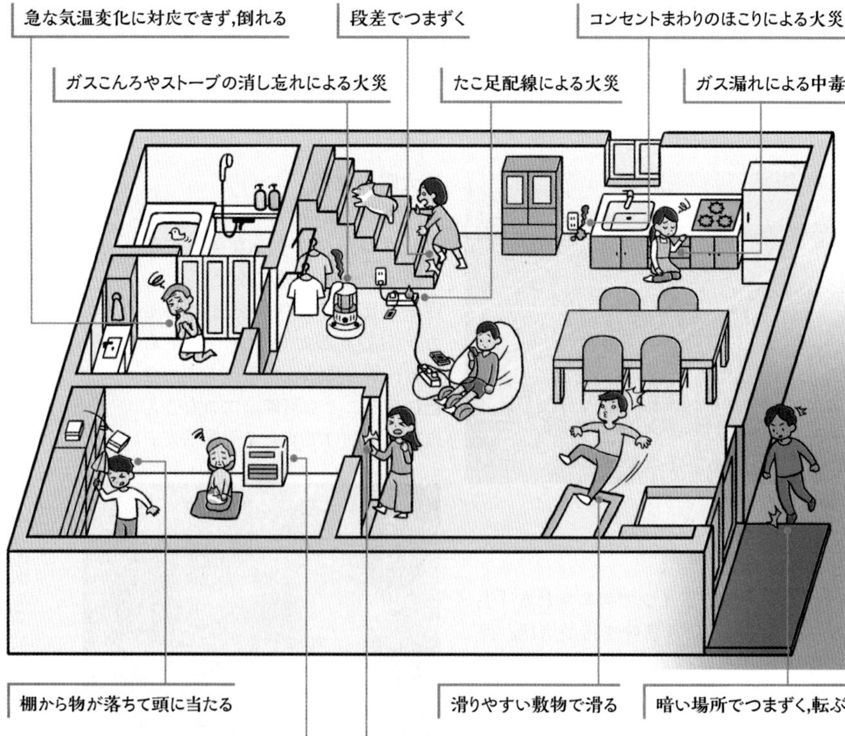

Study 2 安全で快適な学校を考えよう

あなたの学校で，

「快適じゃないな」

「もっとこうだったらいいのに」

と思うところはあるだろうか。

より安全で快適にする方法を

考えてみよう。

Study 3 地域のバリアフリーマップをつくろう

あなたの住む地域の「バリアフリーマップ」をつくってみよう。バリアフリーマップは，車椅子利用者や高齢者，妊産婦などの利用のしやすさを示す「バリアフリー情報」をまとめたものである。普段何気なく利用している道路や施設，店舗などを調べて，1枚の地図にまとめてみよう。

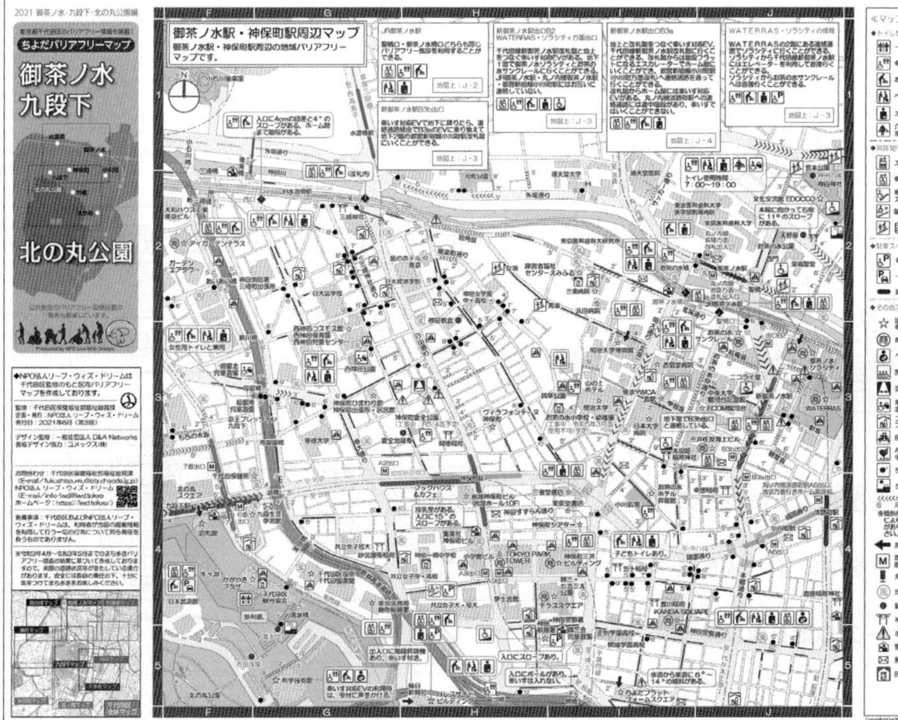

▲ ちよだバリアフリーマップ

- □ 出入り口に段差はないか，または段差は何段か。
- □ 出入り口の幅に余裕はあるか。(何cm)
- □ 補助犬対応可か。
- □ 施設内は移動しやすいか。
- □ 階段やトイレ内に手すりはあるか。
- □ 多目的トイレはあるか。
- □ 車椅子用の駐車スペースはあるか。
- □ スタッフは親切か。など

バリアフリー情報を投稿・共有できるアプリには，上記のようなチェック項目がある。

■住生活

おとなの常識・

Q1

お世話になった方の家を訪問することになった。玄関先での靴(くつ)の脱(ぬ)ぎ方として適切なのはどれとどれ？

❶ 出迎えた人と向かい合ったまま脱ぐ。
❷ 相手にお尻を向けないよう，斜めの体勢になって脱ぐ。
❸ 簡単な挨拶(あいさつ)をした後，回れ右をして足をそろえ，かかとを室内側に向けて脱ぐ。
❹ 脱いだ靴は向きをそろえ，端に寄せて置く。

Q2

お客様を玄関で迎える側になった場合，適切なのはどれとどれ？

❶ お客様がコートを持っていたら，玄関で預り，ハンガーにかける。
❷ お客様が脱いだ靴をそろえる前に，素早く端に寄せる。
❸ 客間にお通しする際は，お客様にお尻を向けいよう，後ろ向きで案内する。
❹ 客間にお通しする際は，お客様にお尻を向けないよう，体を少し斜めにしてお客様の前を歩く。

Q3

正座から立ち上がるとき，適切なマナーはどれとどれ？

❶ そのまま真上に立ち上がる。
❷ 座ったまま，いったんつま先を立て，かかとの上に体重をかける。
❸ 足のしびれが取れるまで片手をついて，体を斜めにしてから立ち上がる。
❹ 片足を「立てひざ」にし，もう一方の足を前に持っていきながら立つ。

Q4

複数のお客様を洋室にお通しする。席次として適切なのはどれ？

❶
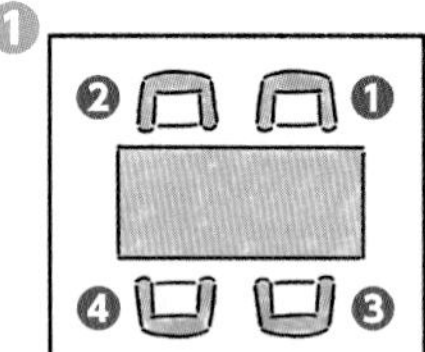

❷
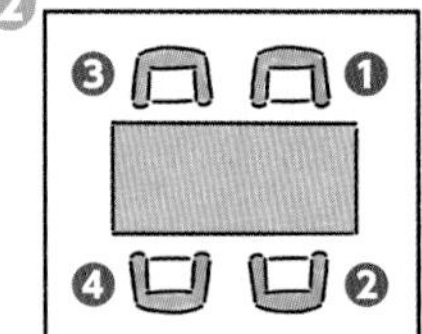

❸
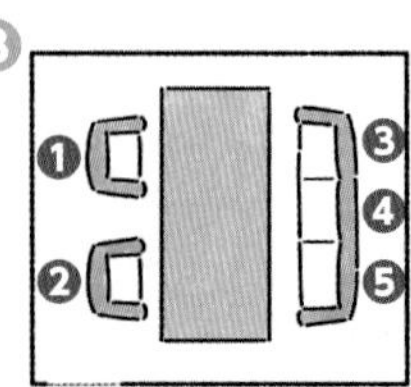

❹
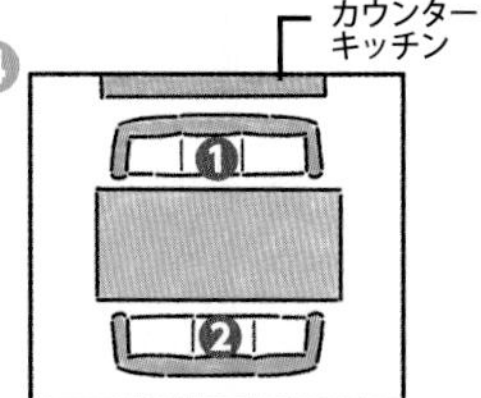

注意：❶が最も目上の席(上座)とし，番号が大きくなるほど末席(下座)とする。

マナークイズ

Q5

ふすまを開けて和室に入るとき，
適切なのはどれ？

1. 中の人に大声で呼びかけ，ノックしてから入室する。
2. 中に入ったら，中にいる人に向かってお辞儀をしながら，後ろ手にふすまを閉める。
3. ふすまを開けたら，中に入る前に両足でしっかり敷居を踏んでから入室する。
4. ふすまの開け閉めは途中で止めず思い切り行う。

Q6

すすめられて
座布団に座るとき，
適切なのはどれ？

1. お礼を言ってから座布団の上に立ち，静かに座る。
2. 両手をついて，ひざでにじり寄るように座布団の上に進む。
3. 座ったまま両手で座布団を丁寧に引き寄せて，すねの下に当てる。
4. 必ず正座を続け，「お楽にどうぞ」と言われても絶対に足をくずしてはならない。

Q7

退出の仕方として，
NGなものはどれ？

1. 洋室の場合は椅子から立ち上がって，お礼を述べる。
2. 和室の場合は，座布団より下座におりて，お礼を述べる
3. 玄関では，室外に向けてスリッパを脱ぎ，靴をはいた後，振り返ってスリッパを室内に向けてそろえる。
4. 寂しい別れを振り払うために，玄関のドアは音を立てて閉める。

正解のないクイズ

まずは自分で考え，まわりの友達と話し合ってみよう！

父親を訪ねて来たお客様が，
手土産を父に渡す際，
「つまらない物ですが」
と言っていた。あなたならこの
言葉をどう考える？

1. 「つまらない物」を持って来るとは失礼極まりなく，言語道断である。
2. 相手が気に入ると確信した品物を手渡すべきだ。
3. 自分をへりくだって見せるというより，相手を敬う気持ちに発した言葉だからよいと思う。
4. その他
（（具体的には？）　　　　　　　　　　）

答えはp.162

将来について考えよう

1 生活設計を考えよう

1 ライフコースの例

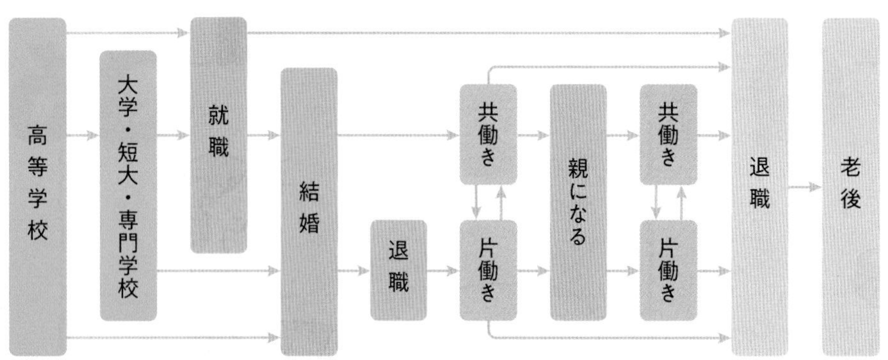

解説 人生には，進学，就職，結婚などさまざまなライフイベントがある。それぞれのライフイベントを経てその人が一生の間に歩む道筋をライフコースという。職業観，家族観などが多様化した現代では，ライフコースの多様化も進んでいるため，自分がどう生きたいのかを主体的に考えることが求められている。

いろんな選択肢があるんだね

2 人生 100 年時代をどう生きる?

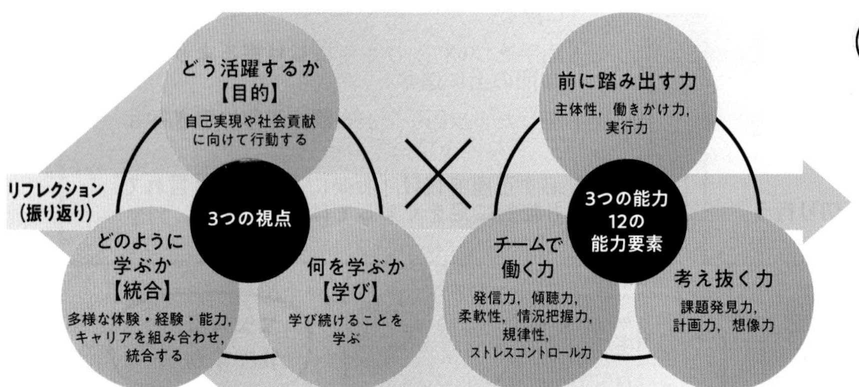

（経済産業省「人生 100 年時代の社会人基礎力」より）

解説 「人生 100 年時代」を迎え，社会に出た後も，時代の変化に対応して働くことや学ぶことについて考え直す機会を持ち，キャリアを再設計していく力が求められるようになった。個人が企業，組織，社会とかかわる時間がこれまで以上に長くなる中，職場や地域社会で多様な人々と仕事をするために必要とされる基本的な力が「人生 100 年時代の社会人基礎力」である。社会人基礎力は，「前に踏み出す力」「考え抜く力」「チームで働く力」の 3 つの能力と 12 の能力要素で構成されている。自分の能力や体験をリフレクション（振り返り）しながら，目的，学び，統合の 3 つの視点のバランスを図ることがキャリアを切りひらいていく上で必要と位置づけられている。

3 10 のライフスキル

世界保健機構（WHO）は，日常生活で生じるさまざまな問題や要求に対して効果的に対処する能力「ライフスキル」として，以下の 10 項目を挙げている。

❶**意思決定** 自分のことは自分で決められる能力
❷**問題解決** 問題にじょうずに対処する能力
❸**創造的思考** 新しいものを生み出す能力
❹**批判的思考** ものごとを客観的にとらえ，分析する能力
❺**効果的なコミュニケーション** 自分を表現でき，必要なときにはアドバイスを求めたりできる能力
❻**対人関係** 他の人と良好な関係を築く能力
❼**自己認識** 自分の長所短所，性格などを認識することができる能力
❽**共感** 他の人の感情や意見，立場を同じように感じることができる能力
❾**情動抑制** 自分の感情や不安をコントロールできる能力
❿**ストレスへの対処** ストレスの影響を理解し，ストレスを発散することができる能力

（WHO 1993）

Column

働く若者サポート

働くことに関するさまざまな悩みを抱える若者（15 歳～49 歳）に専門的なアドバイスや相談，協力している企業への就労体験などのサポートを行っているのが，地域若者サポートステーション（通称「サポステ」）である。サポステは，厚生労働省が委託した全国の NPO 法人や株式会社などが実施しており，日本全国に設置されている。キャリアコンサルタントによる専門的な相談だけでなく，合宿形式の職場実習訓練など各自の状況に合わせたサポートを受けることができる。また，サポステを卒業した人に対しても懇談会や職場定着相談などアフターフォローを行っている。

おとなのつぶやき… 子どものころは，30 代には母親になっていると思っていたけど，仕事も楽しく，充実した独身ライフを楽しんでいます。予想通りにいかないことも多いけど，試行錯誤しながら自分のペースで進んでいくのが人生なのかなあと思います。（35 歳・女性）

2 どんなおとなになりたい?

1 おとなのイメージ

●いまの「おとな」に対して，抱いているイメージ

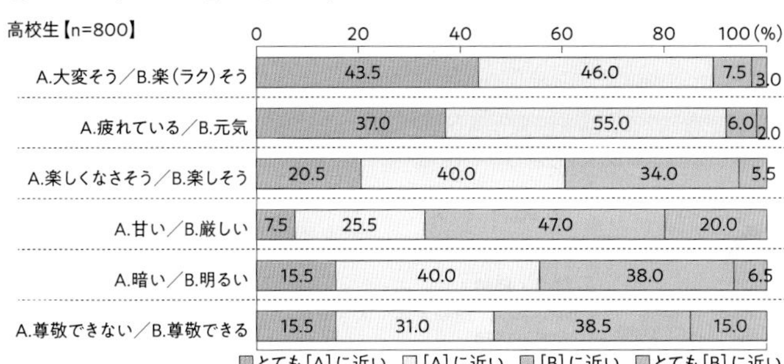

（ソニー生命保険「中高生が思い描く将来についての意識調査 2023」より）

●「カッコいいおとな」のイメージ

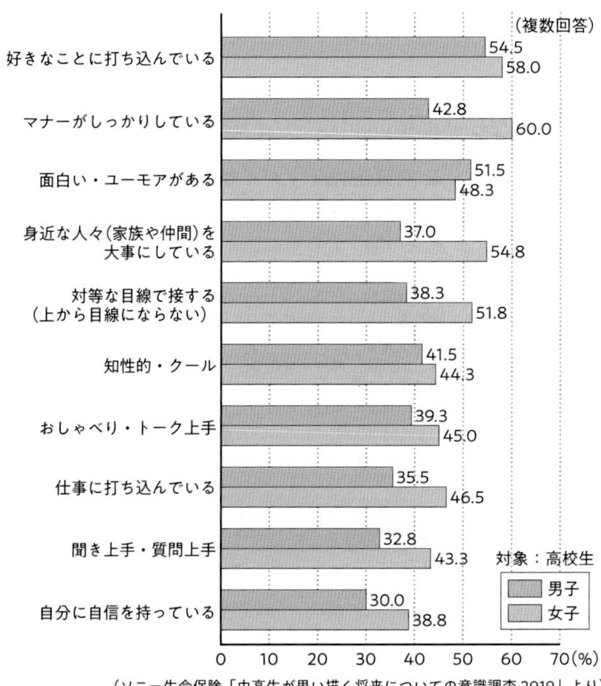

（ソニー生命保険「中高生が思い描く将来についての意識調査 2019」より）

2 理想とする将来

●将来の夢（高校生の上位 10 位）

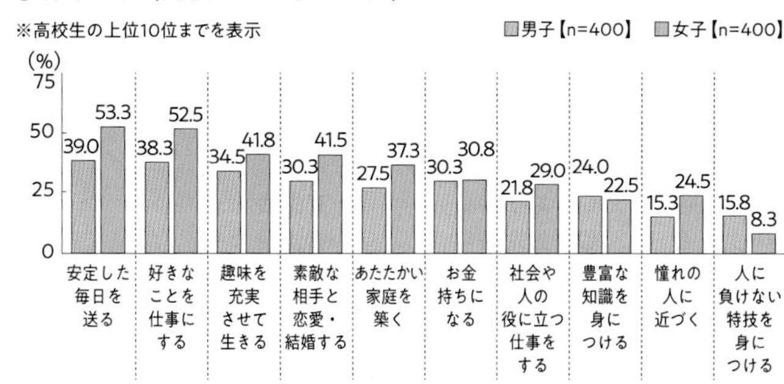

（ソニー生命保険「中高生が思い描く将来についての意識調査 2023」より）

3 人生の目標（4 か国比較）

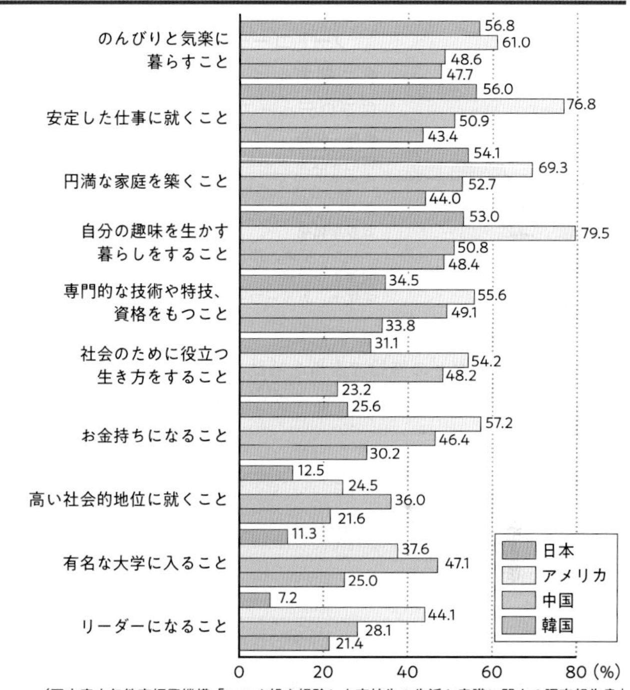

（国立青少年教育振興機構「コロナ禍を経験した高校生の生活と意識に関する調査報告書」令和 4 年 6 月より）

Column

変わりゆく未来へ向けて～新しい職業が増えていく！？

2030 年には，少子高齢化が更に進行し，65 歳以上の割合は総人口の 3 割に達する一方，生産年齢人口は総人口の約 58％にまで減少すると見込まれている。同年には，世界の GDP に占める日本の割合は，現在の 5.8％から 3.4％にまで低下するとの予測もあり，日本の国際的な存在感の低下も懸念されている。

また，グローバル化や情報化が進展する社会の中では，多様な主体が速いスピードで相互に影響し合い，一つの出来事が広範囲かつ複雑に伝播（でんぱ）し，先を見通すことがますます難しくなってきている。子供たちが将来就くことになる職

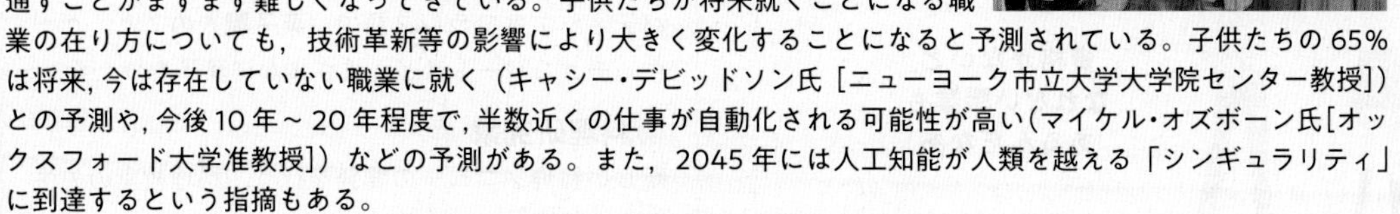
業の在り方についても，技術革新等の影響により大きく変化することになると予測されている。子供たちの 65％は将来，今は存在していない職業に就く（キャシー・デビッドソン氏［ニューヨーク市立大学大学院センター教授］）との予測や，今後 10 年～ 20 年程度で，半数近くの仕事が自動化される可能性が高い（マイケル・オズボーン氏［オックスフォード大学准教授］）などの予測がある。また，2045 年には人工知能が人類を越える「シンギュラリティ」に到達するという指摘もある。

（文部科学省中央教育審議会 資料「2030 年の社会と子供たちの未来」より）

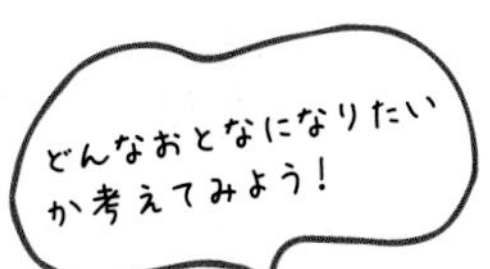

豆知識 江戸から戦前まで，10 歳前後から商店で住み込みで働く丁稚（でっち）（江戸では小僧）がおり，職業教育のはしりともされる。

Close-UP

見つけよう，自分の道

マークの説明
●…消費生活　●…環境
●…青年期・家族　●…保育
●…高齢期　●…共生社会　●…衣生活
●…住生活　●…生活設計　●…食生活
☆…免許や資格をとると仕事に役立つ職業
★…免許や資格が必須の仕事

朝ごはんを食べよう

●フードコーディネーター☆
食に関するビジネスを総合的にプロデュースする。
学歴・経験
専門学校で学ぶこともできるが，プロのアシスタントとして実力をつけるのが一般的
おもな職場
テレビ，映画，出版，食品メーカー
関連する資格
栄養士，カラーコーディネーター

●家政婦
一般家庭や寄宿舎などの施設で家事を補助，代行する。乳幼児の育児や介護補助なども請け負うことがある。

妹を迎えに行く

●保育士★
児童福祉施設などで乳幼児，児童の保育を行う。
学歴・経験
専門学校，短期大学，大学で学び，資格を取得する
おもな職場
保育所，児童養護施設
関連する資格
幼稚園教諭，チャイルドマインダー

●児童福祉司★
児童相談所で相談を受けたり指導をする。

家庭科の授業で特別授業があった

●消費生活アドバイザー★
消費者と企業の間に入って，商品やサービスの問い合わせに答える。
学歴・経験
学歴や経験は必要なく，だれでも受験資格はある。消費者とふれ合う職業の人が受けることが多い
おもな職場
国・地方自治体，商業施設
関連する資格
消費生活専門相談員

朝 AM7：00起床　→　通学　→　学校　→　昼 PM12：30

街路樹がきれいに色づいている

●樹木医★
病気になった樹木を診断し治療する。
学歴・経験
実務経験を7年以上積んだ上で試験に合格する必要がある
おもな職場
公園，一般家庭の庭など
関連する資格
樹木医補，ビオトープ管理士，造園施工管理技士

待ちに待った昼ごはん！

●調理師☆
仕入れや調理，盛り付けを行う。シェフ，板前

●管理栄養士★
学校や病院で栄養バランスのとれた食事メニューを作る。

●農家
農業に従事する。専業農家と農業以外の収入もある兼業農家がある。

●パティシエ☆
パティシエはフランス語で，菓子職人のこと。ケーキ，チョコレートなどさまざまな洋菓子をつくる。

●料理研究家
新しい料理メニューの開発を行う。料理教室の先生や本の執筆，テレビ番組の出演も行う。

夢をかなえるために今やっておくべきことはなんだろう？

資格がないとなれない職業もあるんだなあ

将来の夢ってなんだろう？　自分は“なに”になりたいのだろう。あなたのふだんの生活は，さまざまな職業につながっている。ある高校生の１日を参考に，身の回りにどのような職業があるのかを見て，これらからの人生について考えてみよう。

おばあちゃんのお見舞い

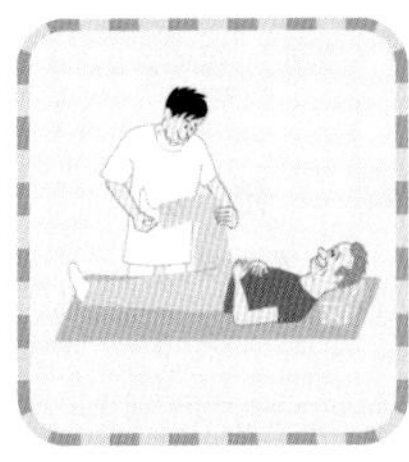

●理学療法士★
病気やけがで障がいを持った人のリハビリテーションをする。

学歴・経験
専門学校，短期大学を卒業し資格を取得する。専門的な研究をする場合は，大学，大学院もある

おもな職場
リハビリテーション病院・施設，市・区役所，障がい者福祉センター

関連する資格
作業療法士，言語聴覚士

●ケースワーカー
生活の援助が必要な人の相談にのり，必要な手続きなどを行う。

●看護師★
医療，保健福祉の現場で，病気の人などの手当てをしたり，世話をしたりする。

●臨床心理士★
悩みやストレスを持つ人を診断し，カウンセリングを行う。

●ホームヘルパー★
高齢者や障がい者の家庭を訪問し生活の手助けをする。

●介護福祉士★
障がい者や高齢者に助言をしたり，生活の手助けをしたりする。

学歴・経験
大学や専門学校を卒業し，国家試験に合格する必要がある。3年以上の実務経験と研修を経て国家試験を受ける方法もある。

おもな職場
特別養護老人ホーム，デイケアセンター

関連する資格
社会福祉士，精神保健福祉士

もし困ったことが起きたら…

●弁護士★
社会に起こる問題の解決に取り組み，依頼人の人権を擁護する法律の専門家。

学歴・経験
法科大学院を卒業，または予備試験に合格し，司法試験に合格する必要がある

おもな職場
弁護士事務所

関連する資格
裁判官，検察官

●ファイナンシャル・プランナー★
顧客の人生設計に合わせた資産計画をたてたり，アドバイスをしたりする。

●税理士★
個人や企業の税金の管理や申告を代行したり，資産運用の助言をしたりする。

保育園

病院

帰宅

夜
PM11：00就寝

リフォームの相談に建築士さんが来る

●建築士★
建物のデザインや構造を設計する。

学歴・経験
大学の建築学科や建築系の専門学校を卒業し，国家試験に合格しなければならない

おもな職場
設計事務所，工務店，建設会社，国・地方自治体

関連する資格
技術士，測量士，土木施工管理技士

明日はお出かけ！どんな服を着ようかな

●服飾バイヤー
アパレルメーカーなどで服の仕入れを担当する。

●スタイリスト
おもにモデルやタレントのファッション・コーディネートを行う。

学歴・経験
専門学校のスタイリスト科などを卒業するほかに，スタイリスト事務所に就職して経験を積む

おもな職場
テレビ，出版，衣料品メーカー

関連する資格
ファッションビジネスコンサルタント

他の職業も調べてみよう

これらの職業以外にも，世の中にはたくさんの仕事がある。自分の得意なことや好きなことが，意外な職業につながっていることもある。調べてみよう。

◆学校では…
・教師　・養護教諭

◆スポーツが得意なら…
・スポーツ選手
・スポーツインストラクター
・審判員
・スポーツ用品メーカー社員

◆音楽が好きなら…
・歌手　・オーケストラ団員
・指揮者

◆機械が好きなら…
・自動車整備士　・エンジニア

◆本や文章が好きなら…
・作家　・新聞記者

ホームプロジェクトに挑戦しよう！

1 ホームプロジェクトの進め方

ホームプロジェクトは，自分のことや身近な家族の生活を見直し，課題を見つけ（See），計画を立て（Plan），実践（Do）し，反省・評価（See）するという方法で進めて行く学習活動のことである。生活の中の「もっと○○だったらいいのに…」「何とかしたい！」などの問題を見つけ，課題を設定し，改善を目指してみよう！

2 さまざまなテーマ例

① 初めての自分さがしの旅

進路に悩んでいるので，この夏休みに，いろいろなものを見たり聞いたりする旅に出よう！

② 家事の見える化＆分担大作戦！

家事分担について，家族で改めて見直し，考えてみる。

③ 家系図を作ってみよう

親戚の集まりがあったが，親戚の名前がわからなかった。もっと仲良くなるために，家系図を作ってみたい！

④ レポート！ いとこのひとり暮らし

いとこが東京でひとり暮らしを始めた。おじさんやおばさんの心配を減らすために，レポート！

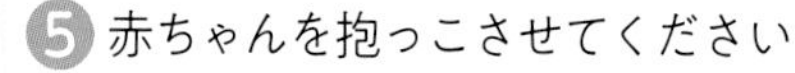

⑤ 赤ちゃんを抱っこさせてください！

知り合いに頼んで，赤ちゃんを抱っこさせてもらい，パパやママに子育てインタビューする。

⑥ 保育園の先生に会いに行く

保育園の先生に，自分の小さい頃の話を聞きに行き，自分の成長を振り返ってみる。

⑦ おじいちゃんの歴史年表作り

祖父が 80 歳になる。祖父の歴史年表を作り，敬老の日にプレゼントをする。

⑧ 発刊！ おばあちゃんのレシピ集

おばあちゃんの料理がおいしい。レシピを受け継ぎ，作り続けたい。

⑨ ケンタのダイエット大作戦

ペットのケンタが太ってきた。効果的なダイエット方法を考えて実践したい。

おとなのつぶやき… 夏休み最終週のわが家は，宿題に追われる子どもたちで毎年てんやわんやになります。「早めにやっておきなさい！」と注意するものの，自分も昔は同じ状況だったことを思い出し，思わず苦笑してしまいます…。計画を立てるって難しいけど大事ですね。（40 歳・男性）

3 「個人」から「学校」「地域」の課題解決へ

生活の課題の中には，個人では解決できないものも多い。また，個人で取り組むよりも，学校や地域の人々の協力を得ながら継続的に取り組んだ方がよいものもある。ホームプロジェクトのテーマを発展させて，学校のみんなでスクールプロジェクトに取り組んでみよう。

ホームプロジェクト

自分や家族の家庭生活の充実向上を目指して，個人で取り組む活動。

スクールプロジェクト
(学校家庭クラブ活動)

学校や地域社会の中で発見した課題の解決を目指し，グループや学校単位で取り組む活動。

⑩ 下げよう血圧！ 父とお弁当作り

父親の血圧が高いらしい。会社での昼食を手作り弁当に切り替え，改善を目指したい。

⑪ わが家の食品ロス撲滅作戦

冷蔵庫で賞味期限が過ぎる食べ物が多い。なんとかしなくては…。

⑫ 母に笑顔を

闘病中の母の笑顔を増やしたい。やせてしまった母のおしゃれを研究したい。

⑬ 洗濯の選択は！？

洗濯を行う時間や回数，干し方，洗剤や柔軟剤など，洗濯にかかわることを調べて，よりよい方法を考える。

⑭ 着物でお出かけ

着物を着てみたい！　祖母に頼んで着方を習い，出かけてみたら，新たな発見が…。

⑮ 激安！ DIY を楽しもう！

自分の部屋と弟の部屋を，できるだけお金をかけずに快適にしたい！

⑯ わが家の防災手帳

災害時の家族の集合場所や避難のルールなどを手帳にまとめる。

⑰ それは本当にゴミ？

普段ゴミとして捨てているものを見直し，新たな活用方法を家族で考える。

⑱ エシカル消費をみんなで

洋服や家電を買うことを想定し，家族の買い物をエシカルな視点で見直してみる。

豆知識　品質管理など生産・業務プロセスにおいて，段階を繰り返して改善する方法を，PDCA サイクルという。Plan（計画），Do（実行），Check（評価），Action（改善）の略。

Visual LIFE

世界の食を覗(のぞ)いてみよう！

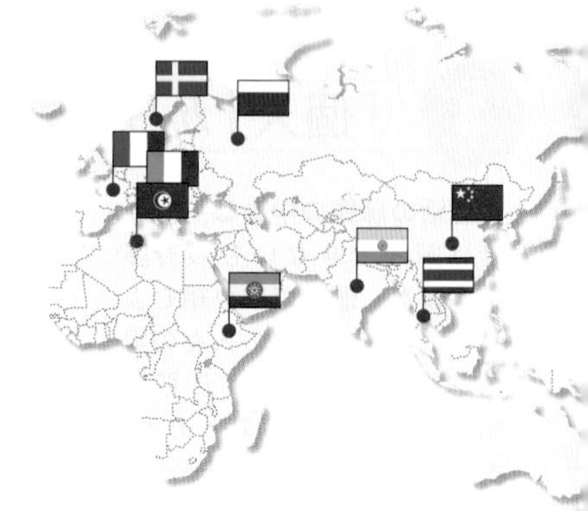

世界の食文化は，その国や地域の気候・風土，歴史などさまざまな要因からなりたっている。主食の原料だけ見ても米，小麦，いも，とうもろこしなどがあり，それぞれ調理法で全く違う料理になる。

また，食べ方も箸だけでなく，ナイフやフォーク，手を使う国もある。

ザリガニ料理（スウェーデン）
塩でゆで，ディルなどの香草を添(そ)えて風味を付ける。冷やして手づかみで食べる。8月にはザリガニパーティーが開催され，盛り上がる。

フランス料理（フランス）
西洋料理の代表とも言えるフランス料理。美味しさ，見た目の美しさなどもあり食で初めて世界文化遺産に認定された。

パスタ（イタリア）
オリーブオイルを使って調理されることが多い。魚介類や野菜，乳製品なども用いられる。

パスタは小麦粉を練って作るイタリアの麺類の総称で，スパゲッティ，マカロニ，ペンネはすべてパスタに含まれる。

原料:小麦

トムヤムクン（タイ）
えびが入ったスープで酸味と辛みが味わえる。世界三大スープの一つで，クンはえびのこと。

タンドリーチキン（インド）
ヨーグルトや香辛料に漬けて焼いた鶏肉。インドのカレーには，多種多様なスパイス，水牛の乳からつくるギーという油を使う。

クスクス（チュニジア）
原料はデュラム小麦。小麦粉を粒状に練り，蒸して食べる。アラブ諸国では，主食としてスープなどと一緒に食べる。

ポイ，ロミロミサーモン（ハワイ）
ポイはタロイモを蒸して粘り気が出るまですりつぶしたもの。ロミロミサーモン（トマト，玉ねぎと鮭(さけ)のサラダ）などとともに供される。

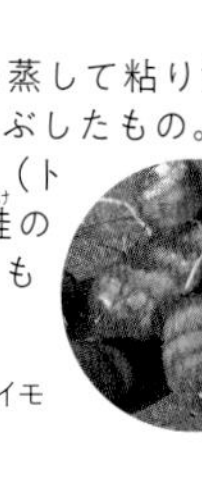

原料:タロイモ

インジェラ（エチオピア）
テフという穀物を一度粉末にしてから水で練って焼いたもので，独特の酸味がある。ワットと呼ばれる味のついたおかずをインジェラでつまんで食べるのが主流。

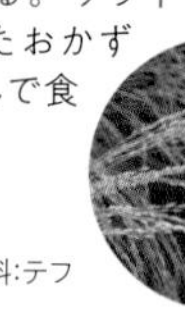

原料:テフ

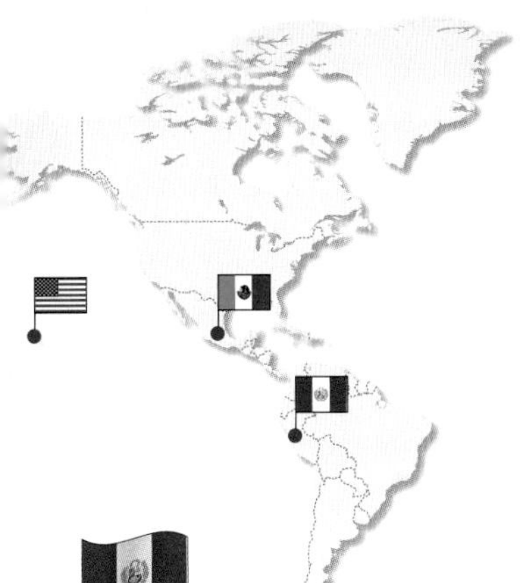

ボルシチ(ロシア)
ロシアでは1年中食される代表的な家庭料理で，肉・野菜を長時間煮込んだ濃厚なスープ。特徴的な鮮やかな赤味は，ビート(ビーツ)によるもの。

ロモ・サルタード(ペルー)
揚げたじゃがいもと炒めた牛肉，たまねぎ，トマトなどをライスとともに食べる。首都リマを中心とした沿岸部の代表的な料理。

トルティーヤ・タコス(メキシコ)
肉や野菜などを包んで食べるメキシコのトルティーヤは，トウモロコシを粉にして水を加えて練り，薄くのばして焼く。

原料:トウモロコシ

北京ダック(中国)
北京料理の中でもとくに有名な一品。肥育したアヒルを丸焼きにし，そいだ皮に細切りねぎや甘みそなどをそえバオビン(薄餅)に包む。

あの人の食事を覗いてみよう！

モロヘイヤ、ニンニク、タマネギ……
エジプトで愛された
野菜の旨味

●クレオパトラ7世 「モロヘイヤスープ」

宴は神殿のような巨大な宮殿で行われ，一面大理石の壁にメノウがはめこまれており，象牙がロビーに張りめぐらされていたといいます。そんなカエサルとの宴席で登場したモロヘイヤスープをご紹介しましょう。モロヘイヤはアラビア語で“王様の野菜”という意味の「ムルキーヤ」が語源であるといわれています。(本文引用)

クレオパトラ7世(在位:紀元前51~前30年)
エジプトのプトレマイオス朝最後の女王。高い教養と美貌で知られる。夫であったアントニウスの後を追って自殺したとされている。

●チンギス・ハン 「バルブスープ」

羊肉のカレースープ

『元朝秘史』と呼ばれるチンギス・ハンの一代記というべき中世モンゴルの歴史書にも羊肉の食事シーンや，羊肉のスープを語る描写があります。(中略)このスープは，ブハラでホラムズ・シャー朝を倒した時にも，現地の香辛料を入れて味わったそうです。(本文引用)

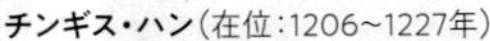

チンギス・ハン(在位:1206~1227年)
モンゴル帝国の初代皇帝。一代で広大なモンゴル高原を統一し，ヤサとよばれる法令で支配した。名前の「ハン」は遊牧国民の君主の称号。

ゴロっとのせた羊肉と
スパイシーな
味付けが決め手

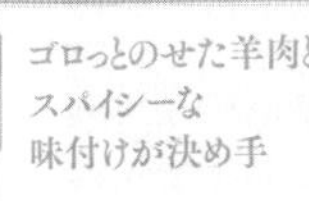

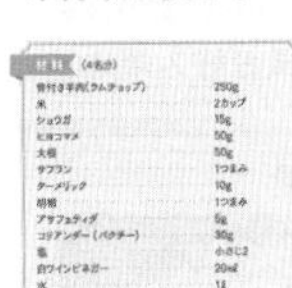

(宝島社
「英雄たちの食卓」
遠藤雅司より)

Visual LIFE

日本の食を覗(のぞ)いてみよう！

日本各地には，その土地の食材や特徴を生かしたさまざまな郷土料理やご当地グルメがある。自分の住んでいる都道府県にはどのようなものがあるか調べてみよう。また，下の二次元コードから，レシピ動画もチェックしてみよう。

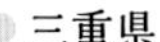

三重県

手こね寿司

滋賀県

鴨鍋

京都府

おばんざい

大阪府

お好み焼き

兵庫県

明石焼き

奈良県

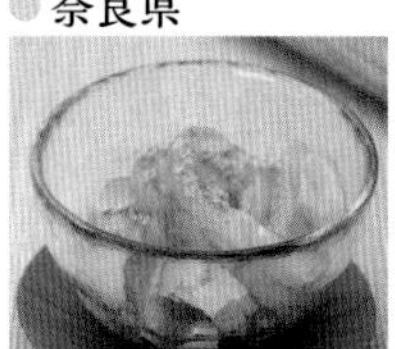

葛きり

和歌山県

ごま豆腐

徳島県

そば米雑炊

香川県

しっぽくうどん

愛媛県

宇和島鯛めし

高知県

カツオのたたき

鳥取県

らっきょう漬け

郷土料理・ご当地グルメレシピ動画

島根県

うずめ飯

岡山県

デミカツ丼

広島県

広島風お好み焼き

山口県

瓦そば

福岡県

筑前煮

佐賀県

だご汁

長崎県

ちゃんぽん

熊本県

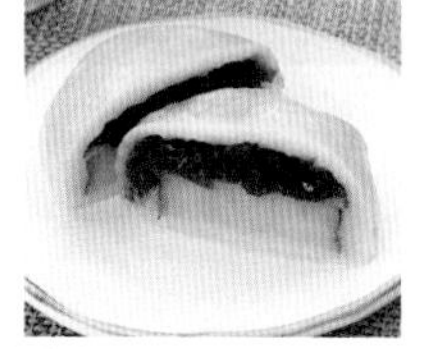

いきなり団子

大分県

やせうま

宮崎県

冷や汁

鹿児島県

さつま汁

沖縄県

サーターアンダギー

※写真・動画はDELISH KITCHEN提供。地域により異なる場合がある。

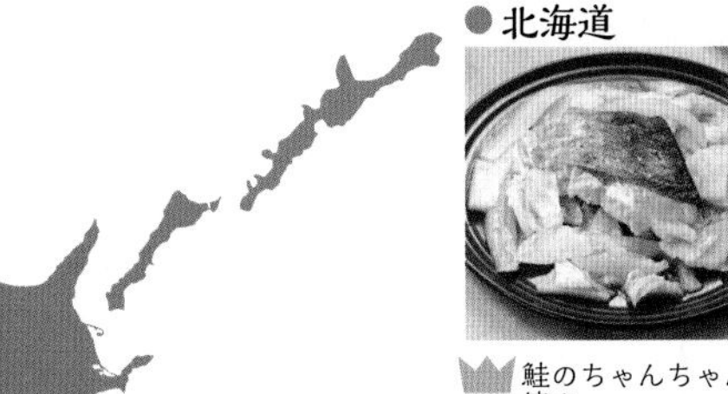

● 北海道

鮭のちゃんちゃん焼き

● 青森県

せんべい汁

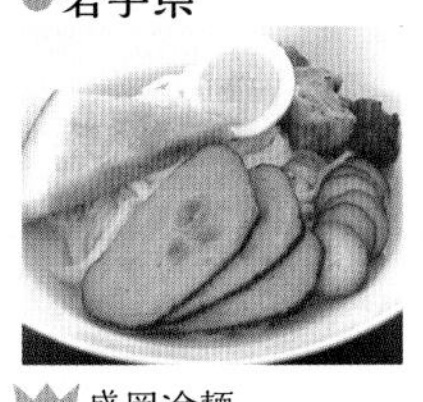

● 岩手県

盛岡冷麺

● 宮城県

ずんだもち

● 秋田県

きりたんぽ鍋

● 山形県

山形だし

● 福島県

こづゆ

● 栃木県

しもつかれ

● 群馬県

おっきりこみ

● 茨城県

ピーナッツ味噌

● 埼玉県

みそポテト

● 千葉県

なめろう

● 東京都

もんじゃ焼き

● 神奈川県

サンマーメン

● 新潟県

タレカツ丼

● 富山県

ホタルイカとほうれん草の酢味噌かけ

● 石川県

治部煮(じぶに)

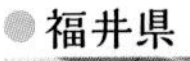

● 福井県

呉汁(ごじる)

● 山梨県

ほうとう鍋

● 長野県

野沢菜漬け

● 岐阜県

鶏ちゃん

● 静岡県

串おでん

● 愛知県

みそ煮込みうどん

あの人の食事を覗(のぞ)いてみよう！

平安時代

平安女性をとりこにした新顔スイーツ！

唐菓子(からくだもの)

仏教とともに伝わったものの一つに、穀物の粉をこねて油で揚げた「唐菓子」があります。今のお菓子とくらべると、それほどあまくもなく、やわらかくもなかったお菓子ですが、これまでにない油のこくも加わって、非常に好まれました。

● 清少納言「唐菓子(からくだもの)」

仏教とともに伝わったものの一つに，穀物の粉をこねて油で揚げた「唐菓子」があります。今のお菓子とくらべると，それほどあまくもなく，やわらかくもなかったお菓子ですが，これまでにない油のこくも加わって，非常に好まれました。
(本文引用)

清少納言(966年頃~1025年頃)
随筆集「枕草子」で知られる，平安時代の女性文学者。一条天皇の中宮定子に仕え続け，女房三十六歌仙の一人に数えられる。家集に「清少納言集」がある。

室町時代～戦国時代

いくさのパワーの元となる携行食

兵糧丸(ひょうろうがん)

料理ができないときのために、兵士たちが持ち歩いていた食料の一つが「兵糧丸」です。命をつなぐ大切な食料のため、何を入れるか、各家々に秘伝の作り方がありました。いくさ続きの生涯を送った上杉謙信もまた、独自の兵糧丸を食べていました。

● 上杉謙信「兵糧丸(ひょうろうがん)」

料理ができないときのために，兵士たちが持ち歩いていた食料の一つが「兵糧丸」です。命をつなぐ大切な食料のため，何を入れるか，各家々に秘伝の作り方がありました。いくさ続きの生涯を送った上杉謙信もまた，独自の兵糧丸を食べていました。
(本文引用)

上杉謙信
(享禄3(1530)年~天正6(1578)年)
戦国時代の越後(新潟)の武将。春日山城主として諸大名と戦を繰り広げた。特に武田信玄との川中島の戦いが有名。織田信長との戦を前に病死した。

(くもん出版『歴史ごはん 信長，秀吉，家康たちが食べた料理』監修：永山 久夫より)
料理作成:原 敬子
料理撮影:瀧本加奈子

1. ダイエットしすぎて…

デジタルコンテンツ

その食の常識は正しい？

食生活と健康に関する常識が正しいかどうかクイズに挑戦しよう。

1 ダイエットの現状

1 高校生のダイエット事情（2020 年）

●いまダイエットしていますか？

女子高生

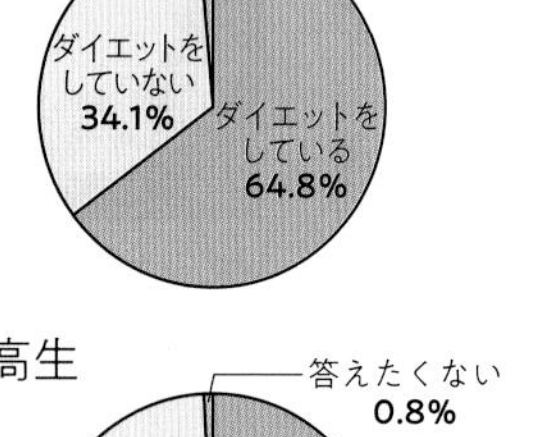

男子高生

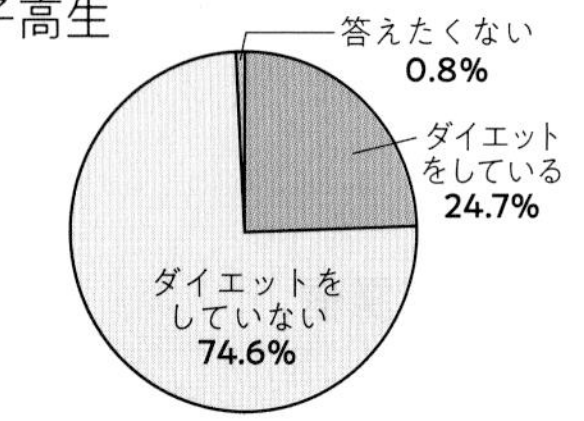

●やっているダイエットベスト 5

	女子	
1	運動／筋トレなど身体を動かす	35.8%
2	お菓子やジュースを控える	29.7%
3	毎日体重計にのる	23.7%
4	マッサージ	19.8%
5	間食をやめる	18.2%

	男子	
1	運動／筋トレなど身体を動かす	13.3%
2	毎日体重計にのる	6.3%
3	お菓子やジュースを控える	6.1%
4	間食をやめる	5.5%
5	栄養バランスのいい食事にする	3.7%

（LINEリサーチより）

男女で体脂肪率が違うのはなぜ？

女性は出産，育児にそなえて，男性より体脂肪を多くたくわえておく必要がある。体型的に，女性のほうが男性よりもふっくらしているのも，おなかの赤ちゃんを守るためだ。出産や育児という生理機能のために，体脂肪は特に女性には必要なもの。女性の体脂肪率が 15％以下になると，無月経になる危険が高い。過激なダイエットは絶対にやめよう。

2 間違ったダイエットの悪影響

毛深くなる…体温を保つために，全身にうっすらと体毛がはえてくる

ぬけ毛…たんぱく質が不足すると，髪のつやがなくなってパサつき，ぬけ毛が増える

生理不順…女性ホルモンのエストロゲンの分泌（ぶんぴつ）が少なくなり，生理不順になる。生理がとまることもある

骨がスカスカになる…カルシウムが不足すると，骨がもろくなる。骨折しやすくなったり，背が伸びにくくなる

筋肉が落ちる…たんぱく質が不足すると，筋肉が減る。心臓など体内の筋肉もやせる

3 測ってみよう BMI！

BMIの計算方法

$$\mathrm{BMI}=\frac{\text{体重(kg)}}{\text{身長(m)}\times\text{身長(m)}}$$

自分の身長から，標準体重を算出してみよう。

標準体重＝身長（m）× 身長（m）× 18.5 ～ 25

自分の身長に対する標準体重【　　　　～　　　　】kg

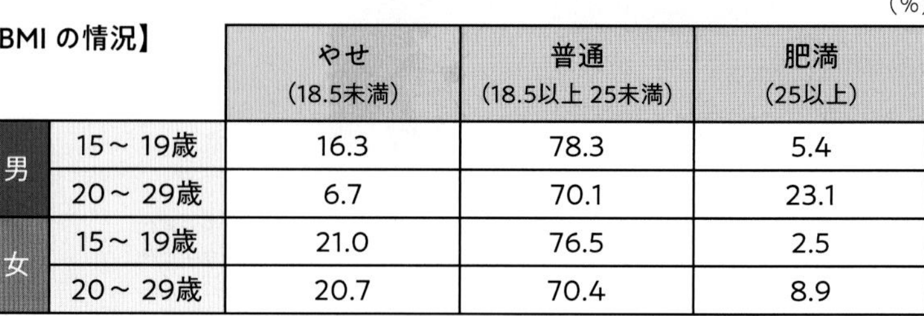

【BMI の情況】（％）

		やせ（18.5未満）	普通（18.5以上 25未満）	肥満（25以上）
男	15～19歳	16.3	78.3	5.4
	20～29歳	6.7	70.1	23.1
女	15～19歳	21.0	76.5	2.5
	20～29歳	20.7	70.4	8.9

（厚生労働省「令和元年国民健康・栄養調査」より）

おとなのつぶやき… 若い頃，毎日 3 食ゆで卵を食べるダイエットが流行していました。その時に食べすぎて，実は今ゆで卵が苦手です。（26歳・女性）

2 スポーツと栄養

スポーツと食事

スポーツをしている人は，一般の人に比べて多くのエネルギーを必要とし，種目によって必要な栄養素も異なる。

瞬発系

◇陸上短距離
◇柔道
◇レスリング
◇卓球
◇体操
など

通常練習期の夕食メニュー例

ごはん／味噌汁／オレンジジュース／牛乳／チンゲンサイとあさりの炒め物／肉じゃが／さばあんかけ

瞬発力を生む筋力アップが必須。筋肉の材料となるたんぱく質を多く摂取する。また，ビタミンCを摂ると，たんぱく質からコラーゲンをつくる手助けになり，関節の動きを強くする。

持久系

◇陸上長距離
◇水泳長距離
◇スキー距離
など

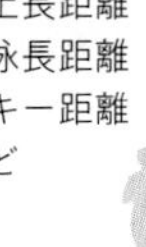

通常練習期の夕食メニュー例

ごはん／味噌汁／豚の香味焼き／マグロ納豆／じゃがいもの煮物／サラダ／フルーツ

持久力強化のため，エネルギー源となる糖質がもっとも重要。糖質の代謝に利用されるビタミンB_1も摂る必要がある。また，たんぱく質やスポーツ性貧血を防ぐための鉄分も十分に摂る。

パワー持久系

◇サッカー
◇ラグビー
◇バスケットボール
◇バレーボール
◇バドミントン
など

通常練習期の夕食メニュー例

ごはん／わかめスープ／ナムル／親子煮／イカのにんにく炒め／牛乳／グレープフルーツジュース

筋力を生むたんぱく質，持久・瞬発力や判断・集中力のための糖質が必要。また，けがをしても早く治すために，骨や筋肉の主成分コラーゲンの生成を助けるビタミンCも摂るようにしたい。

試合直前
- どの種のスポーツも高糖質食を意識する。おかずを少なめにして，ご飯やパンを多めに摂る。
- 試合当日のお弁当はおにぎり（具はおかかや昆布）や，カットフルーツなど手軽につまめるものがよい。

水分補給
- 水分は喉が渇いてからではなく，試合や練習の30分前くらいにコップ1～2杯程度飲む。
- 運動中も15分に一度ぐらいのペースでコップ1杯飲む。

Column アスリートと食事の大切さ

運動する人にとって栄養はとても大切なものである。2つの調査はアスリートに食のアドバイスなどを行っているアスリートフードマイスターに聞いた調査である。運動のパフォーマンスを上げるためにも食事が大切であることを意識してみよう。

食事によって運動のパフォーマンスは大きく変わると思うか

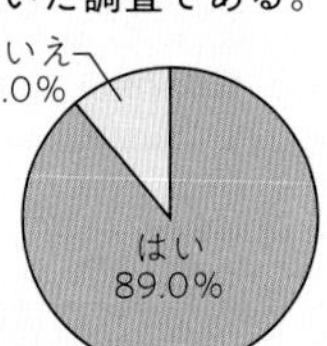

アスリートが食事管理をする際に気をつけるべきこと

1	普段から必要な栄養素を摂取できる食事を意識すること	56.9%
2	偏食にならないようにすること	55.9%
3	腸内環境のバランスを意識した食事をとること	39.3%
4	欠食をしないこと	33.1%
5	目的別（増量・減量など）によって栄養バランスを変更する	19.2%

（そのもの株式会社「『アスリートと食事の関係』に関する調査」より）

3 SNSと食

手作りの料理，有名店の人気メニューなどを写真に撮り，SNSに投稿する人は多い。厚生労働省の調査によると，20歳代の女性の39.3％が，食生活にSNSの情報の影響を受けていると回答している。また，英アストン大学の研究チームの報告では，SNSで仲間の食生活を見た人は，その真似をする傾向にあることが明らかになった。食生活の改善にSNSが役立つ可能性がある一方，SNSとやせ願望や摂食障害との関連性も指摘されている。

家庭科のキーワードを使って
小論文を書こう

問題：自分の食生活について

【問1】自らの食生活をふり返って，栄養バランスの観点から問題点をあげ，200字以内で答えなさい。

【問2】問1であげた問題点を改善するための具体的な方法を800字以内でまとめなさい。

考え方

生活習慣病を予防するために野菜類を1日350g（うち緑黄色野菜150g）食べることが目標とされているが，届いていないことに注目する。

豆知識 ダイエットで気になるエネルギーの単位カロリー（cal）だが，国際的にはジュール（J）を用いることが多く，将来的にはジュールに統一されるといわれている。

2. 将来の健康は食生活から!?

デジタルコンテンツ

生活習慣病リスクチェック

質問にYESもしくはNOで答えて，生活習慣病のリスクの高さをチェックしよう。

1 食と健康

現在の日本人の死因のうち，悪性新生物，心疾患，脳血管疾患は生活習慣病に含まれ，発病に食習慣が大きく影響する。これら以外にも，毎日の食生活の乱れが発病に関係する病気は数多くある。また，生活習慣病は相互に関連している。たとえば，内臓脂肪がたまっていて，糖尿病，脂質異常症，高血圧症にかかっていると，動脈硬化を起こしやすくなる。食生活にかかわる代表的な病気を取り上げ，予防のためにはどうすればよいのか，また，なってしまった後の注意点についてみてみよう。

死因総数の割合（2021年）

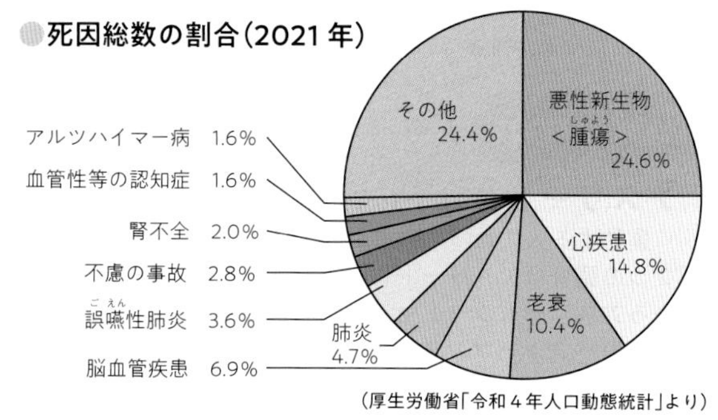

（厚生労働省「令和4年人口動態統計」より）

2 食生活と病気

脂質異常症

血液中のコレステロールや中性脂肪が多くなる病気。放置すると動脈硬化，心筋梗塞，脳梗塞の原因になる。

防ごう！ 食事で摂取する総エネルギー量を抑える。飽和脂肪酸と不飽和脂肪酸割合を1：1.5～2にする。ビタミン，無機質，食物繊維をしっかりとる。コレステロール値が高い人はコレステロールを含む食品を控える。中性脂肪が多い人は糖質を減らす。

糖尿病

血糖値を一定に保つ働きをもつホルモンであるインスリンの作用が弱まり，血液中のぶどう糖が体に取りこまれず，血糖値が高いままになって合併症などを起こす病気。

防ごう！ 肥満を予防することが重要（2型の場合）であるため，食べ過ぎない，野菜を多くとる，規則正しい食生活を送る，甘いものや脂の多いものは控える，など。

食事療法 適切なエネルギー量をとる，甘いものは控える，食物繊維をとる，1日3食食べることなどを中心に，食生活の管理によって血糖をコントロールする。糖尿病では，食事療法のほかに運動療法，薬物療法も併用される。

脳卒中

脳の血管がつまったり破れたりする病気で，脳梗塞，脳出血，くも膜下出血などがある。

防ごう！ 高血圧症，脂質異常症，糖尿病，心臓病の人が起こしやすく，肥満，喫煙，大量の飲酒，運動不足なども危険因子となる。中でも最大の原因は高血圧。食事では，塩分を控えること，血管をつまりやすくさせる血中コレステロール濃度を下げることが大切である。

おとなのつぶやき… 26歳のとき，たまたま受けた健康診断で高血圧症と診断され，それ以来降圧薬を飲んでいます。20代で生活習慣病になるなんて思ってもいなかったのでショックでしたが，あの健康診断を受けておいてよかったと思っています。（32歳・男性）

3 肥満に気をつけよう!

メタボリックシンドローム

メタボリックシンドローム（内臓脂肪症候群）は，腹囲が基準値以上であり，それに加えて血圧，血糖値，脂質のうち2つ以上が下の表の基準に当てはまることが判定基準となる。最近では，健康を維持するために健康と病気の間の状態である「未病」を改善していくことの重要性が注目されている。

メタボリックシンドロームの基準

腹　囲	男性 85cm以上／女性 90cm以上
血　圧	最高が 130mmHg以上，あるいは最低が 85mmHg以上
血糖値	空腹時血糖値 110mg/dL以上
脂　質	中性脂肪 150mg/dL以上，あるいはHDLコレステロール 40mg/dL未満

4 生活リズムを作ろう

規則正しい生活リズムをつくることは，人間の成長や健康と深くつながっている。朝の光を浴びると，脳内ホルモンであるセロトニンが分泌され，集中力が高まる。しっかりした睡眠は，心身の疲労を回復させ，脳や体を成長させる。また，朝食を食べることには，体に必要な栄養素を吸収するだけでなく，噛むことで脳が活発になる効果もある。

朝食の欠食率

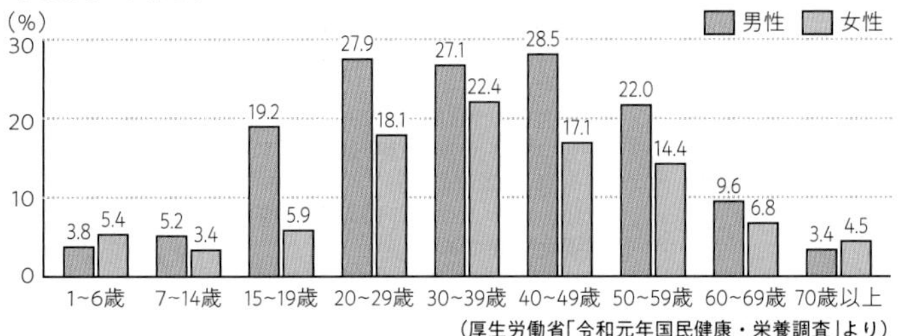

（厚生労働省「令和元年国民健康・栄養調査」より）

ミライフ 未来×LIFE

将来の健康のために実践できることを考えよう

高校を卒業すると，大学進学や社会人になり自宅以外にひとり暮らしや寮生活などで，暮らし方が変わる人も多い。以下は大学生に聞いた，生活習慣病の予防や改善のために実践していることの調査結果である。調査を見て，あなたが今後健康のためにやってみたいことをひとつ書き出し，具体的な実践方法と選んだ理由を答えてみよう。

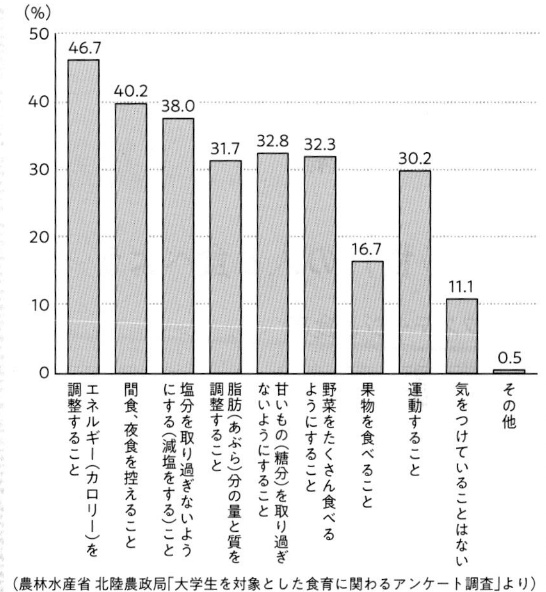

（農林水産省 北陸農政局「大学生を対象とした食育に関わるアンケート調査」より）

高血圧症

血圧は，血液が血管を通るときに血管にかかる圧力のこと。日常的に正常値と比べて血圧が高いことを高血圧症という。心臓が収縮したとき（一番血圧が高くなったとき。収縮期血圧）が 140mmHg以上，心臓が拡張したとき（一番血圧が低くなったとき。拡張期血圧）が 90mmHg以上あると，高血圧症と診断される。

防ごう！ 食事で塩分の摂取量を減らす。カリウムをとる。

がん

遺伝子の異常が原因でできたがん細胞が増殖して起きる。からだの組織や臓器を壊したり，ほかの部分に転移したりする。

防ごう！ 野菜や果物を食べ，食物繊維をとる。大豆食品・乳類の食品をとる。肥満を予防する。喫煙をしない。

心臓病

生活習慣が原因となる心臓病には，動脈硬化が原因となる狭心症や心筋梗塞などの虚血性心疾患がある。虚血性心疾患とは，心臓を動かす心筋に血液を送る冠状動脈がつまり，心筋に血液が十分いかなくなる病気。

防ごう！ 高血圧，脂質異常症，喫煙，高血糖が4大危険因子。それらを予防するため，減塩，脂肪をとりすぎない，喫煙をやめる，肥満にならにように注意する，などが大切。

食事療法 減塩，適切なエネルギー量を摂取する，低脂肪・低コレステロールにする，食物繊維・ビタミン・無機質を豊富にとる。

痛風

血液中の尿酸値が高くなる病気。食物中のプリン体という物質が代謝されなくなることで起こり，進行すると足の親指の付け根や関節に激しい痛みが生じる。糖尿病と併発しやすく，腎臓障害，動脈硬化，尿路結石などの合併症を引き起こす。

防ごう！ 肥満にならないことが第一。肉類，魚介類，魚の卵，豆類などプリン体が多い食品をとりすぎない，水分をたくさんとる，野菜をたくさんとる，など。

骨粗鬆症

骨の中のカルシウムが減少することで起きる。骨がすかすかになり，骨折しやすくなった状態をいう。閉経後の女性，高齢期の男性に多いが，偏った食生活や運動不足によって若い人でもかかることがある。

防ごう！ カルシウムと，カルシウムの吸収を助けるビタミンDを含む食品を摂取する。

豆知識 生活習慣病は，かつて「成人病」と呼ばれていたが，成人でなくても発症するケースが多いため名称が変更となった。生活習慣病に慢性閉塞性肺疾患（COPD）を加えた，非感染性疾患（NCDs）という呼び名も使用されている。

3. 誰と食べよう？

デジタルコンテンツ　食の選択について考えよう

食に関するライフスタイルや選択肢にいて，クイズに答えて理解を深めよう。

1 違う世代の人と食べよう　ライフステージと食の特徴

1 ライフステージと食事

乳児期（出生～１歳）
乳汁（母乳と育児用調整粉乳など）のみが，生後５か月を過ぎたころから離乳食に。１日１さじ，なめらかにすりつぶしたものから始まり，量や調理形態は成長に合わせて変化する。

幼児期（満１～６歳）
大豆などの植物性たんぱく質や乳製品などの間食で栄養を補う。からだづくりのために好きなものばかりを食べさせない，また食事で生活のリズムをつくるよう配慮する。

児童期（学童期）（６～11歳）
発育や発達のために，十分な栄養が必要な時期なので，朝食の習慣をつけさせる。神経組織をつくるのに必要な脂肪，各種ビタミン類，カルシウム，鉄などは特に重要な栄養である。

青年期（12～20歳ごろ）
一生でいちばん栄養が必要な時期で，筋肉や血をつくるための動物性たんぱく質，エネルギー代謝や細胞をつくるビタミンCは欠かせない。スポーツ活動を行う者は特に栄養に注意が必要。

成人期（壮年期）
自立しひとり暮らしなどで食生活が乱れ，栄養が偏りやすい。また，成年期の中期になると仕事で多忙になり運動不足に陥ったり，過度な飲酒，喫煙などで健康を損なうことがある。

高齢期
カルシウムや鉄の摂取を心がける。栄養不足にならないよう肉など良質なたんぱく質を意識的に摂り，塩分の摂り過ぎには注意する。食事はよく噛み，暑い日はこまめに水分を補給する。

2 妊産婦と食事

自分自身の栄養はもとより胎児の栄養にも気を配らなければならない。たばこは吸わない，お酒は飲まない。魚には，食物連鎖によって自然界の水銀が取り込まれていて，魚を大量に食べると，水銀が胎児に影響する可能性があり，食べる量に注意が必要である。

- **妊娠初期**　つわりで食べられなくなったら，あっさりとしたものを少量ずつ何回かに分けて摂るようにする。嗜好(しこう)が変化することもある。葉酸は胎児の細胞分化に不可欠なので意識的に摂るようにする
- **妊娠中期**　食欲がもどってくるが，食べ過ぎに注意する。間食は適度にし，１日３回栄養バランスのよい食事を摂るようにする。消化吸収がよく，栄養価が高い食事にする。
- **妊娠後期**　大きくなった子宮が胃を圧迫して，一度にたくさん食べられなくなる。むくんだり，妊娠高血圧症候群の危険があるので，塩分や水分を必要以上に摂取しない。胎児のからだづくりに必要な良質なたんぱく質，骨に必要なカルシウム，血液に必要な鉄分を意識的に摂る。
- **出産後（授乳期）**　母親の栄養が乳児の栄養になるので，乳児の分も考えて食事を摂るが，エネルギーの過剰摂取に注意する。授乳に必要な水分を十分に摂る。

3 スマイルケア食とは?

栄養バランスをよく量をきちんと食べることが健康を支える。スマイルケア食品とは，食べることが難しい人が必要な栄養をおいしく食べられるように考えられた食品のこと。これまで介護食品と呼ばれてきた。

自己適合宣言
噛むこと・飲み込むことに問題はないものの，健康維持上栄養補給を必要とする方向けの食品。

スマイルケア食（青）

JAS制度
噛むことに問題がある方向け食品。

- スマイルケア食5：容易にかめる食品
- スマイルケア食4：歯ぐきでつぶせる食品
- スマイルケア食3：舌でつぶせる食品
- スマイルケア食2：かまなくてよい食品

特別用途食品の表示許可制度
飲み込むことに問題がある方向け食品

少しそしゃくして飲み込める性状のもの

口の中で少しつぶして飲み込める性状のもの

そのまま飲み込める性状のもの

おとなのつぶやき…　いつもは夫婦二人暮らしなのですが，年に何回か孫が遊びに来ます。孫と一緒に食事をすると，私も夫もいつもの倍くらいの量をいつの間にか食べてしまっています。不思議議ですね。（82歳・女性）

2 宗教と食の関係

宗教や文化によっては，食べてよいものといけないものが決められている。ただし考え方には個人差がある。

●**イスラム教**　イスラム法によって許されたハラールの食品以外は，基本的に口にしない。豚の肉や脂，肉食動物などは食べず，アルコールも口にしない。左手は不浄とされ，右手で食事をする。

●**五葷（ごくん）とは？**　仏教などで，怒りや性欲の元として禁じられている辛みや臭みの強い5種類の野菜のこと。ニンニク，ニラ，ラッキョウなど。

●**ヒンズー教／モルモン教**　ヒンズー教では動物を殺したり食べたりしない。また，異なるカースト階級の人とは一緒に食事をしない。モルモン教では，野菜を重視し，肉は控えめにとる。酒，たばこ，カフェインを含んだ飲み物はとらない。

▲ハラールフードの店

3 食に関する思想

●**ベジタリアン**　菜食主義者。肉類や魚介類などの動物性食品を避け，野菜，果物，芋類，豆類などの植物性食品を中心にとる人のこと。ベジタリアンという言葉は，1847年にイギリスでベジタリアン協会が発足したことをきっかけに使われ始めた。

●**ビーガン**　ベジタリアンの中でも，肉類や魚介類だけでなく，卵，牛乳やチーズなどの乳製品，ラード，魚介系のだしなど，動物に由来する食品も一切とらない人。「完全菜食主義者」とよばれることもある。

●**ペスカタリアン**　牛，豚，鶏などの肉は食べず，魚介類や野菜，芋類，豆類などの植物性食品を中心に食べる主義の人をいう。

▲ビーガンフードの例

4 人と一緒に食べるということ～新しい生活様式をふまえて

家族や親戚，友人など誰かと一緒に食事をとることを「共食」，一人きりで食事をとることを「孤食（こしょく）」という。共食が多く孤食が少ない人は，そうでない人に比べて，ストレスがなく，自分が健康だと感じている割合が高いことが報告されている。また，野菜や果物など健康的な食品をより多くとっているという報告もある。さらに，共食が多い人は，朝食欠食が少ない，起床時間や就寝時間が早いといった研究結果もあり，規則正しい食生活や生活リズムとの関係からも，共食の効果や重要性が指摘されている。

しかし，新型コロナウイルス感染症の影響で大人数での食事を避けるようになり，共食も限定的になってしまっているが，友人や家族と共に飲食をしたいという欲求は高いようである。

●**共食について，孤食と比べてどのような点をメリットとして感じているか**

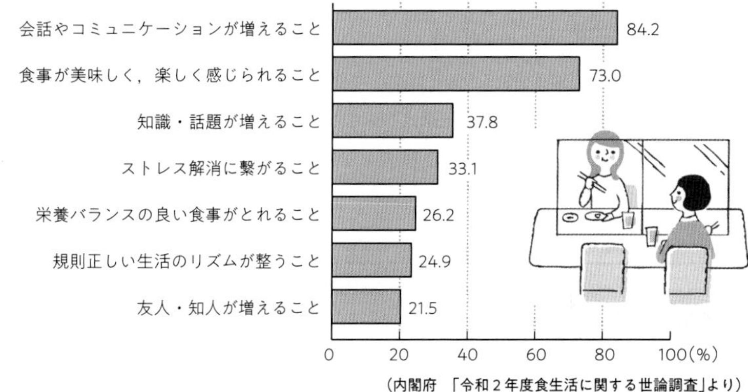

（内閣府　「令和2年度食生活に関する世論調査」より）

ミライフ　未来×LIFE

3 すべての人に健康と福祉を　17 パートナーシップで目標を達成しよう

献立とテーブルコーディネートを考えよう

あなたが将来，誰かを呼んでパーティーを開くとしたら，どのようなパーティーにしたいか，以下の①～⑦の要素を踏まえて献立，テーブルコーディネートなどを想像してみよう。

1. 誰を招きますか？
2. 何人呼びますか？
3. 目的は何ですか？
4. 季節はいつですか？
5. どこで食事をしますか？
6. 招く人の好きな食べ物は？
7. アレルギーや嗜好などで留意する点は？

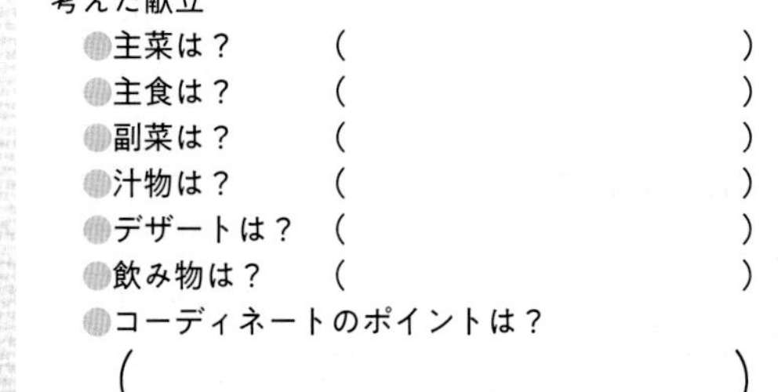
考えた献立
●主菜は？　（　　　　　　　）
●主食は？　（　　　　　　　）
●副菜は？　（　　　　　　　）
●汁物は？　（　　　　　　　）
●デザートは？　（　　　　　　　）
●飲み物は？　（　　　　　　　）
●コーディネートのポイントは？
（　　　　　　　　　　　　　　）

豆知識　ベジタリアンは英語で「vegetarian」。これは野菜を表すベジタブル（vegetable）が語源ではなく，「健全な、新鮮な、元気のある」，を表すラテン語「ベゲトゥス（vegetus）」に由来している。

4. 食品表示の意味，本当にわかってる？

デジタルコンテンツ

いつも食べているあの商品の食品表示

いつも立ち寄るコンビニでつい買ってしまうあの商品の食品表示を当てよう。

商品の表示

1 食品の表示を見てみよう! ー加工食品の表示ー

加工食品の表示

名称	和菓子
原材料	小麦粉（国内製造），植物油脂，卵黄（卵を含む），砂糖，生クリーム（乳成分を含む），ゴマ，油脂加工品（大豆を含む）／加工でん粉，香料
賞味期限	欄外上部に記載
保存方法	直射日光，高温多湿を避けてください
販売者	□□製菓販売株式会社 東京都品川区○○ 3-1-15
製造所	◇◇菓子製造株式会社 福岡県○○市○○ 3-1-15

①栄養成分表示
- 栄養成分表示の義務化
- ナトリウム→食塩相当量へ変更

栄養成分表示（100 g あたり）

エネルギー	298 k cal
たんぱく質	11.4 g
脂質	12 g
炭水化物	38.5 g
食塩相当量	0.3 g

②アレルギー表示＊
- 特定加工食品や拡大表記であっても，特定原材料はすべて表示
- 個別表示が原則だが，例外的に一括表示が可能
- 特定原材料に準ずるものに指定された 20品目は可能な限り表示

<表示義務があるアレルギー食材 8品目>
卵，乳，小麦，そば，落花生（ピーナッツ），えび，かに，くるみ

<可能なかぎり表示することとされているアレルギー食材 20品目>
アーモンド，あわび，いか，いくら，さけ，さば，オレンジ，キウイフルーツ，バナナ，もも，りんご，牛肉，鶏肉，豚肉，ゼラチン，カシューナッツ，ごま，大豆，まつたけ，やまいも

＊ 2023年度中にマカダミアナッツが追加され，まつたけが削除される予定（2024年 1 月時点）。

●原材料の表示方法
- 原材料に占める重量割合の高いものから表示。添加物以外の原材料と添加物を明確に区分するために，記号／（スラッシュ）や改行，別欄を設けるなどして分ける。一番多い原材料が生鮮食品なら産地，加工食品なら製造地を示す。＊

●製造所固有記号の使用方法
- 原則として，製造所固有記号は使用せず，製造所（または加工所）の所在地，製造者（または加工所）の氏名または名称を表示

「目の健康をサポートします」「肝臓の働きを助ける」など，健康の維持・増進効果などの機能性をうたう表現

機能性の表示ができる三つの「保健機能食品」

特定保健用食品（トクホ）

消費者庁が個別に許可

からだの生理学的機能などに影響を与える保健機能成分を含み，血圧の安定，脂肪の吸収を抑えるなど，特定の保健用途のために利用される食品。製品ごとに安全性や有効性について国の審査に合格したもの。

栄養機能食品

消費者庁の規格基準に適合

栄養機能食品（カルシウム）
■カルシウムは、骨や歯の形成に必要な栄養素です。
■摂取目安量：1日あたり1袋（18g）
1日あたりの栄養素等表示基準値（18歳以上、基準熱量2,200kcal）に占める割合：48%
■本品は、多量摂取により疾病が治癒したり、より健康が増進するものではありません。1日の摂取目安量を守ってください。
■本品は、特定保健用食品と異なり、消費者庁長官による個別審査を受けたものではありません。

ビタミンやミネラルなどの栄養成分の補給に利用される食品。消費者庁の基準を満たせば，n-3系脂肪酸と，亜鉛，カルシウムなどミネラル6種類と，ナイアシン，ビタミンA・B_1・B_2・C・Kなど 13種類に限り表示できる。

機能性表示食品

事業者が消費者庁に届け出

特定の保健的な機能が期待できる食品。企業や農家などの，安全性や機能性についての科学的根拠を示す資料が消費者庁で受理されることが必要。

「特別用途食品」

発育や健康の保持・回復に役立つことを医学的・栄養学的な表現で記載し，かつ，用途を限定したものを特別用途食品という。乳児用調製粉乳，妊産婦・授乳婦用粉乳，病者用食品，嚥下困難者用食品があり，国の審査・許可を受け，特別用途食品マークがつけられる。

おとなのつぶやき… 食品表示はどんどん変わっているんですね。機能性表示食品とトクホは同じ意味だと思っていたら，先日娘から教えてもらって違いを知りました。（46歳・女性）

2 生鮮食品の表示

生鮮食品品質表示基準の表示事項＝名称＋原産地

	国産品の表記方法
農産物	・**都道府県名**を記載（市町村名その他一般に知られている地名を原産地として記載することができる。）
畜産物	・**国産**である旨を記載（主たる飼養地が属する都道府県名、市町村名その他一般に知られている地名を原産地として記載することができる。）
水産物	・**水域名又は地域名**（主たる養殖場が属する都道府県名をいう。）を記載。水域名の記載が困難な場合は水揚港名又は水揚港が属する都道府県名を記載することができる。）

トレーサビリティの効果

食品の生産・飼育，処理・加工，流通・販売の各段階の情報を追跡できるしくみのことを食品のトレーサビリティという。食品がどこから来てどこへ行ったかがわかるので，問題が起こったとき，問題が発生したところの特定，商品の回収などがすみやかにできる。

Column 栄養強調表示

【栄養成分の補給ができる旨の表示】

	高い旨	含む旨	強化された旨
基準	高い旨の基準値以上	含む旨の基準値以上	・比較対象食品と基準値以上の絶対差 ・25%以上の相対差（たんぱく質及び食物繊維のみ）
表現例	・高○○ ・○○豊富	・○○源 ・○○供給 ・○○含有	・○○ 30%アップ ・○○ 2倍
該当する栄養成分	たんぱく質，食物繊維，亜鉛，カリウム，カルシウム，鉄，銅，マグネシウム，ナイアシン，パントテン酸，ビオチン，ビタミンA，B1，B2，B6，B12，C，D，E，K及び葉酸		

【栄養成分又は熱量の適切な摂取ができる旨の表示】

	含まない旨	低い旨	低減された旨
基準	含まない旨の基準値未満	低い旨の基準値未満	・比較対象食品と基準値以上の絶対差 ・25%以上の相対（ただし，みそは15%，しょうゆは20%）
表現例	・無○○ ・○○ゼロ ・ノン○○	・低○○ ・○○控えめ ・○○ライト	・○○ 30%カット ・○○ 10gオフ ・○○ハーフ
該当する栄養成分	熱量，脂質，飽和脂肪酸，コレステロール，糖類，ナトリウム		

※糖類とは，単糖類又は二糖類で糖アルコールでないもの
※「糖類無添加」,「砂糖不使用」等の表示は１～４全てに該当する場合のみ
1．いかなる糖類も添加していない
2．添加された糖類に代わる原材料又は添加物を使用していない
3．酵素分解その他何らかの方法により，糖類の含有量が原材料及び添加物の量を超えない
4．糖類の含有量を表示する
※「食塩無添加」等の表示はA，B共に該当する場合のみ
A．いかなるナトリウム塩も添加していない
B．添加されたナトリウム塩に代わる原材料，複合原材料，又は添加物を添加していない

3 食品添加物とは？

使用目的		種類	代表物質	食品例
色	色の強化	着色料	食用赤色２号，クチナシ黄色素，食用黄色４号	漬物，菓子
	色素の固定と発色	発色剤	亜硝酸ナトリウム	ハム，ソーセージ
	食品の漂白	漂白剤	次亜硫酸ナトリウム	寒天，かんぴょう
味	甘味の強化	甘味料	（サッカリン），アスパルテーム，キシリトール	清涼飲料水，菓子
	酸味の強化	酸味料	クエン酸，乳酸	清涼飲料水，菓子
	味の強化	調味料	Lーグルタミン酸ナトリウム，Lーアスパラギン酸ナトリウム	一般食品，調味料
香り	香り付け	香料	酢酸エチル，バニリン，オレンジ香料	菓子
歯・舌触り	粘性の増強（増粘剤） 均一化（安定剤） ゲル化する（ゲル化剤）	糊料	アルギン酸ナトリウム，CMC，キサンタンガム，カラギーナン，ペクチン	アイスクリーム，かまぼこ，ジャム，ゼリー
	水と油を混合，安定化	乳化剤	グリセリン脂肪酸エステル	クリーム，チーズ，マーガリン
	膨らませる	膨張剤	炭酸アンモニウム，ミョウバン，炭酸水素ナトリウム	パン，ケーキ
変質防止	微生物発育防止，殺菌	保存料	ソルビン酸，安息香酸ナトリウム	しょうゆ，みそ
	かんきつ類のカビ防止	防カビ剤	TBZ，OPP（オルトフェニルフェノール）	レモン，オレンジ，バナナ
	油脂の酸敗防止	酸化防止剤	トコフェロール，エルソルビン酸	加工食品，バター
	pH調整し品質をよく	pH調整剤	DL−リンゴ酸，乳酸ナトリウム	コーヒーホワイトナー，弁当
その他	栄養素の補充	強化剤	ビタミンC，，L-アスコルビン酸，Lーイソロイシン，塩化カルシウム	牛乳，小麦粉，健康食品
	チューインガムの基材	ガムベース	エステルガム，酢酸ビニル樹脂	チューインガム

食の安全基準～ADIとは～

食品添加物について不安を感じている人は多い。しかし，大量生産や品質保持の観点からすべての添加物を禁止するのは難しい。そこで，食品添加物を安全に使用するため，健康に影響の出ない食品添加物摂取量が定められている。これは，悪い影響が出ないと判断された量（無毒性量）のさらに100分の１以下という厳しい規準で，この量をADI（一日摂取許容量）と呼んでいる。

安全性の量の概念

生体影響
実際の使用レベル
ADI（無毒性量の100分の1）
無毒性量
致死量
用量（摂取量）

（食品安全委員会資料より）

豆知識　スーパーなどでよく見かける「有機野菜」という表示。農林水産省により「播種（はしゅ）または植付け前２年以上（多年生作物は最初の収穫前の３年以上）の間，化学肥料および農薬を避けた土地で生産された農作物」などの基準を満たしていると認証されたものが有機JASマークをつけることができる。

5. 未来の食はどうなる？

デジタルコンテンツ  日本の学校給食の歴史を探ろう

100年以上続く日本の学校給食の歴史の資料を読んでみよう。

1 食の変遷

1 変わりゆく食卓

	ごはん	牛肉料理	牛乳	植物油	野菜	果実	魚介類
昭和40年度	1日5杯	（1食150g換算）月1回	（牛乳びん）週に2本	（1.5kgボトル）年に3本	1日300g程度（重量野菜が多い）	1日80g程度（りんごが3割）	1日80g程度
昭和55年度	1日4杯	月2回	週に3本	年に7本	1日310g程度（緑黄色野菜増加）	1日110g程度（みかんが約4割）	1日100g程度
平成25年度	1日3杯	月3回	週に3本	年に9本	1日250g程度	1日100g程度	1日75g程度
	自給可能	飼料は輸入		原料は輸入	加工品の輸入が増加		

（農林水産省東海農政局「日本型食生活について」平成27年より）

2 栄養素等摂取量の変化

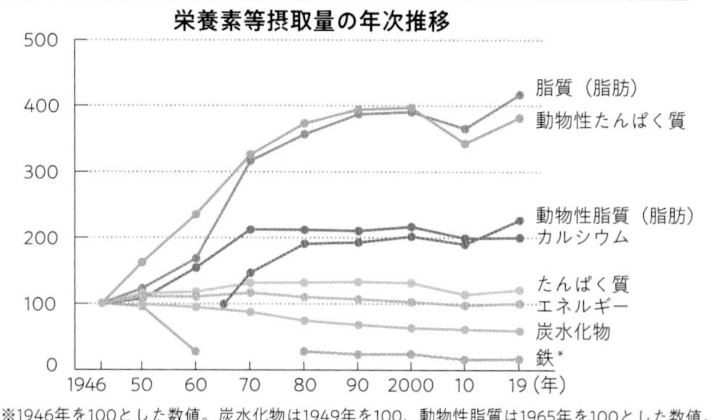

※1946年を100とした数値。炭水化物は1949年を100、動物性脂質は1965年を100とした数値。
※1946年は、都市部と農村部において行われた結果の平均値、昭和24年以降は全国の平均値である。
＊1955年以降，鉄の摂取量が激減しているのは，1954年3月に食品成分表の改訂が行われたためである。
（国立健康・栄養研究所資料より）

Column

日本型食生活とは？

戦後の日本では，ご飯を主食に主菜，副菜に加えて適度に牛乳・乳製品や果物が加わったバランスのとれた食生活がつくり上げられた。このような食生活は日本型食生活という。日本型食生活は世界的に評価されており，長寿国日本の理由のひとつとも言われている。

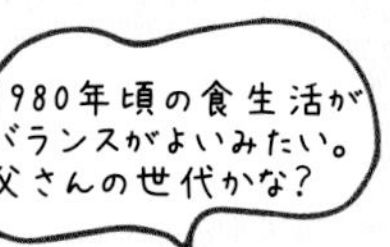

おとなのつぶやき… 昆虫食？ 昔は蜂の子を取るのが子どもたちの遊びだったよ。餌にこよりを付けて蜂にくわえさせて追いかけるのが楽しくて。巣を見つけるとおとなを呼ぶんだけど，高級品だったから喜ばれたね。（77歳・男性）

2 食の外部化率と外食・中食の理由

各家庭の食料費に占める外食費と中食費の割合

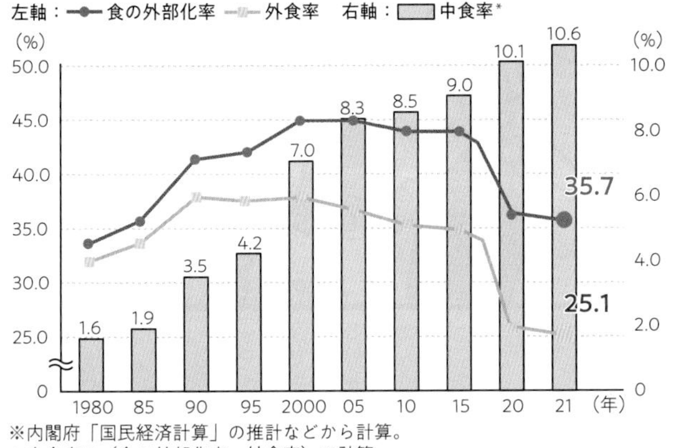

※内閣府「国民経済計算」の推計などから計算。
＊中食率は（食の外部化率－外食率）で計算。
（公益財団法人 食の安全・安心財団資料より作成）

外食と中食の理由

外食の理由

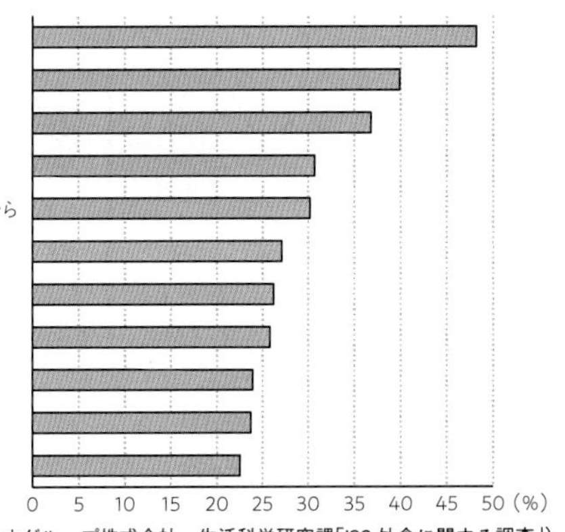

（日清オイリオグループ株式会社　生活科学研究課「'22 外食に関する調査」）

中食の理由

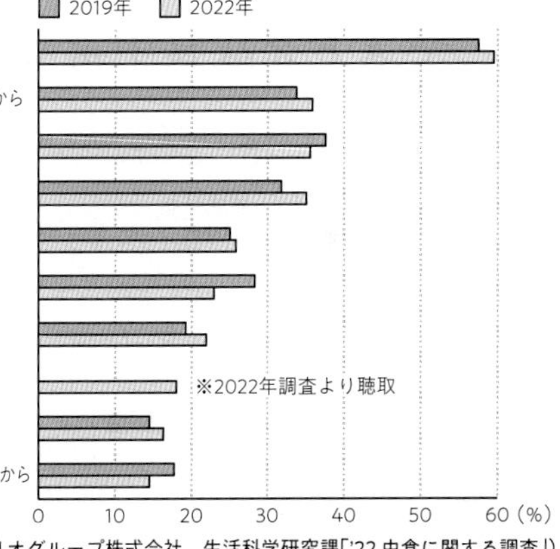

（日清オイリオグループ株式会社　生活科学研究課「'22 中食に関する調査」）

Column

注目！ 昆虫食

2020年現在 78億人といわれる世界の人口だが，2050年には 97億人に達するといわれている。人口増加で問題視されているのが食糧危機である。特に世界的な食生活の変化（欧米化）で肉や魚の不足が深刻であるといわれ，たんぱく質源の不足が懸念されている。

そこで注目されているのが代替たんぱく質で，生産しやすい昆虫食や，スピルリナに代表される一部の藻類などの商品がすでに商品化されている。

3 世界の飢餓に目を向けよう

世界の飢餓の状況（ハンガーマップ）

未来の食生活

私たちの食生活（食べるもの、食卓の風景、外食など）は時代によって大きく変わる。また，令和２年，３年における新型コロナウイルスによる緊急事態宣言なども，私たちの食生活に大きな影響を与えた。５年後，10年後の食生活はどうなっているか想像して話し合ってみよう。

- 人との関わり方（共食の形）は？
- 何を食べている？（今の料理との違い）
- 外食や中食の形は？
- 食生活で変わっていたらうれしいこと
- 食生活で変わらないでほしいこと

p.154～155参照

豆知識　昆虫食としてコオロギが利用されるのは，室内で飼育でき，成長が速く，高たんぱく低脂質であるためといわれている。

6. 食中毒から身を守ろう

デジタルコンテンツ

細菌の正体当てクイズ

セリフを読んで，どの細菌が話しているのか正体をあててみよう。

1 さまざまな食中毒（細菌性・ウイルス性食中毒）

細菌性・ウイルス性食中毒とおもな症状

種類		原因物質	おもな感染源	おもな症状	予防のポイント
細菌性	感染型	サルモネラ属菌	卵，生肉（鶏）	発熱，腹痛	**食中毒予防の３原則の徹底** ①菌をつけない （調理器具を熱湯で殺菌する，手を消毒する，野菜と肉はまな板を分ける　など） ②菌を増やさない （正しく冷蔵庫に入れる，密閉容器で保存する　など） ③菌を死滅させる （十分加熱する　など） ※リステリアはとくに妊婦への注意が必要 ※ウェルシュ菌は加熱に強いので注意
		腸炎ビブリオ	生魚	発熱，下痢，腹痛，おう吐	
		腸管出血性大腸菌（O157など）	生肉	腹痛	
		リステリア	生肉，チーズ	風邪症状	
		ウェルシュ菌	カレーなど	腹痛，下痢	
		カンピロバクター	卵，生肉（鶏）	風邪症状	
	毒素型	ぶどう球菌	弁当，総菜，手の傷	下痢，腹痛	手指に傷があるときに調理しない
		ボツリヌス菌	食肉製品	おう吐	
ウイルス性		ノロウイルス	二枚貝など	下痢，腹痛，おう吐	生食せず十分加熱する。調理器具の消毒。感染者のおう吐物に注意する（二次感染が多い）

腸管出血性大腸菌 O157

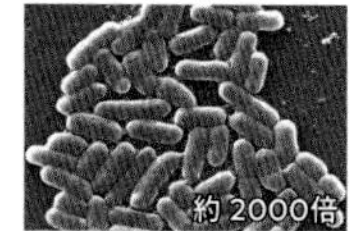
約2000倍

カンピロバクター

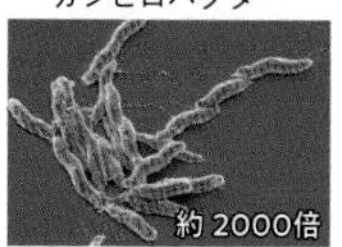
約2000倍

ぶどう球菌

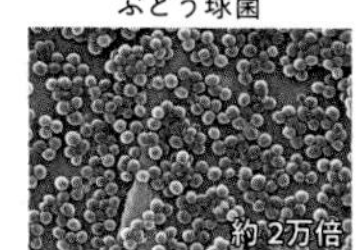
約2万倍

ノロウイルス

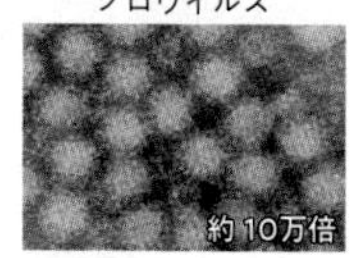
約10万倍

予防のポイントを Check！

ポイント1 食品の購入
生鮮食品は新鮮なものを購入しよう。消費期限なども確認しよう。

ポイント2 家庭での保存
すぐに冷蔵庫や冷凍庫に入れよう。早めに使い切るようにしよう。

ポイント3 下準備
肉，魚，卵などを取り扱う時は，取り扱う前と後に必ず手指を洗おう。せっけんを使い洗った後，流水で十分に洗い流すことが大切。ふきんも清潔なものを使おう。

ポイント4 調理
加熱して調理する食品は十分に加熱しよう。
料理を途中でやめてそのまま室温に放置すると，細菌が食品についたり，増えたりしてしまう。

ポイント5 食事
食卓につく前に手を洗おう。
調理前の食品や調理後の食品は，室温に長く放置してはいけない。

ポイント6 残った食品
残った食品はきれいな器具，皿を使って保存しよう。
時間が経ち過ぎたら，食べないようにしよう。

寄生虫に気をつけろ!

	体長	感染源	症状	予防のために
アニサキス	約2～3cm	さば，鮭，さんま，ます	腹痛，おう吐（胃腸壁に侵入）	・加熱（70℃以上で1秒） ・冷凍（-20℃で24時間以上） ・細かく切る ・新鮮なものを選び，早めに内臓を除去する
クドア・セプテンプンクタータ	約10μm	ひらめ	下痢，おう吐	・加熱（75℃以上で5分以上） ・冷凍（-20℃で4時間以上）

おとなのつぶやき…
生で食べた牡蠣でノロウイルスの食中毒にかかりました。症状が出たのは数日経ってからでしたが，トイレから出ることができず脂汗が止まりませんでした。もう生牡蠣は食べられないと思いましたが，今でも食べています。（42歳・男性）

2 その他の食中毒(自然毒などによる食中毒)

食中毒の予防

種類		原因物質	おもな感染源	おもな症状	予防のポイント
自然毒	かび	アフラトキシン	落花生	おう吐，下痢	かびが生えた食品は食べない
	植物性	有毒アルカロイド	毒きのこ	種類による	野生のきのこは独断で食べない
		ソラニン	発芽したじゃがいも	下痢，腹痛，おう吐	熟していない緑色の部分や芽は取り除く
	動物性	テトロドトキシン	ふぐの内臓	しびれ，呼吸困難	調理には免許が必要なので自分で調理しない
化学物質		農薬，殺虫剤など	食品に残留	種類による	よく水洗いする，有機野菜を選ぶ
寄生虫		アニサキス	いか，鮭(さけ)など	腹痛	内臓は生食しない。寄生虫がいないか目で確認
		クドア	ひらめ	おう吐，下痢	冷凍，加熱が有効。養殖場での適切な管理
アレルギー様		ヒスタミン	まぐろ，かつおなど	じんましん	赤身の魚は低温で保存して早めに食べる

もし食中毒の症状がでてしまったら

- 下痢をしたりおう吐をしたりしたら，十分に水分を補給する。
- 自分で勝手に判断して薬を飲まず，医師の診察を受ける。
- 家族に感染しないように注意する。
- 調理の前，食事の前，トイレのあとは石けんで念入りに手を洗う。
- 便や吐瀉(としゃ)物にさわるときは，使い捨ての手袋とマスクを用いて，直接さわらない。
- 使用した食器を熱湯で消毒する。
- 洗濯は家族の分とわけてする。

食生活

3 食の安全が脅かされるとき

年	できごと
平成12年	雪印集団食中毒事件。1万人を超える被害
平成13年	国内初のBSE(牛海綿状脳症／狂牛病)感染牛発見
平成15年	食品安全基本法制定　→それに伴い食品安全委員会発足
平成15年	国内79年ぶりの高病原性鳥インフルエンザ発生
平成18年	残留農薬等のポジティブリスト制度(農薬基準に合わない食品の流通原則禁止)
平成21年	消費者庁の発足(消費者に関する政策の一本化)
平成23年	東京電力福島第一原子力発電所の事故後，食品中の放射性物質暫定(ざんてい)基準値設定
平成24年	牛肝臓(レバー)の生食販売禁止(前年ユッケによる食中毒事件)
平成27年	食品表示法施行(食品の表示に係る規定の一元化)
平成29年	はちみつによる乳児ボツリヌス症死亡事故／都立高校の防災訓練で集団食中毒
令和3年	食品事業者に対するHACCPの義務化制度施行(6月)

給食での食中毒は，被害も大規模になる。2021年には，同じ給食を食べた中学校5校の700人以上が体調不良を訴える食中毒が発生した。この食中毒の原因となったウェルシュ菌は，家庭で発生することは少なく，一度に大量に調理する給食施設などで発生することが多いため「給食病」と呼ばれることもある。カレー，シチュー，スープなどの煮込み料理が発生原因になりやすく，「加熱した食品は安心」という考えが食中毒発生の一因になっている。食べる前日に大量に調理され，大きな容器に入れたまま冷やさずに保管されていた事例が多く，加熱調理したものはなるべく早く食べ，保管するときは小分けして急激に冷却することが予防のポイントである。

Column

腐敗(ふはい)と発酵(はっこう)

「発酵」も「腐敗」も同じじゃないかと思っている人は少なくないようです。どちらも微生物の作用で有機物が分解され，新しい物質が生成されるということでは同じ現象といえます。しかし，この現象が人間にとって有益な場合を「発酵」，有害な場合を「腐敗」と区別しています。

あえて「発酵」と「腐敗」の違いを上げれば，細菌など微生物の種類で線引きすることができます。パンの発酵にはイースト菌，納豆の発酵には枯草(こそう)菌，ヨーグルトの発酵には乳酸菌が使われます。それに対して，ブドウ球菌やボツリヌス菌などは食品を腐敗させ，食中毒を引き起こすことで知られています。日本は発酵食品を生み出す気候風土に恵まれています。先人から受け継いだ発酵食品を大事にしたいですね。

小泉武夫(こいずみ　たけお)

１９４３年福島県の酒造家に生まれる。
東京農業大学名誉教授。農学博士。専門は食文化論，発酵学，醸造学。
鹿児島大学，福島大学，別府大学，石川県立大，島根県立大学ほかの客員教授，発酵食品ソムリエ講座・発酵の学校校長を務める。

撮影：中西裕人
(©中西博人)

●主な発酵食品

納豆

いぶりがっこ

八丁味噌

かつお節

豆腐よう

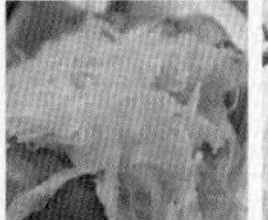
ザワークラウト

チーズ

キムチ

ナタデココ

ヨーグルト

豆知識　世界で一番くさいといわれている発酵食品が，スウェーデンのシュールストレミングとよばれる缶詰。塩漬けにしたニシンを発酵させたもので、時間が経つと缶詰が膨張してくる。

7. 和食なら自給率が高いのか？

デジタルコンテンツ

食料自給率クイズ

日本でよく食べられている品目の食料自給率の実際について，クイズに答えながら学ぼう。

1 食料自給率とは?

1 食料自給率を計算してみよう!

カロリーで計算する方法

$$カロリーベース食料自給率=\frac{国民1人1日当たり国産熱量[912kcal]}{国民1人1日当たり供給熱量[2443kcal]}=37\%$$

生産額で計算する方法

$$生産額ベース食料自給率=\frac{食料の国内生産額[10.6兆円]}{食料の国内消費仕向額[16.2兆円]}=65\%$$

2 食料自給率を比べてみよう!

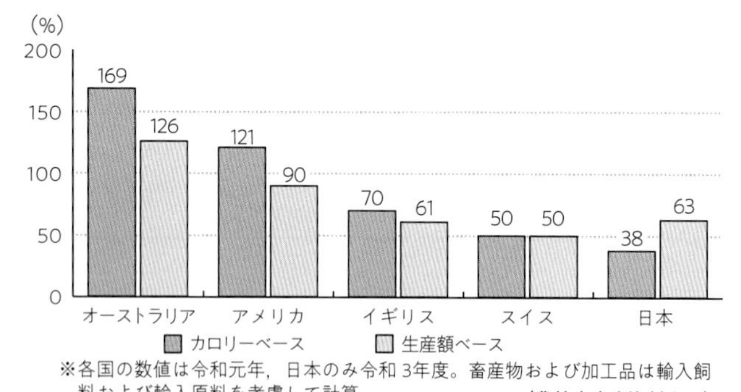

※各国の数値は令和元年，日本のみ令和3年度。畜産物および加工品は輸入飼料および輸入原料を考慮して計算

（農林水産省資料より）

3 食料自給率の推移を見てみよう!

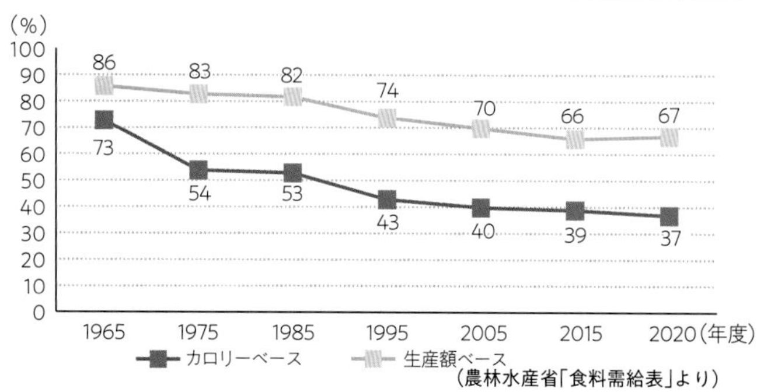

（農林水産省「食料需給表」より）

4 なぜ自給率が下がるのか?

①食生活の変化

食生活の洋風化で米の消費量が減り，肉類，乳製品，油脂類の消費が増えた。

②政策や国際競争の激化

TPP，EPA（EUとの経済連携協定）などからの農産物自由化の影響が懸念（けねん）されている。

③農村の高齢化と農業人口の減少

農業に従事する人の平均年齢は66歳を超え，全体の65％以上が65歳以上。新規就農者は毎年５万人を超えているが約63％が50歳以上。（農林水産省「平成29年新規就農者調査」）

5 食料自給率が下がると…

①食料を輸入するということは，フードマイレージや仮想水（p.152）の観点から見ても環境に負荷を与える。

②国産農産物が売れなくなり，農業の衰退（すいたい）を招く。

③食料を外国に頼ることによって次のような問題がある。

㋐世界的な食料危機，輸出国の冷夏・かんばつなどの異常気象による不作，輸出国での国内価格の暴騰（ぼうとう）などで輸入が制限される。

㋑輸出国でBSEや鳥インフルエンザが発生したり，使用規制のある有害物質や薬物が混入したりすることなどによって輸入できなくなる。

㋒輸出国の食品生産にかかわる諸条件（使用農薬や食品添加物など）の基準のちがいで輸入できなくなる。

おとなのつぶやき… 学校で地産地消という言葉を習ってから，買い物するときにはできるだけ地元のものを買うことにしている。（19歳・男性）

2 食料自給率の高い食事は?

高校生が好きな食べ物の食料自給率

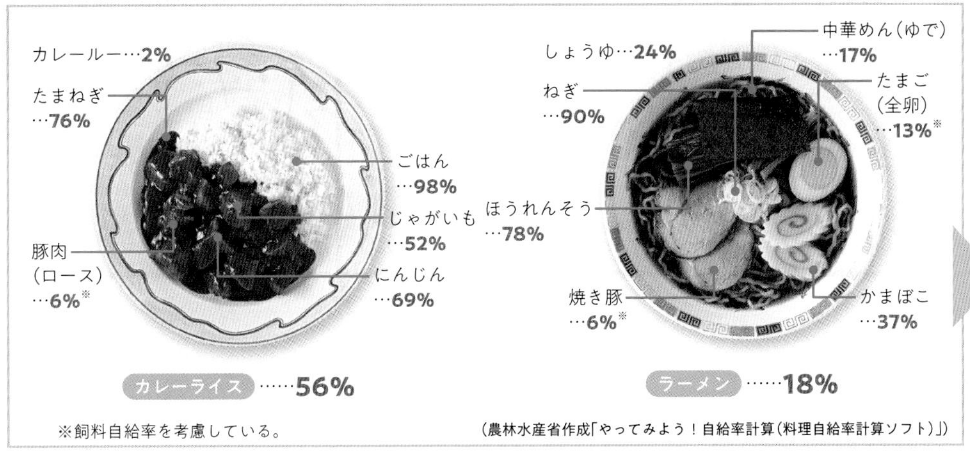

※飼料自給率を考慮している。　(農林水産省作成「やってみよう!自給率計算(料理自給率計算ソフト)」)

食料自給率を高めるには…?
【自給率90%以上の食卓】

3 地産地消の取り組み

学校給食での地場農産物の活用

学校給食法では，学校給食において地場農産物の活用に努めることなどが規定されている。また，食育基本法に基づく第4次食育推進基本計画(令和3～7年度)のなかで，「給食費の中のいくらが地場産か」という金額ベースで，9割以上の都道府県を現状値よりも維持・向上させるという目標が設定された。

文部科学省「食に関する指導の手引」では，推進体制の整備も重要との考えから，地元の生産者による講話や交流給食などを取り組み例としてあげている。(農林水産省Webサイトより)

▲生産者が講師となった学習会の様子

Column 米粉の可能性

日本人の食生活を支えてきた米。米粉は文字どおり，その米を細かく砕いて粉にしたものである。ここ数年，製粉会社の研究開発と技術革新によって，和洋中の料理を問わず米粉のパンやケーキ，麺類，ピザなど，新しい米粉製品が生まれ，話題になっている。小麦粉の代わりに米粉を使ってパンやパスタを作れば，食料自給率の改善も期待され農業の活性化にもつながるとされている。

また，米粉は小麦アレルギーの代替食品としても注目されている。

▲米粉で作られた高校生のコメロンパン

ミライフ 未来×LIFE 地元の野菜を売ろう!

南北に長い日本は，地域ごとの気候や風土が異なり，それぞれの地域の特性にあった農林水産物が生産されてきた。右の図は，都道府県ごとの伝統野菜の例をまとめたものである。

伝統野菜は，特産品や名物料理の原料としてまちおこしに利用されることも多く，さまざまな使用方法が知られている。自分が住んでいる都道府県の伝統野菜を調べ，どのように利用されているのか調べてみよう。また，伝統野菜を使った新しい特産品や名物料理を考えて発表してみよう!

(農林水産省「食料・農業・農村白書」より)

豆知識　春菊と菊菜など，同じ野菜や魚でも，地域によって呼び方が違うことがある。

8. 環境を考えて食べよう！

デジタルコンテンツ

知っておきたい食品ロスの常識

食品ロスの現状について，クイズに答えて理解を深めよう。

1 食品ロスの現状

食品ロスを考えよう

世界では飢餓で苦しむ国がある一方で，日本では家庭での食べ残しや手つかず食品，店やレストランからの廃棄など，まだ食べられるのに捨てられる，いわゆる食品ロスが多く発生している。

日本国内の年間食品廃棄物の量は約2,372万トン。そのうちの約522万トンが食品ロスである。そのうちの半分近い 247万トンが家庭からの排出である。

食品ロス

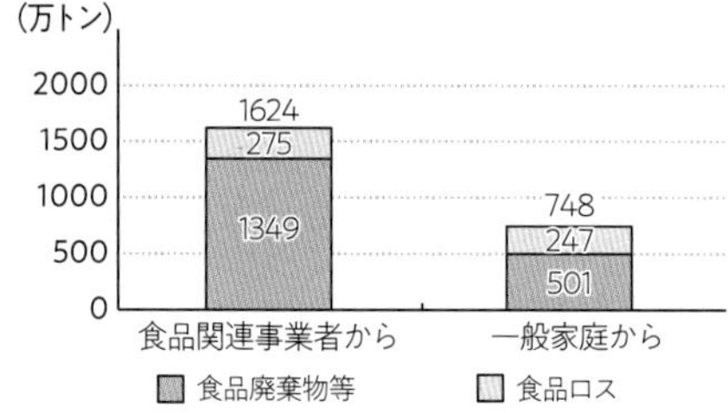

（環境省「食品廃棄物等の利用状況等」令和２年度推計より）

家庭から出る生ごみの内訳

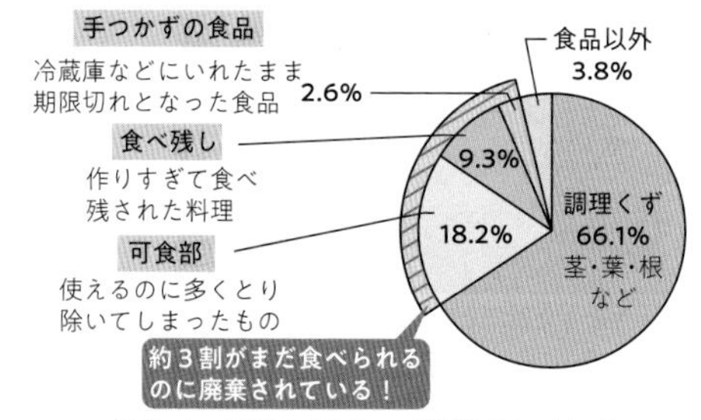

（令和 3年 3月「松本市食品ロス削減推進計画」より）

食品ロスを減らすため，環境省では「すぐに食べる分の食品は，賞味期限の短いものから買うことを推奨する「すぐたべくん」やスーパーなどの商品棚の手前にある商品（販売期限の迫った商品）を積極的に選ぶ「てまえどり」といった啓発活動を行っている。

2 仮想水（バーチャルウォーター）を知ろう！

仮想水とは，食料を輸入している国において，その輸入食料を自国で生産したら，どの程度の水が必要かを推定したもの。食料（農作物など）を生産するには多量の水が必要なため，「食料の輸入は，形を変えて水を輸入していることになる」という概念だ。日本のバーチャルウォーターは年間約 640億立方メートルで，世界最大級の水消費国である。日本は，食料を大量に輸入することで，世界の貴重な水資源に悪影響を与えているともいえる。

仮想水計算機

食品・料理に必要なバーチャルウォーター

さつまいも（１本）	炊いたご飯（１杯）	牛乳（１リットル）	みそ（大さじ１杯）	牛肉（１kg）

61リットル	278リットル	550リットル	22リットル	20,600リットル

（東京大学生産技術研究所　沖研究室のデータより）

解説　環境省のインターネットサイトで，バーチャルウォーターを計算することができる。（https://www.env.go.jp/water/virtual_water/index.html）

おとなのつぶやき…　スーパーのお値打ち品を見かけると，つい買ってしまうけど，結局食べる前に傷んでしまい，やむをえず捨てたこともあるよ。（37歳）

3 環境への取り組み例

1 ecoeat（エコイート）

廃棄予定の飲料や食品を引き取り，その中から安全かつ美味しく食べられる食品のみを安く販売する，食品ロス削減ショップ。食品が衛生上の危害を及ぼすかどうかを考えると，消費期限切れの食品の販売は慎むべきだが，賞味期限においては，切れた日数や保存状態によっても左右されるため，問題のない場合も多い。食品が余って処分に困っている事業者が多い一方，三食まともに食事を摂れない人がいる状況の是正にも寄与する取り組みである。

(NPO法人日本もったいない食品センターWebサイトより)

▲ ecoeat 朝霞店

2 ゼロハンガーチャレンジ

世界中すべての人が食べられる世界を目指し，食品ロスの削減に多くの人が参加することで，飢餓（きが）に苦しむ子どもたちを救おうというキャンペーン。食品ロス削減の取り組みを，特定のハッシュタグを付けてSNSに投稿すると，1投稿につき100円あまりが，協賛企業の協力により給食支援に寄付される。

国連WFP協会の主催により，10月16日の「世界食料デー」に合わせて毎年実施されている。

（「ラフ＆ピースニュースマガジン(2021年)」より）

4 アニマルウェルフェアとは?

人間が動物に対して与えるストレスや苦痛は最小限に抑えるべきだという，アニマルウェルフェア（動物福祉）の概念に関心が高まっている。殺してはいけないという考えではなく，動物の利用を認めつつも，動物の感じる苦痛はなるべく回避しようという考えなので，いわゆる動物愛護とは異なる。

特に，オスのひよこを生まれてすぐ殺処分する，牛の角や尻尾を麻酔をかけずに切除する，ウサギの毛を刈らずにむしり取るなど，人間の都合だけで効率最優先に行われている「産業動物」の実態が問題視されている。消費者それぞれがこうした課題の解決を考慮しながら消費活動を行うことを，エシカル（倫理的な）消費と呼ぶ。

Column フードバンク

フードバンクは，包装の印字ミスや賞味期限が近いなど，食品の品質には問題ないが通常の販売が困難な食品を，NPO等の団体が企業や市民から寄付してもらい福祉施設等へ無償提供するボランティア活動である。令和元年「食品ロスの削減の推進に関する法律」（略称 食品ロス削減推進法）が施行された。食品ロス削減に関する国や地方公共団体等の責務等を明らかにし，基本方針を策定する。フードバンク活動を支援するための必要な施策も盛り込まれている。

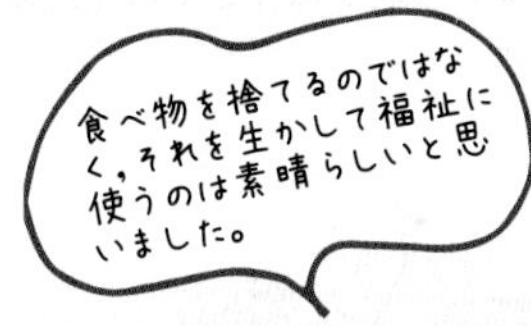

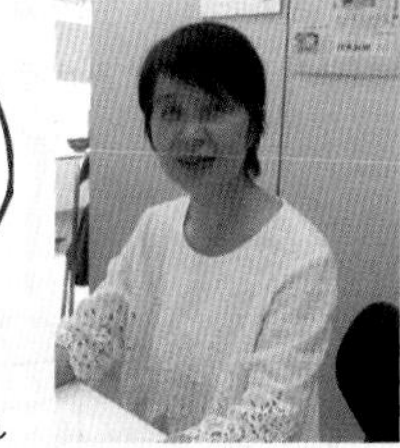

フードバンク山梨 理事長の米山けい子さん

ミライフ 未来×LIFE

ダイナミックプライシングは食品ロス解消に役立つのか？

2 飢餓をゼロに　12 つくる責任 つかう責任　13 気候変動に具体的な対策を

食品ロス発生の原因のひとつとされているのが「賞味期限」や「消費期限」といった期限表示の存在である。期限が切れると，まだ食べられる食品でも廃棄してしまうこともある。そのような廃棄のロスを減らす方法として注目されているのが，ダイナミックプライシングである。ダイナミックプライシングとは，同じ食品を一律で同じ価格とせず，需給に応じて価格を変える方法で，需要が増す時間帯や季節は価格を高く，需要が減る時間帯や季節は値段を下げて購入意欲を刺激する。

食品で行われることは少ないが，旅行運賃や宿泊料金，道路の通行料などすでに導入されている業界もある。IoT技術を活用して，食品業界でもダイナミックプライシング が実現すれば，食品ロスを効率的に減らすことができるのではないかと注目されている。

一方で，これまでの値引きシールと効果は同じではないかといった意見や，別の競争・不公平感を生むといった懸念の声もある。ダイナミックプライシングは食品ロス解消に役立つか，意見を出し合って考えてみよう！

豆知識　2019年度のペットボトルリサイクル率は85.8%。回収されたペットボトルは国内外で再資源化されている。

ワークシート⑦を使って実践しよう！　ワークシート

これからの食を想像しよう！

Study 1 私たちの食生活を変えたもの -1　過去 → ワークシート

私たちの食生活は，さまざまな要因によって劇的に変化してきた。A～Eの食生活を変えた要因からひとつを選び，❶登場前後で食生活はどう変わったか，❷今この要因がなかったらどのような不便があるか，考えてみよう！

A 火

人は，火をコントロールすることで，食べ物の保存性と安全性を飛躍的に向上させた。洞窟(どうくつ)などで火を起こし，集まった人々からコミュニティが生まれた。火は外敵から身を守ることにも役立った。

B 農業／酪農(らくのう)

人は，種をまいて収穫をする技術で，安定的な食料供給と定住を可能にした。さらに家畜との生活や酪農によってたんぱく質源の入手も可能となった。やがて交配することで育てやすさやおいしさなど付加価値が生まれた。

C 保存技術

季節によって入手できない食材を保存しておくために，乾燥させる，発酵させるなどの技術が発展した。

近年では，フリーズドライや冷凍技術が発展し，インスタント食品をはじめとする商業用の食品が数多く発売されている。

方法	効果	食品の例
乾燥させる	腐敗(ふはい)菌の活動に必須な水分を奪う。	魚の開き，乾麺，ドライフルーツ
発酵させる	発酵に使われた微生物の拮抗(きっこう)作用*により，ほかの腐敗菌の繁殖を抑える。	チーズ，納豆
塩漬(づ)けにする	浸透圧(しんとうあつ)により，腐敗菌の水分を奪って殺菌する。	塩辛，新巻鮭(あらまきざけ)
砂糖漬けにする	浸透圧により，腐敗菌の水分を奪って殺菌する。	ジャム，砂糖漬け
酢漬けにする	酢酸により微生物の繁殖を抑える。	ピクルス，らっきょう
燻(いぶ)す	煙で燻すことで腐敗菌を殺菌。さらに食品に樹脂膜ができ，外部からの菌の侵入を防ぐ。	ベーコン，かつお節

＊2種類の微生物が互いにその効果を打ち消し合うこと。
※そのほか，アルコールや油に漬ける，ぬか漬けにするなどの保存法もある。

D ガス・電化製品の発達

各家庭にガスが普及し，冷蔵庫や電子レンジなどの家電が生まれることで，家庭調理は効率化した。

E 外食／中食の発達

外食産業や食品産業が広がり，自分で料理を作らなくても食事ができるようになった。調理の手間が減り，食を楽しむバリエーションが増えた。

Study 2 私たちの食生活を変えたもの -2

現在

今，注目の技術を見てみよう！ ～遺伝子を操作する～

1 遺伝子組換え ー 遺伝子組換え食品の表示

遺伝子組換え作物とは，ほかの生物の遺伝子を取り出し植物に人為的に組み込んで，病気や害虫に強くしたり，栄養価を高めたり，有害物質を減少させたりした作物につくりかえたもの。その作物や加工品を遺伝子組換え食品と呼ぶ。しかし，新しい技術のため不安をもつ消費者も多い。消費者が購入時に選択できるように，使用している食品には表示が義務づけられている。

遺伝子組換え食品の表示の例

場合	表示	区分
遺伝子組換え作物を原材料とする場合	「大豆（遺伝子組換え）」等	義務表示
遺伝子組換え作物混在の可能性がある場合	「大豆（遺伝子組換え不分別）」等	義務表示
分別生産流通管理をして意図せざる混入が5%以下の場合*	「大豆（分別生産流通管理済み）」等	任意表示
遺伝子組換え作物を使っていない場合	「大豆（遺伝子組換えでない）」等	任意表示

＊大豆及びとうもろこし

日本で流通が認められている遺伝子組換え農作物

- 大豆（枝豆，大豆もやしを含む）
- なたね
- てんさい（甜菜）
- とうもろこし
- 綿実
- パパイヤ
- ばれいしょ
- アルファルファ
- からしな

上記の農作物を使った加工食品について，下の条件に当てはまる食品には，遺伝子組換え農作物の使用の有無を表示しなくてもよい。

- 食品のおもな原材料ではない場合。
- 遺伝子組換え農作物を原材料として使っていても，組み込まれた遺伝子やその遺伝子がつくるたんぱく質が製品中に残っていない場合。（例：油やしょうゆ）

2 ゲノム編集

ゲノム編集とは、多数の遺伝子の中から、狙ったものだけを正確に操作する技術。

(1) DNAを切り取るための酵素を細胞に注入
(2) 標的の遺伝子を見つけ出し、破壊する
(3) 破壊した遺伝子の一部を置き換えたり、別の遺伝子を導入したりすることでゲノムを改変する

という流れが、基本的な方法である。

従来の遺伝子組換え技術でもそうした操作は可能だったが，従来の方法では狙った遺伝子だけにきちんと作用する確率の低さという課題があった。ゲノム編集では，これまでの数百倍から数千倍という高い頻度（ひんど）で操作できるため，実験効率が飛躍的に向上した。農作物の品種改良をはじめ、さまざまな分野に活用されている。安全性などが確認され，問題のないものが輸入・栽培・流通される仕組みとなっている。

左がゲノム編集された鯛（たい）。右は普通の鯛

Study 3 これからの技術について話し合ってみよう！

未来

ワークシート

近年注目されている技術に3Dフードプリンタがある。3Dフードプリンタとは，ペースト状の食材などをカートリッジに入れ，登録したレシピのデータ通りに機械が料理を作る。今はまだ対応できるレシピに限りがあり，機械そのものも高額だが，いずれ各家庭に家電として導入される日が来るかもしれないといわれている。

3Dフードプリンタはさまざまな問題解決に役立つと期待されているが，一方で問題点も指摘されている。3Dフードプリンタの家庭での導入について賛成か反対かを選び，その理由を書いてみよう。また，自分と違う意見の人と話し合ってみよう。

■食生活

おとなの常識・

Q1

箸で器や鍋の中を探ることを「探り箸」といい，マナー違反とされている。このようなマナー違反の箸使い❶～❻は何とよばれるか，それぞれ下の語群から選ぼう。

❶ 箸(はし)を持ったまま，どれを食べようかと器の上を動かす。
❷ 食べ物を箸から箸へ渡す（2人同時につまむ）。
❸ 箸を箸置きに置かず，食器の上に置く。
❹ 食べ物を箸で突き刺して取る。
❺ 箸で器を引き寄せる。
❻ 箸を口にくわえたり，なめたりする。

せせり箸　渡し箸　寄せ箸　ねぶり箸　振り上げ箸
仏箸　移し箸（箸渡し）　迷い箸　刺し箸

Q2

日本料理は，器を持ち上げて食べることが基本。ただし，持ち上げて食べてはならない器もある。それは次のなかのどれ？

❶ 小鉢
❷ 丼
❸ 平皿
❹ 汁椀(しるわん)

Q3

洋食のレストランで席に着くとき適切なマナーはどれとどれ？

❶ 大きなバッグは，椅子(いす)の下の床に置く。
❷ 小さなバッグは，椅子の背と自分の体の間に置く。
❸ ナプキンは隅をつまんで首元（襟元(えりもと)）にかける。
❹ ナプキンは2つ折りにした輪を手前にして，ひざの上に置く。

Q4

少し改まったレストランでの食事中，NGでないのはどれ？

❶ 音を立ててスープを飲む。
❷ 食器の音をさせながら，カトラリーを使う。
❸ 携帯電話を操作しながら食べる。
❹ げっぷが出てしまったが，何事もなかったようにやり過ごす。
❺ カトラリーを床に落としてしまったので，店員に拾ってもらう。

Q5

中国料理を頂くとき，NGでないのはどれ？

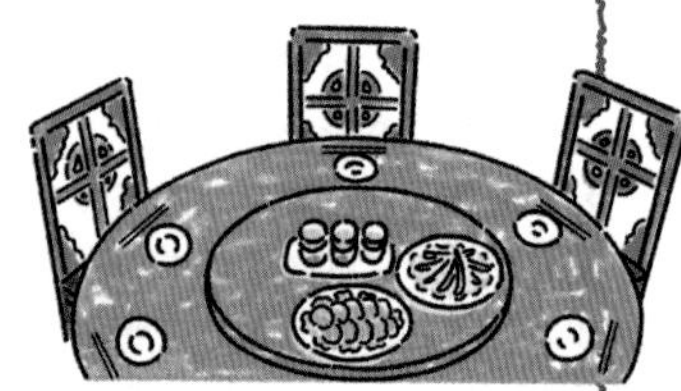

❶ テーブルで自分好みの調味料を使う。
❷ 他の人の分を取り分けてあげる。
❸ 身を乗り出して料理を取る。
❹ ターンテーブルの上に，自分の皿やコップを置く。

マナークイズ

Q6

レストランでの一般的なマナーとして，NG なのはどれ？

1. ライスの皿は，こぼれるといけないので口の近くまで持ち上げて食べる。
2. カトラリーの順番を間違えたことに気づいたけれど，そのまま食べ続ける。
3. 手洗いなどで中座するとき，ナプキンを椅子の上に置いて行く。
4. 水をついでもらうとき，グラスをテーブルに置いたままにしておく。

Q7

尾頭つきの焼き魚を頂くとき，上の身（魚の左側半分のこと）の食べ方として正しいのはどれ？

いただきます！

1. 頭から尾のほうへ，腹側のほうから食べる。
2. 頭から尾のほうへ，背側のほうから食べる。
3. 尾から頭のほうへ，腹側のほうから食べる。
4. 尾から頭のほうへ，背側のほうから食べる。

Q8

洋食のレストランで食事の途中，ナイフとフォークを皿の上に置くとき，正しい置き方はどれ？

1. ナイフは刃が内側，フォークは背を上にしてハの字に置く。
2. ナイフは刃が内側，フォークは背を下にしてハの字に置く。
3. ナイフは刃が外側，フォークは背を上にしてハの字に置く。
4. ナイフは刃が外側，フォークは背を下にしてハの字に置く。

配膳のしかた

テーブルを覗(のぞ)いてみよう！

和食の配膳のしかた

ご飯は左手前に，汁ものは右手前に。奥左に副菜，右に主菜を置く。真ん中には副々菜と漬物。なお，おみそ汁やおすましなどの汁もの＋主菜と副菜2種という組み合わせは，「一汁三菜」と呼ばれる。米を主食とする日本の食文化の基本の形で，栄養のバランスもよい食事だ。

洋食フルコースのセッティング

コース料理では，前菜から順番に料理が運ばれ，中央にプレート皿が置かれる。左の皿は，パンのバターなどが置かれる。ナイフとフォークは，食べる順番に外から内側に向かって使っていく。中央のプレート皿の奥にあるのはデザート用のナイフとフォーク。ここにはコーヒースプーンが添えられることもある。

答えはp.162

調理の前に①

調理の基礎ほか

1 包丁の種類と使い方

調理法や材料に合わせて，さまざまな種類の包丁がある。自分に合った包丁を探してみよう！

❶**三徳包丁**……薄く，軽く何にでも使いやすい。万能包丁・文化包丁ともいう。
❷**出刃包丁**……魚や肉など，骨まで切れる。
❸**菜切包丁**……両刃の野菜用。
❹**薄刃包丁**……片刃の野菜用。繊細な作業に向く。
❺**柳刃包丁**……魚の刺身用。長い刃渡りを使い，引き切りをすることにより，切り口が美しく仕上がる。
❻**牛刀**……洋包丁の一種で，肉，魚，野菜など万能。
❼**ペティナイフ**……果物や細かい細工に向く。
❽**パン切り包丁**……食パンやフランスパンなどに。
❾**中華包丁**……重さを使って，野菜から肉まで切れる。

※❷～❺は和包丁，❻～❽は洋包丁，❾は中華包丁。

包丁の握り方

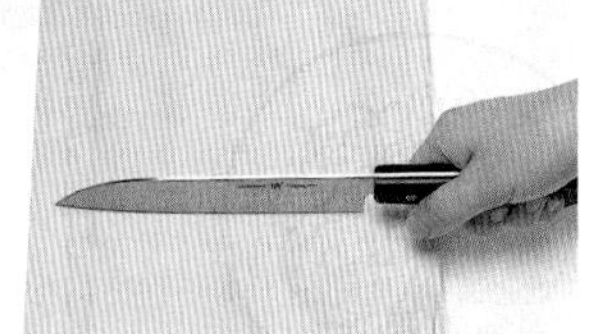

速度をつけたり，かたい材料を切るのに適する。

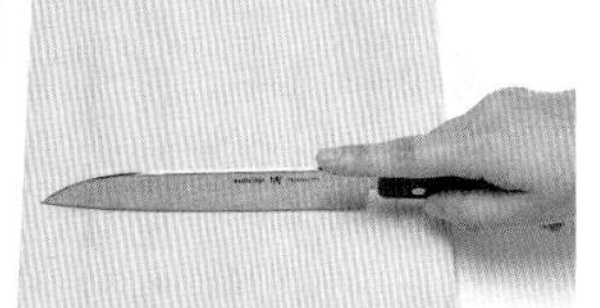

慎重に，細かい包丁づかいをするのに適する。

材料を持つ手

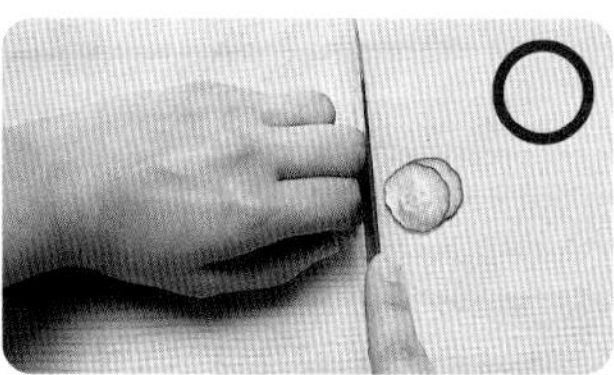

指を内側に折り込んで，材料を押さえる。手を少しずつ左にずらしながら切り進める。

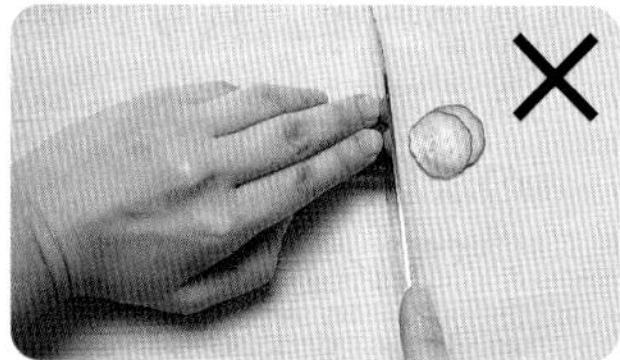

危険なので，指を伸ばした状態では包丁を使わないこと。

2 計量の方法

計量カップで

1カップ=200mL

平らなところに置いてはかる。液体は表面張力で盛り上がるくらいが 200mL。粉末状のものはふんわりと入れて目盛りを読む。

計量スプーンで

大さじ1=15mL
小さじ1= 5mL

料理のレシピによっては，分量を容量（mL）ではなく，重量（g）で表しているものがある。その際には，大さじ1杯が何gになるかを換算して使うこと。

液体

大さじ1・小さじ1

表面張力で液体が盛り上がるくらいが1杯分。

大さじ1/2・小さじ1/2

スプーンの6～7分目くらいまでがちょうど半分になる。

ペースト状

大さじ1・小さじ1

液体の計量と同様，表面がちょっと盛り上がるくらいが1杯。

粉末

山盛りにすくってから，別のスプーンの柄などですりきる。

大さじ1・小さじ1

粉末状のものを計量する時は上から押しつけたりせずに，ふんわりと。

大さじ1/2・小さじ1/2

一度すりきったものを，中心からかきだすと，1/2になる。

3 基本的な切り方

※本来は左手で野菜を押さえて切りますが，写真を見やすくするために省略しています。

素材の形が細長いもの

素材をそのまま使って

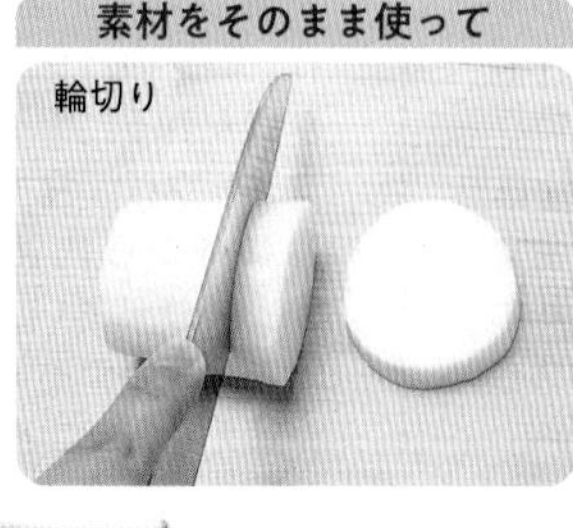

厚めの輪切りを半分にして

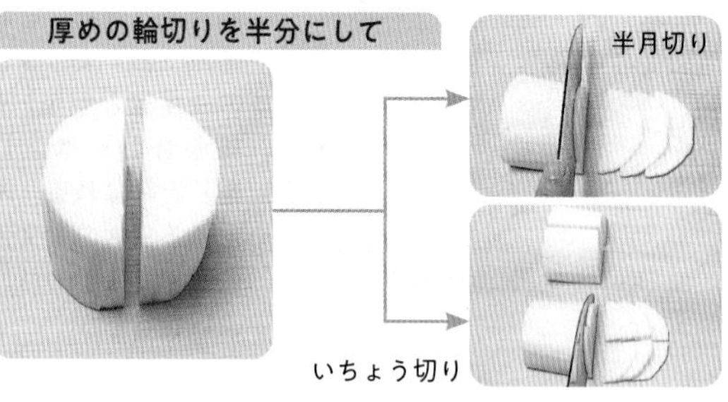

厚めの輪切りから角柱を作って

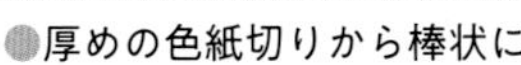

角柱

色紙切り

●厚めの色紙切りから棒状に

拍子木切り

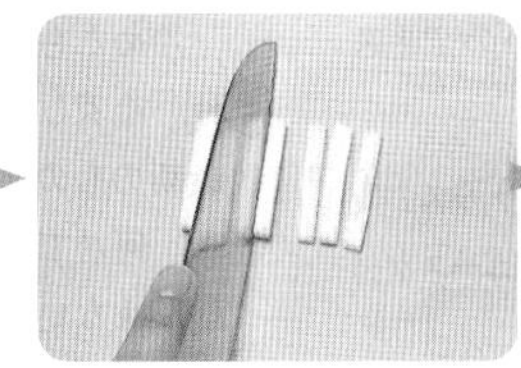

さいの目切り

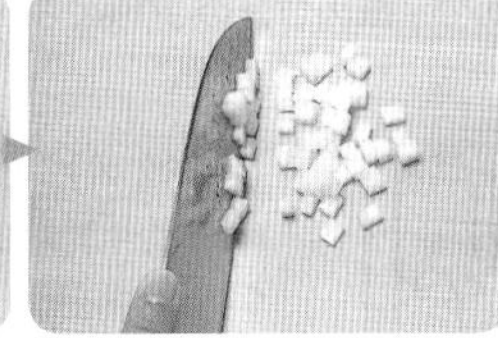

●厚めの色紙切りから短ざく状に

短ざく切り

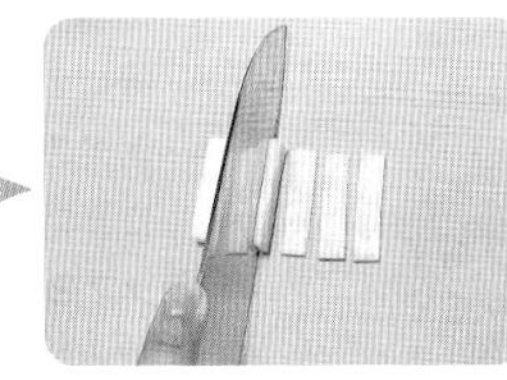

●できるだけ薄い色紙切りをして

せん切り

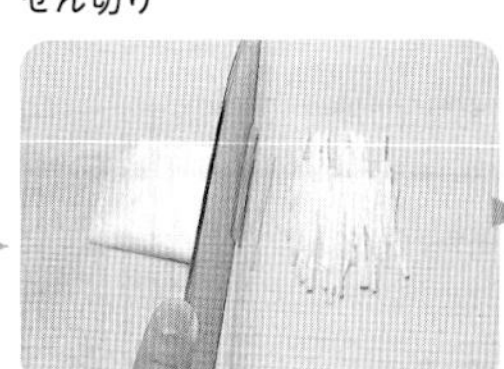

みじん切り

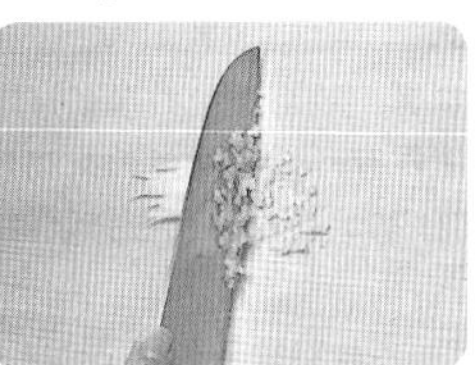

輪切りから皮をむくように

かつらむき

しらが大根

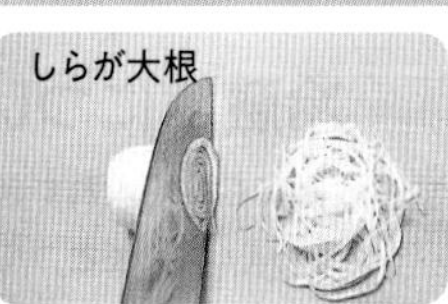

輪切り以外で，素材をそのまま使った切り方

小口切り

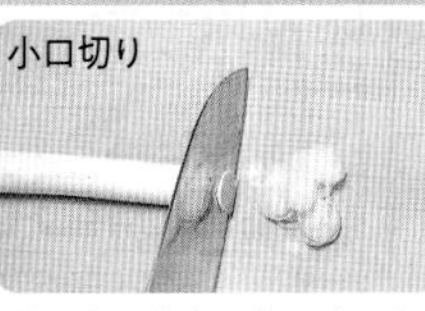

長いものを小口（はし）から切る。

乱切り

切った面が上になるように転がしななめに切る。

ささがき

鉛筆を削るようにする。

ななめ切り

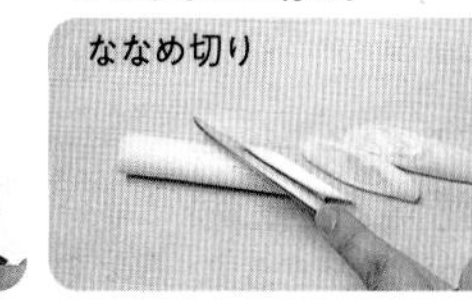

長いものをななめに切る。

ねぎのみじん切り

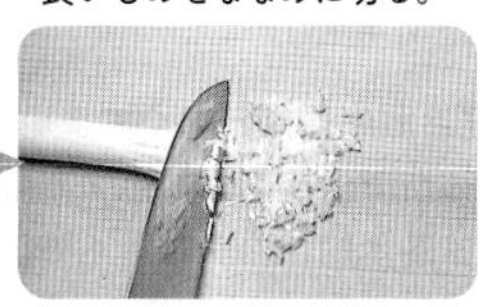

はじめにたて方向に切り目を入れ，はしから小口切りのように切る。

素材の形が丸いもの

くし形切り

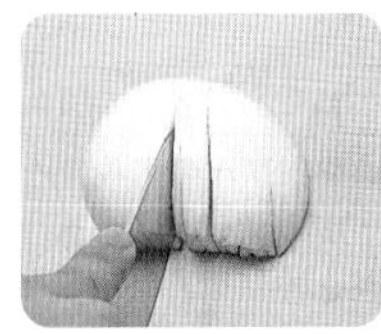

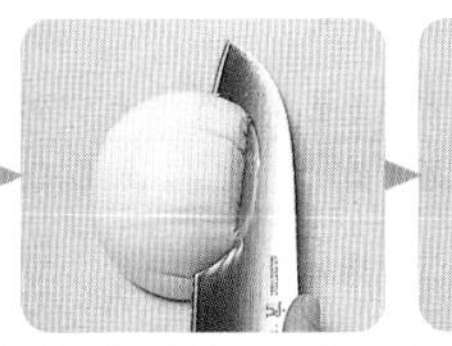

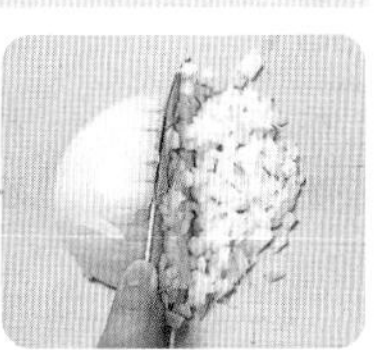

【たまねぎのみじん切り】たまねぎを半分に切り，はじめにたて方向とよこ方向に切り目を入れておくと，簡単に細かくきざめる。

その他

そぎ切り

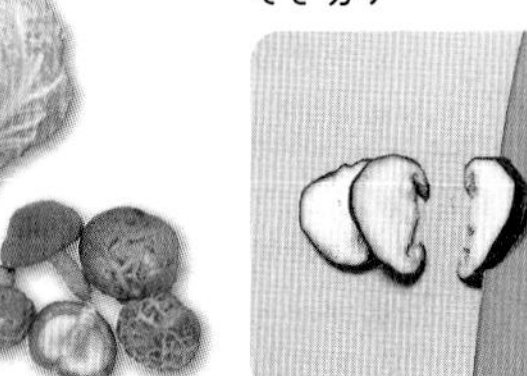

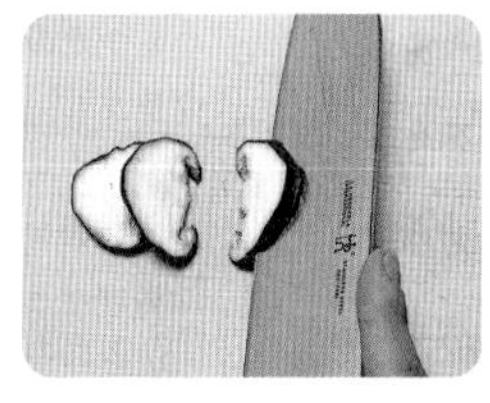

4 ご飯を炊いてみよう

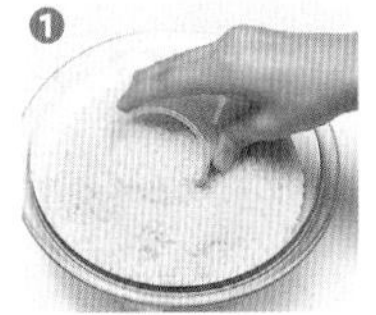

❶ 計量をきちんと行う。ふんわりとすくって，手ですりきる。

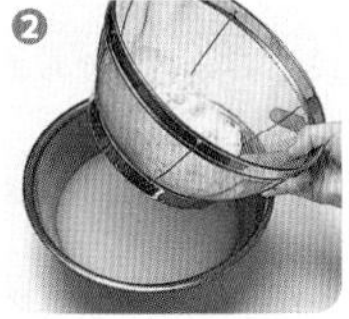

❷ 米に水を注ぎ，すぐに水を捨てる。ざるとボールを重ねておくと便利。

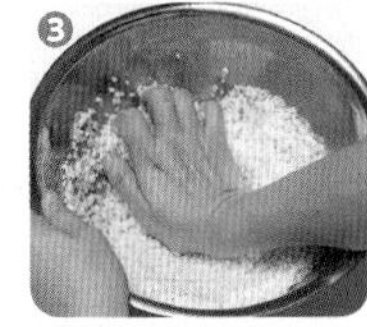

❸ ボールで力を入れ過ぎないように手早くとぎ，水ですすぐのを数回繰り返す。時間をかけると米がぬかくさくなる。

❹ 水の色がこの程度になったら，ざるを使ってしっかりと水をきる。

❺ 米を炊飯器の内釜に入れ，正しい分量の水を加えて 30分ほど浸水させる。

❻ 内釜を炊飯器にセットする時は，底の水を拭きとることも忘れずに。

❼ 炊きあがったら 10分ほど蒸らし，水でぬらしたしゃもじで周囲を一回りし，そのあと上下を入れ替えるように底から軽くかき混ぜる。

水加減

水加減は，新米の場合，米の重量の 1.3 倍弱，古米の場合は米の重量の 1.5倍。炊飯器では目盛りを目安にする。

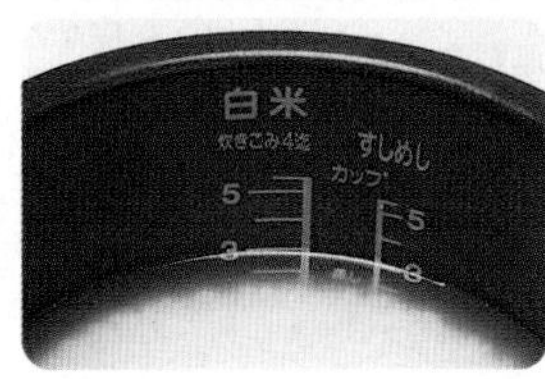

米と飯の量

米1合炊くと，茶わんで約 2杯分になる。

調理の前に②

1 冷蔵庫について知ろう

冷蔵庫にものを入れすぎると冷えにくくなり傷みやすくなるので，庫内容量の30%くらいの空きスペースをつくっておくと，しまい忘れの食材も減る。

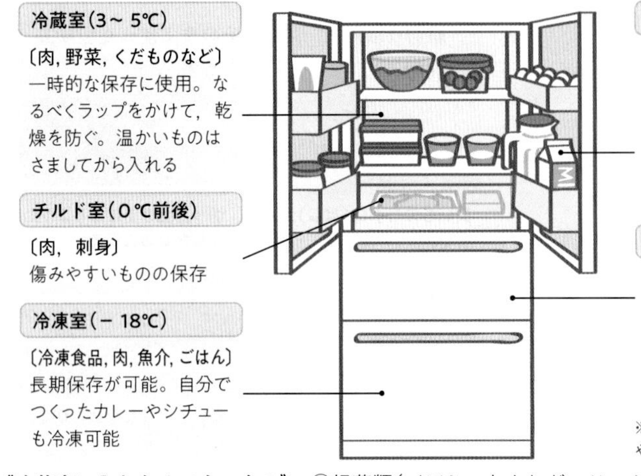

※冷蔵庫の内部構造はメーカーや機種によって異なる。

《冷蔵庫に入れなくてよいもの》 ①根菜類(ごぼう，たまねぎ，じゃがいもなど)は洗わずに冷暗所で保存　②変色する野菜(なす，トマトなど)は冷暗所で保存　③南国産の果物(バナナなど)は基本的に冷蔵しなくてよい　④砂糖，塩，粉末の香辛料は基本的に入れる必要はない　⑤未開封の缶詰やレトルト食品(カップめん，ごはんなど)

《冷凍室に入れてはいけないもの》 缶ジュース，ペットボトル飲料は破裂することがある

《冷凍室に入れてもよいもの》 乾燥していることが望ましいコーヒー豆，海苔など

2 電子レンジの基礎知識

冷めたものを温めたり，冷凍食品を調理したり，冷凍したものを解凍したりするときに使う。最新のものはいろいろな機能がついているので，何ができるか覚えよう。

●使えないもの

- アルミやステンレスなどの金属(熱を通さない)
- 漆器，竹など(焦げることがある)
- 縁に金や銀の柄がある器(火花が散る)
- 耐熱性のないガラス

※たまごや栗は破裂するので注意

●ラップを使おう

- 飲み物などを温めるとき以外は，ラップをかけるとよい(このとき，ラップにすき間をつくるか，穴をあけること)

3 レシピを見るときに役立つ料理用語

用語	意味
あえる	いくつかの食材を，調味料などを加えながらまぜること
味をととのえる	味見をし，足りないと思われる調味料を入れ，ほどよい味に仕上げること
油通し	中華料理などで，材料を低めの温度でさっと揚げること
油抜き	油揚げなどに熱湯をさっとかけたり，さっと湯を通したりして，表面の酸化した油を取ること
あら熱をとる	火にかかっていた熱い状態から，落ち着くくらいに冷ますこと
化粧塩	魚を塩焼きにするとき，尾やひれのこげを防ぐためにつける塩のこと
こす	裏ごし器で材料をこすこと。口当たりがなめらかになる。裏ごしとも
こそげる	魚のうろこやごぼうの皮などを，包丁の背などでこすり落とすこと。薄くむきたいときに使う
小房に分ける	ブロッコリーなどの下ごしらえで，小さなかたまりに分けること
差し水	豆を煮る際などに，調理中に水を少量入れること。一時的に温度を下げ，材料に均一に火を通す。びっくり水ともいう
塩抜き	塩蔵の魚，わかめなどを真水や薄い塩水に浸して，余分な塩分を抜くこと。塩だしともいう
下味をつける	煮たり焼いたりする前に，調味料や香辛料をふったり，調味液につけること
素揚げ	食品に衣や粉など何もつけずに揚げること。何もつけずに焼くのは「素焼き」
筋を取る	鶏のささみの白い筋や，野菜のかたい筋を取り除くこと
血抜き	水などに魚や肉を浸け，血を抜き取ること。生臭さを取ることができる
とろみをつける	かたくり粉などを水で溶いて加え，液体をどろっとさせる
煮きる	加熱して，酒やみりんのアルコールを飛ばすこと
二度揚げ	低温で中まで火を通すように揚げたあと，高温で揚げ，周りをさくっとさせる
煮含める	薄味のたっぷりの汁で味がしみ込むようじっくりと煮ること
寝かす	味や食感をよくするため，しばらくそのままおくこと。「休める」ともいう
ひと煮立ちさせる	煮汁などを一度沸騰させてから，火を止めること。だしを取るときなどに使う
ふり塩	材料に塩をふること。高い位置からまんべんなくふるようにする
まわし入れる	調理の途中で液体調味料を入れるとき，なべの縁からまわすように入れること
面取り	野菜の煮物の際，切り口の角を取り除くこと。煮くずれを防ぎ，味のしみ込みをよくする
戻す	干ししいたけや切り干し大根などの乾物を，水やぬるま湯につけて元の状態に近くすること
湯せん	湯をわかした鍋に小さい容器を入れ，間接的に加熱すること。チョコレートやバターに用いる
湯通し	材料を熱湯に入れてすぐに取り出す。または上からまんべんなく熱湯をかけること
湯むき	トマトや桃などの皮をむく際，熱湯につけてからむく。薄く早くきれいにむける
予熱	オーブンなどを使った料理で，庫内の温度を一定にするためあらかじめ温度を上げておくこと
余熱	沸騰したあと，そのまま火を止めた状態で調理する

4 下ごしらえをしてみよう

下ごしらえは，材料や調理法に合わせて，不用な部分を取り除いたり，使いやすい形に切ったりする調理前の準備のことをいう。

①あく抜き　一部の野菜や山菜の苦味や渋味を取るために行う。
ゆでる…ほうれん草，こんにゃく　**水にさらす**…なす，じゃがいも
ぬかを入れてゆでる…たけのこ　**酢水につける**…ごぼう，れんこん

②砂だし　しじみなどの２枚貝は，塩水につけて一晩，冷暗所に置くと砂を吐き出す。塩水は，水１Lに食塩を大さじ２杯程度入れればよい。

③油抜き　油揚げや，がんもどきなどの油で揚げた食材に熱湯をかける。表面の油が落ち，臭みがなくなる。

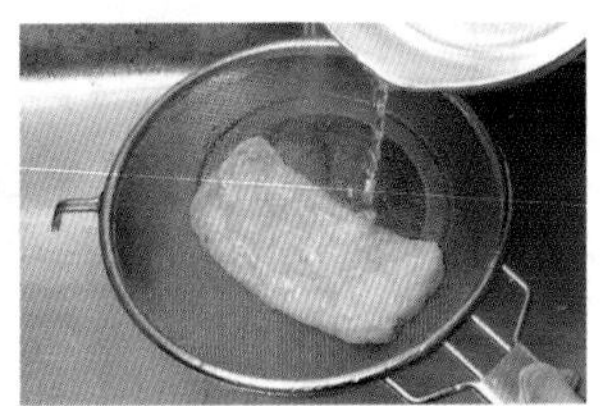

④板ずり　きゅうりなどは，まな板の上で押さえつけながら転がす。調味料がしみ込みやすくなり，色も鮮やかになる。

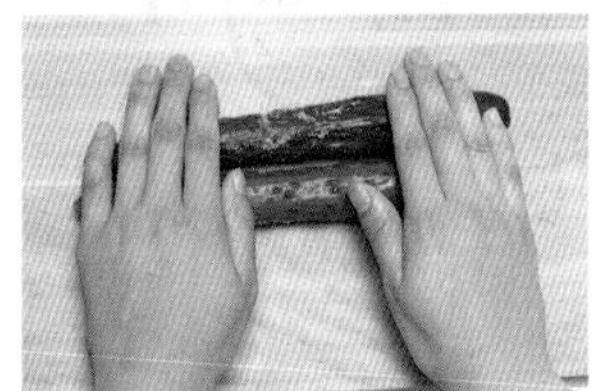

⑤トマトの湯むき　へたを取り，沸騰したお湯に30秒ほどつけると薄皮がむける。

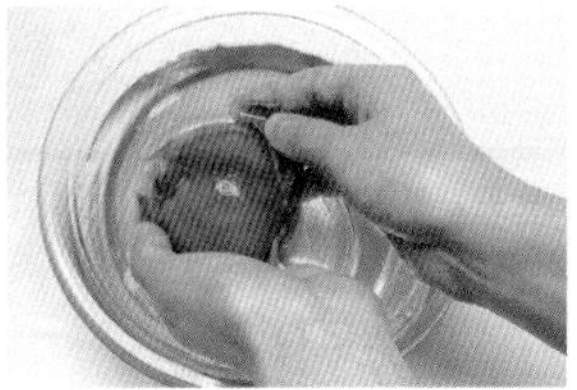

⑥じゃがいもの芽取り
包丁の刃元でじゃがいもの芽を取る。芽に含まれるソラニンは毒で，吐き気などの症状が出るので注意。

⑦えびの背わた取り
かむと口の中でじゃりじゃりしたり，生臭かったりするので，えびのからをむき，背中の黒く見える背わたを竹串やつま楊枝で取る。

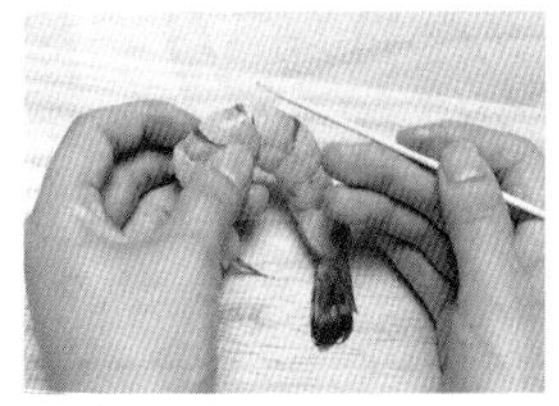

⑧肉の筋切り，肉たたき
トンカツにするときに，肉の筋に包丁で切り込みを入れる。また，肉をやわらかくするために，肉たたき（なければコーラのびんなど）でたたく。

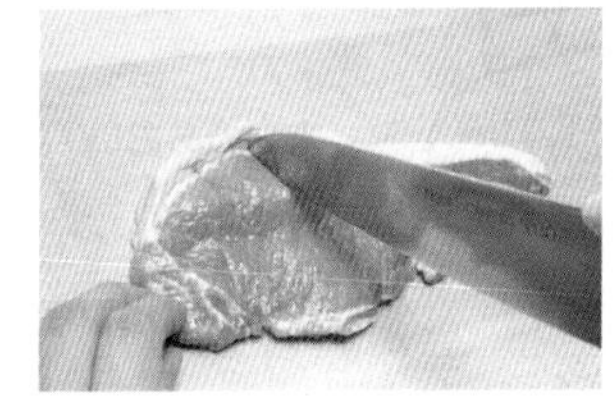

5 冷凍と解凍のポイント

◆冷凍のポイント

安い食材を買いだめしたときや，自分でつくった総菜は冷凍保存が可能。冷凍するときのポイントは次の通り。

①肉や魚など生のまま冷凍するものは，買ってきたらできるだけ早く冷凍庫へ
②切る，ゆでるなどの下ごしらえや調理が必要なら，清潔な状態を保つ
③冷凍するときは，ラップでしっかりくるんだり，密閉容器を使う
④早く冷凍されるように，できるだけ軽・薄・短・小にまとめる
⑤カレーや筑前煮など調理したものはさましてから冷凍する
⑥冷凍にした日付けを書いておく

◆解凍のポイント

解凍にはいくつかの方法があるが，それぞれで解凍時間が異なる。

●解凍方法
①低温解凍／冷凍庫から冷蔵庫に移す。数時間かかる
②常温解凍／水分の流出が多い。室温が高いほど時間が短くなる
③流水解凍／水道の水を流しながら解凍する
④湯せん解凍／温かいお湯につける
⑤電子レンジ解凍／数分でできる

6 料理の知恵を知ろう

①野菜炒めや天ぷらなど，油を使う場合，食材の水気を切らないと油が飛ぶ

②煮物は，冷めながら味がしみ込んでいく。時間をおいたほうがおいしい！

③豚には寄生虫や細菌がいることがあるので，しっかり火を通して食べる。とり肉は新鮮なものは生食するが，生食用食肉の衛生基準がないので危険

④基本的にブロッコリーや葉ものなど火の通りやすいものは，水が沸騰してからゆでる。じゃがいもやにんじんのように固いものは水からゆでる

未来へ向かって

● 「おとな」として大切なことは何か，書いてみよう。

●どんな「おとな」になりたいか，目標を書いてみよう。

●家庭科で学んだことをどのように未来の人生に生かしていきたいか，書いてみよう。

「おとなの常識・マナークイズ」の解答

衣生活Q1：①,②,③／Q2：③/Q3：①/ Q4：②/Q5：③/Q6：②/Q7：②/住生活Q1：①,④/Q2：①,④/Q3：②,④/Q4：①/Q5：②/Q6：②/Q7：④/食生活 Q1：①迷い箸，②移し箸，③渡し箸，④刺し箸，⑤寄せ箸，⑥ねぶり箸/Q2：③/Q3：②，④/Q4：⑤/Q5：①/Q6：①/Q7：②/Q8：①

食品成分表編

―目　次―

穀類 1
いも及びでん粉類 2
砂糖及び甘味類 3
豆類 4
種実類 5
野菜類 6
果実類 7
きのこ類 8
藻類 9
魚介類 10
肉類 11
卵類 12
乳類 13
油脂類 14
菓子類 15
し好飲料類 16
調味料及び香辛料類 17
調理済み流通食品類 18

栄養計算してみよう！

献立作成・栄養計算アプリ

パソコン，スマートフォン，タブレットなどから付録の「献立作成・栄養計算アプリ」をご利用できます。１日分の献立を立てたり，栄養価をレーダーチャートで表示したりすることができます。本冊に載せきれなかった食品の成分表やチャートも見られます（2,478 品目）。

以下の URL，または，裏表紙の二次元コードを読み込み，パスワードを入力してご利用ください。

https://www.kyoiku-tosho.co.jp/kondate-calc/

※利用料は無料ですが、通信費は自己負担となります。

1 栄養素の基礎知識

1 栄養と栄養素とは

私たちは，生まれてからほぼ欠かさず，毎日食事をしつづけている。これはなぜなのだろう？

食物に含まれている５大栄養素，**炭水化物，たんぱく質，脂質，無機質，ビタミン**のはたらきから考えてみよう。

●からだ構成成分比率

●食物からの栄養素摂取比率

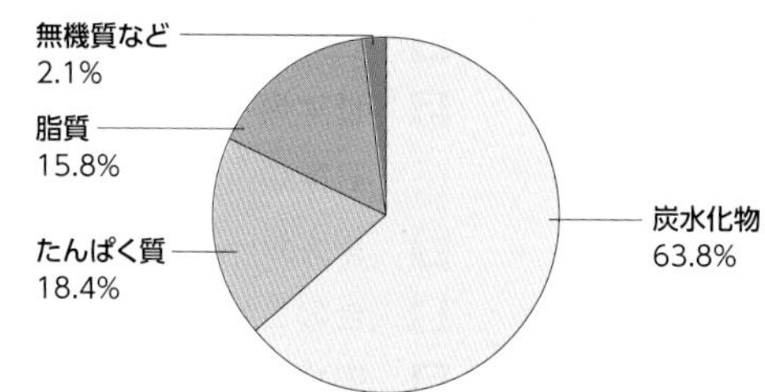

● 5 大栄養素

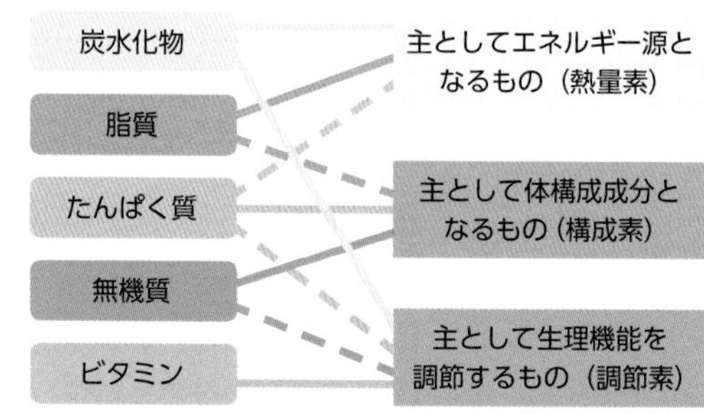

※炭水化物を摂りすぎると，中性脂肪としてからだに溜まり肥満や生活習慣病のリスクが高まるが，不足するとエネルギー不足による疲労や脳のはたらきが鈍るなどの影響がある。それぞれの栄養素のはたらきは複雑に絡み合い，実際には炭水化物がからだの構成素としてはたらくなど上記以外のはたらきもある。

① からだをつくる。

私たちのからだは，成長期が終わっても，毎日毎日つくりかえられている。そのために，からだを構成する栄養素を，外から補給しなければならない。

私たちのからだの構成成分で一番多いのは水だが，その他に，からだをおもにつくっている栄養素は，たんぱく質，脂質，無機質である。

人体構成成分の比率と食物から摂取する各栄養素は右のように大きく異なる。

② エネルギー源になる。

私たちのからだは何もしていないときでさえ，活発な活動をしている。日本人の平均体温36℃に水を温め続け，それを一定に保つためには，多くのエネルギーが必要である。また，脳はからだの中で 2%の重さしかないが，18%のエネルギーを必要とする。また，さまざまな動作を行う以外に，食べたものを消化するにもエネルギーが必要であり，病気や細菌・ストレスなどとたたかうためにも多くのエネルギーを必要とする。エネルギーとなる栄養素は，炭水化物，脂質，たんぱく質である。

③ ほかの栄養素がはたらく助けをする。

私たちのからだは，エネルギー源があるだけではうまく動かない。神経や，細胞の浸透圧の調整，新陳代謝をすすめる酵素の補酵素など，からだの中のさまざまなはたらきを調整する必要がある。それを行う栄養素が，無機質，ビタミンである。

●エネルギー産生栄養素バランス（%エネルギー）（男女共通）

	炭水化物	脂質		たんぱく質
		脂質	飽和脂肪酸	
1～17 歳	50～65%	20～30%		13～20%
18～74 歳	50～65%	20～30%	7%以下	13～20%
75 歳以上	50～65%	20～30%	7%以下	13～20%

（厚生労働省「日本人の食事摂取基準（2020 年版）」より）

2 栄養素以外の成分 ～水のはたらき～

水は栄養素ではないが，成人のからだの半分以上が水分であり，体内で大切なはたらきをしている。

血液の成分として	体温の調節役として	尿の成分として	化学反応の場として	五感の要因として
血液の半分以上は血漿（けっしょう）であり，その 90%以上が水である。血漿は栄養や酸素，ホルモンなどをからだ全体に運ぶ重要な役割を持っている。	私たちのからだは熱に弱く，体温が２度上昇すると死の危険があるといわれている。そこで大切になるのが体温調節である。体温調節の基本は汗をかくことで，体温が上昇しすぎると汗をかき，その気化熱により体温上昇を防ぐ。そのため，水分補給を怠（おこた）ると，熱中症などの危険がある。	血液は，腎臓を通過するときに老廃物が濾過（ろか）されてきれいになる。腎臓では１日に約 200L の血液が濾過され，残った不要物と水分は尿として膀胱（ぼうこう）へ送られる。健康な成人は１日に約 1.2L の尿を排出するといわれ，もし 200mL 以下では老廃物が体内に残るとされている。	私たちの生命活動は，からだの中（主に体細胞中）での酵素による化学反応によって維持されている。化学反応は，全て水溶液中で行われるため，化学反応の場として水の果たす役割は大きい。	私たちが音を聞くことができるのは，耳の中にあるリンパ液の振動による。また，リンパ液は三半規管を満たしており，からだの回転も感知する。私たちが物を見ることができるのは，目の水晶体に含まれる水が光を屈折させるためである。

2 消化・吸収・代謝

1 消化・吸収・代謝とは

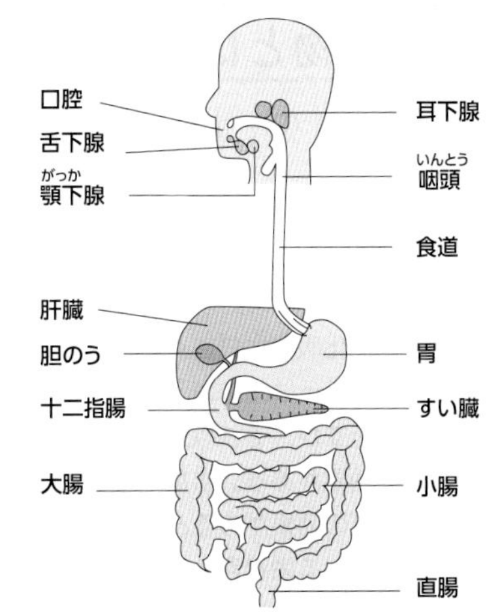

消化とは

口から食べたものを，からだに吸収できるまで細かく分解することを消化という。消化は，噛むなどの物理的消化と消化液などによる化学的消化が相互に関係しあって進められる。

吸収とは

消化された物質が，消化器官の上皮細胞を通過し，血液やリンパ液中に取り込まれることを吸収という。栄養素の多くは小腸で吸収される。

代謝とは

吸収された栄養素が，体内で蓄積されたりエネルギーに変化したり，からだの構成成分や生理機能に用いられたりすることを代謝という。吸収・代謝の後に残った物質は，尿や便として排泄される。

2 栄養素の消化・吸収

口腔	胃	十二指腸	小腸	大腸
食べ物を取り入れ，歯によって噛み砕き，唾液と混ぜ，飲み込む。	食道を通ってきた食べ物を一時的にため，胃の運動によって胃液と混ぜ合わせる。食べ物はドロドロのかゆ状になる。	胃から送られてきたものに，すい臓から分泌されるすい液，胆のうから分泌される胆汁，十二指腸壁から分泌される十二指腸液などを混ぜ合わせ，さらに消化を進める。	小腸壁から分泌される腸液によってさらに消化が進み，ほとんどの栄養素が分解・吸収される。	小腸で吸収されなかった水分や無機質を吸収し，消化されなかったもの（食物繊維など）が微生物などにより分解され，排泄されやすいようにする。

●消化器と消化酵素

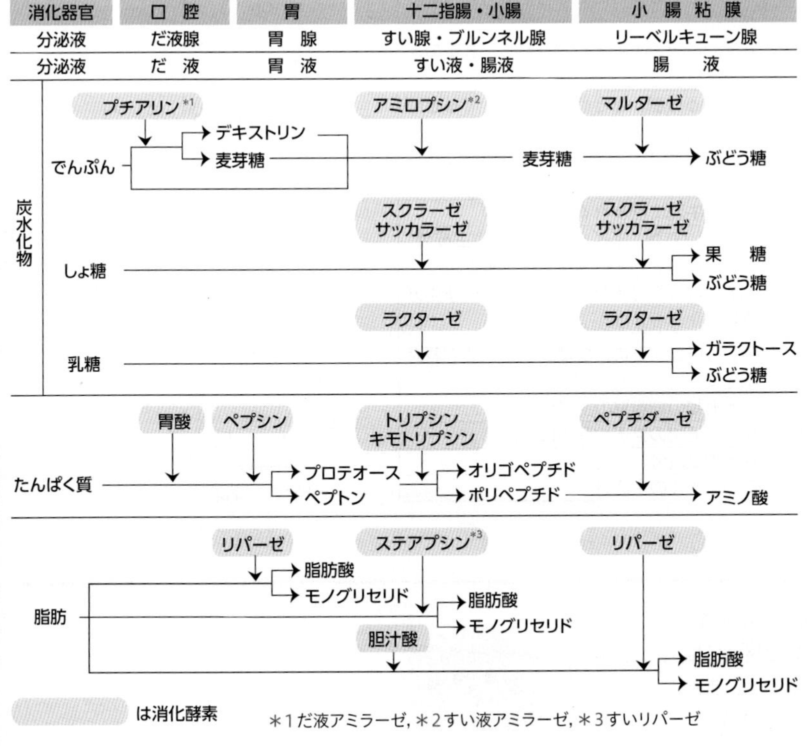

消化器官	口腔	胃	十二指腸・小腸	小腸粘膜
分泌腺	だ液腺	胃腺	すい腺・ブルンネル腺	リーベルキューン腺
分泌液	だ液	胃液	すい液・腸液	腸液

＊1だ液アミラーゼ，＊2すい液アミラーゼ，＊3すいリパーゼ

3 栄養素の代謝

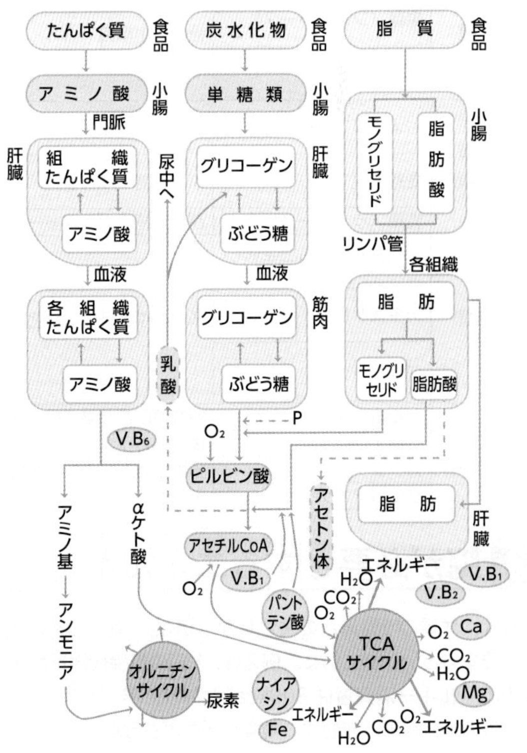

3 炭水化物 〜糖質と食物繊維

4kcal/g　エネルギー
女子（15 〜 17 歳）50 〜 65%エネルギー
男子（15 〜 17 歳）50 〜 65%エネルギー

1 炭水化物とは

炭水化物は，炭素（C），水素（H），酸素（O）から構成されている栄養素である。

炭水化物は消化吸収されるものと消化吸収されないものの，大きく 2 種類に分けられる。消化吸収されるものは糖質と呼ばれ，ぶどう糖やでんぷんなどがある。これらの栄養素は体内で 1g あたり約 4kcal のエネルギーをつくり出す。消化吸収されにくいものには，食物繊維や難消化性オリゴ糖などがある。これらは腸内細菌により発酵分解され，0 〜 2kcal のエネルギーをつくり出すが，それ以外に便秘を防ぐ，血中コレステロールを低下させるなどの効果がある。また，心筋梗塞や糖尿病の発症を抑える，肥満を抑制するなどの効果があるといわれている。

エネルギー源となる栄養素は，炭水化物の他に脂質，たんぱく質があるが，炭水化物は，脳や神経組織，赤血球，酸素不足のときの骨格筋など，ぶどう糖しかエネルギー源として利用できない組織にエネルギーを供給できるという特徴がある。特に，脳にとって炭水化物は非常に大切なエネルギー源である。炭水化物を摂りすぎると，中性脂肪としてからだに溜まり肥満や生活習慣病のリスクが高まるが，不足するとエネルギー不足による疲労や脳のはたらきが鈍るなどの影響がある。

現在，日本人は，エネルギーの約 60%を炭水化物から得ている。

砂糖の温度変化

砂糖は，熱すると変化する。それを見てみよう。
砂糖は，水を加えて加熱すると液体となり，やがて茶色に着色する。
カラメルソースはこの性質を利用している。

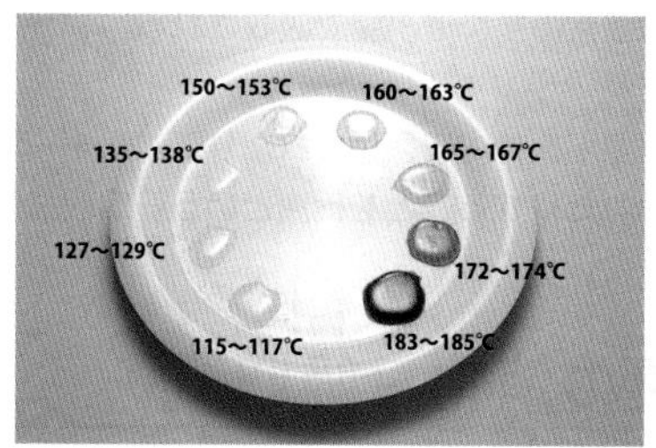

●砂糖の用途と、最適温度

シロップ……………105℃前後がよい。細かい泡が出ている状態。
フォンダン…………110℃前後がよい。泡が消えにくく、わずかに糸をひく。
砂糖衣………………115 〜 120℃くらい。粘りがでてくる。
抜糸（パースー）…150℃前後がよい。長く糸をひき、色がつく。
カラメル……………170 〜 180℃くらい。褐色が濃くなり、カラメル臭。

2 炭水化物の種類と特徴

種類		構造	所在と特徴
単糖類	ぶどう糖（グルコース）	糖の最小単位	果物や野菜，動物の体内に広く含まれる
	果糖（フルクトース）		果物・はちみつのおもな甘味成分。甘味度が高い
	ガラクトース		乳汁ではぶどう糖として結合し，乳糖の形で含まれる
二糖類（少糖類）	しょ糖（スクロース）	ぶどう糖＋果糖	いわゆる砂糖。さとうきびの茎，てんさいの根に含まれる
	麦芽糖（マルトース）	ぶどう糖＋ぶどう糖	大麦を発芽させた麦芽にできるおもな糖。水あめなど
	乳糖（ラクトース）	ぶどう糖＋ガラクトース	人乳・牛乳に含まれる
多糖類	でんぷん（スターチ）	多数のぶどう糖の結合体	穀類，いも類，多くの豆類などの主成分。アミロースとアミロペクチンがある
	デキストリン		水あめなどに含まれる，でんぷんの途中分解物
	グリコーゲン		動物の肝臓・筋肉，牡蠣（かき）に含まれる貯蔵炭水化物
多糖類（食物繊維）	セルロース	多数のぶどう糖の結合体	高等植物の細胞壁の主成分
	ペクチン	多数のガラクトースなどの結合体	果皮，植物の果実や茎中に存在
	ガラクタン	多数のガラクトースの結合体	寒天の主成分
	グルコマンナン	ぶどう糖：マンノース＝1：2	こんにゃくの主成分

●単糖類の構造

ぶどう糖

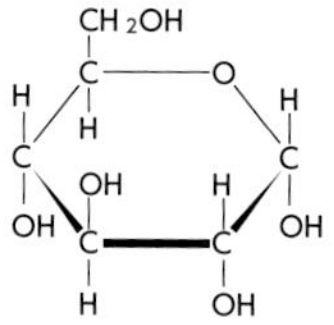

果糖

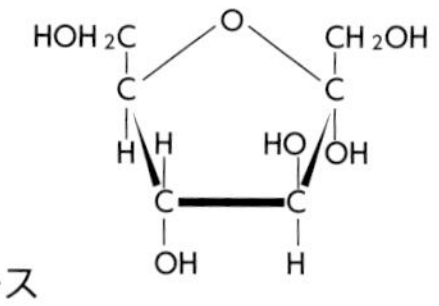

ガラクトース

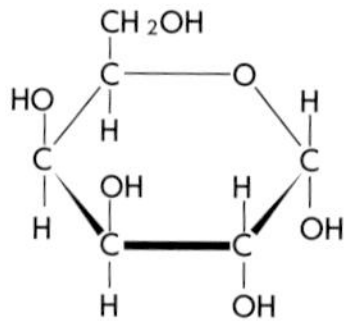

3 脳が必要とするエネルギー

脳は，体重の 2%ほどの重さしかないが，基礎代謝量の約 18%のエネルギーを消費するといわれている。例えば，1 日の基礎代謝量が 1500kcal の場合には，脳のエネルギー消費量は 300kcal となり，ぶどう糖で 75g に相当する。また，脳以外の神経組織，赤血球，精巣などもぶどう糖をエネルギー源としている。

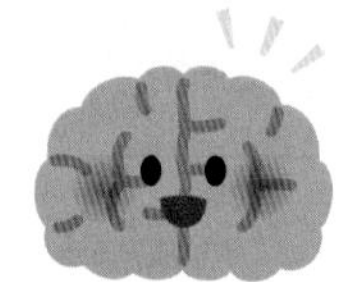

4 食物繊維（ダイエタリーファイバー）とは

水溶性食物繊維と不溶性食物繊維

食物繊維は，水溶性と不溶性に大きく分けられ，それぞれ体内での作用が異なる。水溶性食物繊維には，果物に含まれるペクチン，こんにゃくに含まれるグルコマンナン，海藻のぬめり成分であるアルギン酸などがある。これらの成分は，糖の吸収を抑制する，血中コレステロールの上昇を抑制するといわれている。不溶性食物繊維には，穀類や野菜類に多く含まれているセルロース，ヘミセルロースなどがあり，便の量を増やす，腸の運動を活発にするなどのはたらきがあるといわれている。

●食物繊維の種類

	名称	多く含む食品
水溶性食物繊維	ペクチン	果実，野菜
	グルコマンナン	こんにゃく精粉
	アルギン酸	こんぶ，わかめなどの海藻類
	β－グルカン	オーツ麦，大麦
	イヌリン	ごぼう，きくいも
不溶性食物繊維	セルロース	果実，野菜，穀類
	ヘミセルロース	穀類，野菜，豆類，果実
	リグニン	ココア，ピーナッツ，緑豆
	キチン	きのこ，えびやかにの甲殻

5 食物繊維摂取量の目標と現状

●年齢階層別　食物繊維摂取量

（平均値単位 g ／日）

	食物繊維総量	水溶性	不溶性
総　数	18.4	3.5	11.5
1-6 歳	11.0	2.2	6.7
7-14 歳	17.4	3.4	10.5
15-19 歳	18.5	3.3	10.7
20-29 歳	16.0	2.9	9.5
30-39 歳	17.0	3.2	10.3
40-49 歳	17.1	3.2	10.3
50-59 歳	18.0	3.4	11.1
60-69 歳	20.2	4.0	13.0
70-79 歳	21.2	4.2	13.7
80 歳以上	18.9	3.6	12.0

（令和元年「国民健康・栄養調査」より）

●食物繊維摂取目標量

（単位 g ／日）

	男性	女性
0-2 歳	－	－
3-5 歳	8 以上	8 以上
6-7 歳	10 以上	10 以上
8-9 歳	11 以上	11 以上
10-11 歳	13 以上	13 以上
12-14 歳	17 以上	17 以上
15-17 歳	19 以上	18 以上
18-64 歳	21 以上	18 以上
65-74 歳	20 以上	17 以上
75 歳以上	20 以上	17 以上
妊婦 / 授乳婦	－	18 以上

（「日本人の食事摂取基準（2020 年版）」より）

6 食物繊維を多く含む代表的な食品

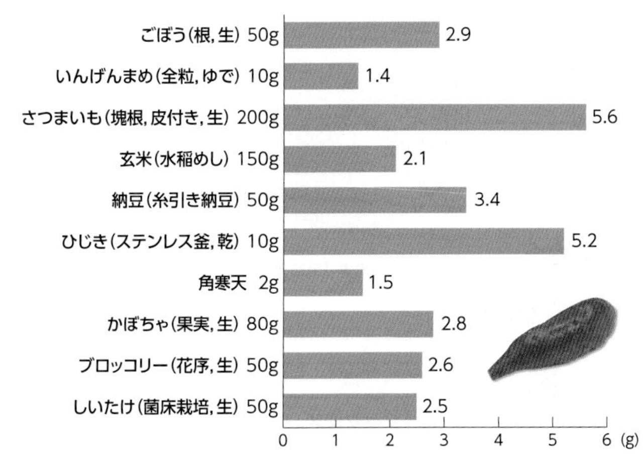

※一般的に食物繊維を多く含むとされる食品を抽出した。そのため，日常であまり目にしないものや単品で多くの量を食べないものは除いている。

（文部科学省「日本食品標準成分表 2020 年版（八訂）」より）

コラム

オリゴ糖とは

オリゴ糖のオリゴとは，ギリシャ語の「少ない」という意味で，一般に単糖類が 3 ～ 10 個程度結びついたものを総称して呼ぶことが多い。おもなオリゴ糖には，ガラクトオリゴ糖，フラクトオリゴ糖，乳果オリゴ糖，大豆オリゴ糖などがある。オリゴ糖には，次のようなはたらきがある。

1. 腸内有用菌の活性化
2. 虫歯の原因になりにくい
3. 甘味の低減
4. 低カロリー
5. 1 回に多量に摂取した場合，種類によっては程度に差はあるが，一過性の下痢作用

飲料や菓子，パン，ジャムなどさまざまな加工食品に使われるとともに，砂糖に代わる甘味料としても活用されている。

コラム

腸内を健康に保つには？

私たちの腸の中には多くの腸内細菌が存在し，腸内細菌叢（さいきんそう）（腸内フローラ）を形成している。腸内の菌にはおなかの調子を整える善玉菌（乳酸菌やビフィズス菌など）と，有害物質を作り出す悪玉菌（ウェルシュ菌や一部の大腸菌など），腸内環境によってどちらにも作用する日和見菌（ひよりみきん）が混在している。

そんな腸内の環境をよくするために必要なのは，善玉菌そのものを体内に摂取する「プロバイオティクス」と，善玉菌の餌となる成分を摂取する「プレバイオティクス」の 2 つである。

【プロバイオティクスとは？】

腸内環境を整え，私たちの健康によい影響を与えてくれる微生物（善玉菌）で，そのものを体内に摂取するものをプロバイオティクスという。プロバイオティクス食品としてはヨーグルト，納豆などが代表的。

【プレバイオティクスとは？】

腸内の微生物の餌となる成分を摂取することをプレバイオティクスという。プレバイオティクスではオリゴ糖や食物繊維の多くがそのはたらきをする。

プロバイオティクスとプレバイオティクスを組み合わせることを「シンバイオティクス」といい，注目を集めている。

4 脂質

9kcal/g　エネルギー
女子（15 ～ 17 歳）20 ～ 30%エネルギー
男子（15 ～ 17 歳）20 ～ 30%エネルギー

1 脂質とは

脂肪は，炭素（C），水素（H），酸素（O）が鎖のようにつながった栄養素である。1g あたり約 9kcal と，炭水化物やたんぱく質の 2 倍以上のエネルギーをつくり出すエネルギー源である。そのため，人間のからだは余ったエネルギーを脂質としてためようとする。また，細胞膜の主要な成分であり，胆汁酸や性ホルモンなどの成分でもある。脂溶性ビタミン（A, D, E, K）やカロテンの吸収を助けるというはたらきもある。

●何から脂質を摂っている？

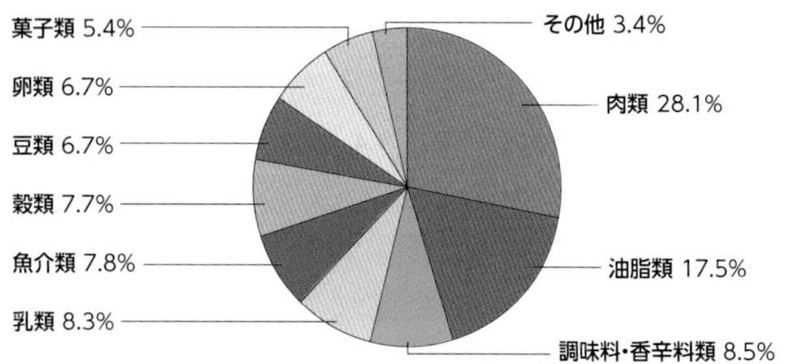

（厚生労働省「令和元年国民健康・栄養調査」より）

2 脂質の種類

種　類			構　造	多く含む食品
単純脂質	中性脂肪（油脂）		脂肪酸＋グリセリン	食用油
単純脂質	ろう（ワックス）		高級脂肪酸＋高級脂肪族アルコール	魚卵
複合脂質	リン脂質	レシチン	脂肪酸＋グリセリン＋リン酸＋コリン	卵黄
複合脂質	リン脂質	セファリン	脂肪酸＋グリセリン＋リン酸＋エタノールアミン	
複合脂質	リン脂質	ホスファチジルセリン	脂肪酸＋グリセリン＋リン酸＋セリン	
複合脂質	リン脂質	スフィンゴリン脂質	脂肪酸＋スフィンゴシン＋リン酸＋コリン	動物性食品
複合脂質	糖脂質	グリセロ糖脂質	脂肪酸＋グリセリン＋単糖類	穀類
誘導脂質	脂　肪　酸		炭化水素鎖＋カルボキシル基	バター，食用油
誘導脂質	コレステロール		炭化水素環＋水酸基	卵黄，えび，いか
誘導脂質	植物ステロール		炭化水素環＋水酸基	あさり，かき，植物油
誘導脂質	スクワレン		高度不飽和炭化水素	オリーブ油，サメ肝油

●中性脂肪とリン脂質の構造

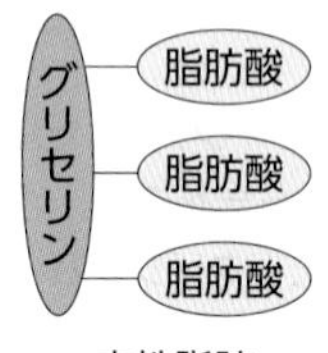

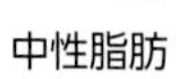

中性脂肪

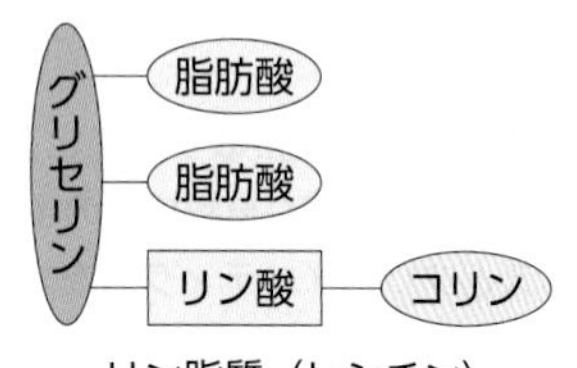

リン脂質（レシチン）

3 脂肪酸の種類

多価不飽和脂肪酸のうち，動物の体内では合成されず食物から摂取しなければならない脂肪酸を必須脂肪酸と呼ぶ。必須脂肪酸には，α - リノレン酸とリノール酸などがある。α - リノレン酸は脳や神経系のはたらきに関わりが深く，体内でドコサヘキサエン酸（DHA）やイコサペンタエン酸（IPA）に変換される。リノール酸は体内でアラキドン酸に変換され，血中コレステロールの低下作用などのはたらきが知られているが，一方で過剰摂取による弊害も指摘されている。

名　　称				炭素数：二重結合数	所　在	特　徴
飽和脂肪酸 $C_nH_{2n}O_2$			酪酸	4:0	バター，チーズ	常温で固体 血中コレステロール濃度を上昇させる
飽和脂肪酸 $C_nH_{2n}O_2$			ヘキサン酸	6:0	バター	
飽和脂肪酸 $C_nH_{2n}O_2$			オクタン酸	8:0	バター，やし油	
飽和脂肪酸 $C_nH_{2n}O_2$			デカン酸	10:0	バター，やし油	
飽和脂肪酸 $C_nH_{2n}O_2$			ラウリン酸	12:0	バター，やし油	
飽和脂肪酸 $C_nH_{2n}O_2$			ミリスチン酸	14:0	パーム油，やし油	
飽和脂肪酸 $C_nH_{2n}O_2$			パルミチン酸	16:0	パーム油，ラード，ヘット	
飽和脂肪酸 $C_nH_{2n}O_2$			ステアリン酸	18:0	ラード，ヘット	
飽和脂肪酸 $C_nH_{2n}O_2$			アラキジン酸	20:0	落花生油，なたね油，バター	
不飽和脂肪酸 $C_nH_{2(n-x)}O_2$	一価（モノ）		パルミトレイン酸	16:1	動植物油	常温で液体 血中コレステロール濃度を低下させる
不飽和脂肪酸 $C_nH_{2(n-x)}O_2$	一価（モノ）		オレイン酸	18:1	魚油，オリーブ油，動物油脂	
不飽和脂肪酸 $C_nH_{2(n-x)}O_2$	一価（モノ）		エルシン酸（エルカ酸）	22:1	なたね油	
不飽和脂肪酸 $C_nH_{2(n-x)}O_2$	多価（ポリ）	n-6系	リノール酸	18:2	サフラワー油，大豆油，コーン油	
不飽和脂肪酸 $C_nH_{2(n-x)}O_2$	多価（ポリ）	n-6系	アラキドン酸	20:4	肝油，卵黄	
不飽和脂肪酸 $C_nH_{2(n-x)}O_2$	多価（ポリ）	n-3系	α - リノレン酸	18:3	えごま油，なたね油	
不飽和脂肪酸 $C_nH_{2(n-x)}O_2$	多価（ポリ）	n-3系	イコサペンタエン酸（IPA/EPA）	20:5	魚油	
不飽和脂肪酸 $C_nH_{2(n-x)}O_2$	多価（ポリ）	n-3系	ドコサヘキサエン酸（DHA）	22:6	魚油	

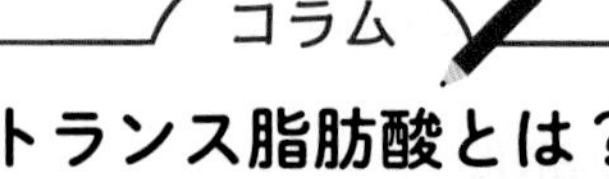

トランス脂肪酸とは？

油（主に植物油）の脱臭や水素添加の過程などで生まれるのがトランス脂肪酸である。LDL（悪玉）コレステロールを増加させて HDL（善玉）コレステロールを減少させるとされており，動脈硬化や心疾患のリスクを高めるといわれる。アメリカではニューヨーク市など一部で禁止されていたが，2018 年 6 月から，FDA（米食品医薬品局）がトランス脂肪酸を含む「部分水素添加油脂」の使用を一部を除き禁止した。日本では摂取量が少ないため表示の義務はないが，表示義務化が検討されている。

4 飽和脂肪酸と不飽和脂肪酸

飽和脂肪酸とは，脂肪の鎖の中に含まれる炭素にすべて水素原子が結合されているものをいう。鎖の中に 1 つの 2 重結合をもつものを一価不飽和脂肪酸といい，2 つ以上の 2 重結合をもつものを多価不飽和脂肪酸という。多価不飽和脂肪酸は，n-（エヌマイナス）6 系脂肪酸と n-3 系脂肪酸にわけることができる。n-6 系脂肪酸には，リノール酸，アラキドン酸などがあり，n-3 系脂肪酸には，α - リノレン酸，ドコサヘキサエン酸（DHA），イコサペンタエン酸（IPA）などがある。n-3 系脂肪酸は，血中中性脂肪値の低下，不整脈の発生防止，血栓生成防止など生活習慣病予防の効果を示す。

飽和脂肪酸の摂取量が少ないと，脳出血，がん，冠動脈性心疾患などが増えるといわれ，また過剰に摂取すると，血中 LDL- コレステロールを増加させ，心筋梗塞を増やすといわれている。

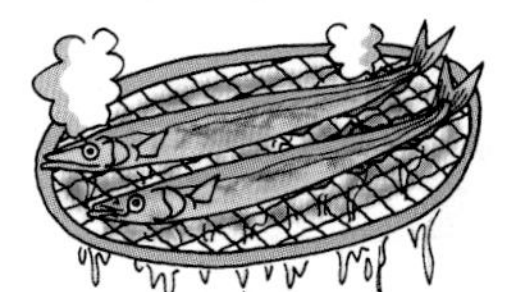

5 コレステロールとは

コレステロールは，生命の維持には欠かせない成分で，①細胞膜の成分，②性ホルモン，副腎皮質ホルモンの成分，③胆汁酸の成分，④プロビタミン D の成分などのはたらきがある。

コレステロールは，体内で毎日，体重 1kg あたり 12 ～ 13mg 程度つくられている（体重 50kg の人で約 600 ～ 650mg/ 日）。また，食事からも 1 日 200 ～ 500mg 摂取されており，そのうち 40 ～ 60%が吸収される。

コレステロールは脂質の一種なので，そのままでは血液中を移動できない。そこで，たんぱく質に包まれることによって流れていく。これを「リポたんぱく」という。リポたんぱくのうち，LDL- コレステロールは肝臓でつくられたコレステロールを細胞に届ける役割をする。しかし，LDL- コレステロールが増えすぎると血管をつまらせ，動脈硬化を起こす。また，HDL- コレステロールは細胞から肝臓までコレステロールを運ぶはたらきをする。そのため，LDL- コレステロールを悪玉コレステロール，HDL- コレステロールを善玉コレステロールと呼ぶこともある。

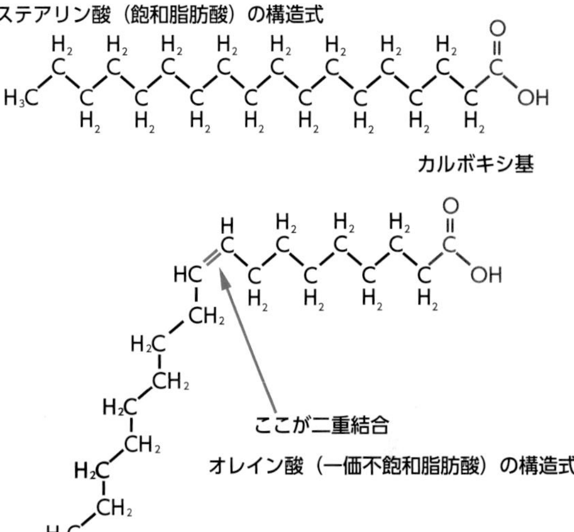

6 必須脂肪酸を多く含む代表的な食品

●リノール酸

食品	(g)
ひまわり油(大さじ1)12g	6.96
綿実油(大さじ1)12g	6.48
とうもろこし油(大さじ1)12g	6.12
サフラワー油(大さじ1)12g	8.40
ぶどう油(大さじ1)12g	7.56
大豆油(大さじ1)12g	6.00
調合油(大さじ1)12g	4.08
くるみ(いり,実2個)12g	4.92
まつ(いり)10g	3.10
アボカド(生)150g	2.55

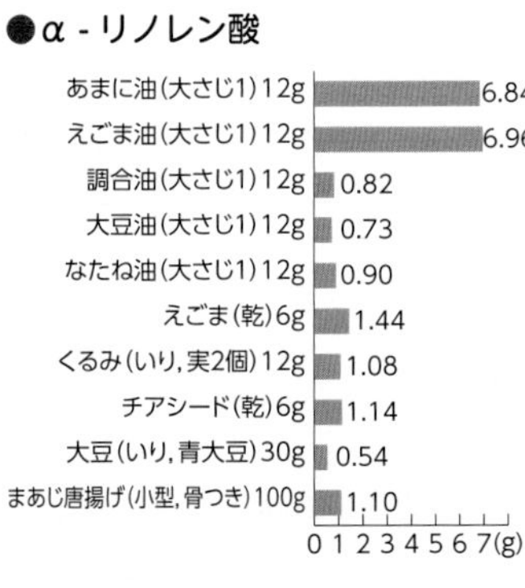

●α - リノレン酸

食品	(g)
あまに油(大さじ1)12g	6.84
えごま油(大さじ1)12g	6.96
調合油(大さじ1)12g	0.82
大豆油(大さじ1)12g	0.73
なたね油(大さじ1)12g	0.90
えごま(乾)6g	1.44
くるみ(いり,実2個)12g	1.08
チアシード(乾)6g	1.14
大豆(いり,青大豆)30g	0.54
まあじ唐揚げ(小型,骨つき)100g	1.10

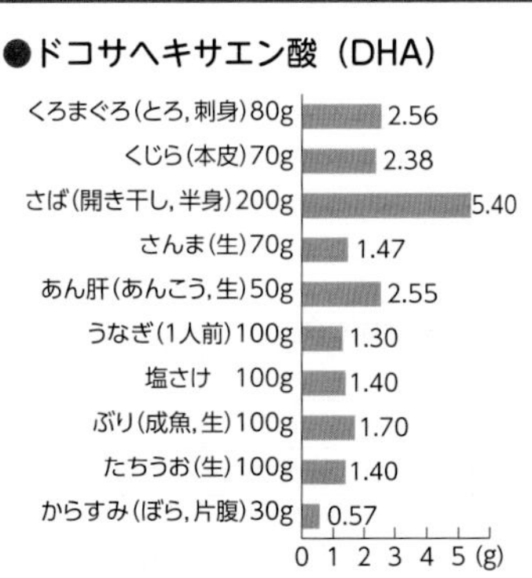

●ドコサヘキサエン酸（DHA）

食品	(g)
くろまぐろ(とろ,刺身)80g	2.56
くじら(本皮)70g	2.38
さば(開き干し,半身)200g	5.40
さんま(生)70g	1.47
あん肝(あんこう,生)50g	2.55
うなぎ(1人前)100g	1.30
塩さけ　100g	1.40
ぶり(成魚,生)100g	1.70
たちうお(生)100g	1.40
からすみ(ぼら,片腹)30g	0.57

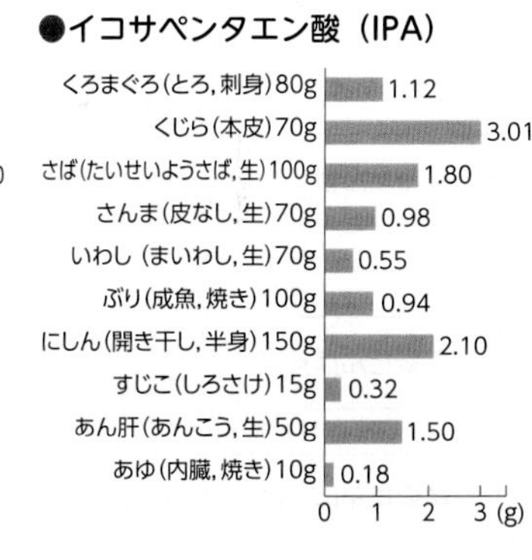

●イコサペンタエン酸（IPA）

食品	(g)
くろまぐろ(とろ,刺身)80g	1.12
くじら(本皮)70g	3.01
さば(たいせいようさば,生)100g	1.80
さんま(皮なし,生)70g	0.98
いわし(まいわし,生)70g	0.55
ぶり(成魚,焼き)100g	0.94
にしん(開き干し,半身)150g	2.10
すじこ(しろさけ)15g	0.32
あん肝(あんこう,生)50g	1.50
あゆ(内臓,焼き)10g	0.18

●コレステロール

食品	(mg)
卵黄(1個分)15g	180
するめいか(生)100g	250
鶏レバー(肝臓)50g	185
牛レバー(肝臓)50g	120
たらこ(生,1/2腹)50g	175
すじこ(しろさけ)15g	77
バター(有塩,大さじ1)12g	25
カステラ(1切れ)50g	80
さくらえび(素干し)5g	35
しらす干し(半乾燥品)15g	59

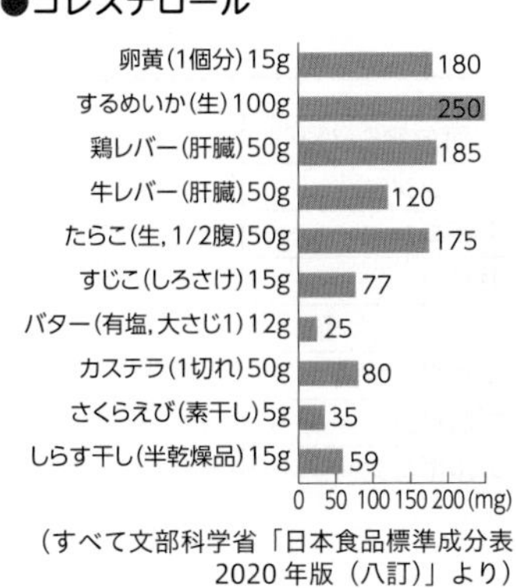

（すべて文部科学省「日本食品標準成分表 2020 年版（八訂）」より）

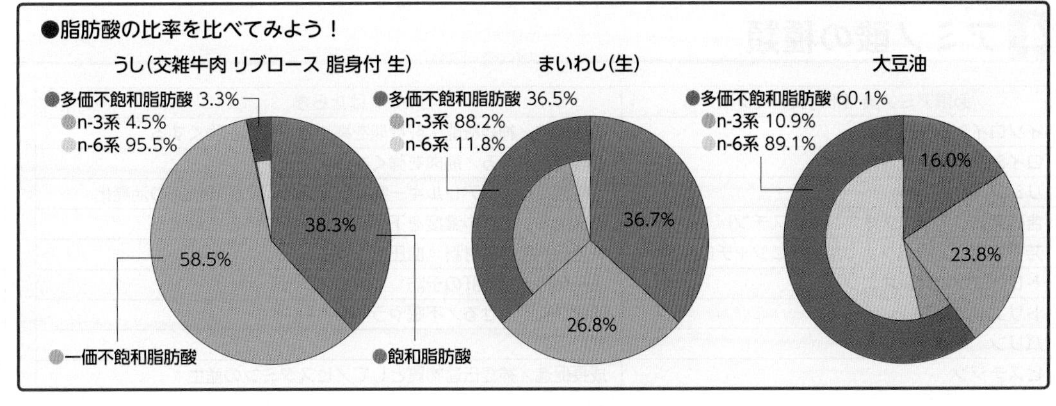

5 たんぱく質

4kcal/g　エネルギー
女子（15～17歳）13～20%エネルギー
男子（15～17歳）13～20%エネルギー

1 たんぱく質とは

たんぱく質は，生命を維持していくためにもっとも基本的な物質である。炭素（C），水素（H），酸素（O），窒素（N）からできている。

その役割は多岐にわたる。細胞膜をはじめ，からだの骨格，筋肉，皮膚をつくり，酵素やホルモンとして代謝を調節し，からだのすみずみまで物質を輸送するのにかかわり，抗体としてからだを守り，神経伝達物質ともなる。また，1g あたり約 4kcal のエネルギー源としても活用される。

たんぱく質は，約 20 種類のアミノ酸が多数結合してできている。からだのたんぱく質は合成と分解をくり返しており，分解されたものの一部は尿として外に出てしまうため，毎日食事から摂取する必要がある。成長期には，さらにからだを成長させるための摂取が必要になる。

2 何からたんぱく質を摂っている？

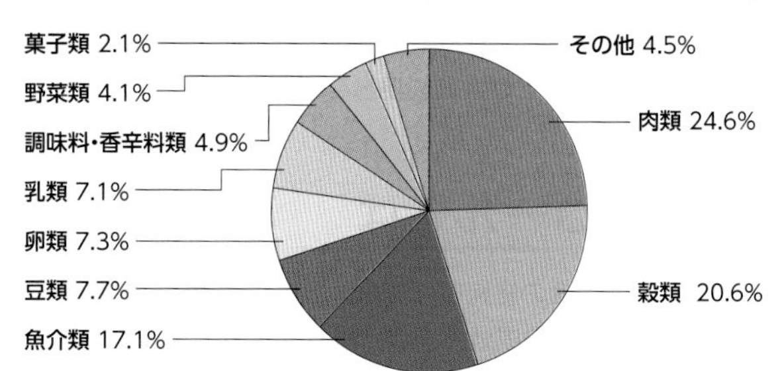

（厚生労働省「令和元年国民健康・栄養調査」より）

3 たんぱく質の種類

分類	種類	名称	所在	特徴・構造
単純たんぱく質	アルブミン	オボアルブミン	卵白	水に溶ける。加熱により凝固
		ラクトアルブミン	乳汁	
		血清アルブミン	血液	
	グロブリン	グロブリン	卵白／血液	水には溶けず，塩溶液に溶ける。加熱により凝固
		グリシン	大豆	
		アラキン	落花生	
	グルテリン	グルテニン	小麦	水には溶けず，酸・アルカリに溶ける
		オリゼニン	米	
	プロラミン	ツェイン	とうもろこし	水には溶けず，アルコールに溶ける
		グリアジン	小麦	
	硬たんぱく質	コラーゲン	骨	水・酸・アルカリ等に溶けない
		ケラチン	つめ／毛	
複合たんぱく質	りんたんぱく質	カゼイン	乳汁	たんぱく質　＋　リン酸
		ビテリン	卵黄	
	核たんぱく質		細胞核	たんぱく質　＋　核酸
	糖たんぱく質		粘液／消化液	たんぱく質　＋　糖質
	色素たんぱく質	ヘモグロビン	血液	たんぱく質　＋　色素体
		ミオグロビン	筋肉	
	リポたんぱく質		血しょう／神経組織	たんぱく質　＋　リン脂質
他	誘導たんぱく質	ゼラチン		たんぱく質を物理・化学的に処理したもの

コラム

BCAA って何？

スポーツ用のサプリメントやスポーツ飲料など，さまざまな形で使われているBCAA というアミノ酸がある。BCAA とは“branched-chain amino acids”の略で，日本語では分岐鎖アミノ酸という。必須アミノ酸の中のバリン・ロイシン・イソロイシンのことを指し，右ページのアミノ酸構造式を見るとわかるように側鎖が枝分かれしていることから，このように呼ばれている。筋たんぱく質の中に多く含まれ，筋肉のエネルギー代謝にかかわっているため，疲労回復や筋肉づくりに効果があるのではないかといわれている。

4 アミノ酸の種類

必須アミノ酸（不可欠アミノ酸）	はたらき
イソロイシン	成長促進／神経機能・肝機能を高める／筋力を強くする
ロイシン	肝機能を高める／筋肉を強くする
リシン（リジン）	対組織を作る（アレルギー症状を抑える）／新陳代謝の活発化
含硫アミノ酸（メチオニン＋シスチン）	ヒスタミンの血中濃度を下げる／かゆみや痛みを抑える
芳香族アミノ酸（フェニルアラニン＋チロシン）	神経伝達物質の材料／血圧を下げる
トレオニン（スレオニン）	成長促進／脂肪肝の予防
トリプトファン	精神を安定させる／不眠やうつの改善
バリン	成長促進
ヒスチジン	成長促進／神経伝達物質として／ヒスタミンの産生

可欠アミノ酸
グリシン
アラニン
セリン
アスパラギン酸
グルタミン酸
プロリン
アルギニン

5 各年齢の必須アミノ酸の必要量

私たちのからだのたんぱく質は，絶えず合成と分解をくり返している。私たちは，毎日の食事からたんぱく質を体内に取り込んで分解・吸収し，アミノ酸の形でたくわえている。下の表は，体重あたり・1 日あたりのアミノ酸必要量とアミノ酸評点パターンである。p.370 〜の「アミノ酸成分表」を参考にして，自分の食生活をふりかえってみよう。

	0.5 歳		1-2 歳		3-10 歳		11-14 歳		15-18 歳		成人	
	アミノ酸必要量	評点パターン	アミノ酸必要量	評点パターン	アミノ酸必要量	評点パターン	アミノ酸必要量	評点パターン	アミノ酸必要量	評点パターン	アミノ酸必要量	評点パターン
イソロイシン	36	32	27	31	23	31	22	30	21	30	20	30
ロイシン	73	66	54	63	44	61	44	60	42	60	39	59
リシン	64	57	45	52	35	48	35	48	33	47	30	45
含硫アミノ酸	31	28	22	26	18	24	17	23	16	23	15	22
芳香族アミノ酸	59	52	40	46	30	41	30	41	28	40	25	38
トレオニン	34	31	23	27	18	25	18	25	17	24	15	23
トリプトファン	9.5	8.5	6.4	7.4	4.8	6.6	4.8	6.5	4.5	6.3	4.0	6.0
バリン	49	43	36	42	29	40	29	40	28	40	26	39
ヒスチジン	22	20	15	18	12	16	12	16	11	16	10	15

1985 年報告における推定必要量は，諸損失分について考慮されていなかったなど問題があり，2007 年に上表のように改訂された。現在の最良の推定値を，たんぱく質必要量（g/kg 体重 / 日）に対するアミノ酸必要量（mg/kg 体重 / 日）とアミノ酸評点パターン（mg/g たんぱく質）として示す。
「タンパク質・アミノ酸の必要量」（WHO/FAO/UNU 合同専門協議会報告）より

6 たんぱく質の補足効果

食品のたんぱく質の栄養価は，含まれる必須アミノ酸の種類と量で評価される。これをアミノ酸価という。必須アミノ酸は 1 種類でも不足していると，体内でたんぱく質合成が十分に行われないことに注意が必要である。

理想的なアミノ酸量に対して，もっとも不足しているアミノ酸を第一制限アミノ酸という。右の図のように，ごはんのアミノ酸価の第一制限アミノ酸はリシンの 87（15 〜 18 歳の場合）。しかし，他の食材と組み合わせることで互いに不足アミノ酸を補い合い（100 となる）体内での利用効率が高くなる。これをたんぱく質の補足効果という。

●たんぱく質の補足効果【ごはん（水稲めし，精白米）の場合】

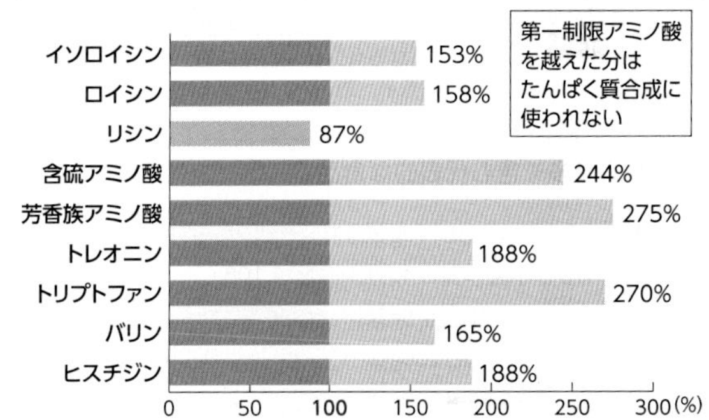

7 必須アミノ酸の構造式

アミノ酸とは，分子中にアミノ基（− NH2 ）とカルボキシ基*（− COOH）を両方持っている有機化合物である。

基本構造は右の図の通りで，側鎖（R）が変化することで，アミノ酸の種類が変わる。必須アミノ酸の構造式例は以下の通りである。

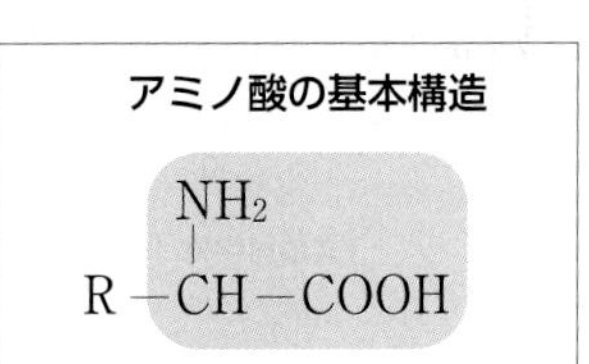

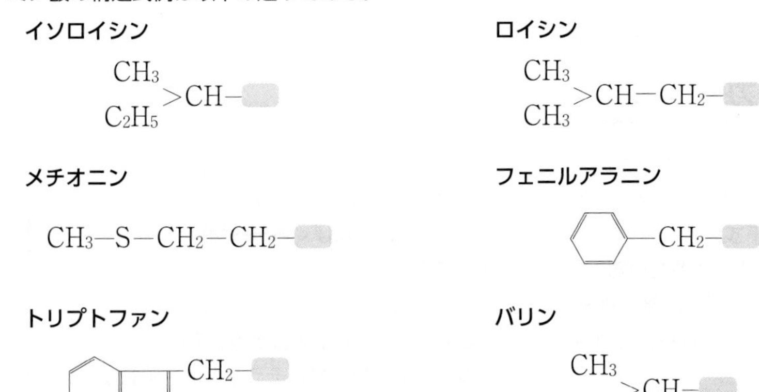

リシン

$H_2N-CH_2-CH_2-CH_2-CH_2-$

トレオニン

$CH_3-CH(OH)-$

ヒスチジン

HC＝C−CH2−（N, NH, CH による環）

＊以前はカルボキシル基とよばれていた。

6 無機質

からだを構成する元素のうち，炭素（C），水素（H），酸素（O），窒素（N）が全体の95％を占め，有機物と水を構成している。この4つ以外の元素を一括して無機質（ミネラル）と呼ぶ。

無機質は体内に約5％含まれ，微量だが重要な生理機能を担っている。体内では合成できないため，食べ物から摂取する必要がある。摂取量によっては欠乏症や過剰症を引き起こすことがあるので注意したい。

「日本人の食事摂取基準（2020年版）」では多量ミネラル5種と微量ミネラル8種について基準が示されている（p.365参照）。そのほかにも，コバルト（Co），硫黄（S），塩素（Cl）といった無機質もある。

1 カルシウム（Ca） 多量ミネラル

不足しがち

【どこに存在する？】	【特徴は？】
99％はリン酸カルシウムなどとして骨や歯の成分となっている。残りは血液や筋肉，神経などの組織に含まれている	現代の食生活では不足しがちである
【生理作用は？】	**【主な供給源は？】**
骨や歯などの形成に関与する 血液の凝固作用に関係する 心筋などの筋肉の収縮作用に関わる 刺激に対する神経の感受性を鎮静化する 血液の酸アルカリ平衡を維持する	いわしの丸干し／牛乳・乳製品（利用効率が高い）／緑黄色野菜／ごま　など
【欠乏すると？】	**【過剰に摂取すると？】**
成長不良／骨粗鬆症／骨や歯が弱くなる（ビタミンD不足でカルシウムの利用効率が悪くなり欠乏症状を起こす）	泌尿器系結石／高血圧／動脈硬化／高カルシウム尿症／軟組織の石灰化／前立腺がん

●カルシウムを多く含む代表的な食品

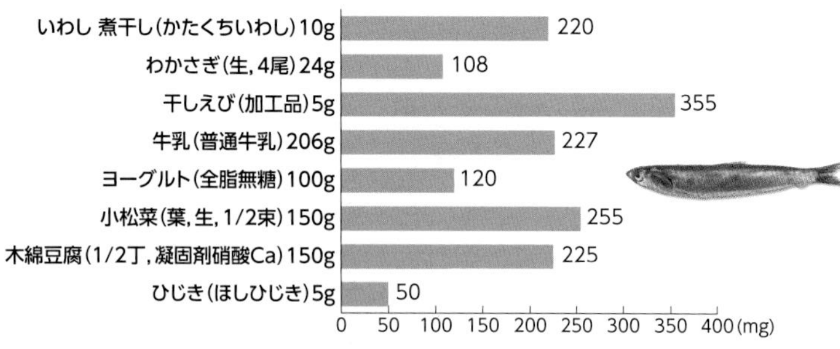

（文部科学省「日本食品標準成分表2020年版（八訂）」より）

2 リン（P） 多量ミネラル

摂りすぎ注意

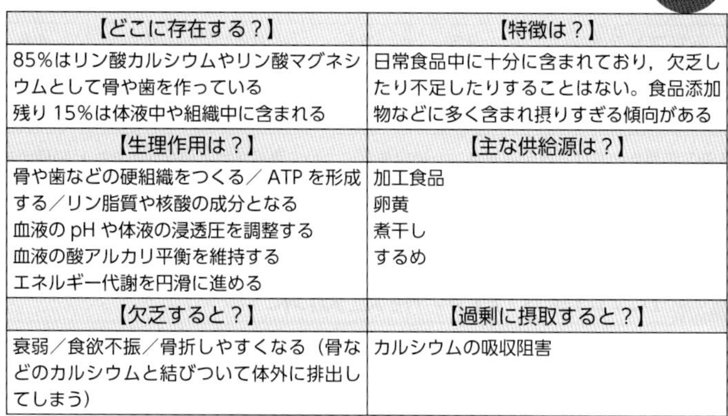

【どこに存在する？】	【特徴は？】
85％はリン酸カルシウムやリン酸マグネシウムとして骨や歯を作っている 残り15％は体液中や組織中に含まれる	日常食品中に十分に含まれており，欠乏したり不足したりすることはない。食品添加物などに多く含まれ摂りすぎる傾向がある
【生理作用は？】	**【主な供給源は？】**
骨や歯などの硬組織をつくる／ATPを形成する／リン脂質や核酸の成分となる 血液のpHや体液の浸透圧を調整する 血液の酸アルカリ平衡を維持する エネルギー代謝を円滑に進める	加工食品 卵黄 煮干し するめ
【欠乏すると？】	**【過剰に摂取すると？】**
衰弱／食欲不振／骨折しやすくなる（骨などのカルシウムと結びついて体外に排出してしまう）	カルシウムの吸収阻害

●リンを多く含む代表的な食品

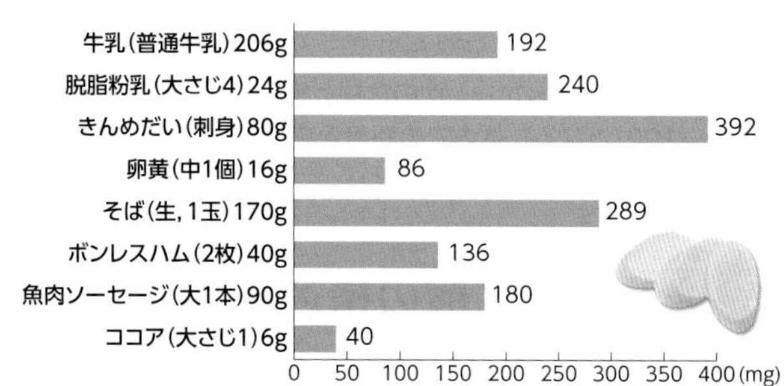

（文部科学省「日本食品標準成分表2020年版（八訂）」より）

コラム カルシウム

現代の日本人の食生活で不足しがちなカルシウムだが，そのカルシウムの吸収は，さまざまな因子の影響を受ける。特に影響が大きいのはリンの摂取量で，リンの摂取量が増えるとカルシウムの吸収率が低下する。

カルシウムとリンの比は1：1～1：2程度が好ましいと言われている。

近年はリンの摂りすぎが問題になっている。それは，加工食品や清涼飲料水などに食品添加物として含まれるリン酸塩が原因である。これらの摂取が多い場合は，特に注意が必要である。

右のように，リンの摂取量以外にも，カルシウムの吸収に影響を与えるものは多い。

【カルシウム吸収を助けるもの】
- カゼインホスホペプチド
（牛乳内のたんぱく質分解物）
- ビタミンD／ビタミンK
- 一部アミノ酸（リシン，アルギニン）

【カルシウム吸収を阻害するもの】
- シュウ酸（ほうれんそうなどに含まれる）
- フィチン酸（豆類・穀類に含まれる）
- 過剰の食物繊維（サプリなどによる場合）

3 ナトリウム（Na）多量ミネラル

摂りすぎ注意

【どこに存在する？】	【特徴は？】
主に細胞外液中に含まれている	摂取するナトリウムはほとんどが食塩由来。摂取量の減少が目指されている（食事摂取基準）
【生理作用は？】	**【主な供給源は？】**
血しょうなどの細胞外液の浸透圧を調整する 細胞外液量の維持 酸アルカリ平衡の維持 胆汁・すい液・腸液の材料	食塩など調味料／佃煮 パン・ハムなど加工食品 インスタントラーメンなど
【欠乏すると？】	**【過剰に摂取すると？】**
食欲の減退／筋力の脱力／倦怠感／めまい／無欲／精神不安（長期に及ぶ場合）／失神（急激な場合）	むくみ／口の渇き／高血圧／胃がんや食道がんリスクの上昇

●ナトリウムを多く含む代表的な食品

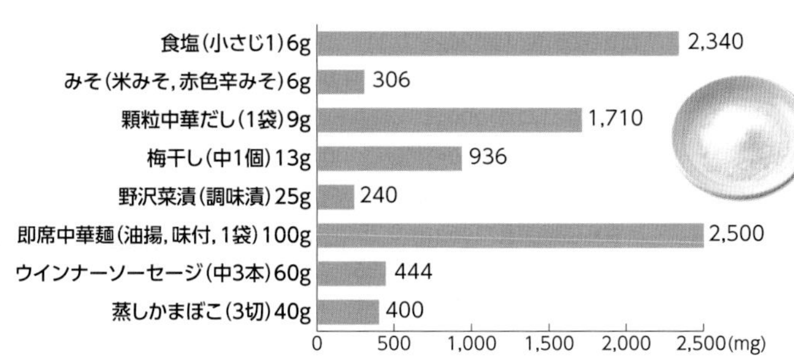

（文部科学省「日本食品標準成分表 2020 年版（八訂）」より）

4 カリウム（K）多量ミネラル

不足しがち

【どこに存在する？】	【特徴は？】
リン酸塩や遊離イオン，たんぱく質と結合した形で細胞中に存在している	体内で調節機能がはたらくため，カリウムの過剰摂取はまれ 過剰摂取になりがちなナトリウムの排泄を促進する
【生理作用は？】	**【主な供給源は？】**
細胞内液の浸透圧や pH を一定に保つ 心臓機能・筋肉機能の調整 神経の興奮性に関与 塩分の摂りすぎを調節	野菜類／果物類 いも／豆類 海藻類／種実類
【欠乏すると？】	**【過剰に摂取すると？】**
疲労感・脱力感／筋無力症／精神障害／不整脈	高カリウム血症（嘔吐，しびれ，脱力感など）

●カリウムを多く含む代表的な食品

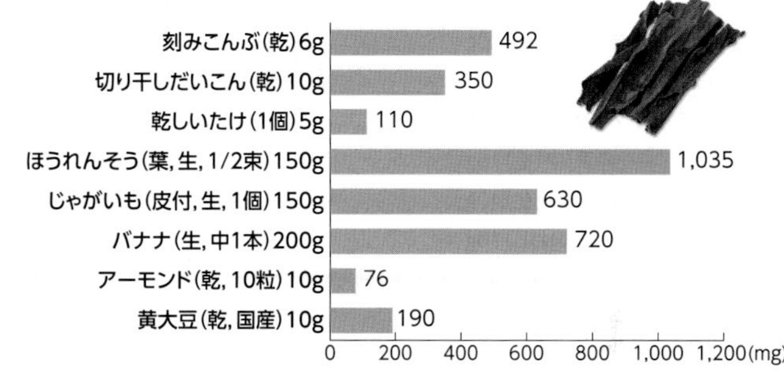

（文部科学省「日本食品標準成分表 2020 年版（八訂）」より）

5 マグネシウム（Mg）多量ミネラル

【どこに存在する？】	【特徴は？】
60％はリン酸マグネシウムや炭酸水素マグネシウムとして骨や歯に含まれる 残りは筋肉や脳，神経に存在する	通常の食事では不足しない 余分なマグネシウムは腎臓で排出される
【生理作用は？】	**【主な供給源は？】**
骨や歯の形成／酵素の活性化 さまざまな代謝を助ける 筋肉の収縮，神経情報の伝達の調整 体温・血圧の調整	穀類（玄米など） 種実類 海藻類
【欠乏すると？】	**【過剰に摂取すると？】**
骨の形成が不十分になる 不整脈／虚血性心疾患／高血圧 筋肉のけいれん／神経過敏／抑うつ感（低マグネシウム血症）	下痢

●マグネシウムを多く含む代表的な食品

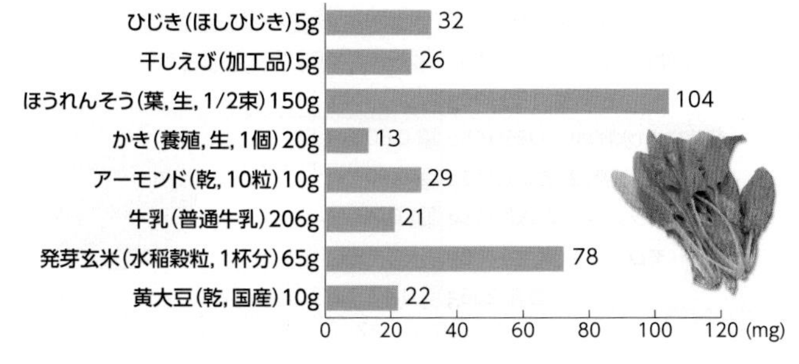

（文部科学省「日本食品標準成分表 2020 年版（八訂）」より）

6 鉄（Fe）微量ミネラル

不足しがち

【どこに存在する？】	【特徴は？】
おもに赤血球のヘモグロビンや筋肉のミオグロビンに含まれる 一部は肝臓や筋肉に貯蔵鉄として存在する	月経血損失のある女性や妊婦，授乳婦では特に不足しがち 肉や魚に含まれるヘム鉄と野菜などの非ヘム鉄がある
【生理作用は？】	**【主な供給源は？】**
酸素の運搬（ヘモグロビンの鉄は酸素の運搬／ミオグロビンの鉄は酸素の取り入れに関与） ヘム酵素の合成に関与	レバー／卵 貝類／煮干し きな粉／納豆／ほうれんそう／のり
【欠乏すると？】	**【過剰に摂取すると？】**
貧血（鉄欠乏性貧血） 集中力の低下／疲労感／食欲不振／頭痛	鉄の沈着症

●鉄を多く含む代表的な食品

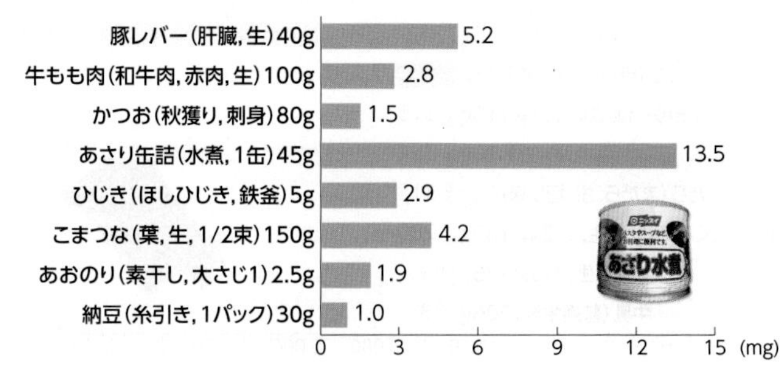

（文部科学省「日本食品標準成分表 2020 年版（八訂）」より）

7 亜鉛（Zn）微量ミネラル

不足しがち

【どこに存在する？】	【特徴は？】
骨格筋，骨，皮膚，肝臓，脳，腎臓などに分布	おもにたんぱく質との結合によって整理機能を発揮する 若年女子で味覚機能の低下と低亜鉛状態との関連が報告されている
【生理作用は？】	【主な供給源は？】
酵素の成分／酵素反応の活性化 DNA やたんぱく質の合成 ホルモン合成や分泌の調節	魚介類／海藻類／肉類 穀類（米）／豆類（大豆） かき／パルメザンチーズ
【欠乏すると？】	【過剰に摂取すると？】
皮膚炎／味覚障害／慢性下痢／低アルブミン血症 免疫機能障害／成長遅延／性腺発達障害	貧血／免疫障害（銅や鉄の吸収阻害）／胃障害／めまい／吐き気（急性亜鉛中毒）

●亜鉛を多く含む代表的な食品

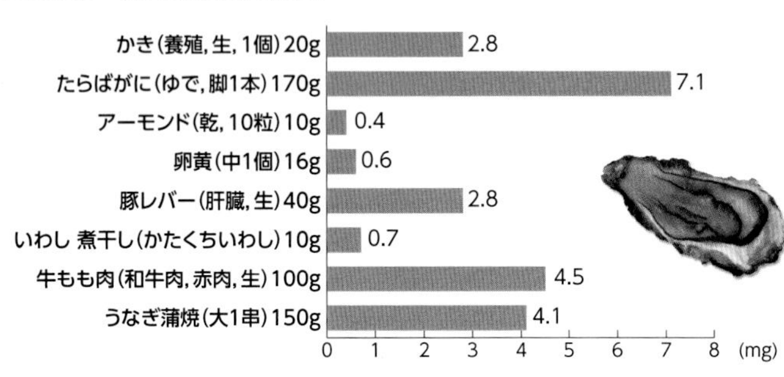

（文部科学省「日本食品標準成分表 2020 年版（八訂）」より）

8 銅（Cu）微量ミネラル

【どこに存在する？】	【特徴は？】
筋肉や骨，肝臓に多い	先天的な遺伝疾患による欠乏症（メンケス病）や過剰症（ウィルソン病）がある 通常の食事では不足しない
【生理作用は？】	【主な供給源は？】
ヘモグロビン合成時に鉄の利用を促す 酵素の成分／神経伝達物質の代謝 エネルギー生成／鉄代謝／活性酸素の除去	レバー（生） ココア／チョコレート 豆類
【欠乏すると？】	【過剰に摂取すると？】
貧血／骨の異常や脳障害 白血球，好中球の減少 毛髪の色素脱失 心血管，神経系異常	消化管や肝障害（急性中毒）

●銅を多く含む代表的な食品

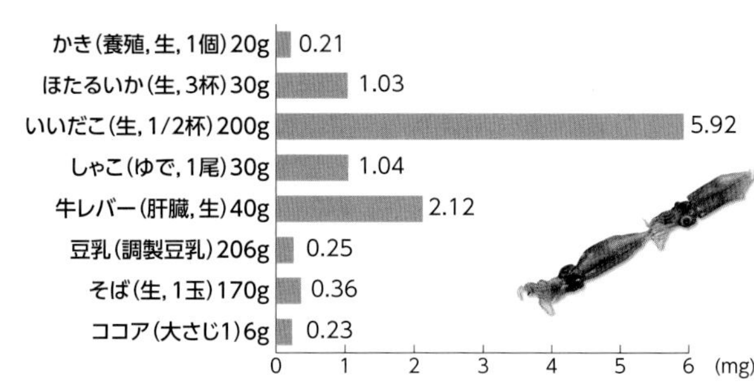

（文部科学省「日本食品標準成分表 2020 年版（八訂）」より）

9 ヨウ素（ヨード，I）微量ミネラル

【どこに存在する？】	【特徴は？】
甲状腺ホルモンの成分	日本は伝統的な食生活により摂取量が必要量を大幅に上回る（海藻類が原因）
【生理作用は？】	【主な供給源は？】
生殖，成長，発達の制御 エネルギー代謝の亢進（こうしん） 胎児の脳や末梢組織，骨格などの成長と発達を促す（全て甲状腺ホルモンとしてはたらく）	海藻類／海産物 乳製品／野菜類 ※土壌や飼料のヨウ素含有量によって異なる
【欠乏すると？】	【過剰に摂取すると？】
甲状腺腫／甲状腺肥大／甲状腺刺激ホルモンの分泌亢進／死産／流産／先天異常など（妊娠中）	甲状腺腫／甲状腺機能低下

●ヨウ素を多く含む代表的な食品

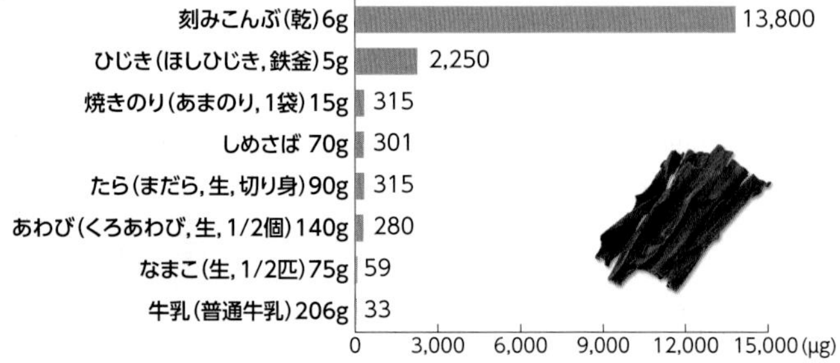

（文部科学省「日本食品標準成分表 2020 年版（八訂）」より）

10 マンガン（Mn）微量ミネラル

【どこに存在する？】	【特徴は？】
生体内組織，臓器に一様に分布している	通常の食事では不足しない
【生理作用は？】	【主な供給源は？】
骨や皮膚の代謝に関与 骨や肝臓の酵素の作用を活性化	穀類／豆類／種実類／肉類 酵母／しょうが
【欠乏すると？】	【過剰に摂取すると？】
骨が十分に発達しない 成長や妊娠の障害（欠乏は動物実験による）	パーキンソン病様症状

●マンガンを多く含む代表的な食品

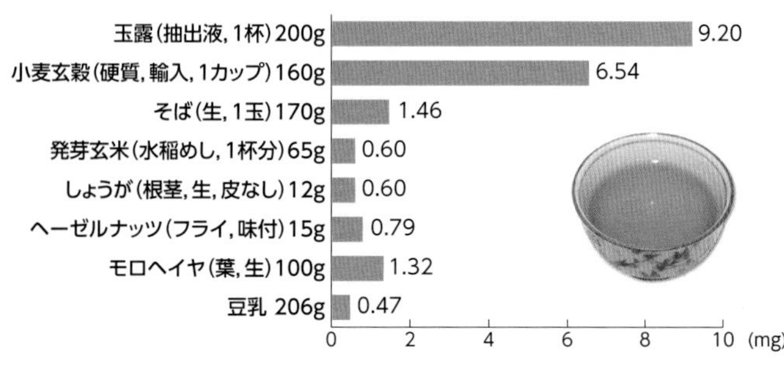

（文部科学省「日本食品標準成分表 2020 年版（八訂）」より）

11 セレン（Se） 微量ミネラル

【どこに存在する？】	【特徴は？】
肝臓，腎臓など	含セレンアミノ酸の形で食品中に存在している 通常の食事では不足しない
【生理作用は？】	**【主な供給源は？】**
抗酸化作用（抗酸化酵素の成分）	魚介類 植物性食品（セレン含有量の高い土壌で育ったもの） 畜産物（セレン含有量の高い飼料で育ったもの）
【欠乏すると？】	**【過剰に摂取すると？】**
克山病（心筋障害）／カシン・ベック病（骨や関節の変形）	脱毛／爪の脱落／胃腸障害／皮疹／神経系異常

●セレンを多く含む代表的な食品

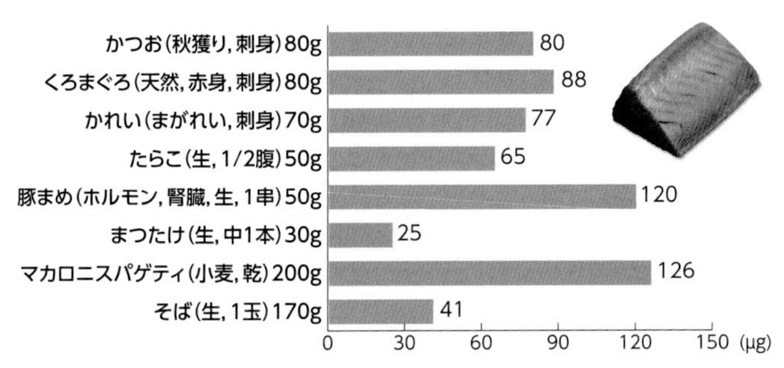

（文部科学省「日本食品標準成分表 2020 年版（八訂）」より）

12 クロム（3価クロム，Cr） 微量ミネラル

【どこに存在する？】	【特徴は？】
すべての細胞に存在	3価と6価の状態で存在し，自然界に存在するのはほぼ3価クロム （6価クロムは強い酸化作用があり体内で毒性を発する）
【生理作用は？】	**【主な供給源は？】**
インスリンの利用効率を高めて血糖値を正常に保つ 炭水化物や脂質代謝に関わる	魚介類 肉類 海藻類
【欠乏すると？】	**【過剰に摂取すると？】**
高血糖／糖や脂質の代謝異常動脈硬化	インスリン感受性の低下 （6価クロムの場合は皮膚炎や肺がんなど）

●クロムを多く含む代表的な食品

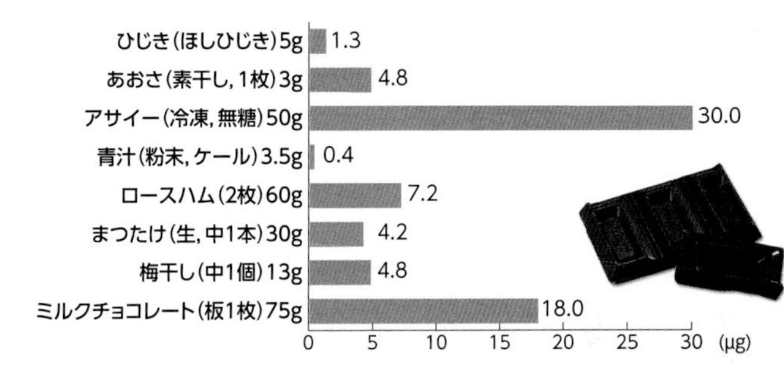

（文部科学省「日本食品標準成分表 2020 年版（八訂）」より）

13 モリブデン（Mo） 微量ミネラル

【どこに存在する？】	【特徴は？】
肝臓，腎臓など	尿酸を作り出すのに重要な役割（補酵素として）を担う 一般的な食事で欠乏や過剰はない
【生理作用は？】	**【主な供給源は？】**
プリン体の代謝に関与	牛乳／乳製品／穀類 豆類／種実類 肝臓
【欠乏すると？】	**【過剰に摂取すると？】**
尿中尿酸の減少／神経過敏	痛風様症状

●モリブデンを多く含む代表的な食品

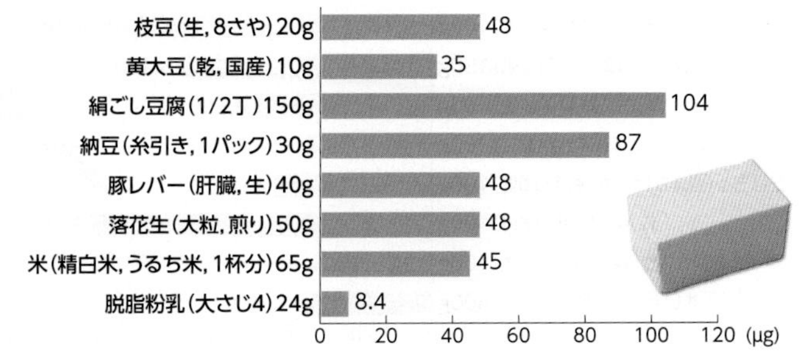

（文部科学省「日本食品標準成分表 2020 年版（八訂）」より）

コラム

体内の元素組成を見てみよう！

●人の体内の元素組成（体重 70kg のヒトの組成）

(%)

酸素	O	64.43
炭素	C	22.86
水素	H	10
窒素	N	2.57
カルシウム	Ca	1.43
リン	P	1.11
イオウ	S	0.2
カリウム	K	0.2
ナトリウム	Na	0.143
塩素	Cl	0.136
マグネシウム	Mg	0.027
鉄	Fe	0.006
亜鉛	Zn	0.003
銅	Cu	0.00001
ヨウ素	I	0.0000018
マンガン	Mn	0.0000017
セレン	Se	—
コバルト	Co	—
クロム	Cr	—
モリブデン	Mo	—

（国際放射線防護委員会（ICRP）による）

7 ビタミン

ビタミンは，ごくわずかの量で各栄養素のはたらきを円滑にしたり，体の機能を調整したりする栄養素である。しかし，体内では基本的に合成できないため，食べ物から摂取しなければならない。ビタミンは現在 13 種類が知られており，大きく脂溶性ビタミンと水溶性ビタミンに分けることができる。脂溶性のビタミンはその名の通り油に溶けやすいため，油と一緒に調理すると吸収率を高めることができる。水溶性ビタミンは水に溶けやすいため，摂取しすぎても水に溶けて尿などで排出できるため過剰摂取になりにくい。

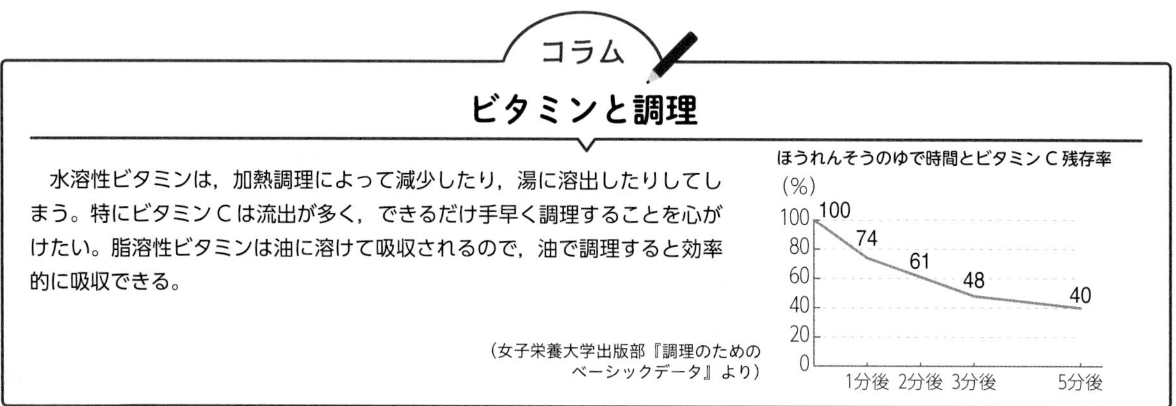

1 ビタミン A（レチノールなど）

ビタミン A はレチノールとカロテンの 2 つに分けれられる。レチノールはレバーやうなぎなどに多く含まれ，カロテンは緑黄色野菜などに多く含まれ抗酸化作用があるとされている。カロテンは体内吸収量が少なく，全てがビタミン A になる訳ではないので過剰摂取の心配はないが，レチノールは摂りすぎる可能性があるので注意しよう。

【特徴は？】	【性質は？】
動物性食品中にはレチノールとして含まれる 植物性食品中にはカロテン（色素）として含まれ，体内でレチノールに変わる	紫外線，酸素，熱，酸性に不安定 アルカリには安定
【生理作用は？】	【主な供給源は？】
皮膚，粘膜の正常保持 視覚の正常化（視色素ロドプシンの成分） 発育の促進 細菌に対する抵抗力を増す	レバー／うなぎ／緑黄色野菜／卵黄／バター／肝油／うに　など
【欠乏すると？】	【過剰に摂取すると？】
皮膚や粘膜の乾燥（伝染症・呼吸器病などに対する抵抗力が弱くなる）／乾燥性眼炎・角膜軟化症・夜盲症／失明（乳幼児の場合）／成長障害／胎児の奇形	脳脊髄液圧上昇（急性中毒）／頭蓋内圧亢進（こうしん）／皮膚の落屑（らくせつ）／脱毛／筋肉痛（慢性中毒）

●ビタミン A（レチノール）を多く含む代表的な食品

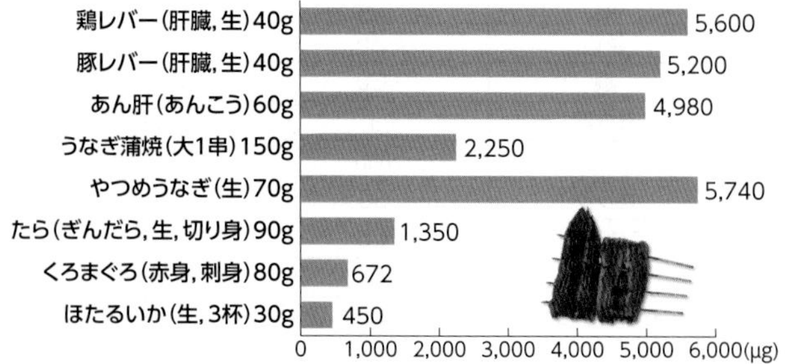

（文部科学省「日本食品標準成分表 2020 年版（八訂）」より）

●ビタミン A（カロテン）を多く含む代表的な食品　※β-カロテン当量

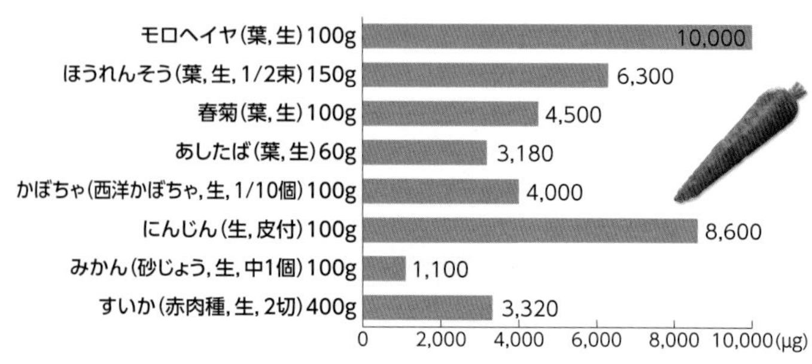

（文部科学省「日本食品標準成分表 2020 年版（八訂）」より）

2 ビタミンD（カルシフェロール） 脂溶性

【特徴は？】	【性質は？】
加熱や酸化によって分解しにくい プロビタミンDとしても含まれ，紫外線照射でビタミンDに転換	紫外線，酸素，熱，酸性に不安定。アルカリに安定
【生理作用は？】	**【主な供給源は】**
骨や歯にリン酸カルシウムの沈着を促し，丈夫にする カルシウムとリンの吸収をよくする 血液中のリン量を一定に保つ	卵黄／青魚／干ししいたけ／レバー／肝油　など
【欠乏すると？】	**【過剰に摂取すると？】**
くる病（小児）／骨軟化症（成人）（低カルシウム血症による）／骨粗鬆症	高カルシウム血症／腎障害／軟組織の石灰化障害

●ビタミンD（カルシフェロール）を多く含む代表的な食品

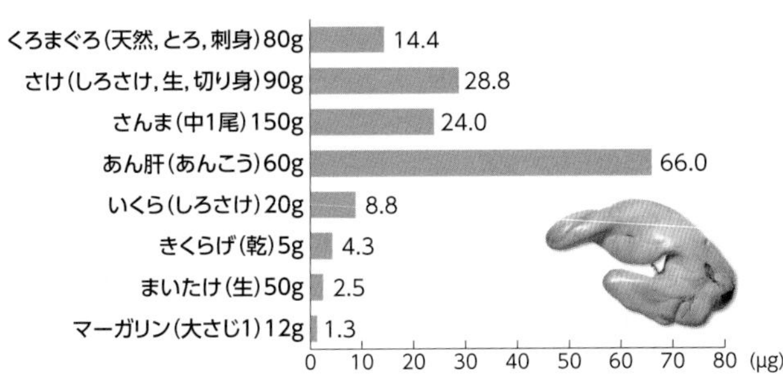

（文部科学省「日本食品標準成分表 2020 年版（八訂）」より）

3 ビタミンE（トコフェロールなど） 脂溶性

【特徴は？】	【性質は？】
通常の食事で欠乏症や過剰症はない 新生児で欠乏しやすい（経口投与が行われる）	熱・光・酸素により分解しにくい 水に溶けず，油脂に溶けやすい
【生理作用は？】	**【主な供給源は】**
生体膜の機能保持（酸化防止）／抗酸化作用 老化防止の効果が期待されている	植物油（特に胚芽油）／種実類／野菜／青魚／卵黄　など
【欠乏すると？】	**【過剰に摂取すると？】**
溶血性貧血／肝壊死／脳軟化症／腎障害など（動物実験による）	−

●ビタミンE（α-トコフェロール）を多く含む代表的な食品

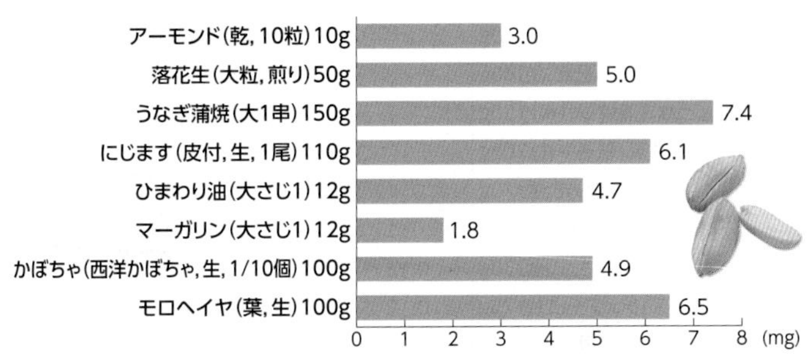

（文部科学省「日本食品標準成分表 2020 年版（八訂）」より）

4 ビタミンK（フィロキノンなど） 脂溶性

【特徴は？】	【性質は？】
通常の食事では不足しない フィロキノンは緑黄色野菜などに含まれ，メナキロンは微生物発酵で作られる	水に溶けず，油脂に溶けやすい 光により分解しやすい 空気や熱には安定
【生理作用は？】	**【主な供給源は？】**
血液の凝固に必要な血液中のプロトロンビンが，肝臓でつくられるとき必要。 骨形成の調節，動脈の石灰化抑制	納豆／海藻類／緑黄色野菜／腸内細菌合成／肉類　など
【欠乏すると？】	**【過剰に摂取すると？】**
血液の凝固性が減じる（鼻血，胃腸出血，月経過多，血尿，血液凝固遅延）／出血症（新生児）／骨粗鬆症／骨折（慢性の場合）	−

●ビタミンK（フィロキノンなど）を多く含む代表的な食品

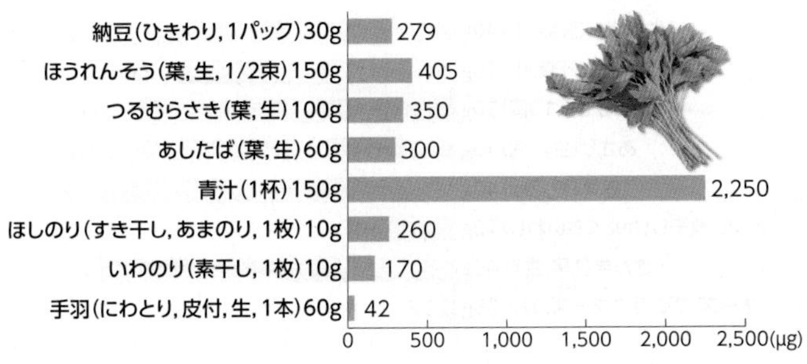

（文部科学省「日本食品標準成分表 2020 年版（八訂）」より）

5 ビタミンB_1（チアミン） 水溶性

【特徴は？】	【性質は？】
通常の食事で過剰はない 食品中にはリン酸エステルとしても存在 鈴木梅太郎博士が発見（1910）	水溶性 酸性では安定 熱やアルカリには不安定
【生理作用は？】	**【主な供給源は？】**
糖質代謝に関与（エネルギー発生） 神経のはたらきを調整する 消化液の分泌を促進し，食欲を増進する	豚肉／豆／玄米（胚芽）／豆類／そば／卵黄／魚卵　など
【欠乏すると？】	**【過剰に摂取すると？】**
かっけ／ウェルニッケ-コルサコフ症候群／食欲減退／消化不良／体重減少／疲労／倦怠感／神経炎	頭痛／不眠／いらだち／接触皮膚炎

●ビタミンB_1（チアミン）を多く含む代表的な食品

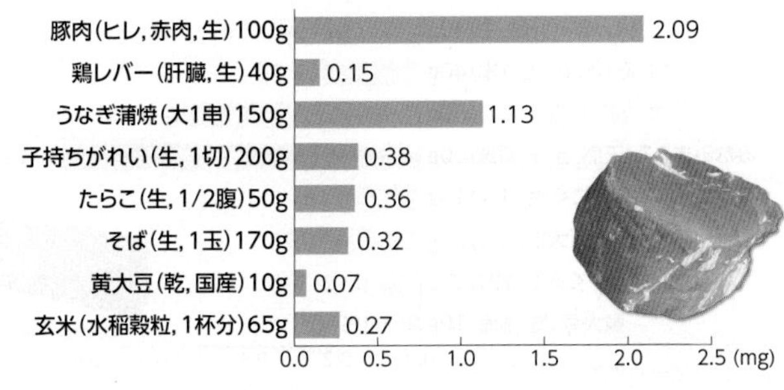

（文部科学省「日本食品標準成分表 2020 年版（八訂）」より）

6 ビタミン B_2（リボフラビン） 水溶性

【特徴は？】	【性質は？】
細胞中では酵素たんぱく質と結合して存在 牛乳から発見	光に弱く，アルカリでこわれやすい 中性，酸性，酸素に安定 水に溶けにくい
【生理作用は？】	**【主な供給源は？】**
発育促進 生体内の酸化還元反応の補酵素としてはたらく（炭水化物，アミノ酸，脂肪酸代謝に関与）	レバー／牛乳／卵黄／肝臓／緑黄色野菜／チーズ／酵母／腸内細菌合成など
【欠乏すると？】	**【過剰に摂取すると？】**
舌炎・口唇炎・口角炎（皮膚粘膜移行部の炎症）／脂漏性皮膚炎／成長阻害／脂肪の吸収低下	尿が黄色く変色（悪影響はない）

●ビタミン B_2（リボフラビン）を多く含む代表的な食品

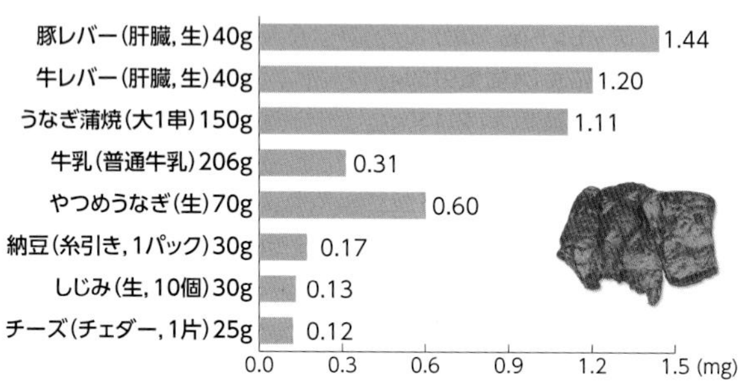

（文部科学省「日本食品標準成分表 2020 年版（八訂）」より）

7 ナイアシン（ニコチン酸など） 水溶性

【特徴は？】	【性質は？】
一般の生活では過剰も不足もない アルコール依存症の場合不足の恐れがある	熱や酸，光などに対して安定しており，保存や調理で効力が低下しない
【生理作用は？】	**【主な供給源は？】**
補酵素として多くの酸化還元反応に関与（DNA の修復，合成，細胞分化に関与）	レバー／肉類／青魚／穀類／豆類／イースト　など
【欠乏すると？】	**【過剰に摂取すると？】**
ペラグラ（症状は皮膚炎・下痢・精神神経障害）	消化器・肝臓障害／フラッシング症状

●ナイアシン（ニコチン酸など）を多く含む代表的な食品　※ナイアシン当量

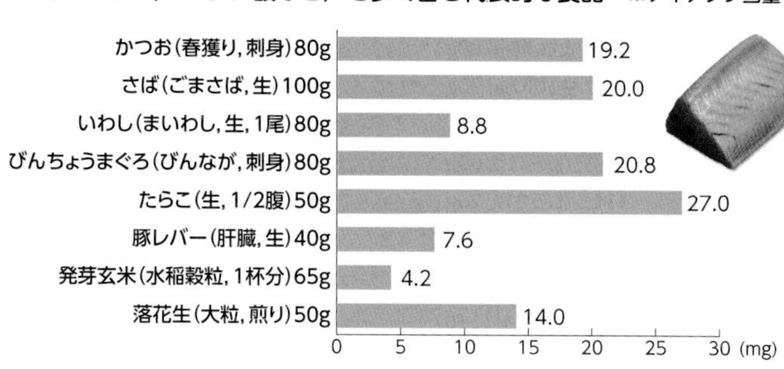

（文部科学省「日本食品標準成分表 2020 年版（八訂）」より）

8 ビタミン B_6（ピリドキシンなど） 水溶性

【特徴は？】	【性質は？】
通常の生活では過剰症はない 妊娠期は欠乏しやすい 一部の薬剤投与で欠乏する可能性	光に対して不安定 水に溶けやすくエタノールに溶けにくい
【生理作用は？】	**【主な供給源は？】**
補酵素（ピリドキサールリン酸）として体内の酵素反応に関与（アミノ酸代謝など）／免疫系の維持／ホルモンの調節／皮膚の健康保持	レバー／鶏肉／青魚／大豆／豆類／種実類／腸内細菌合成／イースト　など
【欠乏すると？】	**【過剰に摂取すると？】**
皮膚炎／口角炎／舌炎／貧血／免疫力低下／けいれん（小児）	感覚性ニューロパチー

●ビタミン B_6（ピリドキシンなど）を多く含む代表的な食品

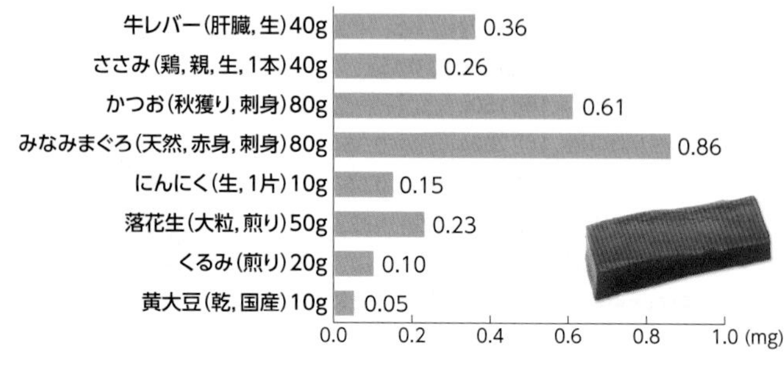

（文部科学省「日本食品標準成分表 2020 年版（八訂）」より）

9 ビタミン B_{12}（コバラミン） 水溶性

【特徴は？】	【性質は？】
赤色 過剰に摂取しても吸収されず過剰症はない 動物性食品に含まれ，植物性食品にはほとんど含まれない	水溶性だがやや水に溶けにくい エタノールに溶けにくい 光に不安定
【生理作用は？】	**【主な供給源は？】**
抗貧血作用 補酵素（アデノシルコバラミン）として，アミノ酸や脂質の代謝に関係 成長促進／肝臓疾患予防	レバー／貝類／チーズ／卵黄／魚類／肉類／腸内細菌合成　など （植物性食品にはほとんど含まれない）
【欠乏すると？】	**【過剰に摂取すると？】**
悪性貧血／脊髄・脳の白質障害／末梢神経障害／感覚異常	―

●ビタミン B_{12}（コバラミン）を多く含む代表的な食品

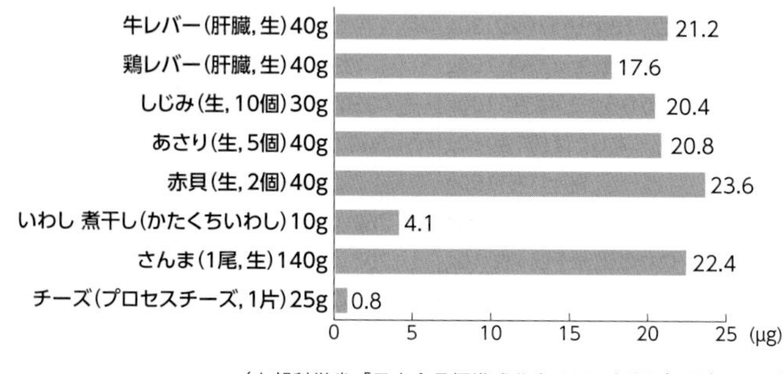

（文部科学省「日本食品標準成分表 2020 年版（八訂）」より）

10 葉酸（フォラシン）

水溶性

【特徴は？】	【性質は？】
通常の生活では過剰症はない 妊娠期の女性に必須の栄養素として知られる（妊娠の維持に必要）	酸やアルカリに溶けるが純水やエタノールには溶けない
【生理作用は？】	**【主な供給源は？】**
赤血球（ヘモグロビン）や核酸の生成 補酵素として体内の代謝に関係 成長・妊娠の正常な維持 腸内粘膜の機能を正常化	緑黄色野菜／レバー／豆類／小麦／チーズ／卵黄　など （オレンジジュースやバナナは酵素活性を阻害）
【欠乏すると？】	**【過剰に摂取すると？】**
悪性貧血（巨赤芽球性貧血）／動脈硬化／母体で不足すると胎児の先天異常の恐れ／神経障害／腸機能障害	葉酸過敏症（発熱，かゆみ，紅斑など）

●葉酸（フォラシン）を多く含む代表的な食品

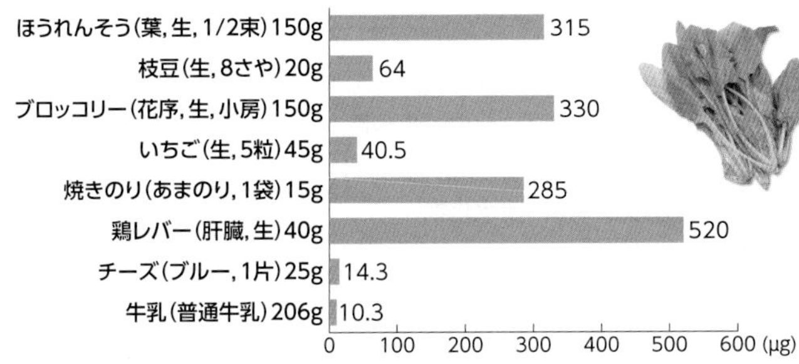

（文部科学省「日本食品標準成分表 2020 年版（八訂）」より）

11 パントテン酸

水溶性

【特徴は？】	【性質は？】
黄色の粘性液状物質 通常の生活では不足，過剰はない（パントテン酸は，至るところに存在する酸の意味）	酸・アルカリ・熱に不安定
【生理作用は？】	**【主な供給源は？】**
補酵素として糖・脂肪酸代謝に関与 熱量素の代謝に関係する（コエンザイムＡの構成成分）／解毒作用がある 性ホルモンの生成に関係する	レバー／青魚／胚芽きのこ類／卵／チーズ／豆類／葉菜類／イースト　など
【欠乏すると？】	**【過剰に摂取すると？】**
成長阻害／副腎障害／四肢の痺(しび)れ，痛み／頭痛／疲労感／食欲不振	―

●パントテン酸を多く含む代表的な食品

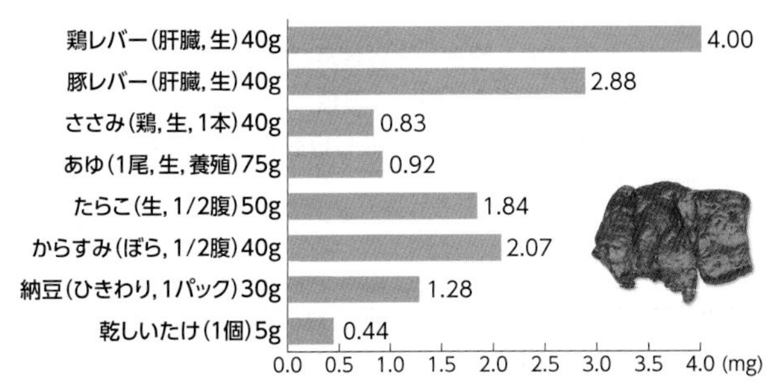

（文部科学省「日本食品標準成分表 2020 年版（八訂）」より）

12 ビオチン

水溶性

【特徴は？】	【性質は？】
ビタミンＢ群 腸内細菌で合成される 多くの食材に含まれる 食品中ではリシンと結合していることが多い／卵白により吸収が妨げられる	熱，光，酸に安定 アルカリには不安定
【生理作用は？】	**【主な供給源は？】**
体内で補酵素としてはたらく(核酸合成など) 皮膚・髪の健康に関与	卵黄／レバー／野菜／腸内細菌合成
【欠乏すると？】	**【過剰に摂取すると？】**
免疫不全症(リウマチ，クローン病など)／糖尿病／皮膚炎（うろこ状）／舌炎／脱毛／食欲不振／吐き気／性感異常	―

●ビオチンを多く含む代表的な食品

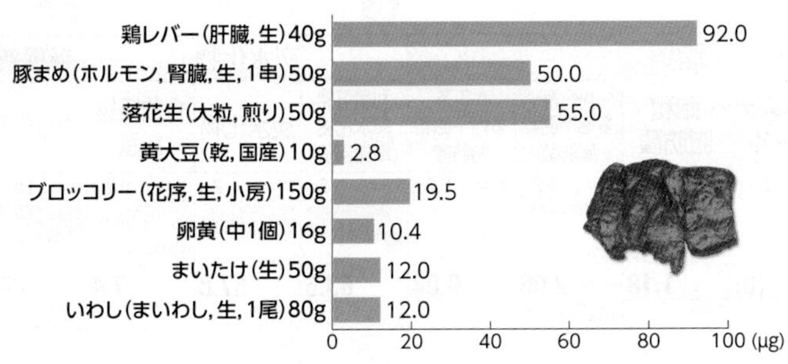

（文部科学省「日本食品標準成分表 2020 年版（八訂）」より）

13 ビタミンＣ（アスコルビン酸）

水溶性

【特徴は？】	【性質は？】
白色結晶 洗浄や加熱で効力が失われる 過剰に摂取しても排出される 喫煙者は欠乏しやすい	水に溶けやすい 熱に不安定，酸性液ではやや安定 酸化されやすい（抗酸化作用）
【生理作用は？】	**【主な供給源は？】**
コラーゲン合成(細胞間の結合組織を強化) 病気に対する抵抗力増加 ビタミンＥと共に活性酸素を除去(抗酸化)	野菜／くだもの／いも類／茶　など (体内で合成できない)
【欠乏すると？】	**【過剰に摂取すると？】**
壊血病(皮下・歯茎出血，貧血，心臓障害，疲労倦怠，筋肉減少）／骨形成不全／成長不良	胃腸への影響（吐き気，下痢，腹痛）

●ビタミンＣ（アスコルビン酸）を多く含む代表的な食品

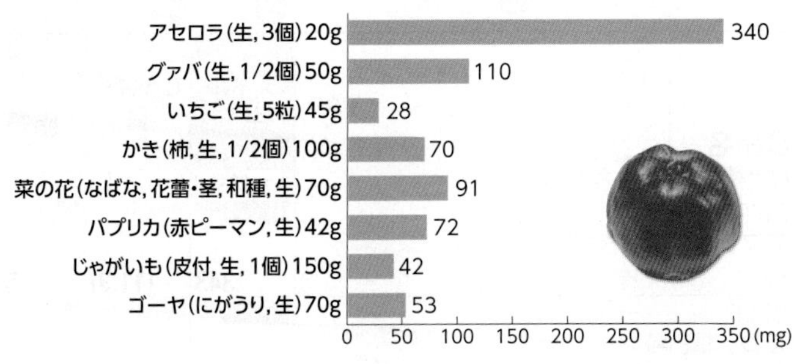

（文部科学省「日本食品標準成分表 2020 年版（八訂）」より）

日本食品標準成分表って何？

わたしたちがふだん食べている食品の種類はとても多い。その一つひとつの食品が，どのような栄養素を含んでいるのかを明らかにしたのが**「日本食品標準成分表」**である。栄養素のデータは，日常食事をつくるときや，学校給食，病院給食をつくるとき，病気で食事制限や治療食などをとるときの栄養指導などに活用される。

わたしたちが食べている食品の多くは，動物や植物からつくられる。そのため，動植物の種類や生活環境，季節などによって成分値が大きく変わる。また，調理法によっても成分値は変わってしまう。食品成分表では，こうした変動を考えながら，実際に分析した値や参考文献をもとに，1 食品 1 標準成分値を原則として載せている。**標準成分値**とは，年間を通じて普通に食べたときの全国平均値のことをいう。

1 食品の分類，食品番号と食品名

食品の分類

食品は大きく 18 のカテゴリー（食品群）に分けられている。

1 **穀類**，2 **いも及びでん粉類**，3 **砂糖及び甘味類**，4 **豆類**，5 **種実類**，6 **野菜類**，7 **果実類**，8 **きのこ類**，9 **藻類**，10 **魚介類**，11 **肉類**，12 **卵類**，13 **乳類**，14 **油脂類**，15 **菓子類**，16 **し好飲料類**，17 **調味料及び香辛料類**，18 **調理済み流通食品類**

A 食品番号

各食品には食品番号がついている。食品番号は 5 桁とし，最初の 2 桁は食品群にあて，次の 3 桁は小分類又は細分を示す。

B 食品名

原材料的食品の名称は学術名又は慣用名を採用し，加工食品の名称は一般に用いられている名称や食品規格基準等において公的に定められている名称を勘案して採用した。また，広く用いられている別名を備考欄に記載した。

2 廃棄率及び可食部

食品成分表の各成分値はすべて，**可食部**（食べられる部分）**100g あたりの数値**で示す。骨があるとか，殻がついているときはそれを除いたもの 100g についての成分値が掲載されている。捨てられる部分の割合を**廃棄率**という。廃棄率は，通常の食習慣で捨てられる部分を，食品全体または買うときの形態に対する質量の割合（%）で示してある。

3 載っている成分値

「日本食品標準成分表 2020 年版（八訂）」では，以下の成分について記載されている。

- 水分
- アミノ酸組成によるたんぱく質，たんぱく質
- 脂肪酸のトリアシルグリセロール当量，コレステロール，脂質
- 利用可能炭水化物（単糖当量，質量計，差し引き法による），食物繊維総量，糖アルコール，炭水化物
- 有機酸
- 灰分
- 無機質：ナトリウム，カリウム，カルシウム，マグネシウム，リン，鉄，亜鉛，銅，マンガン，ヨウ素，セレン，クロム，モリブデン
- ビタミン：脂溶性ビタミンとして，ビタミン A（レチノール，α - 及び β - カロテン，β - クリプトキサンチン，β - カロテン当量及びレチノール活性当量），ビタミン D，ビタミン E（α -，β -，γ - 及び δ - トコフェロール）及びビタミン K，水溶性ビタミンとして，ビタミン B_1，ビタミン B_2，ナイアシン，ナイアシン当量，ビタミン B_6，ビタミン B_{12}，葉酸，パントテン酸，ビオチン及びビタミン C
- アルコール
- 食塩相当量

※本書の「食品成分表」では，この中からおもな栄養素を厳選し，掲載している。また，飽和脂肪酸，n-6 系多価不飽和脂肪酸，n-3 系多価不飽和脂肪酸を「日本食品標準成分表 2020 年版（八訂）脂肪酸成分表編」より掲載している。

グラフ式成分表

■……各栄養素の量をグラフと数値で表している。各栄養素名の下の 1 マスあたりの成分値に合わせて，グラフが形成されている。数値の大きい食品は，欄の表示可能範囲いっぱいに■を表示している。

①A 食品番号 / ②B 食品名 / 廃棄率 (%) / 水分量 (g)　栄養素	③	④	⑤ 脂質					⑥ 炭水化物			⑦ 無機質
	エネルギー	たんぱく質	脂質	コレステロール	飽和脂肪酸	n-6 系多価不飽和脂肪酸	n-3 系多価不飽和脂肪酸	利用可能炭水化物（単糖当量）	炭水化物	食物繊維総量	カリウム
	■= 20 kcal	■= 2 g	■= 2 g	■= 2 mg	■= 0.2 g	■= 0.2 g	■= 0.2 g	■= 2 g	■= 2 g	■= 0.2 g	■= 20 mg
01001 **アマランサス** 玄穀 廃棄率 0 水分量 13.5	343	(11.3)	5.0	(0)	1.18	2.06	0.04	63.5	57.8	7.4	600
01002 **あわ** 精白粒 廃棄率 0 水分量 13.3	346	10.2	4.1	(0)	0.67	2.63	0.12	69.6	63.3	3.3	300

4 成分表の見方

食品写真 素材は厳選し，できるだけ数多く，大きめに掲載した。重量100g を表す写真ではないので注意。

CHECK! 購入時にチェックするポイントを示した。購入するとき，鮮度や美味しさの目安にしよう。

旬 ○～○月 旬の目安の時期。最も多く出回る時期と，最もおいしい時期が異なる場合も多い。地域差もあるので確実なものではない。

❶廃棄率 廃棄率の表示は，重量に対する％で示し，10％未満は 1 きざみ，10％以上は 5 きざみで記載した。

❷水分 食品の性状を表す最も基本的な成分のひとつ。単位は g とし，小数第 1 位まで表示した。

❸エネルギー 可食部 100 g 当たりのアミノ酸組成によるたんぱく質，脂肪酸のトリアシルグリセロール当量，利用可能炭水化物（単糖当量），糖アルコール，食物繊維総量，有機酸及びアルコールの量（g）に各成分のエネルギー換算係数を乗じて，100 g あたりの kcal（キロカロリー）を算出した。

❹たんぱく質 アミノ酸組成によるたんぱく質の値を掲載。収載値がない場合は，基準窒素量に窒素 - たんぱく質換算係数を乗じて計算したたんぱく質の値を掲載した。

❺脂質

脂質：脂肪酸のトリアシルグリセロール当量の値を記載。収載値がない場合は，脂質の値を掲載した。

コレステロール：コレステロールの単位は mg として整数で示した。

脂肪酸：飽和脂肪酸，n-6 系多価不飽和脂肪酸，n-3 系多価不飽和脂肪酸を「日本食品標準成分表 2020 年版（八訂）脂肪酸成分表編」より掲載した。

【記号の意味】

－…………未測定。

0…………食品成分表の最小記載量の 1 ／ 10 未満，又は検出されなかったことを示す。

Tr …………Trace（微量，トレース）の略。最小記載量の 1/10 以上含まれているが，5/10 未満であることを示す。

(0) ………文献等により含まれていないと推定される成分については測定をしていないが，何らかの数値を示して欲しいとの要望が強いことから（0）と表示している。

(Tr) ……微量に含まれていると推定されるもの。

(数字) …組成を諸外国の食品成分表の収載値や原材料配合割合（レシピ）などを基に計算した値であることを示す。

❻炭水化物

利用可能炭水化物（単糖当量）：利用可能炭水化物を直接分析または推計した値。

炭水化物：利用可能炭水化物の質量の合計である利用可能炭水化物（質量計）の値を記載。収載値がない場合は，炭水化物の値を記載した。

食物繊維：食物繊維総量の単位は g として小数第 1 位まで表示した。

❼無機質 単位は mg とし，カリウム，カルシウム，マグネシウム，リン，は整数，鉄，亜鉛は小数第 1 位まで表示した。

❽ビタミン ビタミンA（β - カロテン当量，レチノール活性当量）の単位は μg として，整数で表示した。ビタミン D の単位は μg とし，小数第 1 位まで表示した。ビタミン E（α - トコフェロール）の単位は mg として小数第 1 位まで表示した。ビタミン B_1，B_2 の単位は mg として小数第 2 位まで表示した。葉酸の単位は μg として整数で表示した。ビタミン C の単位は mg として整数で表示した。

❾食塩相当量 食塩相当量（ナトリウム）の単位は g として小数第 1 位まで表示した。

❿備考 概量，食品の別名や，廃棄部位などを記載。概量はおおよそのもので個体によって異なる。

※数値の丸め方は，最小表示桁の一つ下の桁を四捨五入したが，整数で表示するもの（エネルギーを除く）では，原則として大きい位から 3 桁目を四捨五入して有効数字 2 桁で示した。

成分表の活用法

ステップ 1：料理に使われている食品の重量を調べる。

ステップ 2：「食品成分表」で栄養素の量を調べ，使われている食品の重量をかけ，100 で割る。各栄養素の桁数の一つ小さな桁で四捨五入する。

ステップ 3：各栄養素の量を合計する。

100g あたりの栄養素量×食品の重量（g）÷ 100

●茶碗 1 杯のご飯（130g）の計算例

成分表「めし　水稲めし　精白米，うるち米」を参照

エネルギー　→ 156 × 130(g) ÷ 100 ＝ 202.8 ≒ 203(kcal)

食物繊維　→ 1.5 × 130(g) ÷ 100 ＝ 1.95 ≒ 2.0(g)

無機質					❽ビタミン								❾食塩相当量	❿備考
					A		D	E	B1	B2	葉酸	C		
カルシウム	マグネシウム	リン	鉄	亜鉛	β-カロテン当量	レチノール活性当量		α-トコフェロール					(ナトリウム)	
■＝ 20 mg	■＝ 20 mg	■＝ 20 mg	■＝ 0.2 mg	■＝ 0.2 mg	■＝ 20 μg	■＝ 2 μg	■＝ 0.2 μg	■＝ 0.2 mg	■＝0.02 mg	■＝0.02 mg	■＝ 2 μg	■＝ 2 mg	■＝ 0.1g(mg)	
160	270	540	9.4	5.8	2	Tr	(0)	1.3	0.04	0.14	130	(0)	0(1)	
14	110	280	4.8	2.5	(0)	(0)	(0)	0.6	0.56	0.07	29	0	0(1)	うるち、もちを含む / 歩留り：70 ～ 80 %

1 穀類

Cereals

一般に，米，大麦，小麦，あわ，えんばく，きび，とうもろこし，ひえ，もろこし，ライ麦などイネ科の植物の種実とそば（タデ科）をあわせて穀類と呼んでいる。豆が加わることもあり，昔の日本では，米，麦，あわ，ひえ，豆を「五穀」と呼んでいた。穀類の中でも，米，大麦，小麦は多くの国で主食として食べられており，それ以外のものは雑穀と呼ばれている。あわ，えんばく，きび，とうもろこし，ひえ，ライ麦，はと麦，そばなどがそれである。
イネ科の穀類は一般に，はい乳，はいが，外皮からなり，そのうえに「ふ」が被さっている。小麦，ライ麦は「ふ」が取れやすく，米，大麦などは取れにくい。

米類

米の品種には，大きく分けて，短粒米のジャポニカ米と，長粒米のインディカ米がある。ジャポニカ米は炊くと粘りがあるのに対し，インディカ米は粘りがなくパラパラしている。それぞれにうるち米ともち米があり，もち米の方が粘りがある。現在は，精白度合いや品種の違うさまざまな米が市販されている。

玄米

米からもみ殻だけを取り除いたもの。

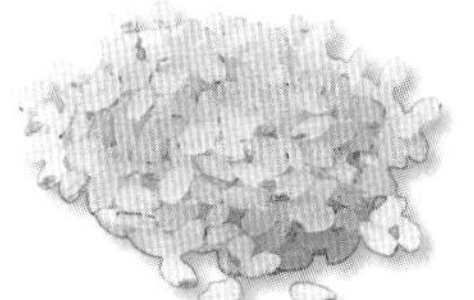

はい芽精米

特殊な製法で玄米をはい芽部分だけ残して精米したもの。

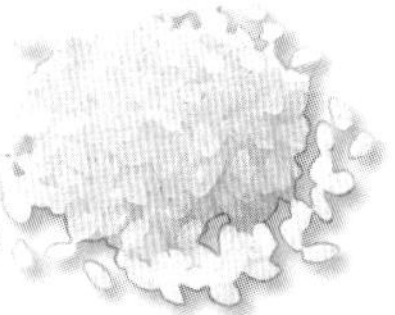

精白米

玄米からぬか層とはい芽を取り，はい乳だけにしたもの。

もち米

うるち米よりも粘りが強く，おこわや餅をつくるときに用いる。

米ぬか

精白米をつくる過程で取り除かれる表皮とはい芽。ビタミンB群が豊富。

インディカ米

粘り気が少ないインディカ米は，エスニック料理などに向いている。

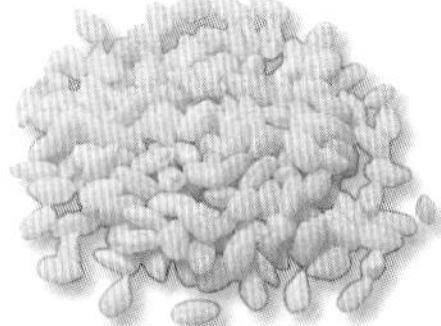

強化米

ビタミンなどの栄養素を米粒に吸収させたもの。炊飯時に米に混ぜて炊く。

黒米

赤米

玄米が黒い米，赤褐色の米のこと。稲の原種の特徴を受け継いでいる米で，白米よりも栄養素を豊富に含むとして話題になっている。

無洗米

表面のぬかが取り除かれた米。とがずに炊飯できる。

もみから精白米へ

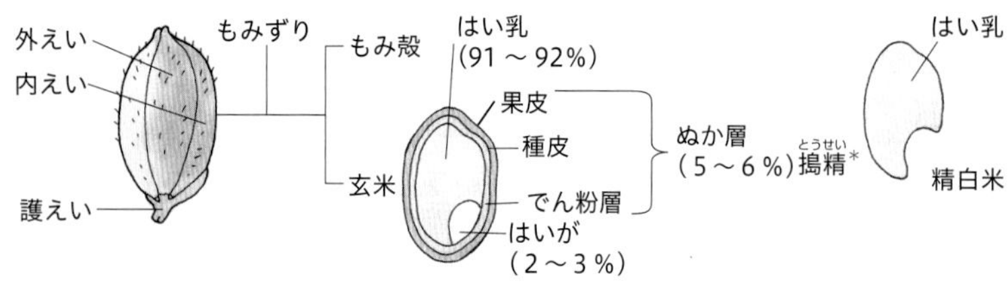

＊搗精：玄米の外側にあるぬか層を取り除く操作で，精白ともいう。

稲作の一年

- 4月　種まき→育苗（ビニールハウス等）
  これまでに，田んぼを耕し，あぜをつくり，用水路を整備する。
- 5月　代かき（田んぼに水を入れて土を砕く）→田植え
- 6月　草刈りなどを行う
- 7月　中干し（田んぼの水を抜く）
- 8月　草刈りなどを行う
- 9月　稲刈り→脱穀をし，検査にまわす。

※地域によって時期は前後する。新潟の一例。

 ミニ知識 **「冷や飯を食わせる」** 冷たい態度であしらうこと。

小麦

小麦は，大麦に比べ生育期間は長いが，悪条件に強く丈夫である。世界の人口の約半数近くが主食としている。小麦の実をひいて粉状にしたものが小麦粉である。

小麦粉のグルテンとは

小麦粉に水を加えて練ると，小麦粉のたんぱく質のグリアジンとグルテニンが結合して，粘りと弾力があり水にとけない性質のグルテンが形成される。グルテンの形成は，ほかの麦などには見られない小麦粉特有の性質。グルテンは，網目状の組織をつくり，めん類などにコシを与えたり，パンをふっくら焼いたりする時にはたらく。このグルテンを利用して，パンやケーキ，めん類などがつくられる。

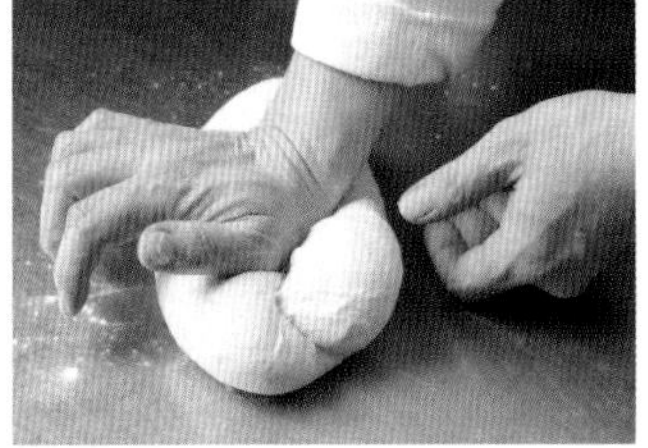

水を加えてよくこねると弾力が増す。

小麦粉の種類と調理例

	強力粉	中力粉	薄力粉
グルテンの量	多い		少ない
グルテンの性質	強い		弱　い
粒度	粗い		細かい
たんぱく質含有量	11～13%	9～11%	7～9%
原料小麦の種類	硬質	中間質または軟質	軟質
調理例	パスタ，パン， 中華まんじゅう など	うどん， そうめん など	スポンジケーキ， 天ぷらの衣 など

穀類をつかった料理

穀類は長期保存のしやすいものが多く，世界の国々でさまざまな調理法で食べられている。

パエリア（スペイン）

米と魚介類などの具をオリーブ油で炒めて炊く。黄色い色は，サフランの色。

ビーフン（台湾）

米を粉にして練り，めん状に加工したもの。米のめんは，台湾やベトナム，中国などで食べられることが多い。

ゴイクン（ベトナム）

ビーフンと同じように米を粉にしてつくる薄いライスペーパーで，生野菜やえびなどを巻いたもの。

パスタ（イタリア）

小麦粉と水を練ったものをパスタという。スパゲティ，マカロニなど形状はさまざまで，味付けも多種多様。

包子（中国）

小麦粉でつくった皮で，野菜や肉，あんなどを包んで蒸したもの。

うどん（日本）

小麦粉をつかった太めん。小麦粉をこね，ねかせて，独特のコシを出す。讃岐うどん（香川県）などが有名。

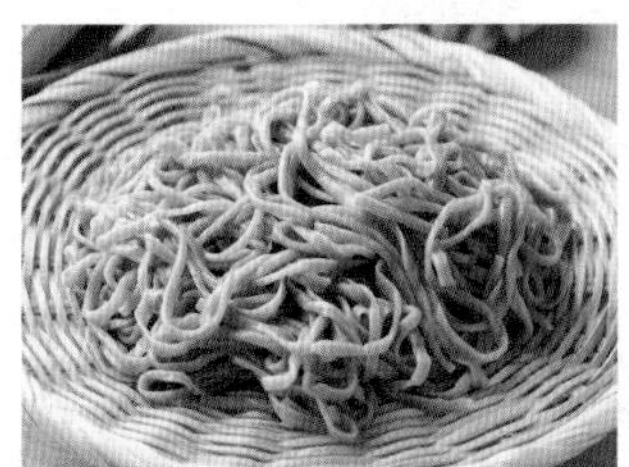

そば（日本）

そば粉を水でこねて，めん状にしたもの。小麦粉や山いもなどをつなぎにつかうことが多い。

トルティーヤ（メキシコ）

とうもろこしの粉を水で練り薄くのばして焼いたもの。トマトやチリなどをはさんで食べる。

おいしい情報　ドウとは？　小麦粉をこねた生地のこと。パンやめんの生地や油を含むビスケット生地など，こしのあるもの。

1 穀類

Cereals

アマランサス Amaranth

ヒユ科の一年草で，メキシコ原産の種とグアテマラ・メキシコ原産の種，江戸時代に観賞用にされたヒモゲイトウがある。穀粒は扁平状で，多くはもち種。カルシウムが豊富。日本では，おもに東北地方で生産されている。米にまぜて炊いたり，パンやめんの材料になる。

▲アマランサス

あわ 粟／Foxtail millet

イネ科の一年草で「うるち」と「もち」がある。飛鳥時代より栽培され，重要な食料だった。もちや団子，菓子，小鳥のえさなどにも使われる。

▲あわ

えんばく 燕麦／Oats

オートミールとは，えんばく（オートムギ）を精白し，押しつぶしたり砕いたりしたもの。煮てから牛乳，砂糖をかけて食べる洋風がゆは，鉄分や食物繊維が豊富である。

▲えんばく

おおむぎ 大麦／Barley

ふのついた皮麦とふの離れやすい裸麦がある。米に混ぜて食べるのは，押しつぶした押麦。強化押麦や強化切断麦はビタミンB_1が多い。二条種はビール，六条種は麦飯用や麦茶，麦みその原料となる。

▲おおむぎ

きび 黍／Proso millet

イネ科の一年草で「もち」と「うるち」の2種類がある。弥生時代に中国から伝わった。「きび団子」で知られているように，菓子やもちの原料にされる。

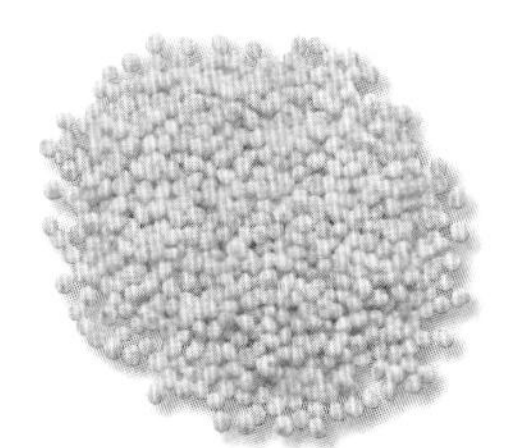

▲きび

食品番号 食品名 廃棄率(%) 水分量(g)	エネルギー	たんぱく質	脂質：脂質	脂質：コレステロール	脂質：飽和脂肪酸	脂質：n-6系多価不飽和脂肪酸	脂質：n-3系多価不飽和脂肪酸	炭水化物：利用可能炭水化物(単糖当量)	炭水化物：炭水化物	炭水化物：食物繊維総量	無機質：カリウム
栄養素	■＝20 kcal	■＝2 g	■＝2 g	■＝2 mg	■＝0.2 g	■＝0.2 g	■＝0.2 g	■＝2 g	■＝2 g	■＝0.2 g	■＝20 mg
01001 **アマランサス** 玄穀 0 13.5	343	(11.3)	5.0	(0)	1.18	2.06	0.04	63.5	57.8	7.4	600
01002 **あわ** 精白粒 0 13.3	346	10.2	4.1	(0)	0.67	2.63	0.12	69.6	63.3	3.3	300
01004 **えんばく** オートミール 0 10.0	350	12.2	(5.1)	(0)	(1.01)	(2.00)	(0.09)	63.1	57.4	9.4	260
01005 **おおむぎ** 七分つき押麦 0 14.0	343	(9.7)	1.8	(0)	0.58	0.86	0.05	(71.3)	(64.9)	10.3	220
01011 **きび** 精白粒 0 13.8	353	10.0	2.9	(0)	0.44	1.74	0.04	71.5	65.0	1.6	200
01015 **小麦粉** 薄力粉 1等 0 14.0	349	7.7	1.3	(0)	0.34	0.72	0.04	80.3	73.1	2.5	110
01018 中力粉 1等 0 14.0	337	8.3	1.4	(0)	0.36	0.75	0.04	76.4	69.5	2.8	100
01020 強力粉 1等 0 14.5	337	11.0	1.3	(0)	0.35	0.73	0.04	73.5	66.8	2.7	89
01024 プレミックス粉 ホットケーキ用 0 11.1	360	(7.1)	(3.6)	31	(1.54)	(0.82)	(0.04)	(78.6)	(72.4)	1.8	230
01025 プレミックス粉 天ぷら用 0 12.4	337	8.2	1.1	3	0.32	0.55	0.03	77.1	70.1	2.5	160

 ミニ知識 「ぬかに釘」 手ごたえのないことのたとえ。

こむぎ 小麦／Wheat

こむぎは，おおむぎに比べ成育期間は長いが，悪条件に強く丈夫。世界の人口の半分近くが主食としている。こむぎの実をひいて粉状にしたものが小麦粉。小麦粉は，たんぱく質量の違いにより，薄力粉，中力粉，強力粉に分けられる。

●**薄力粉**　原料は軟質小麦で，たんぱく質量が少なく，粘りが少ない。菓子類，てんぷらの衣などに用いられる。

●**中力粉**　原料は中間質小麦でやや粘りがあるため，うどん，そうめんなどのめん類に用いられる。

●**強力粉**　たんぱく質を多く含む硬質小麦からつくられる。水を加えて練ると粘りと弾力性が強く出ることから，パン，中華めん等に用いられる。

▲プレミックス粉
ホットケーキ用

▲プレミックス粉
天ぷら用

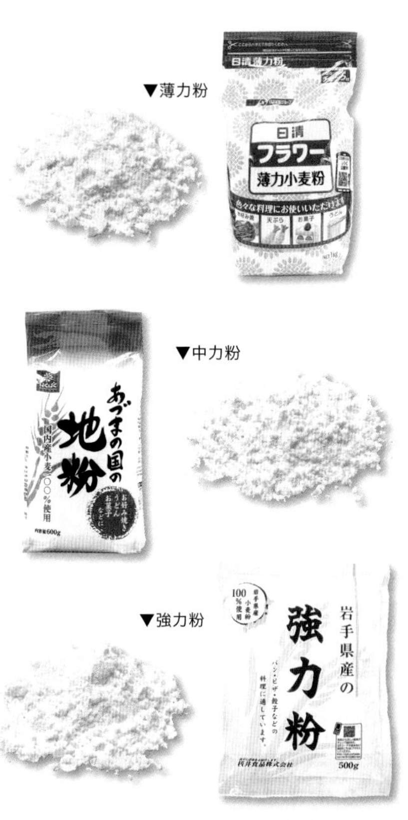

▼薄力粉
▼中力粉
▼強力粉

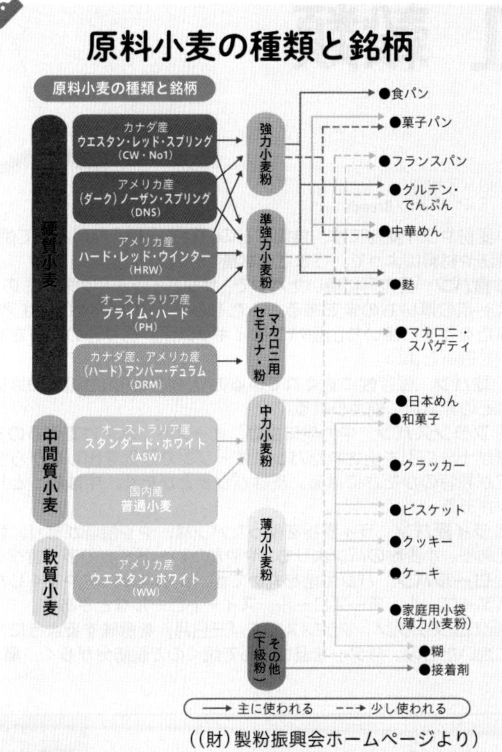

((財)製粉振興会ホームページより)

無機質					ビタミン								食塩相当量(ナトリウム)	備考
					A			E						
カルシウム	マグネシウム	リン	鉄	亜鉛	β-カロテン当量	レチノール活性当量	D	α-トコフェロール	B1	B2	葉酸	C		
■= 20 mg	■= 20 mg	■= 20 mg	■= 0.2 mg	■= 0.2 mg	■= 20 μg	■= 2 μg	■= 0.2 μg	■= 0.2 mg	■= 0.02 mg	■= 0.02 mg	■= 2 μg	■= 2 mg	■= 0.1g(mg)	
160	270	540	9.4	5.8	2	Tr	(0)	1.3	0.04	0.14	130	(0)	0(1)	大さじ1 = 10g
14	110	280	4.8	2.5	(0)	(0)	(0)	0.6	0.56	0.07	29	0	0(1)	1カップ= 160g　うるち、もちを含む / 歩留り：70～80％
47	100	370	3.9	2.1	(0)	(0)	(0)	0.6	0.20	0.08	30	(0)	0(3)	1カップ= 80g　別名：オート、オーツ
23	46	180	1.3	1.4	(0)	(0)	(0)	0.2	0.22	0.07	17	(0)	0(2)	歩留り：玄皮麦 60～65％、玄裸麦 65～70％
9	84	160	2.1	2.7	(0)	(0)	(0)	Tr	0.34	0.09	13	0	0(2)	1カップ= 160g　うるち、もちを含む / 歩留り：70～80％
20	12	60	0.5	0.3	(0)	(0)	0	0.3	0.11	0.03	9	(0)	0(Tr)	1カップ= 110g (100 g: 182 mL、100 mL:55 g)
17	18	64	0.5	0.5	(0)	(0)	0	0.3	0.10	0.03	8	(0)	0(1)	1カップ= 110g (100 g: 182 mL、100 mL:55 g)
17	23	64	0.9	0.8	(0)	(0)	0	0.3	0.09	0.04	16	(0)	0(Tr)	1カップ= 110g (100 g: 182 mL、100 mL:55 g)
100	12	170	0.5	0.3	3	9	0.1	0.5	0.10	0.08	10	0	1.0(390)	(100 g: 182 mL、100 mL:55 g)
140	19	120	0.6	0.5	4	1	0	0.3	0.12	0.99	12	0	0.5(210)	β-カロテン及びビタミンB2無添加のもの /(100 g: 182 mL、100 mL:55 g)

おいしい情報　カナッペ　一口大に切った食パンや薄切りのフランスパン，クラッカーなどにチーズや野菜などをのせた軽食。

1 穀類

Cereals

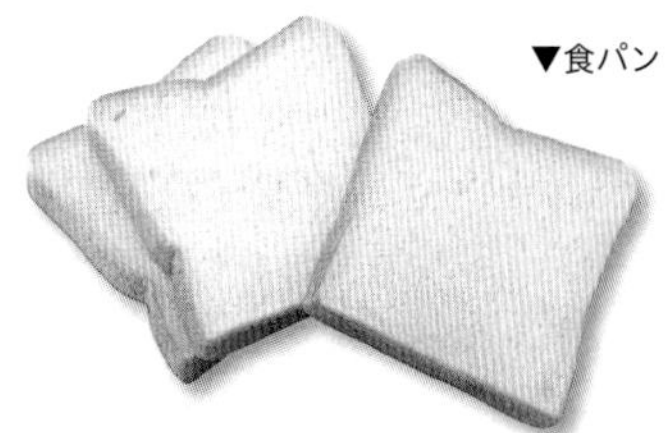

▼食パン

▲食パン（山型）

▲乾パン

▼クロワッサン

▼ライ麦パン

▲ロールパン

▲フランスパン

パン類 Breads

小麦粉やライ麦粉に水，食塩などの材料を混ぜ，発酵させて焼いたもの。製法や材料によって，さまざまな種類がある。

●食パン 長方形に焼いたパンで，サンドイッチ用の薄いものから，トースト用の厚いものまである。ふたをして焼いた角型パンはアメリカ系，ふたをせずに焼いた山型パンはイギリス系。切り口の面がきめ細かいパンを選ぶとよい。

●乾パン 保存性にすぐれているので，特に缶入りのものは災害や登山などの非常用に備えられる。

●フランスパン 中力粉に食塩，イースト，水だけで作るので，小麦の味が十分に引き出されたパン。オーブンで蒸気を出しながら焼くことで皮が独特のかたさになる。皮はパリッとかたく，中はしっとりとしてコシがある。

●ライ麦パン ライ麦粉を使ったパンは，やや酸味があり，色が茶褐色である。小麦粉のパンよりも，ややかたい。ドイツで多く食べられている。

●ロールパン パン生地を丸めて焼き，小型に食べやすくした形のパン。バターロール，チーズロール，スイートロールなどがある。

●クロワッサン フランス語で「三日月」を意味するように，三日月形に焼いたもの。バターを混ぜ込んで焼くので脂肪分が多く，高カロリー。

食品番号 食品名	廃棄率(%)	水分量(g)	エネルギー	たんぱく質	脂質：脂質	脂質：コレステロール	脂質：飽和脂肪酸	脂質：n-6系多価不飽和脂肪酸	脂質：n-3系多価不飽和脂肪酸	炭水化物：利用可能炭水化物(単糖当量)	炭水化物：炭水化物	炭水化物：食物繊維総量	無機質：カリウム
栄養素			■= 20 kcal	■= 2 g	■= 2 g	■= 2 mg	■= 0.2 g	■= 0.2 g	■= 0.2 g	■= 2 g	■= 2 g	■= 0.2 g	■= 20 mg
01026 **パン類** 角形食パン 食パン	0	39.2	248	7.4	3.7	0	1.50	0.77	0.05	48.2	44.2	4.2	86
01030 乾パン	0	5.5	386	(8.7)	(4.0)	(Tr)	(1.70)	(1.09)	(0.06)	(82.2)	(74.9)	3.1	160
01031 フランスパン	0	30.0	289	8.6	(1.1)	(0)	(0.29)	(0.60)	(0.03)	63.9	58.2	2.7	110
01032 ライ麦パン	0	35.0	252	6.7	(2.0)	(0)	(0.90)	(0.41)	(0.03)	-	52.7	5.6	190
01034 ロールパン	0	30.7	309	8.5	8.5	(Tr)	4.02	1.14	0.12	49.7	45.7	2.0	110
01035 クロワッサン リッチタイプ	0	20.0	438	(7.2)	(25.4)	(35)	(12.16)	(2.93)	(0.22)	-	43.9	1.8	90
01037 ナン	0	37.2	257	(9.5)	3.1	(0)	0.53	0.81	0.19	(45.6)	(41.6)	2.0	97
01148 ベーグル	0	32.3	270	8.2	1.9	-	0.71	0.59	0.04	50.3	46.0	2.5	97
01038 **うどん** 生	0	33.5	249	5.2	(0.5)	(0)	(0.14)	(0.29)	(0.02)	55.0	50.1	3.6	90
01039 ゆで	0	75.0	95	2.3	(0.3)	(0)	(0.09)	(0.19)	(0.01)	21.4	19.5	1.3	9
01043 **そうめん・ひやむぎ** 乾	0	12.5	333	8.8	(1.0)	(0)	(0.25)	(0.53)	(0.03)	71.5	65.1	2.5	120

 ミニ知識 打ち粉とは？ 粉をこねた生地やもちが，めん棒やまな板，手などにつかないように振る粉。

●**ナン**　精製した小麦粉を発酵させ，生地を薄くのばして，つぼ型のかまどの表面に貼りつけて焼いたもの。カレーと相性がよく一緒に食される。
●**ベーグル**　発酵させたパン生地を軽くゆで，焼き上げたパン。ドーナツ型で，もちもちした独特の食感がある。

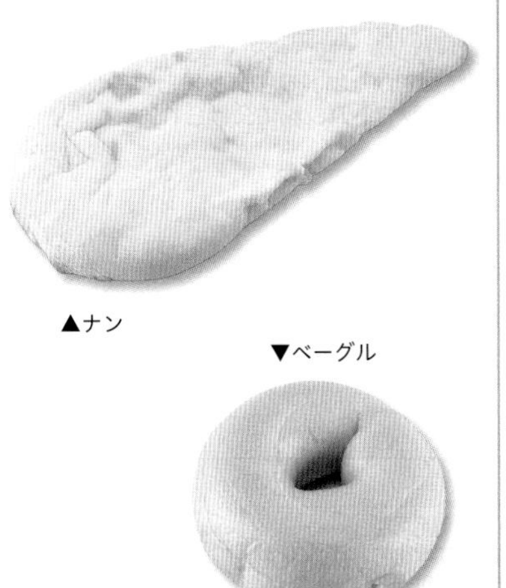
▲ナン
▼ベーグル

うどん・そうめん類 饂飩・素麺類／Japanese noodles

原料は小麦粉（中力粉）。うどんには小麦粉をこねて成形したままの状態の生めんのほか，乾燥させた干しうどん，ゆでうどんなどがある。日本各地でさまざまな太さや形のうどんがつくられており，香川県の讃岐うどん，名古屋のきしめん，山梨のほうとうなどが有名。そうめんとひやむぎは乾めんで，違いは単純にめんの太さ。原料は両者ともうどんと同じ小麦粉（中力粉）。太い順にうどん，ひやむぎ，そうめんとなる。

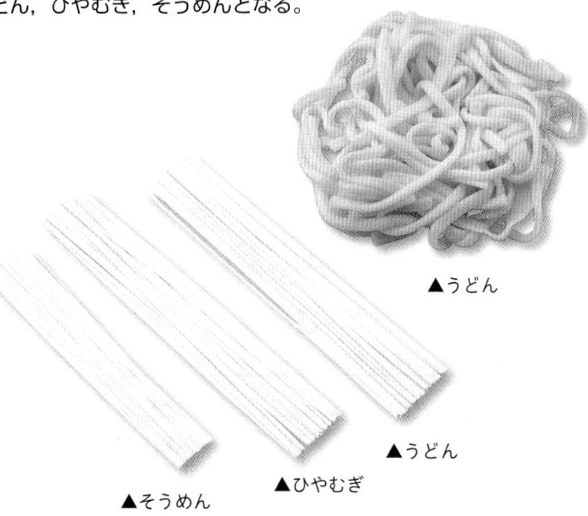
▲うどん
▲うどん
▲ひやむぎ
▲そうめん

世界のパンを見てみよう

■**チャパティ**
強力粉と水からつくる無発酵パン。インドではナンよりポピュラーで，手でちぎってカレーを挟むようにして食べる。

■**プーリー**
チャパティを油で揚げたもので，パリパリッとしていて香ばしいお菓子のようなパン。

■**ピタパン**
一次発酵させた生地を薄くのばして焼く。二つにちぎると内側に大きな空洞ができるのでポケットパンとも呼ばれ，そこに好みの具を入れて食べる。ピタの歴史は古く，数千年にわたって中東の人々の主食のひとつであった。イタリアのピザの起源だともいわれる。

ピタパン

無機質					ビタミン								食塩相当量	備考
					A			E						
カルシウム	マグネシウム	リン	鉄	亜鉛	β-カロテン当量	レチノール活性当量	D	α-トコフェロール	B1	B2	葉酸	C	(ナトリウム)	
■= 20 mg	■= 20 mg	■= 20 mg	■= 0.2 mg	■= 0.2 mg	■= 20 μg	■= 2 μg	■= 0.2 μg	■= 0.2 mg	■=0.02 mg	■=0.02 mg	■= 2 μg	■= 2 mg	■= 0.1g(mg)	
22	18	67	0.5	0.5	4	0	0	0.4	0.07	0.05	30	0	1.2(470)	6枚切り1枚=60g 食物繊維:AOAC2011.25法
30	27	95	1.2	0.6	(0)	(0)	(0)	1.1	0.14	0.06	20	(0)	1.2(490)	1個=3g
16	22	72	0.9	0.8	0	(0)	(0)	0.1	0.08	0.05	33	(0)	1.6(620)	バケット1本=240g
16	40	130	1.4	1.3	0	(0)	Tr	0.3	0.16	0.06	34	(0)	1.2(470)	1枚=30g 主原料配合：ライ麦粉50%
44	22	97	0.7	0.8	15	1	0.1	0.5	0.10	0.06	38	(0)	1.2(490)	1個=30g
21	17	67	0.6	0.6	69	6	0.1	1.9	0.08	0.03	33	(0)	1.2(470)	1個=40g
11	22	77	0.8	0.7	0	(0)	(0)	0.6	0.13	0.06	36	(0)	1.3(530)	
24	24	81	1.3	0.7	-	-	-	0.2	0.19	0.08	47	-	1.2(460)	
18	13	49	0.3	0.3	0	(0)	(0)	0.2	0.09	0.03	5	(0)	2.5(1000)	1玉=170～250g きしめん、ひもかわを含む
6	6	18	0.2	0.1	0	(0)	(0)	0.1	0.02	0.01	2	(0)	0.3(120)	1玉=230g きしめん、ひもかわを含む
17	22	70	0.6	0.4	0	(0)	(0)	0.3	0.08	0.02	8	(0)	3.8(1500)	1人分=80～100g

おいしい情報 炭で絵を描くとき，それをパンで消したため，食べるためのパンは区別して「食パン」となった。

1 穀類

Cereals

中華めん類 中華麺類／Chinese noodles

中華めんは，グルテンの多い中力粉，強力粉にかん水（弱アルカリ性溶液）を加えてつくる。かん水により黄色になり，ねばりが出て，独特のコシがつくられる。

●**沖縄そば** 沖縄めんともいい，沖縄地方の特産。小麦粉にかん水を加えてつくるので中華めんに分類される。かたい食感で腹もちがよいのが特徴。

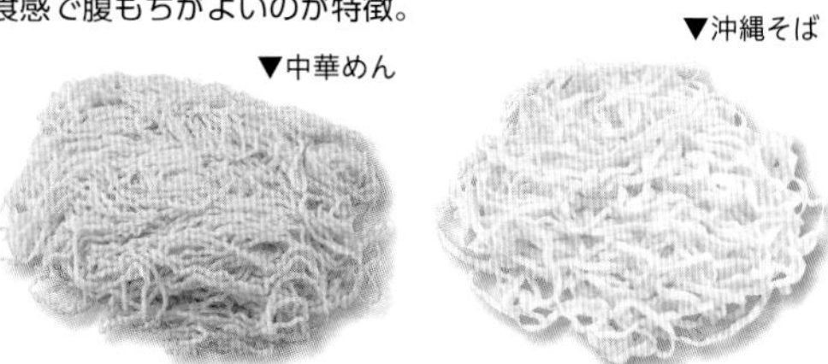

▼中華めん ▼沖縄そば

即席めん類 即席麺類／Precooked noodles

即席めんには，インスタントラーメンを筆頭に，和風めん，パスタなどの欧風めんなどがある。インスタントラーメンは，でんぷんをアルファ化させためんを油で揚げるか熱風で乾燥させ，調味料で味付けしたもので，短時間煮るか，熱湯を注ぐだけで食べられる。

▲即席めん類

その他 Others

●**ぎょうざの皮** 小麦粉に水・油を加えてよく練り，延べ棒などを使って丸く形を整えたもの。ひき肉またはえびなどの具を包み，焼いたり，揚げたり，蒸したりして調理する。

●**ピザ生地** イタリア料理のピザに使われる台で，小麦粉に水，植物油，イースト，食塩を加えて練りこみ，発酵させた生地を薄くのばして焼いたもの。

●**パン粉** パンを冷却，粉砕，乾燥させてつくる。粒子が細かくてかたいドライパン粉と粒子が大きくてやわらかいソフトパン粉に分けられる。

▼ぎょうざの皮 ▼ピザ生地 ▼パン粉

食品番号 食品名	廃棄率(%)	水分量(g)	エネルギー	たんぱく質	脂質					炭水化物			無機質
栄養素					脂質	コレステロール	飽和脂肪酸	n-6系多価不飽和脂肪酸	n-3系多価不飽和脂肪酸	利用可能炭水化物(単糖当量)	炭水化物	食物繊維総量	カリウム
			■＝20 kcal	■＝2 g	■＝2 g	■＝2 mg	■＝0.2 g	■＝0.2 g	■＝0.2 g	■＝2 g	■＝2 g	■＝0.2 g	■＝20 mg
01047 中華めん 生	0	33.0	249	8.5	(1.0)	(0)	(0.28)	(0.58)	(0.03)	52.2	47.6	5.4	350
01052 沖縄そば 生	0	32.3	266	(9.1)	(1.7)	(0)	(0.46)	(0.97)	(0.05)	(52.8)	(48.1)	2.1	340
01057 即席中華めん 油揚げ、乾*1	0	3.0	439	10.1	18.6	3	8.46	2.11	0.09	(60.4)	(54.9)	2.4	150
01058 非油揚げ、乾*1	0	10.0	336	10.3	4.9	2	1.26	1.45	0.10	(65.7)	(59.8)	2.3	260
01060 中華スタイル即席カップめん 油揚げ、焼きそば、乾*1	0	11.1	401	6.9	15.6	2	7.15	2.47	0.12	59.4	54.5	5.7	180
01061 非油揚げ、乾*1	0	15.2	314	7.7	5.4	6	1.55	1.21	0.10	59.5	54.3	6.4	250
01062 和風スタイル即席カップめん 油揚げ、乾*1	0	6.2	439	9.6	19.1	3	8.66	2.25	0.10	58.1	53.0	6.0	150
01063 マカロニ・スパゲッティ 乾	0	11.3	347	12.0	1.5	(0)	0.39	0.82	0.05	73.4	66.9	5.4	200
01064 ゆで	0	60.0	150	5.3	0.7	(0)	0.19	0.38	0.02	31.3	28.5	3.0	14
01068 焼きふ 車ふ	0	11.4	361	(27.8)	(2.9)	(0)	(0.78)	(1.64)	(0.09)	-	54.2	2.6	130
01074 ぎょうざの皮 生	0	32.0	275	(8.4)	(1.2)	0	(0.32)	(0.68)	(0.04)	(60.4)	(54.9)	2.2	64
01076 ピザ生地	0	35.3	265	9.1	2.7	(0)	0.49	1.24	0.13	(53.2)	(48.5)	2.3	91
01079 パン粉 乾燥	0	13.5	369	(12.1)	(6.1)	(0)	(2.47)	(1.26)	(0.09)	(68.5)	(62.9)	4.0	150

＊1 添付調味料等を含むもの

ミニ知識 **煮え湯に水を差す** 水を差された湯は湯としても水としても使えない。どっちつかずで役立たない物のたとえ。

マカロニ・スパゲッティ類 Macaroni and spaghetti

「パスタ」とは，イタリア語で小麦粉と水を練ったものという意味。生のものと乾燥させたものがある。長さや形状によって，スパゲッティ，平めんのヌードル，極細のカッペリーニ，さまざまな形のマカロニなどがある。小麦の中でも上質とされるデュラム小麦を使ったデュラムセモリナのパスタが歯応えがあり，最上である。スパゲッティは，中心に細い芯が残った状態(アルデンテ)にゆであげると歯ごたえがよくおいしい。

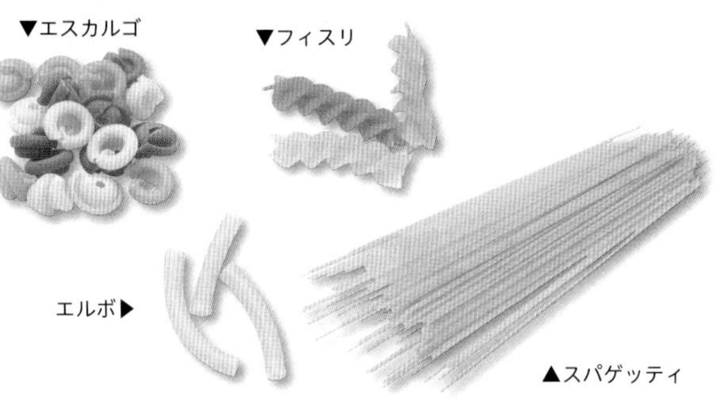
▼エスカルゴ　▼フィスリ　エルボ▶　▲スパゲッティ

ふ類 麩類／Fu：gluten products

小麦粉の成分グルテンを取り出し，もち米の粉を混ぜ蒸したものを生ふという。グルテンに強力粉，もち米粉，膨化剤などを加えて練り，焼いたものが焼きふ。生ふとは違って保存がきき，車ふ，庄内ふ，釜焼きふなどの種類がある。

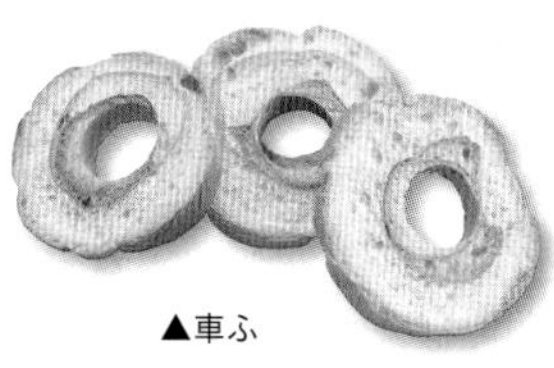
▲車ふ

世界にはばたくインスタントラーメン

インスタントラーメンは，1958年に，日本人が発明したもの。最初に発明されたのは，どんぶりにめんを入れて熱湯をかけ，数分待つだけで食べられる味付けタイプのものだった。その後，1962年にスープ別添えタイプのものが発売され，インスタントラーメンの新しい流れを作った。
1971年にはカップ入りのもの（カップめん）が登場し，袋入りのもの（袋めん）と2大ジャンルを形成した。カップめんは，アメリカ人が紙コップにラーメンを入れてフォークで食べていた様子からヒントを得て，インスタントラーメンと包装・調理具を兼ね備えた商品として開発された。

▲タイと中国のラーメン

無機質					ビタミン								食塩相当量(ナトリウム)	備考
					A			E						
カルシウム	マグネシウム	リン	鉄	亜鉛	β-カロテン当量	レチノール活性当量	D	α-トコフェロール	B1	B2	葉酸	C		
■＝20 mg	■＝20 mg	■＝20 mg	■＝0.2 mg	■＝0.2 mg	■＝20 µg	■＝2 µg	■＝0.2 µg	■＝0.2 mg	■＝0.02 mg	■＝0.02 mg	■＝2 µg	■＝2 mg	■＝0.1g(mg)	
21	13	66	0.5	0.4	0	(0)	(0)	0.2	0.02	0.02	8	(0)	1.0(410)	1玉＝120g
11	50	65	0.7	1.1	(0)	(0)	(0)	0.3	0.02	0.04	15	(0)	2.1(810)	1わ＝200g　別名：沖縄めん
230	25	110	0.9	0.5	14	1	0	2.2	0.55	0.83	10	Tr	5.6(2200)	1個＝70～120g　別名：インスタントラーメン／調理前のもの、添付調味料等を含む
110	25	110	0.8	0.4	5	1	0	1.3	0.21	0.04	14	0	6.9(2700)	別名：インスタントラーメン／調理前のもの、添付調味料等を含む
180	27	89	1.0	0.4	51	4	0	3.1	0.48	0.66	13	1	3.8(1500)	1個＝120g　別名：カップ焼きそば／調理前、添付調味料等含む
48	26	100	1.2	0.4	140	12	0	1.1	0.16	0.13	21	1	7.1(2800)	別名：カップラーメン／調理前のもの、添付調味料等を含む
170	26	160	1.3	0.5	53	4	0	2.6	0.11	0.05	12	1	6.7(2600)	別名：カップうどん／調理前のもの、添付調味料等を含む
18	55	130	1.4	1.5	9	1	(0)	0.3	0.19	0.06	13	(0)	0(1)	1袋＝200～300g
8	20	53	0.7	0.7	(0)	(0)	(0)	0.1	0.06	0.03	4	(0)	1.2(460)	1人分＝200g　1.5％食塩水でゆでた場合
25	53	130	4.2	2.7	(0)	(0)	(0)	0.4	0.12	0.07	11	(0)	0.3(110)	1個＝6g
16	18	60	0.8	0.6	(0)	(0)	(0)	0.2	0.08	0.04	12	0	0(2)	1枚＝6g
13	22	77	0.8	0.6	0	(0)	(0)	0.3	0.15	0.11	20	(0)	1.3(510)	別名：ピザクラスト
33	39	130	1.4	0.9	4	Tr	(0)	0.4	0.15	0.03	54	(0)	1.2(460)	(100 g:498 mL、100 mL:16 g)

おいしい情報　アルデンテとは，パスタの理想的といわれる茹で加減。目安はみみたぶの固さ。

1 穀類

Cereals

こめ 米／Rice

●玄米 もみ殻を取り除いただけの米で栄養価が高いが，消化吸収率は低い。

●精白米 一般的に食べられている米のことで，玄米からぬか層とはい芽を取り，はい乳だけにしたもの。

●発芽玄米 玄米をわずかに発芽させたもの。ビタミンE，B_1，ギャバなどを豊富に含む。

▲玄米 ▲精白米 ▲発芽玄米

めし 飯／Boiled rice

めしを炊くときの水の量は，米の新しさ，種類によって異なる。玄米は水の吸収が悪いので，米の容積の1.5倍の水で炊く。精白米は米の容積の 1.2倍の水で炊く。はいが精米は，新しいものを選び，洗わずに炊く。これは，ビタミンB_1，E，リノール酸などの栄養素が流れ出るのを防ぐため。米の容量の 1.5倍の水に1時間以上つけてから，少し長めに炊く。いずれも，古米の場合は新米のときよりも少し多めの水で炊く。

▲玄米

▲精白米

かゆ 粥／Rice gruel

かゆは，中国では朝食によく食べられる。米の5倍の水で1時間ほど煮て，箸にのる程度にやわらかいかゆを全かゆという。

▲全かゆ

うるち米製品 粳米製品／Nonglutinous rice products

●アルファ化米 炊飯した米飯を急速に乾燥し，水分を5%ほどにしてでん粉をアルファ化させた乾燥米の一種。

●上新粉 うるち米からつくる粉で，和菓子の種として使われる。関西地方では上用粉ともいう。

●米粉パン 米粉を主原料としたパン。もちもちした食感がある。アミノ酸をバランス良く含む。

●ビーフン うるち米の粉に水を加えたものを細い穴から押し出しためんで，乾燥した状態で市販されている。熱湯でもどし，油で炒めたりして食べる。

◀アルファ化米 米粉パン▶ 上新粉▶ ビーフン▲

食品番号 食品名	廃棄率(%)	水分量(g)	エネルギー (kcal)	たんぱく質 (g)	脂質 (g)	コレステロール (mg)	飽和脂肪酸 (g)	n-6系多価不飽和脂肪酸 (g)	n-3系多価不飽和脂肪酸 (g)	利用可能炭水化物(単糖当量) (g)	炭水化物 (g)	食物繊維総量 (g)	カリウム (mg)
			エネルギー	たんぱく質	脂質					炭水化物			無機質
単位（■=）			20 kcal	2 g	2 g	2 mg	0.2 g	0.2 g	0.2 g	2 g	2 g	0.2 g	20 mg
01080 こめ 水稲穀粒 玄米	0	14.9	346	6.0	2.5	(0)	0.62	0.87	0.03	78.4	71.3	3.0	230
01083 水稲穀粒 精白米、うるち米	0	14.9	342	5.3	0.8	(0)	0.29	0.30	0.01	83.1	75.6	0.5	89
01153 水稲穀粒 発芽玄米	0	14.9	339	5.5	2.8	(0)	0.70	0.92	0.03	76.2	69.3	3.1	160
01085 めし 水稲めし 玄米	0	60.0	152	2.4	(0.9)	(0)	(0.23)	(0.32)	(0.01)	35.1	32.0	1.4	95
01088 水稲めし 精白米、うるち米	0	60.0	156	2.0	0.2	(0)	0.10	0.08	Tr	38.1	34.6	1.5	29
01093 かゆ 水稲全かゆ 精白米	0	(83.0)	65	(0.9)	(0.1)	(0)	(0.03)	(0.03)	(Tr)	(16.2)	(14.7)	(0.1)	(12)
01110 うるち米製品 アルファ化米 一般用	0	7.9	358	5.0	0.8	(0)	0.31	0.27	0.01	87.6	79.6	1.2	37
01114 上新粉	0	14.0	343	5.4	(0.8)	(0)	(0.29)	(0.30)	(0.01)	83.5	75.9	0.6	89
01159 米粉パン 小麦グルテン不使用のもの	0	41.2	247	2.8	2.8	-	0.43	0.44	0.13	55.6	50.8	0.9	92
01115 ビーフン	0	11.1	360	5.8	(1.5)	(0)	(0.51)	(0.53)	(0.02)	(79.9)	(72.7)	0.9	33
01117 もち米製品 もち	0	44.5	223	3.6	(0.5)	(0)	(0.17)	(0.17)	(Tr)	50.0	45.5	0.5	32
01120 白玉粉	0	12.5	347	5.5	(0.8)	(0)	(0.25)	(0.31)	(0.01)	84.2	76.5	0.5	3
01121 道明寺粉	0	11.6	349	(6.1)	0.5	(0)	0.22	0.15	Tr	(85.1)	(77.3)	0.7	45

 ミニ知識 **餅は餅屋** その道のことは，やはり専門の者に任せるのが良策であるということ。

もち米製品 糯米製品／Glutinous rice products

もち　もち米を蒸して粘り気が出るまでついたもので，板状，だんご状，四角，丸など，さまざまな形のものがある。日本では昔から祝い事や行事に食べられることが多い。つきたてはそのまま食べられるが時間がたったものは加熱して食べる。現在は機械でついてビニールパックされた製品が出回っている。

白玉粉　もち米を水に浸してやわらかくし，すりつぶして脱水・乾燥させたもの。寒ざらし粉ともいう。白玉だんごなど和菓子に使われることが多い。

道明寺粉　もち米を蒸して乾燥させたもの。粒の大きさはさまざまあり，和菓子の原料にしたり，揚げ物の衣にする。大阪の道明寺でつくったことからこの名がある。

▼もち

▲白玉粉

▲道明寺粉

地域で異なる!? 正月の雑煮

正月には，各家に「歳神様」とよばれる神様がやってくるとされ，そのために鏡餅を供える風習がある。この鏡餅を割って小さくして食べる「鏡開き」（1月11日）が雑煮の原型とされ，今では鏡開きを待たずに正月から食べられる。雑煮は，関東と関西で大きく異なり，その境は新潟県の糸魚川とされる。それぞれの特徴を見てみよう！

関西風雑煮

丸餅を用い，白みそをベースに作ることが多く，にんじんやだいこんを入れる。餅は焼かない。

関東風雑煮

角餅を用い，雑煮に入れる前に焼く。かまぼこなどを入れ，味付けは醤油味。三つ葉や柚子の皮を入れる。

無機質					ビタミン								食塩相当量（ナトリウム）	備考
					A			E						
カルシウム	マグネシウム	リン	鉄	亜鉛	β-カロテン当量	レチノール活性当量	D	α-トコフェロール	B1	B2	葉酸	C		
■＝20 mg	■＝20 mg	■＝20 mg	■＝0.2 mg	■＝0.2 mg	■＝20 μg	■＝2 μg	■＝0.2 μg	■＝0.2 mg	■＝0.02 mg	■＝0.02 mg	■＝2 μg	■＝2 mg	■＝0.1g(mg)	
9	110	290	2.1	1.8	1	Tr	(0)	1.2	0.41	0.04	27	(0)	0(1)	1カップ＝165g　うるち米/(100 g:120 mL、100 mL:83 g)
5	23	95	0.8	1.4	0	(0)	(0)	0.1	0.08	0.02	12	(0)	0(1)	1カップ＝170g　うるち米/歩留り：90～91 %/(100 g:120 mL、100 mL:83 g)
13	120	280	1.0	1.9	(0)	(0)	(0)	1.2	0.35	0.02	18	(0)	0(3)	うるち米/試料：ビタミンB1強化品含む/(100 g:120 mL、100 mL:83 g)
7	49	130	0.6	0.8	0	(0)	(0)	0.5	0.16	0.02	10	(0)	0(1)	1杯＝130～140g　うるち米/玄米47 g相当量を含む
3	7	34	0.1	0.6	0	(0)	(0)	Tr	0.02	0.01	3	(0)	0(1)	1杯＝120～150g　精白米47 g相当量を含む
(1)	(3)	(14)	(Tr)	(0.3)	0	(0)	(0)	(Tr)	(0.01)	(Tr)	(1)	(0)	0((Tr))	1杯＝180～200g　うるち米/5倍かゆ/精白米20 g相当量を含む
7	14	71	0.1	1.6	0	(0)	(0)	0.1	0.04	Tr	7	(0)	Tr(5)	1カップ＝140g
5	23	96	0.8	1.0	(0)	(0)	(0)	0.2	0.09	0.02	12	(0)	0(2)	1カップ＝130g　(100 g:154 mL、100 mL:65 g)
4	11	46	0.2	0.9	-	-	-	0.5	0.05	0.03	30	-	0.9(340)	試料：小麦アレルギー対応食品（米粉100 %）
14	13	59	0.7	0.6	(0)	(0)	(0)	0	0.06	0.02	4	(0)	0(2)	1袋＝150g
3	6	22	0.1	0.9	0	(0)	(0)	Tr	0.03	0.01	4	(0)	0(0)	1個＝50g
5	6	45	1.1	1.2	(0)	(0)	(0)	0	0.03	0.01	14	(0)	0(2)	1カップ＝120g　別名：寒晒し粉（かんざらし）
6	9	41	0.4	1.5	0	(0)	(0)	Tr	0.04	0.01	6	(0)	0(4)	1カップ＝160g　(100 g:125 mL、100 mL:80 g)

おいしい情報　雑炊と粥はどうちがう？　炊いたご飯にだし汁を加えて煮たものが雑炊で，米から煮るのが粥。

1 穀類

Cereals

▲そばの実

そば 蕎麦／Buckwheat

そばの実の殻を取り，はい乳部分をひいたものがそば粉。たんぱく質が多く，必須アミノ酸や食物繊維も含まれている。そば粉だけでは成形しにくいので粘りを補い切れにくくするためにつなぎとして小麦粉や山芋，卵などが加えられることが多い。小麦粉が２割，そば粉が８割のそばを二八そばという。干しそばには食塩を用いることが多い。ＪＡＳ規格では原料配合割合でそば粉が30％以上であれば「そば」としている。

▲そば粉

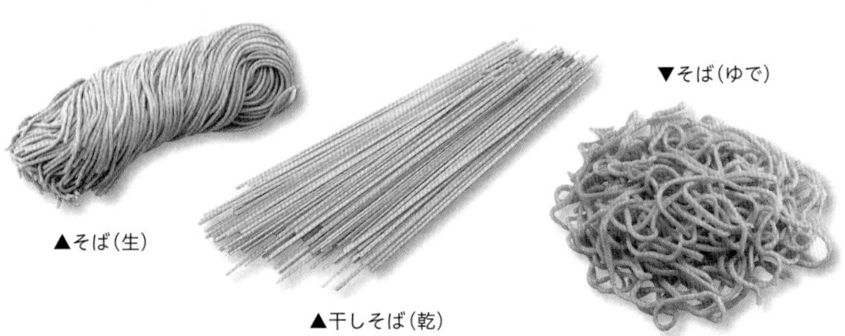

▲そば(生)　▲干しそば(乾)　▼そば(ゆで)

はとむぎ 薏苡／Job's tears

イネ科の一年草。実は大粒で，脱穀前はじゅず玉に似ている。美肌をつくる生薬としても知られており，はとむぎ茶，はとむぎ粥などとして用いられる。

はとむぎ▲

ひえ 稗／Japanese barnyard millet

精白した米と一緒に炊いたり，粉にして菓子に使う。寒冷地や荒地にも育ち，貯蔵性に優れている。

ひえ▲

ライむぎ ライ麦／Rye

北欧，ドイツ，ロシアなどで多く栽培される。粉は粘りが少なく特有の風味をもち，ライむぎパン（黒パン）に用いられる。ウイスキーの原料にもなる。

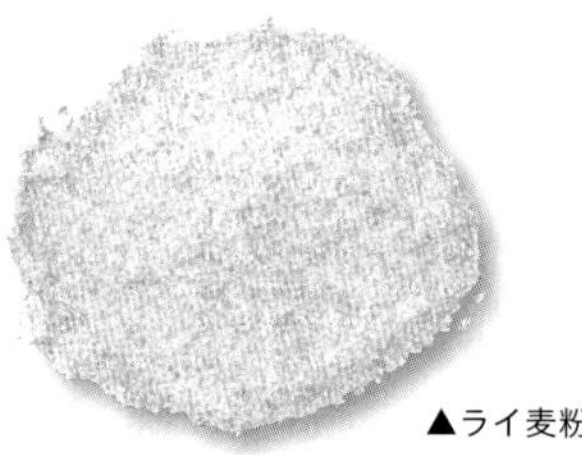

▲ライ麦粉

食品番号 食品名	廃棄率(%)	水分量(g)	エネルギー	たんぱく質	脂質：脂質	脂質：コレステロール	脂質：飽和脂肪酸	脂質：n-6系多価不飽和脂肪酸	脂質：n-3系多価不飽和脂肪酸	炭水化物：利用可能炭水化物(単糖当量)	炭水化物：炭水化物	炭水化物：食物繊維総量	無機質：カリウム
			■＝20 kcal	■＝2 g	■＝2 g	■＝2 mg	■＝0.2 g	■＝0.2 g	■＝0.2 g	■＝2 g	■＝2 g	■＝0.2 g	■＝20 mg
01122 **そば粉** 全層粉	0	13.5	339	10.2	2.9	(0)	0.60	0.96	0.06	70.2	63.9	4.3	410
01127 **そば** 生	0	33.0	271	8.2	(1.7)	(0)	(0.40)	(0.76)	(0.04)	(56.4)	(51.3)	6.0	160
01128 ゆで	0	68.0	130	(3.9)	(0.9)	(0)	(0.21)	(0.40)	(0.02)	(27.0)	(24.5)	2.9	34
01129 **干しそば** 乾	0	14.0	344	11.7	(2.1)	(0)	(0.49)	(0.92)	(0.05)	(72.4)	(65.9)	3.7	260
01131 **とうもろこし** 玄穀 黄色種	0	14.5	341	(7.4)	(4.5)	(0)	(1.01)	(2.15)	(0.09)	71.2	64.8	9.0	290
01135 ジャイアントコーン フライ、味付け	0	4.3	409	(5.2)	10.6	(0)	3.37	2.99	0.06	-	76.6	10.5	110
01136 ポップコーン	0	4.0	472	(8.7)	(21.7)	(0)	(6.30)	(7.55)	(0.18)	(59.5)	(54.1)	9.3	300
01137 コーンフレーク	0	4.5	380	6.8	(1.2)	(0)	(0.42)	(0.52)	(0.03)	(89.9)	(82.2)	2.4	95
01138 **はとむぎ** 精白粒	0	13.0	353	12.5	1.3	(0)	-	-	-	-	72.2	0.6	85
01139 **ひえ** 精白粒	0	12.9	361	8.4	3.0	(0)	0.56	1.61	0.04	77.9	70.8	4.3	240
01143 **ライむぎ** ライ麦粉	0	13.5	324	7.8	1.2	(0)	0.24	0.62	0.09	64.4	58.6	12.9	140

 ミニ知識 **そば湯ってなに？** そばをゆでた湯のこと。そばを食べ終わって残ったつゆに，このそば湯を足して飲む。

とうもろこし 玉蜀黍／Corn

米，小麦とともに世界三大穀物の一つとされる。飼料用やでん粉用のデントコーン，粉にしてスナック菓子などに用いられるフリントコーン，野菜としても食べられるスイートコーン(→224ページ参照）などの品種がある。

●**ジャイアントコーン**　ペルー原産の大粒の品種をフライにして塩味をつけたもので独特の食感をもつかたさがあり，酒のつまみとして食べたりする。

●**ポップコーン**　爆裂型のポップコーンという品種のとうもろこしを加熱し，膨らませた菓子。ビタミンEを含むが高カロリーである。

●**コーンフレーク**　とうもろこしを煎り，つぶして乾燥させたもので，牛乳や砂糖をかけて食べる。消化がよく手軽なので，朝食やおやつとして人気がある。

▼とうもろこし（玄穀）

▲ジャイアントコーン

▲コーンフレーク

▲ポップコーン

そばはなぜすする？

基本的なマナーとして，食事中に音を立てるのはよくないとされている。しかし，そばは音を立ててすするのが正しいといわれる。
理由は，しっかり噛んで飲み込むのではなく，のどごしを楽しむものだからである。
外国人は上手くすすれない人も多いという。また，最近では日本人でも音を立てることに抵抗を感じる人が増えているともいわれている。あなたはそばは音をたててすする？

無機質					ビタミン								食塩相当量(ナトリウム)	備考
カルシウム	マグネシウム	リン	鉄	亜鉛	A β-カロテン当量	A レチノール活性当量	D	E α-トコフェロール	B1	B2	葉酸	C		
■＝20mg	■＝20mg	■＝20mg	■＝0.2mg	■＝0.2mg	■＝20µg	■＝2µg	■＝0.2µg	■＝0.2mg	■＝0.02mg	■＝0.02mg	■＝2µg	■＝2mg	■＝0.1g(mg)	
17	190	400	2.8	2.4	(0)	(0)	(0)	0.2	0.46	0.11	51	(0)	0(2)	1カップ＝100g　表層粉の一部を除いたもの／別名：挽きぐるみ
18	65	170	1.4	1.0	(0)	(0)	(0)	0.2	0.19	0.09	19	(0)	0(1)	1玉＝170g　別名：そば切り／小麦製品を原材料に含む
9	27	80	0.8	0.4	(0)	(0)	(0)	0.1	0.05	0.02	8	(0)	0(2)	1玉＝200g　別名：そば切り
24	100	230	2.6	1.5	(0)	(0)	(0)	0.3	0.37	0.08	25	(0)	2.2(850)	1人前＝80～100g　原材料配合割合：小麦粉65、そば粉35
5	75	270	1.9	1.7	150	13	(0)	1.0	0.30	0.10	28	(0)	0(3)	1カップ＝145g　別名：とうきび
8	88	180	1.3	1.6	0	(0)	(0)	1.4	0.08	0.02	12	(0)	1.1(430)	別名：とうきび
7	95	290	4.3	2.4	180	15	(0)	3.0	0.13	0.08	22	(0)	1.4(570)	1袋＝60g　別名：とうきび
1	14	45	0.9	0.2	120	10	(0)	0.3	0.03	0.02	6	(0)	2.1(830)	1食分＝40g　別名：とうきび
6	12	20	0.4	0.4	0	(0)	(0)	0	0.02	0.05	16	(0)	0(1)	1カップ＝120g　歩留り：42～45％
7	58	280	1.6	2.2	(0)	(0)	(0)	0.1	0.25	0.02	14	0	Tr(6)	1カップ＝150g　歩留り：55～60％
25	30	140	1.5	0.7	(0)	(0)	(0)	0.7	0.15	0.07	34	(0)	0(1)	1カップ＝110g　別名：黒麦（くろむぎ）／歩留り：65～75％

おいしい情報　おにぎりの形　三角形のほかには，俵型，丸型などのおにぎりがある。

2 いも及びでん粉類

Potatoes and starches

地下茎あるいは根の一部が肥大し，多量にでん粉などの炭水化物を貯えた作物をいも類と呼ぶ。いも類の主成分はでん粉で，西欧ではエネルギー源としてよく食べられている。ビタミンCも豊富に含むため，冬期の供給源としても重要である。
いもは，豊凶の差が少なく，収穫量が安定しているので救荒作物としても利用されてきた。穀類に比べると水分が多いので，貯蔵性に乏しく，輸送に難があるという弱点もあるが，現在でも主食やそれに準ずる食物であるほか，でん粉の原料や飼料としても重要な食物である。
いも類の多くは穀類と同様に主成分がでん粉であることから，加熱調理する必要がある。ただし，やまのいも類など，生のまま食べることができるものもある。

こんにゃく 蒟蒻／Konjac

こんにゃくは，こんにゃくいもを乾燥させて粉末にし，マンナン粒子（精粉）に水とアルカリを加え固めたもの。2%ほど含まれるマンナンは体内でほとんど消化されない食物繊維で，腸を掃除する効果を持つ。板状にしたものが板こんにゃく，熱湯中に細く絞り出して固めたのがしらたきである。しらたきを糸こんにゃくと呼ぶ地域もある。黒い粒はひじきなどの海藻の粉である。

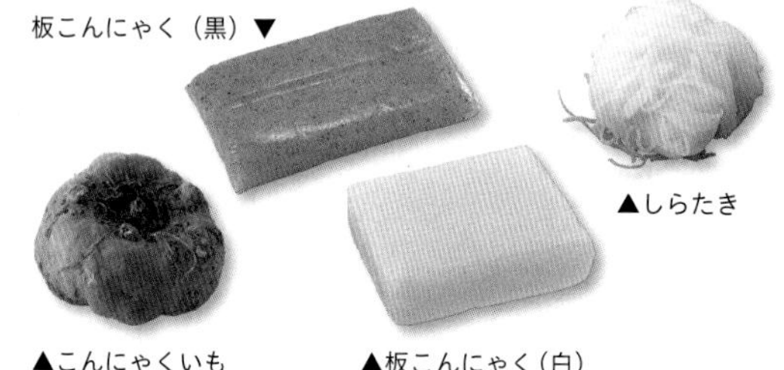
板こんにゃく（黒）▼
▲しらたき
▲こんにゃくいも
▲板こんにゃく（白）

さつまいも 薩摩芋／Sweet potatoes 旬 秋

原産地は中央アメリカで，日本には江戸時代に伝わった。甘藷（かんしょ）などともよばれる。紅あずま，金時など，種類が多い。切り口が紫色の，紫いもとよばれる品種のものもある。食用とするのは塊根部分で，いも類の中では甘味が強い。さつまいものビタミンCは熱に強く，またビタミンB_1や食物繊維も豊富。やせた土地でも育つので救荒作物として用いられてきた。

食品番号 食品名 (廃棄率(%) 水分量(g))	エネルギー	たんぱく質	脂質: 脂質	脂質: コレステロール	脂質: 飽和脂肪酸	脂質: n-6系多価不飽和脂肪酸	脂質: n-3系多価不飽和脂肪酸	炭水化物: 利用可能炭水化物(単糖当量)	炭水化物: 炭水化物	炭水化物: 食物繊維総量	無機質: カリウム
栄養素 (■=)	20 kcal	2 g	2 g	2 mg	0.2 g	0.2 g	0.2 g	2 g	2 g	0.2 g	20 mg
02003 **板こんにゃく** 精粉こんにゃく (0, 97.3)	5	0.1	Tr	(0)	-	-	-	-	2.3	2.2	33
02005 **しらたき** (0, 96.5)	7	0.2	Tr	(0)	-	-	-	-	3.0	2.9	12
02047 **さつまいも** 塊根、皮つき、天ぷら (0, 52.4)	205	1.2	6.3	-	0.48	1.18	0.49	36.3	33.5	3.1	380
02006 塊根、皮なし、生 (9, 65.6)	126	1.0	0.1	(0)	0.03	0.02	Tr	30.9	28.3	2.2	480
02009 蒸し切干 (0, 22.2)	277	2.7	0.2	(0)	0.06	0.10	0.01	66.5	62.5	5.9	980
02010 **さといも** 球茎、生 (15, 84.1)	53	1.2	0.1	(0)	0.01	0.03	Tr	11.2	10.3	2.3	640
02012 球茎、冷凍 (0, 80.9)	69	1.8	0.1	(0)	0.02	0.03	Tr	13.7	12.5	2.0	340
02015 **やつがしら** 球茎、生 (20, 74.5)	94	2.5	0.3	(0)	0.11	0.13	0.02	20.2	18.4	2.8	630
02017 **じゃがいも** 塊茎、皮なし、生 (10, 79.8)	59	1.3	Tr	(0)	0.02	0.02	0.01	17.0	15.5	8.9	410
02020 フライドポテト (0, 52.9)	229	(2.3)	(10.3)	Tr	(0.83)	(1.95)	(0.79)	(27.5)	(25.0)	3.1	660
02021 乾燥マッシュポテト (0, 7.5)	347	5.3	0.5	(0)	0.30	0.05	0.01	73.5	67.1	6.6	1200

ミニ知識 メークインの意味 メークインとは，「5月の女王」という意味。その名の通り，5月ごろが旬である。

●天ぷら 切ったさつまいもに，小麦粉，卵，水をまぜた衣をつけ，油で揚げたもの。
●蒸し切干 皮をむいて蒸した後に薄切りにし，乾燥させたもの。表面に糖分の白い粉がつくことがある。

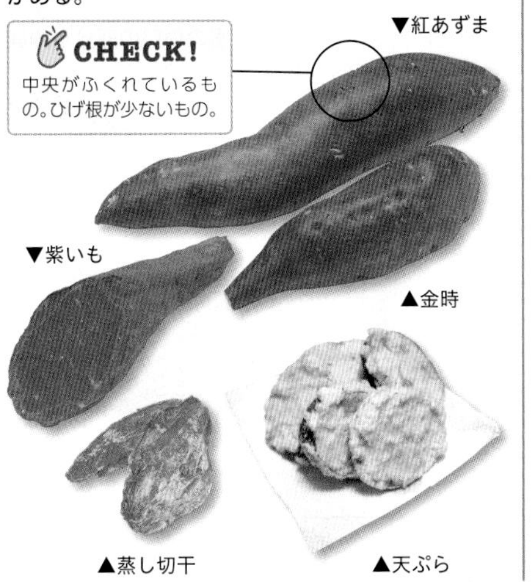

▼紅あずま　▼紫いも　▲金時　▲蒸し切干　▲天ぷら

じゃがいも じゃが芋，馬鈴薯／Potatoes 旬 通年

原産地は南アメリカで，代表的な種は男爵とメークイン。男爵（だんしゃく）は芽の部分がくぼんだ球形，ほくほくとした食感で粉ふきいもなどに向く。形状が男爵よりも細長いメークインは，煮崩れしにくく煮物などに向く。芽にはソラニンという有毒な物質があるので取り除いて調理する。ビタミンCが豊富で，熱による損失が少ない。

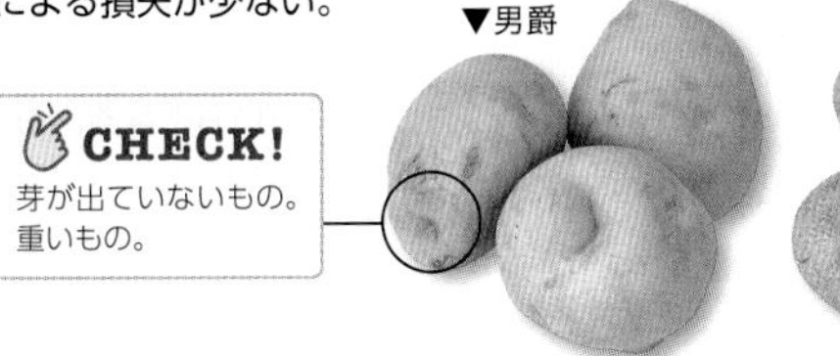

▼男爵

▲メークイン

さといも類 里芋類／Taros 旬 冬

インド原産。日本には縄文時代に伝わった。乾燥・寒さに弱い。成長過程で親いもから多数の子いもができるので，子孫繁栄のめでたい食品とされる。肉質は白く，ぬめりがあるのが特徴。土垂（どだれ），石川早生（いしかわわせ）などの品種がある。やつがしらなど親いもと子いもが分球せずに塊状になるものもある。

▲石川早生　◀やつがしら　▲土垂

焼きいもはなぜ甘い？

さつまいもは，加熱すると生いもよりも甘味を増す。これは，いもに含まれるアミラーゼという酵素が，加熱中にでん粉を分解して麦芽糖を生成するためである。アミラーゼが働く最適温度は55～60度なので，ゆっくりと加熱しつづけると酵素のはたらきが保たれ，甘味が増していく。しかし電子レンジでの加熱はスピード加熱なので，いもは甘くならない。
焼きいもが蒸しいもよりも甘いのは，水分蒸発による味の濃縮と酵素の反応する温度帯を通過する時間が長いためである。

無機質					ビタミン								食塩相当量	備考
					A			E						
カルシウム	マグネシウム	リン	鉄	亜鉛	β-カロテン当量	レチノール活性当量	D	α-トコフェロール	B1	B2	葉酸	C	食塩相当量(ナトリウム)	備考
■= 20 mg	■= 20 mg	■= 20 mg	■= 0.2 mg	■= 0.2 mg	■= 20 μg	■= 2 μg	■= 0.2 μg	■= 0.2 mg	■=0.02 mg	■=0.02 mg	■= 2 μg	■= 2 mg	■= 0.1g(mg)	
43	2	5	0.4	0.1	(0)	(0)	(0)	0	(0)	(0)	1	(0)	0(10)	1枚＝250g　突きこんにゃく、玉こんにゃくを含む
75	4	10	0.5	0.1	(0)	(0)	(0)	0	(0)	(0)	0	(0)	0(10)	1玉＝200g　別名：糸こんにゃく
51	25	57	0.5	0.2	58	5	(0)	2.6	0.11	0.04	57	21	0.1(36)	別名：かんしょ（甘藷）
36	24	47	0.6	0.2	28	2	(0)	1.5	0.11	0.04	49	29	Tr(11)	中1個＝200g　廃棄部位：表層及び両端(表皮の割合：2％)
53	45	93	2.1	0.5	Tr	(0)	(0)	1.3	0.19	0.08	13	9	0(18)	別名：乾燥いも、干しいも
10	19	55	0.5	0.3	5	Tr	(0)	0.6	0.07	0.02	30	6	0(Tr)	中1個＝40g　廃棄部位：表層
20	20	53	0.6	0.4	5	Tr	(0)	0.7	0.07	0.01	22	5	0(3)	
39	42	72	0.7	1.4	7	1	(0)	1.0	0.13	0.06	39	7	0(1)	中1個＝500g　廃棄部位：表層
4	19	47	0.4	0.2	3	0	(0)	Tr	0.09	0.03	20	28	0(1)	中1個＝130～150g　別名：ばれいしょ（馬鈴薯）／廃棄部位：表層
4	35	48	0.8	0.4	Tr	(0)	(0)	1.5	0.12	0.06	35	40	0(2)	市販冷凍食品を揚げたもの
24	71	150	3.1	0.9	0	(0)	(0)	0.2	0.25	0.05	100	5	0.2(75)	1カップ＝50g　酸化防止用としてビタミンC添加品あり

おいしい情報 芋が煮えたのかも判断できないたとえで，世間知らずな人を「芋の煮えたもご存じない」という。

2 いも及びでん粉類

Potatoes and starches

ヤーコン Yacon

原産はアンデス高地で，日本では1984年に導入された。塊根部がさつまいものように膨らむ。オリゴ糖が多く含まれ，甘みがある。シャキシャキとした食感があり，生でも食べられるほか，煮物などにも利用される。

▲ヤーコン

やまのいも類 薯蕷類／Yams

●**ながいも**　いちょういも…下の部分が指のように分かれ，手のひらの形をしている。粘度が強く品質がよいので，とろろ汁などに用いられる。別名「仏掌いも」。
ながいも…中国原産で，細長い形をしている。肉質が粗く，粘度が低いので，酢の物やめん類のつなぎとして用いられる。
やまといも…こぶし形をしていて，肉質は締まり，きめ細かく粘度が強いのが特徴。「伊勢いも」，「丹波いも」などがある。製菓原料としても利用される。

●**じねんじょ**　日本原産で，山野に自生していることからやまのいもともよばれ，自然種のため，市場にはあまり出回らない。地下茎と根の境目の部分が伸びてこれがいもとなる。もっとも粘りが強く，あくがある。

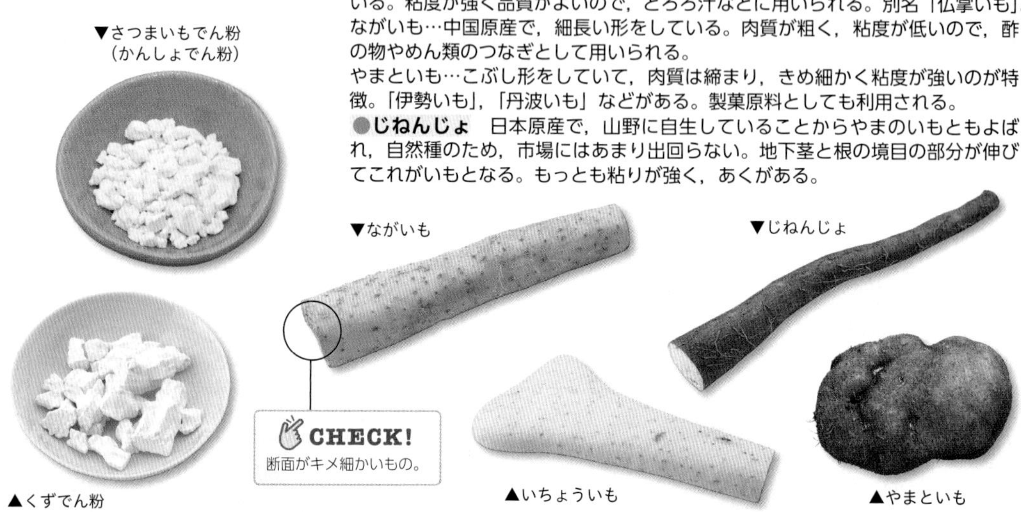

▼さつまいもでん粉（かんしょでん粉）

▲くずでん粉

▼ながいも

▼じねんじょ

▲いちょういも

▲やまといも

食品番号 食品名 廃棄率(%) 水分量(g)	エネルギー	たんぱく質	脂質					炭水化物			無機質
栄養素			脂質	コレステロール	飽和脂肪酸	n-6系多価不飽和脂肪酸	n-3系多価不飽和脂肪酸	利用可能炭水化物(単糖当量)	炭水化物	食物繊維総量	カリウム
	■=20 kcal	■=2 g	■=2 g	■=2 mg	■=0.2 g	■=0.2 g	■=0.2 g	■=2 g	■=2 g	■=0.2 g	■=20 mg
02054 **ヤーコン** 塊根、生 廃棄率15 水分量86.3	52	0.6	0.3	0	-	-	-	0.5	0.5	1.1	240
02022 **ながいも** いちょういも、塊根、生 廃棄率15 水分量71.1	108	3.1	0.3	(0)	0.11	0.12	0.01	23.6	21.5	1.4	590
02023 ながいも、塊根、生 廃棄率10 水分量82.6	64	1.5	0.1	(0)	0.04	0.07	0.01	14.1	12.9	1.0	430
02025 やまといも、塊根、生 廃棄率10 水分量66.7	119	2.9	0.1	(0)	0.03	0.06	0.01	26.9	24.5	2.5	590
02026 **じねんじょ** 塊根、生 廃棄率20 水分量68.8	118	1.8	0.3	(0)	0.11	0.10	0.02	25.7	23.4	2.0	550
02029 **くずでん粉** 廃棄率0 水分量13.9	356	0.2	0.2	(0)	-	-	-	(94.2)	(85.6)	(0)	2
02033 **さつまいもでん粉** 廃棄率0 水分量17.5	340	0.1	0.2	(0)	-	-	-	(90.2)	(82.0)	(0)	4
02034 **じゃがいもでん粉** 廃棄率0 水分量18.0	338	0.1	0.1	(0)	-	-	-	(89.8)	(81.6)	(0)	34
02035 **とうもろこしでん粉** 廃棄率0 水分量12.8	363	0.1	(0.7)	(0)	(0.13)	(0.35)	(0)	(94.9)	(86.3)	(0)	5
02036 **くずきり** 乾 廃棄率0 水分量11.8	341	0.2	0.2	(0)	-	-	-	89.6	81.5	0.9	3
02038 **タピオカパール** 乾 廃棄率0 水分量11.9	352	0	0.2	(0)	-	-	-	-	87.8	0.5	12
02039 **はるさめ** 緑豆はるさめ 乾 廃棄率0 水分量11.8	344	0.2	0.4	(0)	-	-	-	88.5	80.4	4.1	13

ミニ知識　タピオカの原料であるキャッサバは，世界の食用でんぷん生産量第3位。

でん粉類 澱粉類／Starches

でん粉を多量に含む穀類，いも類などを原料とし，無味・無臭である。でん粉には水を加えて加熱すると粘りが出るという性質がある。さつまいもでん粉はわらび餅などによく用いられる。じゃがいもでん粉は片栗粉として市販されており，とろみのある料理，水産練り製品などに使われる。とうもろこしでん粉はコーンスターチともいい，カスタードクリームなど洋菓子によく用いられるほか，病人食にも使われる。マメ科のくずの根から取れるくずでんぷんは生産量が少なくやや高価だが，品質が良いため，くずきりなどの高級和菓子に利用される。吉野くず，筑前くずが有名。

▼とうもろこしでん粉（コーンスターチ）

▲じゃがいもでん粉

でん粉製品 澱粉製品／Starch products

●くずきり　くず粉でん粉でつくられた麺状のもので，水繊とも呼ばれる。ゆでて冷やすとツルッとした食感でのど越しがよく，みつをかけたりして食べる。

●タピオカパール　南米原産のキャッサバという植物の根茎からとれるでん粉を精製してつくる。デザートなどに用いられる。

●はるさめ　中国産は緑豆，日本産はじゃがいもでん粉とさつまいもでん粉を原料とした乾燥めん。熱湯でもどして使う。

▼くずきり

▼タピオカ

▲はるさめ

かゆ～い やまのいもの秘密

消化の良いスタミナ食としても人気が高いやまのいもだが，肌に触れると手や口の周りがかゆくなることがある。この原因は，シュウ酸カルシウムという物質。シュウ酸カルシウムの結晶は針のような形をしており，これがチクチクと肌を刺すためにかゆくなるのだ。

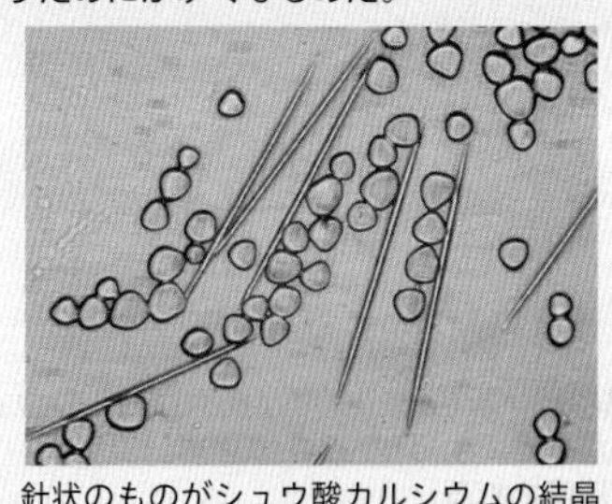
針状のものがシュウ酸カルシウムの結晶

無機質					ビタミン								食塩相当量（ナトリウム）	備考
					A			E						
カルシウム	マグネシウム	リン	鉄	亜鉛	β-カロテン当量	レチノール活性当量	D	α-トコフェロール	B1	B2	葉酸	C		
■＝20mg	■＝20mg	■＝20mg	■＝0.2mg	■＝0.2mg	■＝20μg	■＝2μg	■＝0.2μg	■＝0.2mg	■＝0.02mg	■＝0.02mg	■＝2μg	■＝2mg	■＝0.1g(mg)	
11	8	31	0.2	0.1	22	2	(0)	0.2	0.04	0.01	25	3	0(0)	廃棄部位：表層及び両端
12	19	65	0.6	0.4	5	Tr	(0)	0.3	0.15	0.05	13	7	0(5)	中1個＝250g　別名：やまいも、手いも／廃棄部位：表層
17	17	27	0.4	0.3	Tr	(0)	(0)	0.2	0.10	0.02	8	6	0(3)	1本＝800g　別名：やまいも／廃棄部位：表層、ひげ根及び切り口
16	28	72	0.5	0.6	6	1	(0)	0.2	0.13	0.02	6	5	0(12)	別名：やまいも／伊勢いも、丹波いもを含む／廃棄部位：表層及びひげ根
10	21	31	0.8	0.7	5	Tr	(0)	4.1	0.11	0.04	29	15	0(6)	1本＝500g　別名：やまいも／廃棄部位：表層及びひげ根
18	3	12	2.0	Tr	(0)	(0)	(0)	-	(0)	(0)	(0)	(0)	0(2)	1カップ＝120g 別名：くず粉
50	4	8	2.8	0.1	0	0	(0)	-	0	0	(0)	0	0(1)	1カップ＝120g 別名：かんしょ（甘藷）でん粉
10	6	40	0.6	Tr	0	0	(0)	-	0	0	(0)	0	0(2)	1カップ＝130g　別名：ばれいしょでん粉、かたくり粉／(100g:154mL、100mL:65g)
3	4	13	0.3	0.1	0	0	(0)	-	0	0	(0)	0	0(1)	1カップ＝100g　別名：コーンスターチ／(100g:200mL、100mL:50g)
19	4	18	1.4	0.1	(0)	(0)	(0)	-	(0)	(0)	(0)	(0)	0(4)	
24	3	8	0.5	0.1	(0)	(0)	(0)	(0)	(0)	(0)	(0)	(0)	Tr(5)	
20	3	10	0.5	0.1	(0)	(0)	(0)	(0)	(0)	(0)	(0)	(0)	Tr(14)	主原料：緑豆でん粉

おいしい情報　**水溶きかたくり粉**　かたくり粉に水を加えて混ぜたもの。仕上げに入れて加熱し，とろみをつける。

3 砂糖及び甘味類

Sugars and sweeteners

現在わたしたちが利用している甘味類には，天然甘味料と人工甘味料がある。
天然の甘味料には，砂糖やはちみつなどがあり，人工甘味料には，食品添加物として，サッカリンやアスパルテームなどがある。また最近，食生活の多様化や健康指向の動きから，新しい甘味料が次々と開発されている。
砂糖類の主成分は，文字どおり糖質（炭水化物）で，エネルギー源や甘味料として用いられる。主な原料はさとうきびやさとうだいこん（てんさい）などであるが，精製度合によって，さまざまな種類があり，目的によって使い分けることが大切である。糖類はエネルギー源となるだけではなく，脳の安定をもたらすはたらきもあることから，適度に食生活に取り入れたい。

砂糖類 Sugars

黒砂糖　黒砂糖は純度が低いがカルシウム，鉄分を多く含み，風味がよい。ようかんなどの和菓子のほか，パンの風味づけなどにも使用される。

和三盆糖　香川県，徳島県でつくられる日本独特の砂糖。結晶が細かく特有の風味があり，高級和菓子などに用いられる。

車糖　上白糖は一般に家庭で利用される白砂糖で，料理，製菓に広く用いられる。三温糖は上白糖よりは純度が低く風味があるので，煮物など，コクを出したい料理に使われることが多い。

ざらめ糖　結晶が大きくかたいので，ハードシュガーと呼ばれる。グラニュー糖は，ざらめ糖の中では結晶が小さい。純度が高く風味が少ないので，香りを大事にする紅茶やコーヒーによく利用される。高カロリーで吸収されやすい。

加工糖　氷砂糖は，もともとは砂糖を大きく結晶化したものだが，現在ではグラニュー糖を溶かしてドロップ状に加工したものが主流。果実酒をつくる際によく用いられる。角砂糖は，グラニュー糖を濃厚な糖液で四角く固めたもの。

▲黒砂糖

食品番号 食品名 廃棄率(%) 水分量(g)	エネルギー	たんぱく質	脂質					炭水化物			無機質
			脂質	コレステロール	飽和脂肪酸	n-6系多価不飽和脂肪酸	n-3系多価不飽和脂肪酸	利用可能炭水化物(単糖当量)	炭水化物	食物繊維総量	カリウム
	■＝20 kcal	■＝2 g	■＝2 g	■＝2 mg	■＝0.2 g	■＝0.2 g	■＝0.2 g	■＝2 g	■＝2 g	■＝0.2 g	■＝20 mg
03001 **黒砂糖** 0 4.4	352	0.7	Tr	(0)	-	-	-	93.2	88.9	(0)	1100
03002 **和三盆糖** 0 0.3	393	0.2	Tr	(0)	-	-	-	(104.5)	(99.6)	(0)	140
03003 **車糖** 上白糖 0 0.7	391	(0)	(0)	(0)	-	-	-	104.2	99.3	(0)	2
03004 三温糖 0 0.9	390	Tr	(0)	(0)	-	-	-	103.9	99.0	(0)	13
03005 **ざらめ糖** グラニュー糖 0 Tr	393	(0)	(0)	(0)	-	-	-	(104.9)	(99.9)	(0)	Tr
03008 **加工糖** 角砂糖 0 Tr	394	(0)	(0)	(0)	-	-	-	(104.9)	(99.9)	(0)	Tr
03009 氷砂糖 0 Tr	394	(0)	(0)	(0)	-	-	-	(104.9)	(99.9)	(0)	Tr
03010 コーヒーシュガー 0 0.1	394	0.1	(0)	(0)	-	-	-	104.9	99.9	(0)	Tr
03024 **水あめ** 酵素糖化 0 15.0	342	(0)	(0)	(0)	-	-	-	91.3	85.0	(0)	0
03022 **はちみつ** 0 17.6	329	(0.2)	Tr	(0)	-	-	-	75.3	75.2	(0)	65
03023 **メープルシロップ** 0 33.0	266	0.1	0	(0)	-	-	-	-	66.3	(0)	230

ミニ知識　水あめは練るとどうして白くなる？　練ると白くなるのは，水あめの中に空気が含まれるため。

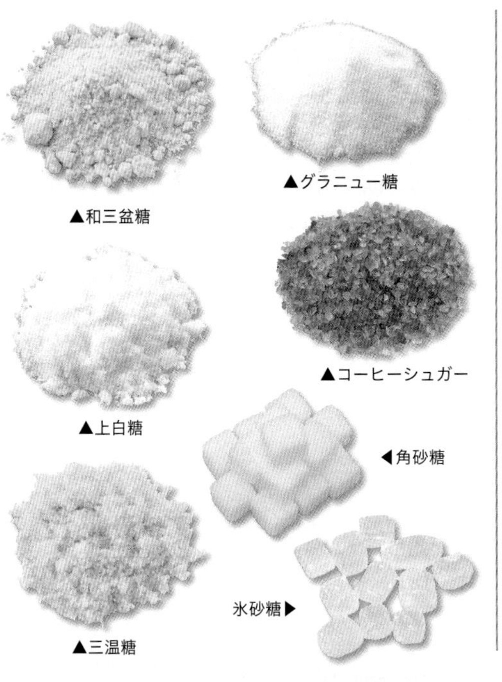
▲和三盆糖　▲グラニュー糖　▲上白糖　▲コーヒーシュガー　◀角砂糖　▲三温糖　氷砂糖▶

でん粉糖類，その他

澱粉糖類／
Starch sweeteners, Others

水あめ　さつまいもやじゃがいものでん粉が原料で，粘りがあり液状。料理に使うとコクが出るので，つくだ煮などに用いる。キャラメルなど，あめの原料になる。

はちみつ　主成分は果糖とぶどう糖で，消化がよく，胃腸に負担をかけない。蜂が集めた花の蜜なので，花の種類（アカシア，レンゲなど）によって色や風味が異なる。中国から多く輸入されている。

メープルシロップ　カエデの樹液を煮詰めたもので，カエデ糖ともいう。独特な風味があり，ホットケーキに添えられたりする。カナダ，北米などが産地。

▲水あめ　▲はちみつ　▲メープルシロップ

新しい甘味料

キシリトール
糖アルコールの一種で虫歯の原因にならないことから，ガムなどによく利用されている。

ステビア
キク科の植物ステビア（ハーブの一種）の葉から抽出し精製したもの。菓子，漬物，飲料等に利用されている。

サッカリン
砂糖に比べると数百倍の甘味がある合成甘味料。食品への使用は制限されている。

アスパルテーム
砂糖の約 200 倍ほどの甘味をもつ合成甘味料。ダイエット食品や菓子などに利用されている。

トレハロース
砂糖の約半分ほどの甘味をもつ天然甘味料で，さまざまな加工食品に利用されている。

無機質					ビタミン								食塩相当量	備考
					A			E						
カルシウム	マグネシウム	リン	鉄	亜鉛	β-カロテン当量	レチノール活性当量	D	α-トコフェロール	B1	B2	葉酸	C	(ナトリウム)	
■= 20 mg	■= 20 mg	■= 20 mg	■= 0.2 mg	■= 0.2 mg	■= 20 μg	■= 2 μg	■= 0.2 μg	■= 0.2 mg	■=0.02 mg	■=0.02 mg	■= 2 μg	■= 2 mg	■= 0.1g(mg)	
240	31	31	4.7	0.5	13	1	(0)	(0)	0.05	0.07	10	(0)	0.1(27)	大さじ 1 = 9g　別名：黒糖
27	17	13	0.7	0.2	Tr	0	(0)	(0)	0.01	0.03	2	(0)	0(1)	1 カップ = 120g
1	Tr	Tr	Tr	0	(0)	(0)	(0)	(0)	(0)	(0)	(0)	(0)	0(1)	1 カップ = 130g　別名：ソフトシュガー /(100 g:154 mL、100 mL:65 g)
6	2	Tr	0.1	Tr	(0)	(0)	(0)	(0)	Tr	0.01	(0)	(0)	Tr(7)	1 カップ = 120g　別名：ソフトシュガー /(100 g:159 mL、100 mL:63 g)
Tr	0	(0)	Tr	Tr	(0)	(0)	(0)	(0)	(0)	(0)	(0)	(0)	0(Tr)	1 カップ = 180g　別名：ハードシュガー /(100 g:111 mL、100 mL:90 g)
Tr	0	(0)	0.1	0	(0)	(0)	(0)	(0)	(0)	(0)	(0)	(0)	0(Tr)	1 個 = 4 ～ 5g
Tr	Tr	(0)	0.1	Tr	(0)	(0)	(0)	(0)	(0)	(0)	(0)	(0)	0(Tr)	1 かけ = 3g　別名：氷糖
1	Tr	Tr	0.2	1.2	(0)	(0)	(0)	(0)	(0)	(0)	(0)	(0)	0(2)	大さじ 1 = 6g
Tr	0	1	0.1	0	(0)	(0)	(0)	(0)	(0)	(0)	(0)	(0)	0(Tr)	(100 g:71 mL、100 mL:140 g)
4	2	5	0.2	0.1	1	0	(0)	0	Tr	0.01	7	0	0(2)	大さじ 1 = 21g (100 g:71 mL、100 mL:140 g)
75	18	1	0.4	1.5	0	(0)	(0)	(0)	Tr	0.02	1	(0)	0(1)	大さじ 1 = 21g　別名：かえで糖 /(100 g:76 mL、100 mL:132 g)

おいしい情報　腸内細菌の少ない乳児は，ボツリヌス菌が存在する可能性のあるはちみつを食べさせてはダメ。

4 豆類

Pulses

豆類とは，マメ科の植物の種子のうち，食用となるものをいう。大切なたんぱく質供給源であると同時に，エネルギー代謝に関係のあるビタミンB群や食物繊維を多く含むものが多い。成分によって分類すると，①たんぱく質・脂質を主成分とするもの（だいずなど），②でん粉及びたんぱく質を主成分とするもの（あずき，いんげんまめなど），③野菜的な性質をもっているもの（えだまめ，さやいんげんなど）などに分けられる。
だいずは，日本では五穀の一つとして古事記に記されているほど歴史が古く，ただ単にそのものを食用にするだけでなく，多くの加工品（豆腐，みそなど）もつくられてきた。豆類は，栽培や輸送が容易で貯蔵性がよいことなどから，世界の多くの人々の栄養源になっている。

あずき 小豆／Adzuki beans

でん粉を多く含むほか，腸の働きを高めるサポニンを含む。大納言，中納言，少納言，白小豆などの品種があり，大納言は特に品質がよく，高価。赤飯などの調理や，甘納豆，ようかんなどに加工される。こしあんは甘く煮た小豆を裏ごししたもので口当たりがなめらか。つぶしあんは，裏ごししていないもの。さらしあんはこしあんを水でさらして乾燥させたもので，粉末状。

▼あずき

▲つぶしあん

▲こしあん

▲さらしあん

食品番号 食品名 廃棄率(%) 水分量(g)	エネルギー	たんぱく質	脂質					炭水化物			無機質
栄養素			脂質	コレステロール	飽和脂肪酸	n-6系多価不飽和脂肪酸	n-3系多価不飽和脂肪酸	利用可能炭水化物(単糖当量)	炭水化物	食物繊維総量	カリウム
	■= 20 kcal	■= 2 g	■= 2 g	■= 2 mg	■= 0.2 g	■= 0.2 g	■= 0.2 g	■= 2 g	■= 2 g	■= 0.2 g	■= 20 mg
04001 **あずき** 全粒、乾 0 14.2	304	17.8	0.8	0	0.24	0.35	0.15	46.5	42.3	24.8	1300
04004 あん こし生あん 0 62.0	147	8.5	(0.3)	(0)	(0.07)	(0.10)	(0.05)	26.0	23.6	6.8	60
04006 あん つぶし練りあん 0 39.3	239	4.9	0.3	0	0.09	0.11	0.05	54.7	51.6	5.7	160
04007 **いんげんまめ** 全粒、乾 0 15.3	280	17.7	1.5	(0)	0.28	0.32	0.59	41.8	38.1	19.6	1400
04008 全粒、ゆで 0 63.6	127	(7.3)	(0.7)	(0)	(0.13)	(0.15)	(0.27)	17.3	15.8	13.6	410
04009 うずら豆 0 41.4	214	6.1	0.6	(0)	0.11	0.15	0.25	45.9	43.2	5.9	230
04012 **えんどう** 全粒、青えんどう、乾 0 13.4	310	17.8	1.5	(0)	0.27	0.60	0.09	42.7	38.9	17.4	870
04017 **ささげ** 全粒、乾 0 15.5	280	19.6	1.3	(0)	0.43	0.46	0.27	40.7	37.1	18.4	1400
04019 **そらまめ** 全粒、乾 0 13.3	323	20.5	1.3	(0)	0.24	0.61	0.04	37.6	34.3	9.3	1100
04023 **だいず** 全粒 黄大豆、国産、乾 0 12.4	372	32.9	18.6	Tr	2.59	8.84	1.54	7.0	6.7	21.5	1900
04028 水煮缶詰 黄大豆 0 71.7	124	12.5	(6.3)	(Tr)	(0.88)	(3.00)	(0.52)	0.9	0.8	6.8	250
04029 きな粉 黄大豆、全粒大豆 0 4.0	451	34.3	24.7	(Tr)	3.59	12.05	2.02	7.1	6.8	18.1	2000

ミニ知識 炒ってしまった豆は死んでしまうので，「炒り豆に花」とはありえないことという意味。

いんげんまめ 隠元豆／Kidney beans

中央アメリカ原産。日本には江戸時代に中国の僧，隠元が伝えた。三度豆，菜豆ともいう。種類が多く，金時豆，うずら豆，手芒，虎豆などがある。煮豆，甘納豆，白あんなど砂糖を添加する料理が多い。

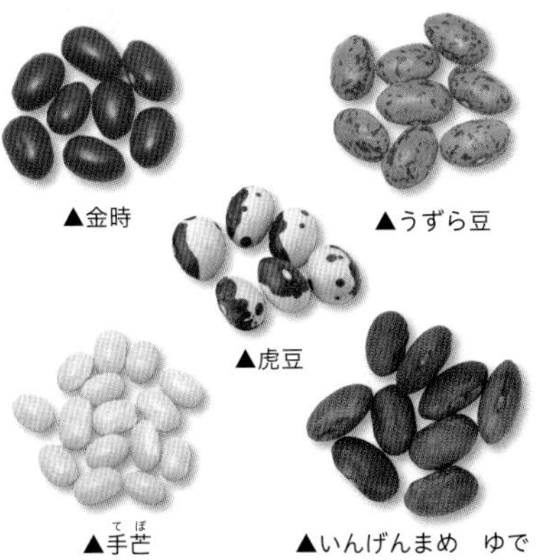

▲金時　▲うずら豆　▲虎豆　▲手芒（てぼ）　▲いんげんまめ　ゆで

えんどう 豌豆／Peas

実えんどうとさやえんどうがある。いんげんと成分が似ており，糖質を多く含む。塩えんどうなどに用いられる青えんどうは，実えんどうの代表的なもの。えんどうの自給率は低く，加工原料のほとんどが輸入品である。赤えんどう，青えんどうがある。うぐいす豆は青えんどうを加工したもの。

▲えんどう豆

ささげ 豇豆，大角豆／Cowpeas

若さやはいんげんに似ており，種実はあずきに似ている。加熱したときあずきよりも皮が破れにくいので，赤飯によく用いられる。

▼ささげ

そらまめ 蚕豆，空豆／Broad beans

一寸豆ともいう。皮つきのまま甘く煮たものをおたふく豆，皮を除いて煮たものをふき豆，皮つきのまま油で揚げたものをフライビーンズという。

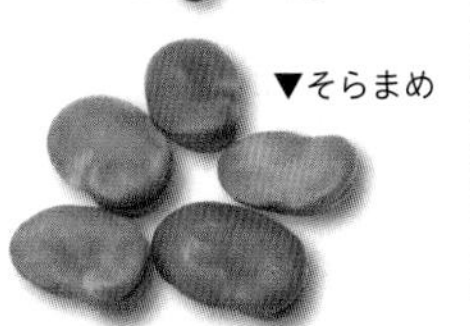

▼そらまめ

だいず 大豆／Soybeans

中国が原産地。国内自給率はきわめて低い。たんぱく質のほかに鉄分，ビタミンB_1を豊富に含み，「畑の肉」と呼ばれる。ただし組織がかたく消化が悪いので，さまざまに加工されて食べられている。黄大豆，青大豆，黒大豆の種類がある。大豆を煎って製粉したものがきな粉で，和菓子材料として使用される。青大豆でつくったきな粉は，うぐいすきな粉とよばれる。

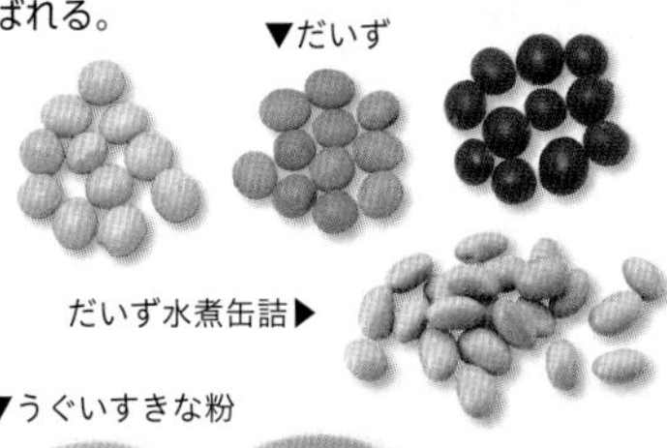

▼だいず　だいず水煮缶詰▶

▼うぐいすきな粉　◀きな粉

無機質 カルシウム	マグネシウム	リン	鉄	亜鉛	ビタミン A β-カロテン当量	A レチノール活性当量	D	E α-トコフェロール	B_1	B_2	葉酸	C	食塩相当量（ナトリウム）	備考
■= 20 mg	■= 20 mg	■= 20 mg	■= 0.2 mg	■= 0.2 mg	■= 20 μg	■= 2 μg	■= 0.2 μg	■= 0.2 mg	■=0.02 mg	■=0.02 mg	■= 2 μg	■= 2 mg	■= 0.1g(mg)	
70	130	350	5.5	2.4	9	1	(0)	0.1	0.46	0.16	130	2	0(1)	1カップ= 160g
73	30	85	2.8	1.1	0	(0)	(0)	0	0.02	0.05	2	Tr	0(3)	
19	23	73	1.5	0.7	0	(0)	(0)	0.1	0.02	0.03	8	Tr	0.1(56)	別名：小倉あん／加糖あん
140	150	370	5.9	2.5	6	Tr	(0)	0.1	0.64	0.16	87	Tr	0(Tr)	1カップ= 130～150g　金時類、白金時類、手亡類等含む/(100 g:130mL、100 mL:77 g)
62	46	140	2.0	1.0	3	0	(0)	0	0.22	0.07	32	Tr	0(Tr)	1カップ= 200g　金時類、白金時類、手亡類等含む
41	25	100	2.3	0.6	(0)	(0)	(0)	0	0.03	0.01	23	Tr	0.3(110)	1粒= 2g　試料（原材料）：金時類／煮豆
65	120	360	5.0	4.1	92	8	(0)	0.1	0.72	0.15	24	Tr	0(1)	1カップ= 160g (100 g:136mL、100 mL:74g)
75	170	400	5.6	4.9	19	2	(0)	Tr	0.50	0.10	300	Tr	0(1)	1カップ= 160g
100	120	440	5.7	4.6	5	Tr	(0)	0.7	0.50	0.20	260	Tr	0(1)	1カップ= 110g
180	220	490	6.8	3.1	7	1	(0)	2.3	0.71	0.26	260	3	0(1)	1カップ= 150g (100 g:155mL、100 mL:64g)
100	55	170	1.8	1.1	0	(0)	(0)	0.5	0.01	0.02	11	Tr	0.5(210)	液汁を除いたもの
190	260	660	8.0	4.1	4	Tr	(0)	1.7	0.07	0.24	220	1	0(1)	1カップ= 80g (100 g:292mL、100 mL:34g)

おいしい情報　若い豆のさやが，空に向かって伸びることから「そらまめ」の名がついたといわれる。

4 豆類
Pulses

豆腐・油揚げ類 Tofu and Abura-age

豆腐は豆乳に塩化マグネシウム（にがり）や硫酸カルシウムなどの凝固剤を加えて凝固させたもの。木綿豆腐は布を敷いた型箱に入れ，重しをして水分を抜いて固めたもの。絹ごし豆腐は濃度の高い豆乳をそのまま凝固させたもので，木綿豆腐より水分が多くやわらかい。充てん豆腐は，容器に豆乳を密封，加熱凝固させたもので，賞味期限が長い。

●沖縄豆腐　沖縄豆腐は木綿豆腐よりも水分の少ない固い豆腐で，炒めもの（チャンプルー）に用いられる。

●ゆし豆腐　沖縄独特の豆腐で，豆乳ににがりを加えた時にできる，ゆらゆらとした軟らかい状態のもの。従来は海水で固めていたが現在はにがりを使い，少量の食塩を添加してつくる。

●焼き豆腐　焼き豆腐は固めの豆腐の表面に焼きあとをつけたもの。くずれにくく日持ちがよい。すき焼きなどに使われる。

●生揚げ　水気を切った豆腐を厚く切って揚げたもの。厚揚げともいう。カルシウムや鉄の含有量が豆腐の倍近いが，高カロリー，高脂肪である。

●油揚げ　固めの豆腐を薄く切って揚げたもの。うす揚げともいう。調理前に熱湯をかけ，油抜きをすると味がなじみやすくなる。

●がんもどき　水分を絞ってくずした豆腐に野菜などを混ぜて丸め，揚げたもの。雁の肉に似せて作られたことから，この名がついた。関西ではひりょうずとよぶ。

●凍り豆腐　豆腐を凍結乾燥したもので，高野豆腐ともいう。室町時代に自然の寒気によって凍った豆腐を食べたのが起源である。湯につけてもどし，水気をしぼってから含め煮などにする。

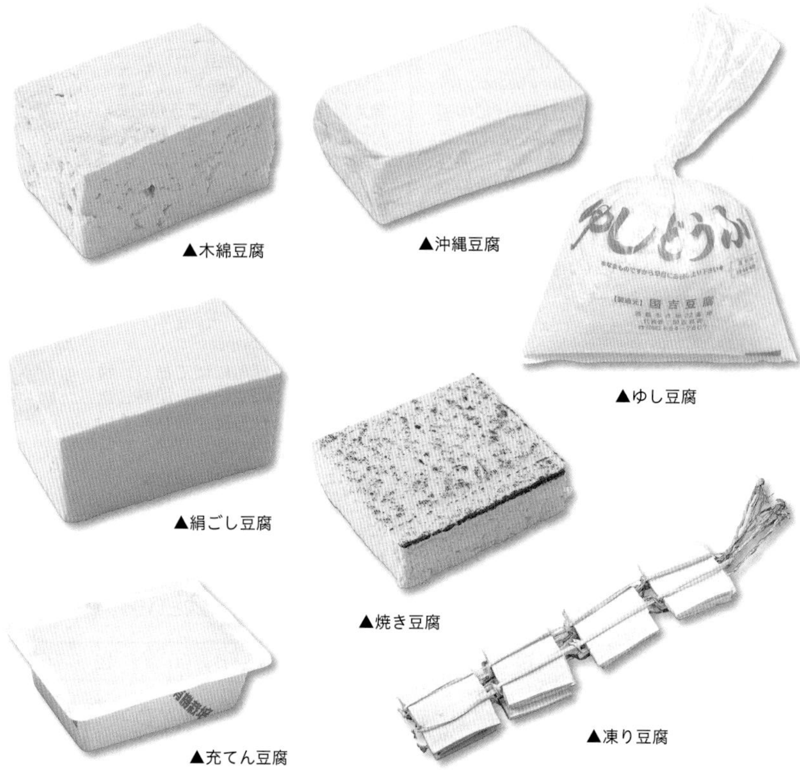

▲木綿豆腐　▲沖縄豆腐　▲ゆし豆腐　▲絹ごし豆腐　▲焼き豆腐　▲充てん豆腐　▲凍り豆腐

食品番号 食品名	廃棄率 (%)	水分量 (g)	エネルギー	たんぱく質	脂質：脂質	脂質：コレステロール	脂質：飽和脂肪酸	脂質：n-6系多価不飽和脂肪酸	脂質：n-3系多価不飽和脂肪酸	炭水化物：利用可能炭水化物(単糖当量)	炭水化物：炭水化物	炭水化物：食物繊維総量	無機質：カリウム
栄養素			■＝20 kcal	■＝2 g	■＝2 g	■＝2 mg	■＝0.2 g	■＝0.2 g	■＝0.2 g	■＝2 g	■＝2 g	■＝0.2 g	■＝20 mg
04032 木綿豆腐	0	85.9	73	6.7	4.5	0	0.79	2.29	0.31	0.8	0.8	1.1	110
04033 絹ごし豆腐	0	88.5	56	5.3	(3.2)	(0)	(0.57)	(1.63)	(0.22)	1.0	0.9	0.9	150
04035 充てん豆腐	0	88.6	56	5.1	(2.8)	(0)	(0.50)	(1.44)	(0.20)	0.8	0.8	0.3	200
04036 沖縄豆腐	0	81.8	99	(8.8)	(6.6)	(0)	(1.16)	(3.34)	(0.45)	(1.0)	(1.0)	0.5	180
04037 ゆし豆腐	0	90.0	47	(4.1)	(2.6)	(0)	(0.45)	(1.30)	(0.18)	(0.6)	(0.5)	0.3	210
04038 焼き豆腐	0	84.8	82	7.8	(5.2)	(0)	(0.92)	(2.64)	(0.36)	0.7	0.6	0.5	90
04039 生揚げ	0	75.9	143	10.3	(10.7)	Tr	(1.61)	(4.72)	(0.79)	1.2	1.1	0.7	120
04040 油揚げ　生	0	39.9	377	23.0	31.2	(Tr)	3.89	11.30	2.26	0.5	0.5	1.3	86
04041 がんもどき	0	63.5	223	15.2	(16.8)	Tr	(2.49)	(7.28)	(1.24)	2.2	2.0	1.4	80
04042 凍り豆腐　乾	0	7.2	496	49.7	32.3	(0)	5.22	15.83	2.49	0.2	0.2	2.5	34

 ミニ知識 **豆腐にかすがい**　やわらかい豆腐にかすがい（大きな釘）を打ってもきかないことから，無駄なことのたとえ。

▲生揚げ

▲油揚げ

▲がんもどき

大豆Q＆A

■納豆は日本独自のもの？
納豆に似た食品は，日本以外に，朝鮮半島の「清麹醤（チョンククジャン）」，東ネパールの「キネマ」，インド・ミャンマー国境地帯の「アクニ」，インドネシアの「テンペー」，タイ・ミャンマー国境地帯の「トゥア・ナオ」，中国の「豆司」などがある。

■絹ごし豆腐は絹を使ってこしたから「絹ごし」？
豆腐は，長時間水につけた大豆を水といっしょにすりつぶし，その上澄み液ににがりを加えて固めてつくる。このとき，木綿豆腐は穴のあいた箱に入れて，上澄み液を除く。木綿豆腐の場合は，型箱に木綿をこし布としてひくので，表面に布目がつく。一方，絹ごし豆腐は，穴のあいていない箱に入れて固めるので，水分が多く，絹でこしたようになめらかになるのである。

薬膳とは？

東洋哲学の「陰陽五行理論」から発展した健康法で，食べ物を以下の５つの味に分け（五味），それぞれが特定の体の部位に影響すると考え，それに応じて食物を摂るというもの。五味は，相生（互いに産み育てる）関係を持っていて，その力を倍加させる。しかし，摂りすぎると害が生じるため，相剋（抑制する）の働きもあり，それぞれが影響しあい体をつくるとされている。五味をバランスよく摂ると，健康が保たれる。

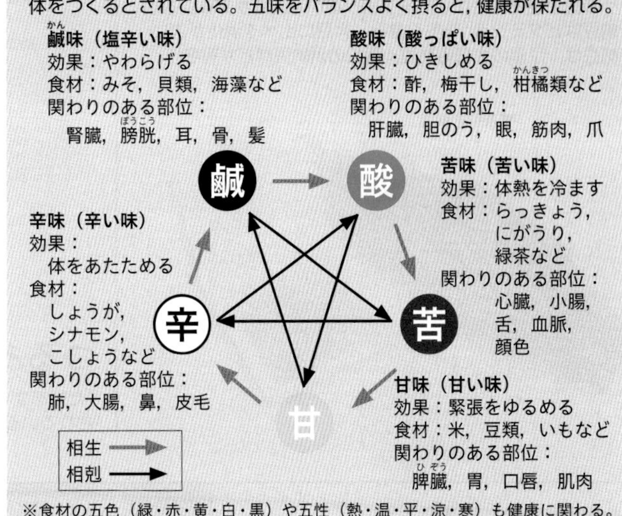

※食材の五色（緑・赤・黄・白・黒）や五性（熱・温・平・涼・寒）も健康に関わる。

無機質					ビタミン								食塩相当量	備考
					A			E						
カルシウム	マグネシウム	リン	鉄	亜鉛	β-カロテン当量	レチノール活性当量	D	α-トコフェロール	B1	B2	葉酸	C	(ナトリウム)	
■= 20 mg	■= 20 mg	■= 20 mg	■= 0.2 mg	■= 0.2 mg	■= 20 μg	■= 2 μg	■= 0.2 μg	■= 0.2 mg	■=0.02 mg	■=0.02 mg	■= 2 μg	■= 2 mg	■= 0.1g(mg)	
93	57	88	1.5	0.6	0	0	(0)	0.2	0.09	0.04	12	0	Tr(9)	1丁＝200～300g 凝固剤の種類は問わないもの
75	50	68	1.2	0.5	0	0	(0)	0.1	0.11	0.04	12	0	Tr(11)	1丁＝200～300g 凝固剤の種類は問わないもの
31	68	83	0.8	0.6	0	(0)	(0)	0.3	0.15	0.05	23	Tr	0(10)	1袋＝300g
120	66	130	1.7	1.0	(0)	(0)	(0)	0.4	0.10	0.04	14	Tr	0.4(170)	1丁＝500g 別名：島豆腐
36	43	71	0.7	0.5	0	(0)	(0)	0.1	0.10	0.04	13	Tr	0.6(240)	
150	37	110	1.6	0.8	(0)	(0)	(0)	0.2	0.07	0.03	12	Tr	0(4)	1丁＝300g
240	55	150	2.6	1.1	(0)	(0)	(0)	0.8	0.07	0.03	23	Tr	0(3)	1枚＝200g 別名：厚揚げ
310	150	350	3.2	2.5	(0)	(0)	(0)	1.3	0.06	0.04	18	0	0(4)	1枚＝30g
270	98	200	3.6	1.6	(0)	(0)	(0)	1.5	0.03	0.04	21	Tr	0.5(190)	1個＝100g
630	140	820	7.5	5.2	9	1	(0)	1.9	0.02	0.02	6	0	1.1(440)	1個＝16g 別名：高野豆腐／試料：炭酸水素ナトリウム処理製品

おいしい情報 テンペって？　大豆の煮豆をテンペ菌で発酵させたインドネシアの伝統的な発酵食品。

4 豆類

Pulses

▼寺納豆

納豆類 Natto

納豆は大きく分けると，納豆菌で発酵させた糸引き納豆と，こうじ菌と塩で熟生させた糸を引かない寺納豆がある。糸引き納豆はビタミン B_1 を多く含み，大豆に比べて消化がよい。寺納豆は，京都の大徳寺納豆，浜松の浜納豆などが有名。

▼糸引き納豆

その他 Others

●おから　大豆から豆乳を絞ったあとの絞りかす。卯の花，雪花菜（きらず）ともよばれる。食物繊維が豊富なので便通をよくし，健康食品として注目される。
●豆乳　豆乳は豆腐の原料液となるが，大豆臭をとって飲料とする。牛乳より低脂肪。
●湯葉　豆乳を加熱したときに表面にできるたんぱく質の皮膜で，鉄分を多く含む。京都が代表的な産地で，すまし汁の実，含め煮などに用いる。生のものと干したものがある。

▲おから

▲湯葉

▲豆乳

▲調製豆乳

つるあずき 竹小豆／Rice beans

「たけあずき」ともいう。アジア・太平洋地域で栽培され，輸入されている。「赤たけあずき」は赤あんの主原料。

▼たけあずき

食品番号 食品名 廃棄率(%) 水分量(g)	エネルギー	たんぱく質	脂質					炭水化物			無機質
			脂質	コレステロール	飽和脂肪酸	n-6系多価不飽和脂肪酸	n-3系多価不飽和脂肪酸	利用可能炭水化物(単糖当量)	炭水化物	食物繊維総量	カリウム
	■＝20 kcal	■＝2 g	■＝2 g	■＝2 mg	■＝0.2 g	■＝0.2 g	■＝0.2 g	■＝2 g	■＝2 g	■＝0.2 g	■＝20 mg
04046 糸引き納豆 0 59.5	190	14.5	(9.7)	Tr	(1.45)	(4.98)	(0.67)	0.3	0.3	6.7	660
04049 寺納豆 0 24.4	248	18.6	6.1	(0)	1.01	3.10	0.60	-	31.5	7.6	1000
04051 おから 生 0 75.5	88	5.4	(3.4)	(0)	(0.51)	(1.75)	(0.28)	0.6	0.5	11.5	350
04052 豆乳 豆乳 0 90.8	44	3.4	(1.8)	(0)	(0.32)	(0.93)	(0.13)	1.0	0.9	0.2	190
04053 調製豆乳 0 87.9	63	3.1	3.4	(0)	0.50	1.79	0.20	1.9	1.8	0.3	170
04059 湯葉 生 0 59.1	218	21.4	12.3	(0)	1.90	6.15	0.91	1.1	1.0	0.8	290
04064 つるあずき 全粒、乾 0 12.0	297	(17.8)	1.0	(0)	0.32	0.37	0.18	39.6	36.1	22.0	1400
04065 ひよこまめ 全粒、乾 0 10.4	336	(16.7)	4.3	(0)	0.56	1.96	0.08	41.3	37.7	16.3	1200
04068 べにばないんげん 全粒、乾 0 15.4	273	(13.8)	1.2	(0)	0.21	0.50	0.35	36.2	33.1	26.7	1700
04071 りょくとう 全粒、乾 0 10.8	319	20.7	1.0	(0)	0.34	0.44	0.17	45.4	41.4	14.6	1300
04073 レンズまめ 全粒、乾 0 12.0	313	(19.7)	1.0	(0)	0.17	0.39	0.09	45.2	41.1	16.7	1000

ミニ知識　納豆のネバネバは，納豆菌が外敵から身を守るためのバリアといわれている。

ひよこまめ 雛豆，鶏児豆／Chickpeas

イラン原産。エジプト豆，ガルバンゾーともいい，中東では主要な食品。先端がとがってひよこに似ているので，この名がある。煮豆，あんの原料とする。

べにばないんげん 紅花隠元／Scarlet runner beans

マメ科のつる性多年草。濃い紫に赤い斑点のある大きな豆。形が整っているので，甘い煮豆にすることが多い。ハナマメともいう。

りょくとう 緑豆／Mung beans

マメ科の一年草。円筒形のさやの中に 10 ～ 15 個の緑色卵形の豆が入っている。豆からとったでん粉は，はるさめの原料になる。

レンズまめ 扁豆／Lentils

西アジアから地中海沿岸原産。日本では栽培されていない。色は，茶色，オレンジ色，緑などがある。サラダやスープに使われる。

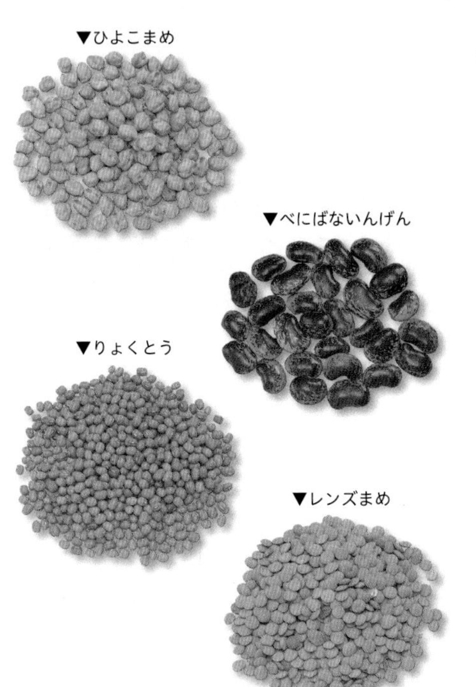
▼ひよこまめ
▼べにばないんげん
▼りょくとう
▼レンズまめ

食卓を豊かにする発酵食品

「発酵食品」とは，微生物の力によって食品に新たな香りや味をつけ，保存性と栄養を高めた食品をいう。我が国は微生物の成育に適した気候なので，古くから発酵食品が作られてきた。特に麹菌は，日本醸造学会により日本の国菌に認定されるほど，日本の食生活と深い関わりがある。麹菌を大豆と小麦に繁殖させることで，しょうゆができる。また，大豆を原料として豆味噌が，大麦を原料として麦味噌ができる。米を原料としたものでは，清酒，焼酎，甘酒，みりん，食酢，米味噌などがある。
その他の発酵食品としては，納豆菌を用いた納豆，乳酸菌や酵母によるぬか漬け，乳酸菌によるヨーグルトなどがある。

麹菌

無機質					ビタミン								食塩相当量	備考
					A			E						
カルシウム	マグネシウム	リン	鉄	亜鉛	β-カロテン当量	レチノール活性当量	D	α-トコフェロール	B_1	B_2	葉酸	C	(ナトリウム)	
■＝20mg	■＝20mg	■＝20mg	■＝0.2mg	■＝0.2mg	■＝20μg	■＝2μg	■＝0.2μg	■＝0.2mg	■＝0.02mg	■＝0.02mg	■＝2μg	■＝2mg	■＝0.1g(mg)	
90	100	190	3.3	1.9	0	(0)	(0)	0.5	0.07	0.56	120	Tr	0(2)	1包＝30g ビタミンK: メナキノン-7を含む
110	140	330	5.9	3.8	(0)	(0)	(0)	0.9	0.04	0.35	39	Tr	14.2(5600)	10粒＝5g 別名：塩辛納豆、浜納豆／ビタミンK: メナキノン-7を含む
81	40	99	1.3	0.6	0	(0)	(0)	0.4	0.11	0.03	14	Tr	0(5)	
15	25	49	1.2	0.3	(0)	(0)	(0)	0.1	0.03	0.02	28	Tr	0(2)	1パック＝210g
31	19	44	1.2	0.4	(0)	(0)	(0)	2.2	0.07	0.02	31	Tr	0.1(50)	1パック＝210g
90	80	250	3.6	2.2	10	1	(0)	0.9	0.17	0.09	25	Tr	0(4)	1回量＝25g
280	230	320	11.0	3.1	22	2	(0)	0.1	0.50	0.13	210	3	0(1)	別名：たけあずき
100	140	270	2.6	3.2	19	2	(0)	2.5	0.37	0.15	350	Tr	0(17)	1カップ＝150g 別名：チックピー、ガルバンゾー
78	190	430	5.4	3.4	4	Tr	(0)	0.1	0.67	0.15	140	Tr	0(1)	別名：はなまめ
100	150	320	5.9	4.0	150	13	(0)	0.3	0.70	0.22	460	Tr	0(0)	1カップ＝160g 別名：やえなり
57	100	430	9.0	4.8	30	3	(0)	0.8	0.52	0.17	77	1	0(Tr)	別名：ひらまめ／(100 g:126mL、100 mL:80g)

おいしい情報 あん　小豆などを煮て砂糖を加え練ったもの。ほかにいんげん豆，さつまいも，栗などからもつくる。

5 種実類

Nuts and seeds

種実類とは，植物の種子（かぼちゃやひまわりの種など）や堅果類の果実（くり，くるみなど）で食用になるものをいう。食用にする部分は，おもにはいやはい乳の部分である。脂質を多く含むもの（マカダミアナッツ，アーモンド，ごまなど）と，炭水化物（糖質）を多く含むもの（ぎんなん，くりなど）に分けられる。また，無機質も豊富で，各種実によって成分に特徴がある。種実類に含まれる脂肪酸は必須脂肪酸のリノール酸やリノレン酸が多いが，高カロリーなので食べ過ぎには注意したい。

アーモンド Almonds

脂質のほかたんぱく質，ビタミン，ミネラルを多く含んでいるので手軽なエネルギー補給源となる。飲酒のつまみや製菓材料としても利用される。

▼アーモンド

あまに 亜麻仁／Flax Seed

人類が初めて栽培した植物の一つといわれる，地中海地方原産の植物「亜麻」の種子。食物繊維，体内で作れないα-リノレン酸，抗酸化作用をもつリグナンなどを含む。そのままもしくは粉末にしてサラダなどに混ぜることが多い。

▼あまに

カシューナッツ Cashew nuts

脂質とたんぱく質のほか，ビタミンB_1が豊富である。つまみとして食べるほか，中国では炒め物にも利用される。

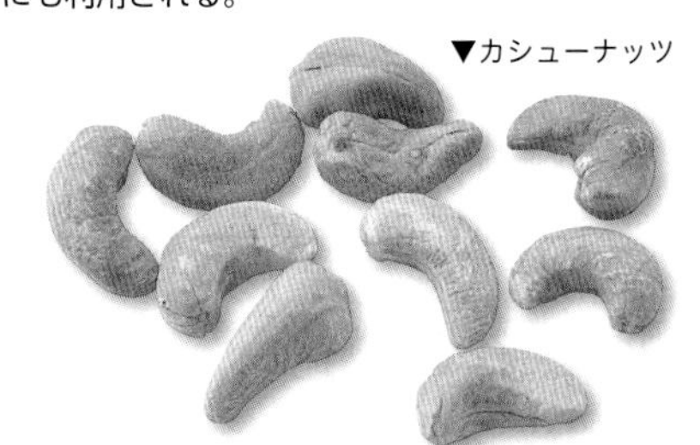

▼カシューナッツ

食品番号 食品名	廃棄率(%)	水分量(g)	エネルギー (■=20 kcal)	たんぱく質 (■=2 g)	脂質 脂質 (■=2 g)	脂質 コレステロール (■=2 mg)	脂質 飽和脂肪酸 (■=0.2 g)	脂質 n-6系多価不飽和脂肪酸 (■=0.2 g)	脂質 n-3系多価不飽和脂肪酸 (■=0.2 g)	炭水化物 利用可能炭水化物(単糖当量) (■=2 g)	炭水化物 炭水化物 (■=2 g)	炭水化物 食物繊維総量 (■=0.2 g)	無機質 カリウム (■=20 mg)
05001 アーモンド 乾	0	4.7	609	18.7	51.9	-	3.95	12.11	0.01	5.5	5.2	10.1	760
05041 あまに いり	0	0.8	540	20.3	41.1	2	3.62	5.63	23.50	1.2	1.2	23.8	760
05005 カシューナッツ フライ、味付け	0	3.2	591	19.3	47.9	(0)	9.97	8.00	0.08	(18.6)	(17.2)	6.7	590
05006 かぼちゃ いり、味付け	35	4.5	590	(25.3)	(48.7)	(0)	(9.03)	(20.81)	(0.12)	(2.1)	(2.0)	7.3	840
05008 ぎんなん 生	25	57.4	168	4.2	1.3	(0)	0.16	0.57	0.04	33.4	30.4	1.6	710
05011 日本ぐり ゆで	20	58.4	152	(2.9)	0.5	(0)	0.11	0.25	0.06	32.8	30.0	6.6	460
05012 甘露煮	0	40.8	232	(1.5)	(0.3)	(0)	(0.07)	(0.16)	(0.04)	-	56.8	2.8	75
05013 中国ぐり 甘ぐり	20	44.4	207	(4.3)	(0.9)	(0)	(0.13)	(0.21)	(0.02)	(43.9)	(40.2)	8.5	560
05014 くるみ いり	0	3.1	713	13.4	70.5	(0)	6.87	41.32	8.96	2.8	2.6	7.5	540

 ミニ知識 桃栗三年柿八年　ある時期がこないと成果は得られないということのたとえ。

かぼちゃ 南瓜／Pumpkin seeds

かぼちゃの種を煎って，味をつけたもの。ミネラルやビタミンB_1が豊富である。中国では，つまみや菓子の材料としてよく食べられている。

▲かぼちゃの種

ぎんなん 銀杏／Ginkgo nuts

イチョウの種子で主成分は糖質。他の種子に比べカロテンを多く含む。青酸を含有しており，大量に食べると消化不良をおこす場合がある。殻はかたいのではずして食べる。

▲ぎんなん

くり類 栗類／Chestnuts

秋

糖質主体の種実類。低脂肪で消化がよい。世界各地で料理や製菓に広く利用される。中国種は渋皮が離れやすいので焼きぐりに適しており，天津甘栗として市販されている。

▲甘露煮
▼日本ぐり

CHECK! 黒ずんでしわのあるものはさける。

くるみ 胡桃／Walnuts

日本ではおもに鬼ぐるみやひめぐるみという品種のものがとれるが，中国やアメリカなどからの輸入が多い。風味がよく，世界各地でつまみや菓子の材料として広く利用されている。果肉の70％近くが脂肪分。

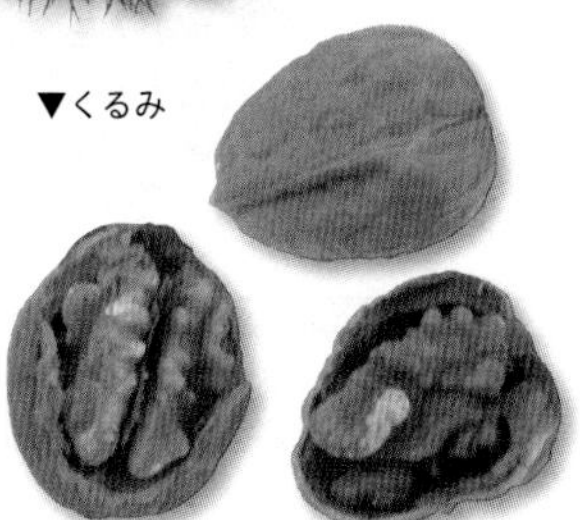
▼くるみ

成分の特徴による種実の分類

脂質の多い種実	糖質の多い種実
マカダミアナッツ	とちの実
ペカン	はすの実
ココナッツ	しいの実
くるみ	ひしの実
ブラジルナッツ	ぎんなん
まつの実	
ヘーゼルナッツ	
ピスタチオ	
ひまわりの種	
アーモンド	
らっかせい	
ごま	
カシューナッツ	
すいかの種	

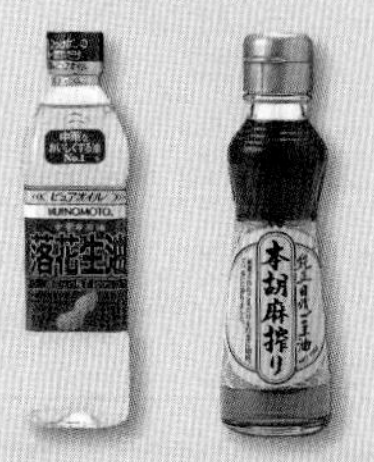
脂質の多い種実から絞られた油脂類（落花生油，ごま油など）

5 種実類 アーモンド ～ くるみ

無機質 カルシウム ■＝20mg	無機質 マグネシウム ■＝20mg	無機質 リン ■＝20mg	無機質 鉄 ■＝0.2mg	無機質 亜鉛 ■＝0.2mg	ビタミン A β-カロテン当量 ■＝20μg	ビタミン A レチノール活性当量 ■＝2μg	ビタミン D ■＝0.2μg	ビタミン E α-トコフェロール ■＝0.2mg	ビタミン B_1 ■＝0.02mg	ビタミン B_2 ■＝0.02mg	ビタミン 葉酸 ■＝2μg	ビタミン C ■＝2mg	食塩相当量（ナトリウム） ■＝0.1g(mg)	備考
250	290	460	3.6	3.6	11	1	(0)	30.0	0.20	1.06	65	0	0(1)	10粒＝15g
210	410	710	9.0	6.1	16	1	0	0.4	0.01	0.17	45	0	0.2(70)	
38	240	490	4.8	5.4	10	1	(0)	0.6	0.54	0.18	63	0	0.6(220)	10粒＝15g
44	530	1100	6.5	7.7	31	3	(0)	0.6	0.21	0.19	79	Tr	0.1(47)	1カップ＝80g 廃棄部位：種皮
5	48	120	1.0	0.4	290	24	(0)	2.5	0.28	0.08	45	23	0(Tr)	1粒＝2～3g 廃棄部位：殻及び薄皮
23	45	72	0.7	0.6	37	3	(0)	0	0.17	0.08	76	26	0(1)	廃棄部位：殻（鬼皮）及び渋皮
8	8	25	0.6	0.1	32	3	(0)	0	0.07	0.03	8	0	0(7)	1粒＝15～20g 液汁を除いたもの
30	71	110	2.0	0.9	68	6	(0)	0.1	0.20	0.18	100	2	0(2)	1粒＝4～7g 別名：あまぐり／廃棄部位：殻（鬼皮）及び渋皮
85	150	280	2.6	2.6	23	2	(0)	1.2	0.26	0.15	91	0	0(4)	1個＝10～12g 実だけ6g 廃棄率：殻つきの場合55％

おいしい情報 杏仁豆腐とは？ あんずの種（杏仁）の中身を使用した中国のデザート。アーモンドオイルを使う場合もある。

5 種実類

Nuts and seeds

けし 芥子／Poppy seeds

けしの種子。実には麻酔成分の阿片を含まないので安心して食用できる。香りがこうばしく，バンズやクッキーなどに使われる。

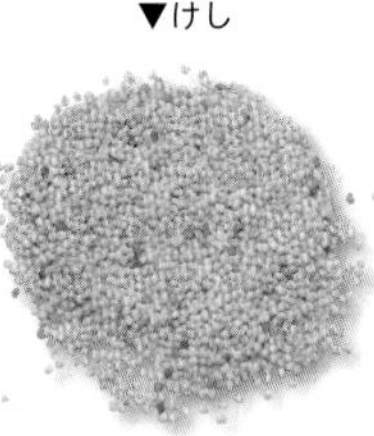

▼けし

ココナッツ Coconut powder

ココヤシの果肉を乾燥させたもの。風味がよく菓子材料として用いられる。果実の中のはい乳に存在する乳状の液体をココナッツミルクと呼ぶ。

◀ココナッツパウダー

ごま 胡麻／Sesame seeds

黒ごま，白ごま，茶ごまなどの種類がある。鉄，カルシウム，ビタミン B_1 などを豊富に含んでいる。料理用，製菓用のほか，ごま油の原料にもなる。

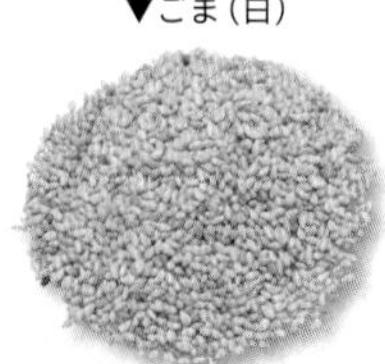

▼ごま（白）

▼ごま（黒）

すいか 西瓜／Watermelon seeds

中国名は黒瓜子，西瓜子。しょうゆや香辛料で味付けして炒めたり煮たりしたもの。酒のつまみや中華菓子のあんの材料として使う。中国産が大半。

▼すいかの種

ピスタチオ Pistachio nuts

原産地はパレスチナ付近。小型で細長いぎんなんといった形状で，殻は硬いのではずして食べる。食味はアーモンドに似ている。酒のつまみとして利用されることが多い。

ピスタチオ▶

ひまわり 向日葵／Sunflower seeds

殻が白色のものが菓子用である。「味付け」は，殻を除いたむき身をフライし，食塩で味付けをしたもの。脂質が多くを占め，たんぱく質も豊富である。

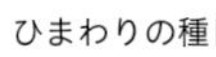

ひまわりの種▶

食品番号 食品名	廃棄率(%)	水分量(g)	エネルギー	たんぱく質	脂質：脂質	脂質：コレステロール	脂質：飽和脂肪酸	脂質：n-6系多価不飽和脂肪酸	脂質：n-3系多価不飽和脂肪酸	炭水化物：利用可能炭水化物（単糖当量）	炭水化物：炭水化物	炭水化物：食物繊維総量	無機質：カリウム
			■＝20kcal	■＝2g	■＝2g	■＝2mg	■＝0.2g	■＝0.2g	■＝0.2g	■＝2g	■＝2g	■＝0.2g	■＝20mg
05015 **けし** 乾	0	3.0	555	(20.2)	47.6	(0)	5.44	32.50	0.28	3.3	3.2	16.5	700
05016 **ココナッツ** ココナッツパウダー	0	2.5	676	(5.6)	(64.3)	(0)	(55.25)	(1.01)	(0)	(6.4)	(2.7)	14.1	820
05017 **ごま** 乾	0	4.7	604	19.3	53.0	(0)	7.80	23.11	0.15	1.0	0.9	10.8	400
05021 **すいか** いり、味付け	60	5.9	528	(28.7)	36.9	(0)	6.24	24.91	0.08	2.3	2.2	7.1	640
05026 **ピスタチオ** いり、味付け	45	2.2	617	16.2	55.9	(0)	6.15	16.22	0.20	(8.2)	(7.7)	9.2	970
05027 **ひまわり** フライ、味付け	0	2.6	587	(18.7)	49.0	(0)	5.68	28.22	0.09	(15.4)	(14.0)	6.9	750
05029 **ヘーゼルナッツ** フライ、味付け	0	1.0	701	(11.0)	69.3	(0)	6.21	5.24	0.07	(4.9)	(4.6)	7.4	610
05031 **マカダミアナッツ** いり、味付け	0	1.3	751	7.7	76.6	(0)	12.46	1.47	0.09	(4.8)	(4.5)	6.2	300
05032 **まつ** 生	0	2.5	645	(14.5)	55.0	(0)	5.09	29.72	0.13	(4.0)	(3.8)	4.1	730
05035 **らっかせい** 大粒種、いり	30	1.7	613	23.6	50.5	(0)	9.00	14.73	0.10	10.8	10.1	11.4	760
05037 ピーナッツバター	0	1.2	599	19.7	47.8	(0)	11.28	14.56	0.05	19.8	18.6	7.6	650

ミニ知識 ごまかすの語源は「ごま」。ごまを使うと料理が下手な人でも美味しくできることから。

ヘーゼルナッツ Hazel nuts

西洋ハシバミの実。種子は脂質が多く，繊維も多い。実は砂糖菓子やクッキーに使われる。南西ヨーロッパ原産で地中海周辺，アメリカなどで栽培。

▲ヘーゼルナッツ

マカダミアナッツ Macadamia nuts

種実類の中でも脂肪含量が70％以上と特に高い。煎って塩味をつけたものを酒のつまみとして食べたり，製菓材料として使われる。

◀マカダミアナッツ

▼まつの実

まつ 松／Pine nuts

チョウセンゴヨウマツの実で，中国や韓国から輸入している。菓子の材料として使われるほか，塩味をつけて酒のつまみとされる。脂肪分を多く含む。

らっかせい 落花生／Peanuts

種実類の中で生産量が一番多い。ピーナッツ，南京豆ともいう。料理や菓子材料，油の原料やピーナッツバターなどとして利用。煎ったものはそのままつまみとして食される。かび臭いものには発ガン物質が含まれる場合があるので注意が必要である。

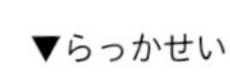

▼らっかせい

らっかせい豆知識

■らっかせいの名前の由来は？
夏に黄色い花が咲き，花が落ちると，花のそばから茎（子房柄）が伸びて地面にもぐりこんでいく。そして土の中で子房柄の先が膨らみ，実ができる。この，花が落ちて実になる一連の様子から，「落花生（らっかせい）」という名前がついた。

■らっかせいの旬って？
夏の終わりから秋にかけてが旬にあたる。日本国内の一番の生産地は千葉県で，産地では，採りたてを塩ゆでして，旬の味を楽しむことが一般的である。らっかせいは南米が原産で，日本へは江戸時代に中国を経由して持ち込まれたと言われている。

無機質					ビタミン								食塩相当量	備考
					A		D	E	B1	B2	葉酸	C		
カルシウム	マグネシウム	リン	鉄	亜鉛	β-カロテン当量	レチノール活性当量		α-トコフェロール					(ナトリウム)	
■＝20mg	■＝20mg	■＝20mg	■＝0.2mg	■＝0.2mg	■＝20μg	■＝2μg	■＝0.2μg	■＝0.2mg	■＝0.02mg	■＝0.02mg	■＝2μg	■＝2mg	■＝0.1g(mg)	
1700	350	820	23.0	5.1	6	Tr	(0)	1.5	1.61	0.20	180	0	0(4)	別名：ポピーシード
15	110	140	2.8	1.4	(0)	(0)	(0)	0	0.03	0.03	10	0	0(10)	
1200	370	540	9.6	5.5	9	1	(0)	0.1	0.95	0.25	93	Tr	0(2)	大さじ1＝9g　試料：洗いごま
70	410	620	5.3	3.9	9	1	(0)	0.6	0.10	0.16	120	Tr	1.5(580)	1カップ＝100g 廃棄部位：種皮
120	120	440	3.0	2.5	120	10	(0)	1.4	0.43	0.24	59	(0)	0.7(270)	10粒＝30g　廃棄部位：殻
81	390	830	3.6	5.0	9	1	(0)	12.0	1.72	0.25	280	0	0.6(250)	1個＝7g
130	160	320	3.0	2.0	Tr	(0)	(0)	18.0	0.26	0.28	54	0	0.1(35)	別名：ヘイゼルナッツ、西洋はしばみ、フィルバート／薄皮を除いたもの
47	94	140	1.3	0.7	Tr	(0)	(0)	Tr	0.21	0.09	16	(0)	0.5(190)	
14	290	680	5.6	6.9	0	(0)	(0)	11.0	0.63	0.13	79	Tr	0(2)	
50	200	390	1.7	3.0	6	1	(0)	10.0	0.24	0.13	58	0	0(2)	1カップ＝110g　別名：なんきんまめ、ピーナッツ／廃棄率：殻27％及び種皮3％
47	180	370	1.6	2.7	4	Tr	(0)	4.8	0.10	0.09	86	(0)	0.9(350)	大さじ1＝17g

おいしい情報　ごま和えには白ごまと黒ごまどちらを使う？　仕上がりの色や風味が違うが，どちらでつくってもよい。

6 野菜類

Vegetables

野菜類は，利用する部位によって，果菜類，葉茎菜類，根菜類に分類される。ただし，分類の方法によっては，とうもろこしやじゃがいもは，他の食品群に分類されたり，いちご・すいか・メロンは形態，性質，栽培方法は野菜に分類されるが，果物に分類されるなど，一部明確でないものもある。野菜は，水分が多く，エネルギー源とはならないが，ビタミン・無機質や食物繊維の供給源として重要な食品である。近年，わが国では品種改良，栽培技術の開発による周年化，輸入品の増加，貯蔵・輸送の改善などにより，市場に出回る野菜が増加する傾向にあることから，比較的安定した価格で供給されるようになってきている。

野菜の可食部の分類

野菜には，葉や茎を食べるもの，根を食べるもの，実を食べるもの，花を食べるものなどがある。

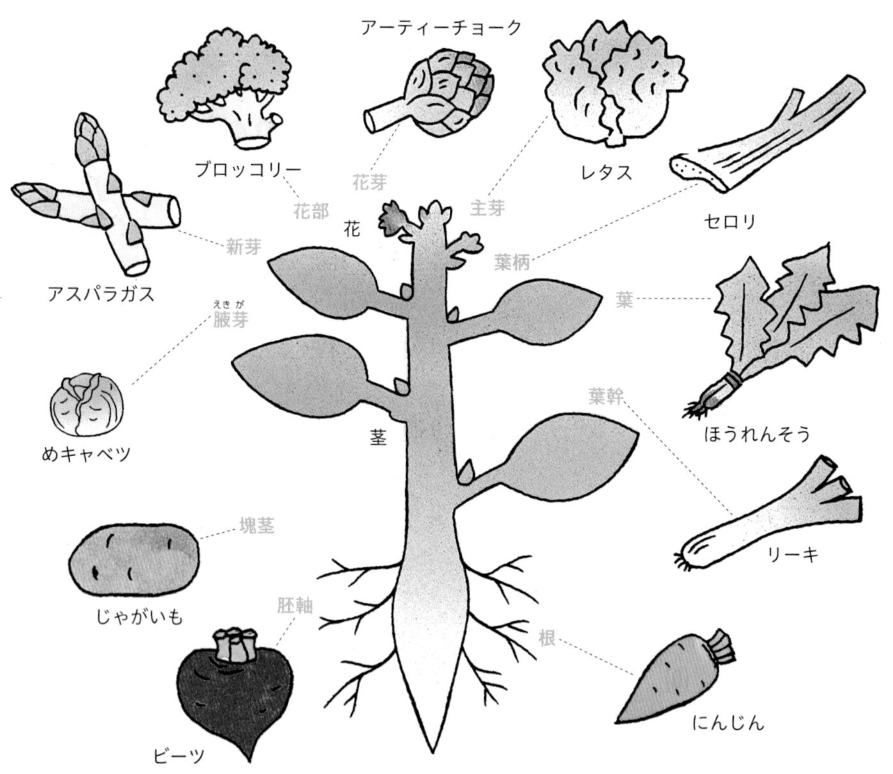

野菜の旬

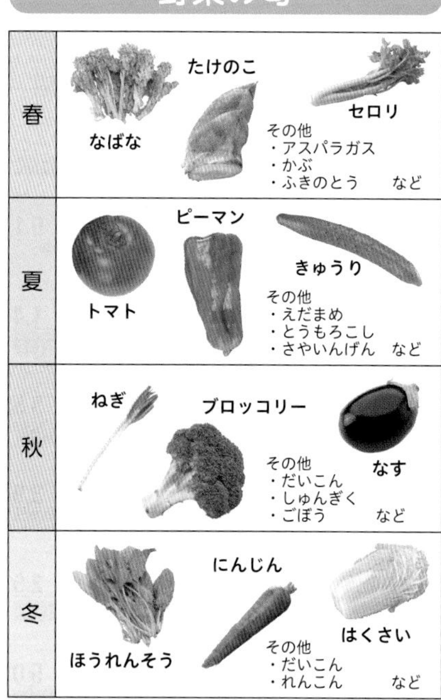

「旬」には，最も出回る時期と，最も美味しい時期が異なる場合も多く，また地域差もあるため，確実なものではない。あくまでも目安と考えよう。

利用する部位による分類

果菜類	未熟果や熟果を利用する	オクラ，かぼちゃ，きゅうり，とうがらし，トマト，なす，ピーマン など
葉茎菜類	葉を利用する	キャベツ，しゅんぎく，はくさい，ほうれんそう，レタス，
	茎を利用する	アスパラガス，セロリ，たけのこ
	花らいや花を利用する	アーティーチョーク，カリフラワー，きく，ブロッコリー，みょうが
根菜類	根を利用する	かぶ，ごぼう，さといも，じゃがいも，だいこん，にんじん，れんこん

 ミニ知識 **青菜に塩**　青菜に塩をふると水分が出てしおれることから，元気がなくしょげていることのたとえ。

野菜の色

野菜には，美しい色をもつものがある。このもとになるのは，クロロフィルやカロテノイドなどの色素である。

緑黄色野菜って？

可食部 100g 中，β - カロテンを 600 μ g以上含むもの（✿），または 600 μ g未満でも，食生活の上でよく利用されるもので 1 回の使用量が比較的多いもの（✿）を緑黄色野菜という。「緑黄色」野菜といっても，緑色と黄色の野菜だけではない。

✿あさつき	✿たらのめ	✿からしな	✿葉たまねぎ	✿にんじん	✿みぶな
✿あしたば	✿チンゲンサイ	✿ぎょうじゃにんにく	✿つくし	✿きんとき	✿めキャベツ
✿アスパラガス	✿のざわな	✿キンサイ	✿つるな	✿ミニキャロット	✿めたで
✿さやいんげん	✿のびる	✿クレソン	✿つるむらさき	✿茎にんにく	✿モロヘイヤ
✿エンダイブ	✿パクチョイ	✿ケール	✿とうがらし（葉・実）	✿葉ねぎ	✿ようさい
✿トウミョウ	✿バジル	✿こごみ	✿トマト	✿こねぎ	✿よめな
✿さやえんどう	✿パセリ	✿こまつな	✿ミニトマト	✿ひろしまな	✿よもぎ
✿おおさかしろな	✿青ピーマン	✿さんとうさい	✿とんぶり	✿ふだんそう	✿サラダな
✿おかひじき	✿赤ピーマン	✿ししとう	✿ながさきはくさい	✿ブロッコリー	✿リーフレタス
✿かいわれだいこん	✿トマピー	✿しそ（葉・実）	✿なずな	✿ほうれんそう	✿サニーレタス
✿葉だいこん	✿ひのな	✿じゅうろくささげ	✿和種なばな	✿みずかけな	✿レタス（水耕栽培）
✿だいこん（葉）	✿オクラ	✿しゅんぎく	✿洋種なばな	✿みずな	✿サンチュ
✿つまみな	✿かぶ（葉）	✿すぐきな	✿にら	✿切りみつば	✿ルッコラ
✿たいさい	✿日本かぼちゃ	✿せり	✿花にら	✿根みつば	✿わけぎ
✿たかな	✿西洋かぼちゃ	✿タアサイ	✿葉にんじん	✿糸みつば	

野菜の色素

クロロフィル	カロテノイド	アントシアン	フラボノイド
緑色の色素。酸や熱に不安定で褐色になる。	黄色または赤色の色素。油脂に溶ける。熱には安定。	酸性で赤，アルカリ性で青，中性で紫になる色素。鉄などの金属イオンと結合すると安定する。	酸性で無色。アルカリ性で黄色になる色素。鉄などの金属イオンと結合すると錯塩をつくり，青，黄，緑になる。
ピーマン　パセリ　ほうれんそう	トマト　にんじん　かぼちゃ	なす　紫キャベツ　赤しそ	たまねぎ　カリフラワー　れんこん

野菜の選び方

同じ野菜で，見た目は変わらないのに，価格が違うものが同時に売られていることがある。どのような違いがあるのだろうか？

▲店頭で表示を確認しよう。

食品表示法にもとづき，すべての生鮮食品には，原産地の表示が義務付けられている。野菜については，国産のものの場合はその野菜が生産された都道府県名（または一般的に知られている地名）を，輸入品については原産国名（または一般的に知られている地名）を，容器，包装の見やすいところや近接した掲示，立て札などにより表示することになっている。また，「有機栽培農産物」や「特別栽培農産物」の表示など，栽培方法に関わる表示もある。あなたは何を基準に野菜を購入するだろうか？ 見た目の新鮮さ，価格，原産地，栽培方法など，さまざまな情報を店頭で確認してから購入しよう。

おいしい情報 **野菜をたくさん食べたいときは？** 火を通した方がかさがへり，たくさん食べられ，消化吸収がよくなるものも多い。

6 野菜類

Vegetables

▲あさつき

あさつき 浅葱／Asatsuki

糸ねぎともいう。葉が細かいので，ねぎ類の中でも豆腐や汁物の薬味などとして，特に需要が高い。カロテン，ビタミンCが豊富。

あしたば 明日葉／Ashitaba

▲あしたば

伊豆諸島の特産野菜で，カロテン，ビタミンC，食物繊維が豊富。香りがやや強い。おひたしやてんぷらに用いるほか，野菜ジュースの原料にもよい。

アスパラガス Asparagus

おもな産地は北海道，長野だが，輸入も多い。塩ゆでし，サラダやおひたしにして食べる。光にあてずに育てるホワイトアスパラガスはおもに缶詰用。

旬 春

▼ホワイトアスパラガス

▲アスパラガス

CHECK!
穂先がつまっていて、切り口がみずみずしいもの。

アロエ Aloe

アフリカ原産のユリ科の多肉植物。葉をはちみつ漬けにしたり，葉の皮をむき，中のゼリー状の葉肉をヨーグルトに入れたりする。

▲アロエ

うど 独活／Udo

軟化栽培したものが利用されるが，山野にも自生する。栄養的価値は少なく，歯ごたえと香りを楽しむ。生食が最も美味で酢の物，あえものに適する。やまうどは，芽の先が緑色で皮が厚い。ほとんどが栽培ものだが，本来は春が旬。あくが強く，独特の風味と歯ごたえがある。

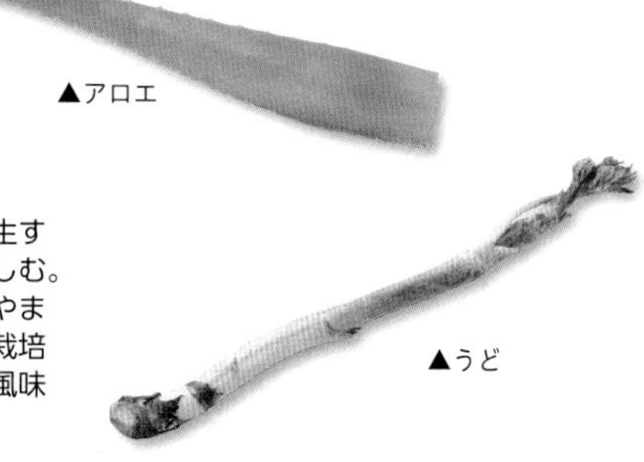

▲うど

食品番号 食品名	廃棄率(%)	水分量(g)	エネルギー (kcal)	たんぱく質 (g)	脂質：脂質 (g)	脂質：コレステロール (mg)	脂質：飽和脂肪酸 (g)	脂質：n-6系多価不飽和脂肪酸 (g)	脂質：n-3系多価不飽和脂肪酸 (g)	炭水化物：利用可能炭水化物(単糖当量) (g)	炭水化物：炭水化物 (g)	炭水化物：食物繊維総量 (g)	無機質：カリウム (mg)
06003 あさつき 葉、生	0	89.0	34	(2.9)	(0.1)	(0)	(0.04)	(0.04)	(0.04)	-	5.6	3.3	330
06005 あしたば 茎葉、生	2	88.6	30	(2.4)	0.1	(0)	-	-	-	-	6.7	5.6	540
06007 アスパラガス 若茎、生	20	92.6	21	1.8	(0.2)	Tr	(0.07)	(0.07)	(0.02)	2.1	2.1	1.8	270
06009 水煮缶詰	0	91.9	24	(1.6)	(0.1)	(0)	(0.02)	(0.04)	(Tr)	(2.3)	(2.3)	1.7	170
06328 アロエ 葉、生	30	99.0	3	0	0.1	(0)	-	-	-	-	0.7	0.4	43
06010 いんげんまめ さやいんげん 若ざや、生	3	92.2	23	1.3	(0.1)	Tr	(0.02)	(0.02)	(0.03)	2.2	2.2	2.4	260
06012 うど 茎、生	35	94.4	19	(0.8)	0.1	(0)	-	-	-	-	4.3	1.4	220
06015 えだまめ 生	45	71.7	125	10.3	5.7	(0)	0.84	2.25	0.52	4.7	4.3	5.0	590
06018 エンダイブ 葉、生	15	94.6	14	(0.9)	(0.1)	(0)	(0.05)	(0.08)	(0.01)	-	2.9	2.2	270
06020 さやえんどう 若ざや、生	9	88.6	38	1.8	(0.2)	0	(0.04)	(0.08)	(0.01)	4.2	4.1	3.0	200
06022 スナップえんどう 若ざや、生	5	86.6	47	(1.6)	(0.1)	(0)	(0.02)	(0.04)	(0.01)	(5.9)	(5.7)	2.5	160
06023 グリンピース 生	0	76.5	76	5.0	0.2	0	0.05	0.07	0.01	12.8	11.8	7.7	340

ミニ知識 うどの大木　うどの茎は弱くて何の役にもたたないことから，大きいだけで役立たないもののたとえ。

いんげんまめ 隠元豆／Kidney beans

●**さやいんげん** 若さやのうちに食べるいんげんで，さやの平たいもの，丸いものがある。おもな産地は福島，茨城。おひたし，炒めもの，煮物に用いられる。

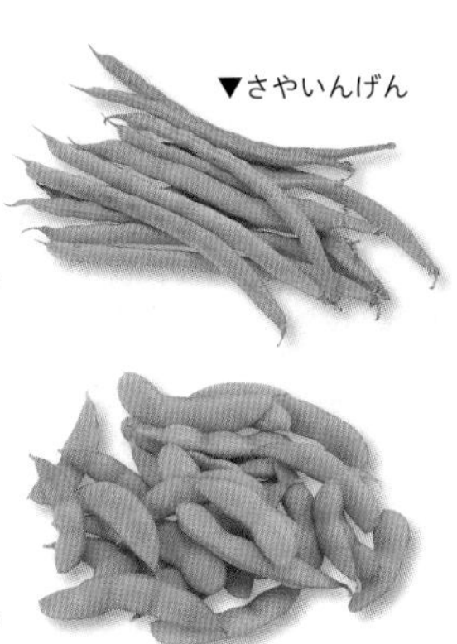
▼さやいんげん

▲えだまめ

えだまめ 枝豆／Edamame

大豆を若いうちに収穫したもの。さやが鮮緑色で，大粒のものが良質。たんぱく質とビタミンを合わせ持つ。塩ゆでや，つぶしてもちにからめて「ずんだもち」としたり，えだまめごはんなどに用いる。

旬 夏

エンダイブ Endive

菊ちしゃ，苦ちしゃともいう。葉の先が縮れているのと平らなものがある。葉には，ほんのりとした苦みがあり，サラダで生食することが多い。ビタミンAが豊富。

▼エンダイブ

えんどう類 豌豆類／Peas

●**さやえんどう** さやごと食用にする未熟なえんどうで，オランダさやえんどう，きぬさやえんどうがよく用いられる。味噌汁の実や炒めものの具，おひたしにしてもよい。

●**スナップえんどう** さやごと食べられ，甘味が強いのが特徴。スナックえんどうともいう。

●**グリーンピース** 実えんどうともいわれる。食物繊維を多く含む。最近では冷凍グリーンピースが主体で，料理の彩りとして用いられたり，ソテーなどに用いられる。

アスパラガスの色

ホワイトアスパラガスとグリーンアスパラガスは同じユリ科の多年生植物。グリーンアスパラガスは地上で太陽をあてて育てるので緑色になり，ホワイトアスパラガスは太陽があたらないように土の中で育てられるので白い。同じアスパラガスでも味も栄養成分も全く異なっている。ホワイトアスパラガスは，光にあたるとすぐに変色して味が落ちてしまうので一般市場にあまり出回らず，おもに缶詰に加工される。

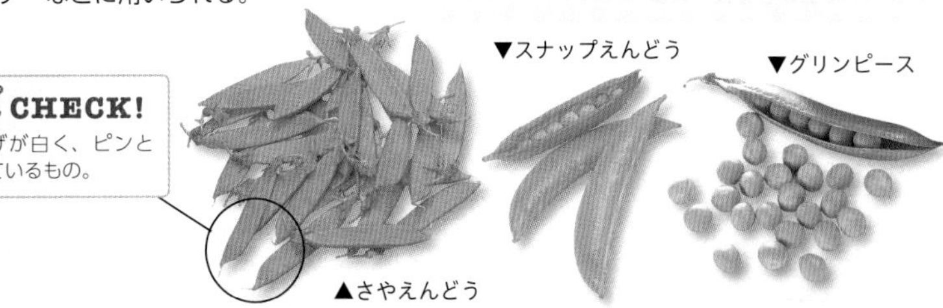
CHECK! ひげが白く，ピンとしているもの。

▲さやえんどう　▼スナップえんどう　▼グリンピース

無機質					ビタミン									食塩相当量 (ナトリウム)	備考
					A			E							
カルシウム	マグネシウム	リン	鉄	亜鉛	β-カロテン当量	レチノール活性当量	D	α-トコフェロール	B1	B2	葉酸	C			
■＝20mg	■＝20mg	■＝20mg	■＝0.2mg	■＝0.2mg	■＝20μg	■＝2μg	■＝0.2μg	■＝0.2mg	■＝0.02mg	■＝0.02mg	■＝2μg	■＝2mg	■＝0.1g(mg)		
20	16	86	0.7	0.8	750	62	(0)	0.9	0.15	0.16	210	26	0(4)	1本＝5g
65	26	65	1.0	0.6	5300	440	(0)	2.6	0.10	0.24	100	41	0.2(60)	1わ＝220g 別名：あしたぐさ、はちじょうそう / 廃棄部位：基部
19	9	60	0.7	0.5	380	31	(0)	1.5	0.14	0.15	190	15	0(2)	1本＝20～30g 試料：グリーンアスパラガス / 廃棄部位：株元
21	7	41	0.9	0.3	7	1	(0)	0.4	0.07	0.06	15	11	0.9(350)	中1本＝12g 試料：ホワイトアスパラガス / 液汁を除いたもの
56	4	2	0	0	1	0	(0)	0	0	0	4	1	Tr(8)	試料：アロエベラ及びキダチアロエ / 廃棄部位：皮
48	23	41	0.7	0.3	590	49	(0)	0.2	0.06	0.11	50	8	0(1)	1さや＝7g 別名：さいとう（菜豆）、さんどまめ / 廃棄部位：すじ及び両端
7	9	25	0.2	0.1	0	(0)	(0)	0.2	0.02	0.01	19	4	0(Tr)	1本＝250g 軟白栽培品 / 廃棄部位：株元、葉及び表皮
58	62	170	2.7	1.4	260	22	(0)	0.8	0.31	0.15	320	27	0(1)	1さや＝2～3g 廃棄部位：さや / 廃棄率：茎つきの場合 60 %
51	19	30	0.6	0.4	1700	140	(0)	0.8	0.06	0.08	90	7	0.1(35)	別名：きくちしゃ、にがちしゃ、シコレ / 廃棄部位：株元
35	24	63	0.9	0.6	560	47	(0)	0.7	0.15	0.11	73	60	0(1)	1さや＝2g 別名：きぬさやえんどう / 廃棄部位：すじ及び両端
32	21	62	0.6	0.4	400	34	(0)	0.4	0.13	0.09	53	43	0(1)	別名：スナックえんどう / 廃棄部位：すじ及び両端
23	37	120	1.7	1.2	420	35	(0)	0.1	0.39	0.16	76	19	0(1)	1カップ＝130g 別名：みえんどう / さやを除いたもの（さやつきの場合 / 廃棄率：55%）

おいしい情報 **はかま** アスパラガスやつくしの周囲についている茶色がかった三角の部分。調理の前にそぐようにして取る。

6 野菜類

Vegetables

おかひじき 陸鹿尾菜／Saltwort

各地の海岸の砂地に自生する野草だが，出回っているものは栽培もの。海藻のひじきに似ているので，この名がある。シャキシャキした食感で，おひたし，酢の物などに用いられる。

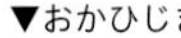
▼おかひじき

オクラ Okra

原産地の北アフリカではガンボーと呼ばれている。アメリカ，ヨーロッパでも栽培されている。食物繊維が豊富で，独特の粘性がある。さやのうぶ毛は，塩でもんで取り除いて食べる。

▲オクラ

CHECK! 産毛の生えているもの。

かぶ 蕪／Turnip

日本でも古くから栽培されていた野菜の一つで，かぶら，すずなともいう。春の七草の一つで，冬季のカロテン，ビタミンC補給源として重要であった。根は大根よりも肉質が緻密で，甘味がある。漬け物としては，聖護院かぶを使った千枚漬けが有名なほか，ぬか漬けや粕漬けも多くつくられる。

旬 春

▲かぶ

かぼちゃ類 南瓜類／Pumpkins and squashes

中央アメリカ原産の日本かぼちゃ，南アメリカ原産の西洋かぼちゃがある。見た目では日本かぼちゃのほうが表面に凹凸がある。日本かぼちゃは甘味が薄いが，肉質が粘質で水分が多くしっとりとしているので煮物などの日本料理に合う。西洋かぼちゃは甘味が強く，肉質は粉質でホクホクとしており，栗かぼちゃとも呼ばれる。カロテンを豊富に含む。

旬 通年

▲日本かぼちゃ

▲西洋かぼちゃ

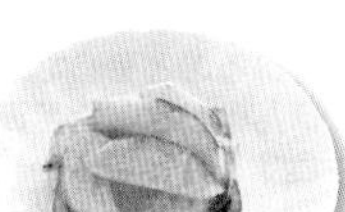
▲西洋かぼちゃ　焼き

食品番号 食品名	廃棄率(%)	水分量(g)	エネルギー	たんぱく質	脂質: 脂質	脂質: コレステロール	脂質: 飽和脂肪酸	脂質: n-6系多価不飽和脂肪酸	脂質: n-3系多価不飽和脂肪酸	炭水化物: 利用可能炭水化物(単糖当量)	炭水化物: 炭水化物	炭水化物: 食物繊維総量	無機質: カリウム
栄養素			■ = 20 kcal	■ = 2 g	■ = 2 g	■ = 2 mg	■ = 0.2 g	■ = 0.2 g	■ = 0.2 g	■ = 2 g	■ = 2 g	■ = 0.2 g	■ = 20 mg
06030 **おかひじき** 茎葉、生	6	92.5	16	1.4	0.2	(0)	-	-	-	-	3.4	2.5	680
06032 **オクラ** 果実、生	15	90.2	26	1.5	(0.1)	Tr	(0.03)	(0.03)	(Tr)	1.9	1.9	5.0	260
06034 **かぶ** 葉、生	30	92.3	20	(2.0)	(0.1)	(0)	(0.01)	(Tr)	(0.03)	-	3.9	2.9	330
06036 根、皮つき、生	9	93.9	18	0.6	(0.1)	(0)	(0.01)	(0.01)	(0.04)	3.0	3.0	1.5	280
06046 **日本かぼちゃ** 果実、生	9	86.7	41	1.1	Tr	0	0.01	0.01	0.02	8.3	7.8	2.8	400
06048 **西洋かぼちゃ** 果実、生	10	76.2	78	1.2	0.2	0	0.04	0.04	0.02	17.0	15.9	3.5	450
06332 果実、焼き	0	68.2	105	(1.5)	(0.2)	(0)	(0.05)	(0.05)	(0.03)	(22.8)	(21.3)	5.3	570
06052 **からしな** 葉、生	0	90.3	26	2.8	0.1	(0)	-	-	-	-	4.7	3.7	620
06054 **カリフラワー** 花序、生	50	90.8	28	2.1	(0.1)	0	(0.05)	(Tr)	(0.01)	3.2	3.2	2.9	410
06056 **かんぴょう** 乾	0	19.8	239	4.4	0.2	(0)	-	-	-	33.3	33.2	30.1	1800
06058 **きく** 花びら、生	15	91.5	25	(1.2)	0	(0)	-	-	-	-	6.5	3.4	280

ミニ知識 ハロウィーン　キリスト教の行事である万聖節の前夜祭。かぼちゃを顔に見立ててくり抜いたちょうちんを飾る。

からしな 芥子菜／Leaf mustard

アブラナ科の二年草，黄色い種子から油をとり，残りを粉末にしたものが香辛料になる。葉はゆでて，おひたしなどにする。東北，関東で多く食べられる。

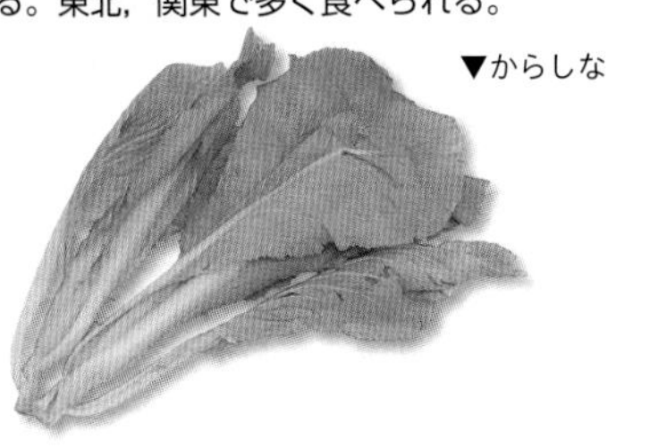
▼からしな

カリフラワー Cauliflower

キャベツの変種で，未熟な花芽を食用とする野菜。花野菜，花キャベツともいう。ビタミンＣが多い。マヨネーズやミルクと合い，サラダやホワイトシチューに利用される。

カリフラワー▶

かんぴょう 干瓢／Kanpyo

ウリ科の野菜であるゆうがおの果肉を，薄く長く回し切りにして乾燥したもの。食物繊維が多い。甘く煮てのり巻きやちらしずしの具などに利用する。

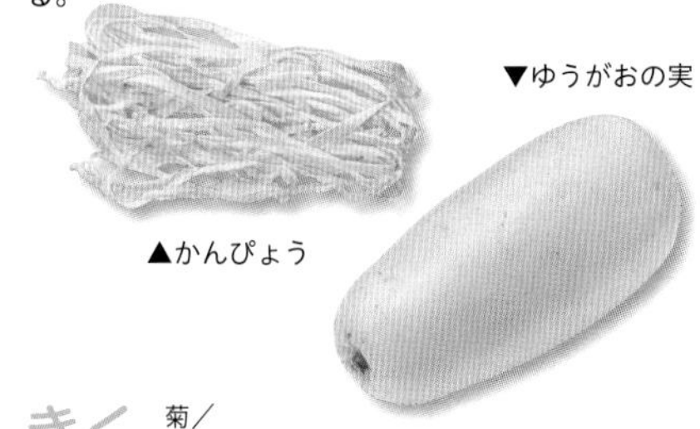
▼ゆうがおの実
▲かんぴょう

きく 菊／Chrysanthemum

愛知や鹿児島，福岡で多く生産される。食用菊は苦味が少ない。黄菊，白菊，紫菊がある。栄養的な価値は低い。酢の物などに用いられる。

▼きく（黄）
▲きく（紫）

どうして冬至にかぼちゃを食べるの？

冬至は１年のうちで昼が最も短く，夜が最も長い日のこと。冬至の日には，あずきがゆを食べたりゆず湯に入ったりする風習があり，「冬至にかぼちゃを食べると長生きする」「風邪をひかない」ともいわれている。かぼちゃはカロテンなどのビタミン類を豊富に含む野菜で，風邪などの感染症にかかりにくくするはたらきをもっている。また，かぼちゃの旬は夏だが，保存がきくために，野菜の少ない冬の栄養補給にはもってこいの野菜であった。冬至にかぼちゃを食べて健康を維持することは，昔からの知恵として根づいている。

かぼちゃの
そぼろあんかけ

無機質					ビタミン								食塩相当量（ナトリウム）	備考
					A			E						
カルシウム	マグネシウム	リン	鉄	亜鉛	β-カロテン当量	レチノール活性当量	D	α-トコフェロール	B1	B2	葉酸	C		
■＝20mg	■＝20mg	■＝20mg	■＝0.2mg	■＝0.2mg	■＝20μg	■＝2μg	■＝0.2μg	■＝0.2mg	■＝0.02mg	■＝0.02mg	■＝2μg	■＝2mg	■＝0.1g(mg)	
150	51	40	1.3	0.6	3300	280	(0)	1.0	0.06	0.13	93	21	0.1(56)	別名：みるな／廃棄部位：茎基部
92	51	58	0.5	0.6	670	56	(0)	1.2	0.09	0.09	110	11	0(4)	1個＝10g　廃棄部位：へた
250	25	42	2.1	0.3	2800	230	(0)	3.1	0.08	0.16	110	82	0.1(24)	別名：かぶら、すずな／廃棄部位：葉柄基部
24	8	28	0.3	0.1	0	(0)	(0)	0	0.03	0.03	48	19	0(5)	1株＝50g　廃棄部位：根端及び葉柄基部／廃棄率：葉つき35%
20	15	42	0.5	0.3	730	60	(0)	1.8	0.07	0.06	80	16	0(1)	1個＝1.2kg　別名：とうなす、ぼうぶら、なんきん／廃棄部位：わた、種子及び両端
15	25	43	0.5	0.3	4000	330	(0)	4.9	0.07	0.09	42	43	0(1)	1個＝1～1.5kg　別名：くりかぼちゃ／廃棄部位：わた、種子及び両端
19	31	55	0.6	0.4	5500	450	(0)	6.9	0.09	0.12	58	44	0(0)	わた、種子及び両端を除いたもの
140	21	72	2.2	0.9	2800	230	(0)	3.0	0.12	0.27	310	64	0.2(60)	1株＝1kg　別名：葉がらし、菜がらし／株元を除いたもの
24	18	68	0.6	0.6	18	2	(0)	0.2	0.06	0.11	94	81	0(8)	1個＝750g　別名：はなやさい／廃棄部位：茎葉
250	110	140	2.9	1.8	0	(0)	(0)	0.4	0	0.04	99	0	0(3)	すし1本＝3g
22	12	28	0.7	0.3	67	6	(0)	4.6	0.10	0.11	73	11	0(2)	別名：食用ぎく、料理ぎく／廃棄部位：花床

おいしい情報　かんぴょう　乾物を水でもどすと約４倍ほどの重量になる。ロールキャベツなど巻き物を結びひもの用途にも。

6 野菜類

Vegetables

キャベツ類 Cabbages

旬 通年

●**キャベツ**　一年を通してさまざまな品種が出回る。春キャベツは葉が柔らかいので生食に向く。秋に出回る冬キャベツは葉がかたいので，ロールキャベツなどの煮込み料理に適している。カロテン，ビタミンCが豊富。

●**グリーンボール**　キャベツの一種。小振りで丸く，葉の緑色が濃い。葉は柔らかいので，サラダなどにして生食することが多い。春に出回る。

●**レッドキャベツ**　赤キャベツ，紫キャベツともいう。葉が肉厚で，巻きが堅い。色がきれいなので，サラダなどに用いられる。

◀キャベツ油いため

▲キャベツ

▼レッドキャベツ

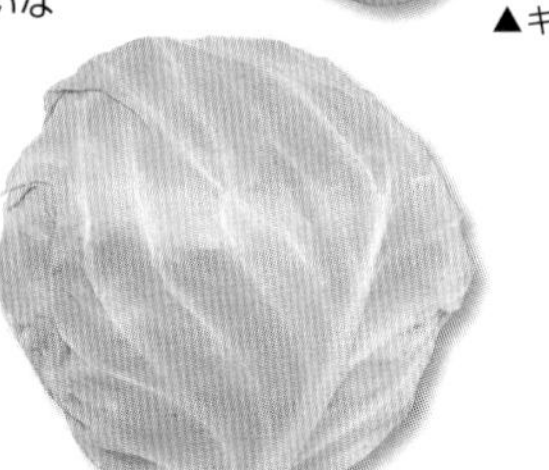

▲グリーンボール

きゅうり Cucumber

ハウス栽培がさかんなため，年間を通して栽培・出荷されている。成分のほとんどが水分で，栄養的な価値は高くないが，香りや食感がよく利用しやすいので，消費量は野菜の中でもトップクラスである。

●**ピクルス**　きゅうりのピクルスは西洋の代表的な漬け物で，歯切れのよい小型種を甘酢などに漬けて乳酸発酵させたもの。

▲ピクルス

▼きゅうり

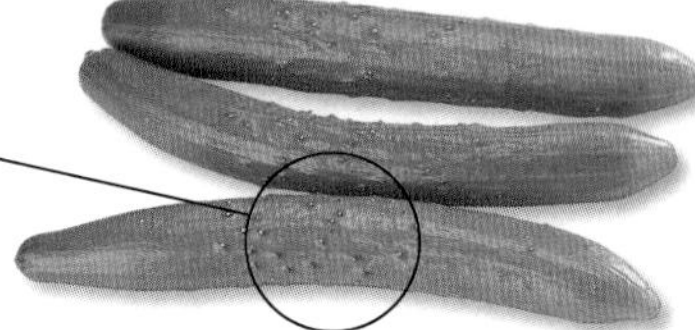

CHECK!
いぼが痛いくらいとがっているもの。

クレソン Watercress

みずがらし，オランダからしともいう。しゅんぎくに似た香りや苦味がある。肉料理のつけあわせのほか，てんぷらやおひたしに用いられる。

▲クレソン

食品番号	食品名	廃棄率(%)	水分量(g)	エネルギー	たんぱく質	脂質	コレステロール	飽和脂肪酸	n-6系多価不飽和脂肪酸	n-3系多価不飽和脂肪酸	利用可能炭水化物(単糖当量)	炭水化物	食物繊維総量	カリウム
				■=20kcal	■=2g	■=2g	■=2mg	■=0.2g	■=0.2g	■=0.2g	■=2g	■=2g	■=0.2g	■=20mg
06061	**キャベツ**　結球葉、生	15	92.7	21	0.9	0.1	(0)	0.02	0.01	0.01	3.5	3.5	1.8	200
06333	結球葉、油いため	0	85.7	78	(1.1)	(5.7)	(Tr)	(0.44)	(1.09)	(0.45)	(2.7)	(2.7)	2.2	250
06063	**グリーンボール**　結球葉、生	15	93.4	20	(1.0)	Tr	(0)	(0.01)	(0.01)	(Tr)	(3.2)	(3.2)	1.6	270
06064	**レッドキャベツ**　結球葉、生	10	90.4	30	(1.3)	Tr	(0)	0.01	0.01	0.01	(3.5)	(3.5)	2.8	310
06065	**きゅうり**　果実、生	2	95.4	13	0.7	Tr	0	0.01	Tr	0.01	2.0	1.9	1.1	200
06069	漬物、ピクルス、スイート型	0	80.0	70	(0.2)	Tr	(0)	(0.02)	(0.01)	(0.01)	(17.4)	(17.0)	1.7	18
06077	**クレソン**　茎葉、生	15	94.1	13	(1.5)	(0.1)	(0)	(0.03)	(0.01)	(0.02)	(0.5)	(0.5)	2.5	330
06078	**くわい**　塊茎、生	20	65.5	128	6.3	0.1	(0)	-	-	-	-	26.6	2.4	600
06080	**ケール**　葉、生	3	90.2	26	(1.6)	0.1	(0)	0.03	0.02	0.04	(1.2)	(1.2)	3.7	420
06084	**ごぼう**　根、生	10	81.7	58	1.1	(0.1)	(0)	(0.02)	(0.04)	(Tr)	1.1	1.0	5.7	320
06086	**こまつな**　葉、生	15	94.1	13	1.3	0.1	(0)	0.02	0.01	0.06	0.3	0.3	1.9	500

ミニ知識 **紫キャベツで実験**　紫キャベツの汁は，酸やアルカリに反応してさまざまな色変化をする性質を持つ。

くわい 慈姑／Arrowhead

根菜類の一種で，甘みとほろ苦さが特徴的。主成分はでん粉で細い芽の部分がよく伸びているものが良質。芽が出ていることから縁起のよい食物とされ，正月料理などに利用される。

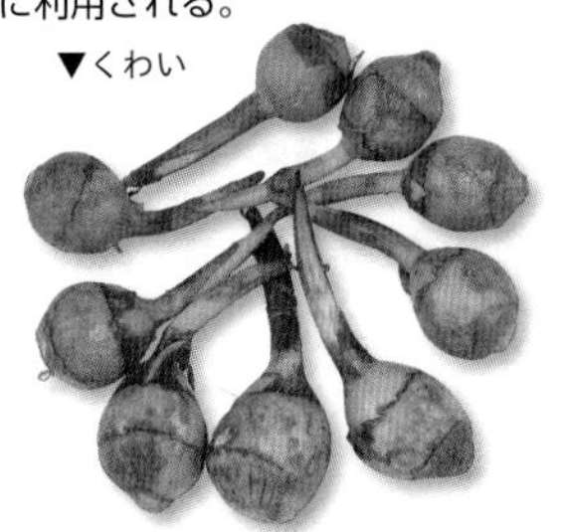
▼くわい

ケール Kale

アブラナ科の野菜で，キャベツやブロッコリーの原種。ビタミンなどの栄養成分が豊富なので，絞り汁が「青汁」として市販されている。

▲ケール

ごぼう 牛蒡／Edible burdock

人間には消化できない炭水化物（食物繊維）のイヌリンを含むので，整腸作用がある。あくが強いので，水にさらして調理する。きんぴらごぼう，サラダ，煮物，鍋物に用いる。

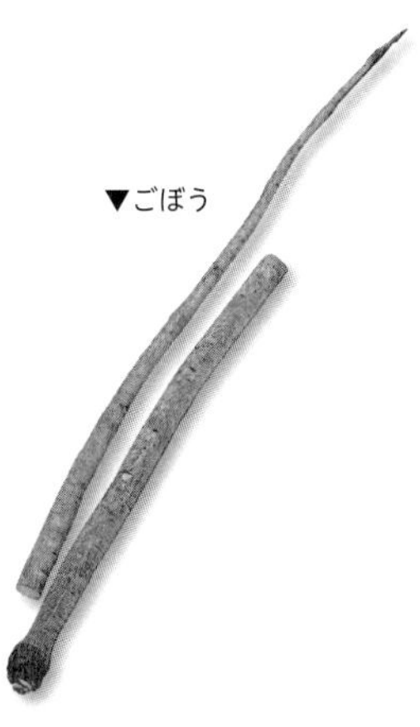
▼ごぼう

こまつな 小松菜／Komatsuna

東京都江戸川区の小松川で栽培されていたことからこの名前がついた。冬菜，雪菜とも呼ばれる。カルシウム，カロテン，食物繊維が豊富で，あくの少ない優良野菜である。おひたし，味噌汁の実や，炒めものに用いられる。

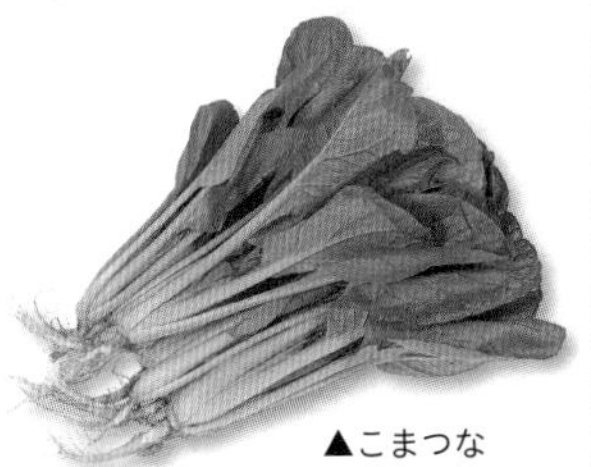
▲こまつな

野菜ジュースだけ飲んでいれば平気なの？

野菜ジュースは，手軽に野菜の栄養分が補給できるということで人気が高まっている。しかし，野菜ジュースを飲めば，野菜を食べなくてよいというわけではない。

市販の野菜ジュースにはいろいろな種類のものがあるが，製造の途中で食物繊維の多くがしぼりかすとして取りのぞかれてしまい，食物繊維の量は野菜と比べて少なくなってしまう。また，野菜は，かむことで脳を刺激でき，味覚を楽しむことも健康の源になるが，ジュースではそうはいかない。また，野菜と果汁とのミックスジュースは飲みやすい代わりに糖分が多いという特徴がある。ダイエットのつもりがかえってエネルギーや糖分のとり過ぎになってしまうこともある。ジュースは野菜の代わりではなく，あくまでも補助的なものとしてとらえたい。

無機質					ビタミン									食塩相当量（ナトリウム）	備考
					A			E							
カルシウム	マグネシウム	リン	鉄	亜鉛	β-カロテン当量	レチノール活性当量	D	α-トコフェロール	B1	B2	葉酸	C			
■= 20 mg	■= 20 mg	■= 20 mg	■= 0.2 mg	■= 0.2 mg	■= 20 µg	■= 2 µg	■= 0.2 mg	■= 0.2 mg	■=0.02 mg	■=0.02 mg	■= 2 µg	■= 2 mg	■= 0.1g(mg)	
43	14	27	0.3	0.2	50	4	(0)	0.1	0.04	0.03	78	41	0(5)	中1枚＝50g 別名：かんらん、たまな／廃棄部位：しん
53	17	33	0.4	0.2	78	7	(0)	1.1	0.05	0.04	130	47	Tr(6)	しんを除いたもの／植物油（なたね油）
58	17	41	0.4	0.2	110	9	(0)	0.2	0.05	0.04	53	47	0(4)	廃棄部位：しん
40	13	43	0.5	0.3	36	3	(0)	0.1	0.07	0.03	58	68	0(4)	別名：赤キャベツ、紫キャベツ／廃棄部位：しん
26	15	36	0.3	0.2	330	28	(0)	0.3	0.03	0.03	25	14	0(1)	1本＝100g〜120g 廃棄部位：両端
25	6	16	0.3	0.1	53	4	(0)	0.1	Tr	0.01	2	0	1.1(440)	酢漬けしたもの
110	13	57	1.1	0.2	2700	230	(0)	1.6	0.10	0.20	150	26	0.1(23)	1束＝50g 別名：オランダがらし、オランダみずがらし／廃棄部位：株元
5	34	150	0.8	2.2	0	(0)	(0)	3.0	0.12	0.07	140	2	0(3)	1個＝15〜20g 廃棄部位：皮及び芽
220	44	45	0.8	0.3	2900	240	(0)	2.4	0.06	0.15	120	81	0(9)	別名：葉キャベツ、はごろもかんらん／廃棄部位：葉柄基部
46	54	62	0.7	0.8	1	Tr	(0)	0.6	0.05	0.04	68	3	0(18)	中1本＝200g 廃棄部位：皮、葉柄基部及び先端
170	12	45	2.8	0.2	3100	260	(0)	0.9	0.09	0.13	110	39	0(15)	1束＝300g 廃棄部位：株元

おいしい情報 京野菜 一般に「京の伝統野菜」と「ブランド京野菜」をいう。京都でとれた野菜全体をいうこともある。

6 野菜類

Vegetables

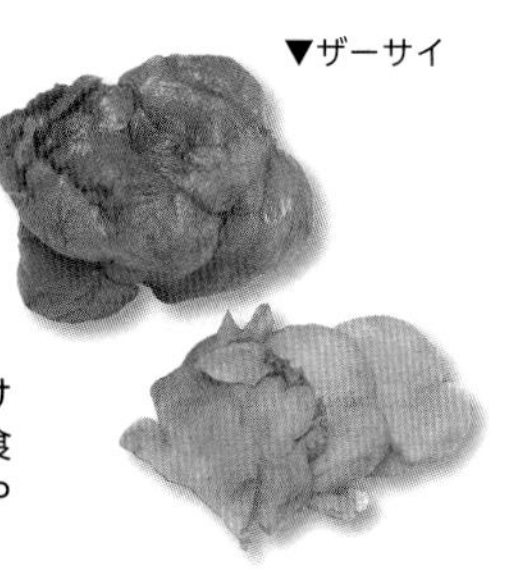

▼ザーサイ

ザーサイ 搾菜／Zha cai

からしなの一種で，中国の代表的な漬け物。原料となる同名の野菜を香辛料と食塩で漬けこんだもの。刻んで炒めものやスープ，チャーハンに入れてもよい。

しそ 紫蘇／Perilla

青じそ，赤じそがある。葉，実ともに香気がよくカロテン，ビタミンC，カルシウムを大量に含む。青じそは薬味，てんぷらに，赤じそは梅干しの着色料などに用いられる。

CHECK!
葉先までピンとしているもの。

▲しその実

▲しそ

ししとう 獅子唐／Sweet peppers

とうがらしの一種で，辛味が少ないものを指す。色が鮮やかで，張りのあるものを選ぶ。油炒めやてんぷらなどによく用いられる。

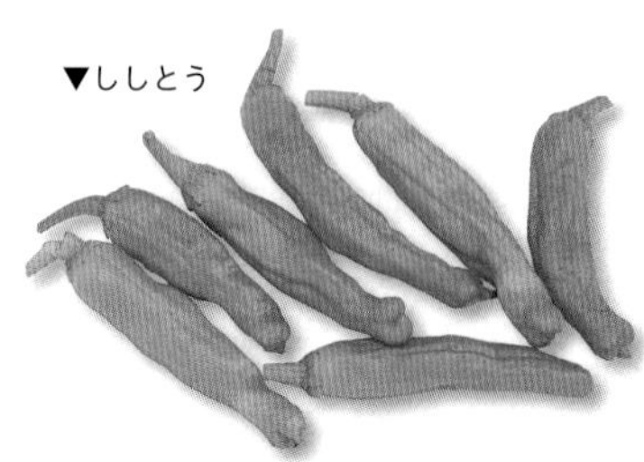

▼ししとう

しゅんぎく 春菊／Garland chrysanthemum

独特の香りをもつ緑黄色野菜。カロテン，鉄を多く含む。繊維が軟らかいので，長く煮すぎると形がくずれる。おひたしのほか，冬季は特に鍋に用いる。

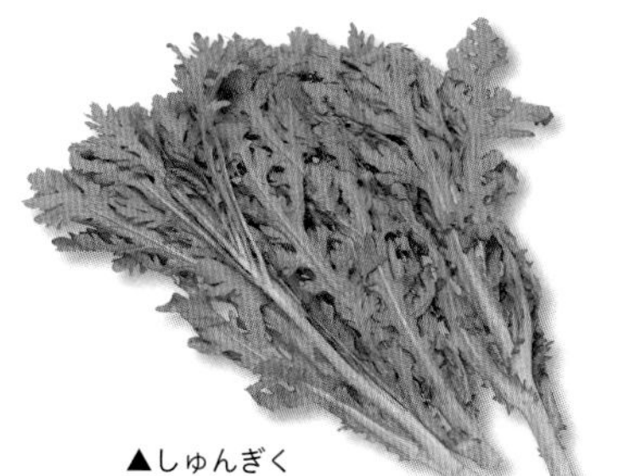

▲しゅんぎく

じゅんさい 蓴菜／Water shield

すいれん科の水草の新葉，新茎，つぼみを採取したもの。水のきれいな池や沼に生える。栄養的な価値はほとんどないが，ゼリー状の食感が好まれ，吸物の実などとして使われる。

旬 夏

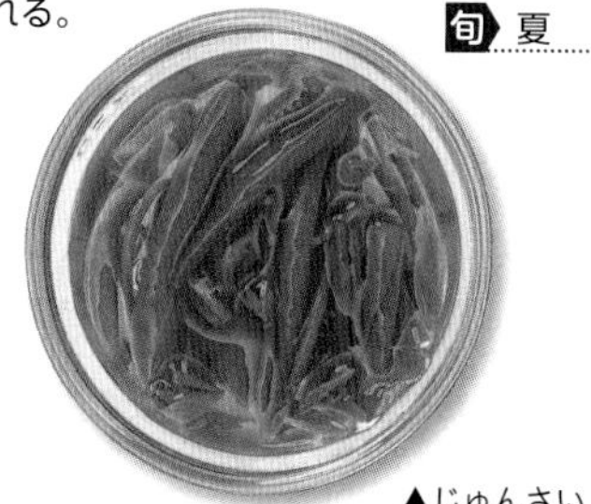

▲じゅんさい

食品番号 食品名	廃棄率(%)	水分量(g)	エネルギー (■＝20 kcal)	たんぱく質 (■＝2 g)	脂質：脂質 (■＝2 g)	脂質：コレステロール (■＝2 mg)	脂質：飽和脂肪酸 (■＝0.2 g)	脂質：n-6系多価不飽和脂肪酸 (■＝0.2 g)	脂質：n-3系多価不飽和脂肪酸 (■＝0.2 g)	炭水化物：利用可能炭水化物(単糖当量) (■＝2 g)	炭水化物：炭水化物 (■＝2 g)	炭水化物：食物繊維総量 (■＝0.2 g)	無機質：カリウム (■＝20 mg)
06088 ザーサイ 漬物	0	77.6	20	(2.0)	0.1	(0)	-	-	-	-	4.6	4.6	680
06093 ししとう 果実、生	10	91.4	25	1.3	(0.1)	(0)	(0.03)	(0.05)	(0.02)	1.2	1.2	3.6	340
06095 しそ 葉、生	0	86.7	32	3.1	Tr	(0)	0.01	0.01	0.01	-	7.5	7.3	500
06096 実、生	0	85.7	32	(2.7)	0.1	(0)	0.01	0.01	0.03	-	8.9	8.9	300
06099 しゅんぎく 葉、生	1	91.8	20	1.9	0.1	(0)	0.02	0.03	0.07	0.4	0.4	3.2	460
06101 じゅんさい 若葉、水煮びん詰	0	98.6	4	0.4	0	(0)	-	-	-	-	1.0	1.0	2
06102 葉しょうが 根茎、生	40	96.3	9	(0.4)	(0.1)	(0)	(0.05)	(0.03)	(0.01)	-	2.1	1.6	310
06103 しょうが 根茎、皮なし、生	20	91.4	28	0.7	(0.2)	(0)	(0.08)	(0.05)	(0.01)	4.2	4.0	2.1	270
06104 漬物 酢漬	0	89.2	17	(0.3)	(0.1)	(0)	(0.06)	(0.03)	(0.01)	0	3.9	2.2	25
06106 しろうり 果実、生	25	95.3	15	(0.6)	Tr	(0)	(0.01)	(Tr)	(0.01)	-	3.3	1.2	220
06111 ずいき 干しずいき、乾	0	9.9	232	(2.6)	(0.3)	(0)	(0.08)	(0.12)	(0.05)	-	63.5	25.8	10000

ミニ知識 **針しょうが** しょうがを針のように細く刻んだもの。水にさらした後，あえもの，吸い物などの上にのせる。

しょうが類 生姜類／Gingers

地下茎が独特の辛味と香りをもつ。根しょうがは，さまざまな料理の香辛料として利用される範囲が広い。葉しょうがは，根茎を軟化栽培したもので，生で食することが多い。いずれも１年中出回っているが，旬は初夏である。甘酢漬を薄く切ったものは「ガリ」とよばれ，寿司に添えられる。酢漬は「紅しょうが」とよばれ，やきそばなどに添えられる。

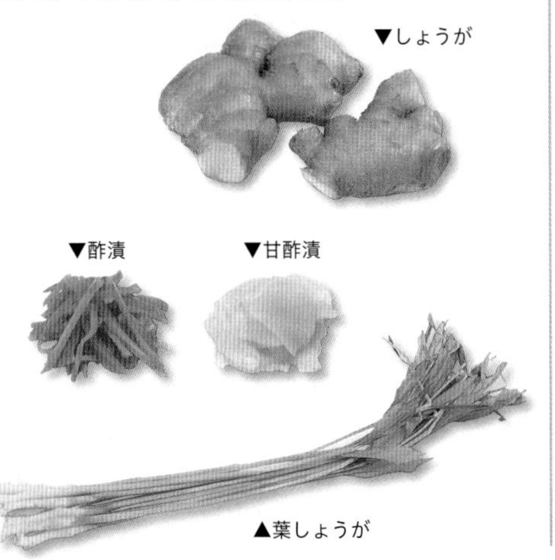

▼しょうが

▼酢漬　▼甘酢漬

▲葉しょうが

しろうり 白瓜／Oriental pickling melon

まくわうりやメロンと同様だが，糖度が低く芳香もない。淡泊な味なので，漬け物に利用されることが多い。奈良漬は，酒かすに漬け込んだもの。

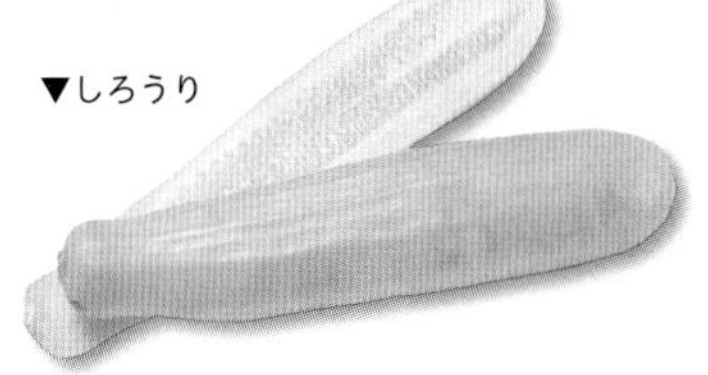

▼しろうり

ずいき 芋茎／Zuiki

サトイモ類の葉柄。皮の赤いものを赤ずいき，白いものを白だつ，白ずいきと呼ぶ。初夏から初秋が旬。皮をとって乾燥させたものが干しずいきでいもがらとも呼ばれる。

▲干しずいき

寿司屋用語を覚えよう

寿司屋の用語で，しょうがのことをかんだときの音から「ガリ」という。その他にも，寿司屋独特の表現がいくつかあるので見てみよう。

あがり……お茶。ゲームなどのあがりと同様，最後のものという意味。
ぎょく……玉子焼き。漢字の玉から。良い店は玉子焼きでわかるともいわれる。
しゃり……すし飯。仏舎利（お釈迦様の骨）から。
鉄火………まぐろののり巻き。賭博場（鉄火場）で食べやすい形につくられた。
かっぱ……きゅうり巻き。きゅうりはカッパの好物とされる。
なみだ……わさび。食べると涙が出てくることから。
おあいそ…最後の会計のこと。店側が使う言葉で，客は使わない。
むらさき…醤油。その色が紫色であることから。

無機質					ビタミン								食塩相当量（ナトリウム）	備考
					A			E						
カルシウム	マグネシウム	リン	鉄	亜鉛	β-カロテン当量	レチノール活性当量	D	α-トコフェロール	B1	B2	葉酸	C		
■＝20mg	■＝20mg	■＝20mg	■＝0.2mg	■＝0.2mg	■＝20μg	■＝2μg	■＝0.2μg	■＝0.2mg	■＝0.02mg	■＝0.02mg	■＝2μg	■＝2mg	■＝0.1g(mg)	
140	19	67	2.9	0.4	11	1	(0)	0.2	0.04	0.07	14	0	13.7(5400)	別名：ダイシンサイ
11	21	34	0.5	0.3	530	44	(0)	1.3	0.07	0.07	33	57	0(1)	1本＝2～3g　別名：ししとうがらし／廃棄部位：へた
230	70	70	1.7	1.3	11000	880	(0)	3.9	0.13	0.34	110	26	0(1)	1枚＝1g　別名：大葉／試料：青じそ／廃棄率：小枝つきの場合40％
100	71	85	1.2	1.0	2600	220	(0)	3.8	0.09	0.16	72	5	0(1)	1本＝1～3g　試料：青じそ／廃棄率：穂じその場合35％
120	26	44	1.7	0.2	4500	380	(0)	1.7	0.10	0.16	190	19	0.2(73)	1束＝200g　別名：きくな／廃棄部位：基部／廃棄率：根つきの場合15％
4	2	5	0	0.2	29	2	(0)	0.1	0	0.02	3	0	0(2)	1缶＝220g　液汁を除いたもの
15	21	21	0.4	0.4	4	Tr	(0)	0.1	0.02	0.03	14	3	0(5)	1茎＝30g　別名：盆しょうが、はじかみ／廃棄部位：葉及び茎
12	27	25	0.5	0.1	5	Tr	(0)	0.1	0.03	0.02	8	2	0(6)	親指大＝15～20g　ひねしょうが／廃棄部位：皮
22	6	5	0.2	Tr	5	0	(0)	0.1	0	0.01	1	0	3.3(1300)	ひねしょうが／別名：紅しょうが／液汁を除いたもの
35	12	20	0.2	0.2	70	6	(0)	0.2	0.03	0.03	39	8	0(1)	中1本＝300g　別名：あさうり、つけうり／廃棄部位：わた及び両端
1200	120	210	9.0	5.4	15	1	(0)	0.4	0.15	0.30	30	0	0(6)	1本＝30g　別名：いもがら

おいしい情報　大葉（おおば）ってなに？　しそのこと。鶏ささ身の大葉巻き，長いもの大葉巻きなどの料理に。

6 野菜類

Vegetables

ズッキーニ Zucchini

形はきゅうりに似ているが，かぼちゃの一種。黄色と緑色のものがある。味は淡泊で，ほのかな苦みがある。炒めもの，煮物などにする。イタリア料理でよく使われる。

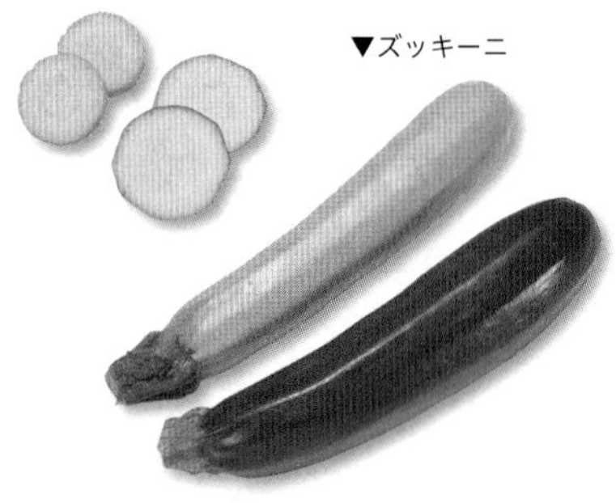

▼ズッキーニ

せり 芹／Water dropwort

さわやかな香りとシャキシャキした歯ざわりが特徴の野菜で，春の七草のひとつ。ややあくが強い。軽くゆでておひたしにするほか，吸物の実として用いる。

▲せり

セロリ Celery

香りが強く，シャキシャキとした食感がよいため，サラダに利用される。オランダみつば，白ぜりともいう。サラダにするほか，煮込み料理などに用いられる。

CHECK! 葉柄が肉厚で、葉がシャキッとしているもの。

旬 春

▲セロリ

ぜんまい 薇／Royal fern

山菜としては代表的なもの。わらびなど他の山菜とともにご飯に炊き込んだり，そばやうどんの具にしたりするほか，あえ物にも用いる。

▼干しぜんまい(ゆで)

そらまめ 蚕豆，空豆／Broad beans

春先には小粒の在来種が，最盛期の４～６月は大粒の欧米品種が出回る。塩ゆでにしたり，洋風料理，あえ物などにも使われる。

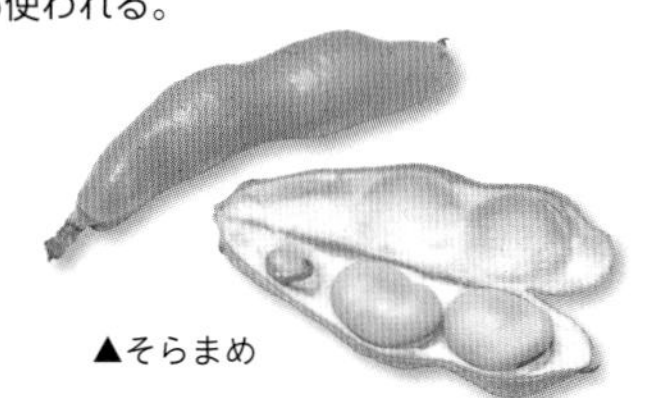

▲そらまめ

食品番号 食品名 廃棄率(%) 水分量(g) ＼ 栄養素	エネルギー	たんぱく質	脂質					炭水化物			無機質
			脂質	コレステロール	飽和脂肪酸	n-6系多価不飽和脂肪酸	n-3系多価不飽和脂肪酸	利用可能炭水化物(単糖当量)	炭水化物	食物繊維総量	カリウム
	■＝20 kcal	■＝2 g	■＝2 g	■＝2 mg	■＝0.2 g	■＝0.2 g	■＝0.2 g	■＝2 g	■＝2 g	■＝0.2 g	■＝20 mg
06116 **ズッキーニ** 果実、生 廃棄率 4 水分 94.9	16	(0.9)	(0.1)	(0)	(0.03)	(0.01)	(0.02)	(2.3)	(2.3)	1.3	320
06117 **せり** 茎葉、生 廃棄率 30 水分 93.4	17	(1.9)	(0.1)	(0)	(0.02)	(0.03)	(Tr)	-	3.3	2.5	410
06119 **セロリ** 葉柄、生 廃棄率 35 水分 94.7	12	0.4	0.1	(0)	0.02	0.03	Tr	1.4	1.3	1.5	410
06120 **ぜんまい** 生ぜんまい 若芽、生 廃棄率 15 水分 90.9	27	(1.3)	0.1	(0)	-	-	-	-	6.6	3.8	340
06124 **そらまめ** 未熟豆、生 廃棄率 25 水分 72.3	102	8.3	0.1	(0)	0.03	0.05	Tr	13.2	12.1	2.6	440
06128 **かいわれだいこん** 芽ばえ、生 廃棄率 0 水分 93.4	21	(1.8)	(0.2)	(0)	(0.05)	(0.02)	(0.11)	-	3.3	1.9	99
06130 **だいこん** 葉、生 廃棄率 10 水分 90.6	23	1.9	Tr	(0)	0.01	Tr	0.02	1.4	1.4	4.0	400
06132 根、皮つき、生 廃棄率 10 水分 94.6	15	0.4	Tr	0	0.01	0.01	0.02	2.7	2.6	1.4	230
06367 根、皮なし、生、おろし 廃棄率 0 水分 90.5	25	(0.5)	0.2	(0)	-	-	-	-	8.0	5.1	190
06136 **切干しだいこん** 乾 廃棄率 0 水分 8.4	280	(7.3)	(0.3)	(0)	(0.10)	(0.04)	(0.14)	-	69.7	21.3	3500
06138 **たくあん漬** 塩押しだいこん漬 廃棄率 0 水分 85.0	43	(0.5)	0.3	(0)	-	-	-	0	10.8	2.3	56
06143 **福神漬** 廃棄率 0 水分 58.6	137	2.7	0.1	(0)	-	-	-	-	33.3	3.9	100

 ミニ知識 下手な役者は大根役者。大根はめったに当たらない（食あたりしない）ことから。

だいこん類 大根類／Daikon : Japanese radishes

●かいわれだいこん だいこんの種子を水耕栽培し，子葉がひらいたときに収穫したもの。殻を開いた二枚貝の形に似ているので貝割れ大根とも呼ばれる。サラダなどで生食する。

●だいこん 青首大根が一般的で，みずみずしく，甘味がつよく，辛味が少ない。葉はカルシウム，鉄，カロテン，ビタミンCが特に豊富。根は生食，煮物，漬け物などに利用される。おろし金でおろしたものが，だいこんおろし。

●切干しだいこん だいこんを乾燥させたもので，細長く切ったものが一般的。根菜と合わせて煮たり，はりはり漬にしたり，油でいためたりして食べる。

●たくあん漬 大根をぬか漬けしたもので，干して脱水してから漬け込む本たくあんと，塩漬けにして脱水したあとぬか漬けにする早漬けたくあんがある。

●福神漬 だいこんになす，きゅうり，なた豆などを加えて，しょうゆを中心にした調味液に漬けた混合野菜の調味漬け。カレーライスに添えられることが多い。

旬 秋，冬

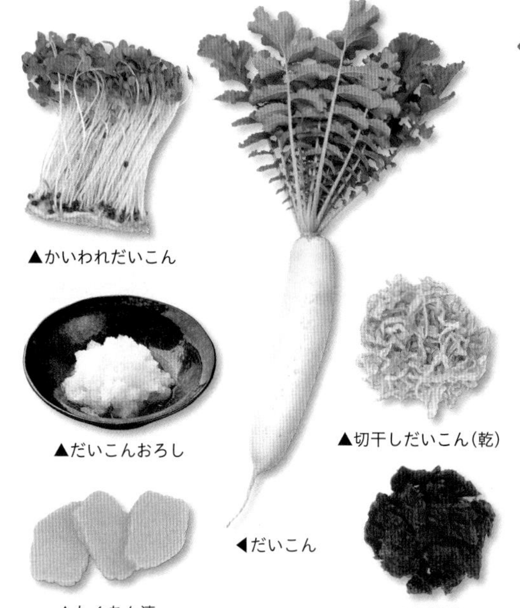

▲かいわれだいこん

▲だいこんおろし

▲たくあん漬

◀だいこん

▲切干しだいこん(乾)

▲福神漬

春の七草，秋の七草

「春の七草」と呼ばれるのは，せり，なずな（ぺんぺん草），ごぎょう（ははこ草），はこべら（はこべ），ほとけのざ，すずな（かぶ），すずしろ（だいこん）のこと。これに対し「秋の七草」と呼ばれるものは，はぎ，おばな（すすき），くず，なでしこ，おみなえし，ふじばかま，ききょうの７つ。春の七草は１月７日に１年の無病息災を願って七草がゆにして食べるが，秋の七草は観賞して楽しむものである。

春の七草

無機質					ビタミン								食塩相当量	備考
					A			E						
カルシウム	マグネシウム	リン	鉄	亜鉛	β-カロテン当量	レチノール活性当量	D	α-トコフェロール	B1	B2	葉酸	C	(ナトリウム)	
＝20mg	＝20mg	＝20mg	＝0.2mg	＝0.2mg	＝20μg	＝2μg	＝0.2μg	＝0.2mg	＝0.02mg	＝0.02mg	＝2μg	＝2mg	＝0.1g(mg)	
24	25	37	0.5	0.4	320	27	(0)	0.4	0.05	0.05	36	20	0(1)	1本＝200g 別名：つるなしかぼちゃ／廃棄部位：両端
34	24	51	1.6	0.3	1900	160	(0)	0.7	0.04	0.13	110	20	0(19)	1束＝120g 別名：かわな／廃棄部位：根及び株元
39	9	39	0.2	0.2	44	4	(0)	0.2	0.03	0.03	29	7	0.1(28)	1本＝150g 別名：セロリー、セルリー、オランダみつば／廃棄部位：株元、葉身及び表皮
10	17	37	0.6	0.5	530	44	(0)	0.6	0.02	0.09	210	24	0(2)	1わ＝150g 廃棄部位：株元及び裸葉
22	36	220	2.3	1.4	240	20	(0)	Tr	0.30	0.20	120	23	0(1)	1さや＝25g 廃棄部位：種皮／廃棄率：さや入りの場合 80％
54	33	61	0.5	0.3	1900	160	(0)	2.1	0.08	0.13	96	47	0(5)	小1パック＝75g 別名：かいわれ／茎基部約1cmを除去したもの
260	22	52	3.1	0.3	3900	330	(0)	3.8	0.09	0.16	140	53	0.1(48)	廃棄部位：葉柄基部
24	10	18	0.2	0.2	0	(0)	(0)	0	0.02	0.01	34	12	0(19)	中1本＝1kg 廃棄部位：根端及び葉柄基部
63	23	19	0.3	0.3	(0)	(0)	(0)	(0)	0.02	0.01	23	7	0.1(30)	全体に対する割合 18％ 硝酸イオン：0.2g
500	160	220	3.1	2.1	2	0	(0)	0	0.35	0.20	210	28	0.5(210)	
16	5	12	0.2	0.1	1	(0)	(0)	Tr	0.01	0.01	10	40	3.3(1300)	1切れ＝10g 別名：新漬たくあん、早漬たくあん／ビタミンC：酸化防止用として添加
36	13	29	1.3	0.1	100	8	(0)	0.1	0.02	0.10	3	0	5.1(2000)	大さじ1＝12g 原材料：だいこん、なす、なたまめ、れんこん、しょうが等

おいしい情報 大根は下部（細い方）が辛いため煮物に向く。生食なら上部がよい。

6 野菜類

Vegetables

たかな 高菜／Takana : broad leaf mustard

からし菜類の一つ。葉は肉厚で，おもに漬け物として食べる。さまざまな品種があり，東北地方の「山形青菜」や，福岡県の「かつお菜」などが代表的。

▼たかな

たけのこ 筍／Bamboo shoots

自然発生したものを収穫することが多い。食用とされるのは主に孟宗竹(もうそうちく)。煮物，汁物などのほか，塩漬けしたものは「めんま」などと呼ばれ，ラーメンの具として用いられる。

旬 春

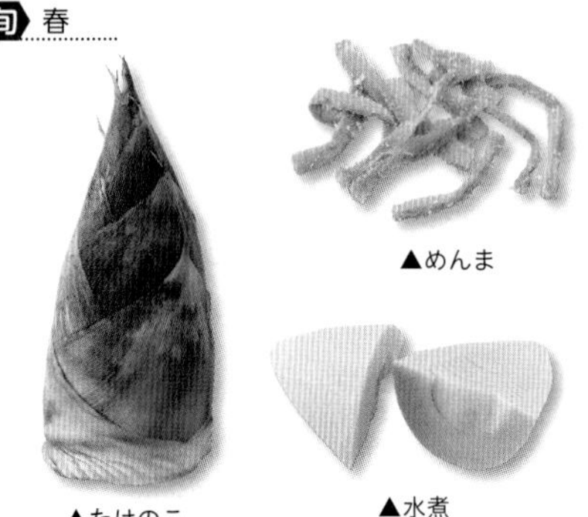
▲たけのこ　▲めんま　▲水煮

たまねぎ類 玉葱／Onions

ゆり科に属し，りん茎の発達したもの。世界各地で食べられている野菜で，サラダや炒め物，煮込み料理，揚げ物など，用途が広い。

●赤たまねぎ　紫たまねぎ，レッドオニオンとも呼ばれる。辛味や刺激臭が弱く，甘味が強いので生食に向く。皮の表層部が赤いので，見た目もよくサラダに使われる。

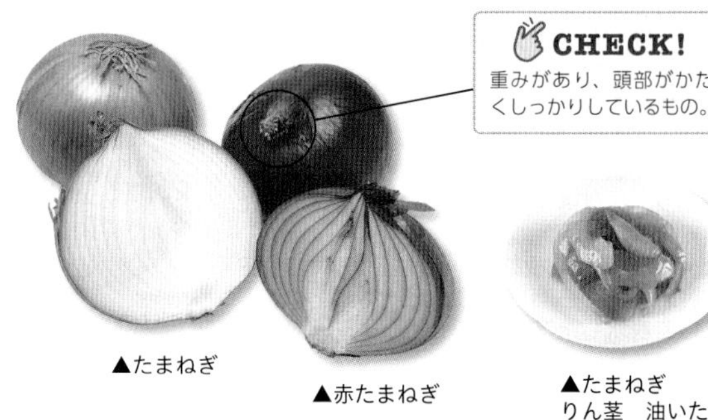

▲たまねぎ　▲赤たまねぎ　▲たまねぎ りん茎 油いため

食品番号 食品名	廃棄率(%)	水分量(g)	エネルギー	たんぱく質	脂質: 脂質	脂質: コレステロール	脂質: 飽和脂肪酸	脂質: n-6系多価不飽和脂肪酸	脂質: n-3系多価不飽和脂肪酸	炭水化物: 利用可能炭水化物(単糖当量)	炭水化物: 炭水化物	炭水化物: 食物繊維総量	無機質: カリウム
			■=20kcal	■=2g	■=2g	■=2mg	■=0.2g	■=0.2g	■=0.2g	■=2g	■=2g	■=0.2g	■=20mg
06147 **たかな** 葉、生	8	92.7	21	(1.5)	0.2	(0)	-	-	-	-	4.2	2.5	300
06149 **たけのこ** 若茎、生	50	90.8	27	2.5	(0.1)	(0)	(0.05)	(0.08)	(0.01)	1.4	1.4	2.8	520
06151 水煮缶詰	0	92.8	22	(1.9)	(0.1)	(0)	(0.05)	(0.08)	(0.01)	(2.3)	(2.2)	2.3	77
06152 めんま、塩蔵、塩抜き	0	93.9	15	(0.7)	(0.4)	(0)	(0.12)	(0.19)	(0.03)	-	3.6	3.5	6
06153 **たまねぎ** りん茎、生	6	90.1	33	0.7	Tr	1	0.01	0.02	Tr	7.0	6.9	1.5	150
06336 りん茎、油いため	0	80.1	100	(0.9)	(5.7)	(Tr)	(0.42)	(1.11)	(0.44)	(8.0)	(7.9)	2.7	210
06156 **赤たまねぎ** りん茎、生	8	89.6	34	(0.6)	Tr	(0)	(0.01)	(0.02)	(Tr)	(7.3)	(7.2)	1.7	150
06157 **たらのめ** 若芽、生	30	90.2	27	4.2	0.2	(0)	-	-	-	-	4.3	4.2	460
06159 **チコリ** 若芽、生	15	94.7	17	(0.8)	Tr	(0)	-	-	-	(0.8)	(0.8)	1.1	170
06160 **チンゲンサイ** 葉、生	15	96.0	9	0.7	(0.1)	(0)	(0.01)	(0.02)	(0.03)	0.4	0.4	1.2	260
06171 **とうがらし** 果実、生	9	75.0	72	(2.9)	(1.3)	(0)	(0.39)	(0.58)	(0.19)	(7.7)	(7.7)	10.3	760
06172 果実、乾	0	8.8	270	(10.8)	(4.4)	(0)	(1.37)	(2.04)	(0.68)	-	58.4	46.4	2800
06173 **とうがん** 果実、生	30	95.2	15	(0.3)	(0.1)	(0)	(0.01)	(0.04)	(0)	-	3.8	1.3	200

ミニ知識 雨後の筍　雨が降った後，たけのこが勢いよく生えることから，増えるのが速く勢いが盛んなことのたとえ。

たらのめ たらの芽／Japanese angelica-tree

日本各地の山野に自生する落葉樹，たらの木の若芽で，とげのある枝の先についたみずみずしい芽を摘む。ほの甘く，ほろ苦い春の季節を楽しむ山菜。

▲たらのめ

チコリ Chicory

ヨーロッパ原産のキク科の植物の芽。アンディーブともいう。独特の香りとほろ苦さがあり，1枚ずつはがして，サラダやオードブルなどに使う。

チンゲンサイ 青梗菜／Qing gin cai

日本で最も普及した中国野菜で，原産地は中国南部。やわらかく，くせのない味で，炒め物やクリーム煮にも適する。カロテン，カルシウムが豊富。

▼チンゲンサイ

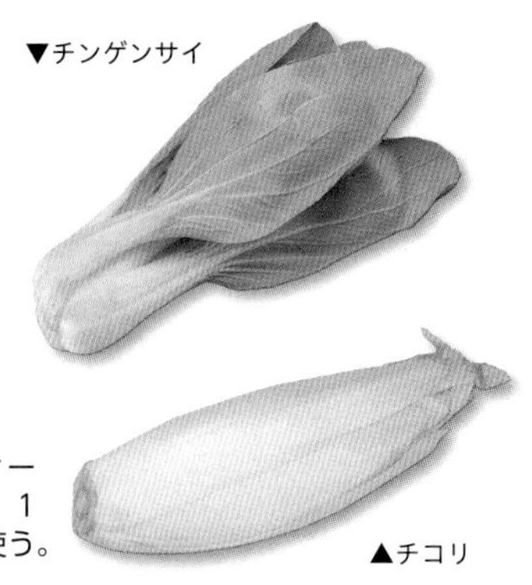

▲チコリ

とうがらし 唐辛子／Red peppers

辛味の強さによって辛味種と甘味種に分かれる。カイエンペッパー，タバスコソース，七味とうがらしなどの香辛料は，辛味種からつくられたもの。

▼とうがらし ▼赤とうがらし

とうがん 冬瓜／Wax gourd

夏季に収穫される野菜だが，日持ちがよく冬まで保存できるので冬瓜と名付けられた。大型の長円形で，味も香りも淡泊。煮物やあんかけ，吸物に用いる。

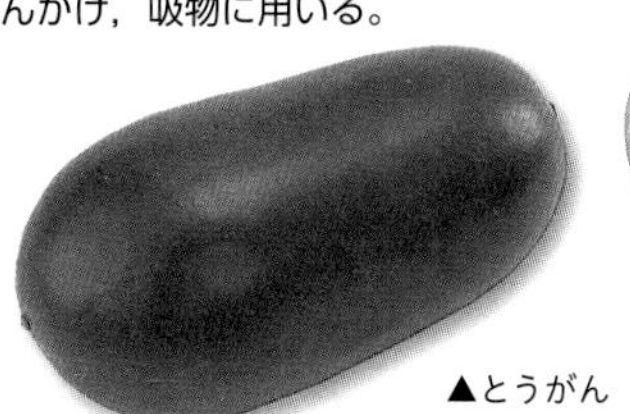

▲とうがん

無機質					ビタミン								食塩相当量(ナトリウム)	備考
カルシウム	マグネシウム	リン	鉄	亜鉛	A β-カロテン当量	A レチノール活性当量	D	E α-トコフェロール	B1	B2	葉酸	C		
■＝20mg	■＝20mg	■＝20mg	■＝0.2mg	■＝0.2mg	■＝20µg	■＝2µg	■＝0.2µg	■＝0.2mg	■＝0.02mg	■＝0.02mg	■＝2µg	■＝2mg	■＝0.1g(mg)	
87	16	35	1.7	0.3	2300	190	(0)	0.8	0.06	0.10	180	69	0.1(43)	1株＝200g　廃棄部位：株元
16	13	62	0.4	1.3	11	1	(0)	0.7	0.05	0.11	63	10	0(Tr)	中1本＝800g　廃棄部位：竹皮及び基部／廃棄率：はちく、まだけ等の小型の場合60％
19	4	38	0.3	0.4	0	(0)	(0)	1.0	0.01	0.04	36	0	0(3)	中1本＝50g　液汁を除いたもの
18	3	11	0.2	Tr	0	(0)	(0)	Tr	0	0	1	0	0.9(360)	1袋＝200g　別名：しなちく
17	9	31	0.3	0.2	1	0	0	Tr	0.04	0.01	15	7	0(2)	中1個＝200g　廃棄部位：皮(保護葉)、底盤部及び頭部
24	11	47	0.2	0.3	2	0	(0)	0.9	0.04	0.02	21	9	0(3)	皮（保護葉）、底盤部及び頭部を除いたもの／植物油(なたね油)
19	9	34	0.3	0.2	0	(0)	(0)	0.1	0.03	0.02	23	7	0(2)	別名：レッドオニオン、紫たまねぎ／廃棄部位：皮(保護葉)、底盤部、頭部
16	33	120	0.9	0.8	570	48	(0)	2.4	0.15	0.20	160	7	0(1)	1個＝10g　廃棄部位：木質部及びりん片
24	9	25	0.2	0.2	11	1	(0)	0.2	0.06	0.02	41	2	0(3)	別名：きくにがな、アンディーブ、チコリー／廃棄部位：株元及びしん
100	16	27	1.1	0.3	2000	170	(0)	0.7	0.03	0.07	66	24	0.1(32)	1株＝100g　廃棄部位：しん
20	42	71	2.0	0.5	7700	640	(0)	8.9	0.14	0.36	41	120	0(6)	1本＝8g　別名：なんばん／試料：辛味種／廃棄部位：へた
74	190	260	6.8	1.5	17000	1500	(0)	30.0	0.50	1.40	30	1	0(17)	1個＝4g　別名：なんばん、赤とうがらし、たかのつめ／試料：辛味種／へたを除く*
19	7	18	0.2	0.1	(0)	(0)	(0)	0.1	0.01	0.01	26	39	0(1)	1個＝1～2kg　別名：かもうり／廃棄部位：果皮、わた及びへた

*へた付きの場合の廃棄率10％

おいしい情報 山菜　一般に山野で自生しているものを採取して利用されるもの。あしたば，ぜんまい，たらのめ，ふきのとうなど。

6 野菜類

Vegetables

▼缶詰（クリームスタイル）

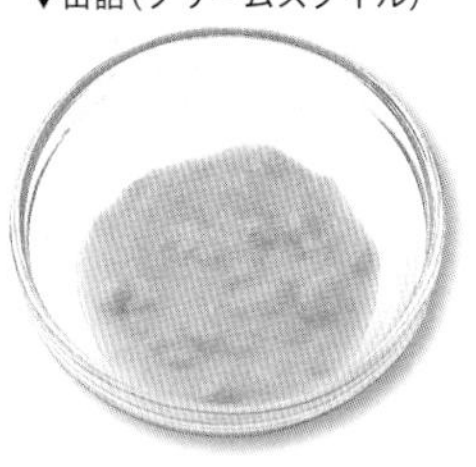

▼缶詰（ホールカーネルスタイル）

とうもろこし類 玉蜀黍類／Corns 旬 夏

●**スイートコーン**　とうもろこしのなかの甘味種。ハニーバンタムは実が黄色，ピーターコーンは黄色と白の実が混じり合っている。生のものは，塩ゆでることにより，甘味がいっそう強く感じられる。バターじょうゆで焼いても美味。

●**缶詰**　甘味の少ないものは，さまざまな加工品に用いられる。ホールカーネルスタイルとは，全粒のこと。クリームスタイルのものは，スープをつくるのに便利。

●**ヤングコーン**　ベビーコーンともよばれる。スイートコーンの幼い穂を未熟なまま収穫したもの。

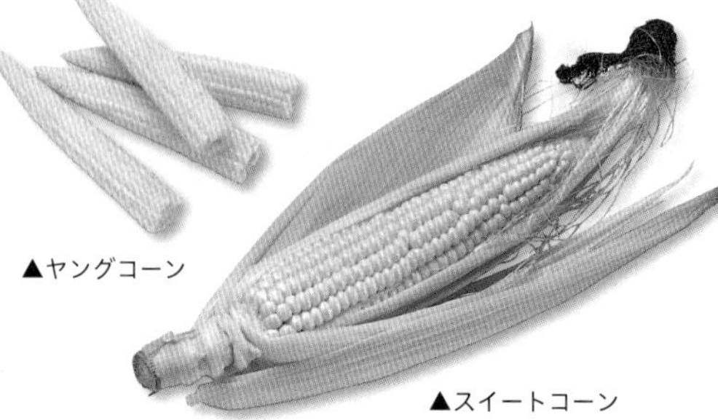

▲ヤングコーン

▲スイートコーン

なす類 茄子類／Eggplants 旬 秋

中長形，卵形のものが主流。ナスニンという色素が紫色のもとになっている。張りがあり，へたがとがっているものを選ぶとよい。油と相性がよく，炒め物のほか，煮物，漬け物など用途が広い。

●**べいなす**　丸なすを少し大きくしたような形をしている。へたの色が緑色なのが特徴。中国品種をアメリカで改良したためこの名がついている。

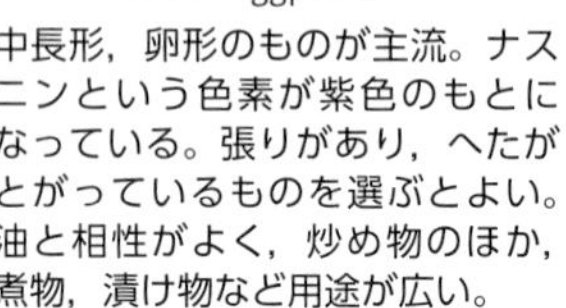

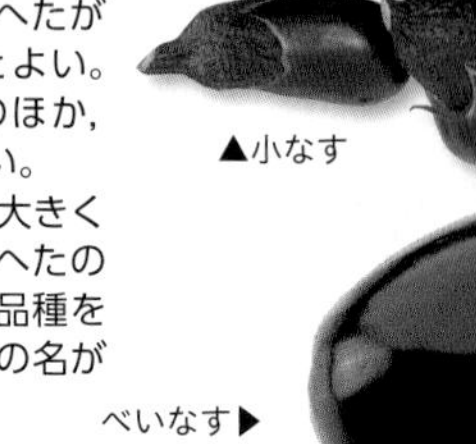

▲小なす

べいなす▶

CHECK!
へたにとげがあり，しっかりとしているもの。

◀なす 油いため

▲長なす

食品番号 食品名	廃棄率(%)	水分量(g)	エネルギー (kcal)	たんぱく質 (g)	脂質 (g)	コレステロール (mg)	飽和脂肪酸 (g)	n-6系多価不飽和脂肪酸 (g)	n-3系多価不飽和脂肪酸 (g)	利用可能炭水化物(単糖当量) (g)	炭水化物 (g)	食物繊維総量 (g)	カリウム (mg)
06175 **スイートコーン** 未熟種子、生	50	77.1	89	2.7	1.3	0	0.26	0.53	0.02	12.5	12.0	3.0	290
06179 缶詰 クリームスタイル	0	78.2	82	(1.5)	(0.5)	(0)	(0.08)	(0.23)	(0.01)	-	18.6	1.8	150
06180 缶詰 ホールカーネルスタイル	0	78.4	78	(2.2)	(0.5)	(0)	(0.10)	(0.20)	(0.01)	(13.9)	(13.0)	3.3	130
06181 **ヤングコーン** 幼雌穂、生	0	90.9	29	(1.7)	(0.2)	(0)	(0.03)	(0.06)	(Tr)	(4.2)	(4.1)	2.7	230
06182 **赤色トマト** 果実、生	3	94.0	20	0.5	0.1	0	0.02	0.02	Tr	3.1	3.1	1.0	210
06183 **赤色ミニトマト** 果実、生	2	91.0	30	(0.8)	(0.1)	(0)	(0.02)	(0.02)	(Tr)	4.6	4.5	1.4	290
06184 **トマト加工品** ホール、食塩無添加	0	93.3	21	(0.9)	(0.1)	(0)	(0.03)	(0.05)	(0.01)	(3.6)	(3.6)	1.3	240
06185 トマトジュース、食塩添加	0	94.1	15	(0.7)	(0.1)	(0)	(0.02)	(0.02)	(Tr)	(2.9)	(2.9)	0.7	260
06191 **なす** 果実、生	10	93.2	18	0.7	Tr	1	0.03	Tr	0	2.6	2.6	2.2	220
06342 果実、油いため	0	85.8	73	(1.0)	(5.5)	(Tr)	(0.43)	(1.05)	(0.42)	(3.3)	(3.2)	2.6	290
06193 **べいなす** 果実、生	30	93.0	20	(0.9)	Tr	(0)	(0.03)	(Tr)	(0)	(2.7)	(2.6)	2.4	220
06201 **和種なばな** 花らい・茎、生	0	88.4	34	(3.6)	(0.1)	(0)	(0.02)	(0.01)	(0.06)	-	5.8	4.2	390

ミニ知識 **一富士，二鷹，三なすび**　初夢に見ると縁起が良いといわれているもの。

トマト類 Tomatoes 旬 夏

南アメリカ原産。かつては未熟なうちに収穫される桃色品種が主流だった。現在では熟したものを出荷する「桃太郎」などの完熟型品種の人気が高い。

●**赤色ミニトマト**　プチトマトともいう。ふつうのトマトより糖度が高く，果皮がかたい。形や色の種類は多い。

●**缶詰（ホール）**　トマトを丸ごと湯むきして，へたや種を取り除き，缶に詰めたもの。

●**缶詰（トマトジュース）**　トマトをしぼったもの。塩分を添加したり，果汁を混ぜてミックスジュースにしたものがある。

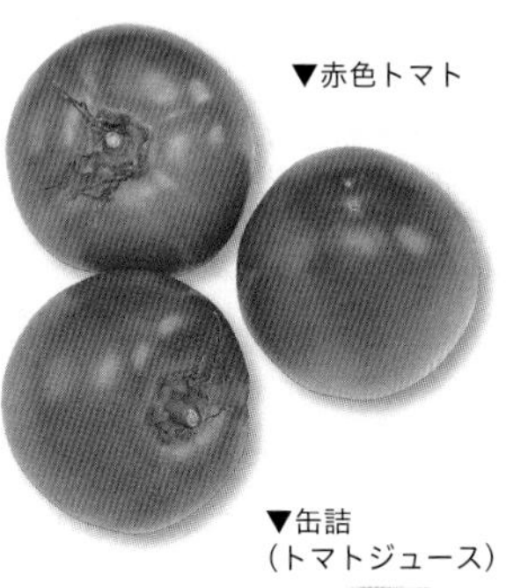
▼赤色トマト

▼缶詰（トマトジュース）

▼赤色ミニトマト

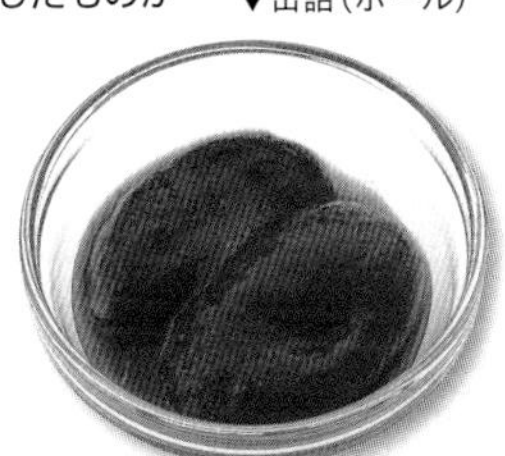
▼缶詰（ホール）

なばな 菜花／Rapes 旬 春

菜の花を柔かいうちにつみとったもの。カルシウム，鉄，カロテン，ビタミンCが豊富。独特のほろ苦さがあり，おひたしや，辛子あえにする。花らいを食用とする和種なばなと，茎葉を食用とする洋種なばながある。

▼なばな

秋なすは嫁に食わすな

「秋なすは嫁に食わすな」ということわざがある。これにはいくつかの解釈があり，「秋なすはおいしいので嫁に食べさせるのはもったいない」という姑のいじわるからきたもの，「なすは身体を冷やすので食べ過ぎるのは身体によくない」という姑の心遣いからきたもの，「種（子ども）がなくなる（秋なすは種が少ない）」ことを案じた姑の気遣いからきたものなどである。秋のなすは果肉のしまりがよく，皮がうすく，種も少なく特においしいので，ついつい食べ過ぎてしまうことから生まれたことわざであろう。

なすはおいしいだけでなく，花もきれい。

無機質					ビタミン								食塩相当量（ナトリウム）	備考
カルシウム	マグネシウム	リン	鉄	亜鉛	A β-カロテン当量	A レチノール活性当量	D	E α-トコフェロール	B1	B2	葉酸	C		
■＝20mg	■＝20mg	■＝20mg	■＝0.2mg	■＝0.2mg	■＝20μg	■＝2μg	■＝0.2μg	■＝0.2mg	■＝0.02mg	■＝0.02mg	■＝2μg	■＝2mg	■＝0.1g(mg)	
3	37	100	0.8	1.0	53	4	(0)	0.3	0.15	0.10	95	8	0(Tr)	1本＝300g　廃棄部位：包葉、めしべ及び穂軸
2	18	46	0.4	0.4	50	4	(0)	0.1	0.02	0.05	19	3	0.7(260)	小1缶＝240g
2	13	40	0.4	0.6	62	5	(0)	0.1	0.03	0.05	18	2	0.5(210)	小1缶＝145g　液汁を除いたもの
19	25	63	0.4	0.8	35	3	(0)	0.4	0.09	0.11	110	9	0(0)	別名：ベビーコーン、ミニコーン／穂軸基部を除いたもの*
7	9	26	0.2	0.1	540	45	(0)	0.9	0.05	0.02	22	15	0(3)	中1個＝170g　廃棄部位：へた
12	13	29	0.4	0.2	960	80	(0)	0.9	0.07	0.05	35	32	0(4)	1個＝15g　別名：プチトマト、チェリートマト／廃棄部位：へた
9	13	26	0.4	0.1	570	47	(0)	1.2	0.06	0.03	21	10	Tr(4)	別名：トマト水煮缶詰／液汁を除いたもの
6	9	18	0.3	0.1	310	26	(0)	0.7	0.04	0.04	17	6	0.3(120)	100ml＝103g　果汁100 %
18	17	30	0.3	0.2	100	8	(0)	0.3	0.05	0.05	32	4	0(Tr)	中1個＝80g　廃棄部位：へた
22	21	40	0.4	0.2	190	16	(0)	1.4	0.06	0.07	36	2	0(Tr)	へたを除いたもの／植物油（なたね油）
10	14	26	0.4	0.2	45	4	(0)	0.3	0.04	0.04	19	6	0(1)	1個＝500g　別名：洋なす／廃棄部位：へた及び果皮
160	29	86	2.9	0.7	2200	180	(0)	2.9	0.16	0.28	340	130	0(16)	1束＝200g　別名：なのはな、しんつみな、かぶれな

＊穂軸基部付きの場合の廃棄率 10%

おいしい情報　ブラッディマリー　トマトジュースを使った，鮮やかな赤い色のカクテルのこと。

6 野菜類

Vegetables

にがうり 苦瓜／Bitter gourd

九州南部から沖縄でおもに食べられているウリ科の野菜で，つるれいしともいう。沖縄ではゴーヤと呼ぶ。果皮のいぼと強い苦みが特徴。最近ではエコ効果のある「緑のカーテン」としても人気。

▼にがうり

にら 韮／Chinese chives

中国料理などで広く用いられるねぎの一種。独特のにおいがあるので，肉類などの臭みを消す効果がある。黄にらは，にらの若葉を軟化栽培した中国野菜。にらもやしともいう。にら特有の臭みが弱く，ほのかな甘味と香りがある。 旬 春

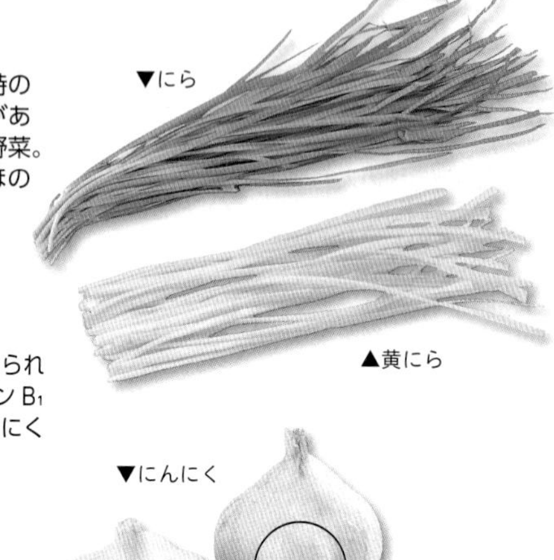

▼にら

▲黄にら

にんにく類 大蒜，葫類／Garlics

特有の臭気をもち，調味料，香辛料として広く用いられる。肉や魚の臭みを消す効果，殺菌作用，ビタミン B_1 の吸収を促進する作用がある。茎にんにくは，にんにくの芽とも呼ばれる。

▼茎にんにく

▼にんにく

CHECK! つぶが大きくかたいもの。軽いものはさける。

食品番号 食品名 廃棄率(%) 水分量(g) 栄養素	エネルギー	たんぱく質	脂質					炭水化物			無機質
			脂質	コレステロール	飽和脂肪酸	n-6系多価不飽和脂肪酸	n-3系多価不飽和脂肪酸	利用可能炭水化物(単糖当量)	炭水化物	食物繊維総量	カリウム
	■=20 kcal	■=2 g	■=2 g	■=2 mg	■=0.2 g	■=0.2 g	■=0.2 g	■=2 g	■=2 g	■=0.2 g	■=20 mg
06205 **にがうり** 果実、生 廃棄率 15 水分量 94.4	15	0.7	(0.1)	(0)	(0.01)	(0.04)	(0)	0.3	0.3	2.6	260
06207 **にら** 葉、生 廃棄率 5 水分量 92.6	18	1.3	(0.1)	Tr	(0.04)	(0.04)	(0.04)	1.7	1.7	2.7	510
06210 **黄にら** 葉、生 廃棄率 0 水分量 94.0	18	(1.5)	Tr	(0)	(0.01)	(0.01)	(0.01)	-	3.3	2.0	180
06212 **にんじん** 根、皮つき、生 廃棄率 3 水分量 89.1	35	0.5	0.1	(0)	0.02	0.05	0.01	5.9	5.8	2.8	300
06348 グラッセ 廃棄率 0 水分量 83.8	53	(0.5)	1.1	5	0.71	0.09	0.01	9.4	9.1	2.6	240
06218 **きんとき** 根、皮つき、生 廃棄率 15 水分量 87.3	39	(1.3)	0.1	(0)	0.01	0.03	Tr	-	9.6	3.9	540
06223 **にんにく** りん茎、生 廃棄率 9 水分量 63.9	129	4.0	0.5	(0)	0.13	0.26	0.03	1.1	1.0	6.2	510
06224 **茎にんにく** 花茎、生 廃棄率 0 水分量 86.7	44	(1.4)	(0.1)	(0)	(0.04)	(0.04)	(0.04)	-	10.6	3.8	160
06226 **根深ねぎ** 葉、軟白、生 廃棄率 40 水分量 89.6	35	1.0	Tr	2	0.02	0.01	Tr	3.6	3.6	2.5	200
06227 **葉ねぎ** 葉、生 廃棄率 7 水分量 90.5	29	1.3	0.1	(0)	0.03	0.04	0.04	0	0	3.2	260
06228 **こねぎ** 葉、生 廃棄率 10 水分量 91.3	26	(1.4)	(0.1)	(0)	(0.04)	(0.04)	(0.04)	-	5.4	2.5	320
06229 **のざわな** 葉、生 廃棄率 3 水分量 94.0	14	(0.8)	(0.1)	(0)	(0.01)	(Tr)	(0.03)	-	3.5	2.0	390

ミニ知識 ゴーヤチャンプルー　チャンプルーとは沖縄で炒めるという意味。にがうりと卵や豆腐，豚肉の炒めもの。

にんじん類 人参類／Carrots

旬 冬

カロテンを大量に含むが，吸収率はきわめて低いので，油を使って調理する。サラダ，煮物，煮込み料理のほか，ジュースの原料，製菓材料に用いる。現在市場に出回っているものはほとんどが西洋種。

●**きんとき**　京にんじんともよばれる。赤色が強く，形状は20cm前後と，細長い。

▲にんじん　グラッセ　▲にんじん　▲きんとき

ねぎ類 葱類／Welsh onions

旬 秋

関東では根深ねぎ，関西では葉ねぎが多い。葉ねぎの方がカロテンを多く含む。ビタミンB_1の吸収を促進する作用のほか，殺菌作用も持つ。

▼根深ねぎ　▲こねぎ　▲葉ねぎ

CHECK!
つかんだとき、ふかふかしていないもの。

のざわな 野沢菜／Nozawana

野沢温泉村を原産地とするかぶの仲間。のざわな漬は塩漬けにした葉と茎を調味液の入った袋につめたもの。カルシウム，カロテンを含むが塩分も多い。

▲のざわな漬

6 野菜類　にがうり ～ のざわな

無機質					ビタミン								食塩相当量(ナトリウム)	備考
					A			E						
カルシウム	マグネシウム	リン	鉄	亜鉛	β-カロテン当量	レチノール活性当量	D	α-トコフェロール	B_1	B_2	葉酸	C		
■=20mg	■=20mg	■=20mg	■=0.2mg	■=0.2mg	■=20µg	■=2µg	■=0.2µg	■=0.2mg	■=0.02mg	■=0.02mg	■=2µg	■=2mg	■=0.1g(mg)	
14	14	31	0.4	0.2	210	17	(0)	0.8	0.05	0.07	72	76	0(1)	中1本＝200～250g　別名：つるれいし、ゴーヤ / 廃棄部位：両端、わた及び種
48	18	31	0.7	0.3	3500	290	(0)	2.5	0.06	0.13	100	19	0(1)	1束＝100g　廃棄部位：株元
15	11	35	0.7	0.2	59	5	(0)	0.3	0.05	0.08	76	15	0(Tr)	
28	10	26	0.2	0.2	8600	720	(0)	0.4	0.07	0.06	21	6	0.1(28)	中1本＝150g　廃棄部位：根端及び葉柄基部
26	10	27	0.2	0.1	10000	880	0	0.7	0.03	0.03	17	2	1.0(390)	
37	11	64	0.4	0.9	5000	410	(0)	0.5	0.07	0.05	110	8	0(11)	別名：きょうにんじん / 廃棄部位：根端及び葉柄基部
14	24	160	0.8	0.8	2	0	(0)	0.5	0.19	0.07	93	12	Tr(8)	1個＝50～60g　廃棄部位：茎、りん皮及び根盤部
45	15	33	0.5	0.3	710	60	(0)	0.8	0.11	0.10	120	45	0(9)	別名：にんにくの芽
36	13	27	0.3	0.3	83	7	(0)	0.2	0.05	0.04	72	14	0(Tr)	1本＝100～150g　別名：長ねぎ / 廃棄部位：株元及び緑葉部
80	19	40	1.0	0.3	1500	120	(0)	0.9	0.06	0.11	100	32	0(1)	1本＝50～70g　別名：青ねぎ / 廃棄部位：株元
100	17	36	1.0	0.3	2200	190	(0)	1.3	0.08	0.14	120	44	0(1)	5本＝20g　万能ねぎ等を含む　廃棄部位：株元　硝酸イオン：0.1g
130	19	40	0.6	0.3	1200	100	(0)	0.5	0.06	0.10	110	41	0.1(24)	廃棄部位：株元

おいしい情報　**薬味**　料理に少量添えて風味や独特の辛味を加えるもの。ねぎなどの野菜や，とうがらしなどの香辛料がある。

6 野菜類

Vegetables

▼キムチ

▼はくさい

はくさい 白菜／Chinese cabbage

40～90枚程度の葉からなる大型の野菜で，原産地は中国。日本ではなべ物に欠かせない野菜であるので冬季に需要が増す。クリーム煮やぎょうざなど用途は多い。また，漬け物の材料としても多く使われ，とうがらしやにんにく，野菜の千切りを加えたキムチもその一つである。

旬 冬

はつかだいこん 二十日大根／Radish

種をまいてから20日ほどで収穫できる小型のだいこん。ラディッシュともいい，赤くて丸いもの，赤くて長細いもの，白くて長細いものなどがある。

はつかだいこん▶

ビーツ Table beet

赤いかぶ。皮だけではなく中身も赤。欧米では白や黄色の品種もある。長野県，静岡県，愛知県などで栽培。ピクルス，ボルシチの主材料。

▲ビーツ

パセリ Parsley

西洋料理に広く用いられる香味野菜で，和名はオランダぜり。料理の飾りとしたり，葉をみじん切りにしてスープの浮き身などにも使う。

▲パセリ

バジル Basil

シソ科の1年草で，バジリコともいう。さわやかな香りが特徴でトマトと相性がよく，パスタやピザなどイタリア料理によく用いられる。

◀バジル

食品番号 食品名 廃棄率(%) 水分量(g)	廃棄率(%)	水分量(g)	エネルギー	たんぱく質	脂質：脂質	脂質：コレステロール	脂質：飽和脂肪酸	脂質：n-6系多価不飽和脂肪酸	脂質：n-3系多価不飽和脂肪酸	炭水化物：利用可能炭水化物(単糖当量)	炭水化物：炭水化物	炭水化物：食物繊維総量	無機質：カリウム
栄養素			■＝20 kcal	■＝2 g	■＝2 g	■＝2 mg	■＝0.2 g	■＝0.2 g	■＝0.2 g	■＝2 g	■＝2 g	■＝0.2 g	■＝20 mg
06233 はくさい 結球葉、生	6	95.2	13	0.6	Tr	(0)	0.01	Tr	0.02	2.0	2.0	1.3	220
06236 漬物、キムチ	0	88.4	27	2.3	0.1	(0)	-	-	-	0	5.4	2.2	290
06239 パセリ 葉、生	10	84.7	34	3.2	(0.5)	(0)	(0.12)	(0.10)	(0.01)	0.9	0.9	6.8	1000
06240 はつかだいこん 根、生	25	95.3	13	0.7	(0.1)	(0)	(0.03)	(0.02)	(0.03)	(1.9)	(1.9)	1.2	220
06243 ビーツ 根、生	10	87.6	38	(1.0)	(0.1)	(0)	(0.02)	(0.03)	(Tr)	(7.3)	(6.9)	2.7	460
06245 青ピーマン 果実、生	15	93.4	20	0.7	0.1	0	0.02	0.03	0.01	2.3	2.3	2.3	190
06247 赤ピーマン 果実、生	10	91.1	28	(0.8)	(0.2)	(0)	(0.04)	(0.07)	(0.04)	(5.3)	(5.3)	1.6	210
06249 黄ピーマン 果実、生	10	92.0	28	(0.6)	(0.1)	(0)	(0.02)	(0.03)	(0.01)	(4.9)	(4.9)	1.3	200
06256 ふき 葉柄、生	40	95.8	11	0.3	0	(0)	-	-	-	-	3.0	1.3	330
06258 ふきのとう 花序、生	2	85.5	38	2.5	0.1	(0)	-	-	-	-	10.0	6.4	740
06263 ブロッコリー 花序、生	35	86.2	37	3.8	0.3	0	0.07	0.03	0.08	2.4	2.3	5.1	460

ミニ知識 肉料理や魚料理に添えてあるパセリ　飾りとしての役割も重要だがビタミンなどが豊富。もちろん食べてよい。

ピーマン類 Sweet peppers

とうがらしの甘味種。別名スイート・ペッパー。緑色のものは青臭く苦味があるので，炒めものなど加熱料理に向く。オランダパプリカと呼ばれる黄色，赤色のものは甘味があり，サラダなどに用いられる。

旬 夏

▲青ピーマン

CHECK! 尻のつまっているもの。

▲赤ピーマン　▲黄ピーマン

ふき類 蕗類／Japanese butterburs

●**ふき**　日本特産のあくの強い野菜。茎の皮をむいて，水煮してあくを抜いてから，煮物，あえ物にする。葉はつくだ煮の材料になる。

●**ふきのとう**　ふきの花の若いつぼみを指す。茎や葉よりも先に地上に顔を出す。独特の苦味があり，てんぷらなどで食べられる。春の訪れを告げる野菜として知られる。

▼ふきのとう

▲ふき

ブロッコリー Broccoli

旬 秋

キャベツの一種で，花芽が発達したつぼみと茎を食用にする。ビタミンCと食物繊維が豊富。炒め物やグラタンには，かために下ゆでしたものを用いる。

▼ブロッコリー

CHECK! つぼみが密集してつまっているもの。くきにすがないもの。

フレッシュハーブを楽しもう

■**イタリアンパセリ**
パセリの一種。おもに，スープ，サラダなどに刻んで用いられる。イタリア料理に使われる。

■**レモングラス**
レモンの香りが特徴で，トムヤムクンなどのタイ料理に使われる。

■**コリアンダー**
中国では香菜，タイではパクチーと呼ばれている。かなり独特な香りがあり，好き嫌いが分かれる。

■**ミント**
スーッとするさわやかな香りがある。菓子やハーブティとして用途は幅広い。

■**ローズマリー**
肉やじゃがいも料理によく合う。しょうのうに似た清涼感のある香りが特徴。

無機質					ビタミン								食塩相当量	備考
					A		D	E						
カルシウム	マグネシウム	リン	鉄	亜鉛	β-カロテン当量	レチノール活性当量	D	α-トコフェロール	B_1	B_2	葉酸	C	(ナトリウム)	
■＝20mg	■＝20mg	■＝20mg	■＝0.2mg	■＝0.2mg	■＝20μg	■＝2μg	■＝0.2μg	■＝0.2mg	■＝0.02mg	■＝0.02mg	■＝2μg	■＝2mg	■＝0.1g(mg)	
43	10	33	0.3	0.2	99	8	(0)	0.2	0.03	0.03	61	19	0(6)	1個＝1～2kg 廃棄部位：株元
50	11	48	0.5	0.2	170	15	(0)	0.5	0.04	0.06	22	15	2.9(1100)	
290	42	61	7.5	1.0	7400	620	(0)	3.3	0.12	0.24	220	120	0(9)	1本＝5g 別名：オランダぜり／廃棄部位：茎
21	11	46	0.3	0.1	(0)	(0)	(0)	0	0.02	0.02	53	19	0(8)	1個＝12g 別名：ラディッシュ／試料：赤色球形種／廃棄部位：根端、葉及び葉柄基部
12	18	23	0.4	0.3	(0)	(0)	(0)	0.1	0.05	0.05	110	5	0.1(30)	1個＝300g 別名：ビート、ビートルート、かえんさい等／廃棄部位：根端、皮及び葉柄基部
11	11	22	0.4	0.2	400	33	(0)	0.8	0.03	0.03	26	76	0(1)	1個＝30～40g 廃棄部位：へた、しん及び種子
7	10	22	0.4	0.2	1100	88	(0)	4.3	0.06	0.14	68	170	0(Tr)	別名：パプリカ／廃棄部位：へた、しん及び種子
8	10	21	0.3	0.2	200	17	(0)	2.4	0.04	0.03	54	150	0(Tr)	別名：パプリカ、キングベル／廃棄部位：へた、しん及び種子
40	6	18	0.1	0.2	49	4	(0)	0.2	Tr	0.02	12	2	0.1(35)	1本＝100g 廃棄部位：葉、表皮及び葉柄基部
61	49	89	1.3	0.8	390	33	(0)	3.2	0.10	0.17	160	14	0(4)	1個＝10g 廃棄部位：花茎
50	29	110	1.3	0.8	900	75	0	3.0	0.17	0.23	220	140	Tr(7)	中1個＝250g 廃棄部位：茎葉

おいしい情報 **チンヂャオロースー**　ピーマンと牛肉を細切りにして炒めた中国料理。

6 野菜類

Vegetables

ほうれんそう 菠薐草／Spinach

葉先の丸い西洋種と，葉先がとがって根元の赤い東洋種があるが，これらの交配種も出回っている。あくが強いので，おひたしや炒め物など加熱して食べることが多い。鉄とカロテンを多く含む。サラダなどの生食用に，あくが少なくやわらかいサラダほうれんそうという品種もある。

旬 冬

▲ほうれんそう

ホースラディシュ Horseradish

わさびに似た香味，香気がある。わさび大根，西洋わさびともいう。チューブ入りの練りわさび，粉わさびは，ホースラディシュを主原料とするものが多い。

▲ホースラディシュ

みつば類 三葉／Mitsuba

根株に土寄せをして茎を白くしたもの。根つきのまま出荷する。根株を穴蔵などに入れて栽培したものを切りみつばといい，根を切って出荷する。

▼糸みつば

みょうが 茗荷／Japanese gingers

日本原産。一般に出回っているのはみょうがのつぼみの部分である。茎の部分をみょうが竹という。香りが強く，薬味のほか，漬け物やてんぷらにも向く。

▲みょうが

みずな 水菜／Mizuna

つけ菜の仲間。葉の切れ込みが異なるが，京菜，みぶ菜も同種である。やや辛味があり，漬け物や鍋物に利用される。カルシウム，カロテンなどを多く含む。

▲みずな

食品番号 食品名	廃棄率(%)	水分量(g)	エネルギー	たんぱく質	脂質：脂質	脂質：コレステロール	脂質：飽和脂肪酸	脂質：n-6系多価不飽和脂肪酸	脂質：n-3系多価不飽和脂肪酸	炭水化物：利用可能炭水化物(単糖当量)	炭水化物：炭水化物	炭水化物：食物繊維総量	無機質：カリウム
栄養素			■＝20 kcal	■＝2 g	■＝2 g	■＝2 mg	■＝0.2 g	■＝0.2 g	■＝0.2 g	■＝2 g	■＝2 g	■＝0.2 g	■＝20 mg
06267 ほうれんそう 葉、通年平均、生	10	92.4	18	1.7	0.2	0	0.04	0.04	0.12	0.3	0.3	2.8	690
06268 葉、通年平均、ゆで	5	91.5	23	2.1	(0.3)	0	(0.05)	(0.04)	(0.15)	0.4	0.4	3.6	490
06270 ホースラディシュ 根茎、生	25	77.3	69	(2.5)	(0.3)	(0)	(0.04)	(0.12)	(0.02)	-	17.7	8.2	510
06072 みずな 葉、生	15	91.4	23	(1.9)	0.1	(0)	-	-	-	-	4.8	3.0	480
06278 糸みつば 葉、生	8	94.6	12	(0.8)	0.1	(0)	-	-	-	-	2.9	2.3	500
06280 みょうが 花穂、生	3	95.6	11	(0.7)	0.1	(0)	-	-	-	-	2.6	2.1	210
06283 めキャベツ 結球葉、生	0	83.2	52	(3.9)	(0.1)	(0)	(0.02)	(0.02)	(0.03)	(4.2)	(4.1)	5.5	610
06286 アルファルファもやし 生	0	96.0	11	1.6	(0.1)	(0)	(0.01)	(0.03)	(0.03)	(0.3)	(0.3)	1.4	43
06287 だいずもやし 生	4	92.0	29	2.9	1.2	Tr	0.20	0.64	0.13	0.6	0.6	2.3	160
06291 りょくとうもやし 生	3	95.4	15	1.2	(0.1)	(0)	(0.03)	(0.03)	(0.01)	1.3	1.3	1.3	69
06293 モロヘイヤ 茎葉、生	0	86.1	36	(3.6)	(0.4)	(0)	(0.08)	(0.23)	(Tr)	0.1	0.1	5.9	530
06296 ゆりね りん茎、生	10	66.5	119	(2.4)	0.1	(0)	-	-	-	-	28.3	5.4	740

ミニ知識 たで食う虫も好きずき　辛いたでを食う虫がいるように，人の好みはさまざまでわからないことのたとえ。

めキャベツ 芽キャベツ／Brussels sprouts

1本の幹から多数発芽する。こもちかんらんとも呼ばれる。独特の苦味があり，煮込み料理やサラダ，つけあわせに用いられる。

▼めキャベツ

モロヘイヤ Tossa jute

エジプトでは古代から食用とされていたが，日本には1980年代に導入された。βカロテン，ミネラル，食物繊維などが豊富。刻むとぬめりがでる。

ゆりね 百合根／Liry bulb

おにゆり，こおにゆりなど，食用種のユリの球根部をさす。北海道での生産がほとんどである。生のものは煮物やあえ物に用いられる。

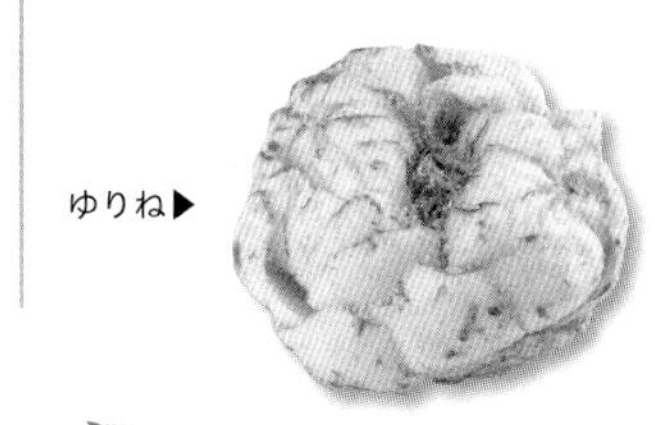
ゆりね▶

▼モロヘイヤ

もやし類 萌やし類／Bean sprouts

●**アルファルファもやし** 生食用として需要が高い。サラダとしてシャキシャキとした食味を楽しむほか，素揚げして，とろみをつけたあんをかけてもよい。
●**だいずもやし** 豆を暗所に置き，発芽させたもの。豆の部分にうまみがあり，シャキシャキとした食感である。韓国料理のナムルなどに用いられる。
●**りょくとうもやし** 緑豆を発芽させたもの。日本で最も生産量が高く，市場に多く出回っている。

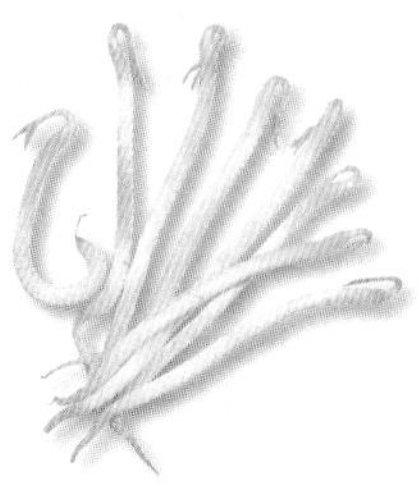
▼りょくとうもやし

▲だいずもやし

▼アルファルファもやし

無機質					ビタミン								食塩相当量	備考
					A			E						
カルシウム	マグネシウム	リン	鉄	亜鉛	β-カロテン当量	レチノール活性当量	D	α-トコフェロール	B1	B2	葉酸	C	(ナトリウム)	
■＝20mg	■＝20mg	■＝20mg	■＝0.2mg	■＝0.2mg	■＝20μg	■＝2μg	■＝0.2μg	■＝0.2mg	■＝0.02mg	■＝0.02mg	■＝2μg	■＝2mg	■＝0.1g(mg)	
49	69	47	2.0	0.7	4200	350	(0)	2.1	0.11	0.20	210	35	0(16)	1束＝300g 廃棄部位：株元
69	40	43	0.9	0.7	5400	450	(0)	2.6	0.05	0.11	110	19	0(10)	廃棄部位：株元／ゆでた後水冷し、手搾りしたもの
110	65	58	1.0	2.3	7	1	(0)	0	0.10	0.10	99	73	0(1)	1回分＝2g 別名：わさびだいこん、せいようわさび／廃棄部位：皮
210	31	64	2.1	0.5	1300	110	(0)	1.8	0.08	0.15	140	55	0.1(36)	1株＝2kg 別名：きょうな、せんすじきょうな／廃棄部位：株元
47	21	47	0.9	0.1	3200	270	(0)	0.9	0.04	0.14	64	13	0(3)	1束＝100g 別名：あおみつば／廃棄部位：株元
25	30	12	0.5	0.4	31	3	(0)	0.1	0.05	0.05	25	2	0(1)	1個＝10g 別名：花みょうが、みょうがの子／廃棄部位：花茎
37	25	73	1.0	0.6	710	59	(0)	0.6	0.19	0.23	240	160	0(5)	中1個＝5g 別名：こもちかんらん、姫かんらん、姫キャベツ
14	13	37	0.5	0.4	56	5	(0)	1.9	0.07	0.09	56	5	0(7)	1パック＝100g 別名：糸もやし
23	23	51	0.5	0.4	(Tr)	(0)	(0)	0.5	0.09	0.07	85	5	0(3)	1袋＝200g 廃棄部位：種皮及び損傷部
10	8	25	0.2	0.3	6	Tr	(0)	0.1	0.04	0.05	41	8	0(2)	1袋＝250g 廃棄部位：種皮及び損傷部
260	46	110	1.0	0.6	10000	840	(0)	6.5	0.18	0.42	250	65	0(1)	廃棄率：木質茎つきの場合25%
10	25	71	1.0	0.7	(0)	(0)	(0)	0.5	0.08	0.07	77	9	0(1)	1個＝70g 廃棄部位：根、根盤部及び損傷部

おいしい情報 ブロッコリーの太い茎は食べられるの？ 皮をむいて火を通すとやわらかく食べることができる。

6 野菜類

Vegetables

ルッコラ Rocket salad

ごまに似た風味が特徴。イタリア料理のサラダなどによく使われる。

▼ルッコラ

ルバーブ Rhubarb

ふきのような長い葉柄を食用にする。赤と緑があるが，加熱するとどちらも褐色になる。独特の酸味があり，ビタミンCが豊富。

▲ルバーブ

レタス類 Lettuces

旬 通年

●レタス　レタス類は和名で「ちしゃ」という。一般的なのは玉レタスで，きちんと結球したものほど品質がよい。葉の歯切れのよさが特徴で，クリスプレタスともいう。

●サラダな　葉の巻きは弱く，開いている。代表的なサラダ用野菜で，玉レタスよりも緑色が濃くカロテンが多い。

●リーフレタス　本来は結球しないレタスの総称であるが，緑色の非結球型をリーフレタスと呼ぶことが定着している。葉ちしゃともいう。レタスの原形に近いもの。

●サニーレタス　結球しないレタス。葉先が赤みを帯び，葉の表面が縮れているのが特徴。サラダなどにして生食する。

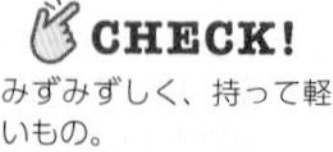

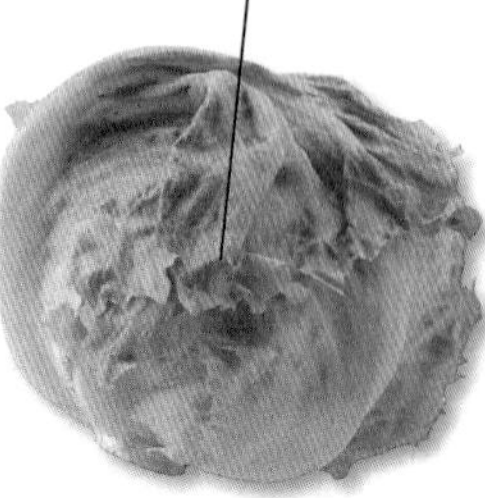
▲レタス

▲リーフレタス

▲サニーレタス

▲サラダな

食品番号 食品名	廃棄率(%)	水分量(g)	エネルギー	たんぱく質	脂質					炭水化物			無機質
					脂質	コレステロール	飽和脂肪酸	n-6系多価不飽和脂肪酸	n-3系多価不飽和脂肪酸	利用可能炭水化物(単糖当量)	炭水化物	食物繊維総量	カリウム
			■= 20 kcal	■= 2 g	■= 2 g	■= 2 mg	■= 0.2 g	■= 0.2 g	■= 0.2 g	■= 2 g	■= 2 g	■= 0.2 g	■= 20 mg
06319 **ルッコラ** 葉、生	2	92.7	17	1.9	0.1	(0)	0.05	0.01	0.05	(0)	(0)	2.6	480
06310 **ルバーブ** 葉柄、生	10	92.1	23	0.7	(0.1)	0	(0.03)	(0.05)	(0)	(1.9)	(1.9)	2.5	400
06312 **レタス** 土耕栽培、結球葉、生	2	95.9	11	0.5	Tr	(0)	0.01	0.01	0.01	1.7	1.7	1.1	200
06313 **サラダな** 葉、生	10	94.9	10	0.8	0.1	(0)	0.01	0.02	0.05	0.7	0.7	1.8	410
06314 **リーフレタス** 葉、生	6	94.0	16	(1.0)	(0.1)	(0)	(0.01)	(0.02)	(0.04)	(0.9)	(0.9)	1.9	490
06315 **サニーレタス** 葉、生	6	94.1	15	(0.7)	(0.1)	(0)	(0.03)	(0.03)	(0.07)	(0.6)	(0.6)	2.0	410
06317 **れんこん** 根茎、生	20	81.5	66	1.3	Tr	0	0.01	0.02	Tr	14.2	13.0	2.0	440
06320 **わけぎ** 葉、生	4	90.3	30	(1.1)	0	(0)	-	-	-	-	7.4	2.8	230
06322 **わさび** 根茎、生	30	74.2	89	5.6	0.2	(0)	-	-	-	-	18.4	4.4	500
06324 **わらび** 生わらび、生	6	92.7	19	1.8	0.1	(0)	-	-	-	-	4.0	3.6	370
06382 **ミックスベジタブル** 冷凍	0	80.5	67	3.0	0.7	0	-	-	-	-	15.1	5.9	220

 ミニ知識 あつものに懲りてなますを吹く　前の失敗にこりて余計な用心をするたとえ。

れんこん 蓮根／East Indian lotus root

はすの肥大化した地下茎。炒め物，煮物の他，福神漬，辛子れんこんの材料にもなる。辛子れんこんは，れんこんのあなに辛子を詰めたもの。

旬 冬

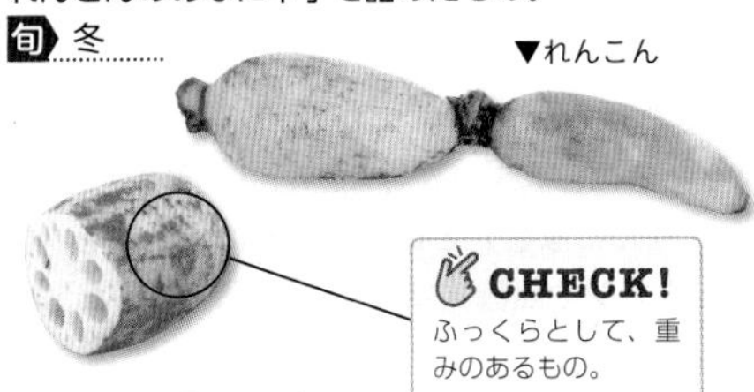

▼れんこん

わけぎ 分葱／Turfed stone leeks

ねぎの一変種。あさつきよりもやや葉が太く，芽の分かれ方が少ない。酢味噌あえにするほか，薬味として利用する。ふぐ料理の薬味として不可欠。

▲わけぎ

わさび 山葵／Wasabi

清流でのみ育つ，日本原産の香味野菜。さわやかな辛味があり，刺身の香辛料として不可欠。わさび漬は茎と根を刻んで，酒かすにつけ込んだもの。

▼わさび

わらび 蕨／Bracken

代表的な山菜で，主に乾燥したものをほかの山菜と混ぜて水煮されたパック詰めのものが出回っている。炊き込みご飯やあえ物などに向く。

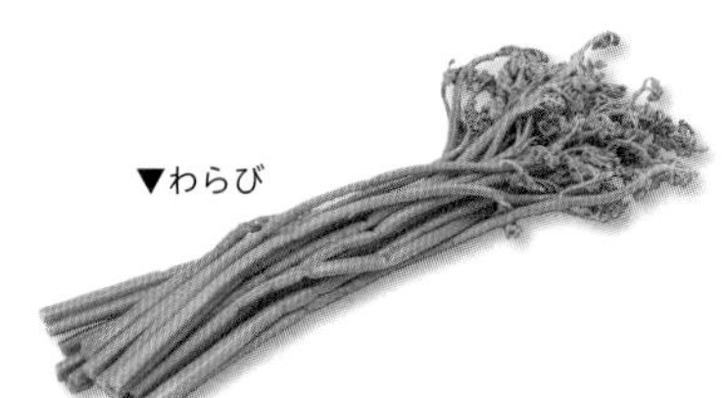
▼わらび

ミックスベジタブル Mix Vegetable

グリーンピース，スイートコーン，さいの目切りにしたにんじんなどの野菜を混ぜて凍結させた冷凍食品。

▲ミックスベジタブル

野菜のゆで方

■水からゆでる	■湯でゆでる	
だいこん	青菜類	アスパラガス
たけのこ	いんげん	キャベツ
かぶ	はくさい	ごぼう
にんじん	ブロッコリー	れんこん
じゃがいも	さやえんどう	など
など	カリフラワー	

無機質					ビタミン								食塩相当量	備考
カルシウム	マグネシウム	リン	鉄	亜鉛	A β-カロテン当量	A レチノール活性当量	D	E α-トコフェロール	B1	B2	葉酸	C	食塩相当量（ナトリウム）	備考
■＝20mg	■＝20mg	■＝20mg	■＝0.2mg	■＝0.2mg	■＝20μg	■＝2μg	■＝0.2μg	■＝0.2mg	■＝0.02mg	■＝0.02mg	■＝2μg	■＝2mg	■＝0.1g(mg)	
170	46	40	1.6	0.8	3600	300	(0)	1.4	0.06	0.17	170	66	0(14)	別名：ロケットサラダ、エルカ、ルコラ／廃棄部位：株元
74	19	37	0.2	0.1	40	3	(0)	0.2	0.04	0.05	31	5	0(1)	1本＝70g 別名：しょくようだいおう／廃棄部位：表皮及び両端
19	8	22	0.3	0.2	240	20	(0)	0.3	0.05	0.03	73	5	0(2)	中1個＝500g 別名：たまちしゃ／廃棄部位：株元
56	14	49	2.4	0.2	2200	180	(0)	1.4	0.06	0.13	71	14	0(6)	1株＝100g 廃棄部位：株元
58	15	41	1.0	0.5	2300	200	(0)	1.3	0.10	0.10	110	21	0(6)	別名：ちりめんちしゃ、あおちりめんちしゃ／廃棄部位：株元
66	15	31	1.8	0.4	2000	170	(0)	1.2	0.10	0.10	120	17	0(4)	大1個＝300g 別名：あかちりめんちしゃ／廃棄部位：株元
20	16	74	0.5	0.3	3	Tr	(0)	0.6	0.10	0.01	14	48	0.1(24)	1節＝300g 廃棄部位：節部及び皮
59	23	25	0.4	0.2	2700	220	(0)	1.4	0.06	0.10	120	37	0(1)	1束＝150g 廃棄部位：株元
100	46	79	0.8	0.7	7	1	(0)	1.4	0.06	0.15	50	75	0.1(24)	1本＝60g 廃棄部位：側根基部及び葉柄
12	25	47	0.7	0.6	220	18	(0)	1.6	0.02	1.09	130	11	0(Tr)	1本＝75g 廃棄部位：基部
19	21	71	0.7	0.5	3900	320	0	0.3	0.14	0.07	50	9	0.1(22)	配合割合：グリンピース冷凍29、スイートコーン冷凍37、にんじん冷凍34

おいしい情報 レタスは，包丁で切ると変色してしまうので，手でちぎる。

7 果実類

Fruits

果実のうち，めしべの子房壁が受精後に肥大し，食用の果肉となったものを真果（かき，ぶどう，みかん，ももなど），花たくが肥大したものを偽果（いちじく，なし，びわ，りんごなど）という。果実は，糖質を多く含み，カロリーの高い食品だが，加熱することが少ないので，ビタミンや無機質の損失が少ない。また，生食の他に，缶詰，ジャム，ジュースなどに加工されることも多い。

一般成分としては，ほとんどの果実が水分を 80 ～ 90%含み，炭水化物は糖質と食物繊維で 10 ～ 12%含まれる。たんぱく質は少ないが，熟成・貯蔵に関係する酵素や健康上欠かせないビタミンCやカロテン，カリウム，糖質，食物繊維なども多く含んでいる。近年は，世界各地からいろいろな果実類が輸入されている。

果実類の分類

果実は，その成り立ちによって，次のように分類される。

分類	特徴	例	図
果菜類	形態，性質，栽培方法からは野菜に分類されるが，市場では果実として扱われているもの。	いちご すいか メロン	花（いちご）：めしべ，おしべ，がく片，花弁，花床 果実（いちご）断面：痩果，花床の皮層，花床の髄，がく片
仁果類	子房とがく，花たくの一部が発達したもの。	りんご なし びわ	花（りんご）：雌ずい（柱頭，花柱），がく片，子房，胚珠 果実（りんご）縦断面・横断面：種子，子房（果芯），花托（果肉），髄線，果肉，胚乳
準仁果類	子房の外果皮が皮に，中果皮が発達したもの。	かき みかん	かきの果実：華頂部，ゴマ斑（タンニン細胞），種核，果皮，果肉，がく，果梗 かんきつ類果実（表面と断面）：果芯，種子，フラベド（flavedo，外果皮），アルベド（albedo，中果皮），砂じょう（砂のう，果肉），じょうのう膜，じょうのう（内果皮），がく片，果梗，油胞，外皮（果皮）
核果類	子房の内果皮がかたい核（石質）になり，その中に種子がある。	もも さくらんぼ うめ	花（もも）：柱頭，花弁，がく片，胚珠，子房 果実（もも）：果実（外果皮），果肉（中果皮），核（内果皮），種子，内乳，珠心
漿（しょう）果類	一果が一子房からできている。やわらかで多汁。	ぶどう いちじく ざくろ	果実（いちじく）：開口部（目），果頂部，おしべ，果皮，花托（果肉），果梗
堅果類	殻果類ともいう。外皮がかたく，可食部は子葉の発達したもの。	くり くるみ	果実（くり）：花床の皮層，幼芽，子葉，種皮（渋皮），胚軸，果皮，幼根

果物の旬

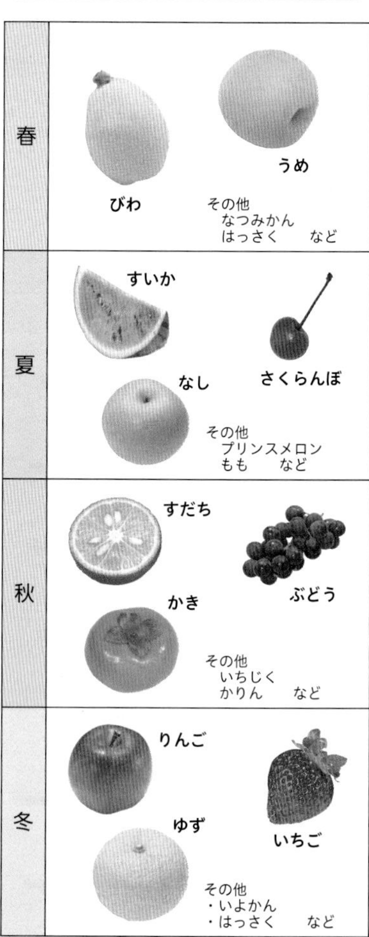

「旬」には，最も出回る時期と，最も美味しい時期が異なる場合も多く，また地域差もあるため，確実なものではない。あくまでも目安と考えよう。

ミニ知識 野菜？ 果物？ すいかやメロンやいちごは植物学的には野菜であるが，日常生活では果物として扱われることが多い。

果実の成分と調理の要点

果実は生で食べることが多いが，成分の特徴を生かして，さまざまに調理することができる。

果実の成分	調理例	調理の要点
ペクチン	ジャム マーマレード	・酸と糖とともに加熱されるとゼリー状になる。 ・果肉に含まれ，果汁には含まれない。 ・酸の少ない果実にはレモン汁や酢を加える。 ・かんきつ類の果皮には苦味があるので，水にさらしてから用いる。
ポリフェノール	フルーツサラダ	・切ったときに 1%の塩水に入れると褐変を防ぐことができる。 ・すりおろすときにレモン汁などのビタミンCを含む液を加えると，褐変を短時間は抑制できる。
たんぱく質分解酵素	ゼリー 肉のソテーなど	・ゼリーにたんぱく質分解酵素を含む果汁を入れる場合は，80℃くらいに加熱し，たんぱく質分解酵素がはたらかないようにするとよい。 ・加熱すると肉をやわらかくする効果はなくなる。

果実の褐変

果実に含まれるポリフェノールが空気に触れると酸化酵素のはたらきによって酸化され，着色物質ができる。塩水や酸性水につけると褐変を防ぐことができる。

切ったばかりの時

褐変した切り口

果実のペクチンと酸の含有量

果物	りんご レモン オレンジ すもも	いちじく もも バナナ	いちご あんず	ぶどう びわ 熟したりんご	なし かき 熟したもも
ペクチンの量	多い 1%以内	多い 1%内外	少ない 0.5%以下	中くらい 0.7%内外	少ない 0.5%以下
酸の量	多い 0.8 ～ 1.2%	少ない 0.1%	多い 1%	中くらい 0.4%	少ない 0.1%

主な果実の選び方

果実は１つ１つ甘さやおいしさに違いがある。おいしい果実の選び方を知ろう。

みかん

表面の色が濃くつやがあり，へたが小さく黄緑色で，果皮がうすいものがよい。

りんご

果皮にはりがあり，実が引き締まったものがよい。ツルが太くみずみずしいものがおいしい。

すいか

色つやがよく，黒いしま模様がはっきりしているものがよい。切ってあるものは，種の黒いものがよい。

バナナ

熟成がすすむと現れる黒い斑点があるものがおいしい。皮の表面が角張っておらず丸いものがよい。

ぶどう

先端のほうを食べてみて甘ければ房全体が甘い証拠。白い粉（ブルーム）がついているものがおいしい。

7 果実類

おいしい情報　水菓子とは？　果物のことをいう。

7 果実類

Fruits

あけび 通草／Akebia

本州以南の山野に自生するつる性の落葉樹。実は熟すと紫色になり２つに割れる。果肉は生で食べるが，果実酒にもされる。果皮は炒めものなどにする。

▼あけび

アテモヤ Atemoya

チェリモヤとバンレイシの種間雑種で，フィリピンで多く栽培されている。果肉は黄色く，多汁質で香りが強い。

アセロラ Acerolas

原産地は熱帯アメリカ（西インド諸島）といわれている。加工用として冷凍果実やピューレがブラジルから輸入されているが，沖縄でも栽培している。

▲アセロラ

▲アテモヤ

アボカド Avocados

原産地は中央アメリカ。森のバターと呼ばれるほど脂肪が多く，バターとチーズと卵を混ぜたような濃厚な味。２つに割って種を取り，レモンじょうゆで食べたり，すしだねやサラダなどに用いる。

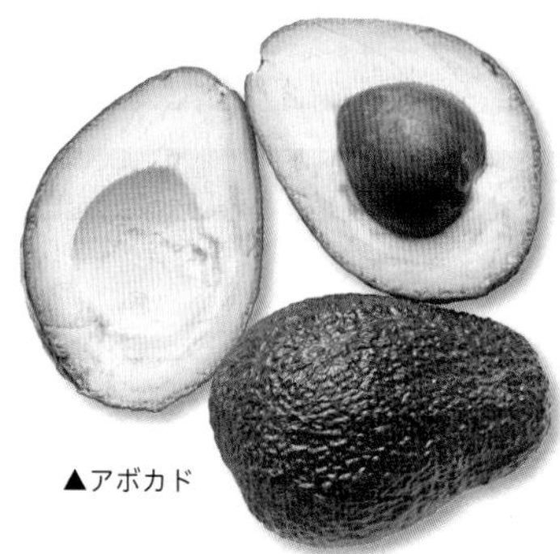

▲アボカド

あんず 杏／Apricots

英名はアプリコット。日本では生食用としての需要はほとんどなく，ジャムや乾燥したものが一般的である。乾燥あんずは食物繊維が豊富。

▲あんず

食品番号 食品名	廃棄率 (%)	水分量 (g)	エネルギー	たんぱく質	脂質：脂質	脂質：コレステロール	脂質：飽和脂肪酸	脂質：n-6系多価不飽和脂肪酸	脂質：n-3系多価不飽和脂肪酸	炭水化物：利用可能炭水化物（単糖当量）	炭水化物：炭水化物	炭水化物：食物繊維総量	無機質：カリウム
栄養素			■＝20 kcal	■＝2 g	■＝2 g	■＝2 mg	■＝0.2 g	■＝0.2 g	■＝0.2 g	■＝2 g	■＝2 g	■＝0.2 g	■＝20 mg
07001 **あけび** 果肉、生	0	77.1	89	0.5	0.1	0	-	-	-	-	22.0	1.1	95
07003 **アセロラ** 酸味種、生	25	89.9	36	0.7	Tr	0	0.01	0.01	Tr	-	9.0	1.9	130
07005 **アテモヤ** 生	35	77.7	81	(1.1)	(0.3)	0	(0.14)	(0.02)	(0.09)	-	19.4	3.3	340
07006 **アボカド** 生	30	71.3	178	1.6	15.8	Tr	3.03	1.72	0.12	(0.8)	(0.8)	5.6	590
07007 **あんず** 生	5	89.8	37	(0.8)	(0.2)	(0)	(0.02)	(0.06)	(0)	(4.8)	(4.7)	1.6	200
07012 **いちご** 生	2	90.0	31	0.7	0.1	0	0.01	0.03	0.02	(6.1)	(5.9)	1.4	170
07014 ジャム 低糖度	0	50.7	194	(0.4)	(0.1)	(0)	(0.01)	(0.03)	(0.02)	-	48.4	1.1	79
07015 **いちじく** 生	15	84.6	57	0.4	(0.1)	(0)	(0.02)	(0.05)	(0)	(11.0)	(11.0)	1.9	170
07019 **うめ** 生	15	90.4	33	0.4	(0.4)	0	(0.03)	(0.08)	(0)	-	7.9	2.5	240
07023 梅干し 調味漬	25	68.7	90	1.5	(0.4)	(0)	(0.04)	(0.09)	(0)	-	21.1	2.5	130

ミニ知識 **梅干し** 梅の実が熟してくる６～７月頃が梅干しを漬けるのによい季節。

いちご 苺／Strawberries

日本は世界有数のいちごの生産国。代表的な品種は「とよのか」「女峰」など。ビタミンCが豊富に含まれる。

旬 冬

▲いちご

▲いちごジャム 低糖度

CHECK! つぶつぶがはっきりしているもの。へたの色が濃いもの。

いちじく 無花果／Figs

花を咲かせずに実をつけるので，無花果と書く。でん粉分解酵素，たんぱく質分解酵素を含み，食後に食べると消化を促進する。生食やジャムとする。

▼いちじく

うめ 梅／Mume：Japanese apricots

あんずの仲間で，酸味が強い。未熟な果実には青酸が含まれるので生食には不向き。梅干し，梅酒，ジャムなどに加工される。梅干しには殺菌作用がある。 旬 5～7月

▼梅干し

▲うめ（生）

いちごジャムのつくり方

材料：いちご適量，砂糖…いちごの重量の50～100％（好みで調節），レモン…適量

❶いちごのへたをとり，流水できれいに洗う。
❷なべにいちごを入れ，砂糖をまぶして20分くらい置く。
❸レモン汁を加えて火にかけ，弱火で加熱をつづけて105℃になったら止める。
※できあがりの程度を調べるには，水を入れたコップに煮詰めた液を1滴落としてみる。すぐに散ってしまう場合は，煮詰め不足。

ポイント：果実には有機酸が多いので，使用するなべは，ほうろうや耐熱ガラスなどのものがよい。

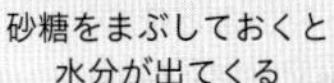

砂糖をまぶしておくと水分が出てくる

水に落としてできあがりを見る

無機質					ビタミン								食塩相当量（ナトリウム）	備考
					A		D	E						
カルシウム	マグネシウム	リン	鉄	亜鉛	β-カロテン当量	レチノール活性当量	D	α-トコフェロール	B1	B2	葉酸	C		
■＝20mg	■＝20mg	■＝20mg	■＝0.2mg	■＝0.2mg	■＝20µg	■＝2µg	■＝0.2µg	■＝0.2mg	■＝0.02mg	■＝0.02mg	■＝2µg	■＝2mg	■＝0.1g(mg)	
11	14	22	0.3	0.1	0	(0)	(0)	0.2	0.07	0.03	30	65	0(Tr)	試料：みつばあけび／全果に対する割合：果肉20％，種子7％
11	10	18	0.5	0.5	370	31	(0)	0.7	0.03	0.04	45	1700	0(7)	試料：冷凍品／廃棄部位：果柄及び種子
26	29	24	0.3	0.2	0	(0)	(0)	0.2	0.08	0.12	23	14	0(4)	廃棄部位：果皮及び種子
8	34	52	0.6	0.7	87	7	(0)	3.3	0.09	0.20	83	12	Tr(7)	中1個＝400g 別名：アボガド／廃棄部位：果皮及び種子
9	8	15	0.3	0.1	1500	120	(0)	1.7	0.02	0.02	2	3	0(2)	中1個＝40g 別名：アプリコット／廃棄部位：核及び果柄
17	13	31	0.3	0.2	18	1	(0)	0.4	0.03	0.02	90	62	0(Tr)	中1粒＝9g 別名：オランダイチゴ／廃棄部位：へた及び果梗
12	8	14	0.4	0.1	Tr	(0)	(0)	0.2	0.01	0.01	27	10	0(12)	別名：オランダイチゴ／ビタミンC：酸化防止用として添加品あり
26	14	16	0.3	0.2	18	1	(0)	0.4	0.03	0.03	22	2	0(2)	中1個＝75g 廃棄部位：果皮及び果柄
12	8	14	0.6	0.1	240	20	(0)	3.3	0.03	0.05	8	6	0(2)	中1個＝20g 未熟果（青梅）／廃棄部位：核
25	15	15	2.4	0.1	4	Tr	(0)	0.2	0.01	0.01	0	0	7.6(3000)	廃棄部位：核

おいしい情報 カリフォルニア巻き　巻きずしの具にアボカドを使ったもの。レタスやエビ，カニかまぼこなどを一緒に巻く。

7 果実類

Fruits

かき 柿／Kaki : Japanese persimmons

日本特産の果実で，甘がきと渋がきに大別できる。甘がきは生のまま，渋がきはしぶを抜いて，おもに干しがきとして出回る。種なしの品種の人気が高い。干しがきのうち，半乾燥状態のものをあんぽがき，さらに水分をとばしたものを枯露がきという。

 秋

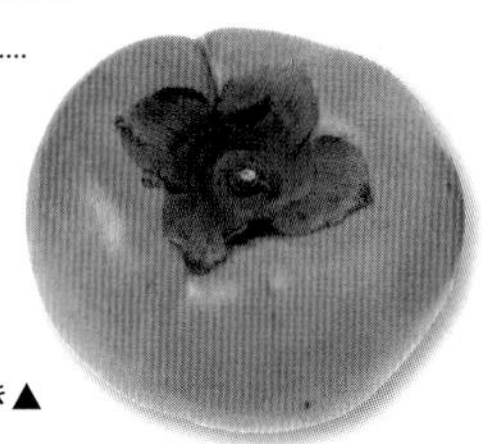

かき▲

かりん Chinese quinces

中国原産。楕円形の緑色の果実は，秋には黄色く熟して芳香を発する。果肉は渋くて堅いので生食には向かないが，シロップ漬けや果実酒にする。のどによいといわれている。

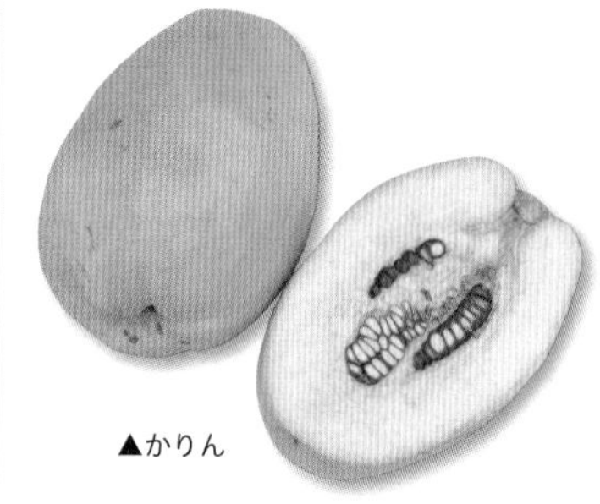

▲かりん

オリーブ Olives

地中海地方原産の果実で，日本では塩漬が出回る。熟していない実の塩漬がグリーン，熟した実の塩漬が黒い色のブラック，実に赤ピーマンなどをつめて漬けるものがスタッフド。前菜やサラダに利用される。

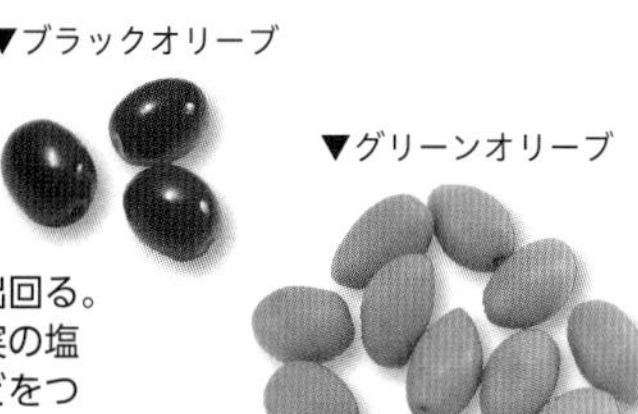

▼ブラックオリーブ

▼グリーンオリーブ

かんきつ類 Citrus fruits

いよかん 伊予柑／Iyokan

みかんとオレンジの雑種で愛媛県で多く生産される。皮が厚く実の部分が少ないが，果汁が多くてみずみずしい。生食のほかに，マーマレードの材料に。

▲いよかん

うんしゅうみかん Satsuma mandarins

みかんといえば，一般にうんしゅうみかんのこと。外皮をむいた中にある薄皮（袋）のことをじょうのうといい，その中にある果肉部分を砂じょうという。ビタミンCが豊富に含まれ，薄皮とともに食べると，食物繊維を摂取できる。

旬 冬

CHECK!
へたが小さく、黄色がかった緑色がよい。

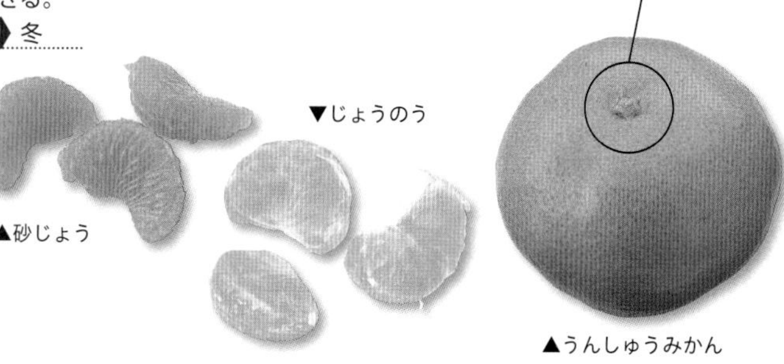

▼じょうのう

▲砂じょう

▲うんしゅうみかん

食品番号 食品名 廃棄率(%) 水分量(g)	エネルギー	たんぱく質	脂質: 脂質	脂質: コレステロール	脂質: 飽和脂肪酸	脂質: n-6系多価不飽和脂肪酸	脂質: n-3系多価不飽和脂肪酸	炭水化物: 利用可能炭水化物(単糖当量)	炭水化物: 炭水化物	炭水化物: 食物繊維総量	無機質: カリウム
栄養素	■＝20 kcal	■＝2 g	■＝2 g	■＝2 mg	■＝0.2 g	■＝0.2 g	■＝0.2 g	■＝2 g	■＝2 g	■＝0.2 g	■＝20 mg
07037 オリーブ 塩漬 グリーンオリーブ 廃棄率 25 水分量 75.6	148	(0.7)	(14.6)	(0)	(2.53)	(0.69)	(0.12)	(0)	(0)	3.3	47
07038 塩漬 ブラックオリーブ 廃棄率 25 水分量 81.6	121	(0.6)	12.0	Tr	2.07	0.57	0.10	-	3.4	2.5	10
07049 かき 甘がき 生 廃棄率 9 水分量 83.1	63	0.3	0.1	0	0.02	Tr	0.02	13.3	13.1	1.6	170
07053 かりん 生 廃棄率 30 水分量 80.7	58	0.4	0.1	(0)	-	-	-	-	18.3	8.9	270
07018 いよかん 砂じょう、生 廃棄率 40 水分量 86.7	50	(0.5)	0.1	(0)	-	-	-	-	11.8	1.1	190
07027 うんしゅうみかん じょうのう、普通、生 廃棄率 20 水分量 86.9	49	0.4	Tr	0	0.01	0.01	Tr	9.2	8.9	1.0	150
07040 オレンジ ネーブル 砂じょう、生 廃棄率 35 水分量 86.8	48	0.5	(0.1)	0	(0.01)	(0.02)	(0.01)	8.3	8.1	1.0	180
07041 バレンシア、米国産、砂じょう、生 廃棄率 40 水分量 88.7	42	(0.7)	(0.1)	0	(0.01)	(0.01)	(0.01)	(7.1)	(7.0)	0.8	140
07052 かぼす 果汁、生 廃棄率 0 水分量 90.7	36	0.4	0.1	(0)	-	-	-	-	8.5	0.1	140
07056 きんかん 全果、生 廃棄率 6 水分量 80.8	67	0.5	0.3	0	0.09	0.10	0.07	-	17.5	4.6	180

 ミニ知識 干し柿の白い粉　干し柿のまわりの白い粉は，かびではなく，甘味成分が結晶したものである。

オレンジ Oranges

ネーブルとバレンシアが代表的な品種。どちらも生食用だが，バレンシアが香気がよく，甘味と酸味がほどよいので，ジュース用としての需要が高い。現在日本で流通しているもののほとんどは外国産である。

▲バレンシア

▲ネーブル

かぼす 香橙／Kabosu

大きさは4～5cm。種が多いが，果汁が多く，香り高いかんきつ類。熟していない緑の果実を日本料理の食酢として使用する。大分県で多く栽培されている。

▼かぼす

きんかん 金柑／Kumquats

かんきつ類の中ではもっとも小さい。皮がやわらかく甘いので，まるごと食べられる。果肉はやや酸味が強い。砂糖漬けやマーマレードに加工される。

▲きんかん

オリーブは平和の象徴？

「旧約聖書」にノアの方舟という話がある。神の起こした大洪水から逃れるために，ノアは自らの家族と全ての動物のペアを連れて方舟に閉じこもる。ノアは，周囲の水が引いたかどうか調べるために鳩を放つと，鳩はオリーブをくわえて戻ってくる。これをみてノアは水が引いたのを知ることができた。この話から，鳩とオリーブは「平和の象徴」とされている。

【オリーブの品種】

■マンザニロ … ピクルスなどに加工される品種
■ミッション … ピクルスやオイルに加工される品種
■ルッカ … オイルに加工される品種
■ネバディロ・ブランコ … オイルに加工される品種

無機質					ビタミン								食塩相当量（ナトリウム）	備考
カルシウム	マグネシウム	リン	鉄	亜鉛	A β-カロテン当量	A レチノール活性当量	D	E α-トコフェロール	B1	B2	葉酸	C		
■＝20mg	■＝20mg	■＝20mg	■＝0.2mg	■＝0.2mg	■＝20μg	■＝2μg	■＝0.2μg	■＝0.2mg	■＝0.02mg	■＝0.02mg	■＝2μg	■＝2mg	■＝0.1g(mg)	
79	13	8	0.3	0.2	450	38	(0)	5.5	0.01	0.02	3	12	3.6(1400)	1個＝3g 緑果の塩漬/試料：びん詰/液汁を除く/廃棄部位：種子
68	11	5	0.8	0.2	Tr	0	(0)	4.6	0.05	0.06	2	Tr	1.6(640)	別名：ライプオリーブ/熟果の塩漬/試料：びん詰/液汁除く/廃棄部位：種子
9	6	14	0.2	0.1	420	35	(0)	0.1	0.03	0.02	18	70	0(1)	中1個＝200g 廃棄部位：果皮、種子及びへた
12	12	17	0.3	0.2	140	11	(0)	0.6	0.01	0.03	12	25	0(2)	1個＝300g 廃棄部位：果皮及び果しん部
17	14	18	0.2	0.1	160	13	(0)	0.1	0.06	0.03	19	35	0(2)	1個＝250g 別名：いよ/廃棄部位：果皮、じょうのう膜及び種子
21	11	15	0.2	0.1	1000	84	(0)	0.4	0.10	0.03	22	32	0(1)	1個＝70～100g 別名：みかん/廃棄部位：果皮
24	9	22	0.2	0.1	130	11	(0)	0.3	0.07	0.04	34	60	0(1)	1個＝200g 別名：ネーブルオレンジ/廃棄部位：果皮、じょうのう膜及び種子
21	11	24	0.3	0.2	120	10	(0)	0.3	0.10	0.03	32	40	0(1)	1個＝170g 別名：バレンシアオレンジ/廃棄部位：果皮、じょうのう膜及び種子
7	8	8	0.1	Tr	10	1	(0)	0.1	0.02	0.02	13	42	0(1)	大さじ1＝15g 全果に対する果汁分：35％
80	19	12	0.3	0.1	130	11	(0)	2.6	0.10	0.06	20	49	0(2)	1個＝10g 廃棄部位：種子及びへた

おいしい情報 **ぽん酢** 柑橘類のしぼり汁と酢を合わせたもの。柑橘類を表す「Pons」というオランダ語が語源。

7 果実類
Fruits

グレープフルーツ Grapefruit

輸入自由化以来，一気に消費量が増えた果物の一つで，アメリカ産や南アフリカ産のものを多く輸入している。紅肉種と白肉種があり，果汁を多く含む。酸味と苦味がやや強い。

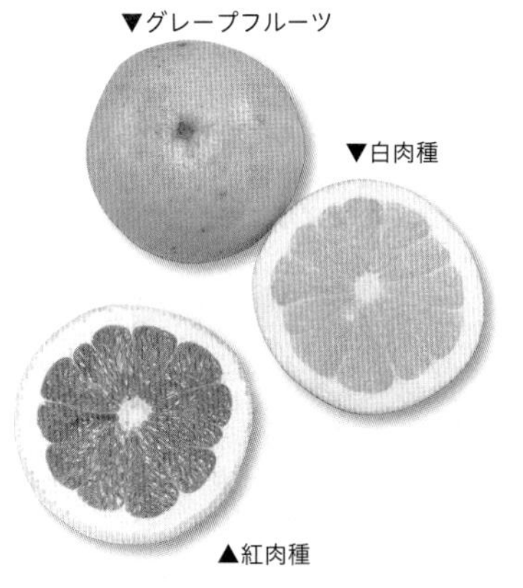
▼グレープフルーツ　▼白肉種　▲紅肉種

シークヮーサー Shiikuwasha

ひらみレモンともいう。沖縄特産で，小型で酸味の強いのが特徴。ジュースなどに利用される。

▲シークヮーサー

すだち 酢橘／Sudachi

徳島県特産。かぼすより一回り小さいが，かぼす同様，熟していない実を食酢として使用する。果汁が多く，果肉は酸味が強い。

▲すだち

だいだい 橙／Sour Oranges

インド原産のかんきつ類。1本の木に新旧代々の果実がなることからこの名がある。球形で果皮はだいだい色，果肉は酸味が強く，苦味もある。

▼だいだい

なつみかん 夏蜜柑／Natsudaidai

やや酸味の強いなつみかんと，甘味の強いあまなつみかんがある。出回っているものは大半があまなつみかん。生食用が多いが，一部はジュースにも。

▲なつみかん

はっさく 八朔／Hassaku

原産地は広島県。なつみかんよりやや小さいかんきつ類。果肉は，さくさくした歯触りとさわやかな味が特徴。

▲はっさく

食品番号 食品名	廃棄率(%)	水分量(g)	エネルギー (■＝20kcal)	たんぱく質 (■＝2g)	脂質 脂質 (■＝2g)	脂質 コレステロール (■＝2mg)	脂質 飽和脂肪酸 (■＝0.2g)	脂質 n-6系多価不飽和脂肪酸 (■＝0.2g)	脂質 n-3系多価不飽和脂肪酸 (■＝0.2g)	炭水化物 利用可能炭水化物(単糖当量) (■＝2g)	炭水化物 炭水化物 (■＝2g)	炭水化物 食物繊維総量 (■＝0.2g)	無機質 カリウム (■＝20mg)
07062 グレープフルーツ 白肉種、砂じょう、生	30	89.0	40	0.5	(0.1)	0	(0.01)	(0.02)	(0.01)	7.5	7.3	0.6	140
07075 シークヮーサー 果汁、生	0	90.9	35	0.8	0.1	(0)	-	-	-	-	7.9	0.3	180
07078 すだち 果皮、生	0	80.7	55	1.8	0.3	(0)	-	-	-	-	16.4	10.1	290
07083 だいだい 果汁、生	0	91.2	35	0.3	0.2	(0)	-	-	-	-	8.0	0	190
07093 なつみかん 砂じょう、生	45	88.6	42	0.5	0.1	0	-	-	-	-	10.0	1.2	190
07105 はっさく 砂じょう、生	35	87.2	47	(0.5)	0.1	(0)	-	-	-	-	11.5	1.5	180
07126 ぶんたん 砂じょう、生	50	89.0	41	(0.4)	0.1	(0)	-	-	-	-	9.8	0.9	180
07129 ぽんかん 砂じょう、生	35	88.8	42	(0.5)	0.1	(0)	-	-	-	-	9.9	1.0	160
07142 ゆず 果皮、生	0	83.7	50	0.9	0.1	(0)	0.03	0.02	0.01	-	14.2	6.9	140
07145 ライム 果汁、生	0	89.8	39	(0.3)	0.1	(0)	-	-	-	(1.9)	(1.9)	0.2	160
07155 レモン 全果、生	3	85.3	43	0.9	0.2	0	0.05	0.07	0.04	2.6	2.6	4.9	130

 ミニ知識 **佐藤錦**　大正元年に山形県の佐藤栄助さんが育成したさくらんぼの高級品種で，おもに贈答用とされる。

ぶんたん 文旦/Pummelo

ざぼん，ぼんたんとも呼ばれる。品種により1kg以上の重さになるが，果皮が厚く果汁も多くないので食べられる部分は少ない。果肉の砂糖漬けもある。

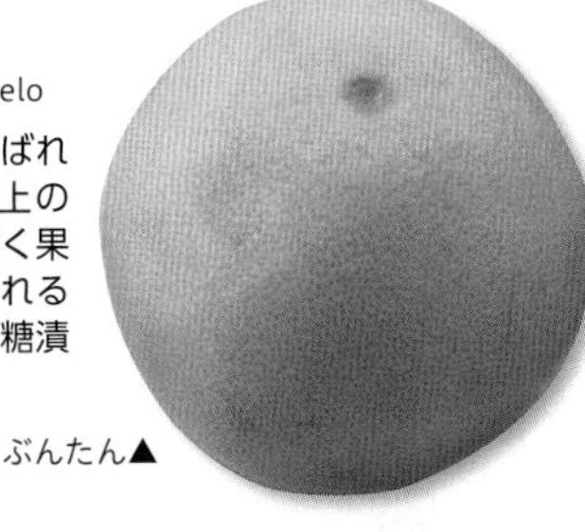
ぶんたん▲

ぽんかん 椪柑/Ponkan mandarins

インド原産のみかん。実は大きく，果頂部がくぼんでいるのが特徴。

旬 1～2月

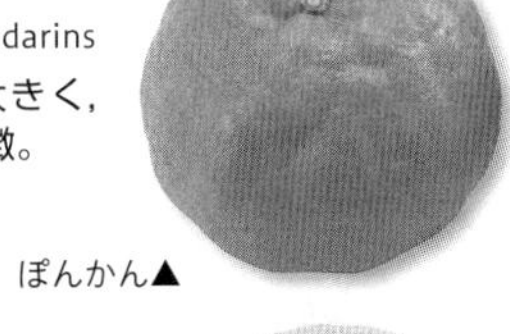
ぽんかん▲

ゆず 柚子/Yuzu

酸味が強く生食には向かないが，香気がよいので料理の風味づけに用いられる。果皮の粉末を混ぜた七味とうがらし，果汁を入れたドレッシングなどにも。

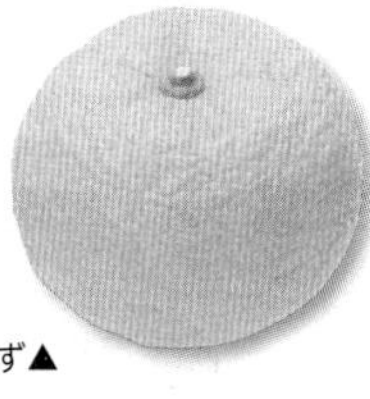
ゆず▲

ライム Limes

インド原産のかんきつ類。レモンより一回り小さい。果皮は緑色で独特の芳香がある。果汁は多く，さわやかな酸味がある。果汁を酸味料として使う。

▼ライム

レモン 檸檬/Lemons

さわやかな香りと酸味が特徴。おもに料理や製菓の風味づけに用いられる。クエン酸，ビタミンCが豊富。日本ではアメリカからの輸入ものが多く，1年中出回っている。

▲レモン

グレープフルーツの名前の由来

グレープといえば，「ぶどう」。グレープフルーツはかんきつ類なのに，どうしてこんな名前がついているのだろうか？　その理由は，グレープフルーツが1つの枝にたくさんの実を密集させてつけるためで，遠くから見ると木にぶどうの房がいくつもぶら下がっているように見えるからである。ちなみに，食べ終わった後の種を土に埋めておくと，芽が出て，やがて木に育つ。地域や気候によって実がつかないこともあるが，育ててみては？

グレープフルーツの木

無機質					ビタミン								食塩相当量(ナトリウム)	備考
					A			E						
カルシウム	マグネシウム	リン	鉄	亜鉛	β-カロテン当量	レチノール活性当量	D	α-トコフェロール	B1	B2	葉酸	C		
■= 20 mg	■= 20 mg	■= 20 mg	■= 0.2 mg	■= 0.2 mg	■= 20 μg	■= 2 μg	■= 0.2 μg	■= 0.2 mg	■=0.02 mg	■=0.02 mg	■= 2 μg	■= 2 mg	■= 0.1g(mg)	
15	9	17	Tr	0.1	0	(0)	(0)	0.3	0.07	0.03	15	36	0(1)	1個=450g 廃棄部位:果皮、じょうのう膜及び種子
17	15	8	0.1	0.1	89	7	(0)	0.5	0.08	0.03	7	11	0(2)	別名:ひらみレモン、シークワーサー等/全果に対する果汁分:20%
150	26	17	0.4	0.4	520	44	(0)	5.2	0.04	0.09	35	110	0(1)	全果に対する果皮分:30%
10	10	8	0.1	Tr	18	2	(0)	0.1	0.03	0.02	13	35	0(1)	1個=200～250g 全果に対する果汁分:30%
16	10	21	0.2	0.1	85	7	(0)	0.3	0.08	0.03	25	38	0(1)	1個=300g 別名:なつだいだい/なつかん、あまなつみかんを含む*
13	10	17	0.1	0.1	110	9	(0)	0.3	0.06	0.03	16	40	0(1)	1個=250g 廃棄部位:果皮、じょうのう膜及び種子
13	7	19	0.1	0.1	15	1	(0)	0.5	0.03	0.04	16	45	0(1)	1個=600～1000g 別名:ざぼん、ぶんたん/廃棄部位:果皮、じょうのう膜及び種子
16	9	16	0.1	Tr	620	52	(0)	0.2	0.08	0.04	13	40	0(1)	1個=150g 廃棄部位:果皮、じょうのう膜及び種子
41	15	9	0.3	0.1	240	20	(0)	3.4	0.07	0.10	21	160	0(5)	皮1個分=10g 全果に対する果皮分:40%
16	9	16	0.2	0.1	0	(0)	(0)	0.2	0.03	0.02	17	33	0(1)	大さじ1=15g 全果に対する果汁分:35%
67	11	15	0.2	0.1	26	2	(0)	1.6	0.07	0.07	31	100	0(4)	1個=120g 廃棄部位:種子及びへた

＊廃棄部位は果皮、じょうのう膜及び種子

おいしい情報 男性陣の中に一人女性がいることを「紅一点」という。これは草原に咲くざくろの花。

7 果実類

Fruits

キウイフルーツ Kiwifruit

ニュージーランドの国鳥，キウイバードに外観が似ているのでこの名がついた。ビタミンCが多く含まれる。日持ちのよい果実。

▼キウイフルーツ

▲ゴールドキウイ

ざくろ 石榴／Pomegranates

種子のまわりのルビー色をした外種子を食べる。１つの実には300個以上の種子があり，ジュースにしてもおいしい。

▲ざくろ

さくらんぼ 桜桃／Cherries

おうとうとも呼ばれる。果実の内側の色により，白肉種と赤肉種に分かれる。日本産は白肉種，外国産は赤肉種のものが多い。

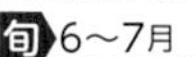
旬 6～7月

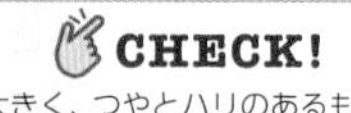
CHECK! 大きく，つやとハリのあるもの。

▲さくらんぼ（国産）

さくらんぼ（米国産）

スターフルーツ Carambola (Star fruit)

マレー地方原産。別名キーウイスター。果実は10cmぐらいで断面は星型。果肉は半透明で果汁が多い。生食のほか，ジュースやジャムに。

◀スターフルーツ

すもも類 Plums

すももは梅やあんずの仲間で，プラムともいう。成熟した実はやわらかく，輸送・保存しにくい。プルーンは西洋すももの一種で貧血や便秘に薬効がある。

プルーン▼

すもも▲

食品番号 食品名	廃棄率(%)	水分量(g)	エネルギー (kcal)	たんぱく質 (g)	脂質 脂質 (g)	脂質 コレステロール (mg)	脂質 飽和脂肪酸 (g)	脂質 n-6系多価不飽和脂肪酸 (g)	脂質 n-3系多価不飽和脂肪酸 (g)	炭水化物 利用可能炭水化物(単糖当量) (g)	炭水化物 炭水化物 (g)	炭水化物 食物繊維総量 (g)	無機質 カリウム (mg)
07054 キウイフルーツ 緑肉種、生	15	84.7	51	0.8	0.2	0	0.02	0.03	0.10	9.6	9.5	2.6	300
07070 さくらんぼ 国産、生	10	83.1	64	(0.8)	(0.1)	(0)	(0.04)	(0.03)	(0.03)	-	15.2	1.2	210
07071 米国産、生	9	81.1	64	(1.0)	(0.1)	(0)	(0.02)	(0.01)	(0.01)	(13.7)	(13.7)	1.4	260
07072 米国産、缶詰	15	81.5	70	0.6	(0.1)	(0)	(0.02)	(0.01)	(0.01)	(13.8)	(13.6)	1.0	100
07073 ざくろ 生	55	83.9	63	0.2	Tr	(0)	-	-	-	-	15.5	0	250
07077 すいか 赤肉種、生	40	89.6	41	0.3	(0.1)	0	(0.01)	(0.03)	(0)	-	9.5	0.3	120
07069 スターフルーツ 生	4	91.4	30	(0.5)	(0.1)	0	(0.01)	(0.05)	(0.01)	-	7.5	1.8	140
07080 にほんすもも 生	7	88.6	46	0.4	1.0	0	-	-	-	-	9.4	1.6	150
07086 チェリモヤ 生	20	78.1	82	(0.8)	(0.2)	0	(0.10)	(0.01)	(0.07)	(13.7)	(13.7)	2.2	230
07111 ドラゴンフルーツ 生	35	85.7	52	1.4	0.3	0	-	-	-	-	11.8	1.9	350
07087 ドリアン 生	15	66.4	140	2.3	2.8	0	1.18	0.16	0.12	-	27.1	2.1	510

栄養素 ■＝20 kcal ■＝2 g ■＝2 g ■＝2 mg ■＝0.2 g ■＝0.2 g ■＝0.2 g ■＝2 g ■＝2 g ■＝0.2 g ■＝20 mg

 ミニ知識 トロピカルフルーツとは　熱帯地方原産のくだものの総称。パッションフルーツやグァバ，パパイアなど。

すいか 西瓜／Watermelon 旬 5～8月

夏の風物詩ともいうべき果実。種のまわりに少しすき間ができ始めた時が食べ頃。すいかには利尿作用があり，食べ過ぎると身体を冷やす。植物学的には，野菜に分類されるが，果物として食べられることが多い。果肉の色は赤色，黄色がある。大玉種，小玉種など，品種が多い。

▲すいか

チェリモヤ Cherimoya

ペルー原産。果実はハート形で，大きさは 10 ～ 15cm。果皮はうろこのように重なり，初めは緑色だが熟すと褐色になる。果肉はクリーム状で芳香がある。

▲チェリモヤ

ドラゴンフルーツ Pitaya（Dragon fruit）

インドシナ半島を中心に栽培されているサボテンの一種。楕円形の果実には三角形の皮がうろこのようについている。果肉は白くて，果汁が多い。

ドラゴンフルーツ▶

ドリアン Durian

マレー半島原産。幼児の頭ほどの大きさで，果皮全体が鋭いとげで覆われている。果肉は濃厚な甘味があるが特異なにおいがする。ビタミンCが豊富。

▼ドリアン

ドリアンのにおい

「くだものの王様」と呼ばれるドリアン。一度口にするとやめられなくなることから別名「悪魔のくだもの」と言われることもある。果肉は柔らかく，舌触りは甘く，こってりとしている。ビタミンA，カルシウムなどを多く含み，栄養価も高い。ところが，そのにおいはかなり特徴的だ。ドリアンはタイやインドネシアなどの東南アジアの国々でとれるが，そのにおいの強さから，持ち込み禁止のホテルもあるという。

無機質					ビタミン								食塩相当量（ナトリウム）	備考
カルシウム	マグネシウム	リン	鉄	亜鉛	A β-カロテン当量	A レチノール活性当量	D	E α-トコフェロール	B1	B2	葉酸	C		
■＝20mg	■＝20mg	■＝20mg	■＝0.2mg	■＝0.2mg	■＝20μg	■＝2μg	■＝0.2μg	■＝0.2mg	■＝0.02mg	■＝0.02mg	■＝2μg	■＝2mg	■＝0.1g(mg)	
26	14	30	0.3	0.1	53	4	(0)	1.3	0.01	0.02	37	71	0(1)	1個＝120g 別名：キウイ／廃棄部位：果皮及び両端
13	6	17	0.3	0.1	98	8	(0)	0.5	0.03	0.03	38	10	0(1)	1個＝6g 別名：おうとう、スイートチェリー／廃棄部位：核及び果柄
15	12	23	0.3	0.1	23	2	(0)	0.5	0.03	0.03	42	9	0(1)	1個＝8g 廃棄部位：核及び果柄
10	5	12	0.4	0.5	41	3	(0)	0.5	0.01	0.01	12	7	0(3)	1缶＝250g 試料：ヘビーシラップ漬／液汁を除く
8	6	15	0.1	0.2	0	(0)	(0)	0.1	0.01	0.01	6	10	0(1)	1個＝150g 廃棄部位：皮及び種子／廃棄率：輸入品（大果）の場合 60％
4	11	8	0.2	0.1	830	69	(0)	0.1	0.03	0.02	3	10	0(1)	中1個＝4～5kg 廃棄部位：果皮及び種子／廃棄率：小玉種の場合 50％
5	9	10	0.2	0.2	74	6	(0)	0.2	0.03	0.02	11	12	0(1)	別名：ごれんし／廃棄部位：種子及びへた
5	5	14	0.2	0.1	79	7	(0)	0.6	0.02	0.02	37	4	0(1)	1個＝40～50g 別名：すもも、はたんきょう、プラム／廃棄部位：核
9	12	20	0.2	0.1	4	Tr	(0)	0.2	0.09	0.09	90	34	0(8)	廃棄部位：果皮、種子及びへた
6	41	29	0.3	0.3	0	(0)	(0)	0.4	0.08	0.06	44	7	0(Tr)	別名：ピタヤ／試料：レッドピタヤ／廃棄部位：果皮
5	27	36	0.3	0.3	36	3	(0)	2.3	0.33	0.20	150	31	0(Tr)	試料：果皮を除いた冷凍品／廃棄部位：種子

おいしい情報 肉とパイナップルの料理 生のパイナップルに含まれるたんぱく質分解酵素のはたらきで肉がやわらかくなる。

7 果実類

Fruits

なし類 梨類／Pears

旬 8～10月

日本なしは球状で，果肉がやわらかく，果汁を多く含むのが特徴。一方西洋なしはひょうたんに似た形で，果肉が緻密でもったりとした食感がある。山形産のラ・フランスが有名。なしは生食が一般的だが，砂糖液で煮詰めたコンポートにしても美味。

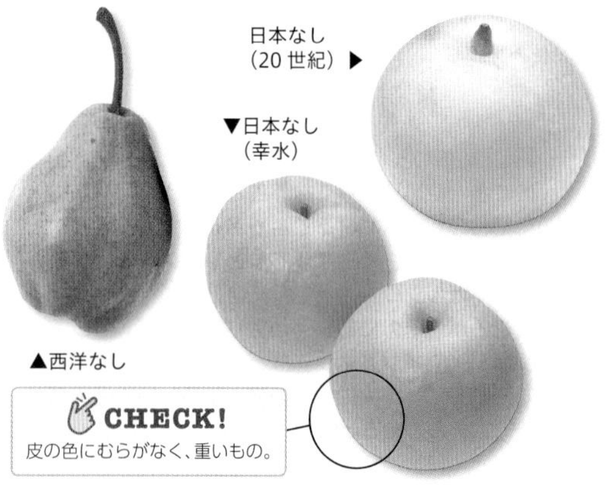
日本なし（20世紀）▶
▼日本なし（幸水）
▲西洋なし

CHECK! 皮の色にむらがなく，重いもの。

パインアップル Pineapple

日本では沖縄で栽培されるが，フィリピンからの輸入品が多い。缶詰，乾燥菓子，ジュースの原料となる。生のものはたんぱく質分解酵素をもつ。

▲缶詰
▲パインアップル

なつめ 棗／Jujube

中国原産の落葉小高木。実は長円形で，秋には赤褐色に熟す。生で食べたり，菓子の材料とするが，古くから滋養強壮薬としても使われている。

▲なつめ

パッションフルーツ Passion fruit

沖縄で生産されている。種子をつつむ黄色いゼリー状の部分は，甘酸っぱく香気がよい。ジュースやジャム，ゼリーに。

▼パッションフルーツ

食品番号 食品名 廃棄率(%) 水分量(g)	エネルギー	たんぱく質	脂質：脂質	脂質：コレステロール	脂質：飽和脂肪酸	脂質：n-6系多価不飽和脂肪酸	脂質：n-3系多価不飽和脂肪酸	炭水化物：利用可能炭水化物(単糖当量)	炭水化物：炭水化物	炭水化物：食物繊維総量	無機質：カリウム
■＝	20 kcal	2 g	2 g	2 mg	0.2 g	0.2 g	0.2 g	2 g	2 g	0.2 g	20 mg
07088 日本なし 生 15 88.0	38	0.2	(0.1)	0	(0.01)	(0.02)	(0)	8.3	8.1	0.9	140
07091 西洋なし 生 15 84.9	48	(0.2)	(0.1)	(0)	(0.02)	(0.07)	(0)	(9.2)	(9.2)	1.9	140
07095 なつめ 乾 15 21.0	294	3.9	2.0	0	-	-	-	-	71.4	12.5	810
07097 パインアップル 生 45 85.2	54	0.4	(0.1)	0	(0.01)	(0.03)	(0.02)	12.6	12.2	1.2	150
07102 缶詰 0 78.9	76	(0.3)	(0.1)	(0)	(0.01)	(0.02)	(0.01)	(19.7)	(19.4)	0.5	120
07106 パッションフルーツ 果汁、生 0 82.0	67	0.8	0.4	(0)	-	-	-	(4.1)	(4.0)	0	280
07107 バナナ 生 40 75.4	93	0.7	(0.1)	0	(0.07)	(0.03)	(0.02)	19.4	18.5	1.1	360
07109 パパイア 完熟、生 35 89.2	33	(0.2)	(0.2)	(0)	(0.06)	(0.01)	(0.04)	(7.1)	(7.1)	2.2	210
07114 びわ 生 30 88.6	41	(0.2)	(0.1)	(0)	(0.02)	(0.04)	(0.01)	(5.9)	(5.9)	1.6	160
07116 ぶどう 皮なし、生 15 83.5	58	0.2	Tr	0	0.01	0.01	Tr	(14.4)	(14.4)	0.5	130
07117 干しぶどう 0 14.5	324	(2.0)	(0.1)	(0)	(0.03)	(0.02)	(0.01)	(60.3)	(60.3)	4.1	740

 ミニ知識 **干しぶどうの栄養** 干すことによって生のぶどうよりも栄養価が増している。成分値の比較をしてみよう。

バナナ Bananas　旬 通年

消化されやすいでん粉を豊富に含むので，スポーツをするときや疲労時のエネルギー補給源として適している。品質が落ちやすく，低温に弱いので冷蔵保存には向かない。

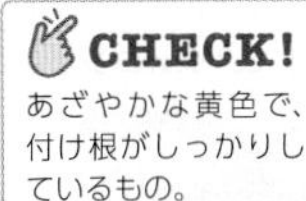

CHECK! あざやかな黄色で、付け根がしっかりしているもの。

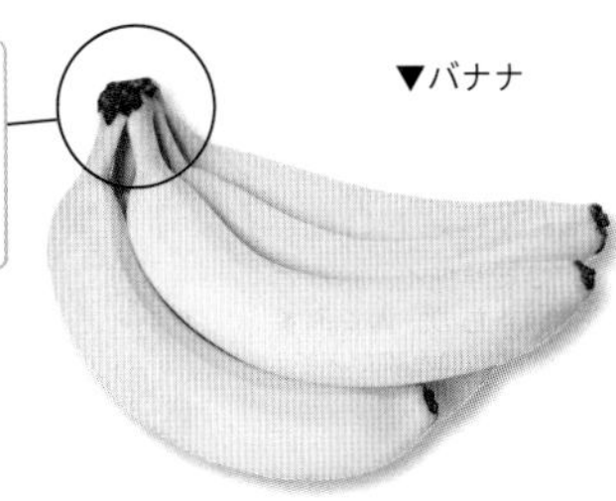

▼バナナ

びわ 枇杷／Loquats　旬 春

比較的カロテンを多く含む果物。シロップ漬けなどにも加工されるが，原料価格が高いこともあり，あまり広くは出回らない。

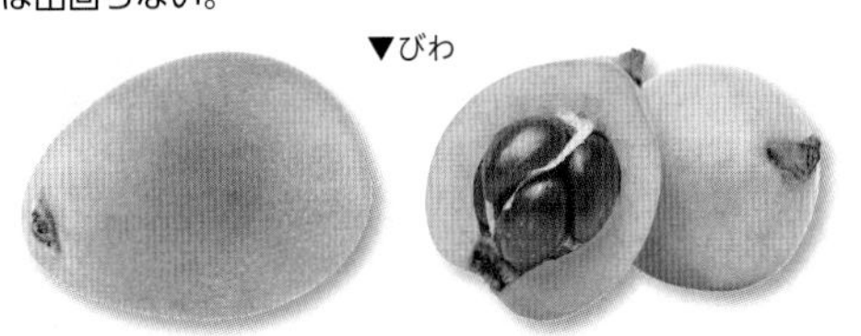

▼びわ

パパイア Papayas

熱帯アメリカ原産。食感はメロンに似ており，舌触りがなめらかである。たんぱく質分解酵素を含むので，すりおろして固い肉にまぶすと，やわらかくなる。

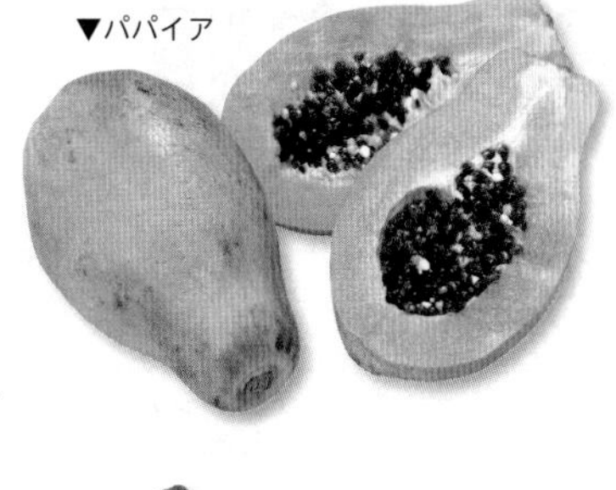

▼パパイア

ぶどう 葡萄／Grapes　旬 秋

世界には一万を超えるぶどうの品種があり，生食用，醸造用，干しぶどう（レーズン）用，ジュース用に分けられる。生食用の品種はヨーロッパ系とアメリカ系に分けられ，巨峰やマスカットはヨーロッパ系，デラウェアはアメリカ系である。

●干しぶどう　おもに種なしの品種の果実を天日乾燥か人工乾燥してつくられる。ほとんどが輸入品。菓子やパン，ドライカレーなどに利用されることが多い。

◀干しぶどう

▲デラウェア

▼巨峰

▲マスカット・オブ・アレキサンドリア

無機質 カルシウム	マグネシウム	リン	鉄	亜鉛	ビタミン A β-カロテン当量	A レチノール活性当量	D	E α-トコフェロール	B1	B2	葉酸	C	食塩相当量（ナトリウム）	備考
■＝20mg	■＝20mg	■＝20mg	■＝0.2mg	■＝0.2mg	■＝20μg	■＝2μg	■＝0.2μg	■＝0.2mg	■＝0.02mg	■＝0.02mg	■＝2μg	■＝2mg	■＝0.1g(mg)	
2	5	11	0	0.1	0	(0)	(0)	0.1	0.02	Tr	6	3	0(Tr)	中1個＝250g　廃棄部位：果皮及び果しん部
5	4	13	0.1	0.1	0	(0)	(0)	0.3	0.02	0.01	4	3	0(Tr)	1個＝180g　別名：洋なし／廃棄部位：果皮及び果しん部
65	39	80	1.5	0.8	7	1	(0)	0.1	0.10	0.21	140	1	0(3)	廃棄部位：核
11	14	9	0.2	0.1	38	3	(0)	Tr	0.09	0.02	12	35	0(Tr)	1個＝2kg　別名：パイナップル／廃棄部位：はく皮及び果しん部
7	9	7	0.3	0.1	12	1	(0)	0	0.07	0.01	7	7	0(1)	1切れ＝約35g　別名：パイナップル／試料：ヘビーシラップ漬／液汁を含む（液汁37％）
4	15	21	0.6	0.4	1100	89	(0)	0.2	0.01	0.09	86	16	0(5)	1カップ＝120g　別名：くだものとけいそう／全果に対する果汁分：30％
6	32	27	0.3	0.2	56	5	(0)	0.5	0.05	0.04	26	16	0(Tr)	中1本＝200g　廃棄部位：果皮及び果柄
20	26	11	0.2	0.1	480	40	(0)	0.3	0.02	0.04	44	50	0(6)	1個＝250g　別名：パパイヤ／廃棄部位：果皮及び種子
13	14	9	0.1	0.2	810	68	(0)	0.1	0.02	0.03	9	5	0(1)	1個＝50g　廃棄部位：果皮及び種子
6	6	15	0.1	0.1	21	2	(0)	0.1	0.04	0.01	4	2	0(1)	1房＝110～300g　廃棄部位：果皮及び種子／廃棄率：大粒種の場合20％
65	31	90	2.3	0.3	11	1	(0)	0.5	0.12	0.03	9	Tr	Tr(12)	大さじ1＝12g　別名：レーズン

おいしい情報　種なしびわ　びわは果肉に対して種が大きいが，最近では品種改良により種無しびわの開発にも成功している。

7 果実類

Fruits

ブルーベリー Blueberries

ツツジ科の落葉小低木。北米原産。小さい青い実は，生食のほかにジャム，ゼリーなどに使われる。アントシアニンという成分が多量に含まれる。

▲ブルーベリー

マンゴー Mangoes

インド原産で，「果物の王女」と称されるほど濃い甘味をもつ。マンゴープリン，マンゴージュースなどは濃厚な味だが低カロリー。フィリピン産の品種は黄色。メキシコ産の品種は赤く，アップルマンゴーともいわれる。

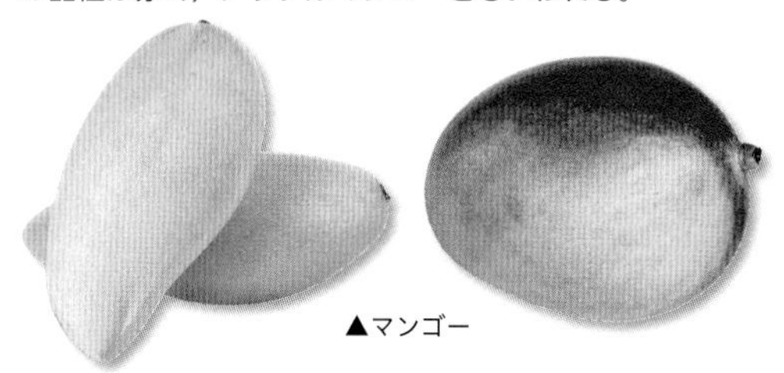
▲マンゴー

ホワイトサポテ White sapote

メキシコ，グアテマラの高原原産のミカン科の植物。果実はでこぼこのある球形をしており，果肉は乳白色でやわらかく甘い。カリフォルニアなどから輸入。

ホワイトサポテ▼

マンゴスチン Mangosteen

熱帯産の果実。トロピカルフルーツの女王といわれる。果皮は暗紫色で厚い。果肉は乳白色で房に分かれている。香りがよく，やわらかくて多汁。

▼マンゴスチン

メロン Melon

品種が多いが，露地もの，ハウスもの，温室ものに分けられる。温室ものは高価格で主に贈答用。表面に網目のあるものは，ねっとりとした甘さが特徴で，温室メロンのマスクメロンが代表的。

▼マスクメロン

CHECK!
つるが細く、枯れているもの。青くみずみずしいとまだ未熟。

ライチー 茘枝／Lychees

中国南部原産。中国では古くから栽培されており，楊貴妃が好んだといわれている。れいしとも呼ばれる。ライチーは広東語読み。

▲ライチー

食品番号 食品名 廃棄率(%) 水分量(g)	エネルギー (■=20 kcal)	たんぱく質 (■=2 g)	脂質 (■=2 g)	コレステロール (■=2 mg)	飽和脂肪酸 (■=0.2 g)	n-6系多価不飽和脂肪酸 (■=0.2 g)	n-3系多価不飽和脂肪酸 (■=0.2 g)	利用可能炭水化物(単糖当量) (■=2 g)	炭水化物 (■=2 g)	食物繊維総量 (■=0.2 g)	カリウム (■=20 mg)
07124 **ブルーベリー** 生 廃棄率 0 水分量 86.4	48	(0.3)	(0.1)	0	(0.01)	(0.03)	(0.02)	(8.6)	(8.6)	3.3	70
07128 **ホワイトサポテ** 生 廃棄率 35 水分量 79.0	73	(1.2)	0.1	0	-	-	-	(16.3)	(15.8)	3.1	220
07132 **マンゴー** 生 廃棄率 35 水分量 82.0	68	(0.5)	(0.1)	(0)	(0.02)	(0.01)	(0.01)	(13.8)	(13.4)	1.3	170
07133 **マンゴスチン** 生 廃棄率 70 水分量 81.5	71	0.6	0.2	0	-	-	-	-	17.5	1.4	100
07135 **メロン** 露地メロン、緑肉種、生 廃棄率 45 水分量 87.9	45	0.6	(0.1)	0	(0.03)	(0.02)	(0.02)	9.5	9.2	0.5	350
07136 **もも** 白肉種、生 廃棄率 15 水分量 88.7	38	0.4	(0.1)	0	(0.01)	(0.03)	(0)	8.4	8.0	1.3	180
07175 缶詰、黄肉種、果肉 廃棄率 0 水分量 78.5	83	(0.4)	0.1	(0)	-	-	-	(16.6)	(16.3)	1.4	80
07144 **ライチー** 生 廃棄率 30 水分量 82.1	61	(0.6)	(0.1)	0	(0.02)	(0.02)	(0.01)	(15.0)	(14.9)	0.9	170
07146 **ラズベリー** 生 廃棄率 0 水分量 88.2	36	1.1	0.1	0	-	-	-	(5.6)	(5.6)	4.7	150
07147 **りゅうがん** 乾 廃棄率 60 水分量 19.4	310	(3.2)	(0.3)	(0)	(0.09)	(0.06)	(0.06)	-	72.9	2.8	1000
07148 **りんご** 皮なし、生 廃棄率 15 水分量 84.1	53	0.1	Tr	(0)	0.01	0.03	Tr	12.4	12.2	1.4	120

ミニ知識 りんごの品種　上に掲載されているほかに，紅玉，世界一，つがる，ジョナゴールドなどさまざまなものがある。

もも類 桃類／Peaches

白肉種は，酸味が少なく，熟したものは口中でとろけるようにやわらかい。黄肉種は，ネクタリンを除くほとんどが缶詰用。欧米諸国では黄肉種の栽培が多い。

▲缶詰（黄肉種）

▲もも（白肉種）

ラズベリー Raspberries

ラズベリー▼

バラ科キイチゴ類のつる性落葉低木。北半球に広く自生する。実は，夏に赤や黒く熟する。生食のほか，ジャムや洋菓子の材料として使われる。

りゅうがん 龍眼／Longans

中国南部原産で，マレー半島，中国，台湾で栽培されている。甘味が強く，果肉は砂糖漬け，シロップ漬けにされる。滋養強壮剤ともされている。

▼りゅうがん

りんご 林檎／Apples

多くの品種があり，世界のさまざまな国で栽培されているが，日本の品種は際だって甘く，実が大きい。国産品は生食に適し，外国産のものは製菓材料に向くとされる。ジャム，ジュース，菓子などに加工される。

旬 10～11月，2～3月

▼むつ

▲王林

▲サンフジ

からだポカポカ 果実のお風呂

■ゆず湯
冬至にゆず湯に入ると風邪をひかないといわれている。ゆずの実はそのまま浮かべたり，輪切りにして袋に入れたものを湯に入れる。

■ももの葉湯・びわの葉湯
葉をきれいに洗って，数枚たばね，湯に浮かべる。皮膚炎などによく，肌がすべすべになる。

■みかん湯
みかんを食べたあと，皮を２日間くらい陰干しにしておく。ガーゼか木綿の袋に入れ，浴槽に浸して入浴する。

■りんご湯
りんごを丸ごと，または半分に切って湯に浮かべる。美肌効果があるといわれる。

無機質					ビタミン								食塩相当量（ナトリウム）	備考
カルシウム	マグネシウム	リン	鉄	亜鉛	A β-カロテン当量	A レチノール活性当量	D	E α-トコフェロール	B1	B2	葉酸	C		
■＝20mg	■＝20mg	■＝20mg	■＝0.2mg	■＝0.2mg	■＝20μg	■＝2μg	■＝0.2μg	■＝0.2mg	■＝0.02mg	■＝0.02mg	■＝2μg	■＝2mg	■＝0.1g(mg)	
8	5	9	0.2	0.1	55	5	(0)	1.7	0.03	0.03	12	9	0(1)	試料：ハイブッシュブルーベリー／果実全体
13	17	28	0.2	0.2	13	1	(0)	0.4	0.05	0.05	36	18	0(Tr)	廃棄部位：果皮及び種子
15	12	12	0.2	0.1	610	51	(0)	1.8	0.04	0.06	84	20	0(1)	1個＝300g 廃棄部位：果皮及び種子
6	18	12	0.1	0.2	0	(0)	(0)	0.6	0.11	0.03	20	3	0(1)	試料：冷凍品／廃棄部位：果皮及び種子
6	12	13	0.2	0.2	140	12	(0)	0.2	0.05	0.02	24	25	0(6)	廃棄部位：果皮及び種子
4	7	18	0.1	0.1	5	Tr	(0)	0.7	0.01	0.01	5	8	0(1)	1個＝200g 別名：毛桃／試料：白肉種／廃棄部位：果皮及び核
3	4	9	0.2	0.2	210	17	(0)	1.2	0.01	0.02	4	2	0(4)	別名：毛桃 内容総量に対する果肉分：60％ ビタミンC：酸化防止用として添加品あり
2	13	22	0.2	0.2	0	(0)	(0)	0.1	0.02	0.06	100	36	0(Tr)	別名：れいし／試料：冷凍品／廃棄部位：果皮及び種子
22	21	29	0.7	0.4	19	2	(0)	0.8	0.02	0.04	38	22	0(1)	別名：レッドラズベリー、西洋きいちご／果実全体
30	43	94	1.7	0.7	Tr	0	(0)	0.1	0.03	0.74	20	0	0(2)	廃棄部位：果皮及び種子
3	3	12	0.1	Tr	15	1	(0)	0.1	0.02	Tr	2	4	0(Tr)	1個＝200～300g 廃棄部位：果皮及び果しん部

おいしい情報 アンデスメロンの「アンデス」は山脈ではなく，「安心です」の略。

8 きのこ類

Mushrooms

きのこ類とは，菌類のうち，大型の子実体（胞子を形成する組織）をつくるものの総称をいう。菌類の数は数万種類あるが，世界で食用に栽培されているのは，約20種ほど。日本で国内生産量が多いのは，えのきたけ，ぶなしめじ，しいたけなどである。きのこ類は食物繊維が豊富で，低カロリーなのが特徴である。

また，グアニル酸やグルタミン酸などのうま味成分を含んでいるものも多く，だしとして用いられたりもする。生のきのこは各種の酵素が多く変質しやすいので，びん詰めや塩漬け，乾燥させて保存することが多い。最近では，ヨーロッパのきのこも輸入されて，市場に出回っている。毒をもつものもあるので，野生のものを食用にする場合は十分な注意が必要である。

えのきたけ 榎茸／Winter mushrooms

野生のものは晩秋から冬にかけて発生する。日本で出回っているものは，ほとんど暗室栽培で作られるもの。汁物，鍋物，揚げ物と用途が広い。

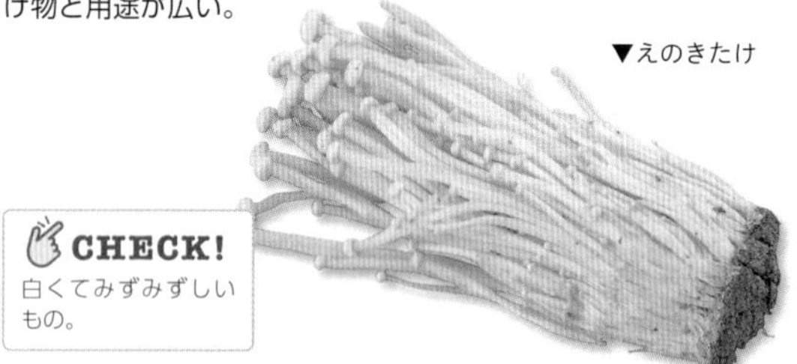

▼えのきたけ

CHECK! 白くてみずみずしいもの。

きくらげ類 木耳類／Tree ears

中国料理の食材で，食感がクラゲに似ている。耳たぶの形に似ているため「木耳」と書く。乾燥したものを戻すと約5倍になる。スープや炒め物に用いる。

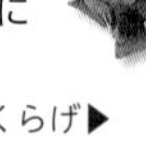

きくらげ▶

しいたけ 椎茸／Shiitake

●**生しいたけ** 栽培量の多いきのこ。香りがよくミネラル，ビタミンが豊富。うま味成分を含む。焼き物，鍋物や汁物に用いるほか，みじん切りにしてひき肉料理に混ぜる。

●**乾しいたけ（干ししいたけ）** しいたけの乾燥品で，天日で干したしいたけは，香りが増し，栄養価も増す。冬から春に収穫され，かさのひらきの小さい肉厚の「どんこ」は最良品とされる。「こうしん」は，春，秋に収穫されたかさのひらいたもの。大分，宮崎が主産地。

▼生しいたけ

CHECK! 乾いていて，軸が太く短いもの。ひだがきれいなもの。

◀乾しいたけ（どんこ）

乾しいたけ▶（こうしん）

生しいたけ 菌床栽培▶油いため

食品番号 食品名 廃棄率(%) 水分量(g)	エネルギー	たんぱく質	脂質					炭水化物			無機質
			脂質	コレステロール	飽和脂肪酸	n-6系多価不飽和脂肪酸	n-3系多価不飽和脂肪酸	利用可能炭水化物(単糖当量)	炭水化物	食物繊維総量	カリウム
	■=20 kcal	■=2 g	■=2 g	■=2 mg	■=0.2 g	■=0.2 g	■=0.2 g	■=2 g	■=2 g	■=0.2 g	■=20 mg
08001 **えのきたけ** 生 15 88.6	34	1.6	0.1	0	0.02	0.05	0.02	1.0	0.9	3.9	340
08006 **きくらげ** 乾 0 14.9	216	5.3	1.3	0	0.29	0.60	0.01	2.7	2.6	57.4	1000
08039 **しいたけ** 生しいたけ 菌床栽培、生 20 89.6	25	2.0	0.2	0	0.04	0.15	0	0.7	0.7	4.9	290
08041 生しいたけ 菌床栽培、油いため 0 84.7	65	(2.0)	(3.8)	(0)	(0.30)	(0.85)	(0.28)	(0.8)	(0.7)	4.7	300
08013 乾しいたけ 乾 20 9.1	258	14.1	(1.7)	0	(0.33)	(1.22)	(Tr)	11.8	11.2	46.7	2200
08016 **ぶなしめじ** 生 10 91.1	22	1.6	0.2	0	0.05	0.15	0	1.4	1.3	3.5	370

 ミニ知識 石づき きのこ類の軸の根につくかたい部分のこと。

漢方に用いられるきのこ

アガリクス	カワラタケ	霊芝（れいし）
	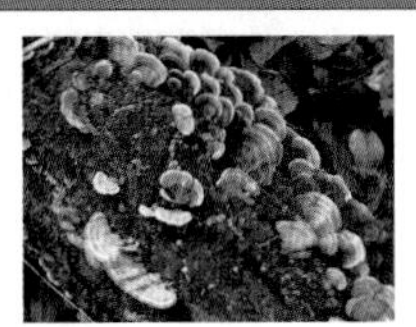	
肝機能を改善させるといわれている。免疫力を高めるともいわれる。	腫瘍（しゅよう）を抑制する効果があるといわれる。	免疫力を高め，強心作用もあるといわれている。

きのこの形態と名称

きのこは，種類によっては形態の異なるものもあるが，おもに下のような構造になっている。

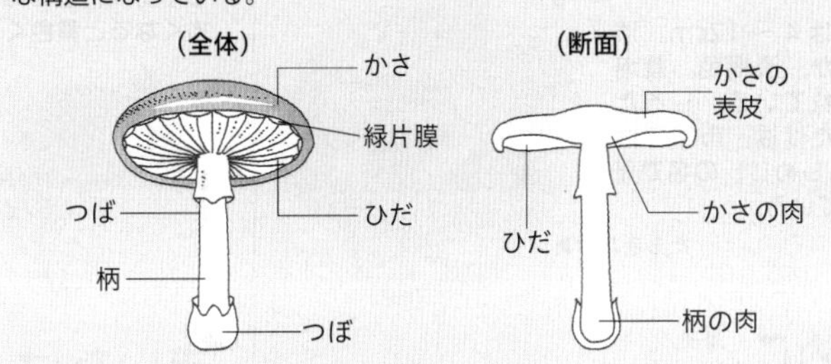

しめじ類 占地類／Shimeji

現在，天然の本しめじが市場に出回ることはほとんどない。現在「しめじ」として市場に出ているものはぶなしめじ，ひらたけなどである。

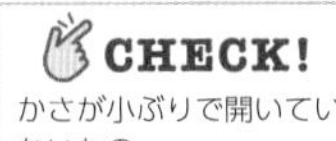

▲ぶなしめじ

きのこの扱い方のポイントは？

■きのこの選び方のポイント

・かさが割れていない，軸がピンとしている もの
・シミや変色がなく，乾いた感じのないもの
・しいたけはかさが開ききっていないもの

■きのこの保存のコツ

ポリ袋に入れて冷蔵庫で保存しても，１～２日が限度。

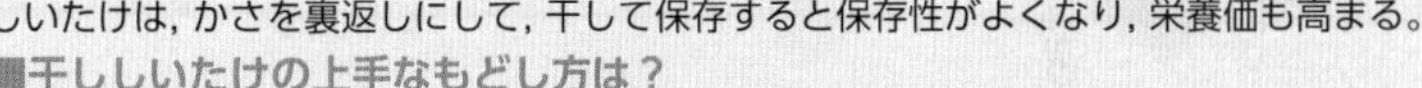

しいたけは，かさを裏返しにして，干して保存すると保存性がよくなり，栄養価も高まる。

■干ししいたけの上手なもどし方は？

軸の方を下にして水につけ，浮いてこないように落としぶたや重しをして，数時間置いておく。ラップをかけておいても，落としぶたのかわりになる。水ではなく，湯につけると吸水性がよくなり，水より短時間でもどすことができるが，うま味の成分が溶け出てしまう。干ししいたけを早くもどすには砂糖をひとつまみ入れたぬるま湯に入れると，砂糖がしいたけの吸水性を高めて早くやわらかくなるだけでなく，砂糖液が内部の成分の溶け出すのを遅らせ，うま味を保ったままもどすことができる。

■しいたけのしたごしらえのコツ

まず石づきを切ってから，かさの上からかるくたたいてほこりを落とす。きのこ類は水で洗うと風味がおちてしまうため，ふきんで汚れをふきとる。

無機質					ビタミン								食塩相当量（ナトリウム）	備考
カルシウム	マグネシウム	リン	鉄	亜鉛	A β-カロテン当量	A レチノール活性当量	D	E α-トコフェロール	B1	B2	葉酸	C		
■＝20 mg	■＝20 mg	■＝20 mg	■＝0.2 mg	■＝0.2 mg	■＝20 μg	■＝2 μg	■＝0.2 μg	■＝0.2 mg	■＝0.02 mg	■＝0.02 mg	■＝2 μg	■＝2 mg	■＝0.1g(mg)	
Tr	15	110	1.1	0.6	(0)	(0)	0.9	0	0.24	0.17	75	0	0(2)	1袋＝100g　試料：栽培品／廃棄部位：柄の基部（いしづき）
310	210	230	35.0	2.1	(0)	(0)	85.0	0	0.19	0.87	87	0	0.1(59)	1個＝1g　試料：栽培品
1	14	87	0.4	0.9	0	0	0.3	0	0.13	0.21	49	0	0(1)	試料：栽培品、廃棄部位：柄全体／廃棄率：柄の基部（いしづき）のみ5％
2	16	92	0.4	1.0	(0)	(0)	0.5	(0.6)	0.16	0.18	20	0	0(1)	試料：栽培品／柄全体を除いた傘のみ／植物油（なたね油）
12	100	290	3.2	2.7	(0)	(0)	17.0	0	0.48	1.74	270	20	Tr(14)	1個＝2～8g　どんこ、こうしんを含む／試料：栽培品／廃棄部位：柄全体
1	11	96	0.5	0.5	(0)	(0)	0.5	0	0.15	0.17	29	0	0(2)	小1パック＝100g　試料：栽培品／廃棄部位：柄の基部（いしづき）

おいしい情報　しめじはグルタミン酸などの旨味成分が多く，昔から「かおり松茸，味しめじ」といわれてきた。

8 きのこ類

Mushrooms

たもぎたけ たも木茸／Tamogitake

かさは4～12cm。淡黄色か，淡褐色。栽培もされている。しろたもぎたけは，市場では「ほんしめじ」の名で売られている。

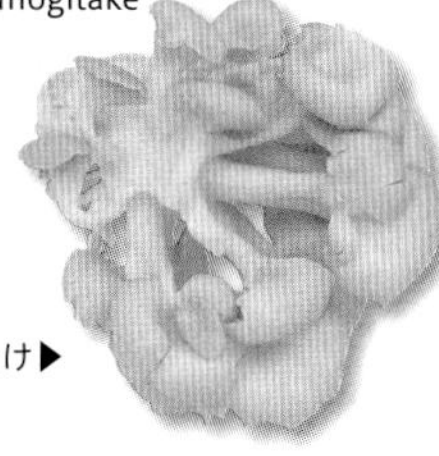
たもぎたけ▶

なめこ 滑子／Nameko

食品ビン栽培のものが多い。収穫したなめこを水煮して，袋詰めにしたものや缶詰が広く出回っている。最近は生のものも出荷されている。独特のぬめりがある。

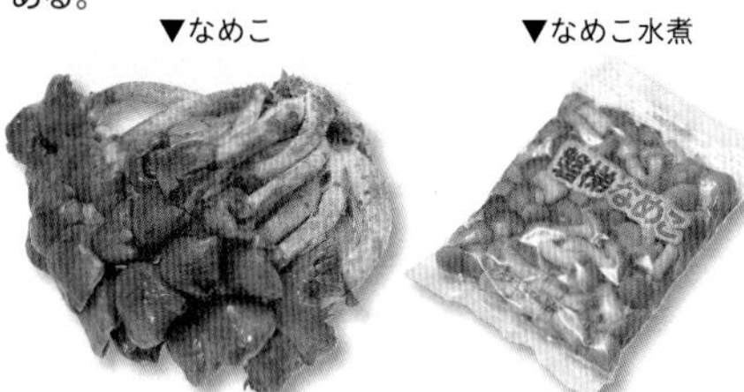
▼なめこ　▼なめこ水煮

ひらたけ類 平茸類／Oyster mushrooms

春から秋にかけて広葉樹に生える。おがくずを利用して栽培されたものが，「シメジ」の名で広く売られている。香りが少なく，味は淡泊である。

●エリンギ　ヨーロッパから中央アジアに分布する木材腐朽菌である。傘が小さく柄は太い。ひだは古くなると黄色くなる。

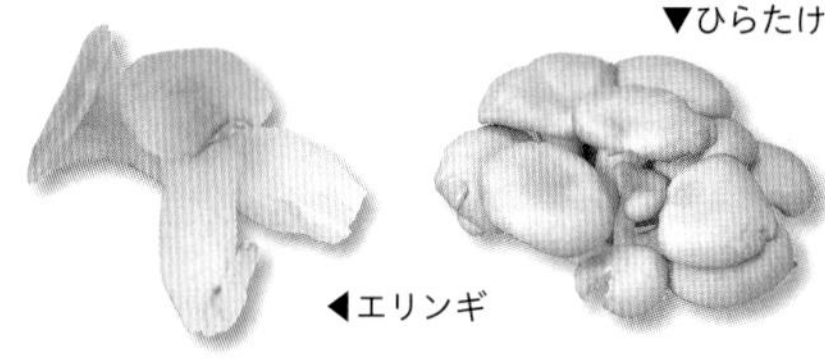
▼ひらたけ　◀エリンギ

まいたけ 舞茸／Maitake

花びらのようなかさが舞っているように見えることから名がついた。香りも味もよく歯ごたえがある。煮物，揚げ物など，さまざまな料理に使われる。

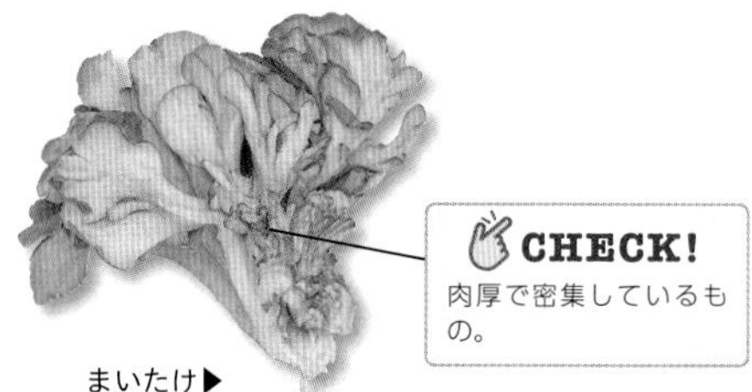

まいたけ▶

マッシュルーム Common mushrooms

現在は缶詰だけでなく生のものも流通するようになった。スパゲッティやソテーなど，さまざまな西洋料理に合う。

マッシュルーム▶

◀水煮缶詰

食品番号 食品名 廃棄率(%) 水分量(g)	エネルギー	たんぱく質	脂質					炭水化物			無機質
			脂質	コレステロール	飽和脂肪酸	n-6系多価不飽和脂肪酸	n-3系多価不飽和脂肪酸	利用可能炭水化物(単糖当量)	炭水化物	食物繊維総量	カリウム
	■=20 kcal	■=2 g	■=2 g	■=2 mg	■=0.2 g	■=0.2 g	■=0.2 g	■=2 g	■=2 g	■=0.2 g	■=20 mg
08019 たもぎたけ 生 15 91.7	23	(2.2)	(0.1)	(0)	(0.02)	(0.08)	(0)	0.4	0.4	3.3	190
08020 なめこ 株採り 生 20 92.1	21	1.0	0.1	1	0.02	0.07	0	2.5	2.4	3.4	240
08022 水煮缶詰 0 95.5	13	(0.6)	(0.1)	(0)	(0.01)	(0.03)	(0)	(1.4)	(1.4)	2.5	100
08025 エリンギ 生 6 90.2	31	1.7	0.2	(0)	0.04	0.12	0	3.0	2.9	3.4	340
08026 ひらたけ 生 8 89.4	34	2.1	0.1	(0)	0.02	0.08	0	1.3	1.3	2.6	340
08028 まいたけ 生 10 92.7	22	1.2	0.3	(0)	0.06	0.14	Tr	0.3	0.3	3.5	230
08031 マッシュルーム 生 5 93.9	15	1.7	0.1	0	0.03	0.10	0	0.1	0.1	2.0	350
08033 水煮缶詰 0 92.0	18	(1.9)	(0.1)	(0)	(0.02)	(0.07)	(0)	(0.2)	(0.2)	3.2	85
08034 まつたけ 生 3 88.3	32	1.2	0.2	(0)	0.06	0.06	0	1.6	1.5	4.7	410
08036 やなぎまつたけ 生 10 92.8	20	2.4	Tr	(0)	(0.01)	(0.01)	(0)	0.7	0.7	3.0	360

 ミニ知識 **松茸**　おもに赤松のそばに生えるが，黒松などほかの種類の松のそばに生えることもある。

まつたけ 松茸／Matsutake

量産できないので，国産のものは高級である。近年，韓国や北朝鮮などからの輸入ものが多く出回るようになった。土瓶蒸し，炊き込みご飯，ホイル焼きなどに利用される。

8～10月

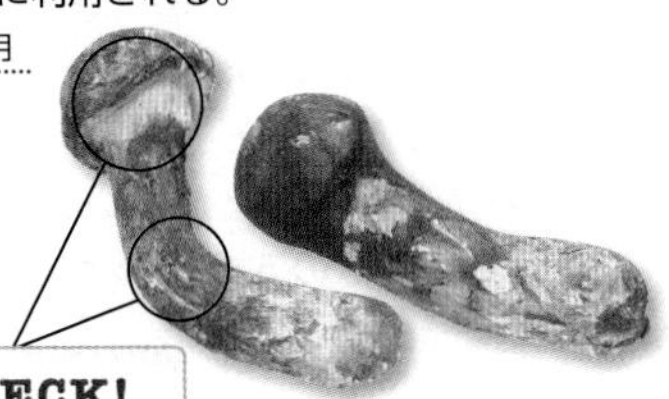

▲まつたけ

CHECK!
かさが開いていないもの。軸が太く，香りが高いもの。

やなぎまつたけ 柳松茸／Yanagimatsutake

オキナタケ科のきのこ。広葉樹の枯れ木などに生える。かさは5～10cmで黄土褐色。栽培もされている。

◀やなぎまつたけ

毒きのこにご用心

「色が地味だと食用になる」「縦に裂けると食用になる」「虫が食べていれば人間にも食べられる」など，昔から食用きのこと毒きのこの見分け方についての言い伝えはたくさんあるが，これらはすべて誤り。きのこ採りの名人でも，見分けのつかないものもある。
毒きのこの中毒症状で命を落とすこともあるので，山登りやキャンプなどに行ってきのこを見つけても，食べられるかどうかわからないきのこは食べない，疑わしいきのこは絶対に食べないようにしよう。

●**どくつるたけ（テングタケ科）**
猛毒。全体に純白色で，かさの直径は6～12cm。ブナ林に点々とはえている。

●**べにてんぐたけ（テングタケ科）**
高さ12～20cm。かさの表面に白いいぼがある。3か月以上の乾燥または塩蔵で無毒になる。

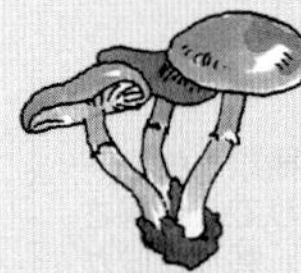

●**これらたけ（オキナタケ科）**
晩秋，朽ちた木材や切り株にはえる。食後6～10時間でコレラのような症状をおこす。

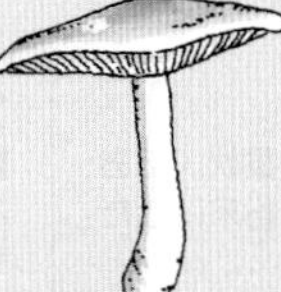

●**くさうらべにたけ（イッポンシメジ科）**
秋，雑木林に数多くはえる。高さ6～12cm。激しい胃腸障害をおこす。

●**つきよたけ（キシメジ科）**
最も中毒が多い。ブナの枯れた木に重なりあってはえる。

無機質					ビタミン								食塩相当量（ナトリウム）	備考
					A			E						
カルシウム	マグネシウム	リン	鉄	亜鉛	β-カロテン当量	レチノール活性当量	D	α-トコフェロール	B1	B2	葉酸	C		
■＝20mg	■＝20mg	■＝20mg	■＝0.2mg	■＝0.2mg	■＝20μg	■＝2μg	■＝0.2μg	■＝0.2mg	■＝0.02mg	■＝0.02mg	■＝2μg	■＝2mg	■＝0.1g(mg)	
2	11	85	0.8	0.6	(0)	(0)	0.8	0	0.17	0.33	80	0	0(1)	別名：にれたけ、たもきのこ／試料：栽培品／廃棄部位：柄の基部(いしづき)
4	10	68	0.7	0.5	(0)	(0)	0	0	0.07	0.12	60	0	0(3)	1袋＝100g　別名：なめたけ／試料：栽培品／廃棄部位：柄の基部(いしづき)
3	5	39	0.8	0.5	(0)	(0)	0.1	(0)	0.03	0.07	13	0	0(8)	試料：栽培品／液汁を除いたもの／ビタミンC：酸化防止用として添加品あり
Tr	12	89	0.3	0.6	(0)	(0)	1.2	0	0.11	0.22	65	0	0(2)	試料：栽培品／廃棄部位：柄の基部（いしづき）
1	15	100	0.7	1.0	(0)	(0)	0.3	(0)	0.40	0.40	92	0	0(2)	1パック＝100g　別名：かんたけ／試料：栽培品／廃棄部位：柄の基部(いしづき)
Tr	10	54	0.2	0.7	(0)	(0)	4.9	(0)	0.09	0.19	53	0	0(0)	試料：栽培品／廃棄部位：柄の基部（いしづき）
3	10	100	0.3	0.4	(0)	(0)	0.3	0	0.06	0.29	28	0	0(6)	中1個＝10g　試料：栽培品／廃棄部位：柄の基部（いしづき）
8	5	55	0.8	1.0	(0)	(0)	0.4	(0)	0.03	0.24	2	0	0.9(350)	小1缶＝50g　試料：栽培品／液汁を除いたもの／ビタミンC：酸化防止用として添加品あり
6	8	40	1.3	0.8	(0)	(0)	0.6	(0)	0.10	0.10	63	0	0(2)	中1本＝30g　試料：天然物／廃棄部位：柄の基部（いしづき）
Tr	13	110	0.5	0.6	(0)	(0)	0.4	0	0.27	0.34	33	0	0(1)	試料：栽培品／廃棄部位：柄の基部（いしづき）

おいしい情報　**松茸の土瓶蒸し**　土瓶に松茸，えび，ぎんなんなどを入れ，だし汁を注ぎ入れ，蒸し器に入れて蒸したもの。

9 藻類

Algae

藻類とは，淡水，海水に生育する植物の総称である。特に食物としては，緑藻植物（あおさ，あおのりなど），褐藻植物（こんぶ，ひじき，わかめなど），紅藻植物（おごのり，てんぐさなど）を指すことが多い。日本で食用にされるのは，大部分が海水に生育する海藻である。
藻類は水分を多く含み，いたみやすいので，乾物や塩蔵品に加工されて出回ることが多い。藻類は，もともと歯ごたえや芳香などを楽しむものとされてきたが，最近では成分のミネラルが体調を整える作用をもつことなどが注目され，「海の野菜」ともいわれる。藻類に含まれる炭水化物は人間が消化できない多糖類が多く，食物繊維として作用する。

あおさ 石蓴／Sea lettuce

鮮やかな緑色の海藻。幅 20 ～ 30cm の葉状。あおのりと同じように，乾燥させて揉んだり粉末にしたりして，ふりかけて食べる。

▼あおさ

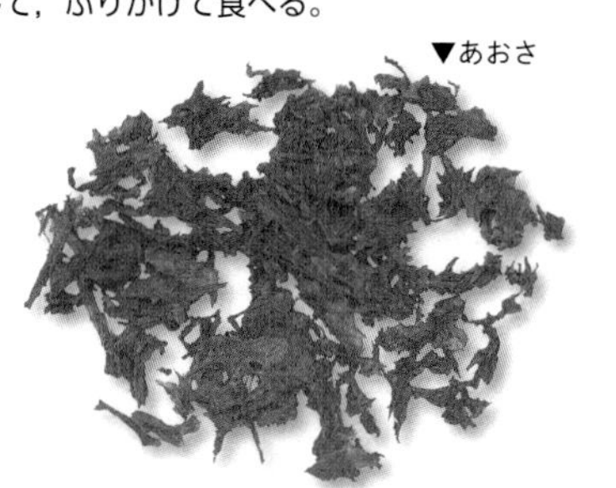

あおのり 青海苔／Green laver

緑色の海藻で，日本の沿岸には約 15 種類が生息する。食用となるのはおもにすじあおのりで，乾燥させて揉んだり粉末にしたりして食べる。香りと味がよい。

▲あおのり

あまのり 甘海苔／Purple laver

干しのり，味付けのりの原料となるあさくさのりとすさびのりは，あまのりの一種。養殖が多い。ビタミン，ミネラルを豊富に含む。

▼あまのり　あまのり（味付けのり）▶

食品番号 食品名 廃棄率(%) 水分量(g)	エネルギー	たんぱく質	脂質：脂質	脂質：コレステロール	脂質：飽和脂肪酸	脂質：n-6系多価不飽和脂肪酸	脂質：n-3系多価不飽和脂肪酸	炭水化物：利用可能炭水化物(単糖当量)	炭水化物：炭水化物	炭水化物：食物繊維総量	無機質：カリウム
栄養素	■＝20 kcal	■＝2 g	■＝2 g	■＝2 mg	■＝0.2 g	■＝0.2 g	■＝0.2 g	■＝2 g	■＝2 g	■＝0.2 g	■＝20 mg
09001 **あおさ** 素干し 廃棄率 0 水分量 16.9	201	16.9	0.4	1	0.12	0.03	0.10	-	41.7	29.1	3200
09002 **あおのり** 素干し 廃棄率 0 水分量 6.5	249	21.4	3.3	Tr	0.97	0.19	1.46	0.2	0.2	35.2	2500
09004 **あまのり** 焼きのり 廃棄率 0 水分量 2.3	297	32.0	2.2	22	0.55	0.20	1.19	1.9	1.7	36.0	2400
09005 味付けのり 廃棄率 0 水分量 3.4	301	31.5	(2.1)	21	(0.52)	(0.19)	(1.13)	14.3	13.5	25.2	2700
09007 **いわのり** 素干し 廃棄率 0 水分量 8.4	228	(26.5)	(0.4)	30	(0.10)	(0.04)	(0.23)	(0.5)	(0.4)	36.4	4500
09010 **おごのり** 塩蔵、塩抜き 廃棄率 0 水分量 89.0	26	1.3	0.1	11	-	-	-	-	8.8	7.5	1
09017 **まこんぶ** 素干し、乾 廃棄率 0 水分量 9.5	170	5.1	1.0	0	0.35	0.21	0.11	0.1	0.1	32.1	6100
09021 **削り昆布** 廃棄率 0 水分量 24.4	177	(5.2)	0.6	0	0.27	0.06	0.01	-	50.2	28.2	4800
09023 **つくだ煮** 廃棄率 0 水分量 49.6	152	4.7	0.9	0	0.16	0.31	0.02	20.6	19.8	6.8	770

ミニ知識 精進だし　こんぶ，干ししいたけ，野菜の煮汁などからとるだし。肉や魚が厳禁の仏門で使われたことから。

いわのり 岩海苔／Iwa-nori

外海の岩場で育つ。伊豆半島が主産地。つくだ煮などにする。地方によってクロノリ，アマノリなどと呼ぶ。

▲いわのり

おごのり 海髪／Ogo-nori

日本各地の岩場に分布する。長さ5～20cm。長い糸状なので，「海髪」と書く。熱湯を通したものは海草サラダや刺身のつまに。

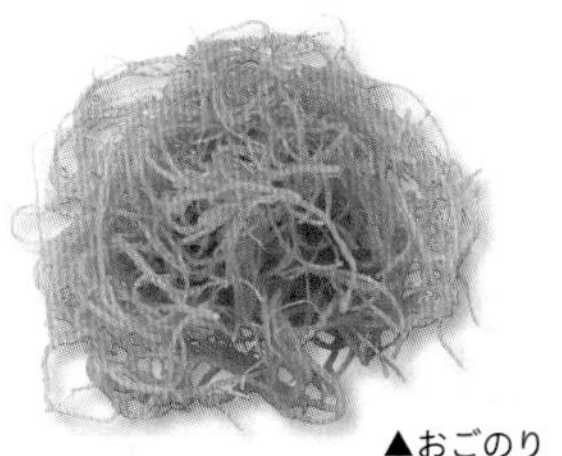

▲おごのり

うみぶどう Green caviar

粒があり，形状がぶどうに似ていることから，沖縄では「海ぶどう」と呼ばれる。酢の物などにしてプチプチとした食感を楽しむ。

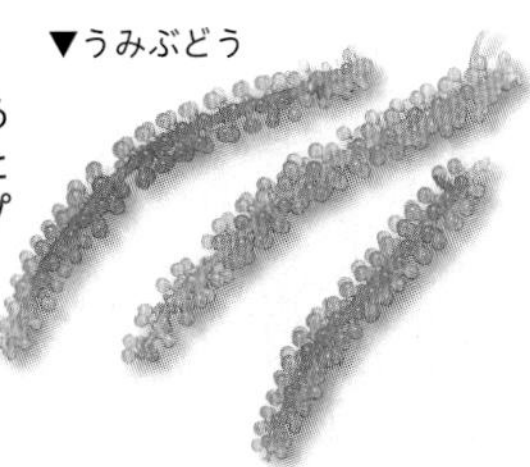

▼うみぶどう

こんぶ類 昆布類／Kombu

干ししいたけとともに，日本の代表的な植物性のだし材料の１つで，うま味成分のグルタミン酸を含む。ヨウ素を多く含む。主産地は北海道。だしを取るときは表面を軽くふいてから使う。まこんぶは最も代表的なもので，幅 20～30cm，長さ１～６m。ほかに利尻昆布，羅臼昆布，三石昆布などがある。

●**削り昆布**　乾燥させた昆布の表面を酢で湿らせて削ったもので，幅の広いものをおぼろ昆布，細くけずったものをとろろ昆布とも呼ぶ。

▼まこんぶ

▲削り昆布

▲つくだ煮

どうして海の中のこんぶから，だしがでないのか？

こんぶの細胞の中にはグルタミン酸といううま味成分がある。こんぶが海の中で生きている間はその細胞膜が，必要なものを外から取り入れて不必要なものを外に出すはたらきをしている。グルタミン酸はこんぶが海の中で生きていくには重要な成分なので，生きている間はグルタミン酸（だし）が海水に流れ出ないという仕組みになっている。

ちなみに，こんぶのうま味成分がグルタミン酸であることを発見したのは，東京帝国大学（現東京大学）の池田菊苗博士。この発見は，日本の10大発明の一つとされ，特許庁に展示されている。

無機質					ビタミン								食塩相当量(ナトリウム)	備考
カルシウム	マグネシウム	リン	鉄	亜鉛	A β-カロテン当量	A レチノール活性当量	D	E α-トコフェロール	B1	B2	葉酸	C		
■＝20mg	■＝20mg	■＝20mg	■＝0.2mg	■＝0.2mg	■＝20μg	■＝2μg	■＝0.2μg	■＝0.2mg	■＝0.02mg	■＝0.02mg	■＝2μg	■＝2mg	■＝0.1g(mg)	
490	3200	160	5.3	1.2	2700	220	(0)	1.1	0.07	0.48	180	25	9.9(3900)	1枚＝2～3g
750	1400	390	77.0	1.6	21000	1700	(0)	2.5	0.92	1.66	270	62	8.1(3200)	大さじ1＝2.5g
280	300	700	11.0	3.6	27000	2300	(0)	4.6	0.69	2.33	1900	210	1.3(530)	1枚＝3g　別名：のり
170	290	710	8.2	3.7	32000	2700	(0)	3.7	0.61	2.31	1600	200	4.3(1700)	別名：のり
86	340	530	48.0	2.3	28000	2300	(0)	4.2	0.57	2.07	1500	3	5.3(2100)	1枚＝10g　すき干ししたもの
54	110	14	4.2	0.2	780	65	(0)	0.1	0.02	0.18	3	0	0.3(130)	
780	530	180	3.2	0.9	1600	130	(0)	2.6	0.26	0.31	240	29	6.6(2600)	10cm角＝10g
650	520	190	3.6	1.1	760	64	(0)	0.8	0.33	0.28	32	19	5.3(2100)	大さじ1＝10g　別名：おぼろこんぶ、とろろこんぶ
150	98	120	1.3	0.5	56	5	0	0.1	0.05	0.05	15	Tr	7.4(2900)	大さじ1＝15g　試料：ごま入り

おいしい情報　吸い口　吸い物の仕上げに浮かべる香りのよい材料。春は木の芽，夏はみょうがを使うなど，季節感を出す。

9 藻類

Algae

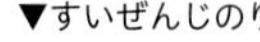

すいぜんじのり 水前寺苔／Suizenji-nori

浮遊性の淡水藻。熊本県水前寺付近でとれる。暗緑色で，寒天状のやわらかい塊となっている。青黒い厚紙状のものが吸い物の実として市販されている。

てんぐさ 天草／Tengusa

紫褐色の海藻。長さ 10 ～ 30cm で，線状のものが木の枝のように分かれている。伊豆半島，伊豆七島が主な産地。寒天やところてんの原料となる。

●ところてん 漢字で「心太」。てんぐさを煮て，ろ過した液を凝固させてつくる。寒天突きでついて糸状にし，関東では酢じょうゆとからし，関西では黒みつをかけて食べる。

●寒天 寒天はところてんを凍結させ，解凍してから乾燥させたもの。棒状，粉状，糸状の種類がある。乾燥した寒天に吸水させて加熱すると寒天質が溶け，冷却するとゼリー状になる。みつ豆などの製菓に用いられる。

とさかのり 鶏冠海苔／Tosaka-nori

鶏のとさかのような形と色をした海藻。天草地方，千葉県などが主産地。

▲とさかのり

▲寒天　▲てんぐさ　▲ところてん　▲粉寒天　▲角寒天

食品番号 食品名 廃棄率(%) 水分量(g)	エネルギー	たんぱく質	脂質					炭水化物			無機質
栄養素			脂質	コレステロール	飽和脂肪酸	n-6系多価不飽和脂肪酸	n-3系多価不飽和脂肪酸	利用可能炭水化物(単糖当量)	炭水化物	食物繊維総量	カリウム
	■＝20 kcal	■＝2 g	■＝2 g	■＝2 mg	■＝0.2 g	■＝0.2 g	■＝0.2 g	■＝2 g	■＝2 g	■＝0.2 g	■＝20 mg
09024 **すいぜんじのり** 素干し、水戻し 0 96.1	10	1.5	Tr	Tr	-	-	-	-	2.1	2.1	12
09026 **てんぐさ** ところてん 0 99.1	2	(0.1)	0	Tr	-	-	-	-	0.6	0.6	2
09028 寒天 0 98.5	3	Tr	Tr	0	-	-	-	-	1.5	1.5	1
09049 粉寒天 0 16.7	160	0.1	(0.2)	0	(0.05)	(0.01)	(0.08)	0.1	0.1	79.0	30
09029 **とさかのり** 赤とさか 塩蔵、塩抜き 0 92.1	19	1.5	0.1	9	-	-	-	-	5.1	4.0	37
09050 **ひじき** ほしひじき ステンレス釜、乾 0 6.5	180	7.4	1.7	Tr	0.59	0.31	0.33	0.4	0.4	51.8	6400
09034 **ふのり** 素干し 0 14.7	207	13.8	(0.6)	24	(0.15)	(0.05)	(0.32)	-	57.8	43.1	600
09038 **もずく** 塩蔵、塩抜き 0 97.7	4	0.2	(0.1)	0	(0.03)	(0.01)	(0.01)	-	1.4	1.4	2
09040 **わかめ** 乾燥わかめ 素干し 0 12.7	164	(10.4)	(0.7)	0	(0.10)	(0.16)	(0.36)	-	41.3	32.7	5200
09045 湯通し塩蔵わかめ 塩抜き、生 0 93.3	13	1.3	0.2	0	0.04	0.05	0.10	0	0	3.2	10
09047 めかぶわかめ 生 0 94.2	14	0.7	0.5	0	0.22	0.08	0.02	0	0	3.4	88

 ミニ知識 ひじきは，その形から，漢字で「鹿尾菜」と書く。

ひじき 鹿尾菜／Hijiki

まとまった量を摂取しやすいので，カルシウムおよび食物繊維の供給源となる。素干しと煮干しがあり，水につけてもどしてから使う。

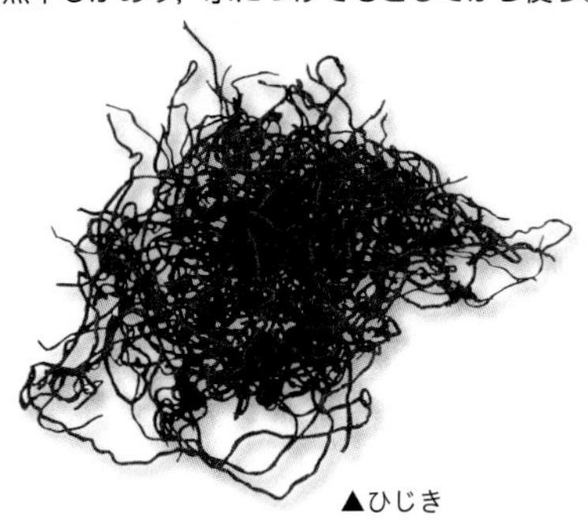

▲ひじき

ふのり 布海苔／Fu-nori

紅褐色の海藻。日本各地の沿岸でとれる。吸い物や刺身のつまとして食べるほか，かつては，衣料用ののりの原料としても使われた。

▲ふのり

わかめ 若布／Wakame

養殖ものがほとんどで，塩蔵品，乾燥品が多く出回っている。わかめをはじめ，藻類にはヨードが豊富に含まれる。この成分は基礎代謝を活発にするので，常食すると太りにくい身体ができるといわれる。藻類は食物繊維も豊富で，便秘の改善にもつながる。

●めかぶわかめ 根に近い茎の両端にできる「めかぶ」を切り離したもの。ひだのある独特の形状をしており，粘りが強いのが特徴。酢のものやみそ汁などにして食べる。

もずく類 海蘊，水雲／Mozuku

粘質性の強い糸状の海藻。塩蔵したもののほかに，最近では味付けされたものが出回っている。酢の物が一般的な調理法。一度にたくさん食べられるのでミネラル補給源として有効である。

湯通し塩蔵わかめ▶

▲もずく

▲乾燥わかめ

▲めかぶわかめ

▲めかぶわかめ（乾燥）

無機質					ビタミン									食塩相当量（ナトリウム）	備考
カルシウム	マグネシウム	リン	鉄	亜鉛	A β-カロテン当量	A レチノール活性当量	D	E α-トコフェロール	B1	B2	葉酸	C			
■＝20mg	■＝20mg	■＝20mg	■＝0.2mg	■＝0.2mg	■＝20μg	■＝2μg	■＝0.2μg	■＝0.2mg	■＝0.02mg	■＝0.02mg	■＝2μg	■＝2mg	■＝0.1g(mg)	
63	18	7	2.5	0.1	110	9	(0)	0.1	0.02	0.01	2	0	0(5)	1枚＝7g
4	4	1	0.1	Tr	0	(0)	(0)	0	0	0	0	Tr	0(3)	1本＝8g 別名：まくさ（和名）
10	2	1	0.2	Tr	0	(0)	(0)	0	Tr	0	0	0	0(2)	別名：まくさ（和名）／角寒天をゼリー状にしたもの／角寒天2.2g使用
120	39	39	7.3	0.3	0	0	(0)	0	0	Tr	1	0	0.4(170)	別名：まくさ（和名）／試料：てんぐさ以外の粉寒天も含む
70	31	11	1.2	0.2	15	1	(0)	0	0	0.04	0	0	0.7(270)	
1000	640	93	6.2	1.0	4400	360	(0)	5.0	0.09	0.42	93	0	4.7(1800)	ステンレス釜で煮熟後乾燥したもの
330	730	130	4.8	1.8	700	59	(0)	0.7	0.16	0.61	68	1	6.9(2700)	別名：のげのり
22	12	2	0.7	0.3	180	15	(0)	0.1	Tr	0.01	2	0	0.2(90)	1人分＝50g
780	1100	350	2.6	0.9	7800	650	(0)	1.0	0.39	0.83	440	27	16.8(6600)	
50	16	30	0.5	0.2	210	17	(0)	0.1	0.01	0.01	6	0	1.4(530)	別名：生わかめ
77	61	26	0.3	0.2	240	20	(0)	0.1	0.02	0.03	36	2	0.4(170)	試料：冷凍品／別名：めかぶ

おいしい情報 タクシー用語で回送は「わかめ」という。わかめが海藻だから。

10 魚介類

Fishes and shellfishes

一般に，食用となる水産動物の総称として「魚介類」が使われている。分類学的には，以下のようなものが含まれる。腔腸動物（くらげ類），軟体動物（巻貝，二枚貝，たこ・いかなど），節足動物（えび・かに類），棘皮動物（うに，なまこなど），原索動物（ほや類），脊椎動物（魚類，さめ・えい類，やつめうなぎ類など）。たんぱく質のアミノ酸組成では，必須アミノ酸に富み，特に穀類に不足しているリジンが多い。脂質は，イコサペンタエン酸，ドコサヘキサエン酸などの高度不飽和脂肪酸を多く含んでいる。日本列島は四方が海に囲まれていることから，豊富な魚介類に恵まている。日本人にとって魚介類は極めて重要な食物である。また，わが国では，養殖技術や冷凍保存技術もかなり発達している。

魚介類の分類

食品成分表では，「魚類」，「貝類」，「えび・かに類」，「いか・たこ類」，「その他」という分類になっているが，細かく分類すると以下の表のようになる。

海水産魚類	遠洋回遊魚類	えい，かじき，かつお，さめ，しいら，まぐろ
	近海回遊魚類	あじ，いわし，かんぱち，きびなご，さっぱ，さば，さわら，さんま，とびうお，にしん，はまち，ひらまさ，ぶり
	沿岸魚類	いかなご，いさき，かます，きす，このしろ，さより，しらうお，すずき，たかべ，にぎす，はたはた，ふぐ，ぼら
	底生魚類	あいなめ，あなご，あんこう，いとより，うしのした，えそ，かれい，きちじ，キングクリップ，ぎんだら，ぐち，こち，シルバー，たい，たちうお，たら，にべ，はも，ひらめ，ほうぼう，ほき，ほっけ，まながつお，むつ，めばる，めぬけ，メルルーサ
	遡降河回遊魚類	海から川へ：さけ，ます 川から海へ：うなぎ，やつめうなぎ
淡水産魚類		あゆ，うぐい，おいかわ，かじか，こい，ししゃも，どじょう，なまず，にじます，はぜ，ひめます，ふな，やまめ，わかさぎ
甲殻類		あみ，えび，かに，しゃこなど
貝類		あかがい，あさり，あわび，いがい，かき，さざえ，しじみ，とりがい，はまぐり，ほたてがいなど
軟体動物		いか，たこ
棘皮動物		うに，なまこ
その他		ほや（原索動物），くらげ（腔腸動物），くじら（ホ乳類）など

魚の卵の名前

魚卵	親の魚
たらこ，からしめんたいこ	たら
かずのこ	にしん
いくら，すじこ	さけ
からすみ	ぼら
キャビア	ちょうざめ

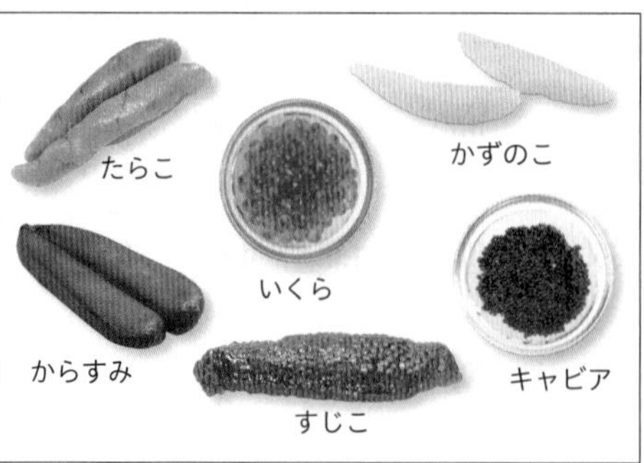

白身魚と赤身魚

白身魚と赤身魚は肉の色によって分類される。赤色はミオグロビンという色素による。

白身魚

味が淡白，コラーゲンが多く，生では硬いので薄く切る。加熱すると肉がやわらかくほぐれやすい。

かれい，たい，たら，ふぐ，ひらめ

赤身魚（近海性回遊魚）

肉の色がやや赤く，味は白身魚より濃く，うま味が強い。皮下に油脂が多いので，IPA，DHA の補給源となる。

あじ，さば，いわし，さんま

赤身魚（遠洋性回遊魚）

味が濃厚，コラーゲンが少なく生肉はねっとりとやわらかい。加熱すると硬くなる。

かつお，まぐろ

ミニ知識 **魚心あれば水心** 対人関係で，相手に対し好意を持てば，相手もこちらに対し好意を持ってくれること。

魚介類の選び方

新鮮な魚を選ぼう！

❶身に張りがあり，硬くしまっているもの。新鮮なものは背びれや尾びれなどもピンとしている。
❷みずみずしい光沢があり，その魚特有の色を保っているもの。
いわし・さんま－濃緑色～青緑色，あじ－黒褐色～灰褐色，さば－青緑色～青白色，かれい・ひらめ－暗褐色～灰褐色，いか－褐色～灰白色，毛がに－淡褐色～暗褐色
❸うろこが落ちていないもの。
❹粘液（ヌル）が出ていないもの。
❺目がみずみずしくて透明感があり，外に張り出した感じのもの。古くなると目が落ち込む。
❻えらの色が鮮紅色のもの。古くなるにつれて灰褐色～黒緑色になる。
❼腹部がしっかりしていて，指で押して弾力のあるもの。
❽肉に透明感と弾力性があるもの。
❾腐敗臭のないもの（磯の香りがするほど新鮮）。
❿淡水魚は特にいたみが早いので注意を要する。

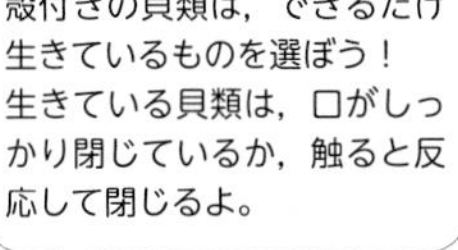

新鮮なアジ

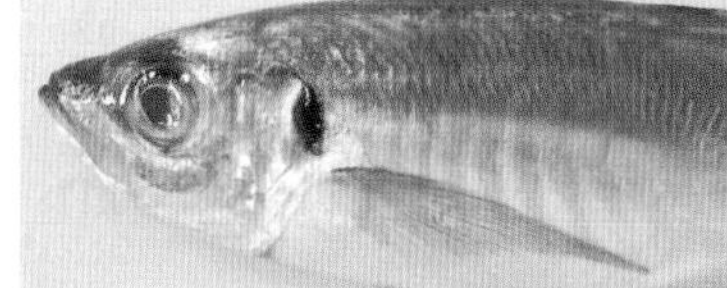
古くなったアジ

魚の旬

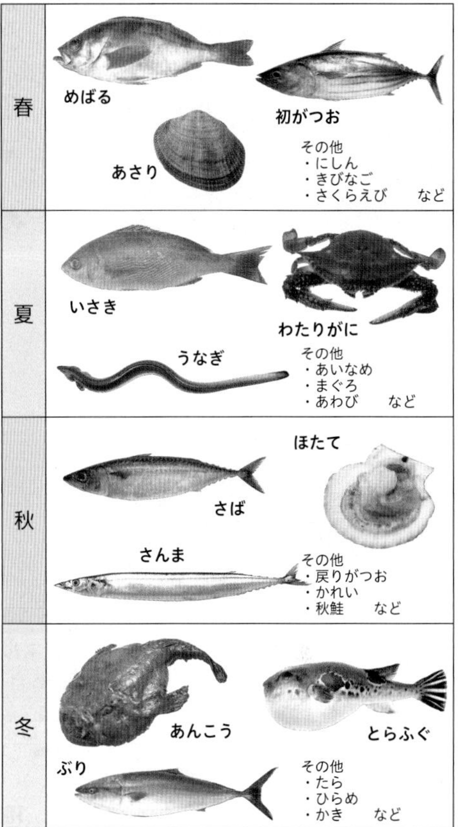

「旬」には，最も出回る時期と，最も美味しい時期が異なる場合も多く，また地域差もあるため，確実なものではない。あくまでも目安と考えよう。

魚介類の加工品

魚介類の加工品には，水分を取り除いた乾燥品や食塩を加える塩蔵品，食塩を加えてすりつぶした後に加熱する練り製品などがある。油の多いものは，乾燥・保存中に油が酸化して異臭を発生する（油焼け）ので，食品添加物の酸化防止剤を使用することがある。

分類	種類	特徴
乾燥品	素干し品	魚介を水洗いしてそのまま乾燥したもの。するめ，干しだら，身欠きにしんなど。
	煮干し品	魚介を食塩水あるいは海水で煮たのち，乾燥したもの。煮干しいわし，干し貝柱など調味材料になる。
	塩干し品	魚介に食塩をふりかける（ふり塩）か，食塩水に漬け（立て塩）2日間ほどおき，乾燥させたもの。八丈島特産のくさやは特有の風味がある。
	節類	かつお，まぐろ，さばなどの魚を煮たのち煙でいぶし，さらにかびを繁殖させ，乾燥させたもの。かびの酵素により原料の成分が一部分解し，だしの材料となる。
塩蔵品	塩蔵品	魚介やその卵に食塩を加えて保存期間を高めたもの。最近のものは食塩含量が低いので，長期保存には冷蔵する。
	塩辛	いかやかつおの内臓に食塩を加えて2～3週間熟成したもの。内臓に含まれる酵素で成分が一部分解し，風味が強い。
	魚しょう	塩辛をさらに1年以上熟成させる。しょっつる，いしる，いかなごしょう油などがある。
練り製品	かまぼこ	魚のたんぱく質を食塩で溶かして，加熱して弾性をもたせたもの。かにあし風に仕上げたものもある。
	魚肉ハム	魚のほかに，畜肉，植物たんぱく質，香辛料などを加えて食塩とともにすりつぶし，加熱したもの。
	その他	はんぺん，ちくわ，つみれ，さつま揚げ，魚肉ソーセージなど。

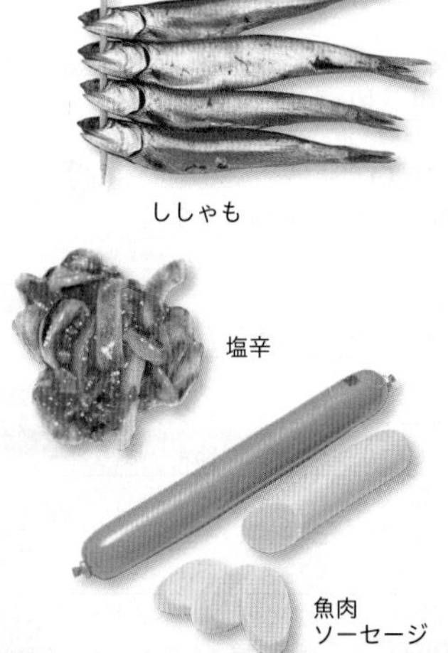

おいしい情報　魚肉ソーセージの原料となる魚　食品メーカーによって異なるが，ほっけやスケトウダラ，あじなどが原料になっている。

10 魚介類

Fishes and shellfishes

あいなめ

鮎並／Fat greenling
全長約40cm

旬 夏

関西で「あぶらめ」，北海道で「あぶらこ」という。ビタミンB_1，B_2が豊富な淡泊な白身魚。大型の魚は洗いや刺身，照り焼き，小型はから揚げに向く。

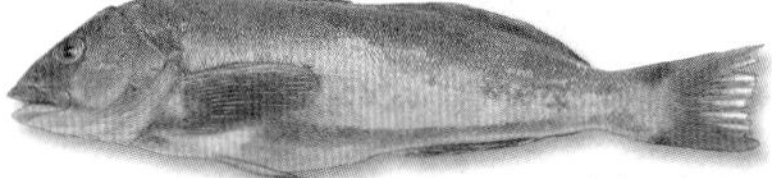
▲あいなめ

あこうだい

阿侯鯛／Matsubara's red rockfish
全長約60cm

たいの仲間ではなく，ふさかさご科に属する深海魚。白身でやわらかい肉質。ビタミンAやEが多く，煮つけや鍋物に用いることが多い。

旬 冬

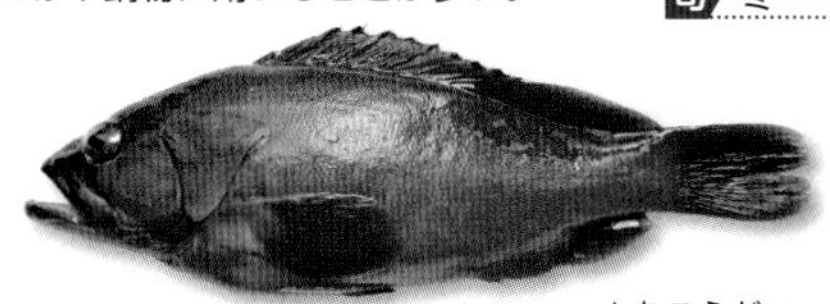
▲あこうだい

あじ類

鯵類／Horse mackerel
全長約20～40cm

一般にあじと呼ばれているのは，まあじのこと。尾の近くに「ぜいご」と呼ばれる硬いうろこがあるのが特徴。ほかにむろあじ，しまあじなどの種類がある。タウリンやカリウムを多く含む。すしだね，たたき，塩焼き，フライ，ムニエルなど料理の範囲が広い。開き干しは塩分やコレステロールが多い。

旬 秋

▼まあじ

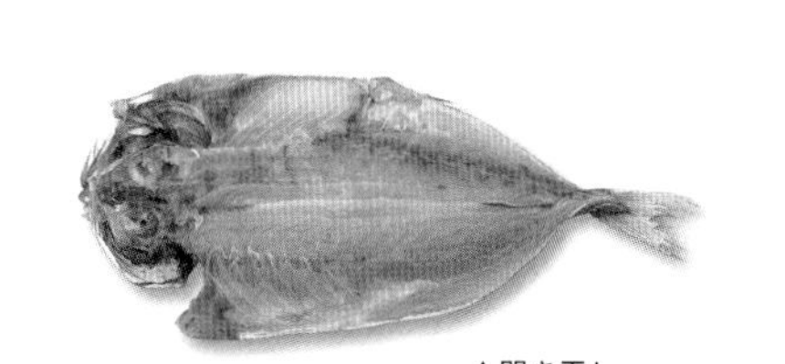
▲開き干し

あなご

穴子／Common Japanese conger
全長約80cm

まあなご。他にぎんあなご，くろあなごがある。北海道から九州に分布するが，東京の羽田沖，明石産のあなごが有名。すしだね，かば焼き，天ぷらにする。

旬 6～8月

▼あなご
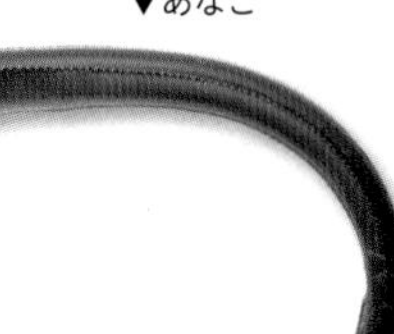

あまご

天魚／Amago salmon
全長約15～50cm

さつきますの河川型。やまめに似ているが赤い斑点がある。伊豆半島以西の太平洋側と四国，山陽地方の湖や渓流に生息し，養殖も行われている。

▲あまご

食品番号 食品名 廃棄率(%)　水分量(g)	エネルギー	たんぱく質	脂質					炭水化物			無機質
栄養素			脂質	コレステロール	飽和脂肪酸	n-6系多価不飽和脂肪酸	n-3系多価不飽和脂肪酸	利用可能炭水化物(単糖当量)	炭水化物	食物繊維総量	カリウム
	■＝20 kcal	■＝2 g	■＝2 g	■＝2 mg	■＝0.2 g	■＝0.2 g	■＝0.2 g	■＝2 g	■＝2 g	■＝0.2 g	■＝20 mg
10001 **あいなめ**　生 50　76.0	105	(15.8)	2.9	76	0.76	0.11	0.85	(0.1)	(0.1)	(0)	370
10002 **あこうだい**　生 0　79.8	86	14.6	1.8	56	0.23	0.04	0.23	(0.1)	(0.1)	(0)	310
10003 **あじ**　まあじ　皮つき、生 55　75.1	112	16.8	3.5	68	1.10	0.13	1.05	(0.1)	(0.1)	(0)	360
10006 まあじ　開き干し、生 35　68.4	150	(16.8)	6.7	73	2.35	0.19	1.59	(0.1)	(0.1)	(0)	310
10015 **あなご**　生 35　72.2	146	14.4	8.0	140	2.26	0.21	1.42	(Tr)	(Tr)	(0)	370
10017 **あまご**　養殖、生 50　76.8	99	18.3	2.8	66	0.68	0.42	0.52	(0.1)	(0.1)	(0)	380
10018 **あまだい**　生 50　76.5	102	16.0	2.5	52	0.80	0.13	0.68	(Tr)	(Tr)	(0)	360
10021 **あゆ**　天然、生 45　77.7	93	15.0	1.9	83	0.65	0.08	0.46	(0.1)	(0.1)	(0)	370
10031 **あんこう**　生 0　85.4	54	(10.7)	0.1	78	0.02	0.01	0.03	(0.3)	(0.3)	(0)	210
10032 きも、生 0　45.1	401	7.9	36.9	560	9.29	1.63	100	(2.2)	(2.0)	(0)	220
10035 **いかなご**　つくだ煮 0　26.9	271	29.4	2.4	280	0.66	0.06	1.09	-	30.7	(0)	670

ミニ知識 **つるし切り**　あんこうはまな板の上でさばくのが難しいため，金具でつるしてさばいていく方法をとる。

あまだい 甘鯛／Tile fish
全長約35cm

一般的にいう「あまだい」は赤あまだいのこと。ほかに黄あまだい，白あまだいがある。脂肪の少ない白身魚で，タウリンやカリウムなどが多い。みそ漬け，粕漬けや，蒸して食べる。

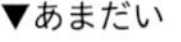
▼あまだい

あゆ 鮎／Ayu sweetfish
全長約10～25cm

川底の藻を食べるため特有の香りをもつ。天然と養殖ものがある。ビタミン類のほか，カルシウム，カリウムも多い。塩焼き，甘露煮などにする。

旬 夏

▲あゆ

あんこう 鮟鱇／Anglerfish
全長約80cm

旬 冬

日本全国で獲れるが茨城県，千葉県などが有名。あんこう鍋は冬の代表料理の一つ。肝は「あん肝」と呼ばれ，珍味。ビタミンA，B，Eが多い。

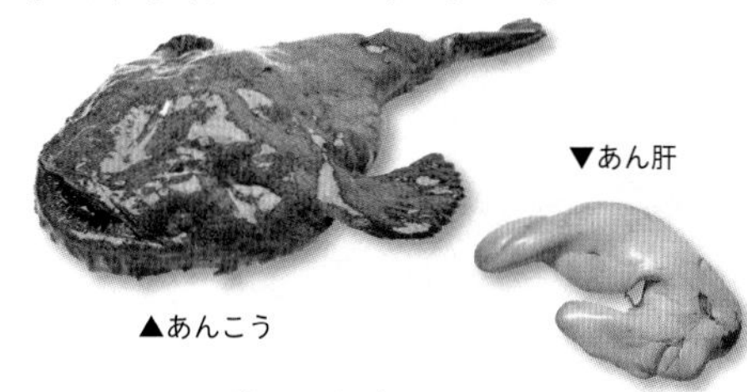
▲あんこう　▼あん肝

いかなご 玉筋魚／Japanese sand lance
全長約1～5cm

別名こうなご。稚魚を煮干しや佃煮にして食べることが多い。亜鉛や鉄分が多く，また骨ごと食べられるので，手軽なカルシウム補給源となる。

▲いかなご

「くさや」はくさい？

新鮮な魚をくさや汁と呼ばれる独特のつけ汁につけ，乾燥させたもので，伊豆諸島の特産品の干物の一種。あおむろあじ，むろあじ，とびうおなどが代表的な原料で，時期的なものとして，さんま，たかべ，さめなども使われる。
くさや汁のもとは塩分10%前後の塩水だが，とけでた魚の可溶性たんぱく質やエキス分が発酵した特有の臭気と味があり，微生物も生きている。このくさや液は新規で作成されることはほとんどなく，代々受け継がれている。また，製造業者によってはこの液を家宝としている場合も多い。

無機質					ビタミン								食塩相当量(ナトリウム)	備考
カルシウム	マグネシウム	リン	鉄	亜鉛	A β-カロテン当量	A レチノール活性当量	D	E α-トコフェロール	B1	B2	葉酸	C		
■＝20mg	■＝20mg	■＝20mg	■＝0.2mg	■＝0.2mg	■＝20μg	■＝2μg	■＝0.2μg	■＝0.2mg	■＝0.02mg	■＝0.02mg	■＝2μg	■＝2mg	■＝0.1g(mg)	
55	39	220	0.4	0.5	(0)	6	9	1.7	0.24	0.26	8	2	0.4(150)	1尾＝450g　別名：あぶらめ、あぶらこ／廃棄部位：頭部、内臓、骨、ひれ等（三枚下ろし）
15	24	170	0.3	0.4	(0)	26	1	3.4	0.11	0.04	3	Tr	0.2(75)	1切れ＝80g　切り身
66	34	230	0.6	1.1	0	7	8.9	0.6	0.13	0.13	5	Tr	0.3(130)	中1尾＝120g　別名：あじ／廃棄部位：頭部、内臓、骨、ひれ等（三枚下ろし）
36	27	220	0.8	0.7	(Tr)	(Tr)	3	0.7	0.10	0.15	6	(0)	1.7(670)	中1尾＝120g　別名：あじ／廃棄部位：頭部、骨、ひれ等
75	23	210	0.8	0.7	(0)	500	0.4	2.3	0.05	0.14	9	2	0.4(150)	1尾＝100～150g　試料：まあなご／廃棄部位：頭部、内臓、骨、ひれ等
27	27	250	0.4	0.8	(0)	7	9	1.5	0.15	0.16	6	1	0.1(49)	廃棄部位：頭部、内臓、骨、ひれ等（三枚下ろし）
58	29	190	0.3	0.3	(0)	27	1	1.3	0.04	0.06	6	1	0.2(73)	1尾＝500～1000g　試料：あかあまだい／廃棄部位：頭部、内臓、骨、ひれ等（三枚下ろし）
270	24	310	0.9	0.8	(0)	35	1	1.2	0.13	0.15	27	2	0.2(70)	中1尾＝75g　廃棄部位：頭部、内臓、骨、ひれ等（三枚下ろし）
8	19	140	0.2	0.6	0	13	1	0.7	0.04	0.16	5	1	0.3(130)	試料：きあんこう／切り身
6	9	140	1.2	2.2	(0)	8300	110.0	14.0	0.14	0.35	88	1	0.3(110)	試料：きあんこう／肝臓
470	80	820	2.3	3.6	(Tr)	(Tr)	23.0	0.8	0.02	0.27	85	(0)	5.6(2200)	大さじ1山盛り＝20g　別名：こうなご

おいしい情報　なめろうとは　南房総の漁師料理で，魚にみそなどを入れ，粘りが出るまで根気よくたたいたもののこと。

10 魚介類

Fishes and shellfishes

いさき 伊佐幾，伊佐木／Three-line grunt 全長約35cm

白身魚ではあるが脂肪は多めで，マグネシウム，亜鉛，銅などを含む。から揚げにするとおいしく，ほかに刺身，塩焼き，煮付けなどにして食べる。

旬 夏

▲いさき

いしだい 石鯛／Japanese parrot fish 全長約50～80cm

しまだいともいう。本州各地の岩場に多く生息する。淡泊な白身は刺身や洗いにするほか，焼き物，煮つけ，揚げ物などに向く。

▲いしだい

いとよりだい 糸縒鯛／Golden-thread 全長約40cm

南日本が産地で，いとよりともいう。刺身，照り焼き，みそ汁，煮つけなどにして食べる。

▲いとよりだい

いぼだい 疣鯛／Butter fish 全長約20cm

東北以南でとれる魚でえぼだいともいう。白身だが脂ののりもよく，塩焼き，照り焼き，粕漬け，干物などに適している。ビタミンA効力が高い。

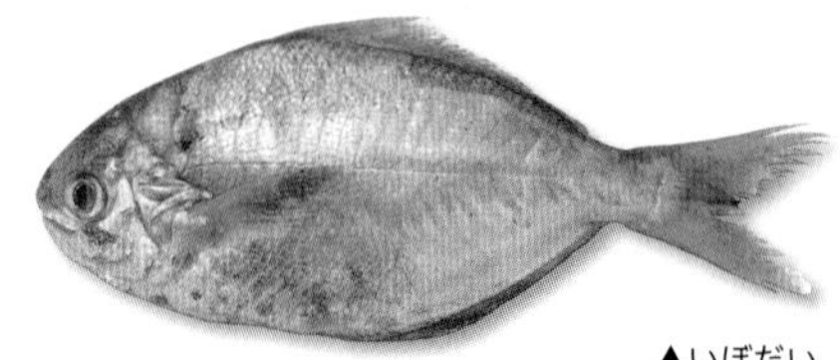

▲いぼだい

いわな 岩魚／Char 全長約25cm

本州，北海道などに生息。淡水魚中，もっとも標高の高いところにすむ。塩焼き，バター焼などに向く。養殖ものもある。

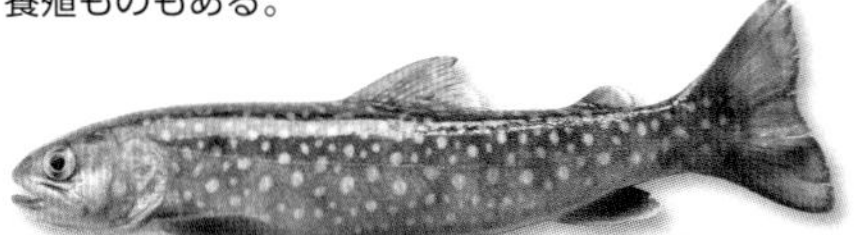

▲いわな

食品番号 食品名	廃棄率(%)	水分量(g)	エネルギー	たんぱく質	脂質：脂質	脂質：コレステロール	脂質：飽和脂肪酸	脂質：n-6系多価不飽和脂肪酸	脂質：n-3系多価不飽和脂肪酸	炭水化物：利用可能炭水化物(単糖当量)	炭水化物：炭水化物	炭水化物：食物繊維総量	無機質：カリウム
栄養素			■＝20 kcal	■＝2 g	■＝2 g	■＝2 mg	■＝0.2 g	■＝0.2 g	■＝0.2 g	■＝2 g	■＝2 g	■＝0.2 g	■＝20 mg
10037 いさき 生	45	75.8	116	(14.2)	4.8	71	1.63	0.18	1.47	(0.1)	(0.1)	(0)	300
10038 いしだい 生	55	71.6	138	(16.1)	5.7	56	1.89	0.28	1.13	(Tr)	(Tr)	(0)	390
10039 いとよりだい 生	0	78.8	85	15.6	1.0	70	0.32	0.11	0.38	(0.1)	(0.1)	(0)	390
10041 いぼだい 生	45	74.0	132	(13.6)	6.4	57	2.24	0.26	0.96	(Tr)	(Tr)	(0)	280
10042 うるめいわし 生	35	71.7	124	18.4	3.6	60	1.39	0.10	1.04	(0.3)	(0.3)	(0)	440
10044 かたくちいわし 生	45	68.2	171	15.3	9.7	70	3.79	0.30	2.24	(0.3)	(0.3)	(0)	300
10045 煮干し	0	15.7	298	(52.9)	2.8	550	1.27	0.10	0.66	(0.3)	(0.3)	(0)	1200
10047 まいわし 生	60	68.9	156	16.4	7.3	67	2.55	0.28	2.10	(0.2)	(0.2)	(0)	270
10052 丸干し	15	54.6	177	(27.3)	4.3	110	1.48	0.14	1.36	(0.7)	(0.6)	(0)	470
10053 めざし 生	15	59.0	206	(15.1)	11.0	100	4.33	0.32	2.85	(0.5)	(0.5)	(0)	170
10055 しらす干し 微乾燥品	0	67.5	113	19.8	1.1	250	0.34	0.04	0.56	(0.1)	(0.1)	0	170
10065 いわな 養殖、生	50	76.1	101	19.0	2.8	80	0.69	0.35	0.56	(0.1)	(0.1)	(0)	380

ミニ知識 尾ひれをつける 実際にはありえないことなどを，大げさに話すことのたとえ。

いわし類 鰯類／Sardines

●うるめいわし 目がうるんでいるように見えるため，この名がある。体長は 20 ～ 30cm でまいわしより大きいが，脂肪に乏しく味は落ちる。めざしにすることが多い。

●丸干し 魚を丸ごと食塩水に漬け，乾燥させたもの。うるめいわしが最も美味とされる。カルシウムや鉄分，ビタミンA，B_2 が豊富だが，塩分も多い。

●かたくちいわし 下あごが小さく上あごがないように見えることから「かたくち」といわれる。成魚を食塩水でゆでてから乾燥させたものが煮干しで，だしをとる材料として用いられる。

●まいわし 日本と朝鮮半島各地を回遊する。体長は 15 ～ 25cm ほど。身が柔らかいので手開きする。ビタミンD，高度不飽和脂肪酸を多く含む。

●めざし まいわしやうるめいわしを食塩水に漬けたあと，目の部分に串やわらを通して数尾を吊るし，乾燥させたもの。

●しらす干し かたくちいわしやまいわしの稚魚を塩ゆでして少し乾燥させたもの。やわらかく，魚が苦手な人にも抵抗なく食べられるので，カルシウム補給源として人気。おもに関東で消費される微乾燥品，関西で消費される半乾燥品がある。

▲うるめいわし

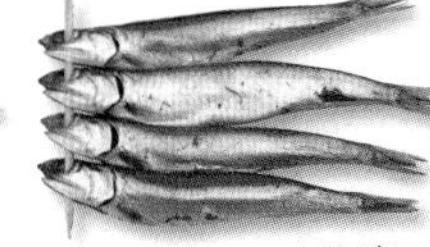

▲めざし

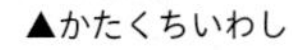

▲かたくちいわし

▲煮干し

▲しらす干し

▲まいわし

いわしの由来と豆知識

いわしは漢字で，魚へんに弱いと書く。これは，水から離れると腐りやすいから。「よわし」がなまって「いわし」となった。そのため，めざし，丸干し，煮干し，しらす干し，たたみいわしなど加工品が多い。また，お正月料理の「ごまめ」は群をなして泳ぐいわしのようすから，子孫繁栄を願ったもの。いわしの日干しが紫式部の好物だったという記録が残っている。

無機質					ビタミン								食塩相当量（ナトリウム）	備考
					A			E						
カルシウム	マグネシウム	リン	鉄	亜鉛	β-カロテン当量	レチノール活性当量	D	α-トコフェロール	B1	B2	葉酸	C		
■= 20mg	■= 20mg	■= 20mg	■= 0.2mg	■= 0.2mg	■= 20µg	■= 2µg	■= 0.2µg	■= 0.2mg	■=0.02mg	■=0.02mg	■= 2µg	■= 2mg	■= 0.1g(mg)	
22	32	220	0.4	0.6	(0)	41	15.0	0.9	0.06	0.12	12	Tr	0.4(160)	中1尾＝250g 廃棄部位：頭部、内臓、骨、ひれ等（三枚下ろし）
20	26	240	0.3	0.6	(0)	39	3	2.1	0.15	0.15	2	Tr	0.1(54)	別名：くちぐろ／廃棄部位：頭部、内臓、骨、ひれ等（三枚下ろし）
46	26	200	0.5	0.4	(0)	28	11.0	0.6	0.04	0.08	5	2	0.2(85)	1尾＝150g 別名：いとより／三枚におろしたもの
41	30	160	0.5	0.8	(0)	95	2	0.7	0.04	0.19	7	1	0.5(190)	1尾＝120g 別名：えぼだい／廃棄部位：頭部、内臓、骨、ひれ等(三枚下ろし)
85	37	290	2.3	1.3	(0)	130	9	1.6	0.08	0.36	16	1	0.2(95)	大1尾＝110g 廃棄部位：頭部、内臓、骨、ひれ等（三枚下ろし）
60	32	240	0.9	1.0	(0)	11	4	0.4	0.03	0.16	19	1	0.2(85)	大1尾＝100g 別名：しこいわし、ひしこ、せぐろ／廃棄部位：頭部、内臓、骨、ひれ等（三枚下ろし）
2200	230	1500	18.0	7.2	(0)	(Tr)	18.0	0.9	0.10	0.10	74	(0)	4.3(1700)	別名：しこいわし、ひしこ、せぐろ、いりこ、ちりめん／魚体全体
74	30	230	2.1	1.6	0	8	32.0	2.5	0.03	0.39	10	0	0.2(81)	1尾＝80g 廃棄部位：頭部、内臓、骨、ひれ等(三枚下ろし)
440	100	570	4.4	1.8	(0)	40	50.0	0.7	0.01	0.41	31	Tr	3.8(1500)	1尾＝10～15g 廃棄部位：頭部、ひれ等
180	31	190	2.6	1.2	(0)	77	11.0	0.3	0.01	0.21	34	Tr	2.8(1100)	1尾＝10～15g 原材料：かたくちいわし、まいわし等／廃棄部位：頭部、ひれ等
280	80	480	0.6	1.7	0	190	12.0	1.1	0.11	0.03	27	0	4.2(1700)	大さじ1＝7g 原材料：かたくちいわし、まいわし等の稚魚／主として関東向け
39	29	260	0.3	0.8	2	5	5	1.6	0.09	0.12	5	1	0.1(49)	廃棄部位：頭部、内臓、骨、ひれ等（三枚下ろし）

おいしい情報 いわしの頭も信心から 鰯の頭のようなものでも，信じる気持ちがあれば尊いものである。

10 魚介類

Fishes and shellfishes

うなぎ 鰻／Eel

全長約40cm

市場に出回っているほとんどが養殖もの。天然うなぎは希少でかなり高値である。ビタミン類は豊富で，特にAの割合がずば抜けて高く，IPA，DHAも多い。ただし，脂肪もあるので，カロリーやコレステロールに気を配る必要がある。

旬 夏～秋

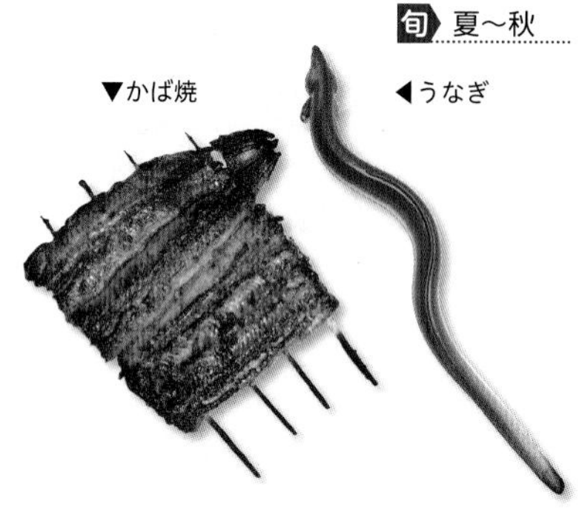

▼かば焼 ◀うなぎ

うまづらはぎ 馬面剥／Filefish

全長約25～30cm

北海道以南の沿岸部や朝鮮半島南部に生息する。かわはぎよりやや味は落ちるが，漁獲量は多く，干物にする。

▲うまづらはぎ

おこぜ 虎魚／Devil stinger

全長約20～25cm

食用にされているのは鬼おこぜ。本州中部以南から東シナ海の海底に生息。汁物，煮つけ，から揚げなどにする。

旬 夏～秋

おこぜ▶

かさご 笠子／Scorpion fish

全長約30～40cm

日本沿岸の岩礁に広く分布する。煮つけにすることが多い。刺身，塩焼き，唐揚げ，鍋物などにもする。

旬 冬～春

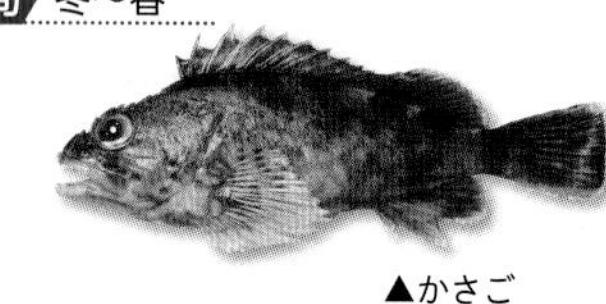

▲かさご

かじか 鰍／Japanese sculpin

全長約15cm

北海道南部から九州にかけての清流に生息する淡水魚。金沢では「ごり」と呼ばれる。汁物，から揚げ，つくだ煮，甘露煮などにされる。

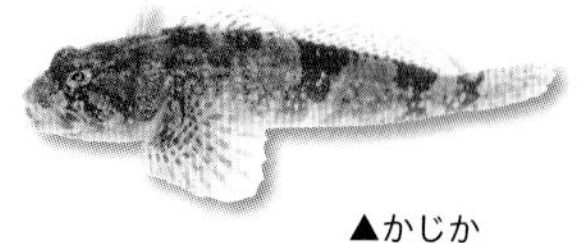

▲かじか

かじき類 梶木類／Marlins and swordfishes

全長約4～5m

くろかじき，まかじき，めかじきがあるが，まかじきは淡泊な味でかじき類の中では極上とされ，刺身などにされる。めかじきは脂肪が多くやわらかいので，煮つけ，照り焼き，魚肉ソーセージなどの練製品の材料などに利用される。

▲まかじき切り身

▲まかじき

▲めかじき切り身

食品番号 食品名	廃棄率(%)	水分量(g)	エネルギー (kcal)	たんぱく質 (g)	脂質 (g)	コレステロール (mg)	飽和脂肪酸 (g)	n-6系多価不飽和脂肪酸 (g)	n-3系多価不飽和脂肪酸 (g)	利用可能炭水化物(単糖当量) (g)	炭水化物 (g)	食物繊維総量 (g)	カリウム (mg)
10070 うなぎ かば焼	0	50.5	285	23.0	19.4	230	5.32	0.53	2.87	-	3.1	(0)	300
10071 うまづらはぎ 生	65	80.2	75	15.1	0.2	47	0.05	0.02	0.08	(Tr)	(Tr)	(0)	320
10077 おこぜ 生	60	78.8	81	(16.2)	0.1	75	0.03	0.01	0.04	(0.2)	(0.2)	(0)	360
10079 かさご 生	0	79.1	83	16.7	0.9	45	0.27	0.06	0.28	(0.1)	(0.1)	(0)	310
10080 かじか 生	0	76.4	98	(12.4)	3.4	220	0.86	0.40	0.74	(0.2)	(0.2)	(0)	260
10084 まかじき 生	0	73.8	107	(18.8)	1.4	46	0.47	0.09	0.44	(0.1)	(0.1)	(0)	380
10085 めかじき 生	0	72.2	139	15.2	6.6	72	1.63	0.19	0.92	(0.1)	(0.1)	(0)	440
10086 かつお 春獲り、生	0	72.2	108	20.6	0.4	60	0.12	0.02	0.17	(0.1)	(0.1)	(0)	430
10090 かつお加工品 なまり節	0	58.8	162	(30.9)	0.7	95	0.27	0.06	0.17	(0.5)	(0.5)	(0)	630
10091 かつお節	0	15.2	332	64.2	1.8	180	0.62	0.10	0.70	(0.8)	(0.7)	(0)	940
10092 削り節	0	17.2	327	64.0	1.9	190	0.71	0.16	0.63	(0.4)	(0.4)	(0)	810

ミニ知識 土用の丑(うし)の日　土用とは立春，立夏，立秋，立冬の前の18日間のこと。その間の丑の日を土用の丑の日と呼ぶ。

かつお類 鰹類／Skipjacks and frigate mackerels

全長約70cm

黒潮にのる回遊魚で，北海道沖まで北上すると，秋には三陸沖まで南下する。春捕りのものは「初がつお」と呼ばれ珍重される。秋捕りのものは「戻りがつお」と呼ばれ，脂にはビタミンB_1，B_2，D，たんぱく質，鉄分などが多く，血合いにはタウリンも含まれる。

●なまり節　かつおの身を蒸したもの。かつお節より水分が多いので，長期の貯蔵には耐えない。煮付けなどに向いている。

●かつお節　3枚におろしたかつおの身を煮て，火であぶって干し，さらに天日乾燥とかびつけをくりかえしたもの。かびによってたんぱく質や脂肪が分解し，うま味が増し，よいだしがでる。うま味の主成分はイノシン酸で，そのほかにグルタミン酸などのアミノ酸がうま味をより強めている。

●削り節　かつお節を削ったもの。削り方により，厚いものや薄いもの，大きいものや小さいものがある。削り節を買うときには，ツヤがあって香りが立つものを買うとよい。

旬 5～6月（初がつお），9～10月（戻りがつお）

▼なまり節

▼かつお節

▲かつお

▲削り節

かつお節の種類

■本節
かつおを3枚におろした後，血合いを境に腹側と背側に切り分け，4本の節をとったもの。背側を雄節，腹側を雌節という。

■亀節
かつおを3枚におろしたものでつくる。形が亀の甲羅に似ていることからこう呼ばれる。

■荒節
かつおを煮て，いぶし，乾燥させたもの。かびつけ前のもののことをこう呼ぶ。

▲雌節　▲亀節

無機質					ビタミン								食塩相当量（ナトリウム）	備考
					A			E						
カルシウム	マグネシウム	リン	鉄	亜鉛	β-カロテン当量	レチノール活性当量	D	α-トコフェロール	B_1	B_2	葉酸	C		
■＝20mg	■＝20mg	■＝20mg	■＝0.2mg	■＝0.2mg	■＝20μg	■＝2μg	■＝0.2μg	■＝0.2mg	■＝0.02mg	■＝0.02mg	■＝2μg	■＝2mg	■＝0.1g(mg)	
150	15	300	0.8	2.7	(0)	1500	19.0	4.9	0.75	0.74	13	Tr	1.3(510)	1串＝100～150g
50	87	160	0.4	0.5	(0)	(0)	8	1.1	0.01	0.13	4	Tr	0.5(210)	1尾＝370g　廃棄部位：頭部、内臓、骨、皮、ひれ等（三枚下ろし）
31	26	200	0.4	0.7	(0)	2	1	0.4	0.01	0.12	3	0	0.2(85)	試料：おにおこぜ／廃棄部位：頭部、内臓、骨、ひれ等（三枚下ろし）
57	27	180	0.3	0.5	(0)	3	2	0.3	0.03	0.06	3	1	0.3(120)	三枚におろしたもの
520	31	400	2.8	1.7	(0)	180	3	1.3	0.07	0.38	15	1	0.3(110)	1尾＝5g　別名：ごり／魚体全体
5	35	270	0.6	0.6	(0)	8	12.0	1.2	0.09	0.07	5	2	0.2(65)	切り身（皮なし）
3	29	260	0.5	0.7	0	61	8.8	4.4	0.06	0.09	8	1	0.2(71)	別名：めか／切り身（皮なし）
11	42	280	1.9	0.8	0	5	4	0.3	0.13	0.17	6	Tr	0.1(43)	たたき1節＝300～350g　別名：ほんがつお、まがつお、初がつお／三枚におろしたもの
20	40	570	5.0	1.2	(0)	(Tr)	21.0	0.4	0.40	0.25	10	(0)	0.2(95)	1本＝500g
28	70	790	5.5	2.8	(0)	(Tr)	6	1.2	0.55	0.35	11	(0)	0.3(130)	1本＝200～750g
46	91	680	9.0	2.5	0	24	4	1.1	0.38	0.57	15	Tr	1.2(480)	大1袋＝5g　試料：包装品

おいしい情報 うなぎのうろこ　ぬるぬるとして一見うろこがないように見えるうなぎだが，実は真皮の中にうろこがある。

10 魚介類

Fishes and shellfishes

かます
鰤／Barracuda
全長約20cm

「かますの焼き食い一升飯」というくらい旬の塩焼きが美味。淡泊な白身魚で，天ぷら，フライ，ムニエル，バター焼きにする。干物も格別な味である。

▲かます

かれい類
鰈類／Righteye flounders
全長約50cm
旬 秋

平たい体をしており，海底に住んでいる。例外はあるが，腹を下に置くと目が右側にあるのがかれい，左側にあるのがひらめ。刺身，煮つけ，焼き物，揚げ物などに利用される。ひれの付け根に並ぶ骨の間の身は「縁側」と呼ばれ，もっとも美味とされる。

▲まがれい　▼かれい切り身

かんぱち
間八／Amberjack
全長約1.5m
旬 秋

東北地方から南日本でとれ，あじ科だが姿はぶりに近い。淡泊ながら脂肪ののりがよく，歯応えのよい刺身が絶品。寿司だね，照り焼き，塩焼きにもする。

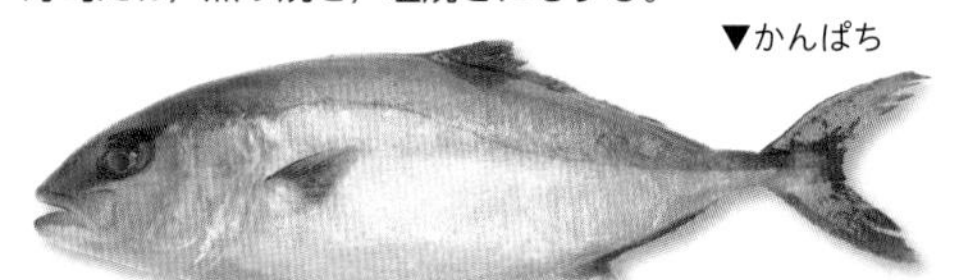
▼かんぱち

きす
鱚／Japanese whiting
全長約20cm
旬 夏

天ぷらの素材に欠かせない魚。脂肪が少なく，淡泊で上品な味わいがある。日本海側の地方では酢の物や干物にして食べる。コレステロール値がやや高い。

▲きす　きす天ぷら▶

きちじ
喜知次／Kichiji rockfish
全長約30cm

きんきともよばれる。北海道や東北地方で捕れ，塩焼きや煮つけにするほか，かまぼこなど練り製品の材料にも用いられる。

▲きちじ

栄養素 食品番号 **食品名** 廃棄率(%) 水分量(g)	エネルギー	たんぱく質	脂質					炭水化物			無機質
			脂質	コレステロール	飽和脂肪酸	n-6系多価不飽和脂肪酸	n-3系多価不飽和脂肪酸	利用可能炭水化物(単糖当量)	炭水化物	食物繊維総量	カリウム
	■＝20 kcal	■＝2 g	■＝2 g	■＝2 mg	■＝0.2 g	■＝0.2 g	■＝0.2 g	■＝2 g	■＝2 g	■＝0.2 g	■＝20 mg
10098 **かます** 生 40 72.7	137	15.5	6.4	58	2.09	0.26	1.50	(0.1)	(0.1)	(0)	320
10100 **まがれい** 生 0 77.8	89	17.8	1.0	71	0.23	0.06	0.35	(0.1)	(0.1)	(0)	330
10108 **かんぱち** 三枚おろし、生 0 73.3	119	(17.4)	3.5	62	1.12	0.15	1.07	(0.1)	(0.1)	(0)	490
10109 **きす** 生 55 80.8	73	16.1	0.1	88	0.04	0.01	0.05	0	0	(0)	340
10400 天ぷら 2 57.5	234	16.0	14.0	81	1.06	2.48	1.28	8.4	7.7	0.7	330
10110 **きちじ** 生 0 63.9	238	12.2	19.4	74	3.95	0.48	3.42	(Tr)	(Tr)	(0)	250
10111 **きびなご** 生 35 78.2	85	(15.5)	0.8	75	0.33	0.03	0.21	(0.1)	(0.1)	(0)	330
10113 **キャビア** 塩蔵品 0 51.0	242	(22.6)	13.0	500	3.15	0.54	2.36	(1.1)	(1.0)	(0)	200
10115 **ぎんだら** 生 0 67.4	210	12.1	16.7	50	4.50	0.29	1.13	(Tr)	(Tr)	(0)	340
10116 **きんめだい** 生 60 72.1	147	14.6	7.9	60	2.15	0.22	1.37	(0.1)	(0.1)	(0)	330
10119 **こい** 養殖、生 50 71.0	157	14.8	8.9	86	2.03	0.74	1.06	(0.2)	(0.2)	(0)	340
10124 **このしろ** 生 50 70.6	146	15.6	7.1	68	2.29	0.08	1.50	(0.4)	(0.4)	(0)	370

 ミニ知識 **着せぶたとは？** 煮物の際，落としぶたをした上に，さらにかぶせるふた。風味を逃がさないためにする。

きびなご 吉備奈仔／Blue sprat
全長約10cm

房総以南の外洋に生息する。4～8月，産卵期に地引き網でとる。主産地は鹿児島や天草。刺身，酢漬け，酢みそ和え，天ぷらなどにする。

旬 4～8月

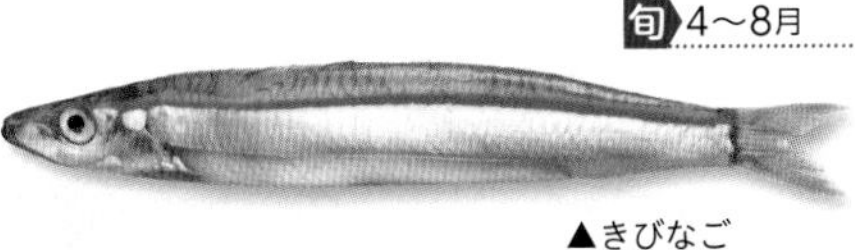
▲きびなご

キャビア Caviar

ちょうざめの卵の塩漬け。フォアグラ，トリュフとともに世界三大珍味といわれている。

◀キャビア

ぎんだら 銀鱈／Sablefish

食品北海道や北大西洋の水深300～600mの泥底に生息する。カナダなどから冷凍品として輸入され，切り身や粕漬けなどの加工品として市販されている。

▲ぎんだら

きんめだい 金眼鯛／Alfonsino
全長約45cm

きんめだい科。黄金色の目をもち，体が赤いため，「めでたい」にあやかってつけられた。脂肪があるが，くせがないので煮つけ，刺身，塩焼きに向く。

▼きんめだい

こい 鯉／Carp
全長約25～60cm

旬 秋～冬

淡水魚でビタミンB_1，B_2，Eが豊富。利尿作用があり，むくみなどによいとされる。あらいは代表的な料理。こいこく，甘露煮など。

▼こい

このしろ 鰶／Gizzard shad

旬 夏

しんこ（約4cm以下），こはだ（約10cm前後），このしろ（約20cm前後）と成長するごとに名前が変わる出世魚。カルシウムが豊富で，酢漬けにして用いる。こはだは江戸前ずしには欠かせない。

▲このしろ

無機質					ビタミン								食塩相当量	備考
					A			E						
カルシウム	マグネシウム	リン	鉄	亜鉛	β-カロテン当量	レチノール活性当量	D	α-トコフェロール	B_1	B_2	葉酸	C	(ナトリウム)	
■＝20mg	■＝20mg	■＝20mg	■＝0.2mg	■＝0.2mg	■＝20μg	■＝2μg	■＝0.2μg	■＝0.2mg	■＝0.02mg	■＝0.02mg	■＝2μg	■＝2mg	■＝0.1g(mg)	
41	34	140	0.3	0.5	(0)	12	11.0	0.9	0.03	0.14	8	Tr	0.3(120)	1尾＝100g 試料：あかかます／廃棄部位：頭部、内臓、骨、ひれ等（三枚下ろし）
43	28	200	0.2	0.8	(0)	5	13.0	1.5	0.03	0.35	4	1	0.3(110)	中1尾＝300g 五枚におろしたもの
15	34	270	0.6	0.7	(0)	4	4	0.9	0.15	0.16	10	Tr	0.2(65)	三枚におろしたもの
27	29	180	0.1	0.4	(0)	1	0.7	0.4	0.09	0.03	11	1	0.3(100)	中1尾＝40g 試料：しろぎす／廃棄部位：頭部、内臓、骨、ひれ等（三枚下ろし）
90	31	210	0.2	0.5	14	3	0.6	3.2	0.09	0.06	9	1	0.3(110)	頭部、内臓、骨、ひれ等を除いたもの／廃棄部位：尾
32	32	130	0.3	0.4	(0)	65	4	2.4	0.03	0.07	2	2	0.2(75)	1尾＝240g 別名：きんきん、きんき／三枚におろしたもの
100	34	240	1.1	1.9	(0)	(0)	10.0	0.3	0.02	0.25	8	3	0.4(150)	10尾＝65g 廃棄部位：頭部、内臓、骨、ひれ等（三枚下ろし）
8	30	450	2.4	2.5	6	60	1	9.3	0.01	1.31	49	4	4.1(1600)	
15	26	180	0.3	0.3	0	1500	3.5	4.6	0.05	0.10	1	0	0.2(74)	1切れ＝130g 切り身
31	73	490	0.3	0.3	(0)	63	2	1.7	0.03	0.05	9	1	0.1(59)	1尾＝300g 別名：きんめ／廃棄部位：頭部、内臓、骨、ひれ等（三枚下ろし）
9	22	180	0.5	1.2	(0)	4	14.0	2.0	0.46	0.18	10	Tr	0.1(49)	1尾＝700g 廃棄部位：頭部、内臓、骨、ひれ等（三枚下ろし）
190	27	230	1.3	0.7	(0)	(Tr)	9	2.5	Tr	0.17	8	0	0.4(160)	中1尾＝40g 別名：こはだ（小型魚）、つなし／廃棄部位：頭部、内臓、骨、ひれ等（三枚下ろし）

おいしい情報 竜田揚げって？ 肉や魚にしょうゆをつけ，片栗粉をつけて揚げる料理のこと。

10 魚介類

Fishes and shellfishes

▲からふとます

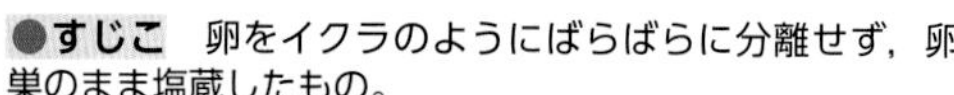

▲ぎんざけ

さけ・ます類 鮭・鱒類／Salmons

●からふとます 日本では主に北海道宗谷岬から納沙布岬の沿岸域にそ上するサケ科の中では最も成長が早く2年で成魚となる。全長約55～75cm

●ぎんざけ 日本には回遊しないが近年アメリカから卵を輸入ふ化して宮城県，岩手県下で海中養殖されている。体長は3年で70cmになる。全長70cm～1m

●さくらます 岩手県以北の太平洋や日本海の沿岸沖合に回遊する。体長は2年半で60cmになる。降海したものをサクラマス，川に残ったものをヤマベ（ヤマメ）ともいう。全長約40～60cm

●しろさけ 日本の沿岸河川にそ上するのはこの種が大部分で，ふ化放流の主力魚種。体長は5年で70cmになる。口が大きく細長い体型が特徴。背側が黒っぽく，腹側は銀白色。体側に黒い斑点がない。新巻きなどにする。全長約55cm～1m 旬 夏（時鮭），秋（秋鮭）

●イクラ 「イクラ」とはロシア語で魚卵のことだが，日本ではさけやますの卵を卵巣からほぐして塩蔵したものをいう。

●すじこ 卵をイクラのようにばらばらに分離せず，卵巣のまま塩蔵したもの。

●たいせいようさけ アトランティックサーモン，ノルウェーサーモンともいう。北大西洋でとれる身は淡いオレンジ色で，頭から尾にかけての背部に黒い斑点がある。全長約70cm～1m

●にじます 北米原産淡水魚で，鮮紅色の帯が体側にある。塩焼き，ムニエル，フライなどにして賞味する。全長約20cm～40cm

●べにざけ 日本に回遊することはなく，この種の陸封型のヒメマスがいるだけ。体長は4年で60cm，産卵期になると魚体が紅葉のように紅くなるのでこの名がある。全長約60～90cm

●スモークサーモン（くん製） さけのくん製品。べにざけや，ますのすけ，しろさけなどからつくられる。生に近い食感のものは，おもにオードブルに用いられる。

●ますのすけ 日本に回遊しない。サケ科の中でも一番大きくキングサーモンといわれ，体長1m以上にもなる。大きな川にしかそ上しない。全長約1～2m

▲さくらます

▲しろさけ

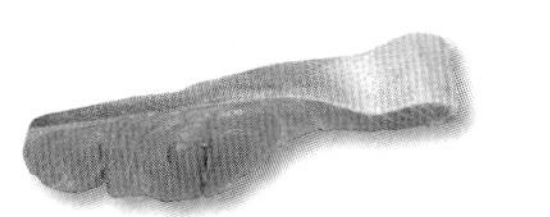

▲しろさけ切り身

食品番号 食品名	廃棄率(%)	水分量(g)	エネルギー (■＝20kcal)	たんぱく質 (■＝2g)	脂質 脂質 (■＝2g)	脂質 コレステロール (■＝2mg)	脂質 飽和脂肪酸 (■＝0.2g)	脂質 n-6系多価不飽和脂肪酸 (■＝0.2g)	脂質 n-3系多価不飽和脂肪酸 (■＝0.2g)	炭水化物 利用可能炭水化物(単糖当量) (■＝2g)	炭水化物 炭水化物 (■＝2g)	炭水化物 食物繊維総量 (■＝0.2g)	無機質 カリウム (■＝20mg)
10126 からふとます 生	0	70.1	139	(17.9)	5.1	58	1.23	0.15	1.42	(0.1)	(0.1)	(0)	400
10130 ぎんざけ 養殖、生	0	66.0	188	16.8	11.4	60	2.30	1.65	2.03	(0.3)	(0.3)	(0)	350
10132 さくらます 生	0	69.8	146	(17.3)	6.2	54	1.60	0.17	1.72	(0.1)	(0.1)	(0)	390
10134 しろさけ 生	0	72.3	124	18.9	3.7	59	0.80	0.07	0.92	(0.1)	(0.1)	(0)	350
10140 イクラ	0	48.4	252	(28.8)	11.7	480	2.42	0.27	4.70	(0.2)	(0.2)	(0)	210
10141 すじこ	0	45.7	263	27.0	13.5	510	2.72	0.35	5.83	(0.9)	(0.8)	(0)	180
10144 たいせいようさけ 養殖、皮つき、生	0	62.1	218	17.3	14.4	72	2.18	2.44	1.94	(0.1)	(0.1)	(0)	370
10146 にじます 海面養殖、皮つき、生	0	63.0	201	18.7	11.7	69	3.09	0.51	2.56	(0.1)	(0.1)	(0)	390
10149 べにざけ 生	0	71.4	127	(18.6)	3.7	51	0.81	0.11	0.92	(0.1)	(0.1)	(0)	380
10151 くん製	0	64.0	143	25.7	4.4	50	0.97	0.12	1.09	(0.1)	(0.1)	(0)	250
10152 ますのすけ 生	0	66.5	176	(16.1)	9.7	54	2.50	0.37	1.59	(Tr)	(Tr)	(0)	380

ミニ知識 **軍艦巻き** 握った飯の回りにのりを巻き，イクラやウニなどをのせた寿司。形が軍艦に似ていることから。

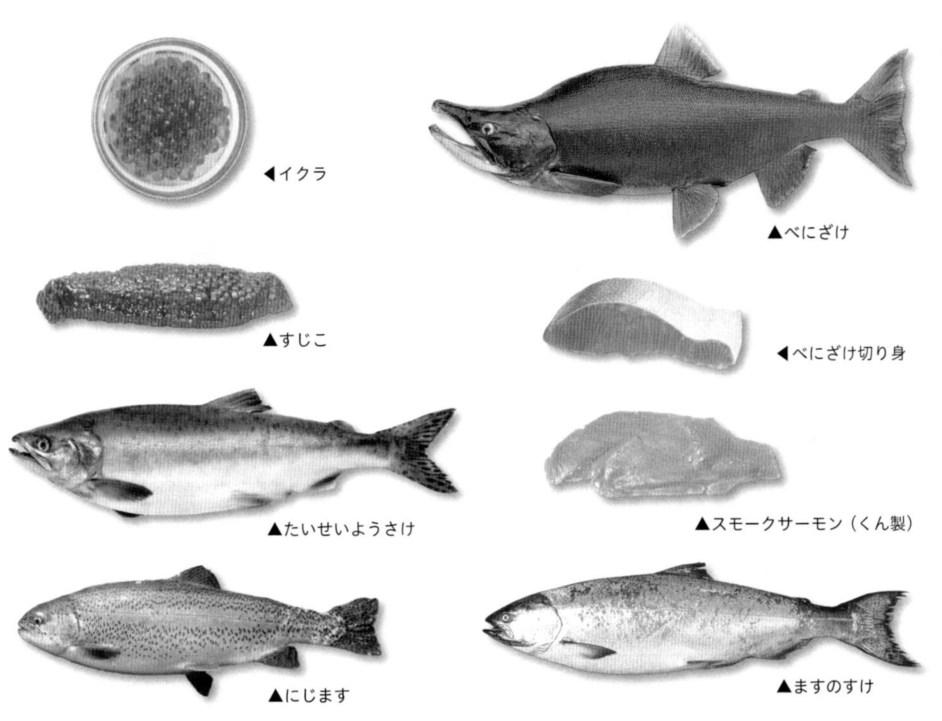

▲イクラ　▲べにざけ　▲すじこ　◀べにざけ切り身　▲たいせいようさけ　▲スモークサーモン（くん製）　▲にじます　▲ますのすけ

さけは赤身魚？ 白身魚？

魚の赤身，白身という場合の“赤”はミオグロビンという色素の赤さのこと。ところが，さけやますの赤い色はアスタキサンチンという色素のせいで，ミオグロビンの赤とは異なる。さけは小さい時は白身の魚であるが，海の中で食べるオキアミに含まれる色素が沈着していき，身が赤くなっていく。このため，さけは本来は白身魚だといえるのである。

赤身魚（まぐろ）

白身魚（たら）

無機質					ビタミン								食塩相当量（ナトリウム）	備考
					A			E						
カルシウム	マグネシウム	リン	鉄	亜鉛	β-カロテン当量	レチノール活性当量	D	α-トコフェロール	B1	B2	葉酸	C		
■＝20mg	■＝20mg	■＝20mg	■＝0.2mg	■＝0.2mg	■＝20μg	■＝2μg	■＝0.2μg	■＝0.2mg	■＝0.02mg	■＝0.02mg	■＝2μg	■＝2mg	■＝0.1g(mg)	
13	29	260	0.4	0.6	(0)	13	22.0	0.7	0.25	0.18	16	1	0.2(64)	1切れ＝80～100g　別名：あおます／切り身
12	25	290	0.3	0.6	Tr	36	15.0	1.8	0.15	0.14	9	1	0.1(48)	別名：ぎんます／切り身
15	28	260	0.4	0.5	(0)	63	10.0	2.3	0.11	0.14	21	1	0.1(53)	1切れ＝80～100g　別名：ます／切り身
14	28	240	0.5	0.5	(0)	11	32.0	1.2	0.15	0.21	20	1	0.2(66)	1切れ＝80g　別名：さけ（標準和名）、あきさけ、あきあじ／切り身
94	95	530	2.0	2.1	(0)	330	44.0	9.1	0.42	0.55	100	6	2.3(910)	大さじ1＝17g　別名：さけ(標準和名)、あきさけ、あきあじ
62	80	490	2.7	2.2	0	670	47.0	11.0	0.42	0.61	160	9	4.8(1900)	大さじ1＝18g　別名：さけ(標準和名)、あきさけ、あきあじ／卵巣を塩蔵したもの
9	27	240	0.3	0.5	0	14	8.3	3.8	0.23	0.10	27	2	0.1(43)	別名：アトランティックサーモン／切り身
13	28	250	0.3	0.5	(0)	57	11.0	5.5	0.17	0.10	12	2	0.2(64)	1尾＝110g　別名：スチールヘッドトラウト、サーモントラウト／切り身
10	31	260	0.4	0.5	(0)	27	33.0	1.3	0.26	0.15	13	Tr	0.1(57)	切り身
19	20	240	0.8	0.5	(0)	43	28.0	1.2	0.23	0.23	10	(0)	3.8(1500)	1枚＝5～10g　切り身／皮の割合：10%
18	28	250	0.3	0.4	0	160	16.0	3.3	0.13	0.12	12	1	0.1(38)	別名：キングサーモン／切り身

おいしい情報　はらわたを抜いて塩を詰めたさけを荒巻鮭とよぶ。

10 魚介類
Fishes and shellfishes

さば類 鯖類／Mackerels
全長約40～50cm

まさば，ごまさばがある。栄養的に優れており脂肪，ＩＰＡ，ＤＨＡが多く，ビタミンB_2，Ｄ，Ｅ，タウリンも豊富。鮮度が落ちやすいので，生で食べることはあまりなく，酢でしめたり，みそ煮，塩焼きなどで食べられる。大分県の「関さば」が味がよく有名である。

旬 秋

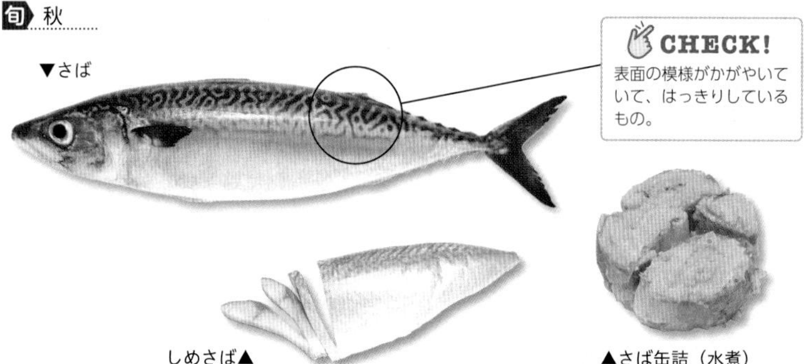

▼さば

しめさば▲

▲さば缶詰（水煮）

さめ類 鮫類／Sharks

漁獲量は多いが，身はアンモニア臭が強いため，はんぺんなどの練り製品に使われたり，ふかひれの材料となる。

●ふかひれ　さめのひれの皮をむき，乾燥させたもので，中国料理の高級食材として珍重されている。

▲フカヒレ

さより 細魚／Halfbeak
全長約40cm

旬 春

下あごが極端に長いスマートな魚で，３～５月に日本海沿岸，特に北陸地方で獲れる。淡泊で上品な味わい。刺身，天ぷら，吸い物，干物などにされる。

さより▶

さわら 鰆／Spanish mackerel
全長約1m

旬 春・冬（寒さわら）

旬は春だが，回遊魚で日本列島を北上するため，関東などでは，「寒さわら」が美味という人もいる。照り焼き，粕漬など焼き物として料理することが多い。

さわら▶

食品番号 食品名 廃棄率(%) 水分量(g) 栄養素	エネルギー	たんぱく質	脂質					炭水化物			無機質
			脂質	コレステロール	飽和脂肪酸	n-6系多価不飽和脂肪酸	n-3系多価不飽和脂肪酸	利用可能炭水化物(単糖当量)	炭水化物	食物繊維総量	カリウム
	■＝20 kcal	■＝2 g	■＝2 g	■＝2 mg	■＝0.2 g	■＝0.2 g	■＝0.2 g	■＝2 g	■＝2 g	■＝0.2 g	■＝20 mg
10154 まさば 生 廃棄率50 水分量62.1	211	17.8	12.8	61	4.57	0.43	2.12	(0.3)	(0.3)	(0)	330
10163 さば加工品 しめさば 廃棄率0 水分量50.6	292	17.5	20.6	65	5.79	0.68	4.87	-	1.7	(0)	200
10164 さば缶詰 水煮 廃棄率0 水分量66.0	174	(17.3)	9.3	84	2.42	0.30	2.73	(0.2)	(0.2)	(0)	260
10169 ふかひれ 廃棄率0 水分量13.0	344	(41.7)	0.5	250	0.17	0.05	0.11	(Tr)	(Tr)	(0)	3
10170 さより 生 廃棄率40 水分量77.9	88	(16.2)	0.9	100	0.26	0.05	0.37	(Tr)	(Tr)	(0)	290
10171 さわら 生 廃棄率0 水分量68.6	161	18.0	8.4	60	2.51	0.31	1.70	(0.1)	(0.1)	(0)	490
10173 さんま 皮つき、生 廃棄率0 水分量55.6	287	16.3	22.7	68	4.84	0.55	5.59	(0.1)	(0.1)	(0)	200
10407 皮なし、生 廃棄率0 水分量57.0	277	15.7	21.7	54	4.72	0.52	5.38	(0.2)	(0.1)	(0)	200
10175 開き干し 廃棄率30 水分量59.7	232	(17.2)	15.8	80	3.49	0.41	3.54	(0.1)	(0.1)	(0)	260
10180 ししゃも 生干し、生 廃棄率10 水分量67.6	152	(17.4)	7.1	230	1.62	0.15	1.47	(0.2)	(0.2)	(0)	380
10182 からふとししゃも 生干し、生 廃棄率0 水分量69.3	160	12.6	9.9	290	1.95	0.19	1.73	(0.5)	(0.5)	(0)	200
10184 したびらめ 生 廃棄率45 水分量78.0	87	19.2	1.2	75	0.34	0.06	0.38	(Tr)	(Tr)	(0)	310

 ミニ知識 さばを読む　年齢や数量を自分の都合のいいようにごまかすこと。

さんま 秋刀魚／Pacific saury
全長約35cm　旬 秋

夏に北海道から南下していき，翌年の春には紀州沖まで下っていく。栄養面では群を抜いてすぐれ，ＤＨＡ，ＩＰＡもたっぷり含まれている。塩焼きは秋の味覚の代表格。また，新鮮なものは刺身も美味。そのほか開き干し，みりん干しなどにも適しており，缶詰などにも加工される。

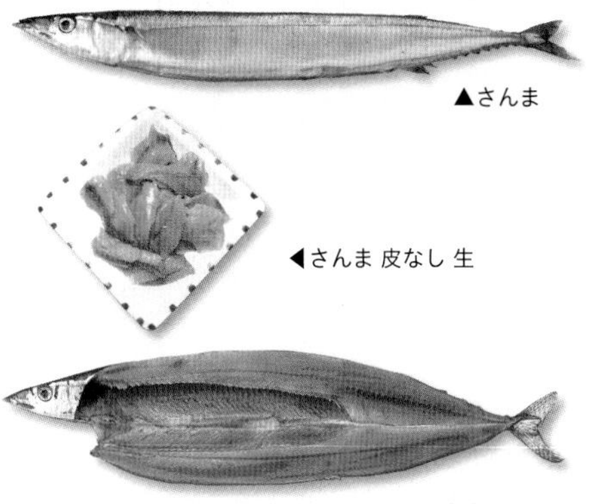

▲さんま

◀さんま 皮なし 生

▲さんま 開き干し

ししゃも類 柳葉魚類／Shishamo
全長約15cm

国産のししゃもは北海道の太平洋岸でとれるが，現在流通しているものはからふとししゃも（カペリン）が主流で，ノルウェーなどから輸入している。カルシウム，ビタミンA，B_2が豊富。

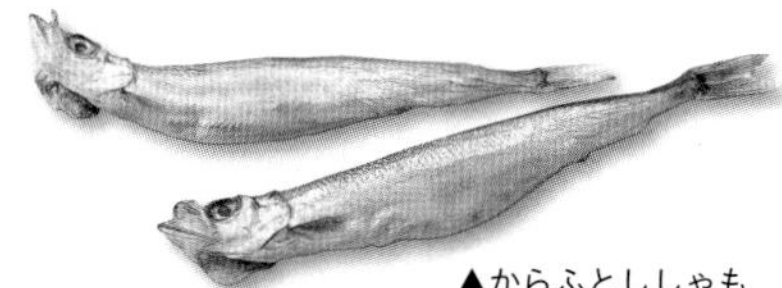

▲からふとししゃも

したびらめ 舌鮃／Sole
全長約35cm

あかしたびらめ，しろしたびらめがある。別名うしのした。ヨーロッパではバター焼き，ムニエルなどにして食べる淡泊な白身魚。

▲したびらめ

魚を食べると頭がよくなる？

「魚を食べると頭がよくなる」という歌詞の歌がはやったが，本当に頭がよくなるのだろうか。これは，魚の脂に，不飽和脂肪酸のDHA（ドコサヘキサエン酸）が含まれていることからいわれているようだ。脳には「血液脳関門」というところがあり，余分な物質は脳に入れないようになっている。DHAはそこを通過できる数少ない物質の一つで，脳のはたらきを活性化させ，記憶力を向上させることが実験からわかってきている。その他にも，血中コレステロールの値を下げる，血液をさらさらにする，視力を回復させるなどの効果があるといわれている。ただし，DHAの摂取をやめてしまうと効果がなくなるので，毎日少しずつでも魚をとる必要がある。

無機質					ビタミン								食塩相当量(ナトリウム)	備考
カルシウム	マグネシウム	リン	鉄	亜鉛	A β-カロテン当量	A レチノール活性当量	D	E α-トコフェロール	B_1	B_2	葉酸	C		
■=20mg	■=20mg	■=20mg	■=0.2mg	■=0.2mg	■=20μg	■=2μg	■=0.2μg	■=0.2mg	■=0.02mg	■=0.02mg	■=2μg	■=2mg	■=0.1g(mg)	
6	30	220	1.2	1.1	1	37	5.1	1.3	0.21	0.31	11	1	0.3(110)	中1尾＝800g　別名：さば/廃棄部位：頭部、内臓、骨、ひれ等（三枚下ろし）
9	24	160	1.1	0.4	(0)	14	8	0.5	0.13	0.28	4	Tr	1.6(640)	片身＝150g
260	31	190	1.6	1.7	(0)	(Tr)	11.0	3.2	0.15	0.40	12	(0)	0.9(340)	1缶＝220g　液汁を除いたもの
65	94	36	1.2	3.1	(0)	(0)	1	0.4	Tr	Tr	23	(0)	0.5(180)	別名：さめひれ、きんし
41	37	190	0.3	1.9	(0)	(Tr)	3	0.9	Tr	0.12	10	2	0.5(190)	1尾＝75g　廃棄部位：頭部、内臓、骨、ひれ等(三枚下ろし)
13	32	220	0.8	1.0	(0)	12	7	0.3	0.09	0.35	8	Tr	0.2(65)	1切れ＝80～100g　切り身
28	28	180	1.4	0.8	0	16	16.0	1.7	0.01	0.28	15	0	0.4(140)	1尾＝140g　別名：さいら/三枚におろしたもの
15	25	160	1.3	0.6	(0)	26	11.0	2.6	0	0.32	12	1	0.3(120)	別名：さいら
60	28	140	1.1	0.7	(0)	25	14.0	1.5	Tr	0.30	10	(0)	1.3(500)	別名：さいら/廃棄部位：頭部、骨、ひれ等
330	48	430	1.6	1.8	6	100	0.6	0.8	0.02	0.25	37	1	1.2(490)	1尾＝15～20g　試料：ひと塩品/廃棄部位：頭部及び尾
350	55	360	1.4	2.0	0	120	0.4	1.6	Tr	0.31	21	1	1.5(590)	別名：カペリン/試料：ひと塩品/魚体全体
36	31	160	0.3	0.5	0	30	2	0.6	0.06	0.14	12	1	0.4(140)	中1尾＝150g　試料：くろうしのした、あかしたびらめ/廃棄部位：頭部、内臓、骨、ひれ等*

＊五枚下ろし

おいしい情報 バッテラとは　しめさばの押しずし。ポルトガル語で小舟を意味するバッテイラからこの名がついたといわれる。

10 魚介類

Fishes and shellfishes

しまあじ 縞鯵／Striped jack

全長約40～60cm

岩手県以南の岩礁地帯に生息する。脂がのって美味だが，漁獲量が少ないので高価。養殖物も増えている。体長１ｍにもなるが，中型のものが人気がある。

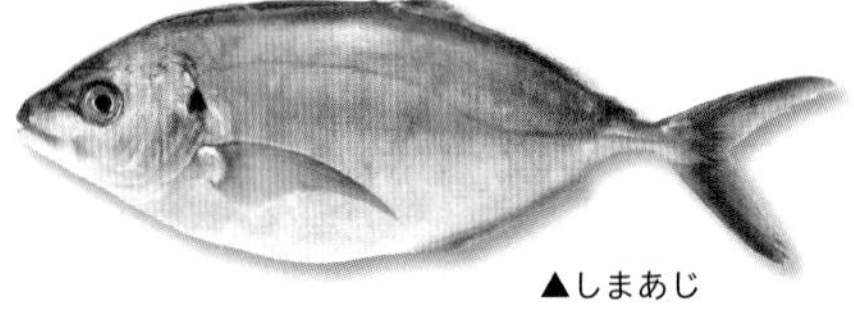

▲しまあじ

しらうお 白魚／Japanese icefish

全長約9cm

日本各地の汽水湖や河口に生息する。現在では宍道湖など数か所でしかとれない。味は淡泊でかすかな苦みがある。天ぷら，酢の物，卵とじなどに。

旬 冬～春

▲しらうお

すずき 鱸／Japanese seaperch

全長約1m

旬 夏

せいご，ふっこ，すずきと名前が変わる出世魚。あらいが有名である。夏が旬であるが，冬も脂がのり，刺身で食べても美味。ビタミンD，鉄分が豊富。

▲すずき

たい類 鯛類／Sea breams

全長約40cm～1m

まだい，ちだい，くろだい，きだいなどがたい科のたいである。栄養面では，ビタミンＢやタウリン，カリウムなどが多い。

●まだい 魚の代表格たる堂々とした姿や鮮やかな赤色であること，「めでたい」にも通じることから祝いの席には付きものとなっている。尾かしら付きの塩焼き，潮汁，刺身などで食べられる。

旬 冬

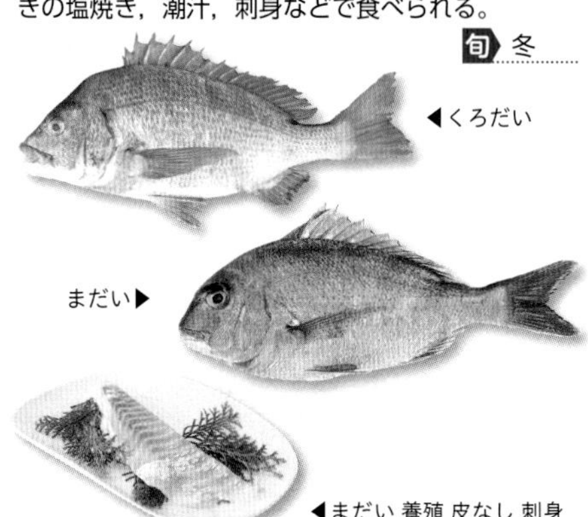

◀くろだい

まだい▶

◀まだい 養殖 皮なし 刺身

食品番号	食品名	廃棄率(%)	水分量(g)	エネルギー (■＝20 kcal)	たんぱく質 (■＝2 g)	脂質 脂質 (■＝2 g)	脂質 コレステロール (■＝2 mg)	脂質 飽和脂肪酸 (■＝0.2 g)	脂質 n-6系多価不飽和脂肪酸 (■＝0.2 g)	脂質 n-3系多価不飽和脂肪酸 (■＝0.2 g)	炭水化物 利用可能炭水化物(単糖当量) (■＝2 g)	炭水化物 炭水化物 (■＝2 g)	炭水化物 食物繊維総量 (■＝0.2 g)	無機質 カリウム (■＝20 mg)
10185	しまあじ 養殖、生	55	68.9	147	21.9	6.6	71	1.88	0.41	1.63	(0.1)	(0.1)	(0)	390
10186	しらうお 生	0	82.6	70	(11.2)	1.4	220	0.34	0.05	0.62	(0.1)	(0.1)	(0)	250
10188	すずき 生	0	74.8	113	(16.4)	3.5	67	1.04	0.13	0.87	(Tr)	(Tr)	(0)	370
10190	くろだい 生	55	71.4	137	(16.9)	5.4	78	1.78	0.15	0.89	(0.3)	(0.3)	(0)	400
10192	まだい 天然、生	50	72.2	129	17.8	4.6	65	1.47	0.17	1.16	(0.1)	(0.1)	(0)	440
10408	養殖、皮なし、生	0	71.9	131	18.5	4.8	60	1.29	0.49	0.99	(0.2)	(0.1)	(0)	490
10198	たちうお 生	35	61.6	238	14.6	17.7	72	5.83	0.42	3.15	(Tr)	(Tr)	(0)	290
10199	すけとうだら 生	0	81.6	72	14.2	0.5	76	0.12	0.02	0.25	(0.1)	(Tr)	(0)	350
10202	たらこ 生	0	65.2	131	21.0	2.9	350	0.71	0.07	1.19	(0.4)	(0.4)	(0)	300
10204	からしめんたいこ	0	66.6	121	21.0	2.3	280	0.54	0.07	1.01	-	3.0	(0)	180
10205	まだら 生	0	80.9	72	14.2	0.1	58	0.03	0.01	0.07	(0.1)	(0.1)	(0)	350
10210	たら加工品 でんぶ	0	26.9	276	(20.1)	0.6	130	0.17	0.02	0.28	-	41.5	(0)	120

ミニ知識 **腐っても鯛** 有能な人やものは，多少衰えても価値が衰えないことのたとえ。

たちうお 太刀魚／Hairtail

全長約1～1.5m

本州中部以南に分布する細長く平たい，銀白色の魚。ビタミンEが多く，白身がやわらかで味は淡泊。塩焼き，バター焼きなどのほか，かまぼこの原料に。

旬 夏～秋

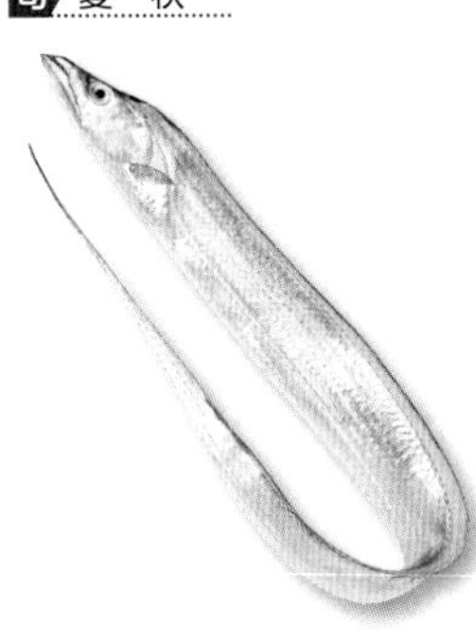

▲たちうお

たら類 鱈類／Cod fishes

旬 12～2月

●すけとうだら 北太平洋と日本海に生息。鮮度が落ちやすいので，主に練り製品や干物にする。全長約60cm

●たらこ すけとうだらの卵巣を塩蔵したもので，栄養価は親以上。ビタミンの含有量が多いが，コレステロールや塩分も多いので要注意。

●からしめんたいこ 韓国で，すけとうだらを「明太」と呼ぶことから，韓国風に辛い調味液で漬け込んだものを辛子（からし）めんたいこと呼ぶ。

●まだら 日本海北部やオホーツク海などに生息する。体長 1.5 m，重さ 20kg にもなる大型の魚。淡泊な白身で，鍋物に使われることが多い。全長約1～1.5m

●しらこ たらの精巣。特にまだらのものが高級とされる。鍋物や椀だねなどに用いられる。

●でんぶ 身を加熱して細かくほぐし，調味したもの。ピンク色に着色した「桜でんぶ」が多く出回っており，ちらしずしなどに用いられる。

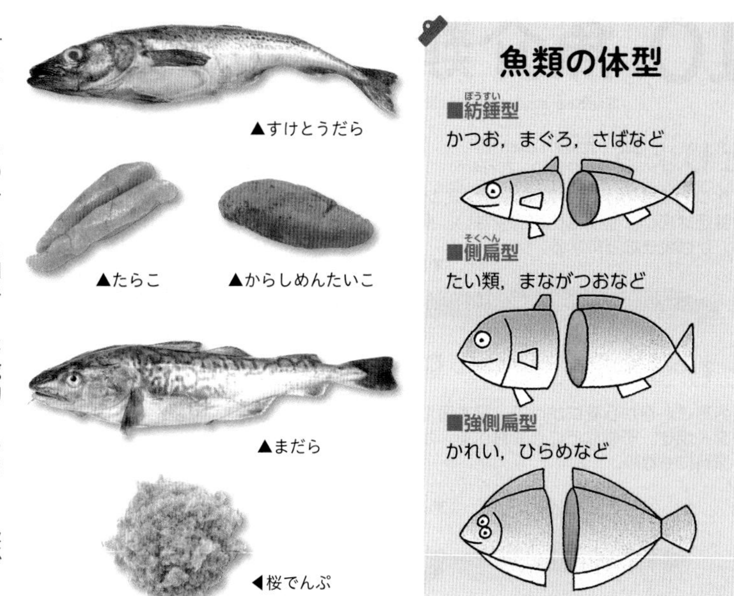

▲すけとうだら

▲たらこ

▲からしめんたいこ

▲まだら

◀桜でんぶ

無機質 カルシウム	マグネシウム	リン	鉄	亜鉛	ビタミン A β-カロテン当量	A レチノール活性当量	D	E α-トコフェロール	B1	B2	葉酸	C	食塩相当量（ナトリウム）	備考
■= 20 mg	■= 20 mg	■= 20 mg	■= 0.2 mg	■= 0.2 mg	■= 20 µg	■= 2 µg	■= 0.2 µg	■= 0.2 mg	■=0.02 mg	■=0.02 mg	■= 2 µg	■= 2 mg	■= 0.1g(mg)	
16	29	250	0.7	1.1	0	10	18.0	1.6	0.25	0.15	2	Tr	0.1(53)	廃棄部位：頭部、内臓、骨、ひれ等（三枚下ろし）
150	39	270	0.4	1.2	(0)	50	1	1.8	0.08	0.10	58	4	0.4(170)	10尾＝25g
12	29	210	0.2	0.5	0	180	10.0	1.2	0.02	0.20	8	3	0.2(81)	中1尾＝1kg 切り身
13	36	250	0.3	0.8	0	12	4	1.4	0.12	0.30	14	3	0.1(59)	中1尾＝400～500g 別名：ちぬ／廃棄部位：頭部、内臓、骨、ひれ等（三枚下ろし）
11	31	220	0.2	0.4	0	8	5	1.0	0.09	0.05	5	1	0.1(55)	中1尾＝400～500g 廃棄部位：頭部、内臓、骨、ひれ等（三枚下ろし）
7	33	260	0.2	0.4	(0)	10	4.5	2.6	0.31	0.08	4	3	0.1(43)	
12	29	180	0.2	0.5	0	52	14.0	1.2	0.01	0.07	2	1	0.2(88)	1尾＝700g 廃棄部位：頭部、内臓、骨、ひれ等（三枚下ろし）
13	24	180	0.2	0.5	0	10	0.5	0.9	0.05	0.11	12	1	0.3(100)	切り身＝80～100g 別名：すけそう、すけそうだら、すけとう／三枚におろしたもの
24	13	390	0.6	3.1	0	24	1.7	7.1	0.71	0.43	52	33	4.6(1800)	1はら＝100g 別名：もみじこ
23	11	290	0.7	2.7	46	41	1	6.5	0.34	0.33	43	76	5.6(2200)	ビタミンC：添加品を含む
32	24	230	0.2	0.5	0	10	1	0.8	0.10	0.10	5	Tr	0.3(110)	別名：たら／切り身
260	31	220	1.3	1.0	(0)	(Tr)	0.5	0.8	0.04	0.08	16	(0)	4.2(1600)	大さじ1＝6g 別名：たら／別名：茶でんぶ、しょうゆでんぶ／試料：しょうゆ添加品

おいしい情報 たらふく食べるの「たらふく」は漢字で「鱈腹」。たらは大量に何でも胃に詰め込むことから。

10 魚介類

Fishes and shellfishes

どじょう 泥鰌／Loach 全長約10～20cm

カルシウムや鉄分，内臓にはビタミンB_2が多い。栄養価は高い。脂肪は比較的少ない。柳川鍋，汁もの，かば焼きなどにする。

▼どじょう

とびうお 飛魚／Flying fish 全長約30cm

別名あご。春から夏にかけて，日本海沿岸でとれる。バター焼き，干物などにして食べる。かまぼこなどの原料にもなる。

▼とびうお

にしん 鰊／Pacific herring 全長約20～30cm

旬 春

かつて北海道に春を告げたのがにしんの群れだが，現在は輸入に頼るようになった。成分には脂肪が多いが，ＩＰＡも豊富で，ビタミンD，Eの割合も高い。加工品として，身欠き，塩蔵，こぶ巻き，燻製などがある。

●かずのこ かずのこは，にしんの卵巣を塩水に漬け乾燥させたもの。子孫繁栄を願う正月の縁起ものとしておせち料理には欠かせない。

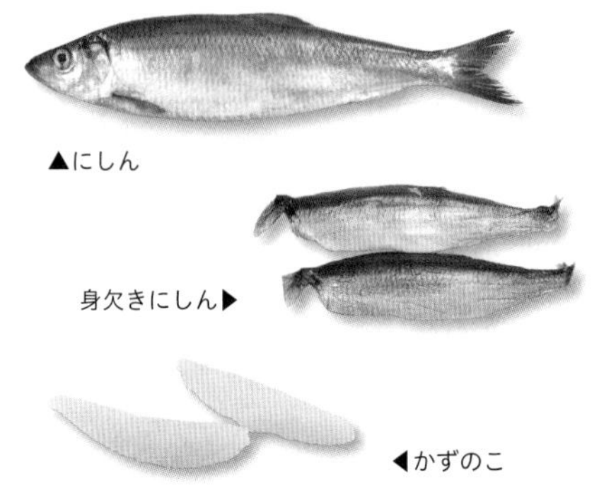
▲にしん

身欠きにしん▶

◀かずのこ

はぜ 沙魚／Yellowfin goby 全長約20cm

北海道南部から朝鮮半島沿岸までの広い地域に分布し，湾内の砂泥地に生息している。淡泊な白身で，刺身，天ぷら，つくだ煮，南蛮漬けなどに向く。

▲はぜ

はたはた 鰰／Sandfish 全長約15cm

秋田，山形が主産地。かみなりうお。秋田県特産のしょっつるの原料となる。卵は弾力がありブリコといわれる。鍋物，塩焼き，みそ漬けなどにする。

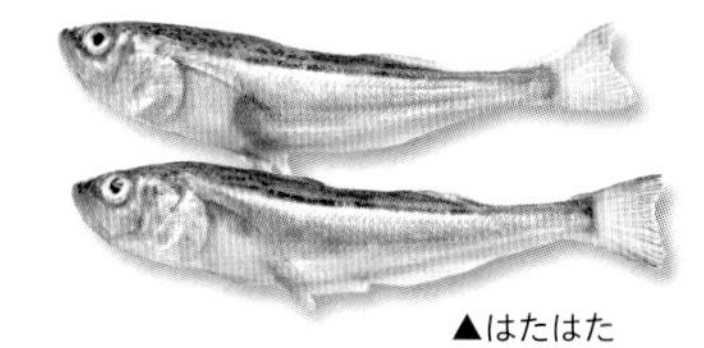
▲はたはた

食品番号 食品名	廃棄率(%)	水分量(g)	エネルギー (■=20kcal)	たんぱく質 (■=2g)	脂質: 脂質 (■=2g)	脂質: コレステロール (■=2mg)	脂質: 飽和脂肪酸 (■=0.2g)	脂質: n-6系多価不飽和脂肪酸 (■=0.2g)	脂質: n-3系多価不飽和脂肪酸 (■=0.2g)	炭水化物: 利用可能炭水化物(単糖当量) (■=2g)	炭水化物: 炭水化物 (■=2g)	炭水化物: 食物繊維総量 (■=0.2g)	無機質: カリウム (■=20mg)
10213 どじょう 生	0	79.1	72	13.5	0.6	210	0.16	0.13	0.09	(Tr)	(Tr)	(0)	290
10215 とびうお 生	40	76.9	89	18.0	0.5	59	0.15	0.02	0.20	(0.1)	(0.1)	(0)	320
10218 にしん 生	45	66.1	196	14.8	13.1	68	2.97	0.26	2.13	(0.1)	(0.1)	(0)	350
10219 身欠きにしん	9	60.6	224	(17.4)	14.6	230	3.46	0.48	1.70	(0.2)	(0.2)	(0)	430
10224 かずのこ 塩蔵、水戻し	0	80.0	80	(16.1)	1.6	230	0.52	0.03	0.48	(0.6)	(0.5)	(0)	2
10225 はぜ 生	60	79.4	78	16.1	0.1	92	0.03	0.01	0.03	(0.1)	(0.1)	(0)	350
10228 はたはた 生	0	78.8	101	12.8	4.4	100	0.92	0.24	1.09	(Tr)	(Tr)	(0)	250
10231 はも 生	0	71.0	132	18.9	4.3	75	1.36	0.20	1.25	(Tr)	(Tr)	(0)	450
10233 ひらまさ 生	0	71.1	128	(18.7)	3.6	68	1.09	0.14	1.04	(0.1)	(0.1)	(0)	450
10234 ひらめ 天然、生	40	76.8	94	20.0	1.6	55	0.43	0.08	0.51	(Tr)	(Tr)	(0)	440
10410 養殖、皮なし、生	0	76.0	100	17.5	1.9	53	0.49	0.16	0.55	(0.1)	(0.1)	(0)	470
10236 とらふぐ 養殖、生	0	78.9	80	19.3	0.2	65	0.06	0.02	0.08	(0.2)	(0.2)	(0)	430

ミニ知識 **はぜの仲間** はぜ類は世界に2000種以上と非常に多種類存在しているが，現在も新種が発見され続けている。

はも 鱧／Conger pike 全長約1.5～2m 旬 夏

あなごに似た魚で，京都をはじめとして関西で好まれる。小骨が多いので，細かく骨切りをしてから煮物，焼き物，揚げ物，酢の物など広く料理される。ビタミンA，カルシウムが特に多い。

▼はも

ひらまさ 平政／Goldstriped amberjack 全長約1m

ぶりとかんぱちの近隣種。東北以南の黄海，朝鮮半島などの暖流に生息。身は締まって歯ごたえがある。刺身，照り焼き，あら煮などにされる。旬 夏

▲ひらまさ

ひらめ 鮃／Bastard halibut 全長約80cm 旬 冬

「左ひらめに右かれい」といい，目の位置で見わける。かれいよりも体が大きく，また，口が大きいのも特徴。淡泊で上品な味の高級魚で，刺身，すしだねに利用。背びれに沿った「縁側」と呼ばれる部分が最高とされる。

▼ひらめ

◀ひらめ 養殖 皮なし 生

ふぐ類 河豚類／Puffers 全長約70cm 旬 冬

●**とらふぐ** 暖海性の魚でおもに九州から下関にかけて多くとれる。下関が有名。肝臓と卵巣に毒を持つ。DHAが豊富で，刺身，ちり鍋，干物などが美味。

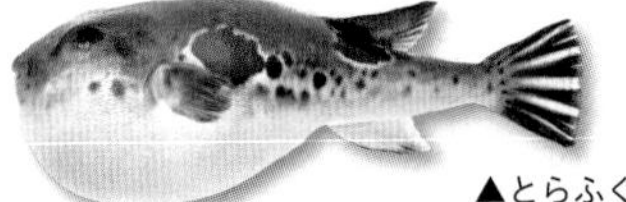
▲とらふぐ

ひらめとかれいの違い

ひらめ，かれいは目のある方を上に，腹を下にして置いたときの目のついている方向でわかるといわれている。一般に，左ひらめ，右かれいといわれるが，実は例外もある。たとえば，日本産のぬまがれいは全部左向きだが，アメリカ産の場合は，左向きも右向きもある。ほかには，ひらめに比べてかれいの口は小さいので，口の大小で見分ける「大口ひらめの小口かれい」という見分け方もある。かれいは口が小さいことから，「くちぼそ」とよばれることもある。

▲かれい ▼ひらめ

無機質 カルシウム	マグネシウム	リン	鉄	亜鉛	ビタミン A β-カロテン当量	A レチノール活性当量	D	E α-トコフェロール	B1	B2	葉酸	C	食塩相当量(ナトリウム)	備考
■= 20mg	■= 20mg	■= 20mg	■= 0.2mg	■= 0.2mg	■= 20µg	■= 2µg	■= 0.2µg	■= 0.2mg	■=0.02mg	■=0.02mg	■= 2µg	■= 2mg	■= 0.1g(mg)	
1100	42	690	5.6	2.9	25	15	4	0.6	0.09	1.09	16	1	0.2(96)	1尾＝5～10g 魚体全体
13	37	340	0.5	0.8	0	3	2	2.3	0.01	0.10	8	1	0.2(64)	中1尾＝300g 廃棄部位：頭部、内臓、骨、ひれ等（三枚下ろし）
27	33	240	1.0	1.1	0	18	22.0	3.1	0.01	0.23	13	Tr	0.3(110)	中1尾＝150g 別名：かどいわし／廃棄部位：頭部、内臓、骨、ひれ等（三枚下ろし）
66	38	290	1.5	1.3	(0)	(Tr)	50.0	2.7	0.01	0.03	12	(0)	0.4(170)	1本＝20～25g 別名：かどいわし／廃棄部位：頭部、内臓、骨、ひれ等
8	4	94	0.4	1.3	0	2	17.0	0.9	Tr	0.01	0	0	1.2(480)	1本＝10g 別名：かどいわし
42	27	190	0.2	0.6	9	7	3	1.0	0.04	0.04	8	1	0.2(93)	1尾＝15～25g 廃棄部位：頭部、内臓、骨、ひれ等（三枚下ろし）
60	18	120	0.5	0.6	(0)	20	2	2.2	0.02	0.14	7	0	0.5(180)	1尾＝45g 三枚におろしたもの
79	29	280	0.2	0.6	0	59	5	1.1	0.04	0.18	21	1	0.2(66)	中1尾＝250g 切り身
12	36	300	0.4	0.7	0	19	5	1.4	0.20	0.14	8	3	0.1(47)	切り身
22	26	240	0.1	0.4	0	12	3	0.6	0.04	0.11	16	3	0.1(46)	中1尾＝800g 廃棄部位：頭部、内臓、骨、ひれ等（五枚下ろし）
8	31	230	0.1	0.3	(0)	9	2.3	1.6	0.22	0.07	12	10	0.1(41)	
6	25	250	0.2	0.9	0	3	4	0.8	0.06	0.21	3	Tr	0.3(100)	切り身（皮なし）

おいしい情報 柳川なべ どじょうとごぼうを卵でとじたもの。福岡県の柳川の名物。

10 魚介類

Fishes and shellfishes

ふな 鮒／Crucian carp 全長約10～15cm

代表的な淡水魚の一つ。冬の「寒ぶな」といわれるが，春の「子もちぶな」も美味。滋賀県のふなずし，茨城県のすずめ焼きが有名。

旬 春（子もちぶな），冬（寒ぶな）

▲ふな

ぶり 鰤／Yellowtail 全長約70～80cm

旬 冬（寒ぶり）

回遊魚で冬に南下する「寒ぶり」は，脂がのり美味。ＩＰＡ，ＤＨＡ，タウリンのほか，血合いにはビタミンＢも多い。本来は40cm前後の大きさのものを「はまち」というが，養殖ぶりを「はまち」ということが多い。

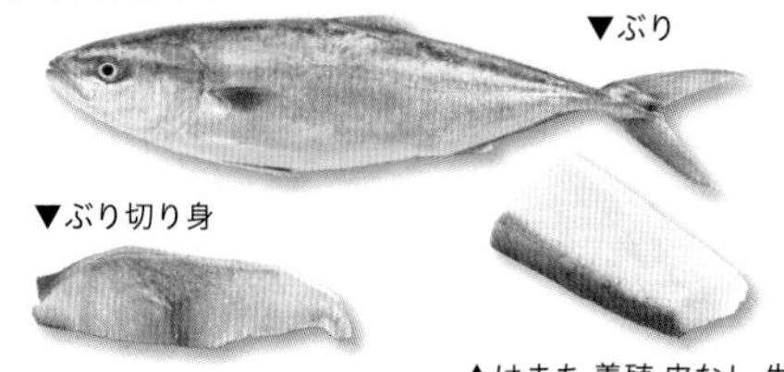

▼ぶり

▼ぶり切り身

▲はまち 養殖 皮なし 生

ほうぼう 魴鮄／Gurnard 全長約40cm

北海道以南の砂泥地にすむ朱色の魚で，かながしらという魚によく似ている。白身の淡泊な味が，刺身，鍋物，吸い物などに適する。

▼ほうぼう

ほっけ 𩸽／Atka mackerel 全長約40cm

あいなめの近縁魚で，北海道，東北でとれる。新鮮なものは刺身が美味だが，開き干しが一般的で，練り製品の材料にもされる。ＤＨＡやＩＰＡが豊富。

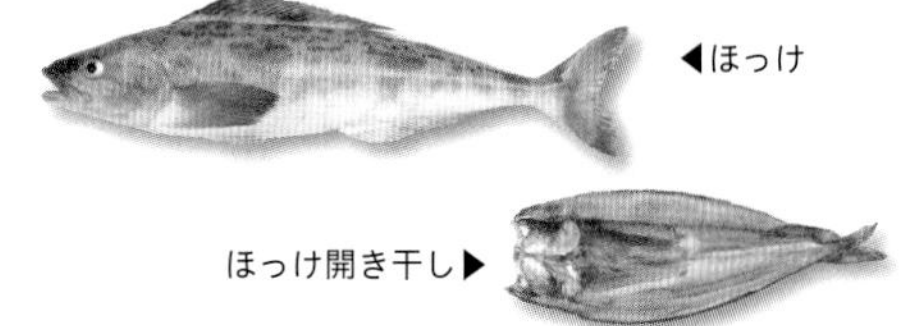

◀ほっけ

ほっけ開き干し▶

ぼら 鯔，鰡／Striped mullet 全長約50～80cm

暖・熱帯海域に広く生息。身は白身でややかたく，特有のにおいがある。

●からすみ ぼらの卵から作る塩蔵品。おもに長崎で作られ，江戸時代には越前のうに，三河のこのわたとともに天下の三珍味といわれた。今でも高価なぜいたく品。

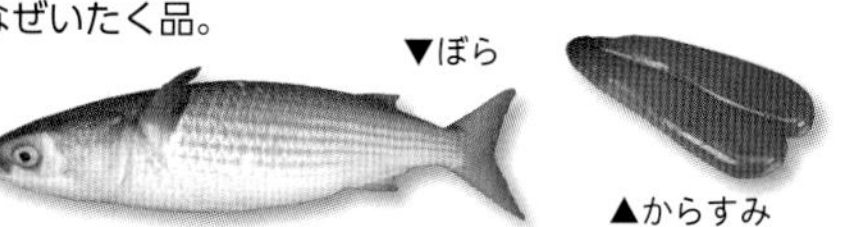

▼ぼら

▲からすみ

食品番号 食品名	廃棄率(%)	水分量(g)	エネルギー (■=20kcal)	たんぱく質 (■=2g)	脂質 脂質 (■=2g)	脂質 コレステロール (■=2mg)	脂質 飽和脂肪酸 (■=0.2g)	脂質 n-6系多価不飽和脂肪酸 (■=0.2g)	脂質 n-3系多価不飽和脂肪酸 (■=0.2g)	炭水化物 利用可能炭水化物(単糖当量) (■=2g)	炭水化物 炭水化物 (■=2g)	炭水化物 食物繊維総量 (■=0.2g)	無機質 カリウム (■=20mg)
10238 **ふな** 生	50	78.0	93	15.3	2.0	64	0.52	0.12	0.50	(0.1)	(0.1)	(0)	340
10241 **ぶり** 成魚 生	0	59.6	222	18.6	13.1	72	4.42	0.37	3.35	(0.3)	(0.3)	(0)	380
10411 はまち 養殖、皮なし、生	0	66.4	180	17.6	9.9	78	2.81	0.84	1.66	(0.3)	(0.3)	(0)	390
10244 **ほうぼう** 生	50	74.9	110	(16.2)	3.0	55	0.96	0.12	0.73	(Tr)	(Tr)	(0)	380
10246 **ほっけ** 生	50	77.1	103	15.4	3.2	73	0.70	0.10	1.09	(0.1)	(0.1)	(0)	360
10248 開き干し、生	35	67.0	161	18.0	8.3	86	1.99	0.20	2.14	(0.1)	(0.1)	(0)	390
10249 **ぼら** 生	50	74.7	119	15.5	4.3	65	1.18	0.19	1.37	(0.1)	(0.1)	(0)	330
10250 からすみ	0	25.9	353	40.4	14.9	860	2.68	1.10	4.47	(0.3)	(0.3)	(0)	170
10253 **くろまぐろ** 天然、赤身、生	0	70.4	115	22.3	0.8	50	0.25	0.03	0.17	(0.1)	(0.1)	(0)	380
10254 天然、脂身、生	0	51.4	308	16.7	23.5	55	5.91	0.60	5.81	(0.1)	(0.1)	(0)	230
10258 **めじまぐろ** 生	0	68.7	139	(20.5)	3.8	58	1.09	0.17	1.36	(0.1)	(0.1)	(0)	410
10263 **まぐろ缶詰** 油漬、フレーク、ライト	0	59.1	265	(14.4)	21.3	32	3.37	10.76	1.40	(0.1)	(0.1)	(0)	230

 ミニ知識 **沖のはまち** はまちは漁が難しく，沖に出ても必ず捕れるとは限らないことから，あてにならないことのたとえ。

まぐろ類 鮪類／Tunas

●くろまぐろ 別名ほんまぐろ。体重 300kg にもなる大型魚。太平洋や大西洋の温帯域に生息。まぐろのなかで最も美味と言われ，値段も高い。赤身と脂身とでは脂質の量が大きく異なる。全長約3m

●めじまぐろ 「めじ」ともいい，くろまぐろの幼魚のこと。成魚に比べると脂肪はのってないが，一味異なった独特の風味がある。全長60～80cm

●缶詰 「ツナ缶」と呼ばれ，大人から子どもまで親しまれている。おもにびんながまぐろ，きはだまぐろ，めばちまぐろが原料で，油漬け，野菜スープ煮，水煮，味付けなどの種類がある。

旬 夏

▼くろまぐろ

▼まぐろ脂身

▲まぐろ赤身

▲めじまぐろ

◀まぐろ缶詰

まぐろの部位

まぐろは必須アミノ酸をバランスよく含んだ高たんぱく質食品だが，部位によって栄養は異なる。

■**赤身**：背中側の肉。鉄分などの無機質を多く含み，低脂肪。
■**中おち**：三枚におろした魚の骨の部分（骨と骨の間）についている身のこと。
■**大トロ**：腹側のもっとも脂ののった部分。冬場では脂肪分が40％を超す。
■**カマ**：まぐろの頭の，えらの内側から腹びれにかけての部分。ここの大トロを「カマトロ」とも呼ぶ。
■**中トロ**：腹側の大トロと赤身の中間にあたる部分。脂ののり具合は大トロの 1/3 ぐらい。
■**ホホ**：頭の頬の肉。硬めで焼くと牛肉に似た食感になる。
■**尾の身**：この断面を見てまぐろの評価が決まる。

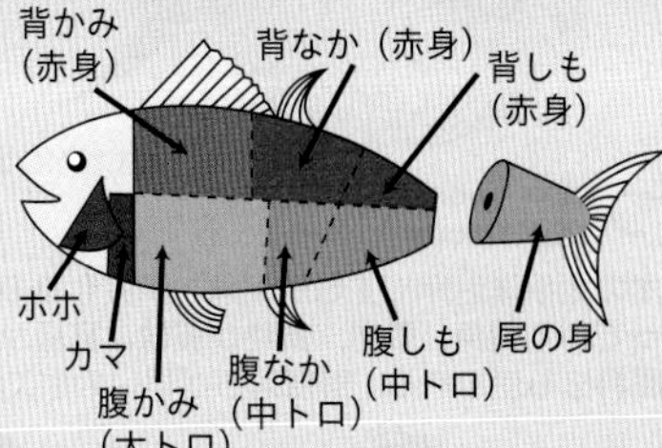

無機質					ビタミン								食塩相当量	備考
					A		D	E	B1	B2	葉酸	C		
カルシウム	マグネシウム	リン	鉄	亜鉛	β-カロテン当量	レチノール活性当量		α-トコフェロール					(ナトリウム)	
■＝20mg	■＝20mg	■＝20mg	■＝0.2mg	■＝0.2mg	■＝20μg	■＝2μg	■＝0.2μg	■＝0.2mg	■＝0.02mg	■＝0.02mg	■＝2μg	■＝2mg	■＝0.1g(mg)	
100	23	160	1.5	1.9	(0)	12	4	1.5	0.55	0.14	14	1	0.1(30)	中1尾＝80～150g 廃棄部位：頭部、内臓、骨、ひれ等(三枚下ろし)
5	26	130	1.3	0.7	(0)	50	8	2.0	0.23	0.36	7	2	0.1(32)	1切れ＝80～100g 切り身
5	29	220	1.1	0.5	(0)	41	4.4	5.5	0.17	0.23	9	3	0.1(36)	
42	34	200	0.4	0.5	(0)	9	3	0.5	0.09	0.15	5	3	0.3(110)	1尾＝300g 廃棄部位：頭部、内臓、骨、ひれ等（三枚下ろし）
22	33	220	0.4	1.1	0	25	3	1.7	0.09	0.17	9	1	0.2(81)	1尾＝500g 廃棄部位：頭部、内臓、骨、ひれ等（三枚下ろし）
170	37	330	0.5	0.9	0	30	4.6	1.3	0.10	0.24	7	4	1.8(690)	廃棄部位：頭部、骨、ひれ等
17	24	170	0.7	0.5	0	8	10.0	1.6	0.16	0.26	4	1	0.2(87)	1尾＝400g 廃棄部位：頭部、内臓、骨、ひれ等（三枚下ろし）
9	23	530	1.5	9.3	8	350	33.0	9.7	0.01	0.93	62	10	3.6(1400)	1はら＝80g
5	45	270	1.1	0.4	0	83	5	0.8	0.10	0.05	8	2	0.1(49)	刺身1人分＝80g 別名：まぐろ、ほんまぐろ、しび／切り身（皮なし）
7	35	180	1.6	0.5	0	270	18.0	1.5	0.04	0.07	8	4	0.2(71)	刺身1切れ＝22g 別名：まぐろ、ほんまぐろ、しび、とろ／切り身(皮なし)
9	40	290	1.8	0.5	0	61	12.0	1.2	0.19	0.19	6	1	0.1(42)	くろまぐろの幼魚／別名：まめじ／切り身（皮なし）
4	25	160	0.5	0.3	0	8	2	2.8	0.01	0.03	3	0	0.9(340)	別名：ツナ缶／原材料：きはだ／液汁を含んだもの

おいしい情報 生の魚を切り身と呼ばず「刺身」と呼ぶのは，昔の武士が「切」は切腹を連想すると嫌がったからと言われている。

10 魚介類

Fishes and shellfishes

まながつお 鯧／Silver pomfret

全長約60cm

東シナ海，東インド諸島まで分布するが，日本では本州中部以南，瀬戸内海が主産地。西日本で多く食べられる。身はくせがあり，みそ漬けなどにする。

▲まながつお

むつ 鯥／Gnome fish

全長約60cm

南日本の太平洋沿岸にすむ深海魚。伊豆七島の名産になっていて刺身，煮物，鍋物が美味。高級かまぼこの原料にも使われる。鮮度落ちが早いのが欠点。

▲むつ

めばる 目張／Japanese stingfish

全長約30cm

旬 春

日本各地の沿岸の岩場に生息。環境によってさまざまな種類がおり，黒，赤，白，金などの色がある。煮つけ，から揚げによい。

▲めばる

やつめうなぎ 八目鰻／Lamprey

全長約50～60cm

南九州以外の各地に生息するが，主産地は新潟県。食用とされるのはかわやつめで，かば焼きや干物などにする。ビタミンAが豊富で目によいとされ，薬用にも用いられる。

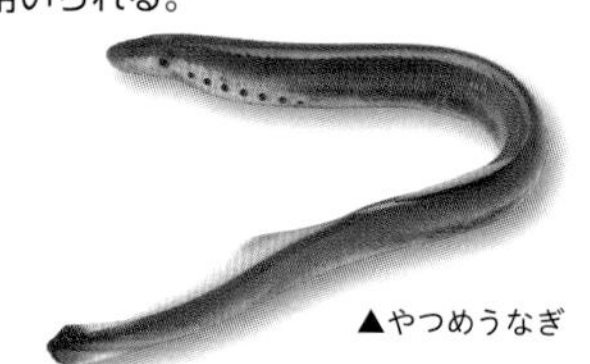

▲やつめうなぎ

やまめ 山女／Seema

全長約20cm

さくらますの河川型。体側に 8～10 個の小判型の斑点と大小の黒い円形の点がある。神奈川県以北の太平洋側，島根，鳥取以北の日本海側に生息。

▲やまめ

わかさぎ 公魚，鰙／Japanese smelt

全長約15cm

湖沼にすむ淡水魚で，水温が下がると群れで回遊する。天ぷら，フライ，から揚げなどにする。丸ごと食べられるので，カルシウム源によい。

旬 秋～冬

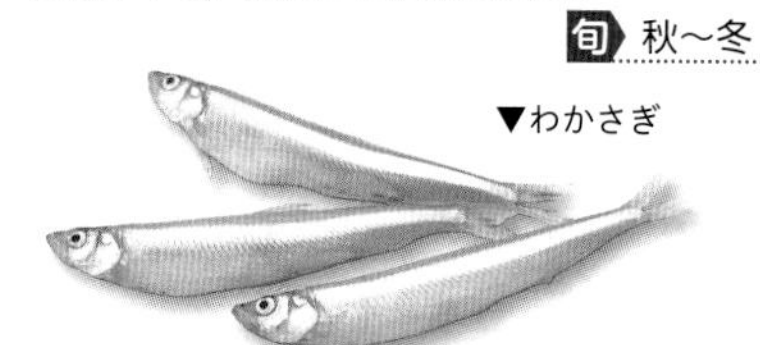

▼わかさぎ

食品番号 食品名 廃棄率(%) 水分量(g)	エネルギー	たんぱく質	脂質					炭水化物			無機質
栄養素			脂質	コレステロール	飽和脂肪酸	n-6系多価不飽和脂肪酸	n-3系多価不飽和脂肪酸	利用可能炭水化物(単糖当量)	炭水化物	食物繊維総量	カリウム
	■＝20 kcal	■＝2 g	■＝2 g	■＝2 mg	■＝0.2 g	■＝0.2 g	■＝0.2 g	■＝2 g	■＝2 g	■＝0.2 g	■＝20 mg
10266 まながつお 生 40 70.8	156	17.1	9.7	70	3.80	0.28	1.23	(Tr)	(Tr)	(0)	370
10268 むつ 生 0 69.7	175	14.5	11.6	59	1.69	0.16	0.63	(Tr)	(Tr)	(0)	390
10271 めばる 生 55 77.2	100	15.6	2.8	75	0.79	0.08	0.87	(Tr)	(Tr)	(0)	350
10273 やつめうなぎ 生 55 61.5	245	15.8	18.8	150	3.76	0.74	3.80	(0.2)	(0.2)	(0)	150
10275 やまめ 養殖、生 45 75.6	108	18.4	3.7	65	0.91	0.45	0.73	(0.3)	(0.3)	(0)	420
10276 わかさぎ 生 0 81.8	71	11.8	1.2	210	0.29	0.09	0.45	(0.1)	(0.1)	(0)	120
10279 あかがい 生 75 80.4	70	10.6	0.1	46	0.03	0.01	0.03	(3.5)	(3.2)	(0)	290
10280 あげまき 生 35 87.1	44	(5.9)	0.3	38	0.10	0.02	0.13	(2.0)	(1.8)	(0)	120
10281 あさり 生 60 90.3	27	4.6	0.1	40	0.02	0.01	0.03	(0.4)	(0.4)	(0)	140
10283 缶詰 水煮 0 73.2	102	(15.7)	0.9	89	0.34	0.08	0.23	(1.9)	(1.7)	(0)	9
10427 あわび くろあわび 生 55 79.5	76	11.2	0.3	110	0.09	0.06	0.05	3.7	3.3	(0)	160

 ミニ知識 **むき身** 貝やかになどの殻を取り除いたの中身のこと。

あかがい 赤貝／Bloody clams
殻長約10cm　旬 6～8月

ヘモグロビンを含むため身が赤い。春から秋の産卵の後，身が太り美味。タウリン，グリコーゲン，亜鉛が豊富で，刺身，すしだね，酢の物に使われる。

▲あかがい

▼あかがいむき身

あげまき 揚巻／Jackknife clams
殻長約10cm

瀬戸内海，九州，朝鮮半島などの浅い泥地に生息。主産地は有明海や瀬戸内海。身は白く，やわらかい。酢の物やつくだ煮にする。

▲あげまき

あさり 浅蜊／Short-necked clams
殻長約4～5cm　 旬 春

日本各地の沿岸にいる最も馴染み深い貝。タウリン，鉄分，ビタミンB_2が多い。海水と同程度の濃度の塩水に入れ，砂抜きをしてから食べる。みそ汁やあさり飯，パスタなど，幅広く用いられる。

▼あさり

▲あさり缶詰水煮

あわび 鮑／Abalone
殻長約10～30cm

くろあわび，まだかあわび，めがいあわびなどの種類がある。秋から冬が産卵期のため，その前の夏が旬である。中国料理では干しあわびを使うことが多い。高級食材とされ，刺身，すしだね，酒蒸し，煮物などに料理される。　旬 夏

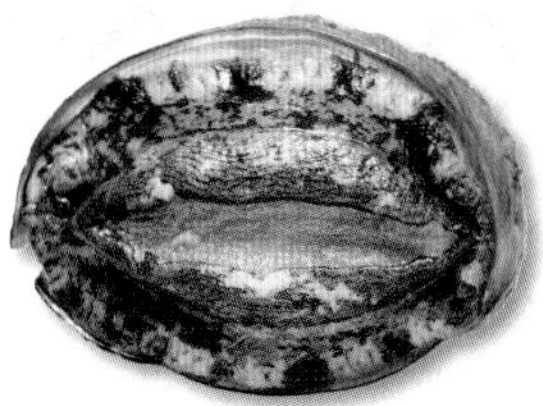

▲あわび

魚のにおい対策法

■まな板ににおいをつけないために

乾いた木のまな板に魚を直接置くと，脂がしみこんだり，においがしみこんで落ちにくくなる。まな板を使う前には，必ず表面を水でぬらしてから使うようにする。また，まな板を洗う時には，湯で洗うとたんぱく質が凝固してにおいがとれなくなるので，水で洗うようにする。

■手についたにおいがとれない時

魚を扱ったあとは，たんぱく質が凝固しないように水で手を洗う。それでも手についたにおいが気になる時は，レモン汁や酢水で洗うととれる。これは，手でカニを食べてにおいがついた時などにも有効である。

無機質					ビタミン								食塩相当量（ナトリウム）	備考
カルシウム	マグネシウム	リン	鉄	亜鉛	A β-カロテン当量	A レチノール活性当量	D	E α-トコフェロール	B_1	B_2	葉酸	C		
■＝20mg	■＝20mg	■＝20mg	■＝0.2mg	■＝0.2mg	■＝20μg	■＝2μg	■＝0.2μg	■＝0.2mg	■＝0.02mg	■＝0.02mg	■＝2μg	■＝2mg	■＝0.1g(mg)	
21	25	190	0.3	0.5	(0)	90	5	1.4	0.22	0.13	7	1	0.4(160)	1尾＝500g　廃棄部位：頭部、内臓、骨、ひれ等（三枚下ろし）
25	20	180	0.5	0.4	(0)	8	4	0.9	0.03	0.16	6	Tr	0.2(85)	1切れ＝80g　切り身
80	27	200	0.4	0.4	(0)	11	1	1.5	0.07	0.17	5	2	0.2(75)	1尾＝290g　廃棄部位：頭部、内臓、骨、ひれ等（三枚下ろし）
7	15	180	2.0	1.6	0	8200	3	3.8	0.25	0.85	19	2	0.1(49)	1尾＝200g　試料：かわやつめ／廃棄部位：頭部、内臓、骨、ひれ等
85	28	280	0.5	0.8	Tr	15	8	2.2	0.15	0.16	13	3	0.1(50)	別名：やまべ／廃棄部位：頭部、内臓、骨、ひれ等（三枚下ろし）
450	25	350	0.9	2.0	2	99	2	0.7	0.01	0.14	21	1	0.5(200)	中1尾＝6g
40	55	140	5.0	1.5	60	35	(0)	0.9	0.20	0.20	20	2	0.8(300)	むき身10個＝40g　廃棄部位：貝殻及び内臓
66	49	120	4.1	1.5	85	27	1	0.8	0.30	0.14	11	1	1.5(600)	廃棄部位：貝殻
66	100	85	3.8	1.0	22	4	0	0.4	0.02	0.16	11	1	2.2(870)	中1個＝8g　廃棄部位：貝殻
110	46	260	30.0	3.4	35	6	(0)	2.7	Tr	0.09	10	(0)	1.0(390)	液汁を除いたもの
25	69	82	2.2	-	17	1	(0)	0.3	0.15	0.09	20	1	1.1(430)	廃棄部位：貝殻及び内蔵

おいしい情報　あわびは一枚貝であり，貝殻が片方しかないことから「磯の鮑(あわび)の片思い」ということわざがある。

10 魚介類

Fishes and shellfishes

いがい 貽貝／Mussels 殻長約13cm

むらさきいがい，えぞいがいとともに，「ムール貝」として出回っている。ブイヤベース，パエリヤなど欧風料理によく使われる。ミネラル，ビタミンB_2を含む。

▼いがい

エスカルゴ Escargot Apple snails 殻長約3～4cm

マイマイ科の食用カタツムリ。フランスなどで飼育しているものが輸入されている。

エスカルゴ▶

かき 牡蛎／Oysters 殻長約15cm

旬 10～2月

養殖が主流で，宮城県や広島県のものが有名。「海のミルク」といわれるほど栄養価が高く，グリコーゲン，タウリン，亜鉛，鉄分などが多い。

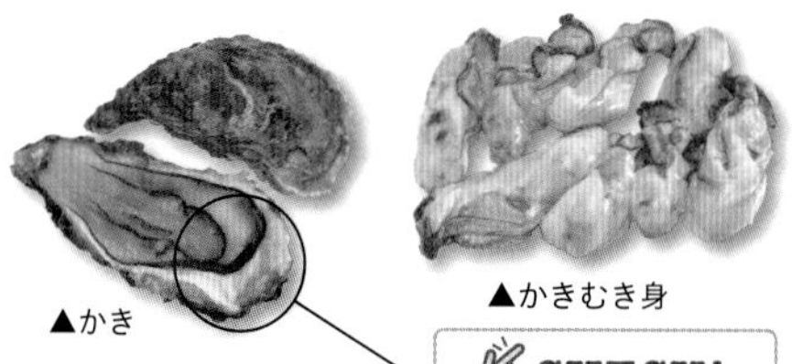
▲かき　▲かきむき身

CHECK! ひだが鮮明で、ハリのあるもの。

さざえ 栄螺／Turban shell 殻長約8cm

岩礁に生育するが，特に東北以南の外洋でとれるものがおいしい。タウリンが多い。壺焼きが代表的で，ほかに刺身，酢の物，煮物などがある。

▲さざえ

しじみ 蜆／Freshwater clams 殻長約2～3cm

「土用しじみ」といい，夏を旬とするが，「寒しじみ」ともいい，冬が美味。メチオニン，グリコーゲン，ビタミンB 2が多い。

旬 夏，冬

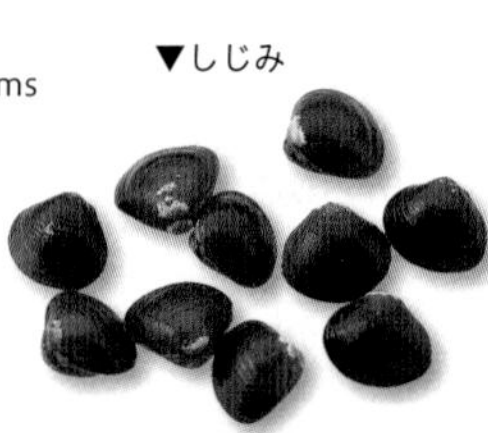
▼しじみ

たいらがい 平貝／Pen shells 殻長約20～30cm

別名たいらぎという，大型の二枚貝。貝柱は大きく，うま味成分が多く含まれており，身の締まりがよい。刺身，すしだね，酢の物などにする。

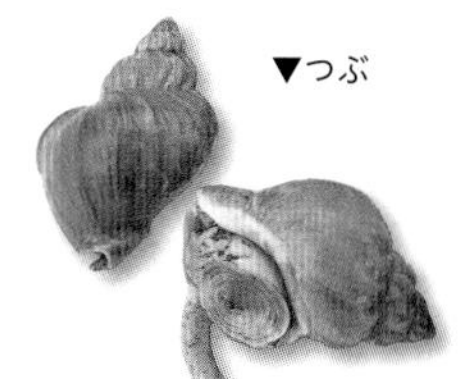
▼たいらがい

つぶ 螺／Whelks 殻長約4～5cm

えぞばい科に属する北洋性の巻き貝の市販通称名。北海道では，えぞさざえ，たまさざえなどと呼ばれている。

▼つぶ

食品番号 食品名	廃棄率 (%)	水分量 (g)	エネルギー (kcal)	たんぱく質 (g)	脂質 (g)	コレステロール (mg)	飽和脂肪酸 (g)	n-6系多価不飽和脂肪酸 (g)	n-3系多価不飽和脂肪酸 (g)	利用可能炭水化物(単糖当量) (g)	炭水化物 (g)	食物繊維総量 (g)	カリウム (mg)
10289 いがい 生	60	82.9	63	7.5	0.8	47	0.24	0.07	0.32	3.1	2.8	(0)	230
10291 エスカルゴ 水煮缶詰	0	79.9	75	(11.9)	0.4	240	0.07	0.17	0.03	(0.8)	(0.7)	(0)	5
10292 かき 養殖、生	75	85.0	58	4.9	1.3	38	0.41	0.07	0.52	2.5	2.3	(0)	190
10295 さざえ 生	85	78.0	83	14.2	0.1	140	0.05	0.03	0.03	(0.8)	(0.7)	(0)	250
10297 しじみ 生	75	86.0	54	5.8	0.6	62	0.24	0.04	0.14	(4.5)	(4.1)	(0)	83
10298 たいらがい 貝柱、生	0	75.2	94	(15.8)	0.1	23	0.02	0.01	0.03	(1.5)	(1.4)	(0)	260
10300 つぶ 生	0	78.2	82	13.6	0.1	110	0.02	0.01	0.04	(2.3)	(2.1)	(0)	160
10301 とこぶし 生	60	78.9	78	(11.6)	0.1	150	0.04	0.02	0.02	(3.0)	(2.7)	(0)	250
10303 とりがい 斧足、生	0	78.6	81	10.1	0.1	22	0.04	Tr	0.01	(6.9)	(6.2)	(0)	150
10305 ばかがい 生	65	84.6	56	8.5	0.2	120	0.06	0.02	0.06	(2.4)	(2.2)	(0)	220
10306 はまぐり 生	60	88.8	35	4.5	0.3	25	0.09	0.03	0.10	(1.8)	(1.6)	(0)	160

ミニ知識 インドや中東で頭に巻くターバンに似ていることからさざえの英名は「Turban shell（ターバンシェル）」

とこぶし 常節／Japanese abalone

岩礁地帯に生育し，あわびによく似ているが，大きさはあわびより小型。焼き物，煮物などにする。タウリンが豊富である。

▼とこぶし

とりがい 鳥貝／Cockles

本州以南，朝鮮半島，中国に生息。日本では大阪湾や伊勢湾が主産地。殻はほぼ球形で，長さ約８㎝ほどの二枚貝。身はシコシコして甘味がある。

▲とりがい

ばかがい 馬鹿貝／Hen clams

むき身を「あおやぎ」ともいい，すしだねによく使われる。「小柱」と呼ばれている貝柱がとくに美味。刺身，酢の物，天ぷらなどにも用いる。

▲ばかがい（むき身）

はまぐり類 蛤類／Hard clams

古くから日本各地でとれた代表的な貝。浅い砂地に生息する。現在では，中国や韓国からの輸入量が増えている。焼きはまぐりや，酒蒸し，吸い物などとして食べる。

▲はまぐり

貝類の下ごしらえ

■あさりやしじみの砂出し

買ってきてすぐの貝や，潮干狩りでとった貝をそのまま料理して食べると，かんだ時に砂がジャリジャリと出てきておいしくない。貝類は砂の中で生活しているので，砂を大量にのみこんでいるのである。あさりやはまぐり，しじみなどは，料理をする前にきれいな水の中に入れて，「砂出し」を行う必要がある。

貝は暗くて静かなところに置いておくと呼吸をし，いっしょに砂を吐き出す。あさりやはまぐりは海水に近い塩水に入れ，しじみは真水に入れて砂出しをする。

砂出し済みの貝も売られているが，念のために１時間ほど水につけてから料理するとよいだろう。

■かきのよごれを落とすには

ボールなどにかきのむき身と大根おろしを入れて，手で軽くまぜながら洗う。こうすると，大根おろしが黒くなるので，ざるにとって水洗いをする。簡単にかきの身が真っ白になる方法である。

無機質					ビタミン								食塩相当量(ナトリウム)	備考
					A			E						
カルシウム	マグネシウム	リン	鉄	亜鉛	β-カロテン当量	レチノール活性当量	D	α-トコフェロール	B1	B2	葉酸	C		
■＝20mg	■＝20mg	■＝20mg	■＝0.2mg	■＝0.2mg	■＝20μg	■＝2μg	■＝0.2μg	■＝0.2mg	■＝0.02mg	■＝0.02mg	■＝2μg	■＝2mg	■＝0.1g(mg)	
43	73	160	3.5	1.0	Tr	34	(0)	1.1	0.01	0.37	42	5	1.4(540)	1個＝8～15g　別名：ムール貝／廃棄部位：貝殻、足糸等
400	37	130	3.9	1.5	-	(0)	0	0.6	0	0.09	1	0	0.7(260)	液汁を除いたもの
84	65	100	2.1	14.0	6	24	0.1	1.3	0.07	0.14	39	3	1.2(460)	1個＝8～15g　試料：まがき／廃棄部位：貝殻
22	54	140	0.8	2.2	360	31	(0)	2.3	0.04	0.09	16	1	0.6(240)	1個＝30～50g　廃棄部位：貝殻及び内臓
240	10	120	8.3	2.3	100	33	0.2	1.7	0.02	0.44	26	2	0.4(180)	1個＝3g　廃棄部位：貝殻
16	36	150	0.6	4.3	Tr	Tr	(0)	0.8	0.01	0.09	25	2	0.7(260)	1個＝20g　別名：たいらぎ（標準和名）
60	92	120	1.3	1.2	19	2	(0)	1.8	Tr	0.12	15	Tr	1.0(380)	1個＝30g　別名：ばい／試料：えぞぼら、ひめえぞぼら、えぞばい／むき身
24	55	160	1.8	1.4	58	5	(0)	1.3	0.15	0.14	24	1	0.7(260)	中１個＝30g　廃棄部位：貝殻及び内臓
19	43	120	2.9	1.6	Tr	Tr	(0)	1.2	0.16	0.06	18	1	0.3(100)	1枚＝6g
42	51	150	1.1	1.8	5	5	(0)	0.8	0.14	0.06	18	1	0.8(300)	むき身１個＝4g　別名：あおやぎ／廃棄部位：貝殻及び内臓
130	81	96	2.1	1.7	25	9	(0)	0.6	0.08	0.16	20	1	2.0(780)	1個＝50～150g　廃棄部位：貝殻

おいしい情報　オイスターソース　かき油が原料の調味料。中華料理に独特の風味を与える。

10 魚介類

Fishes and shellfishes

ほたてがい 帆立貝／Scallops 殻長約10～20cm

旬 秋

東北，北海道沿岸でとれるが，養殖ものが多い。ビタミンB_2，タウリン，亜鉛が多い。刺身，すしだね，バター焼き，フライなど料理の幅も広い。

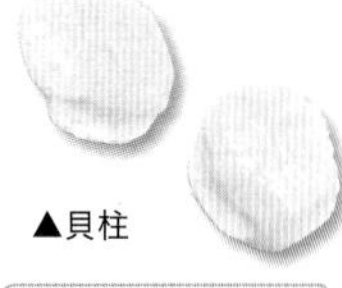
▲貝柱

▲ほたてがい

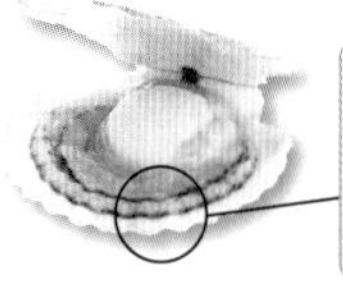

CHECK! ひもが貝柱にしっかりとくっついているもの

ほっきがい 北寄貝／Surf clams 殻長約12cm

北海道や東北地方が主な産地である。肝臓の働きによいグリコーゲンや鉄分を含む。刺身，すしだね，酢の物，吸い物などに合う。ウバガイの俗名。

▼ほっきがい

えび類 海老類／Prawns and shrimps

●**あまえび** あまえびの正式名称は，ほっこくあかえびという。甘味があり，刺身やすしだねに利用される。緑色の卵巣も美味だが，新鮮なものに限る。全長約10cm

●**いせえび** 茨城県以南の太平洋岸の岩礁に生息する。刺身，焼き物のほか，洋風のロースト，サラダなどに利用される。旬は秋から冬。全長約15～40cm 旬 秋～冬

●**くるまえび** 日本独特のえびで，現在は，養殖ものが主流。さいまき，まき，くるまえびと成長により名前を変える。アミノ酸，タウリンが豊富。天ぷらやえびフライなどに用いる。全長約20cm

●**さくらえび** 駿河湾，相模湾，東京湾に生息する小さなえび。透明だが，煮ると桜色になる。かき揚げ，お好み焼きなどに使う。全長約5cm

旬 春

▼あまえび ▲いせえび ▲くるまえび ◀さくらえび

食品番号 食品名 (廃棄率(%) 水分量(g))	エネルギー (kcal)	たんぱく質 (g)	脂質 (g)	コレステロール (mg)	飽和脂肪酸 (g)	n-6系多価不飽和脂肪酸 (g)	n-3系多価不飽和脂肪酸 (g)	利用可能炭水化物(単糖当量) (g)	炭水化物 (g)	食物繊維総量 (g)	カリウム (mg)
10311 ほたてがい 生 (50 / 82.3)	66	10.0	0.4	33	0.18	0.01	0.12	(1.5)	(1.4)	(0)	310
10313 貝柱 生 (0 / 78.4)	82	12.3	0.1	35	0.03	0.01	0.05	(3.5)	(3.1)	(0)	380
10316 ほっきがい 生 (65 / 82.1)	66	(8.0)	0.3	51	0.10	0.02	0.08	(3.8)	(3.4)	(0)	260
10319 あまえび 生 (65 / 78.2)	85	15.2	0.7	130	0.17	0.04	0.30	(0.1)	(0.1)	(0)	310
10320 いせえび 生 (70 / 76.6)	86	17.4	0.1	93	0.03	0.02	0.05	(Tr)	(Tr)	(0)	400
10321 くるまえび 養殖、生 (55 / 76.1)	90	18.2	0.3	170	0.08	0.04	0.08	(Tr)	(Tr)	(0)	430
10325 さくらえび 素干し (0 / 19.4)	278	64.9	2.1	700	0.59	0.14	0.60	(0.1)	(0.1)	-	1200
10328 しばえび 生 (50 / 79.3)	78	15.7	0.2	170	0.06	0.01	0.07	(0.1)	(0.1)	(0)	260
10415 バナメイえび 養殖、生 (20 / 78.6)	82	16.5	0.3	160	0.10	0.07	0.08	(0.7)	(0.6)	(0)	270
10329 ブラックタイガー 養殖、生 (15 / 79.9)	77	(15.2)	0.1	150	0.04	0.02	0.04	(0.3)	(0.3)	(0)	230
10332 がざみ 生 (65 / 83.1)	61	(10.7)	0.1	79	0.04	0.01	0.04	(0.3)	(0.3)	(0)	300
10333 毛がに 生 (70 / 81.9)	67	12.1	0.3	47	0.05	0.01	0.14	(0.2)	(0.2)	(0)	340
10335 ずわいがに 生 (70 / 84.0)	59	10.6	0.2	44	0.03	0.02	0.11	(0.1)	(0.1)	(0)	310
10338 たらばがに 生 (70 / 84.7)	56	10.1	0.5	34	0.09	0.04	0.22	(0.2)	(0.2)	(0)	280

グラフ目盛: エネルギー ■=20 kcal，たんぱく質 ■=2 g，脂質 ■=2 g，コレステロール ■=2 mg，飽和脂肪酸 ■=0.2 g，n-6系 ■=0.2 g，n-3系 ■=0.2 g，利用可能炭水化物 ■=2 g，炭水化物 ■=2 g，食物繊維総量 ■=0.2 g，カリウム ■=20 mg

ミニ知識 海老で鯛をつる 少しの元手で大きな利益を上げるたとえ。

●**しばえび** 東京湾，伊勢湾，瀬戸内海などでとれる。東京都の芝浦でとれたことからこの名前がつく。かき揚げなどで丸ごと食べるとよい。全長約10cm
●**バナメイえび** 中南米原産。近年，中国南部から東南アジアで大量に養殖されている。身が柔らかく，天ぷら，フライなど，幅広い料理に使われる。全長約14～23cm
●**ブラックタイガー** くるまえびに似ているが，色が黒っぽく，味がやや落ちる。東南アジアで盛んに養殖され，大量に輸入されている。全長約15～25cm

▼しばえび
▼バナメイえび
▼ブラックタイガー

かに類 蟹類／Crabs

●**がざみ** 潮流にのって横泳ぎで遠距離を移動するのでわたりがにとも呼ばれる。みそ汁の具や，パスタなどに。甲長約20cm 旬 夏
●**毛がに** 正式名はおおくりがに。剛毛におおわれているため，この名がついた。北海道，三陸，北陸などでとれる。甲長約10cm
●**ずわいがに** 北陸ではえちぜんがに，山陰ではまつばがにという。ずわいがにと呼ばれるのは雄で，雌はせいこがに，こうばこがにと呼ばれ極端に小さい。雌より雄がおいしいとされる。甲長約10～15cm
●**たらばがに** 北海道の鱈場（たらの漁場）にいたため，この名前がついた。おもに脚の身を食べる。甲長約25cm

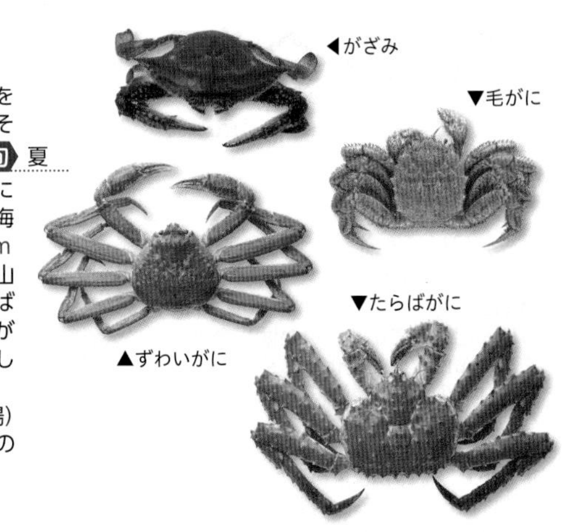
◀がざみ
▼毛がに
▲ずわいがに
▼たらばがに

無機質					ビタミン									食塩相当量（ナトリウム）	備考
カルシウム	マグネシウム	リン	鉄	亜鉛	A β-カロテン当量	A レチノール活性当量	D	E α-トコフェロール	B1	B2	葉酸	C			
■＝20mg	■＝20mg	■＝20mg	■＝0.2mg	■＝0.2mg	■＝20μg	■＝2μg	■＝0.2μg	■＝0.2mg	■＝0.02mg	■＝0.02mg	■＝2μg	■＝2mg	■＝0.1g(mg)	
22	59	210	2.2	2.7	150	23	(0)	0.9	0.05	0.29	87	3	0.8(320)	むき身1個＝50g 廃棄部位：貝殻
7	41	230	0.2	1.5	0	1	0	0.8	0.01	0.06	61	2	0.3(120)	1個＝50g～70g
62	75	160	4.4	1.8	10	7	(0)	1.4	0.01	0.16	45	2	0.6(250)	1個＝100g 別名：うばがい（標準和名）/廃棄部位：貝殻
50	42	240	0.1	1.0	0	3	(0)	3.4	0.02	0.03	25	Tr	0.8(300)	1尾＝10g 別名：ほっこくあかえび（標準和名）/廃棄部位：頭部、殻、内臓、尾部等
37	39	330	0.1	1.8	0	0	(0)	3.8	0.01	0.03	15	1	0.9(350)	中1尾＝200～300g 廃棄部位：頭部、殻、内臓、尾部等
41	46	310	0.7	1.4	49	4	(0)	1.6	0.11	0.06	23	Tr	0.4(170)	大1尾＝70g 廃棄部位：頭部、殻、内臓、尾部等
2000	310	1200	3.2	4.9	(0)	(Tr)	(0)	(7.2)	0.17	0.15	230	0	3.0(1200)	大さじ1＝4g 殻つき
56	30	270	1.0	1.0	20	4	(0)	1.7	0.02	0.06	57	2	0.6(250)	1尾＝8～10g 廃棄部位：頭部、殻、内臓、尾部等
68	37	220	1.4	1.2	(0)	0	0	1.7	0.03	0.04	38	1	0.3(140)	廃棄部位：頭部、殻、内臓、尾部等
67	36	210	0.2	1.4	0	1	(0)	1.4	0.07	0.03	15	Tr	0.4(150)	1尾＝70g 別名：うしえび（標準和名）/無頭、殻つき/廃棄部位：殻及び尾部
110	60	200	0.3	3.7	7	1	(0)	1.8	0.02	0.15	22	Tr	0.9(360)	中1匹＝180g 別名：わたりがに/廃棄部位：殻、内臓等
61	38	260	0.5	3.3	(0)	(Tr)	(0)	2.2	0.07	0.23	13	Tr	0.6(220)	1ぱい＝500g 廃棄部位：殻、内臓等
90	42	170	0.5	2.6	(0)	(Tr)	(0)	2.1	0.24	0.60	15	Tr	0.8(310)	1ぱい＝300g 別名：まつばがに/廃棄部位：殻、内臓等
51	41	220	0.3	3.2	7	1	(0)	1.9	0.05	0.07	21	1	0.9(340)	足1本＝170g 廃棄部位：殻、内臓等

おいしい情報 **貝毒の食中毒** ほたて，かきなどの二枚貝が体内に毒を蓄積し，貝を食べた人が中毒症状を起こす現象。

10 魚介類

Fishes and shellfishes

いか類 烏賊類／Squids

けんさきいか，こういか，するめいかなどさまざまな種類がある。

●するめいか 日本ではするめいかがいちばん出回っている。いかは，冷凍してもたんぱく質が変化しにくく，味も落ちないので，冷凍ものも多く出ている。刺し身，天ぷら，フライ，煮物，焼き物などに向く。いかを干したものがするめで，そのまま焼いて食べたり，松前漬けにしたりする。胴長約30cm

●ほたるいか 富山湾でとれるものが有名。春，産卵のために岸に寄ってくる。卵をもったものが美味で，生かボイルでわさびじょうゆ，また，酢の物，煮物などにする。胴長約6cm 旬 春

●塩辛 いかの身を，塩と内臓につけこんだもの。「白づくり」「赤づくり」などの各種の製法がある。

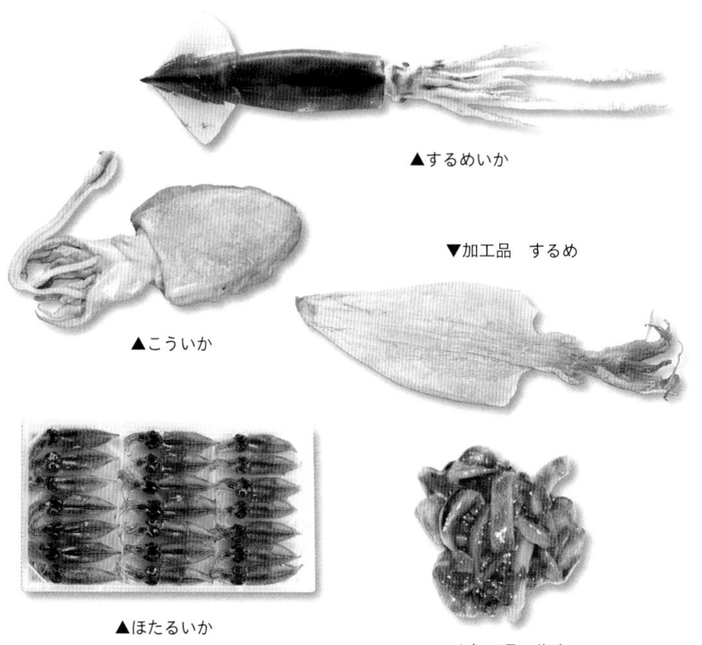

▲するめいか

▼加工品　するめ

▲こういか

▲ほたるいか

▲加工品　塩辛

たこ類 蛸類／Octopuses

●いいだこ 産卵期にゆでると卵が飯粒のようになるため，飯だこの名がついた。三重県，石川県などが主産地。丸ごと食べられる。酢みそ和え，煮物などにする。胴長約15cm

●まだこ 欧米ではその容姿から「デビルフィッシュ」といわれ，あまり好まれていない。コレステロールが多いが，それを低下させる働きをもつタウリンも豊富。胴長約60cm 旬 冬

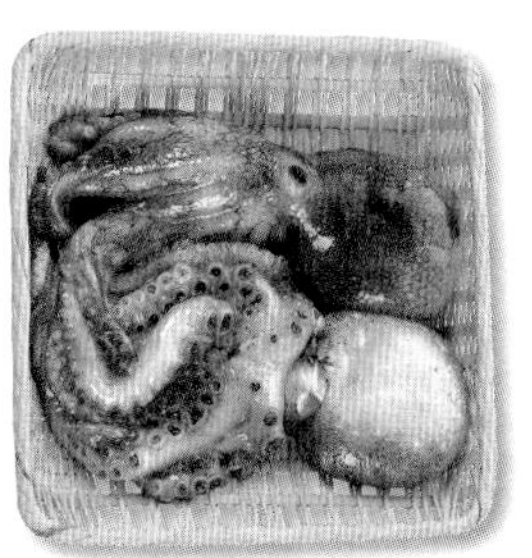

▲いいだこ

食品番号 食品名 廃棄率(%) 水分量(g)	エネルギー	たんぱく質	脂質：脂質	脂質：コレステロール	脂質：飽和脂肪酸	脂質：n-6系多価不飽和脂肪酸	脂質：n-3系多価不飽和脂肪酸	炭水化物：利用可能炭水化物(単糖当量)	炭水化物：炭水化物	炭水化物：食物繊維総量	無機質：カリウム
栄養素	■＝20 kcal	■＝2 g	■＝2 g	■＝2 mg	■＝0.2 g	■＝0.2 g	■＝0.2 g	■＝2 g	■＝2 g	■＝0.2 g	■＝20 mg
10344 こういか 生 廃棄率35 水分量83.4	64	10.6	0.6	210	0.19	0.05	0.28	(0.1)	(0.1)	(0)	220
10345 するめいか 生 廃棄率30 水分量80.2	76	(13.4)	0.3	250	0.11	0.01	0.18	(0.1)	(0.1)	(0)	300
10348 ほたるいか 生 廃棄率0 水分量83.0	74	7.8	2.3	240	0.58	0.10	0.83	(0.2)	(0.2)	(0)	290
10353 いか加工品 するめ 廃棄率0 水分量20.2	304	(50.1)	1.7	980	0.60	0.09	0.80	(0.4)	(0.4)	(0)	1100
10358 塩辛 廃棄率0 水分量67.3	114	15.2	2.7	230	0.74	0.08	1.15	-	6.5	(0)	170
10360 いいだこ 生 廃棄率0 水分量83.2	64	(10.6)	0.4	150	0.11	0.03	0.17	(0.1)	(0.1)	(0)	200
10361 まだこ 生 廃棄率15 水分量81.1	70	11.7	0.2	150	0.07	0.02	0.11	(0.1)	(0.1)	(0)	290
10362 ゆで 廃棄率0 水分量76.2	91	(15.1)	0.2	150	0.06	0.02	0.10	(0.1)	(0.1)	(0)	240
10365 うに 生うに 廃棄率0 水分量73.8	109	11.7	2.5	290	0.63	0.29	0.73	(3.3)	(3.0)	(0)	340
10370 くらげ 塩蔵、塩抜き 廃棄率0 水分量94.2	21	5.2	Tr	31	0.03	0	0	(Tr)	(Tr)	(0)	1
10371 しゃこ ゆで 廃棄率0 水分量77.2	89	15.3	0.8	150	0.25	0.06	0.26	(0.2)	(0.2)	(0)	230

 ミニ知識 いかすみに注意　調理中にいかすみが衣服につくとシミになって落ちにくい。すみ袋を取り除く際は注意しよう。

▲まだこ（生）

▲まだこ（ゆで）

うに 雲丹／Sea urchin

ばふんうに，むらさきうに，あかうになどの卵巣を食用とする。特にビタミンA，ビタミンB₁，B₂が多い。すしだねとしても人気が高い。

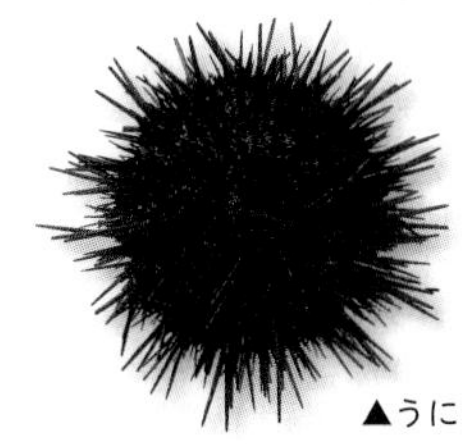
▲うに

CHECK!
形がくずれて、溶けたようになっているものはさける。

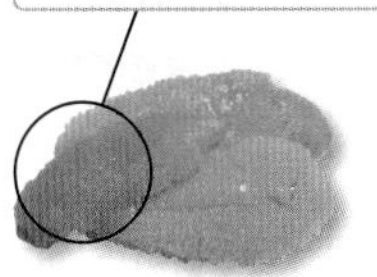

くらげ 水母／Jellyfish

塩蔵品は，びぜんくらげ，えちぜんくらげを塩漬けしたもの。水でもどして調理する。中華料理のオードブルに欠かせない。サラダ，酢の物，和え物などにもする。

▲くらげ（塩蔵）

しゃこ 蝦蛄／Mantis shrimp

北海道以南，中国沿岸の内湾の泥底に穴を掘って潜んでいる。春から初夏が旬。蒸したり，すしだねにしたり，酢の物，揚げ物にしたりする。

▲しゃこ

物の数え方クイズ

いかを数えるとき，一杯，二杯と数える。これは，いかの胴が中に液体を入れられる徳利型をしているため。このように特殊な数え方をする食材は多い。次の食材の数え方を知っているだろうか？

❶ぶどう　❷食パン　❸豆腐
❹かに　❺玉ねぎ

無機質					ビタミン								食塩相当量（ナトリウム）	備考
					A			E						
カルシウム	マグネシウム	リン	鉄	亜鉛	β-カロテン当量	レチノール活性当量	D	α-トコフェロール	B₁	B₂	葉酸	C		
■＝20mg	■＝20mg	■＝20mg	■＝0.2mg	■＝0.2mg	■＝20µg	■＝2µg	■＝0.2µg	■＝0.2mg	■＝0.02mg	■＝0.02mg	■＝2µg	■＝2mg	■＝0.1g(mg)	
17	48	170	0.1	1.5	Tr	5	(0)	2.2	0.03	0.05	3	1	0.7(280)	別名：すみいか / 廃棄部位：内臓等
11	46	250	0.1	1.5	0	13	0.3	2.1	0.07	0.05	5	1	0.5(210)	1ぱい＝250～300g 廃棄部位：内臓等 / 胴55.9 %、足・耳44.1 %
14	39	170	0.8	1.3	Tr	1500	(0)	4.3	0.19	0.27	34	5	0.7(270)	1ぱい＝10g　内臓等を含んだもの
43	170	1100	0.8	5.4	0	22	(0)	4.4	0.10	0.10	11	0	2.3(890)	中1枚＝80～100g
16	48	210	1.1	1.7	1	200	(0)	3.3	Tr	0.10	13	Tr	6.9(2700)	大さじ1＝17g　試料：赤作り
20	43	190	2.2	3.1	9	36	(0)	2.7	0.01	0.08	37	1	0.6(250)	中1ぱい＝400g 内臓等を含んだもの
16	55	160	0.6	1.6	(0)	5	(0)	1.9	0.03	0.09	4	Tr	0.7(280)	足1本＝150g　廃棄部位：内臓等
19	52	120	0.2	1.8	0	5	(0)	1.9	0.03	0.05	2	Tr	0.6(230)	内臓等を除きゆでたもの
12	27	390	0.9	2.0	700	58	(0)	3.6	0.10	0.44	360	3	0.6(220)	大さじ1＝15～18g 試料：むらさきうに、ばふんうに / 生殖巣のみ
2	4	26	0.3	Tr	0	0	(0)	0	Tr	0.01	3	0	0.3(110)	1袋＝70g
88	40	250	0.8	3.3	15	180	(0)	2.8	0.26	0.13	15	0	0.8(310)	1尾＝20～40g ゆでしゃこ（むきみ）

おいしい情報 いかの足のことを「げそ」と呼ぶが，これは下足（脱いだ履き物）から。

クイズの解答　①房（房から外れているものは粒）②斤（スライスしたものは枚）③丁（包丁を数えるときも丁を使う）④杯（甲羅が杯の形をしているため）⑤玉（その球状の形から）

10 魚介類

Fishes and shellfishes

なまこ 海鼠／Sea cucumber

主に内湾にすむ棘皮動物。赤なまこと青なまこがある。コラーゲンが多く，酢の物などにする。腸の塩辛をこのわたという。

なまこ▶

ほや 海鞘／Sea squirt

東北，北海道沿岸の海底に付着して生息する。主産地は宮城県。食用にするのは真ぼや。表面はだいだい色，身は黄色い。グリコーゲンに富む。

ほや▶

水産練り製品 Fish paste products

●かに風味かまぼこ かにかまとも呼ばれる。かに肉の組織に似せるため，魚のすり身を板状に成形し，細かい筋目を入れて加熱，着色するなどしてつくる。

●蒸しかまぼこ 白身魚のすり身に塩，でん粉，みりん，砂糖を加えて蒸したもの。すけとうだら，さめ，いわし，えそなどを原料にする。高級品はとびうお，たいを使う。

●焼き竹輪 魚のすり身を竹の筒につけて焼いたもの。いまは竹の代わりに鉄の棒を使っている。主にすけとうだらが原料。

●だて巻き すり身と卵を混ぜて焼き，巻きすで巻いたもの。正月料理に使われる。カロリーは高い。

●つみれ 主にいわしのすり身で作られている。骨ごとすりつぶしているのでカルシウムが豊富。おでんなど鍋物，吸い物などに使われる。

●なると 着色したすり身と無色のすり身を渦巻き状に巻き，蒸したもの。めん類，吸い物などの具に利用されることが多い。

●はんぺん すり身にやまいもなどを混ぜ，空気を含ませてからゆでたもの。おでんだね，焼き物などにする。

●さつま揚げ 鹿児島の名産。すり身にでん粉，野菜，その他の具を加えて揚げたもの。そのままで食べたり，焼き物，おでんだねなどにする。

●魚肉ソーセージ 主にたらを原料とし，でんぷん，ラードを混ぜてカルシウム，ビタミン類などを強化したもの。そのままでも食べられる。

▲かに風味かまぼこ ▼蒸しかまぼこ ▲焼き竹輪

食品番号 食品名	廃棄率(%)	水分量(g)	エネルギー	たんぱく質	脂質: 脂質	脂質: コレステロール	脂質: 飽和脂肪酸	脂質: n-6系多価不飽和脂肪酸	脂質: n-3系多価不飽和脂肪酸	炭水化物: 利用可能炭水化物(単糖当量)	炭水化物: 炭水化物	炭水化物: 食物繊維総量	無機質: カリウム
栄養素			■=20 kcal	■=2 g	■=2 g	■=2 mg	■=0.2 g	■=0.2 g	■=0.2 g	■=2 g	■=2 g	■=0.2 g	■=20 mg
10372 なまこ 生	20	92.2	22	3.6	0.1	1	0.04	0.02	0.03	(0.5)	(0.5)	(0)	54
10374 ほや 生	80	88.8	27	5.0	0.5	33	0.14	0.01	0.21	(0.8)	(0.7)	(0)	570
10376 かに風味かまぼこ	0	75.6	89	12.1	0.4	17	0.11	0.05	0.11	-	9.2	(0)	76
10379 蒸しかまぼこ	0	74.4	93	11.2	0.5	15	0.13	0.01	0.21	-	9.7	(0)	110
10381 焼き竹輪	0	69.9	119	12.2	1.7	25	0.48	0.52	0.20	-	13.5	(0)	95
10382 だて巻	0	58.8	190	14.6	6.3	180	1.78	1.03	0.23	-	17.6	(0)	110
10383 つみれ	0	75.4	104	12.0	2.6	40	0.89	0.13	0.71	-	6.5	(0)	180
10384 なると	0	77.8	80	7.6	0.3	17	0.15	0.01	0.07	-	11.6	(0)	160
10385 はんぺん	0	75.7	93	9.9	0.9	15	0.18	0.36	0.08	-	11.4	(0)	160
10386 さつま揚げ	0	67.5	135	12.5	3.0	20	0.51	1.20	0.30	-	13.9	(0)	60
10388 魚肉ソーセージ	0	66.1	158	10.3	6.5	30	2.53	0.81	0.10	-	12.6	(0)	70

 ミニ知識 なまこは，日本では生食が多いが中国では干しなまことして漢方薬にも利用される。

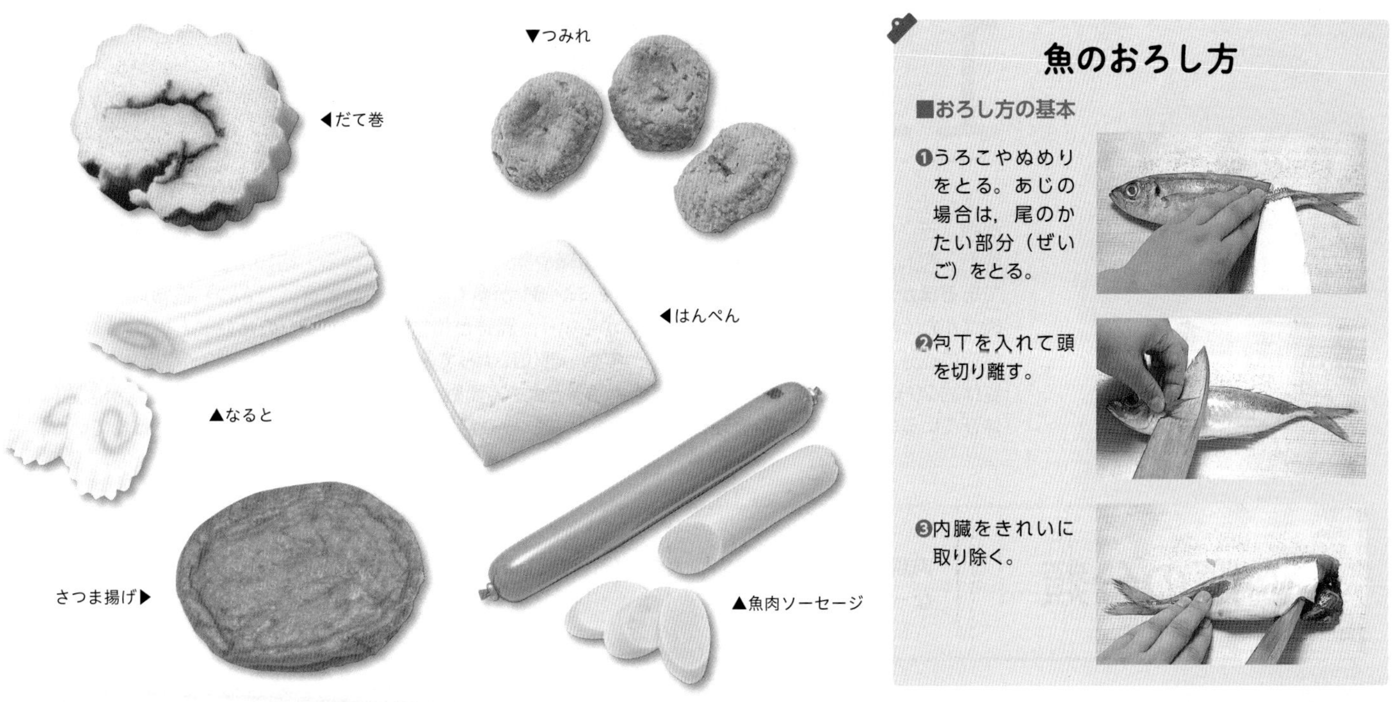

無機質					ビタミン								食塩相当量	備考
					A		D	E						
カルシウム	マグネシウム	リン	鉄	亜鉛	β-カロテン当量	レチノール活性当量	D	α-トコフェロール	B1	B2	葉酸	C	食塩相当量(ナトリウム)	備考
■＝20 mg	■＝20 mg	■＝20 mg	■＝0.2 mg	■＝0.2 mg	■＝20 µg	■＝2 µg	■＝0.2 µg	■＝0.2 mg	■＝0.02 mg	■＝0.02 mg	■＝2 µg	■＝2 mg	■＝0.1g(mg)	
72	160	25	0.1	0.2	5	Tr	(0)	0.4	0.05	0.02	4	0	1.7(680)	1匹＝100～200g 廃棄部位：内臓等
32	41	55	5.7	5.3	0	Tr	(0)	1.2	0.01	0.13	32	3	3.3(1300)	1個＝250g　試料：まぼや、あかぼや／廃棄部位：外皮及び内臓
120	19	77	0.2	0.2	0	21	1	0.9	0.01	0.04	3	1	2.2(850)	1本＝15g　別名：かにかま
25	14	60	0.3	0.2	(0)	(Tr)	2	0.2	Tr	0.01	5	0	2.5(1000)	1本＝100～250g 蒸し焼きかまぼこを含む
15	15	110	1.0	0.3	(0)	(Tr)	1	0.4	0.05	0.08	4	(0)	2.1(830)	1本＝100g
25	11	120	0.5	0.6	Tr	60	1	1.8	0.04	0.20	16	(0)	0.9(350)	1本＝200g
60	17	120	1.0	0.6	(0)	(Tr)	5	0.2	0.02	0.20	3	(0)	1.4(570)	1個＝20～30g
15	11	110	0.5	0.2	(0)	(Tr)	Tr	0.1	Tr	0.01	1	(0)	2.0(800)	1本＝170g
15	13	110	0.5	0.1	(0)	(Tr)	Tr	0.4	Tr	0.01	7	(0)	1.5(590)	大1枚＝120g
60	14	70	0.8	0.3	(0)	(Tr)	1	0.4	0.05	0.10	5	(0)	1.9(730)	小1個＝30g　別名：あげはん
100	11	200	1.0	0.4	(0)	(Tr)	0.9	0.2	0.20	0.60	4	(0)	2.1(810)	大1本＝90g　別名：フィッシュソーセージ

おいしい情報 おでんの東西対決　同じおでんでも，しょうゆ味の関東風，だしの風味のきいた塩味の関西風がある。

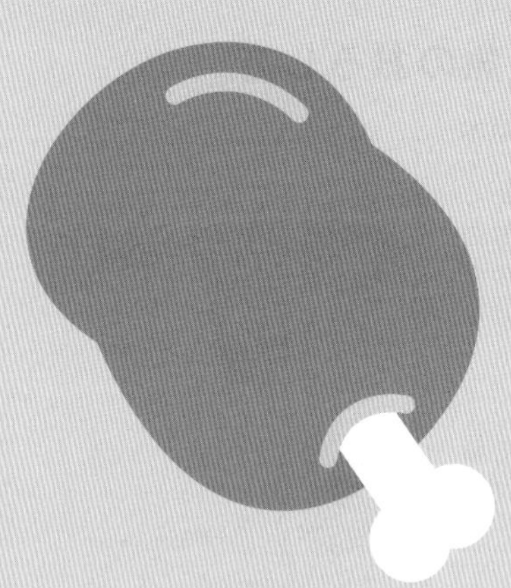

11 肉類

Meats

畜肉（牛，豚，めんよう，やぎ肉），家うさぎ，家禽（かきん）類を総称して肉類という。広い意味では，いわゆる「肉」だけでなく，消化管などの内臓組織や脂肪組織なども含める。肉類は重要なたんぱく質源であるほか，牛肉には鉄分，豚肉にはビタミン B1 が多く含まれる。と畜（とさつ）直後の動物の筋肉はかたくなるが，時間がたつとやわらかくなり，風味が増す。これを「肉の熟成」という。
食肉の成分は動物の種類，品種，性別，年齢，部位によって異なるが，水分 60 ～ 70%程度，たんぱく質は約 20%，脂質は部位によって 0.5 ～ 30%と大きく変動する。日本では戦後，その消費量が急速に伸びているのが肉類で，動脈硬化，高脂血症はこれらの食品のとりすぎが影響しているといわれている。

肉類の分類

肉類は，食品成分表では大きく分けて，「畜肉類」，「鳥肉類」，「その他」という分類になっている。

畜肉類	鳥肉類	その他
いのしし，いのぶた，うさぎ，うし，うま，くじら，しか，ぶた，めんよう，やぎ	あいがも，あひる，うずら，かも，きじ，しちめんちょう，すずめ，にわとり，はと，ほろほろちょう	いなご，かえる，すっぽん，はち

世界で食べられているその他の肉類

日本では食べる機会はあまりないが，世界ではさまざまな動物の肉が食材として食べられている。

ダチョウ，熊，カンガルー，らくだ，ワニ，バッファロー，トド，ニシキヘビなど

肉の熟成

と畜（ちく）（とさつ）をした場合，と畜後に筋肉が死後硬直にいたる時間は，牛で 24 時間，豚で 12 時間，鶏で 2 ～ 4 時間程度である。と畜直後の肉はやわらかいが，うま味が少ない。しかし硬直した肉を数日間放置すると，硬直が解除されて，肉は再びやわらかくなり，保水性も回復して，肉特有の風味が生じる。このことを肉の熟成という。熟成完了まで，牛で 7 ～ 10 日ぐらいであるといわれる。

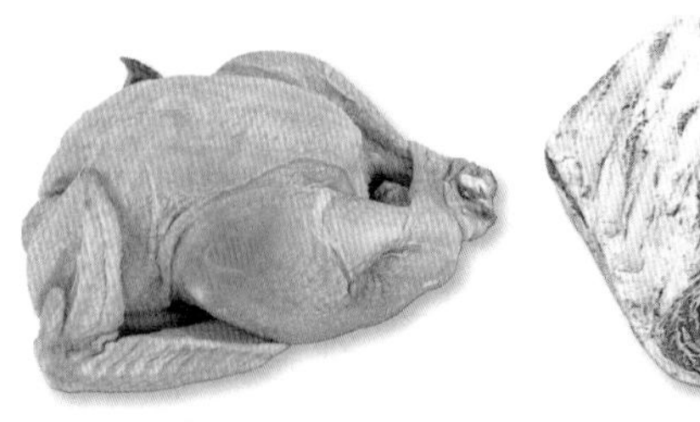

市販されているものは，熟成後の肉である。

 ミニ知識 弱肉強食（ジャクニクキョウショク） 弱いものが強いものに征服されること。

肉類の選び方

新鮮な肉の見分け方を知ろう。どの肉も，つやがよく，肉汁の出ていないものを選ぼう。

牛肉	豚肉	鶏肉
鮮やかな赤い色で，つやのよいものを選ぶ。脂肪の色は白色で，赤身と脂身の境目がはっきりしているものがよい。	肉の色は淡い赤色で，脂肪が白いものがよい。つやのよいものを選ぶ。古くなると，灰色が強くなる。	うすいピンク色で，皮と脂身に透明感のあるものがよい。古くなるにつれて，くすんだり，黄色くなってくる。

肉類の性質と調理例

肉類の性質を利用して，さまざまな料理がつくられている。原理を理解して上手につくってみよう。

肉類の性質	調理の要点	調理例
加熱による凝固，収縮	40℃くらいから肉のたんぱく質は凝固する。加熱が進むと肉はかたくなり，収縮する。	ステーキ，ハンバーグステーキ，焼肉
加熱による軟化	水とともに長時間加工するとコラーゲンがゼラチン化し，やわらかくなる。	シチュー，カレー
肉の色の変化	生肉の色はミオグロビン（肉色素）とヘモグロビン（血色素）による。酸化や加熱により赤色から褐色に変化する。	ステーキの焼き色，スープストック，焼肉
加熱による風味の変化	熟成中に増加したうま味成分（イノシン酸，グルタミン酸），糖，その他の成分の相互作用により変化する。かたい肉を長時間加熱すると，うま味成分が汁に溶け，こくが出て風味が増す。	スープ，シチュー
加熱による保水性の変化	加熱により肉の保水性は減少し，うま味成分とともに肉汁が流出し，肉がかたくなる。	ステーキ

おいしい情報 **下味をつける** 煮たり焼いたりする前に，あらかじめ調味料・香辛料などをふったり，調味液につけること。

11 肉類

Meats

▲ヘレフォード種

▲日本短角種

牛肉について

肉用種の牛は，ヘレフォード種，ショートホーン種，黒毛和種，褐毛和種，無角和種，日本短角種などが知られている。肉用牛の国内生産量は和牛が一番多い。一般的に和牛といえば黒毛和種で，その約 90%を占めている。また，市場に出回っている「国産牛」は，「和牛」と同じだと思われることが多いが，「国産牛」と表示されているもののほとんどは乳用種のホルスタイン種の雄を肥育させたものであるため，和牛よりも価格が低い。
和牛の飼育には多くの手間とコストがかかるが，肉質はきめが細かく，やわらかく味がよい。肉の色は深みのある鮮紅色で光沢があり，脂肪は純白でわずかにクリーム色を帯びている。和牛はすき焼き，しゃぶしゃぶといった高級料理に向いている。ヘレフォード種などの西洋種は，肥育しても霜降り肉は得られない。

▲黒毛和種

▲ホルスタイン種

食品番号	食品名	廃棄率(%)	水分量(g)	エネルギー	たんぱく質	脂質：脂質	脂質：コレステロール	脂質：飽和脂肪酸	脂質：n-6系多価不飽和脂肪酸	脂質：n-3系多価不飽和脂肪酸	炭水化物：利用可能炭水化物(単糖当量)	炭水化物：炭水化物	炭水化物：食物繊維総量	無機質：カリウム
	栄養素			■= 20 kcal	■= 2 g	■= 2 g	■= 2 mg	■= 0.2 g	■= 0.2 g	■= 0.2 g	■= 2 g	■= 2 g	■= 0.2 g	■= 20 mg
11001	いのしし　肉、脂身つき、生	0	60.1	244	18.8	18.6	86	5.83	2.50	0.05	(0.5)	(0.5)	(0)	270
11002	いのぶた　肉、脂身つき、生	0	56.7	283	18.1	23.2	66	9.23	2.51	0.29	(0.3)	(0.3)	(0)	280
11008	うし　和牛肉　かたロース　脂身つき、生	0	47.9	380	(11.8)	(35.0)	89	(12.19)	(1.01)	(0.04)	(0.2)	(0.2)	(0)	210
11015	和牛肉　サーロイン　脂身つき、生	0	40.0	460	(10.2)	(44.4)	86	(16.29)	(1.07)	(0.05)	(0.3)	(0.3)	(0)	180
11018	和牛肉　ばら　脂身つき、生	0	38.4	472	(9.6)	45.6	98	15.54	1.07	0.05	(0.1)	(0.1)	(0)	160
11019	和牛肉　もも　脂身つき、生	0	61.2	235	(16.2)	16.8	75	6.01	0.51	0.02	(0.5)	(0.5)	(0)	320
11023	和牛肉　そともも　脂身つき、生	0	60.8	244	(15.5)	(18.2)	68	(6.29)	(0.49)	(0.02)	(0.5)	(0.5)	(0)	310
11029	和牛肉　ヒレ　赤肉、生	0	64.6	207	(16.6)	13.8	66	5.79	0.47	0.02	(0.3)	(0.3)	(0)	340
11034	乳用肥育牛肉　かたロース　脂身つき、生	0	56.4	295	(13.7)	(24.7)	71	(10.28)	(0.93)	(0.08)	(0.2)	(0.2)	(0)	260
11043	乳用肥育牛肉　サーロイン　脂身つき、生	0	54.4	313	(14.0)	(26.7)	69	(11.36)	(0.97)	(0.05)	(0.4)	(0.4)	(0)	270
11046	乳用肥育牛肉　ばら　脂身つき、生	0	47.4	381	11.1	37.3	79	12.79	0.95	0.03	(0.3)	(0.2)	(0)	190

ミニ知識　猪突猛進　いのししのように向こう見ずに一直線に進むこと。

いのしし 猪／Wild boar

ぼたん肉，山くじらともいう。肉質がややかたいが脂肪に独特の味わいがあり鍋物（ぼたん鍋）に向く。野生のものは狩猟時期が制限され，養殖は少なく，手に入りにくい。兵庫県，宮崎県などが産地。

▲いのしし

いのぶた 猪豚／Inobuta

いのししとぶたの雑種で肉質がよいという特長がある。一般的には雌ぶたに雄いのししを交配し，その子どもを肥育して生産する。いのししの肉よりもくさみが少なくやわらかく食べやすいという特徴がある。みそ味のいのぶた鍋などにして食べる。

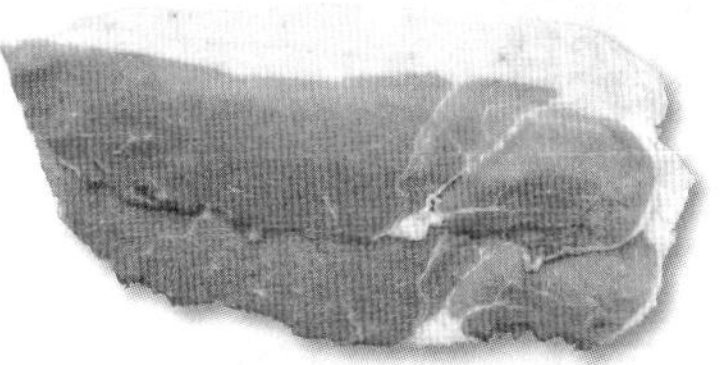

▲いのぶた

全国銘柄牛マップ

よく聞く「松阪牛」や「神戸牛」。こうした地名の入った牛肉を銘柄牛という。ひとくちに銘柄牛といっても種類はたくさんあり，現在では200以上あるといわれている。それぞれの生産者が定めたルールにしたがって育てられた牛の肉だけが，その地名を名乗ることができる。たとえば「松阪牛」では，「黒毛和牛・但馬系統・未経産のメス・決められた産地で500日以上飼育されていること」が条件となっている。松阪牛では，勝手に名乗る業者がいないよう，牛肉のシールに書かれている10桁の番号をホームページで入力すると，本物の松阪牛かどうかが確認できる。

無機質					ビタミン								食塩相当量（ナトリウム）	備考
カルシウム	マグネシウム	リン	鉄	亜鉛	A β-カロテン当量	A レチノール活性当量	D	E α-トコフェロール	B1	B2	葉酸	C		
■＝20mg	■＝20mg	■＝20mg	■＝0.2mg	■＝0.2mg	■＝20μg	■＝2μg	■＝0.2μg	■＝0.2mg	■＝0.02mg	■＝0.02mg	■＝2μg	■＝2mg	■＝0.1g(mg)	
4	20	170	2.5	3.2	Tr	4	0.4	0.5	0.24	0.29	1	1	0.1(45)	1頭＝50～70kg 別名：ぼたん肉
4	19	150	0.8	1.8	(0)	11	1.1	0.4	0.62	0.16	Tr	1	0.1(50)	
3	14	120	0.7	4.6	1	3	0	0.5	0.06	0.17	6	1	0.1(42)	1人分＝80～100g 試料：黒毛和種（去勢）/皮下脂肪：1.8％、筋間脂肪：17.0％
3	12	100	0.9	2.8	1	3	0	0.6	0.05	0.12	5	1	0.1(32)	ステーキ 1人分＝100～200g 試料：黒毛和種（去勢）/皮下脂肪：11.5％、筋間脂肪：24.5％
4	10	87	1.4	3.0	Tr	3	0	0.6	0.04	0.11	2	1	0.1(44)	別名：カルビ/試料：黒毛和種（去勢）
4	22	160	2.5	4.0	0	Tr	0	0.3	0.09	0.20	8	1	0.1(45)	1人分＝100g 試料：黒毛和種（去勢）/皮下脂肪：5.6％、筋間脂肪：6.8％
3	20	170	1.1	3.7	0	1	0	0.3	0.08	0.18	5	1	0.1(46)	試料：黒毛和種(去勢)/皮下脂肪：6.0％、筋間脂肪：11.4％
3	22	180	2.5	4.2	Tr	1	0	0.4	0.09	0.24	8	1	0.1(40)	ステーキ 1人分＝100g 試料：黒毛和種（去勢）
4	16	140	0.9	4.7	3	7	0.1	0.5	0.06	0.17	7	1	0.1(50)	試料：ホルスタイン種（去勢、肥育牛）/皮下脂肪：2.2％、筋間脂肪：16.6％
4	16	150	1.0	2.9	4	8	0	0.4	0.06	0.10	6	1	0.1(48)	試料：ホルスタイン種（去勢、肥育牛）/皮下脂肪：12.7％、筋間脂肪：13.7％
3	12	110	1.4	2.8	2	13	0	0.6	0.05	0.12	3	1	0.1(56)	別名：カルビ/試料：ホルスタイン種(去勢、肥育牛)

おいしい情報 あきないは牛のよだれ　商売は利益ばかり見ずに細く長く辛抱することが大切ということ。

11 肉類 うし Cattle, Beefs

Meats

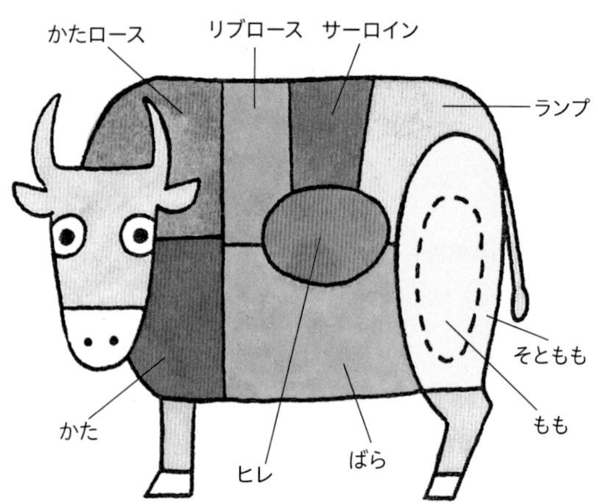

●かた 前足を中心にしたうでの部分。よく運動する筋肉が集まっているので，ほとんどが赤身で，筋が多い。たんぱく質が多く脂肪が少ない。ややかためだが味が濃厚。ブイヨンをとったり，薄切りにして焼肉用にしたり，シチューなどの煮込み料理に向く。

▼かた

●かたロース ロース（背中の筋肉）の中でも，首から肩の部分にあたる，長い筋肉の一部。サーロインに比べてやや筋っぽい。うま味がたっぷりで，赤身の間に脂肪が入りやすい部位なため，霜降り肉としてすき焼きなどによく用いられる。

▼かたロース

●リブロース ろっ骨（リブ）の背中にあたる部分。赤身の間に脂肪が適度に入り込んだ「霜降り」状態になりやすい。肉質はきめが細かく，やわらかく，風味がよい。薄切りにしてすき焼きなどに用いるほか，ステーキ，バーベキューなどにも向く。

▼リブロース

●ばら 肩の部分をかたばら，腹の部分をともばらという。赤身と脂身が層になっていて，三枚肉とも呼ばれている。呼吸や横隔膜の運動で常に動いている部分なので，すじが多くきめが粗いが，煮込み料理に用いると濃厚な風味が引き出される。こま切れやひき肉にも用いられる。

▲ばら

●サーロイン リブロースからももにつづく部分で，きめが細かくやわらかで，風味，肉質ともにヒレと並んで牛肉を代表とする最高の部位。肉質がやわらかく形もよい。ステーキのほか，薄切りにしてしゃぶしゃぶなどにも用いられる。

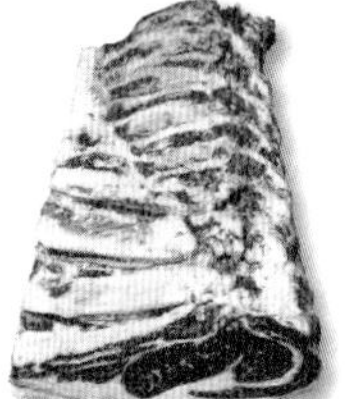
▲サーロイン

●ヒレ サーロインと腎臓の間にある細長い部分。テンダーロインともいう。牛肉の中で最もやわらかく，脂肪が少ない最高級の部位である。1頭から2本しかとれないので，価格が高い。やわらかさを生かして，ステーキに利用されることが多い。

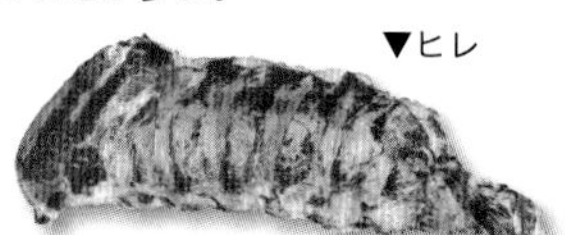
▼ヒレ

食品番号 食品名	廃棄率 (%)	水分量 (g)	エネルギー	たんぱく質	脂質：脂質	脂質：コレステロール	脂質：飽和脂肪酸	脂質：n-6系多価不飽和脂肪酸	脂質：n-3系多価不飽和脂肪酸	炭水化物：利用可能炭水化物（単糖当量）	炭水化物：炭水化物	炭水化物：食物繊維総量	無機質：カリウム
			■＝20 kcal	■＝2 g	■＝2 g	■＝2 mg	■＝0.2 g	■＝0.2 g	■＝0.2 g	■＝2 g	■＝2 g	■＝0.2 g	■＝20 mg
11047 うし 乳用肥育牛肉 もも 脂身つき、生	0	65.8	196	(16.0)	12.6	69	5.11	0.54	0.02	(0.4)	(0.4)	(0)	330
11053 乳用肥育牛肉 そともも 脂身つき、生	0	64.0	220	(15.0)	(15.9)	68	(6.46)	(0.64)	(0.03)	(0.6)	(0.5)	(0)	310
11059 乳用肥育牛肉 ヒレ 赤肉、生	0	67.3	177	17.7	10.1	60	4.35	0.48	0.02	(0.5)	(0.4)	(0)	380
11064 輸入牛肉 かたロース 脂身つき、生	0	63.8	221	(15.1)	(15.8)	69	(7.54)	(0.37)	(0.11)	(0.1)	(0.1)	(0)	300
11071 輸入牛肉 サーロイン 脂身つき、生	0	57.7	273	(14.7)	(21.5)	59	(10.85)	(0.26)	(0.17)	(0.4)	(0.4)	(0)	290
11074 輸入牛肉 ばら 脂身つき、生	0	51.8	338	14.4	31.0	67	13.05	0.34	0.20	(0.2)	(0.2)	(0)	230
11075 輸入牛肉 もも 脂身つき、生	0	71.4	148	(16.5)	7.5	61	3.22	0.20	0.05	(0.4)	(0.4)	(0)	310
11079 輸入牛肉 そともも 脂身つき、生	0	65.8	197	(15.8)	(12.7)	65	(5.51)	(0.19)	(0.10)	(0.3)	(0.3)	(0)	320
11085 輸入牛肉 ヒレ 赤肉、生	0	73.3	123	(18.5)	4.2	62	1.99	0.14	0.08	(0.3)	(0.3)	(0)	370
11089 ひき肉 生	0	61.4	251	14.4	19.8	64	7.25	0.39	0.24	(0.3)	(0.3)	(0)	260

 ミニ知識 さいの目切りのサイって？ 動物のサイの目ではなく，さいころの「さい」。さいころのような形に切ること。

ランプ　腰からももにかけての部位で，やわらかい赤身。脂肪が少なく，ヒレの代用になるほど風味がよい。生で食べる牛刺しやたたきに向いている。また，ステーキ，ローストビーフなどに利用される。

▲ランプ

そともも　ももの外側の部分で，運動量の多い筋肉。脂肪が少なく，ほとんど赤身である。肉質がかたいので，ひき肉やコンビーフなどに加工されることが多い。焼肉，煮込み料理などに向く。

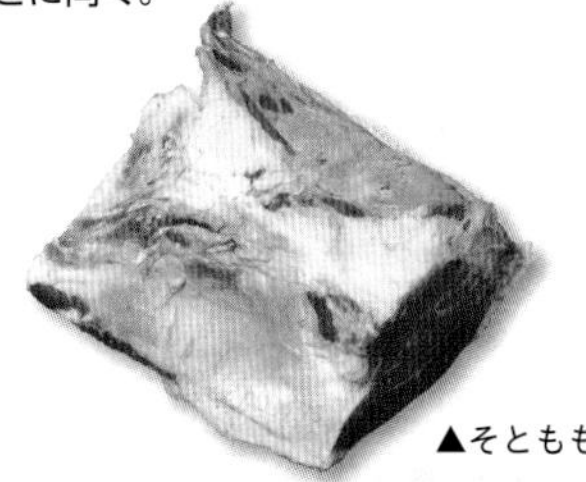
▲そともも

もも　内またにあたる内ももと，その下にあるかたまり「しんたま」を合わせて「もも肉」として売られている。内側の部分はやわらかく，脂肪が少ない赤身の肉で，ブロックで店頭に並ぶことが多い。すき焼き，ソテー，焼肉などのほか，ローストビーフなどかたまり肉で多くの料理に用いられる。

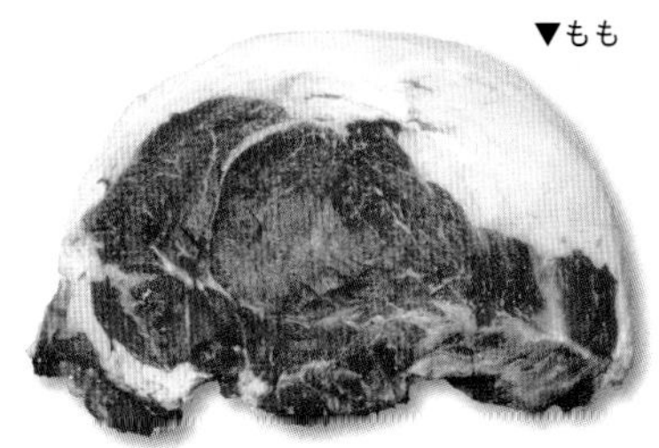
▼もも

ひき肉　使われる部位はかたとばら肉が多い。各部位肉を整形する際に切り落とされた肉が多く使われる。値段が安いものほど脂肪が多く含まれる。赤身の多いほうが脂肪が少なく，縮みが少ない。外気との接触面が大きいので，保存期間は短い。ミートローフ，ハンバーグ，ミートソースなどに。

▲ひき肉

牛の第１胃〜第４胃って何？

牛は胃袋を４つ持っており，それぞれ役割が違っている。第１胃には微生物がおり，口からきた草を細かく砕く。第２胃に送られた食物はさらに細かくすりつぶされ，口に押し戻して再びかみ砕かれる。これを反芻（はんすう）という。細かくなった草は第３胃でさらに細かくされ，第４胃でようやく人間と同じように消化液のはたらきによって消化される。
焼き肉屋などでは，第１胃はミノ，第２胃はハチノス，第３胃はセンマイ，第４胃はアカセンマイ，ギアラと呼ばれる。

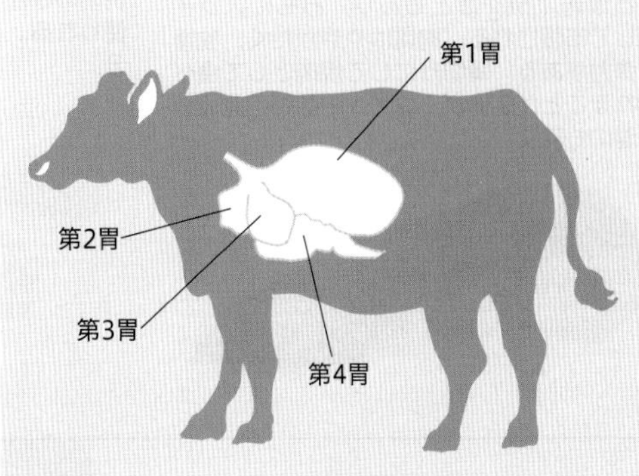

無機質					ビタミン								食塩相当量(ナトリウム)	備考
					A		D	E						
カルシウム	マグネシウム	リン	鉄	亜鉛	β-カロテン当量	レチノール活性当量		α-トコフェロール	B1	B2	葉酸	C		
■= 20 mg	■= 20 mg	■= 20 mg	■= 0.2 mg	■= 0.2 mg	■= 20 μg	■= 2 μg	■= 0.2 μg	■= 0.2 mg	■=0.02 mg	■=0.02 mg	■= 2 μg	■= 2 mg	■= 0.1g(mg)	
4	22	180	1.4	4.5	0	3	0	0.6	0.08	0.20	9	1	0.1(49)	試料：ホルスタイン種(去勢、肥育牛)／皮下脂肪：6.2 %、筋間脂肪：8.0 %
4	20	150	1.4	3.2	0	5	0	0.5	0.08	0.17	6	1	0.1(55)	試料：ホルスタイン種(去勢、肥育牛)／皮下脂肪：9.9 %、筋間脂肪：9.3 %
4	23	200	2.4	3.4	2	4	0	0.5	0.12	0.26	11	1	0.1(56)	試料：ホルスタイン種（去勢、肥育牛）
4	18	150	1.2	5.8	2	10	0.4	0.7	0.07	0.20	7	1	0.1(49)	皮下脂肪：0.5 %、筋間脂肪：12.1 %
3	18	150	1.4	3.1	5	11	0.6	0.7	0.05	0.12	5	1	0.1(39)	皮下脂肪：12.8 %、筋間脂肪：15.5 %
4	14	130	1.5	3.0	Tr	24	0.4	1.1	0.05	0.12	5	1	0.1(52)	別名：カルビ
3	21	170	2.4	3.8	2	5	0.2	0.5	0.08	0.19	8	1	0.1(41)	皮下脂肪：3.4 %、筋間脂肪：4.0 %
4	20	170	1.1	2.9	6	9	0.3	0.7	0.06	0.16	6	1	0.1(48)	皮下脂肪：4.5 %、筋間脂肪：12.2 %
4	24	180	2.8	2.8	Tr	4	0.4	0.7	0.10	0.25	5	1	0.1(45)	
6	17	100	2.4	5.2	11	13	0.1	0.5	0.08	0.19	5	1	0.2(64)	

おいしい情報　ソテー　西洋料理で，油を熱し，肉・魚・野菜などを焼くこと。また焼いたもの。

11 肉類

Meats

うし（副生物） Offals

内臓や，頭部や尾などの部分。鮮度が落ちやすい部分で，保存には注意が必要である。新しければ新しいほど味がよい。それぞれの部分に特徴があるので，食感やうまみを生かして調理する。

●舌 タンともよばれる。一頭の牛の舌の重さは約 1.5kg ほどもあり，おもにスライスして市販される。肉質はややかたく，独特の弾力がある。薄切りにして焼肉として食べられることが多いが，シチューなどの煮込み料理にも向く。

▲舌

●肝臓 肝臓はビタミンA，B群，C，鉄分も含む。臭みが強いので調理前によく洗い，水や牛乳にさらして血抜きしてから用いる。揚げ物，ソテーなどに向く。

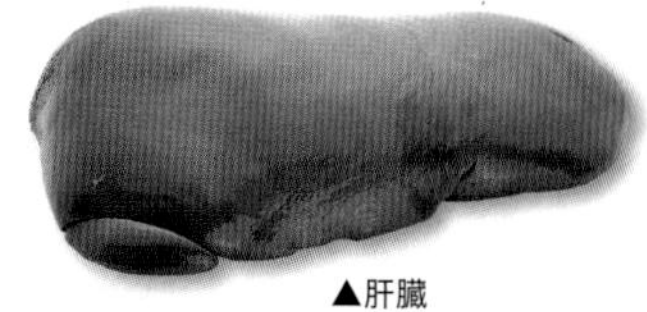

▲肝臓

●第一胃 第一胃はミノ，ガツとよばれる。弾力があって独特の風味がある。焼肉のほかに，煮込み，炒めものなどに使われる。上ミノは身が厚くて高級な部分。

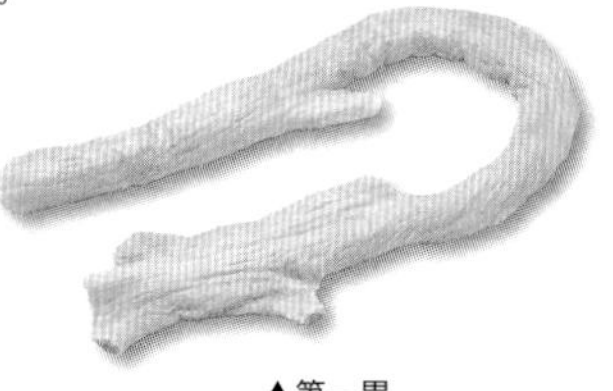

▲第一胃

●第二胃 第二胃はハチノスとよばれる。かたく，味がよい。西洋料理では煮込みに，中華料理では炒めものやスープ，前菜などに使う。

▲第二胃

●第三胃 第三胃はセンマイとよばれる。ひだと無数の突起がある。肉質は比較的やわらかい。ゆでてから炒めものや煮込みに使ったり，酢みそで食べるのが一般的。

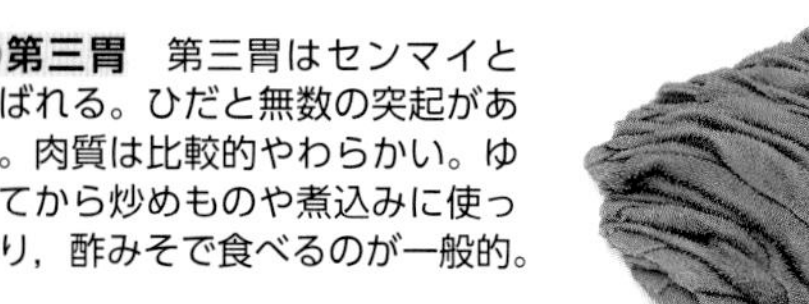

▲第三胃

●第四胃 ギアラ，赤せんまいなどともよばれ，焼肉で食べられる。ホルモンの中では脂が多く，歯ごたえもよいので人気がある。

▲第四胃

食品番号 食品名	廃棄率(%)	水分量(g)	エネルギー (■=20kcal)	たんぱく質 (■=2g)	脂質: 脂質 (■=2g)	脂質: コレステロール (■=2mg)	脂質: 飽和脂肪酸 (■=0.2g)	脂質: n-6系多価不飽和脂肪酸 (■=0.2g)	脂質: n-3系多価不飽和脂肪酸 (■=0.2g)	炭水化物: 利用可能炭水化物(単糖当量) (■=2g)	炭水化物: 炭水化物 (■=2g)	炭水化物: 食物繊維総量 (■=0.2g)	無機質: カリウム (■=20mg)
11090 **うし** 舌 生	0	54.0	318	12.3	29.7	97	11.19	1.18	0.06	(0.2)	(0.2)	(0)	230
11092 肝臓 生	0	71.5	119	17.4	2.1	240	0.93	0.57	0.07	(3.7)	(3.3)	(0)	300
11094 第一胃 ゆで	0	66.6	166	(19.2)	6.9	240	2.73	0.39	0.08	0	0	(0)	130
11095 第二胃 ゆで	0	71.6	186	(9.7)	14.7	130	5.69	0.40	0.05	0	0	(0)	64
11096 第三胃 生	0	86.6	57	(9.2)	0.9	120	0.38	0.09	Tr	0	0	(0)	83
11097 第四胃 ゆで	0	58.5	308	(8.7)	28.7	190	12.78	0.67	0.08	0	0	(0)	51
11099 大腸 生	0	77.2	150	(7.3)	12.2	150	3.94	0.35	0.05	0	0	(0)	120
11103 尾 生	40	40.7	440	11.6	43.7	76	13.20	1.30	0	(Tr)	(Tr)	(0)	110
11104 **ローストビーフ**	0	64.0	190	18.9	10.7	70	4.28	0.34	0.06	1.4	1.4	(0)	260
11105 **コンビーフ缶詰**	0	63.4	191	18.1	12.6	68	6.35	0.25	0.07	1.0	0.9	(0)	110
11107 **ビーフジャーキー**	0	24.4	304	47.5	5.8	150	2.11	0.50	0.16	9.6	9.2	(0)	760

 ミニ知識 牛スジって？ 腱（けん）のこと。関西ではおでんに入れて食べることが多い。

●**大腸**　大腸はテッチャンという。ホルモン焼や煮込みに使われる。煮ても焼いても美味。1 頭の牛から 2kg ほどしかとれないので珍重される。

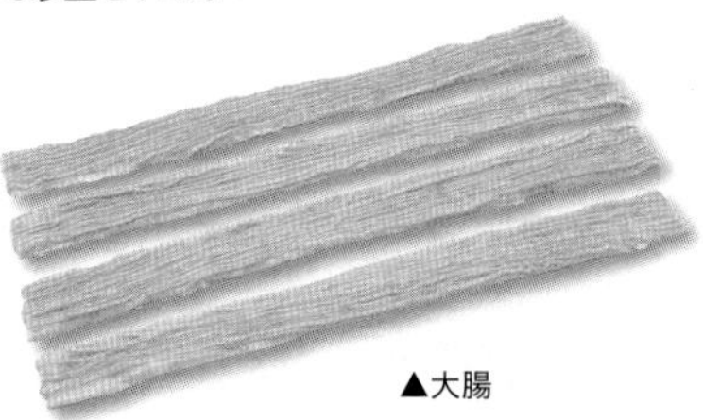

▲大腸

●**尾**　尾はテールといい，舌と同じくらいの重量がある。骨が中央に通っていて，ゼラチン質に富む。煮込み料理やテールスープなどとして用いられる。

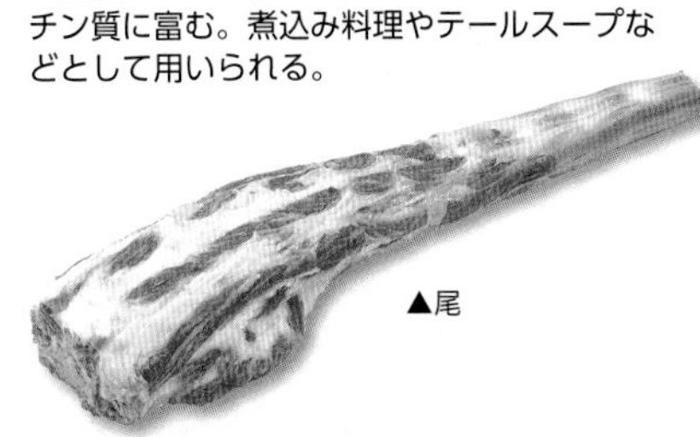

▲尾

うし（加工品） Beef products

●**ローストビーフ**　イギリスの伝統的な料理。オーブンで牛のかたまり肉を蒸し焼きにしたもの。中心部まで完全に火を通しておらず，肉汁が十分残っているものが美味である。

▲ローストビーフ

●**ビーフジャーキー**　干し肉のこと。薄くのばした牛肉に塩をしていぶした後，天日で乾燥させたもの。香辛料や調味料で風味をつけたものもある。つまみとして人気がある。

●**コンビーフ缶詰**　そとももなどの肉を塩漬けにし，肉を繊維状に細かくほぐしたもので，缶詰製品が多く出回っている。馬肉をまぜたものをニューコンビーフという。炒めもの，ピラフなどに入れたり，サラダやサンドイッチなどにも利用する。

▲コンビーフ

▲ビーフジャーキー

無機質					ビタミン								食塩相当量（ナトリウム）	備考
					A			E						
カルシウム	マグネシウム	リン	鉄	亜鉛	β-カロテン当量	レチノール活性当量	D	α-トコフェロール	B1	B2	葉酸	C		
■＝20mg	■＝20mg	■＝20mg	■＝0.2mg	■＝0.2mg	■＝20μg	■＝2μg	■＝0.2μg	■＝0.2mg	■＝0.02mg	■＝0.02mg	■＝2μg	■＝2mg	■＝0.1g(mg)	
3	15	130	2.0	2.8	5	3	0	0.9	0.10	0.23	14	1	0.2(60)	1本＝1.5kg　別名：たん
5	17	330	4.0	3.8	40	1100	0	0.3	0.22	3.00	1000	30	0.1(55)	1個＝4kg　別名：レバー / 試料：和牛
11	14	82	0.7	4.2	(Tr)	1	Tr	0.4	0.04	0.14	3	2	0.1(51)	別名：みの、がつ
7	6	55	0.6	1.5	(Tr)	3	0.1	0.3	0.02	0.10	12	0	0.1(39)	別名：はちのす
16	10	80	6.8	2.6	(Tr)	4	0	0.1	0.04	0.32	33	4	0.1(50)	別名：せんまい
8	8	86	1.8	1.4	(Tr)	5	0.2	0.5	0.05	0.14	10	0	0.1(38)	別名：あかせんまい、ギアラ、あぼみ
9	8	77	0.8	1.3	(Tr)	2	0	0.2	0.04	0.14	8	6	0.2(61)	別名：しまちょう、てっちゃん
7	13	85	2.0	4.3	Tr	20	0	0.3	0.06	0.17	3	1	0.1(50)	1本＝1.5kg　別名：テール / 皮を除いたもの / 廃棄部位：骨
6	24	200	2.3	4.1	Tr	Tr	0.1	0.3	0.08	0.25	9	0	0.8(310)	ビタミンC：酸化防止用として添加された食品を含む
15	13	120	3.5	4.1	Tr	Tr	0	0.8	0.02	0.14	5	0	1.8(690)	1缶＝100g
13	54	420	6.4	8.8	(0)	5	0.3	2.2	0.13	0.45	12	1	4.8(1900)	ビタミンE及びビタミンC：酸化防止用として添加された食品を含む

おいしい情報　網焼きの効果　肉や魚を網焼きにすると，余分な油分が網の下に落ちるので，脂肪分をカットできる。

11 肉類

Meats

うま 馬／Horse

さくら肉ともいう。脂肪が少なく，生のまま食べる馬刺は有名。独特の甘味があり，獣肉の中でもたんぱく質を多く含む。みそだれで食べるさくら鍋などもある。

▼うま

ぶた 豚肉／Swine, Porks

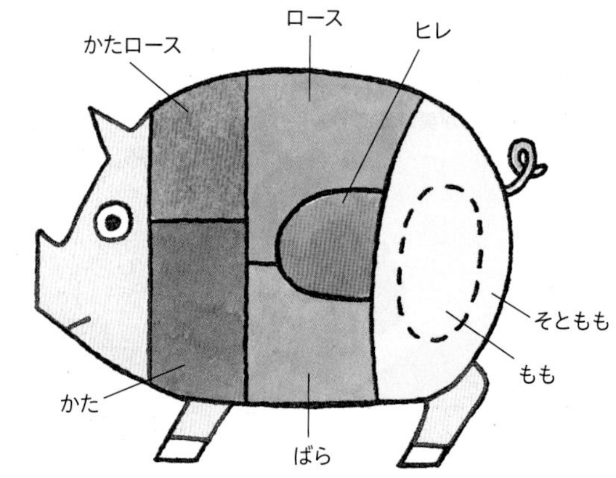

●**かたロース**　かたの中でも一番首寄りの部分で，脂肪が網目のように広がり，適度に脂がのっている。うま味成分を含んでいて味がよい。切り身で使う場合は肉たたきなどで脂肪と赤身の間の筋を切ってから料理するとやわらかく仕上がる。煮ても焼いてもおいしいので，あらゆるぶた肉料理に向く。ローストポーク，とんかつなどに。

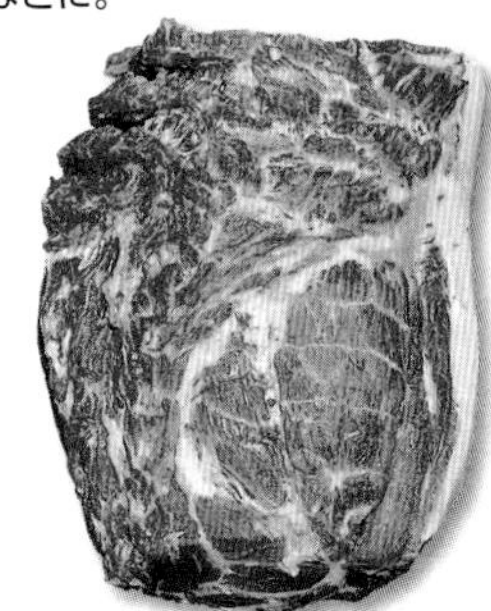
▲かたロース

くじら 鯨／Whale

商業捕鯨が禁じられていたが 2019 年に解禁。市販のくじら肉はほとんどが冷凍もの。尾の身は脂肪が霜降り状に入っており，やわらかく味もよい。揚げ物，刺身のほか，ベーコンなど加工品に用いられる。

▲くじら

●**かた**　前足を中心にした腕の部位。筋肉がよく使われているのでかたい。筋が多いので厚切りに向かず，薄切りやひき肉にして使う。薄切りのものは鉄板焼，炒めものなどに，角切りのものはシチューやカレーなどの煮込み料理に用いられる。

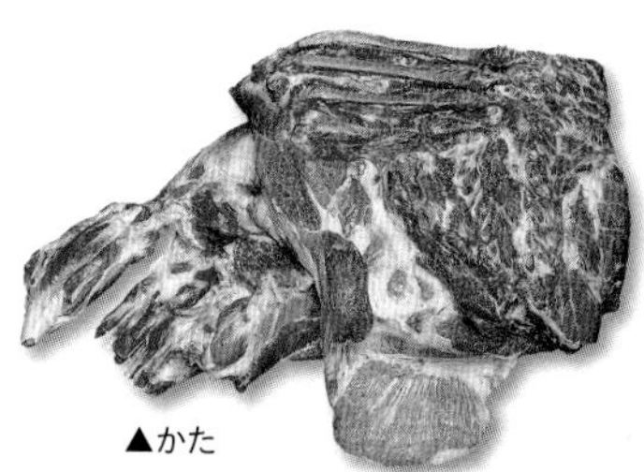
▲かた

食品番号 **食品名** 廃棄率(%)　水分量(g)	栄養素 エネルギー ■=20 kcal	たんぱく質 ■=2 g	脂質 脂質 ■=2 g	コレステロール ■=2 mg	飽和脂肪酸 ■=0.2 g	n-6系多価不飽和脂肪酸 ■=0.2 g	n-3系多価不飽和脂肪酸 ■=0.2 g	炭水化物 利用可能炭水化物(単糖当量) ■=2 g	炭水化物 ■=2 g	食物繊維総量 ■=0.2 g	無機質 カリウム ■=20 mg
11109 **うま**　肉、赤肉、生 0　76.1	102	17.6	2.2	65	0.80	0.20	0.09	(0.3)	(0.3)	(0)	300
11110 **くじら**　肉、赤肉、生 0　74.3	100	19.9	0.3	38	0.08	0.02	0.04	(0.2)	(0.2)	(0)	260
11115 **ぶた**　大型種肉　かた　脂身つき、生 0　65.7	201	18.5	14.0	65	5.25	1.55	0.10	(0.2)	(0.2)	(0)	320
11119 大型種肉　かたロース　脂身つき、生 0　62.6	237	(14.7)	18.4	69	7.26	1.99	0.12	(0.1)	(0.1)	(0)	300
11123 大型種肉　ロース　脂身つき、生 0　60.4	248	17.2	18.5	61	7.84	2.10	0.11	(0.2)	(0.2)	(0)	310
11276 大型種肉　ロース　脂身つき、とんかつ 0　31.2	429	19.0	35.1	60	8.90	4.63	1.40	9.6	8.8	0.7	340
11129 大型種肉　ばら　脂身つき、生 0　49.4	366	12.8	34.9	70	14.60	3.32	0.18	(0.1)	(0.1)	(0)	240
11130 大型種肉　もも　脂身つき、生 0　68.1	171	(16.9)	9.5	67	3.59	1.18	0.06	(0.2)	(0.2)	(0)	350
11136 大型種肉　そともも　脂身つき、生 0　63.5	221	(15.6)	15.9	69	5.80	1.90	0.10	(0.2)	(0.2)	(0)	320
11140 大型種肉　ヒレ　赤肉、生 0　73.4	118	18.5	3.3	59	1.29	0.43	0.03	(0.3)	(0.3)	(0)	430

ミニ知識　**豚トロとは？**　豚の首のまわりの肉のこと。見た目がマグロのトロのように霜降り状になっている。

●ロース 胸部から腰部の背側で，肉質はぶた肉の中ではヒレと同様に最高である。背面の脂肪がうま味を出すので，脂身を取り除く場合も，全部は取り除かない方がよい。薄切りはすき焼きなどの鍋物，しゃぶしゃぶ，炒めものに。切り身はとんかつ，ポークソテー，しょうが焼きなどに用いる。ブロックは焼き豚，ローストポークなどに用いる。

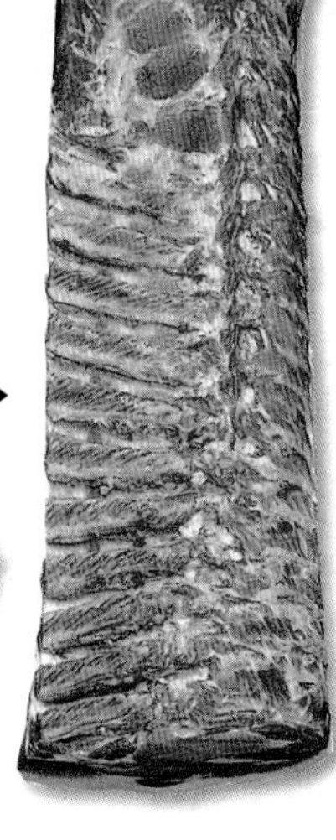
ロース▶

▼とんかつ

●もも ももの内側にあるかたまりの部分で，ほとんどが赤身。低脂肪で，たんぱく質の含有量が多い。利用範囲が広く，ブロックのほか，角切りや薄切り，ひき肉などに使用される。厚切りや塊のままで調理をする場合は，包丁でかるく切り込みを入れて用いるとよい。焼き豚，ローストポーク，煮込みなどに。

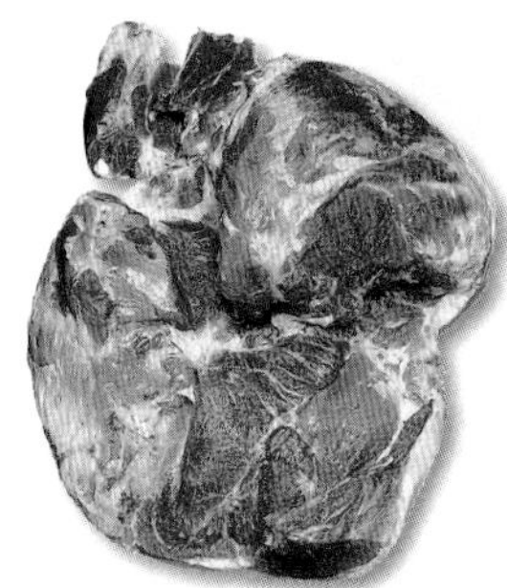
▲もも

●ばら 腹の部分。赤身と脂肪が交互に三層になっていることから三枚肉ともよばれる。ベーコン，ひき肉の材料となるほか，赤身部分がややかたいので煮込み料理に適している。あばら骨つきのばら肉は，スペアリブと呼ばれ，オーブンで焼いたり，バーベキューに用いられたりする。

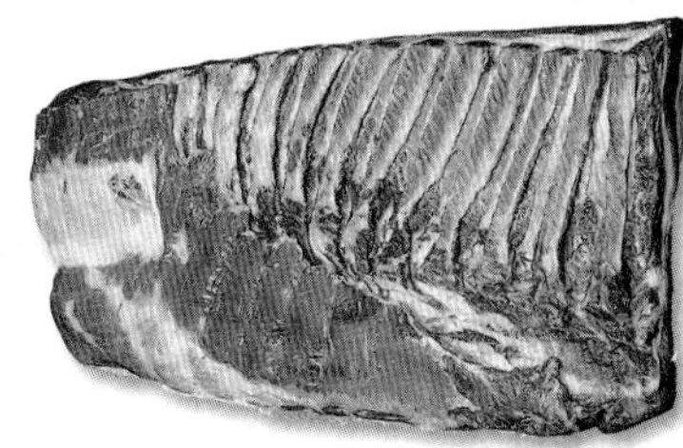
▲ばら

●ヒレ ロースの内側に付着した細長い筋肉で，1本1kg前後のかたまりが左右1本ずつある。1頭あたり2本しかとれないので，ほかの部位に比べて価格が高い。低脂肪でやわらかく，肉質はぶた肉の中で最高である。味は淡泊なのでカツなど油を使う料理に用いると，特においしく食べられる。ヒレかつ，から揚げなどに。

▲ヒレ

●そともも ほとんどが赤身で，脂肪が少ないのはももと同様だが，そとももの方は，表面が筋膜におおわれている。よく動かす部分なのでかためであるが，こくがあるのが特徴である。肉そのものの味をたのしむ料理に向き，焼き豚，ローストポークなどにする。

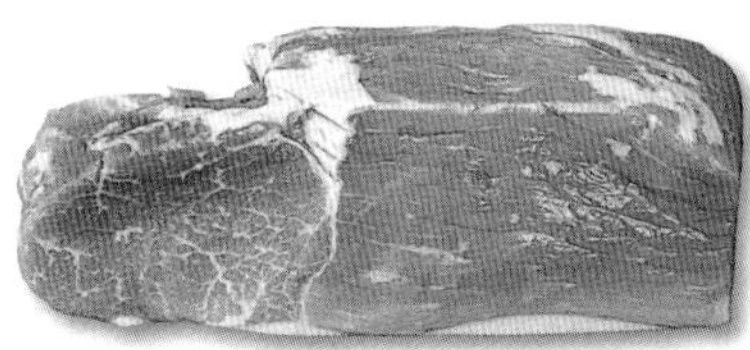
▲そともも

無機質					ビタミン								食塩相当量（ナトリウム）	備考
					A			E						
カルシウム	マグネシウム	リン	鉄	亜鉛	β-カロテン当量	レチノール活性当量	D	α-トコフェロール	B1	B2	葉酸	C		
■= 20 mg	■= 20 mg	■= 20 mg	■= 0.2 mg	■= 0.2 mg	■= 20 µg	■= 2 µg	■= 0.2 µg	■= 0.2 mg	■=0.02 mg	■=0.02 mg	■= 2 µg	■= 2 mg	■= 0.1g(mg)	
11	18	170	4.3	2.8	Tr	9	-	0.9	0.10	0.24	4	1	0.1(50)	さくら鍋 1人分=100g 別名：さくら肉／皮下脂肪及び筋間脂肪を除いたもの
3	29	210	2.5	1.1	(0)	7	0.1	0.6	0.06	0.23	4	1	0.2(62)	竜田揚げ 1人分=90g 試料：ミンクくじら／皮下脂肪及び筋間脂肪を除いたもの
4	21	180	0.5	2.7	0	5	0.2	0.3	0.66	0.23	2	2	0.1(53)	1人分= 100g 皮下脂肪：8.2％、筋間脂肪：7.5％
4	18	160	0.6	2.7	0	6	0.3	0.4	0.63	0.23	2	2	0.1(54)	ポークソテー 1枚=150g 皮下脂肪：5.7％、筋間脂肪：12.4％
4	22	180	0.3	1.6	0	6	0.1	0.3	0.69	0.15	1	1	0.1(42)	皮下脂肪：11.4％、筋間脂肪：7.9％
14	27	200	0.6	1.9	6	11	0.7	3.5	0.75	0.15	6	1	0.3(110)	
3	15	130	0.6	1.8	0	11	0.5	0.5	0.51	0.13	2	1	0.1(50)	シチュー 1人分=100g
4	24	200	0.7	2.0	0	4	0.1	0.3	0.90	0.21	2	1	0.1(47)	皮下脂肪：6.9％、筋間脂肪：3.4％
4	22	190	0.5	1.9	0	5	0.2	0.4	0.79	0.18	1	1	0.1(51)	皮下脂肪：10.2％、筋間脂肪：7.4％
3	27	230	0.9	2.2	(0)	3	0.3	0.3	1.32	0.25	1	1	0.1(56)	

おいしい情報 **豚カツのつくり方** 豚肉に塩・こしょうをして，小麦粉，溶き卵，パン粉の順番につけて，油で揚げる。

11 肉類

Meats

ぶた（つづき）

●ひき肉　くび，かたやそともものの料理用に整形しにくい部分や，各部位を整形した際に出てきた切り落としの部分など，いろいろな部位を合わせて，肉ひき機でひいたもの。高脂肪であることから赤身の多いひき肉に人気があるが，ばら肉など脂身の多いもののほうが味がよく，粘りも出てやわらかく仕上がる。ハンバーグ，肉団子，テリーヌなどに。

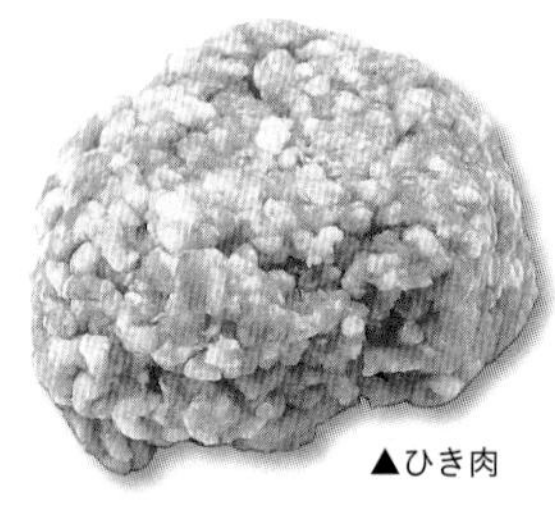

▲ひき肉

ぶた（副生物） Offals

●肝臓　レバーとよばれる。ビタミンや鉄分などが豊富だが，臭みがあるので，調理前には水や牛乳で血抜きをしてから利用する。

●豚足　ぶたの足先の部分。煮込み料理にするとやわらかくなる。ゼラチン質の部分を食べる。

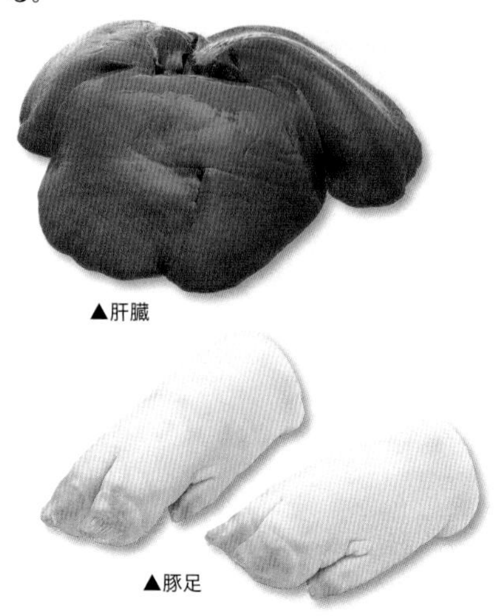

▲肝臓

▲豚足

ハム類 Hams

●ボンレスハム　もも肉から骨を抜き加工したもので，ももハムともいう。ロースハムより脂肪が少なく，きめが細かい。そのまま食べるほか，サラダやサンドイッチなどに用いる。

●ロースハム　ロース肉を加工したもので，脂肪含量が多く，しっとりしている。日本では最も人気のあるハム。そのまま食べるほか，サラダやサンドイッチなどに用いる。

●生ハム　生ハムは，塩漬けしたぶた肉を低温で長期間熟成させたもの。

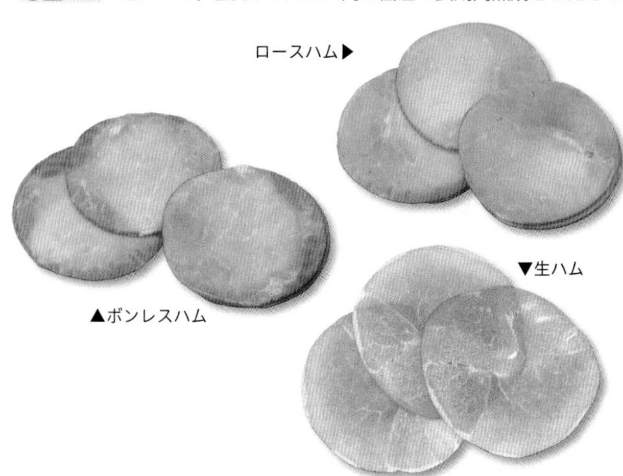

ロースハム▶

▲ボンレスハム

▼生ハム

食品番号 食品名 廃棄率(%)　水分量(g)	エネルギー	たんぱく質	脂質：脂質	脂質：コレステロール	脂質：飽和脂肪酸	脂質：n-6系多価不飽和脂肪酸	脂質：n-3系多価不飽和脂肪酸	炭水化物：利用可能炭水化物(単糖当量)	炭水化物：炭水化物	炭水化物：食物繊維総量	無機質：カリウム
栄養素	■= 20 kcal	■= 2 g	■= 2 g	■= 2 mg	■= 0.2 g	■= 0.2 g	■= 0.2 g	■= 2 g	■= 2 g	■= 0.2 g	■= 20 mg
11163 **ぶた**　ひき肉　生 0　64.8	209	15.9	16.1	74	6.24	1.52	0.10	(0.1)	(0.1)	(0)	290
11166 肝臓　生 0　72.0	114	17.3	1.9	250	0.78	0.60	0.15	(2.5)	(2.3)	(0)	290
11172 豚足　ゆで 40　62.7	227	20.1	16.3	110	4.99	1.21	0.14	(Tr)	(Tr)	(0)	50
11175 **ハム**　ボンレスハム 0　72.0	115	15.8	3.4	49	1.18	0.50	0.06	1.2	1.1	(0)	260
11176 ロースハム　ロースハム 0　61.1	211	16.0	13.5	61	5.35	1.50	0.10	1.2	1.1	0	290
11181 **生ハム**　促成 0　55.0	243	20.6	16.0	78	6.47	1.79	0.12	3.4	3.3	(0)	470
11183 **ばらベーコン** 0　45.0	400	11.2	38.1	50	14.81	3.29	0.29	2.7	2.6	(0)	210
11186 **ウインナーソーセージ**　ウインナーソーセージ 0　52.3	319	10.5	29.3	60	10.98	3.35	0.24	3.4	3.1	0	180
11195 **焼き豚** 0　64.3	166	16.3	7.2	46	2.51	0.94	0.08	4.9	4.7	(0)	290
11196 **レバーペースト** 0　45.8	370	11.0	33.1	130	12.93	3.97	0.43	2.9	2.7	(0)	160
11198 **ゼラチン** 0　11.3	347	86.0	0.3	2	-	-	-	0	0	(0)	8

ミニ知識　**羊頭狗肉**　看板には立派な羊の頭を出し，実際には犬の肉を売ること。見かけと実質が一致しないたとえ。

ソーセージ類 Sausages

●ウインナーソーセージ 塩漬けしたぶた肉をひき肉にして，調味した後にひつじ，うし，ぶたなどの腸（ケーシング）に詰めたもの。オーストリアのウィーンが発祥の地。日本では，直径が 20mm 未満のものをいう。

▲ウインナーソーセージ

その他 Others

●焼き豚 ぶたのかたまり肉を長時間調味液につけ込んだあと，直火で焼くか，蒸し焼きにしたもの。チャーシューともいう。

●レバーペースト ぶたの肝臓を塩ゆでしてすりつぶし，ラードと調味料を混ぜたもの。パンなどにぬって食べる。鉄分などが豊富なので，鉄欠乏性貧血の予防に効果的である。

●ゼラチン ゼリーなどをつくる際に用いる。動物の骨，皮，筋などに含まれるコラーゲンから抽出される一種のたんぱく質である。板状のものと粉末状のものがある。

▼レバーペースト
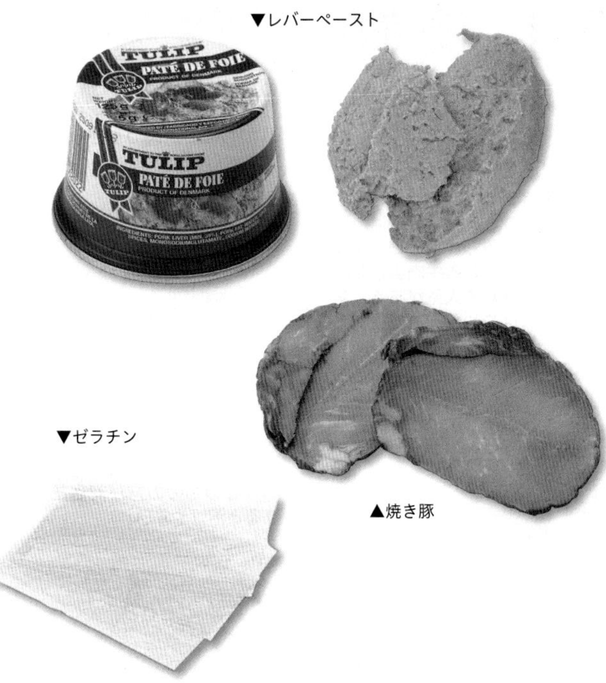

▲焼き豚

ベーコン類 Bacons

ベーコンは，ぶたのばら肉を塩漬けしたものを乾燥，燻煙したもの。赤身と脂肪がきれいに層になっているものが上質で，脂肪は多いが，加熱によってこの脂肪がよい風味を出す。ショルダーベーコンは，かた肉を使用したもので，脂肪が少ないのが特徴。

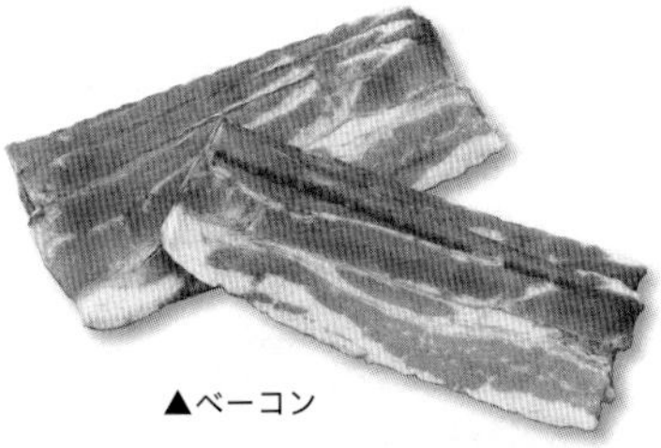

▲ベーコン

▼ゼラチン

無機質					ビタミン								食塩相当量	備考
					A			E						
カルシウム	マグネシウム	リン	鉄	亜鉛	β-カロテン当量	レチノール活性当量	D	α-トコフェロール	B1	B2	葉酸	C	食塩相当量(ナトリウム)	備考
■＝20 mg	■＝20 mg	■＝20 mg	■＝0.2 mg	■＝0.2 mg	■＝20 µg	■＝2 µg	■＝0.2 µg	■＝0.2 mg	■＝0.02 mg	■＝0.02 mg	■＝2 µg	■＝2 mg	■＝0.1g(mg)	
6	20	120	1.0	2.8	0	9	0.4	0.5	0.69	0.22	2	1	0.1(57)	ロールキャベツ 1人前＝75g
5	20	340	13.0	6.9	Tr	13000	1.3	0.4	0.34	3.60	810	20	0.1(55)	1個＝1kg 別名：レバー
12	5	32	1.4	1.0	(0)	6	1	0.4	0.05	0.12	1	0	0.3(110)	皮付きのもの／廃棄部位：骨
8	20	340	0.7	1.6	(0)	(Tr)	0.6	0.2	0.90	0.28	1	49	2.8(1100)	1枚＝20g ビタミンC: 酸化防止用として添加された食品を含む
4	20	280	0.5	1.6	0	3	0.2	0.1	0.70	0.12	1	25	2.3(910)	1枚＝20～50g ビタミンC: 酸化防止用として添加された食品を含む
6	27	200	0.7	2.2	(0)	5	0.3	0.3	0.92	0.18	3	18	2.8(1100)	ラックスハムを含む／ビタミンC: 酸化防止用として添加された食品を含む
6	18	230	0.6	1.8	(0)	6	0.5	0.6	0.47	0.14	1	35	2.0(800)	1枚＝17g 別名：ベーコン／ビタミンC: 酸化防止用として添加された食品を含む
6	12	200	0.5	1.3	Tr	2	0.4	0.4	0.35	0.12	1	32	1.9(740)	中1本＝20g ビタミンC: 添加品を含む
9	20	260	0.7	1.3	Tr	Tr	0.6	0.3	0.85	0.20	3	20	2.4(930)	1枚＝15～20g 試料：蒸し焼きしたもの／ビタミンC: 酸化防止用で添加された食品を含む
27	15	260	7.7	2.9	Tr	4300	0.3	0.4	0.18	1.45	140	3	2.2(880)	大さじ1＝20g
16	3	7	0.7	0.1	(0)	(0)	0	0	(0)	(0)	2	(0)	0.7(260)	1カップ＝130g 試料：家庭用／(100 g:154mL、100 mL:65g)

おいしい情報 ホイップクリームを浮かべた，ウインナーコーヒーの語源は，ウインナー同様，ウイーンが発祥だから。

11 肉類

Meats

めんよう 緬羊／Sheep

生後１年未満の子羊をラム，１年以上をマトンという。ラムは，臭みが少なく肉質もよいので，フランス料理ではむしろ牛肉よりも高級な素材とされて人気がある。マトンは肉質はややかためで独特の風味があり，日本では，おもにジンギスカン料理に利用される。

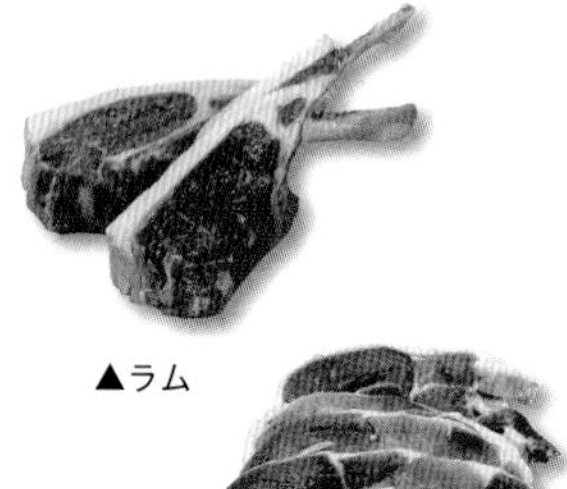

▲ラム

▲マトン

うずら 鶉／Japanese quail

日本産のもので出回っているものは，卵を取ったあとの鳥で，肉がかたい。フランス産のものは食肉用に飼育されたもので，肉づきがよい。焼き物や煮物などに。

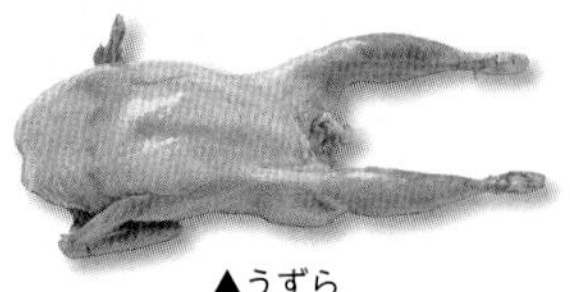

▲うずら

がちょう 鵞鳥／Goose

フォアグラは，がちょうやあひるに大量の飼料を強制的に与えて肥大させた肝臓。世界の三大珍味の一つ。あひるのものの方が安価だが，加熱すると溶けやすい。

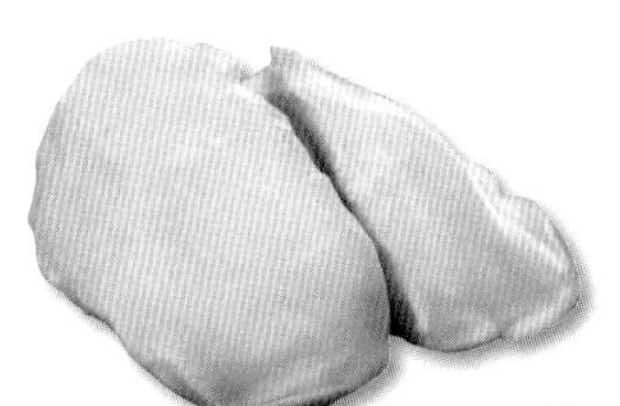

▲フォアグラ

かも 鴨／Duck,wild

まがもは野鳥としては美味で，年末年始の贈答品としても珍重される。皮下脂肪が厚く，味が濃厚なのが特徴で，かも鍋，かも南蛮ローストなどにして食べられる。

▲かも

あいがも 合鴨／Aigamo

本来あいがもとはまがもとあひるの雑種。焼き物，煮物，鍋物などに使われる。西洋料理ではソテーなどに，中国料理では北京ダックなどにして食べられる。

▲あいがも

きじ 雉／Common pheasant

日本では，食用として出回るのは飼育されたもの。肉は脂肪が少なく，高たんぱく。厳寒期のものは美味で，串焼き，ローストなどにする。

▲きじ

しちめんちょう 七面鳥／Turkey

北アメリカ原産の大型の鳥で，雄では体重が 15kg を超すものもある。日本ではクリスマス料理としての需要が高い。おもにロースト料理に用いられる。

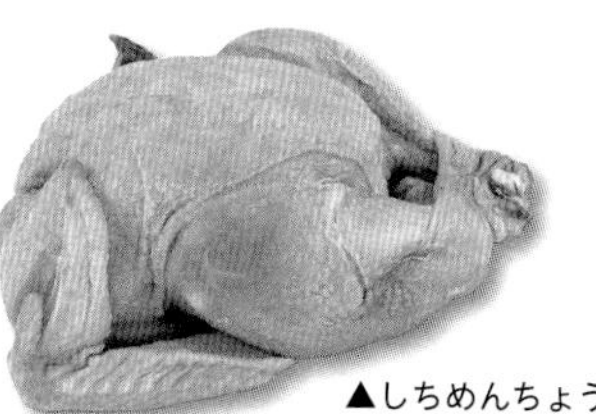

▲しちめんちょう

食品番号 食品名	廃棄率 (%)	水分量 (g)	エネルギー (■＝20 kcal)	たんぱく質 (■＝2 g)	脂質：脂質 (■＝2 g)	脂質：コレステロール (■＝2 mg)	脂質：飽和脂肪酸 (■＝0.2 g)	脂質：n-6系多価不飽和脂肪酸 (■＝0.2 g)	脂質：n-3系多価不飽和脂肪酸 (■＝0.2 g)	炭水化物：利用可能炭水化物(単糖当量) (■＝2 g)	炭水化物：炭水化物 (■＝2 g)	炭水化物：食物繊維総量 (■＝0.2 g)	無機質：カリウム (■＝20 mg)
11199 めんよう マトン ロース 脂身つき、生	0	68.2	192	17.6	13.4	65	6.80	0.34	0.16	(0.2)	(0.2)	(0)	330
11202 めんよう ラム ロース 脂身つき、生	0	56.5	287	13.6	23.2	66	11.73	0.55	0.32	(0.2)	(0.2)	(0)	250
11207 うずら 肉、皮つき、生	0	65.4	194	(17.8)	11.9	120	2.93	4.36	0.24	(0.1)	(0.1)	(0)	280
11239 がちょう フォアグラ、ゆで	0	39.7	470	(7.0)	48.5	650	18.31	0.61	0	(1.5)	(1.4)	(0)	130
11208 かも まがも 肉、皮なし、生	0	72.1	118	(19.8)	2.2	86	0.70	0.52	0.03	(0.1)	(0.1)	(0)	400
11205 あいがも 肉、皮つき、生	0	56.0	304	(12.4)	28.2	86	8.02	5.35	0.32	(0.1)	(0.1)	(0)	220
11209 きじ 肉、皮なし、生	0	75.0	101	(19.7)	0.8	73	0.28	0.19	0.03	(0.1)	(0.1)	(0)	220
11210 しちめんちょう 肉、皮なし、生	0	74.6	99	19.8	0.4	62	0.15	0.11	0.04	(0.1)	(0.1)	(0)	190
11212 にわとり 親・主品目 手羽 皮つき、生	40	66.0	182	(20.8)	9.6	140	2.06	2.25	0.09	0	0	(0)	120
11213 親・主品目 むね 皮つき、生	0	62.6	229	(15.5)	16.5	86	5.19	2.26	0.11	0	0	(0)	190

ミニ知識 **鴨がねぎをしょってくる** 鴨とねぎですぐに鴨なべができることから，願ってもいない好都合なことのたとえ。

にわとり 鶏／Chicken

市販されているものの多くは，月齢３か月未満のブロイラー。ブロイラーは，成長が早く肉付きがよいように品種改良した食肉専用鶏。肉質はやわらかくくせがない。地鶏といわれるのは，おもに日本の在来種からつくられた鶏で，肉に締まりがある。名古屋コーチン，比内鶏，薩摩鶏など。

●手羽　フライドチキンとして市販されているものは，おもに手羽を利用している。手羽先は脂肪とゼラチン質に富み，骨からうま味も出，煮込み料理にもよい。

●むね　脂肪が少なくやわらかい。加熱するとややぱさつくので，線維に沿って細切りにしたり，そぎ切りにして用いるとよい。

●もも　やや脂肪が多いが，肉質は弾力性がある。煮物や焼き物，揚げ物など用途が広い。骨付きのものはロースト，煮込みなどに用いられる。

●ささみ　脂肪がほとんどなく，とり肉の中でもっともやわらかい。淡泊な味を生かして，あえ物やサラダにもよい。

手羽　むね　ささ身　もも

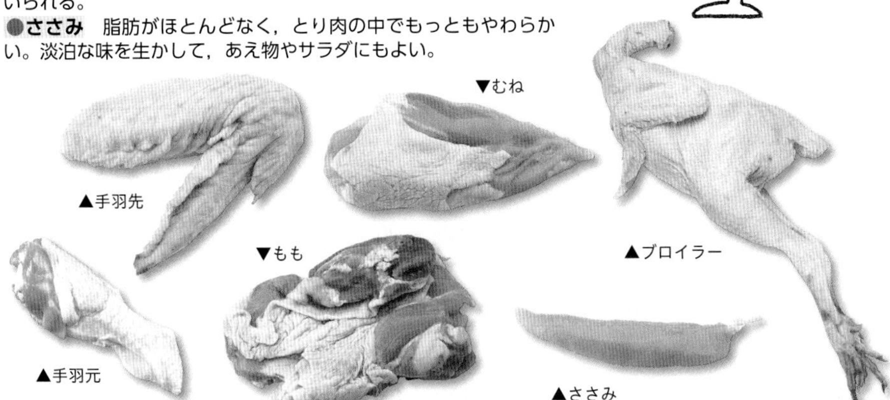

▲手羽先　▼むね　▲ブロイラー　▲手羽元　▼もも　▲ささみ

ジビエ料理って何？

ジビエとは，フランス語で「狩猟による鳥獣」のことをいう。英語だと「ゲームミート」。具体的には，かも，しぎ，きじ，はとなどの鳥類，うさぎ，しか，いのししなどを指す。西洋では，狩猟の文化とともに，古来より発達した。鳥獣の香りをいかしたり，風味を増すためのさまざまな工夫が，洋食の発展に多大な影響を与えた。本来は，狩猟でとられた野生の鳥獣だが，鮮度がよく即死させたものに限られるためヨーロッパの王侯貴族だけが楽しんできた料理である。現在では，一部飼育されているものもでてきており，一年中楽しめるようになってきている。ただし，日本では狩猟が一般的でないため，食材の入手が難しく，また，2003年には狩猟した肉を生食した人が，E型肝炎に感染した例も報告されており，十分な知識をもった上で楽しみたい。

はとのロースト

無機質					ビタミン								食塩相当量(ナトリウム)	備考
					A			E						
カルシウム	マグネシウム	リン	鉄	亜鉛	β-カロテン当量	レチノール活性当量	D	α-トコフェロール	B1	B2	葉酸	C		
■＝20mg	■＝20mg	■＝20mg	■＝0.2mg	■＝0.2mg	■＝20μg	■＝2μg	■＝0.2μg	■＝0.2mg	■＝0.02mg	■＝0.02mg	■＝2μg	■＝2mg	■＝0.1g(mg)	
3	17	180	2.7	2.5	0	12	0.7	0.7	0.16	0.21	1	1	0.2(62)	1串＝94g 別名：ひつじ／試料：ニュージーランド及びオーストラリア産
10	17	140	1.2	2.6	0	30	0	0.6	0.12	0.16	1	1	0.2(72)	別名：ひつじ／試料：ニュージーランド及びオーストラリア産
15	27	100	2.9	0.8	Tr	45	0.1	0.8	0.12	0.50	11	Tr	0.1(35)	1羽＝100～200g
3	10	150	2.7	1.0	(0)	1000	0.9	0.3	0.27	0.81	220	7	0.1(44)	試料：調味料無添加品
5	27	260	4.3	1.4	Tr	15	3.1	Tr	0.40	0.69	3	1	0.2(72)	試料：冷凍品／皮下脂肪を除いたもの
5	16	130	1.9	1.4	(0)	46	1	0.2	0.24	0.35	2	1	0.2(62)	試料：冷凍品
8	27	190	1.0	1.0	Tr	7	0.5	0.3	0.08	0.24	12	1	0.1(38)	試料：冷凍品／皮下脂肪を除いたもの
8	29	140	1.1	0.8	Tr	Tr	0.1	Tr	0.07	0.24	10	2	0.1(37)	雄＝11kg 雌＝9kg 皮下脂肪を除いたもの
16	14	100	1.2	1.7	Tr	60	0.1	0.1	0.04	0.11	10	1	0.1(44)	手羽先1本＝55g 廃棄部位：骨
4	20	120	0.3	0.7	Tr	72	0.1	0.2	0.05	0.08	5	1	0.1(31)	1枚＝約250～350g 皮及び皮下脂肪：32.8％

おいしい情報 成功を前提に，いろいろと計画を練ることを「飛ぶ鳥の献立」という。

11 肉類

Meats

▲若鶏肉　もも
皮つき から揚げ

にわとり 鶏／Chicken

●から揚げ　もも肉に小麦粉や片栗粉などを薄くまぶして油で揚げたもの。

●ひき肉　平均的には脂肪を多く含むものが多いが，ささ身など低脂肪な部位のみを用いたものもある。味は淡泊なので，ねぎやしょうがを加えて団子にし，吸い物などに用いる。

▲ひき肉

にわとり（副生物） Offals

●心臓　ハツとも呼ばれる。心臓はビタミンB_2，鉄分を多く含む部位で，炒めものや焼き物に利用される。赤褐色で弾力のあるものが味がよい。

●肝臓　肝臓はビタミンB_2，鉄分を多く含む部位で，炒め物や焼き物に利用される。牛や豚の肝臓よりも臭みが少ないので，料理に用いやすい。

●すなぎも　肉質は弾力に富む。焼き物として食べられることが多く，コリコリとした歯ざわりが特徴的である。

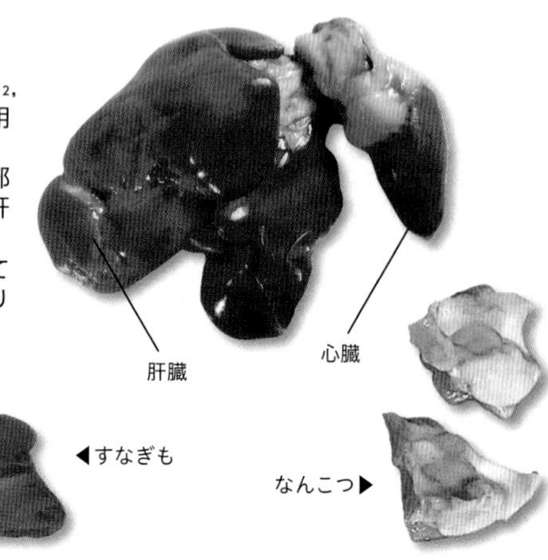

◀すなぎも

なんこつ▶

食品番号 食品名	廃棄率 (%)	水分量 (g)	エネルギー (■＝20 kcal)	たんぱく質 (■＝2 g)	脂質 (■＝2 g)	コレステロール (■＝2 mg)	飽和脂肪酸 (■＝0.2 g)	n-6系多価不飽和脂肪酸 (■＝0.2 g)	n-3系多価不飽和脂肪酸 (■＝0.2 g)	利用可能炭水化物(単糖当量) (■＝2 g)	炭水化物 (■＝2 g)	食物繊維総量 (■＝0.2 g)	カリウム (■＝20 mg)
					脂質					炭水化物			無機質
11215 **にわとり** 親・主品目 もも 皮つき、生	0	62.9	234	(17.4)	18.3	90	5.67	2.66	0.12	0	0	(0)	160
11217 親・副品目 ささみ、生	5	73.2	105	24.6	0.8	52	0.23	0.21	0.01	0	0	(0)	280
11218 若どり・主品目 手羽 皮つき、生	35	68.1	189	(16.5)	13.7	110	3.98	1.84	0.16	0	0	(0)	220
11219 若どり・主品目 むね 皮つき、生	0	72.6	133	17.3	5.5	73	1.53	0.92	0.11	(0.1)	(Tr)	(0)	340
11221 若どり・主品目 もも 皮つき、生	0	68.5	190	17.0	13.5	89	4.37	1.76	0.09	0	0	(0)	290
11289 若どり・主品目 もも 皮つき、から揚げ	0	41.2	307	20.5	17.2	110	3.26	2.97	0.70	14.3	13.0	0.8	430
11227 若どり・副品目 ささみ、生	5	75.0	98	19.7	0.5	66	0.17	0.11	0.02	(0.1)	(Tr)	(0)	410
11230 ひき肉 生	0	70.2	171	14.6	11.0	80	3.28	1.77	0.13	0	0	(0)	250
11231 心臓 生	0	69.0	186	12.2	13.2	160	3.86	2.07	0.19	(Tr)	(Tr)	(0)	240
11232 肝臓 生	0	75.7	100	16.1	1.9	370	0.72	0.38	0.25	(0.6)	(0.5)	(0)	330
11233 すなぎも 生	0	79.0	86	15.5	1.2	200	0.40	0.20	0.04	(Tr)	(Tr)	(0)	230
11236 なんこつ（胸肉） 生	0	85.0	54	12.5	0.3	29	0.09	0.03	Tr	(0.4)	(0.4)	(0)	170
11292 チキンナゲット	0	53.7	235	13.0	12.3	45	3.28	1.90	0.36	13.9	12.6	1.2	260
11243 **すっぽん** 肉、生	0	69.1	175	16.4	12.0	95	2.66	1.02	2.32	(0.5)	(0.5)	(0)	150

ミニ知識　**つくだ煮**　食品をしょうゆ，みりん，砂糖で煮詰めた保存食品。東京の佃島で製造されたのが始まり。

にわとり（その他）

●チキンナゲット 鶏肉の肉片に，小麦粉や卵をまぜた衣をつけ，揚げたもの。

▲チキンナゲット

すっぽん 鼈／Snapping turtle

淡水に生息するカメの一種で，昔から強壮食とされていた。出回っているのは養殖もので浜名湖地方が主産地。旬は晩秋から冬。鍋物，雑炊，汁物にする。

▲すっぽん

滋養強壮剤すっぽん？

中国ではむかしから，活力をつける薬としてすっぽんを食べていた。これは，すっぽんの生命力が強いことに理由があったようである。天然のすっぽんの寿命は100年，水だけでも1年は生きる，からだをばらばらにされても心臓だけは30分は動くといわれる。このことから，すっぽんには特別な栄養があると信じられてきた。実際，すっぽんは，必須アミノ酸に富んだたんぱく質のほか，カルシウム，鉄，マグネシウムなどの無機質，IPAやDHAなどの不飽和脂肪酸，ビタミンB_1，B_2，B_6，葉酸，パントテン酸など多くの栄養素に富んでいる。すっぽん料理は甲羅，爪，膀胱をのぞくと，血まですべて食べられる。すっぽんの血は酒と混ぜて食前酒として飲む。肉はから揚げ，鍋，雑炊などの料理などに，卵や肝なども塩漬けや味噌煮にして食べる。

無機質					ビタミン								食塩相当量（ナトリウム）	備考
カルシウム	マグネシウム	リン	鉄	亜鉛	A β-カロテン当量	A レチノール活性当量	D	E α-トコフェロール	B_1	B_2	葉酸	C		
■＝20 mg	■＝20 mg	■＝20 mg	■＝0.2 mg	■＝0.2 mg	■＝20 μg	■＝2 μg	■＝0.2 μg	■＝0.2 mg	■＝0.02 mg	■＝0.02 mg	■＝2 μg	■＝2 mg	■＝0.1g(mg)	
8	16	110	0.9	1.7	Tr	47	0.1	0.1	0.07	0.23	6	1	0.1(42)	皮及び皮下脂肪：30.6 %
8	21	200	0.6	2.4	Tr	9	0	0.1	0.09	0.12	7	Tr	0.1(40)	1本＝40～45g 廃棄部位：すじ
14	17	150	0.5	1.2	0	47	0.4	0.6	0.07	0.10	10	2	0.2(79)	別名：ブロイラー／廃棄部位：骨／手羽先：44.5 %、手羽元：55.5 %
4	27	200	0.3	0.6	0	18	0.1	0.3	0.09	0.10	12	3	0.1(42)	別名：ブロイラー／皮及び皮下脂肪：9.0 %
5	21	170	0.6	1.6	-	40	0.4	0.7	0.10	0.15	13	3	0.2(62)	別名：ブロイラー／皮及び皮下脂肪：21.2 %
11	32	240	1.0	2.1	6	28	0.2	2.5	0.12	0.23	23	2	2.5(990)	別名：ブロイラー
4	32	240	0.3	0.6	Tr	5	0	0.7	0.09	0.11	15	3	0.1(40)	1本＝25～45g 別名：ブロイラー／廃棄部位：すじ
8	24	110	0.8	1.1	0	37	0.1	0.9	0.09	0.17	10	1	0.1(55)	
5	15	170	5.1	2.3	Tr	700	0.4	1.0	0.22	1.10	43	5	0.2(85)	別名：はつ
5	19	300	9.0	3.3	30	14000	0.2	0.4	0.38	1.80	1300	20	0.2(85)	別名：レバー
7	14	140	2.5	2.8	Tr	4	0	0.3	0.06	0.26	36	5	0.1(55)	別名：砂ぎも
47	15	78	0.3	0.3	(0)	1	0	Tr	0.03	0.03	5	3	1.0(390)	別名：やげん
48	24	220	0.6	0.6	100	24	0.2	2.9	0.08	0.09	13	1	1.6(630)	
18	10	88	0.9	1.6	Tr	94	3.6	1.0	0.91	0.41	16	1	0.2(69)	甲殻、頭部、脚、内臓、皮等を除いたもの

おいしい情報 世界三大珍味 フォアグラ，キャビア，トリュフのこと。

12 卵類

eggs

卵は，脂肪，たんぱく質，ビタミン，ミネラルを豊富に含んでいる理想的な栄養源となる。
卵の調理は，卵のたんぱく質が熱により凝固する性質を利用したものが多い（熱凝固性）。また，卵白のたんぱく質は撹拌すると泡立つ性質（起泡性）をもち，卵黄の脂質のレシチンは水と油を結びつける性質（乳化性）をもつため，さまざまな調理に用いられる。
食用とされる卵はおもに鶏卵で，その他にうずらの卵やアヒルの卵（ピータン）などがある。製菓材料となったり，さまざまな調理に利用されているので，知らず知らずのうちに食べていることも多い。生産，流通が安定しており，安価で栄養価が高く，もっとも利用しやすい食品の一つである。

あひる卵 Domesticated duck's eggs

ピータンは，卵の加工品で，おもにあひるの卵が材料となる。アルカリと食塩を卵の中に浸透させてつくる。熟成中に卵白が黒褐色のゼラチン状に固まり，卵黄が緑黒色に硬化する。中国料理の前菜などに用いられる。

▼ピータン

うずら卵 鶉卵／Japanese quail's eggs

大きさは鶏卵の４分の１程度で，濃厚な味である。鶏卵よりビタミンA，B群，鉄などを多く含む。ゆで卵にして，炒め物や串揚げなどにする。

▲うずら卵

食品番号 食品名	廃棄率(%)	水分量(g)	エネルギー (■=20kcal)	たんぱく質 (■=2g)	脂質: 脂質 (■=2g)	脂質: コレステロール (■=2mg)	脂質: 飽和脂肪酸 (■=0.2g)	脂質: n-6系多価不飽和脂肪酸 (■=0.2g)	脂質: n-3系多価不飽和脂肪酸 (■=0.2g)	炭水化物: 利用可能炭水化物(単糖当量) (■=2g)	炭水化物: 炭水化物 (■=2g)	炭水化物: 食物繊維総量 (■=0.2g)	無機質: カリウム (■=20mg)
12020 **あひる卵** ピータン	45	66.7	188	13.7	13.5	680	3.06	1.40	0.24	0	0	(0)	65
12001 **うこっけい卵** 全卵、生	15	73.7	154	(10.7)	10.5	550	3.60	1.71	0.21	(0.3)	(0.3)	(0)	150
12002 **うずら卵** 全卵、生	15	72.9	157	11.4	10.7	470	3.87	1.27	0.33	(0.3)	(0.3)	(0)	150
12003 水煮缶詰	0	73.3	162	(9.7)	11.9	490	4.24	1.45	0.35	(0.3)	(0.3)	(0)	28
12004 **鶏卵** 全卵 生	14	75.0	142	11.3	9.3	370	3.12	1.32	0.11	0.3	0.3	0	130
12005 全卵 ゆで	11	76.7	134	11.2	9.0	380	3.04	1.29	0.10	0.3	0.3	0	130
12010 卵黄 生	0	49.6	336	13.8	28.2	1200	9.39	4.19	0.35	0.2	0.2	0	100
12011 卵黄 ゆで	0	50.3	331	13.5	27.6	1200	9.18	4.13	0.33	0.2	0.2	0	87
12014 卵白 生	0	88.3	44	9.5	0	1	Tr	Tr	0	0.4	0.4	0	140
12015 卵白 ゆで	0	87.9	46	9.9	Tr	2	0.01	0.01	0	0.4	0.4	0	140
12017 たまご豆腐	0	(85.2)	76	(5.8)	(4.5)	(190)	(1.53)	(0.65)	(0.05)	(0.1)	(0.1)	0	(99)

ミニ知識 錦糸卵とは？ 卵の薄焼きを糸のように細く切ったもの。

うこっけい卵 烏骨鶏卵／Silky fowl's eggs

烏骨鶏は，中国江西省原産の鶏で，骨，皮，肉が黒い。卵は鶏に比べて小さく，産卵も1か月に数個と少ない。肉は古くから薬用とされている。

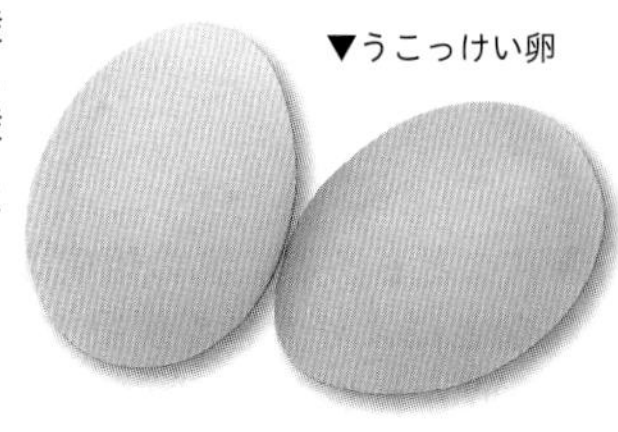
▼うこっけい卵

鶏卵 Hen's eggs

現在出回っているもののほとんどが無精卵。殻が白い白玉が主流。ほかに，赤玉，薄赤玉，青色卵などの有色卵もある。また，大きさによって，L，M，S玉などに分類される。また，飼育法により，ヨード卵，有精卵，地卵などの分類もある。ビタミンC以外のすべての栄養素が含まれるために完全食品といわれる。

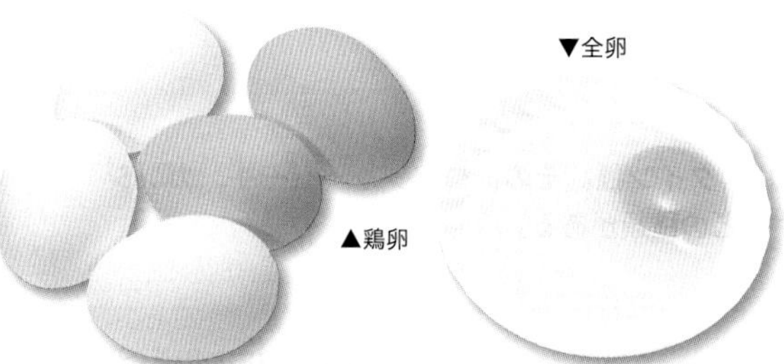
▲鶏卵　▼全卵

卵の性質と調理性

性質	調理の要点と調理例
熱凝固性	卵のたんぱく質は熱により凝固する。卵白は72～80℃くらいで，卵黄は65℃くらいで凝固する。塩や酸は凝固を促進する。 調理例：ゆで卵，温泉卵，いり卵，落とし卵，目玉焼き，オムレツ，厚焼き卵
希釈性	だし汁や牛乳で卵をうすめるとき，塩やカルシウム塩などは凝固を強め，砂糖は弱める。 調理例：茶わん蒸し，卵豆腐，カスタードプディング
粘着性	他の材料のつなぎの役割をする。 調理例：ハンバーグステーキ
起泡性	砂糖や脂質を加えると泡立ちにくくなるが，砂糖には泡を安定させる働きもある。 調理例：メレンゲ，スポンジケーキ，淡雪かん
乳化性	卵黄の脂質に含まれるレシチンが水と油を結びつける性質を持っている。 調理例：マヨネーズソース

卵と温度の関係

完熟卵 100℃

3分	5分	10分	13分	18分
（卵白部）ほぼ固まる	凝固	凝固	凝固	凝固
（卵黄部）生	周囲完熟中心半熟	ほとんど凝固中心少し半熟	完熟	完熟（卵白・卵黄のさかい目黒くなる）

無機質					ビタミン								食塩相当量	
					A			E						
カルシウム	マグネシウム	リン	鉄	亜鉛	β-カロテン当量	レチノール活性当量	D	α-トコフェロール	B1	B2	葉酸	C	食塩相当量（ナトリウム）	備考
■＝20mg	■＝20mg	■＝20mg	■＝0.2mg	■＝0.2mg	■＝20μg	■＝2μg	■＝0.2μg	■＝0.2mg	■＝0.02mg	■＝0.02mg	■＝2μg	■＝2mg	■＝0.1g(mg)	
90	6	230	3.0	1.3	22	220	6.2	1.9	Tr	0.27	63	(0)	2.0(780)	1個＝65g 廃棄部位：泥状物及び卵殻（卵殻：15％）
53	11	220	2.2	1.6	26	160	1	1.3	0.10	0.32	6	0	0.4(140)	廃棄部位：付着卵白を含む卵殻（卵殻：13％）/卵黄：卵白＝38:62
60	11	220	3.1	1.8	16	350	2.5	0.9	0.14	0.72	91	(0)	0.3(130)	中1個＝15g 廃棄部位：付着卵白を含む卵殻（卵殻：12％）/卵黄：卵白＝38:62
47	8	160	2.8	1.8	7	480	2.6	1.6	0.03	0.33	47	(0)	0.5(210)	1個＝8g 液汁を除いたもの
46	10	170	1.5	1.1	7	210	3.8	1.3	0.06	0.37	49	0	0.4(140)	中1個＝50～60g 廃棄部位：卵殻（付着卵白を含む）/卵黄：卵白＝32:68＊
47	11	170	1.5	1.1	4	170	2.5	1.2	0.06	0.32	48	0	0.3(140)	廃棄部位：卵殻/卵黄：卵白＝31:69
140	11	540	4.8	3.6	24	690	12.0	4.5	0.21	0.45	150	0	0.1(53)	中1個＝13～16g
140	12	530	4.7	3.3	41	520	7.1	3.6	0.16	0.43	140	0	0.1(58)	
5	10	11	Tr	0	0	0	0	0	0	0.35	0	0	0.5(180)	中1個＝29～35g
6	11	12	Tr	0	0	0	0	0	0.02	0.26	0	0	0.4(170)	
(26)	(8)	(95)	(0.8)	(0.6)	(2)	(83)	(0.6)	(0.6)	(0.04)	(0.17)	(25)	0	(1.0)((390))	

＊付着卵白を含まない卵殻：13％

おいしい情報 メレンゲ　卵白に砂糖を入れて泡立て器で泡立てたもの。オーブンで焼いて食べたりもする。

13 乳類

Milks

食用の乳類としては，牛乳が主だが，山羊乳，馬乳などもある。乳の組成は，動物によってそれぞれ違っている。脂質は乳牛の品種，年齢，飼料などにより大きく変動する。無機質としては，特にカルシウムが豊富で，たんぱく質と結合し，吸収されやすい形で存在している。乳類は，成長期の子どもには欠かせない重要な食品である。また，牛乳はそのまま飲用されることが多いが，調理の利用範囲も広く，生臭さを脱臭したり，食感をなめらかにしたりするはたらきがある。
乳類はその栄養価，鮮度，安全性を保つために，成分規格など，「乳及び乳製品の成分規格等に関する省令」によって細かく定められている。

乳牛の種類

日本で飲まれている牛乳の99.5％はホルスタイン種。その他に，ジャージー牛，ガンジー牛，エアシャー牛，ブラウンスイス牛などの種類がある。

ホルスタイン種

ジャージー種

日本ではほとんどがホルスタイン種。ホルスタイン種はジャージー種に比べて乳量が多いが，乳固形分，たんぱく質，脂質などの含有量が少ない。ジャージー種は乳量は少ないが，乳脂肪率が高く，濃厚な味わいがある。

乳・乳製品の分類

牛乳にはさまざまな種類があり，また牛乳の性質を利用した乳製品にも多くの種類がある。

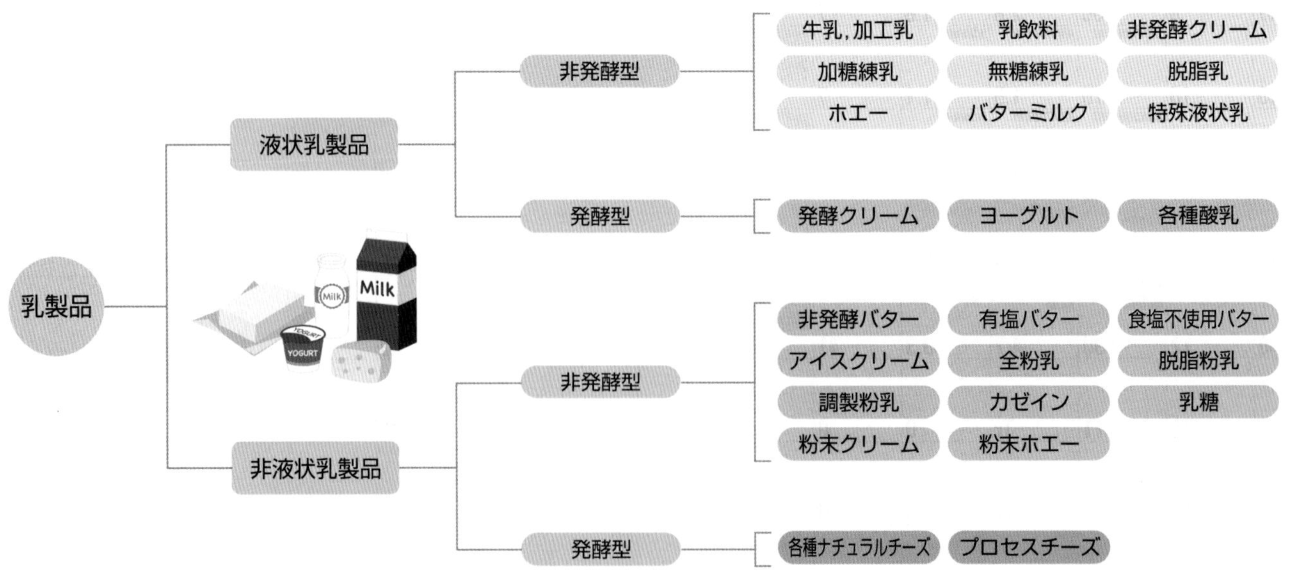

 ミニ知識 **角（つの）が立つ** 卵白や生クリームを泡立てる際，とがった角ができるくらいのかたさになること。

牛乳の殺菌法

牛乳の分類	略　称	殺　菌　法
低温長時間殺菌法	LTLT	63℃，30分
高温短時間殺菌法	HTST	72℃以上，15秒以上
超高温殺菌法	UHT	120～130℃，2～3秒
超高温滅菌殺菌法	LL	135～150℃，1～4秒

飲用乳の種類

種類	無脂固形分	乳脂肪分	細菌数(1ml中)	大腸菌群	製品例
牛　乳	8.0%以上	3.0%以上	5万以下	陰性	
加工乳	8.0%以上	－	5万以下	陰性	低脂肪乳
特別乳	8.5%以上	3.3%以上	3万以下	陰性	
乳飲料	－	－	3万以下	陰性	コーヒー乳飲料

飲用乳の表示

乳等省令指定	種類別[1]，商品名，殺菌温度および時間，製造年月日	主要原料名（加工乳の場合），乳処理場の所在地，処理業者名称
全国飲用公乳公正取引協議会加盟工場で追記分	牛乳・加工乳の区別（牛乳には薄紫色のフード），乳脂肪分（%）	無脂固形分率（%）[2]，標準組成値（加工乳の場合），(公正)マーク

1）牛乳，加工乳，無調整牛乳，LL牛乳，乳飲料，ラクターゼ処理牛乳のいずれか。
2）牛乳の全固形分から脂肪分を引いた残りの成分（おもにたんぱく質，乳糖，無機質）の重量パーセント。

乳製品の種類と特徴

乳製品の種類	製造法と製品の特徴
ヨーグルト	牛乳に乳酸菌を接種して発酵によって凝固する。牛乳の成分をそのまま含むうえに，さらに消化がよい。
乳酸菌飲料	乳酸菌や酵母により脱脂乳を発酵させ，これに砂糖，香料，色素などを加えたもの。
粉乳	牛乳を濃縮・乾燥して粉末状にしたもの。全粉乳，脱脂粉乳，全粉乳に砂糖を加えた加糖粉乳，乳幼児に必要な栄養素を加えた調製粉乳がある。
アイスクリーム	乳脂肪に砂糖，安定剤，香料などを加えて冷却，攪拌しながら凍結させる。
チーズ	乳酸菌で乳を発酵させた後，凝乳酵素（キモシン）を加えて凝固したもの。さらに熟成するものもある。こうしてできたものがナチュラルチーズ。数種類のナチュラルチーズを粉砕・混合し，加熱融解して再度かためたものがプロセスチーズ。たんぱく質の消化性がよい。
クリーム	牛乳の脂肪分を遠心分離器（クリームセパレーター）で分離したもの。最近は，植物油を使用したイミテーションもある。

牛乳の性質

消臭効果
牛乳のたんぱく質はコロイド粒子になると吸着作用があるので，食品のにおいを消す

なめらかさを出す
ホットケーキやクレープのたねを牛乳で溶くと水で溶くよりなめらかに仕上がる

酸による凝固
牛乳に含まれるカゼインというたんぱく質は，酸を加えると凝固する性質がある

粘りをつける
カルシウム塩とたんぱく質の一部が凝固してホワイトソースやポタージュに濃度を与える

焦げ色をつける
ホットケーキなどにおいしそうな焦げ色がつくのは，牛乳のたんぱく質と糖質が反応するため

白色に仕上げる
牛乳の白い色を生かしたい時は，加熱しすぎないことがポイント

牛乳・乳製品の選び方

市販品を購入する際は，賞味期限の新しいもの，冷蔵されているものを選ぶ。古くなった牛乳は，酸っぱい臭いがしたり，固まりと液体とが分離する。見た目で分からない場合は，煮沸してみると，変質している牛乳の場合は牛乳の中に含まれているたんぱく質が変化して豆腐のような固まりができる。

牛乳パックのユニバーサルデザイン

目の不自由な人にも牛乳とそれ以外の飲料紙パックとの判別がつくように，牛乳パックにはくぼみがついている。

おいしい情報　**牛乳で熟睡？**　牛乳は睡眠ホルモンのメラトニンを含むため，夜ホットミルクを飲むと熟睡できるといわれる。

13 乳類

Milks

液状乳類 Liquid milks

●**生乳** 日本ではほとんどがホルスタイン種。ほかにジャージー種のものも出回っている。2種を比べると，ホルスタイン種は乳量が多いが，乳固形分，たんぱく質，脂質などの含有量が少ない。ジャージー種は乳量は少ないが，乳脂肪率が高い。

●**普通牛乳** 一般にいう牛乳のことで，生乳を殺菌などして直接飲めるようにしたもの。無脂乳固形分8.0％以上，乳脂肪分3.0％以上と決まっている。

●**加工乳** 加工乳は8.0％以上の無脂乳固形分を含み，乳を原料として加工した飲料のこと。

普　通：生乳（70％以上）に濃縮乳，脱脂粉乳，バター，クリームなどを加えたもの。普通牛乳とほぼ同じ成分。

濃　厚：乳固形分が多い。乳脂肪分は3.8％以上で味が濃い。

低脂肪：乳脂肪分は少なく，無脂肪固形分を多くしたもの。

●**乳児用液体ミルク** 調製液状乳を容器に密封したもので，そのまま飲むことができる母乳代替食品。

●**乳飲料** 生乳，牛乳，クリームなどの乳・乳製品を主原料として果汁やコーヒー抽出液，香料，無機質，ビタミンなどを配合したもの。

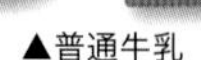

▲普通牛乳

▲加工乳

▲乳飲料コーヒー

▲乳児用液体ミルク

粉乳類 Milk powders

牛乳を濃縮乾燥させて粉末にしたもの。脱脂乳を乾燥させてつくったものが脱脂粉乳。スキムミルクという商品名で市販されており，各種食品の製造原料として幅広く使われる。調製粉乳は，粉乳をベースとして乳幼児に必要な各種栄養素を配合して母乳に近づけたもの。

▲脱脂粉乳

食品番号 食品名	廃棄率(%)	水分量(g)	エネルギー	たんぱく質	脂質：脂質	脂質：コレステロール	脂質：飽和脂肪酸	脂質：n-6系多価不飽和脂肪酸	脂質：n-3系多価不飽和脂肪酸	炭水化物：利用可能炭水化物(単糖当量)	炭水化物：炭水化物	炭水化物：食物繊維総量	無機質：カリウム
(栄養素)			■= 20 kcal	■= 2 g	■= 2 g	■= 2 mg	■= 0.2 g	■= 0.2 g	■= 0.2 g	■= 2 g	■= 2 g	■= 0.2 g	■= 20 mg
13002 **生乳** ホルスタイン種	0	87.7	63	2.8	3.8	12	2.36	0.13	0.02	4.7	4.4	(0)	140
13003 **普通牛乳**	0	87.4	61	3.0	3.5	12	2.33	0.10	0.02	4.7	4.4	(0)	150
13004 **加工乳** 濃厚	0	86.3	70	3.0	4.2	16	2.75	0.12	0.02	5.0	4.8	(0)	170
13005 低脂肪	0	88.8	42	3.4	1.0	6	0.67	0.03	Tr	5.1	4.9	(0)	190
13059 **乳児用液体ミルク**	0	87.6	66	1.5	3.6	11	-	-	-	-	7.1	0	81
13007 **乳飲料** コーヒー	0	88.1	56	1.9	2.0	8	1.32	0.05	0.02	8.0	7.7	(0)	85
13010 **脱脂粉乳**	0	3.8	354	30.6	0.7	25	0.44	0.03	Tr	50.3	47.9	(0)	1800
13011 **乳児用調製粉乳**	0	2.6	510	10.8	26.0	63	11.27	4.69	0.38	53.9	51.3	(0)	500
13013 **加糖練乳**	0	26.1	314	7.0	8.4	19	5.59	0.22	0.04	55.9	53.2	(0)	400
13014 **クリーム** 乳脂肪	0	48.2	404	1.6	39.6	64	26.28	1.15	0.21	2.9	2.7	0	76
13016 植物性脂肪	0	55.5	353	1.1	37.6	21	26.61	1.63	0.10	2.7	2.5	0	67
13020 **コーヒーホワイトナー** 液状、乳脂肪	0	70.3	205	4.8	17.8	50	11.57	0.50	0.08	(1.7)	(1.6)	(0)	55
13023 粉末状、乳脂肪	0	2.8	504	(6.3)	24.4	86	16.45	0.51	0.12	60.6	57.7	0	360

ミニ知識 **ミルク・クラウン現象** 容器に入ったミルクの上面にミルクを1滴垂らすと，きれいな王冠状になること。

練乳類 Evaporated and condensed milk

牛乳を1/2～1/3に濃縮したもの。消化がよい。無糖練乳（エバミルク）は，牛乳を濃縮加熱・殺菌したもの。加糖練乳（コンデンスミルク）は約16%のしょ糖を添加して濃縮したもの。

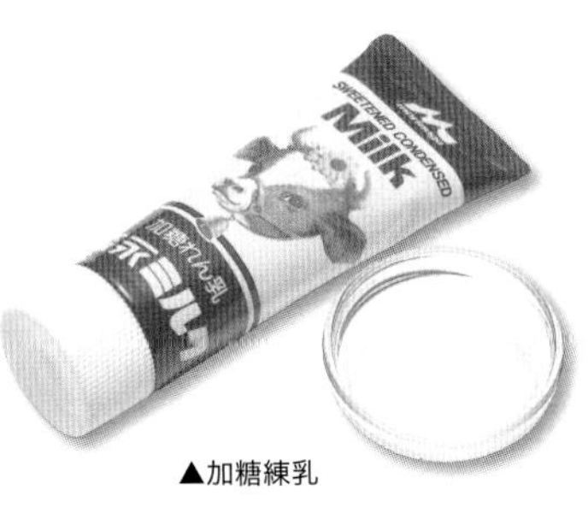

▲加糖練乳

クリーム類 Creams

一般に「生クリーム」と呼ばれるもの。生乳から脂肪を分離したもので，乳脂肪18%以上のものとなっている。乳脂肪クリームには，乳脂肪分40～50%が含まれている。乳脂肪の一部を植物性に置き換えた乳脂肪・植物性脂肪のもの，乳製品や乳化剤，安定剤などを加えた植物性脂肪のものがある。

コーヒーホワイトナー コーヒー用に開発されたもので，粉末と液状のものがある。乳脂肪だけのもの，植物性脂肪のものなど，商品によって成分が異なる。

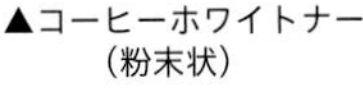
▲コーヒーホワイトナー（粉末状）

▲クリーム（乳脂肪）

▲クリーム（植物性脂肪）

◀コーヒーホワイトナー（液状）

無機質					ビタミン								食塩相当量（ナトリウム）	備考
					A			E						
カルシウム	マグネシウム	リン	鉄	亜鉛	β-カロテン当量	レチノール活性当量	D	α-トコフェロール	B1	B2	葉酸	C		
■＝20 mg	■＝20 mg	■＝20 mg	■＝0.2 mg	■＝0.2 mg	■＝20 μg	■＝2 μg	■＝0.2 μg	■＝0.2 mg	■＝0.02 mg	■＝0.02 mg	■＝2 μg	■＝2 mg	■＝0.1g(mg)	
110	10	91	Tr	0.4	8	38	Tr	0.1	0.04	0.15	5	1	0.1(40)	未殺菌のもの/(100 g: 96.9 mL、100 mL: 103.2 g)
110	10	93	0.02	0.4	6	38	0.3	0.1	0.04	0.15	5	1	0.1(41)	1カップ=206g 鉄：Trだが便宜上小数第2位まで記載/(100 g: 96.9 mL、100 mL: 103.2 g)
110	13	100	0.1	0.4	14	35	Tr	0.1	0.03	0.17	0	Tr	0.1(55)	1カップ=208g (100 g: 96.5 mL、100 mL: 103.6 g)
130	14	90	0.1	0.4	3	13	Tr	Tr	0.04	0.18	Tr	Tr	0.2(60)	1カップ=208g (100 g: 96.4 mL、100 mL: 103.7 g)
45	5	29	0.6	0.4	-	66	1.1	1.9	0.08	0.11	21	31	Tr(-)	(100 g：98mL、100 mL：101g)
80	10	55	0.1	0.2	Tr	5	Tr	0.1	0.02	0.09	Tr	Tr	0.1(30)	1カップ=210g (100 g: 95.0 mL、100 mL: 105.3 g)
1100	110	1000	0.5	3.9	Tr	6	Tr	Tr	0.30	1.60	1	5	1.4(570)	大さじ1=6g 別名：スキムミルク/(100 g:222mL、100 mL:45g)
370	40	220	6.5	2.8	85	560	9.3	5.5	0.41	0.72	82	53	0.4(140)	別名：育児用粉ミルク/育児用栄養強化品/(100 g:222mL、100 mL:45g)
260	25	220	0.1	0.8	20	120	0.1	0.2	0.08	0.37	1	2	0.2(96)	大さじ1=20g 別名：コンデンスミルク/(100 g:78mL、100 mL:128g)/しょ糖：44 g
49	5	84	0.1	0.2	110	160	0.3	0.4	0.02	0.13	0	0	0.1(43)	別名：生クリーム、フレッシュクリーム/(100 g:95mL、100 mL:105g)
50	6	79	0	0.2	99	9	0.1	4.0	0.01	0.07	0	0	0.1(40)	別名：植物性生クリーム/(100 g:99mL、100 mL:102g)
30	3	150	0.1	0.4	22	150	0.2	0.3	0.01	0.05	2	Tr	0.4(150)	小カップ1個=3g 別名：コーヒー用ミルク、コーヒー用クリーム
87	9	240	0	0.4	100	320	0.2	0.8	0.02	0.65	10	0	0.9(360)	大さじ1=5g (100 g:300mL、100 mL:33g)

おいしい情報 あら熱を取る 火にかかっていた熱い状態から落ち着くくらいに冷ますこと。

13 乳類

Milks

発酵乳・乳酸菌飲料 Fermented milk and lactic acid bacteria beverages

ヨーグルト　牛乳や脱脂乳に乳酸菌を加えて発酵させ，凝固させたもの。甘味料や香料などを添加していないものが「全脂無糖」で，プレーンヨーグルトとよばれる。牛乳に匹敵する栄養価があり，たんぱく質，カルシウムなどが吸収されやすく，整腸作用がある。固形とドリンクタイプがある。

乳酸菌飲料　乳などを乳酸菌で発酵させたものを加工，もしくは主原料とした飲料。無脂乳固形分 3%以上が乳製品。

乳酸菌飲料▶

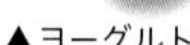
▲ヨーグルト

ナチュラルチーズ Natural cheeses

ナチュラルチーズは，動物の乳を乳酸やレンニン（酵素）によって凝固させて水分を絞り，塩などを添加した凝縮物。

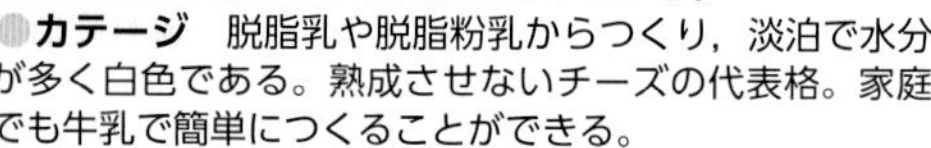

エダム　オランダのエダム地方が原産地で，表面には保護のための赤いワックスがかかっている。

カテージ　脱脂乳や脱脂粉乳からつくり，淡泊で水分が多く白色である。熟成させないチーズの代表格。家庭でも牛乳で簡単につくることができる。

カマンベール　牛乳を原料とし白カビで熟成させたもの。独特のこくと香りがある。

クリーム　クリームや牛乳を加えた熟成させない白色のチーズ。パンなどにぬったり，料理や製菓に利用する。

チェダー　イギリスのチェダー村のチーズだが，「チェダリング」という独特の製法で，現在は世界的に生産されている。サンドイッチなどに使われる。また，タコスなどのメキシコ料理にも使われることも多い。

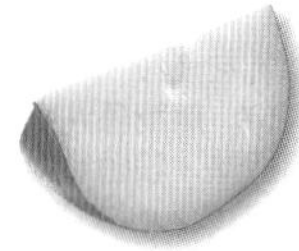
▲エダム

▲カテージ

食品番号 食品名 廃棄率(%) 水分量(g)	エネルギー	たんぱく質	脂質					炭水化物			無機質
栄養素			脂質	コレステロール	飽和脂肪酸	n-6系多価不飽和脂肪酸	n-3系多価不飽和脂肪酸	利用可能炭水化物(単糖当量)	炭水化物	食物繊維総量	カリウム
	■＝20 kcal	■＝2 g	■＝2 g	■＝2 mg	■＝0.2 g	■＝0.2 g	■＝0.2 g	■＝2 g	■＝2 g	■＝0.2 g	■＝20 mg
13025 **ヨーグルト** 全脂無糖 0 87.7	56	3.3	2.8	12	1.83	0.08	0.01	3.9	3.8	(0)	170
13029 **乳酸菌飲料** 殺菌乳製品 0 45.5	217	1.3	0.1	2	0.06	Tr	Tr	-	52.6	(0)	60
13031 **ナチュラルチーズ** エダム 0 41.0	321	(29.4)	22.6	65	15.96	0.37	0.16	(0)	(0)	(0)	65
13033 カテージ 0 79.0	99	13.2	4.1	20	2.73	0.10	0.02	0.5	0.5	(0)	50
13034 カマンベール 0 51.8	291	17.7	22.5	87	14.87	0.54	0.16	0	0	(0)	120
13035 クリーム 0 55.5	313	7.6	30.1	99	20.26	0.63	0.25	2.5	2.4	(0)	70
13037 チェダー 0 35.3	390	23.9	32.1	100	20.52	0.54	0.26	(0.4)	(0.4)	(0)	85
13038 パルメザン 0 15.4	445	(41.1)	27.6	96	18.15	0.67	0.28	(0)	(0)	(0)	120
13039 ブルー 0 45.6	326	(17.5)	26.1	90	17.17	0.67	0.13	(0)	(0)	(0)	120
13040 **プロセスチーズ** 0 45.0	313	21.6	24.7	78	16.00	0.39	0.17	0.1	0.1	(0)	60
13043 **アイスクリーム** 普通脂肪 0 63.9	178	3.5	7.7	53	4.64	0.30	0.05	18.0	17.1	0.1	190
13044 **アイスミルク** 0 65.6	167	(3.0)	6.5	18	4.64	0.13	0.02	-	23.9	(0)	140
13045 **ラクトアイス** 普通脂肪 0 60.4	217	2.7	14.1	21	9.11	0.60	0.01	20.9	20.0	0.1	150
13051 **人乳** 0 88.0	61	0.8	3.6	15	1.32	0.52	0.09	(6.7)	(6.4)	(0)	48

ミニ知識 チーズフォンデュ　チーズに白ワインを加えて熱し，とろとろに溶けたものをパンや肉などにつけて食べる。

●**パルメザン**　熟成期間が長く，硬質。水分含有量率が低く長期間の保存が可能。すりおろして，粉末にして使うことも多い。
●**ブルー**　牛，山羊，羊，水牛などの乳を原料とし，乳酸菌などで固めて発酵，熟成させたもの。内部に青かびを繁殖させてあり，独特の香りと風味がある。フランスのロックフォール，イタリアのゴルゴンゾーラ，イギリスのスティルトンは世界３大ブルーチーズといわれる。

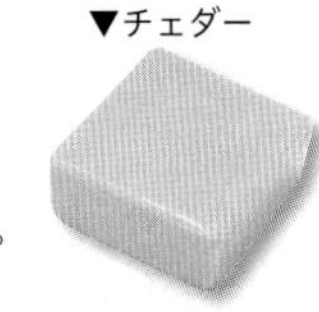
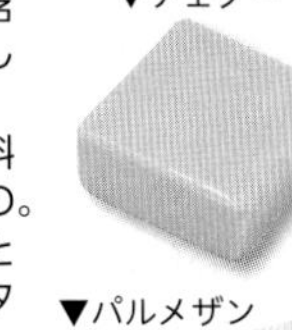
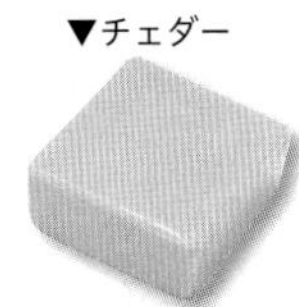
▼チェダー

▼パルメザン

▲カマンベール　▲クリーム　▲ブルー

プロセスチーズ Process cheese

プロセスチーズは，１種類以上のナチュラルチーズを乳化・殺菌したもの。品質が一定しており保存性に優れ，日本やアメリカでの人気が高い。スティック状やスライスチーズなど，さまざまな形状のものがつくられている。

▲プロセスチーズ

アイスクリーム類 Ice creams

乳成分（クリーム，バター，粉乳，練乳など）と砂糖，香料，安定剤，乳化剤などが原料の氷菓。乳固形分15％以上で乳脂肪分8％以上がアイスクリーム。濃厚な味とこくがある。乳固形分10％以上で乳脂肪分3％以上がアイスミルク。乳固形分3％以上がラクトアイス。

▲ラクトアイス　▲アイスクリーム

無機質					ビタミン								食塩相当量（ナトリウム）	備考
					A			E						
カルシウム	マグネシウム	リン	鉄	亜鉛	β-カロテン当量	レチノール活性当量	D	α-トコフェロール	B1	B2	葉酸	C		
■＝20mg	■＝20mg	■＝20mg	■＝0.2mg	■＝0.2mg	■＝20µg	■＝2µg	■＝0.2µg	■＝0.2mg	■＝0.02mg	■＝0.02mg	■＝2µg	■＝2mg	■＝0.1g(mg)	
120	12	100	Tr	0.4	3	33	0	0.1	0.04	0.14	11	1	0.1(48)	500ml＝500g　別名：プレーンヨーグルト
55	7	40	0.1	0.2	(0)	(0)	Tr	Tr	0.02	0.08	Tr	0	0(19)	無脂乳固形分3.0％以上／希釈後飲用／(100 g: 81.0 mL、100 mL: 123.5 g)
660	40	470	0.3	4.6	150	250	0.2	0.8	0.04	0.42	39	(0)	2.0(780)	半ポンド＝225g
55	4	130	0.1	0.5	20	37	0	0.1	0.02	0.15	21	(0)	1.0(400)	大さじ１＝10g　クリーム入りを含む
460	20	330	0.2	2.8	140	240	0.2	0.9	0.03	0.48	47	(0)	2.0(800)	１個＝125g
70	8	85	0.1	0.7	170	250	0.2	1.2	0.03	0.22	11	(0)	0.7(260)	１切れ＝20g
740	24	500	0.3	4.0	210	330	0	1.6	0.04	0.45	32	(0)	2.0(800)	１切れ＝22g
1300	55	850	0.4	7.3	120	240	0.2	0.8	0.05	0.68	10	(0)	3.8(1500)	大さじ１＝6g　粉末状
590	19	440	0.3	2.5	170	280	0.3	0.6	0.03	0.42	57	(0)	3.8(1500)	大さじ１＝10g
630	19	730	0.3	3.2	230	260	Tr	1.1	0.03	0.38	27	0	2.8(1100)	6pチーズ１個＝25g
140	13	120	0.1	0.4	30	58	0.1	0.2	0.06	0.20	Tr	Tr	0.3(110)	乳固形分15.0％以上、乳脂肪分8.0％／試料：バニラアイスクリーム
110	14	100	0.1	0.3	9	22	0.1	0.1	0.03	0.14	Tr	Tr	0.2(75)	乳固形分10.0％以上、乳脂肪分3.0％以上、植物性脂肪を含む
95	12	93	0.1	0.4	0	10	Tr	0.6	0.03	0.15	1	Tr	0.2(61)	カップ１個＝80g　乳固形分3.0％以上、主な脂質：植物性脂肪
27	3	14	0.04	0.3	12	46	0.3	0.4	0.01	0.03	Tr	5	0(15)	試料：成熟乳／(100 g：98.3 mL、100 mL：101.7 g)＊

＊鉄：Trであるが便宜上小数第２位まで記載／ビタミンD：ビタミンD活性代謝物を含む（ビタミンD活性代謝物を含まない場合：Tr）

おいしい情報　アイスクリームの賞味期限　冷凍して保存するため，細菌等が繁殖する可能性が極めて低いことから，賞味期限を省略することができる。（-18℃以下保存の場合）

14 油脂類

Fats and oils

食用の油脂は，大きく植物性油脂と動物性油脂に分けられる。一般に植物性油脂は不飽和脂肪酸の割合が多いため，常温（15～20℃）で液体となり「油」といわれ，動物性油脂は飽和脂肪酸の割合が多く，常温で固体となり「脂」といわれる。
植物性油脂には必須脂肪酸であるリノレン酸やリノール酸が多く含まれている。油脂は料理の口ざわりをなめらかにし，味にこくとまろやかさを与える。また，加熱すると100℃以上の高温になるので，炒める，揚げるなどの加熱媒体としても重要である。
現在，さまざまな原料からつくられた油脂が市販されている。目的によって使い分け，風味を楽しんでみよう。

植物油脂類 Vegetable fats and oils

●**あまに油**　亜麻の種（仁）から搾油する。α - リノレン酸が豊富。サラダやスープ，ドレッシングなどに使用される。
●**オリーブ油**　オリーブの実から搾油する。精製していない一番しぼりをバージンオイルという。香りがよく，サラダや料理の仕上げに使われる。イタリア料理に多い。

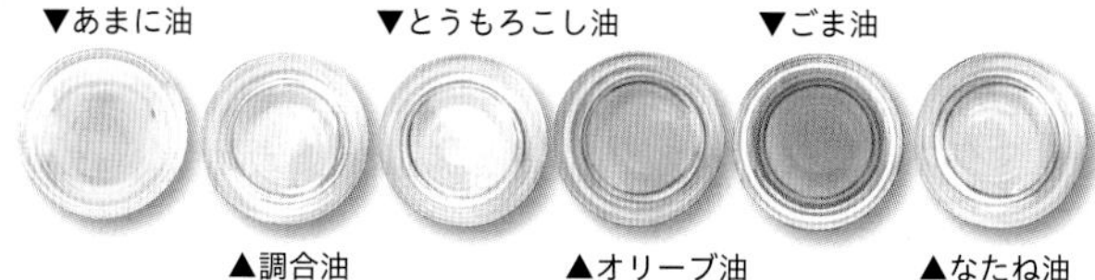
▼あまに油　▼とうもろこし油　▼ごま油
▲調合油　▲オリーブ油　▲なたね油

食品番号 食品名	廃棄率(%)	水分量(g)	エネルギー	たんぱく質	脂質					炭水化物			無機質
					脂質	コレステロール	飽和脂肪酸	n-6系多価不飽和脂肪酸	n-3系多価不飽和脂肪酸	利用可能炭水化物(単糖当量)	炭水化物	食物繊維総量	カリウム
			■＝20 kcal	■＝2 g	■＝2 g	■＝2 mg	■＝0.2 g	■＝0.2 g	■＝0.2 g	■＝2 g	■＝2 g	■＝0.2 g	■＝20 mg
14023 **あまに油**	0	Tr	897	0	99.5	2	8.09	14.50	56.63	-	0	0	0
14001 **オリーブ油**	0	0	894	0	98.9	0	13.29	6.64	0.60	-	0	0	0
14002 **ごま油**	0	0	890	0	98.1	0	15.04	40.88	0.31	-	0	0	Tr
14006 **調合油**	0	0	886	0	97.2	2	10.97	34.13	6.81	-	0	0	Tr
14007 **とうもろこし油**	0	0	884	0	96.8	0	13.04	50.82	0.76	-	0	0	0
14008 **なたね油**	0	0	887	0	97.5	2	7.06	18.59	7.52	-	0	0	Tr
14015 **牛脂**	0	Tr	869	0.2	93.8	100	41.05	3.44	0.17	-	0	0	1
14016 **ラード**	0	0	885	0	97.0	100	39.29	9.35	0.46	-	0	0	0
14017 **無発酵バター** 有塩バター	0	16.2	700	0.5	74.5	210	50.45	1.86	0.28	0.6	0.5	(0)	28
14020 **マーガリン** 家庭用 有塩	0	14.7	715	0.4	78.9	5	23.04	11.81	1.17	0.9	0.8	(0)	27
14021 **ファットスプレッド**	0	30.2	579	0.1	64.1	4	20.40	18.31	1.71	0.6	0.6	(0)	17
14022 **ショートニング** 家庭用	0	0.1	889	0	97.8	4	46.23	10.57	0.99	-	0	(0)	0

栄養素

ミニ知識 **サラダ油とは？**　精製度の高い食用油。サラダに利用できる（生で食べられる）ことから名付けられた。

●ごま油　ごまの実から搾油する。日本や中国では古くから使われていた。精製していないものは独特の香りと味をもつため，揚げ物や料理の仕上げに使う。

●調合油　2種類以上の油脂を混合したもの。

●とうもろこし油　コーン油ともいう。トウモロコシの胚芽から搾油したもの。揚げ物に適するほか，マーガリンの原料としても使われる。

●なたね油　アブラナの種子から搾油したもの。キャノーラ油は，なたね油の一種である。

●その他　米ぬかから搾油した米ぬか油，キク科の植物紅花の種子から搾油したサフラワー油，大豆の種子から搾油した大豆油，採油用のひまわりの種から搾油したひまわり油，綿をとった後の綿花の種子から採油した綿実油，落花生の種子から搾油した落花生油などがある。

動物脂類 Animal fats

●牛脂　牛の脂肪組織から精製される常温固体の油脂で，ヘットともいう。すき焼きをつくる時などに用いる。

●ラード　豚の脂肪組織から精製される常温固体の油脂で，豚脂ともいう。食品業界では多く揚げ油として使用する。

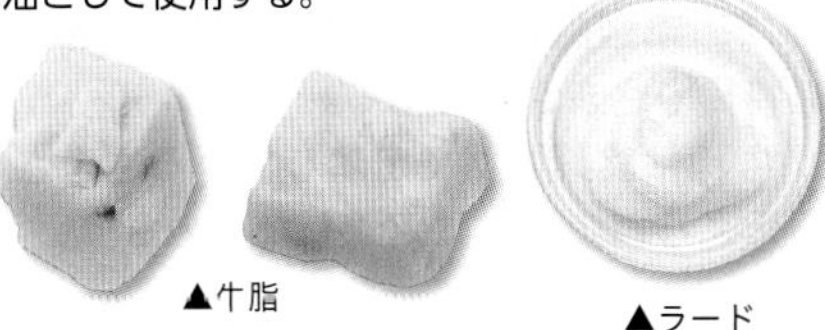

▲牛脂　▲ラード

その他 Shortening

加工油脂に窒素ガスか乳化剤を加えてつくられる。製菓・製パンなどに使用。ビスケットのさっくり感は，ショートニングの作用。

▲ショートニング

バター類 Butters

牛乳からクリームを分離して殺菌，かく拌し，乳脂肪を集めて練り上げたもの。脂肪中に水分が分散している。塩を加えた有塩バター，塩を加えない食塩不使用バター，原料クリームを乳酸菌で発酵させた発酵バターがある。

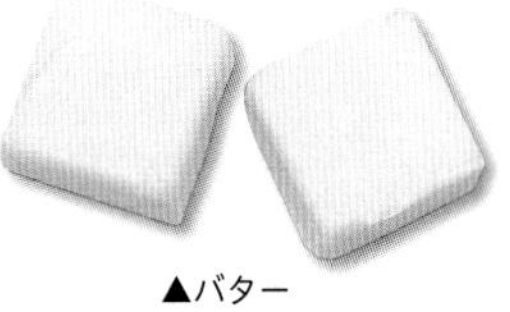

▲バター

マーガリン類 Margarines

動植物油脂を原料として，食塩水，乳化剤などを加えてつくられる。家庭用は植物油を利用したものが多い。油脂含有率80%以上はマーガリン，80%未満はファットスプレッドとされている。

▲マーガリン　▲ファットスプレッド

無機質 カルシウム	無機質 マグネシウム	無機質 リン	無機質 鉄	無機質 亜鉛	ビタミン A β-カロテン当量	ビタミン A レチノール活性当量	ビタミン D	ビタミン E α-トコフェロール	ビタミン B1	ビタミン B2	ビタミン 葉酸	ビタミン C	食塩相当量（ナトリウム）	備考
■ = 20 mg	■ = 20 mg	■ = 20 mg	■ = 0.2 mg	■ = 0.2 mg	■ = 20 μg	■ = 2 μg	■ = 0.2 μg	■ = 0.2 mg	■ = 0.02 mg	■ = 0.02 mg	■ = 2 μg	■ = 2 mg	■ = 0.1g(mg)	
Tr	0	0	0	0	11	1	(0)	0.5	0	0	-	(0)	0(0)	試料：食用油
Tr	0	0	0	0	180	15	(0)	7.4	0	0	(0)	(0)	0(Tr)	大さじ1 = 13g　別名：オリーブオイル/(100 g:200mL、100 mL:91g) *1
1	Tr	1	0.1	Tr	Tr	0	(0)	0.4	0	0	(0)	(0)	0(Tr)	小さじ1 = 4g　試料：精製油/(100 g:109mL、100 mL:92g)
Tr	0	Tr	0	Tr	0	0	(0)	13.0	0	0	(0)	(0)	0(0)	小さじ1 = 4g　配合割合：なたね油1、大豆油1/(100 g:109mL、100 mL:92g) *2
Tr	0	0	0	0	0	0	(0)	17.0	0	0	(0)	(0)	0(0)	別名：コーンオイル、コーン油/試料：精製油/(100 g:109mL、100 mL:92g)
Tr	0	Tr	0	Tr	0	0	(0)	15.0	0	0	(0)	(0)	0(0)	別名：キャノーラ油/(100 g:200mL、100 mL:91g) *3
Tr	0	1	0.1	Tr	0	85	0	0.6	0	0	-	0	0(1)	大さじ1 = 13g　別名：ヘット/試料：いり取りしたもの
0	0	0	0	Tr	0	0	0.2	0.3	0	0	0	0	0(0)	小さじ1 = 4g　別名：豚脂/試料：精製品/(100 g:118mL、100 mL:85g)
15	2	15	0.1	0.1	190	520	0.6	1.5	0.01	0.03	Tr	0	1.9(750)	大さじ1 = 12g
14	2	17	Tr	0.1	300	25	11.0	15.0	0.01	0.03	Tr	0	1.3(500)	1箱（半ポンド）= 225g　β-カロテン：着色料として添加品含む/ビタミンD：添加品含む
8	2	10	Tr	Tr	380	31	1.1	16.0	0.02	0.02	Tr	0	1.1(420)	β-カロテン：着色料として添加品含む
0	0	0	0	0	0	0	0.1	9.5	0	0	0	0	0(0)	1カップ = 160g (100 g:125mL、100 mL:80g)

＊1 試料はエキストラバージンオイル／＊2 試料は精製油及びサラダ油／＊3 試料は低エルカ酸の精製油及びサラダ油

おいしい情報　アブラゼミの名前の由来は，鳴き声が油を揚げている音に似ていることから（諸説あり）。

15 菓子類

Confectioneries

菓子類は，生活に楽しみやうるおいを与えるし好食品の一つであるので，①見た目がよいこと，②風味がよいこと，③すぐに食べられること，④衛生的であることなどが重要視される。

菓子は和菓子，洋菓子，中華菓子に大別され，さらに生菓子，半生菓子，干菓子に分けられる。材料や製造方法がさまざまで，市販品として新製品の開発がさかんに行われるため，種類が非常に多い。また，それぞれの特徴もさまざまである。

日本の菓子の歴史は古く，各地に銘菓として定着しているさまざまな菓子がある。また，カステラやボーロなど，海外から伝えられて日本に定着したものも多い。

和生菓子・和半生菓子類

Traditional fresh and semidry confectioneries

●甘納豆　あずきやいんげん豆などをゆでて糖液で煮つめ，砂糖をまぶしたもの。

▲甘納豆

●今川焼　小麦粉に鶏卵，砂糖，水を加えた生地を円形の型に流し込み，中にあんを入れて焼いたもの。大判焼，回転焼とも呼ばれる。

▲今川焼

食品番号 食品名 廃棄率(%) 水分量(g)	エネルギー (■=20 kcal)	たんぱく質 (■=2 g)	脂質 脂質 (■=2 g)	脂質 コレステロール (■=2 mg)	脂質 飽和脂肪酸 (■=0.2 g)	脂質 n-6系多価不飽和脂肪酸 (■=0.2 g)	脂質 n-3系多価不飽和脂肪酸 (■=0.2 g)	炭水化物 利用可能炭水化物(単糖当量) (■=2 g)	炭水化物 炭水化物 (■=2 g)	炭水化物 食物繊維総量 (■=0.2 g)	無機質 カリウム (■=20 mg)
15001 甘納豆 あずき 0 26.2	284	(3.0)	(0.1)	0	(0.04)	(0.06)	(0.03)	(69.6)	(66.0)	4.8	170
15005 今川焼 こしあん入り 0 (45.5)	217	(4.1)	(0.9)	(29)	(0.27)	(0.26)	(0.02)	(50.6)	(47.2)	(1.4)	(68)
15006 ういろう 白 0 (54.5)	181	(0.9)	(0.1)	0	(0.05)	(0.05)	(Tr)	(46.8)	(43.8)	(0.1)	(17)
15008 かしわもち こしあん入り 0 (48.5)	203	(3.5)	(0.3)	0	(0.10)	(0.11)	(0.01)	(48.9)	(45.2)	(1.7)	(40)
15009 カステラ 0 (25.6)	312	(6.5)	(4.3)	(160)	1.51	0.83	0.08	(65.7)	(61.8)	(0.5)	(86)
15017 草もち こしあん入り 0 (43.0)	224	(3.6)	(0.3)	0	(0.10)	(0.11)	(0.01)	(54.3)	(50.4)	(1.9)	(46)
15019 くし団子 みたらし 0 (50.5)	194	(2.7)	(0.4)	0	(0.13)	(0.14)	(0.01)	(47.4)	(43.5)	(0.3)	(59)
15020 げっぺい 0 (20.9)	347	(4.2)	(8.3)	(Tr)	(2.81)	(2.30)	(0.33)	(67.1)	(62.6)	(2.1)	(64)
15022 桜もち 関西風 こしあん入り 2 (50.0)	196	(3.0)	(0.1)	0	(0.05)	(0.05)	(0.01)	(47.9)	(44.7)	(1.7)	(22)
15021 関東風 こしあん入り 0 (40.5)	235	(4.0)	(0.3)	0	(0.08)	(0.15)	(0.02)	(56.3)	(52.6)	(2.6)	(37)
15023 大福もち こしあん入り 0 (41.5)	223	(4.1)	(0.3)	0	(0.12)	(0.12)	(0.01)	(53.4)	(49.3)	(1.8)	(33)
15025 ちまき 0 (62.0)	150	(1.1)	(0.2)	0	(0.06)	(0.06)	(Tr)	(38.5)	(35.9)	(0.1)	(17)
15027 どら焼 つぶしあん入り 0 (31.5)	292	(6.1)	(2.8)	(98)	(0.92)	(0.57)	(0.06)	(63.7)	(59.9)	(1.9)	(98)

 ミニ知識　棚からぼたもち　こちらから積極的にはたらきかけなくても，思いがけない幸せがやってくることのたとえ。

ういろう　上新粉と砂糖を混ぜ，水を加えて練り，蒸してつくる。愛知県名古屋市や山口県の名産品として知られる。

かしわもち　蒸した上新粉のもち生地であんを包んでさらに蒸し，かしわの葉で包んだもの。5月5日（端午の節句）に食べることが多い。

カステラ　16世紀にポルトガルから長崎に伝わったとされているスポンジ状の菓子。現在の主原料は，小麦粉，鶏卵，砂糖，ざらめ糖，水あめ。

草もち　蒸した上新粉のもち生地に，すりつぶしたよもぎの草を混ぜ込んで，あんを包んだもの。

くし団子　上新粉をこねて蒸した生地を，丸めて串に刺したもの。やわらかさを増すために白玉粉を混ぜる場合もある。団子のまわりにさまざまなあんやしょうゆだれ，ごまなどをまぶす。

げっぺい　中国で中秋の名月に供えられる円形の焼き菓子で，小麦粉に砂糖，かん水などを混ぜた生地であんを包んで，表面に模様をつけて焼いたもの。

桜もち　塩漬けにした桜の葉で，あん入りの生地を巻いた和菓子。関東では小麦粉の生地を桜色に着色したものを焼いてあんを巻く。関西では，桜色に着色した道明寺粉を蒸した生地で，あんをくるむ。

大福もち　もちであんをくるんだもの。生地に赤えんどうを入れたものを豆大福という。江戸時代に考案され，庶民に広く親しまれた。ふっくらとして福々しくみえるところからこの名がついた。

ちまき　アシやササの葉でもちをくるんだ中国伝来の菓子。端午の節句に供えられる。昔はもちをチ（チガヤ）の葉で巻いたのでこの名がついた。

どら焼　小麦粉，鶏卵，砂糖を原料として丸く焼いた2枚の皮の間に，つぶあんをはさんだもの。銅鑼（どら）の形に似せた菓子で，江戸時代に考案された。

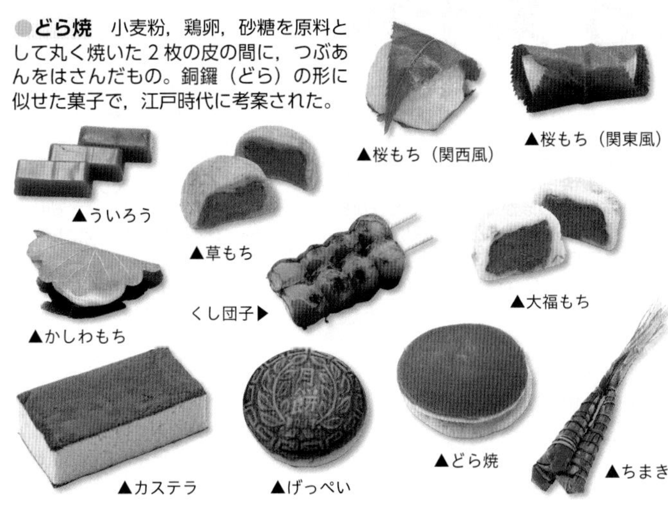
▲ういろう　▲草もち　▲桜もち（関西風）　▲桜もち（関東風）　▲かしわもち　くし団子▶　▲大福もち　▲カステラ　▲げっぺい　▲どら焼　▲ちまき

無機質					ビタミン								食塩相当量（ナトリウム）	備考
					A		D	E						
カルシウム	マグネシウム	リン	鉄	亜鉛	β-カロテン当量	レチノール活性当量	D	α-トコフェロール	B1	B2	葉酸	C		
■= 20 mg	■= 20 mg	■= 20 mg	■= 0.2 mg	■= 0.2 mg	■= 20 μg	■= 2 μg	■= 0.2 μg	■= 0.2 mg	■=0.02 mg	■=0.02 mg	■= 2 μg	■= 2 mg	■= 0.1g(mg)	
11	17	38	0.7	0.4	2	0	0	-	0.06	0.02	9	0	0.1(45)	10粒＝5g
(28)	(7)	(57)	(0.5)	(0.3)	0	0	(0.3)	(0.2)	(0.04)	(0.04)	(7)	0	(0.1)((56))	1個＝90g　別名：大判焼、たい焼等を含む／小豆こしあん入り／部分割合：皮2、あん1
(2)	(4)	(18)	(0.2)	(0.2)	0	0	0	-	(0.02)	(Tr)	(2)	0	0((1))	1本＝400g　別名：外郎餅／試料：白ういろう／食塩添加品あり
(18)	(13)	(47)	(0.9)	(0.5)	0	0	0	-	(0.03)	(0.02)	(4)	0	(0.1)((55))	1個＝80g　小豆こしあん入り／部分割合：皮3、あん2/葉を除いたもの
(27)	(7)	(85)	(0.7)	(0.6)	(7)	(91)	(2.3)	(2.3)	(0.05)	(0.18)	(22)	0	(0.2)((71))	1切れ＝50g　試料：長崎カステラ
(22)	(14)	(50)	(1.0)	(0.6)	(150)	(13)	0	(0.1)	(0.03)	(0.02)	(5)	0	(Tr)((17))	1個＝50g　小豆こしあん入り／部分割合：皮6、あん4
(4)	(13)	(52)	(0.4)	(0.5)	0	0	0	(0.1)	(0.04)	(0.02)	(7)	0	(0.6)((250))	1本＝80g　別名：しょうゆ団子／部分割合：団子9、たれ2/くしを除いたもの
(41)	(24)	(64)	(1.1)	(0.7)	(1)	0	0	(0.6)	(0.05)	(0.03)	(8)	0	0((2))	1個＝60～80g　あん（小豆あん、くるみ、水あめ、ごま等）入り／部分割合：皮5、あん4
(18)	(8)	(27)	(0.7)	(0.5)	0	0	0	0	(0.01)	(0.01)	(1)	0	(0.1)((33))	1個＝50g　別名：道明寺／小豆こしあん入り／道明寺種皮3：あん2/廃棄部位：桜葉
(26)	(11)	(37)	(1.0)	(0.4)	0	0	0	(Tr)	(0.02)	(0.02)	(2)	0	(0.1)((45))	1個＝50g　小豆こしあん入り／部分割合：小麦粉皮4、あん5/廃棄部位：桜葉
(18)	(10)	(32)	(0.7)	(0.8)	0	0	0	(Tr)	(0.02)	(0.01)	(3)	0	(0.1)((33))	1個＝100g　小豆こしあん入り／部分割合：もち皮10、あん7
(1)	(4)	(18)	(0.2)	(0.2)	0	0	0	(Tr)	(0.02)	(Tr)	(3)	0	0((1))	1個＝50～60g　上新粉製品
(22)	(11)	(76)	(0.8)	(0.5)	0	0	(1)	(0.4)	(0.05)	(0.11)	(17)	0	(0.4)((170))	1個＝80g　小豆つぶしあん入り／部分割合：皮5、あん4

おいしい情報　花より団子　花を見て風流を楽しむよりも，腹のふくれる団子のほうがよいと，実益を選ぶときのたとえ。

15 菓子類

Confectioneries

菓子パン類 Japanese buns

●**あんパン**　砂糖を多く含むパン生地であんを包んで焼いたもので，小倉あん（つぶあん，こしあんなど）のほかに，青えんどうからつくられたうぐいすあんなどの種類がある。

●**チョココロネ**　渦巻き状にしたパンの中に，チョコレートクリームを入れたもの。

▲あんパン　▲チョココロネ

ケーキ・ペストリー類 Cakes,buns and pastries

●**シュークリーム**　小麦粉に水，バター，鶏卵，塩を合わせた生地を焼いたシュー皮の中に，カスタードクリームやホイップクリームを詰めたもの。シューはフランス語でキャベツのこと。

●**ショートケーキ**　スポンジケーキを２段か３段に切り分け，間に果物やジャムやクリームをはさみ，表面もホイップクリームなどで飾りつけたもの。日本では，いちごを使用したものが代表的。

●**ベイクドチーズケーキ**　クリームチーズと卵黄，小麦粉，コーンスターチなどをまぜて型に流し込み，オーブンで焼いたケーキ。チーズケーキには，他にレアチーズケーキやスフレチーズケーキなどがある。

●**アップルパイ**　アメリカンパイ生地に甘煮りんごをのせ，さらに上に生地をのせて焼いたパイ。パイ皮は，小麦粉と食塩を混ぜてバターまたはショートニングを合わせ，水を加えて軽く練った生地を折りたたみ焼いたもの。

●**バターケーキ**　小麦粉，砂糖，鶏卵，牛乳，バターなどを混ぜた生地を小さな型に入れ焼いたもの。スポンジケーキより濃厚な味で，バターの風味が強い。パウンドケーキやマドレーヌも含む。

●**ホットケーキ**　小麦粉，砂糖，鶏卵，牛乳，溶かしバターにベーキングパウダーを混ぜたゆるめの生地を，フライパンなどで焼いたパンケーキ。ホットケーキ用ミックス粉を利用することが多い。

●**ワッフル**　小麦粉，砂糖，鶏卵，牛乳，バター（またはショートニング）などを混ぜ，専用の型で焼き目をつけて焼き上げたもの。カスタードクリームを間にはさんで半円形にする。

▼シュークリーム

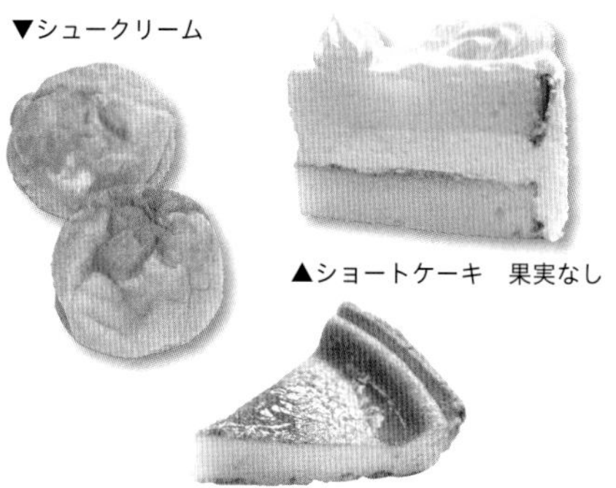

▲ショートケーキ　果実なし

▲ベイクドチーズケーキ

食品番号 / 食品名 / 廃棄率 (%) / 水分量 (g)	エネルギー	たんぱく質	脂質					炭水化物			無機質
栄養素			脂質	コレステロール	飽和脂肪酸	n-6系多価不飽和脂肪酸	n-3系多価不飽和脂肪酸	利用可能炭水化物(単糖当量)	炭水化物	食物繊維総量	カリウム
	■＝20 kcal	■＝2 g	■＝2 g	■＝2 mg	■＝0.2 g	■＝0.2 g	■＝0.2 g	■＝2 g	■＝2 g	■＝0.2 g	■＝20 mg
15069 あんパン　こしあん入り 0 (35.5)	253	(6.2)	(3.4)	(18)	(1.57)	(0.46)	(0.05)	(51.6)	(48.0)	(2.5)	(66)
15072 チョココロネ 0 (33.5)	321	(5.2)	(14.6)	(21)	(6.06)	(1.79)	(0.18)	(44.3)	(40.9)	(1.1)	(160)
15073 シュークリーム 0 (56.3)	223	(5.3)	(10.4)	(200)	(6.28)	(0.60)	(0.06)	(25.3)	(23.8)	(0.3)	(100)
15075 ショートケーキ、果実なし 0 (35.0)	318	(6.4)	(13.8)	(140)	(5.80)	(0.92)	(0.11)	(44.6)	(41.7)	(0.6)	(25)
15134 チーズケーキ　ベイクドチーズケーキ 0 (46.1)	299	(7.9)	(19.3)	(160)	(12.11)	(0.77)	(0.17)	(24.4)	(23.0)	(0.2)	(90)
15080 パイ　アップルパイ 0 (45.0)	294	(3.6)	(16.0)	(1)	(3.61)	(4.43)	(0.42)	(39.5)	(36.9)	(1.2)	(64)
15082 バターケーキ 0 (20.0)	422	(5.3)	(23.2)	(160)	(14.73)	(1.07)	(0.12)	(50.8)	(47.4)	(0.7)	(74)
15083 ホットケーキ 0 (40.0)	253	(7.0)	(4.9)	(77)	(2.33)	(0.71)	(0.05)	(47.4)	(43.8)	(1.1)	(210)
15084 ワッフル　カスタードクリーム入り 0 (45.9)	241	(6.6)	(7.0)	(140)	(3.18)	(0.90)	(0.08)	(40.0)	(37.0)	(0.8)	(150)
15086 カスタードプリン 0 (74.1)	116	(5.3)	(4.5)	(120)	2.10	0.51	0.05	(14.5)	(13.8)	0	(130)
15142 こんにゃくゼリー 0 (83.2)	65	0	(0.1)	0	-	-	-	11.6	11.5	(0.8)	(110)
15087 ゼリー　オレンジ 0 (77.6)	79	(1.6)	(0.1)	0	(0.02)	(0.02)	(0.01)	(18.4)	(17.8)	(0.2)	(180)
15091 ババロア 0 (60.9)	204	(5.0)	(11.7)	(150)	(5.27)	(0.69)	(0.09)	(20.8)	(19.9)	0	(90)

ミニ知識　**エクレア**　フランス語で「いなずま」という意味。焼いたときにできる割れ目がいなずまに似ていることから。

▲アップルパイ

▼ホットケーキ

▲ワッフル

▲バターケーキ

デザート菓子類 Desserts

●**カスタードプリン**　鶏卵のたんぱく質の熱凝固性を利用したもので，プリンともいう。鶏卵，牛乳，砂糖を混ぜた液を，型に入れて蒸し焼きにしたもの。良質なたんぱく質を含み，消化もよい。

●**こんにゃくゼリー**　異性化液糖，果汁などにこんにゃく粉（精粉）などを加えたゼリー。一般的なゼリーより弾力がある。

●**ゼリー**　ゼリーは，ゼラチンを使ったデザート菓子の総称。ジュースやコーヒー，ワインなどにゼラチン，砂糖を加えて固めたもの。

●**ババロア**　牛乳に砂糖を加えて温め，卵黄，砂糖，ゼラチンを加え，冷えたところで泡立てた生クリームを混ぜ，型に入れて冷やし固めたもの。

▲カスタードプリン

▲こんにゃくゼリー

▲ゼリー

▲ババロア

無機質					ビタミン									食塩相当量（ナトリウム）	備考
					A		D	E							
カルシウム	マグネシウム	リン	鉄	亜鉛	β-カロテン当量	レチノール活性当量	D	α-トコフェロール	B1	B2	葉酸	C			
■＝20mg	■＝20mg	■＝20mg	■＝0.2mg	■＝0.2mg	■＝20μg	■＝2μg	■＝0.2μg	■＝0.2mg	■＝0.02mg	■＝0.02mg	■＝2μg	■＝2mg	■＝0.1g(mg)	
(31)	(16)	(57)	(1.0)	(0.7)	0	0	(0.2)	(0.4)	(0.06)	(0.07)	(28)	0	(0.3)((110))	1個＝100g　小豆こしあん入り / 部分割合：パン 10、あん 7
(76)	(18)	(92)	(0.6)	(0.6)	(37)	(21)	(1.4)	(2.0)	(0.07)	(0.14)	(25)	(Tr)	(0.4)((170))	1個＝80g　部分割合：パン5、チョコクリーム4/ テオブロミン：Tr、ポリフェノール：Tr
(65)	(7)	(70)	(0.2)	(0.3)	(15)	(130)	(2)	(0.8)	(0.07)	(0.18)	(27)	(1)	(0.2)((73))	1個＝70～100g　エクレアを含む / 部分割合：皮1、カスタードクリーム 5
(5)	(3)	(14)	(0.1)	(0.1)	(28)	(63)	(1.4)	(0.6)	(0.05)	(0.15)	(19)	0	0((Tr))	1個＝80～120g　スポンジとクリーム部分のみ / スポンジケーキ3：ホイップクリーム1
(54)	(9)	(97)	(0.5)	(0.7)	(98)	(190)	(1.2)	(2.1)	(0.04)	(0.23)	(20)	(2)	(0.5)((190))	
(6)	(6)	(32)	(0.2)	(0.2)	(3)	0	(0.2)	(2.2)	(0.02)	(0.01)	(4)	(1)	(0.7)((260))	1切れ＝75g　部分割合：パイ皮 1、甘煮りんご 1
(22)	(7)	(67)	(0.6)	(0.4)	(52)	(140)	(1.2)	(0.8)	(0.05)	(0.12)	(16)	0	(0.6)((240))	パウンドケーキ、マドレーヌを含む
(110)	(13)	(160)	(0.5)	(0.5)	(4)	(21)	(0.7)	(0.5)	(0.08)	(0.16)	(15)	(Tr)	(0.7)((260))	
(83)	(11)	(110)	(0.4)	(0.5)	(5)	(72)	(1.6)	(0.8)	(0.08)	(0.18)	(23)	(1)	(0.2)((62))	1個＝50g　部分割合：皮 1、カスタードクリーム 1
(81)	(9)	(110)	(0.5)	(0.6)	(4)	(23)	(1.4)	(0.5)	(0.04)	(0.20)	(18)	(1)	(0.2)((69))	1個＝130g　別名：プリン、カスタードプディング / プリン部分のみ
(15)	(1)	(37)	(Tr)	(Tr)	(2)	0	0	0	(Tr)	0	0	0	(0.1)((58))	
(9)	(10)	(17)	(0.1)	(0.1)	(45)	(4)	0	(0.3)	(0.07)	(0.02)	(26)	(40)	(Tr)((5))	1個＝100g　別名：オレンジゼリー / ゼラチンゼリー / ゼリー部分のみ
(72)	(6)	(130)	(0.6)	(0.6)	(24)	(130)	(1.6)	(0.6)	(0.04)	(0.13)	(20)	(Tr)	(0.1)((52))	ババロア部分のみ

おいしい情報　シベリアケーキとは？　ようかんをカステラではさんだケーキ。名前の由来には諸説ある。

15 菓子類

Confectioneries

ビスケット類 Biscuits

ウエハース 小麦粉，鶏卵，砂糖を材料としてごく薄く焼いたもの。クリームなどを間にはさみ何層にもする。やわらかいので幼児食として利用される。アイスクリームに添えたりもする。

クラッカー 小麦粉，塩，バターを主原料とした生地をイースト発酵し，薄く焼いて乾燥したもの。甘みはつけない。炭水化物が豊富なので，主食の代わりに利用してもよい。

ビスケット 小麦粉，砂糖，油脂，牛乳，鶏卵，ベーキングパウダーなどを混ぜて焼いたもの。脂質が少なく，生地の水分や膨張した気泡が抜けやすいように，表面に穴を開けて焼いたハードビスケット，油脂，砂糖が多く配合されていて，さっくりとした食感のソフトタイプのビスケットがある。

スナック類 Snacks

コーンスナック 原料はとうもろこしからできるコーングリッツで，少量の水を加え，押し出し機の細いノズルから高圧・高温で押し出し，十数倍に膨らませて，切断・乾燥・味付けしたもの。

ポテトチップ じゃがいもをごく薄く切り，油で揚げて塩をまぶしたものがポテトチップス。成形ポテトチップスは，マッシュポテトなどを原料として，形を整えて同一形にしてある。

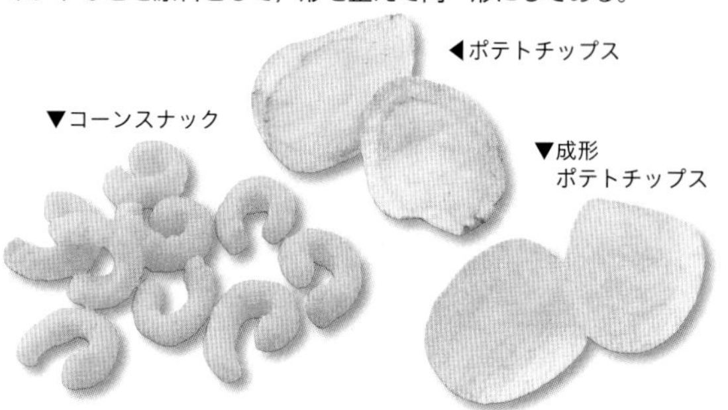

食品番号 食品名	廃棄率(%)	水分量(g)	エネルギー	たんぱく質	脂質					炭水化物			無機質
					脂質	コレステロール	飽和脂肪酸	n-6系多価不飽和脂肪酸	n-3系多価不飽和脂肪酸	利用可能炭水化物(単糖当量)	炭水化物	食物繊維総量	カリウム
			■= 20 kcal	■= 2 g	■= 2 g	■= 2 mg	■= 0.2 g	■= 0.2 g	■= 0.2 g	■= 2 g	■= 2 g	■= 0.2 g	■= 20 mg
15092 ウエハース	0	2.1	438	(6.9)	12.0	18	5.95	0.84	0.05	(80.1)	(74.5)	1.2	76
15093 クラッカー オイルスプレークラッカー	0	2.7	481	(7.5)	21.1	-	9.03	2.57	0.18	-	63.9	2.1	110
15097 ビスケット ハードビスケット	0	2.6	422	6.4	8.9	10	3.98	1.05	0.07	78.0	71.9	2.3	140
15102 コーンスナック	0	0.9	516	(4.7)	25.4	(0)	9.97	4.53	0.12	-	65.3	1.0	89
15103 ポテトチップス ポテトチップス	0	2.0	541	(4.4)	(34.2)	Tr	(3.86)	(12.01)	(2.40)	-	54.7	4.2	1200
15104 成形ポテトチップス	0	2.2	515	(6.3)	28.8	-	12.96	2.19	0.06	-	57.3	4.8	900
15105 キャラメル	0	(5.4)	426	(3.4)	(10.4)	(14)	7.45	0.31	0.04	-	(77.9)	0	(180)
15108 ゼリービーンズ	0	(9.5)	358	(Tr)	0	0	-	-	-	(95.0)	(89.5)	(0.9)	(6)
15113 マシュマロ	0	(18.5)	324	(2.1)	0	0	-	-	-	(84.1)	(79.3)	0	(1)
15116 ミルクチョコレート	0	0.5	551	(5.8)	32.8	19	19.88	0.99	0.09	(59.3)	(56.5)	3.9	440
15117 マロングラッセ	0	21.0	303	(0.9)	(0.2)	(0)	(0.05)	(0.12)	(0.03)	(79.1)	(75.0)	-	60
15118 板ガム	20	(3.1)	388	0	0	0	-	-	-	-	(96.9)	0	(3)
15119 糖衣ガム	20	(2.4)	390	0	0	0	-	-	-	-	(97.6)	0	(4)

 ミニ知識 **クーベルチュールとは** 加熱・加工されることを想定してつくられた製菓用のチョコレート。

キャンデー類 Candies

キャラメル キャンデーの一種で，主原料は砂糖，水あめ，練乳，バター，でん粉である。やわらかいソフトタイプのものも多い。コーヒー，ピーナッツなどを加えたものもある。
ゼリービーンズ 水飴，砂糖などでゼリーをつくり，糖液で覆い固めたもの。
マシュマロ キャンデーの一種。やわらかくて，ふわりとした食感がある。ゼラチン液に卵白とシロップを加えて混ぜ，泡立てた後に固めたもの。ココアに入れたりあぶって食べたりしてもおいしい。

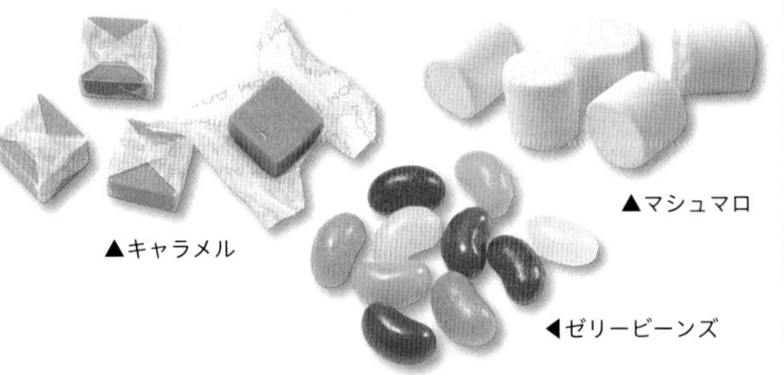
▲キャラメル ▲マシュマロ ◀ゼリービーンズ

チョコレート類 Chocolates

粉末にしたカカオ豆にカカオバター，砂糖，乳製品，香料などを混ぜ，固めたもの。軟化したものを冷蔵庫などで冷やすと，表面に白い斑点が出る。これは脂肪が固まったもので，斑点が出たものは風味が落ちる。

▲ミルクチョコレート

果実菓子類 Candied fruits

マロングラッセ 栗をブランデー入りの糖蜜に漬け込んだフランス菓子。イタリア産の栗が大粒で最適とされる。

▲マロングラッセ

チューインガム類 Chewing gums

ガムベース（天然樹脂のチクル，合成樹脂の酢酸ビニル樹脂など）に各種糖類と各種香料を混ぜたもの。成分値は，咀しゃくによって溶け出す成分の100gあたりの値である。

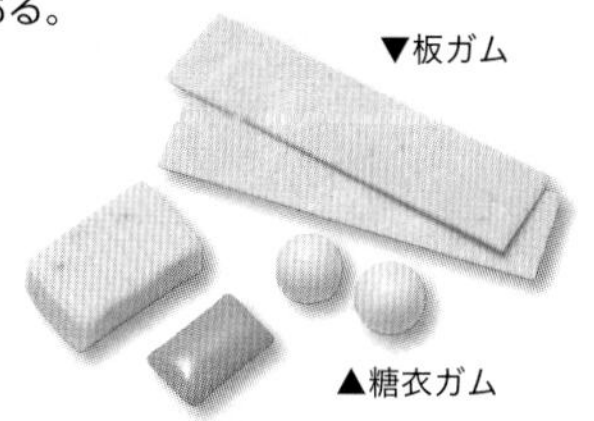
▼板ガム ▲糖衣ガム

無機質					ビタミン								食塩相当量	備考
					A			E						
カルシウム	マグネシウム	リン	鉄	亜鉛	β-カロテン当量	レチノール活性当量	D	α-トコフェロール	B1	B2	葉酸	C	(ナトリウム)	
■＝20 mg	■＝20 mg	■＝20 mg	■＝0.2 mg	■＝0.2 mg	■＝20 μg	■＝2 μg	■＝0.2 μg	■＝0.2 mg	■＝0.02 mg	■＝0.02 mg	■＝2 μg	■＝2 mg	■＝0.1g(mg)	
21	9	63	0.6	0.4	9	17	0	1.1	0.03	0.08	6	0	1.2(480)	1枚＝2.5g 乳幼児用としてカルシウム、ビタミン等添加品あり
180	18	190	0.8	0.5	(0)	(0)	-	12.0	0.08	0.04	12	(0)	1.5(610)	1枚＝3～4g 別名：スナッククラッカー
330	22	96	0.9	0.5	6	18	Tr	0.9	0.13	0.22	16	(0)	0.8(320)	1枚＝6g 乳幼児用としてカルシウム、ビタミン等添加品あり
50	13	70	0.4	0.3	130	11	-	3.7	0.02	0.05	8	(0)	1.2(470)	1袋＝80g
17	70	100	1.7	0.5	(0)	(0)	-	6.2	0.26	0.06	70	15	1.0(400)	1袋＝90g 別名：ポテトチップ
49	53	140	1.2	0.7	0	0	-	2.6	0.25	0.05	36	9	0.9(360)	別名：ポテトチップ
(190)	(13)	(100)	(0.3)	(0.4)	(15)	(110)	(3)	(0.5)	(0.09)	(0.18)	(5)	(0)	(0.3)((110))	1個＝5g 試料：ハードタイプ
(10)	(2)	(6)	(0.2)	(Tr)	0	0	0	0	0	0	0	0	0((2))	1個＝3g 部分割合：糖衣 5、ゼリー 6
(1)	0	(1)	(0.1)	0	0	0	0	0	0	0	0	0	(Tr)((7))	1個＝5g
240	74	240	2.4	1.6	37	66	1	0.7	0.19	0.41	18	(0)	0.2(64)	1個＝50g テオブロミン：0.2g、カフェイン：Tr、ポリフェノール：0.7g
8	-	20	0.6	-	10	1	(0)	-	-	0.03	-	0	0.1(28)	1個＝20g
(3)	-	(Tr)	(0.1)	-	0	0	(0)	-	0	0	-	0	0((3))	1枚＝3～4g 廃棄部位：ガムベース
(1)	-	(Tr)	(0.1)	-	0	0	(0)	-	0	0	-	0	0((2))	別名：粒ガム／廃棄部位：ガムベース

おいしい情報 **金太郎飴とは** 長い棒状の飴で，どこを切っても断面に金太郎の顔が出てくるもの。

16 し好飲料類

Beverages

し好飲料類は，醸造酒，蒸留酒などのアルコール飲料と，茶・果汁飲料・炭酸飲料などの非アルコール飲料に分類される。アルコール飲料は，アルコール分１度以上のものをいう。

非アルコール飲料は，その成分による香気，味が，気分を爽快にしたり，食欲を増進させるなどの効果をもつ。

し好飲料類は，生活にうるおいをもたせたり楽しんだりするためのもので，本来は栄養分を摂取することを目的としないが，最近では健康効果をうたったものが多く出回っている。また，アルコール飲料や清涼飲料はエネルギーが高いので，とり過ぎには注意したい。茶には抗酸化作用，発がん抑制作用，殺菌作用などがあり，ノンカロリーなために注目が高まっている。

醸造酒類 Fermented alcoholic beverages

米や麦などの穀物や，果実などを発酵させて製造したもの。

●清酒　日本酒ともいう。米に米こうじ，水を加えて発酵させ，濾過したもの。原料と製法の違いにより，純米酒，吟醸酒，本醸造酒などに分類される。

●ビール　大麦麦芽，ホップ，水をおもな原料とした発泡酒。麦芽の香ばしさとホップのほろ苦さが特徴。日本では軽い味にするため米やコーンスターチを加えたものが多い。淡色や黒，中間色などの色の差は，麦芽の焙煎度合によるもの。生ビールとは，火入れ殺菌せずに製品化したもののことである。

▲発泡酒

▲ビール

▼清酒

食品番号 食品名	廃棄率(%)	水分量(g)	エネルギー (kcal)	たんぱく質 (g)	脂質 脂質 (g)	脂質 コレステロール (mg)	脂質 飽和脂肪酸 (g)	脂質 n-6系多価不飽和脂肪酸 (g)	脂質 n-3系多価不飽和脂肪酸 (g)	炭水化物 利用可能炭水化物(単糖当量) (g)	炭水化物 炭水化物 (g)	炭水化物 食物繊維総量 (g)	無機質 カリウム (mg)
16002 清酒　純米酒	0	83.7	102	(0.3)	0	0	0	0	0	(2.3)	(2.3)	0	5
16006 ビール　淡色	0	92.8	39	0.2	0	0	0	0	0	Tr	Tr	0	34
16009 発泡酒	0	92.0	44	(0.1)	0	0	0	0	0	0	0	0	13
16010 ぶどう酒　白	0	88.6	75	0.1	Tr	(0)	-	-	-	(2.5)	(2.2)	-	60
16011 赤	0	88.7	68	0.2	Tr	(0)	-	-	-	(0.2)	(0.2)	-	110
16013 紹興酒	0	78.8	126	1.7	Tr	(0)	-	-	-	-	5.1	Tr	55
16014 しょうちゅう　連続式蒸留しょうちゅう	0	71.0	203	0	0	(0)	-	-	-	-	0	(0)	-
16016 ウイスキー	0	66.6	234	0	0	(0)	-	-	-	-	0	(0)	1
16017 ブランデー	0	66.6	234	0	0	(0)	-	-	-	-	0	(0)	1
16020 ラム	0	66.1	237	0	Tr	(0)	-	-	-	-	0.1	(0)	Tr
16022 梅酒	0	68.9	155	0.1	Tr	-	-	-	-	-	20.7	-	39
16025 みりん　本みりん	0	47.0	241	0.2	Tr	-	-	-	-	26.8	26.6	-	7

ミニ知識　下戸（げこ）とは　酒の飲めない人のことを言う。

●**発泡酒**　味，香りがビールと似ているが，材料の一部に麦芽を使用することのほかに制限がないので，分類上は雑酒で，製法や原料にさまざまな制約があるビールとは区別される。
●**ぶどう酒**　ぶどう果汁を発酵させたもので，ワインともいう。赤，白，ロゼの種類がある。白はぶどう果汁だけを発酵させたもの。赤は果皮，種子が入ったままの果汁を発酵させたもの。ロゼは赤と同様にして途中で果皮，種子を取り去るものと黒ぶどうと白ぶどうを合わせて発酵させるものがある。
●**紹興酒**　中国，浙江省でつくられる醸造酒。もち米とこうじが原料。アルコール度は 13%。古いものを特にラオチュウ（老酒）という。

▼ぶどう酒　白　赤　▲紹興酒

蒸留酒類 Distilled alcoholic beverages

発酵させたもろみや酒類を，さらに蒸留してつくる。濃縮されるのでアルコール度数が高いのが特徴。
●**しょうちゅう**　甲類しょうちゅうは純水アルコールを水で薄めたもので，無味無臭。乙類しょうちゅうは原料に用いたさつまいもや米，麦などの風味を残しているもの。
●**ウイスキー**　大麦麦芽，未発芽穀類を原料とした蒸留酒。大麦麦芽のみ使用したモルトウイスキー，未発芽穀類を加えたグレインウイスキー，スコッチ，バーボンなど。
●**ブランデー**　フランス語では「生命の水」という名がつけられている。コニャックが代表的なもの。一般には白ぶどう酒をさらに蒸留，熟成したものをさす。
●**ラム**　さとうきびの汁を煮詰めてとった糖蜜を発酵させ，さらに蒸留してつくる。カクテルベースや製菓材料として用いられる。

▲ウイスキー　▲しょうちゅう

▲ラム　▲ブランデー

混成酒類
Compound alcoholic beberages

醸造酒や蒸留酒または原料用アルコールに糖類，香料，甘味料などを加えたもので，リキュールや薬味酒，果実酒などがある。
●**梅酒**　梅の実を用いた果実酒。青梅，氷砂糖，しょうちゅうを使って家庭でもつくることができる。
●**本みりん**　もち米とこうじ，しょうちゅうまたはアルコールを原料とし，糖化・熟成させてつくる。日本固有の調味料で，煮物や焼き物などに使われる。アルコールが含まれているが，アルコール分は調理中に煮立ててとばし，上品な甘味を引出す。

◀梅酒
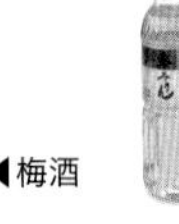

◀本みりん

無機質					ビタミン								食塩相当量（ナトリウム）	備考
					A			E						
カルシウム	マグネシウム	リン	鉄	亜鉛	β-カロテン当量	レチノール活性当量	D	α-トコフェロール	B1	B2	葉酸	C		
■= 20 mg	■= 20 mg	■= 20 mg	■= 0.2 mg	■= 0.2 mg	■= 20 μg	■= 2 μg	■= 0.2 μg	■= 0.2 mg	■=0.02 mg	■=0.02 mg	■= 2 μg	■= 2 mg	■= 0.1g(mg)	
3	1	9	0.1	0.1	0	0	0	0	Tr	0	0	0	0(4)	大さじ1 = 15g　別名：日本酒 / アルコール：15.4 容量 %/(100 g: 100.2 mL、100 mL: 99.8 g)
3	7	15	Tr	Tr	0	0	0	0	0	0.02	7	0	0(3)	大びん= 639g　生ビール含む / アルコール：4.6 容量 %/(100 g: 99.2 mL、100 mL: 100.8 g)
4	4	8	0	Tr	0	0	0	0	0	0.01	4	0	0(1)	アルコール：5.3 容量 %/(100 g: 99.1 mL、100 mL: 100.9 g)
8	7	12	0.3	Tr	(0)	(0)	(0)	-	0	0	0	0	0(3)	1カップ= 200g　別名：白ワイン / アルコール：11.4 容量 %/(100 g: 100.2 mL、100 mL: 99.8 g)
7	9	13	0.4	Tr	(0)	(0)	(0)	-	0	0.01	0	0	0(2)	グラス1 = 80g　別名：赤ワイン / アルコール：11.6 容量 %/(100 g: 100.4 mL、100 mL: 99.6 g)
25	19	37	0.3	0.4	(0)	(0)	(0)	-	Tr	0.03	1	0	0(15)	アルコール：17.8 容量 %/(100 g: 99.4 mL、100 mL: 100.6 g)
-	-	-	-	-	(0)	(0)	(0)	-	(0)	(0)	(0)	(0)	(0)(-)	1カップ= 200g　1合= 180g アルコール：35.0 容量 %/(100 g: 104.4 mL、100 mL: 95.8 g)
0	0	Tr	Tr	Tr	(0)	(0)	(0)	-	(0)	(0)	(0)	(0)	0(2)	シングル1杯= 29g　アルコール：40.0 容量 %/(100 g: 105.0 mL、100 mL: 95.2 g)
0	0	Tr	0	Tr	(0)	(0)	(0)	-	(0)	(0)	(0)	(0)	0(4)	大1本= 685g　アルコール：40.0 容量 %/(100 g: 105.0 mL、100 mL: 95.2 g)
0	0	Tr	0	Tr	(0)	(0)	(0)	-	(0)	(0)	(0)	(0)	0(3)	アルコール：40.5 容量 %/(100 g: 105.2 mL、100 mL: 95.1 g)
1	2	3	Tr	Tr	(0)	(0)	-	-	0	0.01	0	0	0(4)	アルコール：13.0 容量 %/(100 g: 96.2 mL、100 mL: 103.9 g)
2	2	7	0	0	(0)	(0)	-	-	Tr	0	0	0	0(3)	小さじ1 = 6g　大さじ1 = 18g アルコール：14.0 容量 %/(100 g: 85.5 mL、100 mL: 117.0 g)

おいしい情報　ワインは，一般的にコルクが長いほど高級といわれる

16 し好飲料類

Beverages

茶類 Teas

茶はその製造過程から，不発酵茶，半発酵茶，発酵茶に大別される。日本の茶は，茶葉に含まれる酵素のはたらきを加熱・乾燥させることで止める不発酵茶である。乾燥された茶葉には，生に近い香気が残る。茶の特殊成分は，カフェインとタンニンで，いずれも苦味と渋みをもつが，カフェインは覚醒作用，強心作用，抗がん作用がある。

麦茶 Mugi-cha

大麦を殻付きのまま煎ったものを，湯で煮出して飲用する。煮出した後冷やして，おもに夏の飲料として利用される。煮出し専用のパック商品や，水の中にパックを入れるだけでつくれる「水出し」タイプの商品がある。

▲麦茶

緑茶類 Green teas

●**抹茶**　玉露と同様に，本葉がのびはじめたころからおおいをして，やわらかい新芽を手摘みする。この葉を蒸し，乾燥させて，茎や葉脈を取り除いて，最もやわらかい部分だけを臼でひいたもの。主に茶の湯や製菓材料に使う。

●**せん茶**　緑茶の代表的なもので，最も生産量が多い。葉は露地栽培したもので，4，5月に収穫した若い茶葉を針状になるように丸めながら蒸し，乾燥したもの。90℃くらいの湯で60秒ほど浸出するのがよいとされる。

●**番茶**　秋に，のびて固くなった茶葉（三番茶）を収穫し，せん茶と同様の加工をしたもの。100℃くらいの湯で30秒ほど浸出するのがよいとされる。

●**玄米茶**　せん茶または番茶に，煎った玄米を同量程度混ぜたもの。香ばしい香りがする。

▲抹茶

▲せん茶

▲番茶

▲玄米茶

発酵茶類 Fermented teas

●**ウーロン茶**　途中で酵素の活性化を止める半発酵茶。独特の芳香がある。茶葉を日光に当て，室内でしおれさせて釜煎りしたもの。

●**紅茶**　長時間酵素を活性化させてつくる発酵茶。湿気の多いところにおき，しおれさせた茶葉をよくもみ，自然乾燥させたもの。産地や茶葉の種類によって，ダージリン，アッサム，セイロンなど，さまざまな種類のものが市販されている。

▲ウーロン茶

▲紅茶

栄養素 食品番号 **食品名** 廃棄率 (%)　水分量 (g)	エネルギー	たんぱく質	脂質					炭水化物			無機質
			脂質	コレステロール	飽和脂肪酸	n-6系多価不飽和脂肪酸	n-3系多価不飽和脂肪酸	利用可能炭水化物(単糖当量)	炭水化物	食物繊維総量	カリウム
	■= 20 kcal	■= 2 g	■= 2 g	■= 2 mg	■= 0.2 g	■= 0.2 g	■= 0.2 g	■= 2 g	■= 2 g	■= 0.2 g	■= 20 mg
16035 **抹茶**　茶 0　5.0	237	23.1	3.3	(0)	0.68	0.81	1.34	1.6	1.5	38.5	2700
16037 **せん茶**　浸出液 0　99.4	2	(0.2)	(0)	(0)	-	-	-	-	0.2	-	27
16039 **番茶**　浸出液 0　99.8	0	Tr	(0)	(0)	-	-	-	-	0.1	-	32
16041 **玄米茶**　浸出液 0　99.9	0	0	(0)	(0)	-	-	-	-	0	0	7
16042 **ウーロン茶**　浸出液 0　99.8	0	Tr	(0)	(0)	-	-	-	-	0.1	-	13
16044 **紅茶**　浸出液 0　99.7	1	0.1	(0)	(0)	-	-	-	-	0.1	-	8
16045 **コーヒー**　浸出液 0　98.6	4	(0.1)	Tr	0	(0.01)	(0.01)	(0)	(0)	(0)	-	65
16046 インスタントコーヒー 0　3.8	287	(6.0)	0.2	0	0.09	0.09	Tr	-	56.5	-	3600
16048 **ココア**　ピュアココア 0　4.0	386	13.5	20.9	1	12.40	0.66	0.04	10.6	9.6	23.9	2800
16057 **スポーツドリンク** 0　94.7	21	0	Tr	0	-	-	-	-	5.1	Tr	26
16053 **コーラ** 0　88.5	46	0.1	Tr	(0)	-	-	-	(12.2)	(12.0)	-	Tr
16054 **サイダー** 0　89.8	41	Tr	Tr	(0)	-	-	-	(9.0)	(9.0)	-	Tr
16055 **麦茶**　浸出液 0　99.7	1	Tr	(0)	(0)	-	-	-	-	0.3	-	6

 ミニ知識 へそで茶を沸かす　おもしろすぎて大笑いをするようす。

コーヒー・ココア類 Coffees and cocoas

●コーヒー　コーヒー豆を乾燥し，焙煎して粉末にしたものを熱湯で浸出し，飲用する。カフェイン，タンニンを含むので，覚醒作用がある。独特の芳香とほろ苦さがあるが，焙煎の方法や豆の種類によって芳香が異なる。インスタントコーヒーは，コーヒーの抽出液を噴霧乾燥，または凍結乾燥し，粉末あるいは顆粒状にしたもの。カフェインレスタイプもある。

●ココア　焙煎したカカオ豆からココアバターを取り除き，粉末にしたものがピュアココア。ピュアココアに乳製品や砂糖を加えたものが調整ココアである。たんぱく質やミネラルが多く含まれている。

インスタントコーヒー　▲ココア
焙煎前　▲コーヒー　焙煎後

炭酸飲料類 Carbonated beverages

●コーラ　熱帯アフリカ付近に生息するコカの葉とコーラナッツの浸出液を原料として，酸味料，シロップ，着色料，香料などを加えて，炭酸ガスを加えたもの。

●サイダー　日本では飲料水に糖類，酸味料，香料，などを加えて炭酸ガスを圧入したものを一般的にサイダーと呼ぶが，イギリスやアメリカでは，シードル（りんご酒）のことをサイダーとよぶ。

▲コーラ　▲サイダー

その他 Others

●スポーツドリンク　運動時の発汗によって失われる水分や栄養素を補うための飲料。吸収を助けるため浸透圧が調整されている。

スポーツドリンク▲

ハーブティいろいろ

「ハーブ」は，明確な定義があるわけではないが，薬効のある植物のことをいう。ハーブティは，体内に入れる，香りを楽しむという両面でハーブを有効に活用できる。

■カモミールティ
安眠と体調を整える効果。ハーブティの女王。

■レモングラスティ
レモンにとてもよく似た香り。血行をよくする。

■ハイビスカスティ
新陳代謝を活発にし，肉体疲労などに効果がある。

■ローズヒップティ
ビタミンＣを多く含んでおり，強壮作用がある。

■ミントティ
鎮静効果がある。ぜん息や咳の症状にもよい。

■ローズマリーティ
記憶力や集中力を高める効果がある。

無機質					ビタミン								食塩相当量（ナトリウム）	備考
					A			E						
カルシウム	マグネシウム	リン	鉄	亜鉛	β-カロテン当量	レチノール活性当量	D	α-トコフェロール	B1	B2	葉酸	C		
■= 20 mg	■= 20 mg	■= 20 mg	■= 0.2 mg	■= 0.2 mg	■= 20 µg	■= 2 µg	■= 0.2 µg	■= 0.2 mg	■=0.02 mg	■=0.02 mg	■= 2 µg	■= 2 mg	■= 0.1g(mg)	
420	230	350	17.0	6.3	29000	2400	(0)	28.0	0.60	1.35	1200	60	0(6)	大さじ1 = 6g　粉末製品/(100 g:182mL、100 mL:55g) カフェイン: 3.2 g、タンニン: 10.0 g
3	2	2	0.2	Tr	(0)	(0)	(0)	-	0	0.05	16	6	0(3)	1カップ= 200g　浸出法: 茶10 g/90 ℃ 430 mL、1分 / カフェイン: 0.02 g、タンニン: 0.07 g
5	1	2	0.2	Tr	(0)	(0)	(0)	-	0	0.03	7	3	0(2)	1カップ= 200g　浸出法: 茶15 g/90 ℃ 650 mL、0.5分 / カフェイン: 0.01 g、タンニン: 0.03 g
2	1	1	Tr	Tr	(0)	(0)	(0)	(0)	0	0.01	3	1	0(2)	1カップ= 200g　浸出法: 茶15 g/90 ℃ 650 mL、0.5分 / カフェイン: 0.01 g、タンニン: 0.01 g
2	1	1	Tr	Tr	(0)	(0)	(0)	-	0	0.03	2	0	0(1)	1カップ= 200g　浸出法: 茶15 g/90 ℃ 650 mL、0.5分 / カフェイン: 0.02 g、タンニン: 0.03 g
1	1	2	0	Tr	(0)	(0)	(0)	-	0	0.01	3	0	0(1)	1カップ= 200g　浸出法: 茶5 g/熱湯360 mL、1.5分～4分 / カフェイン: 0.03 g、タンニン: 0.10 g
2	6	7	Tr	Tr	0	0	0	0	0	0.01	0	0	0(1)	浸出法: コーヒー粉末10 g/熱湯150 mL/ カフェイン: 0.06 g、タンニン: 0.25 g
140	410	350	3.0	0.4	0	(0)	(0)	0.1	0.02	0.14	8	(0)	0.1(32)	大さじ1 = 3g　顆粒製品 / カフェイン: 4.0 g、タンニン: 12.0 g
140	440	660	14.0	7.0	30	3	(0)	0.3	0.16	0.22	31	0	0(16)	大さじ1 = 6g　別名: 純ココア / 粉末製品 /(100 g:98mL、100 mL:102g) *
8	3	0	Tr	0	0	0	0	0	0	0	0	Tr	0.1(31)	(100 g:99mL、100 mL:101g)
2	1	11	Tr	Tr	0	(0)	(0)	-	0	0	-	0	0(2)	1缶= 250g　(100 g:98mL、100 mL:103g)
1	Tr	0	Tr	0.1	(0)	(0)	(0)	-	0	0	-	0	0(4)	1缶= 350ml (100 g:98mL、100 mL:103g)
2	Tr	1	Tr	0.1	(0)	(0)	(0)	0	0	0	0	(0)	0(1)	大さじ1 = 4g　浸出法: 麦茶50 g/ 湯1500 mL、沸騰後5分放置

＊テオブロミン: 1.7 g、カフェイン: 0.2 g、ポリフェノール: 4.1 g

おいしい情報　**豚肉の紅茶煮**　豚肉を紅茶でゆでたあとに，しょうゆなどで味をつけたもの。紅茶の香りが食欲をそそる。

17 調味料及び香辛料類

Seasonings and spices

調味料は，食品や料理に味や香りをつけ，よりおいしく感じさせる役割をもつ。また，防腐作用，脱水作用の用途もある。香辛料は，芳香，辛味，苦味など特有の風味，香味をもつ植物性の物質。食肉の臭みを消したり，防腐作用があるほか，体を温めたり食欲を増進させたりする生理効果のあるものもある。

食の国際化とともに，世界各地から多くの調味料・香辛料が輸入され，需要も増えている。上手に利用していきたいものである。

ウスターソース類 Worcester sauces

野菜，果実のしぼり汁，ピューレ，調味料，香辛料，カラメルなどを熟成させたもの。粘度が低いものから，ウスターソース，中濃ソース，濃厚ソース（とんかつソース）に分けられる。揚げ物などにかけたり，料理の味つけに使ったりする。

▲ウスターソース

しょうゆ類 醤油類／Shoyu : soy sauces

特有の味と風味は，食塩とアミノ酸類，有機酸などが調和したものである。主原料は大豆・小麦・食塩。「しょうゆ」の名称は今や世界共通語である。こいくちは関東で，うすくちは京阪地方で多く使われる。うすくちは色が薄いがこいくちよりも塩分が多く，煮物などの色をきれいに仕上げることができる。たまりしょうゆは，大豆が主原料。味は濃厚で，刺身しょうゆなどに使われる。

▼たまりしょうゆ
こいくちしょうゆ▼
▼うすくちしょうゆ

食品番号 食品名	廃棄率(%)	水分量(g)	エネルギー	たんぱく質	脂質：脂質	脂質：コレステロール	脂質：飽和脂肪酸	脂質：n-6系多価不飽和脂肪酸	脂質：n-3系多価不飽和脂肪酸	炭水化物：利用可能炭水化物(単糖当量)	炭水化物：炭水化物	炭水化物：食物繊維総量	無機質：カリウム
栄養素			■＝20 kcal	■＝2 g	■＝2 g	■＝2 mg	■＝0.2 g	■＝0.2 g	■＝0.2 g	■＝2 g	■＝2 g	■＝0.2 g	■＝20 mg
17001 ウスターソース	0	61.3	122	0.7	Tr	-	0.01	Tr	0	24.1	23.8	0.5	190
17003 濃厚ソース	0	60.7	133	0.9	0.1	-	-	-	-	(27.1)	(26.7)	1.0	210
17004 トウバンジャン	0	69.7	49	2.0	1.8	3	0.34	1.02	0.10	-	7.9	4.3	200
17006 ラー油	0	0.1	887	0.1	(97.5)	(0)	(14.58)	(42.75)	(0.40)	-	Tr	-	Tr
17007 こいくちしょうゆ	0	67.1	77	6.1	0	(0)	-	-	-	1.6	1.6	(Tr)	390
17008 うすくちしょうゆ	0	69.7	60	4.9	0	(0)	-	-	-	2.6	2.6	(Tr)	320
17009 たまりしょうゆ	0	57.3	111	9.2	0	(0)	-	-	-	-	15.9	(0)	810
17012 食塩	0	0.1	0	0	0	(0)	-	-	-	-	0	(0)	100
17015 穀物酢	0	93.3	37	0.1	0	(0)	-	-	-	-	2.4	(0)	4
17016 米酢	0	87.9	59	0.2	0	(0)	-	-	-	-	7.4	(0)	16
17018 果実酢 りんご酢	0	92.6	41	0.1	0	(0)	-	-	-	(0.5)	(0.5)	(0)	59

 ミニ知識 食卓塩とは，食塩に炭酸マグネシウムを加えて湿気づらくしている食卓用の塩。

辛味調味料類 Hot seasonings

●トウバンジャン　そら豆，小麦粉，米こうじ，トウガラシ，各種香辛料を原料としてつくる。赤い色と，ピリリとした辛さが特徴。四川料理でよく使われる。
●ラー油　ごま油にとうがらしを入れて加熱し，とうがらしの辛味成分や香り，色素を溶け出させてとうがらしを取り除いたもの。ギョウザなどの中国料理に用いられる。

トウバンジャン▶

▲ラー油

食塩類 Edible salts

塩味をつけるための基本的な調味料で，生理的にも欠くことのできないものである。ほかに，脱水作用や防腐性などの働きがある。品質規格では，塩化ナトリウムの純度が，95％以上は並塩，99％以上が食塩，99.5％以上が精製塩とされる。

▲食塩

食酢類 Vinegars

主成分は酢酸で，防腐・殺菌作用がある。疲労回復，食欲増進などの効果もある。米や酒かすを使った和式酢，果実酒を使った洋式酢がある。
●穀物酢　米，とうもろこし，小麦などの複数の穀物が主原料で，酵母を加えて糖化，アルコール発酵させたもの。和洋中のあらゆる料理に使いやすく，最も消費量が多い。
●米酢　穀物酢の中でも，米の使用量が多く，米のでん粉をこうじの酵素で糖化し，酵母でアルコール発酵させ，酢酸菌で酢酸発酵させたもの。風味がまろやかなので，すし飯や日本料理に向く。
●果実酢　果実を発酵させてつくった酢で，ぶどう酢（ワインビネガー）やりんご酢などがある。サラダのドレッシングなどの洋風料理に向く。

▲穀物酢　▲米酢　▲りんご酢

調味料を入れる順番は？

和風の煮物の調味料は，一般に，「さしすせそ」の順番で入れるとよいと言われている。
短時間で煮るもの（魚介類の煮付けなど）や味をじっくりとしみこませたいもの（おでん，含め煮など）は最初から調味料を入れて煮る。

さ………砂糖
浸透するのがおそいので早めに入れる。
し………塩
分子量が小さく浸透しやすい。また，食品の水分を抜いてかたくするのであまり早く入れない。
す…酢
せ…しょうゆ
そ…みそ
（す・せ・そ）香りを逃さないために後から入れる。

無機質					ビタミン								食塩相当量（ナトリウム）	備考
					A			E						
カルシウム	マグネシウム	リン	鉄	亜鉛	β-カロテン当量	レチノール活性当量	D	α-トコフェロール	B1	B2	葉酸	C		
■＝20 mg	■＝20 mg	■＝20 mg	■＝0.2 mg	■＝0.2 mg	■＝20 µg	■＝2 µg	■＝0.2 µg	■＝0.2 mg	■＝0.02 mg	■＝0.02 mg	■＝2 µg	■＝2 mg	■＝0.1g(mg)	
59	24	11	1.6	0.1	47	4	(0)	0.2	0.01	0.02	1	0	8.5(3300)	小さじ1＝6g (100 g: 83.7 mL、100 mL: 119.5 g)
61	26	17	1.5	0.1	110	9	(0)	0.5	0.03	0.04	1	(0)	5.6(2200)	小さじ1＝6g
32	42	49	2.3	0.3	1400	120	(0)	3.0	0.04	0.17	8	3	17.8(7000)	小さじ1＝6g (100 g: 88 mL、100 mL: 113g)
Tr	Tr	Tr	0.1	Tr	710	59	(0)	3.7	0	0	-	(0)	0(Tr)	小さじ1＝4g　使用油配合割合：ごま油8、とうもろこし油2
29	65	160	1.7	0.9	0	0	(0)	0	0.05	0.17	33	0	14.5(5700)	大さじ1＝18g (100 g: 84.7 mL、100 mL: 118.1 g)
24	50	130	1.1	0.6	0	0	(0)	0	0.05	0.11	31	0	16.0(6300)	大さじ1＝18g (100 g: 84.7 mL、100 mL: 118.1 g)
40	100	260	2.7	1.0	0	0	(0)	-	0.07	0.17	37	0	13.0(5100)	大さじ1＝18g (100 g: 82.6 mL、100 mL: 121.1 g)
22	18	(0)	Tr	Tr	(0)	(0)	(0)	-	(0)	(0)	(0)	(0)	99.5(39000)	小さじ1＝6g　塩化ナトリウム99％以上(100 g:83mL、100 mL:120g)＊
2	1	2	Tr	0.1	0	0	(0)	-	0.01	0.01	0	0	0(6)	大さじ1＝15g (100 g:100mL、100 mL:100g)
2	6	15	0.1	0.2	0	0	(0)	-	0.01	0.01	0	0	0(12)	(100 g:100mL、100 mL:100g)
4	4	6	0.2	0.1	(0)	(0)	(Tr)	-	0	0.01	0	0	0(18)	別名：サイダービネガー

＊塩事業センター及び日本塩工業会の品質規格による

おいしい情報　塩もみ　生の野菜を塩といっしょにもんで，味をなじませること。

17 調味料及び香辛料類

Seasonings and spices

調味ソース類 Seasoning sauces

●**オイスターソース** かきを原料とした調味料で，くさみがあるが，特有の風味とこくをもつ。広東料理に使われることが多い。
●**テンメンジャン** 小麦粉と塩を混ぜ特殊な麹を加えた醸造したみそ。甘味がある。
●**ミートソース** 野菜及び肉に，トマトペースト，小麦粉などを加えて調理したもの。

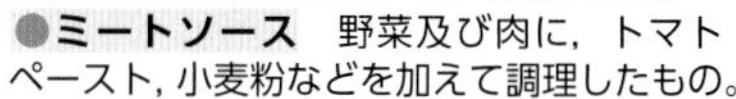

▲オイスターソース

だし類 Soup stocks

●**かつおだし** かつお節でとっただし。沸騰した湯にけずり節を入れ，1分ほど煮出すのが一番だしで，吸い物，蒸し物に利用される。一番だしをとった後のけずり節に，一番だしの半量の水を入れて煮出したものが二番だしで，煮物やみそ汁などに利用される。
●**昆布だし** 昆布を水から煮だし，沸騰したところで引き出してだしをとる。だしとして使うときには，こんぶの粘性がじゃまになるので，煮立たせないようにする。
●**固形ブイヨン** 肉や野菜のうま味と風味をもつ。固形コンソメともいう。洋風のスープや煮込みに便利。
●**顆粒中華だし** 食塩やデキストリンなどを原材料とし，主に中華料理に用いる。
●**顆粒和風だし** 風味原料（かつお節，こんぶ，しいたけなど）に糖類，食塩，調味料等を加え，乾燥させ，粉末状や顆粒状などにしたもの。

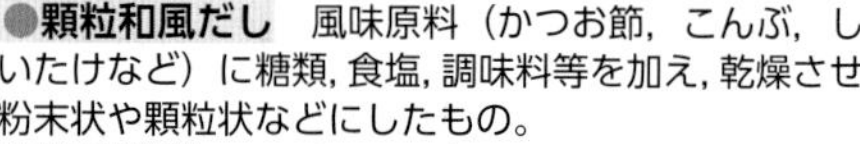

●**めんつゆ** しょうゆ，だし，みりんを混合したもの。めん類用の味をつけただし汁で，ストレートと希釈用がある。濃度は商品によってさまざま。

▼固形ブイヨン

▲めんつゆ

食品番号 食品名	廃棄率(%)	水分量(g)	エネルギー (kcal)	たんぱく質 (g)	脂質 脂質 (g)	脂質 コレステロール (mg)	脂質 飽和脂肪酸 (g)	脂質 n-6系多価不飽和脂肪酸 (g)	脂質 n-3系多価不飽和脂肪酸 (g)	炭水化物 利用可能炭水化物(単糖当量) (g)	炭水化物 炭水化物 (g)	炭水化物 食物繊維総量 (g)	無機質 カリウム (mg)
栄養素			■=20 kcal	■=2 g	■=2 g	■=2 mg	■=0.2 g	■=0.2 g	■=0.2 g	■=2 g	■=2 g	■=0.2 g	■=20 mg
17019 かつおだし 荒節	0	99.4	2	0.2	Tr	0	-	-	-	-	0	0	29
17020 昆布だし 水出し	0	98.5	4	(0.1)	Tr	-	-	-	-	-	0.9	-	140
17023 煮干しだし	0	99.7	1	0.1	0.1	-	-	-	-	-	Tr	(0)	25
17027 固形ブイヨン	0	0.8	233	(8.2)	4.1	Tr	2.12	0.03	Tr	-	42.1	0.3	200
17093 顆粒中華だし	0	1.2	210	10.6	1.5	7	0.55	0.15	0.01	-	36.6	(0)	910
17028 顆粒和風だし	0	1.6	223	(26.8)	0.2	23	0.08	0.01	0.07	-	31.1	0	180
17029 めんつゆ ストレート	0	85.4	44	(2.0)	0	-	-	-	-	-	8.7	-	100
17031 オイスターソース	0	61.6	105	(6.1)	0.1	2	0.03	0.03	0.03	-	18.3	0.2	260
17106 テンメンジャン	0	37.5	249	8.5	7.7	0	-	-	-	-	38.1	3.1	350
17033 ミートソース	0	78.8	96	3.8	5.0	-	-	-	-	(9.6)	(9.4)	-	250
17034 トマトピューレー	0	86.9	44	(1.4)	(0.1)	(0)	(0.02)	(0.02)	(Tr)	(5.2)	(5.2)	1.8	490
17036 トマトケチャップ	0	66.0	106	1.2	0.1	0	0.03	0.04	0.01	(24.3)	(24.0)	1.7	380
17042 マヨネーズ 全卵型	0	16.6	669	1.3	72.5	55	6.07	18.02	5.49	(2.1)	(2.1)	(0)	13
17040 フレンチドレッシング 分離液状	0	(47.8)	331	0	(30.6)	(1)	(3.46)	(10.75)	(2.15)	(11.4)	(11.3)	0	(2)
17041 サウザンアイランドドレッシング	0	(44.1)	393	(0.2)	(38.1)	(9)	(4.34)	(13.33)	(2.66)	(12.1)	(11.9)	(0.4)	(32)

ミニ知識 サウザンアイランドドレッシングは，ソースの中の粒が海に浮かぶ千の島に見えることからその名がついた。

▲顆粒中華だし

▲顆粒和風だし

トマト加工品類 Tomato processed goods

●**トマトピューレー**
トマトをつぶし，皮や種などをとったあとに濃縮し，少量の食塩，香辛料などを加えたもの。

●**トマトケチャップ**
濃縮トマト，たまねぎ，にんにく，砂糖，塩，酢，香辛料等を配合したもの。

▲トマトピューレー　▲トマトケチャップ

ドレッシング類 Dressings

●**マヨネーズ**　卵，サラダ油，食酢，食塩，香辛料などを原料としてつくられる。卵黄の乳化力により半固体となる。全卵型は味がまろやかで，卵黄型の方が濃厚な味。

●**フレンチドレッシング**　ビネグレットソースともいい，前菜やサラダに使われる。サラダ油，食酢，食塩，砂糖，香辛料などを材料につくられる。

●**サウザンアイランドドレッシング**　なたね油，大豆油，穀物酢，トマトケチャップ，ピクルス，卵黄，たまねぎ，こしょうなどをあえたドレッシング。トマトの甘さがあり，温野菜などにも合うので利用範囲が広い。

サウザンアイランドドレッシング▼

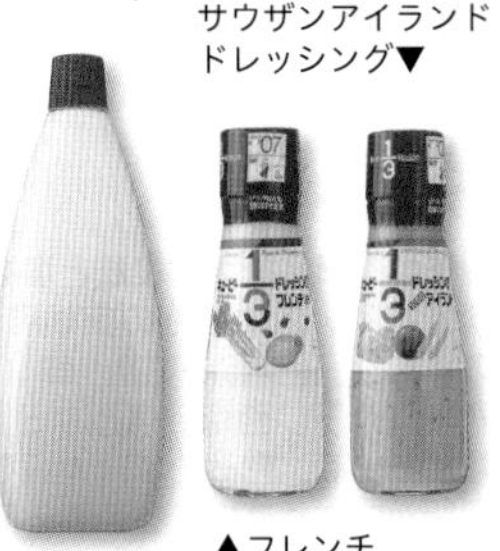

▲マヨネーズ　▲フレンチドレッシング

無機質					ビタミン								食塩相当量	備考
カルシウム	マグネシウム	リン	鉄	亜鉛	A β-カロテン当量	A レチノール活性当量	D	E α-トコフェロール	B1	B2	葉酸	C	(ナトリウム)	
■＝20mg	■＝20mg	■＝20mg	■＝0.2mg	■＝0.2mg	■＝20μg	■＝2μg	■＝0.2μg	■＝0.2mg	■＝0.02mg	■＝0.02mg	■＝2μg	■＝2mg	■＝0.1g(mg)	
2	3	18	Tr	Tr	0	0	0	0	Tr	0.01	0	0	0.1(21)	液状だし/3%の荒節でとっただし
3	4	6	Tr	Tr	0	(0)	-	0	Tr	Tr	2	Tr	0.2(61)	液状だし/3%の真昆布でとっただし
3	2	7	Tr	Tr	0	-	-	0	0.01	Tr	1	0	0.1(38)	液状だし/3%の煮干しでとっただし
26	19	76	0.4	0.1	0	0	Tr	0.7	0.03	0.08	16	0	43.2(17000)	1個＝5g　別名：固形コンソメ/顆粒状の製品を含む/固形だし
84	33	240	0.6	0.5	8	3	0	0.9	0.06	0.56	170	0	47.5(19000)	粉末製品を含む/顆粒だし
42	20	260	1.0	0.5	0	0	0.8	0.1	0.03	0.20	14	0	40.6(16000)	1袋＝9g　別名：顆粒風味調味料/粉末製品含む/顆粒だし(100g:155mL、100mL:64g)
8	15	48	0.4	0.2	0	0	(0)	-	0.01	0.04	17	0	3.3(1300)	液状だし
25	63	120	1.2	1.6	(Tr)	-	-	0.1	0.01	0.07	9	Tr	11.4(4500)	別名：かき油(100g:81mL、100mL:123g)
45	61	140	1.6	1.0	3	0	(0)	0.8	0.04	0.11	20	0	7.3(2900)	別名：中華甘みそ
17	-	47	0.8	-	530	49	-	-	0.14	0.05	-	6	1.5(610)	1食＝200～300g　試料：缶詰及びレトルトパウチ製品(100g:94mL、100mL:107g)
19	27	37	0.8	0.3	630	52	(0)	2.7	0.09	0.07	29	10	Tr(19)	1カップ＝210g　別名：トマトピューレ/食塩無添加品(100g:95mL、100mL:105g)
16	18	35	0.5	0.2	510	43	0	2.0	0.06	0.04	13	8	3.1(1200)	大さじ1＝15g(100g:87mL、100mL:115g)
8	2	29	0.3	0.2	1	24	0.3	13.0	0.01	0.03	1	0	1.9(730)	大さじ1＝12g　使用油：なたね油、とうもろこし油、大豆油(100g:95mL、100mL:105g)
(1)	(Tr)	(1)	(Tr)	(Tr)	0	0	0	(4.0)	(Tr)	(Tr)	0	0	(6.3)((2500))	大さじ1＝16g
(7)	(3)	(9)	(0.1)	(0.1)	(43)	(8)	(0.1)	(5.2)	(Tr)	(0.01)	(3)	(2)	(3.0)((1200))	

おいしい情報　割り下　だし汁にしょうゆ，みりん，砂糖などの調味料を混ぜ合わせてひと煮立ちさせた汁。

17 調味料及び香辛料類

Seasonings and spices

みそ類 味噌類／Miso

みそは，蒸した大豆に麹と塩を加えて発酵させた中国伝来の調味料である。日本各地の気候風土に合わせたさまざまな種類のものがあり，色（赤・白），味（甘・辛），麹の種類（米，麦，豆），産地（八丁，西京，信州など），粒の有無（粒，こし）などの分類ができる。白みそは，大豆を短時間浸水させて煮たものを，短期間熟成させてつくる。赤みそは，大豆の浸水時間を長くして蒸し，長期間熟成させてつくる。熟成期間が長いと着色が進み，色が濃くなる。塩分濃度はさまざまであるが，減塩タイプのものは日もちしないので保存には注意が必要である。みそには魚などの生ぐささを隠す作用があり，みそ煮やみそ漬けなどに利用される。

麦みそ▶　◀豆みそ　米みそ（甘みそ）▼　▼米みそ（赤色辛みそ）

▲米みそ（淡色辛みそ）

からし 辛子／Mustard

からし菜の種子からつくった香辛料で，マスタードともよばれる。辛味の強い和がらし（オリエンタルマスタード）と，まろやかな洋がらし（イエローマスタード）があり，肉や魚の臭い消しにも効果がある。粉末は，温湯で練って使う。市販されている大部分は練りからしで，チューブ入りになっている。

▼練りからし

オールスパイス Allspice

シナモン，クローブ，ナツメグの３つのスパイスを混ぜたような香りがするため，この名前がついた。肉料理や煮込み料理，クッキーやケーキなど，用途の広いスパイス。

ルウ類 Roux

●カレールウ　カレー粉に小麦粉，油脂，でん粉，調味料類などを入れてできたカレーソースを固形化したもの。板状や，ペースト状のものなど，いろいろな形状のものが市販されている。

▲カレールウ

▼オールスパイス

食品番号 食品名 廃棄率(%) 水分量(g)	廃棄率	水分量	エネルギー	たんぱく質	脂質	コレステロール	飽和脂肪酸	n-6系多価不飽和脂肪酸	n-3系多価不飽和脂肪酸	利用可能炭水化物（単糖当量）	炭水化物	食物繊維総量	カリウム
栄養素			脂質							炭水化物			無機質
			■＝20 kcal	■＝2 g	■＝2 g	■＝2 mg	■＝0.2 g	■＝0.2 g	■＝0.2 g	■＝2 g	■＝2 g	■＝0.2 g	■＝20 mg
17044 **米みそ** 甘みそ	0	42.6	206	8.7	3.0	(0)	0.49	1.55	0.30	-	37.9	5.6	340
17045 淡色辛みそ	0	45.4	182	11.1	5.9	(0)	0.97	3.02	0.58	11.9	11.8	4.9	380
17046 赤色辛みそ	0	45.7	178	11.3	5.4	(0)	0.88	2.66	0.54	-	21.1	4.1	440
17047 **麦みそ**	0	44.0	184	8.1	4.2	(0)	0.74	2.13	0.38	-	30.0	6.3	340
17048 **豆みそ**	0	44.9	207	14.8	10.2	(0)	1.62	5.30	0.99	-	14.5	6.5	930
17051 **カレールウ**	0	3.0	474	5.7	32.8	20	14.84	1.55	0.10	38.1	35.1	6.4	320
17055 **オールスパイス** 粉	0	9.2	364	5.6	(3.7)	(0)	(1.64)	(1.48)	(0.05)	-	75.2	-	1300
17058 **からし** 練り	0	31.7	314	5.9	(14.4)	(0)	(0.80)	(2.47)	(1.52)	-	40.1	-	190
17061 **カレー粉**	0	5.7	338	(10.2)	11.6	8	1.28	3.16	0.24	-	63.3	36.9	1700
17062 **クローブ** 粉	0	7.5	398	(5.1)	(9.8)	(0)	(4.13)	(2.87)	(0.81)	-	66.4	-	1400
17063 **こしょう** 黒、粉	0	12.7	362	(8.9)	(5.5)	(0)	(2.56)	(1.56)	(0.28)	(42.3)	(38.5)	-	1300

ミニ知識 **みその効果**　みそには肉や魚のくさみを消す作用がある。さばのみそ煮，みそ漬などとして利用されている。

カレー粉 Curry powder

ターメリック（うこん），コリアンダー，クミンなど多数の香辛料を混合したものがカレー粉。これに小麦粉，油脂，調味料を加えたものがカレールウ。

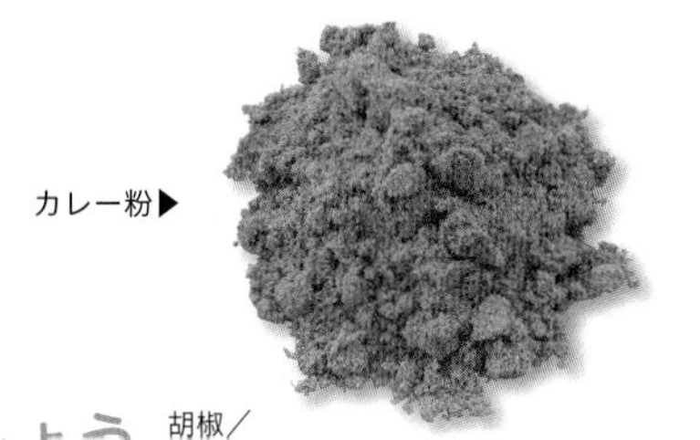
カレー粉▶

こしょう 胡椒／Pepper

未熟な実の乾燥品が「黒こしょう」，完熟した実の外皮を除いたものが「白こしょう」。材料の臭い消しや料理の辛味づけに使う。辛味は黒こしょうの方が強い。

▼こしょう（黒）

クローブ Clove

丁子とも呼ばれる。クローブのつぼみを乾燥させたもの。ウスターソースの主原料。煮込みなどではたまねぎに刺して使う。

▲クローブ

みその文化圏

みそは，長い間，大量生産が行われず，各家庭で独自につくられてきた。そのため，種類は多種多様だが，材料によって大別すると，下の地図のようになる。
激しい労働をしない朝廷貴族の味としてはぐくまれた京料理には，甘い米みそが似合った。温暖な九州では，大豆は虫害に弱く，麦みそが主体に。奄美大島から沖縄には，そてつ種を砕いて麹をつくる地方も見られる。米麹も麦麹も使わずに，大豆を熟成させた豆みそは，濃厚な風味となって「赤だし」などの独特の中京料理を生んだ。また，東北から北陸にかけての米作地帯では，辛口の米みそでつくる熱いみそ汁が，厳しい労働や寒さをいやしたものと思われる。

■みそ文化圏

- 米辛みそ地帯
- 米甘口みそ地帯
- 麦みそ地帯
- 豆みそ地帯
- ソテツみそ地帯

無機質					ビタミン								食塩相当量（ナトリウム）	備考
					A			E						
カルシウム	マグネシウム	リン	鉄	亜鉛	β-カロテン当量	レチノール活性当量	D	α-トコフェロール	B1	B2	葉酸	C		
■＝20 mg	■＝20 mg	■＝20 mg	■＝0.2 mg	■＝0.2 mg	■＝20 μg	■＝2 μg	■＝0.2 μg	■＝0.2 mg	■＝0.02 mg	■＝0.02 mg	■＝2 μg	■＝2 mg	■＝0.1g(mg)	
80	32	130	3.4	0.9	(0)	(0)	(0)	0.3	0.05	0.10	21	(0)	6.1(2400)	1カップ＝230g 別名：西京みそ、関西白みそ等（100 g:87mL、100 mL:115g）
100	75	170	4.0	1.1	(0)	(0)	(0)	0.6	0.03	0.10	68	(0)	12.4(4900)	大さじ1＝18g 別名：信州みそ等（100 g:87 mL、100 mL:115g）
130	80	200	4.3	1.2	(0)	(0)	(0)	0.5	0.03	0.10	42	(0)	13.0(5100)	小さじ＝6g（100 g:87mL、100 mL:115g）
80	55	120	3.0	0.9	(0)	(0)	(0)	0.4	0.04	0.10	35	(0)	10.7(4200)	別名：田舎みそ（100 g:87mL、100 mL:115g）
150	130	250	6.8	2.0	(0)	(0)	(0)	1.1	0.04	0.12	54	(0)	10.9(4300)	別名：東海豆みそ、名古屋みそ、八丁みそ（100 g:87mL、100 mL:115g）
90	31	110	3.5	0.5	69	6	(0)	2.0	0.09	0.06	9	0	10.6(4200)	1皿分＝20g
710	130	110	4.7	1.2	34	3	(0)	-	0	0.05	(0)	0	0.1(53)	小さじ1＝2g
60	83	120	2.1	1.0	16	1	(0)	-	0.22	0.07	(0)	0	7.4(2900)	小さじ1＝6g 和風及び洋風を含む
540	220	400	29.0	2.9	390	32	(0)	4.4	0.41	0.25	60	2	0.1(40)	小さじ1＝2g 大さじ1＝7g
640	250	95	9.9	1.1	120	10	(0)	-	0.04	0.27	(0)	(0)	0.7(280)	小さじ1＝2g 大さじ1＝7g 別名：ちょうじ
410	150	160	20.0	1.1	180	15	(0)	-	0.10	0.24	(0)	(0)	0.2(65)	小さじ1＝2g 別名：ブラックペッパー

おいしい情報 ルウとは？ 小麦粉をバターで炒めたもの。カレーやシチューに用いる。

17 調味料及び香辛料類

Seasonings and spices

さんしょう 山椒／Japanese pepper

辛味や香味があり，利尿作用や殺菌力がある。春は花さんしょう，夏は青実さんしょう，秋は粒さんしょうが旬。ビタミンB₂を多く含む。

▲さんしょう

シナモン Cinnamon

肉桂ともいい，ドーナツやクッキー，紅茶の香りづけなどに使われる。カルシウムが豊富である。スティック状のものや粉末状のものが多く出回っている。

▲シナモン

しょうが 生姜／Ginger

ジンジャーともいう。さわやかな香りと辛味が食欲を増進させる。また，臭み消しに効果があり，殺菌力も強い。このため，肉や魚の煮物には欠かせない。

▲しょうが（おろし）

タイム Thyme

独特のすがすがしい香りがある。おもに魚介類の臭みを消すのに用いられるが，肉料理にも用いられる。

▲タイム

とうがらし 唐辛子／Red pepper

一味唐辛子のこと。辛味が強く，体内で脂肪を燃焼させるはたらきがある。キムチなどの味付けや，七味唐辛子の材料になる。

▲とうがらし（粉）

食品番号 食品名	廃棄率(%)	水分量(g)	エネルギー	たんぱく質	脂質					炭水化物			無機質
					脂質	コレステロール	飽和脂肪酸	n-6系多価不飽和脂肪酸	n-3系多価不飽和脂肪酸	利用可能炭水化物(単糖当量)	炭水化物	食物繊維総量	カリウム
栄養素			■＝20 kcal	■＝2 g	■＝2 g	■＝2 mg	■＝0.2 g	■＝0.2 g	■＝0.2 g	■＝2 g	■＝2 g	■＝0.2 g	■＝20 mg
17066 さんしょう 粉	0	8.3	375	10.3	6.2	(0)	-	-	-	-	69.6	-	1700
17067 シナモン 粉	0	9.4	356	(2.7)	(1.9)	(0)	(0.97)	(0.12)	(0.03)	-	79.6	-	550
17069 しょうが おろし	0	88.2	41	(0.3)	(0.4)	(0)	(0.16)	(0.10)	(0.03)	(5.1)	(4.7)	-	140
17071 タイム 粉	0	9.8	342	6.5	(3.2)	(0)	(1.91)	(0.35)	(0.48)	-	69.8	-	980
17073 とうがらし 粉	0	1.7	412	(9.9)	(8.3)	(0)	(1.83)	(4.33)	(0.37)	-	66.8	-	2700
17074 ナツメグ 粉	0	6.3	520	5.7	(30.6)	(0)	(11.31)	(5.12)	(0.10)	-	47.5	-	430
17076 にんにく おろし	0	52.1	170	(2.9)	(0.3)	(Tr)	(0.07)	(0.14)	(0.02)	(1.3)	(1.2)	-	440
17077 バジル 粉	0	10.9	307	(17.3)	(2.2)	(0)	(1.17)	(0.11)	(0.16)	-	50.6	-	3100
17078 パセリ 乾	0	5.0	341	(27.7)	(2.2)	(0)	(0.55)	(0.51)	(0.75)	(5.5)	(5.4)	-	3600
17079 パプリカ 粉	0	10.0	385	(14.6)	(10.9)	(0)	(1.93)	(6.58)	(0.41)	-	55.6	-	2700
17081 わさび 練り	0	39.8	265	(1.9)	10.3	(0)	-	-	-	-	39.8	-	280
17084 ベーキングパウダー	0	4.5	150	Tr	(0.6)	(0)	(0.22)	(0.27)	(0.09)	(38.5)	(35.0)	-	3900

 ミニ知識 **七味唐辛子** 赤唐辛子，ごま，けしの実，青のり，麻の実，陳皮，山椒，しその実などを組み合わせたもの。

ナツメグ Nutmeg

にくずくの完熟した種子のはい乳を乾燥させたもの。甘みのある刺激臭で，ひき肉料理や，ケーキなどの味を引き立てる。

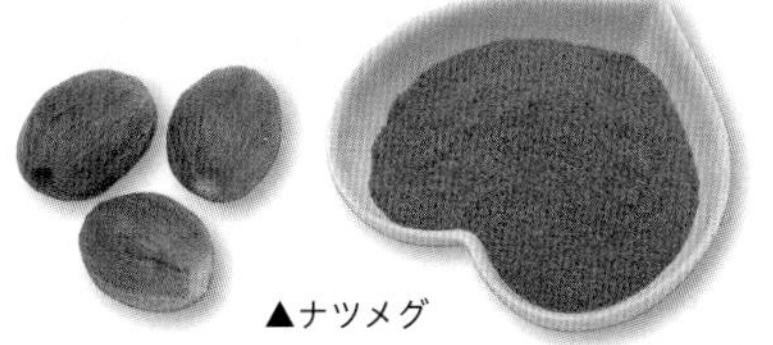
▲ナツメグ

ベーキングパウダー Baking powder

パンや製菓の膨張剤として用いられる。重曹（炭酸水素ナトリウム）に酸性剤などが配合されており，常温でも粉や水に反応するので，生地に混ぜ合わせてすぐに焼くことができる。

ベーキングパウダー▶

にんにく 大蒜／Garlic

ガーリックパウダーは，にんにくを乾燥させ，粉末にしたもの。生のものより香りは少ないが，長期保存がきく。にんにくの加工品には，ほかにチューブ入りのおろしにんにく，薄くスライスして乾燥させたものなどがある。

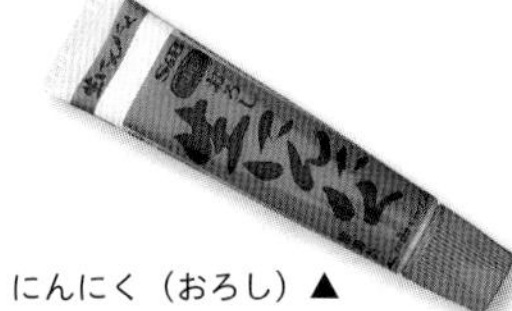
にんにく（おろし）▲

バジル Basil

バジリコともいう。甘く，さわやかな香味がある。フレッシュなものと，乾燥粉末のものが市販されている。

バジル▲

パセリ Parsley

パセリを乾燥，粉末にしたもの。生のものより保存性がよいので，スパゲティやソースなどに振り入れて手軽に利用できる。

パセリ▲

パプリカ Paprica

唐辛子の一種であるが，辛味はなく，赤色をしているので着色料として用いられる。市販のものは粉末で，辛くないスイートタイプ。

▲パプリカ

わさび 山葵／Wasabi

粉わさびは，ホースラディシュ（p.230 に掲載）を粉末にしたものに，からし粉末を混ぜたもの。練りわさびはホースラディシュを粉末にしたものに，水を加えてペースト状にしたもの。

わさび（練り）▲

無機質					ビタミン								食塩相当量	備考
					A			E						
カルシウム	マグネシウム	リン	鉄	亜鉛	β-カロテン当量	レチノール活性当量	D	α-トコフェロール	B1	B2	葉酸	C	食塩相当量(ナトリウム)	備考
■＝20mg	■＝20mg	■＝20mg	■＝0.2mg	■＝0.2mg	■＝20µg	■＝2µg	■＝0.2µg	■＝0.2mg	■＝0.02mg	■＝0.02mg	■＝2µg	■＝2mg	■＝0.1g(mg)	
750	100	210	10.0	0.9	200	17	(0)	-	0.10	0.45	-	0	0(10)	小さじ1＝2g
1200	87	50	7.1	0.9	6	1	(0)	-	0.08	0.14	(0)	Tr	0.1(23)	小さじ1＝2g 別名：にっけい、にっき
16	17	14	0.3	0.1	7	1	(0)	-	0.02	0.03	-	120	1.5(580)	小さじ1＝2g 試料：チューブ入り ビタミンC：添加品を含む
1700	300	85	110.0	2.0	980	82	(0)	-	0.09	0.69	0	0	0(13)	小さじ1＝1g
110	170	340	12.0	2.0	8600	720	(0)	-	0.43	1.15	-	Tr	0(4)	小さじ1＝2g 別名：一味唐辛子
160	180	210	2.5	1.3	12	1	(0)	-	0.05	0.10	(0)	(0)	0(15)	小さじ1＝2g 別名：にくずく
22	22	100	0.7	0.5	3	Tr	(0)	-	0.11	0.04	-	0	4.6(1800)	試料：チューブ入り
2800	760	330	120.0	3.9	2500	210	(0)	4.7	0.26	1.09	290	1	0.1(59)	別名：めぼうき、バジリコ
1300	380	460	18.0	3.6	28000	2300	(0)	7.2	0.89	2.02	1400	820	2.2(880)	
170	220	320	21.0	10.0	6100	500	(0)	-	0.52	1.78	(0)	(0)	0.2(60)	小さじ1＝2g
62	39	85	2.0	0.8	15	1	(0)	-	0.11	0.07	-	0	6.1(2400)	小さじ1＝6g 試料：わさび及びホースラディシュ混合製品、チューブ入り
2400	1	3700	0.1	Tr	0	0	0	-	0	0	(0)	0	17.3(6800)	1カップ＝150g 加熱により発生する二酸化炭素等：23.5g(100g:133mL、100mL:75g)

おいしい情報 山椒は小粒でもぴりりと辛い　体は小さくても元気がよく才能にすぐれていて，あなどれない人物のたとえ。

18 調理済み流通食品類

Prepared food

調理済み流通食品類は，調理加工した食品を急速冷凍・包装した冷凍食品，柔軟な包装材料に加工食品を詰めて高圧釜を用いて殺菌したレトルトパウチ製品，そう菜など工業的に生産されている食品である。フライ用冷凍食品類やコーンクリームスープ（粉末タイプ）のように，最終段階の調理を行っていない食品も含まれる。
もともとは，食品会社や配食サービス事業者が製造・販売する調理食品が，大規模調理施設（セントラルキッチン）による配食事業の拡大にともない市場を広げ，家庭でも用いられるようになり，食事づくりの省力化にもつながっている。

和風料理 Japanese style food

●**青菜の白和え**
ほうれん草や春菊などの青菜類を主とする植物性食品（精進物）を，豆腐と白ごまをおもな材料とする和え衣で和えた料理。

▲青菜の白和え

●**いんげんのごま和え**
ゆでたいんげんを，ごまを主な材料とする和え衣で和えた料理。

▲いんげんのごま和え

●**とん汁**
ぶた汁ともいう。豚肉，大根，にんじん，こんにゃく，ごぼう等をみそで煮込んだ汁物。

▲とん汁

食品番号 食品名	廃棄率(%)	水分量(g)	エネルギー (■=20 kcal)	たんぱく質 (■=2 g)	脂質 (■=2 g)	コレステロール (■=2 mg)	飽和脂肪酸 (■=0.2 g)	n-6系多価不飽和脂肪酸 (■=0.2 g)	n-3系多価不飽和脂肪酸 (■=0.2 g)	利用可能炭水化物(単糖当量) (■=2 g)	炭水化物 (■=2 g)	食物繊維総量 (■=0.2 g)	カリウム (■=20 mg)
					脂質					炭水化物			無機質
18024 青菜の白和え	0	(79.7)	81	(3.9)	(2.6)	(Tr)	-	-	-	(8.7)	(7.2)	(2.4)	(180)
18025 いんげんのごま和え	0	(81.4)	77	(3.0)	(3.2)	(5)	-	-	-	(5.3)	(4.9)	(2.8)	(270)
18028 とん汁	0	(94.4)	26	(1.3)	(1.4)	(3)	-	-	-	(1.2)	(0.9)	(0.5)	(63)
18027 紅白なます	0	(90.3)	34	(0.6)	(0.7)	0	-	-	-	(6.4)	(6.1)	(0.9)	(130)
18032 切り干し大根の煮物	0	(88.2)	48	(1.9)	(1.9)	0	-	-	-	(5.8)	(3.2)	(2.0)	(76)
18033 きんぴらごぼう	0	(81.6)	84	(3.1)	(4.3)	(Tr)	-	-	-	(4.4)	(4.2)	(3.2)	(150)
18035 筑前煮	0	(80.4)	85	(4.1)	(3.3)	(19)	-	-	-	(6.8)	(5.9)	(1.8)	(160)
18036 肉じゃが	0	(79.6)	78	(3.8)	(1.1)	(9)	-	-	-	(11.4)	(10.3)	(1.3)	(210)
18037 ひじきのいため煮	0	(80.8)	75	(2.8)	(3.5)	(Tr)	-	-	-	(6.9)	(6.5)	(3.4)	(180)
18038 アジの南蛮漬け	0	(78.0)	109	(6.7)	(5.6)	(27)	-	-	-	(5.3)	(4.6)	(0.9)	(190)
18023 松前漬け しょうゆ漬	0	51.2	166	14.5	0.9	170	0.28	0.03	0.43	13.5	12.9	1.6	310

 ミニ知識 **冷凍食品の温度** 生産，貯蔵，輸送，配送，販売の各段階を通じて－18℃以下が保たれている。

●**紅白なます**
にんじんとだいこんをせん切りにして，塩をふって下ごしらえし，甘酢等の調味酢で調味する。源氏と平氏の旗の色より，源平なますともいう。

▲紅白なます

●**切り干し大根の煮物**
切り干し大根を水戻ししてからゆで，切って炒め調理した料理。油あげ，にんじんなどを加えることが多い。

▲切り干し大根の煮物

●**きんぴらごぼう**
せん切りまたはささがきのごぼうを油で炒め，砂糖，しょうゆ等で調味して煮詰めた料理。どうがらしで辛みをつける。

▲きんぴらごぼう

●**筑前煮**
福岡県の郷土料理で，とり肉と野菜の炒め煮，いり鶏，筑前炊き，がめ煮ともいう。とり肉，にんじん，ごぼう，れんこん，さといも，たけのこ，しいたけ，こんにゃくを一口大に切り，炒め，甘みのあるしょうゆで調味し煮詰めた料理。

▲筑前煮

●**肉じゃが**
牛肉と玉ねぎを炒め，甘めのしょうゆ味の調味料と，だし，じゃがいもを加え煮あげる料理。にんじん，こんにゃく（しらたき）を加えたり，仕上げにグリンピース，さやいんげんなどを散らしたりすることもある。

▲肉じゃが

●**ひじきの炒め煮**
乾燥ひじきを水戻しした後にゆで，炒め調理した料理。油あげ，にんじんなどを加えることも多い。

▲ひじきの炒め煮

●**アジ南蛮漬け**
おもに小魚などの魚介類をから揚げにし，ねぎやたまねぎ，とうがらしを合わせた合わせ酢につけた料理。

▲アジ南蛮漬け

●**松前漬け　しょうゆ漬け**
するめ，かずのこ等をまぜ合わせ，しょうゆ，砂糖，みりん等の調味液に漬け込んだ北海道松前地方の郷土料理。

▲松前漬け

無機質					ビタミン									食塩相当量（ナトリウム）	備考
カルシウム	マグネシウム	リン	鉄	亜鉛	A β-カロテン当量	A レチノール活性当量	D	E α-トコフェロール	B1	B2	葉酸	C		
■＝20mg	■＝20mg	■＝20mg	■＝0.2mg	■＝0.2mg	■＝20µg	■＝2µg	■＝0.2µg	■＝0.2mg	■＝0.02mg	■＝0.02mg	■＝2µg	■＝2mg	■＝0.1g(mg)	
(95)	(42)	(69)	(1.2)	(0.6)	(1600)	(130)	(Tr)	(0.6)	(0.06)	(0.05)	(32)	(3)	(1.3)((500))	
(120)	(44)	(88)	(1.3)	(0.7)	(840)	(73)	(0.2)	(0.2)	(0.08)	(0.10)	(52)	(5)	(1.2)((480))	
(10)	(6)	(18)	(0.2)	(0.2)	(200)	(17)	(Tr)	(0.1)	(0.03)	(0.01)	(7)	(1)	(0.6)((220))	別名：ぶた汁
(22)	(9)	(16)	(0.2)	(0.1)	(460)	(38)	0	(Tr)	(0.02)	(0.01)	(19)	(6)	(0.6)((230))	
(46)	(18)	(39)	(0.5)	(0.3)	(640)	(54)	0	(0.2)	(0.01)	(0.02)	(7)	(Tr)	(0.9)((370))	
(36)	(25)	(37)	(0.5)	(0.4)	(1000)	(86)	0	(0.7)	(0.03)	(0.03)	(32)	(1)	(0.9)((350))	
(22)	(15)	(55)	(0.5)	(0.5)	(880)	(80)	(0.1)	(0.4)	(0.04)	(0.05)	(16)	(4)	(1.1)((430))	別名：とり肉と野菜の炒め煮，炒り鶏，筑前炊き，がめ煮
(13)	(14)	(44)	(0.8)	(0.9)	(630)	(53)	0	(0.2)	(0.05)	(0.05)	(14)	(9)	(1.2)((480))	
(100)	(43)	(45)	(0.6)	(0.3)	(1000)	(84)	(Tr)	(0.7)	(0.02)	(0.02)	(6)	(Tr)	(1.4)((560))	
(37)	(19)	(110)	(0.4)	(0.5)	(440)	(39)	(3.9)	(0.8)	(0.06)	(0.06)	(7)	(3)	(0.7)((290))	
41	59	170	0.6	1.3	100	11	1	1.7	0.06	0.04	15	0	5.2(2000)	液汁を除いたもの するめ，昆布，かずのこ等を含む

おいしい情報　缶詰の汁　コーンやツナ，野菜などの缶詰の汁はうま味がつまっているので料理に使用するとよい。

18 調理済み流通食品類

Prepared food

洋風料理 Western-style food

●チキンカレー
チキンカレーは，とり肉を強火で炒め，野菜とともにカレーソースで煮込んだもの。また，ビーフカレーは牛肉，ポークカレーは豚肉を使用したもの。

●カニクリームコロッケ
固めのホワイトソースにかにを加え，衣をつけて揚げたもの。

●ポテトコロッケ
ゆでてつぶしたじゃがいもにひき肉などを加え，衣をつけて揚げたもの。

●ビーフシチュー
牛肉等をブラウンソースで煮込んだ煮込み料理。また，とり肉，子牛肉，魚介等をホワートソースで煮込んだものはホワイトシチューという。

●ミートボール
肉だんごともいう。ひき肉，バター炒めした玉ねぎ，パン粉，溶き卵，調味料を混ぜ，形を整え素揚げにしたもの。

●コーンクリームスープ（粉末タイプ）
粉末タイプは，スイートコーン，粉乳，でん粉，油脂，調味料などの原材料を粉末化したもの。水や湯で溶いて食す。

●合いびきハンバーグ
ひき肉にたまねぎ，パン粉，たまごなどを加え，楕円形にしてフライパンやオーブンで焼いたもの。また，肉を豆腐に置き換えた豆腐ハンバーグなどもある。

▲チキンカレー

▲カニクリームコロッケ

▲ポテトコロッケ

▲ビーフシチュー（レトルトパウチ）

▲ミートボール

▲コーンクリームスープ

▲合いびきハンバーグ

食品番号 食品名 廃棄率(%) 水分量(g)	エネルギー (kcal)	たんぱく質 (g)	脂質 (g)	コレステロール (mg)	飽和脂肪酸 (g)	n-6系多価不飽和脂肪酸 (g)	n-3系多価不飽和脂肪酸 (g)	利用可能炭水化物(単糖当量) (g)	炭水化物 (g)	食物繊維総量 (g)	カリウム (mg)
			脂質					炭水化物			無機質
18040 チキンカレー 0 (75.2)	131	(5.4)	(8.4)	(29)	-	-	-	(6.7)	(5.6)	(1.2)	(170)
18043 カニクリームコロッケ 0 (54.6)	255	(4.4)	(16.5)	(8)	-	-	-	(23.2)	(21.1)	(1.0)	(94)
18018 ポテトコロッケ 0 (55.5)	226	(4.5)	(12.1)	(14)	-	-	-	(25.4)	(23.2)	(2.0)	(250)
18011 ビーフシチュー 0 (74.9)	153	(3.5)	(11.9)	(18)	-	-	-	(6.2)	(4.3)	(0.7)	(150)
18015 ミートボール 0 (62.1)	201	(9.0)	(11.9)	(23)	3.23	2.05	0.29	(13.4)	(10.8)	(1.3)	(240)
18004 コーンクリームスープ 粉末タイプ 0 2.1	425	8.1	13.7	-	-	-	-	-	67.4	-	470
18050 合いびきハンバーグ 0 (62.8)	197	(11.7)	(11.2)	(47)	-	-	-	(4.6)	(4.3)	(1.1)	(280)
18009 えびフライ 冷凍 0 66.3	139	10.2	1.9	-	-	-	-	-	20.3	-	95
18014 えびピラフ 0 (62.9)	146	(2.8)	(2.2)	(8)	-	-	-	(30.1)	(27.1)	(1.2)	(63)
18012 しゅうまい 0 (60.2)	191	(8.1)	(8.7)	(27)	2.86	1.30	0.09	(19.7)	(15.9)	(1.7)	(260)
18039 もやしのナムル 0 (84.4)	70	(2.5)	(4.2)	0	-	-	-	(2.8)	(2.5)	(2.7)	(160)

ミニ知識 **福神漬** カレーにはかかせない福神漬だが，その語源は多種の野菜を七福神に見立てたことに由来するという説がある。

●えびフライ（冷凍）
えびをバッター液（小麦粉，卵白等を水で溶いたもの）につけてからパン粉をつけたもの。衣つきの食材を冷凍した製品を購入後に揚げるフライ用冷凍食品。加熱するだけのフライ済み冷凍食品もある。

●えびピラフ
ピラフは中近東を起源とするトルコ風米料理。玉ねぎのみじん切りをバターで炒め米を加えてさらに炒め，ブイヨンを加えて炊き，最後にバターを加えたもの。えびを加えるものがえびピラフ。

えびフライ▲

▲えびピラフ

中国料理 Chinese food

●しゅうまい
ひき肉にねぎとしょうが等を加え調味し，小麦粉で作った皮で包み蒸す料理。中国料理の軽食にあたる点心のひとつ。点心は甘いものと甘くないものに分けられる。

▲しゅうまい

韓国料理 Korean food

●もやしのナムル
韓国料理の和え物。材料を生のまま使うセンチュ（生菜）と，ゆでて使うスッチェ（熟菜）がある。材料を，ごま油，しょうゆ，おろしにんにく，おろししょうが等で調味する。

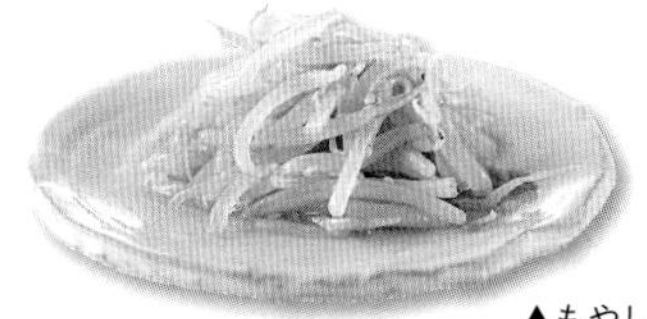
▲もやしのナムル

電子レンジの特性

■電子レンジの長所
- 容器ごと調理できる。
- 温度上昇速度が早いので短時間で調理できる。
- 火を使わないで調理できるので安全。
- 水を使わないで調理できるので，野菜などはビタミンの損失が少ない。

■電子レンジの短所
- 加熱むらができやすい。
- 焦げ目をつける調理ができない。
- 多量の調理には時間がかかる。
- 揚げ物のあたため直しは，べたついてしまう。

■電子レンジで使えない容器
- 木の器（焦げることがある）
- 金属製品
- カットガラス
- 金，銀の入った陶磁器
- 漆器　など

無機質					ビタミン								食塩相当量（ナトリウム）	備考
カルシウム	マグネシウム	リン	鉄	亜鉛	A β-カロテン当量	A レチノール活性当量	D	E α-トコフェロール	B1	B2	葉酸	C		
■＝20mg	■＝20mg	■＝20mg	■＝0.2mg	■＝0.2mg	■＝20µg	■＝2µg	■＝0.2µg	■＝0.2mg	■＝0.02mg	■＝0.02mg	■＝2µg	■＝2mg	■＝0.1g(mg)	
(20)	(13)	(58)	(0.7)	(0.5)	(410)	(46)	(Tr)	(0.6)	(0.04)	(0.07)	(10)	(3)	(1.4)((540))	
(30)	(14)	(51)	(0.4)	(0.4)	(8)	(9)	(0.1)	(2.2)	(0.05)	(0.07)	(12)	(Tr)	(0.8)((320))	
(15)	(19)	(60)	(0.8)	(0.5)	(67)	(10)	(0.1)	(1.5)	(0.11)	(0.05)	(23)	(10)	(0.7)((280))	
(11)	(9)	(45)	(0.5)	(0.8)	(620)	(58)	(0.1)	(0.7)	(0.03)	(0.06)	(13)	(4)	(1.0)((380))	1缶＝200～850g 缶詰製品を含む
(22)	(26)	(86)	(0.8)	(0.8)	(250)	(27)	(0.1)	(1.2)	(0.15)	(0.12)	(24)	(1)	(1.2)((460))	1袋＝300～1000g 別名：肉団子
120	-	190	1.2	-	90	8	-	-	0.15	0.41	-	2	7.1(2800)	1人分＝15g カルシウム：添加品あり
(29)	(23)	(110)	(1.3)	(2.4)	(84)	(18)	(0.2)	(0.6)	(0.23)	(0.15)	(17)	(2)	(0.9)((340))	
42	-	90	1.5	-	Tr	Tr	-	-	0.04	0.07	-	1	0.9(340)	フライ前の食品を冷凍したもの
(11)	(9)	(45)	(0.2)	(0.6)	(260)	(23)	(0.1)	(0.4)	(0.02)	(0.02)	(5)	(2)	(1.4)((560))	
(26)	(28)	(92)	(0.9)	(0.8)	(1)	(6)	(0.1)	(0.2)	(0.16)	(0.10)	(26)	(1)	(1.3)((520))	1袋＝200～240g
(91)	(29)	(62)	(1.2)	(0.5)	(1700)	(140)	0	(1.1)	(0.05)	(0.07)	(64)	(9)	(1.3)((510))	

おいしい情報 **自然解凍**　自然解凍でおいしく食べられる冷凍食品も販売されている。電子レンジを使わないため省エネにもつながる。

常用量成分表

1食分，1個分など，日常よく食べるめやすとなる量の成分値を示した。
廃棄分も含めた重さを表示し，成分値は正味量で計算している。

●**表の見方**

※栄養素等の項目名は省略して表示してあるので，凡例を参照のこと。
※100gあたりの成分値が（0）やTrのものは，微量であることから0として扱った。
※それぞれの栄養素の最小表示桁の1つ下の桁を四捨五入した数値を示している。
※個体により大きさには差があるので，重量はおおよそのめやすである。
※各食材の栄養素の特徴的な箇所は色を変えて（多いものは赤、少ないものは青）いる。
※廃棄分がある場合、常用量の重量の右に正味量の値を示した。

成分表の分類

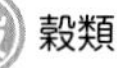

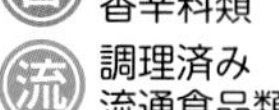

穀 穀類	果 果実類	乳 乳類
芋 いも及びでん粉類	茸 きのこ類	脂 油脂類
糖 砂糖及び甘味類	藻 藻類	菓 菓子類
豆 豆類	魚 魚介類	飲 し好飲料類
種 種実類	肉 肉類	香 調味料及び香辛料類
菜 野菜類	卵 卵類	流 調理済み流通食品類

凡例

名称　食品番号

常用量目安（g）

成分表の分類

常用量写真

エネ…エネルギー	鉄……鉄
たん…たんぱく質	A……ビタミンA
脂質…脂質	B_1……ビタミンB_1
繊維…食物繊維総量	B_2……ビタミンB_2
炭水…炭水化物	C……ビタミンC
カル…カルシウム	食塩…食塩相当量

角形食パン　食パン　01026

6枚切り1枚（60g）　穀

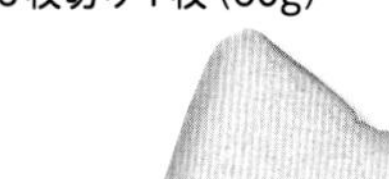

エネ…149kcal	炭水…26.5g	B_1……0.04mg
たん…4.4g	カル…13mg	B_2……0.03mg
脂質…2.2g	鉄……0.3mg	C……0mg
繊維…2.5g	A……0μg	食塩…0.7g

ロールパン　01034

1個（30g）　穀

エネ…93kcal	炭水…13.7g	B_1……0.03mg
たん…2.6g	カル…13mg	B_2……0.02mg
脂質…2.6g	鉄……0.2mg	C……0mg
繊維…0.6g	A……0μg	食塩…0.4g

クロワッサン　リッチタイプ　01035

1個（40g）　穀

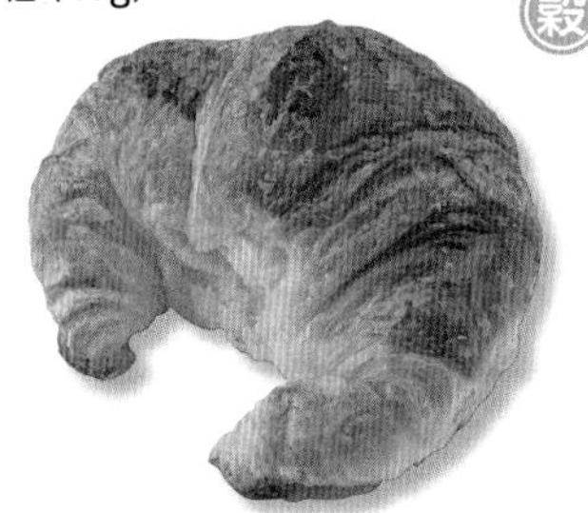

エネ…175kcal	炭水…17.6g	B_1……0.03mg
たん…2.9g	カル…8mg	B_2……0.01mg
脂質…10.2g	鉄……0.2mg	C……0mg
繊維…0.7g	A……2μg	食塩…0.5g

うどん　ゆで　01039

1玉（230g）　穀

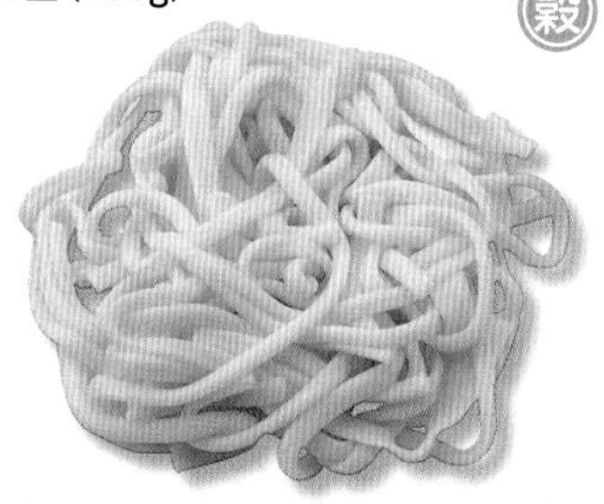

エネ…219kcal	炭水…44.9g	B_1……0.05mg
たん…5.3g	カル…14mg	B_2……0.02mg
脂質…0.7g	鉄……0.5mg	C……0mg
繊維…3.0g	A……0μg	食塩…0.7g

そうめん・ひやむぎ　ゆで　01044

1食分（150g）　穀

エネ…171kcal	炭水…35.0g	B_1……0.03mg
たん…5.0g	カル…9mg	B_2……0.02mg
脂質…0.5g	鉄……0.3mg	C……0mg
繊維…1.4g	A……0μg	食塩…0.3g

中華麺　ゆで　01048

1玉（200g）　穀

エネ…266kcal	炭水…50.4g	B_1……0.02mg
たん…9.6g	カル…40mg	B_2……0.02mg
脂質…1.0g	鉄……0.6mg	C……0mg
繊維…5.6g	A……0μg	食塩…0.4g

マカロニ・スパゲッティ　ゆで　01064

1食分（200g）　穀

エネ…300kcal	炭水…57.0g	B_1……0.12mg
たん…10.6g	カル…16mg	B_2……0.06mg
脂質…1.4g	鉄……1.4mg	C……0mg
繊維…6.0g	A……0μg	食塩…2.4g

こめ　水稲めし　精白米　うるち米　01088

茶わん1杯（150g）　穀

エネ…234kcal	炭水…51.9g	B_1……0.03mg
たん…3.0g	カル…5mg	B_2……0.02mg
脂質…0.3g	鉄……0.2mg	C……0mg
繊維…2.3g	A……0μg	食塩…0.0g

こめ　水稲全かゆ　精白米　01093

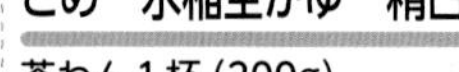

茶わん1杯（200g）　穀

エネ…130kcal	炭水…29.4g	B_1……0.02mg
たん…1.8g	カル…2mg	B_2……0.00mg
脂質…0.2g	鉄……0.0mg	C……0mg
繊維…0.2g	A……0μg	食塩…0.0g

こめ　おにぎり　01111

1個（100g）　穀

エネ…170kcal	炭水…36.1g	B_1……0.02mg
たん…2.4g	カル…3mg	B_2……0.01mg
脂質…0.3g	鉄……0.1mg	C……0mg
繊維…0.4g	A……0μg	食塩…0.5g

こめ　もち　01117

1個（50g）　穀

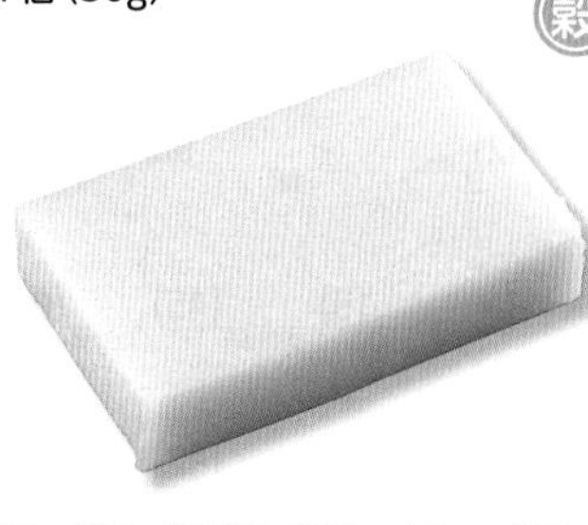

エネ…112kcal	炭水…22.8g	B_1……0.02mg
たん…1.8g	カル…2mg	B_2……0.01mg
脂質…0.3g	鉄……0.1mg	C……0mg
繊維…0.3g	A……0μg	食塩…0.0g

赤飯 01118
茶わん1杯(150g) 穀

エネ…279kcal	炭水…56.0g	B_1……0.08mg
たん…5.4g	カル…9mg	B_2……0.02mg
脂質…0.8g	鉄……0.6mg	C……0mg
繊維…2.4g	A……0µg	食塩…0.0g

そば　ゆで 01128
1玉(200g) 穀

エネ…260kcal	炭水…49.0g	B_1……0.10mg
たん…7.8g	カル…18mg	B_2……0.04mg
脂質…1.8g	鉄……1.6mg	C……0mg
繊維…5.8g	A……0µg	食塩…0.0g

とうもろこし　ポップコーン 01136
1袋(60g) 穀

エネ…283kcal	炭水…32.5g	B_1……0.08mg
たん…5.2g	カル…4mg	B_2……0.05mg
脂質…13.0g	鉄……2.6mg	C……0mg
繊維…5.6g	A……9µg	食塩…0.8g

とうもろこし　コーンフレーク 01137
1食分(40g) 穀

エネ…152kcal	炭水…32.9g	B_1……0.01mg
たん…2.7g	カル…0mg	B_2……0.01mg
脂質…0.5g	鉄……0.4mg	C……0mg
繊維…1.0g	A……4µg	食塩…0.8g

板こんにゃく　精粉 02003
1枚(250g) 芋

エネ…13kcal	炭水…5.8g	B_1……0.00mg
たん…0.3g	カル…108mg	B_2……0.00mg
脂質…0.0g	鉄……1.0mg	C……0mg
繊維…5.5g	A……0µg	食塩…0.0g

さつまいも　塊根　皮なし　生 02006
中1個(200g) 芋

エネ…252kcal	炭水…56.6g	B_1……0.22mg
たん…2.0g	カル…72mg	B_2……0.08mg
脂質…0.2g	鉄……1.2mg	C……58mg
繊維…4.4g	A……4µg	食塩…0.0g

さといも　球茎　生 02010
中1個(40g) 芋

エネ…21kcal	炭水…4.1g	B_1……0.03mg
たん…0.5g	カル…4mg	B_2……0.01mg
脂質…0.0g	鉄……0.2mg	C……2mg
繊維…0.9g	A……0µg	食塩…0.0g

じゃがいも　塊茎　皮なし　生 02017
1個(150g) 芋

エネ…89kcal	炭水…23.3g	B_1……0.14mg
たん…2.0g	カル…6mg	B_2……0.05mg
脂質…0.0g	鉄……0.6mg	C……42mg
繊維…13.4g	A……0µg	食塩…0.0g

黒砂糖 03001
大さじ1杯(20g) 糖

エネ…70kcal	炭水…17.8g	B_1……0.01mg
たん…0.1g	カル…48mg	B_2……0.01mg
脂質…0.0g	鉄……0.9mg	C……0mg
繊維…0.0g	A……0µg	食塩…0.0g

車糖　上白糖 03003
小さじ1杯(3g) 糖

エネ…12kcal	炭水…3.0g	B_1……0.00mg
たん…0.0g	カル…0mg	B_2……0.00mg
脂質…0.0g	鉄……0.0mg	C……0mg
繊維…0.0g	A……0µg	食塩…0.0g

はちみつ 03022
大さじ1杯(21g) 糖

エネ…69kcal	炭水…15.8g	B_1……0.00mg
たん…0.0g	カル…1mg	B_2……0.00mg
脂質…0.0g	鉄……0.0mg	C……0mg
繊維…0.0g	A……0µg	食塩…0.0g

木綿豆腐 04032
1丁(250g) 豆

エネ…183kcal	炭水…2.0g	B_1……0.23mg
たん…16.8g	カル…233mg	B_2……0.10mg
脂質…11.3g	鉄……3.8mg	C……0mg
繊維…2.8g	A……0µg	食塩…0.0g

油揚げ　生 04040
1枚(30g) 豆

エネ…113kcal	炭水…0.2g	B_1……0.02mg
たん…6.9g	カル…93mg	B_2……0.01mg
脂質…9.4g	鉄……1.0mg	C……0mg
繊維…0.4g	A……0µg	食塩…0.0g

がんもどき 04041
1個(100g) 豆

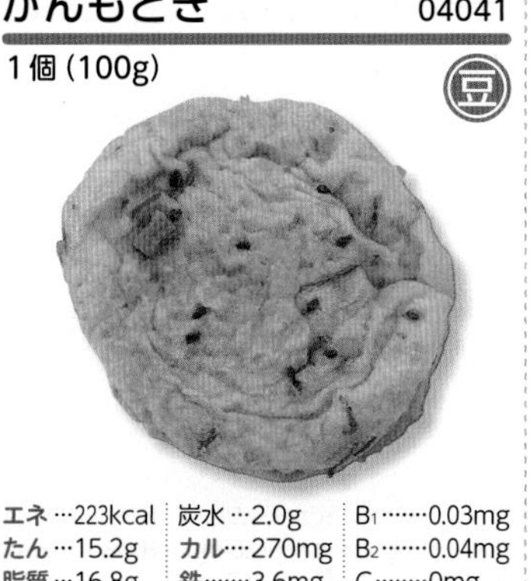

エネ…223kcal	炭水…2.0g	B_1……0.03mg
たん…15.2g	カル…270mg	B_2……0.04mg
脂質…16.8g	鉄……3.6mg	C……0mg
繊維…1.4g	A……0µg	食塩…0.5g

糸ひき納豆 04046
1包(30g) 豆

エネ…57kcal	炭水…0.1g	B_1……0.02mg
たん…4.4g	カル…27mg	B_2……0.17mg
脂質…2.9g	鉄……1.0mg	C……0mg
繊維…2.0g	A……0µg	食塩…0.0g

豆乳 04052
1パック(210g) 豆

エネ…92kcal	炭水…1.9g	B_1……0.06mg
たん…7.1g	カル…32mg	B_2……0.04mg
脂質…3.8g	鉄……2.5mg	C……0mg
繊維…0.4g	A……0µg	食塩…0.0g

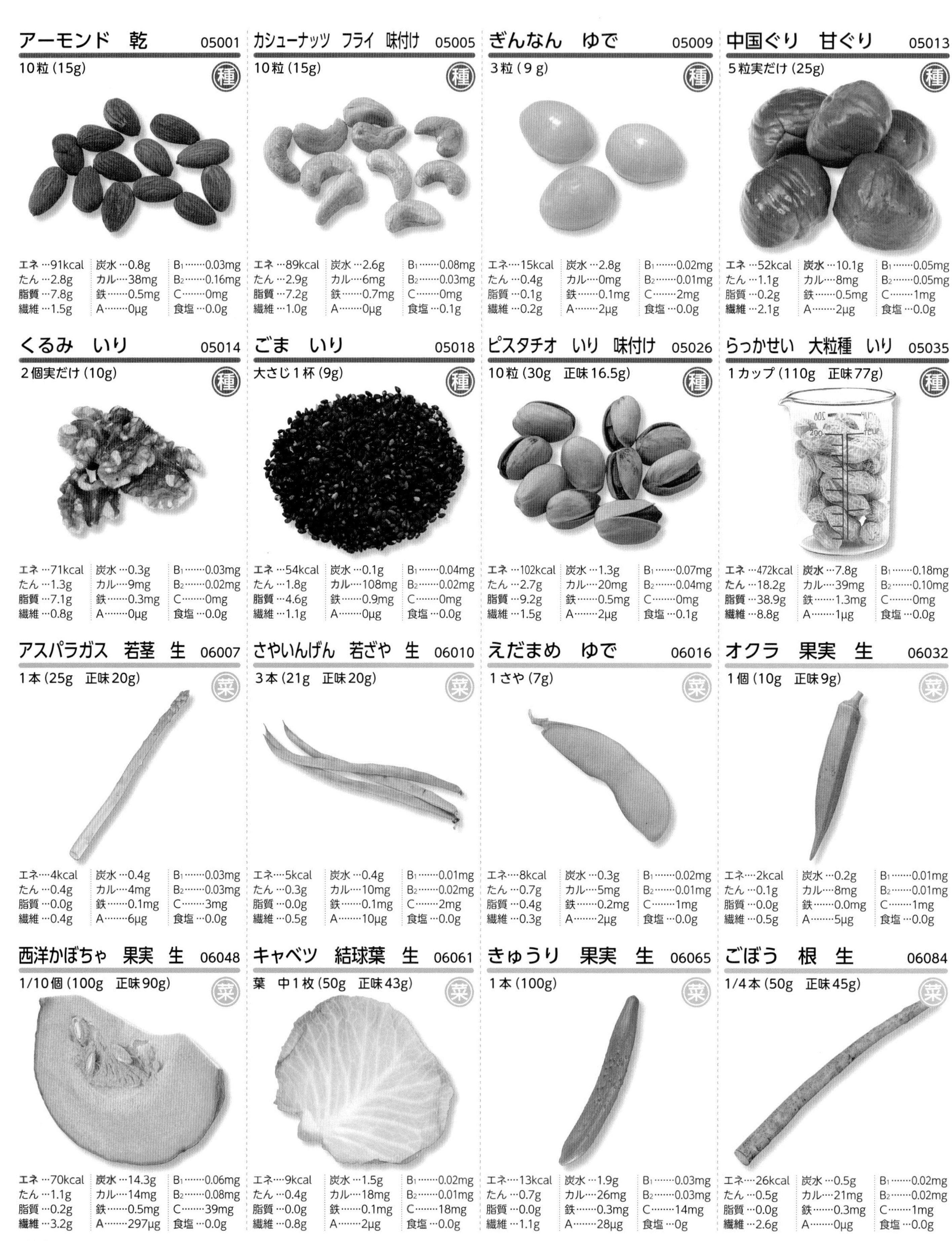

アーモンド　乾　05001
10粒（15g）　種

エネ…91kcal	炭水…0.8g	B_1……0.03mg
たん…2.8g	カル…38mg	B_2……0.16mg
脂質…7.8g	鉄……0.5mg	C……0mg
繊維…1.5g	A……0μg	食塩…0.0g

カシューナッツ　フライ　味付け　05005
10粒（15g）　種

エネ…89kcal	炭水…2.6g	B_1……0.08mg
たん…2.9g	カル…6mg	B_2……0.03mg
脂質…7.2g	鉄……0.7mg	C……0mg
繊維…1.0g	A……0μg	食塩…0.1g

ぎんなん　ゆで　05009
3粒（9g）　種

エネ…15kcal	炭水…2.8g	B_1……0.02mg
たん…0.4g	カル…0mg	B_2……0.01mg
脂質…0.1g	鉄……0.1mg	C……2mg
繊維…0.2g	A……2μg	食塩…0.0g

中国ぐり　甘ぐり　05013
5粒実だけ（25g）　種

エネ…52kcal	炭水…10.1g	B_1……0.05mg
たん…1.1g	カル…8mg	B_2……0.05mg
脂質…0.2g	鉄……0.5mg	C……1mg
繊維…2.1g	A……2μg	食塩…0.0g

くるみ　いり　05014
2個実だけ（10g）　種

エネ…71kcal	炭水…0.3g	B_1……0.03mg
たん…1.3g	カル…9mg	B_2……0.02mg
脂質…7.1g	鉄……0.3mg	C……0mg
繊維…0.8g	A……0μg	食塩…0.0g

ごま　いり　05018
大さじ1杯（9g）　種

エネ…54kcal	炭水…0.1g	B_1……0.04mg
たん…1.8g	カル…108mg	B_2……0.02mg
脂質…4.6g	鉄……0.9mg	C……0mg
繊維…1.1g	A……0μg	食塩…0.0g

ピスタチオ　いり　味付け　05026
10粒（30g　正味16.5g）　種

エネ…102kcal	炭水…1.3g	B_1……0.07mg
たん…2.7g	カル…20mg	B_2……0.04mg
脂質…9.2g	鉄……0.5mg	C……0mg
繊維…1.5g	A……2μg	食塩…0.1g

らっかせい　大粒種　いり　05035
1カップ（110g　正味77g）　種

エネ…472kcal	炭水…7.8g	B_1……0.18mg
たん…18.2g	カル…39mg	B_2……0.10mg
脂質…38.9g	鉄……1.3mg	C……0mg
繊維…8.8g	A……1μg	食塩…0.0g

アスパラガス　若茎　生　06007
1本（25g　正味20g）　菜

エネ…4kcal	炭水…0.4g	B_1……0.03mg
たん…0.4g	カル…4mg	B_2……0.03mg
脂質…0.0g	鉄……0.1mg	C……3mg
繊維…0.4g	A……6μg	食塩…0.0g

さやいんげん　若ざや　生　06010
3本（21g　正味20g）　菜

エネ…5kcal	炭水…0.4g	B_1……0.01mg
たん…0.3g	カル…10mg	B_2……0.02mg
脂質…0.0g	鉄……0.1mg	C……2mg
繊維…0.5g	A……10μg	食塩…0.0g

えだまめ　ゆで　06016
1さや（7g）　菜

エネ…8kcal	炭水…0.3g	B_1……0.02mg
たん…0.7g	カル…5mg	B_2……0.01mg
脂質…0.4g	鉄……0.2mg	C……1mg
繊維…0.3g	A……2μg	食塩…0.0g

オクラ　果実　生　06032
1個（10g　正味9g）　菜

エネ…2kcal	炭水…0.2g	B_1……0.01mg
たん…0.1g	カル…8mg	B_2……0.01mg
脂質…0.0g	鉄……0.0mg	C……1mg
繊維…0.5g	A……5μg	食塩…0.0g

西洋かぼちゃ　果実　生　06048
1/10個（100g　正味90g）　菜

エネ…70kcal	炭水…14.3g	B_1……0.06mg
たん…1.1g	カル…14mg	B_2……0.08mg
脂質…0.2g	鉄……0.5mg	C……39mg
繊維…3.2g	A……297μg	食塩…0.0g

キャベツ　結球葉　生　06061
葉　中1枚（50g　正味43g）　菜

エネ…9kcal	炭水…1.5g	B_1……0.02mg
たん…0.4g	カル…18mg	B_2……0.01mg
脂質…0.0g	鉄……0.1mg	C……18mg
繊維…0.8g	A……2μg	食塩…0.0g

きゅうり　果実　生　06065
1本（100g）　菜

エネ…13kcal	炭水…1.9g	B_1……0.03mg
たん…0.7g	カル…26mg	B_2……0.03mg
脂質…0.0g	鉄……0.3mg	C……14mg
繊維…1.1g	A……28μg	食塩…0g

ごぼう　根　生　06084
1/4本（50g　正味45g）　菜

エネ…26kcal	炭水…0.5g	B_1……0.02mg
たん…0.5g	カル…21mg	B_2……0.02mg
脂質…0.0g	鉄……0.3mg	C……1mg
繊維…2.6g	A……0μg	食塩…0.0g

こまつな　葉　生　06086
1束（300g　正味255g）　菜

エネ…33kcal　炭水…0.8g　B_1…0.23mg
たん…3.3g　カル…434mg　B_2…0.33mg
脂質…0.3g　鉄…7.1mg　C…99mg
繊維…4.8g　A…663μg　食塩…0.0g

しそ　葉　生　06095
1枚（1g）　菜

エネ…0kcal　炭水…0.1g　B_1…0.00mg
たん…0.0g　カル…2mg　B_2…0.00mg
脂質…0.0g　鉄…0.0mg　C…0mg
繊維…0.1g　A…9μg　食塩…0.0g

ズッキーニ　果実　生　06116
1/2本（100g）　菜

エネ…16kcal　炭水…2.3g　B_1…0.05mg
たん…0.9g　カル…24mg　B_2…0.05mg
脂質…0.1g　鉄…0.5mg　C…20mg
繊維…1.3g　A…27μg　食塩…0g

だいこん　根　皮つき　生　06132
輪切り2cm（100g　正味90g）　菜

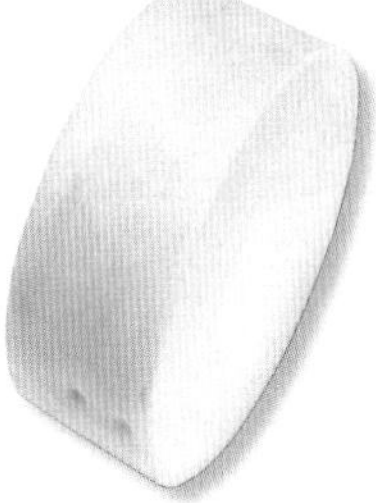

エネ…14kcal　炭水…2.3g　B_1…0.02mg
たん…0.4g　カル…22mg　B_2…0.01mg
脂質…0.0g　鉄…0.2mg　C…11mg
繊維…1.3g　A…0μg　食塩…0.0g

たけのこ水煮缶詰　06151
中1本（50g）　菜

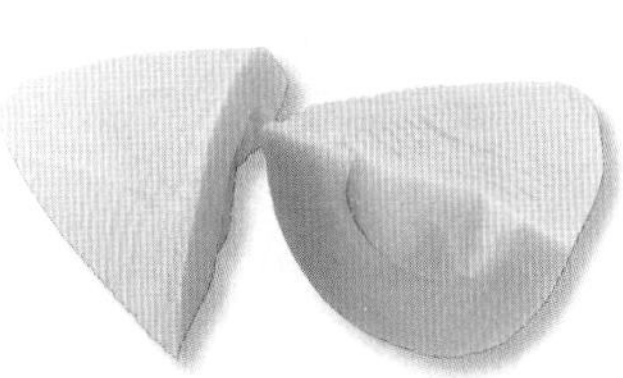

エネ…11kcal　炭水…1.1g　B_1…0.01mg
たん…1.0g　カル…10mg　B_2…0.02mg
脂質…0.1g　鉄…0.2mg　C…0mg
繊維…1.2g　A…0μg　食塩…0.0g

たまねぎ　りん茎　生　06153
1/4個（50g　正味47g）　菜

エネ…16kcal　炭水…3.2g　B_1…0.02mg
たん…0.3g　カル…8mg　B_2…0.00mg
脂質…0.0g　鉄…0.1mg　C…3mg
繊維…0.7g　A…0μg　食塩…0.0g

とうがらし　果実　生　06171
1本（8g）　菜

エネ…6kcal　炭水…0.6g　B_1…0.01mg
たん…0.2g　カル…2mg　B_2…0.03mg
脂質…0.1g　鉄…0.2mg　C…10mg
繊維…0.8g　A…51μg　食塩…0.0g

とうもろこし　スイートコーン　未熟種子　生　06175
1/2本（150g　正味75g）　菜

エネ…67kcal　炭水…9.0g　B_1…0.11mg
たん…2.0g　カル…2mg　B_2…0.08mg
脂質…1.0g　鉄…0.6mg　C…6mg
繊維…2.3g　A…3μg　食塩…0.0g

赤色トマト　果実　生　06182
中1個（170g　正味165g）　菜

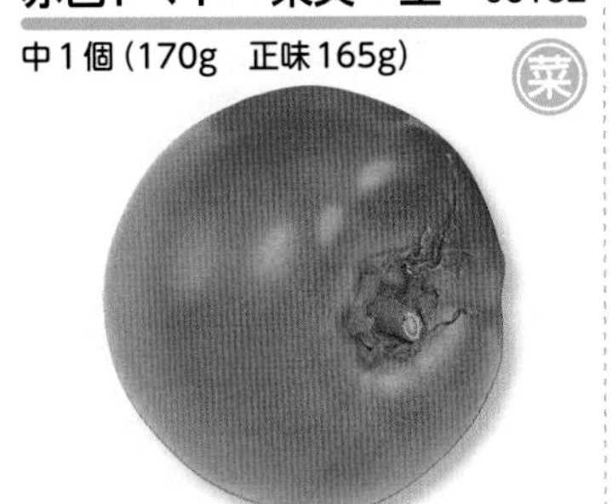

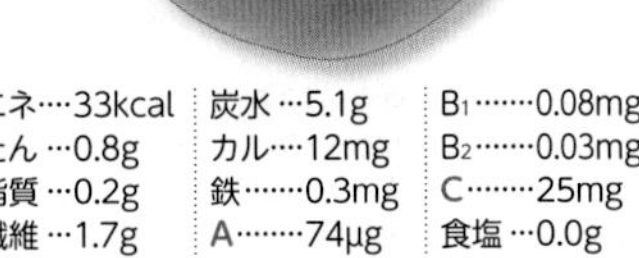

エネ…33kcal　炭水…5.1g　B_1…0.08mg
たん…0.8g　カル…12mg　B_2…0.03mg
脂質…0.2g　鉄…0.3mg　C…25mg
繊維…1.7g　A…74μg　食塩…0.0g

なす　果実　生　06191
1本（80g　正味72g）　菜

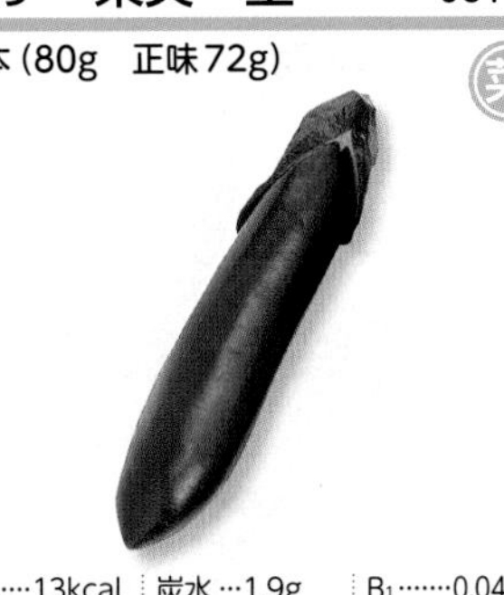

エネ…13kcal　炭水…1.9g　B_1…0.04mg
たん…0.5g　カル…13mg　B_2…0.04mg
脂質…0.0g　鉄…0.2mg　C…3mg
繊維…1.6g　A…6μg　食塩…0.0g

にがうり　果実　生　06205
1/4本分（50g）　菜

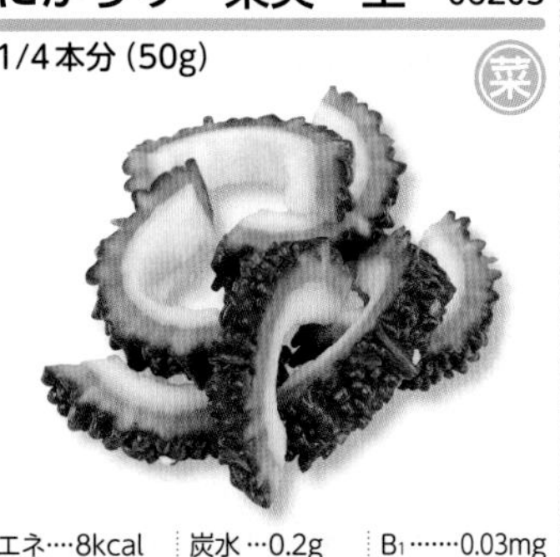

エネ…8kcal　炭水…0.2g　B_1…0.03mg
たん…0.4g　カル…7mg　B_2…0.04mg
脂質…0.1g　鉄…0.2mg　C…38mg
繊維…1.3g　A…9μg　食塩…0.0g

にんじん　根　皮つき　生　06212
1本（150g　正味146g）　菜

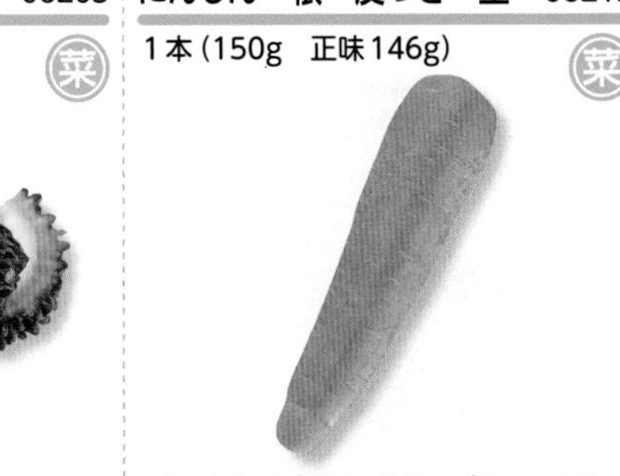

エネ…51kcal　炭水…8.5g　B_1…0.10mg
たん…0.7g　カル…41mg　B_2…0.09mg
脂質…0.1g　鉄…0.3mg　C…9mg
繊維…4.1g　A…1051μg　食塩…0.1g

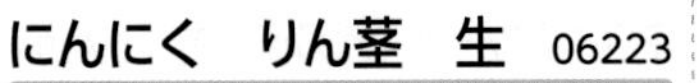

にんにく　りん茎　生　06223
1かけ（10g）　菜

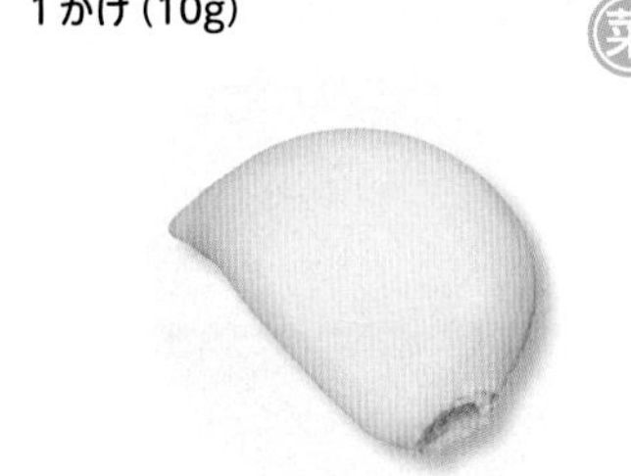

エネ…13kcal　炭水…0.1g　B_1…0.02mg
たん…0.4g　カル…1mg　B_2…0.01mg
脂質…0.1g　鉄…0.1mg　C…1mg
繊維…0.6g　A…0μg　食塩…0.0g

根深ねぎ　葉　軟白　生　06226
1本（100g　正味60g）　菜

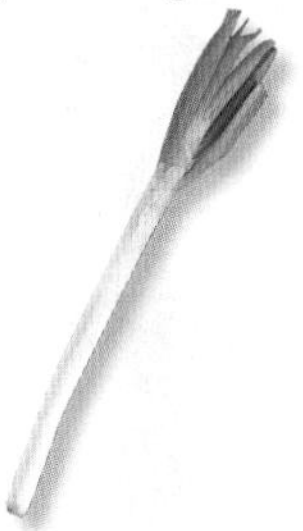

エネ…21kcal　炭水…2.2g　B_1…0.03mg
たん…0.6g　カル…22mg　B_2…0.02mg
脂質…0.0g　鉄…0.2mg　C…8mg
繊維…1.5g　A…4μg　食塩…0.0g

はくさい　結球葉　生　06233
葉1枚（100g　正味94g）　菜

エネ…12kcal　炭水…1.9g　B_1…0.03mg
たん…0.6g　カル…40mg　B_2…0.03mg
脂質…0.0g　鉄…0.3mg　C…18mg
繊維…1.2g　A…8μg　食塩…0.0g

青ピーマン　果実　生　06245
中1個（40g　正味34g）　菜

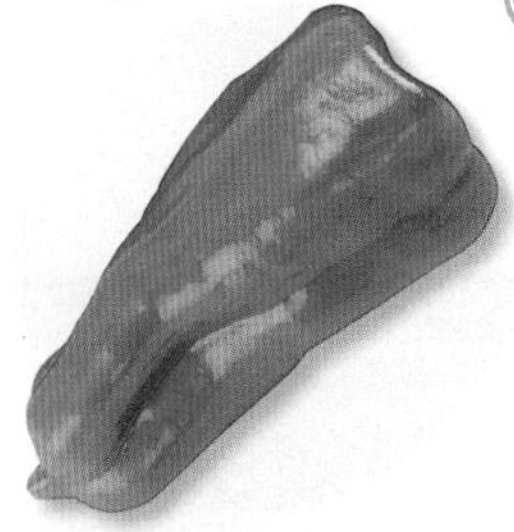

エネ…7kcal　炭水…0.8g　B_1…0.01mg
たん…0.2g　カル…4mg　B_2…0.01mg
脂質…0.0g　鉄…0.1mg　C…26mg
繊維…0.8g　A…11μg　食塩…0.0g

ブロッコリー　花序　生　06263
1/4株（50g　正味25g）　菜

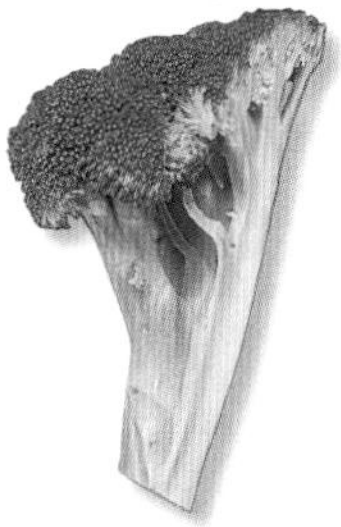

エネ…9kcal	炭水…0.6g	B_1…0.04mg
たん…1.0g	カル…13mg	B_2…0.06mg
脂質…0.1g	鉄…0.3mg	C…35mg
繊維…1.3g	A…19μg	食塩…0.0g

ほうれんそう　葉　通年平均　生　06267
1/2束（150g　正味135g）　菜

エネ…24kcal	炭水…0.4g	B_1…0.15mg
たん…2.3g	カル…66mg	B_2…0.27mg
脂質…0.3g	鉄…2.7mg	C…47mg
繊維…3.8g	A…472μg	食塩…0.0g

ブラックマッペもやし　生　06289
1カップ（50g）　菜

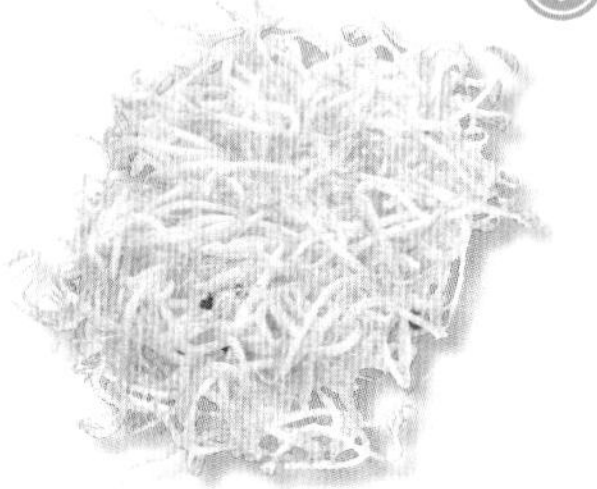

エネ…9kcal	炭水…0.7g	B_1…0.02mg
たん…0.7g	カル…8mg	B_2…0.03mg
脂質…0.0g	鉄…0.2mg	C…5mg
繊維…0.8g	A…0μg	食塩…0.0g

らっきょう　甘酢漬　06306
3個（15g）　菜

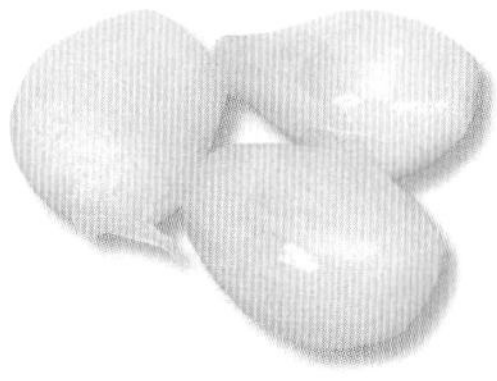

エネ…18kcal	炭水…4.4g	B_1…0.00mg
たん…0.0g	カル…2mg	B_2…0.00mg
脂質…0.0g	鉄…0.3mg	C…0mg
繊維…0.4g	A…0μg	食塩…0.3g

レタス　土耕栽培　結球葉　生　06312
中1枚（20g）　菜

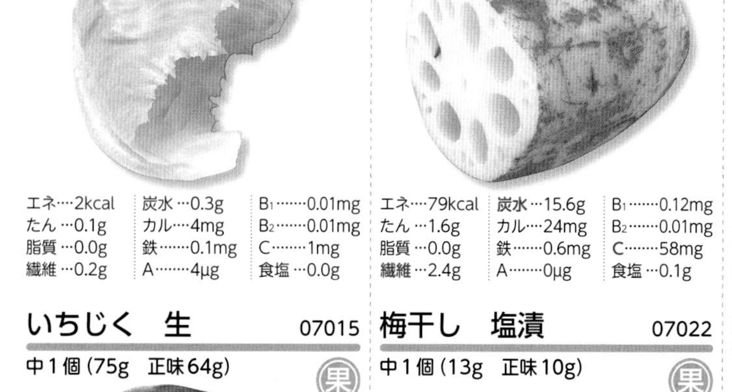

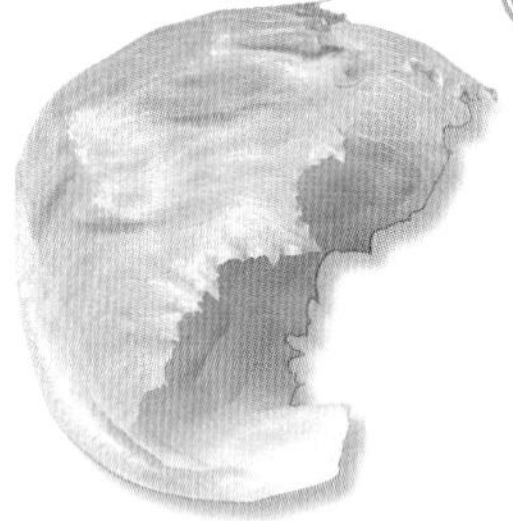

エネ…2kcal	炭水…0.3g	B_1…0.01mg
たん…0.1g	カル…4mg	B_2…0.01mg
脂質…0.0g	鉄…0.1mg	C…1mg
繊維…0.2g	A…4μg	食塩…0.0g

れんこん　根茎　生　06317
1/2節（150g　正味120g）　菜

エネ…79kcal	炭水…15.6g	B_1…0.12mg
たん…1.6g	カル…24mg	B_2…0.01mg
脂質…0.0g	鉄…0.6mg	C…58mg
繊維…2.4g	A…0μg	食塩…0.1g

アボカド　生　07006
1/2個（200g　正味140g）　果

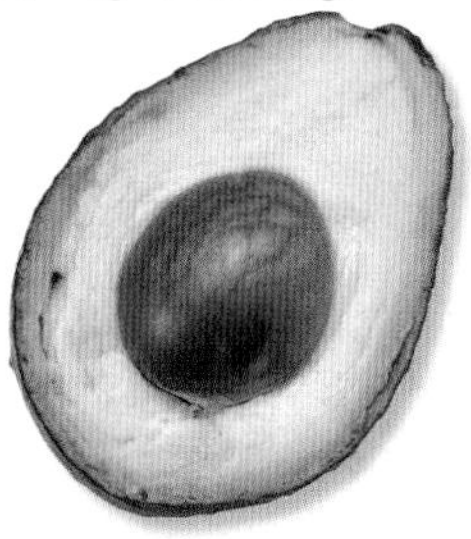

エネ…249kcal	炭水…1.1g	B_1…0.13mg
たん…2.2g	カル…11mg	B_2…0.28mg
脂質…22.1g	鉄…0.8mg	C…17mg
繊維…7.8g	A…10μg	食塩…0.0g

いちご　生　07012
大1個（15g）　果

エネ…5kcal	炭水…0.9g	B_1…0.00mg
たん…0.1g	カル…3mg	B_2…0.00mg
脂質…0.0g	鉄…0.0mg	C…9mg
繊維…0.2g	A…0μg	食塩…0.0g

いちじく　生　07015
中1個（75g　正味64g）　果

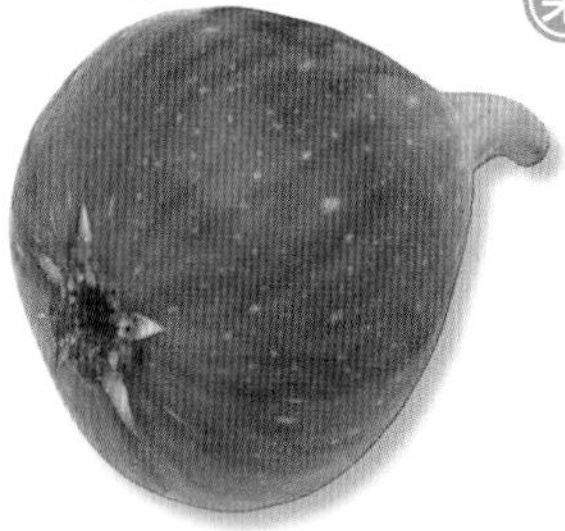

エネ…36kcal	炭水…7.0g	B_1…0.02mg
たん…0.3g	カル…17mg	B_2…0.02mg
脂質…0.1g	鉄…0.2mg	C…1mg
繊維…1.2g	A…1μg	食塩…0.0g

梅干し　塩漬　07022
中1個（13g　正味10g）　果

エネ…3kcal	炭水…0.1g	B_1…0.00mg
たん…0.1g	カル…3mg	B_2…0.00mg
脂質…0.1g	鉄…0.1mg	C…0mg
繊維…0.3g	A…0μg	食塩…1.8g

オリーブ　塩漬　グリーンオリーブ　07037
3個（9g　正味7g）　果

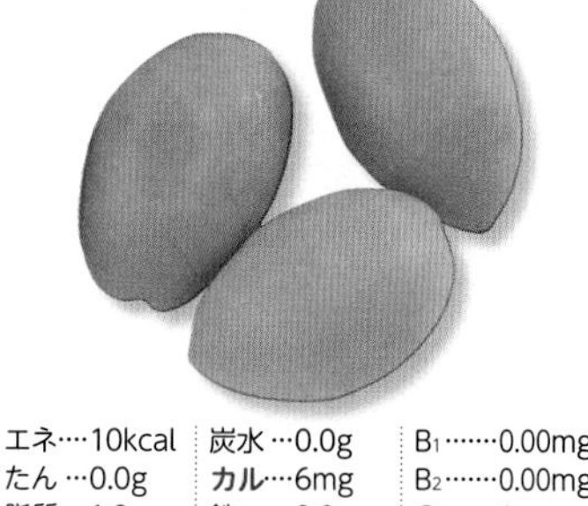
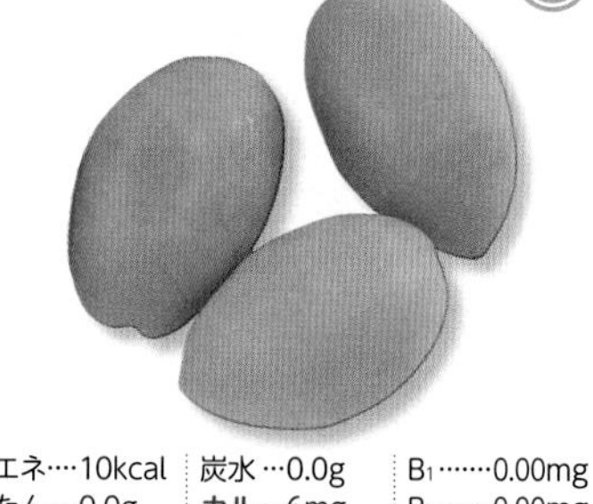
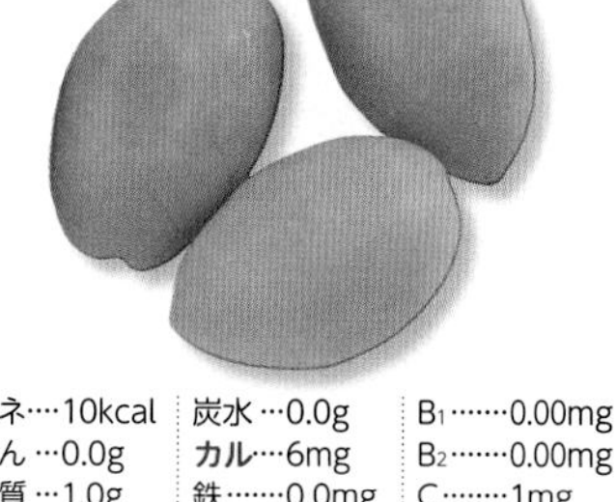

エネ…10kcal	炭水…0.0g	B_1…0.00mg
たん…0.0g	カル…6mg	B_2…0.00mg
脂質…1.0g	鉄…0.0mg	C…1mg
繊維…0.2g	A…3μg	食塩…0.3g

かき　甘がき　生　07049
中1個（200g　正味182g）　果

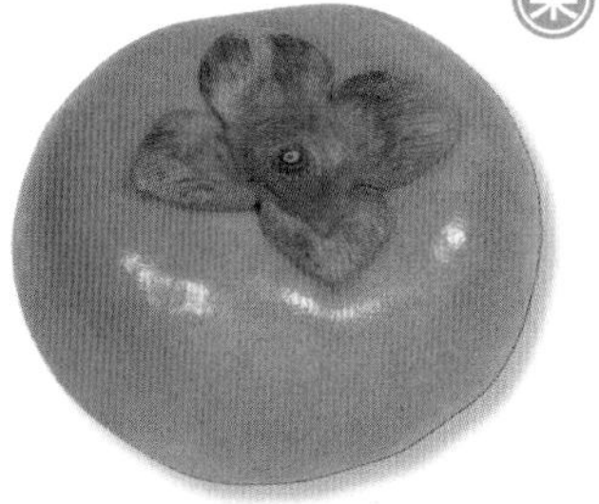

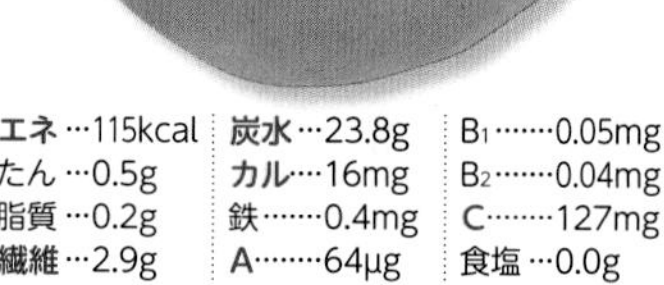

エネ…115kcal	炭水…23.8g	B_1…0.05mg
たん…0.5g	カル…16mg	B_2…0.04mg
脂質…0.2g	鉄…0.4mg	C…127mg
繊維…2.9g	A…64μg	食塩…0.0g

うんしゅうみかん　じょうのう　普通　生　07027

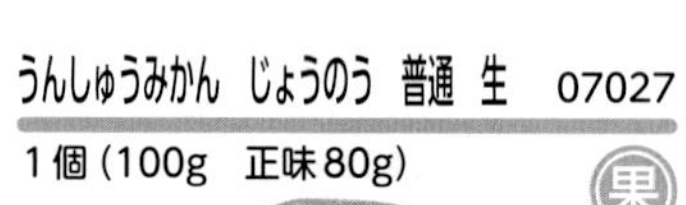

1個（100g　正味80g）　果

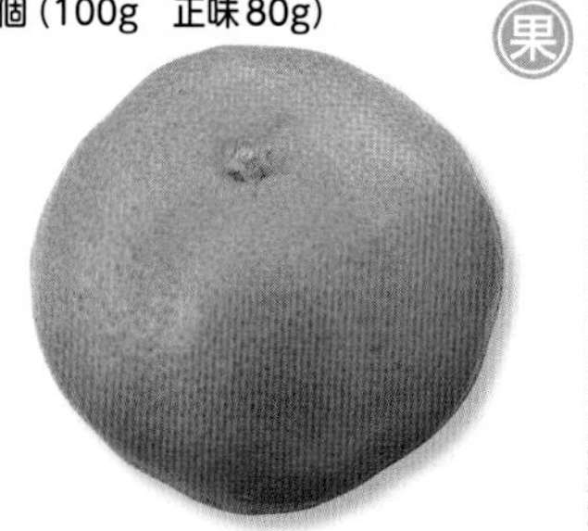

エネ…39kcal	炭水…7.1g	B_1…0.08mg
たん…0.3g	カル…17mg	B_2…0.02mg
脂質…0.0g	鉄…0.2mg	C…26mg
繊維…0.8g	A…67μg	食塩…0.0g

グレープフルーツ　白肉種　砂じょう　生　07062
1/2個（225g　正味158g）　果

エネ…63kcal	炭水…11.5g	B_1…0.11mg
たん…0.8g	カル…24mg	B_2…0.05mg
脂質…0.2g	鉄…0.0mg	C…57mg
繊維…0.9g	A…0μg	食塩…0.0g

レモン　果汁　生　07156
大さじ1杯（15g）　果

エネ…4kcal	炭水…0.2g	B_1…0.01mg
たん…0.0g	カル…1mg	B_2…0.00mg
脂質…0.0g	鉄…0.0mg	C…8mg
繊維…0.0g	A…0μg	食塩…0.0g

キウイフルーツ　緑肉種　生　07054
1個（120g　正味102g）　果

エネ…52kcal	炭水…9.7g	B_1…0.01mg
たん…0.8g	カル…27mg	B_2…0.02mg
脂質…0.2g	鉄…0.3mg	C…72mg
繊維…2.7g	A…4μg	食塩…0.0g

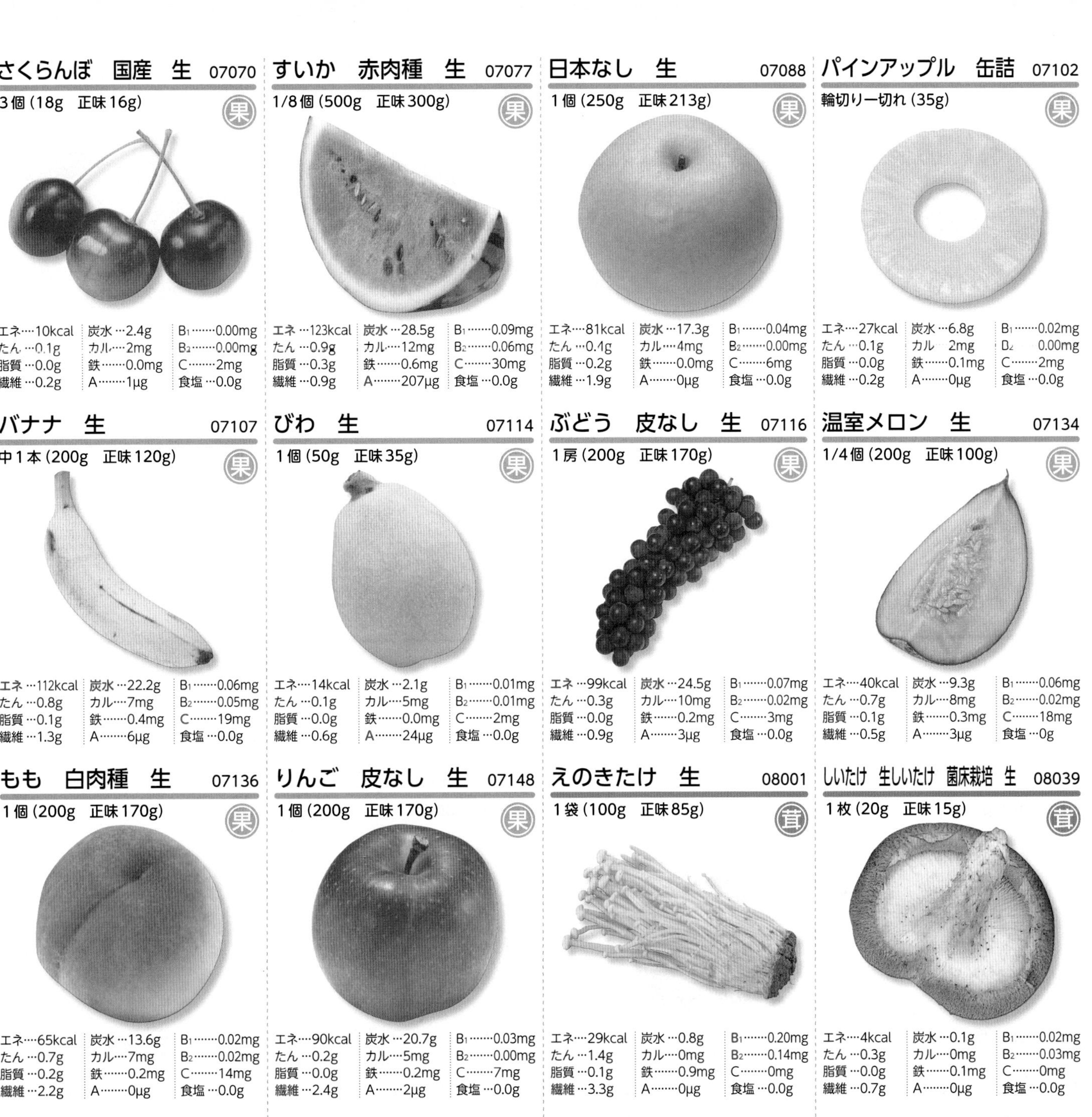

さくらんぼ　国産　生　07070

3個（18g　正味16g）　果

エネ…10kcal	炭水…2.4g	B_1……0.00mg
たん…0.1g	カル…2mg	B_2……0.00mg
脂質…0.0g	鉄……0.0mg	C……2mg
繊維…0.2g	A……1μg	食塩…0.0g

すいか　赤肉種　生　07077

1/8個（500g　正味300g）　果

エネ…123kcal	炭水…28.5g	B_1……0.09mg
たん…0.9g	カル…12mg	B_2……0.06mg
脂質…0.3g	鉄……0.6mg	C……30mg
繊維…0.9g	A……207μg	食塩…0.0g

日本なし　生　07088

1個（250g　正味213g）　果

エネ…81kcal	炭水…17.3g	B_1……0.04mg
たん…0.4g	カル…4mg	B_2……0.00mg
脂質…0.2g	鉄……0.0mg	C……6mg
繊維…1.9g	A……0μg	食塩…0.0g

パインアップル　缶詰　07102

輪切り一切れ（35g）　果

エネ…27kcal	炭水…6.8g	B_1……0.02mg
たん…0.1g	カル…2mg	B_2……0.00mg
脂質…0.0g	鉄……0.1mg	C……2mg
繊維…0.2g	A……0μg	食塩…0.0g

バナナ　生　07107

中1本（200g　正味120g）　果

エネ…112kcal	炭水…22.2g	B_1……0.06mg
たん…0.8g	カル…7mg	B_2……0.05mg
脂質…0.1g	鉄……0.4mg	C……19mg
繊維…1.3g	A……6μg	食塩…0.0g

びわ　生　07114

1個（50g　正味35g）　果

エネ…14kcal	炭水…2.1g	B_1……0.01mg
たん…0.1g	カル…5mg	B_2……0.01mg
脂質…0.0g	鉄……0.0mg	C……2mg
繊維…0.6g	A……24μg	食塩…0.0g

ぶどう　皮なし　生　07116

1房（200g　正味170g）　果

エネ…99kcal	炭水…24.5g	B_1……0.07mg
たん…0.3g	カル…10mg	B_2……0.02mg
脂質…0.0g	鉄……0.2mg	C……3mg
繊維…0.9g	A……3μg	食塩…0.0g

温室メロン　生　07134

1/4個（200g　正味100g）　果

エネ…40kcal	炭水…9.3g	B_1……0.06mg
たん…0.7g	カル…8mg	B_2……0.02mg
脂質…0.1g	鉄……0.3mg	C……18mg
繊維…0.5g	A……3μg	食塩…0g

もも　白肉種　生　07136

1個（200g　正味170g）　果

エネ…65kcal	炭水…13.6g	B_1……0.02mg
たん…0.7g	カル…7mg	B_2……0.02mg
脂質…0.2g	鉄……0.2mg	C……14mg
繊維…2.2g	A……0μg	食塩…0.0g

りんご　皮なし　生　07148

1個（200g　正味170g）　果

エネ…90kcal	炭水…20.7g	B_1……0.03mg
たん…0.2g	カル…5mg	B_2……0.00mg
脂質…0.0g	鉄……0.2mg	C……7mg
繊維…2.4g	A……2μg	食塩…0.0g

えのきたけ　生　08001

1袋（100g　正味85g）　茸

エネ…29kcal	炭水…0.8g	B_1……0.20mg
たん…1.4g	カル…0mg	B_2……0.14mg
脂質…0.1g	鉄……0.9mg	C……0mg
繊維…3.3g	A……0μg	食塩…0.0g

しいたけ　生しいたけ　菌床栽培　生　08039

1枚（20g　正味15g）　茸

エネ…4kcal	炭水…0.1g	B_1……0.02mg
たん…0.3g	カル…0mg	B_2……0.03mg
脂質…0.0g	鉄……0.1mg	C……0mg
繊維…0.7g	A……0μg	食塩…0.0g

ぶなしめじ　生　08016

1/2パック（50g　正味45g）　茸

エネ…10kcal	炭水…0.6g	B_1……0.07mg
たん…0.7g	カル…0mg	B_2……0.08mg
脂質…0.1g	鉄……0.2mg	C……0mg
繊維…1.6g	A……0μg	食塩…0.0g

なめこ　水煮缶詰　08022

1/2袋（50g）　茸

エネ…7kcal	炭水…0.7g	B_1……0.02mg
たん…0.3g	カル…2mg	B_2……0.04mg
脂質…0.1g	鉄……0.4mg	C……0mg
繊維…1.3g	A……0μg	食塩…0.0g

まいたけ　生　08028

1/3パック（30g　正味27g）　茸

エネ…6kcal	炭水…0.1g	B_1……0.02mg
たん…0.3g	カル…0mg	B_2……0.05mg
脂質…0.1g	鉄……0.1mg	C……0mg
繊維…0.9g	A……0μg	食塩…0.0g

マッシュルーム　生　08031

2個（20g　正味19g）　茸

エネ…3kcal	炭水…0.0g	B_1……0.01mg
たん…0.3g	カル…1mg	B_2……0.06mg
脂質…0.0g	鉄……0.1mg	C……0mg
繊維…0.4g	A……0μg	食塩…0.0g

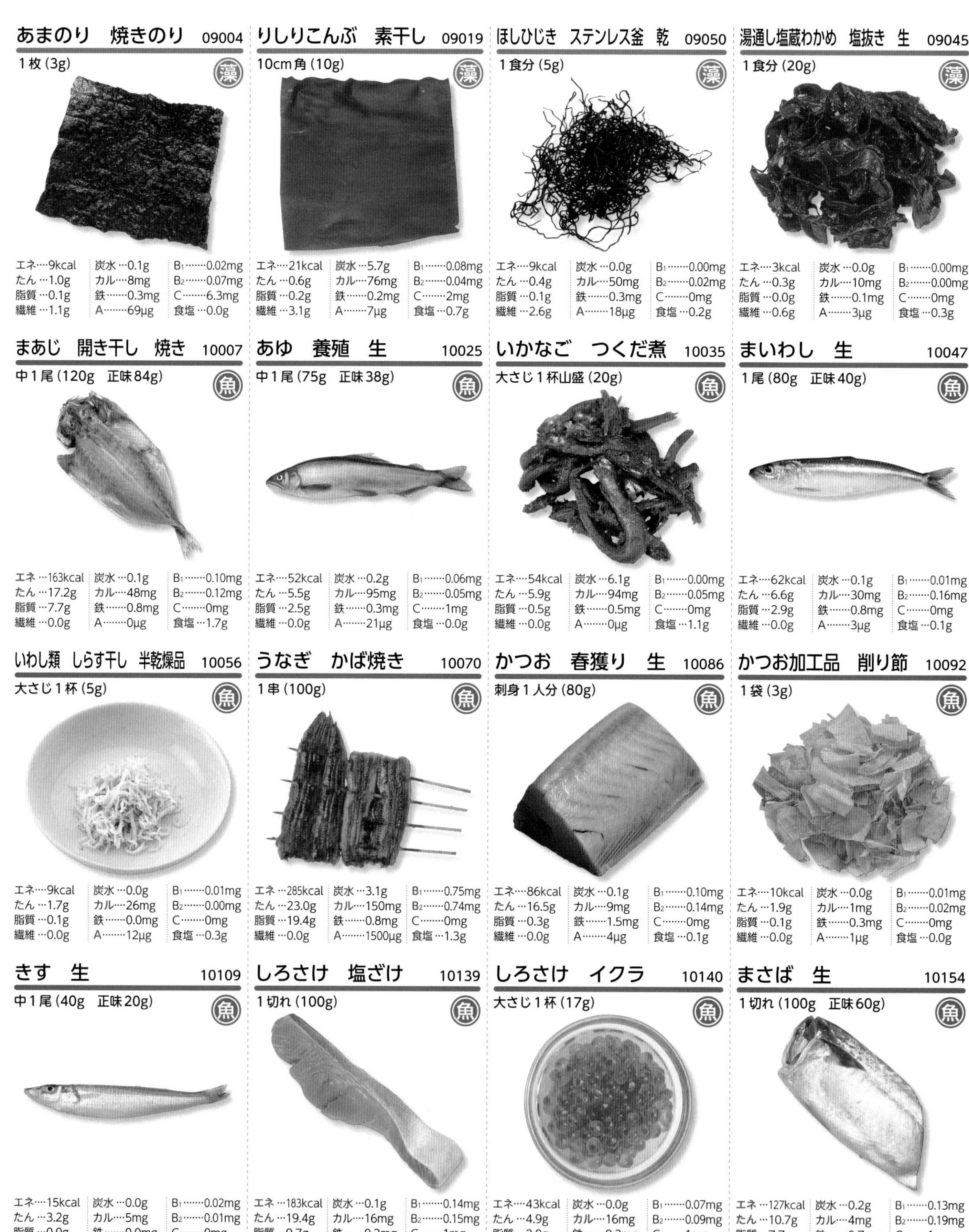

あまのり　焼きのり　09004
1枚（3g）　藻

エネ…9kcal	炭水…0.1g	B1……0.02mg
たん…1.0g	カル…8mg	B2……0.07mg
脂質…0.1g	鉄……0.3mg	C……6.3mg
繊維…1.1g	A……69μg	食塩…0.0g

りしりこんぶ　素干し　09019
10cm角（10g）　藻

エネ…21kcal	炭水…5.7g	B1……0.08mg
たん…0.6g	カル…76mg	B2……0.04mg
脂質…0.2g	鉄……0.2mg	C……2mg
繊維…3.1g	A……7μg	食塩…0.7g

ほしひじき　ステンレス釜　乾　09050
1食分（5g）　藻

エネ…9kcal	炭水…0.0g	B1……0.00mg
たん…0.4g	カル…50mg	B2……0.02mg
脂質…0.1g	鉄……0.3mg	C……0mg
繊維…2.6g	A……18μg	食塩…0.2g

湯通し塩蔵わかめ　塩抜き　生　09045
1食分（20g）　藻

エネ…3kcal	炭水…0.0g	B1……0.00mg
たん…0.3g	カル…10mg	B2……0.00mg
脂質…0.0g	鉄……0.1mg	C……0mg
繊維…0.6g	A……3μg	食塩…0.3g

まあじ　開き干し　焼き　10007
中1尾（120g　正味84g）　魚

エネ…163kcal	炭水…0.1g	B1……0.10mg
たん…17.2g	カル…48mg	B2……0.12mg
脂質…7.7g	鉄……0.8mg	C……0mg
繊維…0.0g	A……0μg	食塩…1.7g

あゆ　養殖　生　10025
中1尾（75g　正味38g）　魚

エネ…52kcal	炭水…0.2g	B1……0.06mg
たん…5.5g	カル…95mg	B2……0.05mg
脂質…2.5g	鉄……0.3mg	C……1mg
繊維…0.0g	A……21μg	食塩…0.0g

いかなご　つくだ煮　10035
大さじ1杯山盛（20g）　魚

エネ…54kcal	炭水…6.1g	B1……0.00mg
たん…5.9g	カル…94mg	B2……0.05mg
脂質…0.5g	鉄……0.5mg	C……0mg
繊維…0.0g	A……0μg	食塩…1.1g

まいわし　生　10047
1尾（80g　正味40g）　魚

エネ…62kcal	炭水…0.1g	B1……0.01mg
たん…6.6g	カル…30mg	B2……0.16mg
脂質…2.9g	鉄……0.8mg	C……0mg
繊維…0.0g	A……3μg	食塩…0.1g

いわし類　しらす干し　半乾燥品　10056
大さじ1杯（5g）　魚

エネ…9kcal	炭水…0.0g	B1……0.01mg
たん…1.7g	カル…26mg	B2……0.00mg
脂質…0.1g	鉄……0.0mg	C……0mg
繊維…0.0g	A……12μg	食塩…0.3g

うなぎ　かば焼き　10070
1串（100g）　魚

エネ…285kcal	炭水…3.1g	B1……0.75mg
たん…23.0g	カル…150mg	B2……0.74mg
脂質…19.4g	鉄……0.8mg	C……0mg
繊維…0.0g	A……1500μg	食塩…1.3g

かつお　春獲り　生　10086
刺身1人分（80g）　魚

エネ…86kcal	炭水…0.1g	B1……0.10mg
たん…16.5g	カル…9mg	B2……0.14mg
脂質…0.3g	鉄……1.5mg	C……0mg
繊維…0.0g	A……4μg	食塩…0.1g

かつお加工品　削り節　10092
1袋（3g）　魚

エネ…10kcal	炭水…0.0g	B1……0.01mg
たん…1.9g	カル…1mg	B2……0.02mg
脂質…0.1g	鉄……0.3mg	C……0mg
繊維…0.0g	A……1μg	食塩…0.0g

きす　生　10109
中1尾（40g　正味20g）　魚

エネ…15kcal	炭水…0.0g	B1……0.02mg
たん…3.2g	カル…5mg	B2……0.01mg
脂質…0.0g	鉄……0.0mg	C……0mg
繊維…0.0g	A……0μg	食塩…0.1g

しろさけ　塩ざけ　10139
1切れ（100g）　魚

エネ…183kcal	炭水…0.1g	B1……0.14mg
たん…19.4g	カル…16mg	B2……0.15mg
脂質…9.7g	鉄……0.3mg	C……1mg
繊維…0.0g	A……24μg	食塩…1.8g

しろさけ　イクラ　10140
大さじ1杯（17g）　魚

エネ…43kcal	炭水…0.0g	B1……0.07mg
たん…4.9g	カル…16mg	B2……0.09mg
脂質…2.0g	鉄……0.3mg	C……1mg
繊維…0.0g	A……56μg	食塩…0.4g

まさば　生　10154
1切れ（100g　正味60g）　魚

エネ…127kcal	炭水…0.2g	B1……0.13mg
たん…10.7g	カル…4mg	B2……0.19mg
脂質…7.7g	鉄……0.7mg	C……1mg
繊維…0.0g	A……22μg	食塩…0.2g

さば類　缶詰　みそ煮　10165

1缶 (200g)　魚

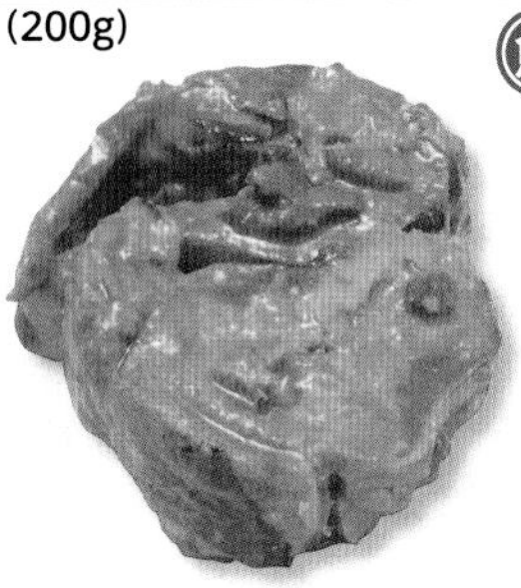

エネ…420kcal　炭水…13.2g　B_1……0.08mg
たん…32.6g　カル…420mg　B_2……0.74mg
脂質…25.0g　鉄……4.0mg　C……0mg
繊維…0.0g　A……84μg　食塩…2.2g

さんま　皮つき　生　10173

1尾 (140g　正味98g)　魚

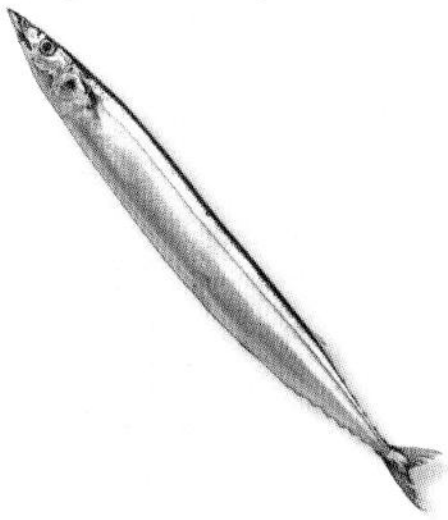

エネ…281kcal　炭水…0.1g　B_1……0.01mg
たん…16.0g　カル…27mg　B_2……0.27mg
脂質…22.2g　鉄……1.4mg　C……0mg
繊維…0.0g　A……16μg　食塩…0.4g

ししゃも　生干し　生　10180

1尾 (20g　正味18g)　魚

エネ…27kcal　炭水…0.0g　B_1……0.00mg
たん…3.1g　カル…59mg　B_2……0.05mg
脂質…1.3g　鉄……0.3mg　C……0mg
繊維…0.0g　A……18μg　食塩…0.2g

すけとうだら　たらこ　生　10202

1はら (100g)　魚

エネ…131kcal　炭水…0.4g　B_1……0.71mg
たん…21.0g　カル…24mg　B_2……0.43mg
脂質…2.9g　鉄……0.6mg　C……33mg
繊維…0.0g　A……24μg　食塩…4.6g

ぶり　成魚　生　10241

1切れ (100g)　魚

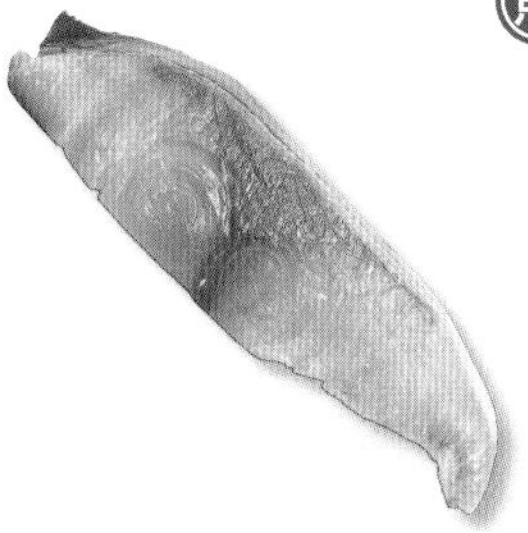

エネ…222kcal　炭水…0.3g　B_1……0.23mg
たん…18.6g　カル…5mg　B_2……0.36mg
脂質…13.1g　鉄……1.3mg　C……2mg
繊維…0.0g　A……50μg　食塩…0.1g

くろまぐろ　天然　赤身　生　10253

刺身1人分 (80g)　魚

エネ…92kcal　炭水…0.1g　B_1……0.08mg
たん…17.8g　カル…4mg　B_2……0.04mg
脂質…0.6g　鉄……0.9mg　C……2mg
繊維…0.0g　A……66μg　食塩…0.1g

あさり　生　10281

中5個 (40g　正味16g)　魚

エネ…4kcal　炭水…0.1g　B_1……0.00mg
たん…0.7g　カル…11mg　B_2……0.03mg
脂質…0.0g　鉄……0.6mg　C……0mg
繊維…0.0g　A……1μg　食塩…0.4g

かき　養殖　生　10292

むき身2個 (30g)　魚

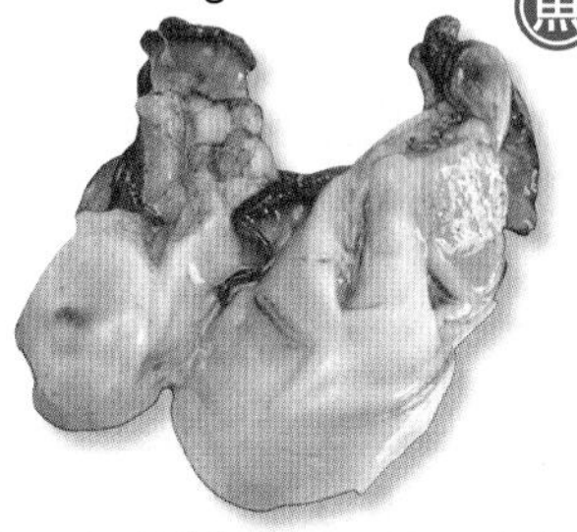

エネ…17kcal　炭水…0.7g　B_1……0.02mg
たん…1.5g　カル…25mg　B_2……0.04mg
脂質…0.4g　鉄……0.6mg　C……1mg
繊維…0.0g　A……7μg　食塩…0.4g

ほたてがい　生　10311

殻付1個 (100g　正味50g)　魚

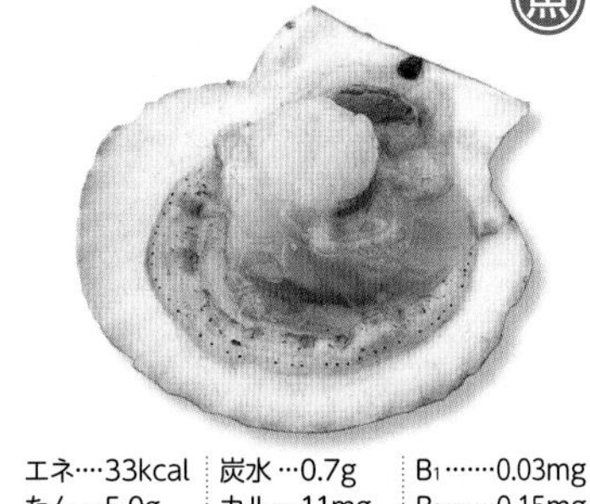

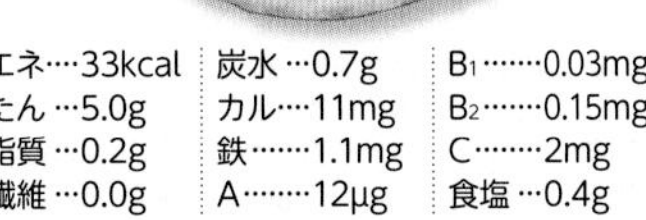

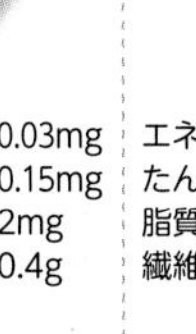

エネ…33kcal　炭水…0.7g　B_1……0.03mg
たん…5.0g　カル…11mg　B_2……0.15mg
脂質…0.2g　鉄……1.1mg　C……2mg
繊維…0.0g　A……12μg　食塩…0.4g

あまえび　生　10319

1尾 (10g　正味4g)　魚

エネ…3kcal　炭水…0.0g　B_1……0.00mg
たん…0.6g　カル…2mg　B_2……0.00mg
脂質…0.0g　鉄……0.0mg　C……0mg
繊維…0.0g　A……0μg　食塩…0.0g

くるまえび　養殖　生　10321

大1尾 (70g　正味32g)　魚

エネ…29kcal　炭水…0.0g　B_1……0.04mg
たん…5.8g　カル…13mg　B_2……0.02mg
脂質…0.1g　鉄……0.2mg　C……0mg
繊維…0.0g　A……1μg　食塩…0.1g

するめいか　生　10345

1ぱい (250g　正味188g)　魚

エネ…143kcal　炭水…0.2g　B_1……0.13mg
たん…25.2g　カル…21mg　B_2……0.09mg
脂質…0.6g　鉄……0.2mg　C……2mg
繊維…0.0g　A……24μg　食塩…0.9g

いか類　加工品　塩辛　10358

大さじ1杯 (17g)　魚

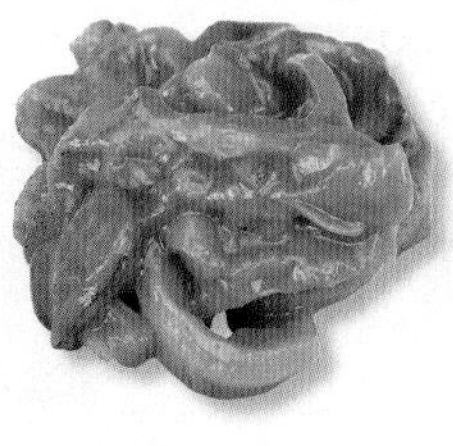

エネ…19kcal　炭水…1.1g　B_1……0.00mg
たん…2.6g　カル…3mg　B_2……0.02mg
脂質…0.5g　鉄……0.2mg　C……0mg
繊維…0.0g　A……34μg　食塩…1.2g

まだこ　ゆで　10362

足1本 (150g)　魚

エネ…137kcal　炭水…0.2g　B_1……0.05mg
たん…22.7g　カル…29mg　B_2……0.08mg
脂質…0.3g　鉄……0.3mg　C……0mg
繊維…0.0g　A……8μg　食塩…0.9g

生うに　10365

寿司1貫分 (6g)　魚

エネ…7kcal　炭水…0.2g　B_1……0.01mg
たん…0.7g　カル…1mg　B_2……0.03mg
脂質…0.2g　鉄……0.1mg　C……0mg
繊維…0.0g　A……3μg　食塩…0.0g

水産練り製品　焼き竹輪　10381

1本 (100g)　魚

エネ…119kcal　炭水…13.5g　B_1……0.05mg
たん…12.2g　カル…15mg　B_2……0.08mg
脂質…1.7g　鉄……1.0mg　C……0mg
繊維…0.0g　A……0μg　食塩…2.1g

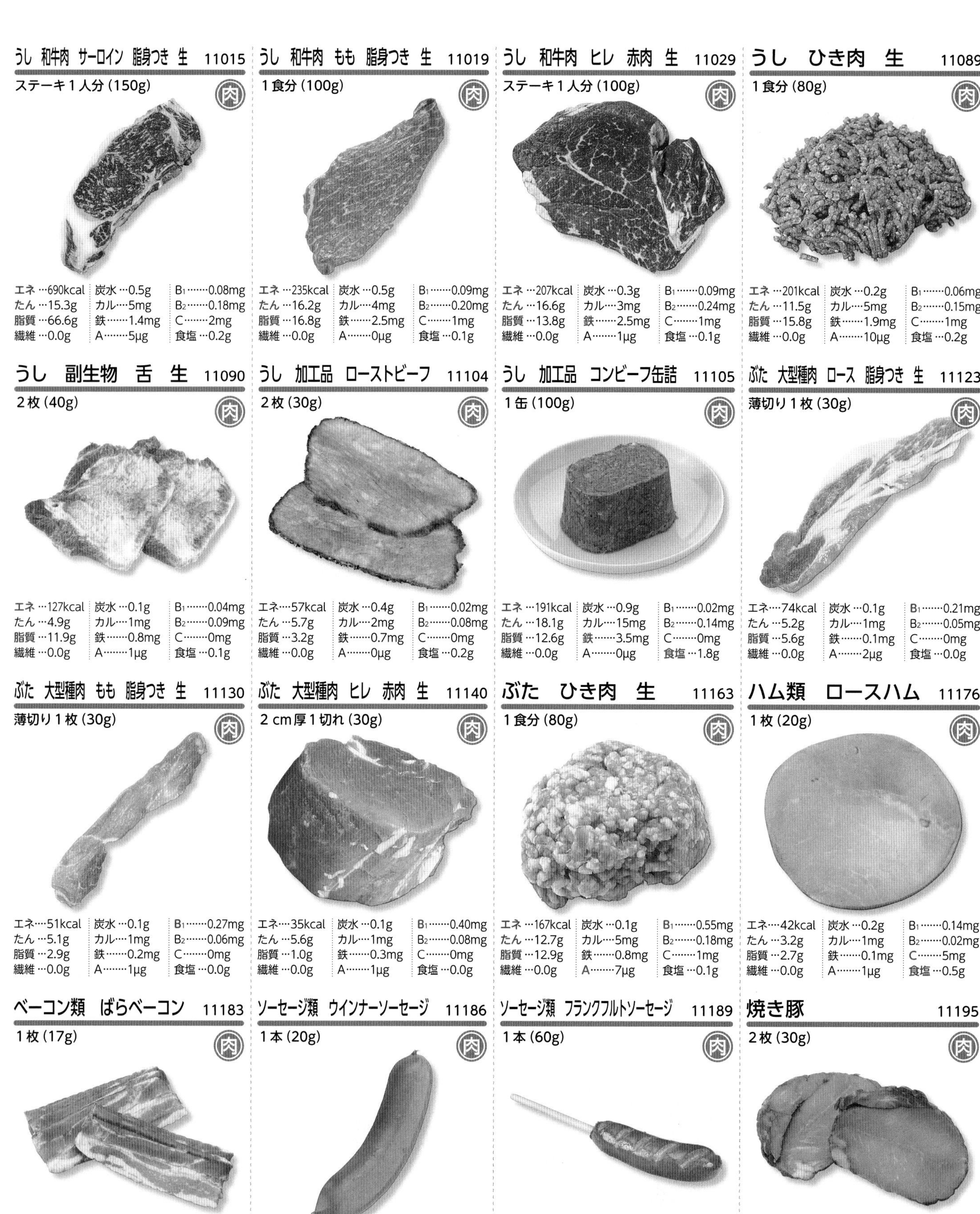

うし 和牛肉 サーロイン 脂身つき 生 11015
ステーキ１人分 (150g)

エネ…690kcal　炭水…0.5g　B_1……0.08mg
たん…15.3g　カル…5mg　B_2……0.18mg
脂質…66.6g　鉄……1.4mg　C……2mg
繊維…0.0g　A……5μg　食塩…0.2g

うし 和牛肉 もも 脂身つき 生 11019
１食分 (100g)

エネ…235kcal　炭水…0.5g　B_1……0.09mg
たん…16.2g　カル…4mg　B_2……0.20mg
脂質…16.8g　鉄……2.5mg　C……1mg
繊維…0.0g　A……0μg　食塩…0.1g

うし 和牛肉 ヒレ 赤肉 生 11029
ステーキ１人分 (100g)

エネ…207kcal　炭水…0.3g　B_1……0.09mg
たん…16.6g　カル…3mg　B_2……0.24mg
脂質…13.8g　鉄……2.5mg　C……1mg
繊維…0.0g　A……1μg　食塩…0.1g

うし ひき肉 生 11089
１食分 (80g)

エネ…201kcal　炭水…0.2g　B_1……0.06mg
たん…11.5g　カル…5mg　B_2……0.15mg
脂質…15.8g　鉄……1.9mg　C……1mg
繊維…0.0g　A……10μg　食塩…0.2g

うし 副生物 舌 生 11090
２枚 (40g)

エネ…127kcal　炭水…0.1g　B_1……0.04mg
たん…4.9g　カル…1mg　B_2……0.09mg
脂質…11.9g　鉄……0.8mg　C……0mg
繊維…0.0g　A……1μg　食塩…0.1g

うし 加工品 ローストビーフ 11104
２枚 (30g)

エネ…57kcal　炭水…0.4g　B_1……0.02mg
たん…5.7g　カル…2mg　B_2……0.08mg
脂質…3.2g　鉄……0.7mg　C……0mg
繊維…0.0g　A……0μg　食塩…0.2g

うし 加工品 コンビーフ缶詰 11105
１缶 (100g)

エネ…191kcal　炭水…0.9g　B_1……0.02mg
たん…18.1g　カル…15mg　B_2……0.14mg
脂質…12.6g　鉄……3.5mg　C……0mg
繊維…0.0g　A……0μg　食塩…1.8g

ぶた 大型種肉 ロース 脂身つき 生 11123
薄切り１枚 (30g)

エネ…74kcal　炭水…0.1g　B_1……0.21mg
たん…5.2g　カル…1mg　B_2……0.05mg
脂質…5.6g　鉄……0.1mg　C……0mg
繊維…0.0g　A……2μg　食塩…0.0g

ぶた 大型種肉 もも 脂身つき 生 11130
薄切り１枚 (30g)

エネ…51kcal　炭水…0.1g　B_1……0.27mg
たん…5.1g　カル…1mg　B_2……0.06mg
脂質…2.9g　鉄……0.2mg　C……0mg
繊維…0.0g　A……1μg　食塩…0.0g

ぶた 大型種肉 ヒレ 赤肉 生 11140
２cm厚１切れ (30g)

エネ…35kcal　炭水…0.1g　B_1……0.40mg
たん…5.6g　カル…1mg　B_2……0.08mg
脂質…1.0g　鉄……0.3mg　C……0mg
繊維…0.0g　A……1μg　食塩…0.0g

ぶた ひき肉 生 11163
１食分 (80g)

エネ…167kcal　炭水…0.1g　B_1……0.55mg
たん…12.7g　カル…5mg　B_2……0.18mg
脂質…12.9g　鉄……0.8mg　C……1mg
繊維…0.0g　A……7μg　食塩…0.1g

ハム類 ロースハム 11176
１枚 (20g)

エネ…42kcal　炭水…0.2g　B_1……0.14mg
たん…3.2g　カル…1mg　B_2……0.02mg
脂質…2.7g　鉄……0.1mg　C……5mg
繊維…0.0g　A……1μg　食塩…0.5g

ベーコン類 ばらベーコン 11183
１枚 (17g)

エネ…68kcal　炭水…0.4g　B_1……0.08mg
たん…1.9g　カル…1mg　B_2……0.02mg
脂質…6.5g　鉄……0.1mg　C……6mg
繊維…0.0g　A……1μg　食塩…0.3g

ソーセージ類 ウインナーソーセージ 11186
１本 (20g)

エネ…64kcal　炭水…0.6g　B_1……0.07mg
たん…2.1g　カル…1mg　B_2……0.02mg
脂質…5.9g　鉄……0.1mg　C……6mg
繊維…0.0g　A……0μg　食塩…0.4g

ソーセージ類 フランクフルトソーセージ 11189
１本 (60g)

エネ…177kcal　炭水…2.7g　B_1……0.13mg
たん…6.6g　カル…7mg　B_2……0.08mg
脂質…14.5g　鉄……0.5mg　C……6mg
繊維…0.0g　A……3μg　食塩…1.1g

焼き豚 11195
２枚 (30g)

エネ…50kcal　炭水…1.4g　B_1……0.26mg
たん…4.9g　カル…3mg　B_2……0.06mg
脂質…2.2g　鉄……0.2mg　C……6mg
繊維…0.0g　A……0μg　食塩…0.7g

にわとり　親・主品目　手羽　皮つき　生　11212

1本（55g　正味33g）　肉

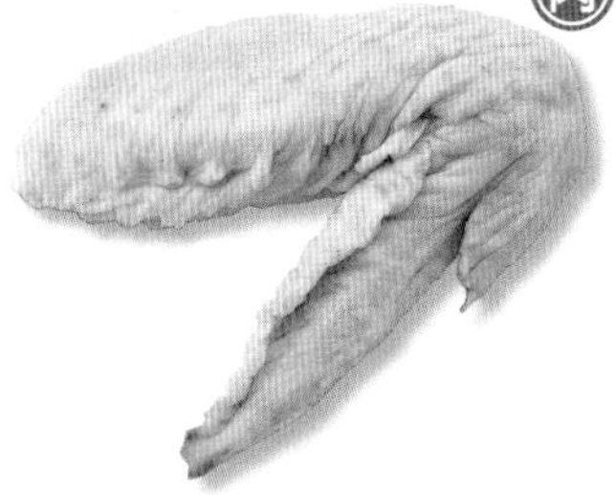

エネ…60kcal	炭水…0.0g	B_1……0.01mg
たん…6.9g	カル…5mg	B_2……0.04mg
脂質…3.2g	鉄……0.4mg	C……0mg
繊維…0.0g	A……20μg	食塩…0.0g

にわとり　若どり・主品目　むね　皮つき　生　11219

1食分（100g）　肉

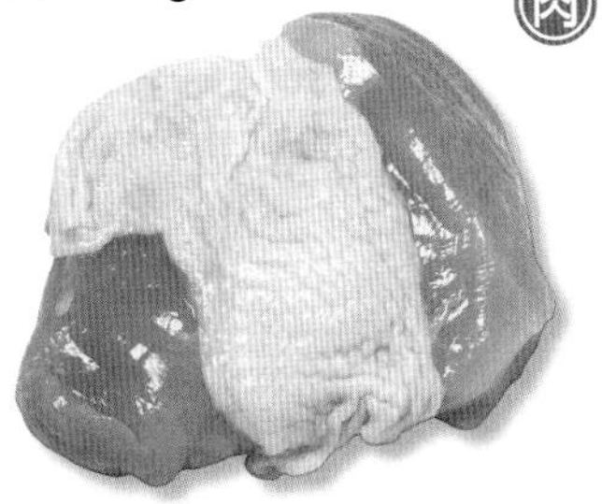

エネ…133kcal	炭水…0.0g	B_1……0.09mg
たん…17.3g	カル…4mg	B_2……0.10mg
脂質…5.5g	鉄……0.3mg	C……3mg
繊維…0.0g	A……18μg	食塩…0.1g

にわとり　若どり・主品目　もも　皮つき　生　11221

1食分（100g）　肉

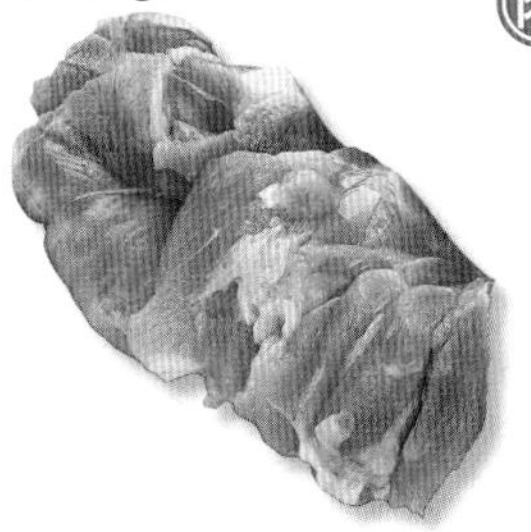

エネ…190kcal	炭水…0g	B_1……0.10mg
たん…17.0g	カル…5mg	B_2……0.15mg
脂質…13.5g	鉄……0.6mg	C……3mg
繊維…0.0g	A……40μg	食塩…0.2g

にわとり　若どり・副品目　ささみ　生　11227

1本（45g　正味43g）　肉

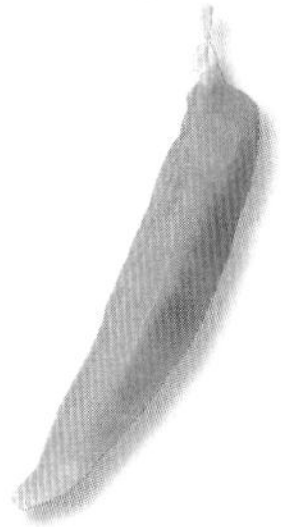

エネ…42kcal	炭水…0.0g	B_1……0.04mg
たん…8.5g	カル…2mg	B_2……0.05mg
脂質…0.2g	鉄……0.1mg	C……1mg
繊維…0.0g	A……2μg	食塩…0.0g

にわとり　副品目　肝臓　生　11232

1食分（80g）　肉

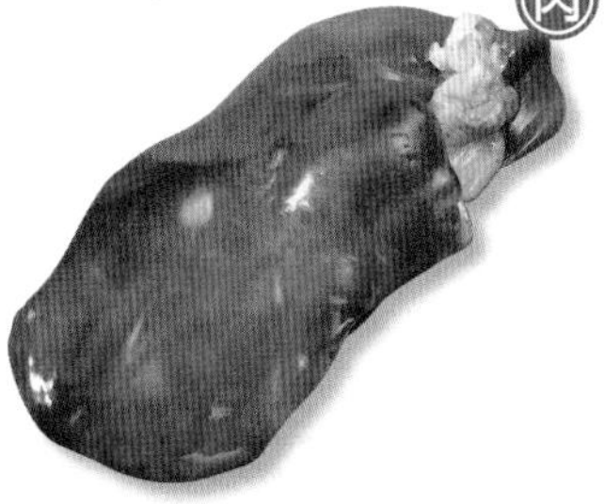

エネ…80kcal	炭水…0.4g	B_1……0.30mg
たん…12.9g	カル…4mg	B_2……1.44mg
脂質…1.5g	鉄……7.2mg	C……16mg
繊維…0.0g	A……11200μg	食塩…0.2g

うずら卵　全卵　生　12002

1個（15g　正味13g）　卵

エネ…20kcal	炭水…0.0g	B_1……0.02mg
たん…1.5g	カル…8mg	B_2……0.09mg
脂質…1.4g	鉄……0.4mg	C……0mg
繊維…0.0g	A……46μg	食塩…0.0g

鶏卵　全卵　生　12004

1個（60g　正味51g）　卵

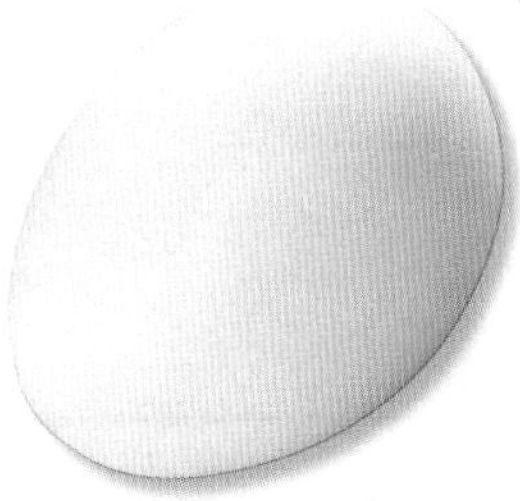

エネ…72kcal	炭水…0.2g	B_1……0.03mg
たん…5.8g	カル…23mg	B_2……0.19mg
脂質…4.7g	鉄……0.8mg	C……0mg
繊維…0.0g	A……107μg	食塩…0.2g

たまご焼　だし巻きたまご　12019

2切れ（60g）　卵

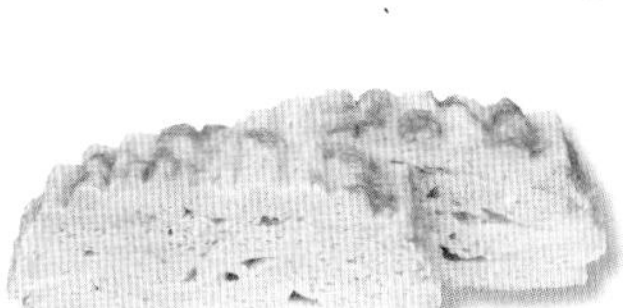

エネ…74kcal	炭水…0.2g	B_1……0.04mg
たん…5.9g	カル…25mg	B_2……0.17mg
脂質…4.8g	鉄……0.8mg	C……0mg
繊維…0.0g	A……84μg	食塩…0.7g

普通牛乳　13003

1カップ（206g）　乳

エネ…126kcal	炭水…9.1g	B_1……0.08mg
たん…6.2g	カル…227mg	B_2……0.31mg
脂質…7.2g	鉄……0.0mg	C……2mg
繊維…0.0g	A……78μg	食塩…0.2g

加糖練乳　13013

大さじ1杯（20g）　乳

エネ…63kcal	炭水…10.6g	B_1……0.02mg
たん…1.4g	カル…52mg	B_2……0.07mg
脂質…1.7g	鉄……0.0mg	C……0mg
繊維…0.0g	A……24μg	食塩…0.0g

コーヒーホワイトナー　液状　乳脂肪　13020

カップ1個（3g）　乳

エネ…6kcal	炭水…0.0g	B_1……0.00mg
たん…0.1g	カル…1mg	B_2……0.00mg
脂質…0.5g	鉄……0.0mg	C……0mg
繊維…0.0g	A……5μg	食塩…0.0g

ヨーグルト　全脂無糖　13025

1カップ（210g）　乳

エネ…118kcal	炭水…8.0g	B_1……0.08mg
たん…6.9g	カル…252mg	B_2……0.29mg
脂質…5.9g	鉄……0.0mg	C……2mg
繊維…0.0g	A……69μg	食塩…0.2g

乳酸菌飲料　乳製品　13028

1本（70g）　乳

エネ…45kcal	炭水…10.6g	B_1……0.01mg
たん…0.6g	カル…30mg	B_2……0.04mg
脂質…0.0g	鉄……0.0mg	C……0mg
繊維…0.0g	A……0μg	食塩…0.0g

プロセスチーズ　13040

6Pチーズ1個（25g）　乳

エネ…78kcal	炭水…0.0g	B_1……0.01mg
たん…5.4g	カル…158mg	B_2……0.10mg
脂質…6.2g	鉄……0.1mg	C……0mg
繊維…0.0g	A……65μg	食塩…0.7g

アイスクリーム　高脂肪　13042

カップ1個（105g）　乳

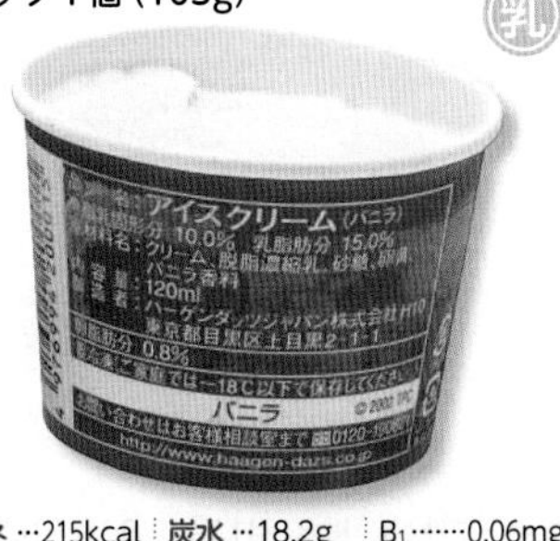

エネ…215kcal	炭水…18.2g	B_1……0.06mg
たん…3.3g	カル…137mg	B_2……0.19mg
脂質…11.3g	鉄……0.1mg	C……0mg
繊維…0.1g	A……105μg	食塩…0.2g

ソフトクリーム　13047

カップ1個（100g）　乳

エネ…146kcal	炭水…20.1g	B_1……0.05mg
たん…3.3g	カル…130mg	B_2……0.22mg
脂質…5.6g	鉄……0.1mg	C……0mg
繊維…0.0g	A……18μg	食塩…0.2g

植物油脂類　調合油　14006
大さじ1杯 (13g)　脂

エネ…115kcal	炭水…0.0g	B_1…0.00mg
たん…0.0g	カル…0mg	B_2…0.00mg
脂質…12.6g	鉄…0.0mg	C…0mg
繊維…0.0g	A…0μg	食塩…0.0g

無発酵バター　有塩バター　14017
大さじ1杯 (12g)　脂

エネ…84kcal	炭水…0.1g	B_1…0.00mg
たん…0.1g	カル…2mg	B_2…0.00mg
脂質…8.9g	鉄…0.0mg	C…0mg
繊維…0.0g	A…62μg	食塩…0.2g

マーガリン　家庭用　有塩　14020
大さじ1杯 (12g)　脂

エネ…86kcal	炭水…0.1g	B_1…0.00mg
たん…0.0g	カル…2mg	B_2…0.00mg
脂質…9.5g	鉄…0.0mg	C…0mg
繊維…0.0g	A…3μg	食塩…0.2g

カステラ　15009
1切れ (50g)　菓

エネ…156kcal	炭水…30.9g	B_1…0.03mg
たん…3.3g	カル…14mg	B_2…0.09mg
脂質…2.2g	鉄…0.4mg	C…0mg
繊維…0.3g	A…46μg	食塩…0.1g

くし団子　みたらし　15019
1本 (80g)　菓

エネ…155kcal	炭水…34.8g	B_1…0.03mg
たん…2.2g	カル…3mg	B_2…0.02mg
脂質…0.3g	鉄…0.3mg	C…0mg
繊維…0.2g	A…0μg	食塩…0.5g

大福もち　こしあん入り　15023
1個 (100g)　菓

エネ…223kcal	炭水…49.3g	B_1…0.02mg
たん…4.1g	カル…18mg	B_2…0.01mg
脂質…0.3g	鉄…0.7mg	C…0mg
繊維…1.8g	A…0μg	食塩…0.1g

どら焼　つぶあん入り　15027
1個 (80g)　菓

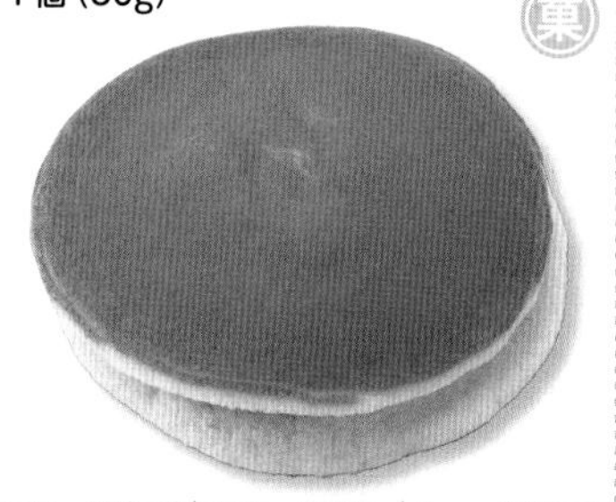

エネ…234kcal	炭水…47.9g	B_1…0.04mg
たん…4.9g	カル…18mg	B_2…0.09mg
脂質…2.2g	鉄…0.6mg	C…0mg
繊維…1.5g	A…0μg	食塩…0.3g

中華まんじゅう　肉まん　15035
1個 (100g)　菓

エネ…242kcal	炭水…39.0g	B_1…0.23mg
たん…8.6g	カル…28mg	B_2…0.10mg
脂質…4.6g	鉄…0.8mg	C…7mg
繊維…3.2g	A…3μg	食塩…1.2g

ようかん　練りようかん　15038
1切れ (50g)　菓

エネ…145kcal	炭水…34.0g	B_1…0.01mg
たん…1.6g	カル…17mg	B_2…0.01mg
脂質…0.1g	鉄…0.6mg	C…0mg
繊維…1.6g	A…0μg	食塩…0.0g

かりんとう　黒　15045
6個 (25g)　菓

エネ…105kcal	炭水…18.0g	B_1…0.03mg
たん…1.7g	カル…17mg	B_2…0.01mg
脂質…2.8g	鉄…0.4mg	C…0mg
繊維…0.3g	A…0μg	食塩…0.0g

米菓　揚げせんべい　15057
1枚 (12g)　菓

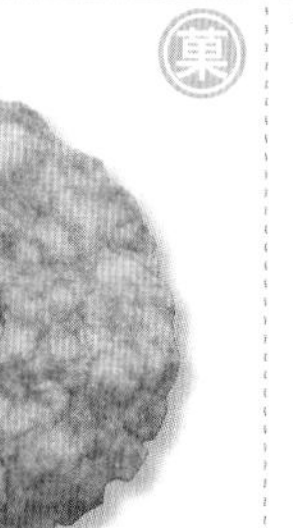

エネ…55kcal	炭水…8.3g	B_1…0.01mg
たん…0.6g	カル…1mg	B_2…0.00mg
脂質…2.0g	鉄…0.1mg	C…0mg
繊維…0.1g	A…0μg	食塩…0.1g

あんパン　こしあん入り　15069
1個 (100g)　菓

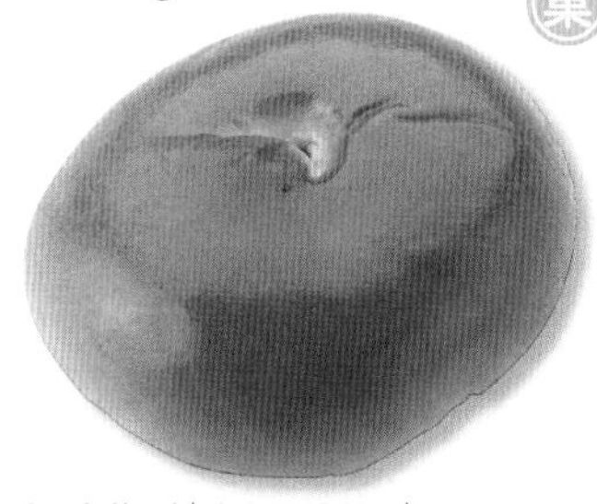

エネ…253kcal	炭水…48.0g	B_1…0.06mg
たん…6.2g	カル…31mg	B_2…0.07mg
脂質…3.4g	鉄…1.0mg	C…0mg
繊維…2.5g	A…0μg	食塩…0.3g

シュークリーム　15073
1個 (80g)　菓

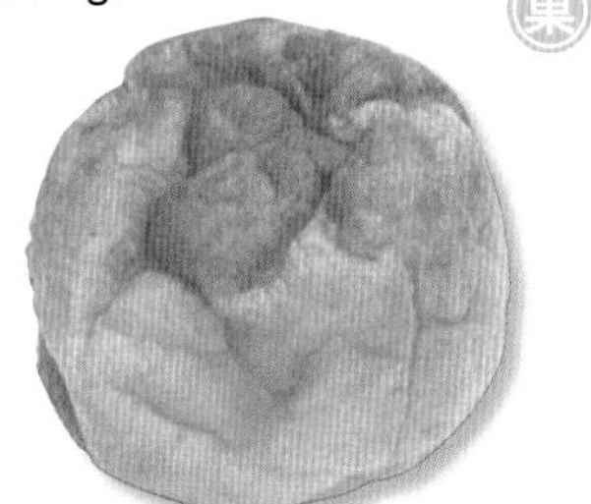

エネ…178kcal	炭水…19.0g	B_1…0.06mg
たん…4.2g	カル…52mg	B_2…0.14mg
脂質…8.3g	鉄…0.2mg	C…1mg
繊維…0.2g	A…104μg	食塩…0.2g

ショートケーキ　果実なし　15075
1個 (100g)　菓

エネ…318kcal	炭水…41.7g	B_1…0.05mg
たん…6.4g	カル…5mg	B_2…0.15mg
脂質…13.8g	鉄…0.1mg	C…0mg
繊維…0.6g	A…63μg	食塩…0.0g

ドーナッツ　ケーキドーナッツ　プレーン　15078
1個 (60g)　菓

エネ…221kcal	炭水…35.2g	B_1…0.04mg
たん…4.0g	カル…19mg	B_2…0.07mg
脂質…6.7g	鉄…0.1mg	C…0mg
繊維…0.7g	A…2μg	食塩…0.2g

カスタードプリン　15086
1個 (130g)　菓

エネ…151kcal	炭水…17.9g	B_1…0.05mg
たん…6.9g	カル…105mg	B_2…0.26mg
脂質…5.9g	鉄…0.7mg	C…1mg
繊維…0.0g	A…30μg	食塩…0.3g

ゼリー　オレンジ　15087
1個（100g）　菓

エネ…79kcal	炭水…17.8g	B_1……0.07mg
たん…1.6g	カル…9mg	B_2……0.02mg
脂質…0.1g	鉄……0.1mg	C……40mg
繊維…0.2g	A……4μg	食塩…0.0g

ハードビスケット　15097
2枚（12g）　菓

エネ…51kcal	炭水…8.6g	B_1……0.02mg
たん…0.8g	カル…40mg	B_2……0.03mg
脂質…1.1g	鉄……0.1mg	C……0mg
繊維…0.3g	A……2μg	食塩…0.1g

ポテトチップス　15103
1/2袋（50g）　菓

エネ…271kcal	炭水…27.4g	B_1……0.13mg
たん…2.2g	カル…9mg	B_2……0.03mg
脂質…17.1g	鉄……0.9mg	C……8mg
繊維…2.1g	A……0μg	食塩…0.5g

キャラメル　15105
1個（5g）　菓

エネ…21kcal	炭水…3.9g	B_1……0.00mg
たん…0.2g	カル…10mg	B_2……0.01mg
脂質…0.5g	鉄……0.0mg	C……0mg
繊維…0.0g	A……6μg	食塩…0.0g

ドロップ　15110
1個（2.5g）　菓

エネ…10kcal	炭水…2.5g	B_1……0.00mg
たん…0.0g	カル…0mg	B_2……0.00mg
脂質…0.0g	鉄……0.0mg	C……0mg
繊維…0.0g	A……0μg	食塩…0.0g

ミルクチョコレート　15116
1枚（100g）　菓

エネ…551kcal	炭水…56.5g	B_1……0.19mg
たん…5.8g	カル…240mg	B_2……0.41mg
脂質…32.8g	鉄……2.4mg	C……0mg
繊維…3.9g	A……66μg	食塩…0.2g

糖衣ガム　15119
1個（1.5g　正味1.2g）　菓

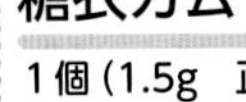

エネ…5kcal	炭水…1.2g	B_1……0.00mg
たん…0.0g	カル…0mg	B_2……0.00mg
脂質…0.0g	鉄……0.0mg	C……0mg
繊維…0.0g	A……0μg	食塩…0.0g

せん茶　浸出液　16037
1カップ（200g）　飲

エネ…4kcal	炭水…0.4g	B_1……0.00mg
たん…0.4g	カル…6mg	B_2……0.10mg
脂質…0.0g	鉄……0.4mg	C……12mg
繊維…0.0g	A……0μg	食塩…0.0g

紅茶　浸出液　16044
1カップ（200g）　飲

エネ…2kcal	炭水…0.2g	B_1……0.00mg
たん…0.2g	カル…2mg	B_2……0.02mg
脂質…0.0g	鉄……0.0mg	C……0mg
繊維…0.0g	A……0μg	食塩…0.0g

コーヒー　浸出液　16045
1カップ（200g）　飲

エネ…8kcal	炭水…0.0g	B_1……0.00mg
たん…0.2g	カル…4mg	B_2……0.02mg
脂質…0.0g	鉄……0.0mg	C……0mg
繊維…0.0g	A……0μg	食塩…0.0g

コーラ　16053
1杯（250g）　飲

エネ…115kcal	炭水…30.0g	B_1……0.00mg
たん…0.3g	カル…5mg	B_2……0.00mg
脂質…0.0g	鉄……0.0mg	C……0mg
繊維…0.0g	A……0μg	食塩…0.0g

サイダー　16054
1杯（250g）　飲

エネ…103kcal	炭水…22.5g	B_1……0.00mg
たん…0.0g	カル…3mg	B_2……0.00mg
脂質…0.0g	鉄……0.0mg	C……0mg
繊維…0.0g	A……0μg	食塩…0.0g

食塩　17012
小さじ1杯（6g）　香

エネ…0kcal	炭水…0.0g	B_1……0.00mg
たん…0g	カル…1mg	B_2……0.00mg
脂質…0g	鉄……0.0mg	C……0mg
繊維…0.0g	A……0μg	食塩…6.0g

トマトケチャップ　17036
大さじ1杯（15g）　香

エネ…16kcal	炭水…3.6g	B_1……0.01mg
たん…0.2g	カル…2mg	B_2……0.01mg
脂質…0.0g	鉄……0.1mg	C……1mg
繊維…0.3g	A……6μg	食塩…0.5g

マヨネーズ　全卵型　17042
大さじ1杯（12g）　香

エネ…80kcal	炭水…0.3g	B_1……0.00mg
たん…0.2g	カル…1mg	B_2……0.00mg
脂質…8.7g	鉄……0.0mg	C……0mg
繊維…0.0g	A……3μg	食塩…0.2g

米みそ　赤色辛みそ　17046
大さじ1杯（18g）　香

エネ…32kcal	炭水…3.8g	B_1……0.01mg
たん…2.0g	カル…23mg	B_2……0.02mg
脂質…1.0g	鉄……0.8mg	C……0mg
繊維…0.7g	A……0μg	食塩…2.3g

市販食品・調理加工食品データ集

ここでは，市販食品と一般的な調理加工食品について，おもな原材料とエネルギーおよび主要成分値を掲載している。

※数値は，各企業の発表に基づく（2021年調べ）。
※成分値の（−）は未測定、未公表のもの。
※商品の内容や商品名などは変更になることがある。

ファストフード　日本マクドナルド（株）

ハンバーガー

1個＝104g

●バンズ・ビーフパティ・オニオン・ピクルス・ケチャップ・マスタード

▼1個あたり

エネ	256kcal
たん	12.8g
脂質	9.4g
炭水	30.3g
カル	30mg
鉄	1.2mg
A	14µg
B₁	0.10mg
B₂	0.09mg
C	1mg
食塩	1.4g

（2021年7月現在）

ファストフード　日本マクドナルド（株）

チーズバーガー

1個＝118g

●バンズ・ビーフパティ・オニオン・ピクルス・スライスチーズ・ケチャップ・マスタード

▼1個あたり

エネ	307kcal
たん	15.8g
脂質	13.4g
炭水	30.8g
カル	121mg
鉄	1.2mg
A	61µg
B₁	0.10mg
B₂	0.16mg
C	1mg
食塩	1.9g

（2021年7月現在）

ファストフード　日本ケンタッキー・フライド・チキン（株）

チキンフィレサンド

1個＝165g

●全粒粉バンズ・チキンフィレ・レタス・オリーブオイル入りマヨソース

▼1個あたり

エネ	415kcal
たん	19.5g
脂質	21.8g
炭水	34.1g
カル	21mg
鉄	0.8mg
A	31µg
B₁	0.13mg
B₂	0.13mg
C	3mg
食塩	2.7g

ファストフード　日本マクドナルド（株）

ビッグマック

1個＝217g

●バンズ・ビーフパティ・オニオン・ピクルス・レタス・スライスチーズ・ビッグマックソース

▼1個あたり

エネ	525kcal
たん	26.0g
脂質	28.3g
炭水	41.8g
カル	143mg
鉄	2.2mg
A	74µg
B₁	0.17mg
B₂	0.24mg
C	2mg
食塩	2.6g

（2021年7月現在）

ファストフード　日本マクドナルド（株）

フィレオフィッシュ

1個＝137g

●バンズ・フィッシュポーション・スライスチーズ・タルタルソース

▼1個あたり

エネ	323kcal
たん	14.4g
脂質	13.9g
炭水	35.8g
カル	75mg
鉄	0.5mg
A	28µg
B₁	0.11mg
B₂	0.09mg
C	0mg
食塩	1.6g

（2021年7月現在）

ファストフード　（株）モスフードサービス

テリヤキバーガー

1個＝167.8g

●牛肉・レタス・小麦粉・醤油・味噌

▼1個あたり

エネ	377kcal
たん	14.7g
脂質	16.8g
炭水	41.7g
カル	29mg
鉄	1.1mg
A	19µg
B₁	0.09mg
B₂	0.11mg
C	3mg
食塩	2.5g

（2021年7月現在）

ファストフード　（株）ロッテリア

エビバーガー

1個＝169g

●小麦粉・エビ・キャベツ・タルタルソース

▼1個あたり

エネ	486kcal
たん	12.6g
脂質	30.8g
炭水	38.5g
カル	−
鉄	−
A	−
B₁	−
B₂	−
C	−
食塩	2.3g

ファストフード　日本マクドナルド（株）

エッグマックマフィン

1個＝139g

●イングリッシュマフィン・卵・カナディアンベーコン（ロースハム）・スライスチーズ

▼1個あたり

エネ	311kcal
たん	19.2g
脂質	13.5g
炭水	27.1g
カル	171mg
鉄	1.3mg
A	118µg
B₁	0.13mg
B₂	0.31mg
C	0mg
食塩	1.6g

（2021年7月現在）

ファストフード　（株）ロッテリア

フレンチフライポテト（S）

1個＝68g

●じゃがいも

▼1個あたり

エネ	210kcal
たん	2.4g
脂質	10.9g
炭水	26.3g
カル	−
鉄	−
A	−
B₁	−
B₂	−
C	−
食塩	0.5g

ファストフード　日本ケンタッキー・フライド・チキン(株)

オリジナルチキン

1個=87g

●鶏肉・小麦粉・卵・牛乳・食塩・スパイス類

▼1個あたり	
エネ	237kcal
たん	18.3g
脂質	14.7g
炭水	7.9g
カル	28mg
鉄	0.6mg
A	18μg
B_1	0.07mg
B_2	0.33mg
C	2mg
食塩	1.7g

ファストフード　日本マクドナルド(株)

サイドサラダ(低カロリー玉ねぎドレッシング)

1個=85g

●レタス・紫キャベツ・赤パプリカ・黄パプリカ

▼1個あたり	
エネ	17kcal
たん	0.9g
脂質	0.1g
炭水	3.5g
カル	16mg
鉄	0.3mg
A	27μg
B_1	0.04mg
B_2	0.03mg
C	15mg
食塩	1.0g

ファストフード　日本ケンタッキー・フライド・チキン(株)

コールスロー(M)

1個=130g

●キャベツ・ニンジン・タマネギ風味が加わったコールスロードレッシング

▼1個あたり	
エネ	150kcal
たん	1.6g
脂質	11.5g
炭水	10.4g
カル	44mg
鉄	0.4mg
A	42μg
B_1	0.04mg
B_2	0.04mg
C	39mg
食塩	0.9g

ファストフード　(株)ロッテリア

シェーキ(バニラ風味)

1杯=194g

●シェーキ用ミックス・バニラシロップ

▼1杯あたり	
エネ	182kcal
たん	3.9g
脂質	6.2g
炭水	27.7g
カル	—
鉄	—
A	—
B_1	—
B_2	—
C	—
食塩	0.4g

ファストフード　日本マクドナルド(株)

チキンマックナゲット5ピース バーベキューソース

1個=120g

●鶏肉

▼100gあたり	
エネ	303kcal
たん	16.0g
脂質	17.3g
炭水	20.8g
カル	12mg
鉄	0.6mg
A	26μg
B_1	0.10mg
B_2	0.10mg
C	2mg
食塩	1.8g

コンビニ食品　ミニストップ(株)

紀州南高梅

1個

●ご飯(国産米)・梅干加工品・海苔・昆布粉末入り食塩／増粘剤(加工デンプン・キサンタン)・酸味料・pH調整剤・酒精・調味料(アミノ酸等)・メタリン酸Na・カラメル色素・V・B_1・甘味料(スクラロース)・香料・野菜色素・(一部に大豆・りんごを含む)

▼1個あたり	
エネ	172kcal
たん	3.2g
脂質	1g
炭水	37.6g
カル	—
鉄	—
A	—
B_1	—
B_2	—
C	—
食塩	1.7g

コンビニ食品

のり弁当

1食=440g

●白飯(米(国産))・白身魚フライ・竹輪磯辺天・コロッケ・茹卵・スパゲティ・タルタルソース・しば漬・金平ごぼう・ボトル醤油・味付おかか・ケチャップ・海苔／pH調整剤・調味料(アミノ酸等)・加工澱粉・グリシン・増粘多糖類・膨張剤・酒精・乳化剤・着色料(ウコン・カロチノイド・赤106・赤102・赤3)・酸味料・甘味料(V.C)・香料・香辛料・

▼1食あたり	
エネ	743kcal
たん	20.5g
脂質	26.9g
炭水	104.8g
カル	—
鉄	—
A	—
B_1	—
B_2	—
C	—
食塩	3.1g

コンビニ食品

幕の内弁当

1食=460g

●白飯・焼鮭・厚焼玉子・春巻・ハンバーグ・鶏唐揚・白身魚フライ・ウインナー・小女子・煮物(人参・角こんにゃく・筍・いんげん)／調味料(アミノ酸等)・pH調整剤・グリシン・カロチン色素・リン酸Na・保存料(しらこ)・亜硝酸Na(原材料の一部に小麦・卵・乳・大豆を含む)

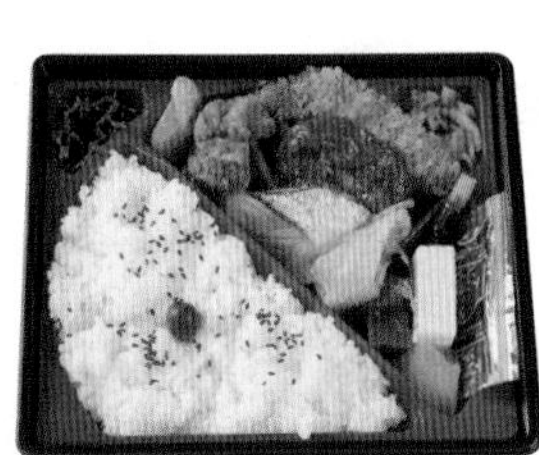

▼1食あたり	
エネ	821kcal
たん	54.8g
脂質	27.7g
炭水	89.0g
カル	—
鉄	—
A	—
B_1	—
B_2	—
C	—
食塩	2.0g

コンビニ食品

唐揚げ弁当

1食=480g

●ご飯・鶏唐揚・ハンバーグ・スパゲティ・ポテトサラダ・付合せ／調味料(アミノ酸等)・pH調整剤・リン酸塩(Na)・着色料(カラメル・クチナシ・野菜色素)・増粘多糖類・ソルビット・保存料(ソルビン酸K)・甘味料(ステビア)・香辛料・グリシン(小麦・卵・乳・牛肉・鶏肉・豚肉・リンゴを原材料の一部として含む)

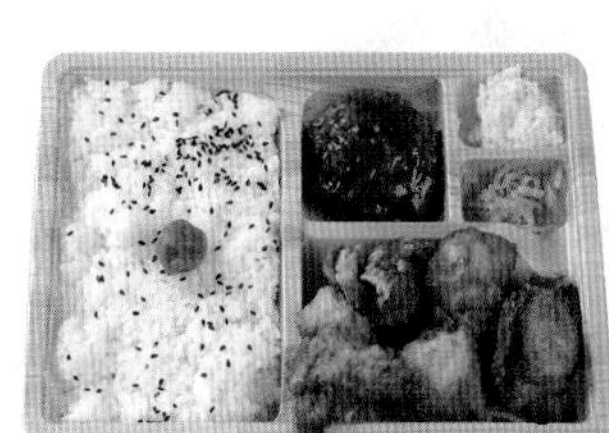

▼1食あたり	
エネ	807kcal
たん	32.1g
脂質	25.1g
炭水	78.0g
カル	—
鉄	—
A	—
B_1	—
B_2	—
C	—
食塩	0.8g

コンビニ食品　ミニストップ(株)

1/2日分緑黄色野菜のサンド

1食=124g

●パン・赤パプリカレモンペッパーオイル焼・かぼちゃサラダ・卵フィリング・ほうれん草ドレッシング和え・レタス・かぼちゃ・マヨネーズ・玉葱人参入りソース・人参バジル入りオイルソース和え／乳化剤・イーストフード・糊料(アルギン酸エステル・加工デンプン・増粘多糖類)・V.C・酢酸(Na)・グリシン・調味料(アミノ酸等)・pH調整剤・酸化防止剤(V.C・V.E)・着色料(カロテノイド)・香料・香辛料抽出物(一部に小麦・卵・乳成分・ごま・大豆・鶏肉・豚肉・りんご・魚肉すり身(魚介類)を含む)

▼1食あたり	
エネ	271kcal
たん	6.2g
脂質	14.9g
炭水	28g
カル	—
鉄	—
A	—
B_1	—
B_2	—
C	—
食塩	1.4g

コンビニ食品

コンビニパスタ(たらこ)

1食=420g

●スパゲティ・明太子ソース・バター・たらこ・のり／調味料(アミノ酸等)・糊料(増粘多糖類・アルギン酸Na)・環状オリゴ糖・着色料(カロチノイド・紅麹)・酵素・ナイアシン・香料・加工でん粉・pH調整剤・乳化剤・発色剤(亜硝酸Na)・貝Ca・香辛料抽出物・酢酸Na・酒精・酸化防止剤(V.C)・グリシン・トレハロース・甘味料(ソルビット)・酸化ケイ素(一部に卵・乳成分・小麦・牛肉・大豆・鶏肉・豚肉・ゼラチンを含む)

▼1食あたり	
エネ	691kcal
たん	25.1g
脂質	16.9g
炭水	109.6g
カル	—
鉄	—
A	—
B_1	—
B_2	—
C	—
食塩	5.3g

コンビニ食品

油そば

1食=470g

●ゆで中華めん・半熟卵・スープ・もやし木耳ごま油和え・焼豚・メンマ・のり／加工でん粉・調味料(アミノ酸等)・かんすい・酒精・増粘剤(増粘多糖類・アルギン酸Na)・乳化剤・着色料(カラメル・クチナシ)・pH調整剤・ピロリン酸Na・グリシン・ダイズ多糖類・酸味料(一部に卵・乳成分・小麦・牛肉・ごま・大豆・鶏肉・豚肉・ゼラチンを含む)

▼1食あたり	
エネ	713kcal
たん	29.9g
脂質	25.3g
炭水	91.4g
カル	—
鉄	—
A	—
B_1	—
B_2	—
C	—
食塩	6.3g

コンビニ食品

パスタサラダ

1食=190g

●スパゲティ・味付茹卵・ローストチキン・キャベツ・添付パスタソース（醤油・ぶどう糖果糖液糖・玉葱・水あめ・砂糖・その他）・植物油脂・醤油・醸造酢・レタス・リーフレタス・人参・食塩／リン酸塩（Na）・調味料（アミノ酸）・pH調整剤・増粘剤（キサンタン）・セルロース（一部に小麦・卵・乳成分・大豆・鶏肉・りんごを含む）

▼1食あたり

エネ	306kcal
たん	15.4g
脂質	9.8g
炭水	38.8g
カル	—
鉄	—
A	—
B_1	—
B_2	—
C	—
食塩	3.2g

コンビニ食品　井村屋（株）

井村屋肉まん

1個=85g

●小麦粉（国内製造）・たまねぎ・豚肉・砂糖・たけのこ・ラード・ぱれいしょでん粉・しょうゆ・食塩・イースト・パン粉・がらスープ・発酵調味料・野菜エキスパウダー・ホタテエキスパウダー・香辛料／調味料（アミノ酸等）・膨脹剤・加工でん粉・トレハロース・（一部に乳成分・小麦・牛肉・大豆・鶏肉・豚肉を含む）

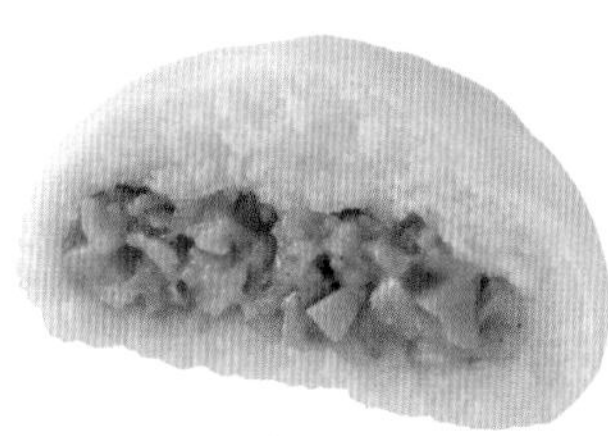

▼1個あたり

エネ	197kcal
たん	5.4g
脂質	5.7g
炭水	31g
カル	—
鉄	—
A	—
B_1	—
B_2	—
C	—
食塩	0.8g

コンビニ食品　井村屋（株）

井村屋あんまん

1個=89g

●小麦粉（国内製造）・砂糖・小豆・水あめ・ラード・米粉・イースト・酒粕加工品・食塩・小麦たん白／膨脹剤・乳化剤・（一部に小麦を含む）

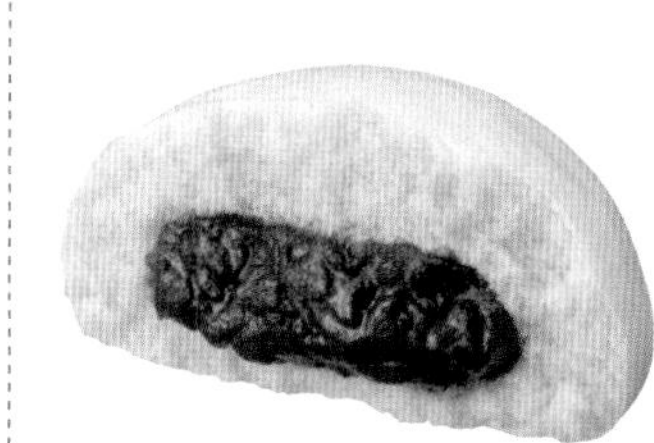

▼1個あたり

エネ	247kcal
たん	6.4g
脂質	2.8g
炭水	49.1g
カル	—
鉄	—
A	—
B_1	—
B_2	—
C	—
食塩	0.3g

コンビニ食品　ミニストップ（株）

フランクフルト

1本

●原材料非公表

▼1本あたり

エネ	244kcal
たん	9.9g
脂質	20.6g
炭水	4.7g
カル	—
鉄	—
A	—
B_1	—
B_2	—
C	—
食塩	1.8g

コンビニ食品　（株）ローソン

Lチキ　レギュラー

1個

●原材料非公表

▼1個あたり

エネ	270kcal
たん	17.4g
脂質	17.1g
炭水	11.7g
カル	—
鉄	—
A	—
B_1	—
B_2	—
C	—
食塩	1.8g

カロリーは地域により異なる

コンビニ食品

カット野菜

1食=70g

●きゃべつ（国産）・コーン・レタス・グリーンリーフ・人参・紫きゃべつ・胡瓜・パプリカ赤・パプリカ黄

▼1食あたり

エネ	31kcal
たん	1.3g
脂質	0.4g
炭水	6.2g
カル	—
鉄	—
A	—
B_1	—
B_2	—
C	—
食塩	4.7g

コンビニ食品

おでん

1食=380g

●だいこん・はんぺん・からし練り・しらたき・鶏卵・さつま揚げ・りしりこんぶ煮干し・こいくちしょうゆ・車糖・かつお昆布だし

▼1食あたり

エネ	286kcal
たん	18.3g
脂質	7.2g
炭水	34.3g
カル	226mg
鉄	2.6mg
A	116μg
B_1	0.21mg
B_2	0.34mg
C	9mg
食塩	7.4g

コンビニ食品　山崎製パン（株）

ランチパック（ピーナッツ）

1個

●ピーナッツフラワーペースト（国内製造）・小麦粉・砂糖混合異性化液糖・マーガリン・パン酵母・食塩・脱脂粉乳／乳化剤・増粘多糖類・香料・酢酸Na・酸味料・イーストフード・V.C・（一部に乳成分・小麦・落花生・アーモンド・大豆を含む）

▼1個あたり

エネ	180kcal
たん	4.5g
脂質	7.8g
炭水	22.9g
カル	—
鉄	—
A	—
B_1	—
B_2	—
C	—
食塩	0.4g

コンビニ食品　フジパン（株）

金城軒カリーパン

1個

●カレーフィリング（じゃがいも・タマネギ・砂糖・食用動物油脂・水あめ・大豆たん白・にんじん・その他）（国内製造）・小麦粉・ショートニング・パン粉・卵・砂糖・パン酵母・乳等を主要原料とする食品・食塩・小麦たん白／増粘剤（加工デンプン）・調味料（アミノ酸等）・pH調整剤・膨脹剤・乳化剤・着色料（カラメル・紅麹）・酢酸Na・グリシン・イーストフード・酸味料・香辛料・香料・V.C

▼1個あたり

エネ	346kcal
たん	5.9g
脂質	20.1g
炭水	35.3g
カル	—
鉄	—
A	—
B_1	—
B_2	—
C	—
食塩	1.35g

コンビニ食品　敷島製パン（株）

ロングライフクリームパン

1個

●カスタードクリーム（国内製造）・小麦粉・糖類・パネトーネ種・マーガリン・卵・パン酵母・発酵風味液・アーモンド・食塩・乳等を主要原料とする食品／ソルビトール・炭酸Ca・セルロース・乳化剤・増粘剤（カラギナン）・イーストフード・香料・酸化防止剤（ビタミンE）・ビタミンC・着色料（カロチン）・酒精・（一部に卵・小麦・乳成分・大豆を含む）

▼1個あたり

エネ	376kcal
たん	5.1g
脂質	21.2g
炭水	41.1g
カル	—
鉄	—
A	—
B_1	—
B_2	—
C	—
食塩	0.3g

コンビニ食品　フジパン（株）

特撰メロンパン

1個

●小麦粉（国内製造）・砂糖・卵・発酵バター入りマーガリン・乳等を主要原料とする食品・マーガリン・パン酵母・ぶどう糖・加工油脂・食塩・小麦たん白・ミックス粉（でん粉・大豆粉・コーンフラワー・デキストリン・小麦粉）／乳化剤・香料・イーストフード・調味料（アミノ酸）・V.C・酸味料・カロチン色素

▼1個あたり

エネ	405kcal
たん	7.5g
脂質	13.4g
炭水	63.6g
カル	—
鉄	—
A	—
B_1	—
B_2	—
C	—
食塩	0.39g

コンビニ食品　敷島製パン（株）

あらびきソーセージ

1個

●小麦粉（国内製造）・ウインナーソーセージ・マスタードソース・砂糖・ショートニング・マヨネーズ・パン酵母・小麦粉加工品（小麦粉）・卵・食塩・乳等を主要原料とする食品・小麦たんぱく・大豆粉・加工油脂／加工デンプン・調味料（アミノ酸等）・乳化剤・酢酸Na・リン酸塩（Na）・増粘多糖類・イーストフード・酸化防止剤（ビタミンC）・着色料（カロチン・ターメリック色素）・香辛料・発色剤（亜硝酸Na）・ビタミンC・（一部に卵・小麦・乳成分・大豆・豚肉を含む）

▼1個あたり

エネ	296kcal
たん	7g
脂質	15.8g
炭水	31.5g
カル	—
鉄	—
A	—
B_1	—
B_2	—
C	—
食塩	1.5g

冷凍食品　日清フーズ（株）

マ･マー THE PASTA じっくり煮込んだ濃厚ボロネーゼ　1人前＝290g

●めん(スパゲッティ(デュラム小麦のセモリナ))、ミートソース(牛肉、たまねぎ、トマトペースト、にんじん、豚肉、トマト・ジュースづけ、デミグラスソース、砂糖、発酵調味料、食塩、植物油脂、きのこペースト、小麦粉、にんにく、酵母エキス、バター、香辛料、セロリ、ミルポワ、ワイン、ビーフエキス、ローストガーリック、酵母エキス粉末、チキンコンソメ)(タイ製造)、植物油脂、ショートニング、トマトペースト、ビーフエキス、砂糖、調製ラード、ブロード、食塩、たん白加水分解物、乾燥パセリ／調味料(アミノ酸等)、増粘剤(加工でん粉、増粘多糖類)、着色料(カラメル)、乳化剤、酢酸Na、香料、キシロース、グリシン、pH調整剤、酸味料、(一部に小麦・卵・乳成分・牛肉・大豆・鶏肉・豚肉・ゼラチンを含む)

▼1人前あたり

エネ	422kcal
たん	15.5g
脂質	12.0g
炭水	63.0g
カル	—
鉄	—
A	—
B_1	—
B_2	—
C	—
食塩	2.9g

(2021年9月現在)

冷凍食品　（株）明治

明治レンジピッツァ&ピッツァ 2 枚入　1枚＝125g

●小麦粉(国内製造)・ナチュラルチーズ(チェダー・ゴーダ・モッツァレラ・パルメザン)・ソフトサラミソーセージ・トマトペースト・野菜(とうもろこし・ピーマン)・植物油脂加工品・植物油脂・ショートニング・果糖ぶどう糖液糖・イースト・脱脂濃縮乳・食塩・パン粉・乳等を主要原料とする食品・でん粉加工品・クリーム・ソテーオニオン・食物繊維・香辛料・濃縮トマト・チキンシーズニングパウダー・ぶどう酢・バター・ワイン／ソルビトール・増粘剤(加工デンプン・ペクチン)・トレハロース・セルロース・キシロース・加工デンプン・乳化剤・調味料(アミノ酸等)・リン酸塩(Na・Ca)・グリシン・酸化防止剤(V.E・V.C)・酢酸(Na)・発色剤(亜硝酸Na)・イーストフード・くん液・着色料(β-カロテン)・香料・V.C・(一部に小麦・卵・乳成分・大豆・鶏肉・豚肉を含む)

▼1枚あたり

エネ	336kcal
たん	12.4g
脂質	13.8g
炭水	40.5g
カル	125mg
鉄	—
A	—
B_1	—
B_2	—
C	—
食塩	1.5g

冷凍食品　（株）ニチレイフーズ

蔵王えびグラタン　1個＝210g

●牛乳(国内製造)・マカロニ・乳又は乳製品を主要原料とする食品・えび・小麦粉・ナチュラルチーズ(ゴーダチーズ・パルメザンチーズ・モッツァレラチーズ・チェダーチーズ)・マーガリン・植物油脂・バター・コンソメパウダー・糖類(ぶどう糖・砂糖)・粉末油脂・食塩・パン粉・酵母エキスパウダー／カラメル色素・増粘剤(加工でん粉・キサンタンガム)・加工でん粉・セルロース・香料・重曹・クエン酸Na・炭酸Na・調味料(アミノ酸)・(一部にえび・小麦・乳成分・大豆・鶏肉を含む)

▼1個あたり

エネ	316kcal
たん	10.9g
脂質	16.8g
炭水	30.2g
カル	—
鉄	—
A	—
B_1	—
B_2	—
C	—
食塩	1.8g

(2021年7月現在)

冷凍食品　テーブルマーク（株）

ごっつ旨いお好み焼　1食＝300g

●【お好み焼】野菜〔キャベツ(国産)・ねぎ・やまいも〕・魚肉(いか・えび)・全卵・小麦粉・牛脂・食塩・こんぶエキス調味料・砂糖・風味調味料・香辛料・酵母エキス／トレハロース・調味料(アミノ酸等)・増粘剤(キサンタンガム)・(一部にえび・小麦・卵・乳成分・いか・牛肉・大豆・やまいもを含む)【ソース】糖類(砂糖・果糖ぶどう糖液糖)・野菜・果実(トマト・りんご・たまねぎ・にんにく)・たん白加水分解物・醸造酢・食塩・香辛料／増粘剤(加工デンプン)・着色料(カラメル色素)・調味料(アミノ酸等)・酸味料・(一部に大豆・りんごを含む)【マヨネーズ風ソース】食用植物油脂・砂糖・卵黄・醸造酢・食用精製加工油脂・食塩・乳たん白・香辛料／加工デンプン・調味料(アミノ酸)・(一部に卵・乳成分を含む)【かつお削りぶし】かつおぶし【あおさ加工品】あおさ

▼1食あたり

エネ	407kcal
たん	12.9g
脂質	18.0g
炭水	48.3g
カル	—
鉄	—
A	—
B_1	—
B_2	—
C	—
食塩	4.1g

冷凍食品　テーブルマーク（株）

ごっつ旨い大粒たこ焼　1袋＝197g

●【たこ焼】野菜(キャベツ・ねぎ・やまいも)・小麦粉(国内製造)・たこ・全卵・植物油脂・揚げ玉・紅しょうが・還元水あめ・魚介エキス調味料・砂糖・こんぶだし・魚粉・食塩・たん白加水分解物・デキストリン・酵母エキス／加工デンプン・調味料(アミノ酸等)・膨張剤・増粘剤(キサンタンガム)・酸味料・着色料(紅麹)・(一部に小麦・卵・さば・大豆・やまいもを含む)【ソース】水あめ混合異性化液糖・醸造酢・食塩・トマトピューレー・砂糖・しょうゆ・りんご果汁・香辛料／増粘剤(加工デンプン)・調味料(アミノ酸等)・カラメル色素・酒精・甘味料(アセスルファムK・スクラロース)・V.B1・香辛料抽出物・(一部に小麦・大豆・りんごを含む)【マヨネーズ風ソース】植物油脂・卵黄・醸造酢・砂糖・食塩・乳たん白・香辛料・魚介エキス調味料・こんぶエキス調味料／増粘剤(加工デンプン)・(一部にえび・卵・乳成分・大豆・鶏肉・ゼラチンを含む)【かつお削りぶし】かつおぶし【あおさ加工品】あおさ

▼1袋あたり

エネ	321kcal
たん	10.8g
脂質	13.4g
炭水	39.2g
カル	—
鉄	—
A	—
B_1	—
B_2	—
C	—
食塩	2.9g

冷凍食品　（株）ニチレイフーズ

お肉たっぷりジューシーメンチカツ　1個＝21g

●食肉(豚肉・牛肉)・たまねぎ・つなぎ(パン粉・卵白)・牛脂・豚脂・砂糖・ビーフエキス・ソテーオニオン・食塩・ビーフオイル・たん白加水分解物・しょうゆ・香辛料・ゼラチン・衣(パン粉(国内製造)・植物油脂・小麦粉・粉末卵白・卵殻粉・粉末状植物性たん白・脱脂粉乳)・揚げ油(パーム油・なたね油)／加工でん粉・調味料(アミノ酸等)・増粘剤(キサンタンガム)・ゲル化剤(ジェランガム)・乳酸Ca・ベーキングパウダー・(一部に小麦・卵・乳成分・牛肉・大豆・豚肉・ゼラチンを含む)

▼1個あたり

エネ	75kcal
たん	1.8g
脂質	5.7g
炭水	4.1g
カル	—
鉄	—
A	—
B_1	—
B_2	—
C	—
食塩	0.3g

(2021年7月現在)

冷凍食品　（株）ニチレイフーズ

お弁当にGood！® パリパリの春巻　1個＝25g

●皮(小麦粉(国内製造)・植物油脂・デキストリン・でん粉・ショートニング・粉末状植物性たん白・加工油脂・食塩・粉末卵白・果糖加工品)・野菜(たけのこ・にんじん)・粒状植物性たん白・しょうゆ・植物油脂・砂糖・しいたけ・ポークエキス・豚肉・はるさめ・乾燥キャベツ・中華風調味料・食塩・上湯(鶏骨・野菜(たまねぎ・にんじん)・生ハム・干し貝柱)・酵母エキス・ポークハムエキス・揚げ油(なたね油)／加工でん粉・増粘剤(加工でん粉・キサンタンガム)・乳化剤・酢・未焼成Ca・アセロラ濃縮果汁・香料・(一部に小麦・卵・ごま・大豆・鶏肉・豚肉を含む)

▼1個あたり

エネ	87kcal
たん	1.5g
脂質	5.4g
炭水	8.1g
カル	
鉄	
A	
B_1	
B_2	
C	
食塩	0.3g

(2021年7月現在)

冷凍食品　（株）ニチレイフーズ

お弁当にGood！® ミニハンバーグ　1個＝21g

●食肉(牛肉(輸入)・豚肉)・たまねぎ・粒状植物性たん白・つなぎ(鶏卵・パン粉・粉末卵白)・ぶどう糖・植物油脂・しょうゆ・ソテーオニオン・食塩・食物繊維・発酵調味料・香辛料・しょうゆ加工品・卵殻粉／加工でん粉・(一部に小麦・卵・乳成分・牛肉・大豆・豚肉を含む)

▼1個あたり

エネ	41kcal
たん	2.5g
脂質	2.5g
炭水	2.1g
カル	
鉄	
A	
B_1	
B_2	
C	
食塩	0.3g

(2021年7月現在)

冷凍食品　（株）ニチレイフーズ

お弁当にGood！® ミニオムレツ　1個＝30g

●液卵(国内製造)・野菜(たまねぎ・にんじん)・牛肉・植物油脂・粒状植物性たん白・砂糖・チキンブイヨン・デキストリン・食塩・しょうゆ・ラード・酵母エキス・香辛料・しょうゆ加工品・全粉乳／加工でん粉・増粘剤(加工でん粉)・クエン酸・(一部に小麦・卵・乳成分・牛肉・大豆・鶏肉を含む)

▼1個あたり

エネ	45kcal
たん	2.3g
脂質	2.8g
炭水	2.6g
カル	
鉄	
A	
B_1	
B_2	
C	
食塩	0.4g

(2021年7月現在)

冷凍食品　味の素冷凍食品（株）

エビ寄せフライ　1個＝23g

●えび・魚肉すり身・野菜(えだまめ・たまねぎ)・植物油脂・豆腐・粉末状大豆たん白・卵白・食塩・でん粉・粉末状小麦たん白・えび風味調味料・えびエキス調味料・蝦醤・ホタテエキス調味料・衣(パン粉・植物油脂・卵白粉・小麦粉)・揚げ油(なたね油)／加工でん粉・トレハロース・pH調整剤・調味料(アミノ酸等)・乳化剤・増粘剤(キサンタン)・パプリカ色素・ビタミンB_1・豆腐用凝固剤・酸味料・(一部にえび・小麦・卵・大豆を含む)

▼1個あたり

エネ	65kcal
たん	2g
脂質	4.4g
炭水	4.4g
カル	—
鉄	—
A	—
B_1	—
B_2	—
C	—
食塩	0.35g

(2021年7月現在)

冷凍食品　味の素冷凍食品（株）

プリプリのエビシューマイ　1個＝14g

●たまねぎ・えび・魚肉すり身・豚脂・つなぎ(でん粉・卵白・粉末状大豆たん白)・パーム油・砂糖・蝦醤・食塩・なたね油・やまいも粉・発酵調味料・香辛料・えび風味調味料・ホタテエキス調味料・皮(小麦粉・大豆粉)／加工でん粉・調味料(アミノ酸等)・酸味料・(一部にえび・小麦・卵・大豆・豚肉・やまいもを含む)

▼1個あたり

エネ	24kcal
たん	0.9g
脂質	1.2g
炭水	2.5g
カル	—
鉄	—
A	—
B_1	—
B_2	—
C	—
食塩	0.16g

(2021年7月現在)

冷凍食品　味の素冷凍食品（株）

ギョーザ　1個＝23g

●野菜(キャベツ・たまねぎ・にら・にんにく)・食肉(豚肉・鶏肉)・豚脂・粒状大豆たん白・砂糖・しょうゆ・なたね油・食塩・風味油・オイスターソース・ごま油・卵白・香辛料・酵母エキス・皮(小麦粉・なたね油・でん粉・食塩・粉末状小麦たん白・粉末状大豆たん白・大豆粉)／調味料(アミノ酸等)・加工でん粉・乳化剤・増粘剤(キサンタン・アルギン酸Na)・クエン酸Na・塩化Ca・カゼインNa・(一部に小麦・卵・乳成分・ごま・大豆・鶏肉・豚肉を含む)

▼1個あたり

エネ	40kcal
たん	1.6g
脂質	2.1g
炭水	3.7g
カル	—
鉄	—
A	—
B_1	—
B_2	—
C	—
食塩	0.33g

(2021年7月現在)

冷凍食品　味の素冷凍食品（株）

やわらか若鶏から揚げ　ボリュームパック　1袋＝300g

●鶏肉・しょうゆ・でん粉・砂糖・食塩・香辛料・衣(米粉・コーンフラワー・香辛料・醸造酢・粉末しょうゆ・砂糖)・揚げ油(大豆油・パーム油)／加工でん粉・調味料(アミノ酸)・増粘剤(グァー)・重曹・(一部に大豆・鶏肉を含む)

▼100gあたり	
エネ	175kcal
たん	13g
脂質	8.8g
炭水	11g
カル	—
鉄	—
A	—
B_1	—
B_2	—
C	—
食塩	1.5g

(2021年7月現在)

冷凍食品　味の素冷凍食品（株）

ザ★® チャーハン　1/2袋＝300g

●米・全卵・焼き豚・ねぎ・風味油・パーム油・食塩・発酵調味料・みりん・香辛料・しょうゆ・チキンエキス調味料・ポークエキス調味料・チキンエキス・酵母エキス・いため油(ショートニング・ラード・なたね油)/ 調味料(アミノ酸等)・加工でん粉・カラメル色素・カロチン色素・(一部に小麦・卵・大豆・鶏肉・豚肉を含む)

▼1/2袋あたり	
エネ	539kcal
たん	12g
脂質	15g
炭水	89g
カル	—
鉄	—
A	—
B_1	—
B_2	—
C	—
食塩	4.1g

(2021年7月現在)

冷凍食品　（株）ニチレイフーズ

焼おにぎり10個入　1個＝48g

●米(国産)・しょうゆ・しょうゆだれ・砂糖・食塩・かつおぶしエキス・発酵調味液・発酵調味料・デキストリン・しょうゆ加工品・でん粉・加工油脂・酵母エキスパウダー・こんぶエキス／増粘剤(加工でん粉・キサンタンガム)・(一部に小麦・大豆・ゼラチンを含む)

▼1個あたり	
エネ	79kcal
たん	1.6g
脂質	0.3g
炭水	17.5g
カル	—
鉄	—
A	—
B_1	—
B_2	—
C	—
食塩	0.6g

(2021年7月現在)

冷凍食品　（株）キンレイ

お水がいらない　鍋焼うどん　1食＝558g

●めん〔小麦粉・食塩／加工でん粉〕・つゆ〔しょうゆ・本みりん・さば削りぶし・いわし削りぶし・砂糖・食塩・ゼラチン・そうだかつお削りぶし・かつお削りぶし・昆布・酵母エキス・椎茸粉末／調味料(アミノ酸等)・増粘剤(加工でん粉)〕・具〔野菜(白菜・ほうれん草)・鶏つくね・ボイル椎茸・ボイルえび・かまぼこ・きざみ揚げ・麩・しょうゆ・食塩・酒／加工でん粉・増粘剤(加工でん粉)・酸化防止剤(V. E)・豆腐用凝固剤〕・(一部に小麦・卵・えび・大豆・鶏肉・豚肉・さば・ゼラチンを含む)

▼1食あたり	
エネ	339kcal
たん	12.4g
脂質	2.8g
炭水	66g
カル	—
鉄	—
A	—
B_1	—
B_2	—
C	—
食塩	5.8g

インスタント食品　日清食品（株）

カップヌードル　1食＝78g

●油揚げめん(小麦粉(国内製造)・植物油脂・食塩・チキンエキス・ポークエキス・しょうゆ・ポーク調味料・たん白加水分解物・香辛料)・かやく(味付豚ミンチ・味付卵・味付えび・味付豚肉・ねぎ)・スープ(糖類・粉末しょうゆ・食塩・香辛料・たん白加水分解物・香味調味料・ポーク調味料・メンマパウダー)／加工でん粉・調味料(アミノ酸等)・炭酸Ｃａ・カラメル色素・かんすい・増粘多糖類・カロチノイド色素・乳化剤・酸化防止剤(ビタミンＥ)・香辛料抽出物・くん液・香料・ビタミンＢ２・ビタミンＢ１・酸味料・(一部にえび・小麦・卵・乳成分・ごま・大豆・鶏肉・豚肉を含む)

▼1食あたり	
エネ	351kcal
たん	10.5g
脂質	14.6g
炭水	44.5g
カル	105mg
鉄	—
A	—
B_1	0.19mg
B_2	0.32mg
C	—
食塩	4.9g

インスタント食品　日清食品（株）

日清カレーメシ　ビーフ　1食＝107g

●ライス(米(国産)・乳化油脂・食塩)・カレールゥ(動物油脂(豚・牛)・オニオンパウダー・小麦粉・食塩・砂糖・トマトパウダー・乳等を主要原料とする食品・香辛料・カレー粉・香味調味料・ココアパウダー)・味付牛ミンチ・フライドポテト・人参／調味料(アミノ酸等)・カラメル色素・トレハロース・増粘剤(加工でん粉・増粘多糖類)・乳化剤・酸味料・香料・リン酸塩(Ｎａ)・酸化防止剤(ビタミンＥ)・甘味料(スクラロース・アセスルファムＫ)・香辛料抽出物・くん液・(一部に小麦・卵・乳成分・牛肉・大豆・鶏肉・豚肉を含む)

▼1食あたり	
エネ	465kcal
たん	7.2g
脂質	15.5g
炭水	74.1g
カル	—
鉄	—
A	—
B_1	—
B_2	—
C	—
食塩	2.9g

インスタント食品　日清食品（株）

チキンラーメン　1食＝85g

●油揚げめん(小麦粉・植物油脂・しょうゆ・食塩・チキンエキス・香辛料・糖類・たん白加水分解物・卵粉・デキストリン・香味調味料・オニオンパウダー)／加工でん粉・調味料(アミノ酸等)・炭酸Ca・かんすい・酸化防止剤(ビタミンE)・ビタミンB2・ビタミンB1・(一部に小麦・卵・乳成分・ごま・大豆・鶏肉を含む)

▼1食あたり	
エネ	377kcal
たん	8.2g
脂質	14.5g
炭水	53.6g
カル	278mg
鉄	—
A	—
B_1	0.61mg
B_2	0.74mg
C	—
食塩	5.6g

インスタント食品　サンヨー食品（株）

サッポロ一番　塩らーめん　1食＝100g

●油揚げめん(小麦粉(国内製造)・食用油脂(ラード・植物油脂)・でん粉・食塩・やまいも粉)・スープ(食塩・香辛料・砂糖・ねぎ・チキンエキス・味付豚肉・ポークエキス・鶏肉野菜調理品・かつおエキス)・やくみ(ごま)/調味料(アミノ酸等)・炭酸カルシウム・かんすい・香料・酸化防止剤(ビタミンE)・酸味料・クチナシ色素・ビタミンB2・ビタミンB1・(一部に小麦・乳成分・ごま・大豆・鶏肉・豚肉・やまいもを含む))

▼1食あたり	
エネ	455kcal
たん	10.1g
脂質	18.6g
炭水	61.9g
カル	243mg
鉄	—
A	—
B_1	0.33mg
B_2	0.58mg
C	—
食塩	6.1g

インスタント食品　東洋水産（株）

マルちゃん正麺　醤油味　1食＝105g

●めん(小麦粉・食塩・植物油脂・植物性たん白・卵白)・添付調味料(醤油・チキンエキス・食塩・植物油・鶏脂・ポークエキス・香辛料・砂糖・野菜エキス・発酵調味料・たん白加水分解物・酵母エキス・ミート風味パウダー・香味油脂)・加工でん粉・調味料(アミノ酸等)・トレハロース・かんすい・酒精・炭酸カルシウム・レシチン・酸化防止剤(ビタミンE)・カラメル色素・クチナシ色素・増粘多糖類・甘味料(カンゾウ)・香辛料抽出物・(原材料の一部に小麦・卵・乳成分・大豆・鶏肉・豚肉・ゼラチンを含む)

▼1食あたり	
エネ	333kcal
たん	10.1g
脂質	4.6g
炭水	62.8g
カル	179mg
鉄	—
A	—
B_1	—
B_2	—
C	—
食塩	5.6g

(2021年7月現在)

インスタント食品　サンヨー食品（株）

サッポロ一番　塩らーめんどんぶり　1食＝76g

●油揚げめん(小麦粉(国内製造)・植物油脂・でん粉・食塩・粉末卵・やまいも粉・糖類)・スープ(食塩・香辛料・ごま・糖類・小麦粉・食物繊維・チキンエキス・油脂加工品・ねぎ・味付豚肉・ポークエキス・鶏肉野菜調理品・かつおエキス・酵母エキス・デキストリン・発酵調味料・植物油脂)・かやく(白菜・キャベツ・チンゲン菜・コーン・糖類・植物油脂・人参・でん粉・食塩・ゼラチン)／加工でん粉・調味料(アミノ酸等)・炭酸カルシウム・香料・かんすい・クチナシ色素・酸味料・酸化防止剤(ビタミンE)・増粘剤(キサンタン)・ビタミンB2・ビタミンB1・(一部に小麦・卵・乳成分・ごま・大豆・鶏肉・豚肉・やまいも・ゼラチンを含む

▼1食あたり	
エネ	326kcal
たん	6.1g
脂質	13.2g
炭水	47g
カル	220mg
鉄	—
A	—
B_1	0.33mg
B_2	0.58mg
C	—
食塩	5.3g

インスタント食品　日清食品（株）

日清焼そばU.F.O.　1食＝128g

●油揚げめん(小麦粉(国内製造)・植物油脂・食塩・しょうゆ・香辛料)・ソース(ソース・糖類・植物油脂・還元水あめ・食塩・香辛料・ポークエキス・ポーク調味油・たん白加水分解物・香味油)・かやく(キャベツ・味付豚肉・青のり・紅生姜)／加工でん粉・カラメル色素・調味料(アミノ酸等)・炭酸Ca・かんすい・香料・酸味料・グリセリン・ベニコウジ色素・香辛料抽出物・酸化防止剤(ビタミンE)・炭酸Mg・ビタミンB2・ビタミンB1・(一部に小麦・乳成分・大豆・鶏肉・豚肉・りんご・ゼラチンを含む)

▼1食あたり	
エネ	556kcal
たん	9.4g
脂質	20.9g
炭水	82.6g
カル	167mg
鉄	—
A	—
B_1	0.47mg
B_2	0.69mg
C	—
食塩	5.9g

インスタント食品　日清食品（株）

日清ラ王　背脂醤油　1食＝112g

●めん(小麦粉(国内製造)・食塩・植物油脂・チキン調味料・大豆食物繊維・卵粉)・スープ(しょうゆ・豚脂・チキンエキス・鶏脂・オニオン調味油・食塩・たん白加水分解物・にぼし調味料・さば調味油・香味油・糖類・魚粉・チキン調味料・香味調味料・香辛料)・かやく(チャーシュー・のり・ねぎ)／加工でん粉・調味料(アミノ酸等)・かんすい・リン酸Ca・カラメル色素・酒精・香料・カロチノイド色素・乳化剤・酸化防止剤(ビタミンE)・増粘剤(キサンタンガム)・ビタミンB2・ビタミンB1・香辛料抽出物・(一部に小麦・卵・乳成分・さば・大豆・鶏肉・豚肉・ゼラチンを含む)

▼1食あたり	
エネ	412kcal
たん	11.5g
脂質	13.4g
炭水	61.4g
カル	139mg
鉄	—
A	—
B_1	0.22mg
B_2	0.32mg
C	—
食塩	6.3g

インスタント食品 東洋水産（株）

赤いきつねうどん（東向け） 1食＝96g

●油揚げめん（小麦粉・植物油脂・でん粉・食塩・植物性たん白・乾燥酵母・卵白）・かやく（味付油揚げ・たまご・かまぼこ）・添付調味料（食塩・醤油・魚介エキス・たん白加水分解物・粉末こんぶ・香辛料・ねぎ・砂糖・植物油）・加工でん粉・調味料（アミノ酸等）・リン酸塩（Na）・炭酸カルシウム・カラメル色素・レシチン・増粘多糖類・酸化防止剤（ビタミンE）・ベニコウジ色素・ビタミンB₂・ビタミンB₁・カロチン色素・（原材料の一部に小麦・卵・乳成分・さば・大豆・ゼラチンを含む）

▼1食あたり	
エネ	432kcal
たん	10.6g
脂質	19.1g
炭水	54.4g
カル	172mg
鉄	—
A	—
B_1	0.31mg
B_2	0.31mg
C	—
食塩	6.6g

（2021年7月現在）

インスタント食品 東洋水産（株）

緑のたぬき天そば（東向け） 1食＝101g

●油揚げめん（小麦粉・そば粉・植物油脂・植物性たん白・食塩・とろろ芋・卵白）・かやく（小えび天ぷら・かまぼこ）・添付調味料（砂糖・食塩・醤油・魚介エキス・たん白加水分解物・乳糖・香辛料・ねぎ・香味油脂）・加工でん粉・調味料（アミノ酸等）・炭酸カルシウム・カラメル色素・リン酸塩（Na）・増粘多糖類・レシチン・酸化防止剤（ビタミンE）・クチナシ色素・ベニコウジ色素・香料・ビタミンB₂・ビタミンB₁・カロチン色素・香辛料抽出物・（原材料の一部にえび・小麦・そば・卵・乳成分・大豆・豚肉・やまいも・ゼラチンを含む）

▼1食あたり	
エネ	480kcal
たん	11.2g
脂質	24.8g
炭水	52.9g
カル	152mg
鉄	—
A	—
B_1	0.37mg
B_2	0.28mg
C	—
食塩	5.9g

（2021年7月現在）

インスタント食品 東洋水産（株）

MARUCHAN QTTA　コクしょうゆ味 1食＝78g

●油揚げめん（小麦粉（国内製造）・植物油脂・精製ラード・でん粉・食塩・植物性たん白・砂糖・しょうゆ・チキンエキス・卵白）・かやく（味付豚肉・えび・卵・ねぎ）・添付調味料（チキンエキス・砂糖・ゼラチン・ポークエキス・野菜エキス・しょうゆ・食塩・香辛料・香味油脂・たん白加水分解物・酵母エキス）／加工でん粉・調味料（アミノ酸等）・炭酸カルシウム・増粘多糖類・かんすい・カラメル色素・クチナシ色素・酸化防止剤（ビタミンE・ローズマリー抽出物）・香料・パプリカ色素・カロチン色素・ビタミンB2・ビタミンB1・（一部にえび・小麦・卵・乳成分・ごま・大豆・鶏肉・豚肉・ゼラチンを含む）

▼1食あたり	
エネ	345kcal
たん	9.7g
脂質	13g
炭水	47.2g
カル	172mg
鉄	—
A	—
B_1	0.6mg
B_2	0.3mg
C	—
食塩	4.3g

（2021年7月現在）

インスタント食品 マルコメ（株）

カップ料亭の味　とん汁 1食＝61g

●調味みそ［米みそ・たまねぎ・大根・食塩・砂糖・ポークエキス・粉末油脂・野菜エキス・かつおエキス・酵母エキス・たん白加水分解物・醤油・昆布エキス・かつお節粉末／酒精・調味料（アミノ酸等）・（一部に乳成分・小麦・豚肉・大豆を含む）］ 具［じゃがいも・人参・豚肉・ごぼう・植物油脂・食塩・（一部に豚肉・大豆を含む）］

▼1食あたり	
エネ	70kcal
たん	3.8g
脂質	2.3g
炭水	8.5g
カル	—
鉄	—
A	—
B_1	—
B_2	—
C	—
食塩	2.6g

インスタント食品 アサヒグループ食品（株）

いつものおみそ汁　なす 1食＝9.5g

●揚げなす（外国製造）・米みそ・調合みそ・ねぎ・風味調味料・でん粉・デキストリン混合物・みりん・乾燥わかめ・オニオンエキスパウダー・酵母エキスパウダー・こんぶエキスパウダー／調味料（アミノ酸等）・酸化防止剤（ビタミンE）・酸味料・（一部にさば・大豆・鶏肉・魚醤（魚介類）を含む）

▼1食あたり	
エネ	41kcal
たん	1.8g
脂質	2.1g
炭水	3.8g
カル	—
鉄	—
A	—
B_1	—
B_2	—
C	—
食塩	1.5g

インスタント食品 東洋水産（株）

ワンタン　しょうゆ味 1食＝32g

●油揚げワンタン（小麦粉・植物油脂・味付豚肉・粉末野菜・食塩）・添付調味料（食塩・醤油・チキンエキス・ごま・粉末野菜・デキストリン・ねぎ・たん白加水分解物・ねぎ・香味油脂・香辛料・食酢）・かやく（たまご）・調味料（アミノ酸等）・増粘多糖類・カラメル色素・カロチン色素・かんすい・酸化防止剤（ビタミンE）・酸味料・香料・（原材料の一部に乳成分・ゼラチンを含む）

▼1食あたり	
エネ	163kcal
たん	3.1g
脂質	10.7g
炭水	13.9g
カル	—
鉄	—
A	—
B_1	—
B_2	—
C	—
食塩	2.8g

インスタント食品 ポッカサッポロフード＆ビバレッジ（株）

じっくりコトコト こんがりパン 濃厚コーンポタージュカップ 1食＝31.7g

●乾燥パン（国内製造）・スイートコーンパウダー・砂糖・乳糖・クリーミングパウダー・ホエイパウダー・クリーム加工品（植物油脂・クリーム・乳糖・乳たんぱく・その他）・乾燥スイートコーン・食塩・チキンブイヨン・たまねぎエキス・酵母エキス・粉末発酵調味料・香辛料／増粘剤（加工でん粉・グァーガム）・調味料（アミノ酸等）・香料・（一部に小麦・乳成分・大豆・鶏肉・豚肉を含む）

▼1食あたり	
エネ	140kcal
たん	2.6g
脂質	4.5g
炭水	22.1g
カル	—
鉄	—
A	—
B_1	—
B_2	—
C	—
食塩	1.5g

インスタント食品 エースコック（株）

スープはるさめ　ワンタン 1食＝22g

●春雨（中国製造（でん粉・醸造酢））・かやく（ワンタン・卵・ねぎ）・スープ（食塩・ごま・粉末しょうゆ・チキン調味料・オニオンパウダー・たん白加水分解物・砂糖・香辛料・チキンパウダー・香味調味料・全卵粉）／調味料（アミノ酸等）・カラメル色素・香料・酸味料・カロチノイド色素・微粒二酸化ケイ素・酸化防止剤（ビタミンE）・香辛料抽出物・（一部に小麦・卵・乳成分・ごま・大豆・鶏肉・豚肉を含む）

▼1食あたり	
エネ	78kcal
たん	1.3g
脂質	1.1g
炭水	16g
カル	—
鉄	—
A	—
B_1	—
B_2	—
C	—
食塩	2.1g

（2021年7月現在）

栄養補助食品 森永製菓（株）

inゼリー　エネルギー 1袋＝180g

●液状デキストリン、果糖ぶどう糖液糖、マスカット果汁／乳酸Ca、クエン酸、ゲル化剤（増粘多糖類）、V.C、クエン酸Na、香料、塩化K、乳化剤、パントテン酸Ca、ナイアシン、V.E、V.B₁、V.B₂、V.B₆、V.A、葉酸、V.D、V.B₁₂

▼1袋あたり	
エネ	180kcal
たん	0g
脂質	0g
炭水	45g
カル	50mg
鉄	—
A	45～120μg
B_1	0.09～0.25mg
B_2	0.11～0.21mg
C	80～190mg
食塩	—

栄養補助食品 大塚製薬（株）

カロリーメイト ブロック（チョコレート味） 1箱＝4本

●小麦粉（国内製造）・チョコレートスプレッド・砂糖・卵・アーモンド・脱脂粉乳・大豆タンパク・小麦タンパク・食塩・でん粉／カゼインナトリウム・加工でん粉・香料

▼1箱あたり	
エネ	400kcal
たん	8.7g
脂質	22.4g
炭水	41.7g
カル	200mg
鉄	2.5mg
A	385μg
B_1	0.60mg
B_2	0.70mg
C	50mg
食塩	0.8g

栄養補助食品 マース ジャパン リミテッド

スニッカーズ® ピーナッツ シングル 1本＝標準51g

●砂糖・ピーナッツ・水あめ・脱脂粉乳・ココアバター・カカオマス・乳糖・植物油脂・乳脂肪・食塩・卵白（卵を含む）／乳化剤（大豆由来）・香料

▼1本あたり	
エネ	248kcal
たん	4.4g
脂質	12.2g
炭水	29.5g
カル	—
鉄	—
A	—
B_1	—
B_2	—
C	—
食塩	0.3g

栄養補助食品 アサヒグループ食品（株）

クリーム玄米ブラン　ブルーベリー 個包装1袋＝36g

●小麦粉（国内製造）・ショートニング・砂糖・オールブラン（小麦外皮・砂糖・その他）・ブランフレーク（米・全粒小麦・砂糖・小麦外皮・その他）・全卵・玄米粉・難消化性デキストリン・ブルーベリー加工品・ぶどう糖・乳糖・アーモンド・ブルーベリー果汁パウダー・食塩・サワークリームエキスパウダー／卵殻Ca・セルロース・トレハロース・グリセリン・炭酸Mg・酸味料・乳化剤（大豆由来）・ピロリン酸第二鉄・酸化防止剤（V.E）・香料・ナイアシン・V.E・パントテン酸Ca・V.B₆・V.A・V.B₂・V.B₁・葉酸・V.D・V.B₁₂

▼個包装1袋あたり	
エネ	174kcal
たん	5.0g
脂質	9.4g
炭水	18.7g
カル	227mg
鉄	2.3mg
A	70～210μg
B_1	0.19mg
B_2	0.25mg
C	—
食塩	0.27g

栄養補助食品　大塚製薬（株）

SOYJOY　ストロベリー　1本=30g

●大豆粉(国内製造・遺伝子組換えでない)・レーズン・マーガリン・ストロベリー加工品・卵・ココナッツ・難消化性デキストリン・パイナップル加工品・クランベリー加工品・イヌリン・砂糖・ホワイトチョコレート・脱脂粉乳・食塩・乳等を主要原料とする食品／香料

▼1本あたり	
エネ	133kcal
たん	3.9g
脂質	7.1g
炭水	15.6g
カル	—
鉄	—
A	—
B_1	—
B_2	—
C	—
食塩	0.07~0.17mg

ビタミンCは季節等により80~90の間で変動

惣菜　（株）グリーンハウスフーズ（とんかつ新宿さぼてん）

三元麦豚ロースかつ　1枚=110g

●豚肉・パン粉・卵・小麦粉・揚げ油(原材料の一部にえび・かに・大豆を含む)

▼1枚あたり	
エネ	607kcal
たん	25.6g
脂質	42.2g
炭水	27.9g
カル	14mg
鉄	0.7mg
A	9µg
B_1	0.82mg
B_2	0.19mg
C	1mg
食塩	0.7g

惣菜　バーミヤン

本格焼き餃子(6コ)　1食

●原材料非公表

▼1食あたり	
エネ	475kcal
たん	10.2g
脂質	31.6g
炭水	35.6g
カル	—
鉄	—
A	—
B_1	—
B_2	—
C	—
食塩	1.7g

惣菜　バーミヤン

武蔵野麻婆　1食

●原材料非公表

▼1食あたり	
エネ	475kcal
たん	18.5g
脂質	35.8g
炭水	18.6g
カル	—
鉄	—
A	—
B_1	—
B_2	—
C	—
食塩	3.1g

主食　不二家レストラン

不二家ビーフカレー　1食=490g

●ビーフカレー・ライス

▼1食あたり	
エネ	1039kcal
たん	—
脂質	—
炭水	—
カル	—
鉄	—
A	—
B_1	—
B_2	—
C	—
食塩	—

主食　バーミヤン

チャーハン　1食

●原材料非公表

▼1食あたり	
エネ	768kcal
たん	20.1g
脂質	34.7g
炭水	96.1g
カル	—
鉄	—
A	—
B_1	—
B_2	—
C	—
食塩	4.7g

主食　ロイヤルホスト（株）

ロイヤルオムライス~ハッシュドビーフソース~　1食

●原材料非公表

▼1食あたり	
エネ	993kcal
たん	35.3g
脂質	55g
炭水	85.4g
カル	—
鉄	—
A	—
B_1	—
B_2	—
C	—
食塩	4.9g

主食　なか卯

カツ丼（並盛）　1食

●白飯(国産米使用)・ローストンカツ・鶏卵・玉ねぎ・カツ丼のタレ

▼1食あたり	
エネ	820kcal
たん	29.9g
脂質	28.4g
炭水	107.8g
カル	
鉄	
A	
B_1	
B_2	
C	
食塩	4.0g

(2021年7月現在)

主食　天丼・天ぷら本舗　さん天

海老天丼　1食

●ご飯・小麦粉(天ぷら粉用)・天丼たれ・海老・なすび・かぼちゃ・レンコン・オクラ

▼1食あたり	
エネ	640.1kcal
たん	15.2g
脂質	13.2g
炭水	109.7g
カル	—
鉄	—
A	—
B_1	—
B_2	—
C	—
食塩	2.2g

主食　すき家

とろ~り３種のチーズ牛丼　1食

●ご飯・牛肉・チーズ(チーズソース含む)・玉ねぎ・タレ

▼1食あたり	
エネ	911kcal
たん	34.3g
脂質	38.4g
炭水	107.7g
カル	320mg
鉄	1.4mg
A	81µg
B_1	0.1mg
B_2	0.3mg
C	2mg
食塩	3.5g

(2021年7月現在)

主食　なか卯

親子丼（並盛）　1食

●白飯(国産米使用)・鶏肉・鶏卵・親子丼のタレ・玉ねぎ

▼1食あたり	
エネ	620kcal
たん	28.8g
脂質	12.1g
炭水	94.9g
カル	
鉄	
A	
B_1	
B_2	
C	
食塩	3.7g

(2021年7月現在)

主食

赤飯　1杯=108g

●もち米・うるち米・あずき乾・食塩・ごま

▼1杯あたり	
エネ	380kcal
たん	8.2g
脂質	1.5g
炭水	80.1g
カル	15.9mg
鉄	0.9mg
A	0.1µg
B_1	0.16mg
B_2	0.04mg
C	0mg
食塩	1.7g

主食　(株) 永谷園

お茶づけ海苔　1袋=6g

●調味顆粒(食塩·砂糖·抹茶·昆布粉)·あられ·海苔／調味料(アミノ酸等)

▼1袋あたり

エネ	15kcal
たん	0.5g
脂質	0g
炭水	3.1g
カル	—
鉄	—
A	—
B_1	—
B_2	—
C	—
食塩	2.2g

写真は調理例（成分値はご飯を除く）

主食　なか卯

きつねうどん（並）　1食

●うどんだし·うどん·味付け油揚げ·青ねぎ·あおさ入りかまぼこ

▼1杯あたり

エネ	417kcal
たん	14.7g
脂質	12.9g
炭水	60.6g
カル	
鉄	
A	
B_1	
B_2	
C	
食塩	5.5g

(2021年7月現在)

主食　富士そば

もりそば　1枚=120g

●そば·しょうゆ·砂糖·食塩·昆布エキス·アルコール·みりん·鰹節·鯖節·ねぎ

▼1枚あたり

エネ	375kcal
たん	16.2g
脂質	—
炭水	89.3g
カル	—
鉄	—
A	—
B_1	—
B_2	—
C	—
食塩	2.8g

主食　バーミヤン

野菜たっぷりタンメン　1食

●原材料非公表

▼1食あたり

エネ	748kcal
たん	22.4g
脂質	33.9g
炭水	89.5g
カル	—
鉄	—
A	—
B_1	—
B_2	—
C	—
食塩	9.2g

主食　バーミヤン

バーミヤンラーメン　1食

●原材料非公表

▼1食あたり

エネ	825kcal
たん	27g
脂質	38.5g
炭水	87.8g
カル	—
鉄	—
A	—
B_1	—
B_2	—
C	—
食塩	9.1g

主食　(株) サイゼリヤ

ミートソースボロニア風　1食=339.5g

●ボイルスパゲッティ·ミートソース·ナチュラルチーズ·食塩·乳等を主原料とする食品·香辛料

▼1食あたり

エネ	576kcal
たん	23.1g
脂質	16.8g
炭水	82.6g
カル	—
鉄	—
A	—
B_1	—
B_2	—
C	—
食塩	2.87g

主食　(株) サイゼリヤ

カルボナーラ　1食=351.4g

●ボイルスパゲッティ·半熟卵·ベリーハム·ナチュラルチーズ·乳等を主原料とする食品·食塩·食用オリーブ油·香辛料

▼1食あたり

エネ	719kcal
たん	33.6g
脂質	30.6g
炭水	74.1g
カル	—
鉄	—
A	—
B_1	—
B_2	—
C	—
食塩	2.08g

主食　バーミヤン

五目焼そば　1食

●原材料非公表

▼1食あたり

エネ	950kcal
たん	19.4g
脂質	62.3g
炭水	77.6g
カル	—
鉄	—
A	—
B_1	—
B_2	—
C	—
食塩	5.4g

主食　バーミヤン

天津飯　1食

●原材料非公表

▼1食あたり

エネ	812kcal
たん	22.3g
脂質	46.9g
炭水	72.9g
カル	—
鉄	—
A	—
B_1	—
B_2	—
C	—
食塩	3.5g

主食　くら寿司 (株)

極み熟成　まぐろ　2貫

●米·寿司酢·メバチ／キハダ／ミナミマグロ

▼2貫あたり

エネ	88kcal
たん	—
脂質	—
炭水	—
カル	—
鉄	—
A	—
B_1	—
B_2	—
C	—
食塩	—

主食　くら寿司 (株)

サーモン　2貫

●米·寿司酢·アトランティックサーモン／サーモントラウト／ギンザケ

▼2貫あたり

エネ	93kcal
たん	—
脂質	—
炭水	—
カル	—
鉄	—
A	—
B_1	—
B_2	—
C	—
食塩	—

主食　くら寿司 (株)

やりいか　2貫

●米·寿司酢·やりいか

▼2貫あたり

エネ	73kcal
たん	—
脂質	—
炭水	—
カル	—
鉄	—
A	—
B_1	—
B_2	—
C	—
食塩	—

主食　くら寿司（株）

味付いくら

2貫

●米・寿司酢・ますの卵／さけの卵

▼2貫あたり	
エネ	94kcal
たん	—
脂質	—
炭水	—
カル	—
鉄	—
A	—
B_1	—
B_2	—
C	—
食塩	—

主食　ピザーラ

イタリアンバジル　Mサイズ

1ピース

●チーズ・オニオン・ピーマン・マッシュルーム・イタリア風ソーセージ・ペッパーハム・スライストマト・スモークベーコン・トマトソース・ブラックペッパー・バジル・ベーコン風ビッツ・みじん切りガーリック

▼1ピースあたり	
エネ	173kcal
たん	9.4g
脂質	7.5g
炭水	17.7g
カル	—
鉄	—
A	—
B_1	—
B_2	—
C	—
食塩	1.1g

主食　フジパン（株）

本仕込　6枚切

1枚

●小麦粉（国内製造）・砂糖・バター入りマーガリン・脱脂粉乳・食塩・食用油脂・パン酵母・醸造酢加工品／ビタミンC

▼1枚あたり	
エネ	168kcal
たん	5.7g
脂質	1.9g
炭水	31.9g
カル	—
鉄	—
A	—
B_1	—
B_2	—
C	—
食塩	0.82g

主食　日本ケロッグ合同会社

コーンフレーク

1食=40g

●コーングリッツ（インド製造又は国内製造（5%未満））・砂糖・麦芽エキス・食塩・ぶどう糖果糖液糖／ビタミンC・酸化防止剤（ビタミンE）・乳化剤（大豆由来）・ナイアシン・鉄・酸味料・ビタミンB_2・ビタミンB_1・ビタミンA・ビタミンD

▼1食あたり	
エネ	151kcal
たん	2.2～3.9g
脂質	0～0.9g
炭水	34.8g
カル	0.5～2.5mg
鉄	1.9mg
A	79～328μg
B_1	0.25mg
B_2	0.28mg
C	20mg
食塩	0.5g

牛乳は除く。カルシウムは 0.5 ～ 2.5 で変動

主食　カルビー（株）

フルグラ

1食=50g

●オーツ麦（オーストラリア又はフィンランド又はその他）・ライ麦粉・砂糖・乾燥果実（パパイヤ・レーズン・りんご・いちご）・小麦粉・ココナッツ・マルトデキストリン・植物油・米粉・水溶性食物繊維・コーンフラワー・かぼちゃの種・アーモンドパウダー・食塩・小麦ふすま・玄米粉・りんご果汁・乳糖／グリセリン・クエン酸鉄Na・酸味料・酸化防止剤（ビタミンE・ローズマリー抽出物）・加工デンプン・ナイアシン・パントテン酸Ca・ビタミンA・ビタミンB_6・ビタミンB_1・葉酸・ビタミンD・ビタミンB_{12}

▼1食あたり	
エネ	219kcal
たん	4.1g
脂質	7.5g
炭水	36g
カル	15mg
鉄	5mg
A	257μg
B_1	0.4mg
B_2	—
C	—
食塩	0.2g

菓子　カルビー（株）

ポテトチップス　のりしお

1袋=60g

●じゃがいも（国産又はアメリカ）・パーム油・米油・食塩・青のり・あおさ・唐辛子・ごま油／調味料（アミノ酸等）

▼1袋あたり	
エネ	335kcal
たん	3.2g
脂質	21.5g
炭水	32.1g
カル	—
鉄	—
A	—
B_1	—
B_2	—
C	—
食塩	0.7g

菓子　カルビー（株）

ピザポテト

1袋=63g

●じゃがいも（国産又はアメリカ）・植物油・チーズ味フレーク・砂糖・ぶどう糖・食塩・ガーリックパウダー・酵母エキスパウダー・ビーフパウダー（小麦・大豆・鶏肉・ゼラチンを含む）・野菜エキスパウダー・粉末植物油脂・たん白加水分解物・チーズパウダー・ミート風味調味料・トマトパウダー・赤唐辛子・パセリ・サラミ風チップ（豚肉を含む）・オレガノ／調味料（アミノ酸等）・香料（りんごを含む）・酸味料・乳化剤・着色料（カロチノイド・カラメル・紅麹）・香辛料抽出物・くん液・甘味料（ステビア）

▼1袋あたり	
エネ	348kcal
たん	3.5g
脂質	21.7g
炭水	34.7g
カル	—
鉄	—
A	—
B_1	—
B_2	—
C	—
食塩	0.8g

菓子　カルビー（株）

かっぱえびせん

1袋=85g

●小麦粉（国内製造）・植物油・でん粉・えび・砂糖・食塩・えびパウダー／膨張剤・調味料（アミノ酸等）・甘味料（甘草）

▼1袋あたり	
エネ	423kcal
たん	5.7g
脂質	19g
炭水	57.2g
カル	154g
鉄	—
A	—
B_1	—
B_2	—
C	—
食塩	1.4g

菓子　カルビー（株）

じゃがりこ　サラダ

1カップ=60g

●じゃがいも（国産）・植物油・乾燥じゃがいも・脱脂粉乳・粉末植物油脂・乳等を主要原料とする食品・食塩・乾燥にんじん・パセリ・こしょう／乳化剤（大豆を含む）・調味料（アミノ酸等）・酸化防止剤（V.C）・香料

▼1カップあたり	
エネ	299kcal
たん	4.3g
脂質	14.4g
炭水	38.1g
カル	—
鉄	—
A	—
B_1	—
B_2	—
C	—
食塩	0.8g

菓子　ハウス食品（株）

とんがりコーン　あっさり塩

1箱=75g

●コーングリッツ（国内製造）・植物油脂・砂糖・食塩・しょう油加工品・香辛料・粉末しょう油／調味料（無機塩等）・重曹・カラメル色素・酸化防止剤（ビタミンE）・（一部に小麦・大豆を含む）

▼1箱あたり	
エネ	409kcal
たん	3.8g
脂質	23.4g
炭水	45.8g
カル	—
鉄	—
A	—
B_1	—
B_2	—
C	—
食塩	1.2g

菓子　（株）湖池屋

スティックカラムーチョ　ホットチリ味

1袋=105g

●馬鈴薯（日本：遺伝子組換えでない）・植物油・砂糖・ぶどう糖・香辛料・食塩・チキンエキスパウダー・野菜エキスパウダー（乳成分・大豆・豚肉・ゼラチンを含む）・たんぱく加水分解物（大豆を含む）・オリゴ糖／調味料（アミノ酸等）・パプリカ色素・酸味料・香辛料抽出物・カラメル色素・香料

▼100gあたり	
エネ	539kcal
たん	5.7g
脂質	32.0g
炭水	57.0g
カル	—
鉄	—
A	—
B_1	—
B_2	—
C	—
食塩	1.6g

菓子　モンデリーズ・ジャパン（株）

リッツ　クラッカーS

6枚

●小麦粉・植物油脂・砂糖・ぶどう糖果糖液糖・モルトエキス・食塩・膨張剤・レシチン（大豆由来）・酸化防止剤（V.E・V.C）

▼6枚あたり	
エネ	101kcal
たん	1.6g
脂質	4.8g
炭水	12.9g
カル	—
鉄	—
A	—
B_1	—
B_2	—
C	—
食塩	0.3g

菓子　亀田製菓（株）

ハッピーターン

1個包装=4g

●うるち米(米国産・国産)・植物油脂・砂糖・でん粉・もち米粉(タイ産)・たん白加水分解物・食塩・粉末油脂・酵母パウダー／加工でん粉・調味料(アミノ酸)・植物レシチン・(一部に大豆を含む)

▼1個包装あたり	
エネ	20kcal
たん	0.2g
脂質	1.0g
炭水	2.6g
カル	—
鉄	—
A	—
B_1	—
B_2	—
C	—
食塩	0.06g

菓子　亀田製菓（株）

亀田の柿の種

1個包装=31.6g

●うるち米粉(国産)・でん粉・ピーナッツ(ピーナッツ・植物油脂・食塩)・しょうゆ・砂糖・魚介エキス調味料・たん白加水分解物・こんぶエキス・食塩／加工でん粉・調味料(アミノ酸等)・ソルビトール・着色料(カラメル・パプリカ色素)・乳化剤・香辛料抽出物・(一部に小麦・卵・落花生・大豆・鶏肉・豚肉を含む)

▼1個包装あたり	
エネ	144kcal
たん	3.8g
脂質	4.5g
炭水	22.0g
カル	—
鉄	—
A	—
B_1	—
B_2	—
C	—
食塩	0.41g

菓子　ジャパンフリトレー（株）

マイクポップコーン　バターしょうゆ味

1袋=50g

●コーン(遺伝子組換えでない)(米国産)・植物油・粉末醤油・ぶどう糖・食塩・砂糖・たん白加水分解物・カツオエキスパウダー・酵母エキスパウダー・バターパウダー(北海道産バター100％使用)／調味料(アミノ酸等)・香料・カラメル色素・(一部に小麦・乳成分・大豆を含む)

▼1袋あたり	
エネ	241kcal
たん	4.3g
脂質	12.2g
炭水	30.9g
カル	—
鉄	—
A	—
B_1	—
B_2	—
C	—
食塩	1.1g

菓子　新宿中村屋

新宿カリーあられ

1袋=11g

●もち米粉(タイ産米)・植物油脂(なたね油・コーン油・米油)・チキンシーズニング・カレー粉・香辛料・食塩／加工でん粉・調味料(アミノ酸等)・(一部に乳成分・大豆・鶏肉を含む)

▼1個あたり	
エネ	53kcal
たん	0.6g
脂質	2g
炭水	8.1g
カル	—
鉄	—
A	—
B_1	—
B_2	—
C	—
食塩	0.2g

菓子　（株）ロッテ

ガーナミルク

1箱=50g

●砂糖(国内製造)・全粉乳・カカオマス・ココアバター・植物油脂／乳化剤(大豆由来)・香料

▼1箱あたり	
エネ	278kcal
たん	3.8g
脂質	16.6g
炭水	28.3g
カル	—
鉄	—
A	—
B_1	—
B_2	—
C	—
食塩	0.08g

菓子　チロルチョコ（株）

チロルチョコ(コーヒーヌガー)

1個=標準9.5g

●砂糖・水飴・全粉乳・カカオマス・植物油脂(大豆を含む)・ココアバター・コーヒー・加糖練乳・でん粉・食塩／乳化剤・香料

▼1個あたり	
エネ	48kcal
たん	0.5g
脂質	2.6g
炭水	5.9g
カル	—
鉄	—
A	—
B_1	—
B_2	—
C	—
食塩	0.012g

菓子　ネスレ日本（株）

ネスレ キットカット ミニ 3枚

1枚=標準11.6g

●砂糖(外国製造・国内製造)・全粉乳・乳糖・小麦粉・カカオマス・植物油脂・ココアバター・ココアパウダー・イースト／乳化剤・重曹・イーストフード・香料・(一部に小麦・乳成分・大豆を含む)

▼1枚あたり	
エネ	62kcal
たん	0.9g
脂質	3.5g
炭水	7g
カル	—
鉄	—
A	—
B_1	—
B_2	—
C	—
食塩	0.009～0.029g

(2021年7月現在)

菓子　（株）ロッテ

コアラのマーチ(チョコ)

1箱=50g

●砂糖(国内製造又は外国製造)・小麦粉・植物油脂・カカオマス・でん粉・ショートニング・乳糖・全粉乳・液卵・ホエイパウダー・脱脂粉乳・クリームパウダー・食塩・ココアパウダー・ココアバター／膨脹剤・カラメル色素・乳化剤(大豆由来)・香料

▼1箱あたり	
エネ	266kcal
たん	2.6g
脂質	14.5g
炭水	31.3g
カル	—
鉄	—
A	—
B_1	—
B_2	—
C	—
食塩	—

菓子　江崎グリコ（株）

ポッキーチョコレート

1袋=標準36g

●小麦粉(国内製造)・砂糖・カカオマス・植物油脂・全粉乳・ショートニング・モルトエキス・でん粉・イースト・食塩・ココアバター／乳化剤・香料・膨脹剤・アナトー色素・調味料(無機塩)・(一部に乳成分・小麦・大豆を含む)

▼1袋あたり	
エネ	182kcal
たん	3.0g
脂質	8.2g
炭水	24.0g
カル	—
鉄	—
A	—
B_1	—
B_2	—
C	—
食塩	0.18g

菓子　（株）明治

チェルシーバタースカッチ

1箱=45g

●砂糖・水あめ・バター・ぶどう糖・ホエイパウダー・植物油脂・デキストリン・カラメルシラップ・食塩・乳化剤(大豆を含む)・カラメル色素・調味料(アミノ酸)

▼1箱あたり	
エネ	199kcal
たん	0.2g
脂質	5.1g
炭水	38.2g
カル	—
鉄	—
A	—
B_1	—
B_2	—
C	—
食塩	0.3g

菓子　（株）ロッテ

のど飴

1パック=11粒

●砂糖・水あめ・濃縮カリン果汁・ハーブエキス・カリンエキス・モルトエキス／香料・カラメル色素・酸味料・乳化剤

▼1パックあたり	
エネ	232kcal
たん	0g
脂質	0g
炭水	58g
カル	—
鉄	—
A	—
B_1	—
B_2	—
C	—
食塩	0.01g

菓子　森永製菓（株）

ハイチュウ　ストロベリー

1粒=標準4.6g

●水あめ(国内製造)・砂糖・植物油脂・ゼラチン・ストロベリーピューレ・濃縮ストロベリー果汁・ストロベリー果汁パウダー・乳酸菌飲料(乳成分を含む)／酸味料・香料・乳化剤・アカキャベツ色素

▼1粒あたり	
エネ	19kcal
たん	0.07g
脂質	0.36g
炭水	3.8g
カル	—
鉄	—
A	—
B_1	—
B_2	—
C	—
食塩	0g

菓子　(株) ロッテ

キシリトールガム(ライムミント)

1パック=21g

●マルチトール／甘味料(キシリトール・アスパルテーム・L-フェニルアラニン化合物)・ガムベース・香料・増粘剤(アラビアガム)・光沢剤・リン酸一水素カルシウム・フクロノリ抽出物・着色料(紅花黄・クチナシ)・ヘスペリジン・(一部にゼラチンを含む)

▼1パックあたり

項目	値
エネ	39kcal
たん	0g
脂質	0g
炭水	15.6g
カル	—
鉄	—
A	—
B_1	—
B_2	—
C	—
食塩	0g

菓子　アサヒグループ食品 (株)

ミンティア　ワイルド&クール

1箱=7g

●甘味料(ソルビトール・アスパルテーム・L-フェニルアラニン化合物)・香料・微粒酸化ケイ素・ショ糖エステル・クチナシ色素・(一部にゼラチンを含む)

▼1箱あたり

項目	値
エネ	22kcal
たん	0.01~0.2g
脂質	0.03~0.3g
炭水	6.7g
カル	—
鉄	—
A	—
B_1	—
B_2	—
C	—
食塩	0g

菓子　(株) 明治

果汁グミぶどう

1袋=51g

●水あめ・砂糖・濃縮ぶどう果汁・ゼラチン・植物油脂・でん粉／酸味料・ゲル化剤(ペクチン)・香料・光沢剤・(一部にりんご・ゼラチンを含む)

▼1袋あたり

項目	値
エネ	167kcal
たん	3.2g
脂質	—
炭水	38.6g
カル	—
鉄	—
A	—
B_1	—
B_2	—
C	—
食塩	0.03g

菓子　ロイヤルホスト (株)

パンケーキ

1食

●原材料非公表

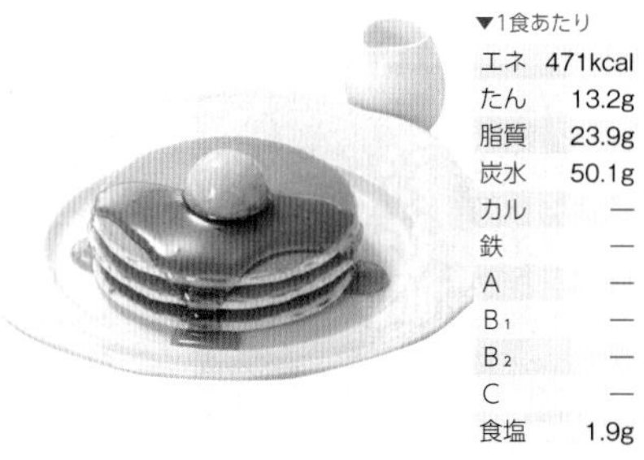

▼1食あたり

項目	値
エネ	471kcal
たん	13.2g
脂質	23.9g
炭水	50.1g
カル	—
鉄	—
A	—
B_1	—
B_2	—
C	—
食塩	1.9g

菓子　(株) シャトレーゼ

ダブルシュークリーム

1個=77g

●牛乳・卵・乳製品・砂糖・小麦粉・植物油脂・ファットスプレッド(大豆を含む)・乳等を主要原料とする食品・でん粉・アーモンドプードル・ショートニング・粉末しょうゆ・デキストリン・食塩・バニラペースト・粉あめ・寒天・卵加工品／加工でん粉・グリシン・カゼインNa・乳化剤・トレハロース・膨脹剤・香料・リン酸塩(Na)・安定剤(増粘多糖類)・調味料(アミノ酸等)

▼1個あたり

項目	値
エネ	229kcal
たん	4.9g
脂質	16.1g
炭水	15.4g
カル	57mg
鉄	0.7mg
A	65μg
B_1	0.05mg
B_2	0.13mg
C	1mg
食塩	0.3g

菓子　ミスタードーナツ

オールドファッション

1個=65g

●原材料非公表

▼1個あたり

項目	値
エネ	293kcal
たん	3.3g
脂質	18.0g
炭水	28.5g
カル	—
鉄	—
A	—
B_1	—
B_2	—
C	—
食塩	0.8g

(2021年7月現在)

菓子　(株) シャトレーゼ

スペシャル苺ショート

1個=100.2g

●苺・乳製品・卵・砂糖・植物油脂・小麦粉・乳等を主要原料とする食品・でん粉・牛乳・水あめ・ショートニング・洋酒・デキストリン／乳化剤(大豆由来)・香料・メタリン酸Na・安定剤(増粘多糖類)

▼1個あたり

項目	値
エネ	293kcal
たん	3.2g
脂質	21.3g
炭水	21.8g
カル	23mg
鉄	0.4mg
A	26μg
B_1	0.03mg
B_2	0.08mg
C	16mg
食塩	0.08g

菓子　(株) シャトレーゼ

ふわふわスフレチーズケーキ

1個=94.5g

●乳製品・卵・牛乳・砂糖・小麦粉・転化糖・でん粉・植物油脂・水あめ／乳化剤(大豆由来)・キシロース・安定剤(増粘多糖類)・香料・pH調整剤

▼1本あたり

項目	値
エネ	291kcal
たん	7.3g
脂質	19.8g
炭水	21.5g
カル	53mg
鉄	0.7mg
A	90μg
B_1	0.04mg
B_2	0.19mg
C	0mg
食塩	0.3g

菓子　不二家レストラン

ストロベリーのミルキーソフトクリームパフェ

1食=230g

●ミルキーソフトクリーム・ストロベリーアイス・バニラアイス・ホイップクリーム・苺・シフォン・ラズベリーソース・ミント

▼1食あたり

項目	値
エネ	581kcal
たん	—
脂質	—
炭水	—
カル	—
鉄	—
A	—
B_1	—
B_2	—
C	—
食塩	—

菓子　江崎グリコ (株)

Bigプッチンプリン

1個=160g

●加糖練乳(国内製造)・砂糖・植物油脂・バター・脱脂粉乳・ローストシュガー・生乳・カラメルシロップ・加糖卵黄・食塩・寒天／糊料(増粘多糖類)・香料・酸味料・カロチン色素・(一部に卵・乳成分を含む)

▼1個あたり

項目	値
エネ	223kcal
たん	2.7g
脂質	11.2g
炭水	27.9g
カル	—
鉄	—
A	—
B_1	—
B_2	—
C	—
食塩	0.32g

菓子　(株) 明治

明治ブルガリアヨーグルト　LB81低糖

1個=180g

●乳・乳製品・砂糖・甘味料(ステビア)

▼1個あたり

項目	値
エネ	144kcal
たん	6.2g
脂質	5.5g
炭水	17.5g
カル	216mg
鉄	—
A	—
B_1	—
B_2	—
C	—
食塩	0.2g

菓子　森永乳業 (株)

森永アロエヨーグルト

1個=118g

●アロエベラ(葉内部位使用)(タイ産)・生乳・乳製品・砂糖・乳たんぱく質／香料・増粘多糖類・酸味料

▼1個あたり

項目	値
エネ	101kcal
たん	3.9g
脂質	2.6g
炭水	15.6g
カル	130mg
鉄	—
A	—
B_1	—
B_2	—
C	—
食塩	—

(2021年7月現在)

菓子 メイホウ食品（株）

どら焼 1個

●砂糖（氷砂糖・上白糖）（国内製造）・小麦粉・卵・小豆・水あめ・ぶどう糖・植物油脂・みりん・脱脂粉乳／膨張剤・ソルビトール・乳化剤（大豆由来）・香料

▼1個あたり	
エネ	219kcal
たん	4.1g
脂質	2.2g
炭水	45.6g
カル	—
鉄	—
A	—
B_1	—
B_2	—
C	—
食塩	0.1g

菓子 （株）追分だんご本舗

みたらし団子 1本

●米（国産）・砂糖・正油（大豆・小麦を含む）・加工澱粉・みりん・（水飴・米・アルコール・塩・米麹・クエン酸）

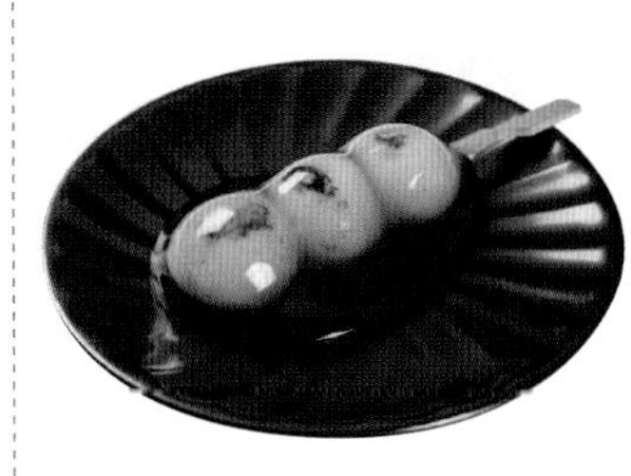

▼100gあたり	
エネ	172kcal
たん	1.85g
脂質	0.2g
炭水	40g
カル	—
鉄	—
A	—
B_1	—
B_2	—
C	—
食塩	0.93g

菓子 井村屋（株）

58g ミニようかん 煉 1本＝58g

●砂糖（国内製造）・生あん（小豆）・水あめ・寒天・食塩

▼1本あたり	
エネ	161kcal
たん	2.0g
脂質	0g
炭水	38.3g
カル	—
鉄	—
A	—
B_1	—
B_2	—
C	—
食塩	0.04g

菓子 赤城乳業（株）

ガリガリ君ソーダ 1本＝110g

●異性化液糖・砂糖・りんご果汁・ぶどう糖・ライム果汁・水飴・リキュール・食塩／香料・安定剤（ペクチン）・酸味料・着色料（スピルリナ青・クチナシ・紅花黄）

▼1本あたり	
エネ	69kcal
たん	0g
脂質	0g
炭水	18.1g
カル	—
鉄	—
A	—
B_1	—
B_2	—
C	—
食塩	0.04g

（2021年7月現在）

菓子 森永乳業（株）

ピノ 1粒＝10mL

●乳製品・チョコレートコーチング・砂糖・水あめ／乳化剤・安定剤（増粘多糖類）・香料・（一部に乳成分・大豆を含む）

▼1粒あたり	
エネ	31kcal
たん	0.4g
脂質	2.0g
炭水	2.9g
カル	—
鉄	—
A	—
B_1	—
B_2	—
C	—
食塩	0.01g

（2021年7月現在）

菓子 ハーゲンダッツジャパン（株）

ハーゲンダッツ ミニカップ（バニラ） 1カップ＝110mL

●クリーム（生乳（北海道））・脱脂濃縮乳・砂糖・卵黄／バニラ香料・（一部に乳成分・卵を含む）

▼1カップあたり	
エネ	244kcal
たん	4.6g
脂質	16.3g
炭水	19.9g
カル	—
鉄	—
A	—
B_1	—
B_2	—
C	—
食塩	0.1g

菓子 江崎グリコ（株）

パピコ（チョココーヒー） 1本＝80mL

●乳製品（国内製造又は韓国製造又はシンガポール製造）・砂糖・果糖ぶどう糖液糖・生チョコレート・植物油脂・コーヒー・麦芽糖・コーヒーペースト／香料・安定剤（増粘多糖類・ゼラチン・寒天）・乳化剤・（一部に乳成分・ゼラチンを含む）

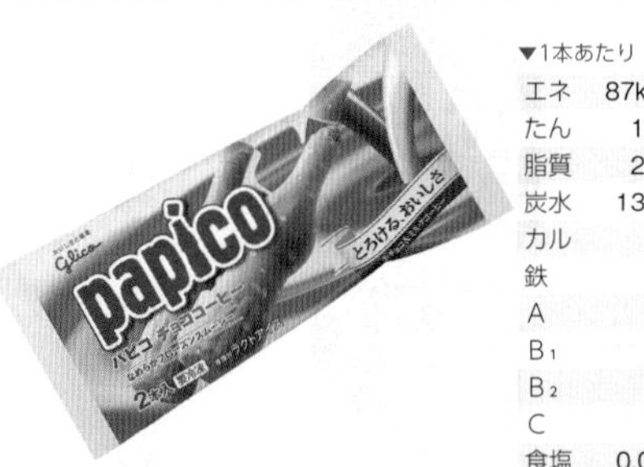

▼1本あたり	
エネ	87kcal
たん	1.7g
脂質	2.9g
炭水	13.6g
カル	—
鉄	—
A	—
B_1	—
B_2	—
C	—
食塩	0.06g

菓子 森永製菓（株）

チョコモナカジャンボ 1個＝150mL

●チョコレートコーチング・砂糖・モナカ（小麦・卵を含む）・乳製品・植物油脂・水あめ・デキストリン／加工デンプン・乳化剤（大豆由来）・安定剤（増粘多糖類）・香料・アナトー色素・カロテン色素

▼1個あたり	
エネ	303kcal
たん	3.8g
脂質	16.8g
炭水	34.1g
カル	—
鉄	—
A	—
B_1	—
B_2	—
C	—
食塩	0.11g

飲料 キリンビバレッジ（株）

生茶 1本＝525mL

●緑茶（国産）・生茶葉抽出物（国産）・ビタミンC

▼1本あたり	
エネ	0kcal
たん	0g
脂質	0g
炭水	0g
カル	—
鉄	—
A	—
B_1	—
B_2	—
C	—
食塩	—

飲料 （株）伊藤園

ウーロン茶 1本＝500mL

●烏龍茶／ビタミンC

▼1本あたり	
エネ	0kcal
たん	0g
脂質	0g
炭水	0g
カル	—
鉄	—
A	—
B_1	—
B_2	—
C	—
食塩	0.15g

飲料 日本コカ・コーラ（株）

コカ・コーラ 1本＝500mL

●糖類（果糖ぶどう糖液糖・砂糖）／炭酸・カラメル色素・酸味料・香料・カフェイン

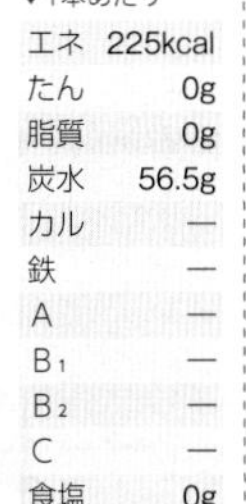

▼1本あたり	
エネ	225kcal
たん	0g
脂質	0g
炭水	56.5g
カル	—
鉄	—
A	—
B_1	—
B_2	—
C	—
食塩	0g

飲料 日本コカ・コーラ（株）

コカ・コーラ ゼロ 1本＝500mL

●炭酸・カラメル色素・酸味料・甘味料（スクラロース・アセスルファムK）・香料・カフェイン

▼1本あたり	
エネ	0kcal
たん	0g
脂質	0g
炭水	0g
カル	—
鉄	—
A	—
B_1	—
B_2	—
C	—
食塩	0g

飲料　サントリー食品インターナショナル（株）

C.C. レモン

1本=500mL

●糖類（果糖ぶどう糖液糖（国内製造）・砂糖）・レモン果汁／炭酸・香料・ビタミンC・酸味料・ベニバナ色素・パントテン酸カルシウム・ビタミンB_6・カロチン色素

▼100mLあたり

エネ	40kcal
たん	0g
脂質	0g
炭水	10.0g
カル	—
鉄	—
A	—
B_1	—
B_2	—
C	160mg
食塩	0.05g

飲料　アサヒ飲料（株）

カルピスウォーター　PET500ml

1本=500mL

●果糖ぶどう糖液糖（国内製造）・脱脂粉乳・乳酸菌飲料／酸味料・香料・安定剤（大豆多糖類）

▼100mLあたり

エネ	47kcal
たん	0.3g
脂質	0g
炭水	11g
カル	約10mg
鉄	—
A	—
B_1	—
B_2	—
C	—
食塩	0.04g

飲料　サントリー食品インターナショナル（株）

なっちゃん　オレンジ

1本=425mL

●果実（オレンジ・マンダリンオレンジ）・糖類（果糖ぶどう糖液糖・砂糖）／酸味料・香料・ビタミンC

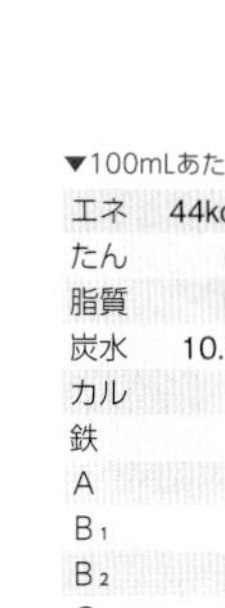

▼100mLあたり

エネ	44kcal
たん	0g
脂質	0g
炭水	10.7g
カル	—
鉄	—
A	—
B_1	—
B_2	—
C	—
食塩	0.05g

飲料　（株）えひめ飲料

POM　ポンジュース

1本=800mL

●果実（オレンジ（ブラジル）・うんしゅうみかん（国産））・香料

▼100mLあたり

エネ	44kcal
たん	0.8g
脂質	0g
炭水	10.2g
カル	12mg
鉄	0.1mg
A	7μg
B_1	0.07mg
B_2	0.02mg
C	32mg
食塩	0g

飲料　キリンビバレッジ（株）

トロピカーナ　100% アップル

1本=250mL

●りんご・香料・酸化防止剤（ビタミンC）

▼1本あたり

エネ	112kcal
たん	0g
脂質	0g
炭水	28g
カル	—
鉄	—
A	—
B_1	—
B_2	—
C	—
食塩	—

飲料　キリンビバレッジ（株）

午後の紅茶　ストレートティー

1本=500mL

●砂糖類（果糖ぶどう糖液糖・砂糖）・紅茶（ディンブラ20％）・香料・ビタミンC

▼1本あたり

エネ	80kcal
たん	0g
脂質	0g
炭水	20g
カル	—
鉄	—
A	—
B_1	—
B_2	—
C	—
食塩	0.1g

飲料　大塚製薬（株）

ポカリスエット

1本=500mL

●砂糖（国内製造）・果糖ぶどう糖液糖・果汁・食塩／酸味料・香料・塩化K・乳酸Ca・調味料（アミノ酸）・塩化Mg・酸化防止剤（ビタミンC）

▼100mLあたり

エネ	25kcal
たん	0g
脂質	0g
炭水	6.2g
カル	2mg
鉄	—
A	—
B_1	—
B_2	—
C	—
食塩	0.1g

飲料　サントリー食品インターナショナル（株）

ヨーグリーナ&サントリー天然水

1本=540mL

●ナチュラルミネラルウォーター・糖類（高果糖液糖（国内製造）・砂糖）・乳清発酵液（乳成分を含む）・食塩・はちみつ・ミントエキス／酸味料・香料・調味料（アミノ酸）・酸化防止剤（ビタミンC）

▼100mLあたり

エネ	24kcal
たん	0g
脂質	0g
炭水	6.1g
カル	—
鉄	—
A	—
B_1	—
B_2	—
C	—
食塩	0.08g

飲料　ポッカサッポロフード&ビバレッジ（株）

ポッカコーヒー　オリジナル

1本=190mL

●砂糖・コーヒー・牛乳・全粉乳・デキストリン・乳等を主要原料とする食品／乳化剤（一部に乳成分・大豆を含む）

▼100mLあたり

エネ	39kcal
たん	0.6g
脂質	0.5g
炭水	8.1g
カル	—
鉄	—
A	—
B_1	—
B_2	—
C	—
食塩	—

飲料　大塚製薬（株）

オロナミンCドリンク

1本=120mL

●糖類（砂糖（国内製造）・ぶどう糖果糖液糖）・ハチミツ・食塩／炭酸・香料・ビタミンC・クエン酸・カフェイン・ナイアシンアミド・ビタミンB_6・ビタミンB_2・溶性ビタミンP・イソロイシン・トレオニン・フェニルアラニン・グルタミン酸Na

▼1本あたり

エネ	79kcal
たん	0g
脂質	0g
炭水	19g
カル	—
鉄	—
A	—
B_1	—
B_2	2.4mg
C	220mg
食塩	0g

飲料　（株）ヤクルト本社

Newヤクルト

1本=65mL

●ぶどう糖果糖液糖（国内製造）・砂糖・脱脂粉乳／香料

▼1本あたり

エネ	50kcal
たん	0.8g
脂質	0.1g
炭水	11.5g
カル	—
鉄	—
A	—
B_1	—
B_2	—
C	—
食塩	0～0.1g

飲料　（株）ヤクルト本社

ジョア 1日分のカルシウム&ビタミンD プレーン

1本=125mL

●脱脂粉乳（国内製造）・砂糖／リン酸Ca・香料・安定剤（スクシノグリカン）・ビタミンD

▼1本あたり

エネ	75kcal
たん	4.6g
脂質	0.1g
炭水	13.8g
カル	680mg
鉄	—
A	—
B_1	—
B_2	—
C	—
食塩	0.1～0.2g

飲料　（株）明治

明治プロビオヨーグルトR-1 ドリンクタイプ

1本=112mL

●乳製品・ぶどう糖果糖液糖・砂糖・安定剤（ペクチン）・甘味料（ステビア）・香料・酸味料

▼1本あたり

エネ	76kcal
たん	3.6g
脂質	0.67g
炭水	13.9g
カル	129mg
鉄	—
A	—
B_1	—
B_2	—
C	—
食塩	0.1g

飲料　森永製菓（株）

ミルクココア

1杯=20g

●砂糖・ココアパウダー（ココアバター22〜24%）・ぶどう糖・脱脂粉乳・乳糖・クリーミングパウダー・麦芽糖・全粉乳・カカオマス・食塩／香料・pH調整剤・乳化剤

▼1杯あたり

エネ	77kcal
たん	1.9g
脂質	1.6g
炭水	15.1g
カル	—
鉄	—
A	—
B_1	—
B_2	—
C	—
食塩	0.09g

飲料　（株）明治

明治ブルガリアのむヨーグルト　LB81プレーン

1本=450g

●乳製品・ぶどう糖果糖液糖・砂糖・安定剤（ペクチン）・香料

▼1本あたり

エネ	306kcal
たん	14.0g
脂質	2.7g
炭水	56.3g
カル	513mg
鉄	—
A	—
B_1	—
B_2	—
C	—
食塩	0.45g

飲料　森永乳業（株）

リプトン レモンティー

1本=500mL

●砂糖混合果糖ぶどう糖液糖（国内製造）・レモン果汁・紅茶／香料・pH調整剤・甘味料（アセスルファムK・スクラロース）

▼コップ1杯（200mL）

エネ	53kcal
たん	0g
脂質	0g
炭水	13.2g
カル	—
鉄	—
A	—
B_1	—
B_2	—
C	—
食塩	0g

（2021年7月現在）

飲料　森永乳業（株）

リプトン ミルクティー

1本=470mL

●砂糖混合果糖ぶどう糖液糖（国内製造）・乳製品・砂糖・紅茶・ココナッツオイル／香料・乳化剤・pH調整剤

▼コップ1杯（200mL）

エネ	84kcal
たん	1.4g
脂質	1.9g
炭水	15.2g
カル	—
鉄	—
A	—
B_1	—
B_2	—
C	—
食塩	0.09g

（2021年7月現在）

飲料　江崎グリコ（株）

マイルドカフェオーレ

1パック=500mL

●砂糖（外国製造）・乳製品・乳・果糖ぶどう糖液糖・コーヒー・植物油脂／カラメル色素・pH調整剤・乳化剤・香料・（一部に乳成分を含む）

▼100mLあたり

エネ	50kcal
たん	1.0g
脂質	0.7g
炭水	10.0g
カル	38mg
鉄	—
A	—
B_1	—
B_2	—
C	—
食塩	0.10g

飲料　（株）ローソン

グリーンスムージー

1本=200g

●野菜汁（ケール・にんじん・さつまいも・こまつな・セロリ・パセリ・クレソン・キャベツ・ラディッシュ・ほうれん草・みつば）・果汁（りんご（中国）・レモン）・果糖・寒天・スピルリナ・ボタンボウフウ（長命草）末／香料

▼1本あたり

エネ	78kcal
たん	1.2g
脂質	0g
炭水	19g
カル	—
鉄	—
A	—
B_1	—
B_2	—
C	—
食塩	0.2g

飲料　（株）ゴンチャジャパン

ブラック（紅茶）ミルクティー＋パール（タピオカ）

1杯=460mL

●紅茶、タピオカ、乳製品、シロップ

▼1杯あたり

エネ	346kcal
たん	5.8g
脂質	11.3g
炭水	49.5g
カル	—
鉄	—
A	—
B_1	—
B_2	—
C	—
食塩	0.09g

（2021年7月現在）

飲料　カゴメ（株）

カゴメトマトジュース　食塩無添加

1本=200mL

●トマト

▼1本あたり

エネ	39kcal
たん	1.8g
脂質	0g
炭水	8.7g
カル	3〜28mg
鉄	—
A	—
B_1	—
B_2	—
C	—
食塩	0〜0.18g

飲料　カゴメ（株）

野菜生活100　オリジナル

1本=200mL

●野菜（にんじん・小松菜・ケール・ブロッコリー・ピーマン・ほうれん草・アスパラガス・赤じそ・だいこん・はくさい・セロリ・メキャベツ（プチヴェール）・紫キャベツ・ビート・たまねぎ・レタス・キャベツ・パセリ・クレソン・かぼちゃ）、果実（りんご・オレンジ・レモン）／クエン酸・香料・ビタミンC

▼1本あたり

エネ	68kcal
たん	0.8g
脂質	0g
炭水	16.9g
カル	2〜63mg
鉄	—
A	360〜1400μg
B_1	—
B_2	—
C	46〜140mg
食塩	0〜0.3g

飲料　森永乳業（株）

森永牛乳

1本=200mL

●生乳100%（国産）

▼1本あたり

エネ	137kcal
たん	6.8g
脂質	7.8g
炭水	9.9g
カル	227mg
鉄	—
A	—
B_1	—
B_2	—
C	—
食塩	0.21g

（2021年7月現在）

飲料　キッコーマンソイフーズ（株）

キッコーマン 調製豆乳

1本=200mL

●大豆（カナダ又はアメリカ）（遺伝子組換えでない）・砂糖・米油・天日塩／乳酸カルシウム・乳化剤・糊料（カラギナン）・香料

▼1本あたり

エネ	116kcal
たん	7.0g
脂質	7.7g
炭水	4.8g
カル	109mg
鉄	0.9mg
A	—
B_1	—
B_2	—
C	—
食塩	0.46g

（2021年7月現在）

日本人の食事摂取基準

食事摂取基準とは

「日本人の食事摂取基準」は，健康増進法（平成 14 年法律第 103 号）第 16 条の 2 の規定に基づき，国民の健康の保持・増進を図る上で摂取することが望ましいエネルギー及び栄養素の量の基準を厚生労働大臣が定めるもので，5年ごとに改定が行われている。「日本人の食事摂取基準」（2020 年版）は，令和 2 年度から令和 6 年度（2020 年 4 月～ 2025 年 3 月）の 5 年間使用される。

設定指標

エネルギーについては，エネルギーの摂取量及び消費量のバランス（エネルギー収支バランス）の維持を示す指標として，BMI を用いている。また，各栄養素については，推定平均必要量，推奨量，目安量，目標量，耐容上限量という 5 つの指標が示されている。

栄養素の設定指標

指標	内容
推定平均必要量	ある対象集団に属する 50%の者が必要量を満たすと推定される摂取量
推奨量	ある対象集団に属するほとんどの者（97 ～ 98%）が充足している量
目安量	特定の集団における，ある一定の栄養状態を維持するのに十分な量。実際には，特定の集団において不足状態を示す者がほとんど観察されない量（十分な科学的根拠が得られず「推定平均必要量」が算定できない場合に算定する）
耐容上限量	健康障害をもたらすリスクがないとみなされる習慣的な摂取量の上限の量
目標量	生活習慣病の予防を目的として，特定の集団において，その疾患のリスクや，その代理指標となる生体指標の値が低くなると考えられる栄養状態が達成できる量

つまり推奨量もしくは目安量以上の摂取を心がけ，耐容上限量を超えないようにすることが大切である。また，栄養素によっては目標量をめやすに摂取する。

BMI の算出方法と目標とする BMI の範囲

BMI ＝ 体重（kg）÷（身長（m））^{2}

●目標とする BMI の範囲（18 歳以上）[1,2]

年齢（歳）	目標とする BMI（kg/m^2）
18 ～ 49	18.5 ～ 24.9
50 ～ 64	20.0 ～ 24.9
65 ～ 74 [3]	21.5 ～ 24.9
75 以上 [3]	21.5 ～ 24.9

1：男女共通。あくまでも参考として使用すべきである。
2：観察疫学研究において報告された総死亡率が最も低かった BMI を基に，疾患別の発症率と BMI との関連，死因と BMI との関連，喫煙や疾患の合併による BMI や死亡リスクへの影響，日本人の BMI の実態に配慮し，総合的に判断し目標とする範囲を設定。
3：高齢者では，フレイルの予防及び生活習慣病の発症予防の両者に配慮する必要があることも踏まえ，当面目標とする BMI の範囲を 21.5 ～ 24.9kg/m^2 とした。

食事摂取基準の各指標を理解するための模式図

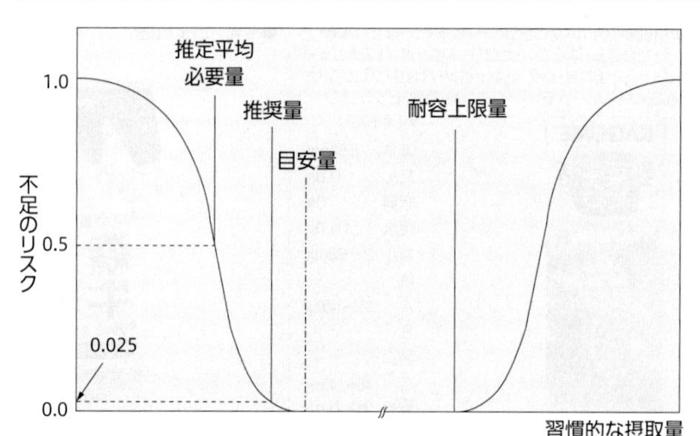

《参考表》 推定エネルギー必要量（kcal／日）

性別	男性			女性		
身体活動レベル[1]	Ⅰ	Ⅱ	Ⅲ	Ⅰ	Ⅱ	Ⅲ
0～5（月）	−	550	−	−	500	−
6～8（月）	−	650	−	−	600	−
9～11（月）	−	700	−	−	650	−
1～2（歳）	−	950	−	−	900	−
3～5（歳）	−	1,300	−	−	1,250	−
6～7（歳）	1,350	1,550	1,750	1,250	1,450	1,650
8～9（歳）	1,600	1,850	2,100	1,500	1,700	1,900
10～11（歳）	1,950	2,250	2,500	1,850	2,100	2,350
12～14（歳）	2,300	2,600	2,900	2,150	2,400	2,700
15～17（歳）	2,500	2,800	3,150	2,050	2,300	2,550
18～29（歳）	2,300	2,650	3,050	1,700	2,000	2,300
30～49（歳）	2,300	2,700	3,050	1,750	2,050	2,350
50～64（歳）	2,200	2,600	2,950	1,650	1,950	2,250
65～74（歳）	2,050	2,400	2,750	1,550	1,850	2,100
75以上（歳）[2]	1,800	2,100	−	1,400	1,650	−
妊婦（付加量）[3] 初期				+50	+50	+50
中期				+250	+250	+250
後期				+450	+450	+450
授乳婦（付加量）				+350	+350	+350

1：身体活動レベルは，低い，ふつう，高いの3つのレベルとして，それぞれⅠ，Ⅱ，Ⅲで示した。
2：レベルⅡは自立している者，レベルⅠは自宅にいてほとんど外出しない者に相当する。レベルⅠは高齢者施設で自立に近い状態で過ごしている者にも適用できる値である。
3：妊婦個々の体格や妊娠中の体重増加量及び胎児の発育状況の評価を行うことが必要である。
注1：活用に当たっては，食事摂取状況のアセスメント，体重及びBMIの把握を行い，エネルギーの過不足は，体重の変化またはBMIを用いて評価すること。
注2：身体活動レベルⅠの場合，少ないエネルギー消費量に見合った少ないエネルギー摂取量を維持することになるため，健康の保持・増進の観点からは，身体活動量を増加させる必要がある。

参照体位（参照身長，参照体重）[1]

性別	男性		女性[2]	
年齢等	参照身長（cm）	参照体重（kg）	参照身長（cm）	参照体重（kg）
0～5（月）	61.5	6.3	60.1	5.9
6～11（月）	71.6	8.8	70.2	8.1
6～8（月）	69.8	8.4	68.3	7.8
9～11（月）	73.2	9.1	71.9	8.4
1～2（歳）	85.8	11.5	84.6	11.0
3～5（歳）	103.6	16.5	103.2	16.1
6～7（歳）	119.5	22.2	118.3	21.9
8～9（歳）	130.4	28.0	130.4	27.4
10～11（歳）	142.0	35.6	144.0	36.3
12～14（歳）	160.5	49.0	155.1	47.5
15～17（歳）	170.1	59.7	157.7	51.9
18～29（歳）	171.0	64.5	158.0	50.3
30～49（歳）	171.0	68.1	158.0	53.0
50～64（歳）	169.0	68.0	155.8	53.8
65～74（歳）	165.2	65.0	152.0	52.1
75以上（歳）	160.8	59.6	148.0	48.8

1：0～17歳は，日本小児内分泌学会・日本成長学会合同標準値委員会による小児の体格評価に用いる身長，体重の標準値を基に，年齢区分に応じて，当該月齢及び年齢区分の中央時点における中央値を引用した。ただし，公表数値が年齢区分と合致しない場合は，同様の方法で算出した値を用いた。18歳以上は，平成28年国民健康・栄養調査における当該の性及び年齢区分における身長・体重の中央値を用いた。
2：妊婦，授乳婦を除く。

基礎代謝量

性別	男性		女性	
年齢	基礎代謝基準値（kcal／kg体重／日）	基礎代謝量（kcal／日）	基礎代謝基準値（kcal／kg体重／日）	基礎代謝量（kcal／日）
1～2（歳）	61.0	700	59.7	660
3～5（歳）	54.8	900	52.2	840
6～7（歳）	44.3	980	41.9	920
8～9（歳）	40.8	1,140	38.3	1,050
10～11（歳）	37.4	1,330	34.8	1,260
12～14（歳）	31.0	1,520	29.6	1,410
15～17（歳）	27.0	1,610	25.3	1,310
18～29（歳）	23.7	1,530	22.1	1,110
30～49（歳）	22.5	1,530	21.9	1,160
50～64（歳）	21.8	1,480	20.7	1,110
65～74（歳）	21.6	1,400	20.7	1,080
75以上（歳）	21.5	1,280	20.7	1,010

●基礎代謝量
生命を維持する（呼吸や体温の維持，内臓の活動など）ために必要な最小限のエネルギー消費量のこと。早朝空腹時，快適な室内において，安静仰臥位（あお向けの状態）・覚醒状態で測定される。

●基礎代謝基準値とは？
数多くの調査によって出された，体重1kgあたりの基礎代謝量の代表値のこと。

●基礎代謝量の算定
「基礎代謝基準値（kcal／kg体重／日）×参照体重（kg）」として算出されている。

●参照体位（参照身長，参照体重）とは？
食事摂取基準の策定において参照する体位（身長・体重）は，性及び年齢区分に応じ，日本人として平均的な体位を持った者を想定し，健全な発育及び健康の保持・増進，生活習慣病の予防を考える上での参照値として提示し，これを参照体位（参照身長・参照体重）と呼ぶ。

コラム

日本人の栄養所要量・食事摂取基準の歴史

日本人に必要な栄養素量設定の最初の試みは，栄養研究所の創設者・佐伯矩博士の著書「栄養」（大正15年）に見られる。以来，昭和20年ごろまでは，主として栄養研究所において基礎的な研究が行われ，日本人に対する栄養基準づくりが進められてきた。また，戦争の長期化に伴う食糧難から，いくつかの政府関係組織も国民の栄養基準を作成し，発表していた。第二次大戦終了後は，これらの基準値策定の作業は一本化され，総理府経済安定本部，次いで科学技術庁の手を経て，昭和44年より厚生省（現厚生労働省）の所管事項となり今日に至っている。

身体活動レベル別にみた活動内容と活動時間の代表例

	低い（Ⅰ）	ふつう（Ⅱ）	高い（Ⅲ）
身体活動レベル[1]	1.50 (1.40～1.60)	1.75 (1.60～1.90)	2.00 (1.90～2.20)
日常生活の内容[2]	生活の大部分が座位で、静的な活動が中心の場合	座位中心の仕事だが、職場内での移動や立位での作業・接客等、通勤・買い物での歩行、家事、軽いスポーツのいずれかを含む場合	移動や立位の多い仕事への従事者、あるいは、スポーツ等余暇における活発な運動習慣を持っている場合
中程度の強度（3.0～5.9メッツ）の身体活動の1日当たりの合計時間（時間/日）[3]	1.65	2.06	2.53
仕事での1日当たりの合計歩行時間（時間/日）[3]	0.25	0.54	1.00

1：代表値。（　）内はおよその範囲。
2：Black, et al.， Ishikawa-Takata, et al. を参考に、身体活動レベル（PAL）に及ぼす仕事時間中の労作の影響が大きいことを考慮して作成。
3：Ishikawa-Takata, et al. による。

エネルギー産生栄養素バランス（％エネルギー）

性別	男性				女性			
	目標量[1,2]				目標量[1,2]			
年齢等	たんぱく質[3]	脂質[4]		炭水化物[5,6]	たんぱく質[3]	脂質[4]		炭水化物[5,6]
		脂質	飽和脂肪酸			脂質	飽和脂肪酸	
0～11（月）	－	－	－	－	－	－	－	－
1～2（歳）	13～20	20～30	－	50～65	13～20	20～30	－	50～65
3～5（歳）	13～20	20～30	10以下	50～65	13～20	20～30	10以下	50～65
6～7（歳）	13～20	20～30	10以下	50～65	13～20	20～30	10以下	50～65
8～9（歳）	13～20	20～30	10以下	50～65	13～20	20～30	10以下	50～65
10～11（歳）	13～20	20～30	10以下	50～65	13～20	20～30	10以下	50～65
12～14（歳）	13～20	20～30	10以下	50～65	13～20	20～30	10以下	50～65
15～17（歳）	13～20	20～30	8以下	50～65	13～20	20～30	8以下	50～65
18～29（歳）	13～20	20～30	7以下	50～65	13～20	20～30	7以下	50～65
30～49（歳）	13～20	20～30	7以下	50～65	13～20	20～30	7以下	50～65
50～64（歳）	14～20	20～30	7以下	50～65	14～20	20～30	7以下	50～65
65～74（歳）	15～20	20～30	7以下	50～65	15～20	20～30	7以下	50～65
75以上（歳）	15～20	20～30	7以下	50～65	15～20	20～30	7以下	50～65
妊婦　初期					13～20	20～30	7以下	50～65
中期					13～20			
後期					15～20			
授乳婦					15～20			

1：必要なエネルギー量を確保した上でのバランスとすること。
2：範囲に関しては、おおむねの値を示したものであり、弾力的に運用すること。
3：65歳以上の高齢者について、フレイル予防を目的とした量を定めることは難しいが、身長・体重が参照体位に比べて小さい者や、特に75歳以上であって加齢に伴い身体活動量が大きく低下した者など、必要エネルギー摂取量が低い者では、下限が推奨量を下回る場合があり得る。この場合でも、下限は推奨量以上とすることが望ましい。
4：脂質については、その構成成分である飽和脂肪酸など、質への配慮を十分に行う必要がある。
5：アルコールを含む。ただし、アルコールの摂取を勧めるものではない。
6：食物繊維の目標量を十分に注意すること。

たんぱく質の食事摂取基準

性別	男性				女性			
年齢等	推定平均必要量(g/日)	推奨量(g/日)	目安量(g/日)	目標量[1](%エネルギー)	推定平均必要量(g/日)	推奨量(g/日)	目安量(g/日)	目標量[1](%エネルギー)
0～5（月）	－	－	10	－	－	－	10	－
6～8（月）	－	－	15	－	－	－	15	－
9～11（月）	－	－	25	－	－	－	25	－
1～2（歳）	15	20	－	13～20	15	20	－	13～20
3～5（歳）	20	25	－	13～20	20	25	－	13～20
6～7（歳）	25	30	－	13～20	25	30	－	13～20
8～9（歳）	30	40	－	13～20	30	40	－	13～20
10～11（歳）	40	45	－	13～20	40	50	－	13～20
12～14（歳）	50	60	－	13～20	45	55	－	13～20
15～17（歳）	50	65	－	13～20	45	55	－	13～20
18～29（歳）	50	65	－	13～20	40	50	－	13～20
30～49（歳）	50	65	－	13～20	40	50	－	13～20
50～64（歳）	50	65	－	14～20	40	50	－	14～20
65～74（歳）[2]	50	60	－	15～20	40	50	－	15～20
75以上（歳）[2]	50	60	－	15～20	40	50	－	15～20
妊婦（付加量）								
初期					＋0	＋0	－	－[3]
中期					＋5	＋5		－[3]
後期					＋20	＋25		－[4]
授乳婦（付加量）					＋15	＋20	－	－[4]

1：範囲に関しては、おおむねの値を示したものであり、弾力的に運用すること。
2：65歳以上の高齢者について、フレイル予防を目的とした量を定めることは難しいが、身長・体重が参照体位に比べて小さい者や、特に75歳以上であって加齢に伴い身体活動量が大きく低下した者など、必要エネルギー摂取量が低い者では、下限が推奨量を下回る場合があり得る。この場合でも、下限は推奨量以上とすることが望ましい。
3：妊婦（初期・中期）の目標量は、13～20％エネルギーとした。
4：妊婦（後期）及び授乳婦の目標量は、15～20％エネルギーとした。

脂質・飽和脂肪酸の食事摂取基準（%エネルギー）[1,2]

	脂質		飽和脂肪酸	
性別	男性	女性	男性	女性
年齢等	目標量[3]	目標量[3]	目標量	目標量
0～5（月）	50[4]	50[4]	－	－
6～11（月）	40[4]	40[4]	－	－
1～2（歳）	20～30	20～30	－	－
3～5（歳）	20～30	20～30	10 以下	10 以下
6～7（歳）	20～30	20～30	10 以下	10 以下
8～9（歳）	20～30	20～30	10 以下	10 以下
10～11（歳）	20～30	20～30	10 以下	10 以下
12～14（歳）	20～30	20～30	10 以下	10 以下
15～17（歳）	20～30	20～30	8 以下	8 以下
18～29（歳）	20～30	20～30	7 以下	7 以下
30～49（歳）	20～30	20～30	7 以下	7 以下
50～64（歳）	20～30	20～30	7 以下	7 以下
65～74（歳）	20～30	20～30	7 以下	7 以下
75以上（歳）	20～30	20～30	7 以下	7 以下
妊　婦		20～30		7 以下
授乳婦		20～30		7 以下

1：飽和脂肪酸と同じく、脂質異常症及び循環器疾患に関与する栄養素としてコレステロールがある。コレステロールに目標量は設定しないが、これは許容される摂取量に上限が存在しないことを保証するものではない。また、脂質異常症の重症化予防の目的からは、200mg/ 日未満に留めることが望ましい。
2：飽和脂肪酸と同じく、冠動脈疾患に関与する栄養素としてトランス脂肪酸がある。日本人の大多数は、トランス脂肪酸に関する世界保健機関（WHO）の目標（1% エネルギー未満）を下回っており、トランス脂肪酸の摂取による健康への影響は、飽和脂肪酸の摂取によるものと比べて小さいと考えられる。ただし、脂質に偏った食事をしている者では、留意する必要がある。トランス脂肪酸は人体にとって不可欠な栄養素ではなく、健康の保持・増進を図る上で積極的な摂取は勧められないことから、その摂取量は 1% エネルギー未満に留めることが望ましく、1% エネルギー未満でもできるだけ低く留めることが望ましい。
3：範囲に関しては、おおむねの値を示したものである。
4：「0～5（月）」「6～11（月）」は目安量。

炭水化物の食事摂取基準（%エネルギー）

性別	男性	女性
年齢等	目標量[1,2]	目標量[1,2]
0～5（月）	－	－
6～11（月）	－	－
1～2（歳）	50～65	50～65
3～5（歳）	50～65	50～65
6～7（歳）	50～65	50～65
8～9（歳）	50～65	50～65
10～11（歳）	50～65	50～65
12～14（歳）	50～65	50～65
15～17（歳）	50～65	50～65
18～29（歳）	50～65	50～65
30～49（歳）	50～65	50～65
50～64（歳）	50～65	50～65
65～74（歳）	50～65	50～65
75以上（歳）	50～65	50～65
妊婦		50～65
授乳婦		50～65

1：範囲については、おおむねの値を示したものである。
2：アルコールを含む。ただし、アルコールの摂取を勧めるものではない。

n-6 系脂肪酸・n-3 系脂肪酸の食事摂取基準

	n-6 系脂肪酸		n-3 系脂肪酸	
性別	男性	女性	男性	女性
年齢等	目安量（g／日）	目安量（g／日）	目安量（g／日）	目安量（g／日）
0～5（月）	4	4	0.9	0.9
6～11（月）	4	4	0.8	0.8
1～2（歳）	4	4	0.7	0.8
3～5（歳）	6	6	1.1	1.0
6～7（歳）	8	7	1.5	1.3
8～9（歳）	8	7	1.5	1.3
10～11（歳）	10	8	1.6	1.6
12～14（歳）	11	9	1.9	1.6
15～17（歳）	13	9	2.1	1.6
18～29（歳）	11	8	2.0	1.6
30～49（歳）	10	8	2.0	1.6
50～64（歳）	10	8	2.2	1.9
65～74（歳）	9	8	2.2	2.0
75以上（歳）	8	7	2.1	1.8
妊婦		9		1.6
授乳婦		10		1.8

食物繊維の食事摂取基準

性　別	男性	女性
年齢等	目標量（g/ 日）	目標量（g/ 日）
0～5（月）	－	－
6～11（月）	－	－
1～2（歳）	－	－
3～5（歳）	8 以上	8 以上
6～7（歳）	10 以上	10 以上
8～9（歳）	11 以上	11 以上
10～11（歳）	13 以上	13 以上
12～14（歳）	17 以上	17 以上
15～17（歳）	19 以上	18 以上
18～29（歳）	21 以上	18 以上
30～49（歳）	21 以上	18 以上
50～64（歳）	21 以上	18 以上
65～74（歳）	20 以上	17 以上
75以上（歳）	20 以上	17 以上
妊　婦		18 以上
授乳婦		18 以上

コラム

保健機能食品とは （→ p.144）

いわゆる「健康食品（栄養補助食品，健康補助食品，サプリメントなど）」のうち，特定の保健の目的が期待できる（健康の維持及び増進に役立つ）という機能性を表示できる食品を，「保健機能食品」という。これまで，保健機能食品として機能性を表示できるのは，国が個別に許可した「特定保健用食品（トクホ）」と国の規格基準に適合した「栄養機能食品」に限られていた。そんな中，特定保健用食品と栄養機能食品以外にも，機能性を表示した商品の選択肢を増やし，消費者が商品の正しい情報を得て選べるようにするため，平成 27 年 4 月より「機能性表示食品」制度が始まった。この新制度により，事業者は，自らの責任において，安全性と機能性の科学的根拠に関する情報を消費者庁長官に届け出れば，国の審査なしに「機能性表示食品」として機能性を表示できるようになった。

ビタミンの食事摂取基準

	ビタミンA				ビタミンD				ビタミンE				ビタミンK	
性別	男性		女性		男性		女性		男性		女性		男性	女性
年齢等	推奨量[1] (μgRAE/日)[3]	耐容上限量[2] (μgRAE/日)[3]	推奨量[1] (μgRAE/日)[3]	耐容上限量[2] (μgRAE/日)[3]	目安量 (μg/日)	耐容上限量 (μg/日)	目安量 (μg/日)	耐容上限量 (μg/日)	目安量 (mg/日)[4]	耐容上限量 (mg/日)[4]	目安量 (mg/日)[4]	耐容上限量 (mg/日)[4]	目安量 (μg/日)	目安量 (μg/日)
0～5（月）	300[5]	600	300[5]	600	5.0	25	5.0	25	3.0	–	3.0	–	4	4
6～11（月）	400[5]	600	400[5]	600	5.0	25	5.0	25	4.0	–	4.0	–	7	7
1～2（歳）	400	600	350	600	3.0	20	3.5	20	3.0	150	3.0	150	50	60
3～5（歳）	450	700	500	850	3.5	30	4.0	30	4.0	200	4.0	200	60	70
6～7（歳）	400	950	400	1,200	4.5	30	5.0	30	5.0	300	5.0	300	80	90
8～9（歳）	500	1,200	500	1,500	5.0	40	6.0	40	5.0	350	5.0	350	90	110
10～11（歳）	600	1,500	600	1,900	6.5	60	8.0	60	5.5	450	5.5	450	110	140
12～14（歳）	800	2,100	700	2,500	8.0	80	9.5	80	6.5	650	6.0	600	140	170
15～17（歳）	900	2,500	650	2,800	9.0	90	8.5	90	7.0	750	5.5	650	160	150
18～29（歳）	850	2,700	650	2,700	8.5	100	8.5	100	6.0	850	5.0	650	150	150
30～49（歳）	900	2,700	700	2,700	8.5	100	8.5	100	6.0	900	5.5	700	150	150
50～64（歳）	900	2,700	700	2,700	8.5	100	8.5	100	7.0	850	6.0	700	150	150
65～74（歳）	850	2,700	700	2,700	8.5	100	8.5	100	7.0	850	6.5	650	150	150
75以上（歳）	800	2,700	650	2,700	8.5	100	8.5	100	6.5	750	6.5	650	150	150
妊婦（付加量）							8.5	–			6.5	–		150
初期			+0	–										
中期			+0	–										
後期			+80	–										
授乳婦（付加量）			+450	–			8.5	–			7.0	–		150

1：プロビタミンAカロテノイドを含む。　2：プロビタミンAカロテノイドを含まない。　3：レチノール活性当量（μgRAE）＝レチノール（μg）＋β-カロテン（μg）×1/12＋α-カロテン（μg）×1/24＋β-クリプトキサンチン（μg）×1/24＋その他のプロビタミンAカロテノイド（μg）×1/24　4：α-トコフェロールについて算定した。α-トコフェロール以外のビタミンEは含んでいない。5：「0～5（月）」「6～11（月）」は目安量。

	ビタミンB1[1,8]		ビタミンB2[1]		ナイアシン[1]				ビタミンB6[6]				ビタミンB12[9]	
性別	男性	女性	男性	女性	男性		女性		男性		女性		男性	女性
年齢等	推奨量 (mg/日)	推奨量 (mg/日)	推奨量 (mg/日)	推奨量 (mg/日)	推奨量 (mgNE/日)[3]	耐容上限量[4] (mgNE/日)[3]	推奨量 (mgNE/日)[3]	耐容上限量[4] (mgNE/日)[3]	推奨量 (mg/日)	耐容上限量[7] (mg/日)	推奨量 (mg/日)	耐容上限量[7] (mg/日)	推奨量 (μg/日)	推奨量 (μg/日)
0～5（月）	0.1[2]	0.1[2]	0.3[2]	0.3[2]	2[2,5]	–	2[2,5]	–	0.2[2]	–	0.2[2]	–	0.4[2]	0.4[2]
6～11（月）	0.2[2]	0.2[2]	0.4[2]	0.4[2]	3[2]	–	3[2]	–	0.3[2]	–	0.3[2]	–	0.5[2]	0.5[2]
1～2（歳）	0.5	0.5	0.6	0.5	6	60（15）	5	60（15）	0.5	10	0.5	10	0.9	0.9
3～5（歳）	0.7	0.7	0.8	0.8	8	80（20）	7	80（20）	0.6	15	0.6	15	1.1	1.1
6～7（歳）	0.8	0.8	0.9	0.9	9	100（30）	8	100（30）	0.8	20	0.7	20	1.3	1.3
8～9（歳）	1.0	0.9	1.1	1.0	11	150（35）	10	150（35）	0.9	25	0.9	25	1.6	1.6
10～11（歳）	1.2	1.1	1.4	1.3	13	200（45）	10	150（45）	1.1	30	1.1	30	1.9	1.9
12～14（歳）	1.4	1.3	1.6	1.4	15	250（60）	14	250（60）	1.4	40	1.3	40	2.4	2.4
15～17（歳）	1.5	1.2	1.7	1.4	17	300（70）	13	250（65）	1.5	50	1.3	45	2.4	2.4
18～29（歳）	1.4	1.1	1.6	1.2	15	300（80）	11	250（65）	1.4	55	1.1	45	2.4	2.4
30～49（歳）	1.4	1.1	1.6	1.2	15	350（85）	12	250（65）	1.4	60	1.1	45	2.4	2.4
50～64（歳）	1.3	1.1	1.5	1.2	14	350（85）	11	250（65）	1.4	55	1.1	45	2.4	2.4
65～74（歳）	1.3	1.1	1.5	1.2	14	300（80）	11	250（65）	1.4	50	1.1	40	2.4	2.4
75以上（歳）	1.2	0.9	1.3	1.0	13	300（75）	10	250（60）	1.4	50	1.1	40	2.4	2.4
妊婦（付加量）		+0.2		+0.3			+0	–			+0.2	–		+0.4
授乳婦（付加量）		+0.2		+0.6			+3	–			+0.3	–		+0.8

1：身体活動レベルIIの推定エネルギー必要量を用いて算定した。　2：「0～5（月）」「6～11（月）」は目安量。　3：NE＝ナイアシン当量＝ナイアシン＋1/60トリプトファン。　4：ニコチンアミドの重量（mg/日）、（　）内はニコチン酸の重量（mg/日）。　5：単位はmg/日。　6：たんぱく質食事摂取基準の推奨量を用いて算定した（妊婦・授乳婦の付加量は除く）。　7：ピリドキシン（分子量=169.2）の重量として示した。　8：チアミン塩化物塩酸塩（分子量=337.3）の重量として示した。　9：シアノコバラミン（分子量=1,355.37）の重量として示した。

	葉酸[1]				パントテン酸		ビオチン		ビタミンC[4]	
性別	男性		女性		男性	女性	男性	女性	男性	女性
年齢等	推奨量 (μg/日)	耐容上限量[3] (μg/日)	推奨量 (μg/日)	耐容上限量[3] (μg/日)	目安量 (mg/日)	目安量 (mg/日)	目安量 (μg/日)	目安量 (μg/日)	推奨量 (mg/日)	推奨量 (mg/日)
0～5（月）	40[2]	–	40[2]	–	4	4	4	4	40[2]	40[2]
6～11（月）	60[2]	–	60[2]	–	5	5	5	5	40[2]	40[2]
1～2（歳）	90	200	90	200	3	4	20	20	40	40
3～5（歳）	110	300	110	300	4	4	20	20	50	50
6～7（歳）	140	400	140	400	5	5	30	30	60	60
8～9（歳）	160	500	160	500	6	5	30	30	70	70
10～11（歳）	190	700	190	700	6	6	40	40	85	85
12～14（歳）	240	900	240	900	7	6	50	50	100	100
15～17（歳）	240	900	240	900	7	6	50	50	100	100
18～29（歳）	240	900	240	900	5	5	50	50	100	100
30～49（歳）	240	1,000	240	1,000	5	5	50	50	100	100
50～64（歳）	240	1,000	240	1,000	6	5	50	50	100	100
65～74（歳）	240	900	240	900	6	5	50	50	100	100
75以上（歳）	240	900	240	900	6	5	50	50	100	100
妊婦（付加量）			+240	–		5		50		+10
授乳婦（付加量）			+100	–		6		50		+45

1：プテロイルモノグルタミン酸（分子量=441.40）の重量として示した。妊娠を計画している女性、妊娠の可能性がある女性及び妊娠初期の妊婦は、胎児の神経管閉鎖障害のリスク低減のために、通常の食品以外の食品に含まれる葉酸（狭義の葉酸）を400μg/日摂取することが望まれる。
2：「0～5（月）」「6～11（月）」は目安量。
3：通常の食品以外の食品に含まれる葉酸（狭義の葉酸）に適用する。
4：L-アスコルビン酸（分子量=176.12）の重量で示した。

無機質の食事摂取基準

	ナトリウム (( )は食塩相当量[g/日])		カリウム				カルシウム				マグネシウム		リン			
性別	男性	女性	男性		女性		男性		女性		男性	女性	男性		女性	
年齢等	目標量 (mg/日)	目標量 (mg/日)	目安量 (mg/日)	目標量 (mg/日)	目安量 (mg/日)	目標量 (mg/日)	推奨量 (mg/日)	耐容上限量 (mg/日)	推奨量 (mg/日)	耐容上限量 (mg/日)	推奨量 (mg/日)	推奨量 (mg/日)	目安量 (mg/日)	耐容上限量 (mg/日)	目安量 (mg/日)	耐容上限量 (mg/日)
0～5（月）	100 (0.3)[1]	100 (0.3)[1]	400	–	400	–	200[1]	–	200[1]	–	20[1]	20[1]	120	–	120	–
6～11（月）	600 (1.5)[1]	600 (1.5)[1]	700	–	700	–	250[1]	–	250[1]	–	60[1]	60[1]	260	–	260	–
1～2（歳）	(3.0 未満)	(3.0 未満)	900	–	900	–	450	–	400	–	70	70	500	–	500	–
3～5（歳）	(3.5 未満)	(3.5 未満)	1,000	1,400以上	1,000	1,400以上	600	–	550	–	100	100	700	–	700	–
6～7（歳）	(4.5 未満)	(4.5 未満)	1,300	1,800 以上	1,200	1,800 以上	600	–	550	–	130	130	900	–	800	–
8～9（歳）	(5.0 未満)	(5.0 未満)	1,500	2,000 以上	1,500	2,000 以上	650	–	750	–	170	160	1,000	–	1,000	–
10～11（歳）	(6.0 未満)	(6.0 未満)	1,800	2,200 以上	1,800	2,000 以上	700	–	750	–	210	220	1,100	–	1,000	–
12～14（歳）	(7.0 未満)	(6.5 未満)	2,300	2,400 以上	1,900	2,400 以上	1000	–	800	–	290	290	1,200	–	1,000	–
15～17（歳）	(7.5 未満)	(6.5 未満)	2,700	3,000 以上	2,000	2,600 以上	800	–	650	–	360	310	1,200	–	900	–
18～29（歳）	(7.5 未満)	(6.5 未満)	2,500	3,000 以上	2,000	2,600 以上	800	2,500	650	2,500	340	270	1,000	3,000	800	3,000
30～49（歳）	(7.5 未満)	(6.5 未満)	2,500	3,000 以上	2,000	2,600 以上	750	2,500	650	2,500	370	290	1,000	3,000	800	3,000
50～64（歳）	(7.5 未満)	(6.5 未満)	2,500	3,000 以上	2,000	2,600 以上	750	2,500	650	2,500	370	290	1,000	3,000	800	3,000
65～74（歳）	(7.5 未満)	(6.5 未満)	2,500	3,000 以上	2,000	2,600 以上	750	2,500	650	2,500	350	280	1,000	3,000	800	3,000
75 以上（歳）	(7.5 未満)	(6.5 未満)	2,500	3,000 以上	2,000	2,600 以上	700	2,500	600	2,500	320	260	1,000	3,000	800	3,000
妊婦		(6.5 未満)			2,000	2,600 以上			+0	–		+40			800	–
授乳婦		(6.5 未満)			2,200	2,600 以上			+0	–		+0			800	–

1：「0～5（月）」「6～11（月）」は目安量。

	鉄					亜鉛				銅				マンガン				ヨウ素			
性別	男性		女性			男性		女性		男性		女性		男性		女性		男性		女性	
年齢等	推奨量 (mg/日)	耐容上限量 (mg/日)	月経なし 推奨量 (mg/日)	月経あり 推奨量 (mg/日)	耐容上限量 (mg/日)	推奨量 (mg/日)	耐容上限量 (mg/日)	推奨量 (mg/日)	耐容上限量 (mg/日)	推奨量 (mg/日)	耐容上限量 (mg/日)	推奨量 (mg/日)	耐容上限量 (mg/日)	目安量 (mg/日)	耐容上限量 (mg/日)	目安量 (mg/日)	耐容上限量 (mg/日)	推奨量 (μg/日)	耐容上限量 (μg/日)	推奨量 (μg/日)	耐容上限量 (μg/日)
0～5（月）	0.5[1]	–	0.5[1]	–	–	2[2]	–	2[2]	–	0.3[2]	–	0.3[2]	–	0.01	–	0.01	–	100[2]	250	100[2]	250
6～11（月）	5.0	–	4.5	–	–	3[2]	–	3[2]	–	0.3[2]	–	0.3[2]	–	0.5	–	0.5	–	130[2]	250	130[2]	250
1～2（歳）	4.5	25	4.5	–	20	3	–	3	–	0.3	–	0.3	–	1.5	–	1.5	–	50	300	50	300
3～5（歳）	5.5	25	5.5	–	25	4	–	3	–	0.4	–	0.3	–	1.5	–	1.5	–	60	400	60	400
6～7（歳）	5.5	30	5.5	–	30	5	–	4	–	0.4	–	0.4	–	2.0	–	2.0	–	75	550	75	550
8～9（歳）	7.0	35	7.5	–	35	6	–	5	–	0.5	–	0.5	–	2.5	–	2.5	–	90	700	90	700
10～11（歳）	8.5	35	8.5	12.0	35	7	–	6	–	0.6	–	0.6	–	3.0	–	3.0	–	110	900	110	900
12～14（歳）	10.0	40	8.5	12.0	40	10	–	8	–	0.8	–	0.8	–	4.0	–	4.0	–	140	2,000	140	2,000
15～17（歳）	10.0	50	7.0	10.5	40	12	–	8	–	0.9	–	0.7	–	4.5	–	3.5	–	140	3,000	140	3,000
18～29（歳）	7.5	50	6.5	10.5	40	11	40	8	35	0.9	7	0.7	7	4.0	11	3.5	11	130	3,000	130	3,000
30～49（歳）	7.5	50	6.5	10.5	40	11	45	8	35	0.9	7	0.7	7	4.0	11	3.5	11	130	3,000	130	3,000
50～64（歳）	7.5	50	6.5	11.0	40	11	45	8	35	0.9	7	0.7	7	4.0	11	3.5	11	130	3,000	130	3,000
65～74（歳）	7.5	50	6.0	–	40	11	40	8	35	0.9	7	0.7	7	4.0	11	3.5	11	130	3,000	130	3,000
75 以上（歳）	7.0	50	6.0	–	40	10	40	8	30	0.8	7	0.7	7	4.0	11	3.5	11	130	3,000	130	3,000
妊婦（付加量）								+2	–			+0.1	–			3.5	–			+110	–[3]
初期			+2.5	–	–																
中期・後期			+9.5	–	–																
授乳婦（付加量）			+2.5	–	–			+4	–			+0.6	–			3.5	–			+140	–[3]

1：「0～5（月）」は目安量。2：「0～5（月）」「6～11（月）」は目安量。3：妊婦及び授乳婦の耐容上限量は2,000μg/日とする。

	セレン				クロム		モリブデン			
性別	男性		女性		男性	女性	男性		女性	
年齢等	推奨量 (μg/日)	耐容上限量 (μg/日)	推奨量 (μg/日)	耐容上限量 (μg/日)	目安量 (μg/日)	目安量 (μg/日)	推奨量 (μg/日)	耐容上限量 (μg/日)	推奨量 (μg/日)	耐容上限量 (μg/日)
0～5（月）	15[1]	–	15[1]	–	0.8	0.8	2[1]	–	2[1]	–
6～11（月）	15[1]	–	15[1]	–	1.0	1.0	5[1]	–	5[1]	–
1～2（歳）	10	100	10	100	–	–	10	–	10	–
3～5（歳）	15	100	10	100	–	–	10	–	10	–
6～7（歳）	15	150	15	150	–	–	15	–	15	–
8～9（歳）	20	200	20	200	–	–	20	–	15	–
10～11（歳）	25	250	25	250	–	–	20	–	20	–
12～14（歳）	30	350	30	300	–	–	25	–	25	–
15～17（歳）	35	400	25	350	–	–	30	–	25	–
18～29（歳）	30	450	25	350	10	10	30	600	25	500
30～49（歳）	30	450	25	350	10	10	30	600	25	500
50～64（歳）	30	450	25	350	10	10	30	600	25	500
65～74（歳）	30	450	25	350	10	10	30	600	25	500
75 以上（歳）	30	400	25	350	10	10	25	600	25	500
妊婦（付加量）			+5	–		10			+0	–
授乳婦（付加量）			+20	–		10			+3	–

1：「0～5（月）」「6～11（月）」は目安量。

食品群別摂取量のめやす

食品群とは

食品群とは，すべての食品を栄養成分の似ているものに分類し，それをめやすとして摂取することによって，健全な食生活を送ることができるようにしたものである。各群からまんべんなく食品を選んでいけば，食事摂取基準を満たし，バランスのとれた食事をすることができる。

栄養的特徴によって分けた食品群

3色食品群	赤群	緑群	黄群
	魚·肉·豆類·乳·卵	緑黄色野菜·淡色野菜·海藻·きのこ	穀物·砂糖·いも類·油脂
	血や肉をつくる	からだの調子をよくする	力や体温となる

6つの基礎食品群	1群	2群	3群	4群	5群	6群
	魚·肉·卵·豆·豆製品	牛乳·乳製品·小魚·海藻	緑黄色野菜	淡色野菜	穀類·いも·砂糖	油脂·種実
	血や肉をつくる	骨·歯をつくる·体の各機能を調節	皮膚や粘膜の保護·体の各機能を調節	体の各機能を調節	エネルギー源となる	エネルギー源となる

4つの食品群	第1群	第2群	第3群	第4群
	乳·乳製品·卵	魚介·肉·豆·豆製品	緑黄色野菜·淡色野菜·いも·くだもの	穀類·油脂·砂糖
	栄養を完全にする	血や肉をつくる	からだの調子をよくする	力や体温となる

6つの食品群の年齢別・性別食品摂取量のめやす（1人1日当たりの重量＝g）

年齢区分	1群		2群		3群		4群		5群		6群	
	卵，魚，肉，豆・豆製品		牛乳・乳製品，骨ごと食べる魚，海藻		緑黄色野菜		その他の野菜，果物，きのこ		穀類，いも，砂糖		油脂，種実	
	男	女	男	女	男	女	男	女	男	女	男	女
6～7歳	200	200	250	250	90	90	320	320	450	450	15	15
8～9歳	230	230	300	300	100	100	400	400	550	500	20	20
10～11歳	280	280	300	300	100	100	400	400	600	550	20	20
12～14歳	330	300	400	400	100	100	400	400	700	650	25	20
15～17歳	350	300	400	400	100	100	400	400	750	600	30	20
18～29歳	330	300	300	300	100	100	450	450	700	600	25	20
30～49歳	330	250	300	300	100	100	450	450	700	550	25	20
50～64歳	330	250	300	300	100	100	450	450	650	550	25	15
65～74歳	300	250	250	250	100	100	450	450	600	550	20	15
75歳以上	300	250	250	250	100	100	450	450	600	550	15	15

① 1群は，卵1個（50g）をとり，残りを魚類：肉類：豆・豆製品類＝1：1：1の割合でとる。肉は脂身の少ない部位を適宜取り入れることが望ましい。
② 2群は，これまでの牛乳を基準としたカルシウムでの換算ではなく，食品重量とする。海藻類を20g（戻し後の重量）とる。牛乳・乳製品は，低脂肪のものを適宜取り入れることが望ましい。
しらす干しやそのまま食べる煮干しなど，骨ごと食べる魚をとる習慣をもつことが望ましい。
③ 4群は，果物類を6～17歳は150g，18歳以上は200gとる。きのこ類を20gとる。漬物を含む。
④ 5群はいも類を50g，砂糖類を20g含む。穀類は調理後の重量とする。白飯の1/4程度を玄米飯に置き換えるのが望ましい。
⑤ 1日に摂取する食品の種類は25～30種類とする。

（日本家庭科教育学会誌　Vol.63 No.2 2020年より）

4つの食品群の年齢別・性別・身体活動レベル別食品構成（1人1日当たりの重量＝g）（香川明夫監修）

身体活動レベル	食品群	第1群				第2群				第3群						第4群					
		乳・乳製品		卵		魚介・肉		豆・豆製品		野菜		いも		くだもの		穀類		油脂		砂糖	
	年齢／性	男	女	男	女	男	女	男	女	男	女	男	女	男	女	男	女	男	女	男	女
身体活動レベルⅠ（低い）	6～7歳	250	250	30	30	80	80	60	60	270	270	50	50	120	120	200	170	10	10	5	5
	8～9歳	300	300	55	55	100	80	70	70	300	300	60	60	150	150	230	200	10	10	10	10
	10～11歳	320	320	55	55	100	100	80	80	300	300	100	100	150	150	300	270	15	15	10	10
	12～14歳	380	380	55	55	150	120	80	80	350	350	100	100	150	150	360	310	20	20	10	10
	15～17歳	320	320	55	55	150	120	80	80	350	350	100	100	150	150	420	300	25	20	10	10
	18～29歳	300	250	55	55	180	100	80	80	350	350	100	100	150	150	370	240	20	15	10	10
	30～49歳	250	250	55	55	150	100	80	80	350	350	100	100	150	150	370	250	20	15	10	10
	50～64歳	250	250	55	55	150	100	80	80	350	350	100	100	150	150	360	230	20	15	10	10
	65～74歳	250	250	55	55	120	100	80	80	350	350	100	100	150	150	340	200	15	10	10	10
	75歳以上	250	200	55	55	120	80	80	80	350	350	100	100	150	150	270	190	15	10	10	5
	妊婦初期		250		55		100		80		350		100		150		260		15		10
	妊婦中期		250		55		120		80		350		100		150		310		15		10
	妊婦後期		250		55		150		80		350		100		150		360		20		10
	授乳婦		250		55		120		80		350		100		150		330		20		10
身体活動レベルⅡ（ふつう）	1～2歳	250	250	30	30	50	50	40	40	180	180	50	50	100	100	120	110	5	5	3	3
	3～5歳	250	250	30	30	60	60	60	60	240	240	50	50	120	120	190	170	10	10	5	5
	6～7歳	250	250	55	55	80	80	60	60	270	270	60	60	120	120	230	200	10	10	10	10
	8～9歳	300	300	55	55	120	80	80	80	300	300	60	60	150	150	270	240	15	15	10	10
	10～11歳	320	320	55	55	150	100	80	80	350	350	100	100	150	150	350	320	20	20	10	10
	12～14歳	380	380	55	55	170	120	80	80	350	350	100	100	150	150	430	390	25	20	10	10
	15～17歳	320	320	55	55	200	120	80	80	350	350	100	100	150	150	480	380	30	20	10	10
	18～29歳	300	250	55	55	180	120	80	80	350	350	100	100	150	150	440	320	30	15	10	10
	30～49歳	250	250	55	55	180	120	80	80	350	350	100	100	150	150	450	330	30	15	10	10
	50～64歳	250	250	55	55	180	120	80	80	350	350	100	100	150	150	440	300	25	15	10	10
	65～74歳	250	250	55	55	170	120	80	80	350	350	100	100	150	150	400	280	20	15	10	10
	75歳以上	250	250	55	55	150	100	80	80	350	350	100	100	150	150	340	230	15	15	10	10
	妊婦初期		250		55		120		80		350		100		150		340		15		10
	妊婦中期		250		55		150		80		350		100		150		360		20		10
	妊婦後期		250		55		180		80		350		100		150		420		25		10
	授乳婦		320		55		180		80		350		100		150		380		20		10
身体活動レベルⅢ（高い）	6～7歳	250	250	55	55	100	100	60	60	270	270	60	60	120	120	290	260	10	10	10	10
	8～9歳	300	300	55	55	140	100	80	80	300	300	60	60	150	150	320	290	20	15	10	10
	10～11歳	320	320	55	55	160	130	80	80	350	350	100	100	150	150	420	380	20	20	10	10
	12～14歳	380	380	55	55	200	170	80	80	350	350	100	100	150	150	510	450	25	25	10	10
	15～17歳	380	320	55	55	200	170	120	80	350	350	100	100	150	150	550	430	30	20	10	10
	18～29歳	380	300	55	55	200	150	120	80	350	350	100	100	150	150	530	390	30	20	10	10
	30～49歳	380	250	55	55	200	150	120	80	350	350	100	100	150	150	530	390	30	20	10	10
	50～64歳	320	250	55	55	200	150	120	80	350	350	100	100	150	150	530	360	25	20	10	10
	65～74歳	320	250	55	55	200	130	80	80	350	350	100	100	150	150	480	340	25	15	10	10
	授乳婦		320		55		170		80		350		100		150		470		25		10

① 野菜はきのこ、海藻を含む。また、野菜の1/3以上は緑黄色野菜でとることとする。
② エネルギー量は、「日本人の食事摂取基準（2020年版）」の参考表・推定エネルギー必要量の約93～97%の割合で構成してある。各人の必要に応じて適宜調整すること。
③ 食品構成は「日本食品標準成分表2020年版（八訂）」で計算。

4つの食品群による食品構成例（身体活動レベルⅡ（ふつう），15～17歳の男女，1人1日分）

種類(g)	乳・乳製品		卵		肉・魚介類		豆・豆製品		野菜		いも		くだもの		穀類		油脂		砂糖	
	男	女	男	女	男	女	男	女	男	女	男	女	男	女	男	女	男	女	男	女
	320	320	55	55	200	120	80	80	350	350	100	100	150	150	480	380	30	20	10	10
食品の概量	ヨーグルト100g チーズ30g 卵1個(55g) 牛乳1本(1本200g) MILK				肉{男 80g 女 60g 魚{男 100g 女 60g 豆腐1/4丁(木綿1丁200～300g)				ほうれん草3～4株（160g） 生しいたけ1枚(30g) きゅうり1本（100g） ひじき10g* キャベツ1枚（50g） りんご小1個(150g) じゃがいも1個（100g）						パン2切れ(小麦粉量で約70g) 米{男 2カップ 女1.5カップ弱 (1カップ=170g) 砂糖大さじ1(9g) SUGAR OIL 油{男 大さじ2+1/2 女 大さじ1+2/3 (大さじ1=12g)					

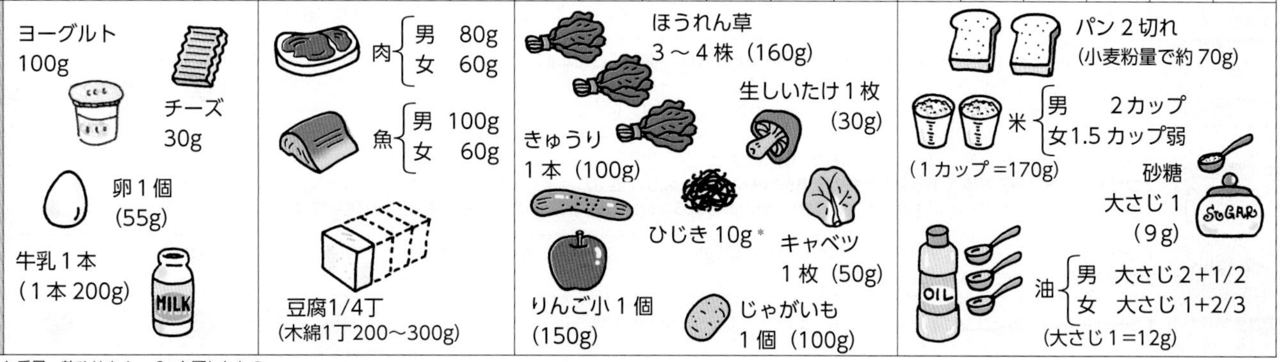

＊戻した重量　乾ひじき1～2gを戻したもの

食事バランスガイド

食事バランスガイドとは何か

「食事バランスガイド」とは，「何を」「どれだけ」食べたらよいのか，望ましい食事のとり方やおおよその量をわかりやすく示したもの。1日でとる食事のおおよその量を料理単位で示しており，料理の区分は，主食，副菜，主菜，牛乳・乳製品，果物の5つに分かれている。それぞれの区分について，1日にとる量が「つ（SV）」という単位であらわされ，1日分を足していって過不足なくとれていれば，バランスのよい食事ということができる。

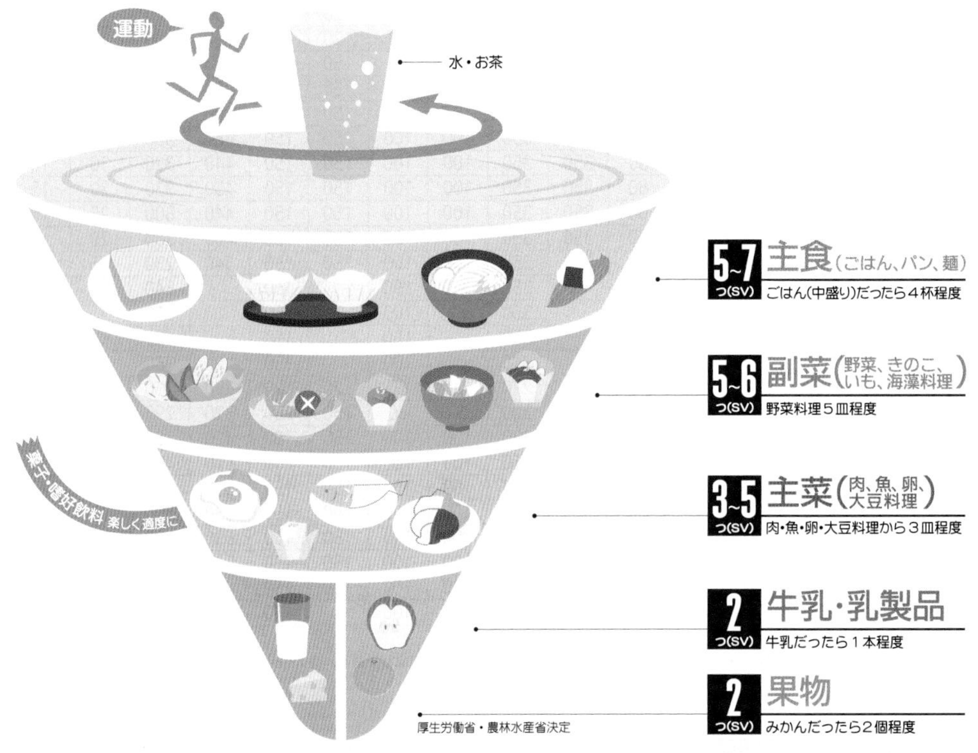

料理例に示した料理

料理区分	料理例
主　食（ごはん・パン・麺など）	**1つ分**＝ごはん軽く1杯（100g）＝おにぎり1個（100g）＝4～6枚切り食パン1枚（60～90g）＝ロールパン2～3個（30g×2～3） **1.5つ分**＝ごはん中盛り1杯（150g） **2つ分**＝ごはん大盛り1杯（200g）＝うどん1杯（300g）＝もりそば1杯（300g）＝スパゲッティ（100g（乾））（具少なめのもの。）
副　菜（野菜・きのこ・いも・海藻料理など）	**1つ分**＝野菜サラダ（大皿）＝きゅうりとわかめの酢の物（小鉢）＝具たくさん味噌汁（お椀に入ったもの）＝ほうれん草のお浸し（小鉢）＝ひじきの煮物（小鉢）＝煮豆（うずら豆）（小鉢）＝きのこソテー（中皿） **2つ分**＝野菜の煮物（中皿）＝野菜炒め（中皿）＝いものにっころがし（中皿）
主　菜（肉・魚・卵・大豆料理など）	**1つ分**＝冷奴（100g），納豆（40g），目玉焼き（卵50g） **2つ分**＝焼き魚（魚の塩焼き1匹分）＝魚の天ぷら（キス2匹，えび1匹分）＝まぐろとイカの刺身（まぐろ40g，イカ20g） **3つ分**＝ハンバーグステーキ（肉重量100g程度），豚肉のしょうが焼き，鶏肉のから揚げ（肉重量90～100g程度）
牛乳・乳製品	**1つ分**＝牛乳（コップ半分＝90ml）＝チーズひとかけ（20g）＝スライスチーズ1枚（20g程度）＝ヨーグルト1パック（100g） **2つ分**＝牛乳（コップ1杯＝180ml）
果物	**1つ分**＝みかん1個＝リンゴ半分＝かき1個＝梨半分＝ぶどう半房＝桃1個

食事バランスガイドの活用方法

性・年齢・体位・活動量から，１日に何をどれだけ食べたらよいかを考え，食事の目的と好み，さらに料理の内容（主材料，調理法，味付け等）を考えて，バランスよく料理を組み合わせていく。

対象特性別，料理区分における摂取のめやす

単位：つ（SV）

対象者	エネルギー kcal	主食	副菜	主菜	牛乳 乳製品	果実
・6～9歳男女 ・10～11歳女子 ・身体活動量の低い12～69歳女性 ・70歳以上女性 ・身体活動量の低い70歳以上男性	1400	4～5	5～6	3～4	2	2
	1600					
	1800					
・10～11歳男子 ・身体活動量の低い12～69歳男性 ・身体活動量ふつう以上の12～69歳女性 ・身体活動量ふつう以上の70歳以上男性	2000	5～7		3～5		
	2200					
	2400					
・身体活動量ふつう以上の12～69歳男性	2600	6～8	6～7	4～6	2～3	2～3
	2800					
	3000					

・1日分の食事量は，活動（エネルギー）量に応じて，各料理区分における摂取の目安（つ（SV））を参考にする。
・2200 ± 200kcal の場合，副菜（5～6つ（SV）），主菜（3～5（SV）），牛乳・乳製品（2つ（SV）），果実（2つ（SV））は同じだが，主食の量と，主菜の内容（食材や調理法）や量を加減して，バランスの良い食事にする。
・成長期で，身体活動レベルが特に高い場合は，主食，副菜，主菜について，必要に応じて SV 数を増加させることで適宜対応する。

食事バランスガイドの目安表

	主食	副菜	主菜	牛乳 乳製品	カロリー (kcal)
おにぎり	1	0	0	0	170
にぎり寿司	2	0	2	0	500
親子丼	2	1	2	0	510
焼そば	1	2	1	0	540
きんぴらごぼう	0	1	0	0	100
野菜炒め	0	2	0	0	210
鮭の塩焼き	0	0	2	0	120
チャーハン	2	1	2	0	700
チャーシューメン	2	1	1	0	430
餃子	0	1	2	0	350
唐揚げ	0	0	3	0	300
オムライス	2	0	2	0	610
カレーライス	2	2	2	0	760
ミックスサンドイッチ	1	1	1	1	550
ミートソーススパゲッティ	2	1	2	0	660
ポテトサラダ	0	1	0	0	170
ハンバーグ	0	1	3	0	410
クリームシチュー	0	3	2	1	380

農林水産省「食事バランスガイド　つ（SV）カウンター」参照

朝昼夕の食事例（2,200kcal）

食事	主　食	副　菜	主　菜	牛乳・乳製品	果　実
朝食	白飯小２杯　2	ひじきの煮物　1	目玉焼き　1		みかん１個　1
昼食	白飯小２杯　2	野菜スープ　1 野菜サラダ　1	ハンバーグ１／２　1.5	チーズ１枚　1 ミルクコーヒー１杯　1	
夕食	白飯小２杯　2	筑前煮　2 ほうれん草お浸し　1	サンマ塩焼き１／２　1 冷奴１／３丁　1		りんご小１／２　1
合計	6	6	4.5	2	2

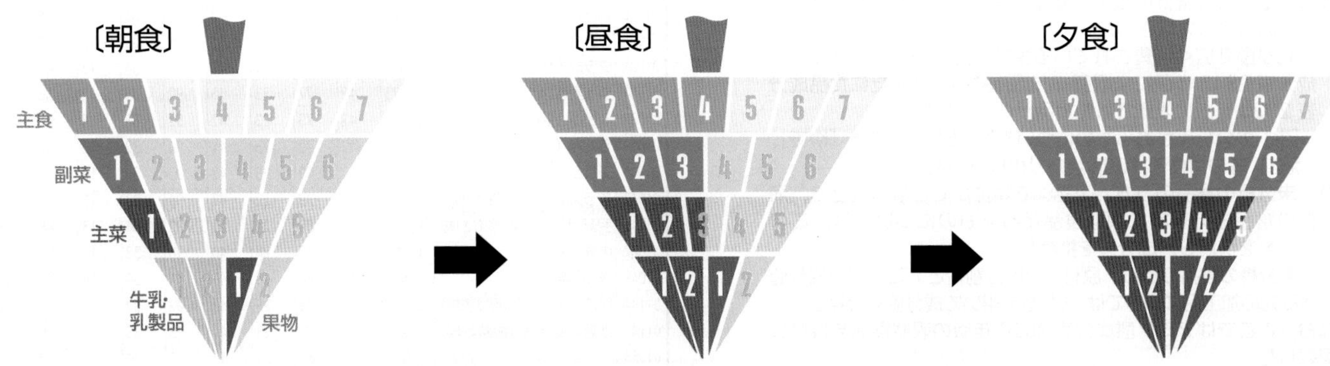

アミノ酸成分表編

■数値の性格

アミノ酸成分表は，我が国において常用される重要な食品についてアミノ酸の標準的な成分値（組成）を収載したものである。

アミノ酸の成分値は，原材料である動植物や菌類の種類，品種，生育環境，加工方法等の諸種の要因により一般にかなりの変動がある。本表においては，数値の変動要因に十分配慮しながら，幅広い利用目的に即して，日常市場で入手し得る試料についての分析値をもとに年間を通して普通に摂取する場合の全国的な平均値と考えられる成分値を求め，1 食品，1 成分値を収載している。

■作成上の留意点

アミノ酸成分表作成上の基本的留意点は次のとおりである。

①「アミノ酸組成によるたんぱく質」とは，各アミノ酸量に基づいてアミノ酸の脱水縮合物（アミノ酸残基の総量）として算出したものである。

②分析対象アミノ酸は 19 種類とする。その内訳を次に示す。

■必須アミノ酸	■その他のアミノ酸
イソロイシン	アルギニン
ロイシン	アラニン
リシン（リジン）	アスパラギン酸
含硫アミノ酸（メチオニン，シスチン）	グルタミン酸
芳香族アミノ酸（フェニルアラニン，チロシン）	グリシン
トレオニン（スレオニン）	プロリン
トリプトファン	セリン
バリン	（ヒドロキシプロリン）*
ヒスチジン	＊魚介類，肉類のみ

③分析に当たっては，一般的で，より精度の高い方法を統一的に採用する。

④成分値の決定はできるだけ標準的なサンプルから得られた分析値を基に既往の文献値等と対照しながら行う。

■収載食品

収載食品は，改訂アミノ酸組成表及びアミノ酸成分表 2010 策定時において，

①たんぱく質供給食品として，たんぱく質含量の多い食品及び摂取量の多い食品を中心として対象とする

②原材料的食品は，消費形態に近いものを対象とする

③加工食品は，日常よく摂取されるものの中から，アミノ酸組成に変化をもたらすような加工がされているものを対象とする

との考え方に基づき選定され，現在もこの考えを踏襲している。

アミノ酸成分表 2020 年版の策定に際しては，日本食品標準成分表 2020 年版（八訂）との整合性を確保しつつ，アミノ酸成分表追補等による新規分析食品の増加，アミノ酸成分表 2015 年版での推計を基礎として，類似食品からの類推や海外の食品成分表等からの借用等の推計の根拠を確認・追加するなど，利用者の便宜を図る観点から見直された。

ア：我が国で広く消費されている主な食品について，アミノ酸成分表 2015 年版に未収載であった食品及び新たに食品成分表 2020 年版に収載された食品から選定した。

イ：「生」の分析値があるものについては，それに基づき「ゆで」，「焼き」等の可食部 100g 当たりの成分値を推計した。

ウ：未分析の食品のうち，上記③で類推ができない食品で，海外の食品成分表等に類似食品があるものについては，このデータを借用し，成分値を推計した。

エ：未分析の食品のうち，原材料の配合割合とアミノ酸の成分値が既知の加工品については，それらを用いて成分値を計算した。

なお，ここではアミノ酸成分表 2020 年版の収載食品を抜粋して掲載した。

■必須アミノ酸の推定平均必要量

必須アミノ酸の必要量については，長年，1985 年に FAO/WHO/UNU が示したアミノ酸評点パターンをもとにして考えられてきたが，1985 年報告は諸損失分について考慮されていなかったこともあり，2007 年に改訂された。

			必須アミノ酸									
			イソロイシン	ロイシン	リシン	含硫アミノ酸	芳香族アミノ酸	トレオニン	トリプトファン	バリン	ヒスチジン	合計
アミノ酸評点パターン（1985 年）		単位	Ile	Leu	Lys	AAS	AAA	Thr	Trp	Val	His	
		mg/gN	180	410	360	160	390	210	70	220	120	—
アミノ酸評点パターン（2007 年）	0.5 歳	mg/g たんぱく質	32	66	57	28	52	31	8.5	43	20	337
	1～2 歳		31	63	52	26	46	27	7.4	42	18	312
	3～10 歳		31	61	48	24	41	25	6.6	40	16	292
	11～14 歳		30	60	48	23	41	25	6.5	40	16	290
	15～17 歳		30	60	47	23	40	24	6.3	40	16	286
	18 歳以上		30	59	45	22	38	23	6.0	39	15	277

※成人のたんぱく質推定平均必要量は，0.66/kg 体重 / 日として計算されている。
※含硫アミノ酸は，メチオニン＋シスチン
※芳香族アミノ酸は，フェニルアラニン＋チロシン

(FAO/WHO/UNU)

■アミノ酸成分表

【単位＝mg】

食品番号	食品名	アミノ酸価	アミノ酸組成によるたんぱく質 1g 当たり								
			イソロイシン	ロイシン	リシン	含硫アミノ酸	芳香族アミノ酸	トレオニン	トリプトファン	バリン	ヒスチジン
			Ile	Leu	Lys	AAS	AAA	Thr	Trp	Val	His
アミノ酸評点パターン（成人）			30	59	45	22	38	23	6.0	39	15
1 穀類											
01002	あわ（精白粒）	Lys49	47	150	22	59	97	46	21	58	26
01004	えんばく（オートミール）	100	48	88	51	63	100	41	17	66	29
01006	おおむぎ（押麦）	Lys89	43	85	40	51	100	44	16	60	27
01015	こむぎ（薄力粉 1 等）	Lys53	41	79	24	50	92	34	14	49	26
01016	こむぎ（薄力粉 2 等）	Lys58	41	78	26	48	92	34	13	49	26
01018	こむぎ（中力粉 1 等）	Lys53	41	79	24	48	92	33	13	49	26
01019	こむぎ（中力粉 2 等）	Lys53	40	78	24	47	91	34	13	49	26
01020	こむぎ（強力粉 1 等）	Lys49	40	78	22	46	92	32	13	47	26
01021	こむぎ（強力粉 2 等）	Lys49	40	78	22	44	92	33	13	47	26
01026	食パン	Lys51	42	81	23	42	96	33	12	48	27
01028	コッペパン	Lys51	43	80	23	41	94	35	12	50	27
01031	フランスパン	Lys47	41	79	21	43	95	34	13	48	26
01032	ライ麦パン	Lys73	42	77	33	43	92	43	12	56	28
01038	うどん（生）	Lys51	42	79	23	42	92	33	13	49	26
01039	うどん（ゆで）	Lys51	42	79	23	41	94	32	12	49	25
01041	干しうどん（乾）	Lys51	40	79	23	42	92	34	12	48	25
01043	そうめん / ひやむぎ（乾）	Lys49	41	79	22	42	94	33	13	49	26
01045	手延そうめん / 手延ひやむぎ（乾）	Lys51	41	80	23	41	92	34	13	48	26
01047	中華めん（生）	Lys53	41	79	24	40	98	33	12	50	25
01049	蒸し中華めん	Lys51	43	80	23	49	91	33	14	48	28
01144	即席中華めん（油揚げ乾燥）	Lys49	42	79	22	43	92	32	13	48	26
01145	即席中華めん（加熱乾燥）	Lys51	42	80	23	41	93	33	13	48	27
01063	マカロニ / スパゲッティ（乾）	Lys47	43	83	21	44	91	34	13	52	30

【単位＝mg】

食品番号	食品名	アミノ酸価	アミノ酸組成によるたんぱく質1g当たり								
			イソロイシン	ロイシン	リシン	含硫アミノ酸	芳香族アミノ酸	トレオニン	トリプトファン	バリン	ヒスチジン
			Ile	Leu	Lys	AAS	AAA	Thr	Trp	Val	His
アミノ酸評点パターン（成人）			30	59	45	22	38	23	6.0	39	15
01064	マカロニ／スパゲッティ（ゆで）	Lys49	43	85	22	43	92	33	12	51	29
01066	焼きふ（窯焼きふ）	Lys42	44	81	19	51	95	32	12	47	26
01070	小麦はいが	100	43	79	83	40	83	54	13	65	32
01071	小麦たんぱく（粉末状）	Lys44	43	76	20	41	94	31	11	47	25
01080	こめ（水稲／玄米）	100	46	93	45	54	110	45	17	70	32
01083	こめ（水稲／精白米／うるち米）	Lys93	47	96	42	55	110	44	16	69	31
01088	こめ（水稲めし／精白米／うるち米）	Lys91	46	95	41	56	110	45	17	66	30
01110	こめ（うるち米／アルファ化米）	Lys89	40	95	40	58	120	44	16	71	30
01115	こめ（うるち米／ビーフン）	Lys98	48	94	44	63	120	46	18	70	29
01120	白玉粉	Lys87	49	97	39	56	120	43	16	71	30
01122	そば粉（全層粉）	100	44	78	69	53	84	48	19	61	31
01127	そば（生）	Lys84	42	79	38	43	89	38	15	51	27
01129	干しそば（乾）	Lys76	42	79	34	44	92	37	15	52	27
01133	とうもろこし（コーングリッツ／黄色種）	Lys44	43	170	20	54	100	38	5.8	53	33
01137	とうもろこし（コーンフレーク）	Lys22	44	170	10	44	110	38	6.0	55	33
01138	はと麦（精白粒）	Lys40	44	150	18	47	99	32	5.6	60	24
01142	ライ麦（全粒粉）	100	41	77	46	50	88	45	14	59	30
01143	ライ麦粉	Lys98	41	74	44	48	83	42	13	57	30

2 いも及びでん粉類

食品番号	食品名	アミノ酸価	Ile	Leu	Lys	AAS	AAA	Thr	Trp	Val	His
02006	さつまいも（塊根／皮なし／生）	100	50	74	59	37	110	76	17	71	24
02049	むらさきいも（塊根／皮なし／蒸し）	100	49	75	58	44	110	67	18	70	25
02010	さといも（球茎／生）	100	39	91	57	52	130	54	26	63	24
02017	じゃがいも（塊根／皮なし／生）	100	42	65	68	36	82	48	14	66	22
02023	やまのいも（ながいも／ながいも／塊根／生）	Leu97	39	57	47	26	79	44	19	51	25

3 砂糖及び甘味類

食品番号	食品名	アミノ酸価	Ile	Leu	Lys	AAS	AAA	Thr	Trp	Val	His
03001	黒砂糖	Lys21	20	29	9.5	23	31	30	6.5	40	6.2

4 豆類

食品番号	食品名	アミノ酸価	Ile	Leu	Lys	AAS	AAA	Thr	Trp	Val	His
04001	あずき（全粒／乾）	100	51	93	90	33	100	47	13	63	39
04005	あずき（さらしあん）	100	62	100	84	35	110	48	13	69	39
04007	いんげんまめ（全粒／乾）	100	58	98	82	32	110	53	14	67	38
04012	えんどう（全粒／青えんどう／乾）	100	49	85	89	31	94	50	11	58	31
04017	ささげ（全粒／乾）	100	54	93	82	38	110	48	14	63	40
04019	そらまめ（全粒／乾）	100	50	90	80	24	89	48	11	57	33
04023	だいず（全粒／国産／黄大豆／乾）	100	53	87	72	34	100	50	15	55	31
04025	だいず（全粒／米国産／黄大豆／乾）	100	53	88	74	35	99	50	16	55	33
04026	だいず（全粒／中国産／黄大豆／乾）	100	52	88	74	34	97	49	15	56	33
04028	だいず水煮缶詰（全粒／黄大豆）	100	54	92	70	33	100	50	15	57	31
04029	きな粉（全粒大豆／黄大豆）	100	55	91	59	33	100	50	15	58	34
04030	きな粉（脱皮大豆／黄大豆）	100	56	92	57	32	100	51	16	59	34
04032	豆腐（木綿）	100	52	89	72	30	110	48	16	53	30
04040	油揚げ（生）	100	54	91	69	27	110	47	15	57	30
04042	凍り豆腐（乾）	100	54	91	71	27	110	48	15	57	29
04046	納豆（糸引き納豆）	100	54	89	78	40	110	46	17	59	34
04051	おから（生）	100	52	91	75	37	99	54	15	60	34
04052	豆乳	100	51	86	72	33	100	48	16	53	31
04057	大豆たんぱく（分離）	100	52	90	72	29	100	48	15	54	31
04060	湯葉（干し／乾）	100	54	89	71	31	110	49	14	56	30
04071	りょくとう（全粒／乾）	100	51	95	84	25	110	42	12	64	35

5 種実類

食品番号	食品名	アミノ酸価	Ile	Leu	Lys	AAS	AAA	Thr	Trp	Val	His
05001	アーモンド（乾）	Lys78	46	78	35	27	89	35	11	53	30
05005	カシューナッツ（フライ／味付け）	100	50	86	55	48	91	43	19	68	28
05008	ぎんなん（生）	100	46	80	45	45	75	61	19	64	23
05010	くり（日本ぐり／生）	100	41	68	61	33	74	45	15	54	28
05014	くるみ（いり）	Lys71	48	84	32	41	91	41	15	58	29

【単位＝mg】

食品番号	食品名	アミノ酸価	アミノ酸組成によるたんぱく質1g当たり								
			イソロイシン	ロイシン	リシン	含硫アミノ酸	芳香族アミノ酸	トレオニン	トリプトファン	バリン	ヒスチジン
			Ile	Leu	Lys	AAS	AAA	Thr	Trp	Val	His
アミノ酸評点パターン（成人）			30	59	45	22	38	23	6.0	39	15
05017	ごま（乾）	Lys71	44	79	32	61	93	46	19	57	32
05026	ピスタチオ（いり／味付け）	100	52	85	60	39	91	40	17	71	29
05038	ひまわり（乾）	Lys91	54	76	41	51	88	45	17	64	32
05039	ヘーゼルナッツ（いり）	Lys69	45	83	31	40	86	38	17	58	30
05031	マカダミアナッツ（いり／味付け）	100	38	70	45	55	93	38	13	49	28
05033	まつ（いり）	Lys91	44	80	41	56	86	36	11	56	28
05034	らっかせい（乾／大粒種）	Lys93	40	76	42	28	110	35	11	51	29

6 野菜類

食品番号	食品名	アミノ酸価	Ile	Leu	Lys	AAS	AAA	Thr	Trp	Val	His
06007	アスパラガス（若茎／生）	100	41	70	69	33	74	48	14	59	24
06010	いんげんまめ（さやいんげん／若ざや／生）	100	44	70	63	30	86	60	15	63	32
06015	えだまめ（生）	100	52	87	73	33	99	48	15	55	33
06020	さやえんどう（若ざや／生）	100	47	66	72	25	73	59	14	68	24
06023	グリンピース（生）	100	51	91	89	25	99	54	11	59	29
06032	オクラ（果実／生）	100	41	67	60	32	79	47	17	54	27
06036	かぶ（根・皮つき／生）	100	48	80	87	36	90	62	17	71	32
06038	かぶ（根・皮なし／生）	100	49	79	85	36	89	62	15	71	31
06046	日本かぼちゃ（果実／生）	100	48	75	72	37	93	42	18	63	28
06048	西洋かぼちゃ（果実／生）	100	46	81	78	41	100	47	18	58	31
06052	からしな（葉／生）	100	48	88	78	35	99	63	22	69	28
06054	カリフラワー（花序／生）	100	53	85	88	40	95	60	17	76	28
06056	かんぴょう（乾）	100	51	71	61	32	86	46	7.2	61	28
06061	キャベツ（結球葉／生）	Leu93	35	55	56	29	62	47	12	52	32
06065	きゅうり（果実／生）	100	44	70	59	29	82	41	16	53	24
06084	ごぼう（根／生	Leu78	38	46	58	20	58	38	12	43	27
06086	こまつな（葉／生）	100	51	88	72	24	110	58	25	73	29
06093	ししとう（果実／生）	100	46	72	79	41	95	53	17	63	28
06099	しゅんぎく（葉／生）	100	53	93	69	30	110	59	21	70	26
06103	しょうが（根茎／皮なし／生）	Lys64	40	58	29	28	77	60	18	55	24
06119	セロリ（葉柄／生）	AAS82	43	64	57	18	73	47	15	65	26
06124	そらまめ（未熟豆／生）	100	48	87	80	23	95	45	10	55	33
06130	だいこん（葉／生）	100	53	95	75	33	110	64	24	73	29
06132	だいこん（根／皮つき／生）	Leu97	45	57	61	30	70	53	12	67	28
06134	だいこん（根／皮なし／生）	Leu93	43	55	58	31	66	51	12	67	26
06149	たけのこ（若茎／生）	100	35	62	61	32	110	45	12	54	25
06153	たまねぎ（りん茎／生）	Leu64	21	38	66	26	70	29	17	27	24
06160	チンゲンサイ（葉／生）	AAS77	49	81	69	17	95	58	23	67	27
06175	とうもろこし（スイートコーン／未熟種子／生）	100	41	120	57	52	95	51	11	61	30
06182	赤色トマト（果実／生）	Leu83	31	49	51	30	65	37	10	35	24
06191	なす（果実／生）	100	46	72	76	31	88	50	16	62	33
06205	にがうり（果実／生）	100	50	82	90	32	110	57	20	67	39
06207	にら（葉／生）	100	50	86	74	34	100	62	25	65	24
06212	にんじん（根・皮つき／生）	100	46	68	67	32	77	54	16	64	25
06214	にんじん（根・皮なし／生）	100	45	66	63	33	76	53	16	63	24
06223	にんにく（りん茎／生）	Leu93	29	55	61	33	73	37	17	48	22
06226	根深ねぎ（葉／軟白／生）	100	38	65	68	34	82	46	14	52	22
06233	はくさい（結球葉／生）	100	43	71	71	32	78	53	14	61	27
06245	青ピーマン（果実／生）	100	46	76	76	43	90	59	16	63	26
06263	ブロッコリー（花序／生）	100	44	71	75	35	81	51	16	64	34
06267	ほうれんそう（葉／通年平均／生）	100	50	86	67	39	110	56	25	66	31
06268	ほうれんそう（葉／通年平均／ゆで）	100	51	92	71	41	120	57	25	67	30
06269	ほうれんそう（葉／冷凍）	100	51	98	76	41	120	60	23	68	31
06287	もやし（だいずもやし／生）	100	52	74	54	28	97	49	17	62	35
06289	もやし（ブラックマッペもやし／生）	100	61	69	46	22	110	47	17	83	44
06305	らっきょう（りん茎／生）	Leu90	33	53	83	28	79	34	18	42	29
06312	レタス（土耕栽培／結球葉／生）	100	51	79	68	28	87	62	16	62	24
06313	サラダな（葉／生）	100	52	89	67	32	96	60	21	64	25
06317	れんこん（根茎／生）	Leu64	25	38	38	32	61	38	13	34	24

【単位＝mg】

食品番号	食品名	アミノ酸価	イソロイシン	ロイシン	リシン	含硫アミノ酸	芳香族アミノ酸	トレオニン	トリプトファン	バリン	ヒスチジン
			アミノ酸組成によるたんぱく質1g当たり								
			Ile	Leu	Lys	AAS	AAA	Thr	Trp	Val	His
アミノ酸評点パターン（成人）			30	59	45	22	38	23	6.0	39	15
7 果実類											
07006	アボカド（生）	100	53	91	79	49	95	58	18	69	34
07012	いちご（生）	100	38	65	51	42	58	44	13	50	23
07015	いちじく（生）	100	42	63	57	35	52	45	13	57	21
07019	うめ（生）	Leu83	33	49	48	19	51	35	10	43	26
07049	かき（甘がき／生）	100	61	92	82	56	87	71	24	69	30
07027	うんしゅうみかん（じょうのう／普通／生）	100	35	60	65	36	56	40	9.7	47	24
07030	うんしゅうみかん（果実飲料／ストレート）	Leu62	22	37	40	28	47	29	7.0	31	15
07031	うんしゅうみかん（果実飲料／濃縮還元）	Leu64	22	38	42	27	49	29	7.8	31	15
07040	ネーブル（砂じょう／生）	Leu90	32	53	60	31	51	36	9.2	44	22
07062	グレープフルーツ（白肉種／砂じょう／生）	Leu63	22	37	46	27	38	31	7.8	31	20
07093	なつみかん（砂じょう／生）	Leu90	31	53	57	27	49	35	8.6	42	21
07142	ゆず（果皮／生）	100	41	67	67	33	86	45	12	53	30
07054	キウイフルーツ（緑肉種／生）	100	62	75	67	65	75	61	18	68	30
07077	すいか（赤肉種／生）	Leu90	49	53	49	41	71	35	19	49	34
07080	すもも（にほんすもも／生）	Leu71	32	42	43	17	39	34	5.3	37	21
07088	なし（日本なし／生）	Lys64	31	40	29	30	32	38	6.4	53	14
07097	パインアップル（生）	100	44	59	59	74	69	43	17	55	28
07107	バナナ（生）	100	49	97	71	41	63	49	14	68	110
07116	ぶどう（皮なし／生）	Leu81	29	48	49	35	44	48	10	42	36
07135	メロン（露地メロン／緑肉種／生）	Leu63	26	37	35	29	44	37	12	44	23
07136	もも（白肉種／生）	Leu68	25	40	40	21	36	36	5.8	34	19
07148	りんご（皮なし／生）	100	39	59	52	41	45	40	9.2	45	22
8 きのこ類											
08001	えのきたけ（生）	100	51	81	76	32	120	67	22	66	44
08006	きくらげ（乾）	100	49	96	64	34	100	81	26	70	37
08039	しいたけ（生しいたけ／菌床栽培／生）	100	53	82	75	24	89	66	20	65	29
08013	しいたけ（乾しいたけ／乾）	100	48	80	71	36	81	64	19	59	28
08016	（しめじ類）ぶなしめじ生	100	52	81	74	26	90	65	12	64	32
08020	なめこ（株採り／生）	100	61	96	64	33	57	78	11	75	35
08025	エリンギ（生）	100	56	87	82	32	98	69	22	70	28
08028	まいたけ（生）	Leu97	49	57	72	28	100	73	22	73	35
08031	マッシュルーム（生）	100	58	88	68	27	77	66	21	70	30
9 藻類											
09002	あおのり（素干し）	100	46	86	57	48	95	64	20	69	22
09003	あまのり（ほしのり）	100	52	91	63	49	89	65	16	81	18
09017	こんぶ（まこんぶ／素干し／乾）	100	38	68	47	41	65	51	12	53	18
09049	粉寒天（てんぐさ）	His43	100	170	41	32	120	42	4.7	120	6.5
09050	ひじき（ほしひじき／ステンレス釜／乾）	Lys93	60	100	42	47	100	67	21	74	22
09038	もずく（塩蔵／塩抜き）	100	53	100	63	53	110	65	23	70	23
09044	わかめ（カットわかめ／乾）	100	58	110	73	46	98	64	23	75	26
09045	わかめ（湯通し塩蔵わかめ／塩抜き／生）	100	57	100	71	49	110	62	23	73	25
10 魚介類											
10002	あこうだい（生）	100	57	95	120	50	90	57	12	60	27
10003	あじ（まあじ／皮つき／生）	100	52	91	110	47	88	57	13	59	47
10015	あなご（生）	100	58	95	110	50	87	54	13	61	36
10018	あまだい（生）	100	59	96	110	53	89	56	13	63	26
10021	あゆ（天然／生）	100	49	90	100	49	87	55	13	57	36
10025	あゆ（養殖／生）	100	50	91	110	49	89	56	14	59	33
10033	いかなご（生）	100	56	96	100	53	90	60	14	64	32
10042	いわし（うるめいわし／生）	100	56	93	110	47	91	56	14	65	61
10044	いわし（かたくちいわし／生）	100	54	91	110	49	89	57	13	63	60
10047	いわし（まいわし／生）	100	56	93	110	46	90	58	13	64	61
10055	いわし（しらす干し／微乾燥品）	100	53	94	110	46	94	60	15	63	31

【単位＝mg】

食品番号	食品名	アミノ酸価	イソロイシン	ロイシン	リシン	含硫アミノ酸	芳香族アミノ酸	トレオニン	トリプトファン	バリン	ヒスチジン
			アミノ酸組成によるたんぱく質1g当たり								
			Ile	Leu	Lys	AAS	AAA	Thr	Trp	Val	His
アミノ酸評点パターン（成人）			30	59	45	22	38	23	6.0	39	15
10056	いわし（しらす干し／半乾燥品）	100	53	94	110	48	95	60	14	63	32
10397	いわし（アンチョビ／缶詰）	100	63	97	99	51	100	60	19	70	40
10067	うなぎ（養殖／生）	100	44	77	90	43	76	51	9.4	50	42
10071	うまづらはぎ（生）	100	60	97	110	51	89	54	14	68	29
10083	かじき（くろかじき／生）	100	59	90	100	50	83	53	14	65	98
10086	かつお（春獲り／生）	100	51	88	100	47	85	56	15	59	120
10087	かつお（秋獲り／生）	100	53	89	100	47	86	56	15	61	120
10091	かつお（加工品／かつお節）	100	56	92	100	46	89	59	15	63	88
10092	かつお（加工品／削り節）	100	55	93	100	47	92	60	16	64	75
10098	かます（生）	100	58	97	110	57	92	55	13	64	34
10100	かれい（まがれい／生）	100	54	95	110	49	88	58	13	60	29
10109	きす（生）	100	53	93	110	49	88	57	13	59	28
10115	ぎんだら（生）	100	52	89	100	48	86	57	12	56	27
10116	きんめだい（生）	100	51	90	110	49	90	55	13	59	37
10117	ぐち（生）	100	60	96	110	53	92	55	13	66	27
10119	こい（養殖／生）	100	50	88	100	46	87	55	12	57	40
10124	このしろ（生）	100	59	97	110	54	90	54	14	66	45
10134	さけ（しろさけ／生）	100	54	90	100	49	89	60	13	63	53
10141	さけ（しろさけ／すじこ）	100	72	110	90	50	100	56	12	85	31
10148	ます（にじます／淡水養殖／皮つき／生）	100	48	85	100	49	84	56	12	56	41
10154	さば（まさば／生）	100	54	89	100	51	87	58	13	64	73
10168	さめ（よしきりざめ／生）	100	62	96	110	50	90	58	15	60	30
10171	さわら（生）	100	56	91	110	49	87	57	13	62	40
10173	さんま（皮つき／生）	100	53	89	99	47	87	56	14	60	73
10182	ししゃも（からふとししゃも／生干し／生）	100	58	96	93	51	91	58	16	72	30
10192	たい（まだい／天然／生）	100	58	95	110	49	89	58	13	64	31
10198	たちうお（生）	100	56	92	110	53	89	59	12	62	30
10199	たら（すけとうだら／生）	100	48	88	100	52	85	55	13	55	30
10202	たら（すけとうだら／たらこ／生）	100	63	110	87	39	99	58	13	69	25
10205	たら（まだら／生）	100	50	90	110	51	88	56	12	56	31
10213	どじょう（生）	100	55	92	100	46	86	55	12	62	27
10215	とびうお（生）	100	59	95	110	52	88	54	14	64	59
10218	にしん（生）100	100	59	98	110	53	90	55	13	68	31
10225	はぜ（生）	100	58	97	110	52	94	55	13	61	29
10228	はたはた（生）	100	52	90	100	48	83	56	12	57	26
10231	はも（生）	100	58	94	120	50	86	52	13	61	33
10235	ひらめ（養殖／皮つき／生）	100	53	91	110	47	88	58	12	61	31
10237	ふぐ（まふぐ／生）	100	59	95	110	50	85	55	14	65	29
10238	ふな（生）	100	58	96	110	49	92	54	12	63	34
10241	ぶり（成魚／生）	100	56	90	110	49	87	56	14	63	91
10243	ぶり（はまち／養殖／皮つき／生）	100	52	86	99	44	83	56	13	58	75
10246	ほっけ（生）	100	57	96	120	47	90	58	12	63	34
10249	ぼら（生）	100	59	95	110	51	85	55	14	65	39
10252	まぐろ（きはだ／生）	100	54	89	100	46	84	57	13	60	100
10253	まぐろ（くろまぐろ／天然／赤身／生）	100	54	90	100	46	84	55	13	61	110
10254	まぐろ（くろまぐろ／天然／脂身／生）	100	54	88	110	47	86	55	14	63	100
10268	むつ（生）	100	53	94	110	49	90	59	13	58	35
10271	めばる（生）	100	58	96	120	53	91	55	13	62	27
10272	メルルーサ（生）	100	58	96	110	53	90	54	13	64	25
10276	わかさぎ（生）	100	54	93	100	54	89	53	12	64	30
10279	あかがい（生）	100	50	84	83	49	82	57	12	53	26
10281	あさり（生）	100	48	81	84	45	86	58	12	54	25
10427	あわび（くろあわび／生）	100	39	72	60	36	68	52	10	44	16
10292	かき（養殖／生）	100	49	78	85	46	88	59	13	55	28
10295	さざえ（生）	100	45	82	69	46	72	50	10	49	18
10297	しじみ（生）	100	51	80	91	47	97	76	17	64	30
10300	つぶ（生）	100	45	91	76	49	77	53	11	55	25
10303	とりがい（斧足／生）	100	55	89	92	52	82	55	12	57	23

【単位＝mg】

食品番号	食品名	アミノ酸価	イソロイシン Ile	ロイシン Leu	リシン Lys	含硫アミノ酸 AAS	芳香族アミノ酸 AAA	トレオニン Thr	トリプトファン Trp	バリン Val	ヒスチジン His
			アミノ酸組成によるたんぱく質1g当たり								
アミノ酸評点パターン（成人）			30	59	45	22	38	23	6.0	39	15
10305	ばかがい（生）	100	53	84	87	46	82	53	12	51	21
10306	はまぐり（生）	100	52	84	89	50	84	53	14	56	29
10311	ほたてがい（生）	100	46	79	81	47	75	55	10	49	26
10320	いせえび（生）	100	49	84	94	43	87	45	11	51	25
10321	くるまえび（養殖／生）	100	43	78	88	41	80	43	10	46	22
10328	しばえび（生）	100	53	91	93	51	88	46	13	53	23
10415	バナメイえび（養殖／生）	100	48	86	90	45	88	46	12	50	24
10333	毛がに（生）	100	49	82	85	44	86	53	11	52	26
10335	ずわいがに（生）	100	52	83	89	41	90	53	13	55	28
10344	いか（こういか／生）	100	52	95	97	46	84	55	11	48	25
10348	いか（ほたるいか／生）	100	61	91	90	69	100	56	15	64	30
10352	いか（やりいか／生）	100	49	86	91	46	81	54	11	48	24
10361	たこ（まだこ／生）	100	53	88	85	39	81	59	11	52	27
10365	うに（生うに）	100	53	79	81	53	95	58	17	65	26
10368	おきあみ（生）	100	61	92	99	48	94	57	14	66	29
10371	しゃこ（ゆで）	100	57	93	100	45	92	52	14	62	31
10372	なまこ（生）	Lys91	41	55	41	31	65	64	9.6	50	14
10379	蒸しかまぼこ	100	58	94	110	49	82	53	12	61	24
10388	魚肉ソーセージ	100	55	90	93	46	80	48	12	59	25

11 肉類

食品番号	食品名	アミノ酸価	Ile	Leu	Lys	AAS	AAA	Thr	Trp	Val	His
11003	うさぎ（肉／赤肉／生）	100	58	94	110	46	90	58	13	62	55
11016	うし（和牛肉／サーロイン／皮下脂肪なし／生）	100	56	98	110	47	88	60	13	59	47
11041	うし（乳用肥育牛肉／リブロース／赤肉／生）	100	54	95	110	44	89	57	14	58	47
11042	うし（乳用肥育牛肉／リブロース／脂身／生）	Trp95	32	66	63	25	62	38	5.7	49	35
11044	うし（乳用肥育牛肉／サーロイン／皮下脂肪なし／生）	100	52	91	100	46	86	55	13	57	46
11089	うし（ひき肉／生）	100	50	91	100	41	85	54	13	55	42
11090	うし（副生物／舌／生）	100	51	95	100	42	88	55	13	58	34
11091	うし（副生物／心臓／生）	100	55	100	94	46	92	54	16	64	32
11092	うし（副生物／肝臓／生）	100	53	110	92	47	100	55	17	71	35
11093	うし（副生物／じん臓／生）	100	53	110	84	49	99	55	19	72	32
11109	うま（肉／赤肉／生）	100	58	96	110	44	89	57	14	60	59
11110	くじら（肉／赤肉／生）	100	56	100	120	42	87	56	14	55	45
11275	しか（にほんじか／赤肉／生）	100	52	88	100	47	88	58	14	62	53
11127	ぶた（大型種肉／ロース／赤肉／生）	100	54	94	100	45	89	58	14	58	52
11128	ぶた（大型種肉／ロース／脂身／生）	Trp98	32	65	65	27	65	39	5.9	50	40
11150	ぶた（中型種肉／ロース／皮下脂肪なし／生）	100	57	94	100	47	86	57	14	62	59
11163	ぶた（ひき肉／生）	100	49	88	96	42	84	54	13	55	44
11164	ぶた（副生物／舌／生）	100	55	97	99	48	88	53	16	62	35
11165	ぶた（副生物／心臓／生）	100	55	100	94	50	92	55	16	64	31
11166	ぶた（副生物／肝臓／生）	100	54	110	89	50	100	57	17	71	33
11167	ぶた（副生物／じん臓／生）	100	53	110	83	48	100	54	19	70	33
11198	ぶた（ゼラチン）	Trp2	14	34	42	9.8	26	23	0.1	31	7.8
11245	めんよう（マトン／ロース／皮下脂肪なし／生）	100	50	96	110	47	91	60	15	57	43
11246	めんよう（ラム／ロース／皮下脂肪なし／生）	100	47	97	110	47	91	59	15	59	53
11204	やぎ（肉／赤肉／生）	100	56	96	110	47	90	57	13	59	49
11247	かもあひる（肉／皮なし／生）	100	56	97	100	45	92	58	15	59	40
11210	しちめんちょう（肉／皮なし／生）	100	59	94	110	46	87	56	14	61	62
11285	にわとり（手羽さき／皮付き／生）	100	44	78	84	38	75	48	10	51	39
11220	にわとり（若どり・主品目／むね／皮なし／生）	100	56	93	100	46	88	57	15	59	61
11224	にわとり（若どり・主品目／むね／皮なし／生）	100	55	93	100	45	88	56	15	58	43
11230	にわとり（二次品目／ひき肉／生）	100	52	89	99	44	86	55	14	57	49
11231	にわとり（副品目／心臓／生）	100	56	100	95	50	94	55	16	67	31
11232	にわとり（副品目／肝臓／生）	100	55	100	90	48	100	59	17	69	34
11233	にわとり（副品目／すなぎも／生）	100	51	89	81	47	82	52	11	56	26
11234	にわとり（副品目／皮／むね／生）	100	40	71	75	40	66	41	8.6	55	50
11235	にわとり（副品目／皮／もも／生）	Trp95	32	62	62	29	60	39	5.7	43	32
11292	にわとり（チキンナゲット）	100	54	92	95	42	84	54	14	58	55

【単位＝mg】

食品番号	食品名	アミノ酸価	イソロイシン Ile	ロイシン Leu	リシン Lys	含硫アミノ酸 AAS	芳香族アミノ酸 AAA	トレオニン Thr	トリプトファン Trp	バリン Val	ヒスチジン His
			アミノ酸組成によるたんぱく質1g当たり								
アミノ酸評点パターン（成人）			30	59	45	22	38	23	6.0	39	15
11293	にわとり（つくね）	100	53	89	90	38	82	53	13	58	41

12 卵類

食品番号	食品名	アミノ酸価	Ile	Leu	Lys	AAS	AAA	Thr	Trp	Val	His
12002	うずら卵（全卵／生）	100	60	100	85	71	110	66	16	76	34
12004	鶏卵（全卵／生）	100	58	98	84	63	110	56	17	73	30
12010	鶏卵（卵黄／生）	100	60	100	89	50	100	61	17	69	31
12014	鶏卵（卵白／生）	100	59	96	77	71	120	54	18	78	30

13 乳類

食品番号	食品名	アミノ酸価	Ile	Leu	Lys	AAS	AAA	Thr	Trp	Val	His
13002	生乳（ホルスタイン種）	100	62	110	94	40	98	50	15	76	32
13003	普通牛乳	100	58	110	91	36	110	51	16	71	31
13010	脱脂粉乳	100	59	110	87	36	110	51	15	72	33
13011	乳児用調製粉乳	100	68	110	91	48	84	65	15	74	28
13013	加糖練乳	100	58	110	90	35	98	52	14	72	33
13014	クリーム（乳脂肪）	100	56	110	89	41	110	57	14	68	32
13020	コーヒーホワイトナー（液状／乳脂肪）	100	56	100	87	36	110	51	14	71	32
13025	ヨーグルト（全脂無糖）	100	62	110	90	39	100	50	15	74	31
13028	乳酸菌飲料（乳製品）	100	62	110	84	41	98	50	13	75	32
13034	チーズ（カマンベールチーズ）	100	55	100	85	33	120	46	14	72	34
13035	チーズ（クリームチーズ）	100	57	110	90	35	110	51	16	70	33
13037	チーズ（ナチュラルチーズ／チェダー）	100	59	110	89	38	120	41	14	75	33
13040	チーズ（プロセスチーズ）	100	59	110	90	33	120	41	14	75	34
13045	アイスクリーム（ラクトアイス／普通脂肪）	100	64	110	92	40	90	53	13	77	32
13048	カゼイン	100	60	100	86	37	120	48	14	74	33
13051	人乳	100	63	120	79	47	100	55	18	69	31

14 油脂類

食品番号	食品名	アミノ酸価	Ile	Leu	Lys	AAS	AAA	Thr	Trp	Val	His
14017	バター（無発酵／有塩）	100	56	110	88	40	100	56	13	72	34

15 菓子類

食品番号	食品名	アミノ酸価	Ile	Leu	Lys	AAS	AAA	Thr	Trp	Val	His
15125	揚げパン	Lys60	44	81	27	42	95	35	12	52	27
15127	カレーパン	Lys76	45	80	34	37	91	38	12	52	29
15132	メロンパン	Lys67	45	82	30	47	95	37	13	53	27
15097	ビスケット（ハードビスケット）	Lys42	49	88	19	46	89	35	13	56	27

16 し好飲料類

食品番号	食品名	アミノ酸価	Ile	Leu	Lys	AAS	AAA	Thr	Trp	Val	His
16001	清酒（普通酒）	Lys87	43	69	39	27	95	45	4.0	66	34
16006	ビール（淡色）	Leu71	30	42	38	41	84	38	17	53	36
16025	本みりん	AAS55	49	89	41	12	110	47	6.4	74	30
16035	抹茶	100	49	91	76	40	98	52	21	63	31
16048	ココア（ピュアココア）	100	45	78	46	45	110	55	19	71	25

17 調味料及び香辛料類

食品番号	食品名	アミノ酸価	Ile	Leu	Lys	AAS	AAA	Thr	Trp	Val	His
17007	しょうゆ（こいくち）	Trp48	62	91	69	26	70	53	2.9	67	27
17008	しょうゆ（うすくち）	Trp45	60	88	66	30	66	51	2.7	66	29
17009	しょうゆ（たまり）	Trp42	50	66	72	23	59	54	2.5	62	27
17093	中華だし（顆粒）	Trp42	16	30	33	13	28	21	2.5	24	22
17118	ドレッシング（マヨネーズタイプ／低カロリー）	Leu88	32	52	45	30	57	31	8.4	40	16
17044	みそ（米みそ／甘みそ）	100	54	95	58	31	110	49	14	62	33
17045	みそ（米みそ／淡色辛みそ）	100	58	93	68	30	110	49	13	64	33
17046	みそ（米みそ／赤色辛みそ）	100	60	96	62	34	110	50	10	66	31
17047	みそ（麦みそ）	100	55	91	51	38	100	48	10	62	29
17048	みそ（豆みそ）	100	56	90	56	28	100	49	9.1	61	33

18 調理加工食品類

食品番号	食品名	アミノ酸価	Ile	Leu	Lys	AAS	AAA	Thr	Trp	Val	His
18007	コロッケ（ポテトタイプ／フライ用／冷凍）	100	47	76	57	40	81	39	13	59	24
18002	ぎょうざ	100	47	79	57	39	79	40	12	54	27
18012	しゅうまい	100	50	84	74	39	80	44	12	56	33

面接のマナーを身につける

1 立ち方，礼の仕方

■美しい立ち方

美しい立ち方とは，正しい姿勢できちっと立つこと。そのポイントは次の６つ。いつも同じ姿勢ができるように心がける。

❶肩の力を抜いて，背筋を伸ばす
❷頭をまっすぐにする
❸目線は正面かやや下向き
❹あごを引く
❺かかとをつける
❻手は指先をそろえて自然におろす

■歩き方

正しい姿勢そのままに，背筋を伸ばす。腰の位置を高く保って，足を引きずらないように歩く。目線は正面にして，キョロキョロしないこと。

■洋室でのあいさつ

あいさつの具体的な動作がお辞儀。洋室では立ってお辞儀をするのが基本。お辞儀にはそのときの状況で，会釈，普通礼，深い礼の３つがあることを覚えておこう。

通常使うのは会釈と普通礼。深い礼は深い感謝やお詫びの気持ちを伝えるときや，表彰式で賞状を受け取るときなどに使う。

お辞儀は，礼法では手を太ももの横につけるのが基本。しかし，女性は両手を軽く前で合わせる人が多くみられるようになった。近年はよく手を後ろに組んだままでお辞儀をする人が多いが，これはマナー違反。

2 ノックの仕方と座り方

■ドアの開け閉め

ドアが閉まっている部屋に入るときは，必ずノックをして応答があってから入る。入るときは「失礼します」と声をかける。ドアの開いている部屋には，「失礼します」といって軽く会釈してから入るようにする。ドアの開け閉めは静かにし，後ろ手でドアを閉めない。

■いすを勧められたら

いすの脇であいさつをしてから座る。座るときには，上目づかいにならない，顔を突き出さない，腕（うで）や足を組まない，腕を体から離さない，猫背（ねこぜ）にならないの“5つのない”に気をつけ，かばんは足元に置く。

3 履歴書を書く

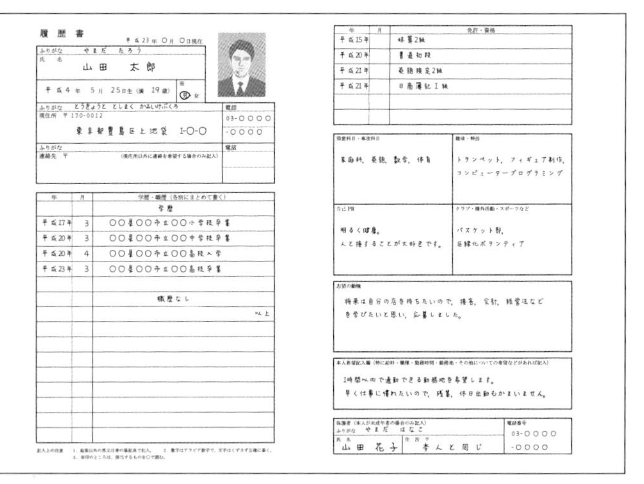

履歴書　平成23年 ○月 ○日現在

ふりがな	やまだ　たろう
氏名	山田　太郎
平成4年 5月 25日生（満 19 歳）	※ 男・女
ふりがな	とうきょうと　としまく　かみいけぶくろ
現住所 〒170-0012	東京都豊島区上池袋 1-○-○
電話	03-○○○○-○○○○
ふりがな	
連絡先 〒	（現住所以外に連絡を希望する場合のみ記入）
電話	

年	月	学歴・職歴（各別にまとめて書く）
		学歴
平成17年	3	○○県○○市立○○小学校卒業
平成20年	3	○○県○○市立○○中学校卒業
平成20年	4	○○県○○市立○○高校入学
平成23年	3	○○県○○市立○○高校卒業
		職歴なし
		以上

年	月	免許・資格
平成15年		珠算2級
平成20年		書道初段
平成21年		英語検定2級
平成21年		日商簿記1級

得意科目・専攻科目	趣味・特技
家庭科，英語，数学，体育	トランペット，フィギュア制作，コンピュータープログラミング

自己PR	クラブ・課外活動・スポーツなど
明るく健康。人と接することが大好きです。	バスケット部，区緑化ボランティア

志望の動機
将来は自分の店を持ちたいので，接客，会計，経営法などを学びたいと思い，応募しました。

本人希望記入欄（特に給料・職種・勤務時間・勤務地・その他についての希望などがあれば記入）
1時間以内で通勤できる勤務地を希望します。
早く仕事に慣れたいので，残業，休日出勤もかまいません。

保護者（本人が未成年者の場合のみ記入）		電話番号
ふりがな やまだ　はなこ / 氏名 山田　花子	住所 〒 本人と同じ	03-○○○○-○○○○

ポイント

・原則は手書きで
・日付は面接のある日（郵送なら投函日）
・ふりがなは「ふりがな」ならひらがなで。「フリガナ」ならカタカナで
・写真は３か月以内のもの。服装や髪型をチェックする（印象が大切）
・出身学校などで，「〃」は使わない
・前職がある場合は，退職理由は「一身上の都合」でよい
・志望動機などを書く場合は意欲をみせる
・なるべく空白をなくすようにする

4 あなたの身だしなみは？

■身だしなみチェック表

身だしなみは，場面や相手に対して敬う気持ちを，清潔感やさわやかさで服装に表すことである。

男　性
□ シャツのえりや袖口は汚れていないか？
□ ネクタイは派手すぎないか，曲がっていないか？
□ ズボンの折り目はついているか？
□ ベルトは黒か茶で，バックルは派手すぎないか？
□ 靴下はズボンと合っているか，破れはないか？
□ 鼻毛やひげの手入れは十分か？
□ 背広の上下のバランスはよいか？
□ 靴はみがかれているか？
□ 整髪料(せいはつりょう)の香りは強すぎないか？

女　性
□ 化粧は濃すぎないか？
□ 髪が顔にかかるようなことはないか？(かかりそうなら控えめな髪留めを使用)
□ スカートにしわがないか，丈は短すぎないか？
□ 派手すぎず，動きやすい服装か？
□ 派手なアクセサリーをしていないか？
□ ストッキングは伝線していないか，予備は持っているか？
□ 香水はきつくないか？
□ 靴のヒールは高すぎないか，また細すぎないか？
□ マニキュアの色は派手すぎないか？

5 敬語を正しく使おう

■敬語表現の例

	尊　敬　語	謙(けん)　譲(じょう)　語	ていねい語
	相手や相手に関することに敬意を表す ・お(ご)＋になる，なさる，くださる ・動詞＋れる，られる	自分や自分に関することをへりくだって述べる ・お(ご)＋する，いたす ・お(ご)＋いただく	物事をていねいに扱うことを表す ・動詞に「ます」をつける ・形容詞と形容動詞に「です」「ございます」をつける
行く	いらっしゃる／おいでになる	まいる／うかがう	行きます
来る	おいでになる／お越しになる	まいる／うかがう	来ます
いる	いらっしゃる／おいでになる	おる	います
する	なさる	いたす	します
言う	おっしゃる	申す／申し上げる	言います
食べる	召し上がる	いただく	食べます
見る	ご覧になる／見られる	拝見する	見ます
聞く	お聞きになる／聞かれる	承（うけたまわ）る／お聞きする	聞きます
会う	お会いになる／会われる	お目にかかる	会います
読む	お読みになる／読まれる	拝読（はいどく）する	読みます

■身につけたい表現

尊敬（相手の）		謙譲（自分たちの）
お父(とう)様・お父(ちち)上	父	父
お母(かあ)様・お母(はは)上	母	母
ご両親	両親	両親
お兄様	兄	兄
お姉様	姉	姉
お住まい・お宅	住居	わが家・拙宅(せったく)
貴社(きしゃ)・御社(おんしゃ)	会社	弊社(へいしゃ)・当社・小社(しょうしゃ)

★現在は，「謙譲語」を謙譲語と丁重語に，「ていねい語」をていねい語と美化語に分ける５分類もある。

若者言葉に気をつけよう

若い人だけがわかる言葉や流行語などを使うのは，仲間同士だけにしよう。正式な場所や目上の人には使わないのがマナーである。やたらに擬態語や擬音語を使うと，相手から幼稚に見られる。また，相手に不快感を与える言葉に，「うざい」「ださい」「だるい」などがある。特に目上の人には使わないように気をつけよう。

「わたしって～じゃないですか」としゃべり始める人がいるが，相手はあなたの事情なんて知らない。友達同士ならともかく，公の場所では使わないようにしよう。

「こちらカレーライスになります」，聞き流すとていねいに聞こえるが，日本語としては間違い。「～でよろしかったですか？」もおかしな表現である。

6 知っておきたい上座と下座

①が最も目上のゲストの席（上席）。番号が多くなるほど，末席となる。

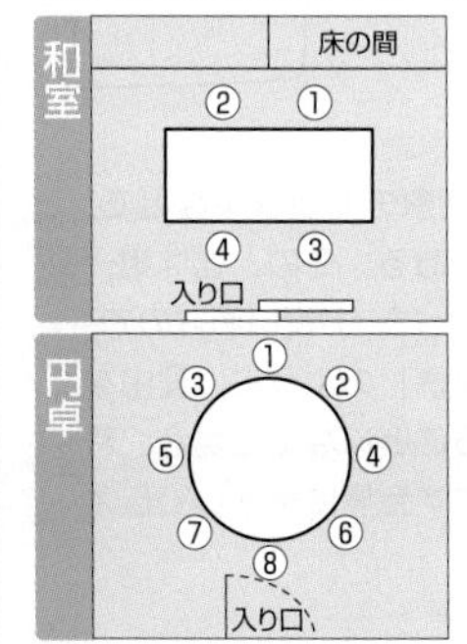

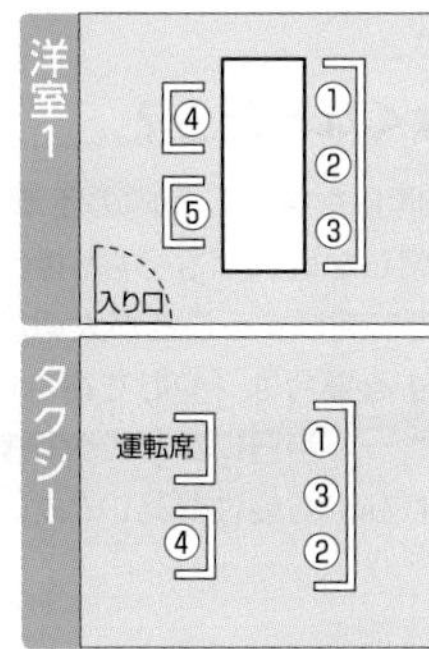

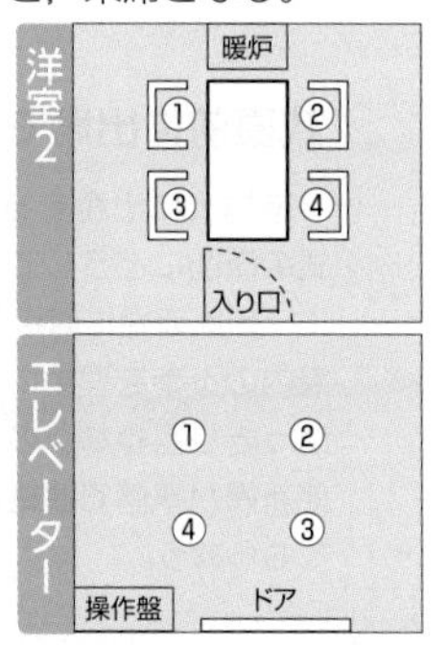

冠婚葬祭のマナーを身につける

1 人の家を訪問する

人の家を訪問するときは，次の点を心がける。

❶前もって都合を聞く
❷食事の時間は避ける
❸トイレは事前に済ませる
❹手みやげは相手の家の近所で買わない
❺手みやげの袋は持ちかえる
❻無用な長居はしない
❼早く着きすぎたら時間を調節する
❽マフラーやコートは外で脱いでから玄関のチャイムを鳴らす
❾正式な挨拶（あいさつ）は座布団を降りてする
❿帰宅後はお礼の一報をする

上がり方のマナー

正面を向いたまま上がる

上がってから靴を前向きにそろえる

2 結婚式に出席する

結婚式のスピーチの注意

❶不吉とされる言葉は避ける

例）終わる，最後，切る，破れる，別れる，死ぬ，離れる，出る，去る，帰る，飽きる，滅びる，苦しいなど

❷重ね表現を避ける

例）「重ねて」「返す返す」「たびたび」

❸ついつい使ってしまいがちなフレーズ

「新婚生活のスタートを切る」「くれぐれもお気をつけて」「これで最後となりましたが」など。そのほか，暗い話や自分の自慢，宗教に絡む話，昔の恋愛話や，長い話なども避けるようにしよう。

袱紗（ふくさ）

のし袋は袱紗に包んで持つ。お祝いのときは赤やえんじなどの明るい色，お悔やみのときは紺色や濃緑色などの地味な色のものを使う。紫色は両方に使える。

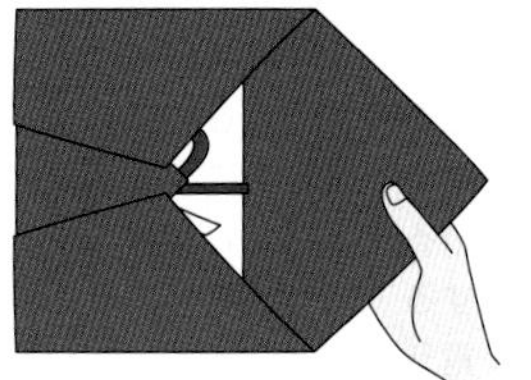

水引の種類

結婚式のお祝いは，のし袋に入れて持っていく。のし袋にかかっている水引によって使い方が異なる。

蝶結び（もろなわ結び）
すぐにほどけても結び直せるので，何度あってもよいお祝いやお礼などに使う。人生で一度がよい結婚式には使わない

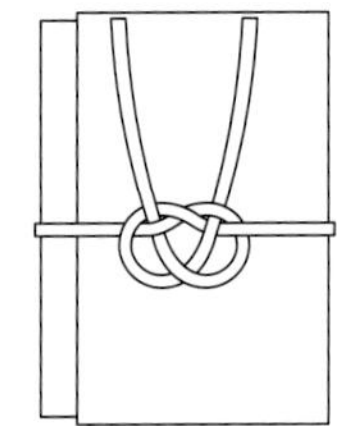

あわび結び（あわじ結び）
解こうと思えば解けるが，簡単には解けないので，慶事と弔事（ちょうじ）の両方に使える

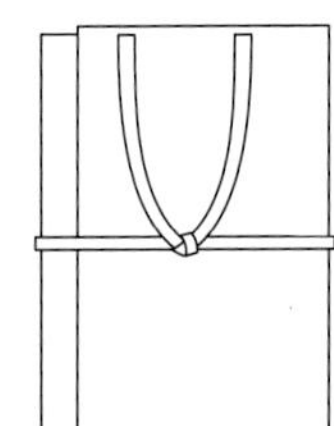

結びきり
引っ張ってもほどけないので，人生に一度きりがいい結婚や，繰り返したくない葬儀などに使う

のし袋のたたみ方とお金の入れ方

中袋（封筒）に新札を入れる。お札の人物の顔が中袋の表側の上にくるようにする。中袋の表側とのし袋の表側が同じ向きになるように，のし袋で中袋を包む。のし袋は下の折り返しが上にくるようにする

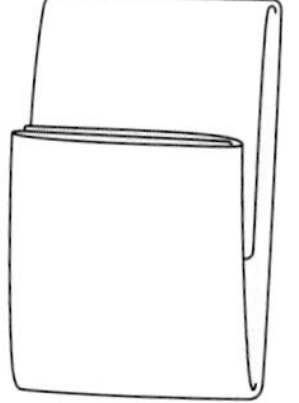

式直前に出席できなくなったら？

結婚式に出席すると返信した後に，身内の不幸や仕事のトラブルなどで，式の直前にどうしても欠席しなければならない場合がある。そのときは第一に，新郎新婦に直接電話でお詫びすることが大切だ。ただ，お祝い事なので，身内の不幸を理由に欠席する場合は「やむを得ない事情」のように，理由をはっきり言わないのがマナー。当日になって欠席することになった場合，新郎新婦が準備で連絡がとれない可能性が高いため，まず会場に電話して伝えてもらおう。

3 通夜，葬儀・告別式に参列する

■香典袋の表書き

表書きの墨の色は薄くする（涙で墨も薄くなるという気持ちを表す）。袋は一重のもの（不幸が重ならないようにとの配慮）にする。通夜か告別式のどちらか出席するときに持参する。突然の知らせの場合は持参しなくても可。

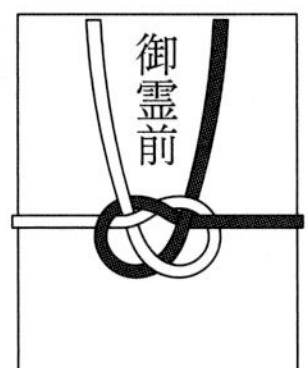

仏式
表書きは「御霊前」が一般的

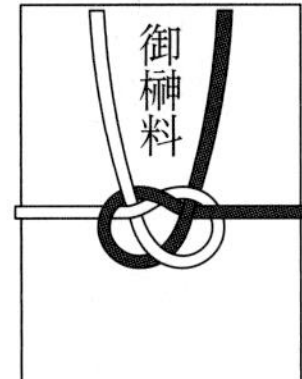

神式
表書きは「御榊料（おんさかき）」「御玉串料」

キリスト教式
表書きは「お花料」（カトリックの場合は「御ミサ料」市販の白無地袋で可）

■のし袋のたたみ方とお金の入れ方

お札の人物の顔が中袋の裏側の下方にくるように，新札ではないお札を入れる。のし袋は上の折り返しが上にくるようにする

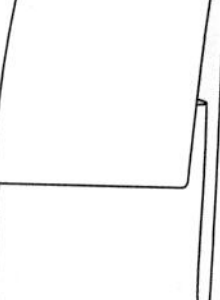

■喪服

男性

・靴下，ネクタイは黒
・カフスボタンやネクタイピンはさける
・靴は光沢のない黒短靴

女性

・化粧やマニキュアはナチュラルな色にする
・靴は黒で，つま先が開いていたり，かかとが見える靴はさける
・黒のストッキングを着用
・アクセサリーは基本的につけないが，真珠の一連ネックレスと時計は構わない
・髪どめは地味な色のものを選ぶ

■仏式の焼香の仕方

右手の親指，人差し指，中指の３本で抹香をつまむ

つまんだ抹香を目の高さまであげ，頭を下げる

抹香を静かに香炉に落とす。同じことを１～３回繰り返す
（宗派により違いがあるが，あまり回数にはこだわらなくてもよい）

祭壇に向かって合掌する

4 病院へお見舞いにいく

病気やけがのお見舞いは，時期や相手の状況に合わせて，お見舞いの品を持っていく。時期は，早ければよいというわけではないので，家族などに容態を確かめてからにしよう。当日は，相手に負担をかけないためにも20分くらいで切り上げるのが礼儀。大人数や子ども連れもさけたい。

病室が大部屋の場合もあるので，ほかの患者の迷惑にならないよう気をつけよう。お見舞いは，花や果物が一般的。日持ちのするお菓子や，暇つぶしになる軽い本，CDなどもよいだろう。現金の場合は白い封筒に入れて持っていく。

■お見舞いにむかない花とその理由

香りの強い花	安静のさまたげになる
真っ赤な花	血を連想する人もいる
鉢植えの植物	「根つく」と「寝つく」の連想。「根つく」が根がついて元気になるのでいいという意見もある
シクラメン	「死（し）」「苦（く）」の連想
菊	葬儀に使う花
椿	花が首から落ちるため
あじさい	色があせるから

■見舞ってもらったら

入院中や療養中にお見舞いを受けたら，退院後10日くらいを目安に「快気内祝」を贈る（お見舞い金の半額～３分の１程度）。水引は結婚式と同様の結び切りにする。「きれいさっぱり治った」ということを表すため，石鹸やお菓子などの後に残らないものを贈るのが一般的。

5 さまざまな場面での金額の目安

種類	表書き	時期	目安の金額	贈られたら
出産	御出産祝	産後７日～３週間	親族（1～3万円）友人（5千～1万円）	もらった金額の半額から三分の一程度のものを，子どもの名前で生後１か月頃に返す
入園・入学	祝御入園・祝御入学	入園・入学が決まったら	親族（5千～1万円）	お返し不要。もらった本人が直接お礼をいう
合格・就職	祝合格・祝御就職	入学・就職する前	親族（相手の年齢により3千～3万円）	お返し不要。もらった本人が直接お礼をいう
結婚	祝御結婚	披露宴当日	付き合いに応じて（2～5万円〔欠席の場合は1/3～1/2程度〕）	披露宴当日に３～５千円の引き出物を渡す（欠席者には，もらった額の半返し）
展示会・発表会	御祝	当日または郵送	付き合いに応じて変える	お返し不要。お礼状を出す
新築・引っ越し	祝御新築・御転居御祝	新居が完成したらできるだけ早く	親戚（1～3万円）友人（5千～1万円）	新築披露パーティーに招待したら不要。高価なものが贈られた場合には手みやげで菓子折りをつける
開店・開業	御祝	開店当日か前日	親戚（1～3万円）友人（5千～1万円）	披露パーティーに招待したら不要。タオルなどの記念品を出すこともある
葬儀	御霊前・御榊料・お花料	通夜か告別式に出席するとき	親戚（1～3万円）（近い人ほど多い）友人（5千円程度）	挨拶状を添えて，いただいた金額の半額ないし1/3程度のもの。葬儀当日に渡す地域もある（急に駆けつけるときは持参しない）

巻末資料

卒業後も役立つ生活の知恵 3

くらしの中のマーク

食生活

①JASマーク
国が定めた規格・基準に合格した加工食品や木材製品などにつけられる。

②有機JASマーク
有機農産物，有機農産物加工食品の検査基準に合格したものにつけられる。

③ヴィーガン認証マーク
原材料として，肉・魚介類・卵・乳製品・はちみつ等，動物に由来する物を含まないことが確認できたものにつけられる。

④JHFAマーク
(財)日本健康・栄養食品協会による健康補助食品の規格基準に適合した製品につけられる。

⑤米の情報提供マーク
(財)日本穀物検定協会が食味・銘柄表示・安全性について分析し，情報を提供している米につけられる。

⑥飲用乳の公正マーク
全国飲用牛乳公正取引協議会の会員の飲用乳で，適正な表示をしていると認められる製品につけられる。

⑦特定保健用食品マーク
生理的機能や保健機能への有効性や安全性等が科学的に認められ，国の許可を受けたものにつけられる。所管は消費者庁。

⑧冷凍食品認定証マーク
(社)日本冷凍食品協会が定めた品質や衛生の基準に合格した冷凍食品につけられる。

⑨特色JASマーク
地鶏肉や熟成ハム，または生産情報の公表など，高付加価値やこだわりのある規格に対するマーク。

⑩ふるさと認証食品マーク
伝統的製造方法の基準に合格した特産品につけられるマーク。

⑪国産大豆100%使用製品シンボルマーク
国産大豆を100%使用した大豆製品のパッケージや容器につけられる。

⑫Jビーフマーク
輸入の肉と区別するため，国産の牛肉につけられる。

⑬MSC「海のエコラベル」
水産資源や環境に配慮し，適切に管理された持続可能な漁業で獲られた水産物を示す。

⑭Jチキンマーク
輸入の肉と区別するため，国産の鶏肉につけられる。

⑮ハラールロゴ
全製造工程および取引がイスラム教のルールに従っていることを示す。日本ハラール認定推進機構のものほか各種。

⑯国産ジビエ認証マーク
衛生管理やトレーサビリティなどに取り組む認証処理施設で生産されたジビエ（鹿肉・猪肉）につけられるマーク。

保育・高齢期・共生社会

⑰マタニティマーク
妊産婦が交通機関等を利用する際に身につけ，周囲が妊産婦への配慮を示しやすくする。

⑱ヘルプマーク
義足や人工関節の使用など，外見からはわからなくても，援助や配慮を必要としていることを知らせるマーク。

⑲シルバーマーク
高齢者が安心して健康に暮らすための良質なサービスや商品を提供する事業者に対して交付される。

⑳STマーク
STはSafety Toy（安全玩具）の意味。安全基準に合格したおもちゃにつけられる。

㉑SGマーク
SGはSafe Goodsの意味。安全基準に合格した乳幼児製品，家具，福祉用具製品などにつけられる。

㉒盲導犬マーク
目の不自由な子どもたちも一緒に遊べるよう工夫されたおもちゃにつけられる。

㉓うさぎマーク
耳の不自由な子どもたちも一緒に遊べるよう工夫されたおもちゃにつけられる。

㉔チャイルドシート型式指定マーク
国土交通省による安全基準に合格しているチャイルドシートにつけられる。

㉕くちにいれないマーク
口に入れるとのどにつまらせる危険のあるおもちゃにつけられる。

㉖耳マーク
聞こえが不自由なことを表すと同時に，聞こえない人・聞こえにくい人への配慮を表すマーク。

㉗障害者のための国際シンボル
障害者が利用できる施設であることをあらわし，つけられる。

㉘ほじょ犬マーク
身体障害者補助犬同伴のためのマークで，お店などでも使用されている。

㉙ハート・プラスマーク
身体内部に障害のある人は，外からわかりづらいことからつけられる。

㉚オストメイトマーク
人工肛門や人工膀胱をつけている人用の設備がある場所につけられる。

㉛バリアフリー新法シンボルマーク
認定を受けた，高齢者や身体障害者が利用しやすい建物につけられる。

㉜ハートフル・リボン・マーク
障害者雇用優良企業と認められた企業のみ使用することができる。

住生活

㉝S-JET認証マーク
安全基準に適合する電気製品に表示される第三者機関認証のマーク。

㉞ガス用品の適合性検査合格マーク
ガス事業法に基づき，国の定めた技術上の基準に適合したガス用品に表示される。

㉟PSEマーク
電気用品安全法に基づく安全基準を満たしている電気製品につけられる。

㊱消防設備検定マーク
住宅用火災警報器などの消防用機械器具のうち基準を満たしているものにつけられる。

㊲住宅防火安心マーク
一定の要件を満たす住宅用防災機器・防炎製品につけられる。

㊳防火セイフティマーク
防火対象物点検資格者による点検の結果，消防法令に適合している建物であることを示す。

㊴BLマーク
ベターリビングマーク。品質，性能，アフターサービス等に優れた住宅部品につけられる。

㊵CPマーク
防犯性が高いと認められた建物部品につけられるマーク。

㊶広域避難場所
地震などによる火災が延焼拡大して地域全体が危険になったときに避難する場所を示す。

㊷基準適合認定建築物マーク
耐震改修促進法に基づき，地震に対する安全性に係る基準に適合している建築物であることを示すマーク。

㊸優良断熱材認証マーク
優良断熱建材認証制度に基づいて一定の要件を満たした建材につけられる。

㊹非常口マーク
非常事態が発生した場合に避難することができる場所を示すマーク。

環境

㊺環境共生住宅認定マーク
省エネルギー性や耐久性，立地環境への配慮や健康安全の確保などが認められた環境共生住宅につけられる。

㊻エコマーク
商品のライフサイクル全体を通して環境への負荷が少なく，環境保全に役立つと認められていることを示す。

㊼グリーンマーク
古紙を規定の割合以上，原料に利用した製品につけられる。

㊽FSC® マーク
環境・社会・経済の便宜に適い，責任ある管理をされた森林やリサイクル資源を使用した製品であることを示す。

㊾PCリサイクルマーク
回収・リサイクル費用が，販売価格にすでに上乗せされたパソコンに表示される。

㊿省エネラベル
家電製品の省エネ性能を示す。国の定めた省エネルギー基準を100%達成していれば緑色のマークに。

51 燃費基準達成車ステッカー
国の定める燃費基準を達成している自動車につけられる。

52 低排出ガス車認定（平成17年及び21年基準）
自動車の排出ガス低減レベルを示す。自動車製作者の申請に基づき国土交通省が認定している。

私たちの身の回りには，さまざまなマークやラベルがある。これらのマークやラベルは，食品や衣料品につけられるもの，福祉や環境にかかわるものなどさまざまな種類があり，法律で定められているものもあれば，業界団体による品質保証の場合もある。私たちは，これらを正しく理解し，商品選択に役立てることによって，自立した消費者として行動することができる。

環境

(53)エネルギースター
オフィス機器の待機時の消費電力に関する基準を満たす商品に。国際的な制度で経済産業省が委託運営。

(54)省エネ基準適合認定マーク
国が定める建築物エネルギー消費性能基準に適合していることが認定された建築物であることを示す（eマーク）。

(55)R（アール）マーク
再生紙を使用している印刷物などにつけられる。古紙の利用率が表示される。

(56)牛乳パック再利用マーク
使用済み牛乳パックを原料として使用した商品につけられる。

(57)紙パックマーク
アルミニウムを利用していない飲料用紙容器につけられる。

(58)PETボトルリサイクル推奨マーク
PETボトルのリサイクル品を使用した商品につけられる。

(59)アルミ缶材質識別マーク
飲料用のアルミ缶につけることが義務づけられている。

(60)スチール缶材質識別マーク
飲料用のスチール缶につけることが義務づけられている。

(61)PETボトル識別表示マーク
PET製の清涼飲料容器，しょうゆ容器，酒類容器につけることが義務づけられている。

(62)プラスチック製容器包装識別マーク
プラスチック製の容器包装につけることが義務づけられている。

(63)紙製容器包装識別マーク
紙製の容器包装につけられることが義務づけられている。

(64)ダンボールのリサイクルマーク
国際ダンボール協会が定めた，国際的に共通なダンボールのリサイクルを推進するマーク。

(65)統一美化マーク
飲料容器の散乱防止，リサイクルの促進を目的に（社）食品容器環境美化協会が制定したマーク。

(66)電池リサイクルマーク
リサイクルを目的に，携帯電話などの小型充電式電池に電池の種類が示される。

(67)モバイル・リサイクル・ネットワーク
携帯電話，PHSの本体，充電器，電池を回収している店を表すマーク。

(68)ガラスびんリターナブルマーク
日本ガラスびん協会が認定するリターナブルガラスびんにつけられる。

(69)エコレールマーク
自動車より環境にやさしい鉄道貨物輸送を活用する商品や企業につけられる。

(70)間伐材マーク
森を維持するために抜き取った間伐材を用いた製品につけられる。

(71)PCグリーンラベル
環境に配慮したパソコンの設計・製造PCグリーンラベル適用申請に合格するとつけられる。

(72)バイオマスマーク
バイオマス（生物由来の資源）を利用している商品につけられる。

(73)非木材グリーンマーク
ケナフやサトウキビなどの非木材を使用した製品につけられる。

(74)レインフォレスト・アライアンス認証マーク
より持続可能な農法に従う認証農園で生産された農作物を使用した製品であることを示す。

(75)CFP（カーボンフットプリント）マーク
商品の製造～リサイクルに至るライフサイクル全体で排出される温室効果ガスを分かりやすく表示するマーク。

(76)エコリーフ環境ラベル
LCA手法により，製造～リサイクルまでの各段階における環境負荷情報を定量的に開示した製品につけられる。

消費生活・その他

(77)JISマーク
日本産業規格に該当する製品につけられる。消費者が安心して製品を購入するための指標となる。

(78)Gマーク
優れたデザインであると認められた製品に。外観だけでなく，使いやすさや品質なども対象に。

(79)PSCマーク
消費生活用製品安全法により，安全性や品質が認められた製品につけられる。

(80)CEROレーティングマーク
ゲームソフトの表現内容に基づき対象年齢等を表示。全年齢対象はA，12・15・17・18才以上はB・C・D・Zとなる。

(81)トラストeマーク
個人情報を扱うWebサイトの信用度を第三者審査機関が審査・認証を行い，保証するもの。

(82)インターネット接続サービス安全・安心マーク
インターネットの接続サービスが，セキュリティ等の面で安全に安心して利用できる事業者に与えられる。

(83)プライバシーマーク
個人情報について，基準を満たして適正に管理していると認定された企業に与えられる。

(84)国際フェアトレード認証ラベル
経済・社会・環境の3つの柱を持つ国際フェアトレード基準が守られていることを示す。

(85)伝統マーク
経済産業大臣が指定した伝統技術や原料で制作された製品につけられる。

(86)全国マスク工業会会員マーク
品質や製造管理などが，安全・衛生の基準を満たしているマスクであることを示す。

(87)JIAマーク
レンジやオーブンなどのガス機器の防火について検査基準を満たすとつけられる。

(88)衛検済マーク
日本プラスチック日用品工業組合の衛生規格基準に合格した製品につけられる。

(89)全国推奨観光土産品推奨品マーク
基準をクリアし，適正価格であると，全国推奨観光土産品として推薦される。

(90)SFマーク
花火の安全基準として基準検査と安全検査に適合していればつけられる。

(91)JADMAマーク
日本通信販売協会正会員のマークで，法令を遵守している健全な通販事業者という証明になる。

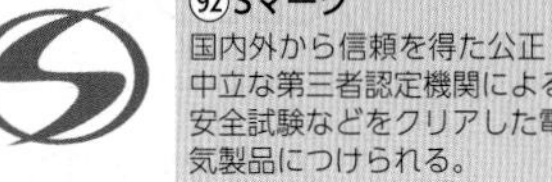

(92)Sマーク
国内外から信頼を得た公正・中立な第三者認定機関による安全試験などをクリアした電気製品につけられる。

衣生活

(93)ウールマーク
刈りたての羊の新毛を99.7%以上使用し，品質基準に合格した羊毛製品につけられる。

(94)日本の絹マーク
絹製品のうち日本で製織された白生地並びに日本で染織された着物，帯，洋装品などにつけられる。

(95)コットンマーク
綿100%の製品で，一定の品質基準を満たすものにつけられる。

(96)麻マーク
日本麻紡績協会が消費者にすすめる優良製品につける。

(97)SEKマーク
繊維上の細菌の増殖を抑制し，防臭効果を示す。（一社）繊維評価技術協議会が認証を行う。

(98)防炎製品ラベル
防炎性能基準・毒性審査基準をクリアした防炎製品につけられる。

(99)家庭洗濯等取扱い表示（JIS L 0001）
家庭用品品質表示法に基づき，繊維製品の洗濯，クリーニング等の取扱い方法を示す。

(100)取扱い絵表示（ISO）
ISO（国際規格）による繊維製品の洗濯，クリーニング等の取扱い方法を示す表示。

(101)SIFマーク
日本繊維製品品質技術センターが優秀と認めた縫製品につけられる。

(102)GOTS（オーガニックテキスタイル世界基準）
原料から環境的・社会的に配慮した方法で作られたオーガニックの繊維製品につけられる。

(103)LDマーク
47都道府県クリーニング生活衛生同業組合に加盟したクリーニング店が取得。丁寧なサービスと適切な苦情対応を行う。

(104)Sマーク
厚生労働大臣認可の標準営業約款（クリーニング業他5業種で実施）に基づき営業し，提供する役務の表示義務や賠償制度を備えた店が取得。

生活に必要な家具や家電って？

1 ひとり暮らしのシミュレーションをしよう

Try　あなたはひとり暮らしをすることになった。部屋が決まり，次は家具や電気製品をそろえる必要がある。予算が15万円だとしたら何を買う？

リスト	金額	購入するものに○印をつける	リスト	金額	購入するものに○印をつける
1 掃除機	10,000 円		14 エアコン (6畳用)	50,000 円	
2 洗濯機 (4.2kg)	20,000 円		15 扇風機	4,000 円	
3 アイロン	5,000 円		16 空気清浄機 (6畳まで)	15,000 円	
4 冷蔵庫 (138L)	32,000 円		17 カーテン	3,000 円	
5 炊飯器 (3合炊き)	8,000 円		18 テーブル	3,000 円	
6 電子レンジ	15,000 円		19 ソファ	15,000 円	
7 液晶テレビ (19型)	25,000 円		20 タンス	25,000 円	
8 ブルーレイレコーダー	40,000 円		21 本棚	4,000 円	
9 ラジオ	5,000 円		22 電話機	10,000 円	
10 CDコンポ	25,000 円		23 布団	10,000 円	
11 ノートパソコン	80,000 円		24 ベッド	20,000 円	
12 照明器具 (6畳1部屋分)	10,000 円		25 ドライヤー	1,500 円	
13 かけ時計	1,000 円		26 ごみ箱	500 円	

予算 150,000 円 ▶ 合計金額　　　　円

2 最低限そろえたいもの

生活するためには，いろいろなものが必要になる。ほかには，どのようなものが必要か考えてみよう。

※家にあって当たり前だと思っているもの（トイレットペーパー，ごみ袋など）も，ひとり暮らしをするときは，買いそろえよう。

3 「電気ご使用量のお知らせ」の読み方

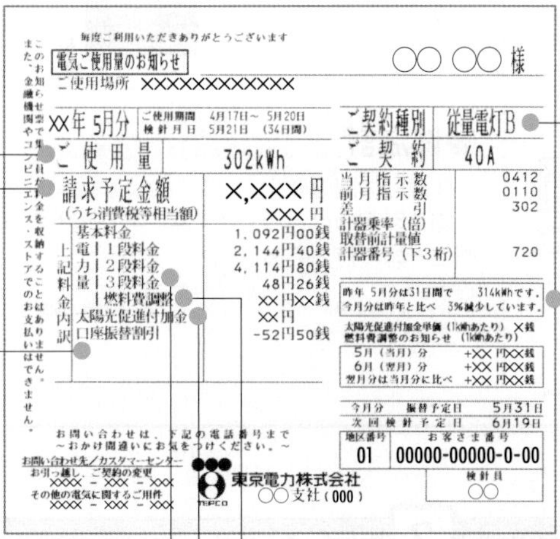

毎度ご利用いただきありがとうございます

電気ご使用量のお知らせ　　　　〇〇 〇〇 様

ご使用場所　XXXXXXXXXXXX

XX年 5月分	ご使用期間 4月17日～ 5月20日 検針月日 5月21日 （34日間）	ご契約種別	従量電灯B
ご使用量	302kWh	ご契約	40A

請求予定金額	×,×××円
（うち消費税等相当額）	×××円
基本料金	1,092円00銭
電力量 1段料金	2,144円40銭
電力量 2段料金	4,114円80銭
電力量 3段料金	48円26銭
燃料費調整	××円××銭
太陽光促進付加金	××円
口座振替割引	-52円50銭

（上記料金内訳）

当月指示数	0412
前月指示数	0110
差引	302
計器乗率（倍）	
取替前計量値	
計器番号（下3桁）	720

昨年 5月分は31日間で　314kWhです。
今月分は昨年と比べ　3%減少しています。

太陽光促進付加金単価（1kWhあたり）×銭
燃料費調整のお知らせ（1kWhあたり）

5月（当月）分	+××円××銭
6月（翌月）分	+××円××銭
翌月分は当月分に比べ	+××円××銭

今月分　振替予定日　5月31日
次回検針予定日　6月19日

地区番号	お客さま番号
01	00000-00000-0-00

検針員 〇〇

このお知らせ票で集[illegible]料金を収納することはありません。また，金融機関やコンビニエンス・ストアでのお支払いはできません。

お問い合わせは，下記の電話番号まで
～おかけ間違いにお気をつけください。～
お問い合わせ先／カスタマーセンター
お引っ越し，ご契約の変更
XXXX － XXX － XXX
その他の電気に関するご用件
XXXX － XXX － XXX

TEPCO 東京電力株式会社
〇〇支社（000）

ご使用量
今回検針時のメーター指示数から前回検針時のメーター指示数の差し引きにより算定。

請求予定額
消費税などの金額を加えた金額。この金額を支払う。

口座振替割引
口座振替にすると電気料金が割り引かれる。

請求予定金額の内訳
基本料金や電力量料金の内訳。電力量料金は，電気の使用量に応じて，料金単価が三段階に分かれる。１段は最低生活水準を考慮した低料金，２段は標準的家庭の使用量を踏まえた平均的な料金，３段はやや割高な料金となる。

太陽光発電促進付加金
「太陽光発電の余剰電力買取制度」により，電力会社が太陽光発電の余剰電力の買い取りに要した費用を，「太陽光発電促進付加金」として利用者が負担している。

ご契約種別とご契約
契約の種類とアンペアの大きさを表す。アンペアの大きさによって基本料金が決まる。

昨年同月のご使用量と減少率
昨年同月の電気使用量が記載され，今年の使用量と比較することができる。使用量が減少した場合は減少率も記載される。

燃料費調整額
燃料価格の変動に応じて自動的に電気料金を調整する「燃料費調整制度」によって調整された金額。

（東京電力ホームページより作成）

いざというときの備え・対処法

1 用意しておきたい常備薬

薬には病気などの治療を目的とした「医薬品」と，防止や衛生を目的とした「医薬部外品」がある。医薬品は薬局で，医薬部外品はコンビニなどでも購入できる。

●風邪薬

総合感冒薬は持っておくと便利。熱や鼻，のどの痛みなどの症状に効く。

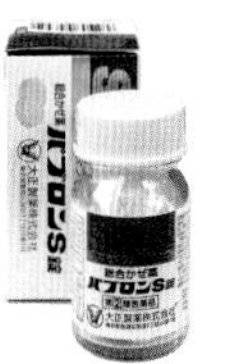

●解熱剤

解熱剤には鎮痛作用もあるため，生理痛や歯痛の解消にも利用できる。

●胃腸薬

食べ過ぎなどのときに。急な下痢の症状には下痢止め専用の薬を服用する。

●消毒薬

傷口を消毒するときに使用。いきなり消毒せず，水で洗い流してから。

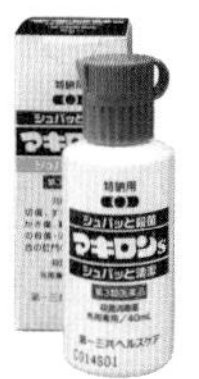

●包帯

患部を固定したり，清潔に保ったりするときに使用。サイズもさまざまである。

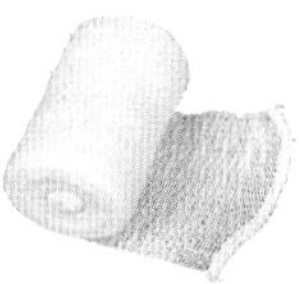

●ガーゼ

傷口に当てたり，消毒液を浸してはったりするときに使用する。

●絆創膏（ばんそうこう）

小さい切り傷などの応急処置に役立つ。1日1回は，はり替えること。

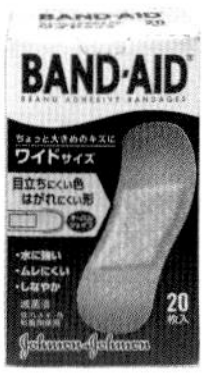

●軟膏

蚊に刺されたときのかゆみ止めのほか，炎症を抑えるものも常備しよう。

●湿布

温湿布と冷湿布があり，打撲などには冷湿布，腰痛などには温湿布を使う。

●体温計

体温は体調の変化を知る目安のひとつ。薬と一緒に持っておこう。

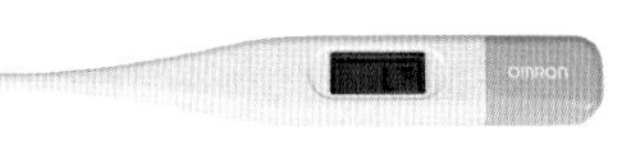

2 薬の飲み方

●水またはぬるま湯で飲む

薬はお茶やジュース，牛乳などで飲んではいけない。薬の作用が弱くなったり強くなったりすることがあるからである。また水なしで飲んでもダメ。食道で薬が溶け出し，食道炎になることがある。必ずコップ1杯か半分の水またはぬるいお湯で飲もう。

●「食前」「食後」「食間」などを守ろう

「食前」と書かれたものは食事の30分前，「食後」は食後30分以内，「食間」は食事から約2時間後，「就寝前」は寝る30分前に飲む。薬を飲み忘れた場合は，種類にもよるが，その分は飛ばそう。決して1度に2回分を飲んではいけない。

お腹が痛くなってから薬がないことに気づいたり，
料理中に包丁で指を切って応急処置にあたふたしたり……。
緊急時に当惑しないためにも，日頃からいざというときに備えておこう。

3 応急処置

●カッターで手を切った

心臓よりも高い位置へ上げ，切った部位から心臓に近い部分を押さえて止血する。刃が刺さった場合は抜き取らずにそのまま病院へ。

●自転車で転んですりむいた

傷口が泥や砂で汚れている場合は，水で洗い流す。絆創膏に収まるくらいの大きさの傷口であれば，絆創膏をはる。

●体育の授業でねんざした

患部が熱を持っていたら冷湿布をはったり，氷のうなどで冷やす。数日しても痛みが治まらない場合は病院で診てもらおう。

●料理中にやけどした

すぐに冷やす。衣服の上からやけどをした場合は，無理にはがさず，衣服の上から冷やす。ひどいやけどならすぐに病院へ行こう。

●部活の練習中に骨折した

包帯で患部を軽く圧迫し，そえ木をして病院へ。そえ木には，割り箸，ものさし，鉛筆，傘，ダンボール，新聞紙，雑誌，木の枝などが利用できる。

●体育館などで熱中症に

直射日光の当たらない，涼しい場所に移動する。濡れタオルなどで首筋や脇の下，太ももの付け根を冷やし，水分補給をしよう。

4 救命救急処置

AEDは日本語で自動体外式除細動器のこと。電極のついたパッドをはって心臓の状態を判断し，必要に応じてボタン1つで電気ショックを加えることができる。操作は音声が指示してくれるため，だれにでも救命処置が可能である。

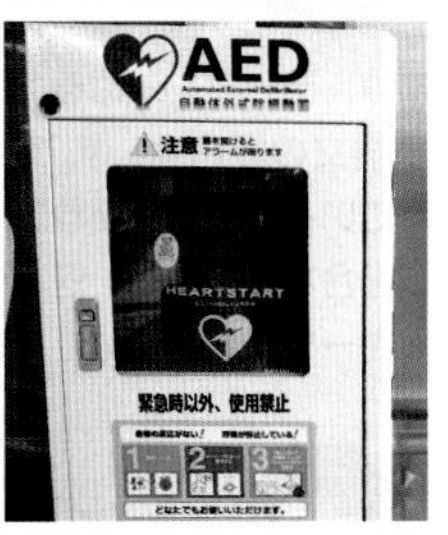

倒れている人を発見

↓

1.反応を確認　やさしく呼びかける。

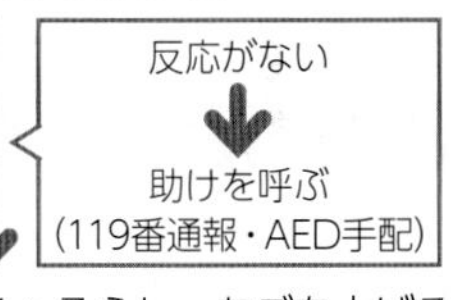

2.気道の確保　頭を後ろへそらし，あごを上げる。

↓

3.呼吸を確認　胸の上下を見る，息の音を聞く，息を頬で感じる。

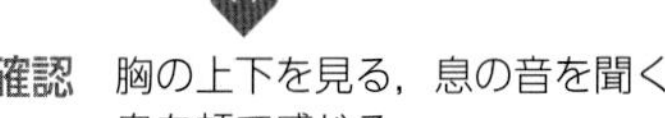

人工呼吸
鼻をつまんで口対口で1秒×2回。

胸骨圧迫（心臓マッサージ）
胸の真ん中を重ねた両手で1分100回のテンポで30回（強く・速く・絶え間なく）。

1. AEDを傷病者の頭の横に置く。
2. 電源ボタンを押して電源を入れる。
3. 電極パッドをはる。
4. 心電図の自動解析開始。傷病者から離れる。
5. ショックが必要であれば自動充電開始。
6. 充電完了後，だれも傷病者に触れていないことを確認してショックボタンを押す。

倒れていた状況，実施した応急手当などを報告する。

家庭科のキーワードを使って

小論文を書こう

家庭科で学ぶ内容は，入試などで小論文の題材にされることが多い。人に伝わるようにまとめ，文章にしてみよう。小論文を書くには，題材をあらゆる角度から見ることが重要である。家庭科で学んだことを組み合わせて，自分の考えをつくろう。

◆書き方の手順

STEP.  テーマを決める

まずは，テーマを決める。試験で出される小論文の場合は，すでにテーマが決まっている場合や，複数テーマの中から選ぶ場合などがある。日ごろから興味のあるキーワードについて，調べておこう。

STEP.  主張を決める

テーマが決まったら，そのテーマに対する自分の主張を考える。主張を結論として，小論文を組み立てていく必要がある。文章の途中で主張がぶれないように，初めにしっかり方向を決めておく。

STEP.  アイデアメモ

主張が固まったら，テーマに合わせたメモをつくる。アイデアメモをつくることで，視野を広げ，論点を広げることができる。学習領域にこだわらず，自由な発想でメモに書き入れてみよう。

◆小論文に活かせるキーワード

【小論文問題の形式】

◎課題文を読んで論じるタイプ
日本語の課題文を与えて，説明問題や論述問題を課す。

◎図や表などの資料を読んで論じるタイプ
グラフや表を与えて，読み取り問題や論述問題を課す。

◎指定されたテーマについて論じるタイプ
テーマを指定して，それについて論述させる。

【伝わる小論文とは】

相手に意見が伝わる文と，伝わらない文では，どのような違いがあるのだろうか。

◆伝わる文（小論文）

- 自分の主張には，必ず理由・根拠がある。
- テーマについて，客観的に考えた自分の意見を書く。
- 筋道を追い，自分の意見や立場をはっきりさせる。

◆伝わらない文（ただの作文）

- 悲しい，うれしいなどの感情をベースにして書く。
- 結論や主張に一貫性がない。
- 客観的でない。

◆アイデアメモは，情報収集である

小論文を書くことに慣れないうちは，テーマを決めても「自分や社会とどうつながっているのか」「どのような問題があるのか」など，アイデアがなかなか出てこないかもしれない。アイデアを出すために，下の内容を意識してテーマに沿ってメモをしてみるとよい。

●ポイント●

定義・現象・結果《３WHAT》

①定義…テーマは，なにを意味しているのか
②現象…現在，なにが起こっているのか
③結果…今後起こると思われること

なぜ・どこで・いつ《３W》

④WHY…それが起こった理由や背景
⑤WHERE…場所の状況（他の地域，他国ではどうか）
⑥WHEN…歴史的背景（かつてはどうだったか）

どうやって《１H》

⑦HOW…対処するための対策（どのように対処したらよいか）

【例題】

「父親の育児参加」について，アイデアメモをつくってみよう。

①定義
現在の日本では，男性の育児参加率が低い

②現象
父親が育児に参加できていない

③結果
父親育児参加率の上昇

④WHY
長時間の労働時間・意識や風潮

⑤WHERE
欧米諸国の父親育児参加率は高い

⑥WHEN
かつて，育児は母親の仕事だった

⑦HOW
社会でバックアップし，意識を変える

ふだんから
世の中のことに
興味を持って
調べる習慣をつけよう。

気になることについて
家族や友達と
話すことも大事だね。

STEP.  4 **文章の構成を考える**

思いついたことをただ書くだけでは，小論文にはならない。文章は，自分が考えたことを相手が納得できるように構成することが重要である。文章の流れを大切にし，構成を考えていこう。

手順をちゃんと
組み立てておこう！

●ポイント●

論理的に考える

主張の理由を挙げて書く。

説得力

構成と論理がそろって，
説得力が出る。

STEP. 5 **見直す**

文章を書いたら，必ず最後は読み直す習慣をつける。読みやすい文章になっているか，誤字はないか，言葉づかいにまちがいはないかなどを確認する。読む人に伝わる，より良い文章を目指そう。

あわてず，
最後までチェック！

◇相手に伝わる文章は，構成で決まる

自分の主張，アイデアメモができたら，文章の構成を組み立てていく。なにも考えずに書きはじめると，文章の流れが悪く，読みにくくなってしまう。また，はじめに問題と結論を書いてしまい，後半には書くことがなくなり，字数が足りなくなることも。まずは，基本的な構成を押さえておこう。

【小論文の基本構成】

「父親の育児参加」の場合

1.問題提起「～だろうか。」

はじめは，自分が【なにについて】主張しようとしているのかを説明する。

全体の10%

先日，兄に子どもが生まれたが，育児に参加する時間がないと言っていた。なぜ育児に参加する時間がないのだろうか。

2.意見提示「確かに」「しかし」

賛成か反対か，どちらの立場に立っているのかを説明する。逆の立場も考慮しながら書こう。

確かに，現代日本の労働時間の長さや「育児は母親」という日本で長く根づいている意識から，父親は育児に参加しにくい面もある。しかし，子どもの成長やこれからの家族のつながりを考えても，父親は育児に参加すべきであると考える。

3.展開「なぜなら」「その背景は」

自分がなぜそのような主張をするのか，理由を占める部分。問題となっていることに対して，背景・原因・歴史的経過・結果・対策のうちから一つを取り上げ，掘り下げていく。

展開は，3つぐらい用意しよう。「労働時間の長さ（背景）」「育児は母親という意識（歴史的背景）」「対策は取られているのか（背景）」など。

4.結論「したがって」

最後に，全体を整理して，自分の主張を再度はっきりと書く。

したがって，私は父親は育児に参加できるように社会がバックアップし，意識を変化させる必要があると考える。

【小論文の基本マナー】

①原稿用紙の使い方

◆書き出しは一マスあける
× 男性の育児参加
○ 　男性の育児参加

◆句読点は行の最初につけない
× ・・育児参加率は
、
○ ・・育児参加率は、

◆小説などの作品名は『』でくくる
× 「イクメン本」で
○ 『イクメン本』で

②言葉づかい

◆「話し言葉」ではなく「書き言葉」で書く

小論文は，書き言葉を使用して文章を書く。テレビや雑誌，インターネットでは，あえて話し言葉の文章を掲載している場合もあるが，あくまでも文章は「書き言葉」を使うこと。

話し言葉		書き言葉
いろんな	▶	いろいろな
してる	▶	している
なんか	▶	など
でも，だって	▶	しかし
なので	▶	したがって
だからって	▶	だからといって
～しないべきだ	▶	～してはならない

やってみよう

小論文にチャレンジ

小論文の基本を押さえたら，実際に小論文を書いてみよう。
何度も書いてみるとコツをつかめるので，練習しておこう。

問題　男性の育児休業について　保育

「男性の仕事と育児の現状と，男性の育児休業取得率を向上させるための取り組み」について，次の２点に触れながら，800 字程度で論述しなさい。
①男性の育児休業取得に関する現状と問題点
②男性の仕事と育児の現状

参考資料

●子育ての分担の希望と実際（男性の回答）

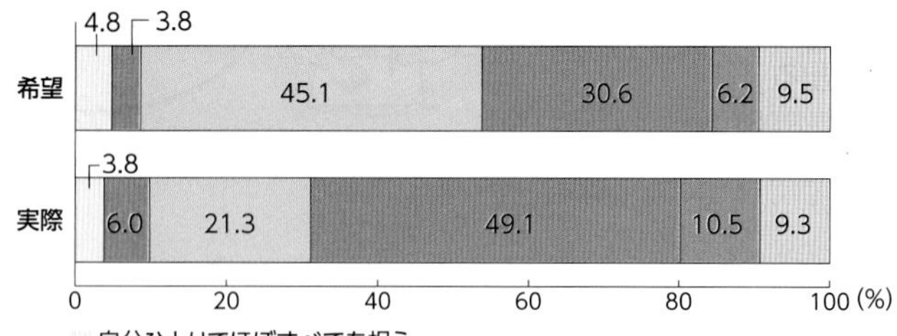

（三菱UFJリサーチ＆コンサルティング「仕事と育児等の両立に関する実態把握のための調査研究事業報告書」平成30年度より）

●１日の夫の家事・育児関連時間　→ p.39

日本：　家事 1.23 時間／育児 0.49 時間
アメリカ：家事 3.10 時間／育児 1.20 時間

●男性就業者の長時間労働の割合（国際比較）

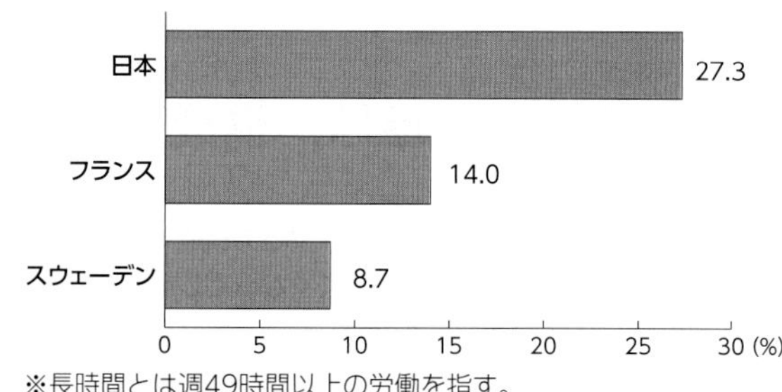

※長時間とは週49時間以上の労働を指す。
（内閣府「少子化社会対策白書」令和２年版より作成）

●男女の育児休業取得率　→ p.39

男性：**12.65**％　　女性：**81.6**％（2020 年）

●男性が育児休業を取得しなかった理由　→ p.57

・人手不足
・会社の制度の未整備
・取得しづらい雰囲気　　など。

●企業による男性の子育て支援　→ p.59

配偶者の出産日前後の特別休暇制度，イクメンセミナー　など。

●国による男性の子育て支援

・くるみん認定　→ p.59
・子育てパパ支援助成金
　→社員が育児休業を取得した企業への助成金制度　など。

用語説明

●育児休業

育児・介護休業法に基づき，子を養育する労働者は，子どもが出産日から起算して 57 日目～１歳（場合により最長２歳）になるまで，父・母いずれも育児のために休業を取得できる（一定の条件がある）。休業中は給料は支払われないが，国から毎月給付金が支給される。

考え方の例

1　まず，①・②の現状と問題点を整理する。
　①「男性の育児休業取得の現状と問題点」では，育児休業取得率の男女差について述べた上で，取得できない理由をあげる。
　②「男性の仕事と育児の現状」では，長時間労働が原因で，男性が育児に参加できる時間が限られていることを説明する。子育てにもっと参加したいという男性の意識とのギャップについて触れられるとなおよい。
2　「男性の育児休業取得率を向上させるための取り組み」については，国や企業による，男性が育児休業を取得しやすくするための取り組みをあげる。また，例えば夫婦での話し合いを増やすなど，個人でできることに触れるのもよい。

考えるヒントを紹介

テーマ別対策をしよう

入試では時事問題が小論文のテーマになるケースが多い。本書の資料編で取り上げた最新の話題を読みながら，興味を持ったことを調べ，自身が感じたことや意見をまとめてみよう。

小論文に活かせるキーワード

◎自立…………▶p.30
◎晩婚化…………▶p.35
◎ワーク・ライフ・バランス…………▶p.36
◎男女平等…………▶p.38，p.39
◎少子化・待機児童・育休取得・子育て支援…▶p.57，p.58，p.59
◎児童虐待・子どもの貧困…………▶p.60，p.61
◎高齢化・介護保険…………▶p.66，p.71，p.79
◎認知症…………▶p.69，p.82
◎社会保障制度…………▶p.78，p.79
◎バリアフリー…………▶p.74
◎ 3R …………▶p.20
◎地域共生…………▶p.122，p.123
◎エシカル消費…………▶p.19
◎持続可能な社会…………▶p.20～p.23
◎食料自給率…………▶p.150，p.151
◎食の外部化…………▶p.147

小論文で問われやすい内容と対策の例

◆高齢社会

問われる内容の例

日本で急速に進む高齢化の現状を踏まえ，より良い高齢社会はどのようなものであるべきか提案する。

考えるヒント

◎用語説明

・高齢化率…総人口に対する，65歳以上の人口の割合。高齢化率が7%以上になると高齢化社会，14%以上になると高齢社会，21%以上になると超高齢社会という。

・高齢社会対策基本法…1995年施行。高齢社会にむけての基本的な社会構築の理念が示されている。

◎考え方

地域や組織として実現できることを考える。具体策としては，高齢者の①経験や知識を活用，②健康維持，③働く意欲への取り組み，等々を考慮した対策，もしくは①心配ごとや悩みごと，②収入や生活不安，などの解消につながる内容が望ましい。

◆障がい者体験

問われる内容の例

障がいを理解するための体験学習を行う意義や困難について述べる。

考えるヒント

◎主な体験学習

①視覚障がい…特殊ゴーグル，アイマスクの着用。　②聴覚障がい…耳栓を着用。　③触覚障がい…手袋をはめる。　④歩行障がい…車椅子の操縦。　⑤運動機能障がい・筋力の衰え…おもりのついたベスト，手首や足首におもりをつける。　⑥運動機能障がい・ひじやひざ関節の衰え…ひじやひざにサポーターをつける。

◎考え方

体験学習の例を挙げ，自身に体験学習の経験があれば，その体験からどのようなところに意義（体験学習の必要性）や困難（障がいを理解しきれない点）を感じたかを述べる。経験がない場合は，踏み込めなかった障がいについて，意義や困難を予測して書く。

◆地球温暖化と持続可能な社会

問われる内容の例

環境問題が深刻化する中，持続可能な社会を形成するための取り組みについて，国，自治体，個人レベルでそれぞれできることを述べる。

考えるヒント

◎用語説明

・地球温暖化…二酸化炭素やメタンなどの温室効果ガスにより，地球の平均気温が上昇する現象。

・持続可能な社会…現在の人間活動が将来にわたって継続できるかの指標。環境面以外に，経済，社会面の問題なども含まれる。

◎考え方

制度を整え進むべき方向を示すのが国や自治体の役割，その制度を理解しできることを協力するのが個人の努めだと考えよう。気象・生物・食糧問題・エネルギー問題などあらゆる分野を含む問いかけなので，焦点を絞らないと，単に制度や取り組みの羅列に終わる危険性がある。

◆食料自給率

問われる内容の例

日本の食料自給率の推移を踏まえ，自給率が低下した理由を考える。加えて，食料自給率を上げるための提案をする。

考えるヒント

◎用語説明

・地産地消…その土地でとれたものを食べること。

・旬産旬消…本来の収穫時期に収穫されたものを食べること。

・食品ロス…売れ残り，賞味期限切れ，食べ残しなどで廃棄される食品。

◎考え方

食料自給率が低下した理由については，食品ロスの観点や「食の西洋化」を論点にすると書きやすい。食料自給率を上げるための提案は，個人でできるものと組織（自治体など）として行うもののどちらかに絞って自説を展開する。具体案については，p.150の③も参考にしよう。

●食品成分表 さくいん●

●常用量成分表　さくいん●

写真・資料提供，協力

朝日新聞社
天草テレビ
アマナイメージズ
イオンリテール株式会社
一般社団法人 全日本きもの振興会
一般社団法人 全日本難聴者・中途失聴者団体連合会
一般社団法人 トップアスリートグループ
一般社団法人 日本サステナブル・ラベル協会
一般社団法人 日本障がい者ファッション協会
一般社団法人 日本損害保険協会
茨城県水戸市
NHK
NPO 法人日本もったいない食品センター
NPO 法人リーブ・ウィズ・ドリーム
花王生活科学研究所
Gakken
学校法人 甲南学園 甲南高等学校・中学校
KADOKAWA
株式会社赤ちゃんとママ社
株式会社アリス館
株式会社絵本ナビ
株式会社偕成社
株式会社しまうま
株式会社新潮社
株式会社千趣会
株式会社宝島社
株式会社童心社
株式会社ノースイ
株式会社ビックカメラ
株式会社双葉社
株式会社ブロンズ新社
株式会社ベストセラーズ
株式会社ボルボックス
株式会社リクルート
カレーの街よこすか推進委員会
菅公学生服株式会社
共同通信社
くもん出版
getty images
小泉研究室（小泉武夫事務所）
公益社団法人 風に立つライオン基金
公益社団法人 日本食肉格付協会
厚生労働省
神戸市立六甲道児童館
神戸新聞社
国土交通省
小宮由
財団法人 大阪観光コンベンション協会
財団法人 沖縄観光コンベンションビューロー
社会福祉法人 青い鳥
社団法人 茨城県観光物産協会
社団法人 鹿児島県観光協会
社団法人 岐阜観光協会
社団法人 日本畜産副産物協会
社団法人 びわこビジターズビューロー
全国高校生自然環境サミット
茅ヶ崎のローカルメディア「エキウミ」
千葉県市原市
椿の森倶楽部
鶴見国際交流の会
帝人フロンティア株式会社
東京都港区
東洋紡株式会社
特定非営利活動法人 コレクティブハウジング社
奈良県「奈良のうまいもの」
新潟県長岡市
日清オイリオグループ株式会社
認定 NPO 法人フードバンク山梨
認定 NPO 法人フローレンス
橋本達典
Pixta
ビジュアル群馬
ピジョン株式会社
広島県
Photo library
福岡県
三重県
ミサワホーム株式会社
三井ホーム株式会社
宮城県観光課
本橋信子（国際中医薬膳士）
八重山毎日新聞
吉田美紀子
吉本興業株式会社
読売新聞社
ラフ&ピースニュースマガジン
Carl Court Pool/SIPA
PA Photo
Pimages
Sipa Press
Sipa USA
ZUMAPRESS.com　ほか

本書の食品成分表値は，文部科学省 科学技術・学術審議会資源調査分科会報告「日本食品標準成分表 2020 年版（八訂）」及び「日本食品標準成分表 2020 年版（八訂）アミノ酸成分表編」「日本食品標準成分表 2020 年版（八訂）脂肪酸成分表編」に準拠しています。

◆表紙デザイン　（株）志岐デザイン事務所
◆本文基本デザイン　資料編：CKC 国江千文
成分表編：（株）商業デザインセンター
◆巻頭デザイン　（株）志岐デザイン事務所
◆組版・図版制作　資料編：エスイーシー（株）
成分表編：（株）ディーディーエス
◆キャラクターイラスト　高野真由美
◆イラスト　いしかわみき／（株）ウエイド／エスイーシー（株）／サリー（Pom's Syrup）／成瀬瞳／パント大吉／ M@R/ めばえる／ Rococo Creative
◆写真撮影　赤川治男　鈴木和生　東京・フォト・アーガス
◆編集協力　（株）ぷれす／ CKC ／（株）コアテック／（株）ダブルウイング／（同）move up

LIFE おとなガイド デジタル＋

2024 年 3 月　1 日　初版発行

●編著者　教育図書編集部
●発行者　横谷　礎
●発行所　教育図書株式会社
〒 101-0052　東京都千代田区神田小川町 3-3-2
電話　03-3233-9100　FAX03-3233-9104
URL https://www.kyoiku-tosho.co.jp/

ISBN978-4-87730-494-2　C7037

調理便利帳

調理の前に手を洗おう！

❶ざっと水で洗う。

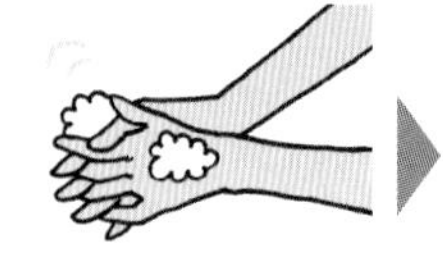

❷石けんを泡立て，手のひらと甲を洗う。

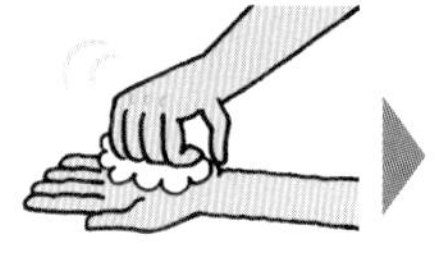

❸手のひらを爪（つめ）でかくように指先を洗う。

❹両手を合わせて指の間をしっかり洗う。

❺指を一本ずつ洗う。

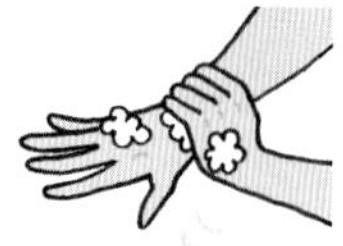

❻手首をにぎるように洗う。

最後に石けんを水で洗い流し，乾いたきれいなタオルやハンカチで拭こう。

計量カップ・大さじ／小さじ１杯の食品の重量は？（単位：g）

		小さじ（5mL）	大さじ（15mL）	カップ（200mL）
水・酢・酒		5	15	200
しょうゆ		6	18	230
みりん		6	18	230
み　そ		6	18	230
砂糖	上白糖	3	9	130
	グラニュー糖	4	12	180
はちみつ		7	21	280
塩	食塩・精製塩	6	18	240
	あら塩	5	15	180
油・バター		4	12	180
ラード		4	12	170
ショートニング		4	12	160
マヨネーズ		4	12	190
わさび・からし（練り）		5	15	
カレー粉		2	6	

		小さじ（5mL）	大さじ（15mL）	カップ（200mL）
米	精白米			170
	もち米			175
	無洗米			180
ゼラチン（粉）		3	9	-
トマトケチャップ		6	18	240
トマトピューレ		6	18	230
ソース	ウスター	6	18	240
	中濃	7	21	250
めんつゆ	ストレート	6	18	230
	3倍希釈	7	21	240
牛乳（普通牛乳）		5	15	210
ヨーグルト		5	15	210
脱脂粉乳		2	6	90
粉チーズ		2	6	90
生クリーム		5	15	200

		小さじ（5mL）	大さじ（15mL）	カップ（200mL）
小麦粉	薄力／強力	3	9	110
	全粒粉	3	9	100
かたくり粉		3	9	130
パン粉（乾燥）		1	3	40
米粉		3	9	100
上新粉		3	9	130
コーンスターチ		2	6	100
ベーキングパウダー		4	12	
豆板醤・甜麺醤		7	21	
オイスターソース		6	18	
ごま	すり／煎り	2	6	
	練り	6	18	
レギュラーコーヒー		2	6	
煎茶・番茶・紅茶		2	6	
抹茶・ココア		2	6	

塩・しょうゆ・みその塩分換算表

種類		塩分含有量（%）	使用量の重量比	小さじ（5mL）	大さじ（15mL）	カップ（200mL）
塩		99.1	1	6g	18g	240g
しょうゆ	こい口	14.5	7	0.9g	2.6g	33.4g
	うす口	16.0	6	1.0g	2.9g	36.8g
みそ	辛口	12.4～13.0	8	約0.8g	約2.3g	約29.0g
	甘口	6.1	16	0.4g	1.1g	14.0g

Point しょうゆの食塩量は約15～16%なので，食塩と同じ辛さにするには，食塩の6～7倍の重量を使おう。

糖分の換算表

種類	糖分含有量	使用量の重量比
砂　糖	99.2%	1
みりん	43.2%	3

Point みりんの糖分含有量は約40%だが，甘みが弱いので，砂糖と同じ甘味にするには，砂糖の3倍の重量を使おう。

正しく計量してみよう

液体の計量（カップ）

平らなところに置き，表面張力で盛り上がるくらいまで入れる。粉末状のものは，ふんわりと入れて目盛りを読むとよい。

計量カップ＝200mL

粉末の計量（大さじ・小さじ）

山盛りにすくって，別のスプーンの柄などを垂直に立ててすりきる。それを中心からかき出すと1/2。

液体の計量（大さじ・小さじ）

液体の場合は表面張力で盛り上がるくらい。液体の1/2量はさじの3分の2の水位まで入れる。